U0577280

史记

五

原著◎西汉·司马迁

文白对照版

主编◎赖咏

中国书店

史记卷六十九

苏秦列传第九

苏秦者，东周雒阳人也。[1]东事师于齐，[2]而习之于鬼谷先生。[3]

【注释】〔1〕"东周"，国名。西周灭亡，平王东迁洛邑。战国前期，周考王(公元前四四○年至前四二六年在位)把王城(遗址在今洛阳涧滨)封给他的弟弟揭，是为西周桓公。至战国中期周显王(公元前三六八至前三二一年在位)时，西周惠公封其少子班于巩，以奉王为名，号为东周。于是周的王畿分裂为东周、西周两个小国。周临亡时，所统治的地域只包括汉代的七个县，洛阳、平阴、偃师、巩等四邑属于东周，河南缑氏、谷城等三邑属于西周。雒阳即洛阳，地在今河南洛阳白马寺一带。〔2〕"事"，犹从。"齐"，战国时为田氏所建立的国家，地在今山东半岛东部，都临淄(今山东淄博市旧临淄县西部及北部)。〔3〕"鬼谷先生"，鬼谷所在，凡有数说，此为纵横家诿张苏秦之事，故神其说。此鬼谷先生实为假托人名，不必求其人以实之。鬼谷所在，亦不必指实。

【译文】苏秦，东周洛阳人。他往东去到齐国从师，曾在鬼谷先生那儿研习学问。他出外游历了好几年，非常狼狈地回到家里。他的哥哥、弟弟、嫂子、妹妹、妻子、侍妾都暗地里讥笑他，说："周人的风俗，向来是治理产业，努力从事工商，以博取十分之二的利润为目的。如今你去掉了根本去搬弄口舌，倒霉，活该!"苏秦听了这些话，心里感到惭愧而暗自伤心，就关门不出，把他的书都取出来，再次发愤阅读，说："一个读书人已经埋头读书了，却不能用自己的知识去取得高位和荣耀，书读得再多，又有什么用处呢?"于是，他从这些书中找出一本《周书阴符》，伏案攻读。读了一年，他从书中找出了许

多揣摩国君心意的诀窍，说道："凭借这些知识，我可以去游说当代的国君了。"他打算去游说周显王，显王的近臣们平素就熟悉苏秦，都轻视他，不肯相信。

出游数岁，大困而归。[1]兄弟嫂妹妻妾窃皆笑之，曰："周人之俗，治产业，力工商，逐什二以为务。[2]今子释本而事口舌，[3]困，不亦宜乎!"苏秦闻之而惭，自伤，乃闭室不出，出其书徧观。曰："夫士业已屈首受书，[4]而不能以取尊荣，虽多亦奚以为!"于是得周书《阴符》，[5]伏而读之。期年，[6]以出揣摩，[7]曰："此可以说当世之君矣。"求说周显王。[8]显王左右素习知苏秦，皆少之。[9]弗信。

【注释】〔1〕"困"，困窘。《战国策·秦策一》载此事于说秦惠王不听之后，与《传》文所载异。〔2〕"逐什二"，指买卖逐利，在十分之中取得二分盈利。〔3〕"本"，本业，通常指农业，此处指工商业。"事口舌"，指从事游说。〔4〕"业已"，已经。业已二字是虚词叠用。"屈首受书"，指低头从老师受学。〔5〕"周书阴符"，古兵家言。《战国策》作《太公阴符》之谋。和纵横家主张有相通处。〔6〕"期"，音jī。"期年"，一周年。〔7〕"揣摩"，揣度人君心理，投其所好，相机进说。〔8〕"周显王"，名扁，公元前三六八年至前三四○年在位。苏秦游说周显王的事，不见于《战国策》。〔9〕"少"，轻视。

【译文】于是苏秦向西到了秦国，这时秦孝公已死，他便游说秦惠王道："秦是个四面都有险塞的

国家，群山环抱，渭水萦绕，东面有函谷、蒲津等关与黄河，西面有汉中，南面有巴、蜀之地，北面有代地和马邑，这真是天然的府库啊！凭着秦国百姓的众多，军事上的严格训练，足可以吞并各国，建帝号统治天下。"秦惠王说："鸟的羽毛还没有长成时，绝不可以高飞；我们国家的大政方针还不明确，这是谈不到兼并别国的。"这时秦国刚杀了商鞅，讨厌那些游说之士，不愿任用。

乃西至秦。[1]秦孝公卒，[2]说惠王曰：[3]"秦四塞之国，[4]被山带渭，[5]东有关河，[6]西有汉中，[7]南有巴蜀，[8]北有代马，[9]此天府也。[10]以秦士民之众，兵法之教，可以吞天下，称帝而治。"秦王曰："毛羽未成，不可以高蜚；文理未明，不可以并兼。"方诛商鞅，疾辩士，弗用。

【注释】[1]"秦"，国名。战国七雄之一，战国初年，占有今关中地区和甘肃东部一带。秦孝公时都咸阳（今陕西咸阳市东北）。[2]"秦孝公"，名渠梁，战国时秦国君，公元前三八一年至三三八年在位。[3]"惠王"，即秦惠文王，名驷，秦孝公子，公元前三三七年至三一一年在位。[4]"四塞之国"，秦地东有黄河，又有函谷、蒲津、龙门、合河等关；南有南山及武关、崤关；西有陇山及陇山关、大震、乌兰等关；北有黄河，所以称为四塞之国。[5]"山"，指陇山、崤山等。"渭"，渭水，黄河最大支流，发源于甘肃省渭原县，东流贯陕西省中部，至潼关入黄河。[6]"关河"，指函谷、蒲津等关与黄河。[7]"汉中"，郡名，初属楚，后属秦。秦惠王后元十三年（公元前三一二年）始取得楚汉中之地，置汉中郡。秦惠王初立时，汉中尚未属秦，此乃用后来事为说，不合当时事实。汉中包括今陕西南及鄂西北汉水流域。[8]"巴"，国名，在今四川省东部。"蜀"，国名，在今四川省中部及西部。秦灭巴、蜀在秦惠文王后元九年（公元前三一六年）。秦惠王初立时，巴、蜀均尚未属秦。[9]"代马"，指代郡马邑之地，今山西朔县一带。一说谓代郡兼有胡马之利。[10]"天府"，自然条件优越的仓库。

【译文】于是苏秦向西到了秦国，这时秦孝公已死，他便游说秦惠王道："秦是个四面都有险塞的国家，群山环抱，渭水萦绕，东面有函谷、蒲津等关与黄河，西面有汉中，南面有巴、蜀之地，北面有代地和马邑，这真是天然的府库啊！凭着秦国百姓的

众多，军事上的严格训练，足可以吞并各国，建帝号统治天下。"秦惠王说："鸟的羽毛还没有长成时，绝不可以高飞；我们国家的大政方针还不明确，这是谈不到兼并别国的。"这时秦国刚杀了商鞅，讨厌那些游说之士，不愿任用。

乃东之赵。[1]赵肃侯令其弟成为相，[2]号奉阳君。[3]奉阳君弗说之。[4]

【注释】[1]"赵"，国名。战国七雄之一，公元前三八六年迁都邯郸，占有今河北省中部、南部及山西省东部一带。[2]"赵肃侯"，战国时赵国君，名语，公元前三四九年至前三二六年在位。[3]"奉阳君"，奉阳君是李兑，此以公子成为奉阳君，是司马迁的误记。公子成封安平君，明载于《赵世家》。[4]"说"，通"悦"。

【译文】于是苏秦往东到了赵国。赵肃侯用他的弟弟为相，号为奉阳君。奉阳君讨厌苏秦。

去游燕，[1]岁余而后得见。说燕文侯曰：[2]"燕东有朝鲜、[3]辽东，[4]北有林胡、楼烦，[5]西有云中、九原，[6]南有滹沱、易水，[7]地方二千余里，带甲数十万，车六百乘，[8]骑六千匹，粟支数年。南有碣石、雁门之饶，[9]北有枣栗之利，民虽不佃作而足于枣栗矣。此所谓天府者也。

【注释】[1]"燕"，国名。战国七雄之一。姬姓。其境域包括今河北北部，辽宁南部及内蒙的南部。建都蓟，在今北京外城的西北部。[2]"燕文侯"，燕国君，公元前三六一年至前三三三年在位。[3]"朝鲜"，国名。今朝鲜半岛。[4]"辽东"，地区名，今辽东半岛。[5]"林胡、楼烦"，战国时胡族部落名。林胡、楼烦在赵国之北，此文叙述有误，应为北有东胡。[6]"云中、九原"，战国郡名，皆赵地，非燕所有，此应云"西界赵国。"云中，赵武灵王所置郡，约当今山西、陕西北部至内蒙伊克昭盟一带。[7]"滹沱、易水"，均水名。滹沱在今河北西部，源出山西省五台山东北。滹，音hū。易水在今河北西部，源出易县境，东流至定兴县西南与拒马河合流。[8]"乘"，先秦时，兵车一车四马为一乘。音shèng。[9]"碣石"，古山名，在今河北乐亭县西南，后为海水所浸，沦入海中。"雁门"，郡

名,战国赵武灵王置,治所在今山西右玉南。辖境相当今山西河曲以北,恒山以西,内蒙旗海、岱海以南地。

【译文】苏秦离赵又游历到燕国,经过一年多才见到燕文侯。苏秦进言道:"燕国东有朝鲜和辽东,北有林胡和楼烦,西有云中和九原,南有滹沱河和易水,国土纵横两千多里,战士好几十万,战车六百辆,战马六千匹,储存的粮食足够几年之用。南面可从碣石山、雁门山输入丰富的物资,北边可以种植枣栗获得很大利益。即使人民不耕种田地,单是枣栗的收入也就够富了。这真是天然的府库啊!

"夫安乐无事,不见覆军杀将,无过燕者。大王知其所以然乎?夫燕之所以不犯寇被甲兵者,〔1〕以赵之为蔽其南也。秦赵五战,秦再胜而赵三胜。秦赵相毙,〔2〕而王以全燕制其后,此燕之所以不犯寇也。且夫秦之攻燕也,踰云中、九原,过代、上谷,〔3〕弥地数千里,〔4〕虽得燕城,秦计固不能守也。秦之不能害燕亦明矣。今赵之攻燕也,发号出令,不至十日而数十万之军军于东垣矣。〔5〕渡嘑沱,涉易水,不至四五日而距国都矣。〔6〕故曰秦之攻燕也,战于千里之外;赵之攻燕也,战于百里之内。夫不忧百里之患而重千里之外,计无过于此者。〔7〕是故愿大王与赵从亲,〔8〕天下为一,则燕国必无患矣。"

【注释】〔1〕"犯寇",为敌国军队所侵犯。"被甲兵",遭受军队的进攻。〔2〕"相毙",互相攻击,消耗力量。〔3〕"上谷",郡名。战国时燕将秦开破东胡后所置。秦代治所在今河北怀来东南。辖境相当今河北省张家口、小五台山以东,赤城、延庆以西及北京市、昌平县以北地区。〔4〕"弥地",道里绵延。"弥",绵亘。〔5〕"军",驻扎。"东垣",赵邑,今河北石家庄市东。〔6〕"距",到达。〔7〕"过",错误。〔8〕"从亲",合纵相亲。战国后期,东方六国联合抗秦称为合纵。"从",与纵字同。

【译文】"安居乐业,没有战争,见不到将士死亡的危险,这点没有谁能比得上燕国。大王您明白这是什么原因吗?燕国之所以不遭受侵犯,不受战争摧残,是因为赵国作了它南方的屏障。假使秦国和赵国打五次仗,秦国胜两次而赵国胜三次,秦、赵两国互相消耗,大王可以用完好的燕国从后面控制它们,这就是燕国之所以不受敌国侵害的原因。而且秦国如要攻打燕国,要越过云中、九原,经过代郡、上谷,穿行几千里,即使能攻下燕城,秦国也会考虑到没法守住。秦国不能加害燕国,这是明摆着的事情。现在赵国如果要进攻燕国,发布号令,不到十天就可以有几十万军队进驻到边境的东垣一带。接着,赵军再渡过滹沱和易水,不到四五天,便直抵燕国的都城了,所以说,秦国进攻燕国,是到千里之外去作战,赵国攻打燕国,是在百里之内作战。不担心近在百里之内的祸患,而却看重千里之外的敌人,没有比这更错误的政策了。因而我希望大王能和赵国联合,天下联为一气,那么燕国一定没有祸患了。"

文侯曰:"子言则可,然吾国小,西迫强赵,〔1〕南近齐,齐、赵强国也。子必欲合从以安燕,寡人请以国从。"

【注释】〔1〕"迫",逼近。

【译文】燕文侯说:"你的话虽然很对,但我们的国家弱小,西边靠近强大的赵国,南边接近齐国,齐、赵都是强国。你一定打算要用合纵的策略使燕国获得安定,我愿把国家交给你安排。"

于是资苏秦车马金帛以至赵。〔1〕而奉阳君已死,即因说赵肃侯曰:"天下卿相人臣及布衣之士,〔2〕皆高贤君之行义,皆愿奉教陈忠于前之日久矣。虽然,奉阳君妒而君不任事,是以宾客游士莫敢自尽于前者。今奉阳君捐馆舍,〔3〕君乃今复与士民相亲也,臣故敢进其愚虑。〔4〕

【注释】〔1〕"资",资助,供给。〔2〕"布衣之士",指没有做官的知识分子。先秦时,贵族穿丝帛,平民则穿粗麻布衣服。〔3〕"捐馆舍",对有地位的人死亡的讳称。"捐",弃。"馆舍",指居住的地方。奉阳君李兑在赵惠文王时尚健在,此言其在赵肃侯时已死,不合事实。〔4〕"进其愚虑",献其愚计。

【译文】于是，燕文侯供给苏秦许多车马和金帛，让他到赵国去。这时，奉阳君已经死掉。苏秦因而游说赵肃侯道："当今天下在位的卿相人臣和民间的有识之士都仰慕您的作风，早就愿意为您效忠。虽说这样，由于奉阳君嫉妒贤能，您不能直接管理国事，所以宾客和游说之士，没有谁敢于在您面前倾吐忠言。现在奉阳君已经死掉，您如今又可与人民亲近，我这才敢于向您提出我一些不成熟的看法。

"窃为君计者，莫若安民无事，且无庸有事于民也。[1]安民之本，在于择交，择交而得则民安，择交而不得则民终身不安。请言外患：齐、秦为两敌而民不得安，倚秦攻齐而民不得安，倚齐攻秦而民不得安。故夫谋人之主，伐人之国，常苦出辞断绝人之交也。愿君慎勿出口。请别白黑，所以异阴阳而已矣。[2]君诚能听臣，燕必致旃裘狗马之地，[3]齐必致鱼盐之海，楚必致橘柚之园，[4]韩、魏、中山皆可使致汤沐之奉，[5]而贵戚父兄皆可以受封侯。夫割地包利，[6]五伯之所以覆军禽将而求也；[7]封侯贵戚，汤、武之所以放弑而争也。[8]今君高拱而两有之，[9]此臣之所以为君愿也。

【注释】[1]"无庸"，不必。 [2]"请别白黑，所以异阴阳而已矣"，当从《战国策·赵策二》作"请屏左右，白言所以异，阴阳而已矣"。"阴阳"，指合纵连横的策略。 [3]"旃裘"，北方少数民族用皮毛制成的衣服。"旃"，与"毡"，字同。 [4]"楚"，国名。战国七雄之一。其疆域略有今湖南、湖北及河南之南部，江苏、安徽、浙江三省之大部，兼及山东、江西、陕西、四川等省之地。建都于郢（今湖北江陵西北）。 [5]"韩"，战国七雄之一。初都阳翟（今河南禹县），后迁都新郑（今属河南）。疆域有今山西东南部和河南中部。"魏"，战国七雄之一。初都安邑（今山西夏县西北），后魏惠王迁都大梁（今河南开封市）。疆域有今山西省西南部及河南省东部，兼涉陕西、安徽二省境。"中山"，国名。春秋时白狄别族所建立。又称鲜虞。战国初期建都于顾（今河北定县）。公元前六〇六年被魏所灭。不久复国，迁都灵寿（今河北平山东北）。公元前二九六年为赵所灭。"汤沐之奉"，贵族收取赋税作为个人用费的私邑。"汤沐"，即沐浴。"奉"，奉邑。

[6]"割地包利"，割取别国土地，获取利益。 [7]"五伯"，战国时人所说的五霸，通常指齐桓公、晋文公、楚庄王、吴王阖庐、越王句践。"伯"，通"霸"。"禽"，通"擒"。 [8]"汤"，商汤，商朝的建立者。"武"，周武王，西周王朝的建立者。"放弑"，此指商汤放逐夏桀，周武王诛灭商纣。"放"，放逐。"弑"，杀君。 [9]"高拱"，高坐拱手，比喻安然不动。

【译文】"我私下为您考虑，最好是使人民的生活安定，不要破坏他们的安宁。安民的根本方针，在于选择邦交。选择邦交得当，人民就能安定；选择邦交不当，人民就终身不能安定。请允许我谈一谈赵国的外患问题。假如把齐、秦两国都作为敌人，人民的生活就无法安定。如果倚靠秦国去攻打齐国，人民也不能安定。又如倚靠齐国来进攻秦国，人民仍然不能安定。所以图谋别国的君主，进攻别的国家，这种劝人断绝邦交的话常令人难以启齿，希望您也不要轻易出口。请让我指出这策略的不同，不过就是区别合纵连横两种方法而已。您如能采纳我的建议，燕国一定会献上盛产毛毡、皮衣、狗马的土地，齐国一定会献上盛产鱼盐的海域，楚国一定会献上盛产橘柚的园林，韩、魏、中山也都会献上一部分土地作为赵国贵臣收取赋税的私邑，您尊贵的亲戚父兄也都可以得到封侯之赏。割取别国的土地而取得利益，这是五霸冒着损军折将的风险去追求的。使自己的贵戚能够封侯，更是成汤和周武王采用放逐和杀君的手段也要去争取的。现在您只须安然不动便可得到这两种好处，这就是我对您祝愿的原因。

"今大王与秦，则秦必弱韩、魏；与齐，则齐必弱楚、魏。魏弱则割河外，[1]韩弱则效宜阳，宜阳效则上郡绝，[2]河外割则道不通，楚弱则无援。此三策者，不可不孰计也。[3]

【注释】[1]"河外"，地区名，战国时魏人称今黄河以南陕西华阴至河南陕县一带为河外。 [2]"效"，献。"宜阳"，故城在今河南宜阳县西北洛河北岸的韩城镇。"上郡"，魏地，辖境当今陕西榆林一带，与韩相去甚远。"上郡"疑当作"上党"。上党，韩郡，今山西长治县一带，与宜阳隔河相望。 [3]"孰计"，反复考虑。"孰"，古"熟"字

【译文】"现在您如果与秦国联合，那么秦国

一定会去削弱韩国和魏国；假如您和齐国结交，那么齐国一定会去削弱楚国和魏国。魏国削弱就会割让河外，韩国削弱就会献出宜阳，献出宜阳就会使上郡处于绝境，割让河外也会使通往上郡的道路不通，楚国削弱将使赵国失去外援。这三种策略，不能不详加考虑。

"夫秦下轵道，〔1〕则南阳危；〔2〕劫韩包周，〔3〕则赵氏自操兵；〔4〕据卫取卷，〔5〕则齐必入朝秦。秦欲已得乎山东，〔6〕则必举兵而向赵矣。秦甲渡河踰漳，〔7〕据番吾，〔8〕则兵必战于邯郸之下矣。〔9〕此臣之所为君患也。

【注释】〔1〕"轵道"，古道路名，位于今河南省济源县东，为豫北进入山西的要道。 〔2〕"南阳"，地区名，属魏。地包括今王屋山到河南温县一带。〔3〕"劫韩包周"，宜阳、新城在周西，荥阳、成皋在周东，故攻取韩地则包围了周都洛阳。 〔4〕"操兵"，指持兵器登城守御。 〔5〕"据卫取卷"，占有卫国，夺取卷邑。"卫"，战国时小国，初都楚丘(今河南滑县)，后迁帝丘(今河南濮阳)。"卷"，卫邑，在今河南原阳县西。 〔6〕"山东"，地区名。战国时，泛指崤山以东地区。 〔7〕"渡河踰漳"，河，黄河。"漳"，漳河，在河北、河南两省边境。 〔8〕"番吾"，战国赵邑，故城在今河北磁县境。"番"，音 pó。〔9〕"邯郸"，战国赵都，故城在今河北省邯郸市西南。

【译文】"秦军如果攻下轵道，那么韩国的南阳便危险了。秦国如劫持韩国、包围周都洛阳，那么赵国将发兵自卫。如果秦军据有卫地，夺取卷城，那么齐国一定会去朝拜秦国。秦国的欲望在山东地区已开始得到满足，就必然会举兵指向赵国。秦军渡黄河、越漳水、占据番吾，那么秦军将直捣邯郸，这是我最为您担心的事。

"当今之时，山东之建国莫强于赵。赵地方二千余里，带甲数十万，车千乘，骑万匹，粟支数年。西有常山，〔1〕南有河漳，〔2〕东有清河，〔3〕北有燕国。燕固弱国，不足畏也。秦之所害于天下者莫如赵，然而秦不敢举兵伐赵者，何也？畏韩、魏之议其后也。然则韩、魏，赵之南蔽也。秦之攻韩、魏也，

无有名山大川之限，稍蚕食之，傅国都而止。〔4〕韩、魏不能支秦，必入臣于秦。秦无韩、魏之规，〔5〕则祸必中于赵矣。〔6〕此臣之所为君患也。

【注释】〔1〕"常山"，山名，今河北定县西北的恒山。 〔2〕"河漳"，水名。"河"一作"清"，即漳河。 〔3〕"清河"，古河名，在齐、赵二国边境。〔4〕"傅"，迫近。 〔5〕"规"，《国策》作"隔"，犹言阻隔。〔6〕"中"，集中，专注。音 zhòng。

【译文】"当前，山东地区的国家没有比赵国更强的。赵国的领土纵横二千多里，战士几十万，战车千辆，战马万匹，粮食可以供应好几年。西有常山，南有漳河，东有清河，北有燕国。燕国本是个弱国，值不得害怕。秦在各国中最忌恨的就是赵国。但是秦国不敢举兵攻打赵国，为什么呢？就是怕韩、魏从背后打它的主意。那么，韩、魏可说是赵国南边的屏障。秦国如进攻韩、魏，没有高山和大河的阻隔，逐渐蚕食它们的土地，直到迫近它们的国都为止。韩、魏不能抵挡秦国，必然向秦国屈服称臣。秦国没有韩、魏的制约，那么战祸就会落到赵国头上，这是我为您担忧的又一桩大事。

"臣闻尧无三夫之分，〔1〕舜无咫尺之地，〔2〕以有天下；禹无百人之聚，〔3〕以王诸侯；〔4〕汤武之士不过三千，车不过三百乘，卒不过三万，立为天子：诚得其道也。是故明主外料其敌之强弱，内度其士卒贤不肖，〔5〕不待两军相当而胜败存亡之机固已形于胸中矣，岂揜于众人之言而以冥冥决事哉！〔6〕

【注释】〔1〕"尧"，传说中父系社会后期部落联盟领袖。即陶唐氏。"三夫"，指部属。 〔2〕"舜"，传说中父系氏族社会后期部落联盟领袖，即有虞氏，是尧的继承人。"咫"，周制，八寸为咫。"咫尺"，极言其少。 〔3〕"禹"，传说中父系社会后期部落联盟领袖。又名文命，因治水有功，被舜选为继承人。"聚"，村落。 〔4〕"王"，作诸侯的统领者。音 wàng。 〔5〕"度"，估量。音 duó。 〔6〕"揜"，受蒙蔽。"冥冥"，昏暗。

【译文】我听说尧没有几个部属，舜没有一点

土地，但都拥有了天下；大禹不到一百个部众，却统治了天下诸侯；商汤、周武王的士兵不过三千，战车不过三百辆，军队不过三万人，却能立为天子，都是由于他们懂得治理天下之道。因此，贤明的君主对外能估计敌人的强弱，对内能衡量自己士兵素质的优劣，不必等到两军交锋，对胜负存亡的可能性早已瞭然于胸了，怎么会被一般人的言论所蒙蔽，糊里糊涂去决定大事呢！

"臣窃以天下之地图案之，〔1〕诸侯之地五倍于秦，料度诸侯之卒十倍于秦，〔2〕六国为一，并力西乡而攻秦，秦必破矣。今西面而事之，见臣于秦。夫破人之与破于人也，臣人之与臣于人也，岂可同日而论哉！

【注释】〔1〕"案"，考查。 〔2〕"料度"，估量。"度"，音 duò。

【译文】"我私下查看地图加以衡量，山东各国的疆土合起来比秦国大五倍，兵力是秦国的十倍。六国联成一气，合力向西攻打秦国，秦国非被攻破不可。现在各国反而向西投靠秦国，做秦的臣属。打败别人和被别人打败，使别国臣服和向别国称臣，这两者难道可以同日而语么？

"夫衡人者，〔1〕皆欲割诸侯之地以予秦。秦成，则高台榭，〔2〕美宫室，听竽瑟之音，〔3〕前有楼阙轩辕，〔4〕后有长姣美人，国被秦患而不与其忧。〔5〕是故夫衡人日夜务以秦权恐愒诸侯以求割地，〔6〕故愿大王孰计之也。

【注释】〔1〕"衡人"，游说诸侯事秦的连横派辩士。"衡"，通"横"。 〔2〕"榭"，古时土筑的高台称为台，高台上的屋舍叫榭。音 xiè。 〔3〕"竽"，古管乐器，形似笙而较大，管数亦较多，战国时盛行于民间。"瑟"，古拨弦乐器，有二十五弦，每弦有柱，按五声音阶定位。 〔4〕"阙"，古代宫殿的前面，通常有两个高耸的建筑物左右对峙，中间有空阙作为行道通路，所以叫阙。"轩辕"，当作"轩县"，东西北三面都悬挂乐器。一说轩辕指车。 〔5〕"被"，遭受。 〔6〕"恐愒"，恐吓。"愒"，音 kài。

【译文】"说到那些主张连横的人，都想把诸

侯的土地割给秦国。秦国如获得成功，他们就会把自己的楼台亭榭筑得高高的，宫室修得很华美，欣赏竽瑟的演奏，前有楼阁宫阙张挂着乐器，后有苗条艳丽的美女。诸侯遭到秦的侵扰，他们不分担一点忧虑。所以那些主张连横的人，时刻都致力于用秦国的权威来恫吓诸侯，以求达到割地的目的。因此，我希望大王能仔细考虑。

"臣闻明主绝疑去谗，〔1〕屏流言之迹，塞朋党之门，〔2〕故尊主广地强兵之计臣得陈忠于前矣。故窃为大王计，莫如一韩、魏、齐、楚、燕、赵以从亲，以畔秦。〔3〕令天下之将相会于洹水之上，〔4〕通质，〔5〕刳白马而盟。〔6〕要约曰：'秦攻楚，齐、魏各出锐师以佐之，韩绝其粮道，〔7〕赵涉河漳，〔8〕燕守常山之北。〔9〕秦攻韩、魏，则楚绝其后，〔10〕齐出锐师而佐之，赵涉河漳，燕守云中。秦攻齐，则楚绝其后，韩守城皋，〔11〕魏塞其道，赵涉河漳、博关，〔12〕燕出锐师以佐之。秦攻燕，则赵守常山，楚军武关，〔13〕齐涉勃海，〔14〕韩、魏皆出锐师以佐之。秦攻赵，则韩军宜阳，楚军武关，魏军河外，齐涉清河，燕出锐师以佐之。诸侯有不如约者，以五国之兵共伐之。'六国从亲以宾秦，〔15〕则秦甲必不敢出于函谷以害山东矣。〔16〕如此，则霸王之业成矣。"

【注释】〔1〕"去"，除掉。 〔2〕"朋党"，由于利害相合而互相勾结的小集团。 〔3〕"畔"，同叛。〔4〕"洹水"，古水名。在今河南省北境，今名安阳河。源出林县隆虑山，东流经安阳市，到内黄县北入卫河。 〔5〕"通质"，交换人质。春秋战国时期每以此作为保证两国友好关系的手段。 〔6〕"刳白马而盟"，杀白马进行盟誓。先秦盟誓时要在地面掘坑，杀牲取血后埋入坑内，并把盟辞放在牲畜上面。"刳"，音 kū，此指宰割。 〔7〕"韩绝其粮道"，秦伐楚要出武关，韩从宜阳绕道卢氏而西，可断绝秦的粮道。 〔8〕"赵涉河漳"，赵军渡过河漳而向西，作为韩国的声援。 〔9〕"燕守常山之北"，恐秦声言伐楚，而忽出兵指向燕、赵。 〔10〕"楚绝其后"，楚出兵武关，断绝秦军的后路。 〔11〕"城皋"，即成皋。韩邑，故城在今河南荥阳县汜水镇西。 〔12〕"博关"，关名。在今山东茌平县博平镇东北十五里。 〔13〕"武关"，古关名，战国秦置，故

址在今陕西商南县东南，为关中通往南阳盆地的要塞。 〔14〕"勃海"，我国内海，位于辽东半岛与山东半岛环抱之间。 〔15〕"宾"，通"摈"，排斥。〔16〕"甲"，此指甲兵。"函谷"，在今河南灵宝县境弘农涧注入黄河口的西岸。

【译文】"我听说贤明的君主善于决断疑难，排除谗言，屏绝飞短流长的途径，堵塞结党营私的门路。这样，我才能报着效忠之心，在您面前陈述如何使国君更尊贵，国土更扩大，兵力更强盛的计划。我私下为您考虑，最好是团结韩、魏、齐、楚、燕、赵等国合纵亲善，一道反抗秦国。使各国的将相在洹水上结盟，互相交换人质，宰杀白马，举行盟誓。相互约定说：'假如秦国攻打楚国，那么齐国、魏国就派出精锐部队帮助楚国；韩国断绝秦国运粮的道路，赵军渡过漳河，燕国则守卫常山以北一带。秦国如果进攻韩、魏二国，那么楚国就截断秦的后路，齐国派出精兵援助，赵军渡过漳河遥相呼应，燕国则固守云中郡一带。秦国要是进攻齐国，那么，楚国同样截断它的后路，韩国守住成皋，魏国堵住秦军通道，赵军越过漳河、博关进行支援，燕国也派精兵助战。假如秦进攻燕国，那么赵国就守住常山，楚国驻军武关，齐国渡过渤海，韩、魏都出精兵助战。秦国如果攻打赵国，那么韩国就驻军宜阳，楚国驻军武关，魏国屯军河外，齐国渡过清河，燕国也派精兵支援。诸侯中有不遵守盟约的，其余五国便联军讨伐。六国要真能合纵相亲，共同抗秦，那么秦军一定不敢出函谷关来危害山东一带的国家了。这样，您的霸王之业也就成功了。'"

赵王曰："寡人年少，立国日浅，〔1〕未尝得闻社稷之长计也。〔2〕今上客有意存天下，安诸侯，寡人敬以国从。"乃饰车百乘，黄金千溢，〔3〕白璧百双，锦绣千纯，〔4〕以约诸侯。

【注释】〔1〕"立国"，在位，当国。"立"，通"莅"，临的意思。 〔2〕"社稷"，古代侯王所祭的土神(社)和谷神(稷)，一般作国家的代称。 〔3〕"溢"，通"镒"，古代的重量单位，以金二十两或二十四两为一镒。 〔4〕"纯"，古代布帛的计量单位，匹，段。音 tún。

【译文】赵肃侯回答道："我年纪轻，治理国家的时间很短，从未有人告诉过我治国的长远之计。如今您有意为各国谋生存，使诸侯得以安定，我诚

恳地把国家付托给您。"于是装饰车子一百辆，加上黄金一千镒，白璧一百双，锦绣一千匹，用来邀约其他诸侯结盟。

是时周天子致文、武之胙于秦惠王。〔1〕惠王使犀首攻魏，〔2〕禽将龙贾，〔3〕取魏之雕阴，〔4〕且欲东兵。〔5〕苏秦恐秦兵之至赵也，乃激怒张仪，入之于秦。

【注释】〔1〕"文武之胙"，指周王祭周文王、周武王的祭肉。"胙"，祭祀用的肉。周王送文、武之胙给秦，是对秦尊重的表示。 〔2〕"犀首"，本魏国武官名，此指魏人公孙衍，这时在秦任大良造(秦爵第十六级)。 〔3〕"禽"，通"擒"。"龙贾"，魏将。〔4〕"雕阴"，古地名，在今陕西省甘泉以南，洛水以西。 〔5〕"东兵"，引兵东下。

【译文】正当此时，周天子把祭祀文王、武王的祭肉赐给秦惠王。秦惠王派犀首进攻魏国，生擒魏将龙贾，攻占了雕阴，并打算继续向东方用兵。苏秦担心秦国军队打到赵国破坏合纵，便用计激怒张仪，让他投奔秦国。

于是说韩宣王曰：〔1〕"韩北有巩、〔2〕成皋之固，西有宜阳、商阪之塞，〔3〕东有宛、穰、〔4〕洧水，〔5〕南有陉山，〔6〕地方九百余里，带甲数十万，天下之强弓劲弩皆从韩出。谿子、〔7〕少府时力、距来者，〔8〕皆射六百步之外。韩卒超足而射，〔9〕百发不暇止，远者括蔽洞胸，近者镝弇心。〔10〕韩卒之剑戟皆出于冥山、棠谿、墨阳、合赙、〔11〕邓师、宛冯、龙渊、太阿，〔12〕皆陆断牛马，水截鹄雁，〔13〕当敌则斩，〔14〕坚甲铁幕、〔15〕革抉㕹芮，〔16〕无不毕具，以韩卒之勇，被坚甲，〔17〕蹠劲弩，〔18〕带利剑，一人当百，不足言也。夫以韩之劲与大王之贤，乃西面事秦，交臂而服，〔19〕羞社稷而为天下笑，无大于此者矣。是故愿大王孰计之。

【注释】〔1〕"韩宣王"，昭侯之子，公元前三三二年至前三一二年在位。 〔2〕"巩"，今河南巩县，本东周邑，言可恃作屏障。〔3〕"商阪"，山名，又名商山，楚山，在今陕西商县东南。 〔4〕"宛"，邑

名,在今河南南阳市。音 yuān。"穰",邑名,在今河南邓县东南。音 rǎng。宛、穰俱在韩国的南面,不在东。〔5〕"洧水",水名,即今河南双洎河,源出河南登封县东,东南流入颍河。〔6〕"陉山",山名,在今河南新郑县西南三十里。〔7〕"谿子",弓名。南方名为"谿子"的少数民族所造良弓,此指韩国的仿制品。〔8〕"少府",韩国主管兵器制作的官署。"时力"、"距来"皆良弓名。"来"当为"黍"之误。〔9〕"蹠足而射",坐着用足踏弩,以手引揍机,然后发射。〔10〕"括",当作"𦕊"(音 xiān),箭镞。"蔽",衍文。"镝弆心",箭射穿心房。"弆",音 yǎn。〔11〕"冥山、棠谿、墨阳、合赙",均地名,是韩国冶铸工业发达的地方。"冥山",在今河南信阳东南,战国时为楚、韩二国分界处。"棠谿",古邑名,春秋楚地,战国属韩,在今河南西平县西北,以出宝剑闻名。附近有龙渊水,淬铸刀剑,尤为锋利。"墨阳",在今河南内乡县北。合赙,在今河南西平县西三十里。〔12〕"邓师、宛冯、龙渊、太阿",均剑名。"邓师",邓地铸剑的工匠。"宛冯",宛人在冯池铸剑,剑因此得名。〔13〕"鹄",即天鹅。音 hū。〔14〕"当敌则斩",言所当无不破。〔15〕"铁幕",用来保护小腿和手臂的铁制臂衣。〔16〕"革抉",皮制的臂衣,射箭时套在左臂上。"𣚤芮",系盾的带子。"𣚤",音 fá。〔17〕"被",穿着。〔18〕"蹑",踏。音 zhì。〔19〕"交臂而服",拱手臣服。

【译文】于是苏秦又游说韩宣王道:"韩国北面有巩县、成皋这样坚固的城池,西面有宜阳、商阪等要塞,东面有宛、穰二县和洧水,南面有陉山,土地纵横九百多里,军队几十万,天下的强弓劲弩都是韩国制造的。像谿子弩,还有少府所造的时力、距黍两种劲弩,都能射到六百步以外,韩国的士兵举足踏弩而射可以不停地射百来次,对远处的敌人可以射穿他的胸部,近的可以射透他的心窝。韩国的剑戟都出产于冥山、棠谿、墨阳、合赙、邓师、宛冯、龙渊、太阿等地,都能在陆地上砍断牛马,水里截杀鹄雁。攻击敌人时,能斩断坚固的铠甲、铁衣,皮制的臂衣和盾牌,像这些精良的兵器,韩国无不具备。凭着韩兵的勇敢,披上坚甲,踏着劲弩,佩着利剑,以一个人抵挡一百个人是不在话下的。以韩国兵力的强劲和大王的贤明,却向西投靠秦国,拱手称臣,使国家蒙受耻辱而受到天下的耻笑,没有更超过此事的。所以,我希望大王能详加考虑。

"大王事秦,秦必求宜阳、成皋。今兹效之,〔1〕明年又复求割地。与则无地以给之,不与则弃前功而受后祸。且大王之地有尽而秦之求无已,以有尽之地而逆无已之求,〔2〕此所谓市怨结祸者也,〔3〕不战而地已削矣。臣闻鄙谚曰:'宁为雞口,无为牛后。'〔4〕今西面交臂而臣事秦,何异于牛后乎?夫以大王之贤,挟强韩之兵,而有牛后之名,臣窃为大王羞之。"

【注释】〔1〕"今兹",今年。"效",呈献。〔2〕"逆",迎,接受。〔3〕"市",购买。〔4〕"宁为鸡口,无为牛后","口"当作"尸","后"当作"从"。鸡尸是鸡中之主,从指小牛。这是说宁肯作小而独立自主的人,不作大而受人支配的人。

【译文】"大王如果向秦国屈服,秦国一定会向您索取宜阳和成皋。您现在把土地献给它,明年又会再要求您割地。给它吧,没有那么多地方给;不给吧,就会前功尽弃并带来后患。而且大王的土地有限,而秦国贪求却没有止境。以有限的土地去应付那无止境的贪求,这正是通常所说的买下仇恨,种下祸根,不需打仗而土地已落入别人之手了。我听说有这样的俗话:'宁可作鸡群的头领,不要作牛群里的跟从。'现在你如果向西拱手屈服于秦,这和作牛群里的跟随者有什么区别呢!以大王的贤明,拥有强大的韩国军队,却落得一个牛群跟随者的名称,我私下替大王感到羞愧。"

于是韩王勃然作色,攘臂瞋目,〔1〕按剑仰天太息曰:〔2〕"寡人虽不肖,〔3〕必不能事秦。今主君诏以赵王之教,〔4〕敬奉社稷以从。"

【注释】〔1〕"攘臂",捋起袖子。"瞋目",发怒时睁大眼睛。〔2〕"太息",大声叹气。〔3〕"不肖",不贤。〔4〕"主君",对苏秦的尊称。

【译文】这时,韩王一下子变了脸色,挥动手臂,怒睁双眼,按住剑柄,抬头望天,长叹一口气说:"我尽管没有出息,也决不会向秦国屈服,现在蒙您把赵王的高见转告我,我愿意举国相随。"

又说魏襄王曰[1]："大王之地，南有鸿沟、陈、汝南、许、郾、昆阳、召陵、舞阳、新都、新郪，[2]东有淮、颍、煮枣、无胥，[3]西有长城之界，[4]北有河外、卷、衍、酸枣，[5]地方千里。地名虽小，然而田舍庐庑之数，[6]曾无所刍牧。[7]人民之众，车马之多，日夜行不绝，輷輷殷殷，[8]若有三军之众。臣窃量大王之国不下楚。然衡人怵王交强虎狼之秦以侵天下，[9]卒有秦患，[10]不顾其祸。夫挟强秦之势以内劫其主，罪无过此者。魏，天下之强国也；王，天下之贤王也。今乃有意西面而事秦，称东藩，筑帝宫，[11]受冠带，[12]祠春秋，[13]臣窃为大王耻之。

【注释】[1]"魏襄王"，惠王子，名嗣，公元前三一八至前二九六年在位。 [2]"鸿沟"，古运河，约于魏惠王十年（公元前三六〇年）开通，故道至今河南荥阳县北引黄河水，东流自淮阳县南入颍水。"陈"，县名，今河南淮阳县。魏地不至陈，这是夸大的说法。"汝南"，郡名，今河南汝水一带。"许"，邑名，今河南许昌东。"郾"，邑名，今河南郾城县。"昆阳"，邑名，在今河南叶县北二十五里。"召陵"，春秋楚邑，战国时属秦，在今河南郾城东。"舞阳"，战国魏邑，故城在今县西。"新都"，古邑名，属河南南阳。"新郪"，古邑名，在今安徽阜阳县北。 [3]"淮"，淮河，源出河南桐柏山，东流经河南、安徽等省，至江苏省入洪泽湖。"颍"，颍水，淮河支流，经今河南东部及安徽省西北部，至寿县入淮。"煮枣"，战国魏邑，故城在今山东菏泽县西南。"无胥"，古地名，今地不详。 [4]"西有长城之界"，战国时魏国西面的长城，用以防秦，起自今陕西华阴西，北至今陕西洛川县北。 [5]"河外"，秦、汉东郡地，今河南开封市北一带。"衍"，邑名，地在今河南郑州市北。"酸枣"，邑名，在今河南延津县西南。 [6]"庐"，小屋。"庑"，大屋。"数"，密。音 cù。 [7]"曾无所刍牧"，连放牧牲畜的地方都没有，形容人烟稠密。 [8]"輷輷殷殷"，像声词，形容车马行驶的声音。 [9]"怵"，引诱。音 xù。 [10]"卒"，通"猝"，突然。音 cù。 [11]"筑帝宫"，为秦国修筑宫殿，以备秦帝前来巡狩时居住。据《传》文，苏秦说魏在秦取魏雕阴之年，即公元前三三三年，这时秦国还未称王，而这里竟说魏为秦"筑帝宫"，显然违背史实。 [12]"受冠带"，服饰、制度都采用秦国的规定。上年（公元前三三四年）魏、齐会徐州

相王，此说魏受秦的冠带，与史实不合。 [13]"祠春秋"，春秋贡奉，帮助秦国祭祀。这也是不合实际的话。

【译文】苏秦又去游说魏襄王道："大王的国土，南有鸿沟、陈、汝南、许、郾、昆阳、召陵、舞阳、新都、新郪，东面有淮水、颍水、煮枣、无胥，西面有长城为界，北面有河外、卷、衍、酸枣，国土纵横千里。国家的声名虽小，但乡间的房屋都十分密集，连放牧牲畜的地方都没有。人烟稠密，车水马龙，川流不息，轰隆轰隆的车马声，听起来就好像大部队在行军。我个人认为大王的国家并不比楚国差。然而那些主张连横的人却想引诱你伙同虎狼一样的秦国去侵犯天下。一旦受到秦国的加害，他们是不管的。倚仗强秦的声威来胁迫自己的君主，罪过没有比这更严重的了。魏国是天下的强国，大王是天下的贤主。现在却甘心向西侍奉秦国，以秦国的东方属国自居，为秦国建造巡狩的行宫，接受它的礼仪制度，春秋贡奉，帮助秦国祭祀，我私下替您感到羞愧。

"臣闻越王句践战敝卒三千人，[1]禽夫差于干遂；[2]武王卒三千人，[3]革车三百乘，制纣于牧野。[4]岂其士卒众哉，诚能奋其威也。今窃闻大王之卒，武士二十万，苍头二十万，奋击二十万，厮徒十万，[5]车六百乘，骑五千匹。此其过越王句践、武王远矣，今乃听于群臣之说而欲臣事秦。夫事秦必割地以效实，[6]故兵未用而国已亏矣。凡群臣之言事秦者，皆奸人，非忠臣也。夫为人臣，割其主之地以求外交，偷取一时之功而不顾其后，破公家而成私门，外挟强秦之势以内劫其主，以求割地，愿大王孰察之。

【注释】[1]"句践"，春秋末越国君。越王允常之子，最初被吴王夫差打败，屈膝求和，其后卧薪尝胆，奋发图强，终于灭吴称霸。公元前四九六年至前四六五年在位。 [2]"禽"，通"擒"。"夫差"，春秋末吴国君。吴王阖闾之子，公元前四九五年至前四七三年在位，曾大败越兵，使句践臣服。后为越再次兴兵所败，自杀。"干遂"，古地名，在今江苏苏州市西北四十余里。 [3]"武王"，即周武王，西周王朝的建立者。周文王之子，名发。 [4]"纣"，即帝辛，商代最后的君主。"牧野"，古地名，在今河

南淇县西南。〔5〕"武士"，"苍头"、"奋击"、"厮徒"，都是魏国军队的名目。"武士"，最精锐的兵，经过严格的选拔，中选后由国家给予田宅。"苍头"，用青巾裹头以为识别。"奋击"，冲锋陷阵的勇士。"厮徒"，担负砍柴、养马等杂役的人。〔6〕"效"，献。"实"，指宝贵的器物。

【译文】"我听说越王句践用三千疲敝的兵士与吴国作战，在干遂生擒了吴王夫差。武王以三千兵士，三百辆兵车，在牧野之战制服了纣王。难道是他们的兵力众多吗？实在是因为他们能发挥兵威啊！我个人听说大王的兵力有武士二十万，苍头军二十万，冲击部队二十万，杂役十万，还有战车六百辆，战马五千匹，这就远远超过了越王句践和武王。想不到现在您竟听信群臣的话，打算向秦国臣服。谈到向秦臣服，必然要割让土地和献上宝贵的器物，不经过战事而国家就已经蒙受损失了。凡是群臣中主张事奉秦国的人，都是奸臣，不是忠臣。他们作为人臣，割让自己国家的土地来讨好外国，只图眼前效益而不顾后果，损公肥私，对外依靠强秦的势力来胁迫自己的国君，以求把土地割让给秦国。希望大王仔细考虑。

"《周书》曰：〔1〕'縣縣不绝，蔓蔓奈何？豪氂不伐，将用斧柯。'〔2〕前虑不定，后有大患，将奈之何？大王诚能听臣，六国从亲，专心并力壹意，则必无彊秦之患。故敝邑赵王使臣效愚计，奉明约，在大王之诏诏之。"

【注释】〔1〕"周书"，即《逸周书》。今存七十一篇。〔2〕"縣縣不绝，蔓蔓奈何"，见于《逸周书·和寤解》。这是以草木为喻，縣縣指微小的幼芽，蔓蔓指长成的枝叶。"氂"，通"厘"。这四句话的意思是要及早除掉祸患，免其发展。

【译文】《周书》上说：'铲除草木，在萌芽状态不加斩断，等到枝叶蔓延就不好办了。在细小的时候不斩断，等长大后就必须使用斧头砍了。'事前不考虑成熟，就会招致严重的后果，那时又怎么办呢？大王真能听从我的建议，使六国合纵相亲，齐心合力，就一定不会再遭受强秦的侵略了。因此，敝国的赵王派我来向您呈献这种不成熟的意见，接受您贤明的约定，究竟如何，全赖大王的指示。"

魏王曰："寡人不肖，未尝得闻明教。今主君以赵王之诏诏之，敬以国从。"因东说齐宣王曰：〔1〕"齐南有泰山，〔2〕东有琅邪，〔3〕西有清河，北有勃海，此所谓四塞之国也。齐地方二千余里，带甲数十万，粟如丘山。三军之良，〔4〕五家之兵，〔5〕进如锋矢，〔6〕战如雷霆，解如风雨。即有军役，未尝倍泰山，〔7〕绝清河，〔8〕涉勃海也。临菑之中七万户，〔9〕臣窃度之，〔10〕不下户三男子，三七二十一万，不待发于远县，而临菑之卒固已二十一万矣。临菑甚富而实，其民无不吹竽鼓瑟，弹琴击筑，〔11〕斗鸡走狗，六博蹋鞠者。〔12〕临菑之涂，〔13〕车毂击，〔14〕人肩摩，连衽成帷，〔15〕举袂成幕，〔16〕挥汗成雨，家殷人足，志高气扬。夫以大王之贤与齐之强，天下莫能当。〔17〕今乃西面而事秦，臣窃为大王羞之。

【注释】〔1〕"齐宣王"，齐国君，名辟彊，齐威王之子，约公元前三二〇年至前三〇一年在位。〔2〕"泰山"，山名，在今山东泰安县北。〔3〕"琅邪"，此指琅邪山，在今山东胶南县境，面临黄海。〔4〕"三军"，指齐的全军。〔5〕"五家"，齐征兵的基层组织，每五家为一轨，一家出丁一人，五人成为一伍，由轨长统率。这是管仲创立的制度。一说"五家"当作"五都"。五都之兵指驻守齐国五个大都市的精兵。〔6〕"锋矢"，锐利的箭头。〔7〕"倍"，通"背"，翻越。〔8〕"绝"，横渡。〔9〕"临菑"，齐国国都，以城临菑水得名。故址在今山东淄博市东北旧临淄。〔10〕"度"，估计。音 duó。〔11〕"筑"，弦乐器，形似筝，头圆，五弦，弹奏时以竹尺击弦。〔12〕"六博"，或作"陆博"。古代棋戏，共十二棋，六白六黑，两人对弈，每人六棋，故名。"踏鞠"，战国时新兴起的一种练武的军事游戏。"鞠"，中间用毛填起来的皮球。〔13〕"涂"，通"途"，道路。〔14〕"车毂击"，"毂"，车轮中心的圆木，周围与辐的一端相连接。此句是形容车子多。〔15〕"衽"，衣襟。"帷"，帐。〔16〕"袂"，衣袖。〔17〕"当"，敌。

【译文】魏王说："我没有才能，以前没有机会听取您高明的指教。现在您用赵王的指示来启发我，我愿以魏国追随您。"苏秦乘便又向东去游说齐宣王道："齐国南面有泰山，东面有琅邪山，西面有清河,北面有渤海,这可以说是四方都有险塞的国家。齐国的领土纵横两千里,军队几十万,粮食堆积如山,三军的锐卒和驻守五大都市的精兵,进攻时像锋利的刀和箭一样迅急,战斗时有如雷霆万钧,撤退时像风雨一样迅捷。自有战事以来,从未征调过泰山以南的部队,也不需渡过清河、渤海去征调兵卒。临菑城内有七万户人家,我私下估计,每户不少于三个男子,三七二十一万,不必等待征调远县的军队,单是临菑的兵卒就有二十一万了。临菑非常富有和殷实,这里的人没有不会吹竽鼓瑟、弹琴击筑,斗鸡赛狗以及下棋和踢球的。临菑的街道非常热闹,车辆的轮轴互相撞击,人们拥挤得肩擦着肩,衣襟连接起来就可以成为围帐,举起衣袖就可以连成一块大幕布,举手挥汗,洒下去像雨点一样,家家殷实富足,志气昂扬。以大王的贤明和齐国的强大,天下没有谁能比得上。现在您却要向西去事奉秦国,我私下为大王感到羞愧。

"且夫韩、魏之所以重畏秦者,为与秦接境壤界也。兵出而相当,不出十日而战胜存亡之机决矣。韩、魏战而胜秦,则兵半折,四境不守;战而不胜,则国已危亡随其后。是故韩、魏之所以重与秦战,而轻为之臣也。今秦之攻齐则不然。倍韩、魏之地,[1]过卫阳晋之道,[2]径乎亢父之险,[3]车不得方轨,[4]骑不得比行,百人守险,千人不敢过也。秦虽欲深入,则狼顾,[5]恐韩、魏之议其后也。是故恫疑虚猲,[6]骄矜而不敢进,则秦之不能害齐亦明矣。

【注释】〔1〕"倍",通背。〔2〕"阳晋",卫邑,为当时通往齐国的必经之路,在今山东郓城县西。〔3〕"径",通过。"亢父",齐邑,故城在今山东济宁市南五十里。"亢父",音 gòng fù。〔4〕"方轨",两车并行。〔5〕"狼顾",喻有后顾之忧。狼性怯,走时常回头后顾。〔6〕"恫疑",恐惧。"虚猲",虚声恐吓。"猲",通喝。

【译文】"而且韩、魏之所以十分害怕秦国,是因为他们和秦国的边界连接。双方派出力量相当的军队,用不了十天,而胜败存亡的趋势就决定了。如果韩、魏战胜了秦国,那自己的兵力要损失一半,也无法守住自己的边境;如果战事失利,国家的危亡就会随着而来。所以韩、魏不敢轻易与秦国开

战,很愿意向秦国称臣。至于秦国要进攻齐国,情形便不一样了。秦国的背后倚靠着韩、魏的土地,越过卫国阳晋的通道,经历亢父的险塞,车辆不能并驶,战马不能并行,只要用一百人守住险地,一千人也过不去。秦国即使想深入侵犯,总是有后顾之忧,怕韩、魏在后面打它的主意。所以它疑虑重重,只是虚声恫吓,骄妄矜诿而不敢再向前进。那么秦国不能加害齐国,不是明摆着的事实么!

"夫不深料秦之无奈齐何,而欲西面而事之,是群臣之计过也。今无臣事秦之名而有强国之实,臣是故愿大王少留意计之。"
齐王曰:"寡人不敏,僻远守海,穷道东境之国也,未尝得闻余教。[1]今足下以赵王诏诏之,敬以国从。"

【注释】〔1〕"余教",剩余的教诲,这是尊重对方的说法。

【译文】"不深切考虑秦国对齐国无可奈何的事实,却想向它屈服,这是臣僚们谋略上的失误。采纳我的意见,既没有向秦称臣的屈辱名声,又有使国家强大的实效,所以我希望大王稍微考虑一下。"
齐王说:"我很不聪明,守着东面海边上偏僻荒远的国家,从没有机会听取您的教诲,现在您用赵王的指示来开导我,我极愿以齐国追随您。"

乃西南说楚威王曰:[1]"楚,天下之强国也;王,天下之贤王也。西有黔中、巫郡,[2]东有夏州、海阳,[3]南有洞庭、苍梧,[4]北有陉塞、郇阳,[5]地方五千余里,带甲百万,车千乘,骑万匹,粟支十年。此霸王之资也。夫以楚之强与王之贤,天下莫能当也。今乃欲西面而事秦,则诸侯莫不西面而朝于章台之下矣。[6]

【注释】〔1〕"楚威王",名商,宣王之子,公元前三三九年至前三二九年在位。〔2〕"黔中",郡名,战国楚置。辖境相当今湖南沅、澧流域,湖北清江流域,四川黔江流域及贵州东北之一部。"巫郡",战国楚置。郡治在今四川巫山县北,包括今湖北恩施市、巴东县、建始县一带。〔3〕"夏州",春

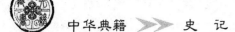

秋时地名。楚庄王平陈国夏征舒之乱，从陈国每乡取一人聚居于此，称夏州。地在今湖北汉阳县北。这是楚国的腹心之地，并非它的东境。"海阳"，古地名，地在今江苏泰州市。 〔4〕"洞庭"，即青草湖，在今湖南岳阳西南。"苍梧"，即九疑山，在今湖南宁远南。 〔5〕"陉"，山名，在今河南漯河市东。"郇阳"，楚邑，在今陕西旬阳东。 〔6〕"章台"，战国时秦渭南离宫台名，这里用作秦国的象征。

【译文】接着，苏秦又前往西南去游说楚威王道："楚国是天下的强国，大王您是天下贤明的君主。西面有黔中郡、巫郡，东面有夏州、海阳，南面有洞庭、苍梧，北面有陉塞、郇阳。国土有五千多里见方，武装部队上百万，战车千辆、战马万匹，粮食储备够十年之用，这是建立霸王之业的有利条件，以楚国的强大和您的贤明，天下没有谁比得上您。现在您却打算向西边的秦国称臣，那么诸侯就会都倒向西方而拜倒在秦国章台宫下了。

"秦之所害莫如楚，楚强则秦弱，秦强则楚弱，其势不两立。故为大王计，莫如从亲以孤秦。大王不从亲，秦必起两军，一军出武关，一军下黔中，则鄢、郢动矣。〔1〕

【注释】〔1〕"鄢"，楚邑，在今湖北宜城东南。"郢"，楚都，在今湖北江陵西北。

【译文】"秦国最害怕的莫过于楚国，楚强秦国就弱，秦强楚国就弱，秦、楚势不两立。所以我为大王考虑，不如与东方各国合纵相亲，使秦国孤立。大王如果不合纵，秦国必然会出动两支军队，一支军队从武关出击，一支军队指向黔中，那么楚国的鄢郢就动摇了。

"臣闻治之其未乱也，为之其未有也。患至而后忧之，则无及已。故愿大王蚤孰计之。〔1〕

【注释】〔1〕"蚤"，通"早"。"孰"，通"熟"。

【译文】"我听说处理问题最好赶在乱子发生之前，在灾难还没有来临时就及早采取行动。祸患临头才去寻找对策，就来不及了。所以希望大王及早考虑。

"大王诚能听臣，臣请令山东之国奉四时之献，以承大王之明诏，委社稷，〔1〕奉宗庙，练士厉兵，〔2〕在大王之所用之。大王诚能用臣之愚计，则韩、魏、齐、燕、赵、卫之妙音美人必充后宫，燕、代橐驼良马必实外厩。〔3〕故从合则楚王，〔4〕衡成则秦帝。今释霸王之业，而有事人之名，臣窃为大王不取也。

【注释】〔1〕"委社稷"，把国家交给楚国支配。"委"，托。 〔2〕"厉兵"，磨砺兵器。"厉"，同"砺"。"兵"，兵器。 〔3〕"橐驼"，即骆驼。 〔4〕"王"，指取得天下而成王业。音 wàng。

【译文】"大王如果采纳我的意见，我愿叫山东各国一年四季向您进贡，接受您的领导，把国家和宗庙都委托给您，作好战备，听从大王的指挥。大王真要能采纳我不成熟的意见，那么韩、魏、齐、燕、赵、卫等国的美好音乐和美女一定会充满您的后宫，燕、代等地的骆驼、良马就会填满您的马厩。所以说，合纵成功，楚国就能成就王业，连横成功，将使秦国称帝。如今您放弃霸王的事业，而有事奉他人的屈辱名声，我私下真为您感到值不得啊！

"夫秦，虎狼之国也，有吞天下之心。秦，天下之仇雠也。〔1〕衡人皆欲割诸侯之地以事秦，此所谓养仇而奉雠者也。夫为人臣，割其主之地以外交强虎狼之秦，以侵天下，卒有秦患，不顾其祸。夫外挟强秦之威以内劫其主，以求割地，大逆不忠，无过此者。故从亲则诸侯割地以事楚，衡合则楚割地以事秦，此两策者相去远矣，二者大王何居焉？故敝邑赵王使臣效愚计，奉明约，在大王诏之。"

【注释】〔1〕"雠"，仇敌。

【译文】"秦国是个像虎狼一样凶恶的国家，抱有并吞天下的野心。秦国是天下的仇敌。主张连横的人都想割诸侯的土地去事奉秦国，这真是奉养仇敌的人啊！作为臣子，割让自己国君的土地和虎狼一样的秦国拉关系，让它侵扰天下，自己的国家最终也会遭到秦国进犯，他是不管这种后果的。

外边倚仗强秦的威势，对内去胁迫自己的国君，要求割让土地给秦国，大逆不忠的罪过，没有比这更大的了。如果合纵相亲，那么诸侯都会割让土地事奉楚国；连横成功，那么楚国就要割让土地给秦国，这两种策略相差实在太远了，大王究竟站在哪一方面呢？所以敝国的赵王派我献上这不成熟的意见，接受您贤明的约定，全在大王的安排。"

楚王曰："寡人之国西与秦接境，秦有举巴蜀并汉中之心。秦，虎狼之国，不可亲也。而韩、魏迫于秦患，不可与深谋，与深谋恐反人以入于秦，〔1〕故谋未发而国已危矣。寡人自料以楚当秦，不见胜也；内与群臣谋，不足恃也。寡人卧不安席，食不甘味，心摇摇然如县旌而无所终薄。〔2〕今主君欲一天下，收诸侯，存危国，寡人谨奉社稷以从。"

【注释】〔1〕"恐反人以入于秦"，恐反以楚谋告诉秦国。"人"字疑为衍文。 〔2〕"县旌"，悬挂在空中随风飘荡的旌旗，比喻心神不定。"县"，通"悬"。"终薄"，附着。

【译文】楚王说："我的国家西面和秦国接壤，秦国有夺取巴蜀、吞并汉中的野心。秦是个像虎狼一样凶横的国家，不能和它亲近。韩、魏由于受到秦国威胁，不能和它们深深地计议，和它们谋划大事，恐怕它们反把消息泄漏给秦国，计划还没有实行，国家已处在危难之中了。我自己估计，单靠楚国的力量去抵挡秦国，不一定能打赢；在国内和群臣商量，又不可靠。我睡不好觉，吃不好饭，心神不定，不得安宁。现在您打算团结天下，拉拢诸侯，保全处在危亡中的国家，我愿竭诚地以整个国家追随您。"

于是六国从合而并力焉。苏秦为从约长，并相六国。

北报赵王，乃行过雒阳，车骑辎重，〔1〕诸侯各发使送之甚众，疑于王者。〔2〕周显王闻之恐惧，除道，〔3〕使人郊劳。〔4〕苏秦之昆弟妻嫂侧目不敢仰视，俯伏侍取食。苏秦笑谓其嫂曰："何前倨而后恭也?"嫂委蛇蒲服，〔5〕以面掩地而谢曰："见季子位高金多也。"〔6〕苏秦喟然叹〔7〕曰："此一人之身，富贵则亲戚畏惧之，贫贱则轻易之，况众人乎！且使我有雒阳负郭田二顷，〔8〕吾岂能佩六国相印乎！"于是散千金以赐宗族朋友。初，苏秦之燕，〔9〕贷人百钱为资，及得富贵，以百金偿之。徧报诸所尝见德者。其从者有一人独未得报，乃前自言。苏秦曰："我非忘子。子之与我至燕，再三欲去我易水之上，方是时，我困，故望子深，〔10〕是以后子。子今亦得矣。"

【注释】〔1〕"辎重"，器械、粮草、营帐、服装的总称。 〔2〕"疑"，通"拟"，比拟。 〔3〕"除道"，清扫道路。 〔4〕"郊劳"，到郊外迎接慰劳。 〔5〕"委蛇"，同"逶迤"，曲折前进。音 wēi yí。"蒲服"，同"匍匐"，伏地而行。 〔6〕"季子"，苏秦字季子，一说为旧时嫂子对夫弟的称呼。 〔7〕"喟然"，慨叹声。 〔8〕"负郭"，靠近城郭。"负"，背倚，"郭"，外城。 〔9〕"之"，往。 〔10〕"望"，埋怨。

【译文】于是六国联合，力量集中，苏秦作了合纵盟约的领导人，兼任六国的相国。

苏秦北上向赵王报命，途经洛阳，随行的车马辎重以及各国护送的使者极多，就好像是国王出巡。周显王得悉这一消息非常害怕，赶忙派人替他清扫将要经行的道路，并派人到郊外慰劳。苏秦的兄弟妻嫂斜着眼不敢抬头正视，都俯伏在地上，侍候他进食。苏秦笑着向他的嫂嫂说："你怎么以前对我那样傲慢，现在却这么恭敬呢?"嫂嫂赶快弯曲着身子匍匐在地上，把脸贴着地面谢罪说："那是因为小叔你现在的官高而钱多啊!"苏秦深有感触地叹道："同样是我这个人，富贵了亲人就害怕我；贫贱就受到轻视，亲人尚且是这样，何况是一般人呢！假如我在洛阳城边有二顷良田，我还能佩上六国相印吗?"于是他便把千金分赐给同族的人和朋友。当初，苏秦到燕国去，曾借别人一百钱作路费，到他富贵了，就用一百金偿还他，并普遍报答了所有曾有恩于他的人。随从中有一人独独没有得到报偿，于是上前主动申明。苏秦说："我不是忘记了你。从前你和我一起到燕国去，走到易水，你再三要想抛弃我，那时我处境艰难，因而我深深地怨恨你，所以把你放在后边。现在你也算是得到报偿了。"

苏秦既约六国从亲，归赵，赵肃侯封为武安君，乃投纵约书于秦。秦兵不敢阗函谷关十五年。

其后秦使犀首欺齐、魏，与共伐赵，欲败从约。齐、魏伐赵，赵王让苏秦。[1]苏秦恐，请使燕，必报齐。苏秦去赵而从约皆解。

【注释】〔1〕"让"，责备。

【译文】苏秦已经约定六国合纵相亲之后，回到赵国，赵肃侯封他为武安君。于是苏秦把合纵的盟约送到秦国，秦国有十五年不敢出函谷关。

后来秦国派犀首欺骗齐、魏两国，和他们一起攻打赵国，想破坏合纵盟约。齐、魏攻打赵国，赵王责备苏秦。苏秦害怕，请求出使燕国，说一定要报复齐国。苏秦离开赵国以后，合纵盟约随之瓦解。

秦惠王以其女为燕太子妇。是岁，文侯卒，太子立，是为燕易王。[1]易王初立，齐宣王因燕丧伐燕，取十城。易王谓苏秦曰："往日先生至燕，而先王资先生见赵，遂约六国从。今齐先伐赵，次至燕，以先生之故为天下笑，先生能为燕得侵地乎？"苏秦大惭曰："请为王取之。"

【注释】〔1〕"燕易王"，燕国君，公元前三三二年至前三二一年在位。

【译文】秦惠王把自己的女儿嫁给燕太子为妻。这一年，燕文侯去世，太子即位，称为燕易王。易王刚继位，齐宣王乘着燕国有丧事，发兵进攻燕国，夺取了十城。燕易王对苏秦说："以前先生您到燕国，先王资助您去见赵王，于是约定六国合纵。现在齐国先进攻赵国，其次就轮到燕国，因为您的原因让天下耻笑，您能为燕国取回被侵占的土地吗？"苏秦非常惭愧地说道："请让我为您把失地收回吧！"

苏秦见齐王，再拜，俯而庆，仰而弔[1]。齐王曰："是何庆弔相随之速也？"苏秦曰："臣闻饥人所以饥而不食乌喙者，[2]为其愈充腹而与饿死同患也。[3]今燕虽弱小，即秦王之少壻也。大王利其十城而长与强秦为仇。今使弱燕为雁行而强秦敝其后，[4]以招天下之精兵，是食乌喙之类也。"齐王愀然

变色曰：[5]"然则奈何？"苏秦曰："臣闻古之善制事者，转祸为福，因败为功。大王诚能听臣计，即归燕之十城。燕无故而得十城，必喜；秦王知以己之故而归燕之十城，亦必喜。此所谓弃仇雠而得石交者也。[6]夫燕、秦俱事齐，则大王号令天下，莫敢不听。是王以虚辞附秦，以十城取天下。此霸王之业也。"王曰："善。"于是乃归燕之十城。

【注释】〔1〕"弔"，慰问遭遇不幸的人。〔2〕"乌喙"，即乌头，毛茛科，多年生草本，含乌头碱，有剧毒。〔3〕"愈"，通"偷"，苟且，暂时。〔4〕"雁行"，飞雁的行列。比喻走在行列的前面。"敝"，通"蔽"，掩蔽。〔5〕"愀然"，神色变得严肃的样子。〔6〕"石交"，交谊像石头一样坚固。

【译文】苏秦去谒见齐王，行了再拜礼，低下头来表示庆贺，随着又抬起头表示哀悼。齐王说："为什么你的庆贺和哀悼相继来得这么快啊？"苏秦说："我听说饥饿的人即使很饥饿也不肯吃毒药乌头，是因为这东西虽然能暂时填饱肚子，却和饿死并没有什么两样。燕国虽然弱小，但燕王却是秦王的小女婿。大王贪图燕国十城，却长期和强大的秦国为仇。现在使弱小的燕国做先锋，秦国在后面打掩护，进而招引天下的精兵来攻击你，这和用乌头充饥实际上是一回事。"齐王忧虑地变了脸色说："那么怎样办呢？"苏秦说："我听说古来善於处理事情的人，能变祸事为好事，变失败为成功。大王真能听取我的建议，就把十城归还燕国。燕国无缘无故地收回十城，必然高兴；秦王知道您是因为他的原故而归还燕的十城，也一定高兴。这叫做去掉仇敌而得到磐石一样的交谊。燕、秦都接受齐国的领导，这样，大王只不过表面上作了个依附秦国的姿态，实际上却是用十城取得了天下。这真是霸王的伟业啊！"齐王说："很好。"于是把十城归还给燕国。

人有毁苏秦者曰："左右卖国反覆之臣也，将作乱。"苏秦恐得罪归，而燕王不复官也。苏秦见燕王曰："臣，东周之鄙人也，无有分寸之功，而王亲拜之于庙而礼之于廷。[1]今臣为王却齐之兵而得十城，[2]宜以益亲。今来而王不官臣者，人必有以不信伤臣于王者。臣之不信，王之福也。臣闻忠信者，所以自为也；进取者，所以为人也。且臣

之说齐王,曾非欺之也。臣弃老母于东周,固去自为而行进取也。今有孝如曾参,[3]廉如伯夷,[4]信如尾生,[5]得此三人者以事大王,何若?"王曰:"足矣。"苏秦曰:"孝如曾参,义不离其亲一宿于外,王又安能使之步行千里而事弱燕之危王哉?廉如伯夷,义不为孤竹君之嗣,[6]不肯为武王臣,不受封侯而饿死首阳山下。[7]有廉如此,王又安能使之步行千里而行进取于齐哉?信如尾生,与女子期于梁下,女子不来,水至不去,抱柱而死。[8]有信如此,王又安能使之步行千里却齐之强兵哉?臣所谓以忠信得罪于上者也。"燕王曰:"若不忠信耳,岂有以忠信而得罪者乎?"苏秦曰:"不然。臣闻客有远为吏而其妻私于人者,[9]其夫将来,其私者忧之,妻曰:'勿忧,吾已作药酒待之矣。'居三日,其夫果至,妻使妾举药酒进之。妾欲言酒之有药,则恐其逐主母也;欲勿言乎,则恐其杀主父也。于是乎详僵而弃酒。[10]主父大怒,笞之五十。故妾一僵而覆酒,上存主父,下存主母,然而不免于笞,恶在乎忠信之无罪也夫?臣之过,不幸而类是乎!"燕王曰:"先生复就故官。"益厚遇之。

【注释】〔1〕"庙",宗庙,国君祭祀的地方。拜之于庙,表示郑重其事。"廷",朝廷。〔2〕"却",使之退却。〔3〕"曾参",春秋后期鲁国南武城(今山东费县)人,字子舆,孔子弟子,以孝著称。〔4〕"伯夷",商末孤竹君的长子。初,孤竹君以次子叔齐为继承人。孤竹君死,叔齐让位,伯夷不受。后二人都到周。周武王克商,二人又一起逃到首阳山,不食周粟而死。〔5〕"尾生",古代传说中坚守信约的人。〔6〕"孤竹",古国名,在今河北卢龙县南。〔7〕"首阳山",即雷首山,在今山西永济县东南。〔8〕"抱",下当有"梁"字。〔9〕"私",私通。〔10〕"详",通"佯",假装。"僵",仆倒。

【译文】有人诽谤苏秦说:"这是个左右摇摆,出卖国家,反覆无常的奸臣,他将会作乱。"苏秦恐怕得罪,赶快回到燕国,燕王不让他任职。苏秦求见燕王说:"我本是东周的一个平民,没有一点功劳,而您亲自在宗庙里接见我,在朝廷上以礼相待。现在我为您说退了齐国的军队而收复了十城,您对

我应更加亲近。现在我回到燕国,而您却不让我担任官职,必然有人以说话不老实的罪名在您面前中伤我。我不守信誉,乃是您的福分啊!我听说忠信只不过是为自己,进取才是为的别人。我去游说齐王,不是欺骗了他吗?我把年老的母亲丢在东周,这本来就是抛弃只顾自己的念头而去帮助别人实行进取。现在假如有人像曾参那样孝顺,像伯夷那样廉洁,像尾生那样守信,得到这样三个人来事奉大王,您觉得怎样?"燕王说:"足够了。"苏秦说:"像曾参那样孝顺的人,按理不会离开他的父母在外住一夜,您又怎么能使他步行千里来替弱小的燕国处在危险境地中的君王效劳呢?像伯夷那样廉洁,他的行为准则是不作孤竹君的继承人,不肯作周武王的臣子,不接受封侯的赏赐,而饿死在首阳山下。像这样廉洁的人,您又怎么能使他步行千里,到齐国去干一番进取的事业呢?像尾生那样守信用的人,和女子在桥下约会,女子没有来,大水来了也不肯离开,抱着柱子让水淹死。像这种守信用的人,您又怎么能够使他步行千里,去退却齐国的强兵呢?我正是那种因为忠信而得罪君王的人。"燕王说:"您本是个不忠诚的人,哪有因为忠诚而得罪的呢?"苏秦说:"话不是这么说。我听说有个到远方做官的人,他的妻子和别人私通。她的丈夫将要回来了,她的奸夫很担心。这个妻子说:'您不要担心,我已经准备好药酒等他了。'过了三天,她的丈夫果然回家,妻子叫侍妾捧着药酒让丈夫喝。侍妾想说出酒里下了毒药,恐怕他会把女主人赶出去;想不说呢,又怕害死了男主人。于是假装跌倒而打翻了酒。男主人大怒,打了她五十鞭。所以,侍妾假装跌倒而泼了药酒,对上来说是保存了男主人,对下来说是保存了女主人,却不免遭到鞭打,怎么能说忠诚就不会得罪呢?我的罪过,不幸正和这个故事相同啊!"燕王说:"您还是担任原来的职位吧。"从此更加优待他。

易王母,文侯夫人也,与苏秦私通。燕王知之,而事之加厚。苏秦恐诛,乃说燕王曰:"臣居燕不能使燕重,而在齐则燕必重。"燕王曰:"唯先生之所为。"于是苏秦详为得罪于燕而亡走齐,[1]齐宣王以为客卿。[2]

【注释】〔1〕"亡",逃亡。〔2〕"客卿",别国的人在本国做官,其位为卿,而以客礼待之,故称客卿。

【译文】燕易王的母亲是燕文侯的夫人，她和苏秦私通。燕易王知道了，对苏秦更加优待。苏秦恐怕被杀，就对燕王说："我在燕国不能提高燕国的地位，我如在齐国，则定能使燕国受到重视。"燕王说："您怎么办都行。"于是苏秦假装得罪了燕国而逃奔到齐国，齐宣王让他作客卿。

齐宣王卒，湣王即位，[1]说湣王厚葬以明孝，高宫室大苑囿以明得意，欲破敝齐而为燕。[2]燕易王卒，燕哙立为王。[3]其后齐大夫多与苏秦争宠者，而使人刺苏秦，不死，殊而走。[4]齐王使人求贼，不得。苏秦且死，乃谓齐王曰："臣即死，车裂臣以徇于市，[5]曰'苏秦为燕作乱于齐'，如此则臣之贼必得矣。"于是如其言，而杀苏秦者果自出，齐王因而诛之。燕闻之曰："甚矣，齐之为苏生报仇也！"

【注释】〔1〕"湣王"，战国时齐国君，田氏，名地，齐宣王之子。约公元前三〇〇年至前二八四年在位。曾一度与秦昭王并称东、西帝，后为燕将乐毅率五国联军所破，逃奔到莒（今山东莒县），不久被杀。〔2〕"破敝"，使之破败。〔3〕"燕哙"，即燕王哙，约公元前三二〇年至前三一四年在位。〔4〕"殊而走"，带着致命伤逃跑。"殊"，死，这里指致命伤。〔5〕"车裂"，古代的酷刑，即将人的头部和四肢分别拴在五辆车上，以马驾车，同时分驰，撕裂肢体。"徇"，示众。

【译文】齐宣王死去，湣王继位。苏秦劝说湣王隆重地安葬宣王，以表示自己的孝思，高筑宫室，扩大苑囿，以显示自己的得意，他想以此损耗齐国，为燕国提供可乘之机。燕易王死去，燕哙继立为王。后来，齐国有许多大夫和苏秦争宠，派人暗杀苏秦，苏秦受了重伤，挣扎着逃走。齐王派人去抓凶手，没有抓到。苏秦快要死了，便对齐王说："我如果死了，请您把我车裂了而在刑场上示众，并宣布说：'苏秦为了燕国在齐国作乱。'这样，那暗杀我的凶手就定能抓到了。"于是齐王照他的话办，暗杀苏秦的凶手果然自己露面，齐王就把他捉来处死。燕国听到这个消息说："齐国这样为苏先生报仇，真太好啦。"

苏秦既死，其事大泄。齐后闻之，乃恨

怒燕。燕甚恐。苏秦之弟曰代，代弟苏厉，见兄遂，亦皆学。及苏秦死，代乃求见燕王，欲袭故事。[1]曰："臣，东周之鄙人也。窃闻大王义甚高，鄙人不敏，释锄耨而干大王。[2]至于邯郸，所见者绌于所闻于东周，[3]臣窃负其志。[4]及至燕廷，观王之群臣下吏，王，天下之明王也。"燕王曰："子所谓明王者何如也？"对曰："臣闻明王务闻其过，不欲闻其善，臣请谒王之过。[5]夫齐、赵者，燕之仇雠也；楚、魏者，燕之援国也。今王奉仇雠以伐援国，非所以利燕也。王自虑之，此则计过，无以闻者，非忠臣也。"王曰："夫齐者固寡人之雠，所欲伐也，直患国敝力不足也。子能以燕伐齐，则寡人举国委子。"[6]对曰："凡天下战国七，燕处弱焉。独战则不能，有所附则无不重。[7]南附楚，楚重；西附秦，秦重；中附韩、魏，韩、魏重。且苟所附之国重，此必使王重矣。今夫齐，长主而自用也。[8]南攻楚五年，[9]畜聚竭；西困秦三年，[10]士卒罢敝；[11]北与燕人战，[12]覆三军，得二将。然而以其余兵南面举五千乘之大宋，[13]而包十二诸侯。[14]此其君欲得，其民力竭，恶足取乎！[15]且臣闻之，数战则民劳，久师则兵敝矣。"[16]燕王曰："吾闻齐有清济、浊河可以为固，长城、钜防足以为塞，诚有之乎？"对曰："天时不与，虽有清济、浊河，[17]恶足以为固！民力罢敝，虽有长城、钜防，[18]恶足以为塞！且异日济西不师，[19]所以备赵也；河北不师，[20]所以备燕也。今济西河北尽已役矣，[21]封内敝矣。[22]夫骄君必好利，而亡国之臣必贪于财。王诚能无羞从子母弟以为质，[23]宝珠玉帛以事左右，彼将有德燕而轻亡宋，[24]则齐可亡已。"[25]燕王曰："吾终以子受命于天矣。"燕乃使一子质于齐。[26]而苏厉因燕质子而求见齐王。齐王怨苏秦，欲囚苏厉。燕质子为谢，[27]已遂委质为齐臣。[28]

【注释】〔1〕"袭故事"，采用苏秦的老办法。〔2〕"锄"，锄头。"耨"，除草器具。"干"，求。〔3〕"绌"，屈，引申为不如。〔4〕"负"，违背。〔5〕"谒"，说明，陈述。〔6〕"举"，以。〔7〕"重"，显得重要。〔8〕"长主"，年纪大的国君。"自用"，自以为是。〔9〕"南攻楚五年"，指齐、韩、魏三国因楚背叛了合纵之约而伐楚的事，见《楚世家》，在周赧王十二年（公元前三〇三年）。两年后，秦又与齐、韩、魏共攻楚，杀楚将唐眜。又两年，孟尝君去齐相秦。攻楚之役，首尾共历五年。〔10〕"西困秦三年"，《帛书》第八章作"攻秦三年"。此指周赧王十七年至十九年（公元前二九八年至前二九六年），齐、韩、魏三国攻秦入函谷事，见《六国年表》。〔11〕"罢敝"，疲乏。"罢"，通"疲"。〔12〕"北与燕人战"三句，"北与燕人战"，指周赧王十九年（公元前二九六年）齐、燕权之战。"覆三军，得二将"，指齐国击溃燕军并擒获燕的两员将领。〔13〕"余兵"，长期从事征伐的军队。"宋"，古国名，建都商丘（今河南商丘南）。其境域包括今河南省东端及江苏、安徽的北端，兼及山东省的西端。〔14〕"包"，囊括，统括。"十二诸侯"，指淮、泗之间的邹、鲁等小国。〔15〕"恶"，何，怎么。音 wū。〔16〕"久师"，指上文所言的长期用兵。〔17〕"清济浊河"，济水清，河水浊，二水皆在齐西北境。济水发源于河南济源县，至山东利津县入海。河即黄河。〔18〕"长城、钜防"，长城即钜防。齐长城西起今山东西境平阴县，历泰山北岗，南达黄海北岸诸城县境之琅琊台入海，其建筑时代当在春秋之际。〔19〕"济西"，济水以西，指今山东聊城、高唐等县。"不师"，不征发兵役。〔20〕"河北"，指漯河以北，今天津市、河北沧县、景县一带。〔21〕"尽已役矣"，原来济西、河北不征兵，专门从事对付燕、赵，现在由于用兵不休，这两个地区的兵员都已征发。〔22〕"封内"，四境之内。〔23〕"从"，《战国策·燕策一》作"宠"，当从。"宠子"，宠爱的儿子。"母弟"，同母所生之弟。〔24〕"轻亡宋"，轻易出师以图灭宋。〔25〕"已"，语气词，表示肯定。〔26〕"燕乃使一子质于齐"，当依《燕策》作"燕王之弟质齐"，此处误记。此质子是燕昭王之弟襄安君。〔27〕"谢"，谢罪，道歉。〔28〕"已"，不久。"委质"，古代臣下向君主奉献礼物，表示确定君臣关系。"质"，通"贽"，旧时初和人见面时所送的礼物。

【译文】苏秦死后，他为燕国削弱齐国的事情充分暴露。齐国知道了，对燕国非常不满。燕国极端恐惧。苏秦的弟弟苏代，苏代的弟弟苏厉，见到兄长这样得意，也都学习纵横之术。苏秦死后，苏代就去求见燕易王，想继承苏秦的旧业，说："我是东周一个普通的平民，听说大王的德行高尚，我不揣冒昧，放弃耕种而来求见大王。我到了赵国的

首都邯郸，所见到的和我在东周所听到的相差很远，我私下感到失望。后来到了燕国的宫廷，看到您的群臣和属吏，便知道大王您真是天下最贤明的君王啊！"燕王问道："你所说的贤明的君主是什么样子呢？"苏代回答道："我听说一个贤明君王总是愿意听取自己的过失，不愿只听别人称道自己的好处。我愿意指出你哪些地方错了。齐、赵是燕国的仇敌，楚、魏是燕国的后援国。现在您却要事奉仇敌来攻打援国，这是对燕国不利的。请您自己考虑，这种作法显然是错的，但却没有人告诉您，这显然不是忠臣。"燕王说："齐国本来是我的敌人，我一直想要讨伐它，只是怕国家疲敝，力量不够。您要能以燕国攻打齐国，我愿把整个国家付托给您。"苏代回答说："天下有力作战的大国有七个，燕国是比较衰弱的。单独与别国作战，力量不足；倘若依附谁，谁就会提高地位。向南去依附楚，楚国的声望就会提高。向西去依附秦，秦国的威望便加重；中间去依附韩、魏，韩、魏的声威就加重。如果所依附的国家威望提高，这必然使您的威望也提高了。谈到齐国，他的国君年纪大而又一意孤行。南边攻楚五年，积蓄消耗殆尽，向西困扰秦国三年，兵士疲敝不堪，北边和燕国作战，打败燕的三军，俘虏了两员将领。并且用它残余的兵力，向南攻破拥有五千辆兵车的宋国，囊括了泗上十二诸侯。他的国君野心虽已得到相当满足，民力却已衰竭了。还能干什么呢！并且我听说：多次打仗，人民就劳累，军队长期在外，战士就很疲敝。"燕王说："齐国有清济、浊河，便于固守，有长城、钜防，可以作为要塞，真是这样吗？"苏代回答说："天时方面不能取得有利条件，虽然有清济、浊河，哪能固守呢！人民疲敝，虽然有长城、钜防，又怎能作为要塞呢！况且，齐国从前不从济水以西征兵，是为了防备赵国，不从河北征调军队，是为了防备燕国。现在济西、河北全都征兵了，全国都已经很疲敝了。骄横的君主必然贪利，亡国的臣子一定贪财。您如果不以把姪儿或弟弟送作人质感到羞愧，并以宝珠玉帛去拉拢齐王的亲信，齐国将会感激燕国而把灭亡宋国看得很容易，那么，齐国就可以被我们灭掉了。"燕王说："我决心依靠您而接受上天的安排。"燕国就派了一个公子到齐国去做人质。苏厉通过燕国质子的关系求见齐王。齐王怨恨苏秦，想把苏厉囚禁起来。燕国的质子替他谢罪，随后苏厉也就委身作了齐国的臣子。

燕相子之与苏代婚，而欲得燕权，乃使苏代侍质子于齐。齐使代报燕，燕王哙问曰："齐王其霸乎？"曰："不能。"曰："何也？"

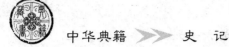

曰:"不信其臣。"于是燕王专任子之,已而让位,燕大乱。齐伐燕,杀王哙、子之。燕立昭王,[1]而苏代、苏厉遂不敢入燕,皆终归齐,齐善待之。

【注释】[1]"昭王",名职,燕王哙的庶子。公元前三一一年至前二七九年在位。原在韩,燕王哙、子之被杀,赵国派人送他回国即位。

【译文】燕国的相国子之和苏代结成婚姻关系,想要取得燕国的的政权,就派苏代到齐国去侍奉质子。齐王派遣苏代回国复命,燕王哙问他道:"齐王能称霸吗?"苏代回答说:"不能。"燕王问:"为什么?"回答说:"因为他不信任自己的臣子。"于是燕王让子之控制燕国的全权,不久又让位给他,引起了燕国大乱。齐国进攻燕国,杀掉了燕王哙和子之。燕国拥立了昭王。苏代、苏厉不敢再进入燕国,都归附了齐国,齐很优待他们。

苏代过魏,[1]魏为燕执代。齐使人谓魏王曰:"齐请以宋地封泾阳君,[2]秦必不受。秦非不利有齐而得宋地也,不信齐王与苏子也。[3]今齐、魏不和如此其甚,则齐不欺秦。秦信齐,齐、秦合,泾阳君有宋地,非魏之利也。故王不如东苏子,[4]秦必疑齐而不信苏子矣。[5]齐、秦不合,天下无变,伐齐之形成矣。"于是出苏代。代之宋,宋善待之。

【注释】[1]"苏代过魏"二句,《战国策·魏策一》作"苏秦拘于魏,欲走而之韩,魏氏闭关而不通"。 [2]"齐请以宋地封泾阳君",这是齐假设此策以营救苏子。泾阳君,秦昭王母弟,名悝。泾阳,地名,在今陕西泾阳县境。[3]"不信齐王与苏子",秦怀疑齐将与魏联合。[4]"东苏子",使苏子回到齐国。齐在魏的东方,所以这样说。"东",使往东。[5]"不信苏子",秦疑苏子联合齐、魏。

【译文】苏代经过魏国,魏国替燕国拘留了苏代。齐国派人对魏王说:"齐国提出把宋国的土地封给秦王的弟弟泾阳君,秦国一定不肯接受。秦国并非不希望拉拢齐国和取得宋地的地盘,只不过是不相信齐王和苏代罢了。现在齐、魏不和到了如此

严重的程度,那么,齐国就不会欺骗秦国。秦国也会相信齐国。齐、秦联合起来,泾阳君取得宋国土地,这是不利于魏国的,所以您不如让苏代东归齐国,秦国定会怀疑齐国而不相信苏代了。齐、秦不能联合,天下局势不发生变动,讨伐齐国的局面就会逐渐形成了。"于是魏国释放了苏代。苏代到了宋国,宋国很好地接待他。

齐伐宋,[1]宋急,苏代乃遗燕昭王书曰:

【注释】[1]"齐伐宋",事在公元前二八六年。

【译文】齐国进攻宋国,宋国危急,于是苏代写信给燕昭王说:

夫列在万乘而寄质于齐,[1]名卑而权轻;奉万乘助齐伐宋,民劳而实费;夫破宋,残楚淮北,肥大齐,[2]雠强而国害:此三者皆国之大败也。[3]然且王行之者,将以取信于齐也。齐加不信于王,而忌燕愈甚,是王之计过矣。夫以宋加之淮北,[4]强万乘之国也,而齐并之,是益一齐也。北夷方七百里,[5]加之以鲁、[6]卫,强万乘之国也,而齐并之,是益二齐也。夫一齐之强,燕犹狼顾而不能支,今以三齐临燕,其祸必大矣。

【注释】[1]"寄质于齐",指燕昭王派遣他的弟弟襄安君到齐作人质。 [2]"肥大齐",使齐国强大。"肥"、"大"是同义词叠用。 [3]"大败",大祸。 [4]"以宋加之淮北"二句,宋是五千乘之国,再加上淮北,则超过万乘之国。 [5]"北夷",族名,当为"九夷"之误。九夷之地在淮、泗之间,南与楚接境,东与泗上十二诸侯连接。 [6]"鲁",国名,在今山东西南部,建都曲阜。战国时国势衰弱,沦为泗上十二诸侯之一。

【译文】燕国作为一个万乘大国,却派出人质寄居在齐国,名声低下而权势卑微,以整个燕国力量帮助齐国攻打宋国,人民疲劳而财力损耗。攻破宋国,侵犯楚国的淮北,使齐国壮大,敌人强大而自己的国家受害。这三种情况都是对国家的大害啊!然而您还是愿意这样办,无非是为了取得齐国的信

任罢了。但齐国却更加不相信您,对燕国更加怀恨,这表明您的策略错了。宋国再加上淮北的地盘,力量超过万乘的大国,齐国把它吞并之后,等于增加了一个齐国。北夷的土地纵横七百里,加上鲁、卫两国的地方,也胜过一个万乘的大国,齐国把它们吞并之后,等于增加了两个齐国。以一个齐国的力量,燕国还担惊受怕而不能应付,现在以三个齐国的力量压到燕国头上,那祸害就一定很大了。

虽然,智者举事,因祸为福,转败为功。齐紫,败素也,〔1〕而贾十倍;〔2〕越王句践栖于会稽,复残强吴而霸天下:此皆因祸为福,转败为功者也。

【注释】〔1〕"齐紫,败素也",齐国的风俗喜欢紫色,商人用质量低劣的素帛染成紫色。〔2〕"贾",通"价"。

【译文】虽是这么说,但聪明人办事,能够变祸为福,转败为胜。比如齐国的紫色绢帛,本是用破旧的白绢染成,它们价格反而提高了十倍。越王句践被困在会稽山,后来却击破强大的吴国而称霸天下。这都是变祸为福,转败为胜的事例啊!

今王若欲因祸为福,转败为功,则莫若挑霸齐而尊之,〔1〕使使盟于周室,焚秦符,曰:〔2〕"其大上计,破秦;其次,必长宾之。"〔3〕秦挟宾以待破,〔4〕秦王必患之。秦五世伐诸侯,〔5〕今为齐下,秦王之志苟得穷齐,不惮以国为功。然则王何不使辩士以此言说秦王曰:"燕、赵破宋肥齐,尊之为之下者,燕、赵非利之也。燕、赵不利而势为之者,以不信秦王也。然则王何不使可信者接收燕、赵,令泾阳君、高陵君先于燕、赵?〔6〕秦有变,因以为质,则燕、赵信秦。秦为西帝,燕为北帝,赵为中帝,立三帝以令于天下。韩、魏不听则秦伐之,齐不听则燕、赵伐之,天下孰敢不听?天下服听,因驱韩、魏以伐齐,曰'必反宋地,归楚淮北'。反宋地,归楚淮北,燕、赵之所利也;并立三帝,燕、赵之所愿也。夫实得所利,尊得所愿,燕、赵弃齐如脱蹝矣。〔7〕今不收燕、赵,齐霸必成。诸侯赞齐而王不从,是国伐也;〔8〕诸侯赞齐而

王从之,是名卑也。今收燕、赵,国安而名尊;不收燕、赵,国危而名卑。夫去尊安而取危卑,智者不为也。"秦王闻若说,必若刺心然。则王何不使辩士以此若言说秦?〔9〕秦必取,齐必伐矣。

【注释】〔1〕"挑",当依《战国策·燕策一》作"遥"。"霸齐",推齐为诸侯之首。〔2〕"符",两国间信使往来的凭证,通常用竹、木做成。〔3〕"大上计",最好的计策。"大",通"太"。"长宾之",长期排斥。"宾",通"摈"。〔4〕"挟宾",遭受摈斥。〔5〕"五世",指秦献公、孝公、惠文王、武王、昭襄王。〔6〕"高陵君",名显,秦昭王母弟,高陵是他的封邑,在今陕西高陵县。〔7〕"蹝",同"屣",草鞋。〔8〕"国伐",国家受到攻伐。〔9〕"此若言",此言。"此"、"若",是同义词迭用。

【译文】现在您如果想要变祸为福,转败为胜,最好是推举齐国为霸主而尊重它,让各国派遣使臣在周室结盟,烧掉秦国的符节,宣言说:'最好的策略是攻破秦国,其次是永远排斥它。'秦受到排斥并时刻担心被别人攻破,秦王一定非常忧虑。秦国接连五代君主都是主动出击,现在反而屈居齐国之下,秦王的想法,只要能使齐国陷入困境,不难以全国力量相拚。既然是这样,您何不派遣一个说客用以下的话游说秦王道:"燕、赵两国攻破宋国,使齐国更加强大,尊重它并屈从它,燕、赵并不想从中得利。燕、赵既得不到利益却又势必要这样做,就是因为不相信秦王的原故。那么,您为什么不派遣一个可信的人去拉拢燕、赵,派泾阳君、高陵君先到燕、赵两国去?如怕秦国的外交路线有变,就以他们二人作为人质,那么燕、赵必然相信秦国。秦国作西帝,燕作北帝,赵作中帝,树立三帝,向天下发号施令。韩、魏不服从,秦国就讨伐它;齐国不服从,燕、赵就讨伐它,天下还有谁敢不服从?天下都服从了,于是驱使韩、魏去讨伐齐国,说:'一定要交出宋国的土地,归还楚国的淮北。'交出宋国的土地,归还楚国的淮北,这是有利于燕、赵的。树立三帝,是燕、赵非常愿意的。这样,实际方面能得到利益,提高名声方面如愿以偿。燕、赵就像丢掉草鞋一样把齐国抛弃了。现在如您不拉拢燕、赵,齐国的霸业一定会成功。诸侯都拥护齐国而您不服从,国家将遭到攻伐;诸侯拥护齐国,您也一样服从,您的名声就卑下了。现在要是拉拢燕、赵,会使国家安定而名望崇高;不拉拢燕、赵,会使国家危险

而名声低下。抛弃名尊国安的作法而选取国危名卑的作法,聪明人是不会这样干的。"秦王听了这个说法,心头一定感到刺痛。那么,您为什么不派说客用这番话去游说秦国?秦国定会被争取过来,齐国也定会受到讨伐了。

夫取秦,厚交也;伐齐,正利也。尊厚交,务正利,圣王之事也。

燕昭王善其书,曰:"先人尝有德苏氏,子之之乱而苏氏去燕。燕欲报仇于齐,非苏氏莫可。"乃召苏代,复善待之,与谋伐齐。竟破齐,湣王出走。

久之,秦召燕王,燕王欲往,苏代约燕王曰:[1]"楚得枳而国亡,[2]齐得宋而国亡,[3]齐、楚不得以有枳、宋而事秦者,何也?则有功者,秦之深雠也。秦取天下,非行义也,暴也。秦之行暴,正告天下。[4]

【注释】[1]"约",此处作劝阻讲。 [2]"楚得枳而国亡","枳",今四川涪陵县。楚襄王攻巴得枳。"国亡",指其后都鄢、郢相继被秦国攻战占。[3]"齐得宋而国亡",齐灭宋在周赧王二十九年(公元前二八六年)。乐毅率五国之师破齐,在周赧王三十一年(公元前二八四年)。 [4]"正告",公开宣告。

【译文】争取秦国,这是重要的外交;讨伐齐国,是正当的利益。处理好重要的外交,谋求正当的利益,这是圣王的事业啊!

燕昭王认为苏代这封信写得好,说:"先王曾对苏家有过恩德,后来由于子之的乱事,使得苏家弟兄离开了燕国。燕国要想向齐国报仇,非用苏家弟兄不可。"于是召回苏代,仍然很好地待他,和他商量讨伐齐国的大计,终于攻破齐国,使得齐湣王逃奔在外。

过了很久,秦国邀请燕王,燕王想前去,苏代劝阻燕王道:"楚国因得到了枳而使国家灭亡,齐国因取得宋而使国家灭亡,齐、楚不能占有枳、宋而终于向秦国屈服,原因何在呢?那因为只要取得成功的国家,秦国都看成它的大敌。秦国夺取天下,不是靠行义,而是靠使用暴力。秦国使用暴力,公开地向天下宣告。

"告楚曰:'蜀地之甲,乘船浮于汶,[1]乘夏水而下江,[2]五日而至郢。汉中之甲,乘船出于巴,[3]乘夏水而下汉,[4]四日而至五渚。[5]寡人积甲宛东下随,[6]智者不及谋,勇士不及怒,寡人如射隼矣。[7]王乃欲待天下之攻函谷,不亦远乎!'楚王为是故,十七年事秦。

【注释】[1]"汶",通"岷",即岷江,长江上游支流,发源于岷山,流经今四川省西部及中部。[2]"夏水",夏潦盛涨时的水。"江",长江。 [3]"巴",水名,和汉水相近。 [4]"汉",水名,长江支流,源出今陕西宁强县,流经今陕南鄂西,在武汉市入长江。 [5]"五渚",地名,湘、资、沅、澧四水及洞庭湖一带。 [6]"积甲",聚集军队。"宛",楚邑,今河南南阳市。"随",邑名,在今湖北随县。[7]"射隼",言必定获胜。"隼",鹰类,猛禽。《易·解卦》爻辞,"公用射隼于高埇之上,获之无不利"。

【译文】"秦警告楚国说:'蜀地的军队,乘船浮行于岷水之上,随着夏季的水势直入长江,五天就能到达楚的郢都。汉中的军队,乘船从巴水出来,趁夏季水势直入汉水,四天就能到达五渚。我在宛县以东聚集军队,向随县进军,楚国的智士还来不及提出对策,勇士还来不及发挥威力,我已像用飞箭射杀鹰隼一样迅速取得胜利,你还想等天下的军队攻打函谷关,不是为时过晚了吗!'楚王因为这个原故,向秦臣服了十七年。

"秦正告韩曰:'我起乎少曲,[1]一日而断大行。[2]我起乎宜阳而触平阳,[3]二日而莫不尽繇。[4]我离两周而触郑,[5]五日而国举。'[6]韩氏以为然,故事秦。

【注释】[1]"少曲",韩邑,今河南沁阳县西北,少水(今沁水)弯曲处。 [2]"断太行",太行,指太行山羊肠坂道。韩上党郡在太行山西侧,断太行之道就截断了上党与韩的联系。 [3]"触",攻击。"平阳",韩邑,今山西临汾县,韩故都,韩王室坟墓所在。 [4]"繇",戍守。 [5]"离",经历。"两周",指东周、西周两小国。"郑",韩国都城,在今河南新郑县。 [6]"国举",国都被攻占。

【译文】"秦国警告韩国说:'我从少曲发兵,一天就可截断太行山的通道。我从宜阳发兵,攻击平阳,两天就会使韩国全境动摇。我穿越两周攻击新郑,五天就可攻占韩国。'韩国认为确是如此,所以向秦国臣服。

"秦正告魏曰:'我举安邑,[1]塞女戟,[2]韩氏太原卷。[3]我下轵,[4]道南阳,[5]封冀,[6]包两周。乘夏水,浮轻舟,强弩在前,锬戈在后,[7]决荥口,魏无大梁;[8]决白马之口,[9]魏无外黄、济阳;[10]决宿胥之口,[11]魏无虚、顿丘。[12]陆攻则击河内,水攻则灭大梁。'魏氏以为然,故事秦。

【注释】〔1〕"安邑",战国初期魏国都,在今山西夏县西北。〔2〕"女戟",地名,在太行山之西。〔3〕"韩氏太原卷",太原当作"太行"。"卷"当为"绝"字之误。〔4〕"轵",魏邑,在今河南济源县东南。〔5〕"道",取道。"南阳",地区名,属魏,当今河南济源至获嘉一带。〔6〕"封",地名,即封陵,今山西风陵渡。"冀",邑名,在今山西稷山县。〔7〕"锬",通"铦",锋利。戈,装有长柄,用于钩杀的兵器。〔8〕"决荥口魏无大梁","荥口",荥泽之口。荥泽,古泽名,故址在今河南郑州市西北古荥北,魏都大梁在其东。荥之口与今汴河口通,其水深,可以灌大梁,所以说"无大梁"。"大梁",魏都,在今河南开封市西北。〔9〕"白马之口",即堓津,为黄河渡口之一,在今河南滑县东北。〔10〕"外黄",魏邑,在今河南兰考东北。"济阳",魏邑,在今河南兰考东北。〔11〕"宿胥口",黄河津渡之一,在今河南滑县西南。〔12〕"虚、顿丘",均魏邑。虚在今河南延津县东南。顿丘在今河南清丰县西。

【译文】"秦国警告魏国说:'我攻下安邑,堵住女戟,韩国通往太行山的路就会被截断。我从轵出发,经过南阳、封、冀,包围东西两周。趁着夏季的水势,乘着轻便的战船,强弓劲弩在前,利戈在后,掘开荥口,魏国的大梁就不复存在,掘开白马渡口,魏国的外黄、济阳就不复存在。掘开宿胥渡口,魏国的虚、顿丘就不复存在。从陆上进攻,可以击破河内;水路进攻,可以毁灭大梁。'魏国认为确是如此,所以向秦国臣服。

"秦欲攻安邑,恐齐救之,则以宋委于齐。[1]曰:'宋王无道,[2]为木人以象寡人,射其面。寡人地绝兵远,不能攻也。王苟能破宋有之,寡人如自得之。'已得安邑,塞女戟,因以破宋为齐罪。

【注释】〔1〕"以宋委于齐",《战国策》屡言齐欲攻宋,秦王非常不满,可见"以宋委齐"是夸大的说法,不是事实。〔2〕"宋王",指宋王偃。

【译文】"秦国想攻取安邑,害怕齐国援救,就把宋地丢给齐国,说:'宋王无道,做了一个像我的木偶,用箭射它的面孔。我的路途阻绝,军队遥远,没法去攻打他。您假如能攻破宋国并占有它,那就像我自己占有一样。'在秦国取得安邑,堵塞女戟之后,就反过来把攻破宋国作为齐国的罪过。

"秦欲攻韩,恐天下救之,则以齐委于天下。曰:'齐王四与寡人约,[1]四欺寡人,必率天下以攻寡人者三。有齐无秦,有秦无齐,必伐之,必亡之。'已得宜阳、少曲,致蔺、离石,[2]因以破齐为天下罪。

【注释】〔1〕"齐王四与寡人约",齐王,湣王。〔2〕"蔺",邑名,在今山西离石县西。"离石",邑名,今山西离石县。蔺、离石都是赵地,不属韩,此处叙述有误。

【译文】"秦国想攻打韩国,害怕天下援助,就把齐国丢给天下,说:'齐国曾四次和我订立盟约,却四次欺骗我,三次下决心要率领天下攻击我。有齐国就没有秦国,有秦国就没有齐国,一定要讨伐它,灭亡它。'等到秦国取得了韩国的宜阳、少曲,占领了蔺和离石就反过来把攻破齐国作为天下各国的罪名。

"秦欲攻魏重楚,[1]则以南阳委于楚。[2]曰:'寡人固与韩且绝矣。残均陵,[3]塞鄳阨,[4]苟利于楚,寡人如自有之。'魏弃与国而合于秦,因以塞鄳阨为楚罪。

【注释】〔1〕"重楚",忌惮楚国。〔2〕"南阳",地区名,当今河南西南部一带。战国时分属楚、韩,此处指韩的南阳。〔3〕"均陵",邑名,在今湖北均县北。〔4〕"鄳阨",楚国要塞,在今河南信阳西南平靖关。"阨"通"隘"。均陵、鄳阨并属楚,

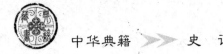

此文以为韩地。

【译文】"秦国想进攻魏国，害怕楚国援助，就把南阳丢给楚国，说：'我本来就要与韩国绝交了。攻破均陵，堵塞鄳阨，只要有利于楚国，我就会像自己占有这些地方一样高兴。'等到魏国抛弃盟国转过去和秦国联合，于是把堵塞鄳阨作为楚国的罪过。

"兵困于林中，[1]重燕、赵，以胶东委于燕，[2]以济西委于赵。已得讲于魏，[3]至公子延，[4]因犀首属行而攻赵。[5]

【注释】[1]"林中"，地名，在河南新郑县东北，又称林、林乡。前二八三年，秦曾攻林中。[2]"胶东"，地区名，今山东胶莱河以东，三面环海之地。[3]"讲"，媾和。[4]"至"，当作"质"。"公子延"，魏公子。[5]"属"，连接。"行"，军队的行列。

【译文】"秦国的军队在林中受困，怕燕、赵乘机攻击，就把胶东丢给燕国，把济水以西丢给赵国。等到与魏讲和，并以公子延作为人质之后，便用公孙衍连续攻打赵国。

"兵伤于谯石，[1]而遇败于阳马，[2]而重魏，则以叶、蔡委于魏。[3]已得讲于赵，则劫魏，[4]魏不为割。困则使太后弟穰侯为和，[5]嬴则兼欺舅与母。[6]

【注释】[1]"谯石"，赵地名。不是县邑。[2]"阳马"，赵地名。不是县邑。[3]"叶"，邑名，在今河南叶县西南。"蔡"，邑名，即上蔡，在今河南上蔡西南。[4]"劫魏"，胁迫魏。[5]"穰侯"，即魏冉，秦昭王母宣太后弟，封于穰（今河南邓县）。号穰侯。详见本书《穰侯列传》。[6]"嬴"，通"赢"，胜利。"欺舅与母"，指公元前二六六年，秦昭王采纳范雎建议，限制宣太后权力，罢穰侯相的事。

【译文】"秦军在谯石受到挫折，又在阳马被打败，怕魏国乘机攻击，就把叶、蔡丢给魏国。一到和赵国讲和，就胁迫魏国，魏国不肯割地。处在困境时，就派太后的弟弟穰侯去讲和，顺利时，连舅舅与母亲都要欺侮。

"適燕者曰'以胶东'，[1]適赵者曰'以济西'，適魏者曰'以叶、蔡'，適楚者曰'以塞鄳阨'，適齐者'以宋'。此必令言如循环，用兵如刺蜚，[2]母不能制，舅不能约。

【注释】[1]"適"，通"谪"，谴责。[2]"刺蜚"，"蜚"，《国策》作"绣"。刺绣必交错绣成花纹，此比喻交错用兵。

【译文】"秦国要责备燕国，便把攻打胶东作为罪名；责备赵国，便以夺取济西作为罪名；责备魏国，就把占领叶、蔡作为罪名；责备楚国，就把堵塞鄳阨作为罪名。责备齐国，就以攻打宋国作为罪名。它谴责各国，总会找到循环不断的借口。它把交错用兵看得像刺绣一样容易，母亲管不了，舅舅也不能约束。

"龙贾之战，[1]岸门之战，[2]封陵之战，[3]高商之战，[4]赵庄之战，[5]秦之所杀三晋之民数百万，[6]今其生者皆死秦之孤也。[7]西河之外，[8]上雒之地，[9]三川晋国之祸，[10]三晋之半，秦祸如此其大也。而燕、赵之秦者，[11]皆以争事秦说其主，此臣之所大患也。"

【注释】[1]"龙贾之战"，公元前三三〇年，秦打败魏于雕阴，擒魏将龙贾。[2]"岸门之战"，公元前三一四年，秦打败韩于岸门（在今河南许昌市北）。[3]"封陵之战"，公元前三〇二年，秦攻取魏封陵（在今山西风陵渡东）。[4]"高商之战"，此战事无考。[5]"赵庄之战"，公元前三一二年，秦将樗里疾攻赵，取蔺，擒将赵庄。[6]"三晋"，指韩、魏、赵三国。[7]"死秦之孤"，死于秦军者的遗孤。[8]"西河之外"，地区名，指黄河以西，北洛水（今陕西洛河）以东地，先为魏国所有，后归秦。[9]"上雒之地"，地区名，指洛水（今河南洛河）上游，今陕西洛南、商县一带，原为魏地。[10]"三川"，郡名，以境内有黄河、伊水、洛水三川而得名，原为韩地。[11]"之秦者"，亲秦的人。

【译文】"和龙贾的战斗，岸门的战役，封陵的战役，高商的战役，和赵庄的战斗，秦国前后杀掉三晋的人民有好几百万，现在那些还活着的，都是被秦国杀死的人的遗孤。西河之外，上雒之地，三川一带受到秦国的攻击,去掉了晋国的一半,秦国带来的灾祸严重到了这种程度,而燕、赵亲秦的人都争相以事奉秦国劝说他的国君,这正是我最担忧的事。"

燕昭王不行。苏代复重于燕。

燕使约诸侯从亲如苏秦时,或从或不,[1]而天下由此宗苏氏之从约。[2]代、厉皆以寿死,名显诸侯。

【注释】〔1〕"不",通"否",不然。 〔2〕"宗",尊奉。

【译文】燕昭王因此便不到秦国去了。苏代又受到燕国的重用。

燕国派苏代联络诸侯合纵抗秦,像苏秦在世时一样。有的参加,有的没有参与,天下从此推崇苏氏兄弟缔结的合纵盟约。苏代、苏厉都长寿而死,在诸侯间获得显赫的名声。

太史公曰:苏秦兄弟三人,皆游说诸侯以显名,其术长于权变。而苏秦被反间以死,[1]天下共笑之,讳学其术。[2]然世言苏秦多异,异时事有类之者皆附之苏秦。夫苏秦起闾阎,[3]连六国从亲,此其智有过人者。吾故列其行事,次其时序,毋令独蒙恶声焉。

【注释】〔1〕"被反间",带着间谍的罪名。〔2〕"讳",忌讳。 〔3〕"闾阎",里巷的门,借指民间。

【译文】太史公说:苏秦兄弟三人,都通过游说诸侯获得显赫的名声,他们的本领是擅长权变。苏秦蒙受间谍的罪名而被处死,天下人都耻笑他,避免公开地学习他的策略。然而,世间对苏秦事迹的传说很分歧,后来的事有和他类似的,都附会到苏秦身上。苏秦起自民间,联合六国合纵相亲,他的智慧确有超过常人的地方。所以我列出他的事迹,按时间先后加以叙述,不让他独自蒙受不好的名声。

史记卷七十

张仪列传第十

张仪者,魏人也。[1]始尝与苏秦俱事鬼谷先生,[2]学术,[3]苏秦自以不及张仪。

【注释】〔1〕"魏",国名。战国七雄之一,初都安邑(今山西夏县北),魏惠王迁都大梁(今河南开封市),其疆域包括今山西省西南部及河南省东部,以及陕西、安徽的部分地区。 〔2〕"鬼谷先生",鬼谷所在,有几种不同的说法。这是纵横家夸张苏秦、张仪的故事,故神其说。鬼谷先生是假托的人名,鬼谷所在也不必指实。 〔3〕"学术",学习游说之术。

【译文】张仪是魏国人,最初曾与苏秦一道跟从鬼谷先生学游说之术,苏秦自认为所学比不上张仪。

张仪已学而游说诸侯。尝从楚相饮,[1]已而楚相亡璧,[2]门下意张仪,[3]曰:"仪贫无行,必此盗相君之璧。"共执张仪,掠笞数百,[4]不服,醳之。[5]其妻曰:"嘻![6]子毋读书游说,安得此辱乎?"张仪谓其妻曰:"视吾舌尚在不?"[7]其妻笑曰:"舌在也。"仪曰:"足矣。"

【注释】〔1〕"楚相",指楚国今尹。 〔2〕"璧",古代行礼所用的玉器,平圆形,中间有小孔。〔3〕"意",怀疑。 〔4〕"掠笞",拷打。 〔5〕"醳",古"释"字。 〔6〕"嘻",悲叹声。 〔7〕"不",通"否"。

【译文】张仪在学业完成以后,便去游说诸侯。一次,他在楚相那里赴宴饮酒,席散后,楚相发现自己身上佩戴的玉璧不见了,相府的幕客们都认为是张仪所为,说:"张仪这人,既贫穷又没有品德,偷相国玉璧的,一定是他!"于是众人捉住张仪,打了他几百竹板。张仪还是不承认,大家只好把他释放还家,妻子叹气说:"唉,你如果不去读书游说,又怎会遭到这般侮辱呢?"张仪对妻子说:"你看看我的舌头还在吗?"妻子禁不住笑着回答:"舌头当然还在啰。"张仪说:"这就够了。"

苏秦已说赵王而得相约从亲,[1]然恐秦之攻诸侯,[2]败约后负,念莫可使用于秦者,乃使人微感张仪曰:[3]"子始与苏秦善,今秦已当路,[4]子何不往游,以求通子之愿?"张仪于是之赵,上谒求见苏秦。[5]苏秦乃诫门下人不为通,[6]又使不得去者数日。已而见之,坐之堂下,赐仆妾之食。因而数让之曰:[7]"以子之材能,乃自令困辱至此。吾宁不能言而富贵子,子不足收也。"谢去之。张仪之来也,自以为故人,求益,反见辱,怒,念诸侯莫可事,独秦能苦赵,乃遂入秦。

【注释】〔1〕"赵王",据《苏秦列传》,指赵肃侯。公元前三四九年至前三二六年在位。"从亲",指秦以外的六国合纵相亲。 〔2〕"秦",国名。战国七雄之一,都咸阳(今陕西咸阳东北),其疆域略有今河南省的西端,陕西大部及甘肃东部。 〔3〕"微感",暗中劝导。 〔4〕"当路",当政,当权。〔5〕"谒",陈述。 〔6〕"诫",叮咛。 〔7〕"数让",责备。"数"、"让"两字是同义词迭用。

【译文】当时，苏秦已经说服赵王答应加入合纵盟约，与同盟各国结好相亲，但他又担心各国诸侯在秦的进攻下背弃盟约，从而招致盟约的破坏。他考虑再三，找不到一个能派往秦国为他工作的合适人选，于是他派人去悄悄劝说张仪："你以前就与苏秦相好，现在他已经当权，你何不到他那里去，以谋求展现你的志愿？"张仪于是前往赵国，递上名帖请求拜见苏秦。苏秦却先已告诫手下人不替张仪禀报，又设法稳住他好几天，然后才接见他，叫他坐在堂下，赏给他的是仆人、侍女所吃的饭食，并一再奚落张仪说："像你那么有才能的人，竟自己弄得穷愁潦倒到这种地步。我哪是不能够荐举你而使你富贵呢，只是因为你不值得收留啊！"苏秦就此推辞了张仪。张仪这次来见苏秦，本以为是旧交，可以得到好处，谁知反而受到侮辱，气愤之下，想到各国诸侯都没有可以事奉的，唯有秦国才能威胁赵国，于是便到了秦国。

苏秦已而告其舍人曰：[1]"张仪，天下贤士，吾殆弗如也。[2]今吾幸先用，而能用秦柄者，独张仪可耳。然贫，无因以进。吾恐其乐小利而不遂，故召辱之，以激其意。子为我阴奉之。"乃言赵王，发金币车马，使人微随张仪，与同宿舍，稍稍近就之，[3]奉以车马金钱，所欲用，为取给，而弗告。张仪遂得以见秦惠王。[4]惠王以为客卿，[5]与谋伐诸侯。

【注释】[1]"舍人"，战国至汉初，王公大臣的侍从宾客、亲近左右的通称。 [2]"殆"，大约。[3]"稍稍"，渐渐。 [4]"秦惠王"，名驷，秦孝公子，公元前三三七年至前三一一年在位。 [5]"客卿"，官名，专为从别国来到秦做官的人而设，地位尊崇，仅次于相国。

【译文】苏秦在张仪离去后，告诉自己的门客说："张仪是天下贤士，我恐怕是比不上他的。现在我侥幸而先受到重用，但要说能够掌握秦国大权的人，那只有张仪才行了。而他目下贫穷，没有进用的机会。我怕他满足于小利而不求进取，所以叫他来当面侮辱他，以此来激发他的意志。请你为我暗中帮助他吧。"苏秦将自己的打算禀告赵王以后，拨出钱财车马，派人一路上暗暗跟随张仪，与张仪宿于同一个旅舍，逐渐接近了他，供给他车马钱财，

凡张仪有所需用，都取出来供给他，但并不告诉他实情。张仪因此而得以见到秦惠王。秦惠王用张仪为客卿，与他共商攻打各国诸侯的大计。

苏秦之舍人乃辞去。张仪曰："赖子得显，方且报德，何故去也！"舍人曰："臣非知君，知君乃苏君。苏君忧秦伐赵败从约，以为非君莫能得秦柄，故感怒君，使臣阴奉给君资，尽苏君之计谋。令君已用，请归报。"张仪曰："嗟乎，此在吾术中而不悟，[1]吾不及苏君明矣！吾又新用，安能谋赵乎？为吾谢苏君，苏君之时，仪何敢言。且苏君在，仪宁渠能乎！"[2]张仪既相秦，[3]为文檄告楚相曰：[4]"始吾从若饮，我不盗而璧，[5]若笞我。若善守汝国，我顾且盗而城！"[6]

【注释】[1]"此在吾术中"，指苏秦的作法在张仪所学过的方法之中。 [2]"宁渠"，岂。"宁"、"渠"是同义词迭用。 [3]"张仪既相秦"，张仪相秦在秦惠王十年（公元前三二八年）。 [4]"檄"，古代发表文告的竹简。 [5]"而"，你的。 [6]"顾"，特，但。

【译文】苏秦的门客至此便向张仪告辞，张仪说："我靠你的帮助才得此显赫，正准备报答你的恩德，为什么你却要离开我呢？"门客回答说："我并不了解你，了解你的正是苏先生啊！苏先生担心秦国攻打赵国而破坏他的合纵盟约，认为非你不能掌握秦国大权，所以故意激怒你，然后派我暗中供给你的用费，这都是苏先生的安排。现在你已经得到重用，请让我回赵国回复苏先生。"张仪说："唉！这些计谋都是我研习过的，而我竟未能发现，我比不上苏先生是明白无疑的了！再加我新被任用，怎么可能打赵国的主意呢？请你为我答谢苏先生，只要在苏先生当权之时，我怎敢打赵国的主意呢！况且苏先生当政，我张仪哪有这个能力呢！"张仪在做了秦的相国后，写文书警告楚相说："过去我跟随你饮酒，并未盗你的玉璧，可你却责打了我。你好好守住你的国家吧，我回头将要盗取你的城池！"

苴蜀相攻击，[1]各来告急于秦。秦惠王欲发兵以伐蜀，以为道险狭难至，而韩又来侵秦，[2]秦惠王欲先伐韩，后伐蜀，恐不利，欲先伐蜀，恐韩袭秦之敝，犹豫未能决。

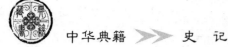

司马错与张仪争论于惠王之前,[3]司马错欲伐蜀,张仪曰:"不如伐韩。"王曰:"请闻其说。"

【注释】[1]"苴蜀相攻击",据《华阳国志》所载:"蜀王别封弟葭萌于汉中,号苴侯,命其邑曰葭萌焉,(葭萌在今四川省广元老昭化。苴侯的封地则是从广元直达汉中。)苴侯与巴王为好,巴与蜀仇,故蜀王怒,伐苴侯。苴侯奔巴,求救于秦。""苴",音 jū。 [2]"韩",国名。战国七雄之一。初都阳翟(今河南禹县),后迁都新郑(今属河南)。疆域有今山西东南部和河南中部。 [3]"司马错",秦国名将,在惠王、武王、昭王朝统兵达四十年。

【译文】苴国和蜀国相互攻打,两国都向秦国告急救援。秦惠王打算派兵攻蜀,又考虑到蜀道险要、狭窄,难以通行,韩国会借机入侵;想先打韩,后攻蜀吧,又担心不能取胜;想先打蜀吧,又担心韩国乘机偷袭。惠王犹豫不决,拿不定主意。司马错与张仪在秦惠王面前展开了争论,司马错主张攻蜀,张仪说不如攻韩。秦惠王说:"请让我听一听你们各自的理由。"

仪曰:"亲魏善楚,下兵三川,[1]塞什谷之口,[2]当屯留之道,[3]魏绝南阳,[4]楚临南郑,[5]秦攻新城、[6]宜阳,[7]以临二周之郊,[8]诛周王之罪,[9]侵楚、魏之地。[10]周自知不能救,九鼎宝器必出。[11]据九鼎,案图籍,[12]挟天子以令于天下,天下莫敢不听,此王业也。今夫蜀,西僻之国而戎翟之伦也,[13]敝兵劳众不足以成名,得其地不足以为利。臣闻争名者于朝,争利者于市。今三川、周室,天下之朝市也,而王不争焉,顾争于戎翟,[14]去王业远矣。"

【注释】[1]"三川",郡名,属韩,后入秦,以境内有河(黄河)、洛、伊三水而得名,辖境包括今黄河以南,河南灵宝以东,中牟以西地区。 [2]"什谷",韩地,在今河南成皋西。 [3]"屯留",地名,在今山西屯留东南十里。屯留之道指太行山羊肠坂道。 [4]"南阳",地区名,在今河南济源、孟县、沁阳一带,地处韩、魏之间,因在太行山南,黄河以北,故称南阳。 [5]"南郑",邑名,在今河南新郑县,当时是韩的国都。 [6]"新城",韩邑,在今河

南伊川县西南。 [7]"宜阳",韩县,在今河南宜阳县西北的韩城镇。 [8]"二周",指东周、西周两个小诸侯国。西周都河南(今河南洛阳市西),东周都巩(今河南巩县)。 [9]"诛",讨伐。 [10]"侵楚魏之地",此和上文"亲魏善楚"不合,疑有误。或谓"楚魏"是"三川"之误。 [11]"九鼎宝器必出",这句是说周不敢爱惜它的宝物。"九鼎",相传是夏禹所铸,是夏、商、周三代的传国重器。 [12]"按",据有。"图籍",地图和户籍。 [13]"戎翟",古代对西部落后少数民族的泛称。"伦",类。 [14]"顾",反而。

【译文】张仪说:"亲近魏国,结好楚国,派兵前往三川,阻断什谷的入口,扼守屯留的路径,让魏兵卡断去韩国南阳的道路,让楚兵直逼南郑,我们则攻打新城、宜阳,从而兵临二周的郊外,声讨周君的罪过,侵占楚、魏的地盘。周君自知局势无法挽救,必然会献出九鼎宝器。据有了九鼎宝器,掌握着天下的地图和户籍,劫持着天子向天下发号施令,天下诸侯谁敢不听?这正是称王天下的事业啊!而目下的蜀国,不过是西部偏远的国家,戎狄的同类,损军劳民,达不到名显天下的目的;取得了他们的地盘,收不到什么实际利益。我听说过这样一句话:争名的要到朝廷,争利的应去市集。现今的三川、周室就正是天下的朝廷和市集啊,大王您不去争夺,反倒去争夺戎狄那样的落后地区,这距离称王的事业太遥远了!"

司马错曰:"不然。臣闻之,欲富国者务广其地,欲强兵者务富其民,欲王者务博其德,[1]三资者备而王随之矣。[2]今王地小民贫,故臣愿先从事于易。夫蜀,西僻之国也,而戎翟之长也,有桀纣之乱。[3]以秦攻之,譬如使豺狼逐群羊。得其地足以广国,取其财足以富民缮兵,[4]不伤众而彼已服焉。拔一国而天下不以为暴,利尽西海而天下不以为贪,[5]是我一举而名实附也,[6]而又有禁暴止乱之名。今攻韩,劫天子,[7]恶名也,而未必利也,又有不义之名,[8]而攻天下所不欲,危矣。臣请谒其故:[9]周,天下之宗室也;[10]齐,韩之与国也。[11]周自知失九鼎,韩自知亡三川,将二国并力合谋,以因乎齐、赵而求解乎楚、魏,[12]以鼎与楚,以地与魏,王弗能止也。此臣之所谓危也。不如

伐蜀完。"〔13〕

【注释】〔1〕"王",指统治天下的王业。音wàng。〔2〕"资",条件,凭借。〔3〕"桀纣",夏、商两代的末代国君,以昏庸、残暴著称。〔4〕"缮兵",治兵器。〔5〕"西海",指今川西一带古蜀国之地。〔6〕"名实","名",指不贪暴。"实",指土地财宝。〔7〕"劫",胁迫。"天子",指当时的周慎靓王(公元前三二〇年至前三一五年在位)。〔8〕"不义",指韩无罪而秦去攻打它,是不义的行为。〔9〕"谒",陈述。〔10〕"宗室",周室为天下所宗仰,故称宗室。〔11〕"齐,韩之与国也","齐"下疑脱一"赵"字,下文说:"以因乎齐赵。""与国",同盟国。〔12〕"因",依靠。"求解",求其和解。〔13〕"完",安全。

【译文】司马错说:"不是这样。我听说过:想要使国家富强的人,必须扩充他的国土,想要军队强大的人,必须使百姓富裕;想要称王,必须推行他的德政。这三个条件具备,王业也就随着来了。目前大王您的国土狭小,百姓贫穷,所以我希望先从容易的地方做起。蜀,是西方偏远的国家,也是戎狄的领袖,国君昏暗,局势混乱。以秦国的军队去攻蜀,就好比用豺狼去驱赶着群羊一样。夺得蜀的土地,可以扩展疆土,取得蜀的财富,可使百姓富裕和军备充足,不用损伤多少人而蜀国就已经臣服了。我们灭掉了一个蜀国,但天下的人并不认为我们暴虐;占有西方的资源,天下的人并不认为我们贪婪。这样不仅一举名利双收,而且还可获得禁暴止乱的美名。现在若是攻打韩国,劫持周天子,名誉不好,而且不一定能得到实利,还会落个不义的名声,攻打天下人都不愿意攻打的国家,这是危险的。请大王允许我陈述原因:周是天下的宗室,齐是韩的盟国。周王室料到将要失去九鼎,韩国料到将要失去三川,两国势必要协力齐心,依赖齐、赵两国,并求得楚、魏的谅解,周把鼎给与楚国,韩将土地割与魏国,对此大王您是不可能禁止的。这就是我所说的危险所在啊。还不如攻打蜀国更为稳妥。"

惠王曰:"善,寡人请听子。"卒起兵伐蜀,十月,〔1〕取之,遂定蜀,贬蜀王更号为侯,而使陈庄相蜀。〔2〕蜀既属秦,〔3〕秦以益强,富厚,轻诸侯。

【注释】〔1〕"十月",指秦惠王后元九年(公元前三一六年)十月。〔2〕"陈庄",秦臣。〔3〕"属",归附。

【译文】秦惠王对司马错说:"好,我就听你的意见吧。"终于起兵攻蜀。这年十月,拿下蜀国。平定蜀国后,把蜀王的王位谪贬,改称为"侯",并派陈庄担任蜀的相国。蜀归秦以后,秦因此更加强大富裕,对各国诸侯也看不起了。

秦惠王十年,使公子华与张仪围蒲阳,〔1〕降之。仪因言秦复与魏,而使公子繇质于魏。〔2〕仪因说魏王曰:"秦王之遇魏甚厚,魏不可以无礼。"魏因入上郡、少梁,〔3〕谢秦惠王。惠王乃以张仪为相,更名少梁曰夏阳。〔4〕

【注释】〔1〕"公子华",秦公子,世系不详。"蒲阳",魏邑,在今山西隰县西北。〔2〕"公子繇",秦惠王子。"质",作人质。〔3〕"因入上郡、少梁",据《秦本纪》、《六国年表》及《魏世家》,秦惠王十年,魏纳上郡于秦,并无少梁。少梁已于秦孝公八年(公元前三五四年)入秦。"上郡",魏文侯所置郡,辖境包括今陕西榆林、延安一带。〔4〕"更少梁曰夏阳",据《秦本纪》,更名在秦惠王十一年(公元前三二七年),《传》文误前一年。

【译文】秦惠王十年,惠王派公子华与张仪率兵围困魏国的蒲阳,守军投降。张仪提出秦把蒲阳交还魏国,并派公子繇到魏国作人质。张仪劝告魏王说:"秦王对待魏国非常仁厚,魏国总不能够没有表示。"魏国于是把上郡、少梁给了秦国作为对惠王的答谢。惠王便任张仪为相国,并将少梁改为夏阳。

仪相秦四岁,立惠王为王。〔1〕居一岁,为秦将,取陕。〔2〕筑上郡塞。

【注释】〔1〕"立惠王为王",秦惠王称王在其十三年(公元前三二五年),即周显王四十四年。惠王因此改次年为后元元年。〔2〕"陕",魏邑,今河南陕县。

【译文】张仪做秦的相国四年后,拥戴惠王称

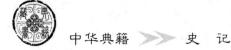

王。又过了一年，张仪为将，领兵攻取了陕县，同时在上郡筑塞。

其后二年，使与齐、楚之相会啮桑。[1]东还而免相，相魏以为秦，欲令魏先事秦而诸侯效之。魏王不肯听仪。秦王怒，伐取魏之曲沃、平周，[2]复阴厚张仪益甚。张仪惭，无以归报。留魏四岁而魏襄王卒，哀王立。[3]张仪复说哀王，哀王不听。于是张仪阴令秦伐魏。魏与秦战，败。

【注释】[1]"其后二年，使与齐、楚之相会啮桑"，据《秦本纪》、《六国年表》及《魏世家》、《田齐世家》，啮桑之会在张仪取陕的次年，并非"其后二年"。又，参与啮桑之会的还有魏国。"啮桑"，魏地，在今江苏沛县西南。 [2]"曲沃"，魏邑，在今河南灵宝东北。"平周"，魏邑，在今山西介休西。 [3]"魏襄王卒，哀王立"，据《竹书纪年》，魏并无哀王一代，此处当作"魏惠王卒，襄王立"，以下"哀王"亦当作"襄王"。

【译文】这之后两年，张仪被派到啮桑与齐、楚的相国盟会。从东边回国后，张仪被免掉秦相职位，为了秦国的利益去魏国当了相国，想让魏国先归附秦国，然后让其他各国仿效魏国的做法；但魏王不听张仪的意见。秦王愤怒之下，派兵攻取了魏国的曲沃、平周两城，同时暗中给张仪比过去更为丰厚的待遇。张仪感到惭愧，觉得没有什么作为回报。张仪在魏居留了四年后，魏襄王去世，魏哀王即位。张仪又劝哀王归秦，哀王还是不听。于是张仪暗中指使秦国攻魏。魏起兵与秦作战，被秦打败。

明年，齐又来败魏于观津。[1]秦复欲攻魏，先败韩申差军，斩首八万，诸侯震恐。而张仪复说魏王曰："魏地方不至千里，卒不过三十万。地四平，诸侯四通辐凑，[2]无名山大川之限。[3]从郑至梁二百余里，[4]车驰人走，不待力而至。梁南与楚境，西与韩境，北与赵境，东与齐境，卒戍四方，守亭鄣者不下十万。[5]梁之地势，固战场也。梁南与楚而不与齐，则齐攻其东；东与齐而不与赵，则赵攻其北；不合於韩，则韩攻其西；不亲于楚，

则楚攻其南：此所谓四分五裂之道也。

【注释】[1]"齐"，国名。战国七雄之一，都临淄（今山东淄博市东北），疆域有今山东半岛的大部分及河北省的一部。"观津"，当作"观泽"，魏邑，在今河南清丰南。 [2]"辐凑"，好像车辐凑集到毂上，比喻这里是交通中心。 [3]"限"，阻隔。[4]"从郑至梁二百余里"，此处所记的里数有误。《战国策·魏策一载》，"从郑至梁，不过百里；从陈至梁，二百余里。""郑"，指韩国国都，今河南新郑县。"梁"，指魏国首都大梁，今河南开封市。 [5]"亭鄣"，边境上的军事据点，有吏士防守。

【译文】第二年，齐兵又至，在观津战败了魏兵。秦军又准备攻打魏国，首先战败了韩申差率领的军队，斩首八万，使各国诸侯为之震惊害怕。张仪于是又游说魏王道："魏国的土地纵横不满一千里，士兵不到三十万。地势四面平坦，与各国四通八达，没有高山大河的阻隔。从新郑到大梁不过二百多里路，不论战车或者步兵，都不用花多大力气就能到达。魏国南与楚国交界，西与韩国接连，北与赵国靠近，东与齐国连界，军队戍守四方，守卫边境的兵士当在十万以上。魏国的地势，自来就是战场。如果南边与楚交好而不东与齐国交好，那齐国就会从东面进攻；和东方齐国友好而不和赵国亲善，那赵兵就会从北面进攻；与韩国不和，那韩兵就会攻魏的西面；与楚国不亲，那楚兵就会侵犯魏的南面。这正是人们所说的四分五裂的道路啊。

"且夫诸侯之为从者，将以安社稷尊主强兵显名也。[1]今从者一天下，[2]约为昆弟，[3]刑白马以盟洹水之上，[4]以相坚也。而亲昆弟同父母，尚有争钱财，而欲恃诈伪反覆苏秦之余谋，其不可成亦明矣。

【注释】[1]"社稷"，社是土地神，稷是谷神。古代国君都要祭社稷，所以社稷就成为国家的代称。 [2]"从者"，主张合纵的人。 [3]"昆弟"，兄弟。 [4]"洹水"，水名，源出今河南林县隆虑山，迳安阳至内黄入卫水。

【译文】"再说各国诸侯之所以合纵结盟，是想求得国家安全、巩固君王地位、增强军队力量、发扬本国声威。现在各合纵国把天下当做一家，他们

彼此结为兄弟,在洹水之滨杀白马立誓为盟,以坚定彼此的意志。然而同是父母所生的亲兄弟之间,尚且发生争夺钱财的事,那么合纵各国要想凭借虚伪的盟约来维持苏秦残损的谋画,它的不可能成功是明确无疑的了。

"大王不事秦,秦下兵攻河外,[1]据卷、衍、燕、酸枣,[2]劫卫取阳晋,[3]则赵不南,赵不南而梁不北,梁不北则从道绝,从道绝则大王之国欲毋危不可得也。秦折韩而攻梁,[4]韩怯于秦,秦、韩为一,梁之亡可立而须也。[5]此臣之所为大王患也。

【注释】〔1〕"河外",地区名。战国时称潼关以东、黄河以北为河内,黄河以南为河外。此处指的即下文卷、衍、燕、酸枣等地。〔2〕"卷",魏邑,在今河南原阳县旧原武西北。"衍",魏邑,在今河南郑州市北。"燕",魏邑,即南燕,故城在今河南延津东北。"酸枣",魏邑,在今河南延津西南。〔3〕"卫",战国时小国,为泗上十二诸侯之一。都帝丘(今河南濮阳)。"阳晋",卫邑,在今山东郓城西。〔4〕"折",制,控制。〔5〕"立而须",指为时极短。"须",等待。

【译文】"大王您要是不依附秦,秦就会出兵攻打河外、占据卷、衍、燕、酸枣等地,胁迫卫国、夺取卫国的阳晋,于是赵国不能南下援魏;赵国不能南下,那魏也就不能向北和赵呼应;魏不能连赵,那么合纵各国的交通就会断绝;合纵各国的交通一断绝,那么大王您的国家要想没有危险是不可能的了。秦国挟持韩国转而攻梁,韩国因为害怕秦国,与秦联为一体,于是梁的灭亡就近在眼前了。这就是我为大王担心的事情啊。

"为大王计,莫如事秦。事秦则楚、韩必不敢动;无楚、韩之患,[1]则大王高枕而卧,[2]国必无忧矣。

【注释】〔1〕"患",祸。〔2〕"高枕而卧",无忧无虑。

【译文】"现在为大王着想,还是不如依附秦国。依附了秦国就必定会使楚国、韩国不敢妄动;没有了韩、楚侵扰的祸患,大王就可以高枕而卧,国

家肯定没有什么可以忧虑的事情了。

"且夫秦之所欲弱者莫如楚,而能弱楚者莫如梁。楚虽有富大之名而实空虚;其卒虽多,然而轻走易北,[1]不能坚战。悉梁之兵南面而伐楚,胜之必矣。割楚而益梁,亏楚而适秦,[2]嫁祸安国,[3]此善事也。大王不听臣,秦下甲士而东伐,虽欲事秦,不可得矣。

【注释】〔1〕"轻走易北",容易被打败而逃走。"走",逃。"北",败退。〔2〕"适秦",取悦于秦。"适",悦。〔3〕"嫁祸安国",嫁祸指"亏楚",安国指"适秦"。

【译文】"秦最想削弱的国家是楚国,而最能削弱楚国的是魏国。楚国虽然有民富国大的名声,但实际上却很空虚;它的军队人数虽然多,但临阵会轻易败逃,不能打硬仗。我们调集魏国的全部军队南下攻打楚国,获胜是可以肯定的。割裂楚国,有利于魏国;亏损楚国,使秦国高兴,转嫁了灾祸,安定了国家,确是一件好事啊。大王如不听取我的意见,秦出兵东向攻魏,那时魏要想投秦,也就不可能了。

"且夫从人多奋辞而少可信,[1]说一诸侯而成封侯,是故天下之游谈士莫不日夜搤腕瞋目切齿以言从之便,[2]以说人主。人主贤其辩而牵其说,岂得无眩哉。[3]

【注释】〔1〕"奋辞",夸张的话。〔2〕"搤腕",用左手抓住右手的手腕。"搤",同"扼"。"瞋目",张大眼睛。"切齿",牙齿互相磨擦。以上都是合纵之士游说诸侯时激昂慷慨的表情。〔3〕"眩",眼花,引申为迷惑。

【译文】"再说那些主张合纵的策士吧,他们大多话讲得激昂,而很少有靠得住的,只要说动了一国国君,就能够被赐封为侯,所以天下从事游说的人无不随时随地都在慷慨陈词,宣扬合纵的好处,以图打动一国的君主。君主觉得他们说得很好而受到影响,又怎么可能不被迷惑呢!

"臣闻之,积羽沉舟,群轻折轴,[1]众口

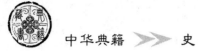

铄金,〔2〕积毁销骨,故愿大王审定计议,且赐骸骨辟魏也。"〔3〕

【注释】〔1〕"折轴",折断车轴。 〔2〕"众口铄金",众口所毁,虽金石也可销熔。 〔3〕"赐骸骨",许其引退。"骸骨",是对自己身体的谦称。"辟",通"避"。

【译文】"我听说过这样的话:羽毛堆积多了能把船压沉,轻东西聚载多了能把车轴压断,众人的嘴巴可以使铁熔化,众多的坏话能把骨销毁。故此我请求大王慎重地决定国家大计,并请您让我辞职离开魏国。"

哀王于是乃倍从约而因仪请成于秦。〔1〕张仪归,复相秦。三岁而魏复背秦为从。秦攻魏,取曲沃。明年,魏复事秦。

【注释】〔1〕"倍",通"背",背弃。

【译文】魏哀王于是背弃合纵盟约,通过张仪,请求与秦结好。张仪回秦后,仍然做了秦国的相国。三年后,魏又背叛秦国而重新加入合纵。秦因此出兵攻魏,夺取了魏的曲沃城。次年,魏重又归附秦国。

秦欲伐齐,齐、楚从亲,于是张仪往相楚。楚怀王闻张仪来,〔1〕虚上舍而自馆之。〔2〕曰:"此僻陋之国,子何以教之?"仪说楚王曰:"大王诚能听臣,闭关绝约于齐,〔3〕臣请献商於之地六百里,〔4〕使秦女得为大王箕帚之妾,〔5〕秦楚娶妇嫁女,长为兄弟之国。此北弱齐而西益秦也,计无便此者。"楚王大说而许之。〔6〕群臣皆贺,陈轸独吊之。〔7〕楚王怒曰:"寡人不兴师发兵得六百里地,群臣皆贺,子独吊,何也?"陈轸对曰:"不然,以臣观之,商於之地不可得而齐秦合,齐秦合则患必至矣。"楚王曰:"有说乎?"陈轸对曰:"夫秦之所以重楚者,以其有齐也。今闭关绝约于齐,则楚孤。秦奚贪夫孤国,〔8〕而与之商於之地六百里?张仪至秦,必负王,〔9〕是北绝齐交,西生患于秦也,而两国之兵必俱至。善为王计者,不若阴合而

阳绝于齐,使人随张仪。苟与吾地,绝齐未晚也;不与吾地,阴合谋计也。"楚王曰:"愿陈子闭口毋复言,以待寡人得地。"乃以相印授张仪,厚赂之。于是遂闭关绝约于齐,使一将军随张仪。

【注释】〔1〕"楚怀王",楚威王子,名槐,公元前三二八年至前二九九年在位。〔2〕"上舍",上等馆舍。"馆",款待。 〔3〕"闭关",断绝来往。〔4〕"商於之地",指广大的汉中地区。 〔5〕"箕帚之妾",古专指妻子。"箕",簸箕。"帚",扫帚。"箕帚"指作洒扫的事。 〔6〕"说",通"悦"。 〔7〕"吊",哀悼。 〔8〕"奚",为什么。"夫",语气词。〔9〕"负",背弃。

【译文】秦国准备攻打齐国,而齐与楚都参加合纵,两国关系密切,秦王于是派遣张仪前往楚国担任相职。楚怀王听说张仪来楚,安排他住在上等馆舍,并亲自接待张仪。怀王问张仪说:"您到我们这偏远鄙陋的楚国来,不知有什么见教?"张仪对怀王说:"大王如果真的能够听取我的意见,关闭边关与齐断绝来往,我愿献上商於地区六百里的地方与楚,使秦王的女儿成为大王的妻子,秦、楚两国娶妇嫁女,永远成为亲如兄弟的国家。这将北面削弱齐国,西面有利于秦国,找不到比它更好的策略了。"怀王非常高兴地采纳了张仪的意见。群臣都为此向怀王贺喜,唯有陈轸向怀王表示哀悼。怀王发怒道:"我不用派兵便得到六百里土地,大臣们都来庆贺,唯有你表示哀悼,这是什么缘故?"陈轸答道:"事情没有这么简单。依我的看法,商於之地大王既不可能得到,齐、秦两国还会由此联合,齐、秦一联合,那楚国的灾难就肯定会降临了。"怀王问道:"有什么根据吗?"陈轸回答说:"秦国之所以看重楚国,是因为楚国背后有齐国。现在楚国关闭边界与齐国绝交,那么楚国就会孤立无援。秦国怎会重视一个孤立的国家,而奉送它六百里商於之地呢?张仪回到秦国后,必定会背叛大王。这样,楚国北与齐绝交,西面从秦国引来灾患,那它们两国之兵必定都会犯境了。妥当地为大王考虑,不如暗中与齐修好,表面上与齐绝交,派人随同张仪到秦。如果秦给了我们土地,再与齐绝交也不晚;不给我们土地,我们与齐暗中联合再作主张。"怀王说:"希望你闭上嘴巴不要再说了,等着看我得到秦的土地吧。"于是怀王将楚国的相印授与张仪,还送了许多礼物,一面关闭边界,与齐断交,并派一员将军随同张

仪前往。

张仪至秦,详失绥堕车,[1]不朝三月。楚王闻之,曰:"仪以寡人绝齐未甚邪?"乃使勇士至宋,[2]借宋之符,北骂齐王。[3]齐王大怒,折节而下秦。秦之交合,张仪乃朝,谓楚使者曰:"臣有奉邑六里,愿以献大王左右。"楚使者曰:"臣受令于王,以商於之地六百里,不闻六里。"还报楚王,楚王大怒,发兵而攻秦。陈轸曰:"轸可发口言乎?攻之不如割地反以赂秦,与之并兵而攻齐,是我出地于秦,取偿于齐也,王国尚可存。"楚王不听,卒发兵而使将军屈匄击秦。秦齐共攻楚,斩首八万,杀屈匄,遂取丹阳、汉中之地。[4]楚又复益发兵而袭秦,至蓝田,[5]大战,楚大败,于是楚割两城以与秦平。[6]

【注释】〔1〕"详",通"佯",假装。"绥",用手拉住借以上车的绳子。 〔2〕"宋",国名。战国时是一个五千乘兵车的中等国家,都商丘(今河南商丘南)。疆域有今河南东部和山东、江苏、安徽间地。 〔3〕"借宋之符,北骂齐王",因为"闭关绝约",齐、楚的信使不通,所以要借用宋国的符。"符",用玉、铜、竹等制成,作为传达命令或出使时的凭证。 〔4〕"丹阳",地区名,在今陕西、河南两省间的丹江以北。"汉中",地区名,包括今汉水中游陕西秦岭以南的盆地。秦取汉中后,公元前三一二年,在此设郡。 〔5〕"蓝田",秦县,故城在今陕西蓝田县西三十里。 〔6〕"楚割两城以与秦平",此所记恐非事实。《屈原列传》及《战国策·秦策四》记蓝田之战都不言有楚割城的事。

【译文】张仪到达秦国后,假装上车时没有拉稳绳子而从车上坠地,为此,养伤而三个月没有上朝。楚怀王听说此事后,说:"张仪是因为我与齐国绝交,做得还不够坚决吧?"便派勇士前往宋国,借宋国的符节进入齐境,大骂齐王。齐王大怒,折断符节而投靠秦国。秦与齐恢复邦交后,张仪才上朝,对楚国的使臣说:"我有六里封地,愿意献给你们大王。"使臣说道:"我受楚王之命,来接受商於之地六百里,没有听说是六里。"使臣回国报告楚怀王,怀王大怒,发兵攻秦。陈轸说:"我可以开口讲话了吗?攻打秦国,不如反过来割地贿赂秦国,再与秦国联合攻齐,这样我们向秦国割出的土地,可

从齐国取得补偿,大王的国土还可以保存。"怀王不听,终于发兵派将军屈匄率领攻打秦国。秦国与齐国共同攻打楚国,杀掉楚兵八万,杀了屈匄,接着攻取了楚国的丹阳、汉中等地。楚国重又增兵袭击秦国,在蓝田与秦军大战,楚军大败,楚国于是割让两城和秦国议和,才使战事平息。

秦要楚欲得黔中地,欲以武关外易之。[1]楚王曰:"不愿易地,愿得张仪而献黔中地。"秦王欲遣之,口弗忍言。张仪乃请行。惠王曰:"彼楚王怒子之负以商於之地,是且甘心于子。"张仪曰:"秦强楚弱,臣善靳尚,[2]尚得事楚夫人郑袖,袖所言皆从。且臣奉王之节使楚,楚何敢加诛。假令诛臣而为秦得黔中之地,臣之上愿。"遂使楚。楚怀王至则囚张仪,将杀之。靳尚谓郑袖曰:"子亦知子之贱于王乎?"郑袖曰:"何也?"靳尚曰:"秦王甚爱张仪而不欲出之,[3]今将以上庸之地六县赂楚,[4]以美人聘楚,[5]以宫中善歌讴者为媵。[6]楚王重地尊秦,[7]秦女必贵而夫人斥矣。[8]不若为言而出之。"于是郑袖日夜言怀王曰:"人臣各为其主用。今地未入秦,秦使张仪来,至重王。王未有礼而杀张仪,秦必大怒攻楚。妾请子母俱迁江南,毋为秦所鱼肉也。"[9]怀王后悔,赦张仪,厚礼之如故。

【注释】〔1〕据《楚世家》载,丹阳战后,次年,秦打算分汉中之半与楚媾和,《屈原传》所记同,不是以武关外易黔中地。"黔中",战国楚郡,后入秦。秦代治所在今湖南沅陵县西。辖境相当今湖南沅水、澧水流域、湖北清江流域、四川黔江流域和贵州东北部分。"武关",关名,在今陕西丹凤县东南。〔2〕"靳尚",楚怀王宠臣。 〔3〕"而不欲出之","不"字当作"必",时张仪被楚囚禁,秦王要救他出来。《战国策·楚策二》作"秦王欲出之"。 〔4〕"上庸",县名,今湖北竹山县西南。"上庸之地六县",包括今湖北竹山、西山、保康、竹溪等县。 〔5〕"聘楚",此指嫁到楚国。 〔6〕"讴",歌。"媵",陪嫁的女子。 〔7〕"楚王重地尊秦",这是靳尚对郑袖说话,"楚王"应作"大王"。 〔8〕"斥",受排斥。〔9〕"鱼肉",像鱼肉一样被残害。

【译文】秦国和楚国进行联系，想用武关以外的土地换取楚国的黔中。楚王说："我不希望换地，希望在得到张仪之后，奉献黔中地与秦王。"秦王想派张仪赴楚，但不忍说出口来。张仪自己请求到楚国去。秦惠王说："楚王恨你背弃了给商於之地的诺言，会对你甘心吗？"张仪说："秦强楚弱，我与楚国的靳尚相好，靳尚受楚王的夫人郑袖信任。郑袖说的话楚王都要听从。况且我是拿着大王您的符节出使，楚国怎敢杀害我呢？即便杀了我，而为秦得到黔中之地，也正是我最好的愿望啊。"张仪于是出使楚国。楚怀王待张仪一到，就把他囚禁起来准备杀掉。靳尚对郑袖说："你知道你也会被楚王抛弃吗？"郑袖问道："为什么呢？"靳尚说："秦王很喜爱张仪，一定要救他出来。打算用上庸所属的六县送给楚国，把美女嫁到楚国，用秦宫中善于唱歌的女子作为陪嫁。楚王看重土地，尊敬秦国，秦国的美女肯定会得宠，而夫人您就会受到冷落了。还不如说情释放张仪。"郑袖于是日夜向怀王进言说："做臣子的各自为他的君主效劳。现在我们的土地还没有交给秦国，秦国就派遣张仪前来，这可是非常尊重大王。大王不以礼相待，反而要杀掉张仪，秦必然会在大怒之下进攻楚国。请让妾母子二人都迁居到江南去，以免被秦兵所残害。"怀王后悔了，赦免了张仪，仍像过去那样隆重地接待他。

张仪既出，未去，闻苏秦死，[1]乃说楚王曰："秦地半天下，兵敌四国，[2]被险带河，[3]四塞以为固。虎贲之士百余万，[4]车千乘，骑万匹，积粟如丘山。法令既明，士卒安难乐死，[5]主明以严，将智以武，虽无出甲，席卷常山之险，必折天下之脊，[6]天下有后服者先亡。且夫为从者，无以异于驱群羊而攻猛虎，虎之与羊不格明矣。[7]今王不与猛虎而与群羊，臣窃以为大王之计过也。[8]

【注释】[1]"闻苏秦死"，此句不是事实，据《六国年表》，张仪死于公元前三〇九年。据当代学者研究，苏秦乃死于公元前二八四年。苏秦死时，张仪已先死二十五年。 [2]"四国"，泛指各诸侯国。 [3]"被险"，险关环抱。"带河"，黄河围绕。 [4]"虎贲之士"，勇士。 [5]"安难乐死"，这是说不避死亡。 [6]"虽无出甲"，三句"虽"通"唯"。这是说只是不出甲而已，如果出甲，一定会席卷常

山而折天下之脊。 [7]"格"，敌。 [8]"过"，错误。

【译文】张仪获释后，还没有离开楚国，听说苏秦已死，便向楚王进说道："秦国的土地占天下一半，兵力足以抵挡周围的国家，据有险要，有黄河围绕，四面都有要塞作为坚固的设防据点。拥有雄兵一百多万，战车千辆，战马万匹，储粮堆积如山。法令严明，士卒又甘愿临难赴死，国君明智威严，将帅有谋有勇，不出兵则已，一出兵就会占据险峻的常山，折断天下的脊梁。天下凡是归顺在后的国家必然先遭灭亡。再说主张合纵的人，与驱赶群羊进攻猛虎没有什么不同，虎与羊之间力量悬殊是再明白不过的了。现在大王不结交猛虎却结交群羊，臣私下认为大王的考虑错了。

"凡天下强国，非秦而楚，非楚而秦，[1]两国交争，其势不两立。大王不与秦，秦下甲据宜阳，韩之上地不通。[2]下河东，[3]取成皋，[4]韩必入臣，[5]梁则从风而动。秦攻楚之西，韩、梁攻其北，社稷安得毋危？

【注释】[1]"而"，则，即。 [2]"上地"，地区名，指上党之地。上党，韩郡，辖境相当今山西和顺、榆顺以南，沁水流域以东地。 [3]"河东"，地区名，在今山西西南部。 [4]"成皋"，韩邑，故城在今河南荥阳汜水镇西。 [5]"入臣"，称臣。

【译文】"总计天下的强国，不是秦就是楚，不是楚就是秦，两国你争我夺，这种形势不可能使两国并立。大王不结交秦，秦发兵占据宜阳，韩国上郡的地方就不能通行。秦再攻下河东，夺取成皋，韩国必定投降称臣，魏国也就会趁此时机行动。秦攻楚国的西面，韩、魏攻楚国的北面，国家哪能不危险呢？

"且夫从者聚群弱而攻至强，不料敌而轻战，国贫而数举兵，危亡之术也。臣闻之，兵不如者勿与挑战，粟不如者勿与持久。夫从人饰辩虚辞，[1]高主之节，言其利不言其害，卒有秦祸，[2]无及为已。是故愿大王之孰计之。[3]

【注释】[1]"饰辩"，粉饰。 [2]"卒"，通

"猝"。〔3〕"孰计",仔细考虑。"孰",通"熟"。

【译文】"再说合纵盟约是聚集一群弱国攻打最强的国家,不估量对方便轻率作战,国家贫穷却要频繁发起战事,这是危亡的道路啊!我听说过,兵力不如对方强,就不要向对方挑起战端;粮食不比对方多,就不要同对方长期打仗。那些谈合纵的人讲的都是好听的和不切实际的言辞,拔高主上不事秦的行为,只说合纵的好处不说它的坏处,突然招来秦兵的战祸,那时挽救就来不及了!所以请大王对这事多多地考虑吧。

"秦西有巴蜀,大船积粟,起于汶山,〔1〕浮江已下,〔2〕至楚三千余里。舫船载卒,〔3〕一舫载五十人与三月之食,下水而浮,一日行三百余里,里数虽多,然而不费牛马之力,不至十日而距扞关。〔4〕扞关惊,则从境以东尽城守矣,〔5〕黔中、巫郡非王之有。秦举甲出武关,南面而伐,则北地绝。〔6〕秦兵之攻楚也,危难在三月之内,而楚待诸侯之救,在半岁之外,此其势不相及也。夫恃弱国之救,忘强秦之祸,此臣所以为大王患也。

【注释】〔1〕"汶山",山名,即岷山,在今四川松潘北。〔2〕"已",通"以"。〔3〕"舫船",两船相并。"舫",音 fǎng。〔4〕"距",至。"扞关",古关名,故址在今湖北长阳西。〔5〕"从境",当从《战国策·楚策一》作"竟陵",其地在今湖北潜江西北。"城守",修筑防御工事。〔6〕"北地",指楚国的北境。

【译文】"秦国西面拥有巴蜀之地,用大船装载粮食,从汶山出发,顺长江而下,到楚国三千余里。用大船运载兵士,每条大船能载五十人和三个月的粮食,船顺着江水飘浮而下,一天可行三百余里,虽然走了这么多里的行程,但并不费牛马牵引的劳力,不到十天便可抵达楚国的扞关。扞关震动,竟陵以东的城邑就都要赶忙加强战备,黔中、巫郡就不再是大王所有了。秦再挥师从武关出发,从南面进攻,那么楚国的北境就被断绝。秦兵进攻楚国,不出三个月,楚国就会面临危难,然而楚国等待各国诸侯发兵来救,却要在半年之后,这势必赶不上。依靠弱国的救援,忘记强秦的祸患,这就是臣下替大王担心的啊!

"大王尝与吴人战,〔1〕五战而三胜,阵卒尽矣;偏守新城,〔2〕存民苦矣。臣闻功大者易危,而民敝者怨上。夫守易危之功而逆强秦之心,臣窃为大王危之。

【注释】〔1〕"大王尝与吴人战",此句有误。吴在前四七三年被越国灭亡,越又亡于楚。怀王时,吴国早已不复存在。〔2〕"新城",新取得的城邑。

【译文】"大王曾经与吴国人作战,战五次胜了三次,临阵的士兵死得差不多了;为了守卫新攻占的城邑,活下来的百姓也吃够苦了。我听说功业大容易招致危险,百姓穷困会产生怨恨国君的情绪。为了维持容易招致危险的功业而去违背强秦的意愿,我私下替大王感到危险。

"且夫秦之所以不出兵函谷十五年以攻齐、赵者,〔1〕阴谋有合天下之心。〔2〕楚尝与秦构难,战于汉中,楚人不胜,列侯执珪死者七十余人,〔3〕遂亡汉中。楚王大怒,〔4〕兴兵袭秦,战于蓝田。此所谓两虎相搏者也。夫秦楚相敝而韩魏以全制其后,计无危于此者矣。愿大王孰计之。

【注释】〔1〕"秦之所以不出兵函谷十五年",这句话不合事实,秦惠王时,秦多次出函谷关,向东方用兵。"函谷",关名,在今河南灵宝县东。〔2〕"合",一作"吞"。〔3〕"执珪",楚国的最高爵位。〔4〕"楚王",当作"大王"。

【译文】"秦国所以十五年不从函谷关出兵攻打齐、赵,是因为它暗中订下了吞并天下的计划。楚国曾经与秦国发生冲突,双方在汉中交战,楚国人没有打胜,有侯爵和执珪之爵的战死了七十多人,楚国的汉中之地便由此失去。大王大怒之下,发兵袭击秦国,两军在蓝田交战。这就是常言说的两虎相争啊。秦、楚两国相互削弱而使韩、魏两国以其完整无损的兵力来对付它们的后方,没有比这更加危险的作法了。请大王对此仔细考虑吧。

"秦下甲攻卫阳晋,必大关天下之匈。〔1〕大王悉起兵以攻宋,不至数月而宋可

举,举宋而东指,则泗上十二诸侯尽王之有也。〔2〕

【注释】〔1〕"攻卫阳晋,必大关天下之匈",这是指攻取阳晋的战略意义,以常山为天下之脊,那么阳晋就是天下之胸,这里是秦、晋、齐、楚的交通要道,秦国攻下阳晋,就是扼着天下的胸脯,其他各国就都不敢动了。"匈",同"胸"。〔2〕"泗上十二诸侯",泗水流域的十二个小国,如邹、鲁、莒等。"泗",水名,源出今山东泗水县东蒙山南麓。

【译文】"秦发兵攻取卫的阳晋以后,必定会使天下的交通要道断绝。大王调集全部兵力进攻宋国,不到数月就可攻下,攻占宋国再挥师东向,那么泗水之侧的十二个诸侯国就会全部属于大王所有了啊。

"凡天下而以信约从亲相坚者苏秦,封武安君,〔1〕相燕,〔2〕即阴与燕王谋伐破齐而分其地;乃详有罪出走入齐,〔3〕齐王因受而相之;居二年而觉,齐王大怒,东裂苏秦于市。〔4〕夫以一诈伪之苏秦,而欲经营天下,混一诸侯,〔5〕其不可成亦明矣。

【注释】〔1〕"武安君",封号,武安在今河南武安县西。〔2〕"燕",国名。战国七雄之一,都蓟(今北京市外城的西北部),疆域包括今河北北部、辽宁南部及内蒙的南部。〔3〕"乃详有罪出走入齐",据学者研究,苏秦在周赧王九年(公元前三〇六年)受燕昭王派遣,侍燕质子于齐,因遂委质为齐臣,并非佯有罪而出亡。"详",通"佯"。〔4〕"车裂",俗称五马分尸。把人的头和四肢分别拴在五辆车上,用五匹马驾车分驰,把人撕裂而死。〔5〕"经营",筹划。"混一",统一。

【译文】"约集东方六国合纵相互坚守盟约的人是苏秦,他被封为武安君,担任燕国的相国以后,就暗中与燕王策划攻破齐国后瓜分齐国的土地;苏秦便装做有罪逃离燕国到达齐国,齐王收留他,让他做了相国;经过两年后事情被发觉,齐王大怒,把苏秦车裂于刑场。像这样用一个狡诈虚伪的苏秦,却要想控制天下,把各国诸侯连成一气,这不可能成功是很明白的。

"今秦与楚接境壤界,〔1〕固形亲之国也。〔2〕大王诚能听臣,臣请使秦太子入质于楚,楚太子入质于秦,请以秦女为大王箕帚之妾,〔3〕效万室之都以为汤沐之邑,长为昆弟之国,终身无相攻伐。臣以为计无便于此者。"

【注释】〔1〕"壤界",疆界相连。〔2〕"形亲",形势上应当亲善。〔3〕"汤沐之邑",本是天子赐给诸侯来朝时斋戒沐浴的地方,后一般指收取其地的赋税作为费用。

【译文】"现在秦国与楚国国土相接,形势上,本来就是亲密的国家。大王真能听我的话,我可以请秦王派太子到楚国来作人质,大王也派太子到秦国去作人质。我并请把秦王的女儿作为大王您的妻子,再奉上拥有万户人家的大城,收取赋税作为大王的沐浴费用,秦与楚长期成为兄弟国家,永世不互相攻打。我认为没有比这更好的策略了。"

于是楚王已得张仪而重出黔中地与秦,〔1〕欲许之。屈原曰:"前大王见欺于张仪,〔2〕张仪至,臣以为大王烹之;〔3〕今纵弗忍杀之,〔4〕又听其邪说,不可。"怀王曰:"许仪而得黔中,美利也。后而倍之,〔5〕不可。"故卒许张仪,与秦亲。

【注释】〔1〕"重出",难于割弃。"重",难。〔2〕"前大王见欺於张仪",指张仪以商于之地欺骗楚怀王的事。"见",被。〔3〕"烹",古代以鼎镬煮人的酷刑。〔4〕"纵",释放。〔5〕"倍",通"背",背弃。

【译文】楚怀王在得到张仪以后,又难于割弃黔中给秦国,想要同意张仪的意见。屈原对楚王说:"前次大王受了张仪的欺骗,这次张仪来楚,臣认为大王会烹杀他;现在放了他,不忍心杀他,却还要听信他的胡言乱语,不能这样做啊!"楚怀王说:"答应了张仪可以保得黔中,这是很有利的事啊。已经答应了,过后又背弃他,不好。"怀王终究应允张仪,与秦结好。

张仪去楚,因遂之韩,说韩王曰:"韩地

险恶山居，五谷所生，非菽而麦，[1]民之食大抵菽饭藿羹。[2]一岁不收，民不餍糟糠。地不过九百里，无二岁之食。料大王之卒，悉之不过三十万，而厮徒负养在其中矣。[3]除守徼亭鄣塞，[4]见卒不过二十万而已矣。[5]秦带甲百余万，车千乘，骑万匹，虎贲之士跿跔科头贯颐奋戟者，[6]至不可胜计。秦马之良，戎兵之众，[7]探前趹后蹄间三寻腾者，[8]不可胜数。山东之士被甲蒙胄以会战，[9]秦人捐甲徒裼以趋敌，[10]左挈人头，[11]右挟生虏。夫秦卒与山东之卒，犹孟贲之与怯夫；[12]以重力相压，犹乌获之与婴儿。[13]夫战孟贲、乌获之士以攻不服之弱国，无异垂千钧之重于鸟卵之上，必无幸矣。[14]

【注释】[1]"菽"，大豆。"而"，则，即。 [2]"藿"，豆叶。 [3]"厮徒负养"，担任杂役的人。[4]"徼亭"，徼，边界。徼有亭，以供瞭望。"鄣塞"，塞，险要之处。塞有工事，作为屏障。 [5]"见"，通"现"。 [6]"跿跔"，徒跣，赤足。音 tū jū。"科头"，空头，不戴头盔。"贯颐"，张弓。"贯"，读为弯弓的弯。"颐"，弓名。"奋戟"，执戟奋怒地冲入敌阵。"戟"，戈矛的合体，可钩可刺。 [7]"戎兵之众"，此句是衍文，当删去。 [8]"探前趹后"，马的前蹄跃向前，后蹄踢地而起，"趹"，音 jué。"寻"，古七尺或八尺为寻。 [9]"被"，披上。"胄"，头盔。[10]"捐"，弃。"徒裼"，赤脚露体。 [11]"挈"，提。"挈"，音 qiè。 [12]"孟贲"，卫国勇士。[13]"乌获"，秦武王时的大力士。[14]"千钧"，形容极重。古代以三十斤为一钧。

【译文】张仪离开楚国，便前往韩国，对韩王说："韩国地势险恶，生活在山陵之中，生长的五谷，不是豆类就是麦子，老百姓大都吃的是豆子，喝的是豆叶汤。一年没有收成，人们连糟糠都吃不饱。韩国纵横不到九百里，没有储存两年的粮食。估计大王手下的军队，全部不足三十万，而且其中还要包括杂役人员都在内呢。除去守卫边界亭堡的兵士外，现成的可供调动的最多不过二十万罢了。秦国的军队有一百多万，战车千辆，战马万匹，勇猛的兵士不戴头盔踊跃奔杀，弯弓射敌，持戟冲锋，多得数不清。秦军战马的精良，士兵的众多，马的前蹄飞腾，后蹄猛蹬，速度快到前后蹄之间一跃可以

跨过三寻的，同样不可胜数。山东六国的军队盔甲齐整地与秦军会战，秦军脱掉盔甲袒臂赤足来迎敌，个个左手提人头，右手挟俘虏。秦兵与山东六国的兵相比，好比勇士孟贲与懦夫；以重兵相接触，好比力士乌获和婴孩。用孟贲、乌获那样的军队作战，攻打不肯降服的弱国，与把千钧重力直接压在鸟卵上面没有什么不同，肯定没有能够幸免的了。

"夫群臣诸侯不料地之寡，而听从人之甘言好辞，比周以相饰也，[1]皆奋曰'听吾计可以强霸天下'。夫不顾社稷之长利而听须臾之说，[2]诖误人主，无过此者。[3]

【注释】[1]"比周"，勾结。 [2]"须臾"，短暂的时间。 [3]"诖误"，贻误。"诖"，音 guà。

【译文】"各国的君臣们不考虑自己国土的狭小，却去听信宣传合纵的人的甜言蜜语，他们结成朋党，互相吹嘘，个个慷慨激昂地说：'听了我的主意便可以在天下强称霸。'像这样不顾及国家的长远利益而听信一时的谬论，贻误国君，没有比这更严重的了。

"大王不事秦，秦下甲据宜阳，断韩之上地，东取成皋、荥阳，[1]则鸿台之宫、桑林之苑非王之有也。[2]夫塞成皋，绝上地，则王之国分矣。先事秦则安，不事秦则危。夫造祸而求其福报，计浅而怨深，逆秦而顺楚，虽欲毋亡，不可得也。

【注释】[1]"荥阳"，韩邑，在今河南荥阳东北。 [2]"鸿台之宫、桑林之苑"，都是韩国的宫苑名。苑，畜养鸟兽的园林，形状婉转曲折，所以称为苑。

【译文】"大王不归附秦国，秦就会发兵占据宜阳，截断韩国的上党地区，再东取成皋、荥阳，那么鸿台之宫、桑林之苑就不再属于大王所有了。要是阻塞了成皋，截绝了上党地区，那大王的国土就要被分割了。早归附秦国就安全，不归附秦国就危险。如果制造的是祸端却要想得到福报，计虑粗浅，结怨很深，违背秦国而顺从楚国，要想国家不亡，那是不可能的啊。

"故为大王计，莫如为秦。〔1〕秦之所欲莫如弱楚，而能弱楚者莫如韩。非以韩能强于楚也，〔2〕其地势然也。今王西面而事秦以攻楚，秦王必喜。夫攻楚以利其地，转祸而说秦，计无便于此者。"

【注释】〔1〕"为"，《战国策·韩策一》作"事"，臣服的意思。　〔2〕"以"，认为。

【译文】"所以为大王着想，还不如替秦国效劳。秦最大的希望是削弱楚国，而最能削弱楚国的就是韩国。不是因为韩国比楚国强大，而是由韩的地势所决定的。现在大王向西臣事秦国，进攻楚国，秦王必然高兴。攻打楚国有利于韩国扩大领土，转移了祸患，取悦了秦国，没有比这更好的主意了。"

韩王听仪计。张仪归报，秦惠王封仪五邑，号曰武信君。使张仪东说齐湣王曰：〔1〕"天下强国无过齐者，大臣父兄殷众富乐。然而为大王计者，皆为一时之说，不顾百世之利。从人说大王者，必曰'齐西有强赵，南有韩与梁。齐，负海之国也，〔2〕地广民众，兵强士勇，虽有百秦，将无奈齐何'。大王贤其说而不计其实。夫从人朋党比周，〔3〕莫不以从为可。臣闻之，齐与鲁三战而鲁三胜，〔4〕国以危亡随其后，虽有战胜之名，而有亡国之实。是何也？齐大而鲁小也。今秦之与齐也，犹齐之与鲁也。秦赵战于河漳之上，再战而赵再胜秦；〔5〕战于番吾之下，再战又胜秦。〔6〕四战之后，赵之亡卒数十万，邯郸仅存，〔7〕虽有战胜之名而国已破矣。是何也？秦强而赵弱。

【注释】〔1〕"齐湣王"，名地，齐宣王之子，公元前三〇〇年至前二八四年在位。湣王即位时，张仪已死九年，此处说张仪东说齐湣王，不合事实。〔2〕"负"，背靠。〔3〕"朋党"，结成小集团。〔4〕"齐与鲁三战而鲁三胜"，这是假设的话，不是事实。〔5〕"秦赵战于河漳之上，再战而再胜秦"，这两战也不见记载，恐不可靠。"河"指黄河，"漳"指漳水。〔6〕"战于番吾之下，再战又胜秦"，秦攻赵番吾，被赵将李牧打退，事在公元前二三二年，时张仪已死

七十七年。"番吾"，赵邑，在今河北磁县境。"番"，音 pán 或 pó。　〔7〕"邯郸"，赵都，公元前三八六年赵敬侯自晋阳徙都于此。故址在今河北邯郸市西南十里，俗称赵王城。

【译文】韩王听从了张仪的主意。张仪回秦作了汇报，秦惠王赐给张仪五座城邑，并封他为武信君。惠王又派遣张仪向东出使，对齐湣王说："天下的强国没有能比得上齐国的，齐国的大臣百姓尽都富裕安乐。但是为大王出谋划策的人，全都是行的一时之计，不顾及百世的利益。主张合纵的人向大王作宣传的，必定会说'齐国西面有强盛的赵国，南面有韩国与魏国。齐国是个滨海的国家，地广人多，军强兵勇，即使有一百个秦国，也将拿齐国无可奈何'。大王认为这种说法正确，但没有考虑它不合于实际。主张合纵的人拉帮结派，没有人不吹嘘合纵的好处。我听说，齐国与鲁国三次交战，鲁国三次获胜，但随着这胜利后面而来的是国家的危亡，虽然有战胜的名声，但带来的是亡国的现实。这是什么原因呢？齐国强大而鲁国弱小啊。现在的秦国对于齐国，就好比齐国对于鲁国。秦、赵两国在漳水之滨交战，赵军两战两胜；在番吾城下交战，赵军又两次胜过秦军。这四战之后，赵国阵亡的兵士有好几十万，只剩下首都邯郸还得侥存，虽然赵国有战胜的名声，然而国家已残破了。这是什么原因呢？秦国强而赵国弱啊。

"今秦楚嫁女娶妇，〔1〕为昆弟之国。韩献宜阳；〔2〕梁效河外；〔3〕赵入朝渑池，〔4〕割河间以事秦。〔5〕大王不事秦，秦驱韩梁攻齐之南地，悉赵兵渡清河，〔6〕指博关，〔7〕临菑、即墨非王之有也。〔8〕国一日见攻，虽欲事秦，不可得也。是故愿大王孰计之也。"

【注释】〔1〕"秦楚嫁女娶妇"，据《六国年表》，秦往楚迎妇在秦昭王二年（公元前三〇五年），时张仪已死五年。〔2〕"韩献宜阳"，这不合事实。秦取宜阳是用武力攻取，并非韩国所献。事在秦武王四年（公元前三〇七年），张仪已死三年。〔3〕"梁效河外"，"河外"，地区名，指曲沃（今山西闻喜东北）、平周（今山西介休西）等地。据《六国年表》，公元前三二二年，秦取曲沃、平周，可见河外入秦也是秦用武力攻取，不是魏国所献。〔4〕"赵入朝渑池"，据《六国年表》，秦、赵会渑池在周赧王三十六年（公元前二七九年），时张仪已死三十年。〔5〕

"割河间以事秦",河间,地区名,指黄河、漳水之间。秦、赵渑池之会时,赵并无割河间事。 〔6〕"清河",古河名,在齐、赵二国之间,源出今河南内黄县南。〔7〕"博关",古关名,在今山东聊平县西北。〔8〕"即墨",齐邑,故城在今山东平度东南。

【译文】"现在秦、楚两国之间嫁女娶妇,成了兄弟国家。韩国献出宜阳,魏国献出河外,赵王到渑池朝见秦王,割让河间来臣事秦国。大王如不归附秦国,秦驱使韩、魏两国进攻齐国南部地带,全部赵国军队渡过清河直奔博关,临菑、即墨两城就不会属于大王所有了。齐国一旦被攻,那时即使想要附秦,已经不可能的了。因此望大王好好考虑这件事吧。"

齐王曰:"齐僻陋,隐居东海之上,未尝闻社稷之长利也。"乃许张仪。
张仪去,西说赵王曰:〔1〕"敝邑秦王使使臣效愚计于大王。大王收率天下以宾秦,〔2〕秦兵不敢出函谷关十五年。大王之威行于山东,敝邑恐惧慑伏,〔3〕缮甲厉兵,〔4〕饰车骑,〔5〕习驰射,力田积粟,守四封之内,愁居慑处,不敢动摇,唯大王有意督过之也。〔6〕

【注释】〔1〕"赵王",据《传》文,张仪说赵在秦惠王后元十四年(公元前三一一年),当赵武灵王十五年。赵武灵王名雍,公元前三二五年至前二九九年在位。〔2〕"宾",通"摈",排斥。〔3〕"慑伏",因畏惧而屈服。〔4〕"缮甲厉兵",整治军装,磨快武器。"缮",整治。"厉",磨砺。〔5〕"饰",通"饬",整饬。〔6〕"督过",深深地责备。

【译文】齐王说:"齐国地方偏僻,处在与世隔绝的东海边上,从来没有听到过对国家的长远打算啊。"于是答应了张仪的建议。
张仪离齐,西入赵国见赵王说:"我们敝国的国君派我为使臣,向大王进献一条策略。大王为首收罗、率领天下诸侯来对付秦国,使秦兵不敢出函谷关达十五年之久。大王的声威遍播于山东,我们秦国恐惧慑伏,整治武器和兵车战马,练习骑射,勤力耕作,积蓄粮食,闭守国内不出,战战兢兢,不敢有轻举妄动,只因为大王您有意和我们过去。

"今以大王之力,举巴蜀,〔1〕并汉中,〔2〕包两周,迁九鼎,〔3〕守白马之津。〔4〕秦虽僻远,然而心忿含怒之日久矣。今秦有敝甲凋兵,〔5〕军于渑池,愿渡河踰漳,据番吾,会邯郸之下,愿以甲子合战,〔6〕以正殷纣之事,〔7〕敬使使臣先闻左右。

【注释】〔1〕"举巴蜀",据《六国年表》,秦灭蜀在惠文王后九年(公元前三一六年),当赵武灵王十年。〔2〕"并汉中",据《秦本纪》及《楚世家》,秦惠王后十三年(公元前三一二年),取楚汉中,当赵武灵王十四年。〔3〕"包两周,迁九鼎",这不合事实,据《六国年表》,秦取两周在庄襄王元年(公元前二四九年),当赵孝成王十七年,这时张仪已死六十一年。〔4〕"白马之津",古津渡名,在今河南滑县东北。〔5〕"敝甲凋兵",这是对秦军的谦辞。"敝甲",破旧的甲衣。"凋兵",残缺的兵器。〔6〕"甲子合战",甲子是周武王克商的日子。〔7〕"殷纣",商朝最后一代君主。

【译文】"现在依靠大王的督促,秦国已攻占巴蜀,吞并汉中,囊括两周,迁移九鼎,据守白马津渡。秦国虽然偏僻边远,然而内心愤怒已有很长时间了。目下秦有一支破破烂烂的军队驻守在渑池,准备渡过漳水,进占番吾,与赵军在邯郸城下相会,希望在甲子那天会战,以此来重演周武王伐纣的旧事,特别派我作为使臣预先来恭敬地告知大王。

"凡大王之所信为从者恃苏秦。苏秦荧惑诸侯,〔1〕以是为非,以非为是,欲反齐国,而自令车裂于市。夫天下之不可一亦明矣。今楚与秦为昆弟之国,而韩梁称为东藩之臣,〔2〕齐献鱼盐之地,〔3〕此断赵之右臂也。夫断右臂而与人斗,失其党而孤居,求欲毋危,岂可得乎!

【注释】〔1〕"荧惑",眩惑。〔2〕"韩梁称为东藩之臣",这不合史实。据《秦本纪》,"韩王入朝,魏举国听命",在秦昭襄王五十三年(公元前二五四)年,时张仪已死五十五年。又据《秦始皇本纪》,韩称臣于秦在秦始皇十三年(公元前二三四年),距张仪之死已七十五年。〔3〕"齐献鱼盐之地",这是夸大的话,当时并无其事。

【译文】"总的说来,大王之所以相信缔结合纵盟约的原因是因为仗恃有苏秦。苏秦用漂亮话迷惑诸侯,颠倒是非,企图倾覆齐国,结果使自己在刑场上被车裂。这样,天下的不可能联合为一也就很明显了。如今楚国与秦国结成了兄弟国家,韩国与魏国自称为秦国东边的藩属,齐国向秦献出盛产鱼盐的领土,这就断了赵国的右臂。一个断掉了右臂的人与别人相争,失去了朋友的人孤居独处,想要没有危险,怎么可能呢?

"今秦发三将军:其一军塞午道,〔1〕告齐使兴师渡清河,军于邯郸之东;一军军成皋,驱韩梁军于河外;〔2〕一军军于渑池。约四国为一以攻赵,赵破,必四分其地。是故不敢匿意隐情,先以闻于左右。臣窃为大王计,莫如与秦王遇于渑池,面相见而口相结,请案兵无攻。〔3〕愿大王之定计。"

【注释】〔1〕"午道",纵横交错的重要通路,在赵东齐西。〔2〕"河外",地区名,指黄河以南,今河南郑州市至滑县一带。〔3〕"案兵",止兵不动。"案",通"按"。

【译文】"现在秦王派出三个将军:其中一支军队截断午道,通知齐国派兵渡过清河,驻扎在邯郸的东面;一支军队驻扎在成皋,驱使韩国和魏国的军队驻扎在河外;一支军队驻扎在渑池。这四国结为一体来进攻赵国,赵国被攻破后,它的国土必定会被四国分占。因此我不敢隐瞒这种意图,先给大王通个口信。我替大王着想,你不如与秦王在渑池相会,面对面亲口约定,请他按兵不要进攻。希望大王拿定主意。"

赵王曰:"先王之时,〔1〕奉阳君专权擅势,〔2〕蔽欺先王,独擅绾事,〔3〕寡人居属师傅,〔4〕不与国谋计。〔5〕先王弃群臣,〔6〕寡人年幼,奉祀之日新,心固窃疑焉,以为一从不事秦,非国之长利也。乃且愿变心易虑,割地谢前过以事秦。方将约车趋行,〔7〕适闻使者之明诏。"赵王许张仪,张仪乃去。

【注释】〔1〕"先王之时",先王指赵武灵王父赵肃侯。〔2〕"奉阳君专权擅势",这不合事实。

奉阳君李兑专权在赵武灵王子赵惠文王时。〔3〕"擅",揽。"绾",控扼。〔4〕"属",付托。〔5〕"与",参与。〔6〕"弃群臣",对死亡的避忌说法。〔7〕"趋",同"趣",趣向

【译文】赵王说:"先王在时,奉阳君专权擅势,蒙蔽欺骗先王,独断一切政务,我的生活归师傅安排,没有参与国家的大计。先王去世时,我年龄幼小,作主治国的时间才刚刚开始,内心本来就暗自怀疑,认为一意投入合纵盟约而不依附秦国,不是赵国的长远利益。所以我准备改变主意,割让国土弥补以前的过错,归附秦国。正待安排车马启程时,恰好听到了您的英明指示。"赵王答应了张仪以后,张仪便离开了赵国。

北之燕,说燕昭王曰:〔1〕"大王之所亲莫如赵。昔赵襄子尝以其姊为代王妻,〔2〕欲并代,约与代王遇于句注之塞。〔3〕乃令工人作为金斗,长其尾,〔4〕令可以击人。与代王饮,阴告厨人曰:'即酒酣乐,进热啜,〔5〕反斗以击之。'〔6〕于是酒酣乐,进热啜,厨人进斟,〔7〕因反斗以击代王,杀之,王脑涂地。其姊闻之,因摩笄以自刺,〔8〕故至今有摩笄之山。〔9〕代王之亡,天下莫不闻。

【注释】〔1〕"燕昭王",名职,燕王哙的庶子,公元前三一一年至前二七九年在位。〔2〕"赵襄子",赵鞅之子,名无恤,春秋末年晋国大夫,与韩、魏两家三分晋国。"代王",代,国名,在今河北蔚县东北。其时代未称王,当作"代君"。〔3〕"句注",山名,在今山西代县西北,即雁门山。〔4〕"金斗",铜作的口大底小的方形器皿,有柄。〔5〕"热啜",热羹。"啜",音 chuò。〔6〕"反斗以击之",指把斗底反过来击代君的头部。〔7〕"进斟",进到席间倒羹汁。〔8〕"摩",同"磨"。"笄",古代妇女用来挽发的簪子。〔9〕"摩笄山",在今河北涿鹿县东北。

【译文】张仪北行到燕国,对燕昭王说:"大王所亲近的没过于赵国吧。过去赵襄子曾经让他姐姐嫁给代王作妻。后来他想要并吞代国,邀约代王在句注山的要塞相会。他先令工人制作了金斗,把金斗的尾部做得很长,使它可以用来袭击别人。赵襄子在与代王饮酒时,悄悄吩咐厨子说:'趁着酒饮

得酣畅高兴的时候,你送去热汤,然后掉转金斗袭击代王。'于是在酒饮到酣畅高兴之时,上热汤了,厨子送上汤勺,随即将金斗倒转过来打死了代王,代王的脑浆流了一地。赵襄子的姐姐听到这个消息,便磨快头上的金簪自刺而死,所以到现在就有了摩笄山这个名称。代王的死因,天下人没有谁不听说的。

"夫赵王之很戾无亲,〔1〕大王之所明见,且以赵王为可亲乎?赵兴兵攻燕,〔2〕再围燕都而劫大王,大王割十城以谢。今赵王已入朝渑池,效河间以事秦。今大王不事秦,秦下甲云中、九原,〔3〕驱赵而攻燕,则易水、长城非大王之有也。〔4〕

【注释】〔1〕"很",通"狠",凶狠。"戾",暴戾。〔2〕"赵兴兵攻燕"三句,此事不见于记载。〔3〕"云中",郡名,赵武灵王所置,辖境相当于今内蒙土默特右旗以东,大青山以南,卓资县以西,长城以北。"九原",赵邑,秦后于此置县,治所在今内蒙包头市西。〔4〕"易水",水名,在今河北省境内,源出河北易县西,东流至定兴县西南,与拒马河合。"长城",指燕的南长城,在今河北易县西南。

【译文】"赵王如此狠毒,连亲戚都不放过,大王您看得很清楚,又怎能把赵王当做是可以亲近的人呢?赵国起兵进攻燕国,两次围困了燕的都城要挟大王,迫使大王割让了十座城来谢罪。现在赵王已经进入渑池朝见秦王,献上河间一带来事奉秦国。现在大王如不归附秦国,秦就会发兵到云中、九原,驱使赵国进攻燕国,这样一来,易水、长城就不再属于大王所有了。

"且今时赵之于秦犹郡县也,不敢妄举师以攻伐。今王事秦,秦王必喜,赵不敢妄动,是西有强秦之援,而南无齐赵之患,是故愿大王孰计之。"

【译文】"再说现在的赵国对于秦国而言,好比秦的一个郡县而已,不敢擅自兴兵打伐。目前大王如依附秦国,秦王必定高兴,赵又不敢轻举妄动,这样燕国西面有强大的秦国为援,同时南面没有齐国、赵国的侵犯,所以希望大王慎重地考虑这件事情吧。"

燕王曰:"寡人蛮夷僻处,虽大男子裁如婴儿,〔1〕言不足以采正计。今上客幸教之,请西面而事秦,献恒山之尾五城。"〔2〕燕王听仪。仪归报,未至咸阳而秦惠王卒,武王立。〔3〕武王自为太子时不说张仪,〔4〕及即位,群臣多谗张仪曰:"无信,左右卖国以取容。秦必复用之,恐为天下笑。"诸侯闻张仪有郤武王,〔5〕皆畔衡,复合从。〔6〕

【注释】〔1〕"裁",通"才",仅仅。 〔2〕"恒山",古山名,在今河北曲阳西北与山西接界处。恒山之尾,在燕的西南界。 〔3〕"武王",秦武王,名荡,惠文王子,公元前三一〇年至前三〇七年在位。〔4〕"说",通"悦"。 〔5〕"郤",通"隙",裂痕。〔6〕"畔",通"叛"。"衡",通"横",战国后期,指东方各国与秦联合。"合从",指六国合纵抗秦。

【译文】燕王说:"我像蛮夷一样处在偏僻的地区,虽然是个大男子,实在好像一个婴儿,说的话值不得作为正确的意见看待。今天幸承贵宾指教,我愿意西向依附秦国,并献上恒山末端的五座城池。"燕王听从了张仪的意见。张仪返回秦国报告,还没有走到咸阳,秦惠王便已去世。秦武王即位。武王还在当太子的时候就不喜欢张仪,即位以后,群臣中许多人说张仪的坏话:"他没有信用,行为反覆,出卖国家利益来取得君主的欢心。我们秦国如果再要重用他,恐怕会遭天下人的耻笑。"各国诸侯听说张仪与秦武王有隔阂,都背叛了连横,又恢复了合纵。

秦武王元年,群臣日夜恶张仪未已,而齐让又至。〔1〕张仪惧诛,乃因谓秦武王曰:"仪有愚计,愿效之。"王曰:"奈何?"〔2〕对曰:"为秦社稷计者,东方有大变,然后王可以多割得地也。今闻齐王甚憎仪,仪之所在,必兴师伐之。故仪愿乞其不肖之身之梁,〔3〕齐必兴师而伐梁。梁齐之兵连于城下而不能相去,王以其间伐韩,入三川,出兵函谷而毋伐,以临周,祭器必出。〔4〕挟天子,按图籍,此王业也。"秦王以为然,乃具革车三十乘,〔5〕入仪之梁。〔6〕齐果兴师伐之。梁哀王恐。〔7〕张仪曰:"王勿患也,请令罢齐兵。"乃使其舍人冯喜之楚,借使之齐,谓齐

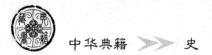

王曰:"王甚憎张仪;虽然,亦厚矣王之托仪于秦也!"齐王曰:"寡人憎仪,仪之所在,必兴师伐之,何以托仪?"对曰:"是乃王之托仪也。夫仪之出也,固与秦王约曰:'为王计者,东方有大变,然后王可以多割得地。今齐王甚憎仪,仪之所在,必兴师伐之。故仪愿乞其不肖之身之梁,齐必兴师伐之。齐梁之兵连于城下而不能相去,王以其间伐韩,入三川,出兵函谷而无伐,以临周,祭器必出。挟天子,案图籍,此王业也。'秦王以为然,故具革车三十乘而入之梁也。今仪入梁,王果伐之,是王内罢国而外伐与国,[8]广邻敌以内自临,而信仪于秦王也。此臣之所谓'托仪'也。"齐王曰:"善。"乃使解兵。[9]

【注释】〔1〕"齐让又至",齐派使者责难秦用张仪。"让",责备。 〔2〕"奈何",怎么样。"奈",同"奈"。 〔3〕"不肖之身",对自己的谦称。"肖",贤。 〔4〕"祭器",钟鼎之类的器物。 〔5〕"革车",兵车。 〔6〕"入仪之梁","仪"字是衍文,《战国策·齐策二》作"纳之梁"。"入",同"纳"。 〔7〕"梁哀王",应为梁襄王,公元前三一八年至前二九六年在位。 〔8〕"罢",同"疲"。"与国",同盟国。〔9〕"解兵",停止用兵。

【译文】秦武王元年,大臣们日日夜夜诽谤张仪的事还没有平息,齐国又派使者责备秦国任用张仪。张仪害怕被杀,便趁机对秦武王说:"我有一条计策,愿意献给大王。"武王问道:"什么样的计划?"张仪回答说:"为秦的利益着想,要东方有了大变,然后大王才可以多割得地方。现在听说齐王非常恨我,我所在的地方,齐王必定会发兵攻打它。因此我希望让我这不才的人前往梁国,齐就一定会兴师伐梁。梁和齐的军队纠缠在大梁城下不能脱身,大王便利用这个时候攻打韩国,进入三川,出兵函谷关但并不进攻,用来威胁周室,这样周室的祭器必定会向大王献出。挟持周天子,掌握天下的地图和户籍,这是称王的大业啊。"秦武王认为张仪说得对,就准备了三十乘兵车,载上张仪前往梁国。齐国果然兴师攻打梁国。梁哀王害怕了,张仪说:"大王不要忧虑,请让我退掉齐兵。"张仪派门客冯喜前往楚国,借用楚国的使者前往齐国,对齐王说:"大王很恨张仪,虽然如此,大王却使秦国更加信赖张

仪。"齐王说:"我非常痛恨张仪,只要张仪走到哪里,我就要兴兵讨伐到哪里,怎么说使他更受信任呢?"使者回答说:"这正是使张仪更受信任的作法啊。张仪离开秦国时,本来就与秦王谈好,说:'为秦王着想,要东方有了大变,然后才可以割得更多的地方。现在齐王非常恨我,凡我所在之处,齐王必定兴兵讨伐。因此我希望让我这不才的人前往梁国,齐王必定会兴兵伐梁。齐、梁两军纠缠在城下不能脱身,大王利用这个机会攻打韩国,进军三川,出兵函谷关却并不进攻,以此来威胁周室,周室必定会献出祭器。挟持周天子,掌握天下的地图和户籍,这是称王的大业啊。'秦王认为说得对,所以准备了三十乘兵车载他入梁。现在张仪到了梁国,大王果然出兵攻梁,对内消耗国力,对外攻打盟邦,多树敌人,面临危难,这不是使张仪更加受到秦王信任吗!"齐王说:"你说得对。"就下令撤军。

张仪相魏一岁,卒于魏也。

【译文】张仪在魏做了一年相国,死于魏国。

陈轸者,游说之士。与张仪俱事秦惠王,皆贵重,争宠。张仪恶陈轸于秦王曰:[1]"轸重币轻使秦楚之间,[2]将为国交也。今楚不加善于秦而善轸者,轸自为厚而为王薄也。且轸欲去秦而之楚,王胡不听乎?"王谓陈轸曰:"吾闻子欲去秦之楚,有之乎?"轸曰:"然。"王曰:"仪之言果信矣。"轸曰:"非独仪知之也,行道之士尽知之矣。昔子胥忠于其君而天下争以为臣,[3]曾参孝于其亲而天下愿以为子。[4]故卖仆妾不出闾巷而售者,[5]良仆妾也;出妇嫁于乡曲者,[6]良妇也。今轸不忠其君,楚亦何以轸为忠乎? 忠且见弃,轸不之楚何归乎?"王以其言为然,遂善待之。

【注释】〔1〕"恶",中伤,音 wù。 〔2〕"重",厚。"币",玉、马、皮、帛等礼物。"轻",频繁。〔3〕"子胥",姓伍,名员,楚人,后仕吴。吴王夫差时因劝王拒绝越国求和,被疏远。后吴王赐剑,命他自杀。 〔4〕"曾参",春秋时鲁国人,孔子弟子,以孝著称。 〔5〕"闾巷",里巷。 〔6〕"出妇",被丈夫遗弃的妇女。"乡曲",乡里。

【译文】陈轸是个游说之士。他与张仪同为秦惠王做事，都受到重用，二人常常争宠。张仪向秦惠王讲陈轸的坏话说："陈轸携带大量钱财随时出使于秦、楚两国之间，本应搞好两国的邦交。现在楚国并没有对秦国更亲善，却对陈轸很好，这是因为陈轸替自己打算多而替大王想得少的缘故啊。而且陈轸想要离开秦国投奔楚国，大王为何不让他离开呢？"惠王问陈轸道："我听说你想要离秦投楚，有这回事吗？"陈轸答道："有。"惠王说："张仪的话果然被证实了。"陈轸说："这件事不单是张仪知道，连路上的行人也尽都知道。过去伍子胥对他的国君忠心，因而各国诸侯争相拉他到本国为臣；曾参对他的双亲孝敬，因而各家父母都希望让他作为自己的儿子。所以被卖的仆妾不用走出家门街巷便被买去的，就是好仆妾；被丈夫抛弃的妇女能再嫁在本乡本里的，那是好妇人。现在如果我对我的国君不忠心，楚王又怎么会拿我做忠臣看待呢？忠心尚且被抛弃，我不往楚国又投奔何处呢？"秦惠王感到陈轸的话说得对，于是便很好地对待他。

居秦期年，[1]秦惠王终相张仪，而陈轸奔楚。楚未之重也，而使陈轸使于秦。过梁，欲见犀首。犀首谢弗见。轸曰："吾为事来，公不见轸，轸将行，不得待异日。"[2]犀首见之。陈轸曰："公何好饮也？"犀首曰："无事也。"曰："吾请令公厌事可乎？"[3]曰："奈何？"曰："田需约诸侯从亲，[4]楚王疑之，未信也。公谓于王：'臣与燕、赵之王有故，数使人来，曰"无事何不相见"，愿谒行于王。'[5]王虽许公，[6]公请毋多车，以车三十乘，可陈之于庭，[7]明言之燕、赵。"燕、赵客闻之，驰车告其王，使人迎犀首。楚王闻之大怒，曰："田需与寡人约，而犀首之燕、赵，是欺我也。"怒而不听其事。齐闻犀首之北，使人以事委焉。犀首遂行，三国相事皆断于犀首。轸遂至秦。

【注释】〔1〕"期年"，一整年。"期"，音 jī。〔2〕"异日"，另外的日子。〔3〕"厌事"，形容担任的事多。"厌"通"餍"，饱。〔4〕"田需"，时为魏相。〔5〕"谒行"，请行。〔6〕"虽"，即使。〔7〕"陈"，列。

【译文】陈轸在秦国住了一年，秦惠王终究任用张仪为相国，于是陈轸投奔楚国。楚国并没有重用他，却派他出使秦国。陈轸路过魏国时，想要看望犀首。犀首推辞不见。陈轸说："我是为要事而来，你不见我，我就要离开这里了，不能等到其它日子。"犀首便会见了陈轸。陈轸问："你怎么喜欢饮起酒来了呢？"犀首答说："没有事啊。"陈轸说："请让我使你的事情多起来，行吗？"犀平问道："怎么办呢？"陈轸说："魏相田需邀约各国诸侯合纵联盟结好，楚王持怀疑态度而不相信他。你去对魏王说：'我与燕、赵两国的国君有旧交，他们多次派人来对我说"你闲着没事怎么不来见见面"，我希望到他们那里去拜见一下。'魏王即使同意你，你也不必多要车辆，只需把三十辆车子摆在庭院内，公开说要到燕、赵两国去。"燕、赵两国的在魏国作客的人听到这个消息，忙飞车禀告各自的国君，两国都派人到魏迎接犀首。楚王闻知此事大怒，说："魏相田需来与我结约，而他们的犀首却前往燕、赵两国，这分明是欺骗我啊！"楚王愤怒之下，不理会田需的建议，齐王听说犀首去北方，也派人把国事托付给他。犀首于是启程，燕、赵、齐三国的相国事务都归犀首决定。陈轸于是到了秦国。

韩魏相攻，期年不解。秦惠王欲救之，问于左右。左右或曰救之便，[1]或曰勿救便，惠王未能为之决。陈轸适至秦，惠王曰："子去寡人之楚，亦思寡人不？"陈轸对曰："王闻夫越人庄舄乎？"王曰："不闻。"曰："越人庄舄仕楚执珪，有顷而病。楚王曰：'舄故越之鄙细人也，今仕楚执珪，贵富矣，亦思越不？'[2]中谢对曰：[3]'凡人之思故，在其病也。彼思越则越声，不思越则楚声。'使人往听之，犹尚越声也。今臣虽弃逐之楚，岂能无秦声哉！"惠王曰："善。今韩魏相攻，期年不解，或谓寡人救之便，或曰勿救便，寡人不能决，愿子为子主计之余，为寡人计之。"陈轸对曰："亦尝有以夫卞庄子刺虎闻于王者乎？庄子欲刺虎，馆竖子止之，曰：'两虎方且食牛，食甘必争，争则必斗，斗则大者伤，小者死，从伤而刺之，一举必有双虎之名。'卞庄子以为然，立须之。有顷，两虎果斗，大者伤，小者死。庄子从伤者而刺之，一举果有双虎之功。今韩魏相攻，期年不解，是必大国伤，小国亡，从伤而伐之，一举必有两实。此犹庄子刺虎之类也。臣主与王何异也。"惠王曰:"善。"卒弗救。大国果伤,小国亡,〔4〕秦兴兵而伐,大剋之。此陈轸之计也。

【注释】〔1〕"便",有利。 〔2〕"越",国名,都会稽(今浙江绍兴),疆域主要有今浙江北部和江苏、安徽、江西的一部分。"不",通"否"。 〔3〕"中谢",侍从官。 〔4〕"大国果伤,小国亡",这是夸大的话,不是事实。

【译文】韩魏两国互相攻打,一年不解。秦惠王想援助一方,征求大臣们的意见。大臣们有的说援助好,有的说不援助好,秦惠王不能作出决定。恰逢陈轸到达秦国,秦惠王便问他说:"你离开我去了楚国,还想不想念我呢?"陈轸答道:"大王听说过越国的庄舄吗?"惠王说:"没有听说过。"陈轸说:"越国人庄舄在楚国担任了执珪,不久得了病。楚王问:'庄舄在越国是个地位低贱的人,如今在楚国做官,已经富贵了,还思不思念越国呢?'一位侍御答道:'大凡一个人怀念过去,是在他得病的时候。庄舄如果思念越国,呻吟就会是越国的口音;不思念越国,就会是楚国的口音。'楚王派人到庄舄那里偷听,他的呻吟声仍然还是越国的口音啊。现在我虽然被抛弃而去到楚国,怎么可能不发出秦国的口音呢!"秦惠王说:"你说得好。现在韩魏两国互相进攻,一年了还没有解决,有的说我解救为好,有的说不解救为好,我作不出决定,希望你能在替你的楚国君主考虑的余暇,也为我考虑这件事情。"陈轸对答说:'有人把那下庄子刺虎的事讲给大王听过吗?庄子准备刺杀老虎,旅舍里的小伙子劝阻他说:'两只老虎正要吃牛,吃到味道好的地方必然会争夺,一争夺就必然会格斗,格斗就会使大虎受伤,小虎死亡,这时再刺杀受伤的老虎,一举就能获得杀死两只老虎的名声。'下庄子认为说得对,站着等待时机。过了一会,两只老虎果然争斗起来,大的伤了,小的死了。庄子向受伤的老虎刺去,这一举果然有了杀死双虎的功劳。如今韩魏两国相攻,一年得不到解决,这就必然会使大国受损,小国残破,对受损的国家兴兵攻打,这一举必定会有击破两国的实效。这就和庄子刺虎是一类的事情啊。我为楚王和为大王您出主意有什么两样呢。"秦惠王说:"你说得好。"终究没有去解救两国。结果大国果然受了损伤,小国面临灭亡,秦王兴兵讨伐,取得大胜。这正是陈轸的计谋啊。

犀首者,魏之阴晋人也,〔1〕名衍,姓公孙氏。与张仪不善。

【注释】〔1〕"阴晋",邑名,在今陕西华阴县东。

【译文】犀首是魏国阴晋人,名衍,姓公孙氏。他与张仪关系不好。

张仪为秦之魏,魏王相张仪。〔1〕犀首弗利,故令人谓韩公叔曰:"张仪已合秦魏矣,其言曰'魏攻南阳,秦攻三川'。魏王所以贵张子者,欲得韩地也。且韩之南阳已举矣,子何不少委焉以为衍功,则秦魏之交可错矣。〔2〕然则魏必图秦而弃仪,收韩而相衍。"公叔以为便,因委之犀首以为功。果相魏。张仪去。

【注释】〔1〕"魏王相张仪",这在魏惠王后元十三年(公元前三二二年)。 〔2〕"错",弃置,丢在一边。

【译文】张仪为了秦国的事前往魏国,魏王拜张仪为相国。犀首认为对己不利,因此派人对韩国的公叔说:"张仪已经使秦、魏两国联合了,他提出'魏攻取韩国的南阳,秦攻取韩国的三川'。魏王之所以看重张仪,是想要得到韩国的土地。而且韩国的南阳已要被攻下,你何不把南阳交给公孙衍作为他的功劳,那么秦、魏两国的交往就会停止了。这样一来,魏国必定会打秦国的主意从而抛弃张仪,拉拢韩国并拜公孙衍为相。"公叔认为这样很好,便把南阳交给犀首作为他的功劳。犀首果真做了魏国的相国,张仪只好离开魏国。

义渠君朝于魏。〔1〕犀首闻张仪复相秦,害之。犀首乃谓义渠君曰:"道远不得复过,请谒事情。"〔2〕曰:"中国无事,〔3〕秦得烧掇焚杅君之国;〔4〕有事,〔5〕秦将轻使重币事君之国。"其后五国伐秦。〔6〕会陈轸谓秦王曰:"义渠君者,蛮夷之贤君也,不如赂之以抚其志。"〔7〕秦王曰:"善。"乃以文绣千纯,〔8〕妇女百人遗义渠君。义渠君致群臣而谋曰:"此公孙衍所谓邪?"〔9〕乃起兵袭秦,大败秦人李伯之下。[10]

【注释】[1]"义渠",西戎部落之一,主要分布地在今甘肃庆阳、宁县一带。 [2]"谒",陈述。[3]"中国无事",指山东六国不进攻秦国。 [4]"烧掇焚杆",焚烧侵略。"掇",侵掠,音 duó。"杆",割取,音 yú。 [5]"有事",指山东各诸侯国攻秦。[6]"五国伐秦",指秦惠王后元七年(公元前三一八年),楚、魏、韩、齐、赵五国共攻秦。 [7]"抚",安定。 [8]"纯",匹。音 tún。 [9]"此公孙衍所谓邪",指上文公孙衍对义渠君所说的话。 [10]"李伯",秦邑。

【译文】义渠君到魏国朝拜。犀首听说张仪重新当了秦相,心里忌恨。犀首于是对义渠君说:"路途遥远,你不可能再来这里相见了,请让我把秦国的情况告诉您。"犀首接着说:"中原各国如果没有事变,秦国将会烧杀侵略您的国家;如果有事变,秦国将会频繁地派出使臣用厚礼事奉您的国家。"这以后,楚、魏、齐、韩、赵五国共同进攻秦国。正好陈轸对秦王说:"义渠君是蛮夷中贤能的国君,不如送他厚礼以求稳住他的心。"秦王说:"好。"于是用了一千匹锦绣,一百名美女送给义渠君。义渠君召集群臣商量说:"这就是公孙衍给我说过的那回事吧?"于是发兵偷袭秦国,在李伯这个地方大败秦兵。

张仪已卒之后,犀首入相秦。[1]尝佩五国之相印,为约长。[2]

【注释】[1]"犀首入相秦",这不合史实。张仪死后,犀首并未继任秦相。 [2]"尝佩五国之相印,为约长",指公孙衍主持韩、赵、魏、燕、中山五国相王的事,时间在周显王四十六年(公元前三二三年)。

【译文】张仪已死之后,犀首入秦做了丞相。他曾经佩带五国的相印,当了五国盟约的约长。

太史公曰:三晋多权变之士,夫言从衡强秦者大抵皆三晋之人也。[1]夫张仪之行事甚于苏秦,[2]然世恶苏秦者,以其先死,而仪振暴其短以扶其说,[3]成其衡道。要之,[4]此两人真倾危之士哉![5]

【注释】[1]"三晋",春秋末期,晋国的韩、赵、魏三家大夫瓜分晋地,分别建国,史家称他们为三晋。"权变",权谋机变。 [2]"张仪之行事",指诈伪的外交手段。 [3]"振暴",宣扬和暴露。 [4]"要之",总之。 [5]"倾危",使国家倾覆危亡。

【译文】太史公说:三晋这块地方有许多善于权变的人,倡导合纵连横,使秦国强大的,大多数都是三晋的人。张仪的行为比苏秦更坏,但世人讨厌苏秦的原因,是因为他先死,而且张仪夸张地揭露他的短处,以此来显示自己说法的正确,完成连横的策略。总之,他们两个真正称得上是倾邦覆国的人物啊!

史记卷七十一

樗里子甘茂列传第十一

樗里子者，[1]名疾，秦惠王之弟也，[2]与惠王异母。母，韩女也。樗里子滑稽多智，[3]秦人号曰"智囊"。[4]

【注释】[1]"樗里"，古代地名，在今陕西省西安市西北。"樗"，音 chū，臭椿树。子是古代对成年男人的尊称。 [2]"秦惠王"，即秦惠文王，名叫嬴驷，公元前三三七年至前三一一年为秦王。 [3]"滑稽"，音 gǔ jī，古代的一种酒器，《汉书·陈遵传》引扬雄《酒箴》："鸱夷滑稽，腹大如壶，尽日盛酒，人复借酤。"由于它可以转注吐酒，人们借用来比喻出口成章，言语无穷竭的才人，现在则泛指令人发笑的语言行动。 [4]"号曰"，称他为。"智囊"，指富于智慧，多谋善算的人，意为充满智谋，像囊盛满物一样。

【译文】樗里子这个人名叫疾，是秦惠文王的弟弟，和秦惠文王不是一个母亲。他的母亲是韩国女子。樗里子能言善辩，富于才智，秦国人把他称作"智囊"。

秦惠王八年，爵樗里子右更，[1]使将而伐曲沃，[2]尽出其人，[3]取其城，地入秦。秦惠王二十五年，使樗里子为将伐赵，虏赵将军庄豹，拔蔺。[4]明年，助魏章攻楚，[5]败楚将屈丐，取汉中地。[6]秦封樗里子，号为严君。[7]

【注释】[1]"爵"，作动词用，封授爵位。"右更"，秦国爵位中的第十四级。 [2]"将"，动词，率领军队。"曲沃"，魏国城邑，在今河南省三门峡市西南，与今曲沃县非一地。《史记志疑》认为，此处记载错误，应为二十四年，即后元十一年，非八年。所伐据《秦本纪》所载为焦，曲沃已在此前被秦取得。《秦本纪》称"庶长疾"，似尚未任右更。 [3]"出其人"，把居民驱赶出去。 [4]"庄豹"，《秦本纪》《赵世家》等均作"赵将庄"，疑"豹"为衍字。"蔺"，赵国城邑，在今山西省离石县西。 [5]"魏章"，秦将名。 [6]"汉中"，即今陕西省南部汉中、商洛至湖北省西北部十堰一带。 [7]"严君"，秦国封爵号。《史记索隐》认为可能是封于严道，即今四川省荥经县。

【译文】秦惠文王八年，授予樗里子右更的爵位，让他领兵去攻打曲沃，把那里的人全驱赶走，夺取了城池，将土地归入秦国。秦惠文王二十五年，让樗里子任将军攻打赵国，俘虏了赵国将军庄豹，攻克了蔺城。第二年，他协助魏章攻打楚国，打败了楚将屈丐，夺取了汉中的土地。秦国封赏樗里子，封号叫作严君。

秦惠王卒，太子武王立，[1]逐张仪、魏章，[2]而以樗里子、甘茂为左右丞相。秦使甘茂攻韩，拔宜阳。[3]使樗里子以车百乘入周。[4]周以卒迎之，意甚敬。楚王怒，[5]让周，[6]以其重秦客。游腾为周说楚王曰："知伯之伐仇犹，遗之广车，[7]因随之以兵，仇犹遂亡。何则？无备故也。齐桓公伐蔡，[8]号曰诛楚，其实袭蔡。今秦，虎狼之国，使樗里子以车百乘入周，周以仇犹、蔡观焉，[9]故使长戟居前，强弩在后，名曰卫疾，[10]而实囚之。且夫周岂能无忧其社稷哉？恐一旦亡国以忧大王。"楚王乃悦。

【注释】〔1〕"武王",秦武王嬴荡,公元前三一〇年至前三〇七年在位。 〔2〕"张仪",魏国人,战国时纵横家,曾任秦相、魏相,详见本书《张仪列传》。 〔3〕"宜阳",韩国城邑,在今河南省宜阳县西。 〔4〕"车百乘",一百辆兵军。"乘",音shèng,古代计量车马的单位,一般以四马一车为一乘。"周",指迁到洛邑的东周王廷。 〔5〕"楚王",指当时的楚国怀王熊槐,公元前三二八年至前二九九年在位。 〔6〕"让",责怪,指责。 〔7〕"知伯",又作"智伯",春秋时晋国大夫荀瑶。"仇犹",古代小国名,在今山西省盂县。此处有脱文。《战国策》作"遗之大钟,载以广车"。是说智伯送给仇犹国大钟,用大车运去。据《战国策·周策》、《韩非子·说林》、《吕氏春秋·权勋》等载,仇犹国君为了得到大钟,专门开通山路,而晋军便随着送钟的车从大路进入仇犹,将其灭掉。 〔8〕"齐桓公伐蔡",此事详见《管晏列传》。 〔9〕"观焉",《战国策》作"戒之"。 〔10〕"卫疾",保卫樗里疾。

【译文】秦惠文王去世,太子秦武王即位,驱逐了张仪和魏章,而让樗里子、甘茂任左、右丞相。秦国派甘茂去攻打韩国,攻克了宜阳。派樗里子以一百辆战车进入周王国内。周王用步兵去迎接樗里子,表现得非常尊敬他。楚王愤怒了,责怪周国,由于他们看重秦国的宾客。游腾为周王去向楚王游说,说:"智伯攻打仇犹时,派大车到仇犹去,接着派兵跟在后面,仇犹就被灭亡了。为什么呢? 是仇犹没有防备的原因。齐桓公攻打蔡国,号称是去诛伐楚国,但实际上是偷袭蔡国。现在秦国是一个虎狼一样的国家,派樗里子用上百辆兵车到周国来。周王看到仇犹和蔡的借鉴,所以让持长戟的士兵在前面,持强弩的士兵在后面,名义上是保卫樗里子,实际上是在囚禁他。而且周王难道能不为他的国家担忧吗? 他害怕一旦亡了国会使大王您感到忧虑。"楚王这才高兴了。

秦武王卒,昭王立,〔1〕樗里子又益尊重。

【注释】〔1〕"昭王",秦昭襄王嬴稷,公元前三〇六年至前二五一年在位。

【译文】秦武王去世,昭王即位,樗里子又更加受尊重。

昭王元年,樗里子将伐蒲。〔1〕蒲守恐,请胡衍。〔2〕胡衍为蒲谓樗里子曰:"公之攻蒲,为秦乎? 为魏乎? 为魏则善矣,为秦则不为赖矣。〔3〕夫卫之所以为卫者,〔4〕以蒲也。今伐蒲入于魏,卫必折而从之。魏亡西河之外而无以取者,〔5〕兵弱也。今并卫于魏,魏必强。魏强之日,西河之外必危矣。且秦王将观公之事,害秦而利魏,王必罪公。"〔6〕樗里子曰:"奈何?"胡衍曰:"公释蒲勿攻,臣试为公入言之,以德卫君。"〔7〕樗里子曰:"善。"胡衍入蒲,谓其守曰:"樗里子知蒲之病矣,其言曰必拔蒲。衍能令释蒲勿攻。"蒲守恐,〔8〕因再拜曰:"愿以请。"因效金三百斤,〔9〕曰:"秦兵苟退,请必言子于卫君,使子为南面。"〔10〕故胡衍受金于蒲以自贵于卫。于是遂解蒲而去。还击皮氏,〔11〕皮氏未降,又去。

【注释】〔1〕"蒲",卫国城邑,在今河南省长垣县。 〔2〕"胡衍",卫国大臣。 〔3〕"赖",赢,利益。 〔4〕"卫",春秋战国时的诸侯国。在今河南省中部,详见《卫康叔世家》。 〔5〕"西河",指今陕西省东北部,黄河以西的地区,当时称上郡等地,原属魏国,后被秦国占领。 〔6〕"罪公",降罪于你。 〔7〕"德",对……施与恩德。 〔8〕"蒲守恐",一本无"恐"字,《史记会注考证》认为"恐"与下句"因"字均为衍文。 〔9〕"效",奉送。此处只说胡衍得金,据《战国策》,樗里子也得到金三百斤。 〔10〕"南面",古代以坐北面南为尊位,天子见群臣或卿大夫见僚属皆取南面。这里指为卿、大夫一类的尊位。 〔11〕"皮氏",魏国城邑,在今山西省河津县西。

【译文】昭王元年,樗里子准备要攻打蒲城。蒲守害怕了,向胡衍请求帮助。胡衍为蒲城去对樗里子说:"您攻打蒲城这件事,是为了秦国呢? 还是为了魏国呢? 为魏国就好了。为秦国就不能算有利可图。卫国之所以能成为卫国,就是靠了蒲城。现在攻打蒲城把它归入魏国,卫国一定会屈服而顺从魏国。魏国丧失了西河以外的土地而无法夺回的原因是军队弱小。现在把卫国并入魏国,魏国一定会强盛起来。魏国强盛的时候,西河以外的土地一定要危险了。而且秦王将要观察您的行事,危害秦国而利于魏国,秦王一定会降罪于您。"樗里子说:"那怎么办呢?"胡衍说:"您先放下蒲城不去进攻,我试着给您进蒲城劝说他们,以此向卫君施恩德。"樗里子说:"好。"胡衍进了蒲城,对蒲守说:"樗里子已经知道蒲城的弱点了,他说一定要攻下蒲城。我能叫他放过蒲城不进攻。"蒲守害怕了,就接连向胡衍行礼,说:"希望您予以帮助求情。"接着奉上黄金三百斤,说:"秦军如果退走了,我一定会向卫君报告您的功劳,让您任高官。"所以胡衍从蒲城接受了黄金,由此在卫国享有尊贵的地位。这时樗里子便解除蒲城包围退走,回去攻打皮氏,皮氏没有投降,樗里子又退去了。

昭王七年,樗里子卒,葬于渭南章台之东。[1]曰:"后百岁,是当有天子之宫夹我墓。"樗里子疾室在于昭王庙西渭南阴乡樗里,故俗谓之樗里子。至汉兴,长乐宫在其东,[2]未央宫在其西,[3]武库正直其墓。[4]秦人谚曰:"力则任鄙,[5]智则樗里。"

【注释】[1]"章台",秦国离宫中的高台,原址在今陕西省西安市西北。 [2]"长乐宫",西汉主要宫殿群之一,遗址在渭河以南,今西安市西北。[3]"未央宫",西汉皇宫主要宫殿,在长乐宫西南。[4]"武库",西汉未央宫中储存武器及其他用品的仓库,近年未央宫、武库等地都由考古学者进行了发掘,确定了遗址范围。 [5]"任鄙",秦武王属下的大力士,曾任汉中郡守。

【译文】秦昭王七年,樗里子去世,埋葬在渭南章台的东面。他说:"过后一百年,这里应该有天子的宫殿夹着我的墓。"樗里子的住宅在昭王庙西边的渭南阴乡樗里,所以俗称他作"樗里子"。到了汉朝兴起,长乐宫在他墓地东面,未央宫在他墓地西面,武库正对着他的坟墓。秦国人的民谚说:"讲力气就数任鄙,论智慧就数樗里。"

甘茂者,下蔡人也。[1]事下蔡史举先生,[2]学百家之术。因张仪、樗里子而求见秦惠王。王见而说之,使将,而佐魏章略定汉中地。[3]

【注释】[1]"下蔡",古代地名,在今安徽省凤台县。 [2]"事",服事,以……为师。"下蔡",《战

国策》、《韩非子》皆作"上蔡"。 [3]"略定",攻占,平定。

【译文】甘茂这个人是下蔡人。服事下蔡的史举先生,学习百家的学说。他通过张仪、樗里子来求见秦惠王。秦惠王见到他后很高兴,让他领兵,辅佐魏章攻占并平定了汉中地区。

惠王卒,武王立。张仪、魏章去,东之魏。蜀侯煇、相壮反,[1]秦使甘茂定蜀。还,而以甘茂为左丞相,以樗里子为右丞相。

【注释】[1]"蜀侯煇、相壮反",《史记志疑》据《秦本纪》、《六国年表》等认为:蜀相陈壮杀蜀侯通在秦惠文王更元十四年,蜀侯煇反在昭襄王六年,不能合为一事。但此处所指并非陈壮杀原蜀侯,可能另有其事。《史记志疑》所说根据不足。

【译文】秦惠王去世,武王即位。张仪、魏章离开秦国,东去魏国。蜀侯嬴煇和蜀相陈壮造反,秦王派甘茂去平定蜀地。回来后,就用甘茂做左丞相,用樗里子做右丞相。

秦武王三年,谓甘茂曰:"寡人欲容车通三川,[1]以窥周室,[2]而寡人死不朽矣。"甘茂曰:"请之魏,约以伐韩,而令向寿辅行。"甘茂至,谓向寿曰:"子归,言之于王曰:'魏听臣矣,然愿王勿伐。'事成,尽以为子功。"向寿归,以告王,王迎甘茂于息壤。[3]甘茂至,王问其故。对曰:"宜阳,[4]大县也,上党、南阳积之久矣。[5]名曰县,其实郡也。[6]今王倍数险,[7]行千里攻之,难。昔曾参之处费,[8]鲁人有与曾参同姓名者杀人,人告其母曰'曾参杀人',其母织自若也。[9]顷之,一人又告之曰'曾参杀人',其母尚织自若也。顷又一人告之曰'曾参杀人',其母投杼下机,[10]逾墙而走。[11]夫以曾参之贤与其母信之也,三人疑之,其母惧焉。今臣之贤不若曾参,王之信臣又不如曾参之母信曾参也,疑臣者非特三人,[12]臣恐大王之投杼也。始张仪西并巴蜀之地,[13]北开西河之外,南取上庸,[14]天下不以多张子而以贤先

王。〔15〕魏文侯令乐羊将而攻中山，〔16〕三年而拔之。乐羊返而论功，文侯示之谤书一箧。〔17〕乐羊再拜稽首曰：〔18〕'此非臣之功也，主君之力也。'今臣，羁旅之臣也。〔19〕樗里子、公孙奭二人者挟韩而议之，〔20〕王必听之，是王欺魏王而臣受公仲侈之怨也。"〔21〕王曰："寡人不听也，请与子盟。"卒使丞相甘茂将兵伐宜阳。五月而不拔，樗里子、公孙奭果争之。武王召甘茂，欲罢兵。甘茂曰："息壤在彼。"〔22〕王曰："有之。"因大悉起兵，〔23〕使甘茂击之。斩首六万，遂拔宜阳。韩襄王使公仲侈入谢，与秦平。〔24〕

西。〔17〕"谤书"，诽谤、攻击人的信件文书。"箧"，音 qiè，小箱子。 〔18〕"稽首"，古代最恭敬的敬礼方式，跪在地上，将前额贴到地面。一说头不触地，只触到拄在地面的手上。 〔19〕"羁旅"，在异国或外地作客。"羁"，音 jī。因为下蔡属于楚国，所以甘茂这样说。 〔20〕"公孙奭"，秦国大臣。《战国策·秦策》作公孙衍。"奭"，音 shì。 〔21〕"公仲侈"，韩国相国。徐广称："侈"，一作"冯"。长沙出土的马王堆汉墓帛书中写作"公仲倗（佣）"（见《马王堆汉墓帛书》三《战国纵横家书》），当以"佣"为正。 〔22〕"息壤在彼"，息壤就在那里。指秦武王与甘茂在息壤的盟誓。 〔23〕"大悉"，全部，极大量地。"起兵"，发动军队。 〔24〕"入谢"，到秦国来谢罪。"平"，定和约。

【注释】〔1〕"容车"，《释名·释车》："妇人所载小车也，其盖施帷，所以隐蔽其形容也。"本义指有车帷盖的密封小车。《史记会注考证》认为容车是指可以容纳下车辆的通路。据下文"以窥周室"的字面意义，偷看与有帷盖的小车正相符合。秦王意在东征，不是光明正大地去见周天子，以"容车"、"窥"作比喻正说明其用心。"三川"，指今河南省西部洛阳地区，因黄河、洛河、伊水三条河流穿越其中而得名。东周王室及韩国等占有这一地区。〔2〕"窥"，窥测，偷看。 〔3〕"息壤"，秦国城邑，所在不详。 〔4〕"宜阳"，韩国城邑，在今河南省西部宜阳县西。 〔5〕"上党"，韩国城邑，在今山西省长子县以东。"南阳"，即今河南省南阳市，当时北部属韩国。 〔6〕"其实郡也"，实际上是郡了。郡、县为古代行政区，郡下辖县。 〔7〕"倍"，与"背"通，背离。"数险"，多处险要地势，指函谷关、崤山等，古代作战多凭借险要，背离险要深入被认为是不利于取胜的。 〔8〕"曾参"，孔子的学生，七十二贤人之一，鲁国南武城人。"费"，鲁国城邑，在今山东省费县西北。 〔9〕"自若"，和自己往常一样，形容平静镇定的样子。 〔10〕"投杼下机"，扔掉织布梭子，跳下织布机。"杼"，音 zhù，梭子。 〔11〕"逾墙"，越过墙。 〔12〕"非特"，不仅仅。 〔13〕"并"，并吞。"巴"，古代小国名，地在今四川东部及湖南、湖北西部。"蜀"，古代国名，地在今四川中、西部。 〔14〕"上庸"，古代县名，在今湖北省竹山县西南。〔15〕"多张子"，推崇张仪。"贤先王"，认为先王贤明。"多"、"贤"均作动词使用。 〔16〕"魏文侯"，魏斯，公元前四四五年至前三九六年在位。"乐羊"，魏国将领。"中山"，春秋战国时的白狄族小国，地在今河北省中部，战国初建都于顾，即今定县

【译文】秦武王三年，武王对甘茂说："我想让有篷帷的车子能通行到三川地区，以此窥探周王国，我就是死了也永垂不朽。"甘茂说："请让我去魏国，约它来攻打韩国，而让向寿辅助我前往。"甘茂到了韩国，对向寿说："你回去，对大王讲'魏国听从了我的意见了，然而希望大王不要攻打韩国。'事情成功后，全部都作为你的功劳。"向寿回去，把这些话告诉了秦王，秦王在息壤迎接甘茂。甘茂到来后，秦王问他这样做的原因。甘茂回答说："宜阳是个大县，上党和南阳的积蓄存在那里很久了。名义上叫县，实际上是郡了。现在大王要背离多处险要，行走上千里去攻打它，很难。过去曾参住在费邑时，鲁国人中有一个与曾参姓名相同的杀了人，有人来告诉他母亲说'曾参杀人了'，曾参的母亲仍泰然自若地织布。过了一会儿，一个人又来告诉她说'曾参杀人了'，曾参的母亲仍镇定自若地织布。不久又一个人来告诉她'曾参杀人了'，曾参母亲扔下梭子，跳下织布机，越墙逃走了。以曾参的贤德和他母亲相信他的程度，有三个人怀疑他，他的母亲就害怕了。现在我的贤德不如曾参，大王相信我的程度又不如曾参的母亲相信曾参，怀疑我的人不止三个，我怕大王扔下梭子呀。起先张仪向西并吞了巴蜀之地，向北开拓了西河以外的地区，向南攻取了上庸，天下的人并不因此赞誉张仪而由此认为先王贤明。魏文侯命令乐羊领兵攻打中山国，三年后攻克了它。乐羊回来后评定他的战功，魏文侯给他看一箱子诽谤他的信件文书。乐羊再行礼，叩着头说：'这次战胜不是我的功劳，是君主您的力量。'现在我是一个旅居秦国的外乡人。樗里子、公孙奭两个人依凭韩国来议论这件事，大王一定会听从他们，这就让大王欺骗了魏王而使我招致公仲侈

的怨恨。"武王说:"我不会听的,请让我和你盟誓。"终于派丞相甘茂领兵去攻打宜阳,五个月也没有攻下来。樗里子、公孙奭果然来争议,反对这件事。武王召来甘茂,要停止作战。甘茂说:"息壤在那儿哪。"武王说:"有这么回事。"就大量地发动军队,派甘茂去攻击韩国。砍下了六万个敌人的头,便攻占了宜阳。韩襄王派遣公仲侈到秦国来谢罪,与秦国停战讲和。

武王竟至周,[1]而卒于周。其弟立,为昭王。王母宣太后,楚女也。楚怀王怨前秦败楚于丹阳而韩不救,[2]乃以兵围韩雍氏。[3]韩使公仲侈告急于秦。秦昭王新立,太后楚人,不肯救。公仲因甘茂,[4]茂为韩言于秦昭王曰:"公仲方有得秦救,故敢扞楚也。[5]今雍氏围,秦师不下殽,[6]公仲且仰首而不朝,[7]公叔且以国南合于楚。[8]楚、韩为一,魏氏不敢不听,然则伐秦之形成矣。不识坐而待伐孰与伐人之利?"[9]秦王曰:"善。"乃下师于殽以救韩。楚兵去。

【注释】〔1〕"竟",最终,终于。〔2〕"楚怀王",即熊槐,公元前三二八年至前二九九年在位,后被秦囚禁,死在秦国。"丹阳",古城邑,在今河南省淅川县以西。〔3〕"雍氏",韩国城邑,在今河南省禹州市东北。〔4〕"因甘茂",托请甘茂,通过甘茂进言。〔5〕"方",依托。"扞",音hàn,抵御。〔6〕"下殽",从殽山上打过来。"殽",音yáo,与"崤"同,山名,在今河南省西部与陕西省交界处。〔7〕"且",将要。"不朝",不去朝见君王。〔8〕"公叔",公叔伯婴,当时韩国太子。〔9〕"孰与",何如。"孰"作为疑问代词。

【译文】武王终于到了周国,而死在周国。他的弟弟即位,是昭王。昭王母亲宣太后是楚国的女子。楚怀王怨恨以前秦国在丹阳打败楚国而韩国不去救援,就用兵围攻韩国的雍氏城。韩国派公仲侈到秦国去告急。秦昭王刚继位,太后是楚国人,不肯去救援。公仲侈托请甘茂,甘茂为韩国向秦昭王进言说:"公仲侈是估计会有秦国救援,才敢抵御楚国。现在雍氏被围攻,秦军不越过殽山帮助,公仲侈将要仰起头来不朝见,公叔伯婴将把韩国合并入南方的楚国。楚国、韩国合成一体,魏国不敢不听从它们,那么攻打秦国的形势就会形成了。不知

道坐着等人家来攻打与攻打别人哪一个更有利?"秦王说:"好!"就从殽山出兵救援韩国。楚兵退走了。

秦使向寿平宜阳,[1]而使樗里子、甘茂伐魏皮氏。向寿者,宣太后外族也,而与昭王少相长,[2]故任用。向寿如楚,[3]楚闻秦之贵向寿,而厚事向寿。[4]向寿为秦守宜阳,将以伐韩。韩公仲使苏代谓向寿曰:[5]"禽困覆车。[6]公破韩,辱公仲,公仲收国复事秦,自以为必可以封。今公与楚解口地,[7]封小令尹以杜阳。[8]秦楚合,复攻韩,韩必亡。韩亡,公仲且躬率其私徒以阏于秦,[9]愿公熟虑之也。"[10]向寿曰:"吾合秦楚非以当韩也,子为寿谒之公仲,[11]曰秦韩之交可合也。"苏代对曰:"愿有谒于公。人曰贵其所以贵者贵。王之爱习公也,[12]不如公孙奭;其智能公也,[13]不如甘茂。今二人者皆不得亲于秦事,而公独与王主断于国者何?[14]彼有以失之也。[15]公孙奭党于韩,[16]而甘茂党于魏,故王不信。今秦楚争强而公党于楚,是与公孙奭、甘茂同道也,公何以异之?[17]人皆言楚之善变也,而公必亡之,是自为责也。[18]公不如与王谋其变也,善韩以备楚,如此则无患矣。韩氏必先以国从公孙奭而后委国于甘茂,[19]韩,公之仇也。今公言善韩以备楚,是外举不僻仇也。"[20]向寿曰:"然,吾甚欲韩合。"对曰:"甘茂许公仲以武遂,[21]反宜阳之民,[22]今公徒收之,[23]甚难。"向寿曰:"然则奈何?武遂终不可得也?"对曰:"公奚不以秦为韩求颍川于楚?[24]此韩之寄地也。[25]公求而得之,是令行于楚而以其地德韩也。公求而不得,是韩楚之怨不解而交走秦也。[26]秦楚争强,而公徐过楚以收韩,[27]此利于秦。"向寿曰:"奈何?"对曰:"此善事也。甘茂欲以魏取齐,公孙奭欲以韩取齐。今公取宜阳以为功,收楚韩以安之,而诛齐魏之罪,[28]是以公孙奭、甘茂无事也。"[29]

【注释】〔1〕"向寿",秦国大臣,下文称其为宣太后外族,即秦宣太后(昭王母)的娘家亲属。

〔2〕"少相长",从小就相互尊重,互相爱敬。〔3〕"如",到……去。《史记集解》引徐广注称:一作"和"。〔4〕"厚事",以丰厚的待遇服侍他。〔5〕"苏代",战国纵横家,著名的谋士,东周洛阳人,为苏秦之弟,详见本书《苏秦张仪列传》。〔6〕"禽困覆车",禽鸟被逼急了也能把车子掀翻。〔7〕"解口",秦国地名,在今河南省洛阳市东南。《史记正义》认为解口即开口说话,欠通。〔8〕"小令尹",战国时代官职名,楚国以令尹为最高职位,小令尹可能是低于令尹的官职。"杜阳",秦国地名,在今陕西省麟游县。〔9〕"私徒",私人的部属。"阏",音 è,堵塞,阻挡。〔10〕"孰",与"熟"通,深。〔11〕"谒",音 yè,拜见,说明。〔12〕"爱习",亲近宠爱。这里是说对向寿的亲近宠爱程度。〔13〕"智能",认为……有智慧才能。也是指认为向寿有智慧才能的程度。〔14〕"主断",做主,决断。〔15〕"以",原因,缘故。〔16〕"党于韩",与韩国结为一党,偏向于韩国。〔17〕"异之",与他们不同。〔18〕"自为责",自己造成过错,受到责罚。〔19〕"委国",把国家交托给。〔20〕"外举不僻仇",举荐外部的人不回避仇敌。出自《左传》襄公三年祁奚荐贤一事。"僻",通"避",回避。〔21〕"武遂",韩国城邑,在今山西省垣曲县东南。〔22〕"反",与"返"同,返回,归还。〔23〕"徒",白白地,平白无故地。〔24〕"奚",为什么,疑问副词。"以秦",凭借秦国的力量。"颍川",韩国故地名,在今河南省禹县,为韩国旧都阳翟所在。〔25〕"寄地",寄存,寄托在别国手中的土地。〔26〕"交走",交相奔走,争着来。〔27〕"徐过",慢慢地责备。"过",动词,责备,归罪于……。《史记集解》引徐广注称:"过",一作"适"。〔28〕"诛",惩罚。〔29〕"无事",无所作为。

【译文】秦国派向寿平定宜阳,而派樗里子、甘茂攻打魏国皮氏。向寿是宣太后娘家的亲属,与昭王从小互相敬爱,因此得到任用。向寿到楚国,楚国听说秦国把向寿看得很尊贵,就对待向寿非常优厚。向寿为秦国守卫宜阳,准备要攻打韩国。韩国的公仲侈让苏代去对向寿说:"禽鸟被逼急了,还能掀翻人的车子。您打败了韩国,侮辱了公仲侈。公仲侈收拾起国家再次服事秦国,自己以为一定能受到封赏。现在您给楚国解口这块地方,用杜阳这块地封了小令尹。秦国楚国合在一起再去攻韩国,韩国一定会灭亡。韩国灭亡,公仲侈将亲自率领他的私人部属来对抗秦国。我希望您对此深思熟虑。"向寿说:"我把秦、楚合起来不是用来与韩国对

抗的,您为我拜见公仲侈说明一下。说秦国与韩国交往,可以联合起来。"苏代回答说:"我希望向您说明一下。人家说尊重自己被别人看重的地方,才会得到尊重。秦王宠爱亲近您的程度不如对公孙奭深;他评价您的智慧才能不如对甘茂的评价高。现在这两个人全不能亲自参与秦国的国事,而只有您和秦王决断国事,是什么原因呢?他们有失策的地方。公孙奭与韩国结党,而甘茂与魏国结党,所以国王不相信他们。现在秦国与楚国争强,而您与楚国结党,这就与公孙奭、甘茂走到一条道上去了,您根据什么说自己与他们不同呢?人们全都说楚国善于变化,而您一定会败亡在它手中,这是自己招致罪责。您不如和秦王谋划应付楚国的变化,与韩国交好来防备楚国。这样就没有祸患了。韩国一定先把国家依附公孙奭然后托付给甘茂。韩国是您的仇人。现在您提出与韩国交好来防备楚国,是推举外部的贤人时不回避仇人。"向寿说:"是这样,我很想要和韩国合作。"苏代回答说:"甘茂答应公仲侈归还武遂,让宜阳的人民返回来,现在您空口白话地拉拢韩国,很难办。"向寿说:"这样的话该怎么办呢?武遂终究是不能得到的。"苏代回答说:"您为什么不依靠秦国的力量替韩国向楚国要回颍川?这是韩国的土地,暂时归了楚国。您要了而且得回来,是您的命令可以在楚国实行而用楚国的土地向韩国施恩德。您要了但没得回来,这会使韩国与楚国的积怨不能解开而这两国会争着来秦国交好。秦、楚争强,而您慢慢地责备楚国来收拢韩国,这样对秦国有利。"向寿说:"那该怎么办?"苏代回答说:"这是好事。甘茂要用魏国的力量去攻取齐国,公孙奭要用韩国的力量去攻取齐国。现在您攻取宜阳,作为自己的功劳,收服了楚国、韩国,安抚了它们,再诛讨齐国、魏国的罪行,这样公孙奭、甘茂就无事可做了。"

甘茂竟言秦昭王,以武遂复归之韩。向寿、公孙奭争之,不能得。向寿、公孙奭由此怨,谗甘茂。〔1〕茂惧,辍伐魏蒲阪,〔2〕亡去。樗里子与魏讲,〔3〕罢兵。

【注释】〔1〕"谗甘茂",说甘茂的坏话。〔2〕"辍",停顿,停下。"蒲阪",魏国城邑,在今山西永济县。《六国年表》及上文均作"伐皮氏",此处有误。〔3〕"讲",和解,讲和。

【译文】甘茂到底说通了秦昭王,把武遂又还

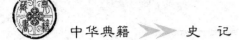
给了韩国。向寿和公孙奭诤谏这件事,也不能成功。向寿、公孙奭因此怨恨甘茂,说他的坏话。甘茂害怕了,停止攻打魏国的蒲阪,逃走了。樗里子与魏国定了和约,停止战争。

甘茂之亡秦奔齐,逢苏代。代为齐使于秦。甘茂曰:"臣得罪于秦,惧而遁逃,无所容迹。[1]臣闻贫人女与富人女会绩,[2]贫人女曰:'我无以买烛,而子之烛光幸有余,子可分我余光,无损子明而得一斯便焉。'[3]今臣困而君方使秦而当路矣。[4]茂之妻子在焉,愿君以余光振之。"[5]苏代许诺。遂致使于秦。已,因说秦王曰:"甘茂,非常士也。其居于秦,累世重矣。[6]自殽塞及至鬼谷,[7]其地形险易皆明知之。彼以齐约韩魏反以图秦,[8]非秦之利也。"秦王曰:"然则奈何?"[9]苏代曰:"王不若重其贽,[10]厚其禄以迎之,使彼来则置之鬼谷,终身勿出。"秦王曰:"善。"即赐之上卿,以相印迎之于齐。甘茂不往。苏代谓齐湣王:[11]"夫甘茂,贤人也。今秦赐之上卿,以相印迎之。甘茂德王之赐,[12]好为王臣,故辞而不往。今王何以礼之?"齐王曰:"善。"即位之上卿而处之,秦因复甘茂之家以市于齐。[13]

【注释】[1]"容迹",容身。 [2]"会绩",在一起绩麻。 [3]"得一斯便焉",得到共有的这一点方便。 [4]"困",困窘。"当路",掌有权力。[5]"振",拯救。 [6]"累世",连续几代。指甘茂在秦惠王、武王、昭王几代都任大臣。[7]"殽塞",即崤山。"鬼谷",秦国地名,在今陕西省淳化县东。《战国策》作"槐谷",梁玉绳引《后语》注认为是"槐里之谷",也在关中。[8]"图秦",图谋秦国。[9]"然则",然而,那么说。 [10]"贽",音zhì,古代初次拜见时送给对方的礼物。 [11]"齐湣王",名田地,公元前三二三年至前二八四年在位。"湣",音mǐn。[12]"德",感激,以……为恩德。[13]"复",免除赋税及徭役。"市",购买,此处指收买人心。

【译文】甘茂从秦国逃亡奔向齐国,遇到了苏代。苏代为齐国出使秦国。甘茂说:"我得罪了秦王,惧怕不已才逃了出来,无处容身。我听说一个

穷人家的女子与富人家的女子一起绩麻,穷人家女子说:'我没有钱买蜡烛,而幸亏您的烛光照有多余的地方,您可以分给我多余的光亮,不会减少您的光亮而让我同时得到这种方便。'现在我陷入困境而您正出使秦国,并且掌握权力。我的妻子儿女在秦国,希望您用多余的光亮拯救他们。"苏代答应了,就到秦国转达使命。完成使命后,趁便劝说秦王道:"甘茂是个不平常的人。他住在秦国,连续几代被重用。从崤山直到鬼谷,那些地形的险要平易情况他全了解得很清楚。他依靠齐国联合韩国、魏国,反过来图谋秦国,这不是秦国的好事。"秦王说:"这样的话该怎么办呢?"苏代说:"大王不如用重礼送给他,给他优厚的俸禄去迎接他,让他来了后就把他放在鬼谷中,到死也不让他出来。"秦王说:"好。"就赐给甘茂上卿的官位,拿着相印去齐国迎接他。甘茂不去秦国。苏代对齐湣王说:"甘茂那个人是贤人啊。现在秦国赐他上卿的官位,用相印来迎接他。甘茂感念大王的恩赐,愿意作大王的臣子,所以推辞不去。现在大王用什么礼节优待他呢?"齐湣王说:"好。"就给甘茂上卿的地位来安置他。秦国接着也免除了甘茂家人的赋役,用来收买在齐国的甘茂。

齐使甘茂于楚,楚怀王新与秦合婚而欢。[1]而秦闻甘茂在楚,使人谓楚王曰:"愿送甘茂于秦。"楚王问于范蜎曰:[2]"寡人欲置相于秦,孰可?"[3]对曰:"臣不足以识之。"楚王曰:"寡人欲相甘茂,可乎?"对曰:"不可。夫史举,下蔡之监门也,[4]大不为事君,小不为家室,以苟贱不廉闻于世,[5]甘茂事之顺焉。故惠王之明,武王之察,张仪之辩,而甘茂事之,取十官而无罪。茂诚贤者也,然不可相于秦。夫秦之有贤相,非楚国之利也。且王前尝用召滑于越,[6]而内行章义之难,[7]越国乱,故楚南塞厉门而郡江东。[8]计王之功所以能如此者,[9]越国乱而楚治也。今王知用诸越而忘用诸秦,臣以王为巨过矣。[10]然则王若欲置相于秦,则莫若向寿者可。夫向寿之于秦王,亲也,少与之同衣,长与之同车,以听事。[11]王必向寿于秦,则楚国之利也。"于是使使请秦相向寿于秦。秦卒相向寿。而甘茂竟不得复入秦,卒于魏。

【注释】〔1〕"合婚",结成婚姻。徐广注:"昭王二年时迎妇于楚。"〔2〕"范蜎",楚臣。"蜎",音xuān,又作"蠉"。〔3〕"孰可",谁可以。"孰",谁。〔4〕"监门",看守城门的小官。〔5〕"苟贱不廉",苟且,卑贱,不廉洁。《战国策》作"苟廉",《韩非子》作"苟刻"。〔6〕"召滑",人名。"越",春秋国名,在今江苏省南部、安徽省南部、江西省东部及浙江省北部。〔7〕"章义",有多种解释。徐广认为一作"句章、眛",指句章之地(越国地名)与唐眛(楚将)。《史记索隐》称:佯彰恩义,包藏祸心,是以字义强解。现多以"章义"为一越人姓名。〔8〕"塞",筑成关塞。"厉门",当时通向岭南的要路口。"郡",设置郡。"江东",指安徽芜湖以下长江段的江南岸地区。因此段长江自南折向北,故江南岸位于江东。〔9〕"计",估计,揣摸。〔10〕"巨过",大过失。〔11〕"听事",处理国事。

【译文】齐国派甘茂出使楚国。楚怀王刚与秦国结为姻亲,十分高兴。而秦国听说甘茂在楚国,派人对楚王说:"希望把甘茂送到秦国来。"楚王问范蜎说:"我想在秦国设置一个丞相,谁能担任呢?"范蜎回答说:"臣子还没有能力识别那种人。"楚王说:"我想要让甘茂作丞相,可以吗?"回答说:"不可。史举那个人是个下蔡的守门小官,大的方面不为君王服务,小的方面不为自己家庭出力,以苟且卑贱和不清廉闻名于世,甘茂服事他却很顺从。所以以秦惠王的精明、武王的洞察能力、张仪的论辩才能,而甘茂却能服事他们,取得了十个官职却没有犯罪。甘茂确实是个贤人,但是不能让他在秦国任丞相。秦国有贤能的丞相,不是对楚国有利的事。而且大王以前曾经任用召滑到越国去,他在越国指使章义叛乱,越国动乱,所以楚国能在厉门建立南方的关塞,在江东设置郡。揣测大王的功绩能达到这一步的原因,是由于越国动乱而楚国安定。现在大王的智谋用在越国,而忘了用到秦国去,臣子认为这是大王的重大过失。那么如果大王想要在秦国设置一个丞相,就没有比向寿更合适的了。向寿对秦王来说是亲戚,从小与秦王同穿一件衣服,长大后与秦王同乘一辆车子,秦王让他过问政事。大王一定要让向寿在秦国做丞相,就是楚国的利益了。"于是楚派使者请求秦王让向寿在秦国作丞相。秦国最后让向寿任丞相。而甘茂到底没有能再回秦国,死在魏国。

甘茂有孙曰甘罗。

甘罗者,甘茂孙也。茂既死后,甘罗年十二,事秦相文信侯吕不韦。〔1〕

【注释】〔1〕"吕不韦",秦相国,卫国濮阳人。原为富商,因帮助秦庄襄王即位,掌握了秦国重权,后被秦始皇杀死。详见本书《吕不韦列传》。

【译文】甘茂有个孙子叫甘罗。

甘罗是甘茂的孙子。甘茂死了以后,甘罗十二岁,服事秦国丞相文信侯吕不韦。

秦始皇帝使刚成君蔡泽于燕,〔1〕三年而燕王喜使太子丹入质于秦。〔2〕秦使张唐往相燕,〔3〕欲与燕共伐赵以广河间之地。〔4〕张唐谓文信侯曰:"臣尝为秦昭王伐赵,赵怨臣,曰:'得唐者与百里之地。'〔5〕今之燕必经赵,臣不可以行。"文信侯不快,未有以强也。甘罗曰:"君侯何不快之甚也?"文信侯曰:"吾令刚成君蔡泽事燕三年,燕太子丹已入质矣,吾自请张卿相燕而不肯行。"甘罗曰:"臣请行之。"〔6〕文信侯叱曰:"去! 我身自请之而不肯,女焉能行之?"〔7〕甘罗曰:"大项橐生七岁为孔子师。〔8〕今臣生十二岁于兹矣,君其试臣,何遽叱乎?"〔9〕于是甘罗见张卿曰:"卿之功孰与武安君?"〔10〕卿曰:"武安君南挫强楚,北威燕、赵,战胜攻取,破城堕邑,〔11〕不知其数,臣之功不如也。"甘罗曰:"应侯之用于秦也,〔12〕孰与文信侯专?"张卿曰:"应侯不如文信侯专。"甘罗曰:"卿明知其不如文信侯专与?"〔13〕曰:"知之。"甘罗曰:"应侯欲攻赵,武安君难之,去咸阳七里而立死于杜邮。〔14〕今文信侯自请卿相燕而不肯行,臣不知卿所死处矣。"张唐曰:"请因孺子行。"〔15〕令装治行。〔16〕

【注释】〔1〕"秦始皇帝",嬴政,见本书《秦始皇本纪》。"蔡泽",燕国人,秦昭王时曾任相国。〔2〕"燕王喜",姬喜,公元前二五四年至前二二一年在位。"太子丹",姬丹,燕王喜的太子。"质",作人质。〔3〕"张唐",字卿,秦国大臣。〔4〕"广",扩大。"河间",今河北献县一带地区。〔5〕"与",给予。〔6〕"行之",让他出行。〔7〕"女",与"汝"

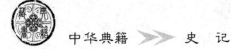

通,你。 〔8〕"大项橐",项橐(音 tuó)是春秋鲁国童子,传说他七岁时为孔子老师,故尊称为"大"。《战国策》作"夫"。"孔子",见本书《孔子世家》。〔9〕"遽",音 jù,急剧,突然。 〔10〕"武安君",即白起,秦国名将。见本书《白起王翦列传》。〔11〕"堕",音 huī,与"隳"通,毁坏。〔12〕"应侯",即范雎,秦相国。详见本书《范雎蔡泽列传》。〔13〕"与",与"欤"通,疑问助词,类似"吗"。〔14〕"咸阳",秦国都城,在今陕西省咸阳市东北。"杜邮",亭驿名,在今陕西省咸阳市东北。〔15〕"因",由于……的原因。"孺子",儿童,小孩子。〔16〕"令装治行",命令准备行装上路。

【译文】秦始皇帝派刚成君蔡泽到燕国去,三年后燕王喜就派太子丹到秦国来做人质。秦国派张唐去燕国任丞相,想要和燕国共同攻打赵国来拓广在河间的土地。张唐对文信侯说:"我曾经为秦昭王攻打赵国,赵王怨恨我,说:'抓到张唐的人给他一百里土地。'现在到燕国去一定要经过赵国,我不能前往。"文信侯很不高兴,但也没办法强迫他去。甘罗问:"侯爷为什么不高兴得这么厉害?"文信侯说:"我命令刚成君蔡泽服事燕国三年,燕太子丹已经来做人质了,我亲自请张唐去做燕国的丞相而他不肯去。"甘罗说:"请让我去使他出行。"文信侯喝斥他说:"去!我亲自去请他还不肯去,你怎么能让他出行呢?"甘罗说:"大项橐生下来才七岁就做了孔子的老师。现在我已经十二岁了,您让我试一试,何必这么急着叱责我呢?"于是甘罗去见张唐,说:"您的功劳与武安君比谁大?"张唐说:"武安君在南方挫败了强大的楚国,在北方威胁燕国、赵国,打胜仗,攻占土地,攻克城池,毁坏城市,不计其数。我的功劳不如武安君。"甘罗说:"应侯在秦国掌权的时候,与文信侯比起来谁更专权?"张唐说:"应侯不如文信侯专权。"甘罗说:"您清楚地知道应侯不如文信侯专权吗?"张唐说:"知道。"甘罗说:"应侯想要攻打赵国,武安君认为难以做到,才离开咸阳七里地就在杜邮被立刻赐死。现在文信君亲自请您去燕国做丞相而您不肯去,我不知道您会死在哪里了。"张唐说:"请让我按这小孩子的话出行吧。"命令准备行装上路。

行有日,甘罗谓文信侯曰:"借臣车五乘,请为张唐先报赵。"文信侯乃入言之于始皇曰:"昔甘茂之孙甘罗,年少耳,然名家之子孙,诸侯皆闻之。今者张唐欲称疾不肯行,甘罗说而行之。今愿先报赵,请许遣之。"始皇召见,使甘罗于赵。赵襄王郊迎甘罗。〔1〕甘罗说赵王曰:"王闻燕太子丹入质秦欤?"曰:"闻之。"曰:"闻张唐相燕欤?"曰:"闻之。""燕太子丹入秦者,燕不欺秦也。张唐相燕者,秦不欺燕也。燕、秦不相欺者,伐赵,危矣。燕、秦不相欺无异故,〔2〕欲攻赵而广河间。王不如赍臣五城以广河间,〔3〕请归燕太子,与强赵攻弱燕。"赵王立自割五城以广河间。秦归燕太子。赵攻燕,得上谷三十城,〔4〕令秦有十一。

【注释】〔1〕"赵襄王",即赵悼襄王赵偃,公元前二四四年至前二三六年在位。"郊迎",到城外来迎接。 〔2〕"异故",其他的原因。 〔3〕"赍",音 jī,送东西给人。 〔4〕"上谷",战国郡名。在今河北省西北部。近代学者多认为历史上并无赵国攻取燕国三十城的事,这里是战国纵横之士的妄言,并非事实。

【译文】张唐启程的日子快到了,甘罗对文信侯说:"借给我五辆车子,请让我先为张唐向赵国通报。"文信侯就进宫对秦始皇说:"旧人甘茂的孙子甘罗,虽然年纪小,但是是名家的子孙,诸侯们都听说过他。这次张唐想要托病不肯出行,甘罗劝说他出行了。现在甘罗愿意先去向赵国通报,请您允许派他去。"秦始皇召见了甘罗,派他去赵国。赵襄王到郊外来迎接甘罗。甘罗劝赵襄王说:"您听说燕太子丹到秦国去做人质了吗?"赵襄王说:"听说了。"甘罗说:"听说张唐去燕国做丞相吗?"赵襄王说:"听说了。"甘罗说:"燕太子丹到秦国来,表明燕国不会欺骗秦国。张唐去做燕国的丞相,表明秦国不会欺骗燕国。燕国、秦国不互相欺骗,攻打赵国,您就危险了。燕国、秦国不互相欺骗没有别的缘故,想要攻打赵国来拓广在河间的土地。大王不如给我五个城用来拓宽秦国在河间的领土。请让我国送回燕太子,与强大的赵国共同攻打弱小的燕国。"赵王马上亲自割让了五个城,扩大秦国在河间的领土。秦国把燕太子送回去。赵国攻打燕国,得到上谷一带的三十个城,让秦国得到了其中十一个。

甘罗还报秦,乃封甘罗以为上卿,〔1〕复以始甘茂田宅赐之。

【注释】〔1〕"乃封甘罗以为上卿",《史记志疑》认为:甘罗十二为丞相,此世俗妄谈。误已久矣。

甘罗回秦国报告,就封甘罗为上卿,又把以前甘茂的田地房宅赐给了他。

太史公曰:樗里子以骨肉重,固其理,而秦人称其智,故颇采焉。甘茂起下蔡闾阎,〔1〕显名诸侯,重强齐楚。甘罗年少,然出一奇计,声称后世。虽非笃行之君子,〔2〕然亦战国之策士也。〔3〕方秦之强时,天下尤趋谋诈哉。〔4〕

【注释】〔1〕"闾阎",里巷的门,用来代指平民百姓。 〔2〕"笃行",行为敦厚。 〔3〕"策士",谋士,特指战国时的纵横家们。 〔4〕"趋",趋向于。

【译文】太史公说:樗里子因为是秦王的至亲而被重用,这本是合乎常理的,而秦国人称赞他的才智,所以我采录了很多他的事迹。甘茂从下蔡的平民中起家,名声显耀于诸侯之间,受到强大的齐国与楚国的尊重。甘罗年纪小,但是献出一条奇计,名声被后世称颂。他们虽然不是行为笃厚的君子,然而也是战国时的谋士。当秦国强大的时候,天下特别趋向于运用计谋诡诈啊!

史记卷七十二

穰侯列传第十二

穰侯魏冉者,[1]秦昭王母宣太后弟也。[2]其先楚人,姓芈氏。[3]

【注释】〔1〕"穰",音 róng,春秋时邓国都城,战国时为韩国之穰邑,后入秦,汉于此置穰县,属南阳郡。汉以后郡制日小,隋、唐时曾改南阳郡为邓州,治穰,即今河南省南阳地区之邓县,故城在今城之东南隅。秦昭王十六年,封魏冉于此,益封陶,"为诸侯",故曰"穰侯"(《秦本纪》)。又,《汉书·地理志八上·南阳郡》、《晋书·地理志下·义阳郡》另有"邓",治新野。按:此"邓",既非韩、秦之穰邑,又非后世邓州治所,然旧解皆以为"邓侯国"者,或为殷、周时古邓国都邑之所在(参见《汉书·地理志八上》应劭注、《晋书·地理志下》原注、《通志·氏族略·以国为氏条》)。《史记》卷一百三十《太史公自序》云:"苞河山,围大梁,使诸侯敛手而事秦者,穰侯之功,作《穰侯列传》第十二。"司马迁为之立传,旨在表彰他在秦国统一天下大业中的不朽功绩。〔2〕"秦昭王",即秦昭襄王,唐司马贞《索隐》云:"名则,一名稷。"公元前三〇六至前二五一年在位,享国五十六年。他在位期间,以穰侯、范睢为相,白起、王龁为将,破诸侯,并西周,取九鼎,基本上奠定了秦国统一天下的基础。〔3〕"其先楚人,姓芈氏",日本泷川资言《史记会注考证》引中井积德云:"其先其字(氏),盖指宣太后也,上或有脱文;若穰侯,下文明言'魏氏',此不当称'姓芈氏'也。"

【译文】穰侯魏冉,是秦昭王母亲宣太后的弟弟。宣太后的祖先是楚国人,姓芈氏。

秦武王卒,[1]无子,立其弟为昭王。昭王母故号为芈八子,及昭王即位,芈八子号为宣太后。[2]宣太后非武王母,武王母号曰惠文后,先武王死。[3]宣太后二弟:其异父长弟曰穰侯,姓魏氏,名冉;同父弟曰芈戎,为华阳君。[4]而昭王同母弟曰高陵君、[5]泾阳君。[6]而魏冉最贤,自惠王、武王时任职用事。[7]武王卒,诸弟争立,唯魏冉力为能立昭王。昭王即位,以冉为将军,卫咸阳,诛季君之乱,[8]而逐武王后出之魏,[9]昭王诸兄弟不善者皆灭之,威振秦国。昭王少,宣太后自治,任魏冉为政。

【注释】〔1〕"秦武王",《秦始皇本纪》作"悼武王",《索隐》引《系本》作"武烈王",名荡,公元前三一〇至前三〇七年在位,享国四年。〔2〕"芈八子",昭王母宣太后为惠王妃时之封号,故曰"故号"。《秦本纪》昭王五十六年孝文王"尊唐八子为唐太后"句《集解》引徐广曰:"八子者,妾滕之号。"《正义》云:"晋灼曰:'除皇后,自昭仪以下,秩至(自)百石,凡十四等。'《汉书·外戚传》云:'八子视千石,比中更。'"按:《汉书·外戚传序》言秦、汉后宫后妃之称号、爵秩甚详,可参阅。〔3〕"惠文后",武王与昭王之父惠文王之王后,宋裴骃《集解》云:"迎妇于楚者。""先武王死",《索隐》曰:"《秦本纪》云:'昭王二年,庶长壮与大臣、公子为逆,皆诛,及惠文后皆不得良死。'又按:《纪年》云'秦内乱,杀其太后(按:即惠文后)及公子雍、公子壮'是也。""盖谓惠文后时党公子壮,欲立之;及壮诛,而太后忧死,故云'不得良死',亦史讳之也。"故《考证》云:"《索隐》所引,即下文'季君之乱'也;此云惠文后'先武王死',误。"〔4〕"华阳",秦邑,在今陕西省商县境。《尚书·禹贡》:"华阳、黑水惟梁州。"伪《孔传》云:"东据华山之南,西距黑水。"按:此"华阳"即

"华山之南"梁州秦国之华阳邑。《索隐》、《正义》谓为"郑州管城南三十里"、"洛州密县之韩国华阳亭,误。韩之华阳亭,与韩都新郑近在咫尺(仅五十里),秦昭王三十四年尚为韩国所有(见后注),华阳亭之入秦,当在战国末年韩亡前夕。〔5〕"高陵君",《索隐》云:"名显。"《秦本纪》昭王十六年《索隐》又云:"悝号高陵君。"或有二名。"高陵",秦邑,在今陕西省高陵县,地当西安市东北、泾渭二水汇合处之北岸。〔6〕"泾阳君",《索隐》云:"名悝。"又,《秦本纪》昭王六年"泾阳君质于齐"句,《索隐》又云:"名市。"《考证》曰:"名悝,讹也……名市,是。"按:"市",音 fú。"泾阳",秦邑,在今陕西省泾阳县,地当西安市北、泾水之北岸。〔7〕"而魏冉最贤"句,《考证》引徐孚远曰:"宣太后为芈八子时,魏冉已用事,能援立昭王,是冉以才进,非缘戚属也。"〔8〕"季君之乱","季君",即秦公子壮,时任"庶长"。《秦本纪》载,秦武王"娶魏女为后,无子。武王卒,立异母弟,是为昭襄王。"《赵世家》云,武王死时,昭王尚为质于燕,"赵王使代相赵固迎"之而送归于秦,方得立。时昭王诸兄弟争立,国内大臣及山东诸侯亦各有向背。故昭王立之二年,秦国便发生了以公子壮为首的夺权事件,公子壮自立为"季君",故曰"季君之乱"。〔9〕"逐武王后出之魏",季君夺权时,惠文后、武王后皆党季君。季君失败被诛后,惠文后忧死,武王后本魏女,故逐"出之魏"。《索隐》云:"亦事势然也。"

【译文】秦武王去世,没有儿子,魏冉拥立他的弟弟为昭王。昭王母亲原来的名号为芈八子,到昭王即位后,改封芈八子的名号为宣太后。宣太后不是秦武王的母亲,武王母亲的封号为惠文后,先于武王而死。宣太后有两个弟弟:她的同母异父的大弟弟为穰侯,姓魏氏,名叫冉;同父异母的弟弟叫芈戎,封号为华阳君;而昭王的同胞弟弟为高陵君、泾阳君。其中以魏冉最贤能,从秦惠王、秦武王时起就担任官职、管理国事。武王去世时,弟弟们争继王位,只有魏冉的力量能够拥立昭王。昭王即位后,任用魏冉为将军,守卫都城咸阳,讨平季君的叛乱,驱逐其同党秦武王的王后到魏国,昭王诸兄弟中凡属行为不良者,皆统统消灭之,因而威势震动秦国。当时秦昭王年少,宣太后亲自治理国家,而任命魏冉处理具体政务。

昭王七年,樗里子死,而使泾阳君质于齐。〔1〕赵人楼缓来相秦,〔2〕赵不利,〔3〕乃使

仇液之秦,〔4〕请以魏冉为秦相。〔5〕仇液将行,其客宋公谓液曰:〔6〕"秦不听公,楼缓必怨公。公不若谓楼缓曰:'请为公毋急秦。'〔7〕秦王见赵请相魏冉之不急,且不听公。公言而事不成,以德楼子;〔8〕事成,魏冉故德公矣。"〔9〕于是仇液从之,而秦果免楼缓而魏冉相秦。

【注释】〔1〕"樗里子",名疾,秦惠文王之异母弟,以"居渭南阴乡之樗里,故号曰樗里子。"(《索隐》)又以"滑稽多智"而号"智囊",封于严道而号"严君"。武王时官至右丞相。昭王立,益尊重,仍为相(《樗里子甘茂列传》)。樗里子死,昭王闻孟尝君贤,"乃先使泾阳君为质于齐",以求见之(《孟尝君列传》)。〔2〕"楼缓",赵人,事武灵王。赵武灵王欲为胡服骑射,"群臣皆不欲",缓独称"善",其事遂行。或因政见不容于赵。秦以其贤而相之。昭王十至十二年为秦相。秦、赵长平之战后,又入赵,诱使赵王割城于秦以讲和。事载《赵世家》、《战国策·赵策四·楼缓将使伏事章》、《秦本纪》、《平原君虞卿列传》等。〔3〕"赵不利",赵国君臣认为楼缓相秦对赵国不利。〔4〕"仇液",赵人,事赵武灵王、惠文王。《索隐》云:"《战国策》作'仇郝',盖是一人而记别也。"按:《战国策·东周策·谓周最曰章》作"仇赫",《赵策三·赵使机郝之秦章》作"机郝",又鲍本作"仇赫"。"机"乃"杭"之假,"杭"通"仇","郝"、"赫"音之转,实乃一人。〔5〕"请以魏冉为丞相",秦昭王之立,内赖魏冉之力,外有赵国之助,故赵以冉相秦为有利。〔6〕"宋公",《索隐》云:《战国策》作"'宋交'。"按:今本《战国策·赵策三·赵使机郝之秦章》作"宋突"。仇液门客。〔7〕"毋急秦",不会使秦国急于用魏冉。"急",急迫强烈。〔8〕"德楼子",施恩德于楼缓。〔9〕"德公",感恩德于公(仇液)。

【译文】秦昭王即位后的第七年,丞相樗里子死,(昭王听说齐国的孟尝君贤能,)就使泾阳君到齐国去作人质,以求孟尝君入秦相见。赵国人楼缓来到秦国作丞相,赵国以为对自己不利,就派其大臣仇液来秦国,请求(免去楼缓而)以魏冉为秦国丞相。仇液从赵国将要出发时,他的门客宋公对仇液说道:"秦国如果不听从您的意见,楼缓必定会怨恨您。您不如先对楼缓讲明:'请放心,为了您我不会使秦国急于任用魏冉。'秦王见赵国请求用魏冉任丞相的意见并不急迫,或不会听从您的话。您讲

了赵国的请求而事情没有办成,可以施恩德于楼先生;事情成功了,魏冉因此会感谢您。"于是仇液就听从了宋公的建议,而秦国果然免去了楼缓而让魏冉担任了秦国的丞相。

欲诛吕礼,礼出奔齐。[1]昭王十四年,魏冉举白起,[2]使代向寿将而攻韩、魏,[3]败之伊阙,[4]斩首二十四万,虏魏将公孙喜。[5]明年,又取楚之宛、叶。[6]魏冉谢病免相,以客卿寿烛为相。[7]其明年,烛免,复相冉,乃封魏冉于穰,复益封陶,[8]号曰穰侯。

【注释】[1]"吕礼",《秦本纪》云其爵为"五大夫"。职任秦将。穰侯欲诛之,奔齐,齐湣王以为相。在齐期间,他欲破坏苏代的合纵策略,连横于齐以制三晋。后秦攻齐,礼惧齐诛,复奔秦。参见《孟尝君列传》。[2]"白起",秦国名将,详见下卷《白起王翦列传》。[3]"向寿",昭王母宣太后之外族(娘家之族人),昭王"少与之同衣,长与之同车",甚得其信任。穰侯以其亲韩,故举白起代之以"攻韩、魏"。后卒为秦相。详见前卷《樗里子甘茂列传》。[4]"伊阙",山名,又名阙塞山、龙门山,在今河南省洛阳市南。《水经注·洛水附伊水注》云:"昔大禹凿以通水,两山相对,望之若阙,伊水历其间,北流,故谓之'伊阙'矣,春秋之阙塞焉。"[5]"虏魏将公孙喜",伊阙之战,始由韩国所发起。《韩世家》载:"(韩)釐王三年,使公孙喜率周、魏攻秦。秦败我二十四万,虏喜伊阙。"《魏世家》亦云:"(魏昭王)三年,佐韩攻秦,秦将白起败我军伊阙二十四万。"[6]"宛",楚邑,在今河南省南阳县。"叶",亦楚邑,在今河南省叶县。[7]"客卿",在秦国做官的外国人。"寿烛",事迹不详。[8]"陶",《索隐》:"陶,即定陶也……王劭按:定陶现有魏冉冢。"按:故城在今山东省定陶县城西北四里。

【译文】魏冉想杀吕礼,吕礼逃亡到了齐国。秦昭王十四年,魏冉举荐白起,使他代替向寿领兵攻打韩国、魏国,在伊阙山打败了他们,斩首二十四万,并俘虏了魏国的将军公孙喜。第二年,又攻取了楚国的宛邑、叶邑。魏冉托病请求免去了丞相的职务,秦国任客卿寿烛为丞相。此后的第二年,又免去了寿烛,再次以魏冉为丞相,于是就封魏冉于穰邑,又加封陶邑,号为穰侯。

穰侯封四岁,为秦将攻魏,魏献河东方四百里;[1]拔魏之河内,[2]取城大小六十余。昭王十九年,秦称西帝,齐称东帝。月余,吕礼来,而齐、秦各复归帝为王。魏冉复相秦,六岁而免。免二岁,复相秦。四岁,而使白起拔楚之郢,秦置南郡,[3]乃封白起为武安君。白起者,穰侯之所任举也,相善。于是,穰侯之富,富于王室。

【注释】[1]"河东",地区名。黄河流经山西省,流向为自北而南,故通称山西境内黄河以东之地区曰河东,战国时属魏。《孟子·梁惠王上》:梁惠王曰:"寡人之于国也,尽心焉耳矣。河内凶,则移其民于河东,移其粟于河内。河东凶亦然。"[2]"河内",地区名。黄河流经河南省,又成自西而东之流向,故通称河南省黄河以北之地区曰河内,战国时亦属魏。战国前期,魏建都安邑(今山西省夏县北),以安邑为中心视之,故云"河内",而以黄河以南地区为"河外"(《左传》僖公十五年杜预注)。[3]"南郡",秦建郡名,包括今湖北省武汉、襄阳、黄州、江陵在内的鄂中北部之广大地区,治郢(原楚国都城,今江陵市东)。

【译文】穰侯受封的第四年,又改任秦国将军,领兵攻打魏国,迫使魏国献出了河东地区纵横四百里的土地;又攻下了魏国的河内地区,夺取大小城邑六十有余。秦昭王十九年,秦王称"西帝",齐王称"东帝"。一个多月后,吕礼又来到秦国,而齐王、秦王又各自都取消帝号而仍称王。魏冉再次被任命为秦国丞相。六年后又被免职,免职后的第二年,再次被任命为秦国丞相。就在这次担任丞相的第四年,他使白起领兵攻占了楚国的郢都,秦便在那里设置了南郡,于是封白起为武安君。秦将白起,本是穰侯所举荐委任的,因而二人相互友善。这时,穰侯富有的程度,超过了王室。

昭王三十二年,穰侯为相国,将兵攻魏,走芒卯,[1]入北宅,[2]遂围大梁。[3]梁大夫须贾说穰侯曰:[4]"臣闻魏之长吏谓魏王曰:'昔梁惠王伐赵,战胜三梁,[5]拔邯郸;[6]赵氏不割,而邯郸复归。齐人攻卫,[7]拔故国,[8]杀子良;[9]卫人不割,而故地复反。卫、赵之所以国全、兵劲而地不并于诸侯者,以其能忍难而重出地也。[10]宋、中山数伐割地,[11]而国随以亡。[12]臣以为卫、赵可法，而宋、中山可为戒也。秦，贪戾之国也，而毋亲。蚕食魏氏，又尽晋国，[13]战胜暴子，[14]割八县，[15]地未毕入，兵复出矣。夫秦何厌之有哉！[16]今又走芒卯，入北宅，此非敢攻梁也，且劫王以求多割地，[17]王必勿听也。今王背楚、赵而讲秦，[18]楚、赵怒而去王，与王争事秦，秦必受之。秦挟楚、赵之兵以复攻梁，则国求无亡，不可得也。愿王之必无讲也。王若欲讲，少割而有质，[19]不然，必见欺。'此臣之所闻于魏也，愿君之以是虑事也。《周书》曰：'惟命不于常。'此言幸之不可数也。[20]夫战胜暴子，割八县，此非兵力之精也，又非计之工也，天幸为多矣。今又走芒卯，入北宅，以攻大梁，是以天幸自为常也，智者不然。臣闻魏氏悉其百县胜甲，[21]以上戍大梁，臣以为不下三十万。以三十万之众，守梁七仞之城，臣以为汤、武复生，[22]不易攻也。夫轻背楚、赵之兵，陵七仞之城，战三十万之众，而志必举之，臣以为自天地始分以至于今，未尝有者也。攻而不拔，秦兵必罢，[23]陶邑必亡，[24]则前功必弃矣！今魏氏方疑，[25]可以少割收也。[26]愿君逮楚、赵之兵未至于梁，亟以少割收魏。魏方疑而得以少割为利，必欲之，则君得所欲矣。楚、赵怒于魏之先己也，[27]必争事秦，从以此散，而君后择焉。[28]且君之得地，岂必以兵哉？割晋国，秦兵不攻，而魏必效绛、安邑。[29]又为陶开两道，[30]几尽故宋，[31]卫必效单父。[32]秦兵可全，而君制之，何索而不得，何为而不成！愿君熟虑之而无行危。"[33]穰侯曰："善。"乃罢梁围。[34]

【注释】[1]"芒卯"，《战国纵横家书》十五作"孟卯"，高诱《淮南子》卷十三《泛论训》注："孟卯，齐人也。及为魏臣，能安其危，解其患也。"秦昭王将他与孟尝君并举而称其"贤"（《魏世家》安厘王十一年），"以智诈见重于魏"（《魏世家》昭王元年《索隐》）。[2]"北宅"，唐张守节《正义》曰：《竹书》云：'宅阳，一名北宅。'《括地志》云：'宅阳故城在郑州荥阳西南十七里。'"[3]"大梁"，魏原都安邑，魏惠王三十一年迁都大梁，即今河南省开封市，故

魏又称梁，魏惠王又称梁惠王，魏大夫又称梁大夫。《魏世家》："秦用商君，东地至河，而齐、赵数破我，安邑近秦，于是徙治大梁。"[4]"梁大夫须贾"，即魏国之中大夫（官名）须贾。按："须贾"，即曾诬陷范雎者，详后卷七十九《范雎蔡泽列传》。[5]"三梁"，《索隐》："三梁即南梁也。"《正义》云："《晋太康地记》云'战国时谓南梁者，别于大梁、少梁也'，古蛮子邑也。"又，《战国策·魏策三·秦败魏于华、走芒卯而围大梁章》高诱注："陈留、浚仪、大梁为三，皆魏地。"按：所谓"蛮子邑"，在河南省临汝县西南；而高诱说在大梁一带，皆与"梁惠王伐赵"之进军路线无涉。郭人民《战国策校注系年》引张琦说，以为"三梁"为"曲梁（今邯郸北永年县）"之讹，此说近之。[6]"邯郸"，赵国都城，在今河北省邯郸市西南十里，俗称"赵王城"。按：《吕氏春秋·审应览·不屈篇》载："当惠王之时……围邯郸三年而弗能取，士民罢潞。"所记与此不同。[7]"卫"，魏大夫须贾这篇说辞，司马迁转抄自《战国策·魏策三·秦败魏于华、走芒卯而围大梁章》，而将"齐人攻燕"，改为"齐人攻卫"。"齐人攻燕"，指燕易王死后，燕君哙让国于燕相子之，国人不服，国内大乱，齐乘机以伐燕之事。时燕国"士卒不战，城门不闭，燕君哙死，齐大胜"（《燕召公世家》）；然燕太子平即位，是为昭王，"卑身厚币以招贤者"，终于复兴燕国而报齐仇。而"齐人攻卫"之事，史书阙载，惟《田敬仲完世家》言，齐宣公四十八年（《六国年表》作四十九年），"宣公与郑人会西城，伐卫，取毋丘（按：古贯国，亦作"贯丘"，即今河南省商丘市东北之故蒙城）。"不载"拔"其"故国"及卫复国之事。[8]"故国"，卫故都楚丘，即山东省曹县东南之楚丘亭。[9]"子良"，其人不详；《战国策》作"子之"。[10]"重出地"，不轻易将国土割让于人。[11]"宋"，周成王时，纣子武庚叛乱被诛，乃更封微子于宋，以奉殷祀，故城在今河南省商丘市南。"中山"，春秋时鲜虞国，战国时称中山国，都于顾，在今河北省定县。[12]"国随以亡"，郭人民《战国策校注系年》："齐闵王三次伐宋，前两次皆割地以和，最后于齐闵王五十五年灭宋。赵武灵王十九年、二十年、二十一年、二十三年、二十六年数攻中山，至赵惠文王三年灭中山。"[13]"尽晋国"，全部占据魏国原来所分晋国之土地。按：韩、赵、魏三家分晋，魏得晋之河东、河西、河内之地。故《索隐》云："河东、河西、河内并是魏地，即故晋国。今言秦蚕食魏氏，尽晋国之地也。"[14]"暴子"，《集解》引徐广曰："韩将暴鸢。"《六国年表》载：韩厘王咎二十一年，"暴鸢救魏，为秦所败，走开封。"《韩世家》作"暴戟"。二

字通用，皆音 yuán。〔15〕"割八县"，《魏世家》载：安厘王"二年，又拔我二城，军大梁下，韩来救，予秦温以和。"故《秦本纪》云："(昭王)三十二年，相穰侯攻魏，至大梁，破暴鸢，斩首四万，鸢走，魏入三县请和。""三县"，先拔之二城加温。"八县"无考。〔16〕"厌"，通"餍"，满足。〔17〕"劫"，威胁，胁迫。〔18〕"讲"，和，和好；又通"媾"，媾和。按：魏同楚、赵、韩等国合纵以抗御秦国，魏若单独同秦讲和，就等于背弃了合纵盟国，故曰"背楚、赵而讲秦"。〔19〕"质"，人质。〔20〕《周书》，《尚书·周书》。"惟命不于常"，语出《周书·康诰篇》，意谓天命无常。"幸"，侥幸，偶然性。下文"天幸"，徼天之幸，非人力所为，意略同。"数"，多次遇到，常例，规律性；与下文"是以天幸自为常也"句中的"常"意同。〔21〕"胜甲"，精兵。"胜"，优秀、出众。〔22〕"汤、武"，商朝开国之君商汤王、周朝开国之君周武王。〔23〕"罢"，通"疲"，弊也。〔24〕"陶邑必亡"，《正义》云："定陶近大梁，穰侯攻梁兵疲，定陶必为魏伐。""亡"，丢失。〔25〕"疑"，犹豫不决；此指"魏之长吏"劝说魏王"必无讲"或"少割而有质"，魏王对此二说尚在犹豫未决中。〔26〕"少割"，以让魏少割土地给秦而秦兵解大梁之围的办法。"收"，即下文的"收魏"，指将魏国从合纵联盟中分化、争取过来，以瓦解其纵约。〔27〕"魏之先己"，魏国事前不同楚、赵协商而抢先单独同秦国和好。"先己"，先于己(楚、赵)。〔28〕"从以此散"以下二句，合纵抗秦联盟因此被拆散，而您就可以根据此后的形势来选择需要联合和应该打击的国家了。〔29〕"割晋国"以下三句，与史实有所出入。本文所言事理，多有时序失误，逻辑失据或不可考者，此又一例。从语法角度考之，此三句所言，乃未然之理。意思是说，楚、赵、韩、魏诸国之纵约被拆散之后，秦国要想割去魏国之晋地，不需用兵，魏国必然就会效纳其距秦最近、受威胁最大的绛邑、安邑，以讨好秦国，免受打击。然从史实之角度考之，魏献其河东之安邑等地，却是已然之事。据《秦本纪》、《六国年表》与《魏世家》载，秦昭王十七年，魏已"入河东四百里"于秦；十八年，秦又取魏"城大小六十一"；二十一年，魏又"纳安邑与河内(一部)"于秦(以上引文，皆据《年表》)。故《考证》云："效绛、安邑，既往之事；'必'字疑衍，《(战国)策》无。"今姑存疑。〔30〕"两道"，《索隐》承上文云："穰侯封陶，魏效绛与安邑，是得河东地；言从秦适陶，开河西(按：已有)、河东之两道。"《正义》连下文言："穰(侯)故封定陶，故宋及单父是陶之南道也，魏之安邑及绛是陶北道也。"二说皆通。〔31〕"故宋"，时宋已为齐所灭，故云。〔32〕"单父"，春秋时鲁邑，何时入卫不详，故城在今山东省单县南。按：本句所言，《考证》也认为是"既往之事"。〔33〕"无行危"，《索隐》："莫行围梁之危事。""行危"，做冒险之事。〔34〕"乃罢大梁围"，《六国年表》、《魏世家》皆云："与秦温以和。"《考证》指出："'遂围大梁'以下，本《魏策》，但末段'且君之得地，岂必以兵哉'以下，与《策》颇异，文盖有讹误"。

【译文】秦昭王三十二年，穰侯被尊为相国，领兵攻魏，击溃芒卯，占领北宅，于是进军包围了魏国的都城大梁。这时梁国大夫须贾劝说穰侯道："我听到魏国的高级官员们对魏王说：'以前梁惠王讨伐赵国时，曾战胜赵军于三梁，并攻下了赵国的都城邯郸；但是赵国(坚持抗战，)不肯割地以求和，因而邯郸又被赵国收复。齐国人进攻卫国时，也曾攻下了卫国的故都楚丘，并杀死了卫将子良；可是卫国也是(坚持抵抗，)不肯割让土地以求和，因而故都也被收回。卫国、赵国之所以能使国家保全、军队强劲而土地不被诸侯所兼并，就是因为它们能够忍辱负重而又不肯割让土地的缘故。宋国、中山国多次被伐而割让土地，国家随之也就灭亡。我们认为卫、赵两国可以效法，而宋和中山应该引以为戒。秦国是一个贪婪而又暴虐无情的国家，不可以亲近。它像蚕吃桑叶那样一块块地吞食魏国的领土，现又大范围地全部吞并了魏国所属晋地，战胜了前来增援我国的韩将暴鸢，并又割让给它八个县，这些土地它还没有完全接收，发动新的进攻的军队就又出动了。秦国有什么满足！现在它又击溃了芒卯，占领了北宅，并非真敢进攻大梁，而是将以此来劫迫大王，借以达其多割地的目的。大王千万不要听从它的要求。现在如果大王背弃与楚、赵的合纵盟约而单独同秦国讲和，楚、赵必然恼怒而抛弃大王，同大王争着去事奉秦国，秦国必然会接受它们。秦国带领着楚、赵的军队再来进攻梁国，那时梁国想不灭亡，就不可能了。希望大王一定不要讲和。大王如想讲和，也要少割地且有秦国的人质，不然的话，必定被欺骗。'这就是我在魏国听到的情况，希望您根据这些情况来考虑战事的去从。《周书》上说：'天命不是固定不变的。'这说的就是侥幸的机会不可能多次遇到。战胜暴鸢，割去八县，这并不是兵力的精锐，计谋的巧妙，偶然的机遇占了很大的成分。现在又击溃了芒卯，占领了北宅，而且进攻大梁，这分明是把偶然的机遇自认为规律，聪明的人是不这样看待的。我听说魏国全部调动它上百个县的精兵，来进守国都大梁，我认为不会少于三十万。用三十万人的众多兵力，守卫梁国国都五六丈的高城，我认为即使商汤王、周武王再生，也是不容易攻下的。轻视背后楚国、赵国的援兵，攀登五六丈的高城，迎战三十万之多的守军，而且还立志要一定将它攻下，我以为这是自从天地开辟以至于今，未曾有过的事。攻而不下，秦军必然疲弊败退，距大梁很近的陶邑也一定会丢失，那么前功就必定尽弃了。现在魏国正在犹豫，可以用少割土地的甜头来收服它。希望您趁楚、赵二国的援兵尚未到达大梁的时机，赶快用少割土地的办法收服魏国。魏国正在犹豫之中，能把少割让土地视为有利条件，一定会愿意的，那么您的愿望就实现了。楚国、赵国对魏国抢先单独同秦国讲和的作法感到恼火，必然争着事奉秦国，合纵联盟因此而瓦解，而您随后就可以选择您所要打击的对象。况且您想得到土地，难道一定要用兵吗？譬如过去秦国割去了魏国所属大部分晋地后，秦兵不用进攻，而魏国就必然地献出了绛邑和安邑两座孤城。这样一来又为陶邑开辟了河东、河西两条通道，又几乎全部占有了原来宋国的土地，所以卫国也必然地献出了受威胁的孤城单父。（这种威慑的策略）可以使秦军完整无损，而您节制统帅着它，何求而不得，何为而不成！希望您仔细地考虑进攻大梁之事而不要采取冒险的行动。"穰侯说："好。"于是就解除了对大梁的包围。

明年，魏背秦，与齐从亲。秦使穰侯伐魏，斩首四万，走魏将暴鸢，[1]得魏三县。穰侯益封。

【注释】[1]"魏将暴鸢"，《考证》引梁玉绳曰："魏将乃韩将之误。"按：《六国年表》谓其被秦兵败后"走开封"，或此后为魏将耶？

【译文】第二年，魏国背弃了秦国，而与齐国合纵相亲。秦国使穰侯讨伐魏国，斩首四万，击溃了魏将暴鸢，夺得了魏国三个县。穰侯因而增加了封地。

明年，穰侯与白起、客卿胡阳复攻赵、韩、魏，[1]破芒卯于华阳下，[2]斩首十万，取魏之卷、蔡阳、长社，[3]赵氏观津。[4]且与赵观津，益赵以兵，伐齐。齐襄王惧，使苏代为齐阴遗穰侯书曰："臣闻往来者言曰'秦将益

赵甲四万以伐齐'。[5]臣窃必之敝邑之王曰：[6]'秦王明而熟于计，穰侯智而习于事，必不益赵甲四万以伐齐'。是何也？夫三晋之相与也，秦之深雠也。百相背也，百相欺也，不为不信，不为无行。[7]今破齐以肥赵，赵，秦之深雠，不利于秦。此一也。秦之谋者必曰：'破齐，弊晋、楚，[8]而后制晋、楚之胜。'夫齐，罢国也，以天下攻齐，如以千钧之弩决溃痈也，必死，安能弊晋、楚？此二也。秦少出兵，则晋、楚不信也；多出兵，则晋、楚为制于秦。齐恐，不走秦，[9]必走晋、楚。此三也。秦割齐以啖晋、楚，[10]晋、楚案之以兵，[11]秦反受敌。此四也。是晋、楚以秦谋齐，以齐谋秦也，何晋、楚之智而秦、齐之愚？此五也。故得安邑以善事之，亦必无患矣。秦有安邑，韩氏必无上党矣。[12]取天下之肠胃，[13]与出兵而惧其不反也，孰利？臣故曰秦王明而熟于计，穰侯智而习于事，必不益赵甲四万以伐齐矣。"于是穰侯不行，引兵而归。

【注释】[1]"胡阳"，又作"胡易"、"胡伤"，本卫人，仕秦为中更（官名）。《战国策·赵策三·秦攻赵蔺离石祁拔章》："（秦王）令卫胡易伐赵，攻阏与。"《秦本纪》秦昭王三十八年，"中更胡伤攻赵阏与"黄丕烈以为："'易'当作'易'，'易'、'伤'同字"。按："易"，《说文》段玉裁注以为："此阴阳正字也。"[2]"华阳"，此指韩之华阳亭。[3]"卷"，即今河南省原阳县西南之原武故城，原为魏之卷邑，汉置卷县，隋时移置原武县于此。"蔡阳"，《正义》曰："《括地志》云：'蔡阳，今豫州（河南禹县）上蔡水之阳，古城在豫州北七十里。'""长社"，魏邑，后置县，故城在今河南省长葛市老城西。[4]"观津"，赵邑，汉置县，故城在今河北省武邑县东南二十五里。[5]"往来者"，路人，亦指使者。[6]"必之敝邑之王曰"，预断于我们齐国的国王说。"必"，《考证》云："豫决也。""之"，相当于"于"。"王"，齐襄王法章。[7]二"为"字，作"算是"讲。[8]"弊晋、楚"，苏代这篇遗穰侯书，司马迁抄自《战国策·秦策二·陉山之事章》，本无"楚"字。然从下文苏代所说秦"以天下攻齐"句看，秦国准备发动的这场攻齐的战争，除秦、赵参加之外，应该还有别的国家，司马迁添上"楚"，似有所据。"晋"，即"三

晋",下同。〔9〕"走",投奔,投靠。高诱注:"齐畏秦,故不趋秦;而与晋、楚同患,故趋晋、楚。"〔10〕"啖",给吃,食。《战国策》作"实",充实,加强。"啖"作"食"解,是打比方,亦充实、增强之意。〔11〕"案",《战国策》作"举"。"案",通"按",按兵即举兵加之。本句《战国策》作"齐举兵而为之顿剑"。〔12〕"上党",郡名,治今山西省长治县西,原辖有今山西省东南地区之"城市邑十七"(《韩世家》)。战国时本属韩,后因秦军逼而降赵,终为秦所取。《韩世家》载:韩桓惠王"十年,秦击我于太行,我上党郡守以上党郡降赵。十四年,秦拔赵上党,杀马服子卒四十余万于长平"。按:韩都新郑,在今河南中部;上党郡在今山西东南。秦昭王二十一年占有魏之安邑,恰在二者中间。上党与新郑,原有"太行"道相通,秦占太行后,"中绝不令相通"(《韩世家》),断绝其一切增援、供养,故上党陷入绝境而降赵。苏代此言,在秦昭王三十四年;秦拔上党,在四十七年,其间仅十三年耳。〔13〕"肠胃",高诱注:"喻腹心也。"秦居西鄙,齐处东鄙,上党与之相比,犹天下之腹心,极言其地位之重要。

【译文】此后的第二年,穰侯与白起、客卿胡阳再次进攻赵国、韩国和魏国,在韩国的华阳城下打败了魏将芒卯,斩首十万,夺取了魏国的卷邑、蔡阳、长社和赵国的观津。而且随即又把观津交还给了赵国,并增援赵国兵力,让它(联合各国的军队)去讨伐(曾经与魏国合纵相亲的)齐国。齐襄王很害怕,就使苏代替齐国秘密地送给穰侯一封信说:"我听到道路上南来北往的人说'秦国将要增援赵国兵力四万来讨伐齐国'。我给我们敝国的国王猜度判断说:'秦王英明而长于谋划,穰侯多智而善于处事,一定不会增援赵国兵力四万来讨伐齐国。'这是为什么呢?因为三晋(赵、韩、魏)的团结,就是秦国的深仇大敌。对于它们就是百次背弃,百般欺骗,都不算是不讲信用,都不算是不讲道义。现在却用击破齐国的办法来壮大赵国,赵国是秦国的深仇大敌,这不利于秦国。这是一。秦国的谋士们一定会说:'击破齐国,疲弊晋、楚,然后制取晋、楚的胜利。'而齐国已经是一个疲困不堪的国家,用天下各国的兵力攻打齐国,就像是用有千钧之力的强弩去穿破一个即将溃烂的疮包一样,它必亡无疑,又怎能疲弊晋、楚?这是二。秦国少出兵,那么就取不得晋、楚的信任(以为是叫自己去为秦国卖命);多出兵,那么晋、楚又会认为自己是被秦国所挟制。齐国害怕,不会投奔秦国,必将投靠晋、楚。这是三。秦国割让齐国来饱食壮大晋、楚,晋、楚调转矛

头以兵相加,秦国反而受敌。这是四。这实际上是晋、楚在利用秦国来算计齐国,又利用齐国来算计秦国,为什么晋、楚如此的聪明而秦、齐如此的愚蠢?这是五。所以得到安邑而很好地治理它,也就没有祸患了。秦国有了安邑,韩国就必然要失去上党。取上党这个天下腹心要害之地,同出兵伐齐而又担心它不能返回,哪一个有利?我因此说秦王英明而长于谋划,穰侯多智而善于处事,一定不会增援赵国兵力四万来讨伐齐国的。"于是穰侯中止了伐齐之事,领兵而回。

昭王三十六年,相国穰侯言客卿灶,〔1〕欲伐齐取刚、寿,〔2〕以广其陶邑。于是魏人范睢自谓张禄先生,〔3〕讥穰侯之伐齐,〔4〕乃越三晋以攻齐也,以此时奸说秦昭王〔5〕。昭王于是用范睢。范睢言宣太后专制,穰侯擅权于诸侯,泾阳君、高陵君之属太侈,富于王室。于是秦昭王悟,乃免相国,〔6〕令泾阳之属皆出关,就封邑。〔7〕穰侯出关,辎车千乘有余。

【注释】〔1〕"言",建言任用,举荐。"灶",《战国策·秦策三·秦客卿造谓穰侯章》作"秦客卿造"。按:"灶"、"造",音近相假。穰侯建言在秦昭王三十六年,而"伐齐"之事在三十七年,故《六国年表》载:秦昭王三十七年,"秦、楚击"齐之"刚、寿"。《秦本纪》作昭王"三十六年,客卿灶攻齐,取刚、寿,予穰侯",时间有误。〔2〕"刚",齐邑,汉置刚县,故城在今山东省宁阳县东北。"寿",齐邑,汉置须昌县,故城在今山东省东平县西南。按:穰侯益封之定陶在齐即今山东省之西南边陲,而刚、寿二邑在定陶东北,故下句曰"以广其陶邑"。〔3〕"范睢",字叔,初以家贫事魏中大夫须贾,后被贾诬陷,遭魏相魏齐笞击,"折胁摺齿",裹以苇箔,弃置厕中,更溺缪辱,几致于死。乃更名张禄,逃至秦国,说秦昭王。他先以"穰侯越韩、魏而攻刚、寿",即得地秦也不能保有,反而劳民伤财,带来严重后果;"不如远交近攻,得寸则王之寸也,得尺则王之尺也"之说,取信昭王,拜为客卿,参"谋兵事"。继以宣太后、穰侯、华阳君、高陵君、泾阳君专权太侈,昭王孤立,"万世之后,有秦国者,非王之子孙也"之说,使"昭王闻之大惧",终于"废太后,逐穰侯、高陵、华阳、泾阳于关外",代穰侯而为秦相(《范睢蔡泽列传》)。〔4〕"讥",非议,抨击。〔5〕"奸说",请求进说。"奸",通"干",求。〔6〕"免相国",免去穰

侯相国之官职。《秦本纪》云,秦昭王四十二年"九月,穰侯出之陶"。"十月,宣太后薨,葬芷阳郦山"。太后已死,故此不言太后。〔7〕"令泾阳之属皆出关,就封邑",《秦本纪》载,秦昭王十六年,又加"封公子市(按:即泾阳君)宛、公子悝(按:指高陵君)邓、魏冉陶为诸侯"。"宛",在今河南省南阳县;"邓",在河南省新野县;"陶",即今山东省定陶县。此皆三人原封"泾阳"、"高陵"、"穰邑"之外的加封之地,且都在秦函谷关外,"出关,就封邑"指此。

【译文】秦昭王三十六年,相国穰侯建议任用客卿灶为秦将,想叫他讨伐齐国夺取刚、寿二邑,以扩大自己的陶邑。于是魏国人范睢自称为张禄先生,抨击穰侯讨伐齐国,是越过三晋而进攻齐国,(犯了战略上的错误),趁这个机会请求进说秦昭王。昭王于是任用范睢为客卿。范睢又说宣太后专制于朝政,穰侯擅权于外交,泾阳君、高陵君之辈奢侈过度,比王室还富足。于是昭王省悟,就免去了穰侯相国的职务,命令泾阳君之辈都迁出关外,回到各自的封地去。穰侯迁出关外的时候,运载货物的车子就有一千多辆。

穰侯卒于陶,而因葬焉,〔1〕秦复收陶为郡。〔2〕

【注释】〔1〕"葬焉",埋葬于此地(陶邑),言其至死未被赦罪。〔2〕"收陶为郡",言其人死国除,

子孙不得袭其封号、封地。"为郡",意为归属于后来的"薛郡"(治曲阜),非以定陶为郡。

【译文】穰侯后来死在陶邑,因而就埋葬在那里。秦国又收回陶邑而改设为郡(的一部分)。

太史公曰:穰侯,昭王亲舅也;而秦所以东益地,弱诸侯,尝称帝于天下,〔1〕天下皆西乡稽首者,〔2〕穰侯之功也。及其贵极富溢,一夫开说,〔3〕身折势夺而以忧死,况于羁旅之臣乎?〔4〕

【注释】〔1〕"称帝",即前文"昭王十九年,秦称西帝,齐称东帝"之事。〔2〕"乡",通"向"。〔3〕"一夫",指范睢,犹言一个一般的人。又指某件事情的发难者、首倡者。"开说",对秦昭王开导讲说其利害。〔4〕"羁旅之臣",寄居于他国做官的人,客卿。

【译文】太史公评论说:穰侯是秦昭王的亲舅父,而且秦国之所以能够向东扩大土地,削弱诸侯,并曾称帝天下,使天下之君都西向叩头朝拜,又是穰侯的功劳。到他尊贵达到极点、富足超过限度的时候,一个普通人向秦昭王一开陈其利害,即刻就身遭屈辱、权势削夺,以至于忧愤而死,何况是那些寄居别国、无亲无故的外来之臣呢!

史记卷七十三

白起王翦列传第十三

白起者，郿人也。善用兵，事秦昭王。〔2〕昭王十三年，而白起为左庶长，〔3〕将而击韩之新城。〔4〕是岁，穰侯相秦，〔5〕举任鄙以为汉中守。〔6〕其明年，〔7〕白起为左更，攻韩、魏于伊阙，〔8〕斩首二十四万，又虏其将公孙喜，〔9〕拔五城。起迁为国尉。〔10〕涉河取韩安邑以东，〔11〕到乾河。〔12〕明年，〔13〕白起为大良造，〔14〕攻魏，拔之，取城大小六十一。〔15〕明年，〔16〕起与客卿错攻垣城，〔17〕拔之。后五年，白起攻赵，拔光狼城。〔18〕后七年，白起攻楚，拔鄢、邓五城。〔19〕其明年，〔20〕攻楚，拔郢，〔21〕烧夷陵，〔22〕遂东至竟陵。〔23〕楚王亡去郢，〔24〕东走徙陈。〔25〕秦以郢为南郡。〔26〕白起迁为武安君。〔27〕武安君因取楚，定巫、黔中郡。〔28〕昭王三十四年，白起攻魏，拔华阳，走芒卯，而虏三晋将，斩首十三万。〔29〕与赵将贾偃战，沉其卒二万人于河中。昭王四十三年，白起攻韩陉城，〔30〕拔五城，斩首五万。四十四年，白起攻南阳太行道，〔31〕绝之。

【注释】〔1〕"郿"，在今陕西眉县东。〔2〕"秦昭王"，即秦昭襄王嬴稷，公元前三〇六年至前二五一年在位。〔3〕"昭王十三年，而白起为左庶长"，据《秦本纪》，昭王十三年，起为左更。按秦爵制，左庶长为二十等爵的第十级。左更为二十等爵的第十二级。起为左更在昭王十四年，下文可证。《秦本纪》误为昭王十三年。〔4〕"将"，带兵。"新城"，地望不明，疑在今山西境。〔5〕"穰侯"，魏冉，秦昭王舅，封于穰，史称"穰侯"。〔6〕"任鄙"，传为大力士。"汉中"，秦惠文王十三年置汉中郡，

故地在今陕西汉中市。〔7〕"其明年"，为昭王十四年。〔8〕"伊阙"，在今河南省洛阳市南，伊水经其间北流，谓之伊阙。阙口断崖，有南北朝以来佛教窟龛二千一百多，通称龙门石窟。〔9〕"公孙喜"，魏将。〔10〕"国尉"，武官名。至秦始皇兼并天下，立百官之职，改称太尉，见杜佑《通典·职官一》。〔11〕"涉河"，渡黄河。"安邑"，在今山西夏县西北。安邑本魏首邑，秦既渡河，当已先取安邑。〔12〕"乾河"，郭璞曰："今河东闻喜县东北有乾河口。"安邑以东到乾河本韩故地。〔13〕"明年"，秦昭王十五年。《秦本纪》亦有"十五年，大良造白起攻魏取垣"的记载。关于系年，《史记》记载紊乱，前辈史家多有论述。本篇记其大要，不作详考。〔14〕"大良造"，即大上造，是二十等军功爵的第十六级。〔15〕"攻魏，拔之，取城大小六十一"，《秦本纪》作"攻魏，取垣"。《六国年表》魏表记"取城大小六十一"于魏昭王七年，即秦昭王十八年。秦表同年亦记"取城大小六十一"，惟主将是客卿错，不是白起。〔16〕"明年"，于本传当为秦昭王十六年，《秦本纪》则记在昭王十八年。〔17〕"垣城"，在今山西垣曲县。〔18〕"后五年，白起攻赵，拔光狼城"，白起攻赵，拔光狼城，《秦本纪》记在秦昭王二十七年。光狼旧邑，据《括地志》，在山西高平县西。〔19〕"七年，白起攻楚，拔鄢、邓五城"，《秦本纪》："二十八年，大良造白起攻楚，取鄢、邓。"据本《传》推算，"后七年"，亦为秦昭王二十八年。"拔鄢、邓五城"，梁玉绳《史记志疑》云："乃拔鄢、邓、西陵三城之误。"《通鉴》正作"鄢、邓、西陵"三城。"鄢"，在今湖北宜城县西南。"邓"，在今河南邓县。〔20〕"其明年"，为秦昭王二十九年。这一年，秦王封白起为武安君。〔21〕"郢"，楚都。楚昭王迁都于鄢，即名鄢曰"鄢郢"，以别于原来郢都。〔22〕"夷陵"，在今湖北宜昌市东南。〔23〕"竟陵"，在

今湖北省潜江县境。〔24〕"楚王",谓楚顷襄王熊横。公元前二九八年至前二六三年在位。"郢",谓鄢郢。〔25〕"陈",在今河南省淮阳县及安徽省亳县一带。楚王去郢徙陈,在楚顷襄王二十一年。〔26〕"南郡",治所在今湖北省江陵县。辖地东至武昌,西至巫山,北到襄阳,南到恩施。〔27〕"白起迁为武安君",白起为武安君,本《传》及《穰侯列传》皆在秦昭襄王二十九年,《表》误在三十年。〔28〕"武安君因取楚,定巫、黔中郡",殿本《秦本纪考证》:"蜀守若伐取巫郡及江南,为黔中郡。"按:《春申君列传》亦言起取之。疑武安君与蜀守若共伐取。"巫郡",今四川巫山县东有巫县故城,即巫郡治所。"黔中郡",治所在临沅,今湖南常德市。〔29〕"昭王三十四年,白起攻魏,拔华阳,走芒卯,而虏三晋将,斩首十三万",按:此处多误,梁玉绳《史记志疑》有考,此不具述。"华阳",在今河南新郑东南。"芒卯",魏将,亦作"孟卯"。〔30〕"白起攻韩",在韩桓惠王九年。"陉",在今山西曲沃境。白起攻韩仅拔陉城。下作"拔五城"者误。梁玉绳、王叔珉皆有说。〔31〕"南阳",在今河南济源县一带。"太行道",谓太行山羊肠阪道,皆韩地。

【译文】白起,秦昭王的臣子,郿邑人,善于用兵。昭王十三年,白起被任命为左庶长,率军进攻韩国新城。这年穰侯为秦相,提拔任鄙为汉中郡守。明年,白起升任左更,率军进攻韩、魏军于伊阙,斩获二十四万,俘魏将公孙喜,攻陷五座城池,白起升为国尉。他率军渡过黄河,攻取韩国安邑以东,到达乾河一带。第二年,白起任大良造,进兵攻魏,打败魏军,夺取大小城邑六十一座。明年,白起与客卿错攻陷垣城。五年之后,白起攻赵,攻克光狼城。七年后,白起攻楚,克鄢、邓五城。又二年,攻陷楚国郢都,烧毁夷陵,东进军竟陵。楚王逃离郢都,东迁国于陈邑。秦改郢城为南郡郡治,封白起为武安君。白起乘胜攻楚,平定巫郡、黔中。昭王三十四年,白起攻魏,陷华阳,魏将芒卯败逃,俘魏将三员,斩获十三万。白起与赵将贾偃战,溺毙赵兵两万于黄河。昭王四十三年,白起进攻韩国陉城,攻克五座城池,斩获五万。四十四年,白起进攻南阳太行道,切断韩对外联系的通道。

四十五年,伐韩之野王。〔1〕野王降秦,上党道绝。〔2〕其守冯亭与民谋曰:〔3〕"郑道已绝,韩必不可得为民。秦兵日进,韩不能应,不如以上党归赵。赵若受我,秦怒,必攻赵。赵被兵,必亲韩。韩、赵为一,则可以当秦。"因使人报赵。赵孝成王与平阳君、平原君计之。〔4〕平阳君曰:"不如勿受。受之,祸大于所得。"〔5〕平原君曰:"无故得一郡,受之便。"〔6〕赵受之,因封冯亭为华阳君。〔7〕

【注释】〔1〕"野王",在今河南沁阳县。〔2〕"上党",战国韩地,后归赵。秦置上党郡,治所在壶关,即今山西长治市地。〔3〕"冯亭",《汉书·冯奉世传》云:"其先冯亭,为韩上党守。秦攻上党,绝太行道,韩不能守。冯亭乃入上党城守于赵。赵封冯亭为华阳君,与赵将括拒秦,战死于长平。"按:《战国策》言冯亭辞赵封入韩,似未参加长平之战。〔4〕"赵孝成王",名丹,赵惠文王子。公元前二六五年至前二四五年在位。"平阳君",赵豹,赵惠文王弟,封于平阳。"平原君",赵胜,封于东武城。《战国策·赵策》引谅毅曰:"平原君,亲寡君之母弟。""母弟"谓同母弟,故知平原君赵胜与惠文王同为惠后孟姚子。赵豹、赵胜皆赵孝成王叔父行。〔5〕"平阳君曰:不如勿受,受之,祸大于所得",《赵世家》引平阳君豹对曰:"圣人甚祸无故之利。"又曰:"……韩氏所以不入于秦者,欲嫁其祸于赵也。秦服其劳而赵受其利,虽强大不能得之于小弱,小弱顾能得之于强大乎?岂可谓非无故之利哉!……必勿受也。"〔6〕"平原君曰:无故得一郡,受之便",《赵世家》云:"赵豹出,王召平原君与赵禹而告之。对曰:'发百万之军而攻,逾岁未得一城。今坐受城市邑十七,此大利,不可失也。'"〔7〕"因封冯亭为华阳君",《赵世家》谓赵胜受地,以三万户都封太守,冯亭垂涕不见使者。《赵策》亦云:"冯亭辞封入韩。"因知赵虽颁封,而冯亭不受。

【译文】秦昭王四十五年,白起进攻韩国野王。野王降秦,上党对外联系的通道断绝。上党郡守冯亭跟百姓商量道:"通往郑都的道路已断绝,韩国一定不再把我们看作臣民。秦军日益进逼,韩国招架不住,不如把上党归附赵国。赵国如果接受我们,秦一恼火,必定进攻赵国。赵国遭受战祸,必定和韩国修好。韩、赵两国联成一体,就可以抵挡秦国。"冯亭派人向赵国通报。赵孝成王请来平阳君、平原君共商此事。平阳君说:"还是不接受的好。如果接受,招来的祸患将大于所得。"平原君说:"平白无故得到一个郡,有什么不好,还是接受吧!"赵国接受上党的归附,封冯亭为华阳君。

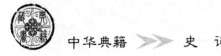

四十六年,秦攻韩缑氏、蔺,拔之。[1]

【注释】[1]"秦攻韩缑氏、蔺,拔之",秦攻韩缑氏、蔺,在韩桓惠王十二年。韩桓惠王三年,秦、韩即启战端。桓惠王九年,秦攻取韩陉。十年,秦击韩于太行。《战国策·韩策》有"今韩受兵三年"语。十一年,韩上党郡守以郡降赵。韩桓惠王十二年,赵使廉颇拒秦于长平。缑氏,春秋时滑国,今河南偃师东南。"蔺",在今山西离石县西。秦攻缑氏、蔺,《韩世家》缺载。

【译文】秦昭王四十六年,秦攻陷韩国的缑氏和蔺邑。

四十七年,秦使左庶长王龁攻韩,[1]取上党。[2]上党民走赵。赵军长平,[3]以按据上党民。[4]四月,龁因攻赵。赵使廉颇将。[5]赵军士卒犯秦斥兵,秦斥兵斩赵裨将茄。[6]六月,陷赵军,取二鄣四尉。[7]七月,赵军筑垒壁而守之。秦又攻其垒,取二尉,败其阵,夺西垒壁。[8]廉颇坚壁以待秦。[9]秦数挑战,赵兵不出。赵王数以为让。[10]而秦相应侯又使人行千金于赵为反间,[11]曰:"秦之所恶,[12]独畏马服子赵括将耳,[13]廉颇易与,[14]且降矣。"赵王既怒廉颇军多失亡,军数败,又反坚壁不敢战,而又闻秦反间之言,因使赵括代廉颇将以击秦。[15]秦闻马服子将,乃阴使武安君白起为上将军,[16]而王龁为尉裨将,令军中有敢泄武安君将者斩。赵括至,则出兵击秦军。秦军详败而走,[17]张二奇兵以劫之。[18]赵军逐胜,[19]追造秦壁。[20]壁坚拒不得入,[21]而秦奇兵二万五千人绝赵军后,又一军五千骑绝赵壁间,赵军分而为二,粮道绝。而秦出轻兵击之。赵战不利,因筑壁坚守,以待救至。秦王闻赵食道绝,王自之河内,[22]赐民爵各一级,发年十五以上悉诣长平,[23]遮绝赵救及粮食。

【注释】[1]"秦使左庶长王龁攻韩","左庶长"为秦二十等爵的第十级。王龁屡代武安君为将,至秦庄襄王三年,王龁犹统军击上党,秦始皇时

为将军。始皇帝二年,王龁死。 [2]"取上党",据《赵世家》,上党辖城市邑十七。"取上党"谓秦所攻取者,仅上党一城,其余广大地区,均随其守冯亭降赵。 [3]"赵军长平",谓赵陈兵长平。"长平",在今山西高平县西北。 [4]"按据",复语,义并同"抑"。控制的意思。 [5]"廉颇",赵惠文王时良将,始见于赵惠文王十六年(见《赵世家》)。里居不详。 [6]"斥兵",侦察兵。"裨将",副将。 [7]"鄣",边境险要处戍守的城堡。"尉",职位低于将军的武官。 [8]"西垒壁",《正义》云:"赵西垒在泽州高平县北六里是也。即廉颇坚壁以待秦,王龁夺赵西垒壁者。" [9]"坚壁",坚守垒壁。 [10]"赵王数以为让",《记纂渊海》卷七二引作"赵王数让颇"。"让",责备。 [11]"应侯",魏人范雎任秦相,封为应侯。"反间",离间敌人,促其内讧。《范雎列传》云:"昭王用应侯谋,纵反间卖赵。赵以其故令马服子代廉颇将。" [12]"恶",与下句"畏"互文。"恶"犹"畏"。《通鉴》"恶"正作"畏"。 [13]"赵括",赵击秦名将赵奢子。赵惠文王赐奢号为马服君,因称括为马服子。 [14]"易与",犹"易取"。 [15]"因使赵括代廉颇将以击秦",《廉颇蔺相如列传》云:及括将行,其母上书言于王曰:"括不可使将。"又曰:"父子异心,愿王勿遣。" [16]"阴",义同"密"。《水经注》引"阴"作"密"。"上将军",位在大将军上。 [17]"详",《太平御览》、《通鉴》并作"佯",二字通。 [18]《通鉴》注云:"劫,势胁也。《说文》:人欲去,以力胁止曰劫。" [19]"逐胜",乘胜追击。 [20]《通鉴》注:"造,诣也。" [21]"壁坚拒不得入",《太平御览》引《秦策》作"秦壁坚距"。"拒"、"距"古今字。 [22]"自",义为"即"。《韩非子·说林篇上》:"韩、魏反之外,赵氏应之内,智氏自亡。""自"为"即"义之例。"河内",黄河以北地。 [23]"发年十五以上悉诣长平",上党地区已为秦所有,故征发其民从军。年十五是应征入伍的年龄。

【译文】秦昭王四十七年,秦派左庶长王龁进攻韩国,攻占上党郡。上党的百姓逃往赵国。赵军进驻长平,以镇抚上党的百姓。四月,王龁据此为由以攻赵。赵国派廉颇为将。赵军与秦侦察兵遭遇,秦侦察兵斩杀赵副将茄。六月,秦进攻赵军阵地,攻占两个要塞,斩杀都尉四人。七月,赵军修建防御工事固守,秦再次进攻赵军营垒,俘获都尉二人,打败赵军,攻占赵军西营盘。廉颇加固营垒的防御工事以抵御秦军的进攻,秦兵多次挑战,赵兵固守不出。赵王不止一次责备廉颇不肯应战。秦相应侯派人携带千金到赵国施行反间计。扬言说:

"秦国谁也不怕,就怕马服君的儿子赵括带兵,廉颇好对付,快战败投降啦!"赵王早就为廉颇几次战败,部队伤亡很重而生气,加上他又坚守营垒不肯应战,这回又听到秦国反间散布的流言蜚语,于是派赵括代替廉颇为将以攻秦。秦国探听到马服君儿子果真代替廉颇为将的消息,暗地里委派武安君白起为上将军,王龁为副将,下令全军:有敢泄漏武安君为将的这一军中机密者斩。赵括来到军中,立即下令出击,秦军伪装战败逃跑,另派两部奇兵准备偷袭赵营。赵军乘胜追逐,直抵秦营。秦军防守坚固,难以攻破;而秦派出的奇兵二万五千人已经切断赵军的退路。另一路五千人的轻骑兵部队,又把赵军固守的阵地包围起来。赵军被切断为二,粮道断绝。秦轻骑部队袭击赵军。战局对赵军不利,只好构筑工事,固守待援。得知赵向前线运送给养的通道已被堵死,秦王立即来到河内,赏赐百姓各晋爵一级。征发年满十五岁的适龄壮丁全部开赴长平。赵军的粮草供应和救兵的来源全被切断。

至九月,赵卒不得食四十六日,皆内阴相杀食。来攻秦垒,欲出。为四队,四五复之,不能出。其将军赵括出锐卒自搏战,秦军射杀赵括。[1]括军败,卒四十万人降武安君。武安君计曰:"前秦已拔上党,上党民不乐为秦而归赵。[2]赵卒反覆,非尽杀之,恐为乱。"乃挟诈而尽坑杀之,遗其小者二百四十人归赵。前后斩首虏四十五万人。[3]赵人大震。

【注释】[1]"秦军射杀赵括",《廉颇列传》亦曰:"秦军射杀赵括"。《赵世家》云:"秦人围赵括,赵括以军降。"据史传,赵括固非降将。 [2]"上党民不乐为秦而归赵",谓上党民不乐变成秦的子民。"为",变成。 [3]"首虏",所获敌人的首级。

【译文】到九月,赵兵断粮已四十六天,暗中互相残杀充饥。赵军袭击秦营,意欲突围。赵军分成四队,轮番冲锋者四五次,未能冲杀出去。赵军统帅赵括亲率精锐部队与秦军搏战,秦军射杀赵括,赵括军战败,所部四十万人全部投降武安君。武安君想:"秦军本已攻克上党,上党老百姓不乐意归顺秦国,反而投奔赵国。赵兵反覆无常,不全部杀掉,必遗后患。"于是使用欺骗手段,将赵降卒全部活埋。剩下不够岁数的儿童兵二百四十人,遣返归赵。赵兵前后阵亡和被坑杀的计四十五万人。赵国上下闻讯十分震骇。

四十八年十月,[1]秦复定上党郡。秦分军为二:[2]王龁攻皮牢,[3]拔之;司马梗定太原。[4]韩、赵恐,[5]使苏代厚币说秦相应侯曰:[6]"武安君禽马服子乎?"[7]曰:"然。"又曰:"即围邯郸乎?"[8]曰:"然。""赵亡则秦王王矣,[9]武安君为三公。[10]武安君所为秦战胜攻取者七十余城,南定鄢、郢、汉中,[11]北禽赵括之军,虽周、召、吕望之功不益于此矣。[12]今赵亡,秦王王,则武安君必为三公,君能为之下乎?虽无欲为之下,固不得已矣。秦尝攻韩,围刑丘,[13]困上党,上党之民皆反为赵,天下不乐为秦民之日久矣。今亡赵,北地入燕,东地入齐,南地入韩、魏,[14]则君之所得民亡几何人。[15]故不如因而割之,无以为武安君功也。"于是应侯言于秦王曰:"秦兵劳,请许韩、赵之割地以和,且休士卒。"[16]王听之,割韩垣雍、赵六城以和。[17]正月,皆罢兵。武安君闻之,由是与应侯有隙。[18]

【注释】[1]"十月",梁玉绳《史记志疑》谓为衍文。王叔珉《史记斠证》云:"十月疑本作十月,即七月。" [2]"秦分军为二",梁玉绳云:"《秦纪》云分军为三。此只言王龁、司马梗二军者,不数武安君先归之一军也。"按:《通鉴》亦云"分军为三"。 [3]"皮牢",韩邑,在今山西翼城县东。或曰在今山西河津县境。 [4]"太原",赵邑,在今山西太原。[5]"赵",《通鉴·周纪五》作"魏"。 [6]"苏代",东周洛阳人,纵横家。"应侯",魏人范雎。 [7]"禽",杀。 [8]"邯郸",赵都,在今河北省邯郸市西南。 [9]"赵亡则秦王王矣",《通鉴》注:"秦之称王自王其国耳,今破赵国则将王天下也。" [10]"三公",《春秋公羊传》谓为天子之相。秦在习惯上称中央最高官吏为三公。《李斯列传》亦有"诮让斯居三公位"语。 [11]"汉中",在今陕西省南郑市。[12]"周",周公姬旦,周武王弟。"召",召公姬奭,文王庶子,为成王营洛邑。"吕望",姜姓吕氏,名尚,号太公望,辅周武王灭商有功。 [13]"邢","陉"之借字。"丘",衍文。陉城在今山西曲沃县附近。《韩世家》曰"桓惠王九年,秦拔我陉,城汾旁。

十年,秦击我于太行,我上党郡守以上党降赵",即本文"秦尝攻韩,围邢丘,困上党,上党之民皆反赵"所指。 〔14〕"韩",疑误,《战国策·秦策》作"楚"。〔15〕"亡几何人","亡",与"无"通。《汉书·赵充国传》:"亡虑万二千人。"裴学海曰:"亡虑与无虑同。"王叔岷曰:"几何下不必有人字。《秦策》无人字。"〔16〕"且",犹"并"。"且"训"并","并"亦训"且"。《论衡·非韩篇》"此所谓文武张设,德力且足者也",是其例。 〔17〕"垣雍",《秦本纪》云:"四十八年十月,韩献垣雍。"《集解》引司马彪曰:"河南卷县有垣雍城。"按:垣雍在今河南原阳县境。 〔18〕"武安君闻之,由是与应侯有隙",施之勉引《邹阳传集解》:"苏林曰:白起为秦伐赵,破长平军,欲遂灭赵,遣卫先生说昭王益兵粮,乃为应侯所害,事用不成。"可证白起、应侯构隙之深。

【译文】四十八年十月,秦再次平定了上党郡。秦兵分二路:一路王龁进攻皮牢,打下了皮牢。一路司马梗平定了太原。韩、赵恐惧,派遣苏代带着厚礼游说秦相应侯说:"武安君已擒杀马服君儿子了么?"答:"是的。"问:"说话就要围攻邯郸了么?"答:"是的。"苏代说:"赵国亡,秦王称王于天下,武安君位列三公。武安君为秦攻城略地,下七十余城,南平定鄢、郢、汉中,北消灭赵括之军,周公、召公、吕望的功勋,也不过如此。赵国亡,秦王称王于天下,武安君肯定位列三公,阁下能听他的指挥么?到那时哟!不想听他的指挥,已经由不得你自己了!秦过去进攻韩国,包围邢丘,围困上党,上党老百姓纷纷归附赵国,天下之民不愿意当秦国的百姓为时已久。如果灭赵,它北方的疆土将落入燕国,东方的疆土将落入齐国,南方的疆土将落入韩、魏,那末,归顺秦国的子民,就为数无多了。不如趁此机会,割占其土地,不要再给武安君以加功晋爵的机会了!"于是,应侯向秦王进言曰:"秦兵苦战疲劳,请允许韩、赵割地求和,士卒也可得以休整训练。"秦王采纳应侯的意见,割取韩垣雍、赵六城言和。正月,双方停战。武安君了解到秦与韩赵言和的经过,从此与应侯不和。

其九月,秦复发兵,使五大夫王陵攻赵邯郸。〔1〕是时武安君病,不任行。〔2〕四十九年正月,陵攻邯郸,少利,〔3〕秦益发兵佐陵,陵兵亡五校。〔4〕武安君病愈,秦王欲使武安君代陵将。武安君言曰:"邯郸实未易攻也。且诸侯救日至,彼诸侯怨秦之日久矣。今秦

虽破长平军,而秦卒死者过半,国内空。远绝河山而争人国都,〔5〕赵应其内,诸侯攻其外,破秦军必矣。不可。"秦王自命,不行,乃使应侯请之,武安君终辞不肯行,〔6〕遂称病。

【注释】〔1〕"使五大夫王陵攻赵邯郸",《秦本纪》:"其十月,五大夫陵攻赵邯郸。""五大夫",爵位名。秦制二十等爵的第九级。 〔2〕《正义》:"任,人针反,堪也。""不任行",谓不能行。成公三年《左传》:"臣不任受怨,君亦不任受德。"刘淇云:"任犹能也。"〔3〕"陵攻邯郸,少利",《群书治要》引此作"陵战少利"。《战国策·中山策》作"陵战失利"。〔4〕"陵兵亡五校",《通鉴》注:"校,犹部队也。"又云:"立军之法,二部为校,校八百人,立尉。"故云"亡五校"者,亡其军四千人。 〔5〕"远绝河山而争人国都",《通鉴》注:"自秦而攻邯郸,有大河及王屋、太行诸山之阻。横度曰绝。"〔6〕"武安君终辞不肯行",武安君辞不肯行,秦王使王龁代王陵为将。

【译文】这年九月,秦又发兵,派五大夫王陵进攻赵都邯郸。这时,武安君有病,行动不便。秦昭王四十九年正月,王陵进攻邯郸,战果不显著,秦派增援部队以加强王陵的攻势。王陵部队在战争中被消灭五个营。武安君病好了,秦王想派武安君代替王陵统兵。武安君说:"邯郸实在不容易攻取。各国救兵正纷纷来到。诸侯们怨恨秦国由来已久。眼下秦虽然消灭了长平军,可是秦兵也死伤过半,国力空虚。长途跋涉而去夺取别人的国都,赵国固守接应,各路诸侯从外部进攻。秦军必败无疑。我不能代替王陵为将。"秦王亲自下命令,武安君也不肯奉命启程。又派应侯前往教促,武安君依然辞谢,不肯启程,就托言生病。

秦王使王龁代陵将,八九月围邯郸,不能拔。楚使春申君及魏公子将兵数十万攻秦军,〔1〕秦军多失亡。武安君言曰:"秦不听臣计,今如何矣!"〔2〕秦王闻之,怒,强起武安君,武安君遂称病笃。应侯请之,不起。于是免武安君为士伍,〔3〕迁之阴密。〔4〕武安君病,未能行。居三月,诸侯攻秦军急,秦军数却,使者日至。秦王乃使人遣白起,〔5〕不得留咸阳中。武安君既行,出咸阳西门十

里,至杜邮。[6]秦昭王与应侯群臣议曰:"白起之迁,其意尚怏怏不服,有余言。"[7]秦王乃使使者赐之剑,自裁。[8]武安君引剑将自刭,[9]曰:"我何罪于天而至此哉?"[10]良久曰:"我固当死。[11]长平之战,赵卒降者数十万人,我诈而尽坑之,是足以死。"遂自杀。武安君之死也,以秦昭王五十年十一月。[12]死而非其罪,秦人怜之,乡邑皆祭祀焉。

【注释】[1]"春申君",谓楚国贵族黄歇,封于吴,号春申君。"魏公子",谓信陵君魏无忌,封于信陵,号信陵君。春申、信陵,《史记》皆有传。[2]"秦不听臣计,今如何矣",《通鉴》作"王不听吾计,今何如矣"。注:"白起以为邯郸未易攻,而王龁军果不利,故以为言。"[3]"免武安君为士伍",据《秦纪》,武安君免为士伍在秦昭襄王五十年十月。如淳曰:"《律》,有罪失官爵称士伍。"[4]"阴密",秦邑,在今甘肃灵台县境。[5]"遣",遣送。[6]"杜邮",《正义》曰:"今咸阳城,本秦时杜邮也。"[7]"有余言",有怨言。[8]"秦王乃使使者赐之剑,自裁",《通鉴》作"王乃使使者赐之剑,武安君遂自杀"。"自裁",自杀。[9]"自刭",刎颈。[10]"我何罪于天而至此哉",《蒙恬列传》云:"我何罪于天,无过而死乎?"与此句法同。[11]"我固当死",《蒙恬列传》云:"恬罪固当死矣。"与此句法同。[12]"武安君之死也,以秦昭王五十年十一月",据《秦纪》,武安君之死在秦昭王五十年十二月。《通鉴》亦在十二月。

【译文】秦王派王龁取代王陵为将,邯郸被围已有八九个月,未能攻下。楚派春申君及魏公子信陵君共数十万人进攻秦军,秦军多有伤亡。武安君扬言说:"秦王不听我话,现在怎么样!"秦王闻言大怒,强令武安君执行王命。武安君声称病情恶化。应侯去请他,也不肯应命。于是秦王免去武安君的官爵,贬与士卒同伍,流放到阴密。武安君病了,未能上路。过了二个月,诸侯军加紧进攻秦军,秦军节节败退,每天都有前方告急的使者来到。秦王派人驱逐白起,不得再在咸阳逗留。武安君离开咸阳,出咸阳西门十里,来至杜邮。秦昭王与应侯及群臣商量道:"流放白起,他的内心还很不服气,说了许多不该说的话。"秦王派人赐白起以剑,让他自杀。武安君拿起剑行将自刎时说:"我什么时候得罪老天的呀?闹到这步田地!"举剑良久,才说:"我本就该死。长平那一仗,赵卒投降的有几十万人,

被我使用诈术,全都活埋。凭这一条就应该死。"于是自杀。武安君死于秦昭王五十年十一月。白起死的冤枉,秦国百姓哀怜他,乡邑都为他设祭。

王翦者,频阳东乡人也。[1]少而好兵,事秦始皇。[2]始皇十一年,翦将攻赵阏与,[3]破之,拔九城。十八年,翦将攻赵。[4]岁余,遂拔赵,赵王降。[5]尽定赵地为郡。明年,燕使荆轲为贼于秦,[6]秦王使王翦攻燕,[7]燕王喜走辽东,[8]翦遂定燕蓟而还。秦使翦子王贲击荆,[9]荆兵败。还击魏,魏王降,[10]遂定魏地。

【注释】[1]"频阳",陕西频山之阳,今地在陕西富平县美原镇古城村。[2]"秦始皇",嬴政,秦庄襄王子,公元前二四六年至前二一〇年在位。[3]"始皇十一年,翦将攻赵阏与",《赵世家》:悼襄王九年,"秦攻邺,拔之"。即书王翦攻阏与事。"阏与",亦作"阏舆",在今山西和顺县。[4]"十八年,翦将攻赵",《秦始皇本纪》:"十八年,大兴兵攻赵。王翦将上地下井陉。"[5]"岁余,遂拔赵,赵王降",《秦始皇本纪》:"十九年,王翦、羌瘣尽定取赵地东阳,得赵王。"《通鉴》:"王翦击赵军,大破之,杀赵葱,颜聚亡,遂克邯郸,虏赵王迁。"[6]"荆轲",卫人。为燕太子丹入秦刺秦王,不中而死。[7]"秦王使王翦攻燕",《通鉴》云:"王于是大怒,益发兵诣赵,就王翦以伐燕,与燕师、代师战于易水之西,大破之。"[8]"燕王",姬喜,公元前二五四年至前二二二年在位。"辽东",今辽宁大凌河以东,治所在襄平,即今辽宁辽阳市。[9]"秦使翦子王贲击荆",事在始皇二十一年。贲为翦子。据《赵世家》,武灵王二十年,"王贲之楚",此另一王贲,为赵人。"荆",楚国别称。[10]"魏王",名假,公元前二二七年至前二二五年在位。

【译文】王翦,频阳东乡人,年轻时喜爱兵法,后为秦始皇臣。始皇十一年,王翦带兵进攻赵国阏与,打败赵军,攻陷九个城邑。十八年,王翦又率军攻赵,一年有余,攻陷赵国,赵王投降,全部平定了赵地,改设为郡。第二年,燕派荆轲到秦行刺秦王,秦王派王翦攻燕,燕王喜逃到辽东,王翦平定燕蓟地区后班师。秦派王翦的儿子王贲进攻楚国,打败楚兵。挥师击魏,魏王投降,平定了魏地。

秦始皇既灭三晋，〔1〕走燕王，〔2〕而数破荆师。〔3〕秦将李信者，年少壮勇，尝以兵数千逐燕太子丹至于衍水中，卒破得丹，〔4〕始皇以为贤勇。于是始皇问李信："吾欲攻取荆，于将军度用几何人而足？"李信曰："不过用二十万人。"〔5〕始皇问王翦，王翦曰：〔6〕"非六十万人不可。"始皇曰："王将军老矣，何怯也！李将军果势壮勇，〔7〕其言是也。"遂使李信及蒙恬将二十万南伐荆。〔8〕王翦言不用，因谢病，归老于频阳。李信攻平与，〔9〕蒙恬攻寝，〔10〕大破荆军。信又攻鄢、郢，破之，于是引兵而西，与蒙恬会城父。〔11〕荆人因随之，三日三夜不顿舍，〔12〕大破李信军，入两壁，杀七都尉，〔13〕秦军走。

【注释】〔1〕"秦始皇既灭三晋"，始皇二十五年灭赵，始皇二十二年灭魏，始皇十七年灭韩。"三晋"，谓赵、魏、韩。 〔2〕"走燕王"，始皇二十一年徙燕王辽东，二十五年秦灭燕。 〔3〕"而数破荆师"，始皇二十一年击楚，二十三年王翦、蒙武击荆，二十四年王翦、蒙武攻荆灭楚，二十五年王翦定荆江南地。 〔4〕"秦将李信者，年少壮勇，尝以兵数千逐燕太子丹至于衍水中，卒破得丹"，《通鉴》曰："冬十月，王翦拔蓟，燕王及太子率其精兵东保辽东，李信急追之。代王嘉遗燕王书，令杀太子丹以献，丹匿衍水中。""衍水"，今辽宁太子河。 〔5〕"李信：不过用二十万人"，《北堂书钞》卷一一五引作"信：不过三十万"。 〔6〕"始皇问王翦，王翦曰"，《北堂书钞》引作"始皇又问王翦，翦曰"。《通鉴》"问"上有"以"字。"以"犹"又"也。《老子》五十二章"既得其母，以知其子"。是"以"训作"又"之例。 〔7〕"果势壮勇"，张文虎曰："《御鉴》引势作断，义长。" 〔8〕"遂使李信及蒙恬将二十万南伐荆"，"蒙恬"，秦名将。据《蒙恬列传》，恬于始皇二十六年始为将。李信、蒙恬伐荆在始皇二十二年。蒙恬大父骜、父武三代为秦将。二十二年伐荆之役当是蒙武而非蒙恬。 〔9〕"平与"，《通鉴》作"平舆"，"与"、"舆"古通。平与在今河南省平舆县。 〔10〕"蒙恬"，应是"蒙武"之误。"寝"，在今安徽省临泉县。 〔11〕"城父"，在今河南省宝丰县。 〔12〕"顿舍"，《汉书·李广传》："就善水草顿舍。"颜师古曰："顿，止也。舍，息也。"按：今曰宿营。 〔13〕"七都尉"，胡三省曰："此郡都尉将兵从伐楚者也。"又曰："然秦、汉之制，行军亦自有都尉。"

【译文】秦始皇灭掉韩、赵、魏三国之后，赶跑了燕王，又多次打败楚国的军队。秦国将军李信，年轻勇敢，曾率兵数千追击燕太子丹直到衍水地区，最后击破燕师，俘获太子丹，秦始皇欣赏李信的智勇。于是始皇问李信："我想攻取楚国，在将军看来须用多少兵马才够？"李信说："不超过二十万人。"始皇问王翦。王翦说："至少六十万人。"始皇说："王将军老啦！胆儿小啦！李将军果断壮勇，他的话是对的。"于是派遣李信和蒙恬率兵二十万南伐楚国。王翦的意见没有被采纳，便托病辞职，告老回到频阳。李信攻平与，蒙恬攻寝，大败楚军。李信又进攻鄢郢，打败楚军，随即挥师西进，和蒙恬会师于城父。楚军就势尾追其后，咬住不放，三天三夜没有宿营，大败李信军，攻占两座城堡，杀死都尉七人，秦军战败逃跑。

始皇闻之，大怒，自驰如频阳，〔1〕见谢王翦曰："寡人以不用将军计，〔2〕李信果辱秦军。今闻荆兵日进而西，将军虽病，独忍弃寡人乎！"王翦谢曰："老臣罢病悖乱，〔3〕唯大王更择贤将。"〔4〕始皇谢曰："已矣，将军勿复言！"王翦曰："大王必不得已用臣，非六十万人不可。"始皇曰："为听将军计耳。"〔5〕于是王翦将兵六十万人，始皇自送至灞上。〔6〕王翦行，请美田宅园池甚众。始皇曰："将军行矣，何忧贫乎？"王翦曰："为大王将，有功终不得封侯，故及大王之向臣，臣亦及时以请园池为子孙业耳。"始皇大笑。王翦既至关，〔7〕使使还请善田者五辈。〔8〕或曰："将军之乞贷，亦已甚矣。"王翦曰："不然。夫秦王怚而不信人。〔9〕今空秦国甲士而专委于我，我不多请田宅为子孙业以自坚，顾令秦王坐而疑我邪？"

【注释】〔1〕"自驰如频阳"，《通鉴》作"自至频阳"。"如"，往，到。 〔2〕"将军"，《北堂书钞》卷一一五引作"卿"。 〔3〕"罢"，通"疲"。"悖乱"，不明事理。 〔4〕"唯"，表示希望。 〔5〕"为"，《册府元龟》卷一九九引作"唯"。按："唯"与"惟"同，"为"、"惟"同义。 〔6〕"灞上"，在今陕西西安市东。 〔7〕"关"，武关，在今陕西省商南县西北，战国时秦之南关。秦用兵三晋，东出函谷关。伐荆，则南出武关。 〔8〕"善田"，即美田，良田。 〔9〕"秦王怚而不信人"，《集解》："怚音麤。徐广曰：一作粗。"秦王诚多疑，然非粗心人。《说文》有"怛"、"媏"，皆训作"骄"。义为"骄"者是。

【译文】始皇听到前方战败的消息，大大生气，自驾轻车奔赴频阳，见到王翦道歉说："寡人没有采纳将军的意见，李信果然战败，使秦军蒙羞受辱。现在楚军一天天向西挺进，将军虽然有病，难道忍心扔下寡人不管么？"王翦推辞说："老臣体弱多病，脑子糊涂，请大王另选良将。"始皇又深情地说："好啦！好啦！将军不必多说啦！"王翦说："大王一定不得已而用我，非六十万人不可。"始皇说："没有别的，听你的。"于是王翦率领六十万人马出征，始皇亲自来到灞上送行。王翦临行，请求始皇赐给大批良田美池和园林广厦。始皇说："将军放心走吧！没有必要为日后的贫困而担心呀！"王翦说："为大王带兵打仗，有功也得不到封侯。趁现时大王信用我，我便及时多请赐园池，为子孙打算罢了。"秦始皇哈哈大笑。王翦来到边关，接连五次派人回到咸阳请求赏赐良田。有人议论说："王将军乞求颁赏，实在有点过分！"王翦说："不然。秦王为人，骄横多疑，现在调集全国兵力交给我一人指挥，我如不多请颁赐田庄美宅为子孙创业以祛其疑，难道反而让秦王平白无故地猜忌我吗？"

王翦果代李信击荆。[1]荆闻王翦益军而来，乃悉国中兵以拒秦。[2]王翦至，坚壁而守之，不肯战。荆兵数出挑战，终不出。王翦日休士洗沐，[3]而善饮食抚循之，[4]亲与士卒同食。久之，王翦使人问："军中戏乎？"对曰："方投石超距。"[5]于是王翦曰："士卒可用矣。"荆数挑战而秦不出，乃引而来。翦因举兵追之，令壮士击，大破荆军。至蕲南，[6]杀其将军项燕，[7]荆兵遂败走。秦因乘胜略定荆地城邑。岁余，虏荆王负刍，[8]竟平荆地为郡县。因南征百越之君。[9]而王翦子王贲，与李信破定燕、齐地。[10]

【注释】[1]"王翦果代李信击荆"，王翦代李信击荆，在秦始皇二十三年。殿本"果"作"东"。《史记会注考证》引枫山、三条本、《御览》，"果"均作"东"，可从。[2]"悉"，动词，"悉发"之省。"悉国中兵"，谓征发全国之兵。[3]"洗"，洗脚。"沐"，洗头。"洗沐"，俗曰洗澡。[4]"抚"，《御览》卷三三〇引作"拊"。《说文》："拊，揗也。"段玉裁注："揗者摩也。古作'拊揗'，今作'抚循'。古今字也。""善饮食抚循之"，谓改善伙食来安抚他们。[5]"方投石超距"，《广雅》："擿，投也。石，擿也。""擿"，通"掷"。"投石"，义同"投掷"。"距"亦"超"，"超"亦"拔"。故"投、石、超、距"四字平列，亦如"奔、跑、跳、跃"四字平列然。《管子·轻重丁篇》"戏、笑、超、距"，亦四字平列。[6]"蕲"，楚邑名，在今安徽省宿县境。[7]"项燕"，项梁父。[8]"负刍"，公元前二二七年至前二二三年在位。[9]"百越"，又作"百粤"，泛指长江以南地区。[10]"而王翦子王贲，与李信破定燕、齐地"，秦始皇二十五年，王贲攻辽东，虏燕王喜。二十六年，王贲从燕南攻齐，虏齐王建。

【译文】王翦挥师东进，取代李信攻打楚国。楚国听说王翦率增援部队来攻，于是动员全国兵力抗击秦军。王翦到达前线，构筑防御工事坚守阵地，不肯出战。楚军多次挑战，秦军始终不肯出壁应战。王翦每天让战士休息、洗澡，改善伙食安抚他们，与战士同吃住。过些时候，王翦派人了解部队情况，问道："军中玩什么游戏？"回报说："战士们奔、跑、跳、跃，玩得可欢哩！"这时王翦说："好啦！士兵们可以用来打仗啦！"楚军几次挑战而秦兵不出壁应战，便向东方转移，王翦趁势挥军进逼，挑选精壮突击队进击，大破楚军，直追到蕲县以南，杀楚将项燕，楚军战败溃逃。秦军乘胜追击，平定了楚国的一些城邑。一年以后，俘虏楚王负刍，全部削平楚地，设置郡县。接着南征百越地区君长，与此同时，王翦儿子王贲也和李信一道，攻取并平定燕、齐地方。

秦始皇二十六年，尽并天下，王氏、蒙氏功为多，[1]名施于后世。[2]

【注释】[1]"王氏"，王翦、王贲、王离祖孙。"蒙氏"，蒙骜、蒙武、蒙恬祖孙。[2]"施"，延续。

【译文】秦始皇二十六年，秦兼并天下，王、蒙二家族建功最多，声名流传后世。

秦二世之时，[1]王翦及其子贲皆已死，[2]而又灭蒙氏。[3]陈胜之反秦，[4]秦使王翦之孙王离击赵，围赵王及张耳巨鹿城。[5]或曰："王离，秦之名将也。今将强秦之兵，攻新造之赵，举之必矣。"[6]客曰："不然。夫为将三世者必败。必败者何也？必其所杀伐多矣，[7]其后受其不祥。今王离已三世将矣。"居无何，[8]项羽救赵，击秦军，果虏王离，王离军遂降诸侯。

【注释】[1]"秦二世"，即胡亥，公元前二一〇年至前二〇七年在位。 [2]"王翦及其子贲皆已死"，王翦死年不详，惟始皇二十八年《琅邪颂》列名有王贲、王离，而无王翦，王翦已前死。王贲死在秦二世时。至二世时，父子皆已死。 [3]"灭蒙氏"，蒙恬、蒙毅兄弟为秦二世所诛杀。 [4]"陈胜"，公元前二〇八年卒，秦阳城人，字涉。秦二世元年七月与吴广率戍卒在蕲县大泽乡揭竿起义。 [5]"赵王"，赵歇，定赵后，张耳、陈余立为赵王。"张耳"，大梁人，与陈余略定赵地，项羽封之为常山王，后从刘邦，封为赵王。"巨鹿"，在今河北省平乡县境。 [6]"王离，秦之名将也。今将强秦之兵，攻新造之赵，举之必矣"，《项羽本纪》亦云："章邯令王离、涉间围巨鹿。项羽曰：'夫以秦之强，攻新造之赵，其势必举赵。'""新造"，犹新建。"举"，攻克。[7]"杀伐"，复语。"伐"亦"杀"也。 [8]"居无何"，过不久。

【译文】秦二世之时，王翦及其子王贲早已死去，又诛灭了蒙氏。陈胜起义抗秦的时候，秦派遣王翦孙王离攻赵，把赵王和张耳围困在巨鹿城。有人说："王离乃秦国名将。他率领强秦的部队，进攻

新成立的赵国，打败赵国不成问题。"另一人说："不然，须知为将的到了第三代必然衰败。为什么呢？因为先代杀伐太多，后代自然要食其不祥之果。现在王离已经三世为将了呀！"过了不久，项羽救赵，进击秦军，果然俘虏了王离。王离所部终于投降。

太史公曰：鄙语云："尺有所短，寸有所长。"白起料敌合变，[1]出奇无穷，声震天下，然不能救患于应侯。王翦为秦将，夷六国，[2]当是时，翦为宿将，始皇师之，然不能辅秦建德，固其根本，偷合取容，[3]以至殁身。[4]及孙王离为项羽所虏，不亦宜乎！彼各有所短也。

【注释】[1]"料敌合变"，了解敌情，随机应变。 [2]"夷六国"，夷平六国。 [3]"偷合取容"，取巧迎合，苟且偷生。 [4]"殁"，音mò，终也，埋也。

太史公说：俗话说："尺有所短，寸有所长。"白起料敌如神，随机应变，奇计层出不穷，声威震动天下。但对付不了应侯的阴谋陷害。王翦身为秦将，削平六国，在那时，王翦是一位老谋深算的将领，始皇尊之为师，却未能以仁义道德辅助秦王，巩固立国的根基。他只是投机苟且，迎合求安，直到死去。王翦孙子王离为项羽所俘，不也是应该的吗？白起、王翦，各有各的短处。

史记卷七十四

孟子荀卿列传第十四

太史公曰：余读《孟子书》，[1]至梁惠王问"何以利吾国"，[2]未尝不废书而叹也。[3]曰：嗟乎，[4]利诚乱之始也！[5]夫子罕言利者，[6]常防其原也。[7]故曰"放于利而行，[8]多怨"。自天子至于庶人，[9]好利之弊何以异哉！

【注释】[1]"孟子书"，指《孟子》一书（七篇），孟轲及其弟子所撰。此书反映了孟子的活动及其政治、社会思想。[2]"梁惠王"，即魏惠王，名魏罃，公元前三七〇年——三三五年在位。因魏惠王于公元前三六二年迁都大梁（今河南开封市），故魏又称为梁。"何以利吾国"，见《孟子》第一篇《梁惠王章句上》。[3]"未尝"，不曾。"废书"，弃书，犹言掩卷。[4]"嗟乎"，感叹词。"嗟"音jie。[5]"诚"，确是。"始"，起始，根源。[6]"夫子"，指孔夫子，孔丘。"罕"，极少。"夫子罕言利"句，见于《论语》第九《子罕》，原文作"子罕言利"。[7]"原"，根源。[8]"放"，音fǎng，同仿，根据。[9]"庶人"，平民百姓。

【译文】太史公说：我读《孟子》一书，读至梁惠王问道"怎样有利于我的国家"时，不免掩卷感叹。心想：可叹啊，功利确实是一切祸乱的根源。孔夫子之所以极少说到功利，是为了时刻对祸乱的根源加以防范。因此，他老先生说："一味根据自己的利益行事，会招致多方面的怨恨。"从天子到普通百姓，追求功利所带来的恶果，有什么不同呢！

孟轲，驺人也。[1]受业子思之门人。[2]道既通，[3]游事齐宣王，[4]宣王不能用。适梁，[5]梁惠王不果所言，[6]则见以为迂远而阔于事情。[7]当是之时，秦用商君，[8]富国强兵；楚、魏用吴起，[9]战胜弱敌；[10]齐威王、宣王用孙子、田忌之徒，[11]而诸侯东面朝齐。[12]天下方务于合从连衡，[13]以攻伐为贤，而孟轲乃述唐、虞、三代之德，[14]是以所如者不合。[15]退而与万章之徒序《诗》、《书》，[16]述仲尼之意，[17]作《孟子》七篇。其后有驺子之属。[18]

【注释】[1]"驺"，音zōu，同"邹"。古小国名，国都在今山东邹县东南。战国时被楚国所灭。[2]"子思"，孔丘之孙，名伋，约生于公元前四八三年，卒于公元前四〇二年。著有《子思》二十三篇。[3]"道既通"，通晓了儒家的学术思想。[4]"游事"，游说服侍。"齐宣王"，名田辟疆，齐威王之子。约公元前三一九——公元前三〇一年在位。[5]"适"，至。[6]"不果"，不相信。[7]"见以为"，被认为。"迂远"，迂曲难行。"阔"，疏阔，不切实际。[8]"商君"，即公孙鞅，卫国人。因封于商（今陕西商县东南），故号商君，也称商鞅。他辅佐秦孝公，实行变法，推行富国强兵之术，使秦国逐渐强大。著有《商君书》。详见本书《商君列传》。[9]"吴起"，战国时军事家，卫国左氏（今山东曹县北）人。初任鲁将、魏将，屡建战功，后奔楚，辅佐楚悼王变法，力主强兵，使楚国逐渐富强。详见本书《孙子吴起列传》。[10]"战胜弱敌"，战胜敌军，削弱敌国。[11]"齐威王"，名因齐，一作婴齐。公元前三五六年——三二〇年在位。任用田忌、孙膑，改革政治，国力渐强。大败魏军，迫魏互尊为王。"孙子"，此指孙膑，战国时军事家，齐国阿（今山东阳谷东北）人，著名军事家孙武的后代。因被庞涓嫉妒，被处以膑刑，因称孙膑。后任齐威王军师,用计大败魏军于桂陵、马陵,擒获庞涓。孙膑的著作久已失传,七十年代在山东银雀山发现大批秦代竹简,内有孙子兵书,定名为《孙膑兵法》。"田忌",一作田期、田期思,战国初期齐将,曾与孙膑率兵大败魏军。后被忌害,出奔楚。〔12〕"东面朝齐",东来朝拜齐国。〔13〕"方",正在。"务",致力于。"合从",六国联合抗秦的统一战线。"从",音 zòng。"连衡",即连横,秦国针对合纵采取的联合甲乙进攻丙最后各个击破的策略。〔14〕"唐",即陶唐氏,传说中的远古部落名,居于平阳(今山西临汾西南),尧为部落领袖。"虞",即有虞氏,传说中远古部落名,居于蒲坂(今山西永济西蒲州镇),舜为部落领袖。"三代",指夏、商、周三代。"德",指德政。〔15〕"是以",所以。"如",至。〔16〕"万章",孟子的学生。《孟子》一书中,有孟子与万章论学问答,见《孟子·万章篇》。序,论列、阐述。"《诗》、《书》",即《诗经》、《尚书》,为儒家基本经典。〔17〕"仲尼",孔丘字仲尼。孔丘,生于公元前五五一年,卒于公元前四七九年,鲁国陬邑(今山东曲阜市东南)人。儒家学派的创始人。详见本书《孔子世家》。〔18〕"驺",同"邹",姓氏。"属",辈。

【译文】孟轲,邹国人,跟孔伋的学生求学。在通晓了儒家学说以后,去游说服事齐宣王,宣王没有任用他。他前往魏国,魏惠王不信他那一套,认为他的话迂远玄远,空疏而不切实际。在当时,秦国任用商鞅,国富兵强;楚国、魏国任用吴起,战胜敌军,削弱了敌国;齐威王、齐宣王任用孙膑、田忌等人,致使各诸侯国都东来朝见齐王。天下各国正致力于合纵连横,以争战为贤能,但孟轲却称述唐尧、虞舜和夏商周三代的德政,因此他所到之国,都合不来。于是退身,与万章等人编订《诗经》和《书经》,阐述孔子的学说,撰述《孟子》七篇。他以后又有邹先生等学者。

齐有三驺子。其前驺忌,〔1〕以鼓琴干威王,〔2〕因及国政,封为成侯而受相印,先孟子。〔3〕

【注释】〔1〕"驺忌",即邹忌,战国时人,以弹琴游说齐威王,被任为相国,封于下邳(今江苏邳州市西南),称成侯。劝齐威王鼓励吏民进谏,主张修订法律,监督官吏,选贤任能,坚守四境,因而齐渐强。〔2〕"干",谒见。〔3〕"先孟子",先于孟子。

【译文】齐国有三位邹先生。在先的是邹忌,他借弹琴之机游说齐威王,因而得以参预国政,被封为成侯,执掌丞相大印。他生活的年代先于孟子。

其次驺衍,〔1〕后孟子。驺衍睹有国者益淫侈,〔2〕不能尚德,〔3〕若大雅整之于身,〔4〕施及黎庶矣。〔5〕乃深观阴阳消息而作怪迂之变,〔6〕《终始》、《大圣》之篇十余万言。其语闳大不经,〔7〕必先验小物,推而大之,至于无垠。〔8〕先序今以上至黄帝,〔9〕学者所共术,〔10〕大并世盛衰,〔11〕因载其机祥度制,〔12〕推而远之,至天地未生,窈冥不可考而原也。〔13〕先列中国名山大川,通谷禽兽,〔14〕水土所殖,〔15〕物类所珍,〔16〕因而推之,及海外人之所不能睹。称引天地剖判以来,〔17〕五德转移,〔18〕治各有宜,〔19〕而符应若兹。〔20〕以为儒者所谓中国者,于天下乃八十一分居其一分耳。中国名曰赤县神州。赤县神州内自有九州,禹之序九州是也,〔21〕不得为州数。中国外如赤县神州者九,乃所谓九州也。于是有裨海环之,〔22〕人民禽兽莫能相通者,如一区中者,乃为一州。如此者九,乃有大瀛海环其外,〔23〕天地之际焉。〔24〕其术皆此类也。〔25〕然要其归,〔26〕必止乎仁义节俭,〔27〕君臣上下六亲之施,〔28〕始也滥耳。〔29〕王公大人初见其术,惧然顾化,〔30〕其后不能行之。

【注释】〔1〕"驺衍",即邹衍,齐国临淄人,战国时阴阳家的代表人物。他创立"五德终始"说,用五德与五行附会时代的变迁和王朝的更替。著有《邹子》和《邹子终始》,已佚。〔2〕"有国者",指握有政权的国君。〔3〕"不能尚德",不崇尚德政。〔4〕"若",如果。"大雅",高尚的才德。"整之于身",用来治理身心。〔5〕"施",推行。"黎庶",黎民百姓。〔6〕"阴阳",中国古代哲学的一对范畴。古代阴阳学说以为,凡天地、日月、昼夜、男女,以至腑脏气血,分属阴阳,彼此消长,来解释物质世界的运动。阴阳家又将这一认识附会到对社会的认识上,以为阴阳变化与社会人事变化互相感应。"怪迂",荒诞迂曲。〔7〕"闳大不经",荒远疏阔,不合常情。〔8〕"无垠",无边无际。〔9〕"黄帝",传说为中原各族的共同祖先，姬姓，号轩辕氏。相传炎帝扰乱各部落，他得到各部的拥戴，在阪泉(今河北涿鹿东南)打败炎帝。后蚩尤扰乱，他又率各部落在涿鹿击杀蚩尤。从此成为各部落联盟领袖。传说他有很多创造发明，如养蚕、舟车、文字、音律、算数、医学等。〔10〕"术"，通"述"，称道。〔11〕"大"，大体。"并世盛衰"，随世事而盛衰。〔12〕"机祥"，祈鬼神显示吉凶之兆。"度制"，制度、法度。〔13〕"窈冥"，神秘玄远。"原"，用作动词，溯源。〔14〕"通谷"，深谷。〔15〕"水土所殖"，水陆所繁殖的物类。〔16〕"物类所珍"，物类中之珍品。〔17〕"剖判"，分离，开辟。传说认为，宇宙之初是一团混沌，后来天地分开，产生人类世界。〔18〕"五德"，阴阳家以金、木、水、火、土五种物质相生相克的理论，附会到王朝更替，政权转移上来，彼此相生相克，周而复始。〔19〕"治各有宜"，各有一套相适宜的政治制度。〔20〕"符应"，阴阳家认为，自然界出现某种征兆，或吉或凶，必然人世社会也出现某种变化，与之相应，即天人感应。"若兹"，就像这样。〔21〕"禹"，传说中古代部落联盟领袖，姒姓，也称大禹、夏禹。原为夏后氏部落领袖，奉舜命治理洪水，开垦田地。因治水有功，继舜为部落联盟领袖。详见本书《夏本纪》。"序"，划分。"九州"，九个行政区，计有：冀州、兖州、青州、徐州、扬州、荆州、豫州、梁州、雍州。〔22〕"裨海"，小海。〔23〕"瀛海"，大海。〔24〕"际"，边际。〔25〕"其术皆此类"，他的学说就是这样。〔26〕"要"，音 yāo，总括。"归"，指归，落脚点。〔27〕"止"，落实。"仁义"，仁是儒家学说的核心，指人与人之间的互敬互爱的最高道德标准。义是符合正义的标准。〔28〕"六亲"，古代说法不一，一般指父母、兄弟、妻子。〔29〕"滥"，空泛。〔30〕"惧然"，惊惧。"顾化"，予以重视，打算推行。

【译文】其次是邹衍，后于孟子。邹衍看到各国君主更加骄奢淫侈，不崇尚德政。他认为，如果能用崇高的德行修行自身，就能推行到老百姓中间去。于是他深入观察天地万物的阴阳变化，探究各种怪诞迂曲的变幻，作《终始》《大圣》等篇，约十余万字。他的话海阔天空，不合常理。他坚持先从细微的事物验证起，然后推而广之，以至于无边无际。他首先从现在叙述起，直至远古的黄帝，是学者共同称述的，大体随世事而盛衰，因而记载下那些祈神求福、就吉避凶的各种制度，并推而远之，直至天地尚未形成之时，飘渺玄远而不可考究其始。他首先列述中国的名山大川，深山大谷中的禽兽，水陆

繁殖的生物，各种物类中的珍品，以此类推，论及海外异域人们所看不到的东西。据称天地分剖以来，五种德行相生相克，循环往复，每个时代都应采取与五德相应的政治制度，天命和人事互相感应就是这样。他以为儒者所说的中国，仅占天下的八十一分之一罢了。中国称为赤县神州。赤县神州内又有九州，就是大禹所分定的九州，但这种州不能列入大州之数。中国以外像赤县神州的州有九个，这才是所谓九州。在这块土地上，有小海四周环绕，人们和禽兽与外界不相通，像在一区之内，这就是一州。像这样的州有九个，九州之外有大海环绕，就是天地的边际。他的学说就是这样。但总括他的学说宗旨，一定归结到仁义节俭上来。这种学说用在君臣、上下、六亲关系上，就显得空泛了。那些王公大人最初接触他的学说，感到惊奇，并想身体力行，但过后却不能实行。

是以骓子重于齐。适梁，惠王郊迎，〔1〕执宾主之礼。〔2〕适赵，平原君侧行撤席。〔3〕如燕，昭王拥彗先驱，〔4〕请列弟子之座而受业，筑碣石宫，〔5〕身亲往师之。〔6〕作《主运》。其游诸侯见尊礼如此，〔7〕岂与仲尼菜色陈蔡，〔8〕孟轲困于齐梁同乎哉！〔9〕故武王以仁义伐纣而王，〔10〕伯夷饿不食周粟；〔11〕卫灵公问陈，〔12〕而孔子不答；梁惠王谋欲攻赵，孟轲称大王去邠〔13〕。此岂有意阿世俗苟合而已哉！〔14〕持方枘欲内圜凿，〔15〕其能入乎？或曰，〔16〕伊尹负鼎而勉汤以王，〔17〕百里奚饭牛车下而缪公用霸，〔18〕作先合，〔19〕然后引之大道。〔20〕驺衍其言虽不轨，〔21〕傥亦有牛鼎之意乎？〔22〕

【注释】〔1〕"郊迎"，到郊外迎接。在古代，君主出郊相迎，是接待贵宾的隆重礼节。〔2〕"执宾主之礼"，行主客之礼。君主对臣下行宾主礼，而不行君臣之礼，表示君主礼贤。〔3〕"平原君"，名赵胜，赵国贵族，赵惠文王之弟，封于东武城(今山东武城西北)，号平原君。任赵国丞相，有食客数千人。详见本书《平原君列传》。"侧行"，侧身而行，表示谦恭。"撤席"，为客人拂拭座席。〔4〕"昭王"，燕昭王，名姬职。公元前三一一年——公元前二七九年在位。在位期间，改革政治，广括人才，曾联合五国攻齐，占领齐国七十余城。是燕国最强盛时期。"拥彗先驱"，手持扫帚在前为客人清扫道

路。〔5〕"碣石宫",旧址在今北京市西郊。〔6〕"师之",拜其为师。〔7〕"见尊礼",被尊重礼敬。〔8〕"仲尼菜色陈蔡",孔丘曾周游列国,到处向国君游说,在陈国、蔡国,他的主张不被国君采纳,反遭陈、蔡大臣的围困。孔丘忍饥挨饿,脸色像干菜叶那样憔悴。〔9〕"孟轲困于齐梁",指上文所说孟子在齐、魏不得行其志,退而与万章之徒序《诗》、《书》的境遇。〔10〕"武王",即周武王姬发。继承其父文王的遗志,率兵讨伐昏庸暴虐的商纣王,灭商,建立了西周王朝。详见本书《周本纪》。"王",音 wàng,动词,成就王业。〔11〕"伯夷不食周粟",伯夷是商末孤竹君长子,孤竹君以次子叔齐为继承人,孤竹君死后,叔齐让位,他不受,后两人都投奔周,反对周武王讨伐商纣王。武王灭商,他们逃往首阳山,不食周粟而死。〔12〕"卫灵公问陈","卫灵公",名姬元,公元前五三四年——公元前四九二年在位。"陈",同"阵",军阵,即军事。《论语·卫灵公》:"卫灵公问陈于孔子,孔子对曰:'俎豆之事,则尝闻之也;军旅之事,未之学也。'"孔子避而不答。〔13〕"梁惠王谋欲攻赵,孟轲称大王去邠"。据《孟子·梁惠王下》:"滕文公问曰:'滕,小国也;竭力以事大国,则不得免焉,如之何则可?'孟子对曰:'昔者大王居邠,狄人侵之……去邠,逾梁山,邑于岐山之下居焉。'"则是孟子回答滕文公的问话,与"梁惠王谋欲攻赵"无涉。〔14〕"阿世俗",迎合世俗。〔15〕"枘",音 ruì,木楔。"圜",即"圆"。"内",音 nà,即"纳",楔入。"凿",榫眼。〔16〕"或",有人。〔17〕"伊尹",商初大臣。传说是奴隶出身,原为有莘氏女的陪嫁之臣,汤任以国政。他帮助汤灭夏桀。历佐二王,后太甲继位,不理国政,被伊尹放逐。太甲悔过,伊尹把他接回复位。"负鼎",背着食鼎。传说伊尹无由晋见汤王,于是他身背鼎俎,借烹调食品之机,劝说汤王实行王道。〔18〕"百里奚",春秋时秦国大夫,原为虞国大夫,虞亡时被晋国俘去,作为陪嫁之臣送入秦国。后出走入楚,被秦穆公以五张羊皮赎回,因称五羖大夫。他与蹇叔、由余等共同帮助秦穆公成就霸业。"饭牛",饲养牲口。"缪公",即秦穆公,其在位时,致力于富国强兵,成为春秋五霸之一。"用霸",因而成就霸业。〔19〕"作先合",先事迎合。〔20〕"大道",先王之道。〔21〕"不轨",不合常规。〔22〕"傥",通"倘",倘或、或者。"牛鼎",即上文伊尹负鼎、百里奚饭牛的合称。

【译文】因此邹衍在齐国受到重视。前往魏国,魏惠王亲自到郊外迎接,并用贵宾之礼来接待

他。前往赵国,平原君侧身而行,并为他擦拭座席。来到燕国,燕昭王手持扫帚在前为他清路,并请求坐在学生中间,向他求教,为他修筑碣石宫,亲自前往请教。这时他撰写了《主运》篇。他游说诸国,是如此被尊敬,难道能和孔子在陈国、蔡国忍饥挨饿,孟子在齐国、梁国受困厄同日而语吗!所以周武王以推行仁义讨伐商纣而成就王业,伯夷饿死不吃周朝的粮食;卫灵公向孔子请教军事,孔子避而不答;魏惠王谋图进攻赵国,孟子以周太王避敌离邠来作答。这些难道有奉迎世俗、苟且求合之意吗!拿方榫对着圆孔,能放进去吗?有人说,伊尹凭他的烹饪术接近商汤,鼓励他成就王业;百里奚在秦国车下喂牛,秦穆公任用他成就了霸业,先事迎合,然后引导对方实行王道。邹衍的言论虽然越出常轨,或许也有百里奚饭牛、伊尹烹饪的用意吧!

　　自驺衍与齐之稷下先生,〔1〕如淳于髡、慎到、环渊、接子、田骈、驺奭之徒,〔2〕各著书言治乱之事,以干世主,〔3〕岂可胜道哉!

【注释】〔1〕"稷下",地名,即齐国都城临淄(今山东淄博市东北)稷门一带地方,是战国时各学派荟萃的中心。齐宣王继其祖桓公、父威王,曾在这里广置学宫,招揽文学游说之士数千人,任其讲学论辩。对当时的学术繁荣起了很大作用。〔2〕"淳于髡",音 kūn,战国时齐国学者,以博学著称,齐威王任其为大夫。他多次讽谏威王和邹忌改革内政。楚攻齐,他赴赵国求援,楚军因而撤退。"慎到",赵国人,法家。其学说主张循自然而立法,行法赖于统治者的威势,有威势才能令行禁止,达于至治。其重势之说,为韩非所吸收继承。著有《慎子》四十二篇,已佚。"环渊",又名蜎渊,楚国人,道家。著有《蜎子》十三篇,已佚。"接子",齐国人,道家。著有《接子》二篇,已佚。"田骈",齐国人,道家。著有《田子》二十五篇,已佚。"驺奭",齐国人,阴阳家。著有《驺奭子》十二篇,已佚。"奭",音 shì。〔3〕"世主",当世之君主。

【译文】从邹衍以至齐国稷下学宫的诸位学者,像淳于髡、慎到、环渊、接子、田骈、邹奭等人,各自著书立说,探求治乱的原因,以此游说当世的国君,这些怎能记述得尽!

　　淳于髡,齐人也。博闻强记,〔1〕学无所主。〔2〕其谏说,〔3〕慕晏婴之为人也,〔4〕然而

承意观色为务。[5]客有见髡于梁惠王,[6]惠王屏左右,[7]独坐而再见之,终无言也。惠王怪之,以让客曰:[8]"子之称淳于先生,管、晏不及,[9]及见寡人,[10]寡人未有得也。岂寡人不足为言邪?何故哉?"客以谓髡。髡曰:"固也。[11]吾前见王,王志在驱逐,[12]后复见王,王志在音声,[13]吾是以默然。"客具以报王,王大骇,曰:"嗟乎,淳于先生诚圣人也!前淳于先生之来,人有献善马者,寡人未及视,会先生至。[14]后先生之来,人有献讴者,[15]未及试,亦会先生来。寡人虽屏人,然私心在彼,有之。"后淳于髡见,壹语连三日三夜无倦。[16]惠王欲以卿相位待之,髡因谢去。于是送以安车驾驷,[17]束帛加璧,[18]黄金百镒。[19]终身不仕。

【注释】[1]"强记",记忆力强。 [2]"学无所主",言其学问广收博采,不主一家。 [3]"谏说",讽谏劝说。 [4]"慕",仰慕。"晏婴",字平仲,春秋时齐国大臣,夷维(今山东高密)人。他继其父晏弱为齐卿,历仕灵公、庄公、景公三朝。他曾预言齐国政权将为田氏取代。今传《晏子春秋》,是战国时人搜集编辑而成。 [5]"承意观色",迎合对方的意向、看着对方的脸色行事。"务",致力。 [6]"见",引见。 [7]"屏",音 bǐng,斥退。 [8]"让",责备。 [9]"称",称道。"管",即管仲,名夷吾,字仲,颍上人,齐桓公时大臣。他助齐桓公实行改革,使齐国走上富强。又提出"尊王攘夷"的口号,使齐国成为春秋时第一个霸主。今传《管子》一书,系后人伪托。"晏",指晏婴。均详见本书《管晏列传》。 [10]"寡人",犹言寡德之人。古代王侯或士大夫自谦之词。 [11]"固也",本应如此。 [12]"驱逐",骑乘游猎。 [13]"音声",指音乐女伎。 [14]"会",适逢。 [15]"讴",歌唱。 [16]"壹语",犹一语,一谈起来。 [17]"安车",古时可以坐乘的小车。"驾驷",一车驾四马。 [18]"束帛",帛五匹为束。"加璧",厚重的玉璧。 [19]"镒",音 yì,古时重量单位,一镒二十两。一说二十四两。

【译文】淳于髡,是齐国人,他见闻广博,记忆力强,学术上不专主一家。他对君主的讽谏劝说,很仰慕晏婴的为人行事,但他把注意力集中在对君主的察颜观色、揣度对方的想法上。有个客人把淳于髡引见给魏惠王,惠王斥退左右侍奉的人,独自一人两次召见他,但他始终没说一句话。惠王感到奇怪,以此责备引见的客人,说道:"您称许淳于髡先生,说是管仲、晏婴都比不上他,可是见到我,我什么也没有得到。难道说我不配和他谈话吗?是什么原因?"客人转告淳于髡。淳于髡说道:"本来就应如此。我前次见到君王,王的心思在车马游猎上;后来再见君王,王的心里在声色女伎上,我因此默然以对。"客人把淳于髡的话原原本本告诉惠王,惠王听了大为惊骇,说道:"哎呀,淳于先生真是圣人哪!前次淳于先生来见我,有人给我进献了一匹好马,我还没来得及过目,恰逢先生来到。后一次先生来见我,有人给我进献歌舞伎,没来得及面试,恰逢淳于先生来到。我虽然斥退左右服侍的人,但内心在想马和歌舞伎,确实是这么回事。"后来淳于髡晋见,一谈起来连着三天三夜毫无倦意。魏惠王想任用他为卿相,淳于髡谢绝而离开魏国。于是魏惠王赠送给他四马驾的轿车,成捆的丝织品,厚重的玉璧,黄金一百镒。淳于髡终身没出来做官。

慎到,赵人。田骈、接子,齐人。环渊,楚人。皆学黄老道德之术,[1]因发明序其指意。[2]故慎到著十二论,环渊著上下篇,而田骈、接子皆有所论焉。

【注释】[1]"黄老道德之术",道家学说。道家以黄帝、老子为始祖,故称黄老。 [2]"序",阐述。"指意",即旨意,学术思想。

【译文】慎到是赵国人。田骈、接子是齐国人。环渊是楚国人。他们都研究黄老道家学说,从而发挥阐述道家学说的旨意。因此慎到撰著十二论,环渊撰著上下篇,田骈、接子也都有所著述。

驺奭者,齐诸驺子,[1]亦颇采驺衍之术以纪文。[2]

【注释】[1]"诸驺子",意为驺奭为诸驺姓学者之一。 [2]"纪文",著述为文。

【译文】驺奭其人,是齐国众驺先生中之一,他也采纳吸收驺衍的学说撰述文章。

于是齐王嘉之,[1]自如淳于髡以下,[2]

皆命曰列大夫,〔3〕为开第康庄之衢,〔4〕高门大屋,尊宠之。览天下诸侯宾客,〔5〕言齐能致天下贤士也。〔6〕

【注释】〔1〕"嘉",称许,奖励。〔2〕"自如",自从。〔3〕"列大夫",众大夫。〔4〕"开第",修建宅第。"康庄之衢",宽阔平坦四通八达的大路。〔5〕"览",通"揽",招揽。〔6〕"致",招致。

【译文】于是齐王嘉许诸位学者,从淳于髡以下诸人,都任命为列大夫,为他们在四通八达的街市旁修建宅第,高门大屋,以此来尊宠他们,也以此向各国的宾客显示,表示齐国能招致天下的贤能之士。

荀卿,〔1〕赵人。年五十始来游学于齐。驺衍之术迂大而闳辩;奭也文具难施;〔2〕淳于髡久与处,时有得善言。故齐人颂曰:"谈天衍,雕龙奭,炙毂过髡。"〔3〕田骈之属皆已死。齐襄王时,〔4〕而荀卿最为老师。齐尚修列大夫之缺,〔5〕而荀卿三为祭酒焉。〔6〕齐人或谗荀卿,〔7〕荀卿乃适楚,而春申君以为兰陵令。〔8〕春申君死而荀卿废,因家兰陵。李斯尝为弟子,〔9〕已而相秦。〔10〕荀卿嫉浊世之政,〔11〕亡国乱君相属,〔12〕不遂大道而营于巫祝,〔13〕信祈祥,鄙儒小拘,〔14〕如庄周等又猾稽乱俗,〔15〕于是推儒、墨、道德之行事兴坏,〔16〕序列著数万言而卒。〔17〕因葬兰陵。

【注释】〔1〕"荀卿",名荀况,当时人尊称为荀卿。他批判和总结了先秦诸子的学术思想,对古代唯物主义思想有所发展,他提出"制天命而用之"的人定胜天的思想。韩非、李斯都是他的学生。著有《荀子》一书。 〔2〕"文具",犹具文,没有实际内容的空文。 〔3〕"雕龙",修饰文字。"炙毂过",此盖当时俗语,难以索解。旧注谓:"过"为盛车油的器皿,通"锅";"炙毂",用油润泽车轴。意为油虽尽犹有余泽,以喻淳于髡智慧不尽。供参考。 〔4〕"齐襄王",名法章,公元前二八三年——公元前二六五年在位。 〔5〕"修",修治,补充。 〔6〕"祭酒",古代宴会,长者学富洒酒祭神,故称年长位尊者为祭酒。汉代学官之长为博士祭酒,后世国子监之长为国子祭酒。 〔7〕"谗",诋毁。 〔8〕"春申君",名

黄歇,楚国贵族,战国四公子之一。曾任楚国令尹,封于吴(今江苏苏州),号春申君。曾派兵救赵攻秦,后又灭鲁。"兰陵",战国楚置县,治所在今山东苍山县西南兰陵镇。 〔9〕"李斯",楚国上蔡(今河南上蔡县西南)人。曾任秦始皇的丞相,助秦始皇实行中央集权,后为赵高所害。 〔10〕"相秦",任秦国丞相。 〔11〕"嫉",憎恨。"浊世",昏暗时代。〔12〕"亡国乱君",国家灭亡,君主遭乱离。"相属",接连不断。 〔13〕"遂",遵从。"营",通"荧",迷乱。"巫祝",祈神弄鬼。 〔14〕"鄙儒",鄙陋的儒生。"小拘",拘泥于细枝末节。 〔15〕"庄周",战国时哲学家、文学家,宋国蒙(今河南商丘东北)人。他继承发展了老子"道法自然"的观点,主张清静无为,幻想"天地与我并生,万物与我为一"的主观精神境界。著有《庄子》一书。"猾稽",能言善辩,言词流畅。 〔16〕"儒",儒家,孔子创始的学派。"墨",墨家,墨翟创始的学派,主张兼爱、非攻、尚贤等。"道德",道家,以老子庄周为代表的学派。〔17〕"序列",论述整理。

【译文】荀卿是赵国人。五十岁时来齐国讲学。邹衍的学说迂曲浮夸,而富于雄辩精神;邹奭的著述徒具空文,难以实施;淳于髡呢,如果和他相处久了,往往能听到一些有益的言论。因此齐国人颂扬说:"谈天说地数邹衍,锦绣文章数邹奭,智慧过人数淳于髡。"当时田骈等人都已去世。齐襄王时,荀卿是当时资格最老的师长。齐国正在补充列大夫的缺额,荀卿曾三次任学术领袖。齐国人有的诋毁荀卿,荀卿于是前往楚国,春申君任他为兰陵县令。春申君死后,荀卿被废黜,就在兰陵安家。李斯曾是荀卿的学生,后来在秦国当了丞相。荀卿嫉恨昏乱世道的政治,国家被灭亡,君主遭乱离,接连不断,不遵循王政大道,而被神鬼所迷惑,迷信吉凶之兆。鄙陋的儒生拘泥于细枝末节,如庄周等人以其能言善辩淆乱世俗,于是他考察儒家、墨家、道家的所作所为及成败得失,加以整理论述,著作数万言而去世。因而葬在兰陵。

而赵亦有公孙龙为坚白同异之辩,〔1〕剧子之言;〔2〕魏有李悝,〔3〕尽地力之教;〔4〕楚有尸子、长卢;〔5〕阿之吁子焉。〔6〕自如孟子至于吁子,世多有其书,故不论其传云。〔7〕

【注释】〔1〕"公孙龙",名家的代表人物。坚

白同异之辩,指名家关于"坚白"、"同异"两个范畴的争辩。公孙龙派认为白石的坚硬、白色两种属性可以脱离石头这个实体而单独存在。惠施学派提出了"合同异"的论点,认为一切事物的差别、对立是相对的,并用"天与地卑,山与泽平",来论证。公孙龙派夸大了事物的差别性,否认它的统一性,惠施学派夸大统一性,抹煞差别,都陷入形而上学的诡辩。 〔2〕"剧子",著有《剧子》九篇,已佚。〔3〕"李悝",战国时法家。曾任魏文侯相,主持变法,使魏国成为战国初期的强国。他汇集当时各国的法律,编成《法经》,是我国古代第一部比较完整的法典。已佚。"悝",音 kuī。 〔4〕"尽地力之教",李悝引导农民精耕细作,充分利用地力,增加产量。 〔5〕"尸子",名尸佼,著《尸子》二十篇,已佚。"长卢",著有《长卢子》九篇,已佚。 〔6〕"阿",齐城邑,在今山东省阳谷县东北。"吁子",名吁婴,著有《吁子》十八篇。 〔7〕"传",著述。

【译文】赵国又有公孙龙,挑起"离坚白"、"合同异"的争论,还有剧子的有关言论。魏国有李悝,倡导充分发挥土地的潜力。楚国有尸子、长卢,齐国的阿邑又有吁婴。自从孟子以至于吁婴,世间广泛流传他们的著作,所以这里不论及他们的学说内容。

盖墨翟,〔1〕宋之大夫,〔2〕善守御,为节用。〔3〕或曰并孔子时,或曰在其后。

【注释】〔1〕"盖",发语词,无义。"墨翟",宋国人,墨家学派的创始人。主张"兼相爱,交相利",为天下"摩顶放踵",讲究艰苦实践。著有《墨子》五十三篇。"翟",音 dí。 〔2〕"宋",古小国,都城在今河南商丘,有今河南、山东、江苏、安徽之一部。后被齐所灭。 〔3〕"善守御,为节用",墨家主张非攻,很讲究防御,提倡节用。"非攻"、"节用"是《墨子》一书的主要篇章。

【译文】墨翟是宋国的大夫,精通防守御敌的战术,提倡节约用度。有人说他和孔子同时,有人说他在孔子之后。

史记卷七十五

孟尝君列传第十五

孟尝君名文，姓田氏。文之父曰靖郭君田婴。田婴者，齐威王少子而齐宣王庶弟也。[1]田婴自威王时任职用事，与成侯邹忌及田忌将而救韩伐魏。[2]成侯与田忌争宠，成侯卖田忌。[3]田忌惧，袭齐之边邑，不胜，亡走。会威王卒，宣王立，知成侯卖田忌，乃复召田忌以为将。宣王二年，田忌与孙膑、田婴俱伐魏，[4]败之马陵，[5]虏魏太子申而杀魏将庞涓。[6]宣王七年，田婴使于韩、魏，韩、魏服于齐。婴与韩昭侯、魏惠王会齐宣王东阿南，[7]盟而去。明年，复与梁惠王会甄。[8]是岁，梁惠王卒。[9]宣王九年，田婴相齐。齐宣王与魏襄王会徐州而相王也。[10]楚威王闻之，[11]怒田婴。明年，楚伐败齐师于徐州，而使人逐田婴。田婴使张丑说楚威王，[12]威王乃止。田婴相齐十一年，宣王卒，湣王即位。[13]即位三年，而封田婴于薛。[14]

【注释】〔1〕"齐威王"，即田因齐，齐桓公田午之子，在位三十七年(公元前三五六年至前三二〇年)。"齐宣王"，即田辟彊，齐威王之子，在位十九年(公元前三一九年至前三〇一年)。"庶"，姬妾所生之子女。 〔2〕"成侯邹忌"，齐国大臣。齐威王时，邹忌以鼓琴见王，得到威王的信任，三月后为相。第二年封在下邳(今江苏睢宁西北)，号曰成侯。"田忌"，齐国有名的将领，曾向威王举荐孙膑，从而在桂陵之战与马陵之战中大败魏军。"救韩伐魏"，清梁玉绳在《史记志疑》中认为："此指齐威王二十六年桂陵之役，是救赵非救韩也。且成侯不与田忌同将，《田完世家》甚明，当是田婴与田忌将而

救赵伐魏耳，此误。"桂陵，在今河南长垣西北。 〔3〕"卖"，诬陷。 〔4〕"孙膑"，齐国人，战国著名军事家，孙武的后代。他曾与庞涓同学兵法，庞涓后为魏惠王将军，嫉妒孙膑的才能，把他骗到魏国，借故处以膑刑(去膝盖骨)。孙膑在齐国使者的帮助下回到齐国，经田忌的举荐，得到齐威王信任，命为军师。他为齐设谋，先后大败魏军于桂陵和马陵，由是显名天下，世传其兵法。详见本书《孙子吴起列传》。一九七二年在山东临沂银雀山汉墓发现了书写在竹简上的《孙膑兵法》。 〔5〕"马陵"，邑名，在今河南范县西南。一说在今河北大名东南。〔6〕"魏太子申"，魏惠王太子。"庞涓"，魏惠王将军，在马陵之战中智穷兵败，自刭而死。 〔7〕"韩昭侯"，即韩武，韩懿侯之子，在位三十年(公元前三六二年至前三三三年)。"魏惠王"，即魏罃，魏武侯之子，在位五十一年(公元前三六九年至前三一九年)。惠王九年，魏都自安邑(今山西夏县西北)迁至大梁(今河南开封市西北)，故魏惠王又称梁惠王。"东阿"，邑名，在今山东东阿西南。 〔8〕"甄"，邑名，在今山东鄄城县北。"甄"，音 juàn。〔9〕"梁惠王卒"，按梁惠王三十六年改元，继续统治魏国十六年。此云"梁惠王卒"，误。下文"徐州相王"事即在梁惠王后元元年，本书记作"魏襄王"，亦误。 〔10〕"魏襄王"，即魏嗣，魏惠王之子，在位二十三年(公元前三一八年至前二九六年)。"徐州"，邑名，在今山东滕县南。"相王"，相互推尊承认王号。 〔11〕"楚威王"，即熊商，楚宣王熊良夫之子，在位十一年(公元前三三九年至前三二九年)。〔12〕"张丑"，战国谋士，曾在齐、魏为臣，据《战国策·齐策一》及本书《楚世家》所记，张丑谓楚威王曰："王所以战胜于徐州者，田盼子不用也……今王逐婴子，婴子逐，盼子必用矣。复搏其士卒以与王遇，必不便于王矣。"楚王因不逐田婴。 〔13〕"湣王"，

即田地(一说名遂),齐宣王之子,在位十七年(公元前三〇〇年至前二八四年)。〔14〕"薛",邑名,在今山东滕县南。《索隐》称《纪年》以为梁惠王后元十三年四月,齐威王封田婴于薛。十月,齐城薛。十四年,薛子婴来朝。十五年,齐威王薨",则田婴封薛,不当在湣王三年。按《史记》所载战国各国国君的世次年数有很多错误,战国史事的系年也常常有混乱不清的地方,如马陵之战在齐威王时而《史记》误属齐宣王;"徐州相王"为齐威王与梁惠王,而《史记》误属齐宣王与魏襄王;等等。近人作过不少考订,今不再在注释中一一说明。

【译文】孟尝君名文,姓田。他的父亲为靖郭君田婴。田婴是齐威王的小儿子,齐宣王的庶弟。田婴从威王时就已任职当权,曾和成侯邹忌及田忌领兵救韩伐魏。成侯和田忌争着想得到威王的宠信,成侯诬陷田忌。田忌害怕了,袭击齐的边境城邑,打不赢,逃亡在外。恰逢威王去世,宣王即位,了解到成侯诬陷田忌,便又召回田忌为将。宣王二年,田忌和孙膑、田婴一起讨伐魏,在马陵大败魏军,俘虏魏太子申,杀了魏将庞涓。宣王七年,田婴出使韩、魏,韩、魏都顺服于齐国。田婴与韩昭侯、魏惠王和齐宣王在东阿南面相会,结盟之后离去。第二年,又与梁惠王在甄相会。就在这一年,梁惠王去世了。宣王九年,田婴任齐相。齐宣王与魏襄王相会于徐州,相互推尊为王。楚威王听到这消息,对田婴很生气。第二年,楚在徐州击败齐军,派人让齐国驱逐田婴。田婴派张丑去游说楚威王,威王这才罢休。田婴任齐相十一年,宣王去世,湣王即位。即位的第三年,封田婴于薛。

初,田婴有子四十余人,其贱妾有子名文,文以五月五日生。婴告其母曰:"勿举也。"〔1〕其母窃举生之。〔2〕及长,其母因兄弟而见其子文于田婴。田婴怒其母曰:"吾令若去此子,〔3〕而敢生之,何也?"文顿首,〔4〕因曰:"君所以不举五月子者,何故?"婴曰:"五月子者,长与户齐,将不利其父母。"文曰:"人生受命于天乎? 将受命于户邪?"婴默然。文曰:"必受命于天,君何忧焉。必受命于户,则可高其户耳,谁能至者!"婴曰:"子休矣。"

【注释】〔1〕"举",养育成人。〔2〕"窃",私

下。"生",抚育。 〔3〕"若",你。 〔4〕"顿首",头叩地而拜。

【译文】当初,田婴有儿子四十余人,他的贱妾有个儿子名文,田文是在五月五日出生的。田婴对田文的母亲说:"不要养大这孩子。"田文的母亲却偷偷把田文抚养大了。孩子长大后,他母亲乘他的兄弟晋见田婴的机会,让她的儿子田文出现在田婴面前。田婴对田文的母亲很生气,说道:"我让你抛弃这孩子,而你竟敢抚养他,这是为什么?"田文向父亲叩头,乘机问道:"您不养育五月里生的孩子,是什么原因呢?"田婴说:"五月里生的孩子,长到和门户一样高的时候,将对他的父母不利。"田文说:"人的命运是受之于天呢? 还是受之于门户呢?"田婴默然无言。田文接着说道:"如果受命于天,那您忧虑什么! 如果受命于门户,那您可以把门户增高,谁能长到那么高!"田婴说:"你不要再说下去了。"

久之,文承间问其父婴曰:〔1〕"子之子为何?"曰:"为孙。""孙之孙为何?"曰:"为玄孙。""玄孙之孙为何?"曰:"不能知也。"文曰:"君用事相齐,至今三王矣,齐不加广而君私家富累万金,门下不见一贤者。文闻将门必有将,相门必有相。今君后宫蹈绮縠而士不得裋褐,〔2〕仆妾余粱肉而士不厌糟糠。〔3〕今君又尚厚积余藏,〔4〕欲以遗所不知何人,而忘公家之事日损,文窃怪之。"于是婴乃礼文,使主家待宾客。宾客日进,名声闻于诸侯。诸侯皆使人请薛公田婴以文为太子,〔5〕婴许之。婴卒,谥为靖郭君。〔6〕而文果代立于薛,是为孟尝君。

【注释】〔1〕"承间",趁机会。"间",音 jiàn,空隙。 〔2〕"后宫",宫中姬妾所居之处,在宫院的后半部。此用为姬妾的代称。"蹈",踩。衣服长大,故可踩及。"绮",音 qǐ,素地织纹起花的丝织品。"縠",音 hú,绉纱一类轻薄精美的丝织品。"裋",音 shù,僮仆所穿 的粗陋衣服。"褐",音 hè,粗毛或粗蔴织成的短衣,贫贱者所服。 〔3〕"粱肉",泛指美食佳肴。"粱"为古代粟类的优良品种。"厌",通"餍",饱。"糟糠",酒渣糠皮,泛指粗劣的食物。〔4〕"尚",喜爱,追求。 〔5〕"太子",先秦时天子、诸侯或封君预定嗣位之子皆可称太子。 〔6〕

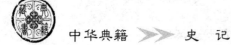

"谥",音 shì，帝王、贵族、大臣等死后，依其生前事迹给予称号。

【译文】隔了好久之后，田文利用某个机会问他父亲田婴道："儿子的儿子是什么？"回答说："是孙子。""孙子的孙子是什么？""是玄孙。""玄孙的孙子是什么？"田婴回答说："那就不能知道了。"田文说："您当政为齐相，至今经历了三位君王，齐国的土地未见扩大而您私家的财富积累已达万金，门下却看不到一位贤能的人。我听说，将门必有将，相门必有相。现在您后宫姬妾脚下踩着绮縠，可是士人却穿不上一件粗布衣服；您家的仆妾有吃不完的美味佳肴，可是士人连糟糠都吃不饱。现在您还在热衷于增加积蓄，扩充贮藏，想要传给您所不知道是谁的人，却忘记了公家的事业在一天天地受到损害，我私下对此实在觉得不可理解。"于是田婴对田文大加礼遇，让他主持家事，接待宾客。从此宾客一天天地多起来，田文的名声传扬到了诸侯中间。诸侯都派人来请薛公田婴立田文为太子，田婴答应了。田婴去世，谥为靖郭君，而田文果真在薛代立，他就是孟尝君。

孟尝君在薛，招致诸侯宾客及亡人有罪者，[1]皆归孟尝君。孟尝君舍业厚遇之，[2]以故倾天下之士。[3]食客数千人，无贵贱一与文等。孟尝君待客坐语，而屏风后常有侍史，[4]主记君所与客语，问亲戚居处。客去，孟尝君已使使存问，[5]献遗其亲戚。[6]孟尝君曾待客夜食，有一人蔽火光。客怒，以饭不等，[7]辍食辞去。孟尝君起，自持其饭比之。客惭，自刭。士以此多归孟尝君。孟尝君客无所择，皆善遇之。人人各自以为孟尝君亲己。

【注释】〔1〕"亡人"，逃亡在外的人。〔2〕"舍业"，为之修筑房舍建立家业。"遇"，接待。〔3〕"倾"，使之尽归于己。〔4〕"屏风"，室内所设用以挡风或隔断视线的用具。"侍史"，担任文书工作的侍从人员。〔5〕"存问"，问候，慰问。〔6〕"献遗"，指奉赠财物。〔7〕"以"，以为。"不等"，不一样。

【译文】秦昭王听说孟尝君贤能，便先派泾阳君到齐国作人质，以便能请孟尝君到秦国相见。孟尝君准备入秦，门下宾客没有一个愿他成行，纷纷劝阻，孟尝君不听。苏代对孟尝君说："今天早晨我从外面来，看见木偶人和土偶人相互在谈话。木偶人说：'天一下雨，你就全毁了。'土偶人说：'我从泥里生，毁了就回到泥里去。如果天下雨，冲着你四处飘流，还不知道流到哪里为止呢。'当今秦国，是个像虎狼般凶恶的国家，而您却想到那里去，万一不能回来，您岂不是要被土偶人所讥笑吗？"孟尝君这才打消了入秦的念头。

秦昭王闻其贤，[1]乃先使泾阳君为质于齐，[2]以求见孟尝君。孟尝君将入秦，宾客莫欲其行，谏，不听。苏代谓曰：[3]"今旦代从外来，见木禺人与土禺人相与语。[4]木禺人曰：'天雨，子将败矣。'[5]土禺人曰：'我生于土，败则归土。今天雨，流子而行，未知所止息也。'今秦，虎狼之国也，而君欲往，如有不得还，[6]君得无为土禺人所笑乎？"孟尝君乃止。

【注释】〔1〕"秦昭王"，即嬴稷（一作"则"），秦武王异母弟，在位五十六年（公元前三〇六年至前二五一年）。〔2〕"泾阳君"，即公子市，秦昭王同母弟，封于泾阳（今陕西泾阳西北），故称。"质"，留作保证的人，人质。〔3〕"苏代"，洛阳（今河南洛阳市东）人，苏秦之弟。按《战国策·齐策三》，设喻劝阻孟尝君入秦者乃苏秦。〔4〕"木禺人"，木制的偶人。"禺"，音 ǒu，通"偶"。〔5〕"败"，毁坏。〔6〕"如有"，如或，如果。

【译文】秦昭王听说孟尝君贤能，便先派泾阳君到齐国作人质，以便能请孟尝君到秦国相见。孟尝君准备入秦，门下宾客没有一个愿他成行，纷纷劝阻，孟尝君不听。苏代对孟尝君说："今天早晨我从外面来，看见木偶人和土偶人相互在谈话。木偶人说：'天一下雨，你就全毁了。'土偶人说：'我从泥里生，毁了就回到泥里去。如果天下雨，冲着你四处飘流，还不知道流到哪里为止呢。'当今秦国，是个像虎狼般凶恶的国家，而您却想到那里去，万一不能回来，您岂不是要被土偶人所讥笑吗？"孟尝君这才打消了入秦的念头。

齐湣王二十五年，复卒使孟尝君入秦，昭王即以孟尝君为秦相。人或说秦昭王曰：

"孟尝君贤,而又齐族也,今相秦,必先齐而后秦,秦其危矣。"于是秦昭王乃止。囚孟尝君,谋欲杀之。孟尝君使人抵昭王幸姬求解。[1]幸姬曰:"妾愿得君狐白裘。"[2]此时孟尝君有一狐白裘,直千金,[3]天下无双,入秦献之昭王,更无他裘。孟尝君患之,遍问客,莫能对。最下坐有能为狗盗者,曰:"臣能得狐白裘。"乃夜为狗,以入秦宫臧中,[4]取所献狐白裘至,以献秦王幸姬。幸姬为言昭王,昭王释孟尝君。孟尝君得出,即驰去,更封传,[5]变名姓以出关。夜半至函谷关。[6]秦昭王后悔出孟尝君,求之已去,即使人驰传逐之。[7]孟尝君至关,关法鸡鸣而出客,孟尝君恐追至,客之居下坐者有能为鸡鸣,而鸡齐鸣,遂发传出。[8]出如食顷,[9]秦追果至关,已后孟尝君出,乃还。始孟尝君列此二人于宾客,宾客尽羞之,及孟尝君有秦难,卒此二人拔之。[10]自是之后,客皆服。

【注释】〔1〕"抵",拜访。"幸姬",受宠爱的侍妾。〔2〕"狐白裘",以狐腋下之白色皮毛制成的皮服,精美难得。〔3〕"直",通"值",价值。〔4〕"臧",音 zàng,仓库。〔5〕"封传",官府所发的过关及投宿驿站的凭证。"传",音 zhuàn。〔6〕"函谷关",在河南灵宝东北。〔7〕"驰传",驾乘传车急行。传车,古代驿站的专用车辆。"传",音 zhuàn。〔8〕"发传",出示封传。〔9〕"食顷",吃一顿饭的工夫,形容时间很短。〔10〕"拔",解救。

【译文】齐湣王二十五年,最终还是派孟尝君到了秦国,秦昭王立即拜孟尝君为秦相。有人劝说秦昭王道:"孟尝君贤能,又是齐国王族,现在作秦相,必然先考虑齐国的利益而后才想到秦国,秦国恐怕要遭到危险了。"于是秦昭王便免除了孟尝君的相位。他把孟尝君囚禁起来,想要杀害他。孟尝君派人去进见昭王的宠姬求救,宠姬说:"我想得到孟尝君的狐白裘。"其时孟尝君确有一件狐白裘,价值千金,天下无双,只是入秦时已经献给昭王,再没有第二件了。孟尝君十分为难,遍问宾客,无人能有对策。客座最下边有一位能像狗那样进行偷盗的宾客,他说:"我能得到那件狐白裘。"于是在夜晚像狗那样潜入秦宫仓库里,把那件献给昭王的狐白裘取了回来,孟尝君拿去献给秦王宠姬。宠姬在昭王面前为孟尝君说情,昭王便释放了他。孟尝君获释后,立即快马离去,更换封传,改变姓名,以便出关。夜半时分,终于抵达函谷关。秦昭王后悔释放了孟尝君,派人找他,可他已经离开,便立即派人驰传去追。孟尝君到了函谷关,不料关法规定,要鸡鸣之后才放人出关。孟尝君十分担心追兵赶到,这时居于下座的宾客中有一位会学鸡叫,他一学叫,所有的鸡都叫了起来,孟尝君一行人便出示封传顺利出关。出关不到一顿饭工夫,秦国追兵果然赶到关前,但已落在孟尝君出关之后,只好返回。早先孟尝君把会狗盗、鸡鸣的这两个人列为宾客,其他宾客都觉得很不光彩。等到孟尝君经历入秦的患难,最后竟还是靠这两个人才脱离险境,从此之后,宾客们也都服气了。

孟尝君过赵,赵平原君客之。[1]赵人闻孟尝君贤,出观之,皆笑曰:"始以薛公为魁然也,[2]今视之,乃眇小丈夫耳。"[3]孟尝君闻之,怒。客与俱者下,斫击杀数百人,遂灭一县以去。

【注释】〔1〕"平原君",即赵胜,赵武灵王子,惠文王弟,封于东武城(今山东武城西北),号平原君。曾任赵相,有食客数千人,与齐孟尝君、魏信陵君(魏无忌)、楚春申君(黄歇)为战国四公子。详见本书《平原君虞卿列传》。〔2〕"魁然",高大,魁伟。〔3〕"眇小",矮小。"丈夫",成年男子的通称。

【译文】孟尝君经过赵国,赵平原君以客礼相待。赵国人听说孟尝君贤能,都出来观看,不禁笑道:"原先以为薛公身材魁伟,今天看了,却不过是个矮小的汉子罢了。"孟尝君听到后,非常愤怒。和他一起到赵国的宾客便出来砍杀了数百人,灭掉了一县才离去。

齐湣王不自得,[1]以其遣孟尝君。孟尝君至,则以为齐相,任政。

【注释】〔1〕"不自得",心中不安,内疚。

【译文】齐湣王因为派遣孟尝君入秦而内疚不安。等孟尝君一回来,就任命他为齐相,让他处理国政。

　　孟尝君怨秦，将以齐为韩、魏攻楚，因与韩、魏攻秦，而借兵食于西周。[1]苏代为西周谓曰：“君以齐为韩、魏攻楚九年，取宛、叶以北以强韩、魏，[2]今复攻秦以益之。韩、魏南无楚忧，西无秦患，则齐危矣。韩、魏必轻齐畏秦，臣为君危之。君不如令敝邑深合于秦，[3]而君无攻，又无借兵食。君临函谷而无攻，令敝邑以君之情谓秦昭王曰‘薛公必不破秦以强韩、魏。其攻秦也，欲王之令楚王割东国以与齐，[4]而秦出楚怀王以为和’。[5]君令敝邑以此惠秦，秦得无破而以东国自免也，秦必欲之。楚王得出，必德齐。齐得东国益强，而薛世世无患矣。秦不大弱，而处三晋之西，[6]三晋必重齐。”薛公曰：“善。”因令韩、魏贺秦，[7]使三国无攻，而不借兵食于西周矣。是时，楚怀王入秦，秦留之，故欲必出之。秦不果出楚怀王。

　　【注释】[1]“西周”，周考王所封诸侯国名，开国君主西周桓公名揭，周考王弟，治河南（今河南洛阳市西）。因其在王都洛阳（今河南洛阳市东）之西，故称西周。它是战国时的小国，秦昭王五十一年（公元前二五六年）为秦所灭。[2]“宛”，音yuān，邑名，在今河南南阳市。“叶”，旧读shè，邑名，在今河南叶县南。[3]“敝邑”，对自己国家的谦称。“合”，交好。[4]“楚王”，指楚顷襄王熊横，楚怀王之子，在位三十六年（公元前二九八年至前二六三年）。“东国”，指楚国东部地区，与齐南境相邻。[5]“楚怀王”，即熊槐，楚威王熊商之子，在位三十年（公元前三二八年至前二九九年）。怀王三十年，受骗入秦，被秦扣留，于楚顷襄王三年死在秦国。[6]“三晋”，指韩、赵、魏三国，它们是三分晋国而建立起来的，故称“三晋”。[7]“因令韩、魏贺秦”，“贺秦”之举，于理难通。此段文字又见《战国策·西周策》，《西周策》作“因令韩庆入秦”，且为西周游说薛公者亦韩庆，而非苏代，则《史记》此处似文字有误。

　　【译文】孟尝君怨恨秦国，因为齐国曾经帮助韩、魏攻伐过楚国，便准备要求韩、魏一起来攻秦，并向西周商借武器、食粮。苏代为西周向孟尝君进

言道：“您以齐国之力帮助韩、魏攻楚九年，夺取了宛、叶以北的土地从而增强了韩、魏的力量，现在还要通过攻秦去进一步加强他们。韩、魏南面不忧虑楚国，西面不担心秦国，那么齐国就危险了。韩、魏必然会轻视齐国而畏惧秦国，我为您感到危险。您不如让敝邑和秦国深深结交，您不要去攻秦，也不要来借武器、食粮。您兵临函谷关而不发起攻击，让敝邑把您的意图告诉秦昭王说：‘薛公一定不会击破秦国去增强韩、魏力量的。他来进攻秦国，无非希望您能让楚王把东部领土割给齐国，而您则释放楚怀王，与楚国重归于好。’您让敝邑以此给秦国一点好处，秦能不被击破而通过牺牲楚国的东部领土来自免于难，秦国一定愿意。楚王能获释放，一定对齐感恩戴德。齐得到了楚国东部领土，必将更加强大，薛也就世世无所忧虑了。由于秦国没有受到大的削弱，又处在三晋之西，三晋就必然会借重齐国。”薛公说：“好。”于是让韩、魏贺秦，使三国不发动攻击，也不向西周商借武器、食粮了。当时楚怀王入秦，秦国把他扣留了下来，所以总想一定要让怀王离开秦国。但秦国最终还是没有释放楚怀王。

　　孟尝君相齐，其舍人魏子为孟尝君收邑入，[1]三反而不致一人。[2]孟尝君问之，对曰：“有贤者，窃假与之，[3]以故不致入。”孟尝君怒而退魏子。[4]居数年，人或毁孟尝君于齐湣王曰：[5]“孟尝君将为乱。”及田甲劫湣王，[6]湣王意疑孟尝君，孟尝君乃奔。[7]魏子所与粟贤者闻之，乃上书言孟尝君不作乱，请以身为盟，[8]遂自到宫门以明孟尝君。湣王乃惊，而踪迹验问，[9]孟尝君果无反谋，乃复召孟尝君。孟尝君因谢病，[10]归老于薛。湣王许之。

　　【注释】[1]“舍人”，在身边侍从的亲近的门客。“魏子”，姓魏，史略其名。“子”为对人的泛称。“邑入”，封邑的租税收入。[2]“反”，通“返”。[3]“假”，借。[4]“退”，辞退。[5]“毁”，诽谤。[6]“田甲”，齐国大臣，余不详。“劫”，用暴力威胁，强逼。[7]“奔”，逃亡。[8]“盟”，在神前立誓。古代盟誓，需杀牲取血，以示诚信。“以身为盟”，指杀身立誓。[9]“踪迹”，追踪。“验问”，考察调查。[10]“谢病”，推托有病而引退。

【译文】孟尝君任齐相时,他的舍人魏子为他收取封邑的租税,往返三次而没有交来一笔收入。孟尝君问他,他回答说:"碰到一位贤者,我把收到的粟米私自作主借给了他,所以没能把收入交给您。"孟尝君很生气,辞退了魏子。几年之后,有人在齐湣王面前诽谤孟尝君说:"孟尝君将要作乱。"等到田甲威逼齐湣王,湣王怀疑是出于孟尝君的指使,孟尝君只得出走。这时魏子曾借粟给他的那位贤者听到这消息,便上书说明孟尝君不会作乱,请以自己的生命立誓,于是在宫门之前自刎而死,以证明孟尝君的无辜。湣王大吃一惊,再根据线索查验了解,孟尝君果真没有反叛的阴谋,于是重新召回孟尝君。孟尝君就此机会托病请求解职回薛养老,湣王答应了。

其后,秦亡将吕礼相齐,[1]欲困苏代。[2]代乃谓孟尝君曰:"周最于齐,[3]至厚也,而齐王逐之,而听亲弗相吕礼者,[4]欲取秦也。[5]齐、秦合,则亲弗与吕礼重矣。有用,[6]齐、秦必轻君。君不如急北兵,[7]趋赵以和秦、魏,[8]收周最以厚行,[9]且反齐王之信,[10]又禁天下之变。齐无秦,则天下集齐,亲弗必走,则齐王孰与为其国也!"[11]于是孟尝君从其计,而吕礼嫉害于孟尝君。[12]

【注释】[1]"吕礼",秦之五大夫,秦昭王十三年离秦至魏,后又至齐,任齐相。昭王十九年归秦。五大夫为秦爵第九级。[2]"困",使处于困境。[3]"周最",周之公子,曾于齐、魏为臣。[4]"亲弗",姓亲名弗。《战国策》作"祝弗"。[5]"取秦",结好于秦。[6]"有用",受到重用。[7]"急北兵",急速向北方出兵。[8]"趋",音cù,促使。[9]"厚行",提高声誉。[10]"反齐王之信",齐王逐周最,相吕礼,以结好于秦。今收留周最,使齐王不得取信于秦,故云"反齐王之信"。[11]"孰与",与哪一个人。[12]"嫉害",憎恨,认为己有害。

【译文】其后,从秦国逃亡出来的将军吕礼做了齐相,想使苏代陷入困境。苏代便对孟尝君说:"周最对于齐国,感情很深,但齐王赶走了他,反而听信亲弗的话,以吕礼为相,目的是想结好于秦国。齐、秦联合,亲弗和吕礼的地位就重要了。他们一

得势,齐、秦必然轻视您。您不如急速调兵北上,促使赵国去跟秦、魏和好,同时您收留周最以提高您的声誉,并可使齐王失信于秦,又能制止天下形势发生不利于您的变化。齐国离开了秦国,东方各国就会靠拢齐国,亲弗必然在齐国难以立足而出走,那么齐王靠谁来治理他的国家呢!"孟尝君听从了他的计谋,而吕礼从此对孟尝君十分憎恨。

孟尝君惧,乃遗秦相穰侯魏冉书曰:[1]"吾闻秦欲以吕礼收齐,[2]齐,天下之强国也,子必轻矣。齐秦相取以临三晋,[3]吕礼必并相矣,是子通齐以重吕礼也。若齐免于天下之兵,其雠子必深矣。子不如劝秦王伐齐。齐破,吾请以所得封子。齐破,秦畏晋之彊,[4]秦必重子以取晋。晋国敝于齐而畏秦,[5]晋必重子以取秦。是子破齐以为功,挟晋以为重;是子破齐定封,秦、晋交重子。[6]若齐不破,吕礼复用,子必大穷。"[7]于是穰侯言于秦昭王伐齐,而吕礼亡。

【注释】[1]"穰侯魏冉",秦昭王母宣太后之异父弟,自秦惠王、秦武王时任职用事,后又拥立昭王。昭王年幼,宣太后当权,任魏冉为政,多次任秦相,封于穰(今河南邓县),又益封陶(今山东定陶西北),号穰侯。他举白起为将,攻伐魏、韩、楚、赵、齐等国,秦益强,魏冉权倾一国。昭王四十一年,改用范睢为相。魏冉免相,出关回到陶邑,卒于陶。详见本书《穰侯列传》。"穰",音rǎng。[2]"收齐",拉拢、结交齐国。[3]"临",此指以武力逼迫,威胁。[4]"晋",此指三晋。[5]"敝于齐",在与齐交战中受损困顿。[6]"交",交相,都。[7]"穷",困窘。

【译文】后来齐湣王灭了宋国,更加骄傲,想除去孟尝君。孟尝君害怕起来,便到了魏国。魏昭王命他为相,西面联合秦、赵,和燕国一起击破齐国。齐湣王逃亡到莒,死在那里。齐襄王即位,这时孟尝君在诸侯中间保持中立,不依附于谁。齐襄王新即位,畏惧孟尝君,跟他连和,重新亲近这位薛公。田文死后,谥为孟尝君。他的几个儿子你争我夺,都想立为薛公,齐、魏联合起来把薛灭了。孟尝君绝了继承者,没有后代。

后齐湣王灭宋,[1]益骄,欲去孟尝君。

孟尝君恐,乃如魏。魏昭王以为相,〔2〕西合于秦、赵,与燕共伐破齐。〔3〕齐湣王亡在莒,〔4〕遂死焉。〔5〕齐襄王立,〔6〕而孟尝君中立于诸侯,无所属。齐襄王新立,畏孟尝君,与连和,复亲薛公。文卒,谥为孟尝君。诸子争立,而齐魏共灭薛。孟尝绝嗣无后也。

【注释】〔1〕"齐湣王灭宋",时在公元前二八六年,宋王名偃。 〔2〕"魏昭王",即魏遬,魏襄王子,在位十九年(公元前二九五年至前二七七年)。〔3〕"与燕共伐破齐",时在公元前二八四年,主帅为燕将乐毅。 〔4〕"莒",邑名,在今山东莒县。〔5〕"遂死焉",楚国派淖齿率军救齐,淖齿被任为齐相,欲与燕人瓜分齐国,便杀死了齐湣王。 〔6〕"齐襄王",即田法章,齐湣王子,在位十九年(公元前二八三年至前二六五年)。

【译文】后来齐湣王灭了宋国,更加骄傲,想除去孟尝君。孟尝君害怕起来,便到了魏国。魏昭王命他为相,西面联合秦、赵,和燕国一起击破齐国。齐湣王逃亡到莒,死在那里。齐襄王即位,这时孟尝君在诸侯中间保持中立,不依附于谁。齐襄王新即位,畏惧孟尝君,跟他连和,重新亲近这位薛公。田文死后,谥为孟尝君。他的几个儿子你争我夺,都想立为薛公,齐、魏联合起来把薛灭了。孟尝君绝了继承者,没有后代。

初,冯驩闻孟尝君好客,〔1〕蹑蹻而见之。〔2〕孟尝君曰:"先生远辱,〔3〕何以教文也?"冯驩曰:"闻君好士,以贫身归于君。"孟尝君置传舍十日,〔4〕孟尝君问传舍长曰:〔5〕"客何所为?"答曰:"冯先生甚贫,犹有一剑耳,又蒯缑。〔6〕弹其剑而歌曰'长铗归来乎,〔7〕食无鱼'。"孟尝君迁之幸舍,食有鱼矣。五日,又问传舍长。答曰:"客复弹剑而歌曰'长铗归来乎,出无舆'。"〔8〕孟尝君迁之代舍,出入乘舆车矣。五日,孟尝君复问传舍长。舍长答曰:"先生又尝弹剑而歌曰'长铗归来乎,无以为家'。"孟尝君不悦。

【注释】〔1〕"驩",音 huān。《战国策》作"谖",音 xuān。 〔2〕"蹑",音 niè,踩,此指穿着。"蹻",音 jué,草鞋。 〔3〕"远辱",承蒙您远道而来。

"辱",谦词。 〔4〕"传舍",此指供一般食客住宿的客舍。待遇高的食客居"幸舍",待遇更高的居"代舍"。"传",音 zhuàn。 〔5〕"传舍长",客舍的总管。 〔6〕"蒯",草名,其茎可供编织。"缑",音 gōu,缠在剑柄上的丝绳。"蒯缑",以蒯为绳,缠绕剑柄。 〔7〕"铗",剑。一说剑把。"来",语气助词。 〔8〕"舆",车箱,此泛指车。

【译文】当初,冯驩听说孟尝君好客,穿着草鞋,长途跋涉来见他。孟尝君说:"先生远道光临,可有什么开导我的吗?"冯驩:"听说您好士,我因家贫,特来投奔。"孟尝君把他安置在传舍,十天后,孟尝君问传舍长道:"这位客人干些什么?"回答说:"冯先生穷得很,随身只还剩一柄剑而已,可又是用草绳缠的剑把。他弹剑唱道:'长剑啊,归去吧,我在这里吃饭没有鱼。'"孟尝君让他迁入幸舍,吃饭有鱼了。五天后,又问传舍长。传舍长回答说:"这位客人又弹剑唱道:'长剑啊,归去吧,我在这里出门没有车。'"孟尝君再把他迁到代舍,进出乘上车了。五天后,孟尝君又问传舍长。传舍长回答道:"冯先生又曾弹剑唱道:'长剑啊,归去吧,我在这里没有钱养家。'"孟尝君听了很不高兴。

居期年,〔1〕冯驩无所言。孟尝君时相齐,封万户于薛。其食客三千人,邑入不足以奉客,〔2〕使人出钱于薛。〔3〕岁余不入,贷钱者多不能与其息,客奉将不给。〔4〕孟尝君忧之,问左右:"何人可使收债于薛者?"传舍长曰:"代舍客冯公形容状貌甚辩,〔5〕长者,〔6〕无他伎能,宜可令收债。"孟尝君乃进冯驩而请之曰:"宾客不知文不肖,〔7〕幸临文者三千余人,邑入不足以奉宾客,故出息钱于薛。〔8〕薛岁不入,民颇不与其息。今客食恐不给,愿先生责之。"〔9〕冯驩曰:"诺。"辞行,至薛,召取孟尝君钱者皆会,得息钱十万。乃多酿酒,买肥牛,召诸取钱者,能与息者皆来,不能与息者亦来,皆持取钱之券书合之。〔10〕齐为会,日杀牛置酒。酒酣,乃持券如前合之,能与息者,与为期;〔11〕贫不能与息者,取其券而烧之。曰:"孟尝君所以贷钱者,为民之无者以为本业也;〔12〕所以求息者,为无以奉客也。今富给者以要期,〔13〕贫穷者燔券书以捐之。〔14〕诸君强饮食。〔15〕有君如此,岂可负哉!"〔16〕坐者皆起,再拜。

【注释】〔1〕"期年",周年,一年。"期",音 jī。〔2〕"奉客",招待客人。 〔3〕"出钱",指放债。〔4〕"不给",供给不上。"给",音 jǐ。〔5〕"形容",形状容貌。"辩",能言善道,口才好。 〔6〕"长者",稳重厚道的人。"长",音 zhǎng。 〔7〕"不肖",不贤,不才。"肖",音 xiào。 〔8〕"出息钱",指放债。债可生息,故称。 〔9〕"责",索取。 〔10〕"券书",此指借据。古代券书分为两半,债权人和债务人各执其一作为凭证。"合之",将此两半相合,以当面验证。 〔11〕"为期",确定(交钱的)日期。 〔12〕"本业",指农桑之事,农业。一说本句"者"字疑是衍文,"为民之无以为本业也"与下句"为无以奉客也"相对为文。 〔13〕"富给",富裕。"要期",约定日期。"要",音 yāo。 〔14〕"捐",舍弃,废弃。 〔15〕"强",音 qiǎng,勉力,努力。 〔16〕"负",背弃,辜负。

【译文】住了一年,冯谖没有再说什么。孟尝君当时为齐相,封于薛,有万户人家。孟尝君有食客三千人,封邑的收入不足以招待这些客人,便派人到薛放债。一年多没有收入,借钱的人多数连利息也付不出,对客人的招待将难以为继。孟尝君很为忧虑,问身边的人:"哪一位客人可以派到薛去收债?"传舍长说:"代舍客人冯公,看他的相貌举止,似乎能言善辩,是个厚道人,没有别的本领,派他去收债倒是合适的。"孟尝君便请来冯谖,对他说道:"宾客不知我不贤,光临我这里的有三千多人,我封邑的收入不足以招待宾客,所以在薛放了些债。一年来薛地的债款一无所入,百姓很多连利息都不付。如今宾客的饭食恐怕要难以供应,所以想请先生去收回这些欠款。"冯谖答应道:"是。"告辞出发,来到薛邑,召集借了孟尝君债的人都来相会,收得债款十万。于是多多地备了美酒,买了肥牛,召集借过债的人,能付利息的都来,不能付利息的也来,都拿借据来对证核实。大家一起相会,天天杀牛备酒。酒喝到兴头上,冯谖拿出借据像上次那样对证核实,对能付利息的,和他约定付息的日期;穷得连利息都付不出的,拿过借据来当场烧毁。冯谖说:"孟尝君所以借钱给你们,是因为无钱的百姓可以借来从事生产;所以要收取利息,是因为他没钱来招待宾客。现在对家境富裕些的,约期付息还债;对无力付息的穷人,烧掉借据,取消债务。诸位多喝多吃一些。有这样一位主人,怎么能辜负他的

美意呢!"在座的人全都站了起来,再拜致谢。

孟尝君闻冯谖烧券书,怒而使使召谖。谖至,孟尝君曰:"文食客三千人,故贷钱于薛。文奉邑少,〔1〕而民尚多不以时与其息,客食恐不足,故请先生收责之。闻先生得钱,即以多具牛酒而烧券书,何?"冯谖曰:"然。不多具牛酒即不能毕会,〔2〕无以知其有余不足。有余者,为要期。不足者,虽守而责之十年,息愈多,急,即以逃亡自捐之。若急,终无以偿,上则为君好利不爱士民,下则有离上抵负之名,〔3〕非所以厉士民彰君声也。〔4〕焚无用虚债之券,〔5〕捐不可得之虚计,〔6〕令薛民亲君而彰君之善声也,君有何疑焉!"孟尝君乃拊手而谢之。〔7〕

【注释】〔1〕"奉邑",食邑。封君收其邑之赋税以为俸禄,故称"奉邑"。"奉",通"俸"。 〔2〕"毕会",全来聚会。 〔3〕"离上",背弃上司。"抵负",赖债不还。 〔4〕"厉",鼓励。"彰",显扬。〔5〕"虚债",虚有其名而实际上不可能收回的债务。〔6〕"计",账册。〔7〕"拊手",拍手。形容孟尝君醒悟后,对冯谖的做法极为赞赏。"拊",音 fǔ。

【译文】孟尝君听说冯谖烧掉借据,十分生气,派使者召回冯谖。冯谖来到后,孟尝君说道:"我有食客三千人,所以在薛放债。我封邑收入少,而百姓还多不按时付息,我生怕宾客的供应不足,所以请先生去收债。听说先生收到钱后,就拿去多多地备下肥牛美酒,还烧掉了借据,这是为什么?"冯谖说:"正是如此。不多备牛、酒,就不能使债户都来,也就无法了解他们中谁有钱谁缺钱。有钱的,我替您约定了付息还债的日期。缺钱的,即使我守在那里讨债十年,也只能使他欠的利息越积越多,他穷急了,就只能用逃亡的办法来自己废弃债务了。如果人们穷急了,最终还是无力偿还,那时从在上位的人来看,则以为您好利而不爱士民,从在下面的百姓来说,则背了个叛离主人、抵赖债务的恶名,这可不是勉励士民、宣扬您名声的好办法啊。现在烧掉无用的虚有其名的债券,取消不可能收回的虚有其名的账目,使薛地的百姓亲近您,宣扬您的美名,您有什么可疑惑不解的呢!"孟尝君于是拍手称好,向冯谖道谢。

齐王惑于秦、楚之毁，以为孟尝君名高其主而擅齐国之权，遂废孟尝君。诸客见孟尝君废，皆去。冯驩曰："借臣车一乘，[1]可以入秦者，必令君重于国而奉邑益广，可乎？"孟尝君乃约车币而遣之。[2]冯驩乃西说秦王曰："天下之游士冯轼结靷西入秦者，[3]无不欲强秦而弱齐；冯轼结靷东入齐者，无不欲彊齐而弱秦。此雄雌之国也，[4]势不两立为雄，[5]雄者得天下矣。"秦王跽而问之曰：[6]"何以使秦无为雌而可？"[7]冯驩曰："王亦知齐之废孟尝君乎？"秦王曰："闻之。"冯驩曰："使齐重于天下者，孟尝君也。今齐王以毁废之，其心怨，必背齐；背齐入秦，则齐国之情，人事之诚，[8]尽委之秦，[9]齐地可得也，岂直为雄也！[10]君急使使载币阴迎孟尝君，不可失时也。如有齐觉悟，复用孟尝君，则雌雄之所在未可知也。"秦王大悦，乃遣车十乘黄金百镒以迎孟尝君。[11]冯驩辞以先行，至齐，说齐王曰："天下之游士冯轼结靷东入齐者，无不欲强齐而弱秦者；冯轼结靷西入秦者，无不欲强秦而弱齐者。夫秦齐雄雌之国，秦强则齐弱矣，此势不两雄。今臣窃闻秦遣使车十乘载黄金百镒以迎孟尝君。孟尝君不西则已，西入相秦则天下归之，秦为雄而齐为雌，雌则临淄、即墨危矣。[12]王何不先秦使之未到，复孟尝君，[13]而益与之邑以谢？[14]孟尝君必喜而受之。秦虽强国，岂可以请人相而迎之哉！折秦之谋，而绝其霸强之略。"[15]齐王曰："善。"乃使人至境候秦使。秦使车适入齐境，使还驰告之，王召孟尝君而复其相位，而与其故邑之地，又益以千户。秦之使者闻孟尝君复相齐，还车而去矣。

【注释】[1]"一乘"，一辆。"乘"，音 shèng。[2]"约"，备办。"币"，本为缯帛，古人常以束帛为赠送的礼物，故亦以币为礼物的通称。[3]"游士"，周游各国，向君主宣扬自己的政见主张以求采纳的人。"冯"，音 píng，倚靠。"轼"，车厢前部供人扶手凭倚的横木。"靷"，音 yǐn，引车前行的皮带，一端繋在车轴上，一端繋在马胸的皮套上。"冯轼结靷"，表示驾车奔走。[4]"雄雌之国"，对立的

国家，此强则彼弱，彼强则此弱。[5]"雄"，指国力强大，称雄。[6]"跽"，古人席地而坐，坐时以两膝着地，臀部坐于脚跟之上。臀部离开脚跟，挺身直腰为跽。秦王"跽而问"，表示他听了冯驩的话后难以安坐。[7]"雌"，指国力弱小，处于不利地位。[8]"诚"，真实情况。[9]"委"，交给，致送。[10]"岂直"，岂只，难道仅仅。[11]"镒"，古代重量单位，二十两为一镒。一说二十四两为一镒。[12]"临淄"，战国时齐国都城，在今山东淄博市东旧临淄。"即墨"，邑名，在今山东平度东南。[13]"复"，指恢复其职位。[14]"谢"，道歉。[15]"略"，谋略，计划。

【译文】齐王被秦、楚对孟尝君的诽谤所迷惑，认为孟尝君的名声比自己还高，还独揽齐国大权，便废掉了孟尝君的相位和封邑。许多宾客见到孟尝君被废，都离他而去。冯驩说："借给我一辆车，使我得以入秦，我一定让您在齐国受到尊重，而且封邑扩大，可以吗？"孟尝君于是备好车辆、礼物，派他入秦。冯驩西至秦国，向秦王游说道："天下的游说之士乘车奔走西来秦国的，无不想使秦国强大而使齐国削弱；乘车奔走东到齐国的，又无不想使齐国强大而使秦国削弱。秦、齐是雄雌对立的国家，势不两立，谁称雄谁就能得天下。"秦王听后，难以安坐，不禁挺身直腰问道："怎么做才能使秦国不处在下风呢？"冯驩说："大王也知道齐国废掉孟尝君的事吗？"秦王道："听说过的。"冯驩说："使齐国被天下看重的，正是孟尝君。现在齐王因听信诽谤而废了他，他心里怨恨，必然背离齐国；如果背齐而入秦，那么就会把齐国的内情，人事的真实状况等，统统告诉秦国，齐国的土地尚且可以得到，岂只称雄而已！您赶快派使者带了礼物悄悄地去迎接孟尝君，不可失去时机。如果齐国觉悟了，重新起用孟尝君，那么谁强谁弱就难以逆料了。"秦王大喜，派出车十辆，带了黄金百镒去迎接孟尝君。冯驩辞别秦王，赶在秦国使者之前动身，来到齐国，向齐王游说道："天下的游说之士乘车奔走东来齐国的，无不想使齐国强大而使秦国削弱；乘车奔走西到秦国的，又无不想使秦国强大而使齐国削弱。秦、齐是雄雌对立的国家，秦强则齐弱，其形势不可能两国都来称雄。现在我私下听说秦派遣使者，以车十辆装载黄金百镒来迎接孟尝君。孟尝君如不西行，倒也罢了；如果西行入秦为相，天下便会归附秦国，秦国称雄则齐国处于下风，齐国一处下风，临淄、即墨便危险了。大王何不在秦使没到之前就恢复孟尝君的相位，再加给他封邑以表示歉意呢？孟尝君

一定会高兴地接受下来。尽管秦是强国，怎么可以聘请人家的相国而派车来迎接呢！这样便挫败了秦国的计划，破坏了它称霸争强的谋略。"齐王说："好。"于是派人到边境等候秦使。秦使的车辆刚进齐境，齐使便赶回去报告，齐王立刻召来孟尝君恢复其相位，发还他原来的封邑土地，还加封一千户。秦国的使者听到孟尝君重又作了齐相，便调转车头离开了齐国。

自齐王毁废孟尝君，诸客皆去。后召而复之，冯骥迎之。未到，孟尝君太息叹曰：[1]"文常好客，[2]遇客无所敢失，食客三千有余人，先生所知也。客见文一日废，[3]皆背文而去，莫顾文者。今赖先生得复其位，客亦有何面目复见文乎？如复见文者，必唾其面而大辱之。"冯骥结辔下拜。孟尝君下车接之，曰："先生为客谢乎？"冯骥曰："非为客谢也，为君之言失。夫物有必至，事有固然，[4]君知之乎？"孟尝君曰："愚不知所谓也。"曰："生者必有死，物之必至也；富贵多士，贫贱寡友，事之固然也。君独不见夫趣市朝者乎？[5]明旦，[6]侧肩争门而入；日暮之后，过市朝者掉臂而不顾。[7]非好朝而恶暮，所期物忘其中。[8]今君失位，宾客皆去，不足以怨士而徒绝宾客之路。愿君遇客如故。"孟尝君再拜曰："敬从命矣。闻先生之言，敢不奉教焉。"

【注释】[1]"太息"，出声长叹。[2]"常"，通"尝"，曾经。[3]"一日"，一旦，忽然有一天。[4]"固然"，本来如此。[5]"趣"，音 qū，奔向。"市朝"，市集。[6]"明旦"，清晨，天明时。[7]"掉臂"，摆动着手臂，形容走路时漫不经心的样子。[8]"所期物"，指所期望得到的货物或利益。"忘"，通"亡"，无。"其中"，指市朝之中。

【译文】自从齐王听信诽谤而废掉孟尝君后，宾客们便都离开了他。后来齐王召回孟尝君，恢复他的相位和封邑，冯骥去迎接他。还没到朝廷时，孟尝君长叹一声道："我一向好客，待客总不敢有半点差失，所以食客有三千人，这是先生所知道的。可是宾客们见我一朝废位，都离我而去，没有人再看我一眼。现在靠托先生得以恢复相位，宾客们还

有什么脸面再来见我呢？如果再来见我，我一定要唾他的脸，大大地羞辱他一番。"冯骥听后，结好缰绳，离车下拜，孟尝君连忙下车接住他，说："先生是为宾客道歉吗？"冯骥答道："我并非为宾客道歉，而是因为您刚才失言了。物有必然会这样的规律，事有原本如此的道理，您知道吗？"孟尝君说："我很愚钝，不知道你说的意思。"冯骥说："活着的必然有死，这是物的必然会这样的规律。富贵了，宾客多；贫贱了，朋友少，这是事情原本如此的道理。您难道没有见过那些到市集上去的人吗？天一亮，大家侧肩争门地挤进去；黄昏之后，经过市集的人却甩着胳膊走开，连看都不看一下。他们并不是喜好早晨而厌恶黄昏，而是因为黄昏的市集上已经没有他们所期望的货物和利益了。现在您失了相位，宾客都离开了，这种情况您不必去怨恨他们，否则只会白白地阻塞他们前来投奔您的道路。我愿意像从前一样地接待他们。"孟尝君再拜说道："一定遵从您的嘱咐。听了先生的话，怎么能不领教呢。"

太史公曰：吾尝过薛，其俗间里率多暴桀子弟，[1]与邹、鲁殊。[2]问其故，曰："孟尝君招致天下任侠，[3]姦人入薛中盖六万余家矣。"[4]世之传孟尝君好客自喜，名不虚矣。

【注释】[1]"间里"，古代居民的聚居单位，旧说二十五家为间、里。此泛指民间。"率"，大抵，大都。"暴桀"，凶暴倔强，不驯顺。[2]"邹"，古国名，本作邾，曹姓，都邾（今山东曲阜东南），后迁都绎（今山东邹县东南），辖境约相当于今山东费、邹、滕、济宁、金乡等县地。战国时为楚所灭。孟子即邹人。"鲁"，周公旦子伯禽所建之国，姬姓，都曲阜（今山东曲阜西北），辖境约相当于今山东西南部。战国时为楚所灭。孔子即鲁陬邑（今山东曲阜东南）人。邹、鲁文教昌盛，其人温文知礼。[3]"任侠"，仗义行侠。[4]"姦人"，指不守规矩、好惹是生非之人。

【译文】太史公说：我曾经路过薛邑，那里的风俗是在乡里中一般总有好多凶横粗暴的年轻人，和邹、鲁两地的情况不同。打听其原因，据说："当年孟尝君招来天下仗义行侠之士，那些不安本分、喜好惹是生非的人搬来薛邑的差不多有六万多家了。"世上传说孟尝君好客自喜，可以说是名不虚传的了。

史记卷七十六

平原君虞卿列传第十六

平原君赵胜者，[1]赵之诸公子也。[2]诸子中胜最贤，喜宾客，宾客盖至者数千人。[3]平原君相赵惠文王及孝成王，[4]三去相，三复位，封于东武城。[5]

【注释】[1]"平原君赵胜"，赵武灵王子，惠文王弟。　[2]"诸公子"，除太子以外国君的其他儿子。　[3]"盖"，大概，差不多。　[4]"赵惠文王"，名何，赵武灵王子，在位三十三年(公元前二九八年至前二六六年)。"孝成王"，名丹，赵惠文王子，在位二十一年(公元前二六五年—前二四五年)。[5]"东武城"，邑名，在今山东武城西北。

【译文】平原君赵胜，是赵国的公子。众公子中赵胜最贤能，他喜好宾客，宾客投奔到他那里的差不多有几千人。平原君担任赵惠文王和孝成王的国相，曾三次离开相位，又三次复职，封在东武城。

平原君家楼临民家。[1]民家有躄者，[2]盘散行汲。[3]平原君美人居楼上，[4]临见，大笑之。明日，躄者至平原君门，请曰："臣闻君之喜士，士不远千里而至者，以君能贵士而贱妾也。臣不幸有罢癃之病，[5]而君之后宫临而笑臣，[6]臣愿得笑臣者头。"平原君笑应曰："诺。"躄者去，平原君笑曰："观此竖子，[7]乃欲以一笑之故杀吾美人，不亦甚乎！"终不杀。居岁余，宾客门下舍人稍稍引去者过半。[8]平原君怪之，曰："胜所以待诸君者未尝敢失礼，而去者何多也？"门下一人前对曰："以君之不杀笑躄者，以君为爱色

而贱士，士即去耳。"于是平原君乃斩笑躄者美人头，自造门进躄者，[9]因谢焉。[10]其后门下乃复稍稍来。是时齐有孟尝，[11]魏有信陵，[12]楚有春申，[13]故争相倾以待士。[14]

【注释】[1]"临"，居高俯视。　[2]"躄"，音bì，腿瘸。　[3]"盘散"，通"蹒跚"，行步不稳、一瘸一拐的样子。　[4]"美人"，指姬妾。　[5]"罢癃"，音pí lóng，残废不能做事。　[6]"后宫"，宫中姬妾所居之处，在宫院的后半部。此用为姬妾的代称。　[7]"竖子"，对人的鄙称，犹言"小子"。[8]"门下舍人"，特指在平原君身边侍从当差的食客，与以客礼相待、并无固定职事的"宾客"不同。"稍稍"，逐渐。"引去"，退走，离开。　[9]"造门"，登门。"造"往，到。　"进"，呈上，献给。　[10]"谢"，道歉，谢罪。　[11]"孟尝"，孟尝君田文，战国时齐国贵族，承继其父靖郭君田婴的封爵，封于薛(今山东滕县南)，称薛公。以好客著称，有食客数千人。曾先后相秦、相齐、相魏，卒谥为孟尝君。详见本书《孟尝君列传》。　[12]"信陵"，信陵君魏无忌，战国时魏昭王少子、魏安釐王之异母弟，封于信陵(今河南宁陵)，号信陵君。有食客三千人。当时诸侯因信陵君贤，食客众多，不敢加兵谋魏十余年。魏安釐王二十年，信陵君窃得兵符，救赵胜秦。魏安釐王三十年，为上将军，率五国诸侯之兵，大破秦军。秦行反间计，信陵君遂为魏王所忌，乃谢病不朝，病酒而卒。详见本书《魏公子列传》。　[13]"春申"，春申君黄歇，战国时楚国贵族。楚顷襄王时，出使于秦，止秦攻楚。后随楚太子完入质于秦。太子完立为楚考烈王，以歇为相，封为春申君，赐淮北地十二县，后改封于江东，筑城于故吴墟(今江苏

苏州市)。歇为楚相二十五年,有食客三千余人。曾率军救赵胜秦,后又攻灭鲁国。考烈王死,歇为李园所杀。详见本书《春申君列传》。〔14〕"倾",延揽而使之归己。

【译文】平原君家楼房俯视着民家。民家有位跛子,一瘸一拐地去打水。平原君的一位美人住在楼上,见到下面这一情景,不禁大笑。第二天,跛子到平原君家,请求道:"我听说您好客喜士,士人所以不远千里来投奔您,是因为您能尊重士人而轻贱姬妾。我不幸有残疾,而您的后宫姬妾却在楼上见了笑我,我希望得到笑我的人的脑袋。"平原君笑着答应道:"好的。"跛子离去后,平原君笑道:"瞧这小子,竟想因为一笑之故杀我美人,不也太过分了吗!"他始终没有杀那美人。过了一年多,宾客、门下舍人渐渐离开平原君的有一半还多。平原君感到奇怪,说道:"我赵胜在接待诸君方面未尝敢失礼,而离开的人为什么那么多呢?"门下一位士人上前回答说:"因为您没有杀那笑跛子的美人,大家认为您喜爱美色而轻贱士人,士人就离您而去了。"于是平原君便斩了笑跛子的美人的头,亲自登门献给跛子,同时向他谢罪。从此以后,门下宾客才又渐渐回来。这时候齐国有孟尝君,魏国有信陵君,楚国有春申君,所以各方相互争着延揽士人。

秦之围邯郸,〔1〕赵使平原君求救,合从于楚,〔2〕约与食客门下有勇力文武备具者二十人偕。平原君曰:"使文能取胜,〔3〕则善矣。文不能取胜,则歃血于华屋之下,〔4〕必得定从而还。士不外索,取于食客门下足矣。"得十九人,余无可取者,无以满二十人。门下有毛遂者,前,自赞于平原君曰:〔5〕"遂闻君将合从于楚,约与食客门下二十人偕,不外索。今少一人,愿君即以遂备员而行矣。"〔6〕平原君曰:"先生处胜之门下几年于此矣?"毛遂曰:"三年于此矣。"平原君曰:"夫贤士之处世也,譬若锥之处囊中,其末立见。〔7〕今先生处胜之门下三年于此矣,左右未有所称诵,胜未有所闻,是先生无所有也。先生不能,先生留。"毛遂曰:"臣乃今日请处囊中耳。使遂蚤得处囊中,〔8〕乃颖脱而出,〔9〕非特其末见而已。"平原君竟与毛遂偕。十九人相与目笑之而未废也。〔10〕

【注释】〔1〕"秦之围邯郸",事在秦昭襄王四十八年(公元前二五九年)。"邯郸",赵都,在今河北邯郸市。〔2〕"合从",战国时,六国在秦国之东,土地南北相连,他们联合抗秦称为"合从"。"从",通"纵"。〔3〕"文",指和平的方式。〔4〕"歃血",古代盟誓时,杀牲取血,盛于盘中,双方微吮牲血(一说以指蘸血,涂于口旁),表示信誓。这种仪式称为"歃血"。"歃",音 shà。"华屋",装饰华美的堂宇,指与楚王相会之所。〔5〕"自赞",自我告荐。〔6〕"备员",充数,凑足人员的数额。此为谦词。〔7〕"末",末梢,此指锥尖。"见",音 xiàn,显现,显露。〔8〕"蚤",通"早"。〔9〕"颖脱",指整个锥锋显现出来,不仅露尖而已。"颖",本指带芒的禾穗,此喻锥锋。〔10〕"目笑之",用目示意,暗暗讥笑他。"废",王念孙认为"废"即"发"之假借字。"发",指把轻视毛遂的意思说出口来。

【译文】秦军围困邯郸时,赵国派平原君出去求救,和楚国合纵抗秦,商定平原君带他的食客门下之士中有勇力、文武兼备的二十人同行。平原君说:"如果用文的方式能够完成使命,那就好了。否则的话,便将在华美的堂宇之下和楚王歃血为盟,一定要定下合纵盟约才回赵国来。带去的士人不向外物色,在食客门下之士中挑选便足够了。"平原君选得十九人,其余的都无可取,无法选足二十人之数。这时门下有位叫毛遂的,走上前来,向平原君自我推荐道:"我听说您将和楚国合纵,商定带食客门下之士二十人同行,不向外物色人员。如今还少一人,希望您就用我毛遂凑足名额出发吧。"平原君说:"先生在我门下迄今几年了?"毛遂说:"迄今三年了。"平原君说:"一个贤士生活在世上,就像一把锥子装在袋子里,锥尖立刻会显露出来。现在先生在我门下迄今已经三年了,我身边的人没有称诵过你什么,我也没有听到过你什么,这可见先生没有什么值得称诵的才能。先生不能胜任,先生留下。"毛遂说:"我今天才请求装在袋子里罢了。如果我毛遂早一点能装在袋子里,便会连整个锥锋都脱露出来,不只是露出个锥尖而已。"平原君最终还是带着毛遂同行了。其他十九个人相互用目光示意,讥笑毛遂,只是没有说出口来。

毛遂比至楚,〔1〕与十九人论议,十九人皆服。平原君与楚合从,言其利害,日出而言之,日中不决。十九人谓毛遂曰:"先生上。"毛遂按剑历阶而上,〔2〕谓平原君曰:

"从之利害，两言而决耳。今日出而言从，日中不决，何也？"楚王谓平原君曰：[3]"客何为者也？"平原君曰："是胜之舍人也。"楚王叱曰："胡不下！吾乃与而君言，[4]汝何为者也！"毛遂按剑而前曰："王之所以叱遂者，以楚国之众也。今十步之内，王不得恃楚国之众也，王之命县于遂手。[5]吾君在前，叱者何也？且遂闻汤以七十里之地王天下，[6]文王以百里之壤而臣诸侯，[7]岂其士卒众多哉，诚能据其势而奋其威。今楚地方五千里，持戟百万，[8]此霸王之资也。以楚之强，天下弗能当。白起，[9]小竖子耳，率数万之众，兴师以与楚战，一战而举鄢郢，[10]再战而烧夷陵，[11]三战而辱王之先人。[12]此百世之怨而赵之所羞，而王弗知恶焉。合从者为楚，非为赵也。吾君在前，叱者何也？"楚王曰："唯唯，[13]诚若先生之言，谨奉社稷而以从。"[14]毛遂曰："从定乎？"楚王曰："定矣。"毛遂谓楚王之左右曰："取鸡狗马之血来。"[15]毛遂奉铜盘而跪进之楚王曰："王当歃血而定从，次者吾君，次者遂。"遂定从于殿上。毛遂左手持盘血而右手招十九人曰："公相与歃此血于堂下。公等录录，[16]所谓因人成事者也。"

【注释】[1]"比"，等到。〔2〕"历阶"，一步不停地顺阶而行。〔3〕"楚王"，指楚考烈王熊完，楚顷襄王子，在位二十五年（公元前二六二年至前二三八年）。〔4〕"而君"，你的主人。"而"，人称代词，你。〔5〕"县"，"悬"的本字。〔6〕"汤"，即商汤，商代的开国君主。"王"，音 wàng，用作动词，称王。〔7〕"文王"，即周文王姬昌，殷商时诸侯。在他统治期间，周国势强盛。其子武王姬发灭殷而建立周王朝。"臣诸侯"，使诸侯为臣。〔8〕"持戟"，指持戟之士卒。"戟"，古代一种既能直刺又能横击的兵器。〔9〕"白起"，战国时秦国大将，郿（今陕西眉县东）人。秦昭王时由左庶长官至大良造，封武安君。善用兵，出奇无穷，屡战获胜。后因与秦相应侯范睢有隙，又与秦王意见不合，被逼自杀。详见本书《白起王翦列传》。〔10〕"鄢"，邑名，在今湖北宜城东南。"郢"，楚都名，在今湖北江陵西北。〔11〕"夷陵"，邑名，楚先王陵墓所在地，在今湖北宜昌市东南。〔12〕"辱王之先人"，即承

上句"烧夷陵"而言。毛遂所以要分言"二战"、"三战"，是为了加重语气。案《秦本纪》及《白起王翦列传》，白起取鄢在秦昭王二十八年（公元前二七九年），拔郢、烧夷陵在昭王二十九年，"举鄢郢"并非同一战役。〔13〕"唯唯"，表示连声答应。〔14〕"社稷"，君王祭奉的土神和谷神。土地和粮食是立国的根本，所以把社稷当作国家的象征，也用为国家的代称。〔15〕"取鸡狗马之血来"，古代歃血定盟，天子用牛马血，诸侯用犬豭（音 jiā，公猪）血，大夫以下用鸡血。此时楚已称王，故毛遂呼取马血以尊楚王。〔16〕"录录"，平庸，无突出才能。

【译文】等到毛遂到达楚国，一路上与十九人交谈议论，十九人都佩服起他来了。平原君和楚王商议合纵，陈说利害，从日出时谈起，到日中还决定不了。十九人对毛遂说："先生上去。"毛遂手按剑把一步不停地登上层层台阶，对平原君说："合纵的利害，不过两句话便可决定。今天从日出谈起，到日中还决定不了，这是为什么？"楚王问平原君道："这位客人是做什么的？"平原君说："他是我的门下舍人。"楚王呵斥毛遂道："为什么还不退下！我是在和你主人谈话，你是干什么的！"毛遂手按剑把逼上前去说道："大王您所以敢呵斥我毛遂，无非倚仗楚国人多。现在你我相距不过十步，王无法倚仗楚国人多了，王的性命就操在我毛遂手里。我的主人就在面前，你呵斥我做什么？再者我听说商汤以七十里之地最终统治天下，周文王以百里之地而使诸侯称臣，难道他们士卒众多吗，实在是因为他们能利用形势，从而奋扬了自己的威权。现在楚地广袤五千里，持戟士百万，这是称霸争王的好资本。以楚国的强大，天下无法抵挡。白起，不过是个鄙贱的家伙罢了，领了几万人，兴兵来和楚国交战，一战而攻下鄢、郢，再战而烧了夷陵，三战而羞辱大王的祖先。这是百世不解的怨仇，连我们赵国也感到羞耻，而大王却不知羞恶。合纵是为了楚国，不是为赵国。我的主人就在面前，你呵斥我做什么？"楚王连声说："对，对，确实像先生所说的，我谨倾全国之力来和赵合纵抗秦。"毛遂问道："合纵之盟定下来了吗？"楚王说："定下来了。"毛遂对楚王身边的人说："拿鸡、狗、马的血来。"毛遂手捧铜盘，跪着进献给楚王，说道："大王应当歃血以确定合纵之盟，接下来是我的主人，再下来是我毛遂。"于是就在殿上定下合纵之盟。毛遂左手拿着铜盘里的血，右手招呼十九人说："你们一起在堂下歃这盘里的血。你们庸庸碌碌，都是所谓靠着别人才办成事情的人啊。"

平原君已定从而归,归至于赵,曰:"胜不敢复相士。胜相士多者千人,寡者百数,自以为不失天下之士,今乃于毛先生而失之也。毛先生一至楚,而使赵重于九鼎大吕。[1]毛先生以三寸之舌,强于百万之师。胜不敢复相士。"遂以为上客。

【注释】[1]"九鼎",相传夏禹铸九鼎,象九州,夏、商、周三代为传国之宝。"大吕",周代宗庙中的大钟,也是当时贵重的宝物。

【译文】平原君定下合纵之盟后回去,回到赵国,说道:"我赵胜不敢再观察评价士人了。我观察评价过的士人,多说已有千人,少说也数以百计,自以为不会漏过一个天下难得的人才,可现在竟在毛先生身上看漏了。毛先生一到楚国,便使赵国的地位重于九鼎、大吕。毛先生以三寸之舌胜过百万大军。我赵胜不敢再来观察评价士人了。"便把毛遂列为上客。

平原君既返赵,楚使春申君将兵赴救赵,魏信陵君亦矫夺晋鄙军往救赵,[1]皆未至。秦急围邯郸,邯郸急,且降,平原君甚患之。邯郸传舍吏子李同说平原君曰:[2]"君不忧赵亡邪?"平原君曰:"赵亡则胜为虏,何为不忧乎?"李同曰:"邯郸之民,炊骨易子而食,[3]可谓急矣,而君之后宫以百数,婢妾被绮縠,[4]余粱肉,[5]而民褐衣不完,[6]糟糠不厌。[7]民困兵尽,或剡木为矛矢,[8]而君器物钟磬自若。使秦破赵,[9]君安得有此?使赵得全,君何患无有?今君诚能令夫人以下编于士卒之间,分功而作,[10]家之所有尽散以飨士,士方其危苦之时,易德耳。"[11]于是平原君从之,得敢死之士三千人。李同遂与三千人赴秦军,秦军为之却三十里。亦会楚、魏救至,秦兵遂罢,邯郸复存。李同战死,封其父为李侯。[12]

【注释】[1]"矫",假借名义,诈称。"晋鄙",战国魏大将。秦围赵邯郸,晋鄙奉命率军十万救赵。魏王畏秦,令晋鄙止军观望。信陵君通过如姬窃得魏王兵符,诈称魏王之令代晋鄙为将。晋鄙疑之,被信陵君门客朱亥以铁椎击杀。信陵君夺得兵

权,救赵胜秦。[2]"传舍",古时官府所设供过客居住的房舍。"传",音zhuàn。"李同",《说苑》作"李谈",因与司马迁之父司马谈同名,故司马迁避讳改"谈"为"同"。[3]"炊骨",用死人的枯骨当柴烧。"易子而食",人们饥饿已甚,然不忍自食其子,故互换子女而食之。此极言围城中人们饥饿困顿之状。[4]"被",音pī,通"披",穿着。"绮",音qǐ,素地织纹起花的丝织品。"縠",音hú,绉纱一类轻薄精美的丝织品。[5]"粱肉",泛指美食佳肴。"粱"为古代粟类的优良品种。[6]"褐衣",粗毛或粗麻织成的短衣,亦泛指贫贱者的衣服。"完",完好。[7]"糟糠",酒渣糠皮,亦泛指粗劣的食物。"厌",通"餍",饱。[8]"剡",音yǎn,削。[9]"使",假使。[10]"功",事,工作。[11]"德",指感受恩德。[12]"李侯",封邑在李。《史记正义》认为怀州温县(今河南温县),本为李城,即李同父所封。

【译文】平原君回到赵国后,楚国派春申君领兵赴赵救援,魏国信陵君也假传魏王之命夺了晋鄙的军权前往救赵,但都还没有赶到。秦军加紧围困邯郸,邯郸危急,即将投降,平原君忧急万分。邯郸传舍吏的儿子李同向平原君进言道:"您不忧虑赵国灭亡吗?"平原君说:"赵国灭亡,我赵胜就要当俘虏,怎么能不忧虑呢?"李同说:"邯郸的老百姓饿得用人骨当柴烧,交换儿子杀来食用,可以说是危急极了,但您的后宫人员数以百计,宫女穿着绮縠,粱肉多得吃不完,然而老百姓连粗布短衣都不完好,连糟糠都吃不饱。百姓困苦,兵器耗尽,有的已在削尖木头做矛矢了,可是您所享用的器物钟磬却依然如常。一旦秦国攻破赵国,您怎么能保有这些?如果赵国得以保全,您又何必担心没有这些?现在您如果能把夫人以下的后宫人员编到士卒中间,分配事情给她们做,把家中所有的财物尽数散给士卒,犒赏他们,士卒正当危急困苦之际,是很容易感受您的恩德的。"于是平原君听从了他的话,结果得到敢死士卒三千人。李同便和这三千人向秦军开去,秦军为此后退了三十里。又恰逢楚、魏的救兵赶到,秦军便停止进攻,邯郸重又保存了下来。李同战死了,赵国封他的父亲为李侯。

虞卿欲以信陵君之存邯郸为平原君请封。公孙龙闻之,[1]夜驾见平原君曰:[2]"龙闻虞卿欲以信陵君之存邯郸为君请封,有之乎?"平原君曰:"然。"龙曰:"此甚不可。

且王举君而相赵者,非以君之智能为赵国无有也。割东武城而封君者,非以君为有功也,而以国人无勋,乃以君为亲戚故也。君受相印不辞无能,割地不言无功者,亦自以为亲戚故也。今信陵君存邯郸而请封,是亲戚受城而国人计功也。[3]此甚不可。且虞卿操其两权,[4]事成,操右券以责;[5]事不成,以虚名德君。君必勿听也。"平原君遂不听虞卿。

【注释】[1]"公孙龙",赵国人,字子秉,战国时名家的代表人物。其著作后人辑为《公孙龙子》。[2]"夜驾",连夜驾车而出,表示事情紧急。[3]"国人计功",像国内普通百姓那样论功求赏。[4]"权",权变,变通。"两权",指虞卿在出现不同情况时随机应变的办法。[5]"右券",券指契约。古代契约中分为二,双方各执其一,以为凭信。左半称左券,右半称右券。"责",要求,索取。此指要求平原君报答。

【译文】虞卿想借信陵君保住邯郸这件事为平原君请求加封爵邑。公孙龙听到这消息,当夜驾车去见平原君,说道:"我听说虞卿想借信陵君保住邯郸来为您请求加封爵邑,有这样的事吗?"平原君说:"是这样的。"公孙龙说:"这样做万万不可。再说赵王推举您做赵国的相,并不是认为您的才智能力是赵国独一无二的。赵王割东武城封您,也并不是认为您有功而认为国内一般人无功,而是出于您是他的亲戚的缘故。您接受了相印,并不因自己无能而推辞;您接受了封地,并不说自己无功;这也是您自以为是王的亲戚的缘故。现在借信陵君保住邯郸这件事而请求加封爵邑,这是以亲戚的身分接受封邑而又要像国内一般人那样计功请赏。这样做万万不可。再说虞卿脚踏两只船,事情办成了,他会像债主拿着契约讨债那样来向您索取报答;事情办不成,也可以用曾经为您请封的虚名使您感激。您一定不要听他的。"平原君便没有听从虞卿的主意。

平原君以赵孝成王十五年卒。[1]子孙代,后竟与赵俱亡。

【注释】[1]"赵孝成王十五年",即公元前二五一年。案《史记·六国年表》所记同。《赵世家》则记平原君卒在赵孝成王十四年。

【译文】平原君在赵孝成王十五年去世。其封爵子孙相传,后来最终随着赵国一起被秦所灭。

平原君厚待公孙龙。公孙龙善为坚白之辩,[1]及邹衍过赵言至道,[2]乃绌公孙龙。[3]

【注释】[1]"坚白之辩",公孙龙认为,一块白色而坚硬的石头,当我们用眼看它的时候,只见其白而不见其坚;当我们用手摸它的时候,只知其坚而不知其白;因此他认为石头的"坚"和"白"这两种属性是可以互相分离的,它们不能同时联系在一个具体事物之中。我们只能称这块石头为"坚石"或"白石",却不能称之为"坚白石"。他的这种观点也称为"离坚白"。[2]"邹衍",齐国人,战国时阴阳家的代表人物。他提出"大九州说",认为儒者所谓的中国,名曰赤县神州,不过是天下的八十一分之一。中国之外像赤县神州那样的地区还有八个,这就是所谓的九州,九州之外有海包围,形成一大州。像这样被海包围的大州又有九个,外面有大海包围,这就是天地的边缘。他又提出"五德终始说",用土木金火水五行相胜的说法来解释时世的盛衰和朝代的兴替。邹衍在齐很受重视,在魏、赵、燕也受到当权者的礼遇。事见《史记·孟子荀卿列传》,"邹"作"驺"。"至道",正确的道理。[3]"绌",通"黜",罢斥,疏远。

【译文】平原君厚待公孙龙。公孙龙善于辩论坚白问题,等邹衍来到赵国谈论至道时,平原君才疏远了公孙龙。

虞卿者,游说之士也。[1]蹑蹻檐簦说赵孝成王。[2]一见,赐黄金百镒,[3]白璧一双;再见,[4]为赵上卿,[5]故号为虞卿。

【注释】[1]"游说",周游各国,向君主陈说自己的政见、主张,以求采纳。"说",音shuì。[2]"蹑",踩。此指穿着。"蹻",音jué,草鞋。"檐",音dàn,通"担",扛,背负。"簦",音dēng,古代有柄的笠。蹻和簦都是远行用具,蹑蹻檐簦表示走了很远的路。[3]"镒",古代重量单位,二十两为一镒。一说二十四两为一镒。[4]"再见",第二次相见。

〔5〕"上卿",官名,上品之卿,地位极尊贵。

【译文】虞卿,是位游说之士。他脚穿草鞋,肩背长柄笠,远道来游说赵孝成王。一见之下,赵王赐他黄金百镒,白璧一双;第二次接见后,即任为赵国上卿,所以称为虞卿。

秦赵战于长平,〔1〕赵不胜,亡一都尉。〔2〕赵王召楼昌与虞卿曰:〔3〕"军战不胜,尉复死,寡人使束甲而趋之,〔4〕何如?"楼昌曰:"无益也,不如发重使为媾。"〔5〕虞卿曰:"昌言媾者,以为不媾军必破也。而制媾者在秦。〔6〕且王之论秦也,欲破赵之军乎,不邪?"王曰:"秦不遗余力矣,必且欲破赵军。"虞卿曰:"王听臣,发使出重宝以附楚、魏,楚、魏欲得王之重宝,必内吾使。〔7〕赵使入楚、魏,秦必疑天下之合从,且必恐。如此,则媾乃可为也。"赵王不听,与平阳君为媾,〔8〕发郑朱入秦。〔9〕秦内之。赵王召虞卿曰:"寡人使平阳君为媾于秦,秦已内郑朱矣,卿以为奚如?"〔10〕虞卿对曰:"王不得媾,军必破矣。天下贺战胜者皆在秦矣。郑朱,贵人也,入秦,秦王与应侯必显重以示天下。〔11〕楚、魏以赵为媾,必不救王。秦知天下不救王,则媾不可得成也。"应侯果显郑朱以示天下贺战胜者,终不肯媾。长平大败,〔12〕遂围邯郸,为天下笑。

【注释】〔1〕"长平",邑名,在今山西高平西北。〔2〕"都尉",比将军略低的武官。 〔3〕"楼昌",赵国将领,惠文王二十三年曾率军攻魏。〔4〕"寡人",寡德之人。此为赵王自谦之词。"束甲",把护身的甲衣卷起捆好,表示要轻装向前,与敌决战。 〔5〕"重使",重要的使臣。"媾",音 gòu,讲和。 〔6〕"制媾",控制讲和,在讲和中起决定作用。 〔7〕"内",音 nà,"纳"的本字。 〔8〕"平阳君",即赵豹,赵惠文王之弟。 〔9〕"郑朱",赵臣,余不详。《史记》仅见此《传》。 〔10〕"奚如",如何。 〔11〕"秦王",即秦昭襄王,名稷(一作"则"),在位五十六年(公元前三〇六年至前二五一年)。"应侯",即范睢,战国时魏国人,字叔。初事魏中大夫须贾,后因受辱而化名张禄入秦,拜为秦相。秦昭襄王四十一年封范睢于应(今河南鲁山县东),号

应侯。详见本书《范睢蔡泽列传》。"应",音 yīng。〔12〕"长平大败",指秦昭襄王四十七年(公元前二六〇年),秦将白起率军在长平大败赵军,射杀赵军统帅赵括,赵军四十万人降秦,尽被坑杀。

【译文】秦赵在长平交战,赵国不胜,死了一名都尉。赵王召楼昌和虞卿商议道:"军队交战不胜,都尉又死了,寡人想让军队卷甲轻装,赴敌决战,你们看如何?"楼昌说:"没有什么益处,还不如派遣重要使臣去议和为好。"虞卿说:"楼昌提出议和,是因他认为不议和,赵军一定会被击破。但议和的主动权操在秦国手里。再说君王分析秦国的情况,它是想击破赵军,还是不想如此呢?"赵王说:"秦国已经不遗余力了,肯定想要击破赵军。"虞卿说:"请君王依从我的建议,派遣使臣拿出一批珍宝去联合楚、魏,楚、魏想得到王的珍宝,必定接纳我国使臣。赵国使臣进入楚、魏,秦国必然怀疑各国在进行联合以与它对抗,心里定会恐慌。在这种情况下,议和才可进行。"赵王不听,和平阳君决定议和,派郑朱先行入秦。秦国接纳了他。赵王召来虞卿,说道:"寡人派平阳君跟秦国议和,秦已接纳郑朱了,您以为怎样?"虞卿回答说:"王去议和不可能成功,但赵军是必破无疑的了。各国祝贺战争胜利的人都已到秦国了。郑朱,是位显贵人物。他进入秦国,秦王和应侯必然会宣扬他、看重他,以向各国显示。楚、魏认为赵国在议和,必定不来救王。秦国知道各国不来救王,议和就不可能成功。"应侯果然宣扬郑朱以向各国来秦祝贺战争胜利的人显示,最终还是不肯议和。赵军在长平大败之后,秦军便围住了邯郸,(赵王的这一失策)被天下人所讥笑。

秦既解邯郸围,而赵王入朝,使赵郝约事于秦,〔1〕割六县而媾。虞卿谓赵王曰:"秦之攻王也,倦而归乎? 王以其力尚能进,爱王而弗攻乎?"王曰:"秦之攻我也,不遗余力矣,必以倦而归也。"虞卿曰:"秦以其力攻其所不能取,倦而归,王又以其力之所不能取以送之,是助秦自攻也。来年秦复攻王,王无救矣。"王以虞卿之言告赵郝。赵郝曰:"虞卿诚能尽秦力之所至乎? 诚知秦力之所不能进,此弹丸之地弗予,〔2〕令秦来年复攻王,〔3〕王得无割其内而媾乎?"〔4〕王曰:"请听子割矣,子能必使来年秦之不复攻我乎?"赵郝对曰:"此非臣之所敢任也。〔5〕他日三

晋之交于秦,〔6〕相善也。今秦善韩、魏而攻王,王之所以事秦必不如韩、魏也。今臣为足下解负亲之攻,〔7〕开关通币,〔8〕齐交韩、魏,〔9〕至来年而王独取攻于秦,此王之所以事秦必在韩、魏之后也。此非臣之所敢任也。"

【注释】〔1〕"赵郝",赵臣,余不详。《史记》仅见此《传》。 〔2〕"弹丸",弹弓射击所用的圆弹。"弹丸之地",比喻地方狭小。 〔3〕"令",如果。〔4〕"内",指比六县更深入赵境的土地。 〔5〕"任",担保。 〔6〕"他日",往昔,过去。"三晋",指韩、赵、魏三国。它们是三分晋国而建立起来的,故称。 〔7〕"足下",古代下称上或同辈相称的敬词。"负亲之攻",背弃亲善之国而招致的进攻。赵孝成王四年(公元前二六二年)秦蚕食韩地,欲夺韩上党,上党守冯亭以地入赵,从而引起秦赵之战,先有长平之祸,继则为邯郸之围。 〔8〕"通币",使者来往,赠送礼物。"币",本为缯帛,古人常用作馈赠的礼物,故亦为礼物的通称。 〔9〕"齐",等同,一样。"齐交韩魏",和韩、魏一样地与秦国交善。

【译文】秦军解了邯郸之围后,赵王准备入秦朝见,派赵郝前去相约侍秦之事,愿意割献六县议和。虞卿对赵王说:"秦军攻王,是因为疲倦了才退回去的呢,还是君王认为它的力量尚能继续进攻,因为爱护您才不再进攻的呢?"赵王说:"秦军攻我,已经不遗余力了,肯定是因为疲倦了才退回去的。"虞卿说:"秦军用其全力攻打它所不能取得的东西,打得疲倦了才退回去,君王您却又把它力所不能取得的东西送给它,这是在帮助秦军进攻自己啊。来年秦军再来攻王,王就没有救了。"赵王把虞卿这番话告诉赵郝。赵郝说:"虞卿果真能摸透秦军的力量能达到哪里吗?他果真知道秦军的力量不能进到哪里,(照他说的去做,自然未尝不可,否则的话)连这弹丸之地都不给,如果秦军来年再来攻王,王岂不是要割献比六县更加靠里的内地城邑去议和了吗?"赵王说:"那就请依你的建议割献六县,你能有把握使秦军来年不再攻我吗?"赵郝回答说:"这不是我所敢担保的。当年三晋和秦结交,彼此相好。现在秦和韩、魏相善而攻王,王侍奉秦国一定不如韩、魏好。现在我为足下解除了因为您背弃亲善而招致的进攻,开放边关,使者来往,互赠礼物,使您和秦国的关系,与韩、魏一样,到了来年如果王独独招来秦国的进攻,这一定是王侍奉秦国落在了

韩、魏的后面。这不是我所敢担保的。"

王以告虞卿。虞卿对曰:"郝言'不媾,来年秦复攻王,王得无割其内而媾乎'。今媾,郝又以不能必秦之不复攻也。今虽割六城,何益!来年复攻,又割其力之所不能取而媾,此自尽之术也,不如无媾。秦虽善攻,不能取六县;赵虽不能守,终不失六城。秦倦而归,兵必罢。〔1〕我以六城收天下以攻罢秦,〔2〕是我失之于天下而取偿于秦也。吾国尚利,孰与坐而割地,〔3〕自弱以强秦哉?今郝曰'秦善韩、魏而攻赵者,必王之事秦不如韩、魏也',是使王岁以六城事秦也,即坐而城尽。来年秦复求割地,王将与之乎?弗与,是弃前功而挑秦祸也;与之,则无地而给之。语曰:'强者善攻,弱者不能守。'今坐而听秦,秦兵不弊而多得地,〔4〕是强秦而弱赵也。以益强之秦而割愈弱之赵,其计故不止矣。〔5〕且王之地有尽而秦之求无已,以有尽之地而给无已之求,其势必无赵矣。"

【注释】〔1〕"罢",音pí,通"疲",疲困。 〔2〕"以六城收天下",指拿出六个城来拉拢各诸侯国,以取得它们的支持。 〔3〕"坐而割地",指自己无所作为地把土地割出去。 〔4〕"弊",音bì,仆倒。此指力量削弱,受损失。 〔5〕"故",自然,当然。

【译文】赵王把赵郝这番话告诉虞卿。虞卿回答说:"赵郝说'不议和,来年秦军再来攻王,王岂不是要割献比六县更加靠里的内地城邑去议和了吗'。现在去议和了,赵郝又认为不能肯定秦军今后不再进攻。这样,现在即使割了六城,又有什么益处呢!来年再来进攻,又要割秦国力量所不能取得的地方去议和,这是自我毁灭的道路啊,不如不要议和。秦国即使善攻,也不能夺取六县;赵国即使不能防守,最终也不致于失去六城。秦军疲倦而回,兵卒一定困惫。如果我用六城笼络天下各国,去攻击困惫的秦军,这样我在天下各国那里失去的土地,可以从秦国获得补偿,我国还算有利可图,这与无所作为地割献土地,削弱自己去增强秦国相比,哪个好呢?现在赵郝说'秦和韩、魏相善而攻赵,一定是王侍奉秦国不如韩、魏好',这是要王年年用六城去侍奉秦国,很快白白地把城邑割献完

了。来年秦再要求王割地,王准备给它吗?不给吧,前功尽弃,将挑起秦国为祸;给吧,已经没有土地可给了。常言道:'强的人善于进攻,弱的人不能防守。'现在无所作为地听命于秦,秦兵不受损失而多得土地,这是增强秦国而削弱赵国的做法。以越来越强大的秦国来割占越来越弱小的赵国,秦国对赵国的算计自然不会终止的了。再说王的土地有限而秦的要求没完没了,用有限的土地去满足没完没了的要求,其势必然不再有赵国存在了。"

赵王计未定,楼缓从秦来,[1]赵王与楼缓计之,曰:"予秦地如毋予,[2]孰吉?"缓辞让曰:"此非臣之所能知也。"王曰:"虽然,[3]试言公之私。"[4]楼缓对曰:"王亦闻夫公甫文伯母乎?[5]公甫文伯仕于鲁,病死,女子为自杀于房中者二人。[6]其母闻之,弗哭也。其相室曰:[7]'焉有子死而弗哭者乎?'其母曰:'孔子,贤人也,逐于鲁,而是人不随。今死而妇人为之自杀者二人,若是者必其于长者薄而于妇人厚也。'[8]故从母言之;是为贤母;从妻言之,是必不免为妒妻。故其言一也,言者异则人心变矣。今臣新从秦来而言勿予,则非计也;言予之,恐王以臣为为秦也:故不敢对。使臣得为大王计,不如予之。"王曰:"诺。"

【注释】〔1〕"楼缓",赵臣,曾入秦为相,秦昭襄王十二年(公元前二九五年)被免职。〔2〕"如",与、和。〔3〕"虽然",尽管如此。〔4〕"私",个人意见。〔5〕"公甫文伯",名歜(音 chù),鲁定公、哀公时大夫。〔6〕"女子",指姬妾之类。〔7〕"相室",协助处理家事的妇女。一说指赞礼之人。"相",音 xiàng。〔8〕"长者",贤良忠厚者之称。"长",音 zhǎng。

【译文】赵王决策未定,楼缓从秦国回来,赵王和楼缓商议,说道:"割给秦国土地和不割给土地,哪个有利?"楼缓推辞说:"这不是我所能知道的。"赵王说:"虽然如此,不妨试着说说你个人的想法。"楼缓回答说:"君王也听说过那位公甫文伯的母亲吗?公甫文伯在鲁国做官,生病死了,为他的死而在房里自杀的女子有二人。他母亲听说此事,并不哭泣。他的相室说:'哪有儿子死了而母亲不哭的呢?'他母亲说:'孔子,是位贤人,被逼离开鲁

国,这个人却不跟着走。现在他死了,妇人为此自杀的却有二人。这种情况表明一定是他对于长者感情不深而对于妇人感情深厚。'所以从母亲的角度来说,她是位贤良的母亲;如果从妻子的角度来说,她肯定不免是个妒忌的妻子。所以同样一句话,说的人不同,那它表明的心迹也就变了。现在我新从秦国回来而说不给,那不是个办法;说给它吧,又怕王以为我是为了秦国的利益:所以我不敢回答。如果我能为大王出主意,我认为不如割给它好。"赵王说:"是的。"

虞卿闻之,入见王曰:"此饰说也,[1]王眘勿予!"[2]楼缓闻之,往见王。王又以虞卿之言告楼缓。楼缓对曰:"不然。虞卿得其一,不得其二。夫秦赵构难而天下皆说,[3]何也?曰'吾且因强而乘弱矣'。[4]今赵兵困于秦,天下之贺战胜者则必尽在于秦矣。故不如亟割地为和,[5]以疑天下而慰秦之心。不然,天下将因秦之怒,[6]乘赵之獘,瓜分之。赵且亡,何秦之图乎?故曰虞卿得其一,不得其二。愿王以此决之,勿复计也。"

【注释】〔1〕"饰说",经过文饰的话,花言巧语。〔2〕"眘",同"慎"。〔3〕"构难",结成仇怨。"难",音 nàn。"说",通"悦"。〔4〕"乘",欺凌,欺侮。〔5〕"亟",音 jí,赶快,急速。〔6〕"怒",气势强盛,强大。

【译文】虞卿听到这消息,进宫谒见赵王说:"这是一种表面上动听的话语,大王千万不要割城给秦!"楼缓听说后,去见赵王。赵王又把虞卿的话告诉楼缓。楼缓回答说:"不是这样的。虞卿只知其一,不知其二。现在秦赵结怨相斗,天下各国都很高兴,这是为什么?他们在心里说'我可趁机依靠强的一方来欺侮弱的一方了'。现在赵国军队受困于秦,各国祝贺战争胜利的人肯定都到秦国了。所以不如快快割地议和,以使天下各国疑惑踌躇起来,而使秦王内心得到安慰。不然的话,天下各国将要利用秦国的强大,欺侮赵国的疲弱,瓜分赵国。赵国就要灭亡了,还谈什么对付秦国呢?所以我说虞卿只知其一,不知其二。愿大王即此决策,不要再作其他考虑了。"

虞卿闻之,往见王曰:"危哉楼子之所以为秦者,是愈疑天下,而何慰秦之心哉?独不言其示天下弱乎?且臣言勿予者,非固勿予而已也。秦索六城于王,而王以六城赂齐。齐,秦之深仇也,得王之六城,并力西击秦,齐之听王,不待辞之毕也。则是王失之于齐而取偿于秦也。而齐、赵之深仇可以报矣,而示天下有能为也。[1]王以此发声,[2]兵未窥于境,[3]臣见秦之重赂至赵而反媾于王也。从秦为媾,韩、魏闻之,必尽重王;重王,必出重宝以先于王。[4]则是王一举而结三国之亲,而与秦易道也。"[5]赵王曰:"善。"则使虞卿东见齐王,[6]与之谋秦。虞卿未返,秦使者已在赵矣。楼缓闻之,亡去。赵于是封虞卿以一城。

【注释】[1]"有能为",有能力有作为。 [2]"发声",声张,宣扬。 [3]"窥",窥探侦察,指开始行动。 [4]"先",先行致意。 [5]"易道",指从赵向秦献赂求和变为秦向赵献赂求和,双方的位置更换了。 [6]"齐王",指齐王建,齐襄王子,在位四十四年(公元前二六四年至前二二一年)。

【译文】虞卿听到这消息,又去见赵王,说道:"楼子这种为秦国打算的言论危险得很哪!这样做会使天下各国更加疑惑,而秦王内心又怎么会得到安慰呢?他为什么独独不说这样做是在向天下各国暴露赵国的软弱呢?再者我说不给,并不是一定不要给出去。秦向大王索要六城,而大王可以把六城送给齐国。齐国,是与秦国结下深仇的国家,它得到大王的六城后,要求它和赵国合力向西击秦,也许不等您把话说完,齐王就会同意。这样大王在齐国失去的东西可以从秦那里取得补偿,而齐赵两国的深仇也可就此报了,并向天下各国显示赵国是有能力敢作为的。大王将此事稍加声张,齐赵的兵马还没到达边境开始行动,我就能见到秦国的贵重财物已经送到赵国,反而来向大王求和了。大王同意与秦议和,韩、魏两国听到后,必然都看重大王;他们看重大王,必然会拿出贵重的宝物来先向您致意。这样大王一举而可以和三个国家结好,议和中秦赵两国的地位便完全颠倒过来了。"赵王说:"好。"便派虞卿到东方去见齐王,和他商议对付秦国。虞卿还没回来,秦国的使者已经到赵国了。楼缓听到这消息,便逃走了。赵国于是封给虞卿一个城邑。

居顷之,[1]而魏请为从。赵孝成王召虞卿谋。过平原君,[2]平原君曰:"愿卿之论从也。"[3]虞卿入见王。王曰:"魏请为从。"对曰:"魏过。"[4]王曰:"寡人固未之许。"对曰:"王过。"王曰:"魏请从,卿曰魏过,寡人未之许,又曰寡人过,然则从终不可乎?"对曰:"臣闻小国之与大国从事也,有利则大国受其福,有败则小国受其祸。今魏以小国请其祸,而王以大国辞其福,臣故曰王过,魏亦过。窃以为从便。"[5]王曰:"善。"乃合魏为从。

【注释】[1]"顷之",不久。 [2]"过",前往拜访。 [3]"论从",论述合纵的好处,赞成合纵。 [4]"过",错。 [5]"窃",谦指自己,犹言"私下"。

【译文】过了不久,魏国请求和赵国合纵。赵孝成王召虞卿来商议。虞卿拜访平原君,平原君说:"希望您赞成合纵。"虞卿进宫见王,赵王说:"魏国请求合纵。"虞卿回答说:"魏国错了。"赵王说:"寡人原本没有答应。"虞卿回答说:"大王错了。"赵王说:"魏国请求合纵,您说魏国错了,寡人没有答应,您又说寡人错了,这样说来,合纵到底是不可行的吗?"虞卿回答说:"我听说小国和大国联合,有利则大国得其福,不利则小国受其祸。现在魏国以小国的地位请受其祸,而大王以大国的身分推辞其福,我所以说大王错了,魏国也错了。我个人认为合纵是有利的。"赵王说:"好。"于是和魏国合纵。

虞卿既以魏齐之故,[1]不重万户侯卿相之印,[2]与魏齐间行,[3]卒去赵,困于梁。[4]魏齐已死,不得意,[5]乃著书,上采《春秋》,下观近世,曰《节义》、《称号》、《揣摩》、《政谋》,凡八篇。以刺讥国家得失,世传之曰《虞氏春秋》。[6]

【注释】[1]"魏齐",魏国贵族,魏昭王时为相,因怀疑范雎有私通齐国的行为,毒打侮辱范雎。范雎化名逃到秦国,游说秦昭王,拜为秦相,要泄愤报仇。魏齐被迫逃到赵国,藏在平原君家。秦国逼索甚急,赵王发兵围平原君家,魏齐连夜出逃,去见赵相虞卿,虞卿和他一起逃回魏都大梁,想通过信陵君南走楚国。信陵君畏秦,犹豫未见,魏齐怒而自杀。事见本书《范雎蔡泽列传》。 〔2〕"万户侯",食邑万户之侯。虞卿封万户侯事,本《传》没有记载。《范雎蔡泽列传》记侯嬴之言,道及此事,谓虞卿"一见赵王,赐白璧一双,黄金百镒;再见,拜为上卿;三见,卒受相印,封万户侯"。 〔3〕"间行",从偏僻的小路走。"间",音 jiàn。 〔4〕"梁",指魏都大梁,在今河南开封市西北。 〔5〕"不得意",精神不舒畅。此未必指名位方面的损失。魏齐之死在秦昭襄王四十二年(公元前二六五年),后五年,赵有长平之祸,继则有邯郸之围,其时虞卿依然出入赵王左右,且受封一城。 〔6〕"《虞氏春秋》",《汉书·艺文志》列入儒家,云有十五篇,与《本》传不合。此书久已亡佚,清马国翰有《虞氏春秋》辑佚一卷。

【译文】虞卿既然因为魏齐的缘故,毫不看重万户侯卿相的官位,和魏齐从小路悄悄出逃,最后离开了赵国,来到大梁,处境艰难。魏齐死了以后,虞卿更不得意,便著书立说,上采《春秋》的资料,下观近世的史实,分为《节义》《称号》《揣摩》《政谋》等,共八篇,用来讥刺国家的得失,以《虞氏春秋》的名称流传世间。

太史公曰:平原君,翩翩浊世之佳公子也,〔1〕然未睹大体。〔2〕鄙语曰"利令智昏",〔3〕平原君贪冯亭邪说,〔4〕使赵陷长平兵四十余万众,邯郸几亡。〔5〕虞卿料事揣情,〔6〕为赵画策,〔7〕何其工也!〔8〕及不忍魏齐,卒困于大梁,庸夫且知其不可,〔9〕况贤人乎?然虞卿非穷愁,〔10〕亦不能著书以自见于后世云。

【注释】〔1〕"翩翩",形容举止风度美好出众。"浊世",混乱的时世。 〔2〕"大体",有关大局的道理。 〔3〕"鄙语",俗语。"利令智昏",因贪利而使头脑发昏,失去理智。 〔4〕"贪冯亭邪说",冯亭是韩上党郡守。秦昭襄王四十五年(韩桓惠王十一年,赵孝成王四年,公元前二六二年),秦欲夺取韩上党,冯亭以上党十七城邑归赵,其使者谓赵王曰:"韩不能守上党,入之于秦。其吏民皆安为赵,不欲为秦。有城市邑十七,愿再拜入之赵,财王所以赐吏民。"平阳君赵豹反对受地,认为这是"无故之利",韩氏"欲嫁其祸于赵"。平原君却认为"此大利,不可失也"。于是赵王派平原君前往受地,占领上党,并命廉颇率军驻守长平,秦赵遂成交战之势。"贪冯亭邪说"即指此。 〔5〕"几",音 jī,几乎。 〔6〕"揣情",揣摩情理。 〔7〕"画策",筹谋计策。 〔8〕"工",精密,周到。 〔9〕"庸夫",才能平常的人,不高明的人。 〔10〕"穷愁",不得意而忧伤。

【译文】太史公说:平原君,风度翩翩,是一位混乱时世中的佳公子,然而没能顾及大体。俗语说"利令智昏",平原君偏听冯亭的邪说,使赵兵陷在长平的达四十余万,邯郸几乎失守。虞卿预测事情,揣摩情理,为赵出谋划策,何其精密周到!到后来因不忍舍弃魏齐,最终受困于大梁。这样做,即使一个不高明的人尚且知道是行不通的,何况是位贤能的人呢?然而虞卿要不是穷愁不得意,也不会著书把自己的想法留传给后世。

魏公子列传第十七

魏公子无忌者,魏昭王少子而魏安釐王异母弟也。[1]昭王薨,[2]安釐王即位,封公子为信陵君。[3]是时范睢亡魏相秦,[4]以怨魏齐故,秦兵围大梁,[5]破魏华阳下军,[6]走芒卯。[7]魏王及公子患之。

【注释】[1]"魏昭王",名遬,魏国第五代君,公元前二九五年至前二七七年在位。"魏安釐王",名圉,魏国第六代君,公元前二七六年至前二四三年在位。昭王、安釐王事详见本书《魏世家》。[2]"薨",音 hōng。周代诸侯死去称薨。 [3]"信陵",魏国邑名。据《水经注》记载,汲水向东流经葛城北面,葛城为旧葛伯之国。葛在六国时期属于魏国,魏襄王封给了公子无忌,号信陵君。故城在今河南省宁陵县西。《史记·六国年表》记载,魏安釐王元年封公子无忌为信陵君。 [4]"范睢",一作"范且",战国时魏国人,字叔。他曾游说诸侯,欲事魏王,因家贫,乃为魏国太中大夫须贾舍人。曾随从须贾为魏昭王出使齐国,齐襄王听说范睢能说善辩,想以重金收买他,范睢辞谢不敢受。须贾知道此事以后,以为范睢私通齐国,并且将此事告诉了魏相魏齐,魏齐大怒,并使舍人毒打范睢,范睢装死被放在了厕所里,后来也乘机逃往秦国,受到秦昭王的重用,秦昭王四十一年(公元前二六六年)被任为秦相国。"范睢亡魏相秦"即指此事。详见本书《范睢蔡泽列传》。 [5]"大梁",魏国国都,在今河南省开封市西北。 [6]"华阳",山名,在今河南省密县境内。据《史记·六国年表》及《魏世家》记载,秦兵围大梁在秦昭王三十二年(魏安釐王二年,公元前二七五年),破魏华阳下军在秦昭王三十四年(魏安釐王四年,公元前二七三年)。但本书《范睢蔡泽列传》等篇记载这件事在时间上与此有所歧

异。 [7]"芒卯",人名,魏国的将领。

【译文】魏公子无忌,是魏昭王的小儿子,魏安釐王同父异母的弟弟。昭王死后,安釐王即位,封公子为信陵君。此时,范睢从魏国逃亡到秦国,并做了秦相,因为怨恨魏齐的缘故,所以发动秦国的军队来围攻大梁,击败了驻守在华阳的魏国军队,赶跑了魏国将领芒卯。魏王和公子都为这件事情担忧。

公子为人仁而下士,士无贤不肖皆谦而礼交之,不敢以其富贵骄士。士以此方数千里争往归之,致食客三千人。[1]当是时,诸侯以公子贤,多客,不敢加兵谋魏十余年。

【注释】[1]"致",招徕。"食客",古代寄食于豪门贵家并为之服务的门客。

【译文】公子为人,心地慈仁,能和比自己地位低的人交往,不论才能高低,他都能够谦虚地以礼相待,决不因为自己富贵而对人傲慢。因此,周围数千里内的士人都争先恐后地归附于他,招致的门客多达三千人。在这个时候,因为公子的贤明、门客多,各诸侯国十多年来不敢用兵谋攻魏国。

公子与魏王博,[1]而北境传举烽,[2]言"赵寇至,且入界"。魏王释博,欲召大臣谋。公子止王曰:"赵王田猎耳,非为寇也。"复博如故。王恐,心不在博。居顷,复从北方来传言曰:"赵王猎耳,非为寇也。"魏王大惊,曰:"公子何以知之?"公子曰:"臣之客有能

深得赵王阴事者,〔3〕赵王所为,客辄以报臣,臣以此知之。"是后魏王畏公子之贤能,不敢任公子以为国政。

【注释】〔1〕"博",通簿。是我国古代的一种棋类游戏,可以赌赛胜负。〔2〕"烽",指烽火,古时边境告急的一种信号。〔3〕"阴事",指秘密的事情或者行动。

【译文】(一天,)公子和魏王正在下棋,北方国境传来了告急的警报,说:"赵国出兵来犯,即将进入国境。"魏王放下了棋子,打算召集大臣们来商议对策。公子劝阻魏王说:"这是赵王在打猎,不是来侵犯我国。"(于是二人)又照旧下起棋来。魏王心里有些害怕,心思不在下棋上。过了一会儿,又从北方传来报告说:"是赵王在打猎,不是来侵犯我国。"魏王听了大吃一惊,说:"公子是怎么知道的?"公子说:"我的门客中有能探得赵王秘密事情的人,赵王的所作所为,门客都要来报告我,因此我知道他的行动。"从此以后,魏王害怕公子的贤能,不敢把国家大事委任给他。

魏有隐士曰侯嬴,年七十,家贫,为大梁夷门监者。〔1〕公子闻之,往请,欲厚遗之。不肯受,曰:"臣修身絜行数十年,终不以监门困故而受公子财。"公子于是乃置酒大会宾客。坐定,公子从车骑,虚左,〔2〕自迎夷门侯生。侯生摄敝衣冠,直上载公子上坐,不让,欲以观公子。公子执辔愈恭。侯生又谓公子曰:"臣有客在市屠中,愿枉车骑过之。"〔3〕公子引车入市,侯生下见其客朱亥,俾倪,〔4〕故久立与其客语,微察公子。公子颜色愈和。当是时,魏将相宗室宾客满堂,待公子举酒。市人皆观公子执辔。从骑皆窃骂侯生。侯生视公子色终不变,乃谢客就车。至家,公子引侯生坐上坐,徧赞宾客,〔5〕宾客皆惊。酒酣,公子起,为寿侯生前。侯生因谓公子曰:"今日嬴之为公子亦足矣。嬴乃夷门抱关者也,而公子亲枉车骑自迎嬴,于众人广坐之中不宜有所过,今公子故过之。〔6〕然嬴欲就公子之名,故久立公子车骑市中,过客以观公子,公子愈恭。市人皆以嬴为小人,而以公子为长者能下士

也。"于是罢酒,侯生遂为上客。

【注释】〔1〕"夷门",大梁城的东门名。故址在今河南开封北门一带。《太平御览》卷一五八引《史》曰:"大梁城有十二门,东门曰夷门。"本篇篇末太史公亦曰:"夷门者,城之东门也。""监者",看守城门的役吏。〔2〕"虚左",空出左边的座位。古代乘车以左边的位置为尊位。〔3〕"枉",冤屈,这里引申为委屈的意思。〔4〕"俾倪",通睥睨,音pì nì。指斜着眼睛看。〔5〕"徧赞宾客",此句有两种不同的解释:(一)公子把侯生的情况一一向宾客作了介绍,并盛称他的贤德(见《史记索隐》)。(二)公子把宾客的情况一一向侯生作了介绍(见洪亮吉《四史发伏》)。前者义较长。〔6〕"故",通固,这里是"既"、"已"的意思。

【译文】魏国有个隐士叫侯嬴,七十岁了,家境贫寒,是大梁城夷门的守门小吏。公子听说此人以后,便前往拜访,并准备了厚礼相送给他。侯嬴不肯接受,说:"我几十年来修身絜行,决不会因为看守城门而家庭贫困的缘故就接受公子的厚礼。"于是公子置办了酒宴,大会宾客。等到大家坐定以后,公子带着随从车马,空出车上左边的座位,亲自去迎接守夷门的侯生。侯生整理了一下他的破衣旧帽,径行上车,坐在公子空出的左边尊位,毫不谦让,想借此来观察一下公子的诚意。公子拉着驾车的缰绳,态度十分恭敬。侯嬴又告诉公子说:"我有个朋友在市场屠宰坊,希望能委屈一下您的车马随从,路过那里拜访他一下。"公子听了便引车入市,侯生下车去见他的朋友朱亥,(侯生在那里)斜着眼睛窥察(公子),并故意拖长时间站在那里和朱亥谈话,暗中观察公子的反应。公子的脸色更加和悦。就在这个时候,(前来参加公子宴会的)魏国的将相、宗室诸宾客已坐满了宴厅,只等公子回来举杯开宴。市场上的人们(感到好奇)都来看公子(为侯生)驾车,(公子的)随从们也都在暗骂侯生。侯生见公子的脸始终没变,才向朋友告辞登车。到了公子家中,公子领侯生坐到上席,一一向宾客介绍了侯生,客人们听了都感到惊讶。酒饮得正畅快时,公子站起来到侯生席前敬酒。侯生便向公子说:"今天我侯嬴难为您了,我侯嬴只是个夷门的守门人,而公子却亲自驾车迎我侯嬴,在大庭广众之中公子本不应对我有过分的表示,而今天公子对我却过分客气。但我侯嬴为了成就您的爱士之名,所以故意让公子的车马在市中停了好久,又去拜访了

朋友,以此来观察公子的态度,而公子却更显得恭敬。市中的人都以我侯赢为小人,而以公子为能礼贤下士的长者。"酒席散了,侯生从此便成了公子的座上宾。

侯生谓公子曰:"臣所过屠者朱亥,此子贤者,世莫能知,故隐屠间耳。"公子往数请之,朱亥故不复谢,公子怪之。

魏安釐王〔1〕二十年,〔1〕秦昭王已破赵长平军,〔2〕又进兵围邯郸。〔3〕公子姊为赵惠文王弟平原君夫人,〔4〕数遗魏王及公子书,请救于魏。魏王使将军晋鄙将十万众救赵。〔5〕秦王使使者告魏王曰:"吾攻赵旦暮且下,而诸侯敢救者,已拔赵,必移兵先击之。"魏王恐,使人止晋鄙,留军壁邺,〔6〕名为救赵,实持两端以观望。平原君使者冠盖相属于魏,让魏公子曰:"胜所以自附为婚姻者,以公子之高义,为能急人之困。今邯郸旦暮降秦而魏救不至,安在公子能急人之困也!且公子纵轻胜,弃之降秦,独不怜公子姊邪?"公子患之,数请魏王,及宾客辩士说王万端。魏王畏秦,终不听公子。公子自度终不能得之于王,计不独生而令赵亡,乃请宾客,约车骑百余乘,欲以客往赴秦军,与赵俱死。

【注释】〔1〕"魏安釐王二十年",即公元前二五七年,秦昭襄王五十年,赵孝成王九年。 〔2〕"长平",古地名,故址在今山西省高平县西北。"秦昭王",即"秦昭襄王"。名稷(一作侧)。秦武王异母弟。初出奔在燕,后由燕送回即位。公元前三〇六年至前二五一年在位。先后任樗里疾、魏冉、范睢为相。在位时取得魏的河东,联合各国攻破齐国,攻取楚地,设立南郡,在长平大胜赵军,创立了秦统一的有利条件。事详本书《秦本纪》。秦昭王破赵长平军在公元前二六〇年(秦昭王四十七年),在这次战役中,秦将白起大败赵将赵括,坑杀赵卒四十余万。事详见本书《白起王翦列传》、《廉颇蔺相如列传》等篇。 〔3〕"邯郸",赵国国都,故址在今河北省邯郸县。据《史记·六国年表》记载,这一年秦将王龁、郑安平围邯郸。 〔4〕"赵惠文王",名何,赵武灵王之子,赵国第七代君,在位三十三年(公元前二九八年至前二六六年)。"平原君",名

胜,战国时赵国贵族,曾任赵相。"平原",本齐国西境的一个邑,战国时属赵,故址在今山东省平原县南。赵胜初封于此,故称平原君。事详见本书《平原君虞卿列传》。 〔5〕"晋鄙",魏国将领。 〔6〕"邺",魏地名,在今河北省临漳县西南。

【译文】侯生对公子说:"我所拜访的屠夫朱亥,这是个有贤才的人,大家不了解他,所以他隐身于屠户之中。"公子(听了之后曾)多次亲自去拜访他,朱亥却不去回拜,公子感到很奇怪。

魏安釐王二十年,秦昭王打败了赵国驻守在长平的军队,又继续进兵包围了邯郸。公子无忌的姊姊是赵惠文王弟弟平原君(赵胜)的夫人,曾多次派人给魏安釐王和公子送信,向魏王请求救兵。魏王派将军晋鄙率领十万士兵前往救赵。秦昭王(知道后)就派使臣告魏王说:"我攻打赵国早晚将要攻下,如果在诸侯国中有敢来援救赵国的,在占领赵国以后一定先移兵打击它。"魏王听了心中害怕,(于是)派人通知晋鄙停止进军,把军队驻扎在邺地。名义上是出兵救赵,实际上却采取了两面手法以观望形势的变化。平原君的使者络绎不绝地来到魏国,责难魏公子说:"我赵胜所以自愿和魏国结为婚姻,是因为公子有崇高的道义,能够急别人所急,想别人所想。现在邯郸很快就要被秦军攻破,而魏国的援军一直不来,公子解急救患的崇高道义在哪里呢?即使公子轻看我赵胜,抛弃了赵国,使赵国降服于秦国,难道你就不怜念你的姊姊吗?"公子面对此事深感忧愁,曾数次亲自请求魏王出兵救赵,而且请宾客辩士用种种办法去劝说魏王,终因魏王畏惧秦国而没有听从公子的主张。公子猜想(自己的主张)终久不会得到魏王的允许,决计不愿一人苟活而让赵国灭亡,于是请他的宾客们凑集了一百多辆车马,打算率领宾客们去与秦军决一死战,和赵国共存亡。

行过夷门,见侯生,具告所以欲死秦军状。〔1〕辞决而行,〔2〕侯生曰:"公子勉之矣,老臣不能从。"公子行数里,心不快,曰:"吾所以待侯生者备矣,天下莫不闻,今吾且死而侯生曾无一言半辞送我,我岂有所失哉?"复引车还,问侯生。侯生笑曰:"臣固知公子之还也。"曰:"公子喜士,名闻天下。今有难,无他端而欲赴秦军,譬若以肉投馁虎,何功之有哉?尚安事客?然公子遇臣厚,公子往而臣不送,以是知公子恨之复返也。"公子

再拜,因问。侯生乃屏人间语,[3]曰:"嬴闻晋鄙之兵符常在王卧内,[4]而如姬最幸,[5]出入王卧内,力能窃之。嬴闻如姬父为人所杀,如姬资之三年,[6]自王以下欲求报其父仇,莫能得。如姬为公子泣,公子使客斩其仇头,敬进如姬。如姬之欲为公子死,无所辞,顾未有路耳。公子诚一开口请如姬,如姬必许诺,则得虎符夺晋鄙军,北救赵而西却秦,此五霸之伐也。"[7]公子从其计,请如姬。如姬果盗晋鄙兵符与公子。

我还听说如姬的父亲被人杀害,如姬怀恨三年,除国王以外,她想寻求一个能为她报杀父之仇的人,但未能找到。如姬曾对公子哭诉此事,公子若能派人去斩下她仇人的头献给如姬,如姬一定愿为公子效死,决不推辞,只是没有机会罢了。公子如果真的开口请如姬帮忙,如姬一定会许诺此事,那么就能得到虎符夺取晋鄙的军队,这样北面就可以救了赵国而且西面又可以打退秦兵,此举如同春秋五霸一般的功业。"公子听从了侯生的计谋,去请如姬帮忙。如姬果然偷到了晋鄙的兵符,并送交给公子。

【注释】[1]"具",同俱。〔2〕"决",同诀。〔3〕"屏人","屏"同摒,即排退旁边的人。"间语",私语。〔4〕"兵符",亦称虎符,古代调兵遣将的一种凭证,多以铜制成虎形,中剖为二,可分可合。左半交给统军的将领,右半留在国君手中,如果国家有了战事或新的命令,则派使者持右半虎符前往传达,左右符合,方可生效。〔5〕"如姬",魏安釐王的侍妾。"最幸",最得宠爱。〔6〕"资之三年",积恨三年。"资",积蓄。"之",指杀父之仇。一说"资"犹今言"悬赏",顾炎武说:"谓以资财求客报仇。""之"指杀死如姬父亲的人。〔7〕"五霸",指春秋时先后称霸的五个诸侯,但历来说法不一,通常指齐桓公、晋文公、楚庄王、秦穆公、宋襄公。"伐",指功业、勋绩。

【译文】路过夷门时,见到了侯生,公子将他所以要和秦军决一死战的情况原原本本地告诉了侯生。说完了就辞别继续前进,侯生说:"公子努力干吧,老臣不能相从了。"公子走了几里路之后,心中感到不甚愉快,说:"我对待侯生是十分周到的,天下的人没有不听说的,现在我将要去死了,而侯生却无一言半语来送我,难道我还有什么过失的地方吗?"于是又带着车马返回去问侯生。侯生笑着说:"我早就知道公子会回来的。"接着又说:"公子仁厚待士的品德天下闻名。今天你有了困难,没有别的好办法才准备去与秦军决一死战,这就好像拿肉投给饿虎一般,这会有什么好处呢?像这样厚养宾客还有什么用呢?公子待我很厚,你去决一死战而臣下竟不去送行,因此我知道公子会恨我而且一定会回来的。"公子向侯生再拜,并向他请教,于是侯生支开旁边的人,悄悄地和公子说:"我听说晋鄙的兵符常放在魏王的卧室内,而侍妾如姬最得魏王宠爱,经常出入于魏王的卧室,她能够偷到兵符。

公子行,侯生曰:"将在外,主令有所不受,[1]以便国家。公子即合符,而晋鄙不授公子兵而复请之,事必危矣。臣客屠者朱亥可与俱,此人力士。晋鄙听,大善;不听,可使击之。"于是公子泣。侯生曰:"公子畏死邪?何泣也?"公子曰:"晋鄙嚄唶宿将,[2]往恐不听,必当杀之,是以泣耳,岂畏死哉?"于是公子请朱亥。朱亥笑曰:"臣乃市井鼓刀屠者,而公子亲数存之,[3]所以不报谢者,以为小礼无所用。今公子有急,此乃臣效命之秋也。"[4]遂与公子俱。公子过谢侯生。侯生曰:"臣宜从,老不能。请数公子行日,以至晋鄙军之日,北乡自刭,[5]以送公子。"公子遂行。

【注释】〔1〕"将在外,主令有所不受",语出《孙子·九变篇》,意思是:国君身居朝内,对前方作战的具体情况不甚了解,在前方亲自指挥作战的将领可以不完全接受国君的命令。〔2〕"嚄唶宿将",叱咤风云的老将。"嚄",音 huò,大笑。"唶",音 zè,大呼。〔3〕"存",指慰问,恤助。〔4〕"秋",指时机。〔5〕"乡",同向。"北乡",面向北方。鄙在魏国的北境,所以侯生说面向北方。"刭",音 jǐng,自刎。

【译文】公子将要出发了,侯生说:"将军在外作战,为了国家的利益,君主的命令有时可以不接受。公子即使合了兵符,如果晋鄙不交给公子兵权,而要重新请示魏王,那么事情就会危险。我的朋友屠户朱亥可以和你一起去,此人力量过人。晋鄙听从了你,当然最好,若不听从你,就可以让朱亥打死他。"公子听了流下泪来。侯生说:"难道公子是怕死吗?为什么哭呢?"公子说:"晋鄙是叱咤风云的老将,我去了恐怕他不会听从我意,必定会杀死他,因此流下了眼泪,我哪里是怕死呢?"于是公子去请朱亥同行。朱亥笑着说:"我是市井间操刀宰杀的屠夫,而公子曾多次亲自来看我,我所以没有回拜的缘故,是认为这些小礼节没什么用处,现在公子有了急事,这正是我报答恩惠为你效命的时候到了。"于是和公子一同前往。公子又去辞谢侯生,侯生说:"我本来应随从你一同前往,因为年岁老了不能陪同,我愿计算公子的行程和日期,在你到达晋鄙军中的那天,我定面向北方自刭,以此来送行公子。"公子于是出发了。

至邺,矫魏王令代晋鄙。晋鄙合符,疑之,举手视公子曰:[1]"今吾拥十万之众,屯于境上,国之重任,今单车来代之,何如哉?"欲无听。朱亥袖四十斤铁椎,[2]椎杀晋鄙,公子遂将晋鄙军,勒兵,下令军中曰:"父子俱在军中,父归;兄弟俱在军中,兄归;独子无兄弟,归养。"得选兵八万人,进兵击秦军。秦军解去,遂救邯郸,存赵。赵王及平原君自迎公子于界,平原君负韊矢为公子先引。[3]赵王再拜曰:"自古贤人未有及公子者也。"当此之时,平原君不敢自比于人。公子与侯生决,至军,侯生果北乡自刭。

【注释】〔1〕"举手",一说当为"举首"之误。意谓昂首视公子。叮备一说。 〔2〕"椎",通锤。"铁椎",是古代一种形状如瓜,带柄的击杀武器。〔3〕"韊",音lián,古代盛箭的袋子。

【译文】到了邺城,公子假传魏王的命令来代替晋鄙的军职。晋鄙合过兵符,却(对此事)表示怀疑,抬起头来望着公子说:"现在我拥有十万大军驻守在边境上,担负着保卫国家的重大任务,现在你单身匹马来接替我的重任,这是怎么一回事呢?"想不听从公子。朱亥用藏在袖中的四十斤重的铁锤击杀了晋鄙,于是公子统率了晋鄙的军队,并进行了整顿,下令军中说:"父子都在军中服役的父亲回去,兄弟皆在军中服役的哥哥回去,没有兄弟的独生子回去奉养父母。"经过挑选留下精兵八万,进兵攻击秦军。秦军被击退以后,于是又去援救邯郸,这样才保全了赵国。赵王和平原君亲自去郊界处迎接公子无忌,平原君背着箭袋在前面为公子引路。赵王向公子行了再拜礼后说:"自古以来的贤者没有一个能比得上公子。"这时,平原君也自惭不敢跟公子相比了。公子和侯生诀别以后,在公子到达晋鄙军中的时候,侯生果然向着北方自刭而死。

魏王怒公子之盗其兵符,矫杀晋鄙,公子亦自知也。已却秦存赵,使将将其军归魏,而公子独与客留赵。赵孝成王德公子之矫夺晋鄙兵而存赵,[1]乃与平原君计,以五城封公子。公子闻之,意骄矜而有自功之色。客有说公子曰:"物有不可忘,或有不可不忘。夫人有德于公子,公子不可忘也;公子有德于人,愿公子忘之也。且矫魏王令,夺晋鄙兵以救赵,于赵则有功矣,于魏则未为忠臣也。公子乃自骄而功之,窃为公子不取也。"于是公子立自责,似若无所容者。赵王埽除自迎,执主人之礼,引公子就西阶。[2]公子侧行辞让,从东阶上。[3]自言罪过,以负于魏,无功于赵。赵王侍酒至暮,口不忍献五城,以公子退让也。公子竟留赵。赵王以鄗为公子汤沐邑,[4]魏亦复以信陵奉公子。公子留赵。

【注释】〔1〕"赵孝成王",名丹,赵惠文王之子,赵国第八代君,在位二十一年(公元前二六五年至前二四五年)。"德",感激。 〔2〕"引公子就西阶",据《礼记·曲礼上》记载:"凡与客人者……主人就东阶,客就西阶。"这是古代升堂的礼节,古人以西边为尊,所以请客人就西阶而上。这里是赵王执主人之礼,所以引公子从西阶而上。 〔3〕"从东阶上",据《礼记·曲礼上》记载:"客若降等则就主人之阶。"这里是指公子自谦,所以降等随主人从东阶而上。 〔4〕"鄗",音hào,古地名,战国时属赵,故址在今河北省高邑县境。"汤沐邑",周代各诸侯都要按时朝见天子,所以天子在其京郊附近赐给各诸侯一块领地,以供他们住宿和斋戒沐浴开销之用,此地称为汤沐邑。后来皇后、公主等收取赋税的私邑也称作汤沐邑,名义虽存,实际上已变成了供给他们生活所需的封邑。

【译文】魏王对公子偷走他的兵符很生气,假传命令杀死晋鄙,(这些负国的罪过)公子自己心里也很清楚。在打退秦兵保全了赵国以后,公子便派了一名将军率领着队伍回到了魏国,而公子本人和他的宾客们却留在了赵国。赵孝成王很感激公子假传命令夺取了晋鄙的军队从而保全了赵国，于是和平原君商量，打算把五个城邑封给公子。公子听说此事以后，心里有了骄傲的念头，脸上也显露出自以为有功的神色。门客中有人劝公子说："事情有不可忘记的，也有不可不忘记的。别人有恩于公子，公子是不能忘记的；公子有恩于别人，希望公子能忘掉它。况且假传魏王的命令，夺取晋鄙的军队来保全赵国，这对赵国来讲是有功的，而对于魏国来讲却不能说是忠臣。公子以此事为骄傲、有功，我认为这一点公子是不可取的。"于是公子立刻自己责备自己，好像无地自容似的。赵王打扫庭前台阶亲自迎接公子，依照主人迎接贵宾的礼节，引导公子从西阶而上，公子却侧身谦让，从东阶而上。公子自称有罪过，即有负于魏国，对赵国来讲也没有什么功劳。赵王陪公子饮酒一直到了天黑，嘴里不好意思说出封赠公子五城的事，因为公子一直很谦让。公子终于留在了赵国，赵王把鄗地作为公子的汤沐邑，魏国也仍把信陵封给了公子。公子留在了赵国。

公子闻赵有处士毛公藏于博徒，薛公藏于卖浆家，[1]公子欲见两人，两人自匿不肯见公子。公子闻所在，乃间步往从此两人游，甚欢。平原君闻之，谓其夫人曰："始吾闻夫人弟公子天下无双，今吾闻之，乃妄从博徒卖浆者游，公子妄人耳。"夫人以告公子。公子乃谢夫人去，曰："始吾闻平原君贤，故负魏王而救赵，以称平原君。平原君之游，徒豪举耳，[2]不求士也。无忌自在大梁时，当闻此两人贤，至赵，恐不得见。以无忌从之游，尚恐其不我欲也，今平原君乃以为羞，其不足从游。"乃装为去。夫人具以语平原君。平原君乃免冠谢，[3]固留公子。平原君门下闻之，半去平原君归公子，天下士复往归公子，公子倾平原君客。

【注释】[1]"处士"，古代有才德而隐居不做官的人。"毛公"、"薛公"，史佚其名。《汉书·艺文志》名家有《毛公九篇》，注云："赵人，与公孙龙等并游平原君赵胜所。"师古注云："此盖《史记》所云'藏于博徒'者。"疑即此人。"博徒"，即赌徒。 [2]"豪举"，旧注有两说：(一)一时高兴的举动(《史记旧注平议》)。(二)"豪者举之，不论德行。"(《史记

会注考证》引刘伯庄说)似前说可从。 [3]"免冠谢"，摘下帽子前往谢罪。古人免冠赔礼表示自己认罪。

【译文】公子听说赵国有个名叫毛公的处士隐藏在赌徒当中，有个叫薛公的隐藏在卖酒的人家，公子想见这两个人，而这两个人却躲藏起来不肯见公子。后来公子打听到他俩躲藏的地方，就悄悄地前往和这两个人交往，相处的很融洽。平原君听到这件事后便对他的夫人说："当初我听说夫人的弟弟公子是天下没有人能和他相提并论的人才，现在我听说他竟和赌徒、卖酒的人胡乱交往，公子不过是个荒唐的人罢了。"平原君的夫人把这些话告诉了公子。公子便辞别了平原君的夫人准备离开赵国，说："当初我听说平原君很贤明，所以背负了魏王来援救赵国，以满足平原君的心愿。看来平原君的交往朋友只是一时的举动为装门面罢了，不是在真诚地寻求人才。我无忌还在大梁的时候就经常听说这两个人贤能，来到赵国唯恐见不到他们。以我无忌这样的人和他们交往尚且担心他们不愿理我，现在平原君认为和他们交往是羞耻，可见像平原君这样的人是不值得交往啊。"于是整理行装准备离开赵国。夫人又把(公子的这番)话全部告诉了平原君。平原君于是摘去帽子前往谢罪，并坚决地挽留公子。平原君门下的宾客听了这事以后，有一半离开了平原君而归附于公子，天下的贤士们也都纷纷来到公子的门下，公子门下的宾客大大超过了平原君。

公子留赵十年不归。[1]秦闻公子在赵，日夜出兵东伐魏。[2]魏王患之，使使往请公子。公子恐其怒之，乃诫门下："有敢为魏王使通者，死。"宾客皆背魏之赵，莫敢劝公子归。毛公、薛公两人往见公子曰："公子所以重于赵，名闻诸侯者，徒以有魏也。今秦攻魏，魏急而公子不恤，使秦破大梁而夷先王之宗庙，公子当何面目立天下乎？"语未及卒，公子立变色，告车趣驾归救魏。

【注释】[1]"公子留赵十年不归"，"十年"指魏安釐王二十年(公元前二五七年)至魏安釐王三十年(公元前二四七年)。 [2]"秦闻公子在赵，日夜出兵东伐魏"，《史记·魏世家》及《六国年表》均无记载。《史记·秦本纪》记载秦昭襄王四十九年(魏

安釐王十九年,公元前二五八年)使将军张唐攻魏;五十年(魏安釐王二十年,公元前二五七年)拔魏宁新中,更名安阳城,五十三年(魏安釐王二十三年,公元前二五四年)使摎伐魏,取吴城。秦庄襄王三年(魏安釐王三十年,公元前二四七年)使蒙骜攻取了魏高都、汲二城。余无记载。

【译文】公子留在赵国住了十年,一直没回魏国。秦国听说公子在赵国,日夜向东出兵攻打魏国。魏王为此事十分担心,于是派使者去请公子回国,公子害怕魏王对他还怀恨在心,于是告诫门下诸客说:"有敢为魏王使者通报的处死刑。"宾客们都是(跟随公子)背弃魏国来到赵国的,所以没有人敢去劝公子回国的。毛公、薛公二人前往见公子说:"公子所以受到赵国的尊重、闻名于各诸侯国的原因,只是因为有魏国的存在。现在秦国攻打魏国,魏国危急而公子却无动于衷,假使秦国攻破了大梁,把先王的宗庙毁为平地,公子将以什么样的面目立足于天下呢?"话还没有讲完,公子的脸上立刻变了颜色,(于是马上)告诉管车的人套起车马回国救魏。

魏王见公子,相与泣,而以上将军印授公子,[1]公子遂将。魏安釐王三十年,[2]公子使使遍告诸侯。诸侯闻公子将,各遣将将兵救魏。公子率五国之兵破秦军于河外,[3]走蒙骜。[4]遂乘胜逐秦军至函谷关,[5]抑秦兵,秦兵不敢出。当是时,公子威振天下,诸侯之客进兵法,公子皆名之,故世俗称《魏公子兵法》。[6]

【注释】〔1〕"上将军",官名,统率军队的最高将领。 〔2〕"魏安釐王三十年",即公元前二四七年。 〔3〕"五国",据《史记·秦本纪》《正义》,指齐、楚、燕、韩、赵。"河外",《史记·秦本纪》《正义》谓"陕、华二州",即现在河南省陕县一段的黄河以南地区。《史记·秦本纪》记载秦庄襄王三年(魏安釐王三十年)"魏将无忌率五国兵击秦,秦却于河外"。《魏世家》记载魏安釐王三十年"无忌归魏,率五国兵攻秦,败之河内"。对于魏国来说黄河以南地区则为河内。 〔4〕"蒙骜",秦将,秦始皇时大将蒙恬的祖父。 〔5〕"函谷关",秦时故关在今河南省灵宝县东北,因关在谷中,深险如函得名。 〔6〕"《魏公子兵法》",《史记集解》云:"刘歆《七略》有《魏公

子兵法》二十一篇,图七卷。"《汉书·艺文志》兵家类有《魏公子》二十一篇,图十卷。自注云"今亡"。

【译文】魏王见到公子以后,两人相对哭泣,魏王把上将军的印信交给公子,公子做了魏国军队的最高将领,统率了魏国的军队。魏安釐王三十年,公子派遣使者(把自己做了魏军将领的消息)告知各诸侯国。各诸侯听说公子亲自统率魏军,便纷纷派了将军领兵前来救魏。公子于是率领五国兵马在河外击败了秦军,打跑了秦将蒙骜。接着乘胜追击秦军到函谷关,压住了秦军,迫使秦军不敢出函谷关。在这个时候,公子威震天下,各诸侯国的宾客都来呈献兵法著作,公子都给这些著作编了名目,所以世上一般都称之为《魏公子兵法》。

秦王患之,乃行金万斤于魏,求晋鄙客,令毁公子于魏王曰:"公子亡在外十年矣,今为魏将,诸侯将皆属,诸侯徒闻魏公子,不闻魏王。公子亦欲因此时定南面而王,[1]诸侯畏公子之威,方欲共立之。"秦数使反间,伪贺公子得立为魏王未也。魏王日闻其毁,不能不信,后果使人代公子将。公子自知再以毁废,乃谢病不朝,与宾客为长夜饮,饮醇酒,多近妇女。日夜为乐饮者四岁,竟病酒而卒。其岁,魏安釐王亦薨。

【注释】〔1〕"南面而王",古代帝王的座位是坐北向南。"南面"即面向南。

【译文】秦王对公子的威武感到忧患,于是不惜万金在魏国寻求晋鄙的门客,使他们在魏王面前诋毁公子说:"公子逃亡在国外十年之久,现在做了魏国的将军,各诸侯国都来隶属于公子的麾下,各诸侯也将只知道有魏公子而不知道有魏王,公子也想趁机南面而王,各诸侯也因公子威震天下而感到害怕,正打算共同拥立他为魏国国王。"秦国多次利用反间计策派人前往假贺公子,刺探是否立为魏王。魏王天天听到有人诋毁公子,不能不信,后来果然派人代替了公子将军职务。公子自己也知道是因为多次被人诋毁而被废置不用,于是假托有病不去朝见魏王,与宾客们酣饮达旦,常饮浓郁的美酒,经常亲近妇女。这样日日夜夜饮酒寻乐生活了四年,终因饮酒过度而患病致死。就在这一年里,魏安釐王也死了。

秦闻公子死，使蒙骜攻魏，拔二十城，[1]初置东郡。[2]其后秦稍蚕食魏，十八岁而虏魏王，[3]屠大梁。[4]

【注释】[1]"拔二十城"，据《史记·魏世家》记载:(魏)景湣王元年(公元前二四二年)，秦拔二十城，以为秦东郡。《六国年表》同《魏世家》。 [2]"东郡"，秦郡名，在今河北省东南和山东省西部一带地区。其郡治在今河南省濮阳县西南。 [3]"魏王"，名假，魏景湣王之子，在位三年(公元前二二七年至前二二五年)。据《史记·魏世家》记载:"(王假)三年，秦灌大梁，虏王假，遂灭魏以为郡县。"《六国年表》亦记载秦王政二十二年，"王贲击魏，得其王假，尽取其地"。 [4]"屠大梁"，据《魏世家》篇末司马迁赞曰:"吾适故大梁之墟，墟中人曰:'秦之破梁，引河沟而灌大梁，三月城坏，王请降，遂灭魏。'"屠大梁当指此事。

【译文】秦国听说公子死了，便派蒙骜率兵攻魏，攻取了二十个城邑，开始(在这里)设立为(秦国的)东郡。从此以后秦国逐渐蚕食魏国的土地，经过十八年，秦国俘虏了魏王，攻破了魏国的都城大梁。

高祖始微少时，[1]数闻公子贤。及即天子位，每过大梁，常祠公子。高祖十二年，[2]从击黥布还，[3]为公子置守冢五家，世世岁以四时奉祠公子。

【注释】[1]"高祖"，即汉高祖刘邦。事详《高祖本纪》。 [2]"高祖十二年"，即公元前一九五年。 [3]"黥布"，原名英布，六安(今安徽省六安县)人。因受黥刑(古代在脸上刺字的一种刑罚)，所以当时人也称之为黥布。黥布是秦末起义军将领之一，始从项羽，后归刘邦，因作战有功，曾封为淮南王。后因谋反，于高祖十二年(公元前一九五年)被刘邦击败逃往江南，为长沙王(吴芮子成王臣)诱杀。事详本书《黥布列传》。

【译文】汉高祖刘邦还处于贫寒微贱的时候，经常听人说公子很贤能。到做了皇帝以后，每次经过大梁时总要去祭祀公子。高祖十二年，在击破黥布之后回京路过大梁时，安置了五户人家专为公子守冢，希望后世每年四季按时祭祀公子。

太史公曰:[1]吾过大梁之墟，[2]求问其所谓夷门。夷门者，城之东门也。天下诸公子亦有喜士者矣，[3]然信陵君之接岩穴隐者，不耻下交，有以也。名冠诸侯，不虚耳。高祖每过之而令民奉祠不绝也。

【注释】[1]"太史公"，即太史令，作者当时做太史令，所以自称太史公。以下这段文字是司马迁对魏公子无忌的论赞。 [2]"大梁之墟"，大梁自魏亡时被秦所屠，至司马迁时已百有余年，犹未恢复，所以司马迁经过其地时仍然可以看到其残破毁损的遗迹。 [3]"诸公子"，当指信陵君以外的孟尝君、平原君、春申君。

【译文】太史公说:"我经过大梁的旧址时，曾向人打听过所谓的夷门，夷门就是城的东门。天下诸公子也有好客喜士的，然而能像信陵君那样结交各个角落的隐士，礼贤下士，不以为耻，是很有道理的。公子的名声远在各诸侯之上，并非虚传。汉高祖每次经过这里时总要让百姓们不断地去祭祀他。"

史记卷七十八

春申君列传第十八

春申君者,楚人也,名歇,姓黄氏。游学博闻,[1]事楚顷襄王。[2]顷襄王以歇为辩,[3]使于秦。秦昭王使白起攻韩、魏,败之于华阳,[4]禽魏将芒卯,[5]韩、魏服而事秦。秦昭王方令白起与韩、魏共伐楚,未行,而楚使黄歇适至于秦,闻秦之计。当是之时,秦已前使白起攻楚,取巫、黔中之郡,[6]拔鄢、郢,[7]东至竟陵。[8]楚顷襄王东徙治于陈县。[9]黄歇见楚怀王之为秦所诱而入朝,[10]遂见欺,留死于秦。顷襄王,其子也,秦轻之,恐壹举兵而灭楚。[11]歇乃上书说秦昭王曰:[12]

【注释】〔1〕"游学",周游各地,拜师求学。"博闻",见多识广,知识渊博。 〔2〕"顷襄王",即熊横,公元前四九六年至前二六三年在位。 〔3〕"辩",善于辩论,有口才。 〔4〕"秦昭王",即秦襄昭王嬴稷,公元前三〇六年至前二五一年在位。"白起",又名公孙起,秦国名将。秦昭王时多次带兵作战,夺得韩、魏、赵、楚的很多土地,累官至大良造。秦昭王二十九年(公元前二七八年)攻克楚都郢(今湖北江陵县北),因功封武安君。后为相国范睢所忌,被逼自杀。"华阳",县名。在今河南省新郑市北。 〔5〕"禽",同"擒"。按:"禽魏将芒卯"句在《战国策·魏三》、《史记·穰侯列传》均作"走芒卯"。疑此处所载有误。 〔6〕"巫",县名。地在今四川省东部。秦置巫县,隋改为巫山县。"黔中",郡名,战国时楚置,地在今湖南省西北部,包括湖北、四川、贵州三省与湖南交界接壤的部分地区。〔7〕"鄢",地名。楚别都,楚惠王即位(公元前四八八年)之初曾从郢迁都于此,但不久又迁回郢。地在今湖北省宜城县东南。"郢",楚都城,在今湖北

江陵县北。按:或说鄢郢为一城名,即楚别都鄢城,不确,应为两地。 〔8〕"竟陵",县名。治所在今湖北潜江县西北。 〔9〕"陈县",县名。地在今河南省信阳县长台关乡。 〔10〕"楚怀王之为秦所诱而入朝",指公元前二九九年秦昭王以邀请盟会的形式,欺骗楚怀王熊槐入秦而被扣留一事。"楚怀王",即熊槐,公元前三二八年至前二九九年在位。〔11〕"壹",通"一"。 〔12〕"说",用话劝说别人使听从自己的意见。

【译文】春申君是楚国人,名叫歇,姓黄。他曾周游各地拜师求学,见多识广,知识渊博,事奉于楚顷襄王。顷襄王认为黄歇善于辩论有口才,就派遣他出使秦国。此前,秦昭王派白起攻打韩、魏两国联军,在华阳将他们打败,活捉了魏国将领芒卯,韩国、魏国只得侍奉臣服于秦。秦昭王刚刚命令白起同韩国、魏国一起出兵进攻楚国,军队尚未开拔,正在这时楚国使臣黄歇恰好来到秦国,听到了秦国的这个计谋。当时的形势是,秦国在此之前就已经派白起进攻过楚国,夺取了巫郡、黔中郡,攻占了别都鄢城和都城郢,向东一直打到竟陵。楚顷襄王只好把都城向东迁到陈县。黄歇曾见到楚怀王被秦国引诱到那里去访问。结果被欺骗受辱,为秦国扣留并死在那里。现在的楚顷襄王是楚怀王的儿子,秦国根本不把他放在眼里,恐怕秦国这次一旦出兵,就会去灭掉楚国。黄歇于是就上书劝说秦昭王道:

天下莫强于秦、楚。今闻大王欲伐楚,此犹两虎相与斗。两虎相与斗而驽犬受其弊,[1]不如善楚。臣请言其说:臣闻物至则反,冬夏是也;[2]致至则危,累棋是也。[3]今

大国之地,遍天下有其二垂,〔4〕此从生民已来,〔5〕万乘之地未尝有也。〔6〕先帝文王、庄王之身,〔7〕三世不妄接地于齐,〔8〕以绝从亲之要。〔9〕今王使盛桥守事于韩,〔10〕盛桥以其地入秦,是王不用甲,〔11〕不信威,〔12〕而得百里之地。王可谓能矣。王又举甲而攻魏,杜大梁之门,〔13〕举河内,〔14〕拔燕、酸枣、虚、桃,〔15〕入邢,〔16〕魏之兵云翔而不敢捄。〔17〕王之功亦多矣。王休甲息众,〔18〕二年而后复之;又并蒲、衍、首、垣,〔19〕以临仁、平丘,〔20〕黄、济阳婴城而魏氏服;〔21〕王又割濮、磿之北,〔22〕注齐、秦之要,〔23〕绝楚、赵之脊,〔24〕天下五合六聚而不敢救。〔25〕王之威亦单矣。〔26〕

【注释】〔1〕"驽",才能低劣。"弊",疲困,困顿。 〔2〕"至",极点。"冬夏是也",冬天和夏天的转换变化就是这样。 〔3〕"致至",发展到极点。"致",发展。"累棋",高叠的棋子。 〔4〕"垂",通"陲",边境。"二垂",指西部和北部的边地。 〔5〕"已",通"以"。 〔6〕"万乘",万辆兵车。周制,王畿方千里,能出兵车万乘,故"万乘"在这里指代天子。战国时大国也称"万乘"。"乘",音 shèng。 〔7〕"先帝文王、庄王之身",此句有误。《战国策·秦策》作"文王、武王、王之身三世",当是。秦国在秦昭王之前没有庄王,后来有秦庄襄王,是昭王的孙子,所以这里的"庄王"肯定不对。又"庄王"后脱漏一"王"字,否则"文王、庄王之身"就只有二世而不是下文所称的三世了。 〔8〕"妄",梁玉绳《史记志疑》云:"妄"应作"忘",当是。 〔9〕"从亲",合纵亲善。"从",同"纵",合纵。"要",同"腰",这里指纽带、关键之处。 〔10〕"盛桥",人名。"守事于韩",在韩国驻守任职,而从事有利于秦国的活动。 〔11〕"甲",指披甲的士兵。 〔12〕"信",通"伸",伸展,伸张。 〔13〕"杜",堵塞。"大梁",魏国都城,在今河南省开封市。 〔14〕"河内",地区名,指今河南省黄河以北地区。 〔15〕"燕、酸枣、虚、桃",均为地名,在今河南省延津县、长垣县一带。 〔16〕"邢",地名,即邢丘,在今河南省温县东。 〔17〕"云翔",指如白云飘飞似地逸散而去。"捄",通"救"。 〔18〕"休甲息众",停止征战,让百姓休养生息。 〔19〕"蒲、衍、首、垣",均为邑名。"蒲",在今河南省长垣县。"衍",在今河南省郑州市北。"首",在今河南省睢县东南。"垣",在今山西省垣

曲县东南。 〔20〕"仁",古地名,在今河南省境内。"平丘",县名,在今河南省封丘县东。 〔21〕"黄",古邑名,在今河南省兰考县西。"济阳",县名,在今河南省兰考县东北。"婴城",环城自守,《战国策·秦四》鲍彪注:"婴,犹萦也。盖二邑(指黄、济阳)环兵自守。" 〔22〕"濮",县名,即今河南封丘县。"磿",地名,靠近濮县。 〔23〕"注",打通,贯通。"要",同"腰"。 〔24〕"脊",脊梁,这里指要害之处。 〔25〕"五合六聚",指天下诸侯多次聚集联合。 〔26〕"单",通"殚",尽的意思。

【译文】天底下没有谁比秦国、楚国更强大了。现在听说大王想要进攻楚国,这就如同两只猛虎互相争斗。两虎相斗,即使是劣狗也能从中趁机得到好处,如此,您不如和楚国亲善。请允许我陈述我的意见:我听说物极必反,冬季与夏季的更迭变化就是这样,事物发展到极点就危险,高叠起来的棋子就是这样。如今大王您贵国的领土,占有天下西、北两大边,这是有人类以来,即使是天子的领地,也不曾有过的事啊!先帝文王、庄(武)王及大王您,三代都没有忘记使秦国的土地与齐国接壤,借以切断东方各国合纵的纽带。现在大王您派盛桥到韩国驻守任职,盛桥就将他管辖的地盘归入秦国。这样做大王您不动用武力,不伸张威势,而一下就得到了百里之地。您这可称得上是有才能啦!您又发兵攻打魏国,围堵了魏国都城大梁的出入通道,拿下了河内,攻克了燕、酸枣、虚、桃等地,进入了邢地,魏国的军队如风吹白云,四处逃散而不敢彼此相救。大王您的功劳也够多的了。随后,大王您停止了用兵,使广大民众休养生息,两年之后再次举兵,又夺取了蒲、衍、首、垣等地,进而兵临仁地、平丘,包围黄、济阳,这两地只能退缩自守,结果魏国臣服事秦;大王又割取了濮、磿以北的地区,打通了秦国和齐国的通道,截断了楚国和赵国联系的要道。天下诸侯经过五次联合而相聚的合纵六国,却不敢互相救援。大王的威风可以说是发挥得淋漓尽致了。

王若能持功守威,〔1〕绌攻取之心而肥仁义之地,〔2〕使无后患,三王不足四,〔3〕五伯不足六也。〔4〕王若负人徒之众,〔5〕仗兵革之强,乘毁魏之威,而欲以力臣天下之主,〔6〕臣恐其有后患也。《诗》曰:"靡不有初,鲜克有终。"〔7〕《易》曰:"狐涉水,濡其尾。"〔8〕此言始之易,终之难也。何以知其

然也?昔智氏见伐赵之利而不知榆次之祸,[9]吴见伐齐之便而不知乾隧之败。[10]此二国者,非无大功也,没利于前而易患于后也。[11]吴之信越也,[12]从而伐齐,既胜齐人于艾陵,[13]还为越王禽三渚之浦。[14]智氏之信韩、魏也,从而伐赵,攻晋阳城,[15]胜有日矣,韩、魏叛之,杀智伯瑶于凿台之下。[16]今王妒楚之不毁也,而忘毁楚之强韩、魏也,臣为王虑而不取也。

【注释】[1]"持功",保持功绩。守威,把守住威势。 [2]"绌",减损,排除。"肥",这里是使动用法,意思是使肥沃、敦厚。"地",心地,见地。[3]"三王不足四",指夏禹、商汤、周文周武三代开国君王犹显得不足,而应该为四王,意思是谓秦昭王的功绩可与三王并驾齐驱,竞相媲美。 [4]"五伯不足六",意思与上句相同。"五伯",即五霸,指春秋诸侯中称霸一时的五个诸侯盟主,一般谓齐桓公、晋文公、秦穆公、楚庄王、宋襄公。 [5]"负",依恃,凭借。"人徒",泛指人民。 [6]"臣",这里是使动用法,意谓使臣服。"主",指别国的诸侯。[7]"《诗》",即《诗经》,我国最早的诗歌总集,编成于春秋时代。"靡不有初,鲜克有终",出自《大雅·荡》。"靡",无。"鲜",少。"克",能够。 [8]"《易》",指《周易》,是古人占卜用的书,相传系周人所作。"狐涉水,濡其尾",出自《未济》卦。"濡",浸湿。 [9]"榆次之祸",指春秋末期晋国四卿互相兼并中,知(智)伯率韩、魏围攻赵襄子,韩、魏恐赵亡后会殃及自身,反与赵合谋攻灭知伯于榆次,知氏遂亡。"榆次",县名,在今山西省太原市东南。[10]"便",利益。"乾隧之败",指吴王夫差被越王句践战败后在乾隧自杀。"乾隧",地名,在今江苏省苏州市。 [11]"没",沉溺,贪恋。 [12]"吴之信越",指吴夫差准备伐齐时,越王句践率君臣去朝见夫差并厚赠财物以示支持,使夫差放弃了对句践的戒备。 [13]"艾陵",地名,在今山东省莱芜县附近。[14]"禽",同"擒"。"三渚之浦",又作"三江之浦"(见《战国策》)。"浦",水边。 [15]"晋阳",邑名,当时为赵襄子所据。在今山西省太原市西南。 [16]"凿台",台名,在今山西省榆次市南。

【译文】大王如果能保持住已有的功绩和威望,减少攻取征伐的念头而让自己的心境充满仁义,使以后再没有祸患,那么您真可以和三王媲美,与五霸并举了。大王如果凭借人口众多,倚仗军队强大,并借趁攻灭魏国的威势,而想以武力使天下的诸侯都臣服于自己,我恐怕这对您以后会有祸患啊!《诗经》说:"凡事无不有好的开头,但很少有好的结局。"《易经》上说:"狐狸渡水的时候,最终会浸湿尾巴。"这些话都是说开头容易,结尾难。怎么知道将是这样呢?从前智伯只看到了进攻赵国的好处,却没料到自己反在榆次遭到赵国与韩、魏两国的合谋暗算而丧身的灾祸,吴王夫差只看到进攻齐国的好处,却没想到因此放松了对越国的警惕而最后在干隧被越王句践战败。这两个国家,不是都没有建树巨大的功绩,只是都贪图了眼前的利益而换来了后来的祸患。吴王夫差相信了越国的恭维,所以才去攻打齐国,在艾陵战胜了齐军以后,在返回时被越王句践在三江水边活捉。智伯相信了韩氏和魏氏,所以才去进攻赵氏,围攻赵国重镇晋阳城,眼看胜利在望了,不料韩氏、魏氏背叛了他,将智伯瑶杀死在凿台之下。如今大王您忌恨楚国的存在,而忘记了一旦毁灭了楚国就会使韩国和魏国更加强大。我替大王考虑,还是不要这样做。

《诗》曰:"大武远宅而不涉。"[1]从此观之,楚国,援也;邻国,敌也。《诗》云:"趯趯毚兔,[2]遇犬获之。他人有心,余忖度之。"[3]今王中道而信韩、魏之善王也,[4]此正吴之信越也。臣闻之,敌不可假,[5]时不可失。臣恐韩、魏卑辞除患而实欲欺大国也。何则?王无重世之德于韩、魏,[6]而有累世之怨焉。夫韩、魏父子兄弟接踵而死于秦者将十世矣。本国残,社稷坏,宗庙毁。刳腹绝肠,[7]折颈摺颐,[8]首身分离,暴骸骨于草泽,头颅僵仆,[9]相望于境,父子老弱系脰束手为群虏者相及于路。[10]鬼神孤伤,无所血食。[11]人民不聊生,族类离散,流亡为仆妾者,盈满海内矣。故韩、魏之不亡,秦社稷之忧也,今王资之与攻楚,[12]不亦过乎?[13]

【注释】[1]"大武远宅而不涉",张守节《史记正义》:"言大军不远跋涉攻伐。""宅",住地。 [2]"趯趯毚兔",句见《诗·小雅·巧言》:"他人有人,余忖度之;跃跃毚兔,遇犬获之。""趯趯",同"跃跃",跳跃的样子。"毚兔",狡兔,一说大兔。"趯",音

chán。〔3〕"度",揣度。〔4〕"中道",中途。〔5〕"假",宽容。〔6〕"重世",数世,累世,长时间的意思。〔7〕"刳",剖开而挖空。"绝",割断。〔8〕"摺",通"折",折断损毁。"颐",面颊。〔9〕"僵仆",仆倒。〔10〕"脰",脖子。〔11〕"血食",指鬼神接受祭祀。古时祭祀时杀牲取血用来敬神,故称血食。〔12〕"资",凭借,依赖。〔13〕"过",错误。

【译文】《诗经》说:"大规模的军队是不应该远离自家的住地去征战的。"从这个观点看,楚国应该是朋友,邻国才是敌人。《诗经》又说:"狡兔又蹦又跳,遇到猎犬还是跑不掉;别人有心思,我则要认真揣摩。"现在大王您中途相信韩、魏两国与您亲善,这正如当初吴国相信越国一样啊!我听说,对敌人不能宽容,时机不能错过。我担心韩国、魏国现在装着谦卑恭敬的样子,劝说您去消除所谓的祸患,实际是想欺骗贵国。怎么见得呢?大王对韩、魏没有多大的恩德,却有几代的怨仇啊!韩、魏两国国君的父子兄弟接连死于秦国的刀下,已经快有十代了。他们的领土残缺,政权受到破坏,宗庙被焚毁。两国的黎民百姓被剖腹挖肠,折断颈项,毁损面颊,身首分离,尸首暴露在荒野水泽之中,头颅僵挺,横尸遍野,境内到处可见。父亲、儿子、老人和病弱者,被绳索系住脖子捆住手而成为一群一群俘虏的,在路上接连不断。鬼神也孤苦悲伤,因为没有人再去祭祀它们。百姓们无法生活,家族亲人分离走散,流亡而沦为奴仆婢妾的,四海之内各地各处都有人在。所以韩、魏两国不灭亡,这将是秦国最大的忧患。如今大王您却想借用他们来一起攻打楚国,岂非也错了吗?

且王攻楚将恶出兵?〔1〕王将借路于仇雠之韩、魏乎?〔2〕兵出之日而王忧其不返也,是王以兵资于仇雠之韩、魏也。〔3〕王若不借路于仇雠之韩、魏,必攻随水右壤。〔4〕随水右壤,此皆广川大水,山林溪谷,不食之地也。〔5〕王虽有之,不为得地。是王有毁楚之名而无得地之实也。

【注释】〔1〕"恶",哪里,怎么。〔2〕"仇雠",仇敌。"雠",同"仇"。〔3〕"资",帮助,资助。〔4〕"随水",水名,指溳水流经湖北随县的那一段。"右壤",右边区域。这里指随州以西的地区。〔5〕"不食之地",指不能耕种、生长庄稼的地方。

【译文】再说大王进攻楚国又将怎么出兵呢?您想向仇敌韩国、魏国借路吗?如果您这样做,那么从出兵之日起,您就要担心这支部队还能不能回来的问题。这是您把自己的军队去借给仇敌韩国、魏国啊!大王如果不向仇敌韩国、魏国借路,那就必定要去攻打随水右边的地区。而随水右边的那块地方,都是大川大水,高山密林,深溪幽谷,是不能生长庄稼的旷野啊。大王即使占有了它,也不能算是有所得。而这样做后,大王您只能落得个破坏楚国的坏名声,而没有真正得到土地的实惠啊!

且王攻楚之日,四国必悉起兵以应王。〔1〕秦、楚之兵构而不离,〔2〕魏氏将出而攻留、方与、铚、湖陵、砀、萧、相,〔3〕故宋必尽。〔4〕齐人南面攻楚,泗上必举。〔5〕此皆平原四达,膏腴之地,而使独攻。王破楚以肥韩、魏于中国而劲齐。〔6〕韩、魏之强,足以校于秦。〔7〕齐南以泗水为境,东负海,北倚河,而无后患,天下之国莫强于齐、魏,齐、魏得地葆利而详事下吏,〔8〕一年之后,为帝未能,其于禁王之为帝有余矣。〔9〕

【注释】〔1〕"四国",指齐、赵、韩、魏。"应",响应。〔2〕"构而不离",两军交战后形成拉锯状态,攻战不休。"构",交战。〔3〕"留",邑名,在今江苏省沛县东南。"方与",邑名,在今山东省南部鱼台县西。"与",音yǔ。"铚",地名,在今安徽省宿州市西。"湖陵",又作"胡陵",地名,与方与相邻,在今山东省鱼台县东南。"砀",音dàng,邑名,在今安徽砀山县南面。"萧",国名,即今安徽省萧县一带。"相",地名,在今安徽省淮北市西北。〔4〕"故宋",指原来宋国的地盘,大体在今河南省东部和山东、江苏、安徽三省交界处一带。〔5〕"泗",泗水,这里指山东南部、江苏西北部地区。"举",攻占,攻克。〔6〕"中国",指中原地区。"劲齐",使齐国强大、强劲的意思。〔7〕"校",通"较",较量,对抗。〔8〕"葆",通"保",保持,维护。"详",通"佯",假装。"事",指事奉。"下吏",下级官吏。〔9〕"禁",制止,阻挠。

【译文】再说大王进攻楚国的时候,齐国、韩国、魏国、赵国一定也都会起兵响应大王。秦、楚两国的军队交锋后,形成拉锯战,互相牵制住,那么魏国必将出兵攻打留、方与、铚、湖陵、砀、萧、相等城邑和地方，原来宋国的地盘一定会全部被魏拿去。齐国军队向南进攻楚国，那么泗水流域也必定会给齐国占领。这些都是平坦开阔、四通八达的平原，肥沃富饶、物产丰茂的地方，是您让他们各自单独地占领了。因此，大王击败楚国，就将使韩、魏两国在中原地区壮大起来，使齐国更加强劲。韩国、魏国的强大，就足以与您秦国抗衡较量了。齐国在南以泗水为界，东边背靠大海，北则俯恃黄河，因此它没有后方受敌的危险，天下的国家没有能比齐国、魏国更强大的了。齐、魏两国一旦在战争中得到了土地，就一定会保住这些既得利益，同时又假装成事奉秦国的下级官吏的样子，谨小慎微。这样，一年之后，他们虽不一定能使自己称帝于天下，但阻止大王您称帝却已经绰绰有余了。

　　夫以王壤土之博，人徒之众，兵革之强，壹举事而树怨于楚，迟令韩、魏归帝重于齐，[1]是王失计也。臣为王虑，莫若善楚。秦、楚合而为一以临韩，[2]韩必敛手。[3]王施以东山之险，[4]带以曲河之利，[5]韩必为关内之侯。[6]若是而王以十万戍郑，[7]梁氏寒心，[8]许、鄢陵婴城，[9]而上蔡、召陵不往来也，[10]如此而魏亦关内侯矣。王壹善楚，而关内两万乘之主注地于齐，[11]齐右壤可拱手而取也。[12]王之地一经两海，[13]要约天下，[14]是燕、赵无齐、楚，齐、楚无燕、赵也。然后危动燕、赵，[15]直摇齐、楚，此四国者不待痛而服矣。[16]

　　【注释】〔1〕"迟"，音 zhì，当，乃。这句话的意思是：这就会让韩、魏尊齐称帝。　〔2〕"为一"，统一行动。"临"，面临，面对。　〔3〕"敛手"，缩手，不敢有所行动。　〔4〕"施"，设置，安排。　〔5〕"曲河"，黄河弯曲环绕。　〔6〕"关内之侯"，即关内侯。秦国的封爵之一，居京郊，有爵位而无封邑。这里指韩将降于秦，而秦可封其为关内侯，使其臣服于秦。　〔7〕"戍"，派军队驻防。"郑"，国名，在今河南省中部。公元前三七五年被韩国所灭，之后韩有时也称郑。这里的郑即是指韩国。　〔8〕"梁氏"，指魏国，因魏建都大梁（今河南省开封市），故别称梁国。　〔9〕"许"，邑名，在今河南省许昌市。"鄢陵"，地名，在今河南省鄢陵县西北。　〔10〕"上蔡"，邑名，在今河南省上蔡县。"召陵"，邑名，在今河南省郾城县。　〔11〕"关内两万乘之主"，关内

韩、魏两位大君主。"万乘"，拥有万辆战车，这里指大国。"注"，用武力割取。　〔12〕"齐右壤"，指齐国的西部，在今山东省西北和河南省东南部。〔13〕"一经"，指横贯。"两海"，西海和东海，这里指从东到西。　〔14〕"要约"，约束，管束。　〔15〕"危动"，指以危亡震慑。　〔16〕"痛"，急攻，痛击。

　　【译文】凭着大王广博的土地，众多的人口，强大的武装，一旦发兵攻楚而招来楚国的仇恨，这就会使韩、魏两国将帝王的重号归送给齐国，这是大王的失策啊！我为大王考虑，您不如与楚国亲善友好。如果秦、楚两国联合起来结成一体，对付韩国，韩国一定缩手而不敢妄动。大王设置东山的险阻关隘，利用黄河曲折环绕的有利地形，这样韩国就必定成为您的臣属。如果造成了这样的形势，那么大王再派十万军队去镇守郑地，魏国就会恐惧，许地、鄢陵将闭门固守，而上蔡、召陵则不敢互相往来，这样一来，魏国也就会成为您的臣属了。大王一经与楚国亲善友好，那么关内的两个大国——韩与魏就会去向齐国索取土地，齐国右边的大片土地便可轻而易举地得到了。大王的土地横贯东西两海，约束天下诸侯，这样就能使燕国、赵国不能依靠齐国、楚国，齐国、楚国也不能借助燕国、赵国为依傍。然后您以生死存亡去震慑燕国、赵国，就会直接动摇齐国和楚国，如此，这四个国家不须痛击便可制服了。

　　昭王曰："善。"于是乃止白起而谢韩、魏。[1]发使赂楚，约为与国。[2]

　　【注释】〔1〕"谢"，辞退，辞却。　〔2〕"与国"，盟国，友好的国家。事在楚顷襄王二十七年（公元前二七二年），秦国与楚国结为盟国。

　　【译文】秦昭王说："好！"于是就中止了派白起出兵的计划，同时辞谢了韩、魏两国，并且派出使者给楚国送去了厚礼，与楚国订立条约，结成了盟国。

　　黄歇受约归楚，楚使歇与太子完入质于秦，秦留之数年。楚顷襄王病，太子不得归。而楚太子与秦相应侯善，[1]于是黄歇乃说应侯曰："相国诚善楚太子乎？"应侯曰："然。"歇曰："今楚王恐不起疾，秦不如归其

太子。太子得立，其事秦必重而德相国无穷，〔2〕是亲与国而得储万乘也。〔3〕若不归，则咸阳一布衣耳；楚更立太子，〔4〕必不事秦。夫失与国而绝万乘之和，非计也。愿相国孰虑之。"〔5〕应侯以闻秦王。〔6〕秦王曰："令楚太子之傅先往问楚王之疾，〔7〕返而后图之。"黄歇为楚太子计曰："秦之留太子也，欲以求利也。今太子力未能有以利秦也，歇忧之甚。而阳文君子二人在中，〔8〕王若卒大命，〔9〕太子不在，阳文君必立为后，太子不得奉宗庙矣。〔10〕不如亡秦，〔11〕与使者俱出；臣请止，〔12〕以死当之。"楚太子因变衣服为楚使者御以出关，〔13〕而黄歇守舍，常为谢病。〔14〕度太子已远，秦不能追，歇乃自言秦昭王曰："楚太子已归，出远矣。歇当死，愿赐死。"昭王大怒，欲听其自杀也。应侯曰："歇为人臣，出身以徇其主，〔15〕太子立，必用歇，故不如无罪而归之，以亲楚。"秦因遣黄歇。

【注释】〔1〕"应侯"，即范睢，秦昭王四十一年（公元前二六六年）任秦相，封于应（今河南省宝丰县西南），称应侯。〔2〕"重"，尊重，恭谨。"德"，感激。〔3〕"储"，保存，蓄存。〔4〕"更"，改变，更换。〔5〕"孰"，同"熟"，仔细，周密。〔6〕"闻"，报告，让知道。〔7〕"傅"，辅佐太子的官。〔8〕"阳文君"，楚顷襄王的兄弟。"中"，指楚国国内。〔9〕"大命"，天年，寿命。〔10〕"奉"，尊奉，奉侍。"宗庙"，古代帝王诸侯祀祖先的处所，也常用作国家的代称。奉宗庙，即指继承王统，接管国家。〔11〕"亡"，逃跑。〔12〕"止"，留下。〔13〕"御"，驾驭车马。〔14〕"谢病"，推托有病谢绝宾客和应酬。〔15〕"出身"，献身的意思。"徇"，通"殉"，为自己认为值得的事而作出牺牲。

【译文】黄歇接受盟约后返回楚国，楚王派黄歇和太子完到秦国作人质，秦国把他们扣留了好几年。楚顷襄王病了，太子完还是不能回去。但楚太子与秦国相国应侯很要好，在这样的情况下，黄歇就劝说应侯道："相国真是与楚太子很要好吗？"应侯说："是啊！"黄歇说："如今楚王恐怕一病不起了，秦国不如让楚太子回去。太子如果能立为王，那他事奉秦国一定会非常恭谨厚重，并对您相国的

恩德感激不尽。这样做，既亲近了盟国，又能够扶植一位大国的国君。如果不让他回去，那他只是秦国咸阳城里的一个普通平民而已；楚国将改立太子，新太子肯定不会事奉秦国。失去盟国，又断绝秦国与一大国国君之间的友谊，这不是上策。希望相国仔细考虑这件事。"应侯将黄歇说的意思报告了秦王。秦王说："让楚太子的辅佐官先回去探问一下楚王的病情，等他回来后再作计议。"黄歇替楚国太子谋划说："秦国扣留太子您，是想借此求取好处。但现在您拥有的力量还没有达到使秦国能得到这些好处的程度，因此我忧虑得很。而阳文君的两个儿子现在国内，大王如果不幸寿终，太子您又不在国内，那阳文君的儿子一定会被确立为继承人，您就不能继承王统了。不如逃离秦国，跟使臣一起出去；我请求留下来，以死来担当责任。"楚太子于是更换了衣服，扮成楚国使臣的车夫混出了关。黄歇留守在客馆，总是假托太子有病而谢绝来访的宾客。估计太子已经走远，秦国追不上了，黄歇于是自己去向秦昭王报告说："楚太子已经回去，走得很远了。我罪当该死，请求您赐我一死。"秦昭王大怒，想要让他自杀。应侯说："黄歇作为臣子，愿意献出生命来效忠他的主人。太子如果立为楚王，一定会重用黄歇，所以不如免其罪让他回国，以表示我们对楚国的亲善。"秦王听从了应侯的意见，把黄歇送回了楚国。

歇至楚三月，楚顷襄王卒，太子完立，是为考烈王。〔1〕考烈王元年，以黄歇为相，封为春申君，赐淮北地十二县。后十五岁，黄歇言之楚王曰："淮北地边齐，〔2〕其事急，请以为郡便。"〔3〕因并献淮北十二县，请封于江东。〔4〕考烈王许之。春申君因城故吴墟，〔5〕以自为都邑。

【注释】〔1〕"考烈王"，熊完，公元前二六一年至前一三八年在位。〔2〕"边"，毗邻，邻接。〔3〕"便"，适宜，有利。〔4〕"江东"，指长江下游南岸地区。因为这段江面南北流向，故江东实指江南。〔5〕"城"，筑城。"吴墟"，指吴国旧都，即今江苏省苏州市。

【译文】黄歇回到楚国后三个月，楚顷襄王去世，太子完继承王位，这就是楚考烈王。考烈王元年，任命黄歇为宰相，封为春申君，赐给他淮北地区十二个县。过了十五年，黄歇对楚王说："淮北地区

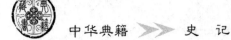

和齐国为邻，那里情势很吃紧，请把那里划为郡进行治理、防务，更为合适。"于是就将淮北的十二个县一并献出，请求封到江东去。考烈王同意了他的要求。春申君于是在吴国故都修建城堡，作为自己的都邑。

春申君既相楚，是时齐有孟尝君，[1]赵有平原君，[2]魏有信陵君，[3]方争下士，[4]招致宾客，[5]以相倾夺，[6]辅国持权。

【注释】〔1〕"孟尝君"，田文，原为齐国贵族，曾任齐相国，门下有食客数千。公元前二九四年（齐湣王七年），出奔到魏，任魏相。 〔2〕"平原君"，赵胜，战国时赵国贵族，任赵相，有食客数千人。 〔3〕"信陵君"，魏无忌，战国时魏国贵族，魏安釐王的弟弟。有食客三千。公元前二四七年，曾联合齐、赵、楚、韩等五国击退秦将蒙骜的进攻。〔4〕"下士"，即礼贤士人。 〔5〕"招致"，招引、收罗。 〔6〕"倾夺"，争夺，竞争。

【译文】春申君当上楚国宰相不久，这时候齐国有孟尝君，赵国有平原君，魏国有信陵君，大家都正争着礼贤下士，招徕宾客，以此来互相竞争，辅助君王掌握国政。

春申君为楚相四年，秦破赵之长平军四十余万。[1]五年，围邯郸。[2]邯郸告急于楚，楚使春申君将兵往救之，秦兵亦去，春申君归。春申君相楚八年，为楚北伐灭鲁，[3]以荀卿为兰陵令。[4]当是时，楚复强。

【注释】〔1〕"长平"，城名，在今山西省高平县。 〔2〕"邯郸"，当时为赵国都城，即今河北省邯郸市。 〔3〕"鲁"，古国名。春秋时曾是大诸侯国，战国时已成为小国。公元前二五六年为楚国所灭。地在今山东省西南部。 〔4〕"荀卿"，即荀况，又称荀子，战国赵国人，著名思想家、教育家。著有《荀子》三十二篇。"兰陵"，县名，在今山东省苍山县兰陵镇。"令"，官名，县的行政长官。

【译文】春申君担任楚国宰相的第四年，秦国击败了赵国驻守长平的四十多万军队。第五年，秦国包围了赵国的都城邯郸。邯郸向楚国告急求援，楚国派春申君率兵前去救援，秦国军队这时也撤退

了，春申君返回。春申君担任楚国宰相的第八年，替楚国向北征伐，灭了鲁国，任用荀卿当兰陵县令。这时候，楚国又兴盛强大起来了。

赵平原君使人于春申君，春申君舍之于上舍。[1]赵使欲夸楚，[2]为玳瑁簪，刀剑室以珠玉饰之，[3]请命春申君客。春申君客三千余人，其上客皆蹑珠履以见赵使，[4]赵使大惭。

【注释】〔1〕"舍"，安置住宿。"上舍"，上等客舍。 〔2〕"夸"，炫耀，显示阔气。 〔3〕"玳瑁簪"，用玳瑁的角质板制成的首饰。"刀剑室"，即刀和宝剑的鞘。 〔4〕"蹑"，脚穿着。"珠履"，饰有珍珠的鞋子。

【译文】赵国的平原君派使臣到春申君这里来，春申君把他们安排在上等宾馆住宿。赵国使臣想向楚国炫耀他们的富有，就在头上插着玳瑁簪子，佩带着用珍珠宝玉装饰鞘套的刀剑，请求会见春申君的门客。春申君有门客三千多人，其中的上等宾客都穿着缀有珍珠的鞋子来会见赵国使臣，赵国使臣见了十分羞惭。

春申君相十四年，秦庄襄王立，[1]以吕不韦为相，[2]封为文信侯。取东周。[3]

【注释】〔1〕"秦庄襄王"，即嬴子楚，秦始皇嬴政的父亲。公元前二四九年至前二四七年在位。〔2〕"吕不韦"，战国卫国人，出身大商贾。为子楚（即秦庄襄王）赏识，任为秦相国。庄襄王死后，继为秦王政（即秦始皇）相国。门下有宾客三千，家僮万人。公元前二三五年因失宠忧惧而自杀。 〔3〕"东周"，国名。由战国时期的小国西周分裂出来的另一小国，建都在巩，即今河南巩县西南。公元前二四九年为秦所灭。

【译文】春申君担任宰相的第十四年，秦国庄襄王即位，任命吕不韦为宰相，封为文信侯。秦国攻占了东周。

春申君相二十二年，诸侯患秦攻伐无已时，乃相与合从，[1]西伐秦，而楚王为从长，[2]春申君用事。[3]至函谷关，秦出兵攻，

诸侯兵皆败走。楚考烈王以咎春申君,〔4〕春申君以此益疏。

【注释】〔1〕"合从",即"合纵",战国时弱国联合进攻强国称为合纵。到战国后期,合纵就是指齐、楚、燕、赵、韩、魏等国联合抗秦。〔2〕"从长",即合纵六国的盟约之长。〔3〕"用事",指具体负责,当权主事。〔4〕"咎",归罪,责怪。

【译文】春申君担任宰相的第二十二年,各国诸侯担心秦国的进攻没完没了,就互相结盟联合起来,向西讨伐秦国,而楚国国君担任合纵六国的盟约之长,由春申君当权主事。六国联军到函谷关,秦国出兵反击,各诸侯国的军队都被击败而逃跑。楚考烈王将作战失利归罪于春申君,春申君因此渐渐被疏远了。

客有观津人朱英,〔1〕谓春申君曰:"人皆以楚为强而君用之弱,〔2〕其于英不然。先君时善秦二十年而不攻楚,何也?秦逾黾隘之塞而攻楚,〔3〕不便;假道于两周,〔4〕背韩、魏而攻楚,不可。今则不然,魏旦暮亡,不能爱许、鄢陵,〔5〕其许魏割以与秦。〔6〕秦兵去陈百六十里,臣之所观者,见秦、楚之日斗也。"楚于是去陈徙寿春;〔7〕而秦徙卫野王,〔8〕作置东郡。〔9〕春申君由此就封于吴,〔10〕行相事。

【注释】〔1〕"观津",邑名,在今河北省武邑县东南。〔2〕"用",治理。〔3〕"黾",音 méng,"黾隘",隘道名,即今河南省信阳县西南的平靖关。"逾",越过。〔4〕"两周",指西周和东周两个小国。〔5〕"爱",吝惜,维护。〔6〕"其许",也许,或许。〔7〕"寿春",邑名,在今安徽省寿县。〔8〕"卫",指卫国国君卫元君。当时卫国已经成为秦的附庸,其国都在濮阳(今河南省濮阳县)。"野王",邑名,在今河南省沁县。〔9〕"东郡",郡名,辖今河南省东北部和山东省西部一带,治所在濮阳,即原卫国国都。〔10〕"就封",前往封国。

【译文】春申君门客中有位观津人叫朱英的对春申君说:"人们都认为楚国本来很强大,而您却把它弄弱了,我不这样认为。先王时我们与秦国亲善二十年而秦国不攻打我们,什么道理呢?因为秦

国要越过黾隘这个要塞才能进攻楚国,这很不方便;如果向东、西两周借道,背对着韩国、魏国来进攻楚国,也不行。现在就不是这样了,魏国的灭亡是旦夕间的事,它不能再吝惜许和鄢陵了,也许魏国会割让这两地给秦国。这样秦国距离楚都陈只有一百六十里,我将看到的是,秦、楚两国间越来越频繁的争斗了。"楚国于是就离开陈迁都到寿春,而秦国则把附庸国卫国的国君卫元君迁到野王,设置了东郡。春申君从此到了封地吴,同时兼行宰相职务。

楚考烈王无子,春申君患之,求妇人宜子者进之,〔1〕甚众,卒无子。赵人李园持其女弟,〔2〕欲进之楚王,闻其不宜子,恐久毋宠。〔3〕李园求事春申君为舍人,〔4〕已而谒归,〔5〕故失期。还谒,〔6〕春申君问之状,对曰:"齐王使使求臣之女弟,〔7〕与其使者饮,故失期。"春申君曰:"娉入乎?"〔8〕对曰:"未也。"春申君曰:"可得见乎?"曰:"可。"于是李园乃进其女弟,即幸于春申君。〔9〕知其有身,〔10〕李园乃与其女弟谋。园女弟承间以说春申君曰:〔11〕"楚王之贵幸君,〔12〕虽兄弟不如也。今君相楚二十余年,而王无子,即百岁后将更立兄弟,〔13〕则楚更立君后,亦各贵其故所亲,君又安得长有宠乎?〔14〕非徒然也,〔15〕君贵用事久,〔16〕多失礼于王兄弟,兄弟诚立,〔17〕祸且及身,〔18〕何以保相印江东之封乎?今妾自知有身矣,而人莫知。妾幸君未久,诚以君之重而进妾于楚王,王必幸妾;妾赖天有子男,〔19〕则是君之子为王也,楚国尽可得,孰与身临不测之罪乎?"〔20〕春申君大然之,乃出李园女弟,谨舍而言之楚王。〔21〕楚王召入幸之,遂生子男,立为太子,以李园女弟为王后。楚王贵李园,园用事。

【注释】〔1〕"宜子",宜于生育。"进",进献。〔2〕"持",带着。"女弟",妹妹。〔3〕"毋",无,失去。〔4〕"事",侍奉,服事。"舍人",家臣,王公贵族的侍从宾客。〔5〕"谒",请假。〔6〕"谒",进见,请求拜见的意思〔7〕"使使",前一"使"字作动词用,派遣;后一"使"字作名词,使者,使臣。〔8〕"娉",通"聘",以财礼订婚。〔9〕"幸",受宠,宠幸。〔10〕"有身",即怀孕。一说"身"通"娠"。

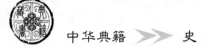

〔11〕"承间",趁机会。"间",空隙。这里指机会、时机。〔12〕"贵幸",尊贵,显赫,幸宠。〔13〕"即",如果,假如。〔14〕"安",怎能。〔15〕"徒然",仅仅这样子。〔16〕"用事",主事当权。〔17〕"诚",当真,果真。〔18〕"且",将要。〔19〕"子男",儿子。古代说子,包括儿女,所以儿子可称子男,女儿可称子女。〔20〕"孰与身临不测之罪乎",意思是这与身遭意外的祸患相比,哪样好呢?"孰与",常用在比较、选择句中,意思为"哪个更……"、"比起来怎么样";有时也用在反问句中,是"哪里比得上"的意思。〔21〕"谨舍",谨慎严密地安排住所。

【译文】楚考烈王没有儿子,春申君为这事很担心,就寻找宜于生育的妇女进献给楚王,进献了很多,但始终还是没有儿子。赵国人李园带了自己的妹妹来,想把她进献给楚王,听说他不能生育,就担心时间长了妹妹会失去宠幸。李园便请求事奉春申君当他的家臣。不久他请假回去,故意不按期回归。回来后他去拜见春申君,春申君问他迟归的原因,李园回答说:"齐王派使者来求聘我妹妹,我陪使者喝酒,所以延误了时间。"春申君说:"订婚礼物送来了吗?"李园回答说:"没有。"春申君说:"可以让我见见你妹妹吗?"回答说:"可以。"于是李园就献上了他的妹妹,并立即受幸于春申君。李园知道妹妹怀孕后,就跟她商量进一步的打算。李园的妹妹找了个机会劝说春申君道:"楚王这样的尊重您,宠信您,即使是兄弟也比不上啊!如今您当楚国的宰相已经二十多年了,可是楚王没有儿子,这样,楚王寿终后就将由他的兄弟来继承,那么楚国改立国君后,也将重用他们各自原来的亲信,您又怎么能长久地得到宠信呢?还不仅仅如此呢,您身居高位当权执政多年,对国王的兄弟们有很多失礼的地方。楚王的兄弟如果登位,灾祸必将落在您的身上,您还怎么能保住宰相大印和江东封地呢?现在我知道自己已经怀孕了,可别人不知道。我被您宠幸的时间不长,如果凭您的尊贵身分把我进献给楚王,楚王一定会宠幸我;我仰赖上天生个儿子,那么这就是您的儿子当国王了,楚国就全为您所有了。这与您身临意想不到的灾祸相比,哪样好呢?"春申君觉得太有道理了,就把李园的妹妹送出去,安排在一个馆舍里谨慎地照护好,然后告诉楚王要进献李园的妹妹。楚王将李园的妹妹召进宫来,与她同房,于是生了个儿子,立为太子,封李园的妹妹为王后。楚王重用李园,李园当权了。

李园既入其女弟,立为王后,子为太子,恐春申君语泄而益骄,阴养死士,〔1〕欲杀春申君以灭口,而国人颇有知之者。〔2〕

【注释】〔1〕"阴",暗中。"死士",舍得卖命去死的武士。〔2〕"国人",居住在国都的人,这里是指居住在都城里的公卿大夫之流。

【译文】李园把他的妹妹送进宫里被封为王后,儿子被立为太子以后,便担心春申君会说漏秘密而更加骄横,于是就暗中蓄养敢死的武士,打算杀死春申君来灭口,而京城里有不少人也都知道这件事。

春申君相二十五年,楚考烈王病。朱英谓春申君曰:"世有毋望之福,〔1〕又有毋望之祸。今君处毋望之世,事毋望之主,安可以无毋望之人乎?"春申君曰:"何谓毋望之福?"曰:"君相楚二十余年矣,虽名相国,实楚王也。今楚王病,且暮且卒,而君相少主,因而代立当国,〔2〕如伊尹、周公,〔3〕王长而反政,〔4〕不即遂南面称孤而有楚国?此所谓毋望之福也。"春申君曰:"何谓毋望之祸?"曰:"李园不治国而君之仇也,不为兵而养死士之日久矣,楚王卒,李园必先入据权而杀君以灭口。此所谓毋望之祸也。"春申君曰:"何谓毋望之人?"对曰:"君置臣郎中,〔5〕楚王卒,李园必先入,臣为君杀李园。此所谓毋望之人也。"春申君曰:"足下置之。〔6〕李园,弱人也,〔7〕仆又善之,〔8〕且又何至此!"朱英知言不用,恐祸及身,乃亡去。

【注释】〔1〕"毋望",不期而至,忽然来到。〔2〕"代立当国",代替、辅佐年少的君主掌握国家政权,主持国政。〔3〕"伊尹",商初大臣,名伊,尹是官名。曾帮助汤攻灭夏桀。汤去世后,他辅佐外丙、仲壬二王。仲壬死后,太甲当立。太甲年少,伊尹篡位自主,放逐太甲。七年后太甲潜回,把他杀死。"周公",西周初年政治家,姬姓,名旦,是周武王的弟弟,曾帮助武王灭商。武王死后,成王年少,由他摄政。他率师东征,平定了周武王其他三位兄弟管叔、蔡叔、霍叔联合武庚和东方夷族发起的叛乱,巩固了西周政权。成王成年后,周公将政权归还给成王。〔4〕"反",通"返",归还的意思。〔5〕"置",安排,安置。"郎中",官名。管理车、骑、门户等事,并在王宫内充任侍卫,君主外出则随从作战。〔6〕"置",放弃。〔7〕"弱人",软弱无能的人。〔8〕"仆",对自己的谦称。

【译文】春申君担任宰相的第二十五年,楚考烈王病了。朱英对春申君说:"世上有不期而至的福,又有不期而至的祸。如今您处在不期而至的世上,事奉着不期而至的君主,那您怎么可以没有不期而至的帮手呢?"春申君问道:"什么叫不期而至的福?"朱英回答说:"您任楚国宰相二十多年了,虽然名义上是宰相,但实际是楚王啊!现在楚王病了,去世是早晚的事,您要辅佐年幼的国君,因而就要代他主持国政,如同伊尹、周公一样,等君王长大后再把大权交还给他,这不是马上满足了您南面称王而据有楚国的心愿吗?这就是我所说的不期而至的福啊!"春申君又问道:"什么叫不期而至的祸?"朱英回答说:"李园不理国事却是您的仇人,他不管兵事却豢养刺客已经有很长日子了。楚王一去世,李园一定抢先入宫夺取权力并且杀掉您来灭口。这就是所说的不期而至的灾祸啊!"春申君再问道:"那什么是不期而至的帮手呢?"朱英回答说:"您安排我做郎中,楚王去世,李园必定会抢先入宫,我来替您杀掉李园。这就是我所说的不期而至的帮手。"春申君说:"您抛开这个打算吧!李园是个软弱无能的人,我又和他很友好;况且又怎么能到这种地步呢?"朱英知道自己的进言不会被采用,恐怕灾祸殃及自身,就逃走了。

后十七日,楚考烈王卒。李园果先入,伏死士于棘门之内,〔1〕春申君入棘门,园死士侠刺春申君,〔2〕斩其头,投之棘门外。于是遂使吏尽灭春申君之家。而李园女弟初幸春申君有身而入之王所生子者遂立,是为楚幽王。〔3〕

【注释】〔1〕"棘门",即宫门。棘门亦作"戟门",古时王者外出,在野地行舍前插戟为门,后来在宫门前也插戟以示威严。〔2〕"侠",通"夹",从两边夹击。〔3〕"楚幽王",即熊悍。公元前二三七年至前二二八年在位。

【译文】十七天后,楚考烈王去世。李园果然

抢先进入宫廷,将刺客暗藏在宫门里面。春申君一进宫门,李园豢养的这些刺客就从两边冲出来夹住春申君将他刺死,砍下头,扔到宫门之外。做完这些之后,李园又派出官吏将春申君一家满门抄斩。而李园的妹妹当初与春申君同房怀了孕献给楚王后所生的儿子便立为楚王,这就是楚幽王。

是岁也,秦始皇帝立九年矣。嫪毐亦为乱于秦,〔1〕觉,夷其三族,〔2〕而吕不韦废。〔3〕

【注释】〔1〕"嫪毐",音 lào ǎi,战国末年秦国宦官,吕不韦舍人。因得太后宠幸,权势很大。秦王政(即秦始皇)八年(公元前二三九年)封为长信侯。次年,秦王举行冠礼,准备亲政,他起兵叛乱,攻取蕲年宫,事情败露,被捕处死。〔2〕"夷",处死,诛灭。"三族",指父族、母族、妻族。另说指父母、兄弟、妻子或父、子、孙三族。〔3〕"废",废黜,罢免。

【译文】这一年,秦始皇登位已经九年了。嫪毐在秦国也与太后私乱,被发觉,夷灭三族,而吕不韦因受牵连也被废黜。

太史公曰:吾适楚,〔1〕观春申君故城,宫室盛矣哉!〔2〕初,春申君之说秦昭王,及出身遣楚太子归,何其智之明也!后制于李园,旄矣。〔3〕语曰:〔4〕"当断不断,反受其乱。"〔5〕春申君失朱英之谓邪?〔6〕

【注释】〔1〕"适",至,到达。〔2〕"盛",规模盛大,壮观美丽。〔3〕"制",制约,受控制。"旄",通"耄",年老糊涂。〔4〕"语",指俗语。〔5〕"乱",祸害。〔6〕"邪",通"耶",表示疑问的语助词,相当于现在的"吗"、"吧"之类。

【译文】太史公说:我到楚地,观览了春申君的旧城,宫室非常宏伟啊!当初,春申君的劝说秦昭王,直到豁出自己的生命送楚太子回国,他的聪慧是何等的出众高明啊!但后来他被李园控制,真是昏聩糊涂啊!俗话说:"应当决断而不决断,反过来就要遭受祸害。"春申君不听朱英的劝告,其结果不就是如这句话所说的那样吗?

史记卷七十九

范睢蔡泽列传第十九

范睢者，[1]魏人也，[2]字叔。游说诸侯，欲事魏王，家贫无以自资，乃先事魏中大夫须贾。[3]

【注释】[1]"睢"，音suī，从目从隹。或本作"雎"，从且从隹。或"睢"、"雎"杂用。据清人钱大昕在《武梁祠堂画象跋尾》考证说："战国、秦、汉人多以且为名，读子余切。如穰苴、豫且、夏无且、龙且皆是。且旁或加隹，如范睢、唐睢。文殊而音不殊也。"钱大昕的考证是正确的，为了谨慎起见，本文注译中仍据底本作"范睢"。 [2]"魏"，古国名，战国时七雄之一。开国君主魏文侯（名斯）与赵、韩一起三分晋国。公元前四〇三年被周威烈王承认为诸侯，建都安邑（在今山西省夏县西北）。公元前二二五年被秦所灭。辖境约有今山西东南部和河南北部，兼有河北广平、大名，山东冠县、河南黄河以南沿河地及陕西华阴左右、韩城南部一带。[3]"中大夫"，官名。据《汉书·百官公卿表》记载为秦置，秦、汉时属郎中令，掌管论议。此处的"魏中大夫"非秦置，魏亦有此官。"须贾"，魏国中大夫。秦昭王三十二年，穰侯围大梁，须贾游说穰侯而解梁围，此事见本书《穰侯列传》。关于须贾的事迹本篇记述较多。《穰侯列传》中仅见一次。本书其它篇中未见记载。《史记索隐》云："须，姓；贾，名。须氏盖密须之后。"

【译文】范睢，魏国人，字叔。他常游说于诸侯之间，并打算事奉魏王，因家庭贫寒无法维持自己的生活，于是就先去事奉魏国中大夫须贾。

须贾为魏昭王使于齐，[1]范睢从。留数月，未得报。齐襄王闻睢辩口，[2]乃使人赐睢金十斤及牛酒，睢辞谢不敢受。须贾知之，大怒，以为睢持魏国阴事告齐，[3]故得此馈，[4]令睢受其牛酒，还其金。既归，心怒睢，以告魏相。魏相，魏之诸公子，曰魏齐。[5]魏齐大怒，使舍人笞击睢，[6]折胁摺齿。睢详死，[7]即卷以箦，[8]置厕中。宾客饮者醉，更溺睢，故僇辱以惩后，令无妄言者。睢从箦中谓守者曰："公能出我，我必厚谢公。"守者乃请出弃箦中死人。魏齐醉，曰："可矣。"范睢得出。后魏齐悔，复召求之。魏人郑安平闻之，[9]乃遂操范睢亡，伏匿，更名姓曰张禄。

【注释】[1]"魏昭王"，名遫。魏国国君，公元前二九五年至前二七七年在位。事详本书《魏世家》。 [2]"齐襄王"，名法章。田齐国君，公元前二八三年至前二六五年在位。事详本书《田敬仲完世家》。 [3]"阴事"，秘密事情。 [4]"馈"，音kuì，赠送。这里用作名词，指赠送的礼物。 [5]"魏齐"，魏昭王时的丞相。因须贾言中笞范睢。及范睢相秦，魏齐害怕，出奔赵国，隐藏在平原君家里。秦昭王欲为范睢报仇，曾送信给赵王索求魏齐的脑袋，赵王于是包围了平原君的家，魏齐连夜逃走。到了大梁，打算借助信陵君而出奔楚国，信陵君害怕秦国，犹豫不肯见魏齐，魏齐因此而自刭。 [6]"笞"，音chī，古代的一种用竹板或荆条打人背部或臀部的刑罚。 [7]"详"，同佯，假装。 [8]"箦"，音zé，一种竹席。 [9]"郑安平"，魏人。曾封武阳君。赵孝成王十一年（公元前二五五年）卒。

【译文】须贾为魏昭王出使齐国，范睢也随从前往。住了好几个月后,也没有什么结果回报朝廷。齐襄王听说范雎能言善辩,于是派人赏赐给范雎金十斤和一些牛酒,范雎辞谢不敢接受。须贾知道这件事后,非常生气,以为范雎把魏国的秘密事情告诉了齐国,因此才得到这些馈赠的礼物,于是命令范雎收下他们的牛酒,退还了他们的金。回国以后,须贾心中还在怨恨范雎,因此把这件事告诉了魏相。魏相是魏国诸公子之一,叫魏齐。魏齐听了之后也十分生气,就派门人用竹板抽打范雎,打断了他的筋骨,打掉了他的牙齿。范雎装死,门人用竹席把他卷起来放在厕所里。宾客们喝醉了酒后就往范雎身上撒尿,故意侮辱他以警告后来的人,使没有再敢胡说的人。范雎从草席中对看守他的人说:"你能放我出去,我一定重谢你。"看守的人于是就请求把席子里的死人扔出去。魏齐也喝醉了酒,说:"可以。"范雎才得以逃出。后来魏齐很后悔,又重新派人去寻找范雎。魏人郑安平听说这件事后,于是就带着范雎逃跑了,他藏起来,更换姓名叫张禄。

当此时,秦昭王使谒者王稽于魏。[1]郑安平诈为卒,侍王稽。王稽问:"魏有贤人可与俱西游者乎?"郑安平曰:"臣里中有张禄先生,[2]欲见君,言天下事。其人有仇,不敢昼见。"王稽曰:"夜与俱来。"郑安平夜与张禄见王稽。语未究,王稽知范雎贤,谓曰:"先生待我于三亭之南。"[3]与私约而去。

【注释】[1]"秦昭王",即秦昭襄王,名稷(一作侧)。秦武王异母弟。初出奔燕,后由燕归国即位。公元前三〇六年至前二五一年在位,凡五十六年。初由其母宣太后当权。先后任用樗里疾、魏冉为相。四十一年(公元前二六六年)改用范雎为相。在位时曾夺取魏河东地区;后联合各国攻破齐国;攻取楚都,设立南郡;在长平(今山西省高平县西北)大胜赵军,创立了秦统一全国的有利条件。事详本书《秦本纪》。"谒者",官名。春秋战国时为通接宾客的近侍。秦汉时属郎中令。"王稽",秦昭王时的谒者。范雎任秦相时他曾任河东郡守。昭王五十二年(公元前二五五年)因犯罪被诛杀。[2]"里",古代的民户居处。《诗经·郑风·将仲子》注云"二十五家为里"。《周礼·地官·遂人》云:"五家为邻,五邻为里。"后来里所居家不一,时有变更。[3]"三亭",亭名。据《史记正义》引《括地志》云在今河南省尉氏县南。

【译文】这时,秦昭王正派谒者王稽出使在魏国。郑安平就假装为小厮来服侍王稽。王稽问说:"魏国有没有贤者可以和我一起向西走吗?"郑安平说:"臣下乡里有个张禄先生想要见见您,谈谈天下的事情。因他有仇人,不敢白天来见。"王稽说:"晚上你和他一起来吧。"郑安平在晚上和张禄来见王稽。话还没说完,王稽就知道范雎很贤能,对他说:"请先生在三亭的南面等我。"与他暗地里约好就走了。

王稽辞魏去,过载范雎入秦。至湖,[1]望见车骑从西来。范雎曰:"彼来者为谁?"王稽曰:"秦相穰侯东行县邑。"[2]范雎曰:"吾闻穰侯专秦权,恶内诸侯客,[3]此恐辱我,我宁且匿车中。"有顷,穰侯果至,劳王稽,因立车而语曰:"关东有何变?"[4]曰:"无有。"又谓王稽曰:"谒君得无与诸侯客子俱来乎?[5]无益,徒乱人国耳。"王稽曰:"不敢。"即别去。范雎曰:"吾闻穰侯智士也,其见事迟,乡者疑车中有人,[6]忘索之。"于是范雎下车走,曰:"此必悔之。"行十余里,果使骑还索车中,无客,乃已。王稽遂与范雎入咸阳。[7]

【注释】[1]"湖",即古湖县,故址在今河南省灵宝县西北的黄河南岸。[2]"穰侯",即魏冉。战国时秦国人,秦昭王母宣太后异母弟。秦武王死后,他拥立昭王,昭王即位后因年幼,宣太后授魏冉为政,封于穰(在今河南省邓县),号穰侯。后五国合纵破齐,加封陶邑(在今山东省定陶县西北)。他曾保举白起为将,连续攻取三晋地,并攻克楚都郢(在今湖北省江陵西北)。秦昭王四十一年(公元前二六六年),昭王改用范雎为相,他被罢免。后死于陶邑。[3]"恶",音 wù,憎恨。"内",同纳。接纳。[4]"关东",秦王朝定都长安,所以称函谷关或潼关以东地区为关东,亦称关外。称函谷关或潼关以西近畿之地为关内。[5]"谒君",指王稽。称王稽的官名。[6]"乡者",从前,早先。"乡",通向。[7]"咸阳",古都邑名。故址在今陕西省咸阳市东北二十里,位于九嵕山之南,渭水之北。因在山水之阳故名。

【译文】王稽告辞离开了魏国,经过三亭时让范雎坐上车就回到了秦国。到了湖县,看见有车马从西边来。范雎说:"那边来的人是谁?"王稽说:"是秦国丞相穰侯到东边巡察县邑去。"范雎说:"我听说穰侯独揽秦国大权,很憎恨接纳别的诸侯食客,这次恐怕要侮辱我,我希望藏在车子里。"过了一会儿,穰侯果然来了,慰问了王稽一番,就停下车来问说:"关东有什么变动吗?"王稽回答说:"没有。"又对王稽说:"谒君该没有和诸侯的那些食客们一起来吧?这些人无益于事,只能扰乱别人的国家。"王稽说:"不敢这样做。"说完就离去了。范雎说:"我听说穰侯是个聪明的人,但他看事情反应迟钝,刚才他怀疑车中有人,却忘了搜索。"于是范雎就下车走了,并说:"这次他一定要后悔的。"穰侯走了十余里之后果然派骑兵返回来搜索车中,发现没有食客才作罢。王稽于是和范雎进入咸阳。

已报使,因言曰:"魏有张禄先生,天下辩士也。曰'秦王之国危于累卵,得臣则安。然不可以书传也'。臣故载来。"秦王弗信,使舍食草具。[1]待命岁余。

【注释】[1]"草具",指粗劣的食物。

【译文】王稽回报了出使情况之后,接着说:"魏国有位张禄先生,是天下能言善辩的人,他曾说'秦王朝就像堆积起来的鸡蛋一样危险,能任用我就会平安。然而不可以用书信来表达'。所以我就用车把他拉来了。"秦王不相信,让他住在客舍里而且给他吃粗劣的饭菜。范雎就这样等待了一年多。

当是时,昭王已立三十六年。[1]南拔楚之鄢郢,[2]楚怀王幽死于秦。[3]秦东破齐。[4]湣王尝称帝,[5]后去之。数困三晋。[6]厌天下辩士,无所信。

【注释】[1]"昭王已立三十六年",此处并非确指昭王三十六年,而是说秦昭王即位三十六年以来。下列楚、秦、齐、晋事并非都发生于秦昭王三十六年可证。 [2]"南拔楚之鄢郢",据本书《秦本纪》记载,秦拔鄢在秦昭王二十八年(公元前二七九年)。"鄢",楚都邑名,故址在今河南省鄢陵县西北,楚惠王初曾一度迁都于此。"郢",楚都邑名,故址在今湖北省江陵西北,春秋时楚文王定都于此。据本书《秦本纪》记载,秦拔楚郢在秦昭王二十九年(公元前二七八年)。 [3]"楚怀王",战国时楚国

国君,楚威王子,熊氏,名槐(《诅楚文》作相)。公元前三二八年至前二九九年在位。公元前二九九年(即楚怀王三十年)楚怀王误中秦昭王计入秦被扣留。楚顷襄王三年(公元前二九六年)死于秦国。事详本书《楚世家》。 [4]"秦东破齐",本书《秦本纪》作"伐齐"。事在秦昭王二十二年(公元前二八五年)。 [5]"湣王",即齐湣王,或作齐闵王,或作齐愍王。战国时齐国国君,齐宣王之子。田氏,名地(一作遂)。约公元前三〇〇年至前二八四年在位。曾一度与秦昭王并称东西帝,后湣王从苏代言又废去帝号。后因燕、秦、楚、三晋联合攻齐,燕将乐毅攻破临淄,他出走到莒(在今山东省莒县)被楚将淖齿所杀。事见本书《田敬仲完世家》。 [6]"三晋",指韩、赵、魏三国。春秋末年,晋国被韩、赵、魏三家卿大夫所分,各立为国,史称三晋。

【译文】这时,秦昭王已经即位三十六年。南边攻下了楚国的鄢郢,楚怀王被囚死在秦国。秦国向东打败了齐国。齐湣王曾自称东帝,后来又取消了帝号。曾多次围困三晋。秦昭王讨厌天下的辩士,无所信赖他们。

穰侯、华阳君,[1]昭王母宣太后之弟也;而泾阳君、高陵君皆昭王同母弟也。[2]穰侯相,三人者更将,有封邑,[3]以太后故,私家富重于王室。及穰侯为秦将,且欲越韩、魏而伐齐纲、寿,[4]欲以广其陶封。[5]范雎乃上书曰:

【注释】[1]"华阳君",即芈戎,秦宣太后的同父弟弟,亦号新城君。华阳,地名,因在华山之阳而得名。故址在今陕西省商县境内。 [2]"泾阳君",名悝,亦称公子市。泾阳,古邑名,故址在今陕西省泾县县境。"高陵君",名显。高陵,古县名,故址在今陕西省高陵县境。 [3]"封邑",指封地和食邑。 [4]"纲",《史记·秦本纪》作"刚",《正义》引《括地志》云:"故刚城在兖州龚丘县界。""寿",齐邑。《史记·秦本纪》引《括地志》云:"寿,郓州之县。"今地不详。又《史记·穰侯列传》《集解》引徐广曰:"济北有刚县。"《正义》曰:"寿张,郓州是也。"如"寿"即指"寿张",则故址在今山东省阳谷县和河南省范县境内。 [5]"陶",即定陶,穰侯魏冉的封地,故址在今山东省定陶县西北。"封",疆界。

【译文】穰侯、华阳君是昭王的母亲宣太后的

弟弟,而泾阳君、高陵君都是昭王同母的弟弟。穰侯做相的时候,他们三人更番任将领,都有封邑,因为太后的缘故,他们私家的财富比王室还要多。到穰侯任秦国将领时,曾想越过韩、魏而去攻打齐国的纲、寿,打算扩大他定陶的封地。范雎上书说:

臣闻明主立政,[1]有功者不得不赏,有能者不得不官,劳大者其禄厚,功多者其爵尊,能治众者其官大。故无能者不敢当职焉,有能者亦不得蔽隐。使以臣之言为可,愿行而益利其道;以臣之言为不可,久留臣无为也。语曰:“庸主赏所爱而罚所恶;明主则不然,赏必加于有功,而刑必断于有罪。”今臣之胸不足以当椹质,[2]而要不足以待斧钺,[3]岂敢以疑事尝试于王哉!虽以臣为贱人而轻辱,独不重任臣者之无反复于王邪?

【注释】[1]“立政”,即莅政。立、莅古音相同,可通假。莅政即到职掌管政权。 [2]“椹质”,指斩斫锤锻所用的砧板。这里是指腰斩时所用的垫板。或作“砧锧”。椹,音 zhēn。 [3]“要”,同腰。

【译文】我听说聪明的君主治理政事时,有功劳的人不应该不给奖励,有才能的人不应该不给官做,功劳大的人他的俸禄要优厚一些,战功多的人他的爵位应当尊贵一些,会管理人的人他的官职应该大些。所以没有才能的人就不敢去任职,有才能的人也就不会隐藏起来。假如您认为我的话可以采纳,希望能够推行而且更加有利地发挥他们的才能;如认为我的话不可以采纳,那么久留我也没有什么作为。俗话说:“不高明的君主赏赐他所喜爱的人而处罚他所讨厌的人;高明的君主却不这样,赏赐一定要赏给有功的人,处罚一定要罚有罪的人。”现在我的胸膛不足以用椹质,而腰不足以用斧钺,哪敢以犹豫不决的事情来尝试于大王呢?虽然把我当作贱人而轻易羞辱我,难道就不看重保荐我的人而不要再反复于王吗?

且臣闻周有砥砨,宋有结绿,梁有县藜,楚有和朴,[1]此四宝者,土之所生,良工之所失也,而为天下名器。然则圣王之所弃者,独不足以厚国家乎?

【注释】[1]“砥砨”、“结绿”、“县藜”、“和朴”,都是当时美玉的名称。“砥砨”,音 dǐyì。

【译文】况且我听说周有砥砨,宋有结绿,梁有县藜,楚有和朴,这四种宝玉都出于土中,良巧的工匠虽没有鉴别出来,却是天下有名的宝物。由此可知,圣王所遗弃的人难道就不能够使国家富强吗?

臣闻善厚家者取之于国,善厚国者取之于诸侯。天下有明主则诸侯不得擅厚者,何也?为其割荣也。良医知病人之死生,而圣主明于成败之事,利则行之,害则舍之,疑则少尝之,虽舜禹复生,[1]弗能改已。语之至者,臣不敢载之于书,其浅者又不足听也。意者臣愚而不概于王心邪?亡其言臣者贱而不可用乎?自非然者,臣愿得少赐游观之间,望见颜色。一语无效,请伏斧质。[2]

【注释】[1]“舜”,即虞舜,传说中父系氏族社会后期部落联盟领袖。“禹”,即夏禹,传说中古代夏部落联盟领袖。 [2]“斧质”,即铁椹,古代的一种刑具。置人于椹上以斧砍之。

【译文】我听说善于使家富裕的人是他从国家那里取来的,善于使国家富裕的人是他从诸侯那里取来的。天下有贤明的君主,诸侯就不能擅自富强,为什么呢?因为他们富了就会分割权力。好的医生知道病人的生死,而贤明的君主能明察事情的成败,有利就做,无利就舍弃,有疑虑的事就稍微尝试一下,即使舜禹重新复生也不能改变。再深的话我不敢写在书面上,再浅的话又不值得听。估计臣下愚笨不能合于大王的心意,或者那个推荐我的人地位低贱而不可信用,如果不是这样的话,我希望能赏赐给一会儿您的游览观赏的时间,得见您的天颜。如果我说一句无效的话,情愿伏罪处死。

于是秦昭王大说,乃谢王稽,使以传车召范雎。[1]

【注释】[1]“传车”,即驿车。古代驿站的专用车辆。

【译文】于是，秦昭王感到很高兴，就向王稽致歉，派人用传车去召见范雎。

于是范雎乃得见于离宫，[1]详为不知永巷而入其中。[2]王来而宦者怒，[3]逐之，曰："王至！"范雎缪为曰：[4]"秦安得王？秦独有太后、穰侯耳。"欲以感怒昭王。昭王至，闻其与宦者争言，遂延迎，谢曰："寡人宜以身受命久矣，会义渠之事急，寡人且暮自请太后；今义渠之事已，[5]寡人乃得受命。窃闵然不敏，敬执宾主之礼。"范雎辞让。是日观范雎之见者，群臣莫不洒然变色易容者。

【注释】[1]"离宫"，亦称行宫。古代帝王于正式宫殿之外别筑宫室，以便随时游处，谓之离宫。意谓与正式宫殿分离。 [2]"永巷"，宫中长巷。[3]"宦者"，宫中执事的太监。 [4]"缪"，通谬。"为"，王念孙云："犹谓也，谓、为一声之转。"据此"缪为"当读为"谬谓"，意谓随便乱说。 [5]"义渠"，亦作仪渠，古西戎国名。故址在今甘肃省合水、正宁、环县、宁县、泾川等县地区。战国时为秦所灭。"义渠之事"，疑指《汉书·匈奴传》记载的"秦昭王时，义渠戎王与宣太后乱，有二子。宣太后诈而杀义渠戎王于甘泉，遂起兵伐灭义渠"事。

【译文】这样范雎才得以在离宫见到秦昭王，他假装不知道通往宫内的道路一直走了进去。这时昭王正来到这里，宦者很生气，赶他离开，说："昭王来了。"范雎胡乱说："秦国哪里有王？秦国只有太后、穰侯罢了。"打算用这话来激怒昭王。昭王来后，听到他和宦者在争吵，于是就迎接他，道歉地说："我早就应该亲自来接受你的指教，正巧遇上义渠的事情紧急，我早晚都要亲自请示太后。现在义渠的事情已经了结，我才有空来接受教诲。我愚昧迟钝，向您恭恭敬敬地行宾主相见之礼。"范雎辞让了一番。这天看到范雎见昭王的大臣们无不肃然变色。

秦王屏左右，宫中虚无人。秦王跽而请曰：[1]"先生何以幸教寡人？"范雎曰："唯唯。"有间，秦王复跽而请曰："先生何以幸教寡人？"范雎曰："唯唯。"若是者三。秦王跽曰："先生卒不幸教寡人邪？"范雎曰："非敢

然也。臣闻昔者吕尚之遇文王也，[2]身为渔父而钓于渭滨耳。[3]若是者，交疏也。已说而立为太师，[4]载与俱归者，其言深也。故文王遂收功于吕尚而卒王天下。乡使文王疏吕尚而不与深言，是周无天子之德，而文武无与成其王业也。今臣羁旅之臣也，[5]交疏于王，而所愿陈者皆匡君之事，处人骨肉之间，愿效愚忠而未知王之心也。此所以王三问而不敢对者也。臣非有畏而不敢言也。臣知今日言之于前而明日伏诛于后，然臣不敢避也。大王信行臣之言，死不足以为臣患，亡不足以为臣忧，漆身为厉被发为狂不足以为臣耻。[6]且以五帝之圣焉而死，[7]三王之仁焉而死，[8]五伯之贤焉而死，[9]乌获、任鄙之力焉而死，[10]成荆、孟贲、王庆忌、夏育之勇焉而死。[11]死者，人之所必不免也。处必然之势，可以少有补于秦，此臣之所大愿也，臣又何患哉！伍子胥橐载而出昭关，[12]夜行昼伏，至于陵水，[13]无以糊其口，膝行蒲伏，[14]稽首肉袒，鼓腹吹篪，[15]乞食于吴市，卒兴吴国，阖闾为伯。[16]使臣得尽谋如伍子胥，加之以幽囚，终身不复见，是臣之说行也，臣又何忧？箕子、接舆漆身为厉，[17]被发为狂，无益于主。假使臣得同行于箕子，可以有补于所贤之主，是臣之大荣也，臣有何耻？臣之所恐者，独恐臣死之后，天下见臣之尽忠而身死，因以是杜口裹足，莫肯乡秦耳。足下上畏太后之严，下惑于奸臣之态，居深宫之中，不离阿保之手，[18]终身迷惑，无与昭奸。大者宗庙灭覆，小者身以孤危，此臣之所恐耳。若夫穷辱之事，死亡之患，臣不敢畏也。臣死而秦治，是臣死贤于生。"秦王跽曰："先生是何言！夫秦国辟远，寡人愚不肖，先生乃幸辱至于此，是天以寡人恩先生而存先王之宗庙也。[19]寡人得受命于先生，是天所以幸先王，而不弃其孤也。先生奈何而言若是！事无小大，上及太后，下至大臣，愿先生悉以教寡人，无疑寡人也。"范雎拜，秦王亦拜。

【注释】[1]"跽"，音 jì。古人席地而坐，以两

膝着地,两股贴于两脚跟上。股不着脚跟为跪,跪而耸身直腰为跽。〔2〕"吕尚",即太公望、姜姓,吕氏,名尚。俗称姜太公。周初人。相传他在渭水河边钓鱼时与周文王出猎相遇,通过交谈,周文王很赏识吕尚,于是同车而归,说:"吾太公望子久矣。"因号为"太公望",立为师。武王即位,尊为师尚父。曾辅佐武王灭殷。周朝建立后,封于齐,为齐国始祖。事详本书《齐太公世家》。"文王",即周文王,姓姬名昌,周武王的父亲。殷时为诸侯,居于岐山之下,受到诸侯的拥护。曾被纣囚于羑里,后获释,为西方诸侯之长,称为西伯。后子武王起兵伐纣灭殷,建立周王朝。事详本书《周本纪》。〔3〕"渭",即渭河,黄河最大的支流,在今陕西省中部。〔4〕"说",同悦,悦服。〔5〕"羁旅",寄居作客。〔6〕"厉",通疠,一种恶疮。"被",通披。〔7〕"五帝",传说中古代的五个帝王,有以下几种说法:①伏羲(太皞)、神农(炎帝)、黄帝、尧、舜。以上见《易·系辞下》。②黄帝、颛顼、帝喾、尧、舜。以上见《世本·五帝谱》、《大戴礼·五帝德》、《史记·五帝本纪》。③少昊、颛顼(高阳)、高辛、尧、舜。以上见《帝王世纪》。〔8〕"三王",指夏禹、商汤、周文王。〔9〕"五伯",即五霸,一般指齐桓、晋文、秦穆、宋襄、楚庄。一说指齐桓、晋文、秦穆、楚庄、吴阖闾。或说指齐桓、晋文、楚庄、吴阖闾、越句践。还有的说指昆吾、大彭、豕韦、齐桓、晋文。〔10〕"乌获、任鄙",相传为古代的力士。〔11〕"成荆、孟贲、王庆忌、夏育",相传为古代的勇士。〔12〕"伍子胥",春秋时楚国人,名员,字子胥,楚大夫伍奢次子。其父伍奢及兄尚都被楚平王杀害,他经过宋、郑等国投奔吴国。后帮助阖闾刺杀吴王僚夺取王位。又帮助吴王整军经武,国势日强,不久又攻破楚国,子胥以功封于申,故又称申胥。吴王夫差时,曾劝吴王拒绝越国求和并停止伐齐,渐被吴王疏远。后吴王赐剑令他自杀。事详《国语·吴语》、本书《伍子胥列传》。"昭关",关名,故址在今安徽省含山县北小岘山,两山对峙,其口可守。春秋时位于楚国东部边境,是吴楚两国的交通要冲。〔13〕"陵水",据《中国古今地名大辞典》云即溧水,或称濑水、水阳江、九阳江、颍阳江。即《汉书·地理志》的所谓中江。在今江苏省溧阳县南。〔14〕"蒲伏",同匍匐。〔15〕"篪",古代的一种竹制管状的乐器。据《尔雅·释乐》注说,篪长一尺四寸,围三寸,一孔上出一寸三分,名翘,横吹之。小者一尺二寸。据《广雅》记载篪有八孔。〔16〕"阖闾",春秋末年吴国国君,名光。一作阖庐。吴王诸樊之子(一说为夷末之子)。他用专诸刺杀吴王僚而自立。公元前五一四

年至前四九六年在位。曾灭徐国,攻破楚国,曾占领楚都郢(在今湖北省江陵西北),因秦兵来救及其弟夫概反叛而一度受挫。后在檇李(故址在今浙江省嘉兴市西南)被越王句践打败,伤重而死。事详本书《吴太伯世家》。〔17〕"箕子",纣王的诸父,官太师,曾封于箕(故址在今山西省太谷县东北),故称箕子。纣暴虐,他曾劝谏纣王,纣王不听,于是他披发装疯为奴,纣王把他囚禁起来。周武王灭商后才被释放。事详本书《殷本纪》。"接舆",传说为春秋时楚国隐士,曾装疯避世。因他迎孔子的车而歌,故称接舆。〔18〕"阿保",近幸之臣。〔19〕"愍",音 hùn,惊动,打忧。

【译文】秦王屏退了左右大臣,宫中就没有别人了。秦王跪着请求说:"先生用什么来指教我呢?"范睢说:"是是。"过了一会儿,秦王又跪下请求说:"先生用什么来指教我呢?"范睢说:"是是。"像这样请求了三次。秦王跪下说:"先生终于不肯指点我吗?"范睢说:"不敢这样做。我听说从前吕尚遇到文王时,他身为渔父而在渭水河边钓鱼为生。像这样,是平素交往不密切。到已经悦服后立他为太师,并同车偕归,他们谈的话就更深切了。因此文王就得功于吕尚而终于称王于天下。早先假使文王疏远吕尚而不和他深谈,这就是周朝没有天子之德,而且文王、武王也无法成就他们帝王的事业。现在我是寄居于别国的臣子,和大王的交情疏远,而我所讲的都是纠正君主的事,身处别人骨肉之间,愿效愚忠而又不知大王的心意。这就是大王三次问我而不敢回答的原因。我并不是害怕而不敢说。我也知道今天在你面前说了而明天也许会被诛杀,就是这样我也不敢逃避。大王如能相信并实行了我的话,就是死了也不足以让我顾虑了,流亡了也不足以让我忧患了,漆身成癞、披发装疯也不足以让我觉得羞耻了。况且像五帝那样的圣明君主都免不了死,像三王那样的仁慈君主也免不了死,像五伯那样的贤能诸侯也免不了死,像乌获、任鄙那样的力士也免不了死,像成荆、孟贲、王庆忌、夏育那样的勇士也免不了死。死亡是每个人都绝不能避免的。处在这必然的形势下,若对秦国少有些补益,这是我最大的愿望,我又有什么可忧患的呢?伍子胥装在口袋中才混出昭关,晚上行走,白天藏起来,到了陵水以后,没有东西来糊口,用手和膝在地上爬行,到处磕头,赤着身子,鼓着肚子吹篪,在吴国的市场上讨饭,最后他却使吴国复兴,阖闾也成为霸主,假使我能够像伍子胥一样竭尽我的智谋,就是把我囚禁起来,一辈子不再见大王,这样

我的话能够实行，我还有什么忧虑的呢？箕子、接舆他们虽漆身成癞，披发装疯，但无益于主。假使我能像箕子一样，而可以对我所崇敬的贤能君主有所补益，这也是我的莫大光荣，我有什么羞耻的呢？我所害怕的只是怕我死之后，天下的人看到我因尽忠而身死，因此而杜口裹足，没有人再肯向往秦国了。您上怕太后的威严，下面蒙蔽于奸臣的诣媚丑态，住在深宫里面，离不开左右近侍之臣，终身迷惑，没有人帮您明察他们的奸恶。严重的会使国家灭亡，轻微的会使您自身孤立危险，这就是我所害怕的。像那些穷辱的事情、死亡的忧患，我是不害怕的。我死了而秦国能安定，这样我死了也胜过我活着。"秦王跪着说："先生这是什么话，秦国偏僻遥远，我又愚笨不贤能，有幸使先生受屈辱而来到这里，是上帝让我打搅先生来保存先王的宗庙。我能接受先生的教诲，这是上帝加宠于先王而不抛弃他们的遗孤。先生怎么能说这样的话呢？事情不论大小，上至太后，下至大臣，希望先生全面来指教我，无需怀疑我。"范雎下拜，秦王也回拜。

范雎曰："大王之国，四塞以为固，北有甘泉、谷口，[1]南带泾、渭，[2]右陇、蜀，[3]左关、阪，[4]奋击百万，战车千乘，利则出攻，不利则入守，此王者之地也。民怯于私斗而勇于公战，此王者之民也。王并此二者而有之。夫以秦卒之勇，车骑之众，以治诸侯，譬若施韩卢而搏蹇兔也，[5]霸王之业可致也，而群臣莫当其位。至今闭关十五年，不敢窥兵于山东者，[6]是穰侯为秦谋不忠，而大王之计有所失也。"秦王跽曰："寡人愿闻失计。"

【注释】〔1〕"甘泉"，指甘泉山，在今陕西省淳化县西北。"谷口"，在今陕西省礼泉县东北。因地处泾水出山谷处而得名。〔2〕"泾"，即泾河，渭河的支流，在今陕西省中部。"渭"，即渭河，黄河最大的支流，在今陕西省中部。〔3〕"陇"，指陇山山脉，在今甘肃省境内。"蜀"，指旧蜀国(今四川省一带)境内崎岖险恶的地势。"右陇、蜀"当指西边有陇蜀地区崎岖险恶的山势。〔4〕"关"，指函谷关，在今河南省灵宝县东北。因关在谷中，深险如函而得名，号称天险。"阪"，疑指商阪山，在今陕西省商县东南。山中地势险阻，峻阪迂回。或说阪指崤阪山。〔5〕"施"，通驰。"韩卢"，古韩国良犬名。

"蹇"，音 qiān，蹇兔即跛足之兔。〔6〕"山东"，战国、秦、汉时称崤山或华山以东为山东。

【译文】范雎说："大王的国家，四面的边塞很坚固，北面有甘泉山、谷口，南面有泾、渭环绕，右面有陇、蜀地区崎岖险恶的地势，左面有函谷关、商阪山，有勇士百万，战车千辆，有利就出击，不利就回来固守，这是王者的地方。百姓害怕私斗而对于公战却很勇敢，这是王者的百姓。在这两方面大王都兼而有之。用这样英勇的秦兵，这样多的车马，去制服诸侯，就好像放出韩卢去擒跛足的兔子一样，称霸为王的事业是可以成功的，而诸位大臣中是没有一个当得起这个位置的。到现在已闭关十五年了，不敢用兵来伺察山东诸国的原因是因为穰侯对秦国出谋画策时不能出于忠心，而大王的谋画又有失策的地方。"秦王跪着说："我希望听一听我失策的地方。"

然左右多窃听者，范雎恐，未敢言内，先言外事，以观秦王之俯仰。[1]因进曰："夫穰侯越韩、魏而攻齐纲、寿，非计也。少出师则不足以伤齐，多出师则害于秦。臣意王之计，欲少出师而悉韩、魏之兵也，则不义矣。今见与国之不亲也，越人之国而攻，可乎？其于计疏矣。且昔齐湣王南攻楚，破军杀将，再辟地千里，而齐尺寸之地无得焉者，岂不欲得地哉，形势不能有也。诸侯见齐之罢弊，君臣之不和也，兴兵而伐齐，大破之。士辱兵顿，皆咎其王，曰：'谁为此计者乎？'王曰：'文子为之。'[2]大臣作乱，文子出走。故齐所以大破者，以其伐楚而肥韩、魏也。此所谓借贼兵而赍盗粮者也。[3]王不如远交而近攻，得寸则王之寸也，得尺亦王之尺也。今释此而远攻，不亦缪乎！且昔者中山之国地方五百里，[4]赵独吞之，功成名立而利附焉，天下莫之能害也。今夫韩、魏，中国之处而天下之枢也，[5]王其欲霸，必亲中国以为天下枢，以威楚、赵。楚强则附赵，赵强则附楚，楚、赵皆附，齐必惧矣。齐惧，必卑辞重币以事秦。齐附而韩、魏因可虏也。"昭王曰："吾欲亲魏久矣，而魏多变之国也，寡人不能亲。请问亲魏奈何？"对曰："王卑词重币以事之；不可，则割地而赂之；不可，因举兵而伐之。"王曰:"寡人敬闻命矣。"乃拜范雎为客卿,[6]谋兵事。卒听范雎谋,使五大夫绾伐魏,[7]拔怀。[8]后二岁,拔邢丘。[9]

【注释】〔1〕"俯仰",本指低头和仰头的动作,这里引申指动向或者态度。 〔2〕"文子",《史记索隐》云指孟尝君田文,疑误。据《史记会注考证》云,湣王四十年,诸侯伐齐,败于济西,时孟尝君田文已谢相印归老于薛。此时的文子当系另一人。可备一说。 〔3〕"赍",音 jì,把东西送给别人。 〔4〕"中山",即中山国。春秋时白狄别族之鲜虞地,战国时为中山国。建都于顾(今河北定县)。约公元前四〇六年曾被魏攻灭,约公元前三七八年复国,迁都灵寿(今河北平山东北)。一九七四年至一九七八年,考古工作者在平山县三汲一带发现一座古城遗址,据研究,即灵寿古城。中山国疆域约当今河北保定和满城南部至石家庄地区南部。后被赵武灵王所灭。事见本书《赵世家》。 〔5〕"中国",指中原地区。"枢",门轴,这里借枢来比喻为门户。 〔6〕"客卿",秦官名,请别国的人在本国做官,其位为卿而以客礼待之,故称客卿。 〔7〕"五大夫",官名,当秦爵第九级。"绾",五大夫名,《史记》仅此一见,事不详。 〔8〕"怀",古邑名,春秋时郑邑,战国时属魏,故址在今河南省武陟县西南。 〔9〕"邢丘",古邑名,春秋属晋,战国时属魏,公元前二六六年为秦所取,故址在今河南省温县东。

【译文】左右多数人都在偷听,范雎感到害怕,不敢说内部的事情,就先讲外部的事情来观察秦王的意旨所在。因此进言说:"穰侯越过韩、魏而去攻打齐国的纲、寿,这不是好计策。出兵少了不足以伤害齐国,出兵多了就对秦国有害。我想大王的计划是打算少出兵而使韩、魏派出全部的兵力,这是不合道义的。现在已看到同盟国不亲近我们了,越过别的国家去攻打另一国,这样可以吗?这在策略上太疏略了。况且从前齐湣王向南攻打楚国,破军杀将,又开辟了土地千里,而齐国却没有得到尺寸土地,难道是不想得到土地吗?是当时的形势不能使他们得到。诸侯们看到了齐国的疲敝,君臣之间又不知和睦,于是就兴兵攻打齐国,把齐国打得大败。将士兵卒因受到折辱困顿而怨怪他们的君主,问说:'谁出的这个计策呢?'王说:'文子出的这个计策。'大臣们听说乱成一团,吓得文子也逃跑了。所以齐国被打得大败的原因是因为他们攻打楚国而肥了韩、魏。这就是所谓把兵器借给了

盗贼,把粮食送给了盗贼。大王不如交接远的国家而攻打近的国家,得到一寸土地就是大王的一寸土地,得到一尺土地也就是大王的一尺土地。现在舍去了近国而去远攻,这不是荒谬的做法吗?况且像从前的中山国方圆五百里,而被赵国独自吞并了它,功成名立而且得到了利益,天下没有能够妨害它的。现在韩、魏二国,地处中原而且是天下的门户,大王打算称霸,一定要亲近中原的国家并作为天下的门户,以此来对付楚、赵。楚国强盛就亲附赵国,赵国强盛就亲附楚国,楚、赵都亲附了,齐国一定害怕。齐国害怕了,就一定会用低下的语言和贵重的礼物来事奉秦国。齐国亲附了,那么韩、魏因此也就可以收复了。"昭王说:"我打算亲附魏国已经好久了,而魏国是个变化多端的国家,我无法亲附它。请问怎样才能亲附魏国呢?"范雎回答说:"大王用低下的语言和贵重的礼物去事奉它,不行就割地去贿赂它,还不行就派兵去讨伐它。"昭王说:"我敬听尊教。"于是任范雎为客卿,谋画用兵打仗的事。终于听从了范雎的谋画,派五大夫绾去讨伐魏国,攻下了怀地。二年以后,又攻下了邢丘。

客卿范雎复说昭王曰:"秦韩之地形,相错如绣。秦之有韩也,譬如木之有蠹也,人之有心腹之病也。天下无变则已,天下有变,其为秦患者孰大于韩乎?王不如收韩。"昭王曰:"吾固欲收韩,韩不听,为之奈何?"对曰:"韩安得无听乎?王下兵而攻荥阳,[1]则巩、成皋之道不通;[2]北断太行之道,[3]则上党之师不下。[4]王一兴兵而攻荥阳,则其国断而为三。夫韩见必亡,安得不听乎?若韩听,而霸事因可虑矣。"王曰:"善。"且欲发使于韩。

【注释】〔1〕"荥阳",古邑名,故址在今河南省荥阳县。 〔2〕"巩",古地名,故址在今河南省巩县。"成皋",古地名,故址在今河南省荥阳县汜水镇。 〔3〕"太行",即太行山,在今山西高原与河北平原之间,东北至西南走向。山中因受河流切割,形成许多横谷,为东西交通孔道。 〔4〕"上党",郡名,战国时韩置,其后入赵,秦统一后仍置。治所在壶关(今山西省壶关县)。西汉时移治长子(今山西省长子县)。

【译文】客卿范雎又劝昭王说:"秦国、韩国的

地形就像锦绣一样犬牙交错。韩国的存在对于秦国来讲就像树木生了蠹虫、人有了心腹之病一样。天下没有变化则已,天下若有变化,构成秦国忧患的,哪个国家能比韩国大呢? 大王不如先收复了韩国。"昭王说:"我本来打算收复韩国,韩国不听从,该怎么办呢?"范雎回答说:"韩国怎么能不听从呢? 大王派兵去攻打荥阳,巩、成皋一带的道路就不通了;北面截断了太行山的道路,上党地区的军队就下不来了。大王一旦派兵去攻打荥阳,他们的国家就会一断为三。韩国看到自己一定会灭亡,怎么能不听从呢? 如果韩国听从了,称霸的事业就可以考虑了。"昭王说:"很好。"便打算派使者去韩国。

范雎日益亲,复说用数年矣,因请间说曰:"臣居山东时,闻齐之有田文,[1]不闻其有王也;闻秦之有太后、穰侯、华阳、高陵、泾阳,不闻其有王也。夫擅国之谓王,能利害之谓王,制杀生之威之谓王。今太后擅行不顾,穰侯出使不报,华阳、泾阳等击断无讳,高陵进退不请。四贵备而国不危者,未之有也。为此四贵者下,乃所谓无王也。然则权安得不倾,令安得从王出乎? 臣闻善治国者,乃内固其威而外重其权。穰侯使者操王之重,决制于诸侯,剖符于天下,[2]政适伐国,[3]莫敢不听。战胜攻取则利归于陶,国弊御于诸侯;战败则结怨于百姓,而祸归于社稷。[4]诗曰'木实繁者披其枝,披其枝者伤其心;大其都者危其国,尊其臣者卑其主'。[5]崔杼、淖齿管齐,[6]射王股,擢王筋,县之于庙梁,[7]宿昔而死。[8]李兑管赵,[9]因主父于沙丘,[10]百日而饿死。今臣闻秦太后、穰侯用事,高陵、华阳、泾阳佐之,卒无秦王,此亦淖齿、李兑之类也。且夫三代所以亡国者,君专授政,纵酒驰骋弋猎,不听政事。其所授者,妒贤嫉能,御下蔽上,以成其私,不为主计,而主不觉悟,故失其国。今自有秩以上至诸大吏,[11]下及王左右,无非相国之人者。见王独立于朝,臣窃为王恐,万世之后,有秦国者非王子孙也。"昭王闻之大惧,曰:"善。"于是废太后,逐穰侯、高陵、华阳、泾阳君于关外。秦王乃拜范雎为相。收穰侯之印,使归陶,因使县官给车牛以徙,千乘有余。到关,关阅其宝器,宝器珍怪多于王室。

【注释】[1]"田文",即孟尝君,他继承其父靖郭君田婴的封爵,为薛公。以好客著称,门下食客至数千人。齐湣王使孟尝君入秦,被扣留,他靠门客中鸡鸣狗盗之徒的帮助逃出秦国,归为齐相。后因受齐湣王疑忌,出奔为魏相,联合秦、燕、赵攻齐。湣王死后返回齐国。死后谥为孟尝君。事详本书《孟尝君列传》。又此处"田文",别本作"田单",《战国策》也作"田单"。王念孙云:"张载注《魏都赋》引《史记》作'田单',今本误。《策》鲍注云:'田文去齐已十余年,不得近舍单,远论文也。'"可备一说。[2]"符",古代朝廷用以传达命令、调兵遣将的凭证。以竹木或金玉为之。上书文字,剖而为二,一存朝廷,一存所派人之手,用时相合以为征信。[3]"政适",通征敌。 [4]"社稷",本指土神和谷神。古代也以社稷为国家政权的标志。 [5]"诗曰",这里的引文并非《诗经》的内容,而是和《逸周书·周祝篇》里的一段文字相近。清人孙诒让曾指出,"古书引书或通称诗",孙说在古文献中可以找到不少例证。 [6]"崔杼",春秋时齐国大夫。齐棠公死后,崔杼去吊棠公,见棠公妻美,就娶以为妻。后庄公与棠公妻私通,崔杼就杀死了庄公。事详本书《齐太公世家》。"淖齿",战国时楚国人。燕、秦、楚、三晋合谋伐齐,被齐打败。后燕将乐毅入齐攻占了临淄,湣王逃出。楚王使淖齿将兵救齐,因相齐湣王。后淖齿杀死齐湣王而与燕共分其地。事详本书《田敬仲完世家》。 [7]"县",同悬。[8]"昔",通夕。 [9]"李兑",战国时赵武灵王之臣。赵武灵王四年(公元前三二二年),王游沙丘,李兑及公子成围主父(即赵武灵王)宫,主父欲出不得,三月余而死于沙丘宫。事详本书《赵世家》。[10]"主父",即赵王灵王。战国时赵武灵王让国给儿子惠文王,自号主父。"沙丘",古地名,故址在今河北省广宗县西北大平台。 [11]"有秩",即有职位或品级的官吏。

【译文】范雎一天天更加受到亲信,悦服信用了好几年,因此他乘机向昭王说:"我住在山东时,听说齐国有田文,没听说他们有国王;听说秦国有太后、穰侯、华阳君、高陵君、泾阳君,没听说有国王。能够独揽国家政权的才可称为国王,能够掌握国家利害大权的才可称为国王,能够掌握生杀大权的人才可称为国王。现在太后独断专行不顾一切,穰侯出使不向国王回报,华阳君、泾阳君等断罪处

王室。

罚毫无顾忌，高陵君办事不向国王请示。这四贵存在而国家不发生危险是不可能的。处在这四贵的下面就是所谓的没有国王。像这样国家权力怎么能不破坏？政令怎么能从国王那里颁发呢？我听说善于治理国家的人，对内要巩固他的威力，对外要重视他的权力。穰侯的使者拿着国王的重大权力控制着诸侯，在天下发号施令，征讨敌人攻打国家，没有敢不听的。打了胜仗，攻取了地方后好处都归属陶，对国家有害的都加到诸侯身上；打了败仗就怨恨百姓，有了祸患就归属国家。古书里说'树上的果实多了树枝就会折弯了，树枝折弯了就会伤害了树的本干；都邑要扩大了就会危及国家，臣下要尊贵了就会卑弱他的君主'。崔杼、淖齿掌管齐国，结果崔杼射伤了庄公的大腿，淖齿抽掉了湣王的筋，把他挂在庙堂的屋梁上，过了一夜就死了。李兑掌管赵国，把主父囚禁在沙丘，一百天后就饿死了。现在我听说秦国太后、穰侯掌握政权，高陵君、华阳君、泾阳君协助他们，根本没有秦王的事，这也和淖齿、李兑是同一类型。三代之所以亡国的原因，是因为君主把权力授给了臣下，自己纵酒作乐、行围打猎，不过问政事，他所授给权力的人，妒贤嫉能，欺下蔽上，来成全他的私利，不为君主打算，而君主也不能觉悟，所以才丢掉他的国家。现在从有官爵起至各位大官，以及大王左右的人，没有一个不是相国的人。看到大王在朝廷里很孤立，我私下为大王担心，万世以后，拥有秦国的人就不会是大王的子孙了。"昭王听了之后大为恐惧，说："很好。"于是就废除了太后的权力，把穰侯、高陵君、华阳君、泾阳君赶出关外。秦王任范雎为秦相。收回了穰侯的相印，使他回到陶地，派县官供给他牛车一千多辆。到了关口，关口的人检查他的宝器，他的宝器珍怪的东西比王室还多。

秦封范雎以应，[1]号为应侯。当是时，秦昭王四十一年也。[2]

【注释】〔1〕"应"，古国名。姬姓。始封之君为周武王之子（一说为武王之弟）。战国时为宣太后的奉养邑，后又封给范雎。故址在今河南省鲁山县东。 〔2〕"秦昭王四十一年"，即公元前二六六年。

【译文】秦国把应地封给了范雎，号为应侯。这个时候是秦昭王四十一年。

范雎既相秦，秦号曰张禄，而魏不知，以为范雎已死久矣。魏闻秦且东伐韩、魏，魏使须贾于秦。范雎闻之，为微行，敝衣间步之邸，[1]见须贾。须贾见之而惊曰："范叔固无恙乎！"范雎曰："然。"须贾笑曰："范叔有说于秦邪？"曰："不也。雎前日得过于魏相，故亡逃至此，安敢说乎！"须贾曰："今叔何事？"范雎曰："臣为人庸赁。"须贾意哀之，留与坐饮食，曰："范叔一寒如此哉！"乃取其一绨袍以赐之。[2]须贾因问曰："秦相张君，[3]公知之乎？吾闻幸于王，天下之事皆决于相君。今吾事之去留在张君。孺子岂有客习于相君者哉？"范雎曰："主人翁习知之。唯雎亦得谒，[4]雎请为见君于张君。"须贾曰："吾马病，车轴折，非大车驷马，吾固不出。"范雎曰："愿为君借大车驷马于主人翁。"

【注释】〔1〕"邸"，招待宾客的馆舍。 〔2〕"绨袍"，古代一种质粗厚，平滑而有光泽的丝织袍。古代相互赠送绨袍意谓不忘旧故。 〔3〕"张君"，须贾不知道范雎逃出魏国到秦国任相时号曰张禄，只知道相姓张，所以这里称张君。 〔4〕"唯"，有人认为此处的"唯"当读为"虽"，似可通。

【译文】范雎已经做了秦国的相国后，秦国称他为张禄，而魏国不知道，以为范雎早已经死了。魏国听说秦国将要向东讨伐韩国、魏国，魏国派须贾出使秦国。范雎听说这事以后，就私行出府，穿着破旧的衣服从小路来到馆舍，见到了须贾。须贾看见他以后惊讶地说："范叔原来安然无恙。"范雎说："是的。"须贾笑着说："范叔游说过秦王吗？"范雎说："没有。我以前得罪过魏相，所以才逃到这里来，怎么敢游说呢？"须贾问说："现在范叔做什么事呢？"范雎说："我给别人做帮佣。"须贾表现出悯怜他的样子，就留下和他一起吃饭，说："范叔竟穷困到这种地步。"于是拿出他的一件绨袍送给了范雎。须贾因此又问说："秦相张君，你知道这个人吗？我听说他很得宠于秦王，天下的大事都决定于相君。现在我的事情成功或者失败全在张君，你有没有朋友跟相君相熟习的呢？"范雎说："我的主人熟习他。我范雎可以通报求见，我请求为你向张君请见。"须贾说："我的马有病，车轴也折断了，不是大车驷马，我就不出去。"范雎说："我愿意为你向主人借大车驷马。"

范睢归取大车驷马,为须贾御之,入秦相府。府中望见,有识者皆避匿。须贾怪之。至相舍门,谓须贾曰:"待我,我为君先入通于相君。"须贾待门下,持车良久,问门下曰:"范叔不出,何也?"门下曰:"无范叔。"须贾曰:"乡者与我载而入者。"门下曰:"乃吾相张君也。"须贾大惊,自知见卖,乃肉袒膝行,因门下人谢罪。于是范睢盛帷帐,侍者甚众,见之。须贾顿首言死罪,曰:"贾不意君能自致于青云之上,贾不敢复读天下之书,不敢复与天下之事。贾有汤镬之罪,〔1〕请自屏于胡貉之地,〔2〕唯君死生之!"范睢曰:"汝罪有几?"曰:"擢贾之发以续贾之罪,尚未足。"〔3〕范睢曰:"汝罪有三耳。昔者楚昭王时而申包胥为楚却吴军,〔4〕楚王封之以荆五千户,包胥辞不受,为丘墓之寄于荆也。今睢之先人丘墓亦在魏,公前以睢为有外心于齐而恶睢于魏齐,公之罪一也。当魏齐辱我于厕中,公不止,罪二也。更醉而溺我,公其何忍乎?罪三矣。然公之所以得无死者,以绨袍恋恋,有故人之意,故释公。"乃谢罢。入言之昭王,罢归须贾。

【注释】〔1〕"汤镬",古代的一种酷刑。即把人投入滚水中煮死。汤,滚水;镬,无足大鼎。〔2〕"胡貉",我国古代泛称北方边地与西域的民族为胡貉。 〔3〕"擢贾之发以续贾之罪尚未足",意谓拔尽我须贾的头发接起来尚不能比我的罪恶长。一说"续"当作"数"解,意谓拔尽我须贾的头发用来数我的罪恶都不足用。 〔4〕"申包胥",春秋时秦国大夫,姓公孙,封于申(故址在今河南省南阳一带),故号申包胥(或作申勃苏)。或称王孙包胥、棼冒勃苏。他和伍子胥为知交。楚昭王十年(公元前五〇六年),吴用伍子胥计攻破楚国,他到秦国求救,在秦国痛哭了七天七夜,终使秦发兵救楚,打退了吴国军队。事详本书《秦本纪》、《战国策·楚策》等。 〔5〕"荆",楚国的古称。楚国原建于荆山一带,故名。

【译文】范睢回去要来大车驷马,并为须贾驾车,进入了秦相府。府中的人看到之后,有认识他的人都躲避让开。须贾对此事觉得奇怪。到了相国门口,对须贾说:"等我一下,我先为你进去通报一下相君。"须贾在门口等着,车停了好久,问门下的人说:"范叔为什么不出来呢?"门下的人说:"没有范叔这个人。"须贾说:"刚才和我同车进来的人。"门下的人说:"那是我们的国相张君。"须贾大吃一惊,自知上了当,于是就卸去衣服,露出身体,跪在地上移膝前进,托门下的人引进谢罪。于是范睢张挂起很多帐幔,侍从的人也很多,来见须贾。须贾一边叩头一边说自己该死,并说:"我须贾没想到你自己能致于青云之上,我不敢再读天下的书了,也不敢再参预天下的事了。我须贾有汤镬之罪,希望把我驱逐到北方胡貉地区,是生是死由你处置。"范睢说:"你的罪有多少?"须贾说:"拔下我须贾的头发来数我的罪过也不足数。"范睢说:"你的罪状有三。从前在楚昭王时申包胥为楚国打退了吴军,楚王封给他荆地五百户,包胥辞让不接受,是因为他先人的坟墓在荆地。现在我范睢先人的坟墓也在魏,你从前以为我范睢有外心向齐而在魏齐面前说我的坏话,这是你第一条罪状。当魏齐在厕所中侮辱我时,你不加制止,这是你第二条罪状。你酒醉后在我身上撒尿,你怎么那样忍心?这是你第三条罪状。然而你所以没有死的原因,是因为在赠送绨袍事上你有不忘故旧的情意,所以才放了你。"须贾谢罪后,范睢进去告诉了昭王,然后打发须贾回去。

须贾辞于范睢,范睢大供具,尽请诸侯使,与坐堂上,食饮甚设。而坐须贾于堂下,置莝豆其前,〔1〕令两黥徒夹而马食之。数曰:"为我告魏王,急持魏齐头来!不然者,我且屠大梁。"须贾归,以告魏齐。魏齐恐,亡走赵,匿平原君所。〔2〕

【注释】〔1〕"莝豆",铡碎的草料。 〔2〕"平原君",即赵胜,战国时赵武灵王子,惠文王弟,封于东武城(在今山东省武城县西北),号平原君。三任赵相。相传有食客三千,与齐孟尝君(田文)、魏信陵君(魏无忌)、楚春申君(黄歇)称为四公子。惠文王九年(公元前二九〇年),秦围赵都邯郸,平原君用毛遂与楚订立盟约,求救于魏,结果破秦存赵。事详本书《平原君列传》。

【译文】须贾向范睢辞行,范睢大张筵席,把诸侯的使节都请来,和他们共坐在堂上,饮食非常丰富。而让须贾坐在堂下,把喂马的碎草料放在他前面,派了两个黥徒夹住他像马一样给他吃。指责他说:"替我告诉魏王,赶快拿魏齐头来,不然我将血洗大梁。"须贾回去以后,把这些告诉了魏齐。魏齐感到害怕,逃跑到赵国,躲藏在平原君家里。

范雎既相,王稽谓范雎曰:"事有不可知者三,有不可奈何者亦三。宫车一日晏驾,〔1〕是事之不可知者一也。君卒然捐馆舍,〔2〕是事之不可知者二也。使臣卒然填沟壑,〔3〕是事之不可知者三也。宫车一日晏驾,君虽恨于臣,无可奈何。君卒然捐馆舍,君虽恨于臣,亦无可奈何。使臣卒然填沟壑,君虽恨于臣,亦无可奈何。"范雎不怿,乃入言于王曰:"非王稽之忠,莫能内臣于函谷关;〔4〕非大王之贤圣,莫能贵臣。今臣官至于相,爵在列侯,王稽之官尚止于谒者,非其内臣之意也。"昭王召王稽,拜为河东守,〔5〕三岁不上计。又任郑安平,昭王以为将军。范雎于是散家财物,尽以报所尝困厄者。〔6〕一饭之德必偿,睚眦之怨必报。〔7〕

【注释】〔1〕"晏驾",古人以晏驾来比喻帝王的死亡。"晏",迟,晚。"驾",车。宫车晚出去必有事故。 〔2〕"捐馆",舍弃所居的屋舍。为死亡之婉称。 〔3〕"填沟壑",人死了之后埋在地下,是死亡的另一种婉称。 〔4〕"内",同纳。 〔5〕"河东守",即河东郡守。"河东",郡名,秦置,辖境相当今山西沁水以西,山西、河南间黄河以北,山西、陕西间黄河以东,霍山以南地区。治所在临汾(在今山西省曲沃北)。 〔6〕"厄",困苦,灾难。 〔7〕"睚眦",怒目而视。借指小怨小忿。

【译文】范雎做了相国以后,王稽对范雎说:"有三件事情是不可预知的,有三件事是无可奈何的。某一天宫中的车突然晚出,这是第一件不可预知的事。你突然捐弃出住所,这是第二件不可预知的事。假使我突然填塞在沟壑之中,这是第三件不可预知的事。某一天宫中车突然晚出,你虽然怨恨我,但是无可奈何。你突然捐弃出住所,你虽然怨恨我,但也是无可奈何。假使我突然填塞在沟壑之中,你虽然怨恨我,仍然是无可奈何。"范雎听后很不快活,于是就回去和昭王说:"不是王稽忠诚,就不能把我带进函谷关来;不是大王的贤圣,就不能

使我显贵。现在我官至相位,爵在列侯,而王稽的官位还是一个谒者,这不是他带我进来的意图。"昭王召见王稽,任他为河东郡守,三年也不向朝廷报告执政情况。后又保举郑安平,昭王任他为将军。于是范雎分散家中的财物,全部用来报答那些(曾为了自己的事而)遭到困苦的人。给吃一顿饭的恩德也一定要偿还,瞪过他一眼的小怨也一定要报复。

范雎相秦二年,秦昭王之四十二年,〔1〕东伐韩少曲、高平,〔2〕拔之。

【注释】〔1〕"秦昭王之四十二年",即公元前二六五年。 〔2〕"少曲",战国时韩地,秦置县,故址在今河南省西部、洛河中游。"高平",战国时韩地,今地不详。梁玉绳认为自"范雎相秦二年"至"拔之"为衍文,崔适认为此段当移至下段末尾"秦昭王乃出平原君归赵"的后面。可备一说。

【译文】范雎做了二年秦相,秦昭王四十二年时,向东讨伐韩国的少曲、高平,攻下了这两个地方。

秦昭王闻魏齐在平原君所,欲为范雎必报其仇,乃详为好书遗平原君曰:"寡人闻君之高义,愿与君为布衣之友,〔1〕君幸过寡人,寡人愿与君为十日之饮。"平原君畏秦,且以为然,而入秦见昭王。昭王与平原君饮数日,昭王谓平原君曰:"昔周文王得吕尚以为太公,齐桓公得管夷吾以为仲父,今范君亦寡人之叔父也。〔2〕范君之仇在君之家,愿使人归取其头来;不然,吾不出君于关。"平原君曰:"贵而为交者,为贱也;富而为交者,为贫也。夫魏齐者,胜之友也,在,固不出也,今又不在臣所。"昭王乃遗赵王书曰:"王之弟在秦,范君之仇魏齐在平原君之家。王使人疾持其头来;不然,吾举兵而伐赵,又不出王之弟于关。"赵孝成王乃发卒围平原君家,〔3〕急,魏齐夜亡出,见赵相虞卿。〔4〕虞卿度赵王终不可说,乃解其相印,与魏齐亡,间行,念诸侯莫可以急抵者,乃复走大梁,〔5〕欲因信陵君以走楚。〔6〕信陵君闻之,畏秦,犹豫未肯见,曰:"虞卿何如人也?"时侯嬴在

旁,[7]曰:"人固未易知,知人亦未易也。夫虞卿蹑屩檐簦,[8]一见赵王,赐白璧一双,黄金百镒;[9]再见,拜为上卿;[10]三见,卒受相印,封万户侯。当此之时,天下争知之。夫魏齐穷困过虞卿,虞卿不敢重爵禄之尊,解相印,捐万户侯而间行。急士之穷而归公子,公子曰'何如人'。人固不易知,知人亦未易也!"信陵君大惭,驾如野迎之。魏齐闻信陵君之初难见之,怒而自刭。赵王闻之,卒取其头予秦。秦昭王乃出平原君归赵。

【注释】[1]"布衣之友",贫贱之交。 [2]"太公"、"仲父"、"叔父",都是古代帝王对宰相的尊称。"管夷吾",即管仲。春秋时齐国颖上人,名夷吾,字仲。由鲍叔牙推荐,被齐桓公任命为卿,尊称为"仲父"。他主张通货积财,富国强兵,九合诸侯,一匡天下,使齐桓公成为春秋五霸之首。事详本书《管晏列传》。 [3]"赵孝成王",名丹,赵惠文王之子,赵国第八国君,公元前二六五年至前二四五年在位。 [4]"虞卿",战国时游说之士。因进说赵孝成王,为赵上卿,受相印,故称虞卿。他主张以赵为主合纵以抗秦。后因拯救魏相魏齐,弃相印与魏齐逃亡。后穷愁著书,上采《春秋》,下观近世,以刺讥国家得失,世传为《虞氏春秋》,已佚,清人马国翰有辑本。事详本书《平原君虞卿列传》。 [5]"大梁",魏国国都,故址在今河南省开封市西北。 [6]"信陵君",名无忌,战国时魏安釐王异母弟。据《史记·六国年表》记载,魏安釐王元年封公子无忌为信陵君。与平原君(赵胜)、孟尝君(田文)、春申君(黄歇)称为四公子。相传有食客三千。魏安釐王二十年,秦围赵,魏使晋鄙领兵救赵,晋鄙害怕秦兵,按兵不动。信陵君使如姬从宫里窃得兵符,杀死晋鄙,夺取兵权,救赵胜秦。后为上将军,率五国兵大破秦军。因功高名盛为魏王所忌,遂称病不朝,病酒卒。事详本书《魏公子列传》。 [7]"侯嬴",战国时魏国隐士,亦称侯生。曾为大梁夷门的守门小吏,后被信陵君迎为上客。魏安釐王二十年(公元前二五七年),秦围赵,安釐王派将军晋鄙率兵救赵,观望不前。侯嬴献计信陵君,窃得兵符,并推荐力士朱亥,击杀晋鄙,夺得兵权,却秦救赵。事详本书《魏公子列传》 [8]"蹑",履,蹈。"屩",亦作跻、绤,草鞋。"檐",同担,用肩扛东西。"簦",长柄雨笠。"蹑屩檐簦"意谓穿着草鞋,扛着雨具,出远门。 [9]"镒",或作溢,古代的重量单位名称。一说二十两为一镒,一说二十四两为一

镒。 [10]"上卿",官名。最尊贵的诸侯臣称为上卿。

【译文】秦昭王听说魏齐在平原君家里,打算一定要为范雎报了他的仇恨,于是就假装和好,给平原君送去一封信说:"我听说你有崇高的道义,希望和你结为布衣之友,有幸你能到我这里来,我希望和你畅饮十天。"平原君害怕秦国,而且信以为真,就到秦国来见秦昭王。昭王和平原君畅饮了好几天后,昭王对平原君说:"从前周文王得到吕尚后称他为太公,齐桓公得到管夷吾后称他为仲父,现在范雎也就是我的叔父。范雎的仇人在你家,希望派人回去把他的头拿来,不这样我就不让出关。"平原君说:"人贵时交结朋友是为了贫时有依靠,人富时交结朋友是为了贫时有依靠。魏齐是我赵胜的朋友,即使在我家我也一定不能交出来,况且现在又不在我家里。"昭王于是就给赵王送了封信说:"君王的弟弟在秦国,范雎的仇人魏齐在平原君的家里。君王赶快派人拿他的头来,不这样我就兴兵讨伐赵国,而且也不放君王的弟弟出关。"赵孝成王于是就派兵包围了平原君的家,来势很急,魏齐乘晚上逃出,去见了赵相虞卿。虞卿估计赵王最终不可说服,于是解下他的相印,和魏齐偷偷地一起逃跑了。这时,他想到诸侯中没有能马上来抵抗秦国的,于是又逃到大梁,打算通过信陵君投奔到楚国。信陵君听到这件事后,害怕秦国,他犹犹豫豫像不肯见他们,说:"虞卿是什么样的人呢?"这时侯嬴在旁边,说:"人本来是不容易被别人了解的,要了解人也是不容易的。虞卿穿着草鞋、背着雨笠出远门,一见赵王,赵王就赐给白璧一双,黄金百镒;第二次见时拜他为上卿;第三次见时授给他相印,封他为万户侯。正当这个时候,天下争着要了解他。魏齐穷困地到了虞卿那里,虞卿不敢用优厚的爵禄来使他尊贵,反而解下相印,舍弃万户侯的封爵而偷偷跑了。他着急魏齐的穷困而来到你这里,你却问说'是什么样的人'。人本来是不容易了解的,要想了解人也是不容易的。"信陵君听了觉得非常惭愧,就驾车到郊外去迎接他们。魏齐听说信陵君当初不愿见他,一怒之下就自杀了。赵王听到这事后,终于拿上他的头去送给秦国。秦昭王于是才放出平原君使他回到赵国。

昭王四十三年,[1]秦攻韩汾陉,[2]拔之,因城河上广武。[3]

【注释】〔1〕"昭王四十三年"，即公元前二六四年。〔2〕"汾陉"，战国时韩地。《史记正义》云："泾庭故城在绛州曲沃县(今山西省曲沃县)西北二十里汾水之阳。"一说在今河南省襄城县东北。〔3〕"河"，指黄河。"广武"，故址在今河南省荥阳县北，黄河的南岸。由此推测上条注"汾陉"的位置也当在广武附近。

【译文】秦昭王四十三年，秦国攻下了韩国的汾陉，因此就在黄河边广武山上筑城。

后五年，〔1〕昭王用应侯谋，纵反间卖赵，赵以其故，令马服子代廉颇将。〔2〕秦大破赵于长平，〔3〕遂围邯郸。〔4〕已而与武安君白起有隙，〔5〕言而杀之。任郑安平，使击赵。郑安平为赵所围，急，以兵二万人降赵。应侯席稿请罪。秦之法，任人而所任不善者，各以其罪罪之。于是应侯罪当收三族。〔6〕秦昭王恐伤应侯之意，乃下令国中："有敢言郑安平事者，以其罪罪之。"而加赐相国应侯食物日益厚，以顺适其意。后二岁，〔7〕王稽为河东守，与诸侯通，坐法诛。而应侯日益以不怿。

【注释】〔1〕"后五年"，即秦昭王四十八年(公元前二五九年)。〔2〕"马服子"，即赵括。战国时赵国将领，马服君赵奢之子，故亦称马服子。他只会纸上谈兵，实际上不会指挥作战。赵孝成王六年(公元前二六〇年)赵中了秦国的反间计，用他代替廉颇为将，在长平(在今山西省高平西北)被秦将白起包围，突围不成被射死。赵军四十五万士卒被俘坑死。事详本书《廉颇蔺相如列传》。"马服"，战国时赵地，故址在今河北省邯郸市西北。赵封赵括的父亲赵奢于此，称马服君，盖因马服山为号。"廉颇"，战国时赵将。赵惠文王时他曾率军破齐，夺取晋阳，拜为上卿。与蔺相如结为刎颈之交。在长平战争中他坚壁固守三年，使秦军老无功。后赵中秦反间计，以赵括代他为将，秦遂大败赵军，在长平坑杀赵卒四十五万。赵孝成王十五年(公元前二五一年)他率兵大破燕军于鄗(在今河北省柏乡县西北)，封为信平君，任相国。悼襄王时获罪奔魏。后赵国多次被秦兵包围，打算重新起用廉颇，廉颇也思念赵国，因被人谗沮，未能实现。后又由魏至楚，为将无功，最后病死在寿春(在今安徽省寿县西

南)。事详本书《廉颇蔺相如列传》。〔3〕"长平"，古城名，故址在今山西省高平县西北。〔4〕"邯郸"，古都邑，故址在今河北省邯郸市。〔5〕"武安君白起"，或称公孙起，战国时秦国名将，郿(在今陕西省眉县)人。秦昭王时官从左庶长升至大良造。屡战获胜，夺得韩、赵、魏、楚很多土地。秦昭王二十九年(公元前二七八年)攻克楚都郢(在今湖北省江陵西北)，因功封武安君。长平之战，大胜赵军，坑杀赵卒四十五万。后被相国范睢所妒忌，意见不合，被迫自杀。事详本书《白起王翦列传》。〔6〕"三族"，古代的一种酷刑。即一人犯罪诛杀三族。据《史记·秦本纪集解》引张晏说，三族指父母、兄弟、妻子三族。如淳认为指父族、母族、妻族。《仪礼·士昏礼》注指父昆弟、己昆弟、子昆弟三族。《周礼·春官·小宗伯》注谓父、子、孙三族。各家说法不一。〔7〕"后二岁"，即指秦昭王五十年(公元前二五七年)。

【译文】五年以后，昭王采用了应侯的谋略，用反间计愚弄了赵国，赵国因为这个缘故，命令马服子代替了廉颇的将位。秦军在长平大胜赵军，接着包围了邯郸。不久和武安君白起有了怨仇，就进言昭王而杀死了白起。派郑安平去攻打赵国。郑安平被赵国所包围，非常紧急，就带着二万士兵投降了赵国。应侯坐在草席上请罪。秦法规定，任用人而用了不好的人，用人的人要被用人的罪状来处罚。这样应侯的罪就应当拘捕他的三族。秦昭王害怕伤了应侯的心，于是给全国下令："有敢说郑安平事情的人，就以他的罪来处罚这个人。"而给相国应侯加赐的食物一天比一天多，用这来顺从他的心意。二年以后，王稽做了河东郡守，因与诸侯私下勾结，犯法被诛杀。而应侯一天比一天不高兴。

昭王临朝叹息，应侯进曰："臣闻'主忧臣辱，主辱臣死'。今大王中朝而忧，臣敢请其罪。"昭王曰："吾闻楚之铁剑利而倡优拙。〔1〕夫铁剑利则士勇，倡优拙则思虑远。夫以远思虑而御勇士，吾恐楚之图秦也。夫物不素具，不可以应卒，〔2〕今武安君既死，而郑安平等畔，〔3〕内无良将而外多敌国，吾是以忧。"欲以激励应侯。应侯惧，不知所出。蔡泽闻之，〔4〕往入秦也。

【注释】〔1〕"倡优"，倡指乐人，优指伎人，古

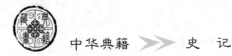

本有别,后常并称,指歌舞杂技艺人。〔2〕"卒",通猝。〔3〕"畔",通叛。〔4〕"蔡泽",战国时燕国人,曾游说列国。后入秦说范雎,因此得见秦昭王,被用为客卿。后范雎辞退,拜他为秦相。曾献计说昭王攻灭西周,不久辞退相位,封为纲成君。在秦留居十多年。事详本传后半部分。

【译文】昭王登朝办事时常叹息,应侯进劝说:"我听说'君主忧愁大臣就得受侮辱,君主受到侮辱大臣就得死去'。现在大王在朝中而忧愁,我应当请罪。"昭王说:"我听说楚国的铁剑很锋利而歌舞却很差。铁剑锋利士兵就会勇敢,歌舞拙劣就会深谋远虑。用深谋远虑来驾御勇敢的士兵,我担心楚国会图谋秦国。诸事平素没有准备,就不能应付突然的变化,现在武安君已经死了,郑安平等也叛变了,内无好的将领而外面敌国又多,所以我很忧愁。"打算用这些话来激励应侯。应侯听了很害怕,想不出什么办法来。蔡泽听到这件事后,就进入秦国。

蔡泽者,燕人也。游学干诸侯小大甚众,不遇。而从唐举相,〔1〕曰:"吾闻先生相李兑,曰'百日之内持国秉',有之乎?"曰:"有之。"曰:"若臣者何如?"唐举孰视而笑曰:"先生曷鼻,巨肩,魋颜,蹙齃,膝挛。吾闻圣人不相,殆先生乎?"蔡泽知唐举戏之,乃曰:"富贵吾所自有,吾所不知者寿也,愿闻之。"唐举曰:"先生之寿,从今以往者四十三岁。"蔡泽笑谢而去,谓其御者曰:"吾持粱刺齿肥,〔2〕跃马疾驱,怀黄金之印,结紫绶于要,〔3〕揖让人主之前,食肉富贵,四十三年足矣。"去之赵,见逐。之韩、魏,遇夺釜鬲于涂。〔4〕闻应侯任郑安平、王稽皆负重罪于秦,应侯内惭,蔡泽乃西入秦。

【注释】〔1〕"唐举",或作"唐莒",战国时梁人,善相术。"相",即相术。古代观察人的相貌,预测命运的一种迷信活动。〔2〕"刺齿",《史记集解》《索隐》都认为是"龁"字之误。即将"龁"分写为两个字而又写错了。《太平御览》引此径作"龁",疑当是。"龁肥"即食肥肉。〔3〕"黄金之印"、"紫绶",《汉书·百官公卿表上》云:"相国、丞相,皆秦官,皆金印紫绶。""紫绶",即紫色丝带,作印组,或为服饰,是古代职位的一种标志。"要",同腰。

〔4〕"釜",烹饪器,即无脚锅。"鬲",古代的一种炊具。盛食用鼎,烹饪用鬲。"涂",同途。

【译文】蔡泽是燕国人,曾游学于四方,在大大小小很多诸侯面前求官,都没有遇到机会。后到唐举那里去相面,说:"我听说先生给李兑相面时说'百日之内要执掌国家的权柄',有这回事吗?"唐举说:"有这回事。"蔡泽说:"像我这样的人怎么样呢?"唐举仔细地看了一遍笑着说:"先生鼻子朝天,肩膀耸起,脸盘宽大,凹鼻梁,两膝蜷曲。我听说圣人是不能拘泥相貌的,大概说的是先生吧。"蔡泽知道唐举开他玩笑,于是说:"富贵是我命里自有,我所不知道的是我寿命的长短,希望听你说说。"唐举说:"先生的寿命,从今往后还有四十三年。"蔡泽笑着道谢完就离去了,对他驾车的人说:"我吃米饭肥肉,跃马疾驰,身怀黄金大印,把紫色绶带拴在腰上,在君主面前得到尊敬,吃肉富贵,四十三年就满足了。"于是离开燕国去了赵国,被赵驱逐出来。到了韩国、魏国,在路上碰到坏人夺去了釜鬲。听说应侯保荐的郑安平、王稽都在秦国犯了重罪,应侯内心很惭愧,蔡泽于是向西进入秦国。

将见昭王,使人宣言以感怒应侯曰:"燕客蔡泽,天下雄俊弘辩智士也。彼一见秦王,秦王必困君而夺君之位。"应侯闻,曰:"五帝三代之事,百家之说,〔1〕吾既知之,众口之辩,吾皆摧之,是恶能困我而夺我位乎?"使人召蔡泽。蔡泽入,则揖应侯。〔2〕应侯固不快,及见之,又倨,应侯因让之曰:"子尝宣言欲代我相秦,宁有之乎?"对曰:"然。"应侯曰:"请闻其说。"蔡泽曰:"吁,君何见之晚也!夫四时之序,成功者去。夫人生百体坚强,手足便利,耳目聪明而心圣智,岂非士之愿与?"应侯曰:"然。"蔡泽曰:"质仁秉义,行道施德,得志于天下,天下怀乐敬爱而尊慕,皆愿以为君王,岂不辩智之期与?"应侯曰:"然。"蔡泽复曰:"富贵显荣,成理万物,使各得其所;性命寿长,终其天年而不夭伤;天下继其统,守其业,传之无穷;名实纯粹,泽流千里,世世称之而无绝,与天地终始:岂道德之符而圣人所谓吉祥善事者与?"应侯曰:"然。"

【注释】〔1〕"百家之说",指春秋战国时百家学术思想。〔2〕"揖",古时拱手之礼。

【译文】在将要见昭王的时候,派人宣言要激怒应侯,说:"燕客蔡泽,是天下见识高超善于口辩的智士。他一见秦王,秦王一定会使你陷于艰难而夺取你的爵位。"应侯听说以后说:"五帝三代时的事情、百家学术,我都知道,众人的辩论,我都能折服他们,这样怎么能使我陷于艰难而夺去我的爵位呢?"便派人召见蔡泽。蔡泽进来后向应侯行了长揖之礼。应侯本来心里不痛快,等见到蔡泽时又见他很傲慢,应侯因此就谴责他说:"你曾宣言想要代我为秦相,难道有这件事吗?"蔡泽回答说:"是这样。"应侯说:"请听听你的高见。"蔡泽说:"唉!你的见识为什么这样迟钝呢?四季的顺序,(是自然规律,)完成任务就要离去。人的一生能身体各部位都很健康,手脚便利,耳目聪明,心里明智,难道这不是做官人的祈望吗?"应侯说:"是这样。"蔡泽说:"体念仁心,执持正义,行道施德,就会得志于天下,天下的人就会感到高兴,敬爱你,尊慕你,都希望你做君王,难道这不是智辩之士的希望吗?"应侯说:"是这样。"蔡泽又说:"富贵显荣,治理万物,使它们各得其所;性命长寿,不受夭折而颐享天年;天下能继承他的道统,守住他的基业,无止境地流传下去;名副其实,恩泽远及千里之外,世世代代不断地称颂他,与天地共始终,难道这不是行道施德的效验和圣人所讲的吉祥善事吗?"应侯说:"是这样。"

蔡泽曰:"若夫秦之商君,〔1〕楚之吴起,〔2〕越之大夫种,〔3〕其卒然亦可愿与?"应侯知蔡泽之欲困己以说,复谬曰:"何为不可?夫公孙鞅之事孝公也,〔4〕极身无贰虑,尽公而不顾私;设刀锯以禁奸邪,信赏罚以致治;披腹心,示情素,蒙怨咎,欺旧友,夺魏公子卬,〔5〕安秦社稷,利百姓,卒为秦禽将破敌,〔6〕攘地千里。吴起之事悼王也,〔7〕使私不得害公,谗不得蔽忠,言不取苟合,行不取苟容,不为危易行,行义不辟难,〔8〕然为霸主强国,不辞祸凶。大夫种之事越王也,〔9〕主虽困辱,悉忠而不解,主虽绝亡,尽能而弗离,成功而弗矜,贵富而不骄怠。若此三子者,固义之至也,忠之节也。是故君子以义死难,视死如归;生而辱不如死而荣。

士固有杀身以成名,唯义之所在,虽死无所恨。何为不可哉?"

【注释】〔1〕"商君",姓公孙,名鞅,战国时卫国人。因为他封于商(在今陕西省商县东南),所以亦称商君、商鞅。初为魏相公叔痤家臣,后入秦进说秦孝公,历任秦左庶长、大良造。相秦十九年,辅佐孝公变法,主张废井田,开阡陌,奖励耕战,使秦国富强。秦孝公二十二年(公元前三四〇年),因战功封于商。秦孝公死后,公子虔等诬陷他谋反,车裂而死。事详本书《商君列传》。〔2〕"吴起",战国时卫国左氏(在今山东省曹县北)人。曾从学于曾参,善用兵。初任鲁将,继任魏将,屡建战功,魏文侯任他为西河太守。魏文侯死后,被魏相公叔痤所忌,逃奔楚国。初为楚宛(在今河南省南阳)守,后楚悼王用为令尹,辅佐楚悼王实行变法,强迫旧贵族到边疆开荒,使楚国富强起来。楚悼王死后,被楚旧贵族所杀害,变法失败。事详本书《孙子吴起列传》。〔3〕"大夫种",春秋末年越国大夫。字少禽,或作子禽。楚国郢(在今湖北省江陵西北)人。与范蠡同事越王句践。吴王夫差二年(公元前四九四年)越被吴击破,困于会稽(在今浙江省绍兴),他献计越王句践,到吴贿赂太宰嚭,得免亡国。句践回国后授以国政,君臣刻苦图强,终于灭亡吴国。功成之后,范蠡劝他引退,他不听,后句践听信谗言,赐剑命他自杀。事详《吴越春秋·句践伐吴外传》。〔4〕"孝公",即秦孝公。战国时秦国国君,名渠梁。公元前三六一年至前三三八年在位。他任用商鞅变法,使秦国日益富强。事详本书《秦本纪》《战国策·秦策》。〔5〕"魏公子卬",魏军将领。〔6〕"禽",通擒。〔7〕"悼王",即楚悼王,战国时楚国国君,名熊疑。公元前四〇一年至前三八一年在位。〔8〕"辟",通避。〔9〕"越王",指越王句践。

【译文】蔡泽说:"像秦国的商君,楚国的吴起,越国的大夫种,他们那样死去也值得羡慕吗?"应侯知道蔡泽想以这些话来堵自己的嘴,就又胡说道:"为什么不可以呢?公孙鞅侍奉秦孝公,终身没有二心,尽心为公而不顾私;设立法律来禁止奸邪,立信赏罚来达到统治;推心置腹,坦露真诚,忍受怨恨,欺骗故友,俘虏了魏公子卬,安定了秦国政权,使百姓受到利益,最后为秦破敌擒将,拓地千里。吴起侍奉楚悼王,使私情不得危害公事,谗言不得掩蔽忠良,不相信随声附和的语言,不采取依违两可的行为,不因为碰到困难而改变行动,执行正义决不躲避祸患,为君主称霸,为国家富强,决不躲避危难。大夫种侍奉越王,君主虽然受到艰难和羞辱,但他还尽忠诚而绝不懈怠,虽然君主要绝世亡国,还要尽自己的能力而绝不离开,事情成功后不骄傲自夸,自己富贵以后也不骄横怠慢。像这三个人,他们本来道义已经达到最高表现,忠已达到了典范。所以君子为了大义而死,就视死如归;活着受羞辱就不如死去光荣。士人本来就愿意杀身以成名,只要大义之所在,即使是死去也无所悔根。为什么不可以呢?"

蔡泽曰:"主圣臣贤,天下之盛福也;君明臣直,国之福也;父慈子孝,夫信妻贞,家之福也。故比干忠而不能存殷,[1]子胥智而不能完吴,申生孝而晋国乱。[2]是皆有忠臣孝子,而国家灭乱者,何也? 无明君贤父以听之,故天下以其君父为僇辱而怜其臣子。今商君、吴起、大夫种之为人臣,是也;其君,非也。故世称三子致功而不见德,岂慕不遇世死乎? 夫待死而后可以立忠成名,是微子不足仁,[3]孔子不足圣,[4]管仲不足大也。夫人之立功,岂不期于成全邪? 身与名俱全者,上也。名可法而身死者,其次也。名在僇辱而身全者,下也。"于是应侯称善。

【注释】〔1〕"比干",商纣王的叔伯父(一说为纣庶兄),官少师。传说纣淫乱,比干犯颜强谏,纣怒,剖其心而死。与微子、箕子称之三仁。事详《尚书·泰誓》《武成》及本书《宋世家》。 〔2〕"申生",晋献公之子,其母为齐桓公女齐姜。献公伐骊戎得骊姬之后,献公宠骊姬,骊姬欲立其子奚齐而废太子申生。献公出去打猎,骊姬派人把毒药放在食物中,献公打猎回来,骊姬说申生想毒死献公而代之。申生听这话以后逃奔新城。申生不肯为了辩明自己的冤枉而伤献公的心,于是在新城自杀。事详本书《晋世家》。献公死后,诸子争位,晋国大乱。 〔3〕"微子",名启(或作开),商纣王的庶兄,曾封于微(在今山东省梁山西北),故称微子。曾数谏纣王,纣王不听,于是他出走。周武王灭商时他向武王求降。周公旦攻灭武庚后封他于宋。事详《尚书·微子》、本书《宋微子世家》。 〔4〕"孔子不足圣",孔子曾说过"邦有道则仕,邦无道则可卷而怀之",又说"危邦不入,乱邦不居",因他有保身逃

死的思想,所以不足为圣。

【译文】蔡泽说:"君主圣明,臣子贤能,这是天下的大福;君主明智,臣子正直,这是国家的福气;父亲慈祥,儿子孝敬,丈夫诚信,妻子贞节,这是家庭的福气。所以比干忠心而殷朝不能存在,子胥明智而吴国不能保全,申生孝敬而晋国大乱。这些国家都有忠臣孝子,而国家有的灭亡有的大乱,这是为什么呢? 因为没有明智的君主和贤能的父亲去听从他们,所以天下的人把他们的君主、父亲看作是耻辱,而怜悯他们的臣、子。现在看来商君、吴起、大夫种作为人臣的所作所为是对的,他们的君主是不对的。所以世间说这三个人是尽了忠孝之功而看不到他们的恩德,难道还羡慕他们不遇明主而死吗? 如果等死了以后才能立忠成名,那么微子是不足以称仁的,孔子也是不足以称圣的,管仲也是不足以称他伟大了。一个人建立功业,难道不希望他成全吗? 身和名全部成全者这是上等。功名可以效法而生命失去者这是次一等。名声受到了辱骂而生命却保全者这是下等。"这时候应侯才称道蔡泽的话是对的。

蔡泽少得间,因曰:"夫商君、吴起、大夫种,其为人臣尽忠致功则可愿矣,闳夭事文王,[1]周公辅成王也,[2]岂不亦忠圣乎? 以君臣论之,商君、吴起、大夫种其可愿孰与闳夭、周公哉?"应侯曰:"商君、吴起、大夫种弗若也。"蔡泽曰:"然则君之主慈仁任忠,惇厚旧故,[3]其贤智与有道之士为胶漆,[4]义不倍功臣,[5]孰与秦孝公、楚悼王、越王乎?"应侯曰:"未知何如也。"蔡泽曰:"今主亲忠臣,不过秦孝公、楚悼王、越王,君之设智,能为主安危修政,治乱强兵,批患折难,广地殖谷,富国足家,强主,尊社稷,显宗庙,天下莫敢欺犯其主,主之威盖震海内,功彰万里之外,声名光辉传于千世,君孰与商君、吴起、大夫种?"应侯曰:"不若。"蔡泽曰:"今主之亲忠臣不忘旧故不若孝公、悼王、句践,而君之功绩爱信亲幸又不若商君、吴起、大夫种,然而君之禄位贵盛,私家之富过于三子,而身不退者,恐患之甚于三子,窃为君危之。语曰'日中则移,月满则亏'。物盛则衰,天地之常数也。进退盈缩,与时变化,圣人之

常道也。故'国有道则仕,国无道则隐'。圣人曰'飞龙在天,利见大人'。[6]'不义而富且贵,于我如浮云'。[7]今君之怨已雠而德已报,[8]意欲至矣,而无变计,窃为君不取也。且夫翠、鹄、犀、象,其处势非不远死也,而所以死者,惑于饵也。苏秦、智伯之智,[9]非不足以辟辱远死也,而所以死者,惑于贪利不止也。是以圣人制礼节欲,取于民有度,使之以时,用之有止,故志不溢,行不骄,常与道俱而不失,故天下承而不绝。昔者齐桓公九合诸侯,一匡天下,至于葵丘之会,[10]有骄矜之志,畔者九国。吴王夫差兵无敌于天下,[11]勇强以轻诸侯,陵齐晋,[12]故遂以杀身亡国。夏育、太史嗷叱呼骇三军,[13]然而身死于庸夫。此皆乘至盛而不返道理,不居卑退处俭约之患也。夫商君为秦孝公明法令,禁奸本,尊爵必赏,有罪必罚,平权衡,正度量,调轻重,[14]决裂阡陌,[15]以静生民之业而一其俗,劝民耕农利土,一室无二事,力田稽积,[16]习战陈之事,[17]是以兵动而地广,兵休而国富,故秦无敌于天下,立威诸侯,成秦国之业。功已成矣,而遂以车裂。[18]楚地方数千里,持戟百万,白起率数万之师以与楚战,[19]一战举鄢郢以烧夷陵,[20]再战南并蜀汉。[21]又越韩、魏而攻强赵,北阬马服,[22]诛屠四十余万之众,尽之于长平之下,[23]流血成川,沸声若雷,[24]遂入围邯郸,使秦有帝业。楚、赵天下之强国而秦之仇敌也,自是之后,楚、赵皆慑伏不敢攻秦者,白起之势也。身所服者七十余城,功已成矣,而遂赐剑死于杜邮。[25]吴起为楚悼王立法,卑减大臣之威重,罢无能,废无用,损不急之官,塞私门之请,一楚国之俗,禁游客之民,精耕战之士,南收杨越,[26]北并陈、蔡,[27]破横散从,[28]使驰说之士无所开其口,禁朋党以励百姓,定楚国之政,兵震天下,威服诸侯。功已成矣,而卒枝解。[29]大夫种为越王深谋远计,免会稽之危,[30]以亡为存,因辱为荣,垦草入邑,辟地殖谷,率四方之士,专上下之力,辅句践之贤,报夫差之雠,卒擒劲吴,令越成

霸。功已彰而信矣,句践终负而杀之。[31]此四子者,功成不去,祸至于此。此所谓信而不能诎,[32]往而不能返者也。范蠡知之,[33]超然辟世,[34]长为陶朱公。君独不观夫博者乎?[35]或欲大投,或欲分功,此皆君之所明知也。今君相秦,计不下席,谋不出廊庙,坐制诸侯,利施三川,[36]以实宜阳,[37]决羊肠之险,塞太行之道,又斩范、中行之涂,[38]六国不得合从,栈道千里,[39]通于蜀汉,使天下皆畏秦,秦之欲得矣,君之功极矣,此亦秦之分功之时也。如是而不退,则商君、白公,[40]吴起、大夫种是也。吾闻之,'鉴于水者见面之容,鉴于人者知吉与凶'。《书》曰'成功之下,不可久处'。四子之祸,君何居焉?君何不以此时归相印,让贤者而授之,退而岩居川观,必有伯夷之廉,[41]长为应侯,世世称孤,[42]而有许由、延陵季子之让,[43]乔松之寿,[44]孰与以祸终哉?即君何居焉?忍不能自离,疑不能自决,必有四子之祸矣。《易》曰'亢龙有悔',[45]此言上而不能下,信而不能诎,往而不能自返者也。愿君孰计之!"应侯曰:"善。吾闻'欲而不知足,失其所以欲;有而不知止,失其所有'。先生幸教,睢敬受命。"于是乃延入坐,为上客。

【注释】[1]"闳夭",西周初年大臣,与散宜生、太颠等共事周文王。文王被纣囚禁于羑里(在今河南省汤阴县北),他很担忧,于是求有莘氏之美女、骊戎之文马、有熊之九驷以及其它奇物献给纣,才使纣释放了文王。后他随武王伐灭纣。"文王",即周文王,姬姓,名昌。商末周族首领,周武王的父亲。居于岐山之下。曾被纣囚禁于羑里。后获释,为西方诸侯之长,称西伯。在位期间国势强盛。他迁都丰(在今陕西省西安市西南沣水西岸)。子武王起兵伐纣灭殷,建立周王朝。事详本书《周本纪》。[2]"周公",姬姓,名旦,亦称叔旦,因采邑在周(在今陕西省岐山北),所以称为周公。他是周文王的儿子,周武王的弟弟。他曾帮助武王灭商,建立周王朝。武王死后,成王年幼,由他摄政,其兄弟管叔、蔡叔、霍叔等人不服,联合武庚和东方夷族反叛。他出师东征,平定反叛,大规模分封诸侯,并营建雒邑(在今河南省洛阳)作为东都。事详本书《鲁

周公世家》。"成王",即周成王,姬姓,名诵。其父周武王死时他年幼,由叔父周公旦摄政。周公东征胜利之后,巩固了西周王朝的统治,后周公归政于他。〔3〕"惇",通敦。〔4〕"胶漆",比喻情投意合,亲密无间。〔5〕"倍",通背。〔6〕"飞龙在天,利见大人",语出《易·乾卦》。比喻大人居高贵之位,有所作为,大人则有利。〔7〕"不义而富且贵,于我如浮云",语出《论语·述而篇》。〔8〕"雠",通售。卖物必有代价,故引申为报答或报复的意思。〔9〕"苏秦",字季子,战国时著名的纵横家,东周雒阳(在今河南省洛阳东)人。齐湣王末年被任命为齐相。秦昭王约齐湣王并称东西帝,他劝齐湣王取消帝号,和赵李兑一起约五国攻秦,赵封他为武安君。后燕将乐毅联合五国大举攻齐,他的反间活动暴露,被车裂而死。事详本书《苏秦列传》。一九七三年长沙马王堆汉墓中出土的《战国纵横家书》(文物出版社出版)中保存了苏秦大量的书信和游说之辞,是一份十分珍贵的有关苏秦的原始资料。资料所反映的有关苏秦的史实与《史记·苏秦列传》的记载有较大的出入,是研究苏秦的重要参考资料。"智伯",名瑶,亦称知伯,春秋时晋国人。他曾协助韩、魏围攻赵国,韩、魏怕赵灭亡后祸及自己,反而和赵合谋共攻杀智伯。〔10〕"葵丘",春秋时宋地,故址在今河南省兰考、民权县境内。"葵丘之会"指齐桓公建立霸权之后,在公元前六五一年在葵丘邀集鲁、宋、卫、郑、许、曹等国相会结盟,规定不可壅塞水源,不能阻碍各地粮食通道,不可改换嫡子,不可随便杀死大夫,要尊贤育才,选拔贤士,不许士世袭官职,同盟者都要言归于好。因齐桓公有骄矜之志,诸侯多叛离。〔11〕"吴王夫差",春秋末年吴国国君,吴王阖闾之子。阖闾被越王句践所伤而死,夫差嗣立,为报父仇,在夫椒打败越兵,乘胜攻破越都,迫使句践求和。周敬王三十六年(公元前四八四年),吴国攻打齐国,以图向北扩展,在艾陵(在今山东省莱芜东北)大败齐兵。三十八年(公元前四八二年)在黄池(在今河南省封丘西南)和诸侯盟会,与晋争霸,越乘虚入吴都,大败吴兵。周元王三年(公元前四七三年)越再次兴兵攻灭吴国,夫差自杀。事详本书《吴世家》、《国语·吴语》、《吴越春秋·夫差内传》。〔12〕"陵齐晋",指公元前四八四年吴救鲁伐齐,战于艾陵,大败齐师事及公元前四八二年吴、晋相会于黄池争霸事。〔13〕"太史噭",传说为古代的勇士,事迹不详。《史记》仅此一见。〔14〕"权衡",称量物体轻重的器具。"度量",测量物体长短的器具。"轻重",我国历史上关于调节商品、货币流通和控制物价的理

论,以《管子·轻重篇》的论述为最详细。〔15〕"阡陌",或作"千百"、"仟佰",田界。《史记·商君列传正义》说"南北曰阡,东西曰陌"。〔16〕"稸积",即积蓄。〔17〕"陈",同阵。〔18〕"车裂",用车撕裂人体,是我国古代一种残酷的死刑。俗称"五马分尸",即将人头和四肢分别拴在五辆车上,用五匹马驾车,同时分驰,撕裂肢体。〔19〕"白起率数万之师以与楚战",事在公元前二七八年(秦昭王二十九年、楚顷襄王二十一年)。详见本书《白起王翦列传》及《楚世家》。〔20〕"鄢郢",战国时楚国都邑。春秋时楚文王定都于郢(在今湖北省江陵西北),昭王时又迁都于都(在今湖北省宜城东南),惠王时又迁都于鄢(在今河南省鄢陵县西北),顷襄王时又迁都于陈(在今河南省淮阳县境)。自昭王、惠王以后,都、鄢等地亦称郢,所以这里称"鄢郢"。"夷陵",战国时楚邑,故址在今湖北省宜昌市东南。楚先王之墓在此。〔21〕"蜀汉",当指今四川省北部地区及陕西省汉中地区。〔22〕"北阬马服",指秦昭王四十七年(公元前二六〇年)白起北破赵括,坑杀赵卒四十余万事。事详本书《白起王翦列传》及《廉颇蔺相如列传》。〔23〕"长平",古城名。故址在今山西省高平县西北。〔24〕"霝",古雷字。〔25〕"杜邮",古地名。故址在今陕西省咸阳市东。〔26〕"杨越",或作扬越、扬粤。我国古代越族的一支,因居古扬州一带而得名。〔27〕"陈",古国名。妫姓,开国君主为胡公(名满)。相传是舜的后代,周武王灭商后所封。建都宛丘(在今河南省淮阳)。公元前四七九年被楚所灭。事详本书《陈杞世家》。"蔡",古国名,公元前十一世纪周分封的诸侯国,开国君主是周武王的弟弟叔度,建都上蔡(在今河南省上蔡西南)。公元前四四七年被楚所灭。事详本书《管蔡世家》。〔28〕"从",通纵。〔29〕"枝解",或作支解,古代分裂四肢的酷刑。〔30〕"会稽之危",指吴王夫差二年(公元前四九四年),越王句践被吴王夫差打败之后率领甲兵五千人退保会稽(在今浙江省绍兴县东南),大夫种为越王深谋远计,用卑辞厚礼向吴求降,才免除会稽之危,以亡为存。事详本书《吴太伯世家》、《越王句践世家》。〔31〕"句践终负而杀之",大夫种佐越灭吴后,有人在句践面前说大夫种将要谋反作乱,于是句践赐大夫种剑,大夫种遂自杀。事见本书《越王句践世家》。〔32〕"信",通伸。"诎",通屈。〔33〕"范蠡",字少伯,楚国宛(在今河南省南阳县)人。越国大夫,曾辅佐越王句践刻苦图强,最后消灭了吴国。后游齐国,称鸱夷子皮,到陶(在今山东省定陶县西北)改名为陶朱公,以经商致富,最后老死于陶。事

详本书《越王句践世家》、《货殖列传》、《国语·越语下》。〔34〕"辟"，通避。〔35〕"博"，或作簿。古代一种用棋类赌博的活动。〔36〕"三川"，古郡名，因境内有河（黄河）、雒、伊三川而得名。秦庄襄王时置郡，治所在雒阳（在今河南省洛阳市东北）。一说在荥阳（在今河南省荥阳县东北）。〔37〕"宜阳"，古地名。战国属韩，后属秦，故址在今河南省宜阳县西。〔38〕"范、中行之涂"，泛指当时晋国境内的交通要道。范、中行是春秋时晋国六卿中的范氏和中行氏两个大族，这里以范氏、中行氏来代表晋国。"涂"，通途。〔39〕"栈道"，在险绝的地方傍山架木而成的道路。〔40〕"白公"，即白起。见前注。〔41〕"伯夷"，商末孤竹君的长子。相传孤竹君遗命立次子叔齐为继承人。孤竹君死后，叔齐让位给伯夷，伯夷不受，叔齐也不愿登位，二人都投奔到周。到周以后，二人又都反对周武王讨伐商王朝。商亡后，他们耻食周粟，逃到首阳山，采薇而食，最后饿死在山中。封建社会里把他们当作高尚守节的典型。事详本书《伯夷列传》、《孟子·万章下》。〔42〕"称孤"，谓居帝王之位。古代帝王自称"孤"、"寡人"。〔43〕"许由"，或作许繇。相传为尧时高士，尧要把位让给他，他逃到箕山下农耕而食。尧又请他做九州长官，他又逃到颍水之滨。"延陵季子"，即延陵季札，吴王寿梦的儿子。相传有贤才，寿梦想传位给他，他不肯接受，让给他的哥哥诸樊。后他被封于延陵（在今江苏省常州市）。时人称季札为延陵季子。事详本书《吴太伯世家》。〔44〕"乔松"，指古代传说中的仙人王子乔和赤松子。〔45〕"亢龙有悔"，语出《易·乾卦》。意谓龙飞到最高处时欲下不能，动必有悔。

【译文】蔡泽稍稍抓到一点空子就说："商君、吴起、大夫种，他们作为人臣能尽忠建功，当然值得羡慕，像闳夭侍奉文王，周公辅佐成王，难道不也是很忠诚吗？用君臣的关系来评论，商君、吴起、大夫种和闳夭、周公你愿意像谁呢？"应侯说："商君、吴起、大夫种不如闳夭、周公。"蔡泽说："那么你的君主慈仁任忠，笃念旧情，他尊重智能，和有道德的人为深交，坚守道义，不背弃功臣，和秦孝公、楚悼王、越王相比怎么样呢？"应侯说："不知道相比结果怎么样。"蔡泽说："现在君主亲近忠臣不如秦孝公、楚悼王、越王，你发挥聪明才智，能替君主安定危局，修明政治，平定乱事，增强兵力，排除祸患，消灭灾难，拓大疆土，种植粮谷，使国家富强，百姓富足，增强君主的权威，使国家地位尊崇，宗庙名声显扬，天下没有敢欺骗侵犯你的君主，君主威震四海，功业

远扬万里之外，声名光辉流传千世，你和商君、吴起、大夫种相比怎么样呢？"应侯说："不如他们。"蔡泽说："现在你的君主在亲近忠臣、不忘故旧方面不若孝公、悼王、句践，而你在功绩和君主对你的宠信亲近方面又不若商君、吴起、大夫种，然而你官高禄盛，私家财产又富于那三个人，这时还不退隐，恐怕祸患要超过那三个人，我为你感到危险。俗话说'日中则移，月满则亏'。物盛则衰，这是天地间的必然规律。进退盈缩要随时调整以适应四时的变化，这也是圣人应遵循的常规。所以'国家有道就出来做官，国家无道就隐居起来'。圣人说过'大人居高贵之位，大人就会有利'。'不以道义而得到的富贵，对于我来讲就像天上的浮云一般'。现在你的怨恨已经报复了，恩德也已经报答了，心愿都已经达到了，但还没有变化的打算，我私下认为这是你不可取的。像翠、鹄、犀、像这些珍禽异兽，它们的处境是不大容易被人弄死的，而所以造成死亡的原因，是因为有香饵来的诱惑。苏秦、智伯的智慧，不是不能避开耻辱和远离死亡的，而所以造成死亡的原因，是因为迷惑于贪利不止的缘故。所以圣人制定了礼仪来节制人们的欲望，征取民间的财富要有限度，役使民力要不违时节，使用百姓要有止境，所以志向不要太高，行动不要骄横，经常符合规律而不要偏离了它，这样天下就能继承下来不会断绝。从前齐桓公九合诸侯，一匡天下，到了葵丘之会时，产生了骄傲自满的态度，很多国家都背叛了他。吴王夫差的军队无敌于天下，以他们的勇敢强大来轻视诸侯国，欺凌齐国和晋国，因此而身死国亡。夏育、太史嗷呼喊一声就可以骇倒三军，然而他们却死在庸夫手中。这些都是乘势达到强盛却又不肯返躬的原因所致和不退居低位不节俭所带来的祸患。商君为秦孝公明制法令，禁止产生罪恶的根源。尊爵必赏，有罪必罚，统一权衡器具，校正度量器具，调整商品货币制度，消除了田间的界道，来安定百姓的事业，统一了百姓的习俗，鼓励人们去农耕，用尽土地的效益，一个家室不干两种事情，努力种田，积蓄粮食，要熟悉作战的阵法，所以只要兵动就能扩展国土，兵休就能国富民强，所以秦国才无敌于天下，在诸侯国中树立了威权，使秦国的事业得以成功。功业完成之后，就车裂处死。楚国方圆数千里，作战的士卒有百万，白起率领数万军队和楚国作战，第一次作战就攻下了鄢郢，烧毁了夷陵，第二次作战向南吞并了蜀汉。后来又越过韩、魏去攻打强大的赵国，向北坑杀了马服子，在长平屠杀了四十余万人，流血成河，沸腾的声音就像打雷一般，于是进而包围了邯郸，使秦国完成了称

帝的大业。楚、赵是天下的强国,也是秦国的仇敌,从此以后,楚、赵都畏惧屈服而不敢进攻秦国的原因,是因为有白起威势的缘故。他亲自征服了七十多个城邑,大功告成之后,却被赐剑而死于杜邮。吴起为楚昭王订立了法令,削弱了大臣的重威,罢免了没有才能的人,废除了没有用处的人,去掉了不急需设立的官吏,堵塞了徇私的请托,统一了楚国的风俗,禁止百姓游手好闲,认真训练耕战的士兵,向南收服了杨越,向北吞并了陈、蔡,粉碎了纵横家的游说,使游说之士无法开口,禁止结党营私来鼓励百姓,稳定了楚国的政权,兵震天下,用威力屈服了诸侯,大功告成之后,终于被肢解而死。大夫种为越王深谋远虑,解除了会稽的危难,转亡为存,转辱为荣,开垦荒芜来充实城邑,开辟田地来种植五谷,率领四方之士,团结上下的力量,辅佐贤能的句践,向夫差报了仇恨,终于打败了强大的吴国,使越国称霸天下,功劳很明白而且确实可信,句践最后忘恩负义而杀死了他。这四个人,大功告成以后却不离去,最后祸患临头。这就是所谓只能伸而不能屈,只知前进而不知后退的人。范蠡知道这个道理,他超然避世,常做陶朱公。你难道没有见过赌博的人吗?有的想押大注,有的想得寸进尺,这些都是你所明白知道的。现在你相秦,出谋划策不需离开坐席和走出廊庙,坐在那里就可以制服诸侯,开拓三川之利来充实宜阳,截断了羊肠的天险,堵塞了太行的道路,封锁了范氏、中行氏的交通,使六国不能够合纵。修筑了千里栈道,直通蜀汉,使天下都畏惧秦国,秦国的欲望达到了,你的功劳也就到了极点,这时也就是秦国分功的时候。在这个时候还不隐退,就会像商君、白公、吴起、大夫种一样。我听说'照着水来看可以看到自己的面容,照着人来看可以知道自己的凶吉'。《书》中说'成功之下不可久居'。像他们四人的祸患你怎么能承当了呢?你为什么不乘这个机会归还相印,让位给贤能的人去接受它,你退下来隐居在山川之中,这样一定会得到像伯夷一样的廉让美名,常作应侯,世世代代传下去,就会有许由、延陵季子廉让的称誉,乔松一样长寿,哪里能和因祸而死的相比呢?你怎么选择呢?如果你忍心也不能自己离开相位,犹犹豫豫不能自己下定决心,那一定会有那四个人的祸患。《易》经上说'高空中的龙也有悔恨的事',这就是说那些上去不能下来,伸出去不能屈回来,走出去不能返回的人。希望你好好地考虑一下。"应侯说:"很好。我听说'有欲望而不知足,就会失去他的欲望所得,已经富有了而不知停止,就会失去他的富有财产',承蒙先生指教,我范睢尊敬地接受你

的意见。"于是就引蔡泽入坐,作为上等客人接待。

后数日,入朝,言于秦昭王曰:"客新有从山东来者曰蔡泽,其人辩士,明于三王之事,五伯之业,世俗之变,足以寄秦国之政。臣之见人甚众,莫及,臣不如也。臣敢以闻。"秦昭王召见,与语,大说之,[1]拜为客卿。应侯因谢病请归相印。昭王强起应侯,应侯遂称病笃。范睢免相,昭王新说蔡泽计画,遂拜为秦相,东收周室。[2]

【注释】〔1〕"说",同悦。 〔2〕"东收周室",指秦灭西周。秦灭周在公元前二五六年。

【译文】几天以后,范睢入朝,对秦昭王说:"客中有一个刚从山东来的叫蔡泽,他是个辩士,对于三王的事情、五霸的业绩、世俗的变化都很明白,完全可以把秦国的政事寄托给他。我见过很多的人,没有一个比得上他,我也不如他。我冒昧向您禀报。"秦昭王召见了蔡泽,并和他谈了话,非常赞赏他,任他为客卿。应侯因此也就称病请求送归相印。秦昭王坚持要挽留应侯,应侯就称病重。范睢免掉了相位,昭王刚刚对蔡泽的谋划感到满意,就任他为秦相,向东收复了周王朝。

蔡泽相秦数月,人或恶之,惧诛,乃谢病归相印,号为纲成君。[1]居秦十余年,事昭王、孝文王、庄襄王。[2]卒事始皇帝,[3]为秦使于燕,三年而燕使太子丹入质于秦。[4]

【注释】〔1〕"纲成君",蔡泽的封号。"纲成"或作"刚成",在今河南省许昌市东北有故纲成城。〔2〕"孝文王",名柱。秦国第三十四君,在位一年(公元前二五〇年)。"庄襄王",名异人,后改名子楚。秦国第三十五君,在位三年(公元前二四九年至前二四七年)。事详本书《秦本纪》。〔3〕"始皇帝",即秦始皇帝嬴政。秦庄襄王之子。中国历史上第一个统一的中央集权的封建国家——秦王朝的建立者。他确定最高统治者的称号为皇帝,自为始皇帝。在位三十七年(公元前二四六年至前二一〇年)。公元前二一〇年在巡视途中病死于沙丘平台(在今河北省广宗西北大平台)。事详本书《秦始皇本纪》。 〔4〕"太子丹",即燕丹。战国末年燕王喜的太子。曾被作为人质送往秦国,后逃归。当

时秦国强大,燕患秦军逼境,燕王喜二十八年(公元前二二七年)派荆轲入秦刺秦王不中,秦国发兵击燕。次年,秦军攻破燕国,他逃奔辽东,被燕王喜斩首献给秦国。

【译文】蔡泽做了几个月的秦相以后,有人说他的坏话,他害怕被杀掉,于是就称病归还了相印,号称纲成君。他在秦国住了十多年,事奉过昭王、孝文王、庄襄王。最后事奉秦始皇,曾为秦国出使燕国,三年以后使燕国派太子丹去秦国当了人质。

太史公曰:韩子称"长袖善舞,多钱善贾",[1]信哉是言也!范雎、蔡泽世所谓一切辩士,然游说诸侯至白首无所遇者,非计策之拙,所为说力少也。及二人羁旅入秦,继踵取卿相,[2]垂功于天下者,固疆弱之势异也。然士亦有偶合,贤者多如此二子,不得尽意,岂可胜道哉!然二子不困厄,恶能激乎?

【注释】〔1〕"韩子",即韩非子,战国末年著名哲学家,是先秦法家学说的集大成者。他与李斯同师事荀卿。曾建议韩王变法,未被采纳。后被邀出使秦国,受到秦王政(始皇帝)的重视。后因李斯、姚贾陷害,自杀于狱中。"长袖善舞,多钱善贾",语出《韩非子·五蠹篇》。

【译文】太史公说:韩非子说"长袖的人善于舞蹈,钱多的人善于经商",这句话是可以相信的。范雎、蔡泽是世间所说的一般辩士,去游说诸侯一直到白了头也没有什么机会,并非他们计策拙劣,进行游说用力太小。等到这两个人旅居在秦国时,相继取得了卿相的地位,功名永垂天下,本来是和国家势力的强弱不同有关。然而士人中也有偶然的巧合,贤能的人多数和这两个人一样,但不能全部发挥才能,哪能够一一数尽呢?若这两个人不被困厄,又怎么能够激昂奋发呢?

史记卷八十

乐毅列传第二十

乐毅者,其先祖曰乐羊。乐羊为魏文侯将,[1]伐取中山,[2]魏文侯封乐羊以灵寿。[3]乐羊死,葬于灵寿,其后子孙因家焉。[4]中山复国,[5]至赵武灵王时复灭中山,[6]而乐氏后有乐毅。

【注释】[1]"魏文侯",战国初期魏国的国君,魏桓子之孙,名都(《六国年表》作"斯"),公元前四二五年至三八七年在位。事迹详本书《魏世家》。[2]"中山",战国时期的诸侯国,本为北方民族白狄建立的国家,春秋时称鲜虞。中山武公都于顾,在今河北定县;桓公迁于灵寿,在今河北平山三汲一带。魏文侯伐取中山,时在公元前四○八年。可参看《文物》一九七九年第一期有关战国中山王墓发掘的文章。[3]"灵寿",故地在今河北平山三汲一带。[4]"因",从而,于是。[5]"中山复国",魏文侯灭中山后,曾分封其子于中山。据《魏世家》,魏武侯九年(公元前三七八年),"翟(狄)败我浍";《赵世家》,赵敬侯十年(公元前三七七年),"与中山战于房子",则中山复国,约在此时。[6]"赵武灵王",赵肃侯之子,名雍,公元前三二五年即位,公元前二九九年退位传国,自号主父,立王子何为王。事迹详本书《赵世家》。"复灭中山",赵武灵王二十年(公元前三○六年)起,赵屡次攻打中山,夺取了大部分土地,至惠文王四年(公元前二九五年)才最终灭掉中山,将其国君放逐。

【译文】乐毅,他的先祖是乐羊。乐羊是魏文侯的将军,攻占了中山国之后,魏文侯把灵寿封给他。乐羊去世后,就埋葬在灵寿,他的后世子孙也就从此在这里安了家。后来中山国曾一度复国,到了赵武灵王的时候,再次灭掉了中山国,而乐氏的后人中就有一个乐毅。

乐毅贤,好兵,赵人举之。[1]及武灵王有沙丘之乱,[2]乃去赵适魏。闻燕昭王以子之之乱而齐大败燕,[3]燕昭王怨齐,未尝一日而忘报齐也。燕国小,辟远,[4]力不能制,于是屈身下士,先礼郭隗[5]以招贤者。乐毅于是为魏昭王使于燕,[6]燕王以客礼待之。乐毅辞让,遂委质为臣,[7]燕昭王以为亚卿,[8]久之。

【注释】[1]"举",推荐,选拔。[2]"沙丘之乱",赵武灵王传位于惠文王而自号主父,四年(公元前二九五年),主父游沙丘,其长子公子章作乱,公子成等发兵平乱,公子章逃入主父所居沙丘离宫中,公子成围困沙丘宫三月余,公子章及主父皆死于宫中。"沙丘",故地在今河北广宗西北之太平台。[3]"燕昭王",燕王哙之子,名职(或作平),公元前三一一年至二七九年在位。"子之之乱",燕王哙三年(公元前三一八年),禅让王位于国相子之,致使国内大乱。齐湣王乘机发兵攻燕,哙及子之皆死,齐人大胜。[4]"辟",通"僻"。[5]"先礼郭隗",燕昭王求贤,请郭隗推荐,郭隗说,大王想招纳贤士,就先从我做起,那比我更有才能的人就会不远千里纷纷而来。于是,燕昭王为郭隗改建宫室而以师长之礼事之,天下贤士争相趋燕。"隗",音 wěi。[6]"魏昭王",魏哀王之子,名遫(音 sù),公元前二九五年至二七七年在位。[7]"委质为臣",指屈膝委体于地而行臣子拜见君主之礼。一说,古时初出仕,必先书名于策,"委死之质于君"(如"宣誓就职"之礼仪),表示愿为其君效死,然后为臣。参见本书《仲尼弟子列传索隐》引服虔注《左传》。〔8〕"亚卿",官名,职位仅次于正卿。

【译文】乐毅很贤能,喜好军事,赵国人把他推举出来准备起用。由于遇上赵武灵王让位,国内发生"沙丘之乱",他便离开赵国到了魏国。他听说燕国因为"子之之乱",政局动荡,齐国乘机进攻,把燕国打得大败,燕昭王即位后非常怨恨齐国,没有一天不在考虑报复齐国。燕国幅员狭小,地处偏僻,燕昭王感到力不从心,于是谦恭屈尊,礼贤下士,首先以师长之礼待郭隗,广招天下贤士。乐毅便在这个时候为魏昭王出使燕国,燕王以待客的礼节厚待他,争取他。乐毅先是推辞,但终于同意委身为臣,燕昭王任命他为亚卿,过了很长的时间。

当是时,齐湣王彊,〔1〕南败楚相唐眛于重丘,〔2〕西摧三晋于观津,〔3〕遂与三晋击秦,〔4〕助赵灭中山,〔5〕破宋,〔6〕广地千余里。与秦昭王争重为帝,已而复归之。〔7〕诸侯皆欲背秦而服于齐。湣王自矜,〔8〕百姓弗堪。于是燕昭王问伐齐之事。乐毅对曰:"齐,霸国之余业也,〔9〕地大人众,未易独攻也。王必欲伐之,莫如与赵及楚、魏。"〔10〕于是使乐毅约赵惠文王,别使连楚、魏,〔11〕令赵嚪说秦以伐齐之利。〔12〕诸侯害齐湣王之骄暴,〔13〕皆争合从与燕伐齐。〔14〕乐毅还报,燕昭王悉起兵,使乐毅为上将军,〔15〕赵惠文王以相国印授乐毅。〔16〕乐毅于是并护赵、楚、韩、魏、燕之兵以伐齐,〔17〕破之济西。〔18〕诸侯兵罢归,而燕军乐毅独追,至于临菑。〔19〕齐湣王之败济西,亡走,保于莒。〔20〕乐毅独留徇齐,〔21〕齐皆城守。〔22〕乐毅攻入临菑,尽取齐宝财物祭器输之燕。〔23〕燕昭王大说,〔24〕亲至济上劳军,行赏飨士,〔25〕封乐毅于昌国,〔26〕号为昌国君。于是燕昭王收齐卤获以归,〔27〕而使乐毅复以兵平齐城之不下者。

【注释】〔1〕"齐湣王",齐宣王之子田地,公元前三二三年至二八四年在位。 〔2〕"南败楚相唐眛于重丘",齐湣王二十三年(公元前三〇一年),齐、秦、韩、魏联合攻楚,杀楚相唐眛,攻占重丘(在今河南泌阳东北)。 〔3〕"西摧三晋于观津","三晋",春秋末韩、赵、魏三家分晋,各自立国,史称"三晋"。《六国年表》及《田敬仲完世家》等载,齐湣王七年(公元前三一七年),曾在观津击败魏、赵军。此"观津"应是"观泽"之误,"观泽",在今河南清丰南。 〔4〕"遂与三晋击秦",齐湣王二十六年(公元前二九八年),齐、韩、魏联合攻秦,在函谷关击败秦军。 〔5〕"助赵灭中山",齐湣王二十九年(公元前二九五年),齐出兵佐助赵国灭中山。 〔6〕"破宋",齐湣王三十八年(公元前二八六年)齐与魏、楚共灭宋。"宋",是西周初年所建诸侯国,始封之君为商纣王之兄微子启,都商丘(今河南商丘)。 〔7〕"与秦昭王争重为帝,已而复归之",齐湣王三十六年(秦昭王十九年,公元前二八八年),齐、秦同时称帝,齐为东帝,秦为西帝,两个月后复改为王。 〔8〕"自矜",自尊自大。"矜",音 jīn。 〔9〕"霸国之余业",指战国以来,齐威王、宣王、湣王三世相继称霸天下,余威犹存。 〔10〕"与",联合,结交。 〔11〕"连",交结,联合。 〔12〕"令赵嚪说秦以伐齐之利",齐湣王三十九年(赵惠文王十四年,秦昭襄王二十二年,公元前二八五年),赵王与秦王会于中阳(今山西中阳),次年即有五国联军的伐齐行动。嚪,同"啖",音 dàn,劝诱,利诱。 〔13〕"害",忧虑,担忧。 〔14〕"合从",南北联合称"合纵",与东西协作称"连横"相对,燕、赵、魏、楚等国南北而处,故谓之"合纵"。"从",同"纵"。 〔15〕"上将军",为当时的最高军事指挥官。 〔16〕"赵惠文王",赵武灵王之庶子,名何,公元前二九八年至二六六年在位。"相国",为当时赵国的最高行政长官,取辅佐国君治理国家之意。 〔17〕"并护赵、楚、韩、魏、燕之兵以伐齐",时在燕昭王二十八年,赵惠文王十五年,韩釐王十二年,魏昭王十二年,公元前二八四年。当时参加伐齐的还有秦军。"护",统率。 〔18〕"济",济水,为古代河流之名,源出今河南济源县西王屋山中,河道分别流经黄河古道南北,自今山东博昌以北注入渤海,今已堙灭。 〔19〕"临菑",齐国都,以城临菑水而得名,故地在今山东临淄附近。"菑",一作"淄"。 〔20〕"齐湣王之败济西,亡走,保于莒",齐湣王兵败后逃到卫,因不逊被逐;又去邹、鲁,有骄色而不为邹、鲁接纳,只得逃入莒城。后被楚国派去救援他的淖齿杀死。"保",守住,保住。"莒",邑名,故地在今山东莒县。 〔21〕"徇",攻占土地。 〔22〕"城守",据城固守。 〔23〕"尽取齐宝财物祭器输之燕","宝",珍宝。"祭器",宗庙祭祀供奉先祖所使用的器具,是宗族、国家的象征,古礼有"祭器不出境"之说,故战争中都很重视掠抢敌国的祭器。当时燕军烧毁了临菑的宫殿神庙,将其中的财宝祭器劫掠一空。 〔24〕

"说",同"悦"。 〔25〕"飨士",以酒食招待士卒。"飨",音 xiǎng。 〔26〕"昌国",齐地名,故地在今山东淄博一带。 〔27〕"卤获",掳掠所得。

【译文】那个时候,齐湣王势力最强大,南边在重丘打败楚相唐眛,西边在观津挫败三晋,于是又和三晋联合攻秦,还协助赵国灭了中山,并出兵击败了宋国,拓展疆土千余里。齐湣王与秦昭王争霸称帝,不久以后又放弃了帝号。各国诸侯都想背离秦国而与齐国结盟。齐湣王因此骄矜自大,百姓们不堪其苦。于是,燕昭王便向乐毅请教讨伐齐国的问题,乐毅回答道:"齐国,至今仍保有称霸大国的余威,地广人多,要独自对它发动进攻很不容易。大王如果一定要讨伐它,最好同赵国、楚国、魏国联合起来。"这样,燕昭王就派乐毅与赵惠文王订约攻齐,另派使者去联合楚国、魏国,并请赵国向秦国说明伐齐的好处。各国诸侯深受齐湣王骄横凶暴之害,都争着与燕国联合起来讨伐齐国。乐毅回到燕国作了汇报,燕昭王便把全国的军队都动员起来,任命乐毅为上将军,赵惠文王也把相国的大印授予乐毅。于是,乐毅就总领赵、楚、韩、魏、燕国的大军去讨伐齐国,在济水之西击败齐军。诸侯各国收兵撤回,而独有乐毅率领燕军追击不舍,一直打到临菑。齐湣王自济水之西失利,败退而逃,退入莒城固守。乐毅独自率军在齐地扫荡抢掠,齐军都据城固守。后来,乐毅攻入临菑,将齐国的珍宝、财物、祭器等劫掠一空,统统运回燕国。燕昭王大为高兴,亲自到济水之滨慰劳燕军,赏赐并宴飨全军将士,把昌国封给乐毅,号称昌国君。燕昭王带着掳获于齐国的战利品回国,而命令乐毅继续带领军队攻打齐国那些尚未攻克的城池。

乐毅留徇齐五岁,下齐七十余城,皆为郡县以属燕,唯独莒、即墨未服。〔1〕会燕昭王死,子立为燕惠王。〔2〕惠王自为太子时尝不快于乐毅,及即位,齐之田单闻之,〔3〕乃纵反间于燕,〔4〕曰:"齐城不下者两城耳。然所以不早拔者,闻乐毅与燕新王有隙,〔5〕欲连兵且留齐,〔6〕南面而王齐。齐之所患,唯恐他将之来。"于是燕惠王固已疑乐毅,得齐反间,乃使骑劫〔7〕代将,而召乐毅。乐毅知燕惠王之不善代之,〔8〕畏诛,遂西降赵。赵封乐毅于观津,〔9〕号曰望诸君。〔10〕尊宠乐毅以警动于燕、齐。

【注释】〔1〕"即墨",故地在今山东平度东。 〔2〕"燕惠王",公元前二七八年至二七二年在位。 〔3〕"田单",齐国名将,为齐王远亲,当时率众坚守即墨,与燕军对峙。后以破燕有功,封为安平君(安平故地在今山东临淄东北)。事迹详本书本传。 〔4〕"反间",利用敌人的间谍,提供假情报,使敌人造成判断与决策的错误。"间",通"间"。 〔5〕"隙",隔阂,裂痕。 〔6〕"连兵",指与齐军联合。 〔7〕"骑劫",燕将,代乐毅为将军后不久,被齐军击败身死。 〔8〕"不善",不认为他好,即认为他有过错。 〔9〕"观津",故地在今河北武邑东南。"观",音 guàn。 〔10〕"望诸",泽名,用为封号名。

【译文】乐毅留在齐国打了五年仗,攻克了齐国七十多个城,都把它们改为郡县而归属于燕,只剩下莒和即墨两城尚未攻克。这时,燕昭王去世,他的儿子燕惠王继位。惠王当太子的时候曾经与乐毅有矛盾而不高兴乐毅,等到他即位,齐国的田单听说了这件事,就在燕国施反间之计,放出风说:"齐国没有被攻占的城邑只剩下两座了,而之所以不尽快地攻占它们,听说是乐毅与燕国的新国王有矛盾,他想率领军队与齐军联合,就留在齐国,在齐国自立为王。现在齐国最担忧的,就只怕燕国派别的将领来。"这个时候,燕惠王本来就已经在怀疑乐毅了,现在又中了齐国的反间之计,就派骑劫去替代乐毅为将,而召乐毅回国。乐毅知道燕惠王是在怀疑他而派人替代他,害怕回国遭杀害,就西去投奔了赵国。赵国把观津封给乐毅,号称望诸君。赵国采用尊宠乐毅的办法,用以震慑燕国和齐国。

齐田单后与骑劫战,果设诈诳燕军,〔1〕遂破骑劫于即墨下,而转战逐燕,北至河上,〔2〕尽复得齐城,而迎襄王于莒,〔3〕入于临淄。

【注释】〔1〕"设诈诳燕军",指田单设计使燕军虐待齐军战俘,挖掘齐人坟墓,使齐军坚定决战信念,并以诈降瓦解燕军斗志,后以火牛阵一举击败燕军。 〔2〕"北至河上",向北一直打到黄河边上。当时黄河流经今山东德州、河北沧州一带,向东北入渤海,比现在的黄河靠北得多。 〔3〕"襄王",齐湣王之子,名法章。湣王被杀后,他在莒城隐姓埋名,为人做工,过了很久才说出是湣王之子,被立为齐王,公元前二八三年至二六五年在位。

【译文】齐将田单后来与骑劫作战，果然设了一套巧计骗了燕军，结果在即墨城下大败骑劫，进而全线进攻追逐燕军，向北一直打到燕齐交界的黄河边上，全部收复了失地，而从莒城迎接襄王，重返临菑。

燕惠王后悔使骑劫代乐毅，以故破军亡将失齐；又怨乐毅之降赵，恐赵用乐毅而乘燕之弊以伐燕。[1]燕惠王乃使人让乐毅，且谢之曰：[2]"先王举国而委将军，[3]将军为燕破齐，报先王之雠，[4]天下莫不震动，寡人岂敢一日而忘将军之功哉！[5]会先王弃群臣，[6]寡人新即位，左右误寡人。寡人之使骑劫代将军，为将军久暴露于外，[7]故召将军且休，计事。将军过听，[8]以与寡人有隙，遂捐燕归赵。[9]将军自为计则可矣，而亦何以报先王之所以遇将军之意乎？"乐毅报遗燕惠王书曰：[10]

【注释】[1]"弊"，今通作"弊"，困顿，疲惫。[2]"让"，责备。"谢"，道歉。燕王既"悔"又"恐"，故既"让"且"谢"。[3]"举国"，总取全国。"委"，托付，委托。[4]"雠"，通"仇"。[5]"寡人"，君主自称，意即"寡德之人"。[6]"先王弃群臣"，隐言先王死去。[7]"暴露"，露天而处，无所遮蔽。"暴"，音pù。[8]"过听"，误听。[9]"捐"，抛弃。[10]"报"，答复，给回信。"遗"，送交，音wèi。

【译文】燕惠王很后悔让骑劫代替乐毅，因而兵败将亡丢掉了齐国；同时又怨恨乐毅去投奔赵国，害怕赵国任用乐毅，乘燕国吃败仗的机会来攻打燕国。燕惠王就派人去责怪乐毅，并且又表示道歉，说："先王把全国的军队都委交给将军，将军为燕国大败齐国，替先王报了仇，天下无不为之震动，而我本人也没有一天敢忘记将军的功绩啊！适逢先王不幸去世，我刚刚即位，是我左右的那些人耽误了我。我之所以派骑劫去接替将军，是因为将军长年累月地在外辛劳，因此召回将军作一休整，并且商议国事。可是，将军却听信谣言，以为是同我有隔阂，便抛下燕国投奔了赵国，将军为自己打算而这样做当然也是可以的，但是又如何报答先王对将军的知遇之恩呢？"乐毅便给燕惠王复信写道：

臣不佞，[1]不能奉承王命，[2]以顺左右之心，恐伤先王之明，[3]有害足下之义，[4]故遁逃走赵。今足下使人数之以罪，[5]臣恐侍御者不察先王之所以畜幸臣之理，[6]又不白臣之所以事先王之心，[7]故敢以书对。[8]

【注释】[1]"不佞"，不才，是自谦之词。[2]"奉承"，接受，遵照。[3]"明"，英明。[4]"足下"，当时对君王等的敬称，后亦用于上辈、上级及友人。"义"，仁义。[5]"数"，一一列举，音shǔ。[6]"侍御者"，随从，侍者。为了对对方表示尊敬，言谈不敢直指对方，只敢请对方的左右随从转告尊长，与"陛下"、"阁下"等表敬之意相似。"察"，看清楚。"畜"，养。"幸"，宠信。[7]"白"，清楚，明了。[8]"敢"，谦词，有冒昧的意思。

【译文】臣无才无能，没有能接受大王的命令，顺从您的谋士们的心意，我唯恐(回到燕国会被杀掉，从而)影响了先王有知人之明的声誉，也连累您陷于不义，所以才逃跑到了赵国。现在，您派人来数落我的罪过，我深恐您并不了解先王之所以信任我重用我的道理，又不明白我之所以侍奉先王的用心，因此才冒昧地写这封信回复您。

臣闻贤圣之君不以禄私亲，[1]其功多者赏之，其能当者处之。[2]故察能而授官者，成功之君也；[3]论行而结交者，[4]立名之士也。臣窃观先王之举也，[5]见有高世主之心，[6]故假节于魏，[7]以身得察于燕。先王过举，[8]厕之宾客之中，立之群臣之上，不谋父兄，[9]以为亚卿。臣窃不自知，自以为奉令承教，[10]可幸无罪，故受令而不辞。

【注释】[1]"禄"，俸禄，官员的薪金。"私亲"，偏向自己的亲属。[2]"其能当者处之"，《战国策》此前有"不以官随其爱"，与上文"不以禄私其亲"相呼应。"能"，才能，能力。"当"，适当，得当，音dàng。"处"，指居官，做官。[3]"成功"，建树功绩，成就功业。[4]"论"，衡量，品评。[5]"窃"，谦词，有私下、私自的意思。"举"，行为，行动。[6]"高世主"，超越世上其他的君主。[7]

"假节","假",借用。"节",符节,是一种证明身分及出入关卡的凭据。此指利用出使的机会。因当时诸侯割据,关塞不通,只有持专门的符节才能出境。 〔8〕"过举","过",误;"举",提拔;这是自谦的说法。 〔9〕"父兄",指大臣中的同姓的长辈。 〔10〕"奉令承教",接受命令。"教",训令。

【译文】我听说,贤圣的君主不拿国家的禄位徇私情授予自己的亲属,只有立功多的人才能够得到赏赐,能力相当的人才能够授予官职。所以善于考察一个人的能力而后委任以官职的君主,才是能够成就功业的君主;善于估量审察对方的品行而后与之结交的士,才是能够扬名后世的俊士。我私下里观察先王的举止行为,觉得他有超越世上各国君主的雄心,所以就藉用为魏国出使的机会来到燕国,以便亲自察看。承蒙先王错爱,安排我于宾客之中,提拔我位居群臣之上,也不和宗室长辈们商议,就任命我做了亚卿。我恐怕是缺少自知之明罢,自以为只要一切遵从先王的命令,听从先王的指挥,可以幸而无罪,所以也就接受了任命而未加推辞。

先王命之曰:"我有积怨深怒于齐,不量轻弱,而欲以齐为事。"〔1〕臣曰:"夫齐,霸国之余业而最胜之遗事也。〔2〕练于兵甲,习于战攻。〔3〕王若欲伐之,必与天下图之。与天下图之,莫若结于赵。且又淮北、宋地,〔4〕楚魏之所欲也,〔5〕赵若许而约四国攻之,〔6〕齐可大破也。"先王以为然,具符节南使臣于赵。〔7〕顾反命,〔8〕起兵击齐。以天之道,先王之灵,河北之地随先王而举之济上。〔9〕济上之军受命击齐,大败齐人。轻卒锐兵,长驱至国。〔10〕齐王遁而走莒,仅以身免;珠玉财宝车甲珍器尽收入于燕。齐器设于宁台,〔11〕大吕陈于元英,〔12〕故鼎反乎厤室,〔13〕蓟丘之植植于汶篁,〔14〕自五伯已来,〔15〕功未有及先王者也。先王以为慊于志,〔16〕故裂地而封之,〔17〕使得比小国诸侯。臣窃不自知,自以为奉命承教,可幸无罪,是以受命不辞。

【注释】〔1〕"以齐为事",把伐齐作为自己的任务、工作。 〔2〕"最胜之遗事","最",《战国策》

作"骤",是"最胜"应读为"骤胜",数胜,屡胜。"遗事",意同"余业",指齐国屡战屡胜,雄风长存。 〔3〕"练",熟练,熟悉。"习",习惯,熟练。 〔4〕"淮北",淮河以北,包括今江苏西端,山东南端及安徽东北部。 〔5〕"楚魏之所欲也",淮北与宋地当时皆由齐人控制,因地与楚、魏毗连,故楚、魏想占据之。 〔6〕"四国",除前言赵、楚、魏外,还有韩国。 〔7〕"具",准备,备办。"使臣",委任我为使节,派我出使。 〔8〕"顾反命",回来以后汇报交差。"反",通"返"。 〔9〕"河北之地随先王而举之济上",燕国全国动员,随先王举兵伐齐,大军挺进到济上。"举",发动,行动。 〔10〕"国",国都,此指齐都临淄。 〔11〕"齐器",指齐国的宗庙祭祀之器。"宁台",燕国宫廷中的台观名,故地在今北京城西南。"设",陈列。 〔12〕"大吕",本是乐律之名,此泛指齐国的乐器——编钟。"元英",燕国宫殿名,在宁台附近。 〔13〕"故鼎",指子之之乱时被入侵的齐军抢去的燕国的鼎彝。"鼎",本是一种烹饪器,但古人又视为传国之重器。"厤室",燕国宫殿名。"厤",音 lì,亦作"历"、"曆"。 〔14〕"蓟丘之植植于汶篁",蓟丘的植物,有移植自汶水之滨的篁竹。一说云,汶水之滨的竹田中植了来自蓟丘的植物。义亦通,但与前数句不承接。"蓟丘",地名,故地在今北京市一带。或说即"蓟门",相传在北京德胜门外。"汶",汶水,今名大汶河,源出山东莱芜北,西南流经大汶口、东平南,入古济水。"篁",竹。 〔15〕"五伯",即"五霸",指春秋时期称霸中国的五个国君:齐桓公、晋文公、秦穆公、宋襄公、楚庄王。另有几种说法,一说是齐桓公、晋文公、秦穆公、楚庄王、吴王阖庐。 〔16〕"慊",同"惬",满意,满足,音 qiè。 〔17〕"裂地",分封土地。

【译文】先王曾命令我说:"我对齐国有深仇大恨,不管我国国力怎样的虚弱,我都决心要把讨伐齐国作为我的目标去实现。"我说:"那齐国,数代称霸,强国的雄风犹存;屡战屡胜,大国的余威仍在。齐人惯于习武,精于攻战。大王如果想要讨伐它,那么一定要联合天下诸侯共同对付它。而联合天下的诸侯共同对付它,又首先要同赵国结盟。况且,(齐国控制的)淮北及宋国,正是楚国和魏国所想占有的地方,赵国如果能许诺满足他们,与他们这四个国家联合起来讨伐齐国,那就可以大败齐国了。"先王认为我的意见很对,授予我使臣的符节派我出使赵国,等我回到燕国作了汇报,就起兵攻打齐国。由于合乎天道,凭藉先王的神灵,燕国全国总动员举兵伐齐,大军跟随先王挺进到济上。大军自济上奉命发动进攻,把齐军打得大败。轻装的兵士,精锐的军队,长驱直入,一直打到齐国的国都,齐王遁逃,跑到了莒城,仅仅保住了自己一条命;而珠玉、财宝、车辆、兵器和珍奇的器物,全都被燕军缴获,载运回国。如今宁台上陈设着齐国传国的宝器;元英殿里安放着齐国的大吕之钟;被齐人劫掠去的燕国的鼎彝失而复得,重返磿室;原本生长于汶水之滨的篁竹,现在在蓟丘栽种,自从五霸以来,没有什么人的功业能够比得上先王了。先王认为他壮志已酬,因此划出一块土地分封给我,使我也像个小国诸侯。我恐怕是缺少自知之明罢,自以为只要一切遵从先王的命令,听从先王的指挥,可以幸而无罪,所以也就接受了分封而未加推辞。

臣闻贤圣之君,功立而不废,[1]故著于《春秋》;[2]蚤知之士,[3]名成而不毁,故称于后世。[4]若先王之报怨雪耻,夷万乘之疆国,[5]收八百岁之蓄积,[6]及至弃群臣之日,余教未衰,执政任事之臣,修法令,慎庶孽,施及乎萌隶,皆可以教后世。[7]

【注释】[1]"废",衰败。 [2]"《春秋》",原是孔子根据鲁国的编年史而整理修订的史书。此泛指史书,史册。 [3]"蚤知",有先见之明,有远见、预见。"蚤",同"早"。 [4]"称",被称赞。 [5]"夷",铲平,消灭。"万乘",指拥有一万辆兵车。古代国家以疆域广狭配置军队,拥有一万辆兵车,本指周天子,但战国时已用以指诸侯大国了。"疆",同"强"。 [6]"收八百岁之蓄积",齐国自西周初封姜太公吕尚(约在公元前十一世纪)至齐湣王济西兵败(公元前二八四年),约八百年。按,战国时期的齐国实为田氏,公元前三八四年,田氏立为齐侯,公元前三七九年田氏并齐,太公望绝祀。 [7]"及至弃群臣之日,余教未衰,执政任事之臣,修法令,慎庶孽,施及乎萌隶,皆可以教后世",此数句《战国策》作:"及至弃群臣之日,余令诏后嗣之遗义,执政任事之臣,所以能循法令,顺庶孽者,施及萌隶,皆可以教于后世。"这是指先王对"后嗣"(即惠王)留下"余教",即掌权执政的人,要"修法令,慎庶孽",并且"施及"贱民、奴隶,这都是可以"教于后世"的。"庶孽",非正妻所生之子。"施",延展,扩大,音yì。"萌",通"氓",即"民"。"民"、"隶",当时都指贱民、奴隶。

【译文】我听说,贤能圣明的君主,建树了功

业,能够让它不要衰败,因而名垂史册;远见卓识之士,获得了荣誉,能够让它不要毁坏,因而扬名后世。像先王那样报仇雪耻,征服最强大的诸侯国,缴获它(自开国以来)蓄积八百年的珍宝,直到辞世之日,还留下谆谆教诲,要执政理事的大臣,整修法律条令,审慎地处理宗室内部的关系,恩惠遍及小民奴仆,这些都是后世应当永远牢记的遗训。

臣闻之,善作者不必善成,善始者不必善终。昔伍子胥说听于阖闾,而吴王远迹至郢;[1]夫差弗是也,赐之鸱夷而浮之江。[2]吴王不寤先论之可以立功,[3]故沈子胥而不悔;子胥不蚤见主之不同量,[4]是以至于入江而不化。[5]

【注释】[1]"伍子胥",名员,春秋时楚人。楚平王听信谗言,杀其父兄,伍子胥逃亡吴国,后辅佐阖闾兴师伐楚,攻克郢都。"阖闾",名光,公元前五一五年,杀吴王僚而自立为吴王,任用伍子胥、孙武而称雄。公元前四九六年,被越王勾践军击伤身死。"郢",楚国都,当时的郢都在今湖北江陵纪南城。 [2]"夫差",阖闾之子,公元前四九五年即位,曾击破越国,为父报仇,因信从太宰伯嚭谗言,赐剑伍子胥令其自杀,并取"鸱夷革"盛其尸体,浮于长江。公元前四七七年,越王勾践灭吴,夫差自刭身死。"弗是",不以其说为是,即不听伍子胥的意见。"鸱夷",本是一种盛酒的皮袋,以马革制成,形如鸱鸟。此指用皮革盛放伍子胥的尸体,并投入江中。 [3]"寤",同"悟"。"先论",先见之论。 [4]"量",器量,度量,指器量及品德的水准。 [5]"不化",至死而仍然僵硬不知变化,这是说伍子胥太死心眼。《战国策》作"不改"。

【译文】我听说,善于创造的人不一定善于取得成功,开始很好的人不一定终结也很好。以前伍子胥的话被阖闾所采纳,因而吴王得以远征楚国踏入郢都;而继位的夫差却不是如此,赐给伍子胥一把宝剑叫他自杀,把尸体装进皮袋丢入长江听任漂流。吴王夫差根本不理解伍子胥的远见卓识可以建树功业,所以把他抛入江中而毫不后悔;伍子胥则没有预料到两位君主气量全然不同,所以直至被投入江中仍然不知改变。

夫免身立功,[1]以明先王之迹,臣之上

计也。离毁辱之诽谤，〔2〕堕先王之名，〔3〕臣之所大恐也。临不测之罪，以幸为利，〔4〕义之所不敢出也。〔5〕

【注释】〔1〕"免身"，使自身免遭灾祸。 〔2〕"离"，同"罹"，遭遇。 〔3〕"堕"，通"隳"，毁坏，败坏，音 huī。 〔4〕"以幸为利"，能够幸免灾祸就很好了。 〔5〕"义之不敢出"，言由于前述原因，所以，虽然不能忘怀先王之恩，深有情义，但是不敢（即无法）表达出来。

【译文】我要保全性命，免遭灾祸，成全功业，让先王的功绩彰明较著，就我来说，这是最为理想的；如果我遭到了污辱，受到诽谤，因而败坏了先王的名誉，那是我最为惶恐的。由于我被加上了意想不到的罪名，现在得以侥幸保全性命就很满足，处于这种情形，我虽然义不容辞应当报答先王，却实在不敢表示出来啊！

臣闻古之君子，交绝不出恶声；〔1〕忠臣去国，不絜其名。〔2〕臣虽不佞，数奉教于君子矣。〔3〕恐侍御者之亲左右之说，〔4〕不察疏远之行，〔5〕故敢献书以闻，唯君王之留意焉。〔6〕

【注释】〔1〕"恶声"，中伤对方的话。"恶"，音 wù。 〔2〕"不絜其名"，不为自己的名声辩白，指不怪罪君王。"絜"，同"洁"。 〔3〕"数"，屡次，音 shuò。 〔4〕"亲"，听信。 〔5〕"疏远"，疏远者，此为乐毅自指。 〔6〕"唯"，句首语气词，表示希望。

【译文】我听说，古时候的君子，虽然与人绝交，但决不说人坏话；忠臣虽然被迫离开国家，但决不为自己的行为辩白。我虽然无才无能，但也常常受教于君子。我担心的是您只听得进左右亲信的说法，不能理解我的出走，所以冒昧地写信说明，恳请您留意读一读吧！

于是燕王复以乐毅子乐间为昌国君；〔1〕而乐毅往来复通燕，〔2〕燕、赵以为客卿。〔3〕乐毅卒于赵。

【注释】〔1〕"间"，音 jiān。 〔2〕"通"，交通，

友好往来。 〔3〕"客卿"，请他国之人在本国为卿，以客礼相待，称为"客卿"。

【译文】于是燕王又封乐毅之子乐间为昌国君，而乐毅也重新恢复了与燕国的往来，燕国、赵国都把他作为客卿。后来，乐毅在赵国逝世。

乐间居燕三十余年，燕王喜用其相栗腹之计，欲攻赵，〔1〕而问昌国君乐间。乐间曰："赵，四战之国也，〔2〕其民习兵，伐之不可。"燕王不听，遂伐赵。赵使廉颇击之，〔3〕大破栗腹之军于鄗，〔4〕禽栗腹、乐乘。乐乘者，乐间之宗也。于是乐间奔赵，赵遂围燕。燕重割地以与赵和，〔5〕赵乃解而去。

【注释】〔1〕"燕王喜"，燕国末代国王，公元前二五四年即位；公元前二二二年，秦军虏燕王喜，灭燕。"栗腹"，燕相，燕王喜四年（公元前二五一年）栗腹为燕王献计说，赵国青壮年皆死于长平之战，可以乘机侵伐。后率军攻赵，兵败被俘。 〔2〕"四战之国"，赵国东邻燕、齐，西接秦境，南连韩、魏，北界匈奴。 〔3〕"廉颇"，赵国名将，事迹详本书本传。 〔4〕"鄗"，音 hào。赵地名，故地在今河北省柏乡县北。 〔5〕"燕重割地以与赵和"，《史记·廉颇传》记，燕割五城以请和。"重"，音 zhòng。

【译文】乐间在燕国三十多年，燕王喜采纳了他的丞相栗腹的计谋，准备攻打赵国，又来询问昌国君乐间的意见。乐间说："赵国这个国家，东南西北四面都是常要打仗的国家，它的人民很有作战经验，要攻它怕不行吧！"燕王不听，便派兵去攻打赵国。赵国派廉颇迎击，在鄗地把栗腹的军队打得大败，活捉了栗腹和乐乘。乐乘，是乐间的族人。于是乐间投奔了赵国，赵军便包围了燕都。燕国割让了大片的土地向赵国求和，赵国才解围而去。

燕王恨不用乐间，乐间既在赵，乃遗乐间书曰："纣之时，箕子不用，犯谏不怠，〔1〕以冀其听；商容不达，〔2〕身祇辱焉，〔3〕以冀其变。及民志不入，〔4〕狱囚自出，〔5〕然后二子退隐。故纣负桀暴之累，〔6〕二子不失忠圣之名。何者？其忧患之尽矣。今寡人虽愚，不若纣之暴也；燕民虽乱，不若殷民之其

也。室有语，不相尽以告邻里。[7]二者，[8]寡人不为君取也。"[9]

【注释】[1]"纣"，商的末代君王，以暴虐著称，被周武王击败后自焚身死。"箕子"，为纣王亲戚，封于箕，故称箕子，纣王无道，箕子劝谏不听，乃披发佯狂为奴，又被纣王囚禁。武王灭商后，封箕子于朝鲜。"犯谏"，犯颜直谏，即不顾冒犯君王，让君王不高兴，仍率直劝谏。[2]"商容"，相传是商纣王时司乐之官，被贬退隐。"达"，显贵。此处"不达"，亦是"不用"之意。[3]"祇"，仅只，音zhǐ。[4]"民志不入"，指人民的愿望不能上达。"入"，入于宫廷之内。[5]"狱囚自出"，罪犯从牢狱中自行脱出，指国家法制破坏殆尽。[6]"负"，承担。"桀暴"，凶暴。"累"，过失，罪过。[7]"室有语，不相尽以告邻里"，《战国策》此数语作："国之有封疆，犹家之有垣墙。室不能相和，出语邻家，未为通计也。"是说家庭内部有纷争之语，不能张扬于外，告诉邻居。[8]"二者"，《战国策》此处云："明寡人之薄，而君不得厚；扬寡人之辱，而君不得荣，此一举而两失也。"这里的"二者"，即燕王蒙受耻辱，而乐间也有不义之名。[9]"不为君取"，意即"你的作法是不可取的"，这是委婉的说法。

【译文】燕王悔恨没有任用乐间，但乐间已经去了赵国，燕王便派人送给乐间一封信，说："商纣王的时候，箕子不被重用，而他却不懈地犯颜直谏，只希望纣王能够听从。商容虽然被废黜，不顾身受屈辱，只希望纣王能够改变。直到了人民的意见全然不被纣王接纳，国家法制荡然，囚徒从牢狱中随意逃出，形势如此，箕子与商容才退而隐居。所以，虽然商纣王落了个残忍凶暴的恶名，但他们两位还是得到了忠诚与贤圣的美誉。为什么会这样呢？是因为他们竭诚尽忠，饱经忧患啊！现在的情形是，我虽然愚笨，却并不像纣王那么凶暴；燕国的人民虽然混乱，却并不像殷商时那样厉害。何况家里讲的话，也不必全都去告诉邻里。（你使我蒙受羞辱，自己也落得个不义的名声，）从这两方面而言，我觉得你的作法实在不可取呀！"

乐间、乐乘怨燕不听其计，二人卒留赵。赵封乐乘为武襄君。[1]

【注释】[1]"赵封乐乘为武襄君"，时在赵孝成王十六年，公元前二五〇年。

【译文】乐间、乐乘怨恨燕国不肯采纳自己的计谋，二人终于留在了赵国。赵国封乐乘为武襄君。

其明年，[1]乐乘、廉颇为赵围燕，燕重礼以和，乃解。后五岁，[2]赵孝成王卒。襄王使乐乘代廉颇。[3]廉颇攻乐乘，乐乘走，廉颇亡入魏。其后十六年而秦灭赵。[4]

【注释】[1]"其明年"，时在赵孝成王十七年，公元前二四九年。[2]"后五岁"，公元前二四五年。[3]"襄王"，即赵悼襄王，名偃，公元前二四四年至二三六年在位。[4]"其后十六年而秦灭赵"，公元前二二八年，秦军攻陷邯郸，虏赵王迁，灭赵。

【译文】第二年，乐乘、廉颇为赵国围攻燕国，燕国备了厚礼求和，赵军才解了围。五年以后，赵孝成王去世。襄王派乐乘接替廉颇为主帅。廉颇攻打乐乘，乐乘出走，廉颇也继而逃亡，到了魏国。这以后又过了十六年，秦灭掉了赵国。

其后二十余年，高帝过赵，[1]问："乐毅有后世乎？"对曰："有乐叔。"高帝封之乐卿，[2]号曰华成君。华成君，乐毅之孙也。而乐氏之族有乐瑕公、乐臣公，[3]赵且为秦所灭，亡之齐高密。[4]乐臣公善修黄帝、老子之言，[5]显闻于齐，称贤师。

【注释】[1]"其后二十余年，高帝过赵"，汉高祖七年（公元前二〇〇年），高祖因征伐匈奴及赵地反叛，经过赵。"赵"，汉高祖四年（公元前二〇三年），改邯郸郡为赵国，都邯郸（今河北邯郸市西南），辖境相当于今河北邯郸、邢台、沙河及隆尧、永年二县西部地区。[2]"乐卿"，《史记正义》说即《汉书地理志》之"乐乡"，县名，属信都国（国都在今河北冀县）。[3]"乐臣公"，"臣"为"巨"字之误，本书《田叔列传》作"巨"，《汉书·田叔传》作"钜"。[4]"高密"，县名，故地在今山东高密县西南。[5]"黄帝、老子之言"，"黄帝"，姓公孙，名轩辕，是远古著名的帝王。"老子"，姓李，名耳，春秋时著名的思想家。相传为黄帝的著作及老子的著作，是道家的基本经典，故将道家学说称为"黄帝、老子之言"。

【译文】赵亡国后二十多年,汉高祖皇帝经过赵国故地,问道:"乐毅还有后人在吗?"有人回答说:"有个叫乐叔的是乐毅的后人。"高祖皇帝便把乐卿封给他,号称华成君。华成君,是乐毅的孙子。而乐氏家族中还有乐瑕公、乐臣公等,他们在赵国将要被秦国灭亡之时,逃到了齐国的高密。乐臣公精心研究黄帝、老子等道家学说,在齐国很有名气,被人们称为贤师。

太史公曰:始齐之蒯通及主父偃读乐毅之报燕王书,[1]未尝不废书而泣也。[2]乐臣公学黄帝、老子,其本师号曰河上丈人,[3]不知其所出。河上丈人教安期生,安期生教毛翕公,毛翕公教乐瑕公,乐瑕公教乐臣公,乐臣公教盖公。[4]盖公教于齐高密、胶西,[5]为曹相国师。[6]

【注释】〔1〕"齐",秦、汉之际诸侯王国名,公元前二○三年,韩信击杀齐王田广,汉立韩信为齐王,都临淄(今山东临淄北)。"蒯通",本名彻,汉代因避武帝讳,改为"通",范阳(今河北定兴县固城镇)人,著名的辩士。"主父偃",姓主父,名偃,临淄人。为游士四十余年穷困潦倒,汉武帝元光初以上书得重用,元朔二年(公元前一二七年)因受贿事发被诛。事迹详本书本传。 〔2〕"废",放置,舍弃。〔3〕"本师",宗师,祖师。〔4〕"盖公",盖",姓,音gě。〔5〕"齐",汉初诸侯王国,汉高祖六年(公元前二○一年)封子刘肥为齐王,都临淄,辖七十城,包括今山东省除西部、南部之外的大部分地区。"胶西",郡名,郡治在高密(今山东高密西南)。此处"高密"、"胶西"重出,或有一衍。 〔6〕"曹相国",曹参,沛(今江苏沛县)人,随高祖起兵反秦,以军功封侯,号平阳侯。当时为齐相国,故得受教于盖公。惠帝二年(公元前一九三年)萧何死后,继任汉相国,惠帝五年卒。事迹详本书本传。

【译文】太史公说:当初齐国的蒯通以及主父偃每读到乐毅回复燕王的信的时候,就感动得读不下去,放下书信热泪夺眶而出。乐臣公学黄帝、老子的学说,他的老师号"河上丈人",不知道来历是怎样的。河上丈人传授给安期生,安期生传授给毛翕公,毛翕公传授给乐瑕公,乐瑕公传授给乐臣公,乐臣公传授给盖公。盖公在齐国的高密、胶西等地教授学生,是相国曹参的老师。

史记卷八十一

廉颇蔺相如列传第二十一

廉颇者,赵之良将也。[1]赵惠文王十六年,[2]廉颇为赵将伐齐,大破之,取阳晋,[3]拜为上卿,[4]以勇气闻于诸侯。蔺相如者,[5]赵人也,为赵宦者令缪贤舍人。[6]

【注释】[1]"赵",战国七雄之一,开国之君赵烈侯为晋大夫赵衰之后。赵、韩、魏三家分晋,赵于公元前四〇三年立为诸侯,初都晋阳(今山西太原),后迁都邯郸(今河北邯郸),疆域有今山西中部、北部,陕西北部及河北西部、南部。[2]"赵惠文王",名何,武灵王之子,公元前二九九年至二六六年在位。"十六年",当为公元前二八三年。[3]"阳晋",本卫邑,后属齐,此时为赵所攻取,故地在今山东省郓城县西。[4]"上卿",诸侯的大臣叫"卿","上卿"是地位最高的大臣。[5]"蔺",音lìn。[6]"宦者令",官名,王宫中的宦官长。"舍人",官僚与贵族家的食客中派有差使的人。

【译文】廉颇是赵国一位优秀的将领。赵惠文王十六年,廉颇率领赵军攻打齐国,大败齐军,攻占阳晋,以军功官拜上卿。他也就以勇敢无畏而闻名于诸侯各国。蔺相如是赵国人,他是赵国宦者令缪贤的舍人。

赵惠文王时,得楚和氏璧。[1]秦昭王闻之,[2]使人遗赵王书,[3]愿以十五城请易璧。赵王与大将军廉颇诸大臣谋:欲予秦,秦城恐不可得,徒见欺;[4]欲勿予,即患秦兵之来。[5]计未定,求人可使报秦者,未得。宦者令缪贤曰:"臣舍人蔺相如可使。"王问:"何以知之?"对曰:"臣尝有罪,窃计欲亡走燕,臣舍人相如止臣,曰:'君何以知燕王?'臣语曰:'臣尝从大王与燕王会境上,燕王私握臣手,曰"愿结友"。以此知之,故欲往。'相如谓臣曰:'夫赵强而燕弱,而君幸于赵王,故燕王欲结于君。今君乃亡赵走燕,燕畏赵,其势必不敢留君,而束君归赵矣。[6]君不如肉袒伏斧质请罪,[7]则幸得脱矣。'[8]臣从其计,大王亦幸赦臣。臣窃以为其人勇士,有智谋,宜可使。"于是王召见,问蔺相如曰:"秦王以十五城请易寡人之璧,[9]可予不?"相如曰:"秦强而赵弱,不可不许。"王曰:"取吾璧,不予我城,奈何?"相如曰:"秦以城求璧而赵不许,曲在赵。赵予璧而秦不予赵城,曲在秦。均之二策,[10]宁许以负秦曲。"王曰:"谁可使者?"相如曰:"王必无人,臣愿奉璧往使。城入赵而璧留秦;城不入,臣请完璧归赵。"赵王于是遂遣相如奉璧西入秦。

【注释】[1]"和氏璧",《韩非子·和氏篇》说,楚人和氏得玉璞(含有玉的石头叫"璞")于楚山中,拿去献给厉王,厉王的玉匠却说是石头,厉王以欺诈之罪刖(断足之刑)其左足。到武王即位,和氏又拿去献给武王,武王的玉匠又说是石头,武王又以欺诈之罪刖其右足。到文王即位,和氏抱着玉璞痛哭于楚山之下,三天三夜,泪尽出血,文王听说后派玉匠加以雕琢,果然得到宝玉,遂命名为"和氏之璧"。"和氏",一说叫卞和。"璧",是一种中心有孔的圆形的玉片。[2]"秦昭王",即昭襄王,为秦武公之异母弟,公元前三〇六年至二五一年在位。[3]"遗",送给,音wèi。[4]"见",表示被动的助动词，可解作"被"、"受"。〔5〕"即"，立即，马上。〔6〕"束"，捆缚。〔7〕"斧质"，古代施腰斩之刑的刑具。"斧"是斧钺，如后代铡刀的刀片；"质"又作"锧"、"椹"，是在下承接斧刃的底座，如铡刀的刀座。〔8〕"脱"，豁免，赦免。〔9〕"寡人"，诸侯的谦称，意思是"寡德之人"。〔10〕"均"，衡量，比较。

【译文】赵惠文王的时候，赵国得到了著名的楚国和氏璧。秦昭王听到这件事，派人送信给赵王，表示愿意用十五座城邑与赵国交换和氏璧。赵王同大将军廉颇等诸大臣商议：假如把和氏璧给了秦国，恐怕未必能得到秦国的十五个城邑，白白地受他们的欺骗；假如不给的话，又怕由此招惹秦军来犯。谋议没有能作出决定；要物色一个回复秦王的使者，也未能找到。宦者令缪贤说："我的舍人蔺相如可以充任使者。"赵王问道："你怎么知道呢？"缪贤回答说："我曾经犯罪，私下盘算要逃到燕国去，我的舍人蔺相如劝阻我，说：'您怎么了解燕王呢？'我告诉他说：'我曾经跟随大王与燕王在边境上相会，燕王私下里握着我的手说过'非常希望和你交个朋友'。我是由此而了解燕王的，所以想到燕国去。'相如对我说：'赵国强大，燕国弱小，而您深受赵王的宠信，所以燕王才想同您交朋友。现在您要逃离赵国到燕国去，燕国害怕赵国，势必不敢收留您，反而会把您捆绑了还给赵国。您不如赤膊去见赵王，伏在铡刀旁请罪，那倒很可能侥幸获得赦免。'我听从了他的劝告，大王也幸好赦免了我。我个人认为，这个人真是位勇士，足智多谋，应该是可以充任使者的。"于是，赵王召见蔺相如，问道："秦王要用十五座城邑来换我的和氏璧，能不能换给他？"相如说："秦国强而赵国弱，不能不答应。"赵王说："如果他拿到了我的和氏璧，却不给我城，那怎么办？"相如说："秦国要求以城邑换取和氏璧，如果赵国不答应，赵国显得理屈；如果赵国把和氏璧给了秦国，而秦国不把城邑交给赵国，那么就是秦国理屈了。衡量这两种情况，宁肯让秦国去承担屈理的责任。"赵王问："谁能够充当使者呢？"相如说："大王如果实在没有合适的人，我愿意带着和氏璧出使秦国。秦国把十五个城邑交给赵国，就把和氏璧留给秦国；秦国不把十五个城邑交出来，我负责和氏璧完好地回到赵国。"于是，赵王就派蔺相如带着和氏璧，西去秦国。

秦王坐章台见相如，〔1〕相如奉璧奏秦王。〔2〕秦王大喜，传以示美人及左右，左右皆呼万岁。相如视秦王无意偿赵城，〔3〕乃前曰："璧有瑕，〔4〕请指示王。"王授璧，相如因持璧却立，倚柱，怒发上冲冠，谓秦王曰："大王欲得璧，使人发书至赵王，赵王悉召群臣议，皆曰'秦贪，负其强，以空言求璧，偿城恐不可得'。议不欲予秦璧。臣以为布衣之交尚不相欺，〔5〕况大国乎！且以一璧之故逆强秦之欢，〔6〕不可。于是赵王乃斋戒五日，〔7〕使臣奉璧，拜送书于庭。〔8〕何者？严大国之威以修敬也。〔9〕今臣至，大王见臣列观，〔10〕礼节甚倨；〔11〕得璧，传之美人，以戏弄臣。臣观大王无意偿赵王城邑，故臣复取璧。大王必欲急臣，〔12〕臣头今与璧俱碎于柱矣！"相如持其璧睨柱，〔13〕欲以击柱。秦王恐其破璧，乃辞谢固请，召有司案图，〔14〕指从此以往十五都予赵。相如度秦王特以诈详为予赵城，〔15〕实不可得，乃谓秦王曰："和氏璧，天下所共传宝也，赵王恐，不敢不献。赵王送璧时，斋戒五日，今大王亦宜斋戒五日，设九宾于廷，〔16〕臣乃敢上璧。"秦王度之，终不可强夺，遂许斋五日，舍相如广成传。〔17〕相如度秦王虽斋，决负约不偿城，乃使其从者衣褐，〔18〕怀其璧，从径道亡，〔19〕归璧于赵。

【注释】〔1〕"章台"，秦宫中的台观之一，故址在今陕西省咸阳市故城西南隅。〔2〕"奏"，呈献。〔3〕"偿"，抵偿。〔4〕"瑕"，玉上的斑点。音 xiá。〔5〕"布衣"，本指庶民百姓穿的衣服，后来便成为庶民的代称。〔6〕"逆强秦之欢"，损害与强大的秦国的友好关系和感情。"逆"，抵触，挫伤。"欢"，欢心。〔7〕"斋戒"，古代礼仪之一，"斋"是指礼仪活动前沐浴更衣，独宿净室，使心地诚敬纯真。"戒"是指戒酒，戒荤，戒女色等。〔8〕"庭"，通"廷"，朝廷，这里是指正殿，表示赵王郑重其事，与下文"列观"形成对比。〔9〕"严大国之威"，尊重大国的威望。"严"，尊敬。〔10〕"列观"，一般的台观。"观"，指高台楼阁建筑。音 guàn。〔11〕"倨"，傲慢。音 jù。〔12〕"急"，逼迫。〔13〕"睨"，斜着眼睛看。音 nì。〔14〕"有司"，负责的官吏。官吏各有职司，故通称"有司"。"案图"，查阅地图。〔15〕"度"，衡量，估计，音 duó。"详"，同"佯"。

〔16〕"设九宾于廷","设",是备置的意思;"九宾"即《周礼·秋官·大行人》所说的"九仪",本是周天子接待来朝诸侯宾客的礼仪,如上公之礼,包括执圭九寸,冕服九章("章"是纹饰),建常(旗帜)九旒("旒"是旗上的飘带类饰物),贰车九乘,介九人,礼九牢,飨礼九献,食礼九举等内容,是当时接待宾客的最高规格的礼仪。 〔17〕"舍",宾馆,这里用为动词,是"留宿"的意思。"广成",传舍的名字。"传",传舍,即宾馆,音 zhuàn。 〔18〕"衣褐",穿着褐衣。褐衣是贫贱之人所穿的粗麻布服装,这里是指化装出逃。 〔19〕"径",小路。

【译文】秦王坐在章台接见蔺相如,相如双手捧着和氏璧献给秦王。秦王非常高兴,把和氏璧传给嫔妃和臣子们观赏,他们一齐欢呼起来,高喊"万岁"。蔺相如看出秦王并没有用城邑交换和氏璧的诚意,就走上前去说:"这玉璧上有些疵点,请让我指给大王看。"秦王把璧交还给他,相如便捧着璧往后倒退,靠着一根柱子,站定了,怒发冲冠,对着秦王说道:"大王想要得到和氏璧,派人送信给赵王,赵王把群臣召集到一起商议,大家都说'秦国贪得无厌,仗恃着自己的强大,只不过是想用空话骗取和氏璧,所谓用以交换和氏璧的城邑,恐怕是得不到的'。议定不能把和氏璧给秦国。而我认为,即使是平民百姓之间的交往,尚且不能相互欺骗,何况是大国之间的交往呢!再说,既然是强大的秦国所喜欢的东西,不能够为了这一块和氏璧而损伤了同秦国的感情。于是赵王就斋戒了五天,派我出使秦国,郑重地把和氏璧交给了我,在朝廷上恭恭敬敬的行拜礼送国书。为什么要这样呢?这是对大国的威望的尊重,表示敬意。今天我来到这里,大王却只在一般的台观接见我,礼节很是简慢;拿到了玉璧,又传给嫔妃们去观赏,这简直是在戏弄我。我看出大王您并无用城邑与赵国交换和氏璧的诚意,所以我又拿回了玉璧。大王要是逼迫我,把我逼急了,今天我的头就和玉璧一齐撞碎在这柱子上!"相如捧着那玉璧,两眼斜睐着柱子,像是就要撞到柱子上去似的。秦王惟恐他会撞碎了玉璧,就连连道歉,请他千万不要那样做,并召来负责的官吏,打开地图查看,指着地图说从这里起的十五座城邑划给赵国。相如思忖着秦王说把城邑给赵国只不过是做样子骗骗人,其实赵国是得不到的,于是就对秦王说:"和氏璧是天下闻名的珍宝,赵王畏惧秦国,不敢不答应秦国的要求,把玉璧献给秦国。赵王要把和氏璧送来秦国之时,斋戒了五天,现在大王您也应当斋戒五天,在王宫正殿安排九宾迎接

之典礼,我才好奉献上这玉璧。"秦王估计这情形,要强行夺取和氏璧不大可能,便同意斋戒五天,把蔺相如先安顿在广成宾馆住下。相如揣度,秦王虽然答应了斋戒,还是一定要背约的,决不会以城换璧,便派遣他的随从换上了粗布衣裳,打扮成平民百姓模样,把玉璧藏在怀中,抄小道逃走,将和氏璧送回了赵国。

秦王斋五日后,乃设九宾礼于廷,引赵使者蔺相如。[1]相如至,谓秦王曰:"秦自缪公以来二十余君,[2]未尝有坚明约束者也。臣诚恐见欺于王而负赵,故令人持璧归,间至赵矣。[3]且秦强而赵弱,大王遣一介之使至赵,[4]赵立奉璧来。今以秦之强而先割十五都予赵,赵岂敢留璧而得罪于大王乎?臣知欺大王之罪当诛,臣请就汤镬,[5]唯大王与群臣孰计议之。[6]秦王与群臣相视而嘻。[7]左右或欲引相如去,[8]秦王因曰:"今杀相如,终不能得璧也,而绝秦赵之欢,不如因而厚遇之,[9]使归赵,赵王岂以一璧之故欺秦邪!"卒廷见相如,毕礼而归之。[10]

【注释】〔1〕"引",带领。 〔2〕"缪公",秦国著名国君之一,名任好,公元前六五九年至六二一年在位,春秋五霸之一。"缪",一作"穆"。按,秦自缪公至昭王凡二十君,此处说"二十余君"是概数。〔3〕"间",秘密地,悄悄地。音 jiàn。 〔4〕"一介",一个。"介"有"微小"的意思。〔5〕"汤镬",用镬盛水或油,加火烧沸,古代的烹刑即将犯人投入镬中煮死。"镬",一种类似深腹大锅的炊具。音 huò。〔6〕"孰",同"熟",仔细地,周密地。 〔7〕"嘻",惊怪之声。音 xī。〔8〕"引",拉。〔9〕"因",顺着,趁着。〔10〕"毕礼",完成了规定的礼仪。

【译文】秦王斋戒五天之后,果真在王宫安排了九宾迎接的隆重典礼,派人去请来赵国的使者蔺相如。相如来到王宫,对秦王说:"秦国自缪公以来已有二十来位国君即位,可是还没有哪一位是毫不含糊地信守诺言的。我实在是怕受了您的欺骗而辜负了赵王的重托,所以已派人带着和氏璧回去了,他走小路现已回到了赵国。不过,秦国强大,赵国弱小,大王仅仅只派了一位使者到赵国,赵国立即就派我捧着玉璧给送来了。现在,以秦国的强大,如果真的先割让十五个城邑给赵国,赵国岂敢

不交出和氏璧而得罪您大王呢？我知道，我犯有欺骗您的罪，应当杀头；我甘愿下汤锅受极刑，但这件事还请您大王与各位大臣仔细商议一下。"秦王与众大臣面面相觑，哭笑不得，发出惊怪之声。有的臣子气得要把相如捉下去，秦王便说道："如今即使杀了蔺相如，也还是得不到和氏璧了，反而破坏了秦、赵两国的友好关系，不如依然好好予以接待，送他回赵国，难道赵王会因为一块和氏璧而欺骗秦国吗！"终于按照礼节在正殿上接见了相如，典礼结束，将相如送回了赵国。

相如既归，赵王以为贤大夫使不辱于诸侯，[1]拜相如为上大夫。[2]秦亦不以城予赵，赵亦终不予秦璧。

【注释】〔1〕"贤大夫使不辱于诸侯"，贤大夫出使于国外，在诸侯前没有让赵国丢脸。蔺相如出使秦国，已有大夫身份，故称"贤大夫"。一说"大夫"二字为衍文，"贤"字从上读作"赵王以为贤"。〔2〕"上大夫"，大夫中最高的一级，地位仅次于卿。

【译文】蔺相如回到赵国后，赵王认为由于相如的机智与才干，出使于外，在诸侯面前维护了赵国的尊严，就拜相如做了上大夫。最终秦国并没有割城给赵国，赵国也就没有把和氏璧送给秦国。

其后秦伐赵，拔石城。[1]明年，复攻赵，杀二万人。

【注释】〔1〕"拔石城"，事在赵惠文王十八年（公元前二八一年）。"石城"，故地在今河南省林县西南。

【译文】后来，秦国攻打赵国，攻占了石城。第二年，秦国再次进攻赵国，杀死了两万人。

秦王使使者告赵王，欲与王为好会于西河外渑池。[1]赵王畏秦，欲毋行。廉颇、蔺相如计曰："王不行，示赵弱且怯也。"赵王遂行，相如从。廉颇送至境，与王诀曰：[2]"王行，度道里会遇之礼毕，还，不过三十日。三十日不还，则请立太子为王，以绝秦望。"王许之，遂与秦王会渑池。秦王饮酒酣，曰：

"寡人窃闻赵王好音，请奏瑟。"[3]赵王鼓瑟。秦御史前书曰[4]"某年月日，秦王与赵王会饮，令赵王鼓瑟"。蔺相如前曰："赵王窃闻秦王善为秦声，[5]请奏盆缻秦王，[6]以相娱乐。"秦王怒，不许。于是相如前进缻，因跪请秦王。秦王不肯击缻。相如曰："五步之内，相如请得以颈血溅大王矣！"[7]左右欲刃相如，[8]相如张目叱之，左右皆靡。[9]于是秦王不怿，[10]为一击缻。相如顾召赵御史书曰"某年月日，秦王为赵王击缻"。秦之群臣曰："请以赵十五城为秦王寿。"[11]蔺相如亦曰："请以秦之咸阳为赵王寿。"[12]秦王竟酒，[13]终不能加胜于赵。赵亦盛设兵以待秦，[14]秦不敢动。

【注释】〔1〕"为好"，指讲和交好。"西河"，古代把黄河流过河套后南北流向的一段称为"西河"。此处言"西河外"，是从赵国的方位而言的。"渑池"，故地在今河南省渑池县西。 〔2〕"诀"，告别。〔3〕"奏瑟"，弹瑟。"瑟"，一种丝弦的弹拨乐器，与琴相似，但器身较大，弦数较多。 〔4〕"御史"，即史官，战国时御史掌管图籍文书，记录国家大事。〔5〕"秦声"，指秦地风格的歌曲。 〔6〕"奏盆缻"，"奏"是呈献；"盆缻"是瓦制容器，唱歌时打节拍伴奏用。"缻"，同"缶"，音 fǒu。 〔7〕"请得以颈血溅大王矣"，从字面上看，是说蔺相如自杀颈上的血都可以溅到秦王身上；但言外之意，是说他也很容易把秦王杀死（因相距不过五步）。 〔8〕"刃"，本指刀锋，此处用作动词，指用刀杀。 〔9〕"靡"，倒下。〔10〕"怿"，喜悦。音 yì。 〔11〕"为秦王寿"，为秦王添寿而作为献礼。"为寿"，古代把送礼、敬酒等都叫"为寿"，表示祝人长寿。〔12〕"咸阳"，秦的国都，故地在今陕西省咸阳市东北。 〔13〕"竟酒"，酒宴终结。"竟"，完毕，终了。 〔14〕"盛"，多。"设兵"，布置好军队。

【译文】秦王派使者告诉赵王，希望与赵国修好，邀请赵王在西河之外的渑池相会。赵王畏惧秦国，不想去。廉颇、蔺相如商议道："君王如果不去，显得赵国太虚弱与怯懦了。"赵王便前往赴会，相如随行。廉颇一直送到国境边，与赵王告别时说："君王此行，按照路程、会见的典礼和归程推算，不应超过三十天。如果到三十天大王还不回来，请允许立太子为王，以断绝秦国对您进行要挟讹诈的念头。"

赵王同意了。于是,赵王来到渑池与秦王相会。秦王喝酒喝到半醉,说:"我听说赵王喜好音乐,请给弹奏弹奏瑟吧!"赵王弹了瑟。秦国的御史走上前来,在史册上记载道:"某年某月某日,秦王会见赵王,宴会上命令赵王弹瑟。"蔺相如上前说:"赵王曾听说秦王擅长秦地的歌曲,请允许我给大王您献上盆缶,用以演奏娱乐。"秦王很生气,不肯答应。于是,相如更走上前去,进献瓦缶,并跪下相请。秦王仍然不肯击缶。相如说:"我与大王相距不过五步,(我这点请求您都不肯答应,)我的颈血将要溅到大王您的身上啦!"秦王的侍从要拿刀剑来杀相如,相如瞪大了眼睛大声地呵斥他们,吓得他们都慌忙后退。于是,秦王只得很不乐意地敲了一下缶。相如回头召来赵国的御史,说道:"某年某月某日,秦王为赵王敲缶奏乐。"秦国的大臣们说:"请赵国拿出十五座城邑来,作为给秦王祝寿的献礼。"蔺相如也说:"请拿出秦国的咸阳城来,作为给赵王祝寿的献礼。"这样一直到宴会结束,秦王终于没有能从赵王那里占到便宜。赵国已经布置了重兵戒备着,秦国也不敢在军事上轻举妄动。

既罢归国,[1]以相如功大,拜为上卿,位在廉颇之右。[2]廉颇曰:"我为赵将,有攻城野战之大功,而蔺相如徒以口舌为劳,而位居我上,且相如素贱人,[3]吾羞,不忍为之下。"宣言曰:"我见相如,必辱之。"相如闻,不肯与会。相如每朝时,常称病,不欲与廉颇争列。[4]已而相如出,望见廉颇,相如引车避匿。于是舍人相与谏曰:[5]"臣所以去亲戚而事君者,徒慕君之高义也。今君与廉颇同列,廉君宣恶言而君畏匿之,恐惧殊甚,[6]且庸人尚羞之,[7]况于将相乎!臣等不肖,[8]请辞去。"蔺相如固止之,曰:"公之视廉将军孰与秦王?"[9]曰:"不若也。"相如曰:"夫以秦王之威,而相如廷叱之,辱其群臣,相如虽驽,[10]独畏廉将军哉?顾吾念之,强秦之所以不敢加兵于赵者,徒以吾两人在也。今两虎共斗,其势不俱生。吾所以为此者,以先国家之急而后私雠也。"[11]廉颇闻之,肉袒负荆,[12]因宾客至蔺相如门谢罪。[13]曰:"鄙贱之人,不知将军宽之至此也。"卒相与欢,为刎颈之交。[14]

【注释】〔1〕"罢",结束,完了。 〔2〕"位在廉颇之右",蔺相如与廉颇虽同为上卿,但蔺相如的位次更排在廉颇之上。"右",秦与汉初以前,以右为尊。 〔3〕"素贱人",一向是卑贱之人。 〔4〕"争列",争位次的先后。 〔5〕"相与",相偕,一起。 〔6〕"殊甚",太过分,特别过分。 〔7〕"庸人",常人,普通人。 〔8〕"不肖",不贤。此处是说反话,气话。"肖",音 xiào。 〔9〕"廉将军孰与秦王",廉将军比起秦王来怎么样?"孰与",与……比怎么样。 〔10〕"驽",愚笨。音 nú。 〔11〕"雠",同"仇"。 〔12〕"肉袒",脱衣露体。"负荆",身背着荆木棍子。"荆"是一种灌木,用作笞杖之刑的刑具。 〔13〕"因",依。 〔14〕"刎",割。音 wǔ。"刎颈之交",指可以共生死的朋友。

【译文】渑池之会结束回国,赵王认为此行蔺相如功劳很大,便拜蔺相如为上卿,位次排在廉颇之前。廉颇说:"我身为赵国的将军,攻城野战,立下大功,而蔺相如只不过动动口舌,竟然官位比我还要高了,况且蔺相如本来只是个出身卑贱的人,让我身居其下实在不能忍受,我感到羞耻。"他扬言说:"我见到蔺相如,一定要给他点难堪!"相如听说了,不肯与廉颇会面。每当朝会的时候,相如常常藉口有病不去,避免为列次的先后与廉颇发生冲突。有一次,相如外出,远远地望见廉颇,相如即调转车头躲避。于是,相如门下的宾客们大家一齐进言道:"我们之所以离开亲属而服务于您的门下,只是为了仰慕您崇高的道义精神。现在,您与廉颇同居上卿之位,廉君散布了一些恶言恶语,而您就吓得东躲西藏,恐惧得不得了。这种事就连普通人也会觉得是羞辱,何况是身居将相高位的人呢?我们都是些缺乏修养的人,请允许我们告辞而去。"蔺相如坚决地挽留他们,说道:"诸位,你们看廉将军比秦王更强吗?"大家说:"当然比不上秦王了。"相如说:"尽管秦王是那样的威风凛凛,而我在秦国的宫廷上当众斥责他,羞辱他的大臣们,我虽然愚劣,难道单单就怕一个廉将军吗?我只不过是考虑到,强大的秦国之所以不敢对赵国发动战争,就是因为我们两个人在这里。现在如果两虎相争,势必不能同生共存。我之所以要忍辱回避,无非是把国家存亡大事放在前头,把个人的恩怨放在后头罢了!"廉颇听了,脱衣露体,赤膊背着荆杖,由宾客介绍陪伴来到蔺相如府上请罪。他说:"我是个粗鄙浅陋的人,不料您宽容我、容让我到了这样的地步。"终于彼此和好,成为生死与共的朋友。

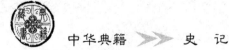

是岁,廉颇东攻齐,破其一军。居二年,[1]廉颇复伐齐几,[2]拔之。后三年,[3]廉颇攻魏之防陵、[4]安阳,[5]拔之。后四年,[6]蔺相如将而攻齐,至平邑而罢。[7]其明年,赵奢破秦军阏与下。[8]

【注释】[1]"居二年",赵惠文王二十三年,齐襄王八年,公元前二七六年。 [2]"几",邑名,故地在今河北省大名县东南。《赵世家》载廉颇于惠文王二十三年攻取魏国几邑。为同一事而将几邑分系两国,应有一误。或以为几邑介齐、魏之间,时或属魏,时或属齐,也成一说。 [3]"后二年",据《赵世家》等,此应是"后一年",即在赵惠文王二十四年,公元前二七五年。 [4]"防陵",故地在今河南省安阳市西南,因防水而得名。 [5]"安阳",在魏本名宁新中,秦昭王五十年(公元前二五七年)秦军攻占后改名安阳,故地在今河南省安阳市东南。 [6]"后四年",赵惠文王二十八年,齐襄王十三年,公元前二七一年。 [7]"平邑",故地在今河南省南乐县东北。 [8]"阏与",故地在今山西省和顺县。"阏",音 yù。《赵世家》载,赵惠文王二十九年,秦、韩相攻,而围阏与。赵使赵奢将,击秦,大破秦军阏与下。

【译文】这一年,廉颇率军东进攻打齐国,歼灭了一支齐军。过了两年,廉颇再次攻打齐国,攻占了几邑。三年之后,廉颇攻打魏国,攻占了防陵、安阳。四年之后,蔺相如率军攻打齐国,攻到平邑而休战。第二年,赵奢在阏与城下击败了秦军。

赵奢者,赵之田部吏也。[1]收租税而平原君家不肯出租,[2]奢以法治之,杀平原君用事者九人。[3]平原君怒,将杀奢。奢因说曰:[4]"君于赵为贵公子,今纵君家而不奉公则法削,[5]法削则国弱,国弱则诸侯加兵,[6]诸侯加兵是无赵也,君安得有此富乎? 以君之贵,奉公如法则上下平,[7]上下平则国强,国强则赵固,而君为贵戚,岂轻于天下邪?"[8]平原君以为贤,言之于王。王用之治国赋,国赋大平,民富而府库实。

【注释】[1]"田部",负责农田生产管理及田赋租税征收事务的部门。 [2]"平原君",名赵胜,

赵武灵王之子,惠文王之弟,封于东武城(今山东武城西北),号平原君。事迹详本书本传。 [3]"用事者",当权管事的人。 [4]"因说",趁着辩解的时候劝谏平原君。"说",音 shuì。 [5]"纵",放任。 [6]"加兵",指用武力来侵夺。 [7]"上下平",指政局稳定,上下同心。 [8]"岂轻于天下邪",哪里能被天下人轻视呢? 指平原君会因为赵国的强大而受到天下诸侯的尊重。

【译文】赵奢,是赵国田部的官吏。他负责征收租税的工作,但平原君家不肯按规定缴租。赵奢便执法惩治,将平原君家管事的人杀了九个。平原君大怒,要杀掉赵奢,赵奢于是进言说:"您是赵国的贵公子,现在如果放任您家不交租税,不遵从国家的规定,这样一来就会削弱法律的效力,法律失去了效力,就会导致国家衰弱;国家衰弱,就会引来诸侯入侵;诸侯入侵,就会灭掉赵国,到那时,您又怎么可能保有您的财富呢? 反之,像您这样身居高位的人,维护国家利益,遵守国家法律,就会使全国上下一心;上下一心,就会使国家富强;国家富强了,赵氏的地位就会巩固,而您贵为国戚,难道还会被天下诸侯轻视吗?"平原君认为赵奢是个有才能的人,把他推荐给赵王。赵王让他管理全国的财政赋税。他果然将全国的财政赋税管理得井井有条,收支平衡,国民富足而国库充盈。

秦伐韩,军于阏与。王召廉颇而问曰:"可救不?"对曰:"道远险狭,难救。"又召乐乘而问焉,[1]乐乘对如廉颇言。又召问赵奢,奢对曰:"其道远险狭,譬之犹两鼠斗于穴中,将勇者胜。"王乃令赵奢将,救之。

【注释】[1]"乐乘",本燕将,系名将乐毅族人,后来赵国封他为武襄君。

【译文】秦国攻打韩国,军队驻扎在阏与。赵王召见廉颇问道:"可以不可以去救援呢?"廉颇回答说:"到阏与去的这段路,既远而又险峻狭小,难救了。"赵王又召见乐乘来问这件事,乐乘回答的话跟廉颇一样。赵王又召见赵奢来问,赵奢说:"那条路的确是既远而又险峻狭小,这就好比两只老鼠在洞中相斗一样,由骁勇的将领统帅的军队能够获胜。"赵王就命令赵奢为统帅,前去救援。

兵去邯郸三十里,而令军中曰:"有以军事谏者死。"秦军军武安西,[1]秦军鼓噪勒兵,[2]武安屋瓦尽振。军中候有一人言急救武安,[3]赵奢立斩之。坚壁,[4]留二十八日不行,复益增垒。秦间来入,[5]赵奢善食而遣之。间以报秦将,秦将大喜曰:"夫去国三十里而军不行,乃增垒,阏与非赵地也。"赵奢既已遣秦间,乃卷甲而趋之,[6]二日一夜至,令善射者去阏与五十里而军。军垒成,秦人闻之,悉甲而至。军士许历请以军事谏,赵奢曰:"内之。"[7]许历曰:"秦人不意赵师至此,其来气盛,将军必厚集其阵以待。不然,必败。"赵奢曰:"请受令。"[8]许历曰:"请就铁质之诛。"[9]赵奢曰:"胥后令邯郸。"[10]许历复请谏,曰:"先据北山上者胜,后至者败。"赵奢许诺,即发万人趋之。秦兵后至,争山不得上,赵奢纵兵击之,大破秦军。秦军解而走,[11]遂解阏与之围而归。

【注释】[1]"军武安西","军",是动词,军队驻扎。"武安",故地在今河北省武安县西南。[2]"鼓噪",擂鼓呐喊。"勒兵",本指治军,统率军队,此指操练兵马。 [3]"候",负责侦察敌情的军吏。 [4]"坚壁",加固军营的壁垒。下文"增垒"意同。 [5]"间",间谍。 [6]"卷甲",将甲胄收卷起来。"趋",疾走。军队不着甲胄是为了行动便捷,迅速挺进。 [7]"内之","内",通"纳",意即"放他进来"。 [8]"请受令",请允许我接受你的指教。《资治通鉴》改"令"作"教"。 [9]"铁",同"斧"。 [10]"胥后令邯郸","胥",通"须",等待,"胥后令",是说等待以后的命令。"邯郸"二字,有人认为是讹文,钱大昕说,赵都邯郸,意谓当待赵王之令。 [11]"解而走",溃散而败逃。

【译文】大军离开邯郸三十里,赵奢在军中下达命令说:"有敢对军事行动进言的处死刑。"秦军驻扎在武安城西,当秦军擂鼓呐喊,演习兵马的时候,武安城里房屋上的瓦片都在振动。军中一个侦察员请求赶紧去救援武安,赵奢立即将他斩首。他加固军营的壁垒,一直驻守了二十八天而没有向前推进,还继续修筑营垒。秦国派了间谍混入军营,赵奢用好菜好饭招待他,然后把他送出军营。间谍把看到的情况向秦国的将军作了报告,秦将大为高

兴,说:"离开都城不过三十里就屯驻大军不敢前行,只是一味地加固营垒,这一下阏与不再是赵国的地盘了。"赵奢把秦国的间谍送走之后,命令全军换下甲胄,轻装全速挺进,两天一夜赶到阏与,布置了一批好射手在距阏与五十里的地方扎营。营垒构筑完毕,秦人也得知了消息,全军悉数赶来。军士许历请求对战事发表意见。赵奢说:"放他进来。"许历说:"秦人没有料到赵国的军队突然来到这里,被激怒的秦军来进攻的气势必然旺盛,将军一定要集中兵力严阵以待,不然的话,会吃败仗的。"赵奢说:"这个意见可以采纳。"许历说:"请照军令把我处以死刑好了。"赵奢说:"等以后回到邯郸再说吧!"许历请求再发表意见,说:"能够先控制阏与北面的山头的一方必定能获得胜利,后去的一方必定要遭到失败。"赵奢表示同意,立即发兵万人快速占领了北山。秦军后来赶到,与赵军争夺北山而终于未能上山,赵奢指挥大军发动攻击,把秦军打得大败。秦军溃散而去,对阏与的包围被解除了,赵军胜利而归。

赵惠文王赐奢号为马服君,[1]以许历为国尉。[2]赵奢于是与廉颇、蔺相如同位。[3]

后四年,[4]赵惠文王卒,子孝成王立。[5]七年,[6]秦与赵兵相距长平,[7]时赵奢已死,而蔺相如病笃,[8]赵使廉颇将攻秦,秦数败赵军,赵军固壁不战。秦数挑战,廉颇不肯。赵王信秦之间。秦之间言曰:"秦之所恶,独畏马服君赵奢之子赵括为将耳。"赵王因以括为将,代廉颇。蔺相如曰:"王以名使括,若胶柱而鼓瑟耳。[9]括徒能读其父书传,[10]不知合变也。"[11]赵王不听,遂将之。

【注释】[1]"马服君",因马服山而为号。马服山,在今河北省邯郸市西北。 [2]"国尉",官名,职掌军事的武官,职位仅次于将军。 [3]"同位",即"同列",指级别相同。 [4]"后四年",指赵惠文王三十三年,公元前二六六年。 [5]"孝成王",名丹,公元前二六五年至二四五年在位。[6]"七年",《六国年表》等载,长平之战在孝成王六年(公元前二六〇年),此云"七年",或自惠文王卒计起第七年。 [7]"长平",故地在今山西省高平县西北。 [8]"笃",指病势沉重。音 dǔ。 [9]

"胶柱而鼓瑟"，弹奏琴瑟，音调的高低要靠调节弦柱的松紧，柱将弦转紧，则音急调高；柱将弦调松，则音缓调低。如果用胶把柱粘牢了，就无法调节丝弦松紧，只能弹出一种调门。比喻僵化不变，单调死板。〔10〕"书传"，书籍和传述。"传"，音zhuàn。〔11〕"合变"，应变，指灵活地对付变化着的情况。

【译文】赵惠文王赐封赵奢，号"马服君"，任命许历为国尉。于是，赵奢有了同廉颇、蔺相如相同的官阶。

四年以后，赵惠文王去世，他的儿子孝成王即位。七年后，秦军与赵军在长平对峙。当时赵奢已死，而蔺相如也病势沉重。赵国派廉颇率军抗击秦兵，秦军接战。秦军屡次挑战，廉颇都不予理会。这时，赵王却听信了秦国的间谍的话。秦国的间谍故意放风说："秦国所惧怕的，就只有马服君的儿子赵括统帅赵军！"赵王便真的任命赵括为将军，取代廉颇。蔺相如说："大王只听赵括的名声就起用他，简直就像胶住了瑟的弦柱来弹瑟一样。（真是只知其一，不知其这。）赵括只不过会念念他父亲留下的书本，根本不懂得活用应变啊！"赵王不听，还是让他当了将军。

赵括自少时学兵法，言兵事，以天下莫能当。尝与其父奢言兵事，奢不能难，〔1〕然不谓善。括母问奢其故，奢曰："兵，死地也，〔2〕而括易言之。使赵不将括即已，〔3〕若必将之，破赵军者必括也。"及括将行，其母上书言于王曰："括不可使将。"王曰："何以？"对曰："始妾事其父，时为将，身所奉饭饮而进食者以十数，〔4〕所友者以百数，大王及宗室所赏赐者尽以予军吏士大夫，〔5〕受命之日，不问家事。今括一旦为将，东向而朝，〔6〕军吏无敢仰视之者，王所赐金帛，归藏于家，而日视便利田宅可买者买之。王以为何如其父？父子异心，〔7〕愿王勿遣。"王曰："母置之，吾已决矣。"括母因曰："王终遣之，即有如不称，〔8〕妾得无随坐乎？"〔9〕王许诺。

【注释】〔1〕"难"，反驳，提出不同意见。〔2〕"兵，死地也"，《孙子兵法》说："兵者，国之大事，死生之地，存亡之道，不可不察也。"（战争是国家的

大事，关系到军民的死生，国家的存亡，不能不审慎地研究。）与本句意同。〔3〕"不将括"，不以赵括为将。"将"是使动用法。〔4〕"身所奉饭饮而进食者"，亲自侍奉饮食，以师长之礼对待的人。〔5〕"军吏"，指属下军官。"士大夫"，指幕僚。〔6〕"东向而朝"，赵括面向东而坐，接受部下的朝见。当时以面向东的座位为尊。〔7〕"异心"，指思想作风全然不同。〔8〕"不称"，不称职。"称"，音chèn。〔9〕"随坐"，即连坐，一人犯法，他人一起受罚。

【译文】赵括自小就学习兵法，谈论军事，自以为天下没有人能比得上他。有一次，他与父亲赵奢谈论起军事来，赵奢也难不倒他，但赵奢却并不认为他好。赵括的母亲问赵奢是什么缘故，赵奢说："战争，是关系到生死存亡的大事，而赵括说起来竟那么轻巧松快。将来赵国不以赵括为将便罢了，如果真让赵括当了将军，使赵军吃败仗的，必定是赵括。"等到赵括将要出发上前线的时候，赵括的母亲给赵王上书道："不能够让赵括当将军。"赵王说："为什么呢？"赵括的母亲回答说："当初我嫁给赵括的父亲的时候，那时赵括的父亲正做着将军，在军中由他亲自捧着饮食进献到面前，以长者之礼对待的人数以十计，他的朋友数以百计，大王及王室所赏赐的财物，他全部分给军吏和士大夫。从接受了出征命令的那天起，便再不过问家里的私事。如今赵括一下当上了将军，自己坐在官邸朝东的尊位，（摆出架子）接受部下的朝见，部下军吏们没有一个敢抬头正眼看他的；大王赏赐的钱财，他都拿回家收了起来，天天注意着有没有合适的田产房屋，可以买的就买下来。大王看看，他的所作所为怎么可以和他父亲相比呢？他们父子两人心思完全不同，希望大王就不要派他去了吧！"赵王说："老夫人，你就别说了，我已经决定了。"于是赵括的母亲便说道："大王一定要派他去，那么倘若他有不称职之处，我能免去连坐之罪吗？"赵王答应了她的要求。

赵括既代廉颇，悉更约束，易置军吏。秦将白起闻之，〔1〕纵奇兵，详败走，而绝其粮道，分断其军为二，士卒离心。四十余日，军饿，〔2〕赵括出锐卒自博战，秦军射杀赵括。括军败，数十万之众遂降秦，秦悉阬之。〔3〕赵前后所亡凡四十五万。明年，〔4〕秦兵遂围邯郸，岁余，几不得脱。赖楚、魏诸侯

来救，〔5〕迺得解邯郸之围。〔6〕赵王亦以括母先言，竟不诛也。

【注释】〔1〕"白起"，秦国名将，郿（今陕西眉县东）人，以军功封为武安君，为秦国攻破敌国七十余城。长平之战后，因与秦国相应侯范雎有矛盾，遭猜忌，终于被秦王赐死。事迹详本书本传。〔2〕"四十余日，军饿"，《白起王翦列传》载，"赵卒不得食四十六日，皆内阴相杀食"。（皆在内部暗地里彼此残杀，以死尸为食。）可以参见。"饿"，是严重的饥饿。〔3〕"阬"，同"坑"，活埋。〔4〕"明年"，赵孝成王八年，公元前二五八年。〔5〕"赖楚、魏诸侯来救"，平原君偕毛遂赴楚求援，楚有春申君率军救赵；魏有信陵君窃符救赵。〔6〕"迺"，同"乃"。

【译文】赵括取代了廉颇之后，全面更改规章，撤换军吏。秦将白起得到了这一情报，立即将部队作了出人意料的调遣，佯装败走，却偷袭截断了赵军运输军粮的道路，并将赵军切割为两部，顿使赵军军心涣散。四十多天后，赵军断粮饿饭，赵括亲自带着精锐的部队冲出，与秦军肉搏拼杀。秦军将赵括射死，赵军溃败，数十万大军只好投降，秦军把投降的赵军全都给活埋了。在这一战役中，赵国前后损失的兵员共计四十五万人。第二年，秦军乘胜包围了邯郸，长达一年有余，几乎不能脱险。后来幸亏有楚国、魏国等诸侯来救援，方才解除了秦军对邯郸的包围。因为赵括的母亲曾经有言在先，所以赵王也没有加罪于她。

自邯郸围解五年，〔1〕而燕用栗腹之谋，〔2〕曰"赵壮者尽于长平，其孤未壮"，举兵击赵。赵使廉颇将，击，大破燕军于鄗，〔3〕杀栗腹，遂围燕。燕割五城请和，乃听之。〔4〕赵以尉文〔5〕封廉颇为信平君，〔6〕为假相国。

【注释】〔1〕"自邯郸围解五年"，邯郸解围在赵孝成王九年（公元前二五七年），据《六国年表》及《燕召公世家》，栗腹攻赵在燕王喜四年，即赵孝成王十五年（公元前二五一年），中间相距不止五年。梁玉绳等认为"五年"是"七年"之误，王伯祥认为不计解围当年及谋赵当年，恰为五年。〔2〕"栗腹"，燕丞相。燕王喜命栗腹与赵结好，赠赵王五百金，栗腹自赵归燕，为燕王图谋击赵。〔3〕"鄗"，故地

在今河北省柏乡县北。音 hào。〔4〕"乃听之"，《燕世家》载，当时赵国提出要求由主张与赵友好的大夫将渠担任燕相，方允讲和。燕王任命将渠为相，燕、赵媾和。〔5〕"尉文"，邑名，故地今已不可详考。"信平君"，封号。〔6〕"假相国"，代理相国。有人推测其时蔺相如当已死去，故以廉颇代为相国。

【译文】邯郸解围之后五年，燕国的国相栗腹说："赵国的壮丁全都死于长平之战了，而他们遗留的孤儿还没有长大成人，（可以乘机攻赵。）"便派出军队攻打赵国。赵国任命廉颇率军抗击，在鄗地将燕军打得大败，杀死了栗腹，并趁势包围了燕国的国都。燕国愿意割让五座城邑来求和，赵国答应了。赵王把尉文封给廉颇作食邑，封号"信平君"，并任命他为假相国。

廉颇之免长平归也，失势之时，故客尽去。〔1〕及复用为将，客又复至。廉颇曰："客退矣！"客曰："吁！君何见之晚也？〔2〕夫天下以市道交，〔3〕君有势，我则从君，君无势则去，此固其理也，有何怨乎！"居六年，〔4〕赵使廉颇伐魏之繁阳，〔5〕拔之。

【注释】〔1〕"故客"，旧时门下的食客。〔2〕"君何见之晚也"，犹言"君见之何晚也"。"见之"，看问题；"晚"，指迟钝，不合时宜，落后于形势。〔3〕"市道"，市场上做交易的办法。〔4〕"居六年"，按，自赵孝成王十五年破燕军，杀栗腹算起，过六年是赵孝成王二十一年（公元前二四五年），魏安釐王三十二年。〔5〕"繁阳"，故地在今河南省内黄县东北。

【译文】廉颇从长平免官而归，失去权势的时候，旧时门下的宾客都走光了。等到他再次被任命为将军的时候，那些宾客又都找上门来。廉颇说："诸位都请回去吧！"那些宾客却说："哎，您怎么还抱着那陈腐过时的见解呀？现在天下交友之道，都跟市场做交易一般，您有了权势，我们就跟您走；您没了权势，我们就离去，这本来是很自然的道理，您又何必怨恨呢！"过了六年，赵王派廉颇攻打魏国的繁阳，占领了该城。

赵孝成王卒，子悼襄王立，〔1〕使乐乘代

廉颇。廉颇怒,攻乐乘,乐乘走。廉颇遂奔魏之大梁。[2]其明年,[3]赵乃以李牧为将而攻燕,拔武遂、方城。[4]

【注释】[1]"悼襄王",名偃,公元前二四四年至二三六年在位。 [2]"大梁",魏国都,故地在今河南省开封市。 [3]"其明年",赵悼襄王二年,即燕王喜十二年,公元前二四三年。 [4]"武遂",故地在今河北省徐水县西遂城镇。"方城",故地在今河北省固安县南。

【译文】赵孝成王去世后,他的儿子悼襄王即位,让乐乘接替廉颇。廉颇很生气,要杀掉乐乘,乐乘出走,廉颇也逃到魏国的大梁。第二年,赵国任用李牧为将军进攻燕国,攻克了武遂、方城两个城邑。

廉颇居梁久之,魏不能信用。赵以数困于秦兵,赵王思复得廉颇,廉颇亦思复用于赵。赵王使使者视廉颇尚可用否。廉颇之仇郭开多与使者金,令毁之。[1]赵使者既见廉颇,廉颇为之一饭斗米,肉十斤,[2]被甲上马,[3]以示尚可用。赵使还报王曰:"廉将军虽老,尚善饭,然与臣坐,顷之三遗矢矣。"[4]赵王以为老,遂不召。

【注释】[1]"毁",诋毁,诽谤。 [2]"一饭斗米,肉十斤",战国时各国度量衡制度不同,如按秦制折算(汉初沿用),一斗大约为今二千毫升,一斤大约为今二百五十克。 [3]"被",通"披",穿着。 [4]"顷之三遗矢",一会儿功夫就大便了三次。"矢",通"屎"。这是说廉颇的生理机能已老化,消化系统的器官功能已衰退。是使者诋毁之辞。

【译文】廉颇在大梁住了很长时间,魏国并不任用他。而赵国这时屡屡受挫于秦军,赵王打算再次起用廉颇,廉颇也希望再为赵国效力。赵王派遣使者去看望廉颇,观察一下廉颇是否尚可任用。与廉颇有私仇的郭开,给使者送了许多金钱,叫他诋毁廉颇。赵国的使者与廉颇见了面,廉颇特地一顿饭吃了一斗米,十斤肉,披甲上马,表示自己身体健壮尚可任用。使者回国后向赵王报告说:"廉将军虽然老了,饭量还好,不过和我坐在那里,一会儿就拉了三次屎。"赵王觉得廉颇已经老而无用了,便不

再召他回国。

楚闻廉颇在魏,阴使人迎之。廉颇一为楚将,[1]无功,曰:"我思用赵人。"廉颇卒死于寿春。[2]

【注释】[1]"一为楚将","一"是语助词,无义。 [2]"寿春",故地在今安徽省寿县。楚考烈王二十二年(公元前二四一年),即秦王政六年,楚为避秦威逼,迁都寿春,仍称之为郢。

【译文】楚国听说廉颇在魏国,暗地里派人把他接去。廉颇当了楚国的将军,却没有能建树什么战功,他说:"我真希望还能够指挥赵国的战士啊!"廉颇终于死在楚国的寿春。

李牧者,[1]赵之北边良将也。常居代雁门,[2]备匈奴。以便宜置吏,[3]市租皆输入莫府,[4]为士卒费。日击数牛飨士,[5]习射骑,谨烽火,[6]多间谍,厚遇战士。为约曰:"匈奴即入盗,急入收保,[7]有敢捕虏者斩。"匈奴每入,烽火谨,辄入收保,不敢战。如是数岁,亦不亡失。然匈奴以李牧为怯,虽赵边兵亦以为吾将怯。赵王让李牧,[8]李牧如故。赵王怒,召之,使他人代将。

【注释】[1]"李牧",《战国策·赵策》及《秦策》云,李牧一名缲(音 zuò)。 [2]"代雁门",代地的雁门郡。"代"是古国之名,在今河北省蔚县一带,代国为赵所灭。"雁门郡",辖地相当于今山西省宁武、五寨、河曲等县以北,恒山以西,内蒙古黄旗海、岱海以南地区。 [3]"便宜",指不按照规定章程,而根据实际需要灵活处理。"便",音 biàn。 [4]"莫",通"幕",指军队屯驻在外时将帅的营帐,因为以帐幕作为办公理事的府署,故称"幕府"。 [5]"飨",以食物供给、招待。 [6]"谨",慎。"烽火",古代用以传递敌军进犯情报的设施,每相隔一定距离筑一高台,台上树立高木,有桔槔一类的举高装置,一头有容器可安放薪柴,敌寇入侵,则高高举起,白日举烟,夜晚举火。 [7]"保",通"堡",堡垒。 [8]"让",责备,批评。

【译文】李牧,是赵国北部边境的优秀将领。

曾驻守在代地雁门郡一带，防御匈奴。他因地制宜地设置官吏，把征收的租税运送到军营，充作军队的口粮和费用。李牧让每天宰杀几头牛供给士兵们食用，让士兵们练习射箭和骑马，特别注重通报敌情的烽火设施，增加了许多侦探、间谍，对战士们很关心优待。他制订的规章是："匈奴即使侵入边境来抢掠，我军应迅速退入堡垒中固守，有敢于逞能捕捉匈奴的斩首处死。"每当匈奴入侵，烽火台及时地发出警报，李牧的军队就立即退入堡垒，不敢同匈奴作战。像这样一连好几年，倒也没有什么损失。而匈奴则认为李牧怯懦，就连赵国守边的兵士也都以为自己的将军胆小。赵王为此责备李牧，李牧依然故我，我行我素。赵王很生气，把他召回国都，改派他人接替他担任将军。

岁余，匈奴每来，出战。出战，数不利，失亡多，边不得田畜。[1]复请李牧。牧杜门不出，固称疾。[2]赵王乃复强起使将兵。牧曰："王必用臣，臣如前，[3]乃敢奉令。"王许之。

【注释】〔1〕"边不得田畜"，边境地区不能种田和畜牧。"田"，耕作。"畜"，放牧。 〔2〕"固称疾"，坚决地托言有病。〔3〕"臣如前"，我仍照从前的办法。

【译文】这以后一年多，每次匈奴一来，赵军就出而迎战。但出战屡屡失利，损失严重，边境不安，无法正常耕作和放牧。赵王只好再请李牧去负责边防。李牧闭门不出，坚持说自己有病。赵王再三强令李牧，非让他统帅军队不可。李牧说："大王一定要任用我，就得答应我还是照我从前的老办法做，这样我才敢接受任命。"赵王同意了。

李牧至，如故约。匈奴数岁无所得。终以为怯。边士日得赏赐而不用，皆愿一战。于是乃具选车得千三百乘，[1]选骑得万三千匹，百金之士五万人，[2]彀者十万人，[3]悉勒习战。[4]大纵畜牧，人民满野。匈奴小入，详北不胜，[5]以数千人委之。单于闻之，[6]大率众来入。李牧多为奇陈，[7]张左右翼击之，大破杀匈奴十余万骑。灭襜褴，[8]破东胡，[9]降林胡，[10]单于奔走。其后十余岁，匈奴不敢近赵边城。

【注释】〔1〕"具"，准备。"具"的内容，包括下列"选车"、"选骑"、选"百金之士"和"彀者"数项。〔2〕"百金之士"，《集解》引《管子》："能破敌擒将者赏百金。"意指骁勇善战敢死之士。〔3〕"彀者"，优秀的射手。"彀"，指拉满强弓，音 gòu。〔4〕"悉勒习战"，都组织起来练习作战。"勒"，统率。"习战"，指进行作战训练。〔5〕"详北"，佯败。"北"，败走。〔6〕"单于"，匈奴君王的称号。"单"，音 chán。〔7〕"陈"，通"阵"。〔8〕"襜褴"，胡国名，在代地北方，音 dān lán。〔9〕"东胡"，北方民族名称，为乌丸(一称"乌桓")之祖，其别派即后世的鲜卑，因在匈奴之东，故称为"东胡"。〔10〕"林胡"，北方民族名称，活动于今河北省张家口市以北及内蒙古自治区呼和浩特一带。

【译文】李牧回到军中，恢复规定一如从前。一连几年，匈奴一无所获。他们总以为是李牧胆怯。边防上的士兵们每天受到赏赐而无用武之地，都希望有机会打仗。于是，李牧进行准备，挑选了战车一千三百辆，战马一万三千匹，骁勇善战之士五万名，弓箭优秀射手十万名，全部都组织起来，严格地进行作战训练。他让百姓们四出放牧，原野上到处都是赵国的人。匈奴发动了小规模的入侵，李牧佯装打不赢而败退，任匈奴掠走数千人。单于听到了这个消息，率领大军大举进犯。李牧设置了许多迷离变幻的战阵，以左右两翼包抄突袭，一举杀掉匈奴骑兵十余万，大获全胜。这一仗，消灭了襜褴，打败了东胡，并使林胡投降，单于遁逃远方。在这次战役后的十多年里，匈奴再也不敢接近赵国的边境了。

赵悼襄王元年，廉颇既亡入魏，赵使李牧攻燕，拔武遂、方城。居二年，[1]庞煖破燕军，[2]杀剧辛。[3]后七年，[4]秦破杀赵将扈辄于武遂，[5]斩首十万。赵乃以李牧为大将军，击秦军于宜安，[6]大破秦军，走秦将桓齮。[7]封李牧为武安君。[8]居三年，秦攻番吾，[9]李牧击破秦军，南距韩、魏。[10]

【注释】〔1〕"居二年"，赵悼襄王三年，燕王喜十三年，公元前二四二年。〔2〕"庞煖破燕军"，庞煖，赵将，素与剧辛交好。燕欲乘赵疲弱击之，命剧辛率军攻赵，赵使庞煖击之，取燕军二万，杀剧辛。〔3〕"剧辛"，本赵人，后仕燕为将。〔4〕"后七年"，赵王迁二年,秦王政十三年,公元前二三四年。〔5〕"扈辄",赵将。汉初彭越属将亦有名"扈辄"的,不是一人。"武遂",《赵世家》作"武城",故地在今河北省磁县南,不是上文李牧所取燕武遂。〔6〕"宜安",故地在今河北省藁城县西南。〔7〕"桓齮",秦王政十年(公元前二三七年)为将军,攻城野战,军功甚多。"齮",音yǐ。〔8〕"武安君",封号名,"武安",邑名,故地在今河北省武安县一带。〔9〕"番吾",故地在今河北省磁县一带。〔10〕"南距韩、魏",当时韩已向秦称臣,魏则献地于秦,皆听命于秦,故李牧需同时抵御韩、魏。《赵世家》系此事于赵王迁四年(公元前二三二年)。

【译文】赵悼襄王元年,廉颇已出逃到了魏国,赵王派李牧攻打燕国,攻陷了武遂和方城。过了两年,庞煖率军击败燕军,杀燕将剧辛。七年以后,秦军在武遂打败赵军,杀赵将扈辄,斩首十万。赵王任命李牧为大将军,在宜安抗击秦军,把秦军打得大败,赶走了秦将桓齮。于是,赵王封李牧为武安君。过了三年,秦军进攻番吾,李牧再次击败秦军,并在南线抗御韩、魏两国。

赵王迁七年,〔1〕秦使王翦攻赵,〔2〕赵使李牧、司马尚御之。〔3〕秦多与赵王宠臣郭开金,为反间,〔4〕言李牧、司马尚欲反。赵王乃使赵葱及齐将颜聚代李牧。〔5〕李牧不受命,赵使人微捕得李牧,〔6〕斩之。〔7〕废司马尚。后三月,王翦因急击赵,大破杀赵葱,虏赵王迁及其将颜聚,〔8〕遂灭赵。

【注释】〔1〕"赵王迁七年",即秦王政十八年,公元前二二九年。"迁",悼襄王庶子,在位八年,赵灭于秦。〔2〕"王翦",秦名将,频阳(今陕西省富平县)东乡人。曾率秦军灭赵、燕、魏、楚等国,在秦统一天下的战争中军功最多。事迹详本书本传。〔3〕"司马尚",赵将军。〔4〕"反间",利用伪造的情报调动敌方。〔5〕"蒽",即"葱"。〔6〕"微",秘密地,不公开地。〔7〕"斩之",李牧之死,《战国策·秦策》谓赵王赐死,李牧自杀身死;刘向《列女传》卷七谓赵王迁之母倡后,淫佚不正,多受秦贿,

而使王诛其良将武安君李牧。说法不尽相同。〔8〕"虏赵王迁及其将颜聚",《赵世家》载,赵葱军破,颜聚亡去,以王迁降。

【译文】赵王迁七年,秦国派王翦率军攻赵,赵王派李牧和司马尚带兵抵抗。秦国用大笔金钱贿赂赵王的宠臣郭开,让他向赵王提供假情报,说李牧和司马尚企图反叛。赵王便改派赵葱及齐将颜聚取代李牧。李牧不肯服从命令,赵王叫人暗中逮捕了李牧,将他处死。又罢免了司马尚。三个月之后,王翦趁势向赵国发动猛烈进攻,大败赵军,杀了赵葱,俘虏了赵王迁及将军颜聚,终于灭掉了赵国。

太史公曰:知死必勇,非死者难也,处死者难。〔1〕方蔺相如引璧睨柱,及叱秦王左右,势不过诛,然士或怯懦而不敢发。〔2〕相如一奋其气,〔3〕威信敌国,〔4〕退而让颇,名重太山,〔5〕其处智勇,可谓兼之矣!

【注释】〔1〕"处死者难",死得其所才是真正的难。"处死"指要死得是地方,死得有价值,不是无谓地去死。参看《季布栾布列传》太史公语。〔2〕"发",发作,表现出来。〔3〕"一奋其气","一"是表示程度的副词,类似今天口语中"一……就……"的句式;"奋",奋发扬厉。"气",气概,精神。〔4〕"信",通"伸",伸张。"威伸敌国",是指蔺相如在敌国威风凛然,令敌震慑。〔5〕"太山",即泰山。

【译文】太史公说:既知自己将要死去而依然神色从容,必是大勇之人。并不是"死"本身有多难,真正要死得其所,死得有价值,才是一件难事。当蔺相如捧起和氏璧,斜视着柱子的时候,以及当他叱责秦王的左右侍从的时候,大不了也就是一死而已,然而有的人却由于怯懦而不敢这样去做。蔺相如(就这样做了,)正气凛然,威震敌国;而对廉颇却能忍辱退让。他的英名重于泰山,他在关键时刻的表现,真可以说是大智大勇,智勇双全了!

史记卷八十二

田单列传第二十二

田单者,齐诸田疏属也。[1]湣王时,[2]单为临菑市掾,[3]不见知。及燕使乐毅伐破齐,[4]齐湣王出奔,已而保莒城。[5]燕师长驱平齐,而田单走安平,[6]令其宗人尽断其车轴末而傅铁笼。[7]已而燕军攻安平,城坏,齐人走,争塗,[8]以辖折车败,[9]为燕所虏,唯田单宗人以铁笼故得脱,东保即墨。[10]燕既尽降齐城,唯独莒、即墨不下。燕军闻齐王在莒,并兵攻之。淖齿既杀湣王于莒,[11]因坚守,距燕军,[12]数年不下。燕引兵东围即墨,即墨大夫出与战,[13]败死。城中相与推田单,曰:“安平之战,田单宗人以铁笼得全,习兵。”立以为将军,以即墨距燕。

【注释】〔1〕“齐”,古国名,战国时七雄之一。公元前十一世纪周分封为诸侯国。姜姓。在今山东北部。开国君主是吕尚,建都营丘(后称临淄,在今山东淄博市东北)。春秋初齐桓公任用管仲进行改革,国力富强,成为霸主。春秋末年君权逐渐为大臣陈氏(即田氏)所夺,公元前三八六年周安王承认田和为齐侯。田和传三代至齐威王,国力更加强盛,开始称王,成为战国七雄之一。此后长期与秦国东西对峙。公元前二八四年,赵、楚、燕、韩、魏五国联合攻齐,齐被燕将乐毅攻破,从此国力衰弱。公元前二二一年为秦所灭。“诸田疏属”,齐国王室的远房亲族。因为当时齐国田姓贵族很多,所以称“诸田”。 〔2〕“湣王”,一作“闵王”,或作“愍王”。战国时齐国国君。田氏,名地(一作遂)。齐宣王之子。公元前三〇〇年至公元前二八四年在位。曾一度与秦昭王并称东、西帝,后因赵、楚、燕、韩、魏

五国联合攻齐,被燕将乐毅攻破,他出走到莒(今山东莒县),不久被杀。 〔3〕“临菑”,古邑名,亦作“临甾”、“临淄”,因城临菑水而得名。故址在今山东淄博市东北。“市掾”,管理市政的佐理人员。古时佐治之吏统称掾属。 〔4〕“燕”,古国名。周代铜器铭文作“匽”、“郾”。公元前十一世纪周分封为诸侯国,姬姓,开国君主是召公奭,建都于蓟(今北京市西南)。战国时为七雄之一。公元前二二六年被秦攻破,燕王喜迁到辽东。公元前二二二年为秦所灭。“乐毅”,战国时魏将,中山国灵寿(今河北平山县东北)人。魏乐羊的后代。自魏使燕,燕昭王时任上将,因伐齐有功,封于昌国(今山东淄博市东南),号昌国君。燕惠王即位,中齐反间计,改用骑劫代乐毅为将,乐毅害怕被杀,出奔赵国。赵封他于观津(今河北武邑东南),号望诸君。后死于赵国。事详本书《乐毅列传》。“乐毅伐破齐”事在齐湣王十七年(公元前二八四年),详见《乐毅列传》。〔5〕“莒城”,周时莒国故地,战国时齐邑,治所在今山东莒县。 〔6〕“安平”,本纪国酅邑,春秋时为齐国所并,改名安平。故址在今山东益都西北。〔7〕“宗人”,同族的人。“车轴末”,车轴两端的梢头。 〔8〕“塗”,同途。“争塗”,即争先夺路。〔9〕“辖”,本作“害”,音(wèi),车轴头。 〔10〕“即墨”,战国时齐邑,故址在今山东平度东南。〔11〕“淖齿”,或作“悼齿”,战国时齐人,齐湣王的大臣。淖齿杀齐湣王事见本书《田敬仲完世家》。〔12〕“距”,同拒。 〔13〕“即墨大夫”,指管理即墨的行政长官。史失其姓名。

【译文】田单是齐国田氏王室的远房亲属。齐湣王时,田单是管理临菑市政的佐理人员,不被人所知道。到了燕国派乐毅攻破齐国时,齐湣王逃出都城,后来据守在莒城。燕国的军队长驱直入,

连连攻下齐国城邑,田单逃往安平,命令他同族的人把他的车轴头截短而且外面裹上铁笼。不久燕军攻打安平,安平城被燕军攻破,齐国人跑出来争先恐后地抢道逃跑,因车轴头被撞断,车身也被撞毁,(不少人)被燕军所俘虏,只有田单和他的同族人因为车轴头用铁笼裹着的缘故才得以逃脱,向东据守在即墨。燕国已经全部攻破了其他齐城,只有莒、即墨没有被攻下,燕军听说齐王在莒,于是集中兵力一起攻打莒城。淖齿已经在莒城杀死了齐湣王,因此坚守莒城,抗拒燕军,好几年都没有被燕军攻破。燕军率兵东进围攻即墨,即墨大夫出城迎战,结果战败而死。城中的人都推荐田单说:"安平之战,田单和他的同族人因为车轴上裹了铁笼而得以保全,又熟习兵法。"于是立他为将军,用即墨城的力量来抗拒燕军。

顷之,燕昭王卒,[1]惠王立,[2]与乐毅有隙。田单闻之,乃纵反间于燕,宣言曰:"齐王已死,城之不拔者二耳。乐毅畏诛而不敢归,以伐齐为名,实欲连兵南面而王齐。[3]齐人未附,故且缓攻即墨以待其事。齐人所惧,唯恐他将之来,即墨残矣。"燕王以为然,使骑劫代乐毅。[4]

【注释】[1]"燕昭王",战国时燕国国君,名平。燕王哙庶子。原来流亡在韩,子之三年(公元前三一五年)齐攻破燕国,哙和子之被杀,他被赵国护送回国,公元前三一一年即位。在位三十三年(公元前三一一年至公元前二七九年)。谥昭。[2]"惠王",昭王之子,史失其名。在位七年(公元前二七八年至公元前二七二年)。后被相安成君所杀,谥惠。[3]"南面",古代以向南为尊位,帝王之位向南,故以"南面"来比喻帝王之位。[4]"骑劫",燕国将领。燕昭王三十三年被齐军战败所杀。

【译文】过了不久,燕昭王死了,燕惠王即位,他和乐毅合不来。田单听说这件事后,于是就对燕国使反间计策,宣言说:"齐王已经死了,齐城没有被攻破的只有两座。乐毅怕被杀死因而不敢回国,他是以伐齐为名,实际上是打算连合兵力在齐称王。齐国的人心尚未归顺,所以将慢慢地攻打即墨来等待归附乐毅。齐国的人所害怕的只是担心别的将领前来,(如果别的将军来了,)即墨城就会被攻破。"燕王听了信以为真,于是派骑劫去接替了乐毅的职位。

乐毅因归赵,燕人士卒忿。而田单乃令城中人食必祭其先祖于庭,飞鸟悉翔舞城中下食。燕人怪之。田单因宣言曰:"神来下教我。"乃令城中人曰:"当有神人为我师。"有一卒曰:"臣可以为师乎?"因反走。田单乃起,引还,东乡坐,[1]师事之。卒曰:"臣欺君,诚无能也。"田单曰:"子勿言也!"因师之。每出约束,[2]必称神师。乃宣言曰:"吾唯惧燕军之劓所得齐卒,[3]置之前行,与我战,即墨败矣。"燕人闻之,如其言。城中人见齐诸降者尽劓,皆怒,坚守,唯恐见得。单又纵反间曰:"吾惧燕人掘吾城外冢墓,僇先人,[4]可为寒心。"燕军尽掘垄墓,烧死人。即墨人从城上望见,皆涕泣,俱欲出战,怒自十倍。

【注释】[1]"东乡坐","乡"同"向"。古代以东向坐表示尊敬。[2]"约束",号令。[3]"劓",即劓刑,割掉鼻子。古代的一种刑罚。[4]"僇",音 lù。侮辱。

【译文】乐毅因此而归服了赵国,燕国的官兵(对这件事非常)忿恨。而田单却令城中居民每逢吃饭必须在庭院中先祭享他们的祖先,飞鸟都聚集在城的上空盘旋飞舞着伺机下去啄食。燕人(看到鸟老盘旋在城的上空)感到很奇怪。田单因而宣言说:"神仙卜来教导我们了。"于是告诉城中人说:"将会有一神人做我们的军师。"有一个士兵说:"我可以做军师吗?"说完就走了。田单于是站了起来,领他回来,请他坐在面向东的尊位上,像对待老师那样地对待他。士卒说:"我欺骗了您,我确实没有什么能力。"田单说:"你不要说了。"从此像对待老师一样对待他。每次发号施令,一定说是神师的旨意。于是扬言说:"我唯独害怕的是燕军把所俘虏的割掉鼻子的士卒摆在最前列和我们作战,这样即墨就会被攻破。"燕人听了这件事后,果然像田单所说的那样做了。城中人看到齐国被俘虏的人都被割掉了鼻子,都很愤怒。他们坚守城池,唯恐被燕军所俘虏。田单又使反间计说:"我担心燕国人挖掘我们城外的坟墓,侮辱我们的祖先,这可是最寒心之事。"燕军果然挖掘了全部坟墓,焚烧了死人。即墨人从城上看到之后,都痛哭流涕,都怒气十倍地要争着出城作战。

田单知士卒之可用,乃身操版插,[1]与士卒分功,妻妾编于行伍之间,[2]尽散饮食飨士。令甲卒皆伏,使老弱女子乘城,遣使约降于燕,燕军皆呼万岁。田单又收民金,得千溢,[3]令即墨富豪遗燕将,曰:"即墨即降,愿无掳掠吾族家妻妾,令安堵。"[4]燕将大喜,许之。燕军由此益懈。

【注释】[1]"版",同板,指筑墙用的夹板。"插",同"锸",一种挖土工具。"版插",泛指修筑工事的工具。 [2]"行伍",古代军队编制以五人为伍,二十五人为行,故以行伍作为军队的代称。[3]"溢",通"镒",古代的一种货币名称。据《汉书·食货志下》记载,秦有天下以后,币为二等,黄金以溢为名,上币。或说"溢"是古代的一种重量单位,旧注有两说:一说二十两为一溢;一说二十四两为一溢。[4]"安堵",或作"按堵"、"案堵"。安居,相安。

【译文】田单知道(现在的)士卒足可以用来打仗,于是亲自拿着版插,和士卒们一起修筑工事,又把妻妾们编入行伍中间,拿出所有的食物犒劳士兵。使穿戴盔甲的士兵们都隐藏起来,使老弱妇孺们登上城头上守望,同时派遣使者去约降燕军,燕军都高呼万岁。田单又从老百姓那里收集得金千溢,让即墨城内的富豪们去馈赠燕国将领,说:"即墨即将投降,希望你们不要掳掠我的家族妻妾,让他们安居无恙。"燕军将领听了很高兴,答应了他们的要求。燕军的戒备从此就更加松懈了。

田单乃收城中得千余牛,为绛缯衣,画以五彩龙文,束兵刃于其角,而灌脂束苇于尾,烧其端。凿城数十穴,夜纵牛,壮士五千人随其后。牛尾热,怒而奔燕军,燕军夜大惊。牛尾炬火光明炫耀,燕军视之皆龙文,所触尽死伤。五千人因衔枚击之,[1]而城中鼓噪从之,老弱皆击铜器为声,声动天地。燕军大骇,败走。齐人遂夷杀其将骑劫。燕军扰乱奔走,齐人追亡逐北,所过城邑皆畔燕而归田单,[2]兵日益多,乘胜,燕日败亡,卒至于河上,而齐七十余城皆复为齐。乃迎襄王于莒,[3]入临菑而听政。

襄王封田单,号曰安平君。

【注释】[1]"衔枚",古代行军时防止喧嚣的一种办法。枚的形状像筷子,横含在口中,既不妨碍呼吸,还可以防止互相喧哗。 [2]"畔",同叛。[3]"襄王",名法章,湣王之子,在位十九年(公元前二八三年至公元前二六五年)。淖齿杀齐湣王后,莒人求得法章,立以为王(襄王)。田单收复齐地以后,迎襄王于莒,入临菑。公元前二六五年襄王卒。

【译文】田单于是在城中收集了一千多头牛,给它们披上了红色的绢帛,画满了五彩龙文,在牛角上绑上锋利的战刀,在牛尾巴上绑上了一束束灌满油脂的芦苇,把芦苇的一头用火点着。在城墙上凿开十几个洞穴,夜间把牛放出去,五千名壮士跟在牛的后面。牛尾巴被火烧得热痛,疯狂地直奔燕军,燕军在夜间(看不清是什么东西),感到非常吃惊。牛尾上的芦苇烧的像火炬一样光明炫耀,燕军看到这些东西都穿着龙纹的衣服,凡被碰到的都死的死伤的伤。五千名壮士乘机衔枚向前冲击,而城中的士卒击鼓呐喊跟随在后面,(在城头上的)老弱妇孺们都敲打着铜器呼喊助威,呼声震天动地。燕军惊皇万状,仓皇逃跑。齐国人于是斩杀了他们的将领骑劫。燕军丢盔弃甲,狼狈逃散,齐国人乘胜追击败走的逃兵,所经过的城邑都背叛了燕军归服了田单,田单的兵力一天天增多,乘胜(继续追击燕军),燕军一天天溃败逃散,最后退到了黄河边上,齐国沦亡的七十多个城邑都又复归为齐。于是去莒城迎回襄王到临菑主持国政。

齐襄王分封田单,号曰安平君。

太史公曰:兵以正合,以奇胜。[1]善之者,出奇无穷。奇正还相生,如环之无端。夫始如处女,适人开户;[2]后如脱兔,适不及距:其田单之谓邪!

【注释】[1]"兵以正合,以奇胜",古时用兵打仗以对阵交锋为正,设计邀截袭击为奇。《孙子兵法·势篇》说:"战势不过奇正,奇正之变,不可胜穷。"一九七二年山东临沂银雀山汉墓出土的竹简中有《奇正》一篇,专讲战略战术的变化,论述甚详。竹简整理小组将《奇正》篇编入《孙膑兵法》的下篇中,详见文物出版社出版的《孙膑兵法》。 [2]"适",通"敌"。

【译文】太史公说:战争以正兵交锋,以奇兵致胜,善于用兵的人往往出奇无穷。奇正互相变化,相辅相成,就像圆环一样不知哪里是开头的地方。用兵之初,就像处女一样怯弱,敌人打开门户进来以后,又像兔子走脱那样迅速敏捷,敌人猝不及防,这不正是田单所说的那样吗?

初,淖齿之杀湣王也,莒人求湣王子法章,[1]得之太史嬓之家,[2]为人灌园。嬓女怜而善遇之。后法章私以情告女,女遂与通。及莒人共立法章为齐王,以莒距燕,而太史氏女遂为后,所谓"君王后"也。

【注释】[1]"法章",即齐襄王。见上"襄王"注。 [2]"太史嬓",或作"太史敫",《史记》两见其名,事迹不详。

【译文】当初淖齿杀死齐湣王时,莒城人寻找湣王的儿子法章,在太史嬓家找到了他,当时他给人家浇灌田园。太史嬓的女儿可怜他并待他很好。后来法章暗地里把他的情况告诉了太史嬓的女儿,太史嬓的女儿于是和他发生了不正当的关系。等到莒人共同拥立法章为齐王时,把莒城作为抗拒燕军的根据地,而把太史嬓的女儿立为王后,这就是所谓的"君王后"。

燕之初入齐,闻画邑人王蠋贤,[1]令军中曰"环画邑三十里无入",以王蠋之故。已而使人谓蠋曰:"齐人多高子之义,吾以子为将,封子万家。"蠋固谢。燕人曰:"子不听,吾引三军而屠画邑。"[2]王蠋曰:"忠臣不事二君,贞女不更二夫。齐王不听吾谏,故退而耕于野。国既破亡,吾不能存;今又劫之以兵为君将,是助桀为暴也。[3]与其生而无

义,固不如烹!"[4]遂经其颈于树枝,自奋绝脰而死。齐亡大夫闻之,曰:"王蠋,布衣也,义不北面于燕,[5]况在位食禄者乎!"乃相聚如莒,求诸子,立为襄王。

【注释】[1]"画邑",战国时齐邑,春秋时名棘邑。故址在今山东临淄南。因近画水而得名。"画",一作"漷"。"王蠋",齐国画邑人。曾谏齐王而未被采用,后返乡种田为生。燕破齐后,燕王闻其贤,欲任他为将,封他万家为食邑,都被他谢绝。后因国亡而自缢。 [2]"屠",攻破敌城后,屠杀全城的军民。 [3]"助桀为暴",当时的一句成语,比喻帮助坏人作恶。"桀",传说为夏朝末期的暴君。 [4]"烹",古代用鼎镬煮人的一种酷刑。 [5]"北面",臣服的意思。古代君见臣时南面而坐,故以"北面"指向人称臣。

【译文】燕军一开始进入齐国的时候,听说画邑人王蠋有贤名,于是就命令"环绕画邑周围三十里地区不准人们擅自进入",这是因为王蠋的缘故。不久就派人对王蠋说:"齐国人多数都很尊敬你的品行,我任你为将军,封你万家作为食邑。"王蠋坚决地谢绝。燕人说:"你若不听从,我将率领三军毁灭画邑。"王蠋说:"忠臣不事奉两个君主,贞女不嫁两个丈夫。齐王没有采纳我的谏言,所以我才退出来在田野里种田。国家已经被攻破灭亡,我也不能使祖国复存;现在又用兵来威胁我做你们的将军,这是让我助桀为暴,与其活着干这种不义的事情,倒不如受烹刑而死。"于是用绳子捆住自己脖子吊在树上,自己用力把脖子勒断而死去。齐国逃亡在外面的大夫们听到这件事后,说:"王蠋是个普通的百姓,尚能坚守正义不臣服于燕国,而有官位有俸禄的人就不能这样吗?"于是互相约聚回到莒城,寻找湣王的儿子,立法章为襄王。

史记卷八十三

鲁仲连邹阳列传第二十三

鲁仲连者,齐人也。[1]好奇伟俶傥之画策,[2]而不肯仕宦任职,好持高节。游于赵。[3]

【注释】[1]"齐",古国名,公元前十一世纪周分封的诸侯国。姜姓。在今山东北部。开国君主是吕尚,建都营丘(后称临淄。在今山东淄博市东北)。战国时为七雄之一。公元前二二一年为秦所灭。[2]"俶傥",卓异不凡,洒脱不拘,超群出众。[3]"赵",古国名,战国七雄之一。开国君主为晋大夫赵衰的后代赵烈侯(名籍)。和韩、魏瓜分晋国,公元前四〇三年被周威烈王承认为诸侯。建都晋阳(在今山西太原市东南)。公元前三八六年迁都邯郸(今河北邯郸市)。公元前二二二年被秦所灭。

【译文】鲁仲连,齐国人。善于作超群出众的谋划,而不肯居官任职,喜欢保持高尚的节操。游行到赵国。

赵孝成王时,[1]而秦王使白起破赵长平之军前后四十余万,[2]秦兵遂东围邯郸。[3]赵王恐,诸侯之救兵莫敢击秦军。魏安釐王使将军晋鄙救赵,[4]畏秦,止于荡阴不进。[5]魏王使客将军新垣衍间入邯郸,[6]因平原君谓赵王曰:[7]"秦所为急围赵者,前与齐湣王争彊为帝,[8]已而复归帝;[9]今齐已益弱,方今唯秦雄天下,此非必贪邯郸,其意欲复求为帝。赵诚发使尊秦昭王为帝,秦必喜,罢兵去。"平原君犹预未有所决。[10]

【注释】[1]"赵孝成王",战国时赵惠文王子,名丹。公元前二六五年至前二四五年在位,谥孝成。[2]"秦王",指秦昭王,名稷。公元前三〇七年至前二五一年在位。"白起",一名公孙起。郿(今陕西眉县)人。战国时秦国将领,善用兵。秦昭王时,从左庶长官至大良造。昭王二十九年(公元前二七八年)攻克楚都郢(今湖北江陵西北),因功封武安君。长平之战,大胜赵军。后为相国范睢所妒忌,称病不起,免为士卒。后被逼自杀。事详本书《白起列传》。"长平",古城名,故址在今山西高平西北。长平之战详见本书《廉颇蔺相如列传》。[3]"邯郸",赵国国都。故址在今河北邯郸市西南。[4]"魏安釐王",魏国国君,名圉,公元前二七六年至前二四三年在位。长平之战,他应赵国平原君夫人(安釐王之姊)的请求,曾派晋鄙率领十万大军前往救赵。魏军畏秦,屯兵荡阴不进。"晋鄙",战国时魏国将领,后被无忌客朱亥椎杀。[5]"荡阴",战国时魏邑。故城在今河南汤阴县境。[6]"客将军",在别国任将军的人称客将军。"新垣衍",《史记索隐》谓梁(即魏)将,复姓新垣,名衍。"间入",即从小道偷偷进入。[7]"平原君",即赵胜,赵武灵王之子,惠文王之弟,封于东武城(今山东武城西北),号平原君。当时为赵相,有食客数千人,为战国时以养士著名的四公子之一。秦围邯郸时,他曾组织力量坚守三年之久。[8]"齐湣王",一作"齐闵王"、"齐愍王"。战国时齐国国君。田氏,名地(一作"遂")。齐宣王之子。约公元前三〇〇年至前二八四年在位。曾联合韩、魏,先后战胜楚、秦、燕三国。一度与秦昭王并称东、西帝。后因五国联合攻齐,被燕将乐毅攻破,他出走到莒(今山东莒县),不久被杀。"彊",同强。[9]"复归帝",又取消帝号。公元前二八八年,齐、秦争强,齐称东帝,秦称西帝。后来说士苏代劝齐湣王取消帝号,秦昭王因而把帝号取消。[10]"犹预",即犹豫。

【译文】赵孝成王时，秦王派白起领军，在长平先后共击败赵军四十余万，秦军于是东进包围了邯郸。赵王感到害怕，各诸侯国的援兵都不敢去进攻秦军。魏安釐王派将军晋鄙前往救赵，因畏惧秦军，停留在荡阴不敢前进。魏王派客将军新垣衍从小道偷偷进入邯郸，通过平原君对赵王说："秦国所以急围赵都的原因，是因为从前齐湣王与秦王争强称帝，不久又取消帝号；现在齐国已日益减弱，目前只有秦国称雄天下，这一次不一定是贪图邯郸，他的意图是再度求得帝号。若赵国真能派使者拥护秦昭王称帝，秦国一定会高兴，而且撤兵回去。"平原君犹豫，没有能作出决定。

此时鲁仲连适游赵，会秦围赵，闻魏将欲令赵尊秦为帝，乃见平原君曰："事将奈何？"平原君曰："胜也何敢言事！前亡四十万之众于外，[1]今又内围邯郸而不能去。魏王使客将军新垣衍令赵帝秦，今其人在是。胜也何敢言事！"鲁仲连曰："吾始以君为天下之贤公子也，吾乃今然后知君非天下之贤公子也。梁客新垣衍安在？[2]吾请为君责而归之。"平原君曰："胜请为绍介[3]而见之于先生。"平原君遂见新垣衍曰："东国有鲁仲连先生者，[4]今其人在此，胜请为绍介，交之于将军。"新垣衍曰："吾闻鲁仲连先生，齐国之高士也。衍，人臣也，使事有职，吾不愿见鲁仲连先生。"平原君曰："胜即已泄之矣。"新垣衍许诺。

【注释】〔1〕"前亡四十万之众于外"，指上文长平之战，秦破赵军四十余万事。　〔2〕"梁客"，即魏客。魏都大梁（今河南开封市），故魏亦称梁。〔3〕"绍介"，犹今之介绍。　〔4〕"东国"，指古代齐、鲁、徐夷等国。因皆位于我国东方，故称东国。

【译文】这时鲁仲连正好游历赵国，遇上秦军围攻赵都，他听说魏国将打算让赵国拥护秦国称帝，于是去见平原君说："事情将怎么办？"平原君说："我赵胜怎敢谈论国事！从前在外损失四十万大军，现在秦军又包围邯郸而不能使他们离去。魏王派客将军新垣衍使赵国尊秦称帝，现在此人就在这里。我赵胜怎么敢谈论大事呢？"鲁仲连说："起

初我以为您是天下的贤公子，现在我才知道您并不是天下的贤公子。梁客新垣衍在哪里？我请为您去责问他，并使他回去。"平原君说："请允许我赵胜为您介绍而使他和先生相见。"平原君于是去见新垣衍说："东国有位鲁仲连先生，现在此人在这里，我赵胜请为您介绍，让他和将军相见。"新垣衍说："我听说鲁仲连先生是齐国的高士，我新垣衍为人臣，奉命出使，事有其职，我不愿见鲁仲连先生。"平原君说："我已经（把你在这里的消息）泄漏给他了。"新垣衍只好答应和他相见。

鲁连见新垣衍而无言。新垣衍曰："吾视居此围城之中者，皆有求于平原君者也；今吾观先生之玉貌，[1]非有求于平原君者也，曷为久居此围城之中而不去？"鲁仲连曰："世以鲍焦为无从颂而死者，[2]皆非也。众人不知，[3]则为一身。彼秦者，弃礼义而上首功之国也，[4]权使其士，虏使其民。彼即肆然而为帝，过而为政于天下，[5]则连有蹈东海而死耳，[6]吾不忍为之民也。所为见将军者，欲以助赵也。"

【注释】〔1〕"玉貌"，对对方容貌的一种尊称。〔2〕"鲍焦"，古代廉士。耕田而食，穿井而饮，非妻所织不服。子贡讥之，抱木而死。事见《韩诗外传》一、《庄子·盗跖篇》、《风俗通义·愆礼》等。　〔3〕"知"，通智。　〔4〕"上"，通尚。"首功"，指以战争中所得敌人首级多少而论功。　〔5〕"过"，甚至。〔6〕"东海"，古时东海名称，所指因时而异。先秦古籍中的东海所指相当于今之黄海，战国时已兼有指今东海北部。秦、汉以后，始以今黄海、东海同为东海。

【译文】鲁仲连见到新垣衍后没有讲话。新垣衍说："我看到凡停留在这被包围的城中的人，都是有求于平原君的人；现在我看先生的玉貌，不像是有求于平原君的人，为什么一直停留在这围城之中而不离去呢？"鲁仲连说："世人认为鲍焦是不愿屈从浊世而死的，那都是错误的，好多人都不明白鲍焦之意，只知道为自己的利益。像秦国，是个抛弃礼义而崇尚战功的国家，用权诈的手段来役使他的士人，用对待俘虏的手段来役使他的百姓。他如肆无忌惮地称帝，甚至来统治整个天下，那么我鲁仲连就投东海而死，我不忍心做他的百姓。我所以

来见将军的原因，是打算来帮助赵国。"

新垣衍曰："先生助之将奈何？"鲁连曰："吾将使梁及燕助之，〔1〕齐、楚则固助之矣。"〔2〕新垣衍曰："燕则吾请以从矣；若乃梁者，则吾乃梁人也，先生恶能使梁助之？"鲁连曰："梁未睹秦称帝之害故耳。使梁睹秦称帝之害，则必助赵矣。"

【注释】〔1〕"梁"，即魏。"燕"，古国名。出土铭文作"匽"或"郾"。公元前十一世纪周分封的诸侯国。姬姓。开国君主为召公奭，建都蓟（今北京城西南隅）。战国时为七雄之一。公元前二二六年被秦攻破，燕王喜迁到辽东。公元前二二二年为秦所灭。 〔2〕"楚"，古国名。芈姓。始祖鬻熊。西周时立国于荆山一带。建都丹阳（今湖北秭归东南），后东迁于郢（今湖北江陵西北纪王城）。战国时为七雄之一。在秦统一战争中屡次被秦打败，公元前二二三年为秦所灭。

【译文】新垣衍说："先生将怎样帮助它呢？"鲁仲连说："我将让梁国和燕国来帮助它，齐国和楚国本来就是帮助它的。"新垣衍说："燕国来帮助它我是同意的，至于像梁国，我是梁国人，先生怎么能使梁国来帮助它呢？"鲁仲连说："梁国只是没有看到秦国称帝后的祸害的缘故罢了。假使梁国看到秦国称帝以后的祸害，那就一定会来帮助赵国的。"

新垣衍曰："秦称帝之害何如？"鲁连曰："昔者齐威王尝为仁义矣，〔1〕率天下诸侯而朝周。〔2〕周贫且微，诸侯莫朝，而齐独朝之。居岁余，周烈王崩，〔3〕齐后往，周怒，赴于齐曰：〔4〕'天崩地坼，天子下席。〔5〕东藩之臣因齐后至，〔6〕则斮。'〔7〕齐威王勃然怒曰：'叱嗟，而母婢也！'卒为天下笑。故生则朝周，死则叱之，诚不忍其求也。彼天子固然，其无足怪。"

【注释】〔1〕"齐威王"，战国时齐国国君。田氏，名婴齐（一作"因齐"）。公元前三五六年至前三二〇年在位。他任用邹忌为相，任田忌、孙膑为将和军师，改革政治，国力渐强。 〔2〕"周"，朝代名。公元前十一世纪周武王灭商后建立。建都于镐（在

今陕西西安西南沣水东岸）。公元前七七一年，申侯联合犬戎攻杀周幽王，次年周平王迁都洛阳（今河南洛阳），历史上称平王东迁前为西周，以后为东周。公元前二五六年为秦所灭，共历三十四王，八百多年。 〔3〕"周烈王"，名喜。公元前三七五年至前三六九年在位。"崩"，古代称帝王之死曰崩。 〔4〕"赴"，通讣。告也。 〔5〕"下席"，离开座位。这里指即位的天子周显王离开宫室去守丧。 〔6〕"因齐"，《史记会注考证》引中井积德云："因齐，威王之名。" 〔7〕"斮"，音 zhuó。斩杀。

【译文】新垣衍说："秦国称帝后的祸害会是怎样的呢？"鲁仲连说："从前齐威王曾讲仁义，率领天下的诸侯去朝拜周天子。当时周王朝国势贫弱，诸侯国没有来朝拜的，而只有齐国来朝拜它。过了一年多，周烈王死了，齐国去吊丧晚了，周天子很生气，讣告齐国说：'天子去逝如天崩地裂，即位的天子也离开宫室前往守丧，东方的藩臣因齐最后来到，当处斩刑。'齐威王听了勃然大怒，骂道：'你的母亲是个贱婢！'结果被天下人讥笑。天子活着的时候就去朝拜他，死后就去骂他，确实是忍受不了他的苛求。他们做天子的本来就是这样，这没有什么可奇怪的。"

新垣衍曰："先生独不见夫仆乎？十人而从一人者，宁力不胜而智不若邪？畏之也。"鲁仲连曰："呜呼！梁之比于秦若仆邪？"新垣衍曰："然。"鲁仲连曰："吾将使秦王烹醢梁王。"〔1〕新垣衍怏然不悦，曰："噫嘻，亦太甚矣先生之言也！先生又恶能使秦王烹醢梁王？"〔2〕鲁仲连曰："固也，吾将言之。昔者九侯、鄂侯、文王，〔3〕纣之三公也。九侯有子而好，献之于纣，纣以为恶，醢九侯。鄂侯争之强，辩之疾，故脯鄂侯。〔4〕文王闻之，喟然而叹，故拘之牖里之库百日，〔5〕欲令之死。曷为与人俱称王，卒就脯醢之地？齐湣王之鲁，〔6〕夷维子为执策而从，〔7〕谓鲁人曰：'子将何以待吾君？'鲁人曰：'吾将以十太牢待子之君。'〔8〕夷维子曰：'子安取礼而来待吾君？彼吾君者，天子也。天子巡狩，〔9〕诸侯辟舍，〔10〕纳筦籥，〔11〕摄衽抱机，视膳于堂下，天子已食，乃退而听朝也。'鲁人投其籥，不果纳。不得入于鲁，

将之薛，〔12〕假途于邹。〔13〕当是时，邹君死，湣王欲入吊，夷维子谓邹之孤曰：〔14〕'天子吊，主人必将倍殡棺，〔15〕设北面于南方，〔16〕然后天子南面吊也。'邹之群臣曰：'必若此，吾将伏剑而死。'固不敢入于邹。邹、鲁之臣，生则不得事养，死则不得赙襚，〔17〕然且欲行天子之礼于邹、鲁，邹、鲁之臣不果纳。今秦万乘之国也，梁亦万乘之国也。俱据万乘之国，各有称王之名，睹其一战而胜，欲从而帝之，是使三晋之大臣不如邹、鲁之仆妾也。〔18〕且秦无已而帝，则且变易诸侯之大臣。彼将夺其所不肖而与其所贤，〔19〕夺其所憎而与其所爱。彼又将使其子女谗妾为诸侯妃姬，处梁之宫。梁王安得晏然而已乎？而将军又何以得故宠乎？"

【注释】〔1〕"烹"，音 pēng。古代用鼎镬煮人的一种酷刑。〔2〕"醢"，音 hǎi。古代将人剁成肉酱的一种暴刑。〔3〕"九侯"，或作鬼侯，殷代诸侯。鬼，殷周时西北部族名，其地何在，旧说不一。近人王国维考证谓在岐周以西，汧陇之间（今陕西西北部）。"鄂侯"，殷代诸侯国，在今河南沁阳西北。"文王"，即周文王。姓姬名昌。殷时诸侯，居于岐山之下，为西方诸侯之长，称西伯。殷商时，纣以九侯、鄂侯、文王为三公。〔4〕"脯"，古代一种酷刑。即杀戮后将尸体砍碎，剁成肉泥。〔5〕"牖里"，或作"羑里"，古城名。故址在今河南汤阴北。〔6〕"鲁"，古国名。公元前十一世纪周分封的诸侯国。姬姓。开国君主为周公旦之子伯禽，故址在今山东西南部，建都曲阜。〔7〕"夷维子"，人名。《史记》仅此一见。《索隐》云："维，东莱之邑，其居夷也，号夷维子。故晏子为莱之夷维人是也。"《正义》云："密州高密县，古夷安城。应劭云'故莱夷维邑也'。盖因邑为姓。子者，男子之美号。又云子，爵也。""策"，马鞭。〔8〕"太牢"，盛牲的食器叫牢，大的叫太牢。太牢盛三牲（牛、羊、豕）。《吕氏春秋·仲春纪》注云："三牲具曰太牢。"后专指牛为太牢，羊为少牢。〔9〕"巡狩"，或作巡守。指帝王离开国都巡行境内。〔10〕"辟"，同避。回避。"避舍"，即指迁出正宫移居别处。〔11〕"筦籥"，音 guǎn yuè，即钥匙。〔12〕"薛"，古国名。任姓。故址在今山东滕县南。〔13〕"邹"，古国名。本作邾，亦称邾娄。传为颛顼后裔挟所建立，曹姓。有今山东费、邹、滕、济宁、金乡等县地。建都于邾（今

山东曲阜东南南趣村）。〔14〕"孤"，古代父死，子称为孤。〔15〕"倍"，通"背"。〔16〕"设北面于南方，然后天子南面吊也"，古代以坐北向南为正位。诸侯死，灵柩安放在北面，如果天子来吊，那就要把诸侯灵柩安放在南面，让天子居于正位，面南而吊。〔17〕"赙襚"，送给丧家的货财衣服。《正义》云："衣服曰襚，货财曰赙。皆助生送死之礼。"〔18〕"三晋"，指韩、赵、魏三国。春秋末，晋国为韩、赵、魏三家卿大夫所分，各立为国，史称三晋。〔19〕"不肖"，这里指不才、不好的。

【译文】新垣衍说："先生难道没有见过做仆的人吗？十个仆人服从一个主人，难道是力量胜不过他和智力不如他吗？是畏惧他罢了。"鲁仲连说："唉！梁国和秦国相比就像主仆一样吗？"新垣衍说："是这样。"鲁仲连说："我将使秦王烹醢梁王。"新垣衍听了很不高兴地说："噫！先生的话也太过分了，先生又怎能使秦王烹醢梁王呢？"鲁仲连说："当然可以，我给你说。从前九侯、鄂侯、文王，是纣的三公。九侯有个女儿而且很漂亮，献给了纣，纣认为她不好，就醢杀了九侯。鄂侯极力为此事争辩，所以也脯杀了鄂侯。文王听到这件事后喟然而叹，因此就把他关在牖里的监狱里，关了一百天，想把他置于死地。为什么和别人同样称王而到了被脯杀的地步呢？齐湣王去鲁国，夷维子跟着他并为他驾车，夷维子对鲁国人说：'你们用什么礼节来接待我的君主？'鲁国人说：'我们将用十太牢之礼来接待你的君主。'夷维子说：'你们怎么用这种礼节来接待我的君主？我的君主是天子。天子巡狩，诸侯应移居别处，交出钥匙，亲自撩衣摆几，在堂下侍候天子用膳，天子吃完饭，就退下去听理朝政。'鲁国人（听了之后就）落锁闭关，不接纳他们。齐湣王一行未能进入鲁国，将去薛国，向邹国借路通过。在这个时候，邹国国君刚死，齐湣王准备前去吊祭，夷维子对邹国国君的儿子说：'天子来吊祭，主人一定要把殡棺换个方向，放在坐南向北的方向，然后天子才好面向南而吊祭。'邹国的群臣听了以后说：'一定要像这样的话，我们将伏剑而死。'因此齐湣王又没敢进入邹国。邹国、鲁国的臣子们，在他们国君活着的时候没能奉养，死后没有送给货财衣服，然而齐湣王打算在邹国、鲁国行天子之礼，邹国、鲁国的臣子们是不会答应的。现在秦国是拥有万乘的大国，梁国也是拥有万乘的大国。都是拥有万乘的大国，又都各有称王的名号，看到他打了一次胜仗，就想屈从他并尊他为帝，这样就使三晋的大臣都比不了邹、鲁的仆妾了。况且秦国如果无厌

地称起帝来,他就将会变换诸侯的大臣。他将会撤掉他们认为是不好的人而换上他们认为是好的人,撤掉他们所憎恨的人而换上他们所喜爱的人。他还将会派他的子女和善于花言巧语的婢妾来作为诸侯的妃嫔姬妾,住在梁国的宫殿里。梁王怎么能安然无恙呢?而将军你又怎么能得到像过去那样的宠信呢?"

于是新垣衍起,再拜谢曰:"始以先生为庸人,吾乃今日知先生为天下之士也。吾请出,不敢复言帝秦。"秦将闻之,为却军五十里。适会魏公子无忌夺晋鄙军以救赵,[1]击秦军,秦军遂引而去。

【注释】〔1〕"魏公子无忌",即信陵君。战国时魏安釐王异母弟,封信陵君。"夺晋鄙军以救赵",指魏安釐王二十年,秦围赵,魏使晋鄙领兵救赵,晋鄙怕秦兵势强,按兵不动。魏公子无忌使如姬从宫里窃得调兵的虎符,杀死晋鄙,夺取兵权,结果打败了秦军,救了赵国。事见本书《魏公子列传》。

【译文】于是新垣衍站了起来,再拜谢道:"起初我以为先生是个很平庸的人,我今天知道先生是天下的贤士。我请求离去,不敢再谈尊秦为帝了。"秦将听到这件事后,为此退兵五十里。这时正好遇上魏公子无忌夺取了晋鄙的军队来救赵国,攻打秦军,于是秦军就撤离回去了。

于是平原君欲封鲁连,鲁连辞让者三,终不肯受。平原君乃置酒,酒酣起前,[1]以千金为鲁连寿。鲁连笑曰:"所贵于天下之士者,为人排患释难解纷乱而无取也。即有取者,是商贾之事也,而连不忍为也。"遂辞平原君而去,终身不复见。

【注释】〔1〕"酣",音hān。饮酒而乐。

【译文】因此平原君打算分封鲁仲连,鲁仲连再三推辞,始终不肯接受。平原君于是置办了酒席,当酒饮到畅快的时候(平原君)起身,用千金重礼作为谢仪。鲁仲连笑着说:"高士们之所以可贵于天下,是因为他们为人排除患难,解除纷乱,而又不索取什么报酬。如果有所索取,这是做买卖人的

行为,而我鲁仲连不忍这样做。"于是告别了平原君就走了,终身没有能再见。

其后二十余年,燕将攻下聊城,[1]聊城人或谗之燕,燕将惧诛,因保守聊城,不敢归。齐田单攻聊城岁余,[2]士卒多死而聊城不下。鲁连乃为书,约之矢以射城中,遗燕将。书曰:

【注释】〔1〕"聊城",齐邑名,在今山东聊城县北。〔2〕"田单",齐国将领。临淄人(今属山东淄博市)。初为市吏。燕将乐毅破齐时,他坚守即墨(今山东平度东南)。齐襄王五年(公元前二七九年)施反间计,使燕惠王改用骑劫为将,他用火牛阵击败燕军,一举收复七十多城,被齐襄王任为相国,封为安平君。齐王建三年(公元前二六四年)入赵,被任为相国,封为平都君。事详本书《田单列传》。

【译文】其后二十余年,燕国的将领攻下了聊城,有些聊城人去燕国说燕将的坏话,燕将害怕被杀,因此保守聊城,不敢回去。齐国的田单攻打了一年多聊城,士卒死亡很多而聊城还是没攻下来。鲁仲连于是写了封信,系在箭上射进城中给了燕将。信中说:

吾闻之,智者不倍时而弃利,[1]勇士不却死而灭名,忠臣不先身而后君。今公行一朝之忿,不顾燕王之无臣,非忠也;杀身亡聊城,而威不信于齐,[2]非勇也;功败名灭,后世无称焉,非智也。三者世主不臣,说士不载,[3]故智者不再计,勇士不怯死。今死生荣辱,贵贱尊卑,此时不再至,愿公详计而无与俗同。

【注释】〔1〕"倍",同背。〔2〕"信",通伸。〔3〕"说士",游说之士。

【译文】我听说,聪明的人不会违背时机而放弃利益,勇敢的士兵不会贪生怕死而埋没名声,忠诚的大臣不会先己而后君。现在你只顾一时的忿怒而不顾燕王失去臣子,这是不忠诚的表现。身死而失掉聊城,威名不能伸扬于齐国,这是不勇敢的表现。功败名亡,后世不能称许你,这是不明智的表现。有这三方面表现的人,世主不会以他为臣,

游说之士也不会称道他,所以聪明的人就不会犹豫不决,勇敢的人就不贪生怕死。现在是面临抉择死生荣辱、贵贱尊卑的时刻,时不再来,希望您深思熟虑而不要与世俗同见。

且楚攻齐之南阳,〔1〕魏攻平陆,〔2〕而齐无南面之心,以为亡南阳之害小,不如得济北之利大,〔3〕故定计审处之。今秦人下兵,魏不敢东面;衡秦之势成,〔4〕楚国之形危;齐弃南阳,断右壤,定济北,计犹且为之也。且夫齐之必决于聊城,公勿再计。今楚魏交退于齐,而燕救不至。以全齐之兵,无天下之规,与聊城共据期年之敝,〔5〕则臣见公之不能得也。且燕国大乱,君臣失计,上下迷惑,栗腹以十万之众五折于外,〔6〕以万乘之国被围于赵,壤削主困,为天下僇笑。国敝而祸多,民无所归心。今公又以敝聊之民距全齐之兵,是墨翟之守也。〔7〕食人炊骨,士无反外之心,是孙膑之兵也。〔8〕能见于天下。虽然,为公计者,不如全车甲以报于燕。车甲全而归燕,燕王必喜;身全而归于国,士民如见父母,交游攘臂而议于世,功业可明。上辅孤主以制群臣,下养百姓以资说士,矫国更俗,功名可立也。亡意亦捐燕弃世,〔9〕东游于齐乎?裂地定封,富比乎陶、卫,〔10〕世世称孤,与齐久存,又一计也。此两计者,显名厚实也,愿公详计而审处一焉。

【注释】〔1〕"南阳",古地区名。因在泰山之南故名。战国时属齐,故地在今山东泰山以南、汶河以北一带。〔2〕"平陆",古厥国。战国时齐邑。故地在今山东汶上县北。〔3〕"济北",济水之北,指聊城一带地方。〔4〕"衡",通横。〔5〕"期年",一周年。〔6〕"栗腹",战国时燕将。燕用栗腹计举兵击赵,赵用廉颇,大破燕军于鄗,栗腹被杀,燕都被围。事见本书《赵世家》《燕世家》及《廉颇蔺相如列传》。〔7〕"墨翟",春秋战国之际思想家,墨家学派的创始人。鲁国人(一说为宋国人)。曾为宋国大夫,死于楚国。他主张兼爱、非攻、尚贤、尚同等。"墨翟之守",事详《墨子·公输篇》。大意是:鲁国人公输般为楚国造成了攻城的云梯,楚王准备用它来攻打宋国。墨翟听到之后,便从齐国赶到楚国,在楚王面前用衣带比喻城,用筷子比作攻城器械,和公输般讨论攻守之法。公输般九次进攻,墨翟九次抵御,最后公输般攻城的方法用尽了,墨翟防御的方法还没有用完。〔8〕"孙膑",孙武的后代。战国时齐人(《吴越春秋·阖闾内传》作吴人)。曾与庞涓同学兵法。后庞涓为魏将,嫉妒孙膑之才。于是召膑至魏,施以刖刑。后齐使者载膑归齐,齐威王以为师。他为齐谋划击魏,庞涓智穷兵败。孙膑由此显名。事详本书《孙武列传》。《汉书·艺文志》著录有"《齐孙子》八十九篇,图四卷",颜师古注认为该书作者为"孙膑"。可见孙膑之兵法在汉代还广为流传。但其后不久则失传。《隋书·经籍志》已不见著录。一九七二年,山东临沂银雀山一号汉墓出土了大量竹简,多为兵书,其中就有《孙膑兵法》。经过整理,凡十五篇,无图,疑此简本非完本。一九七五年由文物出版社出版,使失传二千年的兵书复现于世。〔9〕"亡",通无。〔10〕"陶、卫",《索隐》谓陶指秦相魏冉,因他曾封于陶,故称陶。卫指秦相商鞅,因他是战国时卫人,所以亦称卫鞅。

【译文】楚国攻打齐国的南阳,魏国进攻平陆,而齐国没有向南进攻的打算,认为失掉南阳的害处小,不如得到济北的利益大,所以才考虑定下这一计划。现在秦兵东下,魏军不敢向东而来;连横秦国的局势成功,楚国的形势就会危弱;齐国放弃了南阳,丢掉右边的土地,来平定济北,这样的计谋还是可以实行的。况且齐国必定在聊城决一死战,您不要再考虑了。现在楚、魏的军队都相继从齐国撤退,而燕国的援兵又不来。用全部齐国的兵力,对天下无所贪求,专门来和聊城对峙一年之久,以臣之见您是不能得到成功的。况且燕国大乱,君臣失计,上下迷惑,栗腹以十万大军在外打了五次败仗,拥有万乘的大国被赵国所围,割地困主,被天下人所耻笑。国家弊病丛生,祸端日多,百姓对国家就无所归心。现在您又以疲敝的聊城百姓来抗拒整个齐国的军队,这就像墨翟守城一样。吃人肉,烧人骨,而士兵们没有反叛外逃之心,这就像孙膑的军队一样。您的才能已显扬于天下,虽然如此,但为您设想,不如保全车甲归报于燕国。保全车甲而归报燕国,燕王一定很高兴,您安全回国,士民们就像见到父母一样,您的朋友们就会攘臂而四处颂扬,您的功业就可以为世所知。上辅君主来驾御群臣,下养百姓并资助游士,矫正国事,更正弊俗,您的功名就可以确立了。若无此意,亦可以抛弃燕国和不顾世人的议论而向东到齐国,在那里划地分封,您的富足可以和陶、卫相比,世代相袭,和齐国共存，这也是条计策。这两种计策既可以显扬名声，也可以获得厚益，希望您仔细考虑而慎重选择一条。

且吾闻之，规小节者不能成荣名，[1]恶小耻者不能立大功。昔者管夷吾射桓公中其钩，[2]篡也；遗公子纠不能死，怯也；[3]束缚桎梏，[4]辱也。若此三行者，世主不臣而乡里不通。乡使管子幽囚而不出，身死而不反于齐，则亦名不免为辱人贱行矣。臧获且羞与之同名矣，[5]况世俗乎！故管子不耻身在缧绁之中而耻天下之不治，[6]不耻不死公子纠而耻威之不信于诸侯，故兼三行之过而为五霸首，[7]名高天下而光烛邻国。曹子为鲁将，[8]三战三北，而亡地五百里。乡使曹子计不反顾，议不还踵，刎颈而死，则亦名不免为败军禽将矣。[9]曹子弃三北之耻，而退与鲁君计。桓公朝天下，会诸侯，曹子以一剑之任，枝桓公之心于坛坫之上，[10]颜色不变，辞气不悖，三战之所亡一朝而复之，天下震动，诸侯惊骇，威加吴、越。[11]若此二士者，非不能成小廉而行小节也，以为杀身亡躯，绝世灭后，功名不立，非智也。故去感忿之怨，立终身之名；弃忿悁之节，定累世之功。是以业与三王争流，[12]而名与天壤相弊也。愿公择一而行之。

【注释】[1]"规"，拘守。[2]"管夷吾"，即管仲。春秋齐颍上(颍水之滨)人。由鲍叔牙推荐，被齐桓公任命为卿，尊称"仲父"。他在齐国进行改革，主张通货积财，富国兵强，九合诸侯，一匡天下。后使齐桓公成为春秋五霸之首。事详本书《管晏列传》。"管夷吾射桓公中其钩"，指公子纠与公子小白(即后来的齐桓公)争位，管仲曾箭射小白，射中小白的衣钩。事详本书《齐太公世家》。[3]"公子纠"，齐宗室。[4]"桎梏"，刑具。手铐脚镣。这里指管仲被囚。[5]"臧获"，即奴婢。《集解》引《方言》曰："荆、淮、海、岱、燕、齐之间骂奴曰臧，骂婢曰获。"[6]"缧绁"，音 léi xiè。捆绑罪人的绳索。这里指囚系禁。[7]"五霸"，旧说不一。较通行的说法指：齐桓、晋文、秦穆、宋襄、楚庄。[8]"曹子"，即曹沫。春秋时鲁人。齐桓公伐鲁，鲁庄公请和，会盟于柯，沫以匕首劫桓公，迫使尽归侵

地。[9]"禽"，通擒。[10]"枝"，《史记会注考证》引冈白驹白曰："枝与支通，持也。"《索隐》云："枝，犹拟。"[11]"吴"，古国名。姬姓。始祖是周太王之子太伯仲雍，建都吴(今江苏苏州)。公元前四七三年为越所灭。"越"，古国名。姒姓。相传始祖为夏代少康庶子无余，建都会稽(今浙江绍兴)。春秋末越王勾践卧薪尝胆，终灭吴称霸。约公元前三〇六年为楚所灭。[12]"三王"，指夏、商、周三代开国君主。"争流"，齐名。

【译文】况且我又听说，拘守小节的人不能成就光荣的大名。憎恶小辱的人不能建立大功。从前管夷吾用箭射中桓公的衣钩，这是叛逆的行为；他遗弃公子纠而不能为公子纠死，这是怕死的表现；他被囚禁，带上手铐脚镣，这是耻辱的事情。若有这三种行为的人，君主不会用他为臣，乡里的人们也不和他交往。假使管子被囚而不出，或宁死而不返回齐国，那么他就免不了被人称为可耻和卑贱的名声。这种人奴婢尚且羞与之同名，更何况世俗呢？所以管子不以身受囚禁为耻而以天下不治为耻，不以不为公子纠死为耻而以声威不能取信于诸侯为耻，因此他虽身有三种失行为而能辅佐桓公成为五霸之首，名扬天下而光照邻国。曹子是鲁国的将领，三战三败，失地五百里。假使曹子不肯再回头想想，不肯退缩，刎颈自杀的话，那么就免不了被认为是败军擒将的名声。曹子不顾三败的耻辱，而回来和鲁君商议计划。桓公朝见天下诸侯时，曹子凭一把利剑，抵住桓公的心部，在坛坫之上，颜色不变，辞气不乱，结果三战所失的土地而一朝收复，天下震动，诸侯惊骇，威加吴、越。像这两个人，并不是不能成小廉而行小节，他们认为死了之后就绝世灭后，就不能建立功名，这是不聪明的。所以他们抛弃怨忿，去建立终身的荣名。抛弃忿悁的失节，去建立累世不朽之功。因此他们的功业可与三王媲美流芳，(他们的)名声可与天地共存。希望您选择其中一项去做。

燕将见鲁连书，泣三日，犹豫不能自决。欲归燕，已有隙，恐诛；欲降齐，所杀虏于齐甚众，恐降而后见辱。喟然叹曰："与人刃我，宁自刃。"乃自杀。聊城乱，田单遂屠聊城。归而言鲁连，欲爵之。鲁连逃隐于海上，曰："吾与富贵而诎于人，宁贫贱而轻世肆志焉。"

邹阳者，齐人也。游于梁，与故吴人庄

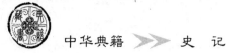

忌夫子、淮阴枚生之徒交。[1]上书而介于羊胜、公孙诡之间。[2]胜等嫉邹阳,恶之梁孝王。孝王怒,下之吏,将欲杀之。邹阳客游,以谗见禽,恐死而负累,[3]乃从狱中上书曰:

【注释】〔1〕"庄忌夫子",《索隐》云:"会稽人(今浙江绍兴),姓庄氏,字夫子。"《史记会注考证》云:"'忌'字后人旁注,误入本文。""淮阴枚生",《索隐》云:"名乘,字叔,其子皋,《汉书》并有传。盖以衔枚氏而得姓也。"〔2〕"羊胜、公孙诡",皆齐人。梁孝王招延四方豪杰,羊胜、公孙诡皆往。梁孝王怨袁盎,与胜、诡谋,使人刺杀盎。后事急,王令胜、诡皆自杀。事见本书《梁孝王世家》。〔3〕"负累",无罪而蒙受恶名。

【译文】燕将看了鲁仲连的信后,哭了三天,犹犹豫豫自己拿不定主意。想回燕国,但已有了隔阂,害怕被杀掉;想投降齐国,但因杀害和俘虏的齐国人太多,害怕投降后而遭到侮辱。他长叹说:"与其让人来杀我,还不如自杀。"于是就自杀了。(燕将死后)聊城大乱,田单于是乘机血洗聊城。回来后向鲁仲连说,打算封他爵位。鲁仲连(听后就)逃到海边隐居起来,说:"与其我富贵而屈服于人,还不如宁愿贫贱而自由自在地活着。"

邹阳,齐国人。来到梁国后,与原来的吴国人庄忌夫子、淮阴枚生这类人交往。(他)上书(梁孝王),(与梁孝王的关系)介乎羊胜、公孙诡之间。羊胜等嫉恨邹阳,并在梁孝王面前说邹阳的坏话。梁孝王一怒之下,把他下交给狱吏,并想把他杀死。邹阳客游到梁国,因为谗言而被擒,他担心无罪身死而蒙受恶名,于是从狱中上书梁孝王说:

臣闻忠无不报,信不见疑,臣常以为然,徒虚语耳。昔者荆轲慕燕丹之义,[1]白虹贯日,太子畏之;卫先生为秦画长平之事,[2]太白蚀昂,[3]而昭王疑之。[4]夫精变天地而信不喻两主,岂不哀哉!今臣尽忠竭诚,毕议愿知,左右不明,卒从吏讯,[5]为世所疑,是使荆轲、卫先生复起,而燕、秦不悟也。愿大王孰察之。[6]

【注释】〔1〕"荆轲",战国时卫人。称荆卿,又称庆卿。为燕太子丹客,受命至秦刺秦王。轲以匕

首刺秦王,不中,被杀。事详本书《刺客列传》。"燕丹",战国时燕王喜太子。曾为质于秦,后逃归。燕王喜二十八年,燕丹使荆轲入秦,谋刺秦王,不遂。秦发兵击燕,燕王喜斩丹以献。事详《战国策·燕策》,本书《刺客列传》。〔2〕"卫先生",《索隐》引服虔云:"秦人。白起攻赵军于长平,遣卫先生说昭王请益兵粮,为穰侯所害。"《史记》仅见此传。"长平",古城名。故址在今山西高平西北。〔3〕"太白",星名。即金星,一名启明星。传说太白星主杀伐,故古代诗文中多以比喻兵戎。"昂",星名。二十八宿之一。西方白虎七宿,有星四颗,昂为白虎之中星,也称髦头。参见本书《天官书》。〔4〕"昭王",即秦昭王。〔5〕"讯",拷问。〔6〕"孰",通熟。

【译文】我听说忠心服侍君主的人没有不被君主以腹心相报的,以诚事奉君主的人是不会被君主猜疑的,我经常认为是这样的,(现在看来)只是一句空话而已。从前荆轲钦慕燕丹的情义,(曾为燕丹刺杀秦王。由于他精诚感天)以致白虹贯日,燕太子丹却害怕他。卫先生为秦国谋划攻打长平的事情,(其精诚上达于天,)以致太白为之蚀昂,结果昭王对他起了疑心。(这两个人的)精诚,天地都为之感动而起了变化,两位君主却不明白他们的忠诚,难道这不是悲哀的吗?现在我尽忠竭诚,尽其计议,希望君主了解我,结果大王左右的人不明白,竟将我交给狱吏来审讯,被大家怀疑我,即使荆轲、卫先生死而复生,而燕丹、秦昭王也不会觉悟。希望大王能明白这个道理。

昔卞和献宝,[1]楚王刖之;[2]李斯竭忠,[3]胡亥极刑。[4]是以箕子详狂,[5]接舆辟世,[6]恐遭此患也。愿大王孰察卞和、李斯之意,而后楚王、胡亥之听,无使臣为箕子、接舆所笑。臣闻比干剖心,[7]子胥鸱夷,[8]臣始不信,乃今知之。愿大王孰察,少加怜焉。

【注释】〔1〕"卞和献宝",卞和,春秋时楚人。相传他发现一块玉璞,先后献给楚厉王、武王,都被认为是欺诈,他被截去双脚。等到楚文王即位,卞和又抱璞哭于荆山之下,楚王使人剖璞加工,果得宝玉,称为和氏璧。参见《韩非子·和氏》《新序·杂事五》。〔2〕"刖",音 yuè,亦作"跀"。古代砍掉脚的一种酷刑。〔3〕"李斯",战国末楚上蔡(今河南

上蔡西南)人。从荀卿学。曾为秦相吕不韦舍人。因说秦王并六国,拜为客卿。始皇称帝后,斯为丞相。定郡县制,下禁书令。始皇死后,与赵高定谋,矫诏杀长子扶苏,立少子胡亥为帝。后赵高欲专朝政,诬斯谋反,最后李斯被腰斩咸阳市中。事详本书《李斯列传》。 〔4〕"胡亥",秦始皇少子。也称秦二世。 〔5〕"箕子",商代贵族。纣王的诸父,官太师。封于箕(今山西太谷东北),故称箕子。曾劝谏纣王,纣王不听,把他囚禁。周武王灭商后把他释放。事详本书《殷本纪》。"详",通佯。假装。 〔6〕"接舆",传说为春秋时楚国隐士,佯狂避世。因其迎孔子的车而歌,故称接舆。至晋皇甫谧撰《高士传》始称其姓陆名通,字接舆。"辟",通避。 〔7〕"比干",商代贵族。纣王叔父。官少师。相传因屡次劝谏纣王,被剖心而死。 〔8〕"子胥",即伍子胥。名员,字子胥。春秋时吴国大夫。楚平王七年(公元前五二二年),其父伍奢被杀,他入吴。后帮助阖闾刺杀吴王僚,夺取王位。不久攻破楚国,以功封于申。又称申胥。吴王夫差时,劝王拒绝越国求和,并停止伐齐,渐被疏远。后吴王赐剑命他自杀。事详本书《伍子胥列传》。"鸱夷",皮制的口袋。《索隐》引韦昭云:"用皮作鸱鸟形,名曰鸱夷"。

【译文】从前卞和贡献宝玉,楚王给他处以刖刑;李斯竭忠侍君,胡亥给他处以极刑。因此箕子假装颠狂,接舆隐居避世,就是害怕遭到这种祸患。希望大王能明白卞和、李斯的本意,而不要像楚王、胡亥一样听信谗言,不要使我被箕子、接舆所笑。我听说比干(被纣王)挖去他的心,子胥(被吴王)赐死,起初我不相信,现在我才知道确有此事。希望大王明白,少加怜悯。

谚曰:"有白头如新,倾盖如故。"〔1〕何则?知与不知也。故昔樊于期逃秦之燕,〔2〕藉荆轲首以奉丹之事;王奢去齐之魏,〔3〕临城自到以却齐而存魏。夫王奢、樊于期非新于齐、秦而故于燕、魏也,所以去二国死两君者,行合于志而慕义无穷也。是以苏秦不信于天下,〔4〕而为燕尾生;〔5〕白圭战亡六城,〔6〕为魏取中山。〔7〕何则?诚有以相知也。苏秦相燕,燕人恶之于王,王按剑而怒,食以駃騠;〔8〕白圭显于中山,中山人恶之魏文侯,〔9〕文侯投之以夜光之璧。何则?两主二臣,剖心坼肝相信,岂移于浮辞哉!

【注释】〔1〕"倾盖",谓道途相遇,停车而语,车盖相接。形容二人一见如故。"盖",车盖。 〔2〕"樊于期",战国末年人。本为秦将,后逃往燕国。燕太子丹派荆轲谋刺秦王时,荆轲请求以其头和督亢地图作为进献秦王的礼物,以便行刺。他便立即自杀。 〔3〕"王奢",人名。《史记》仅见此传。据《汉书音义》记载,他为齐人,后逃到魏国。后来齐国攻打魏国,他对守城的魏将说:"齐国之所以攻打魏国,是因为我王奢的缘故。决不苟生为魏国的负担。"于是他就自杀了。 〔4〕"苏秦",字季子。战国时东周洛阳(今河南洛阳东)人。奉燕昭王命入齐,从事反间活动,以便攻齐复仇。齐湣王末年被任命为齐相。曾与赵李兑一起约五国攻秦,赵封他为武安君。后燕将乐毅联合五国大举攻齐,他的反间活动暴露,被车裂而死。事详本书《苏秦列传》。一九七二年马王堆汉墓出土的帛书中,保存有苏秦游说之辞十六章(文物出版社以《战国纵横家书》为名出版),所记内容与《史记》有所不同。 〔5〕"尾生",人名。古代传说中坚守信约的人。 〔6〕"白圭",人名。战国时人。相传善经商。 〔7〕"中山",古国名。春秋时白狄别族所建立。又称鲜虞。故址在今河北正定东北。战国初建都于顾(今河北定县)。公元前四〇六年被魏攻灭,不久复国,迁都灵寿(今河北平山东北)。公元前二九六年为赵所灭。 〔8〕"駃騠",良马名。这里意谓燕王敬重苏秦,虽有谗谤,而更以珍奇之味膳苏秦。 〔9〕"魏文侯",名斯。战国时魏国的创建人。公元前四四五年至前三九六年在位。卒于公元前三九六年。

【译文】俗话说:"(与人相交,)有的相处到头发都白了,可是彼此交情却和新认识时一样;有的虽是倾盖相交,却是一见如故。"这是什么道理呢?就在于了解与不了解。所以像从前的樊于期逃离秦国到燕国时,把自己的头借给荆轲去用来帮助燕太子丹的事;王奢逃离齐国到了魏国时,他竟登城自刎,以此来阻止齐兵而保存了魏国。像王奢、樊于期和齐、秦并非新交,和燕、魏也并非旧故,他们之所以逃离齐、秦而去为燕、魏两君去效死的原因,是因为他们志同道合而且慕义无穷的缘故啊!所以苏秦不能取信于天下,而成了燕君的尾生;白圭(在中山时)失守六城,而为魏国夺取中山。这是什么原因呢?确实是因为彼此了解的缘故。苏秦在燕国任相时,燕国有人在燕王面前说他的坏话,燕王却按剑怒叱(说坏话的人),并赐膳以駃騠的珍奇美味。白圭在中山地位尊显,中山国人在魏文侯面前说他的坏话,魏文侯却能以珍奇的夜光之璧相赠。这是什么原因呢？因为两主二臣都能剖心坼胆，互相信赖，怎么能够被花言巧语所迷惑或者改变呢？

故女无美恶，入宫见妒；士无贤不肖，入朝见嫉。昔者司马喜髌脚于宋，[1]卒相中山；范雎摺胁折齿于魏，[2]卒为应侯。此二人者，皆信必然之画，捐朋党之私，挟孤独之位，故不能自免于嫉妒之人也。是以申徒狄自沉于河，[3]徐衍负石入海。[4]不容于世，义不苟取，比周于朝，以移主上之心。故百里奚乞食于路，[5]缪公委之以政；[6]宁戚饭牛车下，[7]而桓公任之以国。[8]此二人者，岂借宦于朝，假誉于左右，然后二主用之哉？感于心，合于行，亲于胶漆，[9]昆弟不能离，岂惑于众口哉？故偏听生奸，独任成乱。昔者鲁听季孙之说而逐孔子，[10]宋信子罕之计而囚墨翟。[11]夫以孔、墨之辩，[12]不能自免于谗谀，而二国以危。何则？众口铄金，[13]积毁销骨也。是以秦用戎人由余而霸中国，[14]齐用越人蒙而强威、宣。[15]此二国，岂拘于俗，牵于世，系阿偏之辞哉？公听并观，垂名当世。故意合则胡越为昆弟，由余、越人蒙是矣；不合，则骨肉出逐不收，朱、象、管、蔡是矣。[16]今人主诚能用齐、秦之义，后宋、鲁之听，则五伯不足称，[17]三王易为也。

【注释】[1]"司马喜"，事迹不详。据《史记集解》引苏林云："六国时人。"《太史公自序》云，司马氏"在卫者，相中山"。《集解》谓相中山者为司马喜。"髌"，古代剔去膝骨的一种酷刑。"宋"，古国名。子姓。成王封纣与商王纣的庶兄微子启，号宋公，为宋国。春秋时为十二诸侯之一。至战国时为齐所灭。 [2]"范雎"，战国时魏人。字叔。一作"范且"。因事为须贾所诬，被魏相魏齐使人笞击摺胁。后化名"张禄"，由王稽、郑安平帮助送入秦国。秦昭王四十一年（公元前二六六年）任秦相。封于应（今河南宝丰西南），称应侯。事详本书《范雎列传》。"摺"，古"拉"字。《说文》云"摧也"。 [3]"申徒狄"，殷末人。相传不忍见纣乱，抱石投河而死。 [4]"徐衍"，《史记集解》引《列士传》云"周末人"。事迹不详。本书仅此一见。 [5]"百里奚"，

百里氏（一说百氏，字里），名奚（一作"傒"）。春秋时秦国大夫。原为虞大夫，虞亡时被晋俘去，作为陪嫁之臣送入秦国。后出走到楚，为楚人所执。后又被秦穆公以五张羊皮赎回，用为大夫，称为五羖大夫。与蹇叔、由余等共同帮助穆公建立霸业。 [6]"缪公"，即"穆公"。春秋时秦国国君。名任好。成公弟。公元前六五九年至前六二一年在位。任用百里奚、由余等为谋臣，灭梁、芮两国。后在崤（今河南三门峡东南）被晋军击败。转而向西发展，攻灭十二国，称霸西戎。事详本书《秦本纪》。 [7]"宁戚"，人名。《史记》仅此一见。《史记集解》引应劭曰，齐桓公夜出迎客，路遇宁戚，公召与语，说之，以为大夫。 [8]"桓公"，春秋时齐国国君。姜姓，名小白。襄公弟。公元前六八五年至前六四三年在位。襄公被杀后，他从莒国取得政权。他任用管仲进行改革，国力富强，成为春秋时第一个霸主。 [9]"胶漆"，胶和漆。这里比喻情投意合，亲密无间。 [10]"季孙"，即季孙氏。春秋后期鲁国掌握政权的贵族。鲁桓公少子季友的后裔。从季文子起，季武子、季平子、季桓子、季康子等相继执政，掌握鲁国权力。 [11]"子罕"，事迹不详。 [12]"孔墨"，即孔子（孔丘）、墨子（墨翟）。 [13]"铄金"，犹言销金。比喻众口所毁，能令金销熔。谓人言可畏。 [14]"戎人"，古代中原人对西北各民族的泛称。"由余"，春秋时秦国大夫。一作"繇余"。其祖先原为晋人，逃亡入戎。初在戎任职，后转入秦，为秦穆公重用，任上卿。帮助秦穆公谋伐西戎，灭国十二，称霸西戎。 [15]"越"，古族名。秦汉以前广泛分布在长江中下游以南，部落很多。"蒙"，《史记》仅此一见，事迹不详。《史记集解》云："越人蒙，未见所出。《汉书》作'子臧'。又张晏云'子臧，越人'，或蒙之字也。""威、宣"，即齐威王、齐宣王。 [16]"朱"，尧的儿子丹朱。尧以丹朱不肖，禅位于舜。事见本书《五帝本纪》。"象"，舜的同父异母弟。"管"，即管叔（一作"关叔"）。名鲜。周武王弟。武王灭商后，封他于管（今河南郑州）。武王去世后，成王年幼，周公旦摄政，他和蔡叔等不服，和武庚一起叛乱，后被周公旦平定，他被杀死（一说自杀）。"蔡"，即蔡叔。名度。周武王弟。武王灭商后封他于蔡（今河南上蔡西南）。武王死后，周公旦摄政，他和管叔、武庚叛乱。后被周公旦平定，他被放逐。事详本书《管蔡世家》。 [17]"五伯"，即"五霸"。

【译文】所以女子的容貌不论美丽和丑陋，入了宫门就会被人嫉妒；士人的才德不论贤与不贤，

入了朝就会有人嫉恨。从前司马喜在宋受到膑刑，最后在中山国当了宰相；范睢在魏国被折骨断齿，最后封为应侯。这两个人，都坚信自己的谋划，抛弃了朋友的私交，倚仗自己独特的权位(办事)，所以不免要有嫉妒之人。因此申徒狄跳河自杀，徐衍负石入海。他们不容于世俗，义气上不肯苟取和朝廷里的人结伙营私，来改变君主的心愿。因此百里奚虽乞食于道，缪公却委任于国政；宁戚虽喂牛于车下，而桓公却委任于他国事。这两个人，难道是凭借在朝做官的权势或是凭借左右大臣的吹嘘，然后才被二位君主重用的吗？(是因为他们)心心相应，志同道合，亲如胶漆，就像兄弟一般不能分离，难道还能被众人之口所迷惑吗？所以偏听偏信就会产生奸邪，专横就会闹出乱子。从前鲁君听了季孙的话而赶走了孔子，宋君轻信了子罕的计谋而囚禁了墨翟。像孔、墨的辩才都不能免于别人的逸诽，二国因此也遭到了危险。这是为什么呢？众人的舆论影响，即便是金子也可以被熔化了，毁谤的人多了，被毁者也就无法自存了。所以秦国用了戎人由余便称霸于中国，齐国用了越人蒙，威王、宣王就强大起来。这两个国君哪里是拘于世俗而被世俗所牵制，被谗言之辞所迷惑呢？二国君主能不仅能听取别人的意见并明察别人的行动，所以能名垂于当世。因此只要志同道合就是胡越之人也可以结为兄弟，像由余、越人蒙就是这样；如志不同道不合，就是亲骨肉也会被驱逐出门而不被收容，像丹朱、象、管叔、蔡叔就是这样。现在君主真能用齐、秦之义而不用宋、鲁之听的话，那么五霸之业不足称道，三王之世易如反掌。

是以圣王觉寤，捐子之之心，[1]而能不说于田常之贤；[2]封比干之后，修孕妇之墓，故功业复就于天下。何则？欲善无厌也。夫晋文公亲其雠，[3]强霸诸侯；齐桓公用其仇，而一匡天下。何则？慈仁殷勤，诚加于心，不可以虚辞借也。

【注释】[1]"子之"，燕国大臣。[2]"说"，同"悦"。"田常"，一名田成子，又名田恒。陈釐子之子。春秋时齐国大臣。公元前四八一年杀死齐简公，拥立齐平公，自任齐相。事详本书《田敬仲完世家》。[3]"晋文公"，名重耳。春秋时晋国国君。晋献公之子。公元前六三六年至前六二八年在位。献公宠骊姬，杀太子申生，重耳奔翟。后以秦穆公之力得返为君。用狐偃、赵衰、贾佗、先轸等

为辅，尊周室，平王子带之乱，纳周襄王，救宋破楚，遂霸诸侯。事详本书《晋世家》。

【译文】所以圣王能有所觉寤，捐弃子之之心，而不喜欢田常的那种贤明；能像周武王分封比干的后代，修孕妇之墓，那么功业就能覆盖天下。这是为什么呢？是因为想为善的心是没有厌足的。像晋文公能亲近他的仇人，称霸于诸侯；齐桓公能任用他的仇敌，而一匡天下。这是为什么呢？因为仁慈、殷勤确实能打动人的心灵，是不可以用虚辞空话来取代的。

至夫秦用商鞅之法，[1]东弱韩、魏，兵强天下，而卒车裂之；越用大夫种之谋，[2]禽劲吴，[3]霸中国，[4]而卒诛其身。是以孙叔敖三去相而不悔，[5]于陵子仲辞三公为人灌园。[6]今人主诚能去骄傲之心，怀可报之意，披心腹，见情素，堕肝胆，施德厚，终与之穷达，无爱于士，则桀之狗可使吠尧，而跖之客可使刺由；[7]况因万乘之权，假圣王之资乎？然则荆轲之湛七族，[8]要离之烧妻子，[9]岂足道哉！

【注释】[1]"商鞅"，战国时卫人。姓公孙，名鞅。因封于商(今陕西商县东南)，故称商鞅，或商君。初为魏相公叔痤家臣，痤死，入秦，历任左庶长、大良造。相秦十九年，辅佐秦孝公变法。孝公死，公子虔等诬陷他谋反，车裂而死。详见本书《商君列传》。[2]"大夫种"，即文种。春秋时越国大夫。字少禽，也作子禽，楚国郢人。与范蠡同事越王勾践，出计灭吴。功成以后，范蠡劝其引退，他不听，后为勾践赐剑自杀。参阅《吴越春秋·勾践伐吴外传》。[3]"禽"，同擒。[4]"中国"，指春秋战国时中原地区各诸侯国。[5]"孙叔敖"，春秋时楚国期思(今河南淮滨东南)人。芈氏，名敖，字孙叔(一字艾猎)。芈贾之子。楚令尹。相传他三任令尹而不喜，三次去职而不悔。[6]"于陵子仲"，即于陵子，亦称陈子仲。战国时齐人。因居于于陵(今山东邹平东南)，故号于陵仲子。以兄食禄万钟为不义，适楚。楚王欲以为相，他不就，与妻逃出，为人灌园。参阅《孟子·滕文公下》、《荀子·非十二子》等。[7]"跖"，一作跖。相传为春秋末期柳下屯(今山东西部)人。旧时被诬称为盗跖。"由"，即许由，一作许繇。上古高士。相传尧要把君位让给

他,他逃到箕山下农耕而食。尧又请他做九州长官,他到颍水边洗耳,表示不愿听到。〔8〕"湛",音 chén,同沉。没于水中。"七族",亲族的统称。《史记索隐》云指父之族、姑之子、姊妹之子、女子之子、母之族、从子、妻父母。《集解》引张晏云:"七族,上至曾祖,下至曾孙。"二说不同。〔9〕"要离",春秋末年吴国人。相传他由伍子胥推荐给吴王,谋刺在卫的公子庆忌。他请吴王断其右手,杀其妻子,假装得罪逃走。到了卫国后又假意向庆忌献破吴之策,谋求亲近庆忌。当他和庆忌同舟渡江时,刺杀庆忌,他也自杀。

【译文】至于像秦用商鞅之法,东面削弱了韩、魏的势力,军队称强于天下,而最后却车裂了他;越用大夫种的谋略,降服了强大的吴国,称霸中国,而最后将他杀死。所以孙叔敖三辞相位而不悔,于陵子仲辞谢三公禄位而给人灌园。现在君主真能抛弃骄傲的心理,怀有报答的心情,披开心腹,展露真情,披肝沥胆,厚施恩德,始终和他们相处无间,与士共患难安乐,那么桀的狗也可以让它去咬尧,蹠的门客也可以使他去刺杀许由。况且又握有国家大权,依靠着圣王声望的人呢? 然而像荆轲冒着诛灭七族的危险,要离不惜烧死妻子,难道还足以称道吗?

臣闻明月之珠,夜光之璧,以暗投人于道路,人无不按剑相眄者。何则? 无因而至前也。蟠木根柢,轮囷离诡,〔1〕而为万乘器者,〔2〕何则? 以左右先为之容也。故无因至前,虽出随侯之珠,〔3〕夜光之璧,犹结怨而不见德。故有人先谈,则以枯木朽株树功而不忘。今夫天下布衣穷居之士,〔4〕身在贫贱,虽蒙尧、舜之术,挟伊、管之辩,〔5〕怀龙逢、比干之意,〔6〕欲尽忠当世之君,而素无根柢之容,虽竭精思,欲开忠信,辅人主之治,则人主必有按剑相眄之迹,是使布衣不得为枯木朽株之资也。

【注释】〔1〕"轮囷",屈曲。"离诡",奇特。〔2〕"万乘",这里指君主。〔3〕"随侯",史佚其名。"随",周初分封的诸侯国。姬姓。在今湖北随县。春秋后期为楚国附庸。〔4〕"布衣",一般百姓穿的布制的衣服。谓衣着俭朴。后作为平民的代称。〔5〕"伊",即伊尹。商汤臣。名挚(一说名伊,尹是

官名)。传说为奴隶出身,是汤妻的陪嫁奴隶。后佐汤伐夏桀,被尊为阿衡(宰相)。汤死后,孙太甲破坏商汤法制,伊尹把他放逐到桐宫,三年后迎之复位。一说伊尹放逐太甲,自立七年。太甲还,杀伊尹。一九七三年马王堆三号汉墓出土帛书有《伊尹》零篇六十四行。"管",即管仲。〔6〕"龙逢",人名。事迹不详。本书仅此一见。

【译文】我听说像明月之珠、夜光之璧一般的珍宝,若在黑暗中投向路上的行人时,行人没有不按剑注视的。这是为什么呢? 是因为无缘无故地扔到他的跟前的缘故。盘根错节的树根,纡回旋曲,而变为万乘君主的玩赏之物。这是为什么呢? 是因为左右的人先为它加以修饰的缘故。因此无缘无故地扔到跟前,虽然扔出随侯之珠、夜光之璧,还是会结怨而得不到别人的感德的。所以有人先(把盘根错节的树根)美言一番,那么用枯木朽株也可以树功而使君主永世不忘。现在天下百姓和穷居之士,他们身处贫贱,虽蒙被尧、舜的道术,拥有伊尹、管仲的辩才,怀抱龙逢、比干的心意,想尽忠报效当世的君主,而平素没有人像树根一样在君主面前美言修饰,虽然竭忠尽思,想奉献忠信,来辅助君主治理国家,那君主一定也会表现出按剑注视的样子,所以布衣之士就得不到像枯木朽株那样的地位了。

是以圣王制世御俗,独化于陶钧之上,〔1〕而不牵于卑乱之语,不夺于众多之口。故秦皇帝任中庶子蒙嘉之言,〔2〕以信荆轲之说,而匕首窃发;周文王猎泾、渭,〔3〕载吕尚而归,〔4〕以王天下。故秦信左右而杀,周用乌集而王。〔5〕何则? 以其能越挛拘之语,〔6〕驰域外之议,独观于昭旷之道也。〔7〕

【注释】〔1〕"陶钧",制陶器用的转轮。比喻能对事物进行控制和调节。〔2〕"中庶子",国君的侍从之臣。"蒙嘉",秦王的宠臣。事迹不详。本书仅二见。〔3〕"泾、渭",二水名。在今陕西中部。〔4〕"吕尚",姜姓,吕氏,名望。一说字子牙。西周初年官太师(武官名),亦称师尚父。因辅佐武王灭商有功,封于齐。有太公之称,俗称姜太公。〔5〕"乌集",谓如乌之集散。〔6〕"挛拘",牵系拘束。〔7〕"昭旷",宽宏,豁达。

【译文】所以圣王制御天下，应当比陶工运钧更高一筹，而不被卑乱的语言所牵制，不被众人的口舌所改变。因此秦皇帝信任中庶子蒙嘉的话，所以就相信了荆轲的游说，结果匕首突发，(险遭不测。)周文王到泾、渭一带打猎，用车把吕尚拉了回来，因此而称王天下。所以秦王听信左右的话而几乎被杀，周王任用偶合之人而称王天下。这是为什么呢？因为他能超越左右牵系的谀言，摆脱世俗的议论，自己能高瞻远瞩于广阔的大道上。

今人主沉于谄谀之辞，牵于帷裳之制，[1]使不羁之士与牛骥同皂，[2]此鲍焦所以忿于世而不留富贵之乐也。

【注释】〔1〕"帷裳"，本指妇人之车。这里比喻君主受臣妾牵制。〔2〕"不羁"，豪放，不甘受约束。这里比喻才识高远之士。"皂"，通槽。指牛马食槽。

【译文】现在的君主却沉溺于谄谀奉承之中，并受左右臣妾的牵制，使一些才识高远的贤士却像牛马束缚在同一槽枥上一样，这正是鲍焦之所以忿愤于世而不留恋富贵之乐的原因。

臣闻盛饰入朝者不以利污义，[1]砥厉名号者不以欲伤行，[2]故县名胜母而曾子不入，[3]邑号朝歌而墨子回车。[4]今欲使天下寥廓之士，[5]摄于威重之权，主于位势之贵，故回面污行，[6]以事谄谀之人而求亲近于左右，则士伏死堀穴岩薮之中耳，[7]安肯有尽忠信而趋阙下者哉！[8]

【注释】〔1〕"盛饰"，盛装。"污"，玷污。〔2〕"砥厉"，本指磨石。细者为砥，粗者为厉。这里引申为磨炼。"行"，音 xíng。品行。〔3〕"胜母"，地名。本书云为县名，《汉书》云为里名。地望不详。

"曾子"，春秋末鲁国南武城(今山东费县)人。名参，字子舆。孔子的学生，以孝著称。其事迹散见于《论语》及本书《仲尼弟子列传》中。〔4〕"朝歌"，邑名。故址在今河南淇县。〔5〕"寥廓"，旷远。这里指器度宽宏之士。〔6〕"回面"，邪恶的面目。〔7〕"岩"，高峻的山。"薮"，大泽。〔8〕"阙下"，宫阙之下。"趋阙下"，指归附于大王阙下。

【译文】我听说盛装入朝者不会因为私利污损公义，久经磨炼的名人不会随心所欲而去伤害操行，所以有个名叫"胜母"的县而讲孝道的曾子便不敢入宿，有个名"朝歌"的邑而重俭节的墨子便回车而去。现在想使天下器度宽洪的贤士慑服于威重的权柄之下，服从于尊贵的势位之下，使他们改头换面而污损操行，来事奉那些谄谀的小人而求得左右大臣的亲近，那他们就会老死在深山穷泽之中，怎么会有肯尽忠竭信的人而趋往阙下呢？

书奏梁孝王，孝王使人出之，卒为上客。

【译文】这封奏书被梁孝王看到以后，孝王便派人把他放出来，终于尊他为上客。

太史公曰：鲁连其指意虽不合大义，然余多其在布衣之位，荡然肆志，不诎于诸侯，谈说于当世，折卿相之权。邹阳辞虽不逊，然其比物连类，有足悲者，亦可谓抗直不桡矣，吾是以附之列传焉。

【译文】太史公说：鲁仲连的指意虽不合大义，然而我却欣赏他身处布衣之位而荡然肆志，不折服于诸侯，高谈阔论于当世，把手握大权的卿相都给折服。邹阳的言辞虽然不逊，然而他(却把古往今来的许多事情)比物连类，虽有令人悲痛的，但也可谓是一位刚直不挠的人物，因此我把他附在列传里。

史记卷八十四

屈原贾生列传第二十四

屈原者,名平,楚之同姓也。[1]为楚怀王左徒。[2]博闻强志,明于治乱,娴于辞令。入则与王图议国事,以出号令;出则接遇宾客,应对诸侯。王甚任之。

【注释】〔1〕"楚之同姓",楚国王族姓芈(音mǐ),屈原祖先屈瑕是楚武王熊通之子,受封于屈,因以屈为姓,是楚国王族中的一支。〔2〕"楚怀王",楚国国君,楚威王之子,名熊槐。公元前三二八年至前二九九年在位。详见本书《楚世家》。"左徒",官名,战国时楚国所设。负责在国王左右参预政事、起草诏令等事,地位相当于上大夫而低于令尹。

【译文】屈原,名平,是楚国王族,在楚怀王手下担任左徒。博闻强记,通晓国家治乱的道理,擅长辞令。入朝便与楚怀王一同商议国家大事,拟订政令,出朝便接待宾客,应酬诸侯。楚怀王特别倚重他。

上官大夫与之同列,[1]争宠而心害其能。怀王使屈原造为宪令,屈平属草稿未定。[2]上官大夫见而欲夺之,屈平不与,因谗之曰:"王使屈平为令,众莫不知,每一令出,平伐其功,以为'非我莫能为'也。"王怒而疏屈平。

【注释】〔1〕"上官大夫",楚人,上官是复姓,大夫是官名。旧说上官大夫即后文提到的靳尚。据清梁玉绳《史记志疑》考证,二者并非一人。〔2〕"属",音zhǔ,缀辑,撰述。

【译文】上官大夫与屈原同在朝廷上共事,想要争得楚怀王的宠信,却在内心里嫉妒屈原的才干。楚怀王让屈原拟定国家法令,屈原拟出草稿,尚未最后改定。上官大夫见到后,就要抢过去看,屈原不给他。他就向楚怀王进谗言谮毁屈原说:"大王您让屈原拟定法令,朝廷内外没有谁不知道这件事。可是每当公布一道法令,屈原便炫耀他的功劳,自认为拟定法令除了我没有谁能干得了。"楚怀王听了之后很生气,开始对屈原疏远了。

屈平疾王听之不聪也,谗谄之蔽明也,邪曲之害公也,方正之不容也,故忧愁幽思而作《离骚》。[1]离骚者,犹离忧也。夫天者,人之始也;父母者,人之本也。人穷则反本,故劳苦倦极,未尝不呼天也;疾痛惨怛,[2]未尝不呼父母也。屈平正道直行,竭忠尽智以事其君,谗人间之,可谓穷矣。信而见疑,忠而被谤,能无怨乎?屈平之作《离骚》,盖自怨生也。《国风》好色而不淫,[3]《小雅》怨诽而不乱。[4]若《离骚》者,可谓兼之矣。上称帝喾,[5]下道齐桓,[6]中述汤武,[7]以刺世事。明道德之广崇,治乱之条贯,靡不毕见。其文约,其辞微,其志絜,其行廉,其称文小而其指极大,举类迩而见义远。其志絜,故其称物芳。其行廉,故死而不容自疏。濯淖污泥之中,[8]蝉蜕于浊秽,以浮游尘埃之外,不获世之滋垢,皭然泥而不滓者也。[9]推此志也,虽与日月争光可也。

【注释】〔1〕"《离骚》",屈原诗歌篇名。二字历来解说甚多,汉代应劭说法较为通行。即"离",遭受,通"罹"字;"骚",忧愁,忧患。〔2〕"惨怛",指人内心痛苦的情绪。"怛",音 dà。〔3〕《国风》,《诗经》的一部分。采自各地民间歌谣。有十五国风,自《周南》至《豳风》共一百六十篇。内容多描写男女爱情。〔4〕"《小雅》",《诗经》的一部分。大部分是西周后期及东周初期贵族宴会的乐歌,小部分是批评当时朝政过失或抒发怨愤的民间歌谣。共七十四篇。〔5〕"帝喾",远古帝王。相传为黄帝子玄嚣的后代,居亳,号高辛氏。参见本书《五帝本纪》。"喾",音 kù。〔6〕"齐桓",即齐桓公。春秋时齐国国君。姜姓,名小白。以兄襄公暴虐,去国奔莒。襄公被杀,归国即位。公元前六八五年至前六四三年在位。任管仲为相,尊周室,攘夷狄,九合诸侯,一匡天下,为春秋时第一个霸主。详见本书《齐太公世家》。〔7〕"汤",商王朝的建立者。又称天乙、成汤。详见本书《殷本纪》。"武",周朝国君。文王子,姬姓,名发。起兵伐纣,与纣战于牧野,灭殷,建立周王朝,分封诸侯,都镐。详见本书《周本纪》。〔8〕"濯",音 zhuó。淘米洗菜的泔水。"淖",音 nào。湿泥。"污",音 wū。停滞不流的浊水。〔9〕"皭",音 jiǎo。洁白。"滓",音 zī。污黑。

【译文】屈原痛心于楚怀王耳朵听不到正确的意见,眼睛也被谗言谄媚所遮蔽,邪恶之人侵害公道,正直之人不为小人所容,所以忧心忡忡,写下《离骚》这样一首诗。离骚,就是遭遇忧患的意思。天是人类的原始,父母是人的根本。人在处境艰难之时,就会追念本源。所以当人劳苦困顿到极点,没有不呼唤上天的;苦痛愁怨之时,没有不呼唤父母的。屈原秉持公心,行为正直,尽心竭虑侍奉君主,进谗的小人却加以离间,可以说是处境艰难了。诚信却受到怀疑,忠诚却遭到诽谤,能没有怨愤呢?屈原之所以创作《离骚》的动机,是由怨愤产生的。《国风》中的诗尽管歌咏恋情却不过分,《小雅》中的诗尽管抱怨毁谤,但也未越轨。像《离骚》这首诗,可以说是兼有《国风》和《小雅》的特点。屈原在《离骚》中,上溯远古帝喾,下迄近世的齐桓公,中间述及商汤、周武王的事迹,来讥刺当世政事。他阐明道德的重要性及国家所以治乱的因果关系,所要讲的道理无不完全表现出来。他的文章简练,措辞深微,志趣高洁,行为廉正。他撰文虽篇幅短小,但立意宏大;所列举的虽是眼前近事,但却托意深远。他的志趣高洁,所以在作品中多引芳草为喻;他的行为廉正,所以一直到死也不为小人所容。远远避开污浊如泥的世界,在污秽的环境中,像蝉皮一样

超脱世俗,一尘不染,不为世俗所玷辱,周身洁白,出污泥而不染。推测屈原这种高洁的志趣,即使说可与日月争辉也不过分。

　　屈平既绌,〔1〕其后秦欲伐齐,齐与楚从亲,〔2〕惠王患之,〔3〕乃令张仪详去秦,〔4〕厚币委质事楚,曰:"秦甚憎齐,齐与楚从亲,楚诚能绝齐,秦愿献商、于之地六百里。"〔5〕楚怀王贪而信张仪,遂绝齐,使使如秦受地。张仪诈之曰:"仪与王约六里,不闻六百里。"楚使怒去,归告怀王。怀王怒,大兴师伐秦。秦发兵击之,大破楚师于丹、淅,〔6〕斩首八万,虏楚将屈匄,〔7〕遂取楚之汉中地。〔8〕怀王乃悉发国中兵以深入击秦,战于蓝田。〔9〕魏闻之,袭楚至邓。〔10〕楚兵惧,自秦归。而齐竟怒不救楚,楚大困。

【注释】〔1〕"绌",音 chù。通"黜",废免。〔2〕"从亲",合从相亲。"从",音 zòng。通"纵"。〔3〕"惠王",指秦惠文王,秦孝公子,名驷,公元前三三七年至前三一一年在位。详本书《秦本纪》。〔4〕"张仪",魏人。倡连横之说,游说六国共同事奉秦国,博得秦惠文王的重任。"详",通"佯"。详见本书《张仪列传》。〔5〕"商、于",地名。指秦商、于两邑及两邑之间地区,即今陕西商县东南至河南内乡东一带。〔6〕"丹、淅",地名。"丹",指今陕西、河南二省间丹江以北地区;"淅",今河南淅川县西。〔7〕"屈匄",楚大将军。"匄",音 gài。〔8〕"汉中",郡名。治所在南郑(今陕西汉中市),辖境相当今陕西秦岭以南、留坝、勉县以东、湖北郧县以西、珍珠岭以北地区。〔9〕"蓝田",县名。治所在今陕西蓝田县西。〔10〕"邓",地名,在今湖北襄樊市西北。

【译文】在屈原被罢黜免职之后,秦国打算攻打齐国,可是齐国与楚国建立着合纵的联盟,秦惠王对此有顾虑,于是就派张仪假意离开秦国,带着丰厚的礼物到楚国为臣。他说:"秦国特别仇恨齐国,齐国却与楚国结盟,楚国如果真能与齐国绝交,秦国愿意献给楚国商、于一带六百里土地。"楚怀王贪心,相信了张仪的话,便与齐国断交,派使者去秦国接受献地。张仪狡赖说:"我与楚王约定的是六里,没听说六百里这件事。"楚国使者一怒之下离开秦国,回去把这件事报告了楚怀王。楚怀王发怒,

大举兴师，讨伐秦国。秦国出兵迎战，在丹水、淅水之间把楚军打得大败，杀掉楚兵八万人，俘虏了楚军将领屈匄，就这样夺取了楚国汉中一带的土地。楚怀王于是动用了全国的兵力，深入秦国进行反击，两国军队在蓝田交战。魏国听说秦楚交战，乘虚偷袭楚国，一直打到邓这个地方。楚国军队害怕后方空虚，从秦国撤回。而齐国一直痛恨楚国毁约，不发兵救楚，楚国的处境很狼狈。

明年，[1]秦割汉中地与楚以和。楚王曰："不愿得地，愿得张仪而甘心焉。"张仪闻，乃曰："以一仪而当汉中地，臣请往如楚。"如楚，又因厚币用事者臣靳尚，[2]而设诡辩于怀王之宠姬郑袖。[3]怀王竟听郑袖，复释去张仪。是时屈平既疏，不复在位，使于齐，顾反，谏怀王曰："何不杀张仪？"怀王悔，追张仪不及。

【注释】[1]"明年"，指楚怀王十八年，即公元前三一一年。 [2]"靳尚"，楚人。与张仪有私交。据《战国策·楚策》，靳尚后随张仪一同离楚，为魏臣张旄所杀。 [3]"郑袖"，楚怀王妃，其事尚见《战国策·楚策》。

【译文】第二年，秦国表示要把汉中郡割让给楚国来求和。楚王说："不想要土地，只有得到张仪才算满意。"张仪听说后，便说："以张仪一个人而能顶替汉中之地，请让我去楚国。"张仪到楚国后，又用丰厚的币帛贿赂当权的大臣靳尚，进而向楚怀王的宠妃郑袖编造诡诈的巧言。楚怀王竟听信了郑袖的话，再次放走了张仪。这时屈原已被楚怀王疏远，不再居任重要的职位，出使去了齐国。回国后，向楚怀王进谏说："为什么不杀了张仪？"楚怀王悔悟，派人追赶张仪，没有追上。

其后诸侯共击楚，[1]大破之，杀其将唐昧。[2]

【注释】[1]"诸侯共击楚"，据本书《楚世家》，楚怀王二十八年(公元前三〇一年)秦、齐、韩、魏攻楚。 [2]"唐昧"，楚将。《荀子》、《吕氏春秋》、《汉书·古今人表》均作"唐蔑"。

【译文】后来，各诸侯国联合攻打楚国，把楚军打得大败，杀了楚将唐昧。

时秦昭王与楚婚，[1]欲与怀王会。怀王欲行，屈平曰："秦虎狼之国，不可信，不如毋行。"怀王稚子子兰劝王行："奈何绝秦欢！"怀王卒行。入武关，[2]秦伏兵绝其后，因留怀王，以求割地。怀王怒，不听。亡走赵，[3]赵不内。复之秦，竟死于秦而归葬。

【注释】[1]"秦昭王"，即秦昭襄王，战国时秦国国君，名则，一名稷。公元前三〇六年至前二五一年在位。详见本书《秦本纪》。 [2]"武关"，关隘名。在今陕西商洛县西南。战国秦置，是秦国的南关。 [3]"赵"，国名。战国七雄之一。开国君主赵烈侯(名籍)，是晋大夫赵衰的后代。他与魏、韩瓜分晋国，公元前四〇三年周威烈王被迫承认为诸侯，建都晋阳(今山西太原市西南)。公元前三八六年迁都邯郸(今河北邯郸市西南)。疆域有今山西中部、陕西东北部、河北西南部。公元前二二二年为秦所灭。

【译文】当时秦昭王与楚国通婚，希望与楚怀王会面。楚怀王准备去秦国，屈原说："秦国是虎狼成性的国家，不能听信他们的话，不如不去。"楚怀王的小儿子子兰劝楚怀王去，说："为什么要断绝同秦国的友好关系？"楚怀王终于还是去了秦国。一进入武关，秦国的伏兵就断绝了后路，因此扣留了楚怀王，胁迫他割让国土。楚怀王大怒，不肯回答。楚怀王逃往赵国，赵国不接纳。他只好又折回秦国，最后竟死在秦国，后来归葬楚国。

长子顷襄王立，[1]以其弟子兰为令尹。[2]楚人既咎子兰以劝怀王入秦而不反也。

【注释】[1]"顷襄王"，楚国国君，楚怀王长子，名横，公元前二九八年至前二六三年在位。详见本书《楚世家》。 [2]"令尹"，官名。春秋战国时期楚国最高官职。

【译文】楚怀王的长子顷襄王即位，让他的弟弟子兰作了令尹。楚国人因为子兰劝楚怀王去秦国而没有活着回来这件事很怨恨子兰。

屈平既嫉之，虽放流，眷顾楚国，系心怀王，不忘欲反，冀幸君之一悟，俗之一改也。其存君兴国而欲反覆之，一篇之中三致志焉。然终无可奈何，故不可以反，卒以此见怀王之终不悟也。人君无愚智贤不肖，莫不欲求忠以自为，举贤以自佐，然亡国破家相随属，而圣君治国累世而不见者，其所谓忠者不忠，而所谓贤者不贤也。怀王以不知忠臣之分，故内惑于郑袖，外欺于张仪，疏屈平而信上官大夫、令尹子兰。兵挫地削，亡其六郡，身客死于秦，为天下笑。此不知人之祸也。《易》曰：[1]"井泄不食，为我心恻，可以汲。王明，并受其福。"王之不明，岂足福哉！

【注释】〔1〕"《易》"，古占筮之书，后成为儒家经典之一，又叫《周易》、《易经》。下文引"井泄不食，为我心恻，可以汲。王明，并受其福"，是《周易·井卦》的爻辞。"泄"，通"渫"，音 xiè。涤去污秽。

【译文】屈原也因这件事对子兰很痛恨，他虽然被放逐，仍眷恋关心着楚国，心中惦记着怀王，他没有忘怀祖国，希望再回到朝中任职。心存一念，希望君王能幡然觉悟，世俗顿然改变。在一篇作品中再三表示出他那怀念君王、振兴国家、一反衰弱国势的愿望。但最终也无法实现，所以再也没能返回朝中。从这种情况可见楚怀王到底也未能理解屈原的忠诚。君主无论资质愚与智，无论品德好与坏，没有谁不想得到忠臣与贤士来辅佐自己治理国家的，但国破家亡之事一个接一个，而圣明的君主与致治的国家多少世代也没有出现过，其原因就是那些国君所认为的忠臣实际上并不是忠臣，所认为的贤者实际上并不是贤者。楚怀王由于不明白什么样的人才是忠臣，所以在宫中受到郑袖的迷惑，在外面受到张仪的欺骗，疏远屈原却宠信上官大夫、令尹子兰，军队挫败，领土被分割，失去了六郡之地，自身也死于异乡秦国，被天下人所耻笑。这就是不知人善任所带来的祸患。《周易》说："井淘干净了，却无人饮用，我心里难过，这是可以汲取饮用的。君主如果贤明，大家都能得到幸福。"君主如果不贤明，哪里还谈得上幸福呢！

令尹子兰闻之大怒，卒使上官大夫短屈

原于顷襄王，顷襄王怒而迁之。

屈原至于江滨，被发行吟泽畔。颜色憔悴，形容枯槁。渔父见而问之曰："子非三闾大夫欤？[1]何故而至此？"屈原曰："举世混浊而我独清，众人皆醉而我独醒，是以见放。"渔父曰："夫圣人者，不凝滞于物而能与世推移。举世混浊，何不随其流而扬其波？众人皆醉，何不餔其糟而啜其醨？[2]何故怀瑾握瑜[3]而自令见放为？"屈原曰："吾闻之，新沐者必弹冠，新浴者必振衣，人又谁能以身之察察，[4]受物之汶汶者乎！宁赴常流[5]而葬乎江鱼腹中耳，又安能以皓皓之白而蒙世俗之温蠖乎！"[6]

【注释】〔1〕"三闾大夫"，官名。职掌楚国昭、屈、景三姓事务。 〔2〕"餔"，音 bǔ，食。"糟"，酒滓。"啜"，音 chuò，喝。"醨"，音 lí，淡酒。餔糟啜醨指醉醒莫辨。 〔3〕"怀瑾握瑜"，怀抱和手握美玉，比喻坚持高尚的德操。瑾、瑜，都是美玉。 〔4〕"察察"，清洁的样子。"汶汶"，污浊的样子。 〔5〕"常流"，同"长流"，指江水。〔6〕"温蠖"，尘滓重积的样子。"蠖"，音 huò。

【译文】令尹子兰听说屈原怨恨他之后大怒，便让上官大夫在楚顷襄王前谮毁屈原。楚顷襄王发怒，便将屈原流放到更远的地方。

屈原来到江畔，在水边披散着头发且行且歌。脸色憔悴，容貌削瘦。一位渔翁见到问他："您不是三闾大夫吗？怎么到了这个地方？"屈原说："整个世界都污浊，唯独我是清净的；所有的人都沉醉着，只有我是清醒的，因此才被流放。"渔翁说："圣人对事物的认识不迂拘固执，而能够顺应世俗的变化，举世混浊，为什么不随波逐流？众人皆醉，为什么不沉醉其中？何必洁身如玉，而自找被放逐的命运？"屈原说："我听说，刚洗过头发的人一定要弹一弹帽子再戴，刚洗过澡的人，一定要抖一抖衣服再穿，又有谁愿意让自己清洁的身体受到污垢玷辱呢？宁可赴蹈奔腾的大江，而葬身于大江鱼腹之中，怎能让高洁的品质蒙受世俗的污染呢？"

乃作《怀沙》之赋。[1]其辞曰：

【注释】〔1〕"《怀沙》"，《楚辞·九章》篇名。相传为屈原投水前的绝笔。《怀沙》诗题解说纷纭，一般指怀抱沙石自沉。一说沙是古长沙的简称,长沙是楚国祖先熊绎的封地,屈原自尽前曾到长沙,此诗为流放后怀念长沙之作。

【译文】于是便写下《怀沙》一诗,诗是这样写的:

陶陶孟夏兮,[1]草木莽莽。伤怀永哀兮,汩徂南土。[2]眴兮窈窈,[3]孔静幽墨。[4]冤结纡轸兮,[5]离愍之长鞠;[6]抚情效志兮,[7]俛诎以自抑。[8]

【注释】[1]"陶陶",阳光温暖的样子。"孟夏",初夏。〔2〕"汩",音 gǔ,快速的样子。"徂",音 cú,前往。〔3〕"眴",音 shùn,看望。"窈窈",通"杳杳",茫茫,看不清的样子。〔4〕"孔",很。"墨",无声。〔5〕"纡",委屈。"轸",音 zhěn,痛苦。〔6〕"离",通"罹",遭遇。"愍",音 mǐn,忧患。"鞠",穷困。〔7〕"效",通"校",检核。〔8〕"俛诎",音 miǎo qū,冤屈。

【译文】阳光和煦的初夏啊,草木茂盛地生长。我怀着深深的哀伤啊,奔向南方。眺望前程迷迷茫茫,沉寂毫无声响。心头郁结着委屈与苦痛啊,遭受忧患而困顿日长。冷静下来反省自己啊,强压下内心的屈枉。

刓方以为圜兮,[1]常度未替;[2]易初本由兮,君子所鄙。章画职墨兮,[3]前度未改;内直质重兮,大人所盛。巧匠不斲兮,孰察其揆正?玄文幽处兮,矇谓之不章;[4]离娄微睇兮,[5]瞽以为无明。[6]变白而为黑兮,倒上以为下。凤皇在笯兮,[7]鸡雉翔舞。同糅玉石兮,[8]一概而相量。[9]夫党人之鄙妒兮,羌不知吾所臧。[10]

【注释】[1]"刓",音 wán,削。"圜",通"圆"。〔2〕"常度",正常的法度。这里借木为喻,指木材的纹理不会因木材形状的改变而改变。〔3〕"章",通"彰",明确。"职",通"识"。"墨",绳墨。〔4〕"矇",音 méng,目不明。〔5〕"离娄",人名,相传为古之明目者。"睇",音 dì,斜视。〔6〕"瞽",目盲。〔7〕"笯",音 nú,鸟笼。〔8〕"糅",混杂。〔9〕

"概",平斗斛的横木。〔10〕"羌",发语词,带有反问的语意。"臧",美好。

【译文】即便是把方木削成圆形啊,那原有的纹路也不会改易。抛弃当初坚持的主张啊,则会为正人君子所鄙视。像在木材上明确画出的墨线啊,从前坚持的主张决不更变。内心敦厚品质正直啊,为高尚的人所赞美。巧匠如果不挥斧砍削,又有谁能发现木材的曲直?黑色的纹理置于暗处,目力不好的人却说它不明显。离娄眼睛略微斜视,盲人却认为他也失明。把白的硬说成黑的,上下颠倒。把凤凰关在竹笼,野鸡却翩翩起舞。美玉与石头混杂于一处,却以为它们都是一模一样。这群卑鄙妒嫉的小人,哪知道我的纯洁高尚。

任重载盛兮,陷滞而不济;怀瑾握瑜兮,穷不得余所示。邑犬群吠兮,吠所怪也;诽骏疑桀兮,固庸态也。文质疏内兮,[1]众不知吾之异采;材朴委积兮,[2]莫知余之所有。重仁袭义兮,[3]谨厚以为丰;重华不可牾兮,[4]孰知余之从容!古固有不并兮,岂知其故也?汤禹久远兮,[5]邈不可慕也。惩违改忿兮,[6]抑心而自强;离湣而不迁兮,愿志之有象。[7]进路北次兮,[8]日昧昧其将暮;[9]含忧虞哀兮,[10]限之以大故。[11]

【注释】[1]"文",外表。"质",内里。"疏",疏落。"内",同"讷",木讷,不善言辞。〔2〕"朴",未曾雕琢的木料。〔3〕"重"、"袭",这里都是积累之意。〔4〕"重华",人名。远古帝王虞舜之名。"牾",逢遇。〔5〕"禹",人名。夏后氏部落领袖。姒姓,鲧的儿子。相传禹继承鲧的治水事业,水患悉平。舜死,禹继任部落首领,都安邑,后来巡狩至会稽而卒。详见本书《夏本纪》。〔6〕"违",违怨,怨恨。〔7〕"象",榜样。〔8〕"次",停宿。〔9〕"昧昧",黑暗的样子。〔10〕"虞",通"娱"。〔11〕"大故",指死亡。

【译文】我像一辆任重载多的车子,陷在泥淖不能自拔。怀藏珍宝,手握美玉,最终也无法向人们展示。村中的群犬狂吠,是因为它们对我看不惯。诋毁怀疑俊杰之士,这自然是庸人的本来面目。外表疏落,内心刚强,众人都不了解我的所长。像未曾加工的木材冷落在一旁,没有谁知道我的主张。我注重仁义道德的修养，把忠厚老实当成富足。重华无法遇到，有谁能理解我的胸襟！自古圣贤生不同时，哪里知道这是什么缘故呢？商汤、夏禹离我们是那样久远，远得使我们无法追慕。不要再怨恨了，克制内心的情感，使自己更加坚强。饱经忧患而不变节，愿我的志节树给后人一个榜样。沿路向北走去，暮色中夕阳正在下降。排遣忧愁与哀伤，最终只有一死。

乱曰：[1]浩浩沉、湘兮，[2]分流汩兮。[3]修路幽拂兮，道远忽兮。[4]曾唫恒悲兮，[5]永叹慨兮。世既莫吾知兮，人心不可谓兮。怀情抱质兮，独无匹兮。伯乐既殁兮，骥将焉程兮？[6]人生禀命兮，各有所错兮。[7]定心广志，余何畏惧兮？曾伤爰哀，[8]永叹喟兮，世溷不吾知，心不可谓兮。知死不可让兮，愿勿爱兮。明以告君子兮，吾将以为类兮。[9]

【注释】[1]"乱"，古代乐曲的最后一章，或辞赋篇末总括全篇要旨的文字。[2]"沅"，水名。即沅江。源出贵州，至湖南黔阳下始称沅水，经沅陵、桃源等县，至汉寿县注入洞庭湖。"湘"，水名。又名湘江。与漓水同发源于广西兴安海阳山，纵贯湖南全境，汇合沅水叫沅湘。[3]"汩"，音 gǔ。流淌。[4]"忽"，形容遥远。[5]"唫"，yín，同"吟"，咏叹。[6]"伯乐"，人名。春秋秦穆公时人，以善相马著称。[7]"错"，同"措"，安排。[8]"曾"，同"增"。"曾伤"，重重的哀伤。[9]"类"，榜样。

【译文】尾声：浩荡的沅水、湘水啊，各自奔腾而逝。漫长的道路幽暗多阻，前途遥远又渺茫。我抑制着深深的悲痛，发出长长的叹息。世间既然没有理解我的，人的良知也不必提及。我具有的一腔激情与高洁品质，无人可与我相比。伯乐已不在世，千里马还有谁认识？人生听凭命运，各有不同的安置。横下心来，放宽胸襟，还有什么可畏惧的呢？重重的悲伤，不尽的哀愁，我只有长长的叹息。世道混浊没人理解，人的良知也不必提及。明知不免一死，我想我并不怜惜生命。明确向世间的君子相告，我将树起一个榜样。

于是怀石遂自沉汩罗以死。[1]

【注释】[1]"汩罗"，水名。在湖南省东北部。上游汨水，流经湘阴分为二枝，南流者叫汨水，一经古罗城叫罗水，至屈潭两水复合，故名汨罗。"汨"，音 mì。

【译文】于是，屈原就抱着石头，跳入汨罗江自杀了。

屈原既死之后，楚有宋玉、唐勒、景差之徒者，[1]皆好辞而以赋见称；然皆祖屈原之从容辞令，终莫敢直谏。其后楚日以削，数十年竟为秦所灭。[2]

【注释】[1]"宋玉"，战国时楚鄢(今湖北宜城南)人。曾为楚顷襄王大夫。擅辞赋，作品流传至今的有《九辩》、《招魂》、《高唐赋》、《神女赋》、《风赋》、《登徒子好色赋》。"唐勒"，战国楚人，与宋玉同时。擅辞赋，《汉书·艺文志》著录唐勒赋四篇，今皆亡佚。"景差"，战国楚人。仕顷襄王为大夫。善为赋，与宋玉、唐勒齐名。《楚辞》所收《大招》，或题景差所作。《汉书·古今人表》作"景瑳"。[2]"为秦所灭"，秦灭楚在公元前二二三年。

【译文】屈原死后，楚国有宋玉、唐勒、景差等人，都喜好文辞而以长于赋体称著于世。但他们都只是继承了屈原擅长文辞的一面，一直没有谁敢于像屈原一样直言进谏。后来楚国的疆域一天比一天缩小，几十年后终于被秦国灭掉了。

自屈原沉汩罗后百有余年，汉有贾生，为长沙王太傅，[1]过湘水，投书以吊屈原。

【注释】[1]"长沙王"，指西汉初异姓长沙王吴芮的玄孙吴差。"长沙"，汉郡国名，治所在今湖南长沙市。"太傅"，官名。古三公之一，周始置，职辅佐君主。汉高后元年(公元前一八七年)置太傅，位次太师。西汉时各地封建制类中央，故亦设太傅。

【译文】从屈原自沉汩罗江之后，又过了一百余年，在西汉时期有贾生作了长沙王的太傅，途经湘水的时候，写下诗赋来缅怀屈原。

贾生名谊，雒阳人也。[1]年十八，以能

诵诗属书闻于郡中。吴廷尉为河南守，[2]闻其秀才，召置门下，甚幸爱。孝文皇帝初立，[3]闻河南守吴公治平为天下第一，故与李斯同邑而常学事焉，[4]乃征为廷尉。廷尉乃言贾生年少，颇通诸子百家之书。文帝召以为博士。[5]

【注释】〔1〕"雒阳"，古都邑名。汉时故城在今河南洛阳市东。〔2〕"廷尉"，官名。汉代掌管刑狱的最高长官。"河南"，郡名。在今河南省西北部，治所在今洛阳市东。〔3〕"孝文皇帝"，即汉文帝。名刘恒，汉高祖子，公元前一八〇年至前一五七年在位。提倡农耕，免农田租税凡十二年。主张清静无为，与民休息，使全国经济渐次恢复发展，史与其子景帝两代并称"文景之治"。详见本书《孝文本纪》。〔4〕"李斯"，秦始皇时的丞相，楚上蔡（今河南上蔡西南）人，曾从荀卿学，战国末入秦。对秦王朝的建立与巩固起很大作用。秦始皇死后，被宦官赵高所杀。〔5〕"博士"，官名。汉初的博士掌管古今历史、典章等事宜。

【译文】贾生的名叫谊，是洛阳人。十八岁的时候，便以能赋诗作文而闻名全郡。吴廷尉当时是河南郡郡守，听说贾谊是个了不起的人才，就把他罗致到自己门下，对他很赏识。孝文皇帝即位不久，了解到河南郡的吴郡守治理政事、安抚百姓在全国最有成绩，过去又因与李斯是同乡而常向李斯学习，就把他征召到朝廷担任廷尉。吴廷尉便向皇帝推荐贾谊，说他很年轻，颇为通晓诸子百家的学说。于是，文帝便把贾谊召到朝廷任命为博士。

是时贾生年二十余，最为少。每诏令议下，诸老先生不能言，贾生尽为之对，人人各如其意所欲出。诸生于是乃以为能不及也。孝文帝说之，超迁，一岁中至太中大夫。[1]

【注释】〔1〕"太中大夫"，官名。汉时朝廷中掌管议论的官员。

【译文】当时贾谊才二十岁出头，在朝臣中是最年轻的。每当皇帝诏令臣下商议政事，各位老先生往往无言答对，而贾谊却总是答得很完满，人人都感到贾谊所讲的，正是自己所要说的。于是，大家都认为自己的才能赶不上贾谊。文帝也很喜欢

他，一年之内，就把他从博士破格提拔为太中大夫。

贾生以为汉兴至孝文二十余年，天下和洽，而固当改正朔，[1]易服色，[2]法制度，定官名，兴礼乐，乃悉草具其事仪法，色尚黄，数用五，为官名，悉更秦之法。孝文帝初即位，谦让未遑也。诸律令所更定，及列侯悉就国，其说皆自贾生发之。于是天子议以为贾生任公卿之位。绛、灌、东阳侯、冯敬之属尽害之，[3]乃短贾生曰："雒阳之人，年少初学，专欲擅权，纷乱诸事。"于是天子后亦疏之，不用其议，乃以贾生为长沙王太傅。

【注释】〔1〕"正朔"，正月初一。古时改朝换代，新王朝表示应天承运，须重定正朔。因此，正朔通指帝王新颁之历法。〔2〕"服色"，古时每个王朝所定车马祭牲的颜色。如夏尚黑，商尚白，周尚赤之类。"改正朔，易服色"，一语，源出《礼记·大传》。〔3〕"绛"，指绛侯周勃。周勃从刘邦起义，以军功为将军，封绛侯，汉惠帝时为太尉。吕后死，周勃与陈平等共诛诸吕，迎文帝即位。详见本书《绛侯世家》。"灌"，指颍阴侯灌婴。灌婴从刘邦起义，屡立战功，封颍阴侯。吕后死，与周勃、陈平合谋诛诸吕，推立文帝。官至太尉、丞相。详见本书《灌婴列传》。"东阳侯"，张相如，曾任河间郡守、中大夫。"冯敬"，时为御史大夫。

【译文】贾谊认为，从汉兴到文帝经过二十多年，天下已经安定，朝野和睦，应当更定历法，改变所崇尚的颜色，订正法令制度，统一官名，大兴礼乐，便详细草拟了各项仪礼和办法，建议崇尚黄色，遵用五行之说，重新确定官名，全部变更秦朝的法度。文帝刚刚即位，谦恭谨慎，一时还顾不上这些事。但一些律令的更定，以及在京城的诸侯回到封国，都是贾谊出的主意。因此，皇帝和大臣商议，打算把贾谊提拔到公卿大臣的位置。绛侯周勃、颍阴侯灌婴、东阳侯张相如、御史大夫冯敬等人都嫉妒贾谊，便在皇帝面前谮毁贾谊说："这个洛阳人，年轻没有经验，专想揽权，把许多事情都搞乱了。"因此，皇帝从此也疏远了贾谊，不再采纳他的建议，并派他去作了长沙王吴差的太傅。

贾生既辞往行，闻长沙卑湿，自以寿不得长，又以适去，[1]意不自得。及渡湘水，

为赋以弔屈原。其辞曰：

【注释】〔1〕"適"，音 zhé，通"谪"，惩罚。

【译文】贾谊辞别朝廷前往任所，听说长沙地势低洼，气候潮湿，自度寿命不会长久，再加上又是被贬谪而去的，心情抑郁。在渡湘江的时候，作了一首赋，来凭吊屈原。这篇赋是这样写的：

共承嘉惠兮，〔1〕俟罪长沙。〔2〕侧闻屈原兮，自沉汨罗。造托湘流兮，〔3〕敬弔先生。遭世罔极兮，〔4〕乃陨厥身。呜呼哀哉，逢时不祥！鸾凤伏窜兮，〔5〕鸱枭翱翔。〔6〕阘茸尊显兮，〔7〕谗谀得志；贤圣逆曳兮，〔8〕方正倒植。世谓伯夷贪兮，〔9〕谓盗跖廉；〔10〕莫邪为顿兮，〔11〕铅刀为铦。〔12〕于嗟嘿嘿兮，生之无故！斡弃周鼎兮宝康瓠，〔13〕腾驾罢牛兮骖蹇驴，〔14〕骥垂两耳兮服盐车。章甫荐屦兮，〔15〕渐不可久；嗟苦先生兮，独离此咎！

【注释】〔1〕"共"，通"恭"，敬。〔2〕"俟罪"，古代官吏常常害怕因失职而获罪，所以用"俟罪"、"待罪"作为供职的谦词。〔3〕"造"，到达。"托"，寄托。〔4〕"罔极"，没有一定的标准。〔5〕"鸾凤"，鸾鸟和凤凰。比喻贤俊之士。〔6〕"鸱枭"，鸱为猛禽，传说枭食母，古人都视为恶鸟。比喻奸邪恶人。一说鸱枭即猫头鹰。"鸱"，音 chī。〔7〕"阘茸"，卑贱。"阘"，音 tà。〔8〕"逆曳"，倒着拖，颠倒之意。〔9〕"伯夷"，商代孤竹君之子。相传其父遗命要立次子叔齐为继承人。叔齐让位给伯夷，伯夷不受，叔齐也不愿登位，先后都逃到周国。周武王伐纣，两人曾叩马谏阻。武王灭商后，他们耻食周粟，逃到首阳山，采薇而食，饿死在山里。古人把伯夷、叔齐看作是高尚守节的典型。详见本书《伯夷列传》。〔10〕"盗跖"，相传为春秋末期的大盗，名跖，一作蹠，柳下屯（今山东西部）人。〔11〕"莫邪"，宝剑名。传说春秋时吴王阖闾令干将铸剑，铁汁不下，其妻莫邪自投炉中，铁汁乃出，遂成二剑，雄剑名干将，雌剑名莫邪。后来成为宝剑的通称。〔12〕"铦"，音 xiān，锋利。〔13〕"斡弃"，抛弃。"周鼎"，周朝传国宝鼎，喻高贵的人物。"康瓠"，空壶，破瓦器。"瓠"，音 hù。〔14〕"罢"，音 pí，通"疲"。"骖"，音 cān，驾车时位于两旁的马。"蹇"，音 jiǎn，跛。〔15〕"章甫"，殷时冠名。

【译文】敬承恩惠啊，任职长沙。我听说屈原啊，自沉汨罗。寄托湘水啊，敬悼先生。遭遇无道啊，乃丧其身。可悲可叹啊，逢时不祥。凤凰伏地啊，枭鸟翱翔。小人尊显啊，谗佞得志。圣贤颠倒啊，方正倒置。世称伯夷贪啊，反说盗跖廉。莫邪宝剑钝啊，铅制刀枪利。先生无故，默默失意。丢弃宝鼎啊，珍贵瓦壶。疲牛驾辕啊，跛驴拉套。良马垂耳啊，重负盐车。礼帽垫鞋啊，势不可久。先生命苦啊，独遭此祸。

讯曰：〔1〕已矣，国其莫我知，独堙郁兮其谁语？〔2〕凤漂漂其高遰兮，〔3〕夫固自缩而远去。袭九渊之神龙兮，沕深潜以自珍。〔4〕弥融爚以隐处兮，〔5〕夫岂从蚁与蛭螾？〔6〕所贵圣人之神德兮，远浊世而自藏。使骐骥可得系羁兮，〔7〕岂云异夫犬羊！般纷纷其离此尤兮，〔8〕亦夫子之辜也！瞝九州而相君兮，〔9〕何必怀此都也？凤皇翔于千仞之上兮，览悳辉而下之；〔10〕见细德之险征兮，摇增翮逝而去之。〔11〕彼寻常之汙渎兮，〔12〕岂能容吞舟之鱼！横江湖之鳣鲟兮，〔13〕固将制于蚁蝼。

【注释】〔1〕"讯"，全篇的最后一段，相当于《楚辞》中的"乱"。〔2〕"堙郁"，闷塞，不舒畅。"堙"，音 yīn。〔3〕"遰"，音 shì，通"逝"。〔4〕"沕"，音 wù，潜藏的样子。〔5〕"弥"，远。"融"，明亮。"爚"，音 yuè，火光。〔6〕"蚁"，音 yǐ，蚁的本字。"蛭"，水蛭。"螾"同"蚓"，蚯蚓。〔7〕"骐骥"，良马。〔8〕"般"，驳杂，乱。〔9〕"瞝"，音 chī，环视。"九州"，古代中国设置的九个州。这里泛指天下。〔10〕"悳"，音 dé，"德"的古字。〔11〕"翮"，音 hé。羽毛的主干，引申为翅膀。〔12〕"寻常"，古代八尺为一寻，两寻为一常。"汙渎"，死水沟。〔13〕"鳣"，音 zhān，鱼名。鲟鳇鱼。"鲟"，音 xún，鱼名，鲟鱼。

【译文】尾声：一切都过去了。举国不理解我啊，独抑郁与谁语？凤飘飘而高飞啊，自引退而远去。学水底之神龙啊，深潜藏以自珍。远明光而隐去啊，岂随从蚁与蚓。贵圣人之神德啊，远浊世而自藏。苦骏马被绑缚啊，何异于犬和羊。夫子盘桓未去啊，乱纷纷遭此祸殃。纵观九州国君啊，何必怀恋此都。凤凰高翔千丈啊，见德辉而飞下。察虚

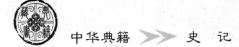

德之险象啊,振羽翅而飞去。那窄小的沟渠啊,岂能容下吞舟之鱼。横江湖之巨鲸啊,必受制于蝼蚁。

贾生为长沙王太傅三年,有鸮飞入贾生舍,[1]止于坐隅。楚人命鸮曰"服"。贾生既以谪居长沙,长沙卑湿,自以为寿不得长,伤悼之,乃为赋以自广。[2]其辞曰:

【注释】[1]"鸮",音 xiāo,猫头鹰,当时被认为是一种不祥的鸟。 [2]"自广",自我宽慰。

【译文】贾谊任长沙王太傅的第三年,一天有只猫头鹰飞入贾谊的屋内,落在他的座位旁边。楚地的人把猫头鹰叫"服鸟"。贾谊是被贬谪居住在长沙的,长沙地洼潮湿,他自认为寿命不会长久,悲哀伤感,就作了一首赋,来宽慰自己。这首赋是这样写的:

单阏之岁兮,[1]四月孟夏,庚子日施兮,[2]服集予舍,止于坐隅,貌甚闲暇。异物来集兮,私怪其故,发书占之兮,筴言其度。[3]曰:"野鸟入处兮,主人将去。"请问于服兮:"予去何之?吉乎告我,凶言其菑。[4]淹数之度兮,[5]语予其期。"服乃叹息,举首奋翼,口不能言,请对以意。

【注释】[1]"单阏之岁",古代用天干、地支纪年,干支又各有别名,单阏是卯年的别称,此指丁卯年,汉文帝六年(公元一七四年)。 [2]"庚子",为丁卯年四月二十三日。 [3]"筴",音 chè,同"策"。"度",预测。 [4]"菑",音 zāi,同"灾"。 [5]"淹数",迟速。"数",通"速"。

【译文】丁卯之年啊,四月初夏。庚子日斜啊,服鸟来到我的住处。落于座旁啊,从容不迫。服鸟入宅啊,暗思其故。展书占卜啊,预言定数:"野鸟入室啊,主人将去。"请问服鸟啊:"我去何方?吉事告我,凶言其灾。寿命长短,告我期限。"服鸟叹息,昂首振翼。口不能言,唯有示意。

万物变化兮,固无休息。[1]斡流而迁兮,[2]或推而还。形气转续兮,[3]变化而

嬗。[4]沕穆无穷兮,[5]胡可胜言!祸兮福所倚,福兮祸所伏;[6]忧喜聚门兮,吉凶同域。彼吴强大兮,[7]夫差以败;[8]越栖会稽兮,[9]句践霸世。[10]斯游遂成兮,[11]卒被五刑;[12]傅说胥靡兮,[13]乃相武丁。[14]夫祸之与福兮,何异纠缠。[15]命不可说兮,孰知其极?水激则旱兮,[16]矢激则远。万物回薄兮,振荡相转。云蒸雨降兮,错缪相纷。大专槃物兮,[17]坱轧无垠。[18]天不可与虑兮,道不可与谋。迟数有命兮,恶识其时?

【注释】[1]"休息",休止。 [2]"斡流",运转。 [3]"形气",有形的和无形的。 [4]"嬗",蜕变,演化。 [5]"沕穆",深微。"沕",音 wù。 [6]"福兮祸所伏",此句同上句,均出《老子》。 [7]"吴",国名,周太王之子太伯、仲雍所建。始都蕃蓠(今江苏无锡市东南),后迁都吴(今江苏苏州)。春秋后期国力始强,南败越国,北上与晋争霸。公元前四七三年为越所灭。 [8]"夫差",春秋末年吴国国君,吴王阖闾之子。公元前四九五年至前四七三年在位。曾率军打垮越国,打败齐军,一度争霸诸侯,后被越国战败,自杀身死。详见本书《吴太伯世家》。 [9]"越",国名。又称于越。姒姓。相传始祖是夏代少康的庶子无余,越王句践始都会稽(今浙江绍兴)。公元前四七三年攻灭吴国后,迁都琅邪(今山东胶南县西南)。后为楚所灭。 [10]"句践",春秋末年越国国君,越王允常之子。公元前四九七年至前四六五年在位。公元前四九四年为吴王夫差所败,卧薪尝胆,整顿国政,终于转弱为强,灭亡吴国,继在徐州(今山东滕县南)大会诸侯,成为霸主。详见本书《越王句践世家》。 [11]"斯",李斯,楚人,战国末入秦,为秦始皇客卿,深得信任,官至丞相,对秦统一六国起过重要作用。秦始皇死后,被赵高所杀。 [12]"五刑",五种刑法。指墨刑、劓刑、刖刑、宫刑、大辟。此指极刑。 [13]"傅说",人名。相传原是傅岩(今山东平陆东)地方从事版筑的奴隶,后被商王武丁任为大臣。"说",音 yuè。"胥靡",古代用绳索捆绑强迫劳动的奴隶。 [14]"武丁",商代国王,后被称为高宗,盘庚弟小乙之子。在位五十九年。 [15]"纠缠",古代两股绳拧在一起叫"纠",三股绳拧在一起叫缠"。"缠",音 mò。 [16]"旱",通"悍",猛。 [17]"大专",创造万物的上天。"专",音 jūn,通"钧"。"槃",通"播",推动,运转。 [18]"坱轧",音 yǎng yà。弥漫。

【译文】万物变化啊，本无休止。运转推移啊，循环往复。有形无形啊，变化交替。深远微妙啊，岂可尽言。祸啊福所倚，福啊祸所伏。忧喜聚集啊，吉凶同处。吴国强大啊，夫差败亡。越避会稽啊，句践称霸。李斯显赫啊，终受极刑。傅说卑贱啊，辅佐武丁。祸之与福啊，如绳纠缠。命运难言啊，谁知终极。水激汹涌啊，箭激飞远。万物回旋啊，动荡转化。云蒸雨降啊，交错纷杂。苍天造物啊，茫然无穷。天难思虑啊，道难设想。死生由命啊，何知其时？

且夫天地为炉兮，造化为工；[1]阴阳为炭兮，万物为铜。合散消息兮，安有常则；千变万化兮，未始有极。忽然为人兮，何足控抟；[2]化为异物兮，又何足患！小知自私兮，贱彼贵我；通人大观兮，物无不可。贪夫徇财兮，烈士徇名；夸者死权兮，[3]品庶冯生。[4]怵迫之徒兮，[5]或趋西东；大人不曲兮，亿变齐同。拘士系俗兮，攌如囚拘；[6]至人遗物兮，独与道俱。众人或或兮，[7]好恶积意；[8]真人淡漠兮，独与道息。释知遗形兮，超然自丧；寥廓忽荒兮，与道翱翔。乘流则逝兮，得坻则止；[9]纵躯委命兮，不私与己。其生若浮兮，其死若休；澹乎若深渊之静，泛乎若不系之舟。不以生故自宝兮，养空而浮；德人无累兮，知命不忧。

【注释】〔1〕"造化"，指创造万物的上天。"工"，指冶炼工匠。〔2〕"控抟"，拿在手中抚弄，引申为爱惜宝贵。〔3〕"夸者"，贪图追求权势的人。〔4〕"品庶"，众庶，一般人。"冯生"，贪生。〔5〕"怵"，为利益所引诱。"迫"，为贫贱所逼迫。〔6〕"攌"，音 huǎn。木栅。指囚系之所。〔7〕"或"，通"惑"。〔8〕"意"，通"臆"，胸臆。〔9〕"坻"，音 chí。水中间的高地。

【译文】宇宙为炉啊，上天为工。阴阳为炭啊，万物为铜。聚散消长啊，哪有定律。千变万化啊，未有终极。偶然为人啊，何足珍惜。死为异物啊，有何忧虑。小智自私啊，独贵自己。达人大观啊，听其自然。贪夫为财死啊，烈士为名亡。恋权死于权势啊，众庶贪生怕死。逐利之徒啊，东奔西走。达人不为物屈啊，万变等同。愚人系于世俗啊，窘迫有如拘囚。至人遗弃外物啊，独与道存。

众人迷惑啊，利欲满怀。真人淡泊啊，与道同归。弃智忘形啊，超然物外。寥廓恍惚啊，与道同翔。顺流而行啊，遇洲则止。委身于命啊，不私一己。生若浮萍啊，死若休息。静如深水啊，动如荡舟。不宝自身啊，心若船浮。德人无累啊，知命不忧。

后岁余，贾生征见。[1]孝文帝方受釐，[2]坐宣室。[3]上因感鬼神事，而问鬼神之本。贾生因具道所以然之状。至夜半，文帝前席。[4]既罢，曰："吾久不见贾生，自以为过之，今不及也。"居顷之，拜贾生为梁怀王太傅。[5]梁怀王，文帝之少子，爱，而好书，故令贾生傅之。

【注释】〔1〕"征"，征召。〔2〕"受釐"，汉制，祭天地五畤，皇帝派人行祀，或郡国祭祀后，皆以余祭之肉归致皇帝，以示受福，叫受釐。"釐"，即"胙"，余祭之肉。〔3〕"宣室"，宫殿名。汉未央宫中有宣室殿，是皇帝斋戒的地方。〔4〕"前席"，坐在席上往前移动。〔5〕"梁怀王"，汉文帝少子，名刘楫。

【译文】又过了一年多，贾谊被征召到京城晋见皇帝。正赶上文帝坐在宣室接受神的赐福。文帝有感于鬼神之事，便询问鬼神的本源。贾谊就详细地讲这方面的道理。一直谈到夜半，文帝不知不觉地在座席上向贾谊面前移动。谈完之后，文帝说："我好久不见贾生了，自以为超过了他，今天看来还是不如他。"时间不长，就任贾谊为梁怀王刘楫的太傅。梁怀王是文帝喜爱的小儿子，好读书，所以文帝让贾谊做他的老师。

文帝复封淮南厉王子四人皆为列侯。[1]贾生谏，以为患之兴自此起矣。贾生数上疏，言诸侯或连数郡，非古之制，可稍削之。文帝不听。

【注释】〔1〕"封淮南厉王子四人"，淮南厉王刘长因图谋反叛自杀后，汉文帝分别封他的儿子刘安为阜陵侯，刘勃为安阳侯，刘赐为阳周侯，刘良为东城侯。

【译文】文帝封淮南厉王的四个儿子都为列侯。贾谊谏阻，认为这样做祸患就会由此产生。贾谊屡次上书,指出诸侯势力过大,有的封地连接数郡,不符合古代的制度,建议稍加削减。文帝不听。

居数年,怀王骑,堕马而死,无后。贾生自伤为傅无状,哭泣岁余,亦死。贾生之死时年三十三矣。及孝文崩,孝武皇帝立,举贾生之孙二人至郡守,而贾嘉最好学,世其家,与余通书。至孝昭时,列为九卿。[1]

【注释】[1]"九卿",官名。古时中央政府的九个高级官职。汉以太常、光禄勋、卫尉、太仆、廷尉、大鸿胪、宗正、大司农、少府为九卿。

【译文】几年以后,梁怀王骑马时,从马上跌下摔死了,没有后代。贾谊认为自己这个老师没有当好,很伤心,哭泣了一年多,也就死去了。贾谊死时只有三十三岁。文帝去世后,到孝武皇帝即位,把贾谊的两个孙子提拔到郡守的位置。其中贾嘉最好学,继承了贾谊的家风,和我通过信。孝昭皇帝时,贾嘉位列九卿。

太史公曰:余读《离骚》、《天问》、[1]《招魂》、[2]《哀郢》,[3]悲其志。適长沙,观屈原所自沉渊,未尝不垂涕,想见其为人。及见贾生弔之,又怪屈原以彼其材,游诸侯,何国不容,而自令若是。读《服鸟赋》,同死生,轻去就,又爽然自失矣。

【注释】[1]"《天问》",《楚辞》篇名,屈原作。全诗以两句或四句为一组,对自然现象、神话、历史故事提出许多疑问。 [2]"《招魂》",《楚辞》篇名,屈原作。屈原深痛楚怀王之客死而招其魂,并讽谏楚顷襄王之宴安淫乐。汉王逸认为是宋玉所作,招屈原之魂。 [3]"《哀郢》",《楚辞》篇名,《九章》之一。郢为楚国都,在今湖北江陵西北。屈原被放逐后,以此诗寄托其怀念故国之情。

【译文】太史公说:我读屈原的《离骚》、《天问》、《招魂》、《哀郢》,对他的志节深感悲壮。到了长沙,在汨罗江畔看到屈原自沉的地方,想见他的为人,常常哀痛流泪。后来看到贾谊的《弔屈原赋》,又奇怪屈原,以他那样的才能,游说诸侯,哪个国家不能容纳呢?但却让自己走上自杀这条路。可是读了《服鸟赋》,把死与生等同看待,把去和留看得很淡漠,又茫然不知适从了。

史记卷八十五

吕不韦列传第二十五

吕不韦者,阳翟大贾人也。[1]往来贩贱卖贵,[2]家累千金。[3]

【注释】[1]"阳翟",韩国邑名,韩景侯(公元前四〇八年至前四〇〇年在位)时迁都于此,公元前三七五年韩哀侯自此迁都于郑(今河南新郑),在今河南禹县。按:《战国策·秦策五》谓吕不韦为濮阳(今河南濮阳西南)人。《战国策》所载吕不韦行事与本传颇多歧异,盖司马迁别有所本。"贾",音gǔ,商人。 [2]"贩",买货出卖。 [3]"金",秦国货币单位,以黄金一镒为一金。一镒等于二十两,或谓二十四两。一两约合十六点二二克。

【译文】吕不韦是阳翟的大商人。往来各地低价收货高价出手,家产积累达到千金。

秦昭王四十年,[1]太子死。[2]其四十二年,以其次子安国君为太子。[3]安国君有子二十余人。安国君有所甚爱姬,立以为正夫人,号曰华阳夫人。华阳夫人无子。安国君中男名子楚,[4]子楚母曰夏姬,毋爱。子楚为秦质子于赵。[5]秦数攻赵,[6]赵不甚礼子楚。

【注释】[1]"秦昭王",亦称秦昭襄王,名稷,一名侧,秦惠王之子,秦武王之异母弟,公元前三〇六年至前二五一年在位。详见本书《秦本纪》。"秦昭王四十年",即公元前二七六年。 [2]"太子",即悼太子。此年死于魏国。 [3]"安国君",即秦孝文王,初封安国君,名柱,母唐八子,公元前二五〇年在位。详见本书《秦本纪》。 [4]"子楚",即

秦庄襄王,初名异人,或谓子楚系其见华阳夫人求立为嗣子所改,公元前二四九年至前二四七年在位。详见本书《秦本纪》。 [5]"质子",人质。春秋战国时代,各国诸侯出于政治需要,常将子弟作为人质派住别国,以取信对方。 [6]"数",音shuò,屡次,频繁。

【译文】秦昭王四十年,太子死去。四十二年,秦昭王将他的次子安国君立为太子。安国君有儿子二十多个。安国君有位非常宠爱的姬妾,便立她为正夫人,号称华阳夫人。华阳夫人没有儿子。安国君中间的一个儿子名叫子楚,子楚的母亲叫夏姬,不受安国君宠爱。子楚作为秦国的人质到赵国。秦军多次进攻赵国,所以赵国对子楚不很礼貌。

子楚,秦诸庶孽孙,[1]质于诸侯,车乘进用不饶,[2]居处困,不得意。吕不韦贾邯郸,[3]见而怜之,曰"此奇货可居"。[4]乃往见子楚,说曰:"吾能大子之门。"[5]子楚笑曰:"且自大君之门,而乃大吾门!"吕不韦曰:"子不知也,吾门待子门而大。"子楚心知所谓,乃引与坐,[6]深语。吕不韦曰:"秦王老矣,安国君得为太子。窃闻安国君爱幸华阳夫人,华阳夫人无子,能立適嗣者独华阳夫人耳。[7]今子兄弟二十余人,子又居中,不甚见幸,久质诸侯。即大王薨,[8]安国君立为王,则子毋几得与长子及诸子旦暮在前者争为太子矣。"[9]子楚曰:"然。为之奈何?"吕不韦曰:"子贫,客于此,非有以奉献于亲及结宾客也。不韦虽贫,请以千金为子

西游,事安国君及华阳夫人,立子为適嗣。"子楚乃顿首曰:〔10〕"必如君策,〔11〕请得分秦国与君共之。"

【注释】〔1〕"庶孽",嫡长子之外的庶出旁支。〔2〕"进用",费用。一说"进"通"赆"。"饶",富饶,富裕。〔3〕"邯郸",赵国国郡,在今河北邯郸。〔4〕"奇",稀奇,罕见。"居",囤居,积存。"奇货可居",罕见的货物可以积存着卖大价钱。这是吕不韦借用商人行话,比喻子楚是个可以谋取巨大利益的人物。〔5〕"大",扩大,光大。"门",门庭,门第。"大子之门",此为双关语,表面上讲扩大门庭,改变"居处困"的现状,实指提高地位,改换身份。〔6〕"引",引进,招致。〔7〕"適",通"嫡",嫡子。"嗣",继嗣,继承人。〔8〕"即",倘若,如果。"薨",音 hōng,古代对诸侯之死的专称。〔9〕"毋",无,没有。"几",通"机",机会。或谓通"冀",期望,希望。"长子",指安国君的长子。据《战国策·秦策五》,叫子傒。〔10〕"顿首",叩头,头叩地而拜。为古代九拜之一。〔11〕"必",果真,果然。"如",依照,顺遂。

【译文】子楚是秦国公室庶出别支的孙子,作为人质在诸侯国家,所以车辆马匹、费用开销都不富裕,居所处境相当窘困,很不得志。吕不韦到邯郸做生意,看见子楚而怜惜他,说"这真是稀罕的宝货,可以存积着卖大价钱"。于是前往会见子楚,说道:"我能够光大您的门庭。"子楚笑着说:"暂且先光大您的门庭,而后再来光大我的门庭。"吕不韦说:"您不知道啊,我的门庭要等待您的门庭光大才能光大。"子楚心中领会吕不韦所说的意思,于是请进去一起坐下,推心置腹深入交谈。吕不韦说:"秦王已经老了,安国君得机会立为太子。鄙人听说安国君宠幸喜爱华阳夫人,华阳夫人没有儿子,但能够决定选立谁为嫡子继承人的只有华阳夫人。如今您兄弟二十多人,您又排行居中,不太受宠爱,所以长时间当人质住在诸侯国家。一旦大王去世,安国君继立为王,您就没有机会能够跟长子及其余儿子早晚在父王面前争夺当太子了。"子楚说:"是这样。对这怎么办?"吕不韦说:"您资财贫乏,客居在此,没有什么可以拿来奉献给双亲和结交宾客。我吕不韦虽然也资财贫乏,但请让我用千金作资本为您西游秦国,孝敬安国君和华阳夫人,促成他们立您为嫡子继承人。"子楚立即叩头而拜说:"您的计策果真如愿,就请让我与您共同分享秦国。"

吕不韦乃以五百金与子楚,为进用,结宾客;而复以五百金买奇物玩好,自奉而西游秦,求见华阳夫人姊,而皆以其物献华阳夫人。因言子楚贤智,结诸侯宾客遍天下,常曰"楚也以夫人为天",日夜泣思太子及夫人。夫人大喜。不韦因使其姊说夫人曰:"吾闻之,以色事人者,色衰而爱弛。今夫人事太子,甚爱而无子,不以此时蚤自结于诸子中贤孝者,〔1〕举立以为適而子之。夫在则重尊,夫百岁之后,〔2〕所子者为王,终不失势。此所谓一言而万世之利也。不以繁华时树本,〔3〕即色衰爱弛后,虽欲开一语,尚可得乎?今子楚贤,而自知中男也,次不得为適,其母又不得幸,自附夫人。夫人诚以此时拔以为適,夫人则竟世有宠于秦矣。"华阳夫人以为然,承太子间,〔4〕从容言子楚质于赵者绝贤,〔5〕来往者皆称誉之。乃因涕泣曰:"妾幸得充后宫,不幸无子,愿得子楚立以为適嗣,以托妾身。"安国君许之,乃与夫人刻玉符,约以为適嗣。安国君及夫人因厚馈遗子楚,〔6〕而请吕不韦傅之,子楚以此名誉益盛于诸侯。

【注释】〔1〕"蚤",通"早"。〔2〕"百岁之后",即百年之后,对人死的委婉说法。古以百年为人寿之期。〔3〕"繁华",繁花,花朵盛开。比喻年轻貌美、风华正茂。"本",根,根基。〔4〕"承",承奉,趁着。〔5〕"从容",舒缓,随意,随便。〔6〕"馈",馈赠。此用作名词,指馈赠的礼品。"遗",音 wèi,赠予,致送。

【译文】吕不韦于是拿出五百金给子楚,作为开销费用,去结交宾客;同时又拿出五百金购置珍奇宝物、玩赏佳品,自己带着西进游说秦国,请求谒见华阳夫人的姐姐,把他带来的物品全部进献给华阳夫人。借机称说子楚贤能聪明,结交诸侯宾客遍布天下,还常常念叨"我子楚把华阳夫人当作自己的天",日夜悲泣思念着太子安国君和夫人。华阳夫人极为高兴。吕不韦就让她的姐姐劝说华阳夫人道:"我听说这样的话,凭色相事奉人的,容颜衰老便会宠爱减退。如今夫人事奉太子,深受宠爱但没有儿子,何不趁这时机早早从诸子中物色一位贤能孝顺的,推举立他为嫡正而认作自己的儿子。

（那样的话，）夫君健在就权重位尊；夫君倘若过世，所认的儿子登立为王，终身不会丧失权势。这就是人们所说的一句话而千秋万代受益啊。不趁着现在风华正茂的时候树立根基，如果待到容颜衰老宠爱减退之后，即使想只开口说上一句话，还有可能吗？如今子楚贤能，明知自己是排行居中的儿子，按次序不能做嫡子，他的母亲又不受宠幸，所以自愿依附夫人。夫人果真能乘此时机选拔他为嫡子，夫人就一辈子在秦国享有荣华富贵了。"华阳夫人认为确实如此，趁着太子空闲的时候，装着随意的样子说子楚当作人质在赵国极有才能，来来往往的人全都交口称赞他。于是就流着眼泪说："贱妾有幸充列后宫，不幸没有儿子，希望将子楚扶立为嫡子继承人，来寄托贱妾的后半生。"安国君答应此事，便和华阳夫人刻玉石符节为信物，相约以子楚作嫡子继承人。安国君和华阳夫人就备了厚礼送给子楚，同时请吕不韦辅助他。子楚的名望声誉因此在诸侯中越来越大。

吕不韦取邯郸诸姬绝好善舞者与居，[1]知有身。[2]子楚从不韦饮，见而说之，因起为寿，[3]请之。吕不韦怒，念业已破家为子楚，[4]欲以钓奇，[5]乃遂献其姬。姬自匿有身，至大期时，[6]生子政。[7]子楚遂立姬为夫人。

【注释】〔1〕"取"，选取。或谓通"娶"。"绝好"，绝色，容貌出众。 〔2〕"有身"，有娠，有身孕。〔3〕"寿"，祝寿，祝福，祝酒。 〔4〕"业已"，既已，已经。 〔5〕"钓奇"，引诱奇货上钩。"奇"，即上文"奇货可居"之"奇货"，指子楚。 〔6〕"大期"，期年，一年，指分娩超过产期。或谓正常产期，即十月。 〔7〕"政"，即秦始皇。

【译文】吕不韦从邯郸女子中选取一个容貌出众、能歌善舞的，与她同居，不久知她怀有身孕。子楚跟着吕不韦来喝酒，见着那女子并喜欢上她，便在席间起身为吕不韦敬酒祝福，请求要那女子。吕不韦很恼怒，但转念已经为子楚倾家荡产，目的是要猎获他这个宝货，于是便献出了他的那位姬妾。那女人隐瞒自己怀有身孕，到十二个月时，生下儿子政。子楚就立她为夫人。

秦昭王五十年，使王龁围邯郸，[1]急，

赵欲杀子楚。子楚与吕不韦谋，行金六百斤予守者吏，[2]得脱，亡赴秦军，遂以得归。赵欲杀子楚妻子，子楚夫人赵豪家女也，得匿，以故母子竟得活。秦昭王五十六年，薨，太子安国君立为王，华阳夫人为王后，子楚为太子。赵亦奉子楚夫人及子政归秦。

【注释】〔1〕"王龁"，亦称"王齮"，秦国将军，曾任左庶长，死于公元前二四四年。"龁"，音 yǐ。〔2〕"行"，赐，给予。

【译文】秦昭王五十年，秦派遣王龁领兵围攻邯郸，情况紧急，赵国准备杀死子楚。子楚与吕不韦商量，送黄金六百斤给看守的官吏，得以脱身，逃亡投奔秦国军队，于是得到机会返回祖国。赵国又准备杀死子楚的妻儿，子楚夫人是赵国豪门大家的女儿，得到藏匿，因此母子最后保全了性命。秦昭王五十六年，昭王去世，太子安国君即位为王，华阳夫人立为王后，子楚立为太子。赵国也就送子楚的夫人和儿子政回归秦国。

秦王立一年，薨，谥为孝文王。太子子楚代立，是为庄襄王。庄襄王所母华阳后为华阳太后，[1]真母夏姬尊以为夏太后。[2]庄襄王元年，以吕不韦为丞相，[3]封为文信侯，食河南、雒阳十万户。[4]

【注释】〔1〕"所母"，拜认的母亲，养母。〔2〕"真母"，生身母亲。 〔3〕"丞相"，官名，秦国辅佐国君的高级行政长官。 〔4〕"河南"，秦国县名，属三川郡，在今河南洛阳西。"雒阳"，秦国县名，三川郡治所，在今河南洛阳东北。按：或以"河南雒阳"连读，以汉河南郡治雒阳当之。

【译文】秦王在位一年去世，谥号为孝文王。太子子楚继代即位，这就是庄襄王。庄襄王所认养母华阳后为华阳太后，生母夏姬尊奉为夏太后。庄襄王元年，任命吕不韦为丞相，封文信侯，食邑河南、雒阳十万户。

庄襄王即位三年，薨，太子政立为王，尊吕不韦为相国，[1]号称"仲父"。[2]秦王年少，太后时时窃私通吕不韦。不韦家僮万人。

【注释】〔1〕"相国",官名,即相邦。"邦"作"国",系汉人避高祖刘邦名讳。为秦国最高政务长官。 〔2〕"仲父",叔父。

【译文】庄襄王即位三年去世,太子政继立为王,尊奉吕不韦为相国,号称"仲父"。秦王年纪还小,太后常常暗中与吕不韦私通。吕不韦家中僮仆有万人。

当是时,魏有信陵君,〔1〕楚有春申君,〔2〕赵有平原君,〔3〕齐有孟尝君,〔4〕皆下士喜宾客以相倾。吕不韦以秦之强,羞不如,亦招致士,厚遇之,至食客三千人。是时诸侯多辩士,如荀卿之徒,〔5〕著书布天下。吕不韦乃使其客人人著所闻,集论以为八览、六论、十二纪,〔6〕二十余万言。以为备天地万物古今之事,号曰《吕氏春秋》。布咸阳市门,〔7〕悬千金其上,延诸侯游士宾客有能增损一字者予千金。

【注释】〔1〕"信陵君",名无忌(或作"毋忌"),亦称公子无忌,魏昭王之子,魏安釐王异母弟,公元前二六七年被封为信陵君,死于公元前二四三年。详见本书《魏公子列传》。 〔2〕"春申君",名歇,氏黄,楚人,曾任楚顷襄王左徒、楚考烈王令尹,公元前二六二年被封为春申君,死于公元前二三八年。详见本书《春申君列传》。 〔3〕"平原君",名胜,亦称公子胜,赵武灵王之子,赵惠文王之弟,曾任赵惠文王、赵孝成王之相,公元前二九八年被封为平原君,死于公元前二五一年。详见本书《平原君虞卿列传》。 〔4〕"孟尝君",名文,氏田,齐国公族,靖郭君田婴之子,被封为孟尝君,袭父封邑薛(在今山东滕县南),故亦称薛文、薛公,先后曾任秦昭王相、齐湣王相、魏昭王相。详见本书《孟尝君列传》。 〔5〕"荀卿",名况,或谓时人尊而号为"卿",赵国人,游学齐国,三为祭酒,后至楚,任兰陵(在今山东苍山兰陵镇)令,晚年潜心撰著,终老其地。有《荀子》一书流传于世。其生卒年约为公元前三一三年至前二三八年。详见本书《孟子荀卿列传》。 〔6〕"八览",指《有始》、《孝行》、《慎人》、《先识》、《审分》、《审应》、《离俗》、《恃君》。"六论",指《开春》、《慎行》、《贵直》、《不苟》、《似顺》、《士容》。"十二

纪",指《孟春》、《仲春》、《季春》、《孟夏》、《仲夏》、《季夏》、《孟秋》、《仲秋》、《季秋》、《孟冬》、《仲冬》、《季冬》。 〔7〕"咸阳",秦国国都,在今陕西咸阳东北。

【译文】在这时期,魏国有信陵君,楚国有春申君,赵国有平原君,齐国有孟尝君,都礼贤下士喜好招募宾客来互相夸耀倾轧。吕不韦因为秦国强大,却在这方面不如他们而感到羞耻,所以也招徕士人,给予优厚待遇,门下食客达到三千来人。这时诸侯各国有许多工辞善辩的文人学士,如荀卿一类人,著书立说传布天下。吕不韦便让他的门客各人著录所见所闻,辑集纂论编为八览、六论、十二纪,有二十多万字。吕不韦认为其中详尽论述了天上地下世间万物从古至今的事情,称之为《吕氏春秋》。公布在咸阳市朝的大门,并悬挂千金在上面,聘诸侯各国的游士宾客,如有能够增添减少一个字的就赏给千金。

始皇帝益壮,太后淫不止。吕不韦恐觉祸及己,乃私求大阴人嫪毐以为舍人,〔1〕时纵倡乐,〔2〕使毐以其阴关桐轮而行,〔3〕令太后闻之,以啖太后。〔4〕太后闻,果欲私得之。吕不韦乃进嫪毐,诈令人以腐罪告之。〔5〕不韦又阴谓太后曰:"可事诈腐,则得给事中。"太后乃阴厚赐主腐者吏,诈论之,〔6〕拔其须眉为宦者,〔7〕遂得侍太后。太后私与通,绝爱之。有身,太后恐人知之,诈卜当避时,徙宫居雍。〔8〕嫪毐常从,赏赐甚厚,事皆决于嫪毐。嫪毐家僮数千人,诸客求宦为嫪毐舍人千余人。〔9〕

【注释】〔1〕"阴",生殖器。此指男性阴茎。"大阴人",阴茎粗大坚挺之人。"嫪毐",音 lào ǎi。"舍人",官名,亦可泛指王公显贵的侍从及门客。 〔2〕"倡",表演歌舞的艺人。 〔3〕"关",贯通,贯穿。"桐轮",桐木制成的车轮。 〔4〕"啖",音 dàn,引诱。 〔5〕"腐",指腐刑,即宫刑,一种破坏生殖器的肉刑。 〔6〕"论",论决,定罪。 〔7〕"须眉",胡须眉毛,此专指胡须。"宦者",宦人。此特指受过宫刑的宫中宦侍,即阉宦。 〔8〕"雍",秦国旧都,在今陕西凤翔南。 〔9〕"宦",官,官吏。

【译文】秦始皇渐渐长大成人,而太后却淫乱

没有止息。吕不韦害怕觉察而祸殃连及自身，就暗中求访到一个生殖器特别发达的人叫嫪毐，作为门下舍人，时常放纵倡优尽情取乐，让嫪毐把他的阴茎套上桐木轮子而行走，故意叫太后闻知此事，来引诱太后。太后听说后，果真想私下得到嫪毐。吕不韦便送进嫪毐，派人编造该判腐刑的罪名告发他。吕不韦又暗中对太后说："可做手脚假施腐刑，就能得到他在宫中供事。"太后于是暗中给主持执行腐刑的官吏丰厚的赏赐，假装对嫪毐处以腐刑的罪，拔去胡须眉毛让他做了宦官，嫪毐于是得到机会侍候太后。太后私下与他通奸，非常喜爱他。不久有了身孕，太后恐怕别人知道，假称占卜结果说应当回避一段时间，就从宫中迁居到雍。嫪毐经常随从太后，得到赏赐非常丰厚，凡事都取决于嫪毐。嫪毐家中僮仆数千人，各处来客为谋求当官而做嫪毐门下舍人的有千余人。

始皇七年，庄襄王母夏太后薨。孝文王后曰华阳太后，与孝文王会葬寿陵。[1]夏太后子庄襄王葬芷阳，[2]故夏太后独别葬杜东，[3]曰"东望吾子，西望吾夫。后百年，旁当有万家邑"。

【注释】[1]"寿陵"，陵名，在今陕西西安东北。 [2]"芷阳"，秦国县名，属秦京都内史，在今陕西西安东北。 [3]"杜"，秦国县名，属秦京都内史，在今陕西西安东南。

【译文】秦始皇七年，庄襄王的母亲夏太后去世。孝文王后也称华阳太后，与孝文王合葬在寿陵。夏太后的儿子庄襄王葬在芷阳，所以夏太后单独另外葬在杜县东，（夏太后生前）曾说："东面可以望见我的儿子，西面可以望见我的夫君。百年以后，旁边必定会有人口万家的城邑。"

始皇九年，有告嫪毐实非宦者，常与太后私乱，生子二人，皆匿之。与太后谋曰"王即薨，以子为后"。于是秦王下吏治，具得情实，事连相国吕不韦。九月，夷嫪毐三族，[1]杀太后所生两子，而遂迁太后于雍。诸嫪毐舍人皆没其家而迁之蜀。[2]王欲诛相国，为其奉先王功大，及宾客辩士为游说者众，王不忍致法。

【注释】[1]"夷"，夷灭，诛灭。"三族"，指父母、兄弟、妻子。或谓父、子、孙，或谓父族、母族、妻族，或谓父昆弟、己昆弟、子昆弟。 [2]"蜀"，秦国郡名，公元前二八五年建置，郡治成都（今四川成都）。

【译文】秦始皇九年，有人告发嫪毐其实并不是受过腐刑的宦官，经常与太后私下淫乱，生下儿子两个，都隐藏着。嫪毐还与太后密谋说"秦王倘若去世，就以这孩子为继承人"。于是秦王交付有关官吏办理此案，取得全部真情实据，事情牵连相国吕不韦。九月，诛灭嫪毐三族，杀死太后所生的两个儿子，同时就将太后迁居到雍。所有嫪毐的门下舍人都抄没全家迁徙到蜀郡。秦王本想诛杀相国，但因为吕不韦事奉先王功劳很大，以及宾客辩士为之说情的人很多，秦王便不忍心对他执法。

秦王十年十月，免相国吕不韦。及齐人茅焦说秦王，[1]秦王乃迎太后于雍，归复咸阳，而出文信侯就国河南。

【注释】[1]"茅焦"，齐国游士。据《说苑·正谏》，后受爵上卿。

【译文】秦王十年十月，罢免相国吕不韦的职务。直到齐国人茅焦劝说秦王，秦王才从雍接太后，返归咸阳，而下令文信侯吕不韦迁出国都到他的封地河南。

岁余，诸侯宾客使者相望于道，请文信侯。[1]秦王恐其为变，乃赐文信侯书曰："君何功于秦？秦封君河南，食十万户。君何亲于秦？号称仲父。其与家属徙处蜀！"吕不韦自度稍侵，[2]恐诛，乃饮鸩而死。[3]秦王所加怒吕不韦、嫪毐皆已死，乃皆复归嫪毐舍人迁蜀者。

【注释】[1]"请"，请谒，请求谒见。 [2]"稍"，逐渐。"侵"，侵削，迫害。 [3]"鸩"，音zhèn，毒酒。用鸩鸟羽毛浸泡而制成的一种毒酒。

【译文】（吕不韦在河南）一年多的时间里，诸侯各国的宾客使者在道路上前后相望络绎不绝，请求谒见文信侯。秦王担心其中会发生意外事变，就给文信侯书信说："你对秦国有什么功劳？但秦国封给你河南，食邑十万户。你同秦君有什么姻亲？竟号称仲父。你还是和家眷一起迁居到蜀郡去！"吕不韦自我思量地位日益受到侵削，害怕被杀，就喝毒酒而死。秦王所恼怒的吕不韦、嫪毐都已死去，便又全部遣返迁徙到蜀郡的嫪毐门下舍人。

始皇十九年，太后薨，谥为帝太后，与庄襄王会葬茝阳。[1]

【注释】[1]"茝阳"，即芷阳。"茝"，音 zhǐ，同"芷"。

【译文】秦始皇十九年，太后去世，谥号为帝太后，与庄襄王合葬在茝阳。

太史公曰：不韦及嫪毐贵，封号文信侯。人之告嫪毐，毐闻之。秦王验左右，未发。上之雍郊，[1]毐恐祸起，乃与党谋，矫太后玺发卒以反蕲年宫。[2]发吏攻毐，毐败亡走，追斩之好畤，[3]遂灭其宗。而吕不韦由此绌矣。孔子之所谓"闻"者，[4]其吕子乎？

【注释】[1]"上之雍郊"，按本书《秦始皇本纪》，指秦王政到雍举行冠礼。[2]"矫"，诈称，假托。"玺"，音 xǐ，印。自秦始皇称帝后成为皇印专称。"蕲年宫"，秦旧都雍城宫殿名，在今陕西凤翔南。[3]"好畤"，秦国县名，属秦京都内史，在今陕西乾县东。"畤"，音 zhì。[4]"孔子之所谓'闻'者"，按《论语·颜渊》，孔子曰："夫闻也者，色取仁而行违，居之不疑。在邦必闻，在家必闻。"即此所本。"孔子之所谓'闻'者"，指口是心非、善于钻营而极易出名的人。

【译文】太史公说：吕不韦以及嫪毐显赫一时，封号为文信侯。有人告发嫪毐，嫪毐得知此事。秦王让左右的人进行核实，不马上发作。秦王到雍城郊外，嫪毐害怕灾祸发生，就与同党密谋，假托太后玺印调动军队在蕲年宫举行反叛。秦王派官吏领兵攻击嫪毐，嫪毐兵败逃奔，在好畤被追上斩首，于是诛灭他的宗族。而吕不韦也由此被贬黜了。孔子所说的那种"闻"者，难道不是指吕不韦吗？

史记卷八十六

刺客列传第二十六

曹沫者，[1]鲁人也，以勇力事鲁庄公。[2]庄公好力。曹沫为鲁将，与齐战，三败北。[3]鲁庄公惧，乃献遂邑之地以和。[4]犹复以为将。

【注释】[1]齐鲁会盟，曹沫劫桓公事，又见于《管子》、《吕氏春秋》、《战国策》、《鹖冠子》诸书，可见此事在战国之世相当流行。《管子》作"曹刿"，《吕氏春秋》作"曹翙"，《战国策》、《鹖冠子》作"曹沫"。但于鲁庄公十三年，《左传》仅记"冬，盟于柯，始及齐平也"，《穀梁传》记"冬，公会齐侯盟于柯，曹刿之盟也，信齐侯也"，皆未明记劫桓公事。《公羊传》明记此事，然称"曹子"，未著其名。且《管子》、《吕氏春秋》、《公羊传》及《史记》所记亦有与史实牴牾者，故学者颇疑其事。"刿"，音guì。"翙"，音huì。[2]"事"，服事，侍奉，此指供职为臣。"鲁庄公"，名同，鲁桓公子，在位三十二年(公元前六九三年至前六六二年)。[3]"败北"，战败逃跑。"北"，指转身逃跑。[4]"遂邑"，邑名，在今山东肥城南。

【译文】曹沫，鲁国人，靠勇猛有力在鲁庄公那里任职。庄公喜爱力士。曹沫为鲁将，与齐交战，连连战败。鲁庄公惧怕了，便割献遂邑之地，跟齐讲和，但仍然让曹沫为将。

齐桓公许与鲁会于柯而盟。[1]桓公与庄公既盟于坛上，[2]曹沫执匕首劫齐桓公，[3]桓公左右莫敢动，而问曰："子将何欲？"曹沫曰："齐强鲁弱，而大国侵鲁亦甚矣。今鲁城坏即压齐境，[4]君其图之。"[5]桓公乃许尽归鲁之侵地。[6]既已言，曹沫投其匕首，下坛，北面就群臣之位，颜色不变，辞令如故。[7]桓公怒，欲倍其约。[8]管仲曰：[9]"不可。夫贪小利以自快，弃信于诸侯，失天下之援，不如与之。"于是桓公乃遂割鲁侵地，曹沫三战所亡地尽复予鲁。[10]

【注释】[1]"齐桓公"，名小白，齐襄公弟，在位四十三年(公元前六八五年至前六四三年)。他任用管仲，进行改革，国力富强。以"尊王攘夷"相号召，九合诸侯，一匡天下，成为春秋时期第一个霸主。"柯"，邑名，在今山东阳谷东北。"盟"，在神前盟誓订约。[2]"坛"，平地上土筑的高台。盟誓立坛，以示郑重。[3]"劫"，威胁，强逼。[4]"今鲁城坏即压齐境"，极言齐侵鲁之深，齐境紧逼鲁城之下。[5]"图"，谋划，考虑。[6]"侵地"，被侵占的土地。[7]"辞令"，交际场合的应对言辞。[8]"倍"，通"背"，背弃。[9]"管仲"，名夷吾，字仲，颍上(颍水之滨)人，春秋初期著名政治家。初佐齐公子纠，后相齐桓公。在齐进行改革，使齐国力大振。详见本书《管晏列传》。[10]"亡"，失去。

【译文】齐桓公答应和鲁庄公在柯相会而结盟。桓公和庄公在坛上结盟后，曹沫手执匕首登上坛去要挟齐桓公，桓公左右的人没有一个敢动的。桓公问道："你有什么要求？"曹沫说："齐强鲁弱，您这个大国侵略我鲁国也太过分了。现在鲁国城墙一倒，就会压在齐国境内，请您好好想想吧！"桓公于是答应把侵鲁所得的土地尽数归还鲁国。桓公说过之后，曹沫扔掉匕首，走下坛去，面向北，站到群臣的位置上，脸色不变，辞令如常。桓公恼怒，想背弃约言。管仲说："不行。如果贪图小利以求一己之痛快，结果会失信于诸侯，丧失天下人的支持，还不如归还给他们的好。"于是桓公便割还侵鲁所占的土地，曹沫几次战败所丢失的土地这时全部归还给了鲁国。

其后百六十有七年而吴有专诸之事。[1]

【注释】[1]"专诸"，《左传》作"鱄设诸"。据《史记·十二诸侯年表》曹沫劫齐桓公在鲁庄公十三年(公元前六八一年)，专诸刺吴王僚在鲁昭公二十七年(公元前五一五年)。

【译文】这之后一百六十七年，吴国发生了专诸事件。

专诸者，吴堂邑人也。[1]伍子胥之亡楚而如吴也，[2]知专诸之能。伍子胥既见吴王僚，[3]说以伐楚之利。吴公子光曰：[4]"彼伍员父兄皆死于楚而员言伐楚，欲自为报私雠也，非能为吴。"吴王乃止。伍子胥知公子光之欲杀吴王僚，乃曰："彼光将有内志，[5]未可说以外事。"[6]乃进专诸于公子光。

【注释】[1]"堂邑"，邑名，原属楚，称"棠邑"；后属吴，称"堂邑"，在今江苏六合北。 [2]"伍子胥"，名员，字子胥，楚人。父奢、兄尚被楚平王杀害，他逃亡入吴，帮助吴公子光夺取王位。后又与孙武佐吴王阖闾伐楚，攻入郢都。吴王夫差时，劝王拒绝越国求和、停止伐齐，吴王不听。吴王听信伯嚭谗言，赐剑逼他自杀。详见本书《伍子胥列传》。"亡"，逃亡。"如"，前往。 [3]"吴王僚"，吴王夷眜子(一说为吴王寿梦庶子)，在位十二年(公元前五二六年至前五一五年)。 [4]"公子光"，吴王诸樊子，他用专诸刺杀吴王僚而自立，是为吴王阖闾，在位十九年(公元前五一四年至前四九六年)。 [5]"内志"，指夺取王位的打算。 [6]"外事"，指伐楚。

【译文】专诸，吴国堂邑人。伍子胥逃离楚国来到吴国的时候，就知道专诸的才干。伍子胥朝见吴王僚后，曾用伐楚的好处劝说过吴王。吴公子光

对吴王僚说："那个伍员的父兄都死在楚国而他大谈伐楚，是想为自己报私仇，并不真能为吴国着想。"吴王僚于是打消了伐楚的念头。伍子胥了解到公子光企图谋杀吴王僚，心想："那位公子光对内将有所图谋，我不能向他进说对外的事情。"于是把专诸推荐给公子光。

光之父曰吴王诸樊。[1]诸樊弟三人：次曰余祭，[2]次曰夷眜，[3]次曰季子札。[4]诸樊知季子札贤而不立太子，以次传三弟，欲卒致国于季子札。诸樊既死，传余祭。余祭死，传夷眜。夷眜死，当传季子札；季子札逃不肯立，吴人乃立夷眜之子僚为王。公子光曰："使以兄弟次邪，[5]季子当立；必以子乎，则光真适嗣，[6]当立。"故尝阴养谋臣以求立。

【注释】[1]"吴王诸樊"，吴王寿梦长子，在位十三年(公元前五六○年至前五四八年)。 [2]"余祭"，吴王诸樊弟，继诸樊为吴王，在位十七年(公元前五四七年至前五三一年)。"祭"，音 cài。 [3]"夷眜"，吴王余祭弟，继余祭为吴王，在位四年(公元前五三○年至前五二七年)。"眜"，音 mò。 [4]"季子札"，即季札，吴王寿梦少子，夷眜弟。季札贤，寿梦欲传以位，季札辞不受。后封于延陵(今江苏常州市)，称延陵季子；又封于州来(今安徽凤台)，称延州来季子。 [5]"使"，假使。"次"，排列传位的次序。 [6]"适嗣"，正妻所生的长子。"适"，通"嫡"。

【译文】公子光的父亲是吴王诸樊。诸樊有弟三人：老二叫余祭，老三叫夷眜，老四叫季子札。诸樊知道季子札贤能，因而自己不立太子，决定自己死后依次传位给三位弟弟，希望最后把国家交给季子札。诸樊死后，王位转给余祭。余祭死后，传给夷眜。夷眜死后，照理应传给季子札；季子札逃了出去，不肯继立，吴人便立夷眜之子僚为吴王。公子光说："如果照兄弟次序传位，季子应当为王；如果一定要传位给儿子呢，那么我是真正的嫡嗣，应当为王。"所以他曾秘密养了谋臣，想争夺王位。

光既得专诸，善客待之。九年而楚平王死。[1]春，吴王僚欲因楚丧，使其二弟公子盖余、属庸将兵围楚之灊；[2]使延陵季子于

晋，[3]以观诸侯之变。[4]楚发兵绝吴将盖余、属庸路，吴兵不得还。于是公子光谓专诸曰："此时不可失，不求何获！且光真王嗣，当立，季子虽来，不吾废也。"专诸曰："王僚可杀也。母老子弱，[5]而两弟将兵伐楚，楚绝其后。方今吴外困于楚，而内空无骨鲠之臣，[6]是无如我何。"公子光顿首曰：[7]"光之身，子之身也。"[8]

【注释】[1]"楚平王"，名弃疾，即王位后改名居，楚共王子，楚康王与楚灵王弟，在位十三年(公元前五二八年至前五一六年)。 [2]"灊"，音qián，邑名，在今安徽霍山县北。 [3]"使"，派遣……出使。 [4]"变"，动静，反应。 [5]"母老子弱"，依《史记》此句文意，当指王僚之母老子弱，然下句"公子光顿首曰'光之身，子之身也'"似无所应。《左传》昭公二十七年载专诸之语曰："王可弑也。母老子弱，是无若我何?"杜预注："犹言我无若是何，欲以老弱托光。"杨伯峻认为，"杜注甚合上下文意，然此种句法，《经》、《传》中实罕见。" [6]"骨鲠之臣"，正直的臣子。骨鲠比喻正直。 [7]"顿首"，头叩地而拜。 [8]"光之身，子之身也"，此暗示万一你遇到不幸，你身后之事一切由我负责，我将像你活着一样地去养母育子。

【译文】公子光得到专诸之后，把他当作宾客优待。吴王僚九年，楚平王死。春，吴王僚想利用楚国有丧事的时机行事，派他的两个弟弟公子盖余、属庸领兵围攻楚国的灊；又派延陵季子到晋国，观察其他诸侯国的动静。楚国发兵截断吴将盖余、属庸的退路，吴兵无法回来。这时公子光对专诸说："这个时机不可错失，不去争取还能得到什么！再说，我是真正的王位继承人，应当继位，季子即使回来，也不会废掉我的。"专诸说："王僚是可杀的。他母老子弱，两个弟弟领兵伐楚，楚兵又截断了他们的后路。如今吴国外面受困于楚，而朝廷内部空虚，没有骨鲠之臣，这样他对我们将毫无办法。"公子光听了顿首道："我的身子，便是您的身子。(我将为您承担一切后事。)"

四月丙子，[1]光伏甲士于窟室中，[2]而具酒请王僚。[3]王僚使兵陈自宫至光之家，门户阶陛左右，[4]皆王僚之亲戚也。[5]夹立侍，皆持长铍。[6]酒既酣，公子光详为足

疾，[7]入窟室中，使专诸置匕首鱼炙之腹中而进之。[8]既至王前，专诸擘鱼，[9]因以匕首刺王僚，王僚立死。左右亦杀专诸，王人扰乱。[10]公子光出其伏甲以攻王僚之徒，尽灭之，遂自立为王，是为阖闾。阖闾乃封专诸之子以为上卿。[11]

【注释】[1]"丙子"，古代以干支纪日，此指四月里丙子日那天。 [2]"甲士"，披甲的士兵。"窟室"，掘地为室，犹今地下室。 [3]"具"，备办。 [4]"陛"，殿堂的台阶。 [5]"亲戚"，亲信之人。《史记·吴太伯世家》作"皆王僚之亲也"，《左传》昭公二十七年作"皆王亲也"，均无"戚"字，故此非指内外亲属而言。 [6]"长铍"，装有长柄的两刃刀。"铍"，音pī，剑类，形如刀而两边有刃。 [7]"详"，通"佯"，假装。 [8]"鱼炙"，烧好的全鱼。 [9]"擘"，音bò，掰开，撕开。 [10]"王人"，王僚所带的侍从亲信。"扰乱"，混乱。 [11]"上卿"，上品之卿，地位极尊贵。

【译文】四月丙子日那天，公子光在地下室里埋伏好甲士，备了酒席请王僚赴宴。王僚派兵警卫，从宫廷一直列队到公子光家，在公子光家门户台阶两旁站着的都是王僚的亲信之人。他们在王僚左右夹立侍卫，手里都拿着长铍。酒喝到兴头上，公子光假称脚有毛病，离席进入地下室，让专诸把匕首暗藏在烧好的鱼的肚子里送上去。送到王僚面前后，专诸撕开鱼肚，拿出匕首，直刺王僚，王僚当即丧命。王僚身边的人也杀了专诸。王僚的侍从们大乱。公子光放出埋伏好的甲士攻击王僚的侍从，把他们全部消灭，便自立为王，他就是吴王阖闾。阖闾封专诸的儿子为上卿。

其后七十余年而晋有豫让之事。[1]

【注释】[1]据《史记·六国年表》，赵、韩、魏共灭智伯在周定王十六年(公元前四五三年)，豫让刺赵襄子当在此年或稍后。

【译文】这之后七十多年，晋国发生了豫让事件。

豫让者，晋人也，故尝事范氏及中行氏，[1]而无所知名。去而事智伯，[2]智伯甚

尊宠之。及智伯伐赵襄子,〔3〕赵襄子与韩、魏合谋灭智伯,〔4〕灭智伯之后而三分其地。赵襄子最怨智伯,〔5〕漆其头以为饮器。豫让遁逃山中,曰:"嗟乎! 士为知己者死,女为说己者容。〔6〕今智伯知我,我必为报雠而死,以报智伯,则吾魂魄不愧矣。"乃变名姓为刑人,〔7〕入宫涂厕,中挟匕首,欲以刺襄子。襄子如厕,心动,执问涂厕之刑人,则豫让,内持刀兵,曰:"欲为智伯报仇!"左右欲诛之。襄子曰:"彼义人也,〔8〕吾谨避之耳。且智伯亡无后,而其臣欲为报仇,此天下之贤人也。"卒醳去之。〔9〕

【注释】〔1〕"范氏",指范昭子,即范吉射,又称士吉射,晋国六卿之一。"中行氏",指中行文子,即荀寅,晋国六卿之一。"行",音 háng。"中行",复姓。〔2〕"去",离开。"智伯",指智襄子,即荀瑶,晋国六卿之一。"智",一作"知"。〔3〕"赵襄子",名毋恤,赵简子(赵鞅)之子,晋国六卿之一。智伯在晋专权时曾强行索取韩氏、魏氏的万家之县各一,又向赵襄子索取土地,遭到拒绝。于是智伯率领韩氏、魏氏围困襄子于晋阳(今山西太原市西南),历时一年多,并引汾水灌城,几乎灭了赵氏。韩、魏担心赵氏灭后将祸及自身,便与襄子联合,反灭智伯,三分其地。〔4〕"韩",指韩康子,名虎。一说名虔。"魏",指魏桓子,名驹。皆晋国六卿之一。〔5〕"赵襄子最怨智伯",晋出公十一年(公元前四六四年),赵毋恤为赵简子太子时曾随智伯伐郑,智伯当面侮辱赵毋恤:"恶而无勇,何以为子?"智伯醉,以酒灌毋恤。智伯归晋,劝说赵简子废掉毋恤。后来又发生了智伯率韩、魏围赵襄子于晋阳之事,所以赵襄子最怨智伯。〔6〕"说",通"悦"。"容",修饰容貌。〔7〕"刑人",被判刑服役之人。〔8〕"义人",有节操、讲义气之人。〔9〕"醳",音 shì,通"释"。

【译文】豫让,晋国人,原先曾在范氏和中行氏那里做事,但毫不知名。离开他们后到智伯门下供职,智伯很看重和宠爱他。后来智伯攻伐赵襄子,赵襄子和韩氏、魏氏合谋灭了智伯,灭智伯后又三分智伯的土地。赵襄子最恨智伯,把智伯的头颅漆了,作为酒器。豫让逃到山中,说道:"唉! 士人为知己者献出生命,女子为喜爱自己的人修饰容貌。如今智伯赏识我,我一定要为了替他报仇而

死,以此来报答智伯,这样我死后的魂魄也就不会感到羞愧了。"于是变更名姓,冒充为判刑服役之人,混进赵襄子宫里涂饰厕所,身上挟带匕首,想刺杀襄子。襄子去厕所时,忽觉心惊,便抓住涂厕所的刑人审问,发现他便是豫让,身上带着凶器,口称:"要为智伯报仇!"襄子身边的侍从要杀他,襄子说:"他是个义士,我小心避开他就是了。再说智伯死了,没有后代,而他的臣下却想替他报仇,这个人是天下的贤德之人啊。"最终还是把豫让释放了。

居顷之,〔1〕豫让又漆身为厉,〔2〕吞炭为哑,〔3〕使形状不可知,行乞于市。其妻不识也。行见其友,其友识之,曰:"汝非豫让邪?"曰:"我是也。"其友为泣曰:"以子之才,委质而臣事襄子,〔4〕襄子必近幸子。〔5〕近幸子,乃为所欲,顾不易邪?〔6〕何乃残身苦形,欲以求报襄子,不亦难乎!"豫让曰:"既已委质臣事人,而求杀之,是怀二心以事其君也。且吾所为者极难耳! 然所以为此者,将以愧天下后世之为人臣怀二心以事其君者也。"

【注释】〔1〕"顷之",不久。〔2〕"漆身为厉",以漆涂身,使皮肤溃烂,如生恶疮。"厉",音 lài,恶疮。〔3〕"哑",声音嘶哑。〔4〕"委质",指献送进见的礼物。"质",通"贽"。〔5〕"近幸",亲近宠爱。〔6〕"顾",难道,反倒,表示反问。

【译文】不久,豫让又在身上涂漆,让皮肤长满恶疮,还吞炭使嗓子喑哑。他把自己原来的形状变得人们无法辨认之后,到市上行乞。他的妻子见了,认不出是他。在路上见到他的朋友,朋友却认出他来了,说:"你不就是豫让吗?"答道:"我是豫让。"他的朋友为之哭泣道:"以你的才干,投奔到襄子门下效命办事,襄子一定会亲近你宠爱你。他亲近你宠爱你,你再做你想做的事,这岂不更容易吗? 为什么竟要伤残身体,受许多痛苦,想以此达到向襄子报仇的目的,这不也太难了吗!"豫让说:"既然已经投到他门下效命办事,却又想杀他,这是怀着异心来侍奉君主啊。再说,我所做的确实是极难的事情,然而所以要这样做,正是要使天下后世身为人臣却怀着异心去侍奉君主的人感到羞愧啊。"

既去,顷之,襄子当出,豫让伏于所当过之桥下。襄子至桥,马惊,襄子曰:"此必是

豫让也。"使人问之,果豫让也。于是襄子乃数豫让曰:[1]"子不尝事范、中行氏乎?智伯尽灭之,[2]而子不为报雠,而反委质臣于智伯。智伯亦已死矣,而子独何以为之报雠之深也?"豫让曰:"臣事范、中行氏,范、中行氏皆众人遇我,[3]我故众人报之。至于智伯,国士遇我,[4]我故国士报之。"襄子喟然叹息而泣曰:[5]"嗟乎豫子![6]子之为智伯,名既成矣,而寡人赦子,[7]亦已足矣。子其自为计,寡人不复释子!"使兵围。豫让曰:"臣闻明主不掩人之美,而忠臣有死名之义。[8]前君已宽赦臣,天下莫不称君之贤。今日之事,臣固伏诛,[9]然愿请君之衣而击之,焉以致报雠之意,[10]则虽死不恨。非所敢望也,敢布腹心!"[11]于是襄子大义之,乃使使持衣与豫让。豫让拔剑三跃而击之,曰:"吾可以下报智伯矣!"遂伏剑自杀。[12]死之日,赵国志士闻之,皆为涕泣。

【注释】[1]"数",音 shǔ,列举其过而责备之。[2]"智伯尽灭之",晋出公十七年,智伯与赵氏、韩氏、魏氏尽分范氏、中行氏之地以为邑,灭掉了二氏。[3]"众人",一般人。"遇",对待。[4]"国士",一国中杰出的人物。[5]"喟然",长叹的样子。"喟",音 kuì。[6]"嗟乎",表示感叹。"豫子",对豫让的尊称。[7]"寡人",寡德之人。先秦时王侯及卿大夫皆可用以为自谦之词。[8]"死名",为名节而死。[9]"伏诛",受死刑,被诛杀。[10]"焉",乃,于是,作连词用。"致",表达。[11]"敢",表示自己说话冒昧的敬词。"布",展露。"腹心",衷诚,真诚的心意。[12]"伏剑",俯颈就剑,即用剑割颈。

【译文】豫让离去之后,不久,料到赵襄子该出门了,便埋伏在赵襄子将会经过的桥下。襄子来到桥边,马突然受惊,襄子说:"此人必是豫让。"派人查问,果然是豫让。这时襄子便数落豫让说:"你不是曾经在范氏、中行氏门下做过事吗?智伯把他们全灭了,而你不为他们报仇,反而投奔到智伯门下效命办事。现在智伯也已经死了,你为什么独独这样执著地为他报仇呢?"豫让说:"我在范氏、中行氏门下做事,范氏、中行氏都把我当一般人相待,所以我就像一般人那样报答他们。至于智伯,他把我

当国士相待,我因此要像国士那样报答他。"襄子长叹一声,呜咽着说道:"唉,豫子啊豫子!你为智伯尽忠,名声已经成就了;而我赦免你,也已经够了。你还是为自己想想吧,我不再放过你了!"襄子派兵围住豫让。豫让说:"我听说贤明的君主不掩盖别人的美德,而忠臣理应为名节献身。上一次您已经宽赦过我,天下人无不称赞您的贤明。今日之事,我自然难免一死,可我还是希望能得到您的衣服,击打它一下,以表达我的报仇的心意,这样我虽死而无憾。这不是我所敢期望的,我只是斗胆向您陈述我内心的想法。"这时襄子深感豫让义烈,便派人拿自己的衣服给豫让。豫让拔出剑来,跳跃三次,一剑直劈下去,说道:"我可以在九泉之下报答智伯了!"说罢便横剑自刎。豫让死的那天,赵国的志士听到这消息,无不为之流泪呜咽。

其后四十余年而轵有聂政之事。[1]

【注释】[1]聂政刺韩相侠累,一说在韩烈侯三年(公元前三九七年),《史记·韩世家》及《六国年表》均于烈侯三年书及此事。一说在韩哀侯六年(公元前三七一年),《史记·韩世家》及《六国年表》于哀侯六年书"韩严弑其君",《刺客列传》即记此事于韩哀侯时。《韩非子·内储说下》及《战国策·韩策》皆记严遂使人刺杀韩廆(一作傀,即侠累)而兼中哀侯。疑后说为是。"轵",音 zhǐ,邑名,在今河南济源东南。

【译文】这之后四十多年,发生了轵人聂政事件。

聂政者,轵深井里人也。杀人避仇,与母、姊如齐,以屠为事。

久之,濮阳严仲子事韩哀侯,[1]与韩相侠累有郤。[2]严仲子恐诛,亡去,游求人可以报侠累者。[3]至齐,齐人或言聂政勇敢士也,避仇隐于屠者之间。严仲子至门请,[4]数反,[5]然后具酒自畅聂政母前。[6]酒酣,严仲子奉黄金百溢,[7]前为聂政母寿。[8]聂政惊怪其厚,固谢严仲子。[9]严仲子固进,[10]而聂政谢曰:"臣幸有老母,家贫,客游以为狗屠,可以旦夕得甘毳以养亲。[11]亲供养备,不敢当仲子之赐。"严仲子辟人,[12]因为聂政言曰:"臣有仇,而行游诸侯众矣;

然至齐,窃闻足下义甚高,〔13〕故进百金者,将用为大人粗粝之费,〔14〕得以交足下之欢,岂敢以有求望邪!"聂政曰:"臣所以降志辱身居市井屠者,〔15〕徒幸以养老母;老母在,政身未敢以许人也。"严仲子固让,聂政竟不肯受也。然严仲子卒备宾主之礼而去。

【注释】〔1〕"濮阳",战国卫都,在今河南濮阳西南。"严仲子",即严遂,韩国大臣。"韩哀侯",韩文侯子,在位六年(公元前三七六年至前三七一年)。〔2〕"郤",音 xì,通"隙",指嫌隙,怨恨。据《战国策·韩策二》所载,侠累相韩,严遂亦甚得韩君重用,二人争权。严遂曾在朝廷上直指侠累的过失,受到侠累叱斥,便拔剑相逼,后严遂惧诛出亡。〔3〕"游",各处行走。"报",报复。〔4〕"请",求见,拜访。〔5〕"数",音 shuò,屡次。"反",通"返"。〔6〕"畅",当从《战国策·韩策二》作"觞",劝酒,敬酒。〔7〕"溢",通"镒",古代重量单位,二十两为一镒。一说二十四两为一镒。〔8〕"为……寿",祝其健康长寿。〔9〕"固",坚决。"谢",推辞,拒绝。〔10〕"进",奉献。〔11〕"甘脆",美味的食品。"脆",音 cuì,通"脆"。〔12〕"辟",通"避"。〔13〕"窃",谦指自己,犹言"私下"。"足下",古代下称上或同辈相称的敬词。〔14〕"大人",对长辈的尊称。"粗粝",糙米,粗粮。"粝",音 lì。〔15〕"降志辱身",压抑心志,辱没身份。"市井",古代进行商品交易的场所。

【译文】聂政,轵邑深井里人。因为杀了人,躲避仇敌,和母亲、姊姊一起到了齐国,以屠宰为业。

隔了很久,濮阳严仲子在韩哀侯朝中供职,与韩相侠累结下怨仇。严仲子怕侠累杀他,逃离韩国,到处访求能向侠累报仇的人。来到齐国,齐国有人谈到聂政,说他是个有勇气有胆量的人,因为避仇而隐身在屠户中间。严仲子登门拜访,来往几次后,备下酒席,亲自向聂政母亲敬酒。酒喝到兴头上,严仲子捧出黄金百镒,上前孝敬聂政母亲,祝她长寿。聂政对这样的厚礼颇感惊怪,坚决推辞。严仲子坚持要送,聂政辞谢说:"我很幸运,老母尚在。家虽贫穷,客居他乡做个狗屠,仍可以早晚买些甘美的食品来奉养老母。对老母的供养已经够了,我不敢领受仲子的赐与。"严仲子避开他人,乘机对聂政说道:"我有仇,我行经的诸侯国也不算少了,但到齐国后,才私下听说足下义气甚高,我所以

送上百金,只是想用作为令堂买些粗糙食物的费用,并能够和足下相交,使足下高兴,哪敢因此而有什么别的企求呢!"聂政说:"我所以贬抑志气,辱没身份,在市井当个屠夫,只是为了能够有幸奉养老母;老母在世,我是不敢把自己许给他人的。"严仲子坚持赠金,聂政到底不肯接受,但严仲子最后还是尽了宾主相见的礼仪才离去。

久之,聂政母死。既已葬,除服,〔1〕聂政曰:"嗟乎!政乃市井之人,鼓刀以屠;〔2〕而严仲子乃诸侯之卿相也,不远千里,枉车骑而交臣。〔3〕臣之所以待之,至浅鲜矣,〔4〕未有大功可以称者,而严仲子奉百金为亲寿,我虽不受,然是者徒深知政也。夫贤者以感忿睚眦之意而亲信穷僻之人,〔5〕而政独安得嘿然而已乎!〔6〕且前日要政,〔7〕政徒以老母;老母今以天年终,〔8〕政将为知己者用。"乃遂西至濮阳,见严仲子曰:"前日所以不许仲子者,徒以亲在;今不幸而母以天年终。仲子所欲报仇者为谁?请得从事焉!"〔9〕严仲子具告曰:〔10〕"臣之仇韩相侠累,侠累又韩君之季父也,〔11〕宗族盛多,居处兵卫甚设,〔12〕臣欲使人刺之,终莫能就。今足下幸而不弃,请益其车骑壮士可为足下辅翼者。"聂政曰:"韩之与卫,相去中间不甚远,今杀人之相,相又国君之亲,此其势不可以多人,多人不能无生得失,〔13〕生得失则语泄,语泄是韩举国而与仲子为雠,岂不殆哉!"遂谢车骑人徒,聂政乃辞独行。

【注释】〔1〕"除服",居丧期满,除去丧服。〔2〕"鼓刀",屠宰时以刀击物出声。〔3〕"枉",屈就。〔4〕"鲜",音 xiǎn,少。〔5〕"睚眦",音 yá zì,发怒时瞪眼睛。〔6〕"嘿然",沉默不语的样子。"嘿",音 mò。〔7〕"要",音 yāo,通"邀"。〔8〕"天年",人的自然寿命,有别于夭折或死于非命。〔9〕"从事",办这件事情。〔10〕"具告",详细告诉。〔11〕"季父",叔父。〔12〕"兵卫",护卫的士兵。"设",完备。〔13〕"无生得失",不发生失误,不出岔子。"得失"在此为偏义复词。然据《史记索隐》,唐司马贞所见之本作"无生得",则意谓多人前往行刺,不会没有被生擒的。

【译文】过了很久，聂政的母亲去世了。埋葬已毕，在除去丧服之后，聂政说道："唉！我聂政不过是个市井小民，鼓刀屠宰；而严仲子是诸侯的卿相，却不远千里，屈尊来和我结交。我待他极为淡薄，没有什么大功可以和他所待我的相称，而严仲子又奉上百金为我母亲祝寿，我纵然没有接受，但他这样做，只是说明他对我是知遇很深的。一位贤者，因为别人瞪他一眼而气愤不堪，从而来亲近信赖一个穷困鄙陋的小民，我聂政哪能对此独独不吭一声、毫无反应就算了呢！再说前些时候他来邀请我，我只是因为老母尚在，（没有答应他。）现在老母享尽天年，我将要为知己的人效力了。"于是西行来到濮阳，见严仲子，说道："前些时候我所以没有答应仲子，只是因为母亲尚在；现在不幸母亲已经享尽天年去世了。仲子想要报仇的对象是谁？请让我来办理此事吧！"严仲子便详细地告诉我说："我的仇人是韩相侠累，侠累又是韩国国君的叔父，他们宗族的人很多，居处警卫十分严密，我想派人刺他，但始终没有人能办成。现在幸蒙足下不弃，请允许我加派一些可以做您帮手的车骑壮士同去。"聂政说："韩国和卫国，中间相距不很远，如今要去刺杀人家的国相，这位国相又是国君的亲属，在这种情况下势必不能多派人去，人员一多，不可能不发生失误，发生了失误，机密就会泄露，机密一泄露，则韩国全国便会和仲子结仇，这岂不危险吗！"于是谢绝了车骑随从。聂政辞别严仲子，独自一人启程前往。

杖剑至韩，[1]韩相侠累方坐府上，持兵戟而卫侍者甚众。聂政直入，上阶刺杀侠累，左右大乱。聂政大呼，所击杀者数十人，因自皮面决眼，[2]自屠出肠，遂以死。

【注释】[1]"杖"，执持，拿着。[2]"皮面"，割破面皮。一说刮去面皮。"皮"，音 pī，通"披"，割开。"决眼"，挖出眼珠。"决"，通"抉"。

【译文】聂政自带利剑到了韩国，韩相侠累正坐在府上，手持兵器侍卫他的人很多。聂政径直闯了进去，上阶刺杀了侠累，两旁的人顿时大乱。聂政大声呼喝，击杀数十人，然后自己削烂面皮，挖出眼珠，破肚出肠，随即死去。

韩取聂政尸暴于市，[1]购问莫知谁子。[2]于是韩县购之，[3]有能言杀相侠累者予千金。久之莫知也。

【注释】[1]"暴"，音 pù，置于露天，曝露。[2]"购问"，出赏钱打听。[3]"县"，"悬"的本字，此指悬重赏。

【译文】韩国把聂政的尸体曝露在市集上，悬赏打听，可是没有人知道他是何人。于是韩国又悬重赏查询，宣称有能说出这个刺杀国相侠累的人的名姓的，赏赐千金。但时过很久，仍然无人知晓。

政姊荣闻人有刺杀韩相者，贼不得，[1]国不知其名姓，暴其尸而县之千金，乃于邑曰：[2]"其是吾弟与？[3]嗟乎，严仲子知吾弟！"立起，[4]如韩，之市，[5]而死者果政也，伏尸哭极哀，曰："是轵深井里所谓聂政者也。"市行者诸众人皆曰："此人暴虐吾国相，王县购其名姓千金，夫人不闻与？[6]何敢来识之也？"荣应之曰："闻之。然政所以蒙污辱自弃于市贩之间者，为老母幸无恙，[7]妾未嫁也。亲既以天年下世，妾已嫁夫，严仲子乃察举吾弟困污之中而交之，[8]泽厚矣，可奈何！士固为知己者死，今乃以妾尚在之故，重自刑以绝从，[9]妾其奈何畏殁身之诛，[10]终灭贤弟之名！"大惊韩市人。乃大呼天者三，卒于邑悲哀而死政之旁。

【注释】[1]"贼不得"，指不知刺客为谁。[2]"于邑"，通"呜唈"，悲哀气塞，难以成声。"于"，音 wū。[3]"与"，音 yú，通"欤"，用作表示疑问的语气词。[4]"立起"，即刻起身。[5]"之"，往，到。[6]"夫人"，对妇人的尊称。[7]"无恙"，没有灾祸疾病等可忧之事。[8]"察举"，赏识选拔。[9]"重"，狠狠地。"刑"，指割面、抉眼、自屠出肠之事。"从"，音 zōng，通"踪"，踪迹。一说"从"为从坐之意，指牵连治罪。[10]"殁身"，身死。

【译文】聂政的姊姊聂荣听说有人刺杀了韩相，凶手没有查清，韩国全国都不知道他的名姓，因此把尸体曝露在外，悬赏千金查询，便忧伤恒郁，语不成声地说道："怕是我的弟弟吧？唉，严仲子是了解我弟弟的！"于是立即动身，赶往韩国，来到市集上，一看死者果真是聂政。她伏在尸体上哭得极为悲哀，说道："他是轵邑深井里叫做聂政的啊！"在市集上路过的许多人都说："此人残暴地刺杀我们国相，韩王悬赏千金查问其名姓，夫人您没有听说过吗？怎么敢来认他呢？"聂荣回答说："我听说了的。但弟弟聂政所以愿蒙受污辱，混迹于市集商贩之中，是因为老母幸而还健在，我还没有出嫁的缘故。现在老母享尽天年去世，我也嫁了丈夫，当初严仲子在我弟弟处于穷困污浊环境里的时候赏识他，和他结交，对他的恩泽已经很重了，这又如何是好呢！士本应为知己者效命，如今他竟因为我还在世的缘故，又狠狠地自我伤残形体以断绝追踪的线索，我怎么能因为害怕连累杀身而让我好弟弟的名姓始终湮没无闻呢！"这番话使韩国市集上的人大吃一惊。聂荣说毕，大呼"天啊""天啊"多次，终于悒郁悲哀之至而气绝在聂政尸体旁。

晋、楚、齐、卫闻之，皆曰："非独政能也，乃其姊亦烈女也。[1]乡使政诚知其姊无濡忍之志，[2]不重暴骸之难，必绝险千里以列其名，[3]姊弟俱僇于韩市者，[4]亦未必敢以身许严仲子也。严仲子亦可谓知人能得士矣！"

【注释】[1]"乃"，而且。"烈女"，重义轻生、有节操的女子。 [2]"乡使"，如果。"乡"，音xiàng。"濡忍"，柔顺容忍。 [3]"绝险"，渡越险阻。"列"，陈列，显扬。 [4]"僇"，音lù，通"戮"，杀，此指身死。

【译文】晋、楚、齐、卫等国的人听到这件事，都说："不但聂政非凡出众，而且他的姊姊也是位烈女啊！如果聂政确实了解到他姊姊没有含忍的性格，不怕暴露尸体，必定要远涉千里险阻来宣扬弟弟的名姓，宁愿姊弟一起死于韩市，那么他也未必敢许身给严仲子。严仲子也可以说是善于了解人并能深得士人之心的了！"

其后二百二十余年秦有荆轲之事。[1]

【注释】[1]据《史记·六国年表》，荆轲刺秦王在秦王政二十年（公元前二二七年）。

【译文】这之后二百二十多年，秦国发生了荆轲事件。

荆轲者，卫人也。其先乃齐人，徙于卫，卫人谓之庆卿。[1]而之燕，燕人谓之荆卿。[2]

【注释】[1]"庆卿"，卿为古代对人的尊称。荆轲的先代为齐人，齐有庆氏，荆轲或为庆氏之后，故卫人称他庆卿。 [2]"荆卿"，荆与庆声相近，可能是由于卫、燕语音的差异而改变了对他的称呼。

【译文】荆轲，卫国人。祖上是齐国人，迁居到卫国，卫国人称他庆卿；以后到燕国，燕国人称他荆卿。

荆卿好读书击剑，以术说卫元君，[1]卫元君不用。其后秦伐魏，置东郡，[2]徙卫元君之支属于野王。[3]

【注释】[1]"卫元君"，战国卫国国君，魏嗣君之弟。据《史记·六国年表》所记，在位二十三年（公元前二五二年至前二三〇年）；《卫康叔世家》则谓在位二十五年。其时卫已成为魏之附庸，元君乃魏婿，故魏立之。《秦始皇本纪》称，秦王政六年（公元前二四一年），"拔卫，迫东郡，其君角率其支属徙居野王。"角为元君之子，则卫元君在位年数似远不足二十三年。俟考。 [2]"东郡"，郡名，秦王政五年（公元前二四二年）置，郡治濮阳（在今河南濮阳西南），辖境约相当于今山东茌平以南，东阿、梁山以西，定陶、武成以北及河南长垣、封丘以北，延津、青丰以东地区。 [3]"支属"，子孙亲属。"野王"，邑名，在今河南沁阳。

【译文】荆卿喜好读书、击剑，曾以剑术向卫元君游说，卫元君没有采用。后来秦伐魏，设置东郡，把卫元君的子孙亲属迁到了野王。

荆轲尝游过榆次，[1]与盖聂论剑，[2]盖聂怒而目之。[3]荆轲出，人或言复召荆卿。盖聂曰："曩者吾与论剑有不称者，[4]吾目之；试往，是宜去，不敢留。"使使往之主人，[5]荆卿则已驾而去榆次矣。使者还报，盖聂曰："固去也，吾曩者目摄之！"[6]

【注释】〔1〕"榆次"，邑名，在今山西榆次市。〔2〕"盖"，音 gě，姓。〔3〕"目之"，指对他瞪眼。〔4〕"曩者"，不久前，刚才。"曩"，音 nǎng。"称"，音 chèn，符合。〔5〕"主人"，指荆轲寓居的人家，房东。〔6〕"摄"，通"慑"，使畏惧。

【译文】荆轲曾游历经过榆次，和盖聂讲论剑术。盖聂发怒，瞪着眼看荆轲，荆轲便走开了。有人建议把荆卿再叫回来，盖聂说："刚才我和他讲论剑术，有不合之处，我用眼瞪了他。你们不妨试着去找找他，我看在这种情况下他是应该离开这里了，不敢再留下来的。"派人到荆卿寄宿的主人那里，发现荆卿已经驾车离开榆次了。使者回来报告，盖聂说："他当然要离开的，刚才我用眼瞪了他，使他害怕了！"

荆轲游于邯郸，〔1〕鲁句践与荆轲博，〔2〕争道，〔3〕鲁句践怒而叱之，荆轲嘿而逃去，遂不复会。

【注释】〔1〕"邯郸"，战国赵都，在今河北邯郸市。〔2〕"博"，古代的一种棋类游戏。〔3〕"争道"，下棋时争棋盘上的格道。

【译文】荆轲游历到邯郸，鲁句践和荆轲下博棋，为棋路争了起来，鲁句践发怒，呵斥荆轲，荆轲一声不吭地逃走了，从此便不再相见。

荆轲既至燕，爱燕之狗屠及善击筑者高渐离。〔1〕荆轲嗜酒，日与狗屠及高渐离饮于燕市，酒酣以往，〔2〕高渐离击筑，荆轲和而歌于市中，相乐也，已而相泣，旁若无人者。荆轲虽游于酒人乎，〔3〕然其为人沉深好书；〔4〕其所游诸侯，尽与其贤豪长者相结。〔5〕其之燕，燕之处士田光先生亦善待之，〔6〕知其非庸人也。

【注释】〔1〕"筑"，一种类似琴的弦乐器，演奏时以竹尺击弦发音。〔2〕"以往"，以后。〔3〕"游"，交往。"乎"，表示停顿的语气词。〔4〕"沉深"，深沉，沉着稳重，不轻浮。〔5〕"长者"，有德行的人，忠厚老成的人。"长"，音 zhǎng。〔6〕"处士"，有才德而隐居不仕的人。

【译文】荆轲到燕国之后，跟那里以屠狗为业的人和一位善于击筑的高渐离很投合。荆轲喜欢喝酒，每天都跟屠狗的人和高渐离在燕国街市上喝酒，喝到兴头上之后，高渐离击筑，荆轲随着筑曲在街市上唱起歌来，以此相乐，过后又相对哭泣，旁若无人似的。荆轲虽然和酒徒交往，但他为人深沉，喜欢读书，在所游历的诸侯国里，全是跟当地的贤人、豪杰和品德高尚的人结交。他到燕国，燕国的处士田光先生待他也很好，知道他不是平庸之人。

居顷之，会燕太子丹质秦亡归燕。〔1〕燕太子丹者，故尝质于赵，而秦王政生于赵，〔2〕其少时与丹欢。及政立为秦王，而丹质于秦。秦王之遇燕太子丹不善，故丹怨而亡归。归而求为报秦王者，国小，力不能。其后秦日出兵山东以伐齐、楚、三晋，〔3〕稍蚕食诸侯，且至于燕，燕君臣皆恐祸之至。太子丹患之，问其傅鞠武。〔4〕武曰："秦地遍天下，威胁韩、魏、赵氏，北有甘泉、谷口之固，〔5〕南有泾、渭之沃，〔6〕擅巴、汉之饶，〔7〕右陇、蜀之山，〔8〕左关、殽之险，〔9〕民众而士厉，〔10〕兵革有余。意有所出，则长城之南，〔11〕易水以北，〔12〕未有所定也。奈何以见陵之怨，〔13〕欲批其逆鳞哉！"〔14〕丹曰："然则何由？"对曰："请入图之。"〔15〕

【注释】〔1〕"会"，适逢。"太子丹"，燕王喜之子，名丹，曾为质于秦，秦王政十五年（公元前二三二年）自秦逃归。"质"，作人质。其时诸侯国多有送人质以取信于对方之事。〔2〕"秦王政生于赵"，秦王政为秦庄襄王子楚之子。子楚未为王时，曾在赵为秦质子，娶吕不韦姬妾，生政。〔3〕"山东"，指殽山或华山以东地区。"三晋"，指韩、赵、魏三国。它们是三分晋国而建立起来的，故称。〔4〕"傅"，太傅的省称，官名，掌保育、辅导太子之事。〔5〕"甘泉"，山名，在今陕西淳化西北。"谷口"，地名，在今陕西礼泉东北，因地当泾水出山谷处而得名。〔6〕"泾"，水名，源出宁夏回族自治区南部六盘山东麓，东南流经甘肃省，到陕西省高陵境入渭水。"渭"，水名，源出甘肃省渭源鸟鼠山，向东流贯陕西渭河平原，到潼关县入黄河。〔7〕"擅"，占有。"巴"，郡名，郡治江州（今四川重庆市北嘉陵江北岸），辖境约相当于今四川东部。"汉"，指汉中郡，郡治南郑(今陕西汉中市)，辖境约相当于今陕西秦岭以南及湖北西北部。〔8〕"陇"，山名，在甘肃，为六盘山南段的别称。"蜀"，指四川中部，秦为蜀郡(郡治成都，在今四川成都市)，多山。〔9〕"关"，指函谷关。秦时关在今河南灵宝东北，关处谷中，深险如函，故名。"崤"，山名，在今河南西部，延伸于黄河、洛河之间，主峰在灵宝东南。东自崤山，西至潼津，山高谷深，号称天险。〔10〕"厉"，勇猛。〔11〕"长城"，指燕的北长城，西起今河北张家口市西，经张北、沽源、围场而进入辽宁省，向东经赤峰、阜新、铁岭而南折，经抚顺、丹东之东而至朝鲜清川江口。〔12〕"易水"，在今河北中部，源于易县。"长城之南，易水以北"，概指燕国全境。〔13〕"见陵"，被欺侮。〔14〕"批"，触。"逆鳞"，倒生的鳞片。传说龙喉下有逆鳞径尺，有触之者，龙必怒而杀人，因以"批逆鳞"喻指触怒帝王，招来灾祸。〔15〕"入"，深入，进一步。

【译文】在燕国不久，恰逢燕太子丹在秦国当人质后逃回燕国。燕太子丹当初曾在赵国当人质，而秦王政生在赵国，年轻的时候和太子丹交情很好。等到政立为秦王后，太子丹又在秦国当人质，秦王待他不好，所以太子丹心怀怨恨逃了回来。回来之后，寻求报复秦王的办法，但国家小，力量不够而不能实现。后来秦国经常出兵山东攻伐齐、楚、三晋，一步步吞食诸侯，即将进逼到燕国，燕国君臣对灾祸临头深感恐惧。太子丹很担忧，请教他的太傅鞠武。鞠武回答说："秦国的领土遍及天下，威胁着韩氏、魏氏、赵氏。秦国北有甘泉、谷口的坚固天险，南有泾、渭流域的肥沃土地，独占着巴、汉的丰富资源，右边靠着陇、蜀大山，左边有函谷关、崤山险阻，人民众多，士卒勇猛，军备有余。它如果打燕国的主意，那么长城之南、易水以北，(这燕国领土的前途)还无法确定。您怎么能因为被秦王欺侮而产生的怨恨，就想去触秦王的逆鳞呢!"太子丹问道："那么该从何处入手呢?"鞠武回答说："请让我进一步考虑考虑。"

居有间，〔1〕秦将樊于期得罪于秦王，〔2〕亡之燕，太子受而舍之。鞠武谏曰："不可。夫以秦王之暴而积怒于燕，足为寒心，〔3〕又况闻樊将军之所在乎?是谓'委肉当饿虎之蹊'也，〔4〕祸必不振矣!〔5〕虽有管、晏，〔6〕不能为之谋也。愿太子疾遣樊将军入匈奴以灭口。〔7〕请西约三晋，南连齐、楚，北购于单

于，〔8〕其后乃可图也。"太子曰："太傅之计，旷日弥久，心惛然，〔9〕恐不能须臾。〔10〕且非独于此也，夫樊将军穷困于天下，归身于丹，丹终不以迫于彊秦而弃所哀怜之交，置之匈奴，是固丹命卒之时也。愿太傅更虑之。"鞠武曰："夫行危欲求安，造祸而求福，计浅而怨深，连结一人之后交，〔11〕不顾国家之大害，此所谓'资怨而助祸'矣。夫以鸿毛燎于炉炭之上，必无事矣。且以雕鸷之秦，〔12〕行怨暴之怒，岂足道哉!燕有田光先生，其为人智深而勇沉，可与谋。"太子曰："愿因太傅而得交于田先生，可乎?"鞠武曰："敬诺。"〔13〕出见田先生，道"太子愿图国事于先生也"。田光曰："敬奉教。"乃造焉。〔14〕

【注释】〔1〕"有间"，不长的时间。"间"，音jiàn。〔2〕"于期"，音wū jī。〔3〕"寒心"，因恐惧而心战。〔4〕"委"，弃置，抛下。"蹊"，小路。"委肉当饿虎之蹊"，比喻必将受害，难以幸免。〔5〕"振"，解救。〔6〕"管"，指管仲。"晏"，指晏婴。晏婴字平仲，春秋时齐夷维(今山东高密)人，历仕齐灵公、庄公、景公三世，节俭力行，名显诸侯。详见本书《管晏列传》。〔7〕"匈奴"，我国古代北方民族之一，散居于大漠南北，游牧为生，善骑射。"灭口"，消除秦国进攻的借口。〔8〕"购"，通"媾"，讲和。"单于"，音chán yú，匈奴君主的称号。〔9〕"惛"，音hūn，神志不清，迷迷糊糊。〔10〕"须臾"，片刻，很短的时间。〔11〕"后交"，建立不久的交情。〔12〕"雕鸷"，两种猛禽，此以喻秦。〔13〕"诺"，表示应承的词。〔14〕"造"，往，到。

【译文】过了不长时间，秦将樊于期得罪秦王，逃到燕国，太子丹接纳了他，留他住下来。鞠武劝谏道："这样做不行。像秦王这样凶暴而对燕国又久蓄怒气，这本就足以使人胆战心寒了的，又何况再听到这里是樊将军的存身之处呢?这叫做'把肉抛在饿虎经过的路上'，祸患必定是无可挽救的了!即使有管仲、晏婴，也不能替您想出什么好办法来的。希望太子从速打发樊将军去匈奴，以消除秦国进攻的借口。同时请您西面和三晋相约，南面和齐、楚联合，北面和单于讲和，然后才有办法可想。"太子说："太傅的计划，耽搁的时间太久，我心神昏乱，恐怕一刻也不能等了。而且不仅如此，那位樊将军身处困境，走投无路，才投奔到我这里来，

我终究不能因为强秦的逼迫而抛弃我所同情怜惜的朋友，把他放到匈奴那里。这样做的那一天，自然也就是我生命结束之时了。希望太傅重新考虑。"鞠武说："一个人行动冒险却想求得平安，惹出了祸事却想求得幸福，计谋短浅而结怨很深，为了维持樊将军一个人和您新建立的友情，却不顾给国家造成的巨大危害，这就是所谓'加深怨恨而助长祸患'了。要知道，把鸿雁的羽毛放在炉炭上烧燎，必然化为乌有。再说，以一个凶恶得像雕鸷那样的秦国，来向您发泄怨毒残暴的怒气，其后果难道还用得着说！燕国有位田光先生，他为人智谋深远而勇气深沉，可以和他商量商量。"太子说："希望通过太傅的介绍而得以和田先生结交，可以吗?"鞠武说："遵命。"出门去见田先生，说："太子希望和先生商议国家大事。"田光说："谨遵太傅指教。"于是到了太子那里。

太子逢迎，[1]却行为导，[2]跪而蔽席。[3]田光坐定，左右无人，太子避席而请曰:[4]"燕秦不两立，愿先生留意也。"田光曰:"臣闻骐骥盛壮之时，[5]一日而驰千里;至其衰老，驽马先之。[6]今太子闻光盛壮之时，不知臣精已消亡矣。虽然，光不敢以图国事，所善荆卿可使也。"[7]太子曰:"愿因先生得结交于荆卿，可乎?"田光曰:"敬诺。"即起，趋出。[8]太子送至门，戒曰:[9]"丹所报，先生所言者，国之大事也，愿先生勿泄也!"田光俯而笑曰:"诺。"偻行见荆卿，[10]曰:"光与子相善，燕国莫不知。今太子闻光壮盛之时，不知吾形已不逮，[11]幸而教之曰'燕秦不两立，愿先生留意也'。光窃不自外，言足下于太子也，愿足下过太子于宫。"[12]荆轲曰:"谨奉教。"田光曰:"吾闻之，长者为行，不使人疑之。今太子告光曰'所言者，国之大事也，愿先生勿泄'，是太子疑光也。夫为行而使人疑之，非节侠也。"[13]欲自杀以激荆卿，曰:"愿足下急过太子，言光已死，明不言也。"因遂自刭而死。[14]

【注释】[1]"逢迎"，迎接，迎上前去。[2]"却行"，倒退着走。[3]"蔽"，音bié，通"撇"，拂拭，擦。[4]"避席"，古人席地而坐，离座起立，表

示恭敬，称为避席。[5]"骐"，良马，毛色青黑，毛纹如棋盘，故名。"骥"，千里马。[6]"驽马"，跑不快的马。[7]"善"，熟识，交情深。[8]"趋出"，小步疾行而出，表示恭敬。[9]"戒"，嘱咐，告诫。[10]"偻行"，曲背而行，显出一种龙钟老态。"偻"，音lǚ。[11]"形"，形体，身体。"不逮"，不及，跟不上。[12]"过"，前往拜访。[13]"节侠"，品节高、讲义气的人。[14]"刭"，音wěn，用刀剑割颈。

【译文】太子迎上前去，倒退着走，引导田光到宫里，跪着为他拂拭座席。田光坐定，等左右无人的时候，太子离座而起，向田光请教说："燕秦势不两立，希望先生注意到这一局面。"田光说："我听说骐骥这样的良马，在它盛壮的时候一日可驰千里;到它衰老之后，驽马都可以跑在它前面。现在太子您只听说我田光盛壮时期的情况，不知道我的精力已经消耗殆尽了。尽管如此，我田光虽不敢和您商议国事，我所熟悉的好友荆卿却是可以任用的。"太子说："希望通过先生的介绍而得以和荆卿结交，可以吗?"田光说："遵命。"立刻起身，急步出门。太子送到门口，叮嘱道："我所告诉先生的，先生所讲的，都是国家的大事，希望先生不要泄露出去。"田光低头笑了笑道："是。"田光弯腰曲背，老态龙钟地去见荆卿，说道："我和您交情好，燕国无人不知。现在太子听说我壮盛时的情况，不知道我身体已大不如从前了，我有幸承他告诉我说'燕秦势不两立，希望先生注意到这一局面'。我私意没有把自己当作外人，把足下推荐给了太子，希望足下到宫里去拜访太子。"荆轲说："谨遵先生指教。"田光说："我听说，长者办事，不让人怀疑。现在太子对我田光说'咱们讲的，都是国家的大事，希望先生不要泄露出去'，这表明太子对我田光有怀疑。一个人办事却让人怀疑，就算不上是有节操的侠义之人了。"他想用自杀来激励荆卿，说道："希望足下赶快去拜访太子，说我田光已死，以表明我是不会说出去的。"说罢便自刭而死。

荆轲遂见太子，言田光已死，致光之言。太子再拜而跪，膝行流涕，有顷而后言曰："丹所以诚田先生毋言者，欲以成大事之谋也。今田先生以死明不言，岂丹之心哉!"荆轲坐定，太子避席顿首曰:"田先生不知丹之不肖，[1]使得至前，敢有所道，此天之所以哀燕而不弃其孤也。[2]今秦有贪利之心，而

欲不可足也。非尽天下之地，臣海内之王者，其意不厌。[3]今秦已虏韩王，[4]尽纳其地。又举兵南伐楚，北临赵；王翦将数十万之众距漳、邺，[5]而李信出太原、云中。[6]赵不能支秦，[7]必入臣，入臣则祸至燕。燕小弱，数困于兵，今计举国不足以当秦。诸侯服秦，莫敢合从。[8]丹之私计愚，以为诚得天下之勇士使于秦，窥以重利；[9]秦王贪，其势必得所愿矣。诚得劫秦王，使悉反诸侯侵地，若曹沫之与齐桓公，则大善矣；则不可，[10]因而刺杀之。彼秦大将擅兵于外而内有乱，[11]则君臣相疑，以其间诸侯得合从，[12]其破秦必矣。此丹之上愿，而不知所委命，[13]唯荆卿留意焉。"[14]久之，荆轲曰："此国之大事也，臣驽下，[15]恐不足任使。"太子前顿首，固请毋让，然后许诺。于是尊荆卿为上卿，舍上舍。[16]太子日造门下，供太牢具，[17]异物间进，[18]车骑美女恣荆轲所欲，[19]以顺适其意。

【注释】〔1〕"不肖"，不似其父。引申为不贤、不成材之意。"肖"，音 xiào。〔2〕"孤"，太子丹自称。谓己处于穷独危难之中，犹如孤儿。〔3〕"厌"，通"餍"，满足。〔4〕"韩王"，指韩王安，韩桓惠王子，在位九年（公元前二三八年至前二三○年）。秦王政十七年，秦虏韩王安，韩遂亡。〔5〕"王翦"，秦国大将，频阳（今陕西富平东北）东乡人，率军拔赵、定燕蓟、虏楚王负刍，功多名显。详见本书《白起王翦列传》。"距"，抵达。"漳"，水名，源出山西东南部，东南流经河北、河南两省交界处，又东北折，流入河水。"邺"，邑名，在今河北临漳西南邺镇东。漳、邺一带为当时赵国的南境。〔6〕"李信"，秦将，曾与蒙恬伐楚，又与王贲破定燕、齐之地。"太原"，郡名，郡治晋阳（今山西太原市西南），辖境约相当于今山西五台山和管涔山以南、霍山以北地区。"云中"，郡名，郡治云中（今内蒙古托克托东北），辖境约相当于今内蒙古土默特右旗以东、大青山以南、卓资以西、黄河南岸及长城以北地区。〔7〕"支"，支撑，抵挡。〔8〕"合从"，战国时，六国在秦国之东，土地南北相连，他们联合抗秦称为"合从"。"从"，通"纵"。〔9〕"窥"，音 kuī，炫示。〔10〕"则"，如果。〔11〕"擅兵"，专揽兵权。〔12〕"间"，音 jiàn，空子，时机。〔13〕"委命"，托付这一使命。〔14〕"唯"，愿，希望。〔15〕"驽下"，才能

低下。〔16〕"舍"，住宿。"上舍"，上等的客舍。〔17〕"太牢具"，丰盛的宴席。古代宴会并用牛羊豕三牲者称为太牢，这是待客的最尊敬的礼数。〔18〕"异物"，珍异奇巧的物品。"间进"，隔不多久送上一些。"间"，音 jiàn。〔19〕"恣"，放纵，毫无限制。

【译文】荆轲于是去见太子，告诉他田光已死，并转达了田光的话。太子听后，拜了两拜，跪倒在地，用膝前行，泪流满面，过了一会儿才哽咽着说道："我所以嘱咐田先生不要说出去，是希望完成这一有关国家大事的计划。现在田先生以死来表明他不说出去，这哪里是我的本心呢！"荆轲坐定，太子离座，叩头而拜，说道："田先生不知道我不成材，使我能到您面前，斗胆有所陈说，这是上天哀怜燕国而不遗弃它的孤儿的表示。现在秦国有贪利之心，而它的欲望是无法满足的。非要吞尽各国领土，让海内的诸侯王全都称臣归服，它的心意不会满足。现在秦已俘虏韩王，全部吞并了它的领土。又兴兵向南伐楚，向北兵临赵国；王翦率领数十万大军抵达漳、邺一带，而李信兵出太原、云中。赵国抵御不住秦国的进攻，必定称臣归服；赵国称臣归服，灾祸便降临到燕国头上。燕国弱小，屡屡受困于战乱，现在算来，即使倾全国之力也不足以抵挡秦军。诸侯慑服于秦的威势，没有人敢联合起来进行抵抗。我个人的考虑也许很愚蠢，我认为如果能请到一位天下难得的勇士出使秦国，用重利引诱秦王；秦王贪心，这样就势必能实现我们的心愿了。一旦能劫持秦王，使他把侵占的土地尽数归还诸侯，像曹沫对待齐桓公那样，那再好不过了；如果不行，就乘机刺杀他。那些秦国大将拥兵在外，而国内发生祸乱，君臣间就会相互猜疑，利用这一时机诸侯们可以联合起来，破秦是肯定无疑的了。这是我的最高愿望，但不知委托给谁，希望荆卿留意及此。"等了很久，荆轲说："这是国家大事，我才能低下，恐怕不足以受太子委任驱使。"太子上前叩头而拜，坚决恳请荆轲不要谦让推辞，荆轲这才答应下来。于是把荆卿尊为上卿，请他住上等宾馆。太子每天都上门问候，供应最丰盛的酒席，隔不多久就献上珍异物品，车骑美女之类，荆轲要什么给什么，以使他称心满意。

久之，荆轲未有行意。秦将王翦破赵，虏赵王，[1]尽收入其地，进兵北略地至燕南界。[2]太子丹恐惧，乃请荆轲曰："秦兵旦暮

渡易水,则虽欲长侍足下,岂可得哉!"荆轲曰:"微太子言,[3]臣愿谒之。今行而毋信,[4]则秦未可亲也。夫樊将军,秦王购之金千斤,邑万家。诚得樊将军首与燕督亢之地图,[5]奉献秦王,秦王必说见臣,[6]臣乃得有以报。"太子曰:"樊将军穷困来归丹,丹不忍以己之私而伤长者之意,愿足下更虑之!"

【注释】〔1〕"赵王",指赵王迁,赵悼襄王子,在位八年(公元前二三五年至前二二八年)。秦王政十九年王翦虏赵王迁于邯郸。〔2〕"略地",攻取土地。〔3〕"微",非,如果不是。〔4〕"毋",没有。"信",指信物,取信于人的物件。〔5〕"督亢",当时燕国著名的富饶地区,在今河北易县、涿县、固安一带。"亢",音 gāng。〔6〕"说",音 yuè,通"悦"。

【译文】过了很久,荆轲还没有动身的意思。秦将王翦攻破赵国,俘虏赵王,全部吞并了赵国领土,向北进兵,攻城略地,直逼燕国南界。太子丹很恐惧,便告诉荆轲说:"秦兵即将渡过易水了,这样我即使想长远侍奉足下,又哪里能做得到呢!"荆轲说:"如果太子不说这番话,我也想去拜见您了。只是我现在动身,手里没有信物,那么秦王是无法接近的。那位樊于期将军,秦王悬赏黄金千斤、封邑万家要得到他的首级。如果能得到樊将军的首级和燕国督亢的地图去奉献给秦王,秦王一定乐于接见我,这样我才能有报效您的机会。"太子说:"樊将军走投无路才来投奔我,我不忍因为自己的私事而伤了这位长者的心,希望足下重新考虑!"

荆轲知太子不忍,乃遂私见樊于期曰:"秦之遇将军可谓深矣,[1]父母宗族皆为戮没。[2]今闻购将军首金千斤,邑万家,将奈何?"于期仰天太息流涕曰:[3]"于期每念之,常痛于骨髓,顾计不知所出耳!"[4]荆轲曰:"今有一言可以解燕国之患,报将军之仇者,何如?"于期乃前曰:"为之奈何?"荆轲曰:"愿得将军之首以献秦王,秦王必喜而见臣,臣左手把其袖,右手揕其匈,[5]然则将军之仇报而燕见陵之愧除矣。将军岂有意乎?"樊于期偏袒搤捥而进曰:[6]"此臣之日

夜切齿腐心也,[7]乃今得闻教!"遂自刭。太子闻之,驰往,伏尸而哭,极哀。既已不可奈何,乃遂盛樊于期首函封之。[8]

【注释】〔1〕"深",指极其苛刻残酷。〔2〕"戮没",罪重的被杀,罪轻的被没收入官为奴。〔3〕"太息",出声长叹。〔4〕"顾",只是,不过。〔5〕"揕",音 zhèn,击刺。"匈",通"胸"。〔6〕"偏袒",解衣袒露一臂。"搤捥",用一手紧捏另一只手的腕部,表示激动的心情。"搤",音 è,掐住,捏住。"捥",通"腕"。〔7〕"腐心",犹言"心碎",表示痛恨到极点。一说"腐"通"拊","拊心",搥胸。〔8〕"函",匣子。

【译文】荆轲知道太子于心不忍,便背着太子私下去见樊于期,说道:"秦国对待将军可以说是够刻毒的了,父母宗族都被杀害或没入官府为奴。现在听说悬赏黄金千斤、封邑万家来购将军的首级,将军准备怎么办呢?"樊于期仰天长叹,流着眼泪说道:"于期每想到这些事,常常心痛入骨,只是不知想什么办法来对付罢了!"荆轲说:"现在有一句话可以解救燕国的祸患,报将军的深仇,您要听吗?"樊于期挺身上前问道:"怎么做?"荆轲说:"我希望得到将军的首级去献给秦王,秦王一定高兴地接见我,我左手抓住他的衣袖,右手(抽出匕首)直刺他的胸膛,这样将军的仇报了,而燕国受欺侮的耻辱也除去了。将军是否也有此心意呢?"樊于期解衣袒露一臂,一手紧捏另一只手腕,激愤地上前说道:"这正是我日夜切齿揪心想着的事,直到今天才得以听到您的指教!"便自刎而死。太子听到消息,驾车赶去,伏尸痛哭,十分哀伤。但人已死了,无可奈何,于是把樊于期的首级盛在盒子里封了起来。

于是太子豫求天下之利匕首,[1]得赵人徐夫人匕首,[2]取之百金,使工以药焠之,[3]以试人,血濡缕,[4]人无不立死者。乃装为遣荆卿。[5]燕国有勇士秦舞阳,年十三,杀人,人不敢忤视。[6]乃令秦舞阳为副。荆轲有所待,欲与俱;其人居远未来,而为治行。[7]顷之,未发,太子迟之,疑其改悔,乃复请曰:"日已尽矣,荆卿岂有意哉?丹请得先遣秦舞阳。"荆轲怒,叱太子曰:"何太子之遣?往而不返者,竖子也![8]且提一匕首入不测之强秦,仆所以留者,[9]待吾客与俱。

今太子迟之,请辞决矣!"〔10〕遂发。

【注释】〔1〕"豫",预先。 〔2〕"徐夫人",收藏此匕首之人。《史记索隐》认为是男子,姓徐,名夫人。 〔3〕"焠",此指将匕首烧红,浸入毒液,使匕首沾上毒药。 〔4〕"濡",沾湿。 〔5〕"装",收拾行装。 〔6〕"忤视",用顶撞不满的眼光相看。〔7〕"治行",收拾行装。 〔8〕"竖子",对人的鄙称,犹言"小子",此指无知之辈。 〔9〕"仆",自称谦词。 〔10〕"辞决",告辞诀别。"决",通"诀"。

【译文】其时太子已预先在寻觅天下最锋利的匕首,得到了赵国人徐夫人的匕首,以百金买来,再让工匠用毒药炼染。用匕首在人身上试验,只要一出血,哪怕仅仅能沾湿衣上丝缕,人没有不立即丧命的。于是收拾行装准备送荆卿启程。燕国有位勇士秦舞阳,十三岁时就杀人,旁人对他都不敢用不满的目光看上一眼。太子便让秦舞阳做荆轲的副手。荆轲另有所等候的人,想和他一起动身;此人住得远,还没有赶来,这里却已在为荆轲准备行装了。过了不久,荆轲还没有出发,太子嫌他拖延,怀疑他改变主意,便又对他说道:"时间已经不多了,荆卿是否还有行意呢?请允许我能先派秦舞阳出发。"荆轲大怒,呵叱太子道:"太子为什么这样安排呢?到了秦国却不能完成使命归来,这是竖子之所为!再说只带着一把匕首进入吉凶莫测的强秦,(是随时都可能发生危险的。)我所以暂时留着,是在等待我的朋友一起出发。现在既然太子嫌我拖延,那请允许我向您告辞,就此诀别了!"说罢便启程赴秦。

太子及宾客知其事者,皆白衣冠以送之。至易水之上,既祖,〔1〕取道,〔2〕高渐离击筑,荆轲和而歌,为变徵之声,〔3〕士皆垂泪涕泣。又前而为歌曰:"风萧萧兮易水寒,壮士一去兮不复还!"复为羽声忼慨,〔4〕士皆瞋目,〔5〕发尽上指冠。于是荆轲就车而去,〔6〕终已不顾。

【注释】〔1〕"祖",古人远行前,要祭祀道路之神,称"祖"。此泛指饯行。 〔2〕"取道",上路。〔3〕"变徵",古代七声音阶(宫、商、角、变徵、徵、羽、变宫)之一,以变徵为音阶起点的是变徵调式,即所谓"变徵之声"。此调苍凉凄清,适于悲歌。"徵",

音 zhǐ。 〔4〕"羽声",以羽为音阶起点的羽调式。此调激昂慷慨。 〔5〕"瞋目",瞪大眼睛,激愤之状。"瞋",音 chēn。 〔6〕"就车",登车。

【译文】太子和宾客中知道这件事的人都身穿白衣、头戴白帽前来送行。送到易水之滨,饯行之后,荆轲上路,高渐离击筑,荆轲随着筑曲唱歌,唱出变徵的声调,人们都感动得流泪哭泣。荆轲又向前走去,唱道:"风萧萧啊易水寒,壮士一去啊不再回来!"又发出慷慨的羽声,送行的人个个怒目圆睁,头发根根竖起,直冲帽顶。于是荆轲登车而去,直到最后,连头也不回一下。

遂至秦,持千金之资币物,〔1〕厚遗秦王宠臣中庶子蒙嘉。〔2〕嘉为先言于秦王曰:"燕王诚振怖大王之威,〔3〕不敢举兵以逆军吏,〔4〕愿举国为内臣,〔5〕比诸侯之列,〔6〕给贡职如郡县,〔7〕而得奉守先王之宗庙。〔8〕恐惧不敢自陈,谨斩樊于期之头,及献燕督亢之地图,函封,燕王拜送于庭,使使以闻大王,〔9〕唯大王命之。"秦王闻之,大喜,乃朝服,设九宾,〔10〕见燕使者咸阳宫。〔11〕荆轲奉樊于期头函,而秦舞阳奉地图柙,〔12〕以次进。〔13〕至陛,秦舞阳色变振恐,群臣怪之。荆轲顾笑舞阳,〔14〕前谢曰:"北蕃蛮夷之鄙人,〔15〕未尝见天子,故振慴。〔16〕愿大王少假借之,〔17〕使得毕使于前。"秦王谓轲曰:"取舞阳所持地图。"轲既取图奏之,〔18〕秦王发图,图穷而匕首见。〔19〕因左手把秦王之袖,而右手持匕首揕之。未至身,秦王惊,自引而起,〔20〕袖绝。拔剑,剑长,操其室。〔21〕时惶急,剑坚,故不可立拔。荆轲逐秦王,秦王环柱而走。群臣皆愕,卒起不意,〔22〕尽失其度。而秦法,群臣侍殿上者不得持尺寸之兵;〔23〕诸郎中执兵皆陈殿下,〔24〕非有诏召不得上。方急时,不及召下兵,以故荆轲乃逐秦王。而卒惶急,无以击轲,而以手共搏之。是时侍医夏无且以其所奉药囊提荆轲也。〔25〕秦王方环柱走,卒惶急,不知所为,左右乃曰:"王负剑!"〔26〕负剑,遂拔以击荆轲,断其左股。〔27〕荆轲废,乃引其匕首以擿秦王,〔28〕不中,中桐柱。秦王复击轲,轲被八创。轲自知事不就，倚柱而笑，箕踞以骂曰：[29]"事所以不成者，以欲生劫之，必得约契以报太子也。"[30]于是左右既前杀轲，秦王不怡者良久。已而论功，赏群臣及当坐者各有差，[31]而赐夏无且黄金二百溢，曰："无且爱我，乃以药囊提荆轲也。"

【注释】〔1〕"币物"，礼物。 〔2〕"遗"，音 wèi，赠与，致送。"中庶子"，官名，战国时国君、太子、相国皆有中庶子，乃近侍之臣。 〔3〕"振怖"，战栗恐惧。 〔4〕"举兵"，兴兵，起兵。"逆"，迎击，抗拒。〔5〕"举国"，奉献出整个国家。"内臣"，国内的臣僚。 〔6〕"比"，类似，相当于。"诸侯"，指臣属于秦王的附庸国。 〔7〕"给"，音 jǐ，供应。"贡"，进献土产。"职"，指赋税。 〔8〕"宗庙"，祭祀祖宗的处所。王室的宗庙是政权的象征。燕王欲奉守宗庙，表示他希望在名义上仍能维持其政权形式，亦即"比诸侯之列"。 〔9〕"闻大王"，使大王闻知，禀报大王。 〔10〕"九宾"，九个接待宾客的人。设九宾是一种十分隆重的礼节。 〔11〕"咸阳宫"，秦国当时的主要宫殿，在咸阳渭水北岸。 〔12〕"柙"，音 xiá，匣子。 〔13〕"以次进"，依次序走向前去。荆轲为正使，在前；秦舞阳为副使，跟随在后。 〔14〕"顾"，回头。 〔15〕"北蕃"，北方藩属之国，指燕国。"蛮夷"，古代泛指四方的少数民族，这里是荆轲自贬的谦称。"鄙人"，粗俗的人。 〔16〕"慴"，音 shè，同"慑"，恐惧。 〔17〕"假借"，宽容，原谅。〔18〕"奏"，进献。 〔19〕"穷"，尽，此指图卷展到尽头。"见"，音 xiàn，"现"的本字，显露，出现。〔20〕"引"，向后退，避开。 〔21〕"室"，指剑鞘。 〔22〕"卒"，音 cù，通"猝"，突然，出乎意外。 〔23〕"尺寸"，此处用以形容兵器之微小。 〔24〕"郎中"，官名，在宫内充任侍卫。 〔25〕"提"，音 dǐ，投击。〔26〕"负剑"，把剑推到背后。古代佩剑长，挂在腰间，不易拔出，推剑于背则易拔。 〔27〕"股"，大腿。 〔28〕"引"，向后举起。"擿"，音 zhì，通"掷"，投击。 〔29〕"箕踞"，坐时臀部着地，两脚向前岔开，身形如簸箕。依古人礼仪，坐当双膝着地，臀部坐于脚跟之上，箕踞是一种傲慢不敬之态。 〔30〕"约契"，用作凭证的文书。 〔31〕"坐"，获罪。

【译文】一路到了秦国，荆轲拿出价值千金的财宝向秦王的宠臣中庶子蒙嘉送上一笔厚礼。蒙嘉替他们先在秦王那里作了介绍，说道："燕王实在畏惧大王的威严，不敢出兵抵御大王的军队，情愿献出整个国家作大王的内臣，排在属国诸侯的行列里，像大王的郡县那样贡献方物、交纳赋税，以求能奉守燕先王的宗庙。燕王恐惧，不敢自己向大王陈说，小心地斩下樊于期的首级，并献上燕国督亢地图，封装在盒子里，燕王亲自在宫廷前拜送，派遣使者前来禀报大王，听从大王发落。"秦王听了，大为高兴，于是穿上朝会群臣的礼服，设置九位宾相，在咸阳宫接见燕国使者。荆轲捧着盛樊于期首级的盒子，秦舞阳捧着盛地图的盒子，依次上前。来到殿阶，秦舞阳脸色大变，十分恐惧，秦廷群臣都感到奇怪。荆轲回过头来朝秦舞阳笑笑，上前谢罪道："来自北蕃蛮夷的粗鄙之人，未曾见过天子，所以吓坏了。望大王对他稍加宽容，使他在大王面前得以完成使命。"秦王对荆轲说："取舞阳所捧地图过来。"荆轲取地图献上，秦王展开地图，地图展到尽头，匕首忽然出现。荆轲趁势左手抓住秦王衣袖，右手拿起匕首直刺过去。匕首还没着身，秦王大惊，退身猛地站起，袖子扯断了。秦王拔剑，剑长，他握着剑鞘往外拔。当时恐慌着急，加上剑又硬，所以无法立刻拔出来。荆轲追逐秦王，秦王绕着殿柱奔逃。殿上群臣都惊呆了，由于事起突然，出人意外，他们全都失去了常态。原来按秦国的法律，群臣在殿上侍立的不允许携带哪怕是很小的兵器；而那些担任侍卫的郎中都手持兵器排列在殿下，不是有王令宣召不能上殿。正当紧急时刻，来不及宣召殿下的侍卫上来，所以荆轲可以追逐秦王。而殿上群臣由于事起突然，恐慌着急，手里没有任何东西可以去攻击荆轲，只能徒手和荆轲搏斗。这时侍医夏无且用他所捧的药袋投击荆轲。秦王正绕着殿柱奔逃，仓促恐慌间，不知该怎么办，旁边的人提醒说："大王把剑推到背上拔！"推到背上，剑就拔出来了，秦王用剑击刺荆轲，斩断了他的左腿。荆轲残废了，用力举起匕首掷击秦王，没有击中，击中了桐柱。秦王再击荆轲，荆轲身遭八处创伤。荆轲自知事情不能成功，倚在柱上大笑，箕踞着骂道："事情所以没有办成，是因为我要活活地劫持你，务必得到你(退还侵占土地)的文书来回报太子。"这时两旁的人上前杀了荆轲，但秦王心中不愉快了很长时间。事后评定功劳，对群臣中有功的和应当办罪的各作相应的赏罚，秦王赐给夏无且黄金二百镒，说道："无且爱我，所以用药袋投击荆轲。"

于是秦王大怒，益发兵诣赵，诏王翦军以伐燕。十月而拔蓟城。[1]燕王喜、太子丹等尽率其精兵东保于辽东。[2]秦将李信追击燕王急，代王嘉乃遗燕王喜书曰：〔3〕"秦所以尤追燕急者，以太子丹故也。今王诚杀丹献之秦王，秦王必解，〔4〕而社稷幸得血食。"〔5〕其后李信追丹，丹匿衍水中，〔6〕燕王乃使使斩太子丹，欲献之秦。〔7〕秦复进兵攻之。后五年，秦卒灭燕，房燕王喜。

【注释】〔1〕"十月"，指秦王政二十一年（公元前二二六年）十月。"蓟城"，当时燕国都城，在今北京市西南。〔2〕"燕王喜"，燕孝王之子，在位三十三年（公元前二五四年至前二二二年），秦王政二十五年为秦所房，燕遂亡。"辽东"，燕国郡名，治所襄平（在今辽宁辽阳市），辖境约相当于今辽宁大凌河以东地区。〔3〕"代王嘉"，即赵公子嘉，赵悼襄王嫡子。秦王政十九年（公元前二二八年），王翦拔邯郸，房赵幽缪王迁，公子嘉出奔代（在今河北蔚县东北），立为代王。秦王政二十五年（公元前二二二年）为秦所房，赵遂亡。〔4〕"解"，指和解。〔5〕"社稷"，帝王祭奉的土神和谷神。土地和粮食是立国的根本，所以把社稷当作国家的象征，也用为国家的代称。"血食"，指进行祭祀。祭祀要杀牲，故名。〔6〕"衍水"，燕辽东郡水名，即今流经辽宁辽阳、本溪的太子河。〔7〕"欲"字疑衍，《秦始皇本纪》载始皇二十一年"得太子丹之首"，则燕实已献丹首求和。

【译文】发生了这件事后，秦王大怒，增派兵马到赵国，命令王翦的军队攻伐燕国。十月攻下蓟城。燕王喜、太子丹等率领全部精兵向东退保辽东。秦将李信追击燕王很急，代王嘉送信给燕王喜道："秦所以追击您燕王尤急，是因为太子丹的缘故。如今王倘能杀了太子丹献给秦王，秦王必定和解，而您的社稷也就能幸运地延续下去了。"其后李信追击太子丹，太子丹藏在衍水一带，燕王就派人杀了太子丹，想献给秦国。但秦继续进兵攻燕。其后五年，秦终于灭燕，俘房了燕王喜。

其明年，秦并天下，立号为皇帝。于是秦逐太子丹、荆轲之客，〔1〕皆亡。高渐离变名姓为人庸保，〔2〕匿作于宋子。〔3〕久之，作苦，闻其家堂上客击筑，傍偟不能去。每出言曰："彼有善有不善。"从者以告其主，〔4〕曰："彼庸乃知音，窃言是非。"家丈人召使前击筑，〔5〕一坐称善，赐酒。而高渐离念久隐

畏约无穷时，〔6〕乃退，出其装匣中筑与其善衣，更容貌而前。举坐客皆惊，下与抗礼，〔7〕以为上客。使击筑而歌，客无不流涕而去者。宋子传客之，〔8〕闻于秦始皇。秦始皇召见，人有识者，乃曰："高渐离也。"秦皇帝惜其善击筑，〔9〕重赦之，〔10〕乃矐其目。〔11〕使击筑，未尝不称善。稍益近之，高渐离乃以铅置筑中，复进得近，举筑朴秦皇帝，〔12〕不中。于是遂诛高渐离，终身不复近诸侯之人。

【注释】〔1〕"逐"，追捕，搜缉。〔2〕"庸保"，受雇被役使之人。〔3〕"宋子"，邑名，在今河北赵县东北。〔4〕"从者"，主人左右的侍从之人。〔5〕"家丈人"，家长，主人。〔6〕"约"，贫贱。〔7〕"抗礼"，以彼此平等的礼节相待。〔8〕"传"，一个接着一个，轮流。〔9〕"惜"，爱惜。〔10〕"重"，特别。〔11〕"矐"，音huò，使目失明。一说为用马屎的烟把眼熏瞎。〔12〕"朴"，音pū，通"扑"，击打。

【译文】下一年，秦国吞并天下，秦王立号为皇帝。这时秦国追捕太子丹、荆轲的门客朋友，这些人全都四散逃亡了。高渐离改名变姓给人做雇工，藏匿在宋子干活。过了很长时间，他干活很辛苦，听到主人家堂上宾客击筑的声音，徘徊再三，舍不得离开。他每每脱口说道："那个人的演奏，有好有不好。"主人的侍从把他的话报告主人，说道："那个佣工竟是个懂音乐的，在背地里评论击筑的好坏。"主人召来高渐离，让他上前击筑，满座的人听了都称赞说好，赐酒给他喝。高渐离心想，要是这样长期隐姓埋名，怕人知道，身处贫贱之中，那就永远没个完结的时候，便退身下去，拿出放在行装匣子里的筑和体面的衣服，改装整容，再走上前去。满座的客人都吃了一惊，下座和他以平等之礼相见，尊他为上宾，请他击筑唱歌，客人们听了，无不感动得流着眼泪才离开的。宋子的人一个接一个地请他去作客，这消息传到了秦始皇那里。秦始皇召见他，有认识他的人说道："他就是高渐离啊。"秦皇帝爱惜他善于击筑，特别赦免了他的死罪，只是弄瞎了他的眼睛。让他击筑，秦皇帝没有一次不称赞说好的。渐渐的能更加接近秦皇帝了，高渐离便把铅放在筑里，在又一次进见并得以接近秦皇帝时，他举筑向秦皇帝打去，没有打中。于是秦皇帝

杀了高渐离，终其身不再接近诸侯方面的人。

鲁句践已闻荆轲之刺秦王，私曰："嗟乎，惜哉其不讲于刺剑之术也！[1]甚矣吾不知人也！曩者吾叱之，彼乃以我为非人也！"[2]

【注释】[1]"讲"，讲求，精研。 [2]"非人"，不是志同道合的人。

【译文】鲁句践听到荆轲刺秦王的消息后，私下说道："唉，真可惜啊，他对刺剑技术还没研究到家啊！我实在太不了解他！当初我曾呵斥过他，他就认为我不是他志同道合的人了！"

太史公曰：世言荆轲，其称太子丹之命，"天雨粟，马生角"也，[1]太过。又言荆轲伤秦王，皆非也。始公孙季功、董生与夏无且游，[2]具知其事，为余道之如是。自曹沫至荆轲五人，此其义或成或不成，[3]然其立意较然，[4]不欺其志，名垂后世，岂妄也哉！[5]

【注释】[1]"天雨粟，马生角"，据《燕丹子》所记，太子丹在秦当人质，秦王待他无礼，他想回燕国。秦王说，你让乌鸦头变白、马头长角，才放你回国。太子丹仰天长叹，不料果然乌头变白、马头长角。秦王不得已，只好放了他。又据《风俗通》《论衡》所记，太子丹仰叹，天为之降粟，乌头变白，马头长角，厨中木象生肉足。大概汉代流传过这类传说，太史公认为难以凭信，故曰"太过"。"雨"，音yù，由空中散落下来。 [2]"公孙季功、董生"，太史公的朋友，事迹不详，《史记》中仅见此《传》。 [3]"义"，指仗义的行为。 [4]"较"，音jiào，明显。 [5]"妄"，虚假。

【译文】太史公说：世上谈论荆轲，在说到太子丹的命运时，有"天上降下粟米，马头长出角来"的说法，太过分了。又说荆轲刺伤了秦王，这都不是事实。当初公孙季功、董生和夏无且交游，详细知道这件事，他们给我讲的便是这样。从曹沫到荆轲五人，他们的义举有的成功有的不成功，然而他们行事的目的都很明确，他们都不违背自己的志向，他们的声名能流传到后世，这难道是虚妄的吗！

史记卷八十七

李斯列传第二十七

李斯者,楚上蔡人也。[1]年少时,为郡小吏,[2]见吏舍厕中鼠食不絜,[3]近人犬,数惊恐之。[4]斯入仓,观仓中鼠,食积粟,居大庑之下,[5]不见人犬之忧。于是李斯乃叹曰:"人之贤不肖譬如鼠矣,[6]在所自处耳!"

【注释】[1]"楚",国名,芈姓,相传为祝融的后裔。西周时立国于荆山(今湖北西部武当山东南、汉江西岸)一带。周成王时,熊绎正式受封,建都丹阳(今湖北秭归县东南)。春秋初,迁都于郢(今湖北江陵市西北纪南城)。战国时,成为疆域最大的诸侯国,有今四川东部、湖北全部、湖南东北部、江西北部、安徽北部、陕西东南角、河南南部、江苏淮北的中部等地。公元前二二三年被秦国所灭。"上蔡",楚国邑名,在今河南上蔡县西南。 [2]"郡",司马贞《史记索隐》所据本、日本枫山本、《太平御览》卷一八八引作"乡"。 [3]"絜",同"洁"。"不絜",不洁。此用作名词,指不洁之物,即粪便。 [4]"数",音 shuò,多次,经常。 [5]"庑",音 wǔ,堂周的走廊。此指仓库四周的走廊。 [6]"不肖",不似,不才,不贤。

【译文】李斯是楚国上蔡人。年轻时,做过郡的小官吏,看到官吏宿舍厕所中的老鼠吃粪便,一见人或狗接近,总是惊恐万状。李斯进入粮仓,观察仓库中的老鼠,吃着囤积的粮食,住在周围宽大的廊檐底下,不见有人或狗接近的骚扰。对此李斯不禁感叹道:"人的有出息没出息,犹如老鼠啊,只在于自己所处的环境罢了。"

乃从荀卿学帝王之术。[1]学已成,度楚王不足事,[2]而六国皆弱,[3]无可为建功者,欲西入秦。[4]辞于荀卿曰:"斯闻得时无怠,[5]今万乘方争时,[6]游者主事。[7]今秦王欲吞天下,[8]称帝而治,[9]此布衣驰骛之时而游说者之秋也。[10]处卑贱之位而计不为者,[11]此禽鹿视肉,[12]人面而能彊行者耳。[13]故诟莫大于卑贱,[14]而悲莫甚于穷困。久处卑贱之位,困苦之地,非世而恶利,[15]自托于无为,[16]此非士之情也。故斯将西说秦王矣。"

【注释】[1]"荀卿",约生于公元前三一三年,卒于前二三八年,名况,时人尊而号为"卿",赵国人,游学齐国,三为稷下学宫祭酒,后至楚国,任兰陵(今山东苍山县兰陵镇)令,晚年潜心撰著。有《荀子》一书传世。是战国后期著名的思想家、教育家。详见本书《荀卿列传》。"帝王之术",关于取得、统治天下的理论学说。内容上多假托五帝(黄帝、颛顼、帝喾、尧、舜)、三王(夏禹、商汤、周文)为说。 [2]"度",音 duó,忖度,估量。"楚王",指楚考烈王,于公元前二六二年至前二三八年在位。详见本书《楚世家》。 [3]"六国",指秦以外的齐、楚、燕、韩、赵、魏六国。 [4]"秦",国名,嬴姓,相传是伯益的后裔。原为西方游牧部族。周平王东迁,秦襄公因护送有功而被封为诸侯。春秋时期,建都于雍(今陕西凤翔县东南),约有今陕西中部、甘肃东南部之地。其后疆域逐渐向东拓展。战国中期,秦孝公起用商鞅变法,国力大盛,迁都咸阳(今陕西咸阳市东北)。公元前二二一年,秦王政统一六国,建立秦朝。公元前二〇六年,被刘邦率领的起义军推翻。 [5]"怠",懈怠,放过。 [6]"乘",音 shèng,当时以一车四马为一乘,即一辆战车,并包括一定数量的车上甲士和车下步兵,是车战时代军队最基本的编制单位。"万乘",万辆战车,此指拥有万辆兵车的各国诸侯。　〔7〕"游者",游说之士,指以自己政治主张游说各国诸侯的人。"主事",主持政事,执掌国政。　〔8〕"秦王",据下言"称帝而治",当指秦昭王(公元前三〇六年至前二五一年在位)。　〔9〕"称帝而治",公元前二八八年十月秦昭王自称为西帝。　〔10〕"布衣",布制衣服,是当时贫民的服装,此指没有地位的平民士人。"骛",音 wù,奔驰。"驰骛",奔走,趋赴。比喻积极活动施展才能。"说",音 shuì,劝说。"秋",春秋,时代。　〔11〕"计",计划,打算。"不为",不做,即下文"无为",无所作为。　〔12〕"禽鹿",指麋鹿类食草动物。《大戴礼记·易本命》云:"六主律,律主禽鹿,故禽鹿六月而生也。"卢辩《注》:"麋鹿角长短大小似律,麕鹿之属皆以六月生也。"《易本命》又云:"食草者善走而愚。"卢辩《注》:"食草,麋鹿之类。"　〔13〕"彊",同"强",勉强。　〔14〕"诟",音gòu,耻辱。　〔15〕"非世",非议世道,愤世嫉俗。"恶",音 wù,憎恶,厌恶。　〔16〕"无为",指道家消极自守,无所作为的处世哲学。

【译文】李斯于是跟从荀卿学习帝王之道。学业已经完成,他忖度楚王不值得事奉,而且东方六国都很衰弱,没有可以为之建功立业的君主,便准备西行进入秦国。李斯向荀卿辞行说:"我听说这样的话:遇得时机不能放过。当今是各国诸侯拼力相争的时代,游说之士主宰政事。现在秦王企图吞并天下,自己称帝来统治天下,这正是布衣寒士奔走活动的时机,游说之士大显身手的年代啊。处于卑贱的地位而不设法有所作为,这就好像只会吃草的麋鹿看着肥肉(既不能吃也不想吃),空有一张人的面孔而勉强行走罢了。所以,耻辱没有比身份卑贱更大的,悲哀没有比处境穷困更甚的。长久处在卑贱的地位、穷困的环境,却愤世嫉俗而厌恶名利,将自身寄托在无为自守的人生之道上,这不是士人应有的情怀啊。所以我将要西行去游说秦王了。"

至秦,会庄襄王卒,〔1〕李斯乃求为秦相文信侯吕不韦舍人;〔2〕不韦贤之,任以为郎。〔3〕李斯因以得说,说秦王曰:〔4〕"胥人者,〔5〕去其几也。〔6〕成大功者,在因瑕衅而遂忍之。〔7〕昔者秦穆公之霸,〔8〕终不东并六国者,〔9〕何也?诸侯尚众,周德未衰,故五

伯迭兴,〔10〕更尊周室。自秦孝公以来,〔11〕周室卑微,诸侯相兼,关东为六国,〔12〕秦之乘胜役诸侯,盖六世矣。〔13〕今诸侯服秦,譬若郡县。〔14〕夫以秦之彊,大王之贤,由灶上骚除,〔15〕足以灭诸侯,成帝业,为天下一统,此万世之一时也。今怠而不急就,〔16〕诸侯复强,相聚约从,〔17〕虽有黄帝之贤,〔18〕不能并也。"秦王乃拜斯为长史,〔19〕听其计,阴遣谋士赍持金玉以游说诸侯。〔20〕诸侯名士可下以财者,〔21〕厚遗结之;〔22〕不肯者,利剑刺之。离其君臣之计,秦王乃使其良将随其后。秦王拜斯为客卿。〔23〕

【注释】〔1〕"会",逢,遇。"庄襄王",原名异人,后改名子楚,秦孝文王之子,秦始皇之父,公元前二四九年至前二四七年在位。详见本书《秦本纪》。　〔2〕"吕不韦",卫国濮阳(今河南濮阳县西南)人,原为阳翟(今河南禹县)巨商,因扶立秦庄襄王有功,任秦相,封文信侯。秦王政即位后,继任相职,号"仲父"。后获罪免职,放逐蜀地,于公元前二三五年自杀。曾召集门下学士编撰《吕氏春秋》二十六卷,今存。详见本书《吕不韦列传》。"舍人",门客,食客,权贵之家的私人侍从。　〔3〕"任",保举。"郎",官名,亦称郎中,为国君近身侍从,负有护卫陪从、应对咨询等责。　〔4〕"秦王",指秦王政,即日后的秦始皇。　〔5〕"胥",通"须",等待。〔6〕"去",离开,失去。"几",通"机",机会。　〔7〕"瑕",音 xiá,罅隙,缝隙。"衅",音 xìn,间隙,空子。"瑕衅",空隙,破绽。此指可乘之机。"忍",忍心,残忍。　〔8〕"秦穆公",亦作"秦缪公",名竹好,秦德公之子,任用贤人,攻灭西戎十二国,建立霸业,公元前六五九年至前六二一年在位。详见本书《秦本纪》。　〔9〕"六国",这里是李斯依据当时情势追述往事,实泛指秦穆公时东方各诸侯国。　〔10〕"五伯",即"五霸",春秋时代五个著名霸主。具体所指,说法不一。战国之人一般指齐桓公、晋文公、楚庄王、吴王阖闾、越王句践。"迭",更迭,轮流。"兴",兴起。　〔11〕"秦孝公",名渠梁,秦献公之子,任用商鞅进行变法,促使秦国迅速强盛。公元前三六一年至前三三八年在位。详见本书《秦本纪》。　〔12〕"关东",函谷关(今河南灵宝县东北)以东,泛指秦以东的地区。　〔13〕"六世",指秦孝公、秦惠文王、秦武王、秦昭王、秦孝文王、秦庄襄王、秦王政。其中秦昭王为秦武王异母弟,故七位

国君实系六世。〔14〕"郡县",当时直接由国家中央政权管辖的两级地方行政机构。郡上辖中央,下设县。〔15〕"由",通"犹",犹如。"骚",通"扫",打扫。〔16〕"就",成就,完成。〔17〕"从",通"纵",合纵,指关东六国联合抗秦。"约从",缔结合纵的盟约。〔18〕"黄帝",号轩辕氏、有熊氏,少典之子,传说中华夏民族的祖先,能征善战,先后击败炎帝、蚩尤,被拥戴为各族的领袖。详见本书《五帝本纪》。"黄帝之贤",黄帝那样的才干。〔19〕"长史",官名,为诸史之长,执掌文书机要。或谓相府幕僚之长。〔20〕"赍",音 jī,携带。〔21〕"下",降服,收买。〔22〕"遗",音 wèi,馈赠,赠送。〔23〕"客卿",指由别国人担任的卿大夫。

【译文】李斯到达秦国,遇上秦庄襄王去世。李斯于是请求做秦国相国文信侯吕不韦的舍人,吕不韦赏识他,保举他进宫为郎。李斯因此得到接近秦王进说的机会,劝说秦王道:"一味等待的人,会坐失良机。要建立伟大功业,就在于利用机会而敢于下手。从前秦穆公建立霸业,但最后没有东进并如今的六国之地,什么缘故呢?因为当时诸侯还很多,周王室的声望没有丧失,所以五霸轮番兴起,相继尊奉周王室。自从秦孝公以来,周王室日益卑贱衰微,诸侯相互兼并,关东形成六国,秦国凭借优势役使六国,已有六代了。现在诸侯服从秦国,好像郡县隶属于中央一样。凭着秦国的强盛,大王的贤明,犹如灶上打扫灰尘那样,足以消灭诸侯,成就帝业,实现天下的统一,这是千载难逢的好时机啊。现在如果懈怠而不抓紧时机成就大事,诸侯就会再度强盛,相互联合缔结合纵的盟约,(到那时)即使有黄帝的才干,也不能吞并六国了。"秦王于是任命李斯为长史,听从他的计谋,暗中派遣谋士携带金子宝玉去游说诸侯。诸侯各国当政的名士可以用财宝收买的,就馈赠厚礼结交他;不肯听命的,就用利剑暗杀他。离间诸侯君臣的计划(一旦奏效),秦王随后就派他的良将率领军队前去攻伐。秦王任命李斯为客卿。

会韩人郑国来间秦,〔1〕以作注溉渠,〔2〕已而觉。〔3〕秦宗室大臣皆言秦王曰:"诸侯人来事秦者,大抵为其主游间于秦耳,请一切逐客。"〔4〕李斯议亦在逐中。斯乃上书曰:

【注释】〔1〕"韩",国名,始封君韩景侯,原系

晋国世卿之一,于公元前四〇三年与赵烈侯、魏文侯联合瓜分晋国,被周威烈王封为诸侯,建都阳翟(今河南禹县),公元前三七五年灭郑迁都于郑(今河南新郑县),故亦称"郑",约有今山西东南和河南中部之地,公元前二三〇年被秦国所灭。"郑国",韩国水利家。秦王政十年(公元前二三七年)受命赴秦,劝说秦王兴修水利,以期达到消耗秦的国力而减轻对韩国军事压力的目的。秦王政采纳他的建议,花费巨大人力、财力,修成著名的水利工程——郑国渠。"间",音 jiàn,离间,间谍。〔2〕"注",灌。"注溉渠",灌溉渠。即郑国渠,西起中山西瓠口(今陕西泾阳县西北),引泾水东流,经今陕西省三原县、富平县、蒲城县流入洛水,全长三百多里,使关中成为沃野。〔3〕"已而",不久。〔4〕"一切",一律,全部。"客",客人,侨民。此指在秦国任职的他国侨民。

【译文】恰好碰上韩国人郑国来秦国进行间谍活动,以修筑灌溉渠为名,不久被发觉。秦国宗室大臣都对秦王说:"各国诸侯的士人前来秦国谋事,大多只是为他们的君主在秦国进行游说间谍活动罢了,请把外来的客卿一律驱逐出境。"李斯经讨论也在被驱逐之列。李斯于是上书说:

臣闻吏议逐客,窃以为过矣。昔缪公求士,西取由余于戎,〔1〕东得百里奚于宛,〔2〕迎蹇叔于宋,〔3〕来丕豹、公孙支于晋。〔4〕此五子者,不产于秦,〔5〕而缪公用之,并国二十,遂霸西戎。〔6〕孝公用商鞅之法,〔7〕移风易俗,民以殷盛,〔8〕国以富强,百姓乐用,诸侯亲服,获楚、魏之师,〔9〕举地千里,至今治强。惠王用张仪之计,〔10〕拔三川之地,〔11〕西并巴、蜀,〔12〕北收上郡,〔13〕南取汉中,〔14〕包九夷,〔15〕制鄢、郢,〔16〕东据成皋之险,〔17〕割膏腴之壤,遂散六国之从,使之西面事秦,功施到今。〔18〕昭王得范雎,〔19〕废穰侯,〔20〕逐华阳,〔21〕强公室,杜私门,蚕食诸侯,〔22〕使秦成帝业。此四君者,皆以客之功。由此观之,客何负于秦哉!向使四君却客而不内,〔23〕疏士而不用,是使国无富利之实而秦无强大之名也。

【注释】〔1〕"由余",亦作"繇余",戎王的臣

子，是晋人的后裔，入秦后，受到秦缪公重用，帮助秦国攻灭西戎众多小国，称霸西戎。"戎"，古代中原人多称西方少数部族为戎。此指秦国西北部的西戎，活动范围约在今陕西西南、甘肃东部、宁夏南部一带。 〔2〕"百里奚"，原为虞国大夫。晋灭虞被俘，后作为秦缪公夫人的陪嫁臣妾之一送往秦国。逃亡到宛，被楚人所执。秦缪公用五张黑公羊皮赎出，用为大夫，故称"五羖大夫"。是辅佐秦缪公称霸的重臣。"宛"，楚国邑名，在今河南安阳市。〔3〕"蹇叔"，百里奚的好友，经百里奚推荐，秦缪公把他从宋国请来，委任为上大夫。"宋"，国名，或称"商"、"殷"，子姓，始封君为商纣王庶兄微子启，西周初周公平定武庚叛乱后将商旧都周围地区封给微子启，都于商丘（今河南商丘县南），约今河南东南部及所邻山东、江苏、安徽接界之地。公元前三世纪中叶，大臣剔成肸（即司城子罕）逐杀宋桓侯，戴氏代宋。公元前二八六年被齐国所灭。〔4〕"来"，招徕。别本或作"求"。"丕豹"，晋国大夫丕郑之子，丕郑被晋惠公杀死后，丕豹投奔秦国，秦缪公任为大夫。"公孙支"，"支"或作"枝"，字子桑，秦人，曾游晋，后返秦任大夫。"晋"，国名，姬姓，始封君为周成王之弟叔虞，建都于唐（今陕西翼城县西），约今山西西南部之地。春秋时，晋献公迁都于绛，亦称"翼"（今山西翼城县东南），陆续攻灭周围小国；晋文公成为继齐桓公之后的霸主；晋景公迁都新田（今山西侯马市西），亦称"新绛"，兼并赤狄，疆域扩展到今山西大部、河北西南部、河南北部和陕西一角。春秋后期，公室衰微，六卿强大。战国初，被执政的韩、赵、魏三家所瓜分。公元前三六九年，最后一位国君晋桓公被废为庶人，国灭祀绝。〔5〕"产"，生，出生。 〔6〕"并国二十，遂霸西戎"，《秦本纪》云秦缪公"益国十二，开地千里，遂霸西戎"。这里的"二十"当是约数。 〔7〕"孝公"，即秦孝公。"商鞅"，卫国公族，氏公孙，亦称公孙鞅，初为魏相公叔座家臣，公叔座死后入秦，受到秦孝公重用，任为左庶长、大良造，因功封于商（今山西商县东南）十五邑，号称商君。于公元前三五六年和前三五〇年两次实行变法，奠定秦国富强的基础。公元前三三八年，秦孝公去世，被车裂身死。详见本书《商君列传》。〔8〕"殷"，多，众多。"殷盛"，指百姓众多而且富裕。〔9〕"魏"，国名，始封君魏文侯，系晋国大夫毕万后裔，于公元前四〇三年与韩景侯、赵烈侯联合瓜分晋国，被周威烈王封为诸侯，建都安邑（今山西夏县西北）。魏文侯任用李悝改革内政，成为强国。梁惠王时迁都大梁（今河南开封市），因亦称"梁"。后国势衰败，公元前二二五年

被秦国所灭。"获楚、魏之师"，指战胜楚国、魏国的军队。公元前三四〇年，商鞅设计诱杀魏国主将公子卬，大败魏军。同年又与楚战，战况不详，据此，当也是秦军获胜。 〔10〕"惠王"，即秦惠王，名驷，秦孝公之子，公元前三三七年至前三一一年在位。于公元前三二五年称王。详见本书《秦本纪》。"张仪"，魏人，秦惠王时数次任秦相，鼓吹"连横"，游说各国诸侯事奉秦国，辅佐秦惠文君称王，封武信君。秦武王即位，入魏为相。于公元前三一〇年去世。详见本书《张仪列传》。 〔11〕"三川之地"，指黄河、雒水、伊水三川之地，在今河南西北部黄河以南的洛水、伊水流域。韩宣王在此设三川郡。公元前三〇八年秦武王派兵攻取三川大县宜阳（今河南宜阳县西）。公元前二四九年秦灭东周，取得韩三川全郡，重设三川郡。 〔12〕"巴"，国名，周武王灭商后被封为子国，称巴子国，在今四川东部、湖北西部一带。战国中期建都于巴（今四川重庆市）。公元前三一六年秦惠王派张仪、司马错等领兵攻灭巴国，在其地设置巴郡。"蜀"，国名，周武王时曾参加灭商的盟会，有今四川中部偏西地区。战国中期建都于成都（今四川成都市）。公元前三一六年秦惠文王派张仪、司马错等领兵灭蜀，在其地设置蜀郡。〔13〕"上郡"，郡名，魏文侯时置，辖境有今陕西洛河以东，黄梁河以北，东北到子长县、延安市一带。公元前三二八年魏割上郡十五县给秦，前三一二年又将整个上郡献秦。秦国于公元前三〇四年于此设置上郡。 〔14〕"汉中"，郡名，楚怀王时置，辖境有陕西东南和湖北西北的汉水流域。公元前三一二年，被秦将魏章领兵攻取，秦于此重置汉中郡。〔15〕"九夷"，此指楚国境内西北部的少数部族，在今陕西、湖北、四川三省交界地区。 〔16〕"鄢"，音yān，楚国别都，在今湖北宜城县东南。春秋时楚惠王曾都于此。"郢"，楚国都城，在今湖北江陵市西北纪南城。公元前二七九年秦将白起攻取鄢，翌年又攻取郢。 〔17〕"成皋"，邑名，在今河南荥阳县汜水镇，地势险要，是著名的军事重地。春秋时属郑国称虎牢，公元前三七五年韩国灭郑属韩，公元前二四九年被秦军攻取。 〔18〕"施"，音yì，蔓延，延续。 〔19〕"昭王"，即秦昭王，名稷，一作侧或则，秦惠王之子，秦武王异母弟，公元前三〇六年至前二五一年在位。详见本书《秦本纪》。"范雎"，一作"范且"，亦称范叔，魏人，入秦后改名张禄，受到秦昭王信任，为秦相，对内力主废除外戚专权，对外采取远交近攻策略，封于应（今河南宝丰县西南），亦称应侯，死于公元前二五五年。详见本书《范雎列传》。 〔20〕"穰"，音ràng。"穰侯"，即魏冉，楚

人后裔，秦昭王母宣太后之异父弟，秦武王去世，拥立秦昭王，任将军，多次为相，受封于穰（今河南邓县），故称穰侯，后又加封陶（今山东定陶县西北）。因秦昭王听用范雎之言，被免去相职，终老于陶。详见本书《穰侯列传》。〔21〕"华阳"，即华阳君芈戎，楚昭王母宣太后之同父弟，曾任将军等职，与魏冉同掌国政，先受封于华阳（今河南新郑县北），故称华阳君，后封于新城（今河南密县东南），故又称新城君。公元前二六六年，与魏冉同被免职遣归封地。〔22〕"蚕食"，比喻像蚕吃桑叶那样逐渐吞食侵占。〔23〕"向使"，假使，倘若。"内"，通"纳"，接纳。

【译文】我听说官吏在商议驱逐客卿之事，私下认为是搞错了。从前秦缪公寻求贤士，西边从西戎取得由余，东边从宛地得到百里奚，又从宋国迎来蹇叔，还从晋国招来丕豹、公孙支。这五位贤人，不生在秦国，而秦缪公重用他们，吞并国家二十多个，于是称霸西戎。秦孝公采用商鞅的新法，移风易俗，人民因此众多，国家因此富强，百姓乐意为国效力，诸侯亲附归服，战胜楚国、魏国的军队，攻取土地上千里，至今政治安定，国力强盛。秦惠王采纳张仪的计策，攻下三川地区，西进兼并巴、蜀两国，北上收得上郡，南下攻取汉中，席卷九夷各部，控制鄢、郢之地，东面占据成皋天险，割取肥田沃土，于是拆散山东六国的合纵同盟，使他们朝西事奉秦国，功烈延续到今天。昭王得到范雎，废黜穰侯，驱逐华阳君，加强国君公室，杜绝外戚私门，蚕食诸侯领土，使秦国成就帝王大业。这四位君主，都依靠了客卿的功劳。由此看来，客卿哪有什么对不住秦国的地方呢！倘若四位君主拒绝远客而不予接纳，疏远贤士而不加任用，这就会使国家没有丰厚的实力，而让秦国没有强大的名声了。

今陛下致昆山之玉，〔1〕有随、和之宝，〔2〕垂明月之珠，〔3〕服太阿之剑，〔4〕乘纤离之马，〔5〕建翠凤之旗，〔6〕树灵鼍之鼓。〔7〕此数宝者，秦不生一焉，而陛下说之，〔8〕何也？必秦国之所生然后可，则是夜光之璧不饰朝廷，犀象之器不为玩好，〔9〕郑、卫之女不充后宫，〔10〕而骏良駃騠不实外厩，〔11〕江南金锡不为用，〔12〕西蜀丹青不为采。〔13〕所以饰后宫充下陈娱心意说耳目者，〔14〕必出于秦然后可，则是宛珠之簪，〔15〕傅玑之

珥，〔16〕阿缟之衣，〔17〕锦绣之饰不进于前，而随俗雅化佳冶窈窕赵女不立于侧也。〔18〕夫击瓮叩缶弹筝搏髀，〔19〕而歌呼呜呜快耳者，真秦之声也；《郑》、《卫》、《桑间》、《昭》、《虞》、《武》、《象》者，〔20〕异国之乐也。今弃击瓮叩缶而就《郑》、《卫》，退弹筝而取《昭》、《虞》，若是者何也？快意当前，适观而已矣。今取人则不然。不问可否，不论曲直，非秦者去，为客者逐。然则是所重者在乎色乐珠玉，而所轻者在乎人民也。此非所以跨海内制诸侯之术也。

【注释】〔1〕"陛下"，对帝王的尊称。"致"，达，得。"昆山"，即昆仑山。〔2〕"随、和之宝"，即所谓"随侯珠"和"和氏璧"，传说中春秋时随侯所得的夜明珠和楚人卞和采得的美玉。〔3〕"明月"，宝珠名。〔4〕"太阿"，亦称"泰阿"，宝剑名，相传为春秋著名工匠欧冶子、干将所铸。〔5〕"纤离"，骏马名。〔6〕"翠凤之旗"，用翠凤羽毛作为装饰的旗帜。〔7〕"鼍"，音 tuó，亦称扬子鳄，俗称猪龙婆，皮可蒙鼓。〔8〕"说"，通"悦"，喜悦，喜爱。〔9〕"犀象之器"，指用犀牛角和象牙制成的器具。〔10〕"郑"，国名，姬姓，始封君为周宣王弟友，公元前八〇六年分封于郑（今陕西华县东）。春秋时建都新郑（今河南新郑县），有今河南中部之地，公元前三七五年被韩国所灭。"卫"，国名，姬姓，始封君为周武王弟康叔，初都朝歌（今河南淇县），后迁都楚丘（今河南滑县）、帝丘（今河南濮阳县），有今河南北部、山东西部之地。公元前二五四年被魏国所灭。"郑、卫之女"，此时郑、卫已亡，当指郑、卫故地的女子。"后宫"，嫔妃所居的宫室，也可用作嫔妃的代称。〔11〕"駃騠"，音 jué tí，骏马名。"外厩"，宫外的马圈。〔12〕"江南"，长江以南地区。此指长江以南的楚地，素以出产金、锡著名。本书《货殖列传》云："豫章出黄金，长沙出连、锡。"〔13〕"丹"，丹砂，可以制成红色颜料。"青"，青䨼，可以制成青黑色颜料。"西蜀丹青"，蜀地素以出产丹青矿石出名。本书《货殖列传》云："巴蜀亦沃野，地饶卮、姜、丹沙、石……""采"，彩色，彩绘。〔14〕"下陈"，殿堂中陈放礼器、站立侯从的地方。"充下陈"，此泛指将财物、美女充实府库后宫。〔15〕"宛"，宛转，缠绕。"宛珠之簪"，缀绕珍珠的发簪。或以"宛"为地名，指用宛（今河南南阳市）地出产的珍珠所作装饰的发簪。〔16〕"傅"，附着，镶嵌。

"玑",不圆的珠子。此泛指珠子。"珥",音 ěr,耳饰。〔17〕"阿",细缯,一种轻细的丝织物。或以"阿"为地名,指齐国东阿(今山东东阿县)。"缟",音 gǎo,未经染色的绢。〔18〕"随俗雅化",随合时俗而雅致不凡。"佳",美好,美丽。"冶",妖冶,艳丽。"窈窕",音 yǎo tiǎo,美好的样子。"赵",国名,始封君赵烈侯,系晋国大夫赵衰后裔,于公元前四〇三年与魏文侯、韩景侯联合瓜分晋国,被周威烈王封为诸侯,建都晋阳(今山西太原市东南),有今山西中部、陕西东北角、河北西南部。公元前三八六年迁都邯郸(今河北邯郸市)。公元前二二二年被秦国所灭。古人多以燕、赵为出美女之地。〔19〕"瓮",音 wèng,陶制的容器,古人用来打水。"缶",音 fǒu,一种口小腹大的陶器。秦人将瓮、缶作为打击乐器。"搏",击打,拍打。"髀",音 bì,大腿。"搏髀",拍打大腿,以此掌握音乐唱歌的节奏。〔20〕《郑》,指郑国故地的音乐。《卫》,指卫国故地的音乐。《桑间》,桑间为卫国濮水边上地名,在今河南濮阳县南,有男女聚会唱歌的风俗。此指桑间的音乐,即本书《乐书》的"桑间濮上之音"。《昭》,通"韶",《史记集解》引徐广曰:"昭,一作'韶'。"歌颂虞舜的舞乐。《虞》,按《史记会注考证校补》引南化本、枫山本、三条本等作"护",当为歌颂商汤的舞乐。《武》,歌颂周武王的舞乐。《象》,歌颂周文王的舞乐。

【译文】如今陛下得到昆山的美玉,拥有随侯珠、和氏璧之类宝物,悬挂明月珠,佩带太阿剑,驾乘纤离马,建置翠凤旗,树立灵鼍鼓。这么多的宝贝,秦国不出产一样,而陛下却喜欢它们,是什么缘故呢?倘若一定要秦国出产的东西才可以用,那么就该是夜光玉璧不能装饰宫廷,犀角、象牙制成的器具不能作为玩物,郑、卫之地的美女不能进入后宫,而驺骠好马不能充实宫外的马圈,江南的金锡不能使用,西蜀的丹青不能绘画。倘若用来装饰后宫、充任姬妾、赏心快意、怡目悦耳的一切,必须是出产于秦国的才可以,那么缀绕珍珠的发簪、镶嵌珠子的耳环、细缯素绢的衣裳、织锦刺绣的服饰就不能进呈到大王面前,而时髦优雅、艳丽多姿的赵国女子就不能侍立在身旁。那击瓮敲缶、弹筝拍腿,同时歌唱呼喊发出呜呜之声来快活耳朵听觉的,才是真正地道秦国的声乐,而《郑》、《卫》、《桑间》、《昭》、《虞》、《武》、《象》之类,则是异国它邦的音乐。现在舍弃击瓮敲缶而追求《郑》、《卫》之音,撤下弹筝奏曲而采取《昭》、《虞》之乐,像这样做为什么呢?只不过是图眼前称心如意,适合观赏罢了。现在用人却不这样。不问青红皂白,不论是非曲直,不是秦人就得离去,是侨民就得驱逐。这样做,所重的是女色、声乐、珍珠、美玉,而所轻的是人啊。这不是统一天下,制服诸侯的办法啊。

臣闻地广者粟多,国大者人众,兵强则士勇。是以太山不让土壤,〔1〕故能成其大;河海不择细流,〔2〕故能就其深;王者不却众庶,〔3〕故能明其德。是以地无四方,民无异国,四时充美,鬼神降福,此五帝、三王之所以无敌也。〔4〕今乃弃黔首以资敌国,〔5〕却宾客以业诸侯,〔6〕使天下之士退而不敢西向,裹足不入秦,此所谓"借寇兵而赍盗粮"者也。〔7〕

【注释】〔1〕"太山",即泰山。"让",辞让,拒绝。〔2〕"择",通"释",舍弃,抛弃。〔3〕"却",推却,拒绝。〔4〕"五帝",指黄帝、颛顼、帝喾、尧、舜。"三王",指夏、商、周三代开国君主,即夏禹、商汤、周文王和周武王。〔5〕"黔首",无爵平民不能服冠,只能以黑巾裹头,故称黔首。此泛指百姓。秦始皇统一六国后正式称百姓为黔首。"资",资助,供给。〔6〕"业",从业,从事,事奉。〔7〕"赍",音 jī,送,送给。

【译文】我听说田地广就粮食多,国家大就人口众,军队强就将士勇。因此,泰山不拒绝泥土,所以能成为那样高大;江河湖海不舍弃细流,所以能变得那样深邃;有志建立王业的人不嫌弃民众,所以能彰明他的德行。因此,土地不分东西南北,百姓不论异国它邦,那样便会一年四季富裕美好,天地鬼神降赐福运,这就是五帝、三王无可匹敌的缘故。现在却抛弃百姓使之去帮助敌国,拒绝宾客使之去事奉诸侯,使天下的贤士退却而不敢西进,裹足止步不入秦国,这就叫做"借武器给敌寇,送粮食给盗贼"啊。

夫物不产于秦,可宝者多;士不产于秦,而愿忠者众。今逐客以资敌国,损民以益雠,〔1〕内自虚而外树怨于诸侯,〔2〕求国无危,不可得也。

【注释】〔1〕"益",增益,增多。"雠",通"仇",仇敌。〔2〕"外树怨于诸侯",指宾客被驱逐出外必投奔其它诸侯,从而构树新怨。

【译文】物品中不出产在秦国,而可值得宝贵的很多;贤士中不生长于秦,却愿意效忠的成群。如今驱逐宾客来资助敌国,减损百姓来充实对手,内部自己造成空虚而外部在诸侯中构筑怨恨,那要谋求国家没有危难,是不可能的啊。

秦王乃除逐客之令,复李斯官,卒用其计谋。官至廷尉。[1]二十余年,[2]竟并天下,尊主为皇帝,[3]以斯为丞相。[4]夷郡县城,[5]销其兵刃,[6]示不复用。使秦无尺土之封,[7]不立子弟为王、功臣为诸侯者,使后无战攻之患。

【注释】[1]"廷尉",官名,执掌刑法,为秦国九卿之一。 [2]"二十余年",指李斯入秦(约公元前二四七年)至秦始皇于公元前二二一年统一六国这段时间。 [3]"主",《史记会注考证校补》引枫山本、三条本等作"王",当是,指秦王政。"皇帝",秦统一六国后议定"皇帝"作为秦王尊号,从此成为历代君主的专称。 [4]"丞相",官名,辅佐皇帝的最高行政长官,一般分设左、右丞相,与太尉、御史大夫合称"三公"。 [5]"夷",夷平,拆除。 [6]"销",销熔,熔化金属。"兵刃",兵器。"销其兵刃",销毁金属武器。据《秦始皇本纪》载,当时"收天下兵,聚之咸阳,销以为钟鐻,金人十二,重各千石,置廷宫中"。 [7]"土",《史记会注考证校补》引游明大昇校本作"寸"。

【译文】秦王于是取消驱逐客卿的命令,恢复李斯的官职,结果采用他的计谋。李斯官做到了廷尉。(李斯入秦)经过二十多年,秦国最终吞并天下,尊奉秦王为皇帝,秦始皇任命李斯为丞相。铲平郡县的城池,销毁地方的武器,表示不再用兵。让秦国没有一尺土地分封下去,不立宗室子弟为王、不封元勋功臣为诸侯,为的是使今后没有战争的祸患。

始皇三十四年,[1]置酒咸阳宫,博士仆射周青臣等颂称始皇威德。[2]齐人淳于越进谏曰:[3]"臣闻之,殷、周之王千余岁,封子弟功臣自为支辅。[4]今陛下有海内,而子弟为匹夫,[5]卒有田常、六卿之患臣,[6]无

辅弼,何以相救哉?事不师古而能长久者,[7]非所闻也。今青臣等又面谀以重陛下过,[8]非忠臣也。"始皇下其议丞相。丞相谬其说,[9]绌其辞,[10]乃上书曰:"古者天下散乱,莫能相一,是以诸侯并作,语皆道古以害今,饰虚言以乱实。人善其所私学,[11]以非上所建立。[12]今陛下并有天下,别白黑而定一尊;[13]而私学乃相与非法教之制,闻令下,即各以其私学议之,入则心非,出则巷议,非主以为名,异趣以为高,[14]率群下以造谤。如此不禁,则主势降乎上,党与成乎下。[15]禁之便。[16]臣请诸有文学、《诗》、《书》、百家语者,[17]蠲除去之。[18]令到满三十日弗去,黥为城旦。[19]所不去者,医药、卜筮、种树之书。[20]若有欲学者,[21]以吏为师。"始皇可其议,收去《诗》、《书》、百家之语以愚百姓,使天下无以古非今。明法度,定律令,皆以始皇起。同文书。[22]治离宫别馆,[23]周遍天下。明年,又巡狩,[24]外攘四夷。[25]斯皆有力焉。

【注释】[1]"始皇三十四年",即公元前二一三年。 [2]"博士",学官名,通晓历史、典章制度,以备应对皇帝的咨询,参议典礼政事,掌管有关典籍的研究、解释。秦始皇时有博士七十人,六艺、诸子、诗赋、术数、方伎、占梦等皆立博士。"射",音yè。"博士仆射",博士之长。"颂称始皇威德",颂词内容详见本书《秦始皇本纪》。 [3]"齐",国名,姜姓,始封君为西周开国元勋吕尚(即姜太公,亦称吕望),建都营丘(后称临淄,在今山东淄博市东北),有今山东北部,以后疆域逐步拓展有山东偏北大部和河北东南部。春秋时齐桓公成为著名霸主。公元前三八六年大臣田和取代齐姜公室正式列为诸侯,世称"田齐"。公元前二二一年被秦国所灭。"淳于越",氏淳于,名越,秦博士。或谓淳于髡之后。 [4]"支",通"枝",枝干。"支辅",枝干辅翼,义同下"辅弼"。 [5]"匹夫",平民。 [6]"卒",通"猝",音cù,突然。"田常",即田恒,亦称陈恒,"田"、"陈"古音同通假,"恒"系汉人避文帝刘恒名讳。谥成。齐国执政大臣,于公元前四八一年杀死齐简公,立简公弟平公,专擅国政。公元前三八六年,田氏正式列为诸侯取代姜氏。"六卿",指春秋后期晋国执掌政权的六家世卿:范氏、中行氏、知

氏、韩氏、魏氏、赵氏。在互相倾轧兼并中，范氏、中行氏、知氏被灭。战国初，韩氏、魏氏、赵氏三家瓜分晋国正式列为诸侯。"患臣"，为患作乱的臣子。〔7〕"师"，师法，效法。〔8〕"谀"，音 yú，奉承，谄媚。"重"，加重，增添。〔9〕"谬"，荒谬，认为荒谬。意动用法。〔10〕"绌"，通"黜"，贬黜，废弃。〔11〕"私学"，相对"官学"而言，指民间流行的各种学派及其学说，即诸子百家。〔12〕"非"，非议，否定。〔13〕"别"，它本多作"辨"，辨别。"白黑"，是非曲直。"尊"，法度，法令。"定一尊"，确定统一的法令。或谓规定统一尊奉的皇帝。〔14〕"趣"，旨趣，主张。"异趣"，不同的主张，此指标新立异。〔15〕"党与"，帮派，团伙。〔16〕"便"，利，便利，有利。〔17〕"文学"，文献典籍。"《诗》"，《诗经》，被儒家奉为经典。"《书》"，《尚书》，被儒家奉为经典。"百家语"，百家之言，指诸子百家的著作。〔18〕"蠲"，音 juān，通"捐"，捐弃，除去。〔19〕"黥"，音 qíng，肉刑名，亦称墨刑，先用刀刺刻脸部，然后涂上墨。"城旦"，男性刑徒名，被罚从事修筑城墙等苦役。〔20〕"卜筮"，占卜吉凶，用龟甲称卜，用蓍草称筮。"种树"，种植，泛指树木庄稼的栽种养植。〔21〕"若有欲学者"，本书《秦始皇本纪》作"若欲有学法令"，则所学内容指法令。〔22〕"文书"，文字。"同文书"，统一文字。战国时代，六国文字与秦国文字有明显差异，六国之间文字也各有不同。秦始皇将秦国文字作为统一使用的文字。〔23〕"离宫别馆"，指正式宫殿以外临时居住的宫室馆舍。〔24〕"巡狩"，即"巡守"，指天子出外巡行视察。〔25〕"攘"，排斥，抗击。"四夷"，泛指秦国周围的其他少数部族。

【译文】秦始皇三十四年，在咸阳宫中设置酒宴，博士仆射周青臣等称颂秦始皇的武威德政。齐人淳于越进言劝谏说："我听说，殷代、周代的王位传了一千多年，都将土地分封给子弟功臣作为自己的辅翼。如今陛下拥有海内之地，而子弟却为平民，一旦有齐国田常、晋国六卿那样的乱臣，没有子弟的辅佑卫护，用什么来救援呢？做事不效法古代而能长治久安的，没有听说过。如今青臣等人又当面奉承来加重陛下的过失，不是忠臣啊。"秦始皇把淳于越的建议交付丞相处理。丞相李斯认为淳于越的言论荒谬，驳斥其说，于是上书说："以前天下离散纷乱，没有人能统一，因此诸侯并比兴起，百家之语都称道古代以诋毁当今，搬弄空话来搅乱现实。人人认为自己私下学来的那套好，用来否定君上建立的制度。如今陛下兼并占有天下，辨别是非

而确定统一的法度；然而民间私学却相互勾结攻击法治教育的制度，一听得法令下达，就各用自己的那套学说议论它，入门居家心怀不满，出门聚众街谈巷议，抨击君主来博取名声，标新立异来显示高明，率领徒众群小制造谤言。如果这种情况不加禁止，君主的权势就会从上面降低，而各种帮派朋党就会在下面形成。禁止这种情况有利。臣下请求凡是拥有文献典籍、《诗》《书》、诸子百家著述的，都要销毁清除掉。命令下达超过三十天还不清除，就处以黥刑罚为城旦。属于不废弃的，有医药、卜筮和种植方面的书籍。倘若有想学习法令的，就拜官吏为老师。"秦始皇批准李斯的建议，没收废弃《诗》《书》、诸子百家的书籍来愚弄百姓，使天下没有人能用古代来否定当今。彰明法度，制定律令，全部从秦始皇重新开始。统一原来各国文字。建造离宫别馆遍布全国各地。第二年，秦始皇又出去巡视，抵御外部的四方夷狄。（上述种种，）李斯都出了力。

　　斯长男由为三川守，〔1〕诸男皆尚秦公主，〔2〕女悉嫁秦诸公子。三川守李由告归咸阳，〔3〕李斯置酒于家，百官长皆前为寿，〔4〕门廷车骑以千数。〔5〕李斯喟然而叹曰：〔6〕"嗟乎！吾闻之荀卿曰'物禁大盛'。〔7〕夫斯乃上蔡布衣，〔8〕闾巷之黔首，〔9〕上不知其驽下，〔10〕遂擢至此。〔11〕当今人臣之位无居臣上者，可谓富贵极矣。物极则衰，吾未知所税驾也！"〔12〕

【注释】〔1〕"三川"，郡名，郡治雒阳，在今河南洛阳市东北。"守"，郡守，一郡最高的行政长官。〔2〕"尚"，指娶皇帝的女儿为妻。从门第、身份来说是高攀，故称"尚"。〔3〕"告"，古时官员休假称"告"。〔4〕"百官长"，各部门机构的长官，泛指文武百官。"为寿"，祝寿，祝福，祝贺。〔5〕"廷"，通"庭"。"门廷"，即门庭。〔6〕"喟"，音 kuì，叹息声。〔7〕"大"，通"太"。〔8〕"夫"，语首助词。"乃"，是。〔9〕"闾"，音 lǘ，里巷的大门。"闾巷"，里弄，乡里。〔10〕"驽"，音 nú，劣马，引喻为材力低下。〔11〕"擢"，音 zhuó，提升，提拔。〔12〕"税"，通"脱"。"税驾"，脱驾，解驾，把马从车辕上解下来，指停车休止，比喻归宿。

【译文】李斯的长子李由任三川郡郡守，其余

儿子都娶秦皇室公主为妻，女儿全嫁给秦皇室各位公子。三川郡郡守李由休假返回咸阳，李斯在家摆设酒宴，百官之长都前来祝贺，门庭过往的车马数以千计。李斯叹息道："唉！我听荀卿说过'事物禁忌过分盛大'。我李斯原是上蔡的平民，乡里的百姓，皇上不知我才能低下，竟把我提拔到这样的高位。当今群臣官位没有居于我之上的，可以说是富贵达到了极点。事物发展到极点就会衰落，我不知道自己的归宿在哪里啊！"

始皇三十七年十月，行出游会稽，[1]并海上，[2]北抵琅邪。[3]丞相斯、中车府令赵高兼行符玺令事，[4]皆从。始皇有二十余子，长子扶苏以数直谏上，[5]上使监兵上郡，[6]蒙恬为将。[7]少子胡亥爱，[8]请从，上许之。余子莫从。

【注释】〔1〕"会"，音 guì。"会稽"，山名，在今浙江绍兴市东南。〔2〕"并"，音 bàng，通"傍"，《史记会注考证校补》引南化本、三条本、枫山本正作"傍"，挨着，沿着。"海"，即今东海。〔3〕"琅邪"，山名，在今山东胶南县南。〔4〕"中车府令"，官名，太常的属官，负责管理皇帝乘坐的车马。"赵高"，宦官，赵人，入秦宫中执事二十余年。秦始皇死后，扶立胡亥即位，任郎中令，控制朝政，杀害李斯。后又杀死胡亥，立子婴为秦王。于公元前二○七年被子婴所杀。"行"，执掌，掌管。"符玺令"，官名，掌管皇帝的符节玺印。〔5〕"数"，音 shuò，屡次，多次。"上"，皇上，指秦始皇。〔6〕"监"，监临，监督。"上郡"，郡治肤施，在今陕西榆林县东南，有今陕西北部和内蒙古乌审旗、伊金霍洛旗、准格尔旗等地。〔7〕"蒙恬"，祖先为齐人，自祖父蒙骜起世代为秦名将，时领兵镇守北方边疆。公元前二一○年受胡亥逼迫而自杀。详本书《蒙恬列传》。〔8〕"爱"，本书《秦始皇本纪》作"爱慕"，则此"爱"指对父母的爱恋、依恋之情。

【译文】秦始皇三十七年十月，巡行出游会稽山，(然后)沿海而上，北行抵达琅琊山。丞相李斯、中车府令赵高兼任符玺令职事，一同随从。秦始皇有二十九个儿子。长子扶苏因为多次直言劝谏秦始皇，秦始皇便派他到上郡监督军队，蒙恬是军队将领。小儿子胡亥最依恋秦始皇，请求随从，秦始皇答应他。其余儿子没有一个随行。

其年七月，[1]始皇帝至沙丘，[2]病甚，令赵高为书赐公子扶苏曰：[3]"以兵属蒙恬，[4]与丧会咸阳而葬。"[5]书已封，未授使者，始皇崩。书及玺皆在赵高所，独子胡亥、丞相李斯、赵高及幸宦者五六人知始皇崩，[6]余群臣皆莫知也。李斯以为上在外崩，无真太子，[7]故秘之。置始皇居辒辌车中，[8]百官奏事上食如故，[9]宦者辄从辒辌车中可诸奏事。[10]

【注释】〔1〕"其年七月"，指秦始皇三十七年七月。秦国采用所谓颛顼历，以十月为岁首，故前云"秦始皇三十七年十月"，此又云"其年七月"。〔2〕"沙丘"，地名，在今河北广宗县西北。〔3〕"书"，书信，诏书。〔4〕"属"，音 zhǔ，托付，交给。〔5〕"与"，音 yù，参与，参加。〔6〕"幸宦者"，受到宠幸的宦官。〔7〕"真太子"，正式册立的太子。〔8〕"辒辌"，音 wēn liáng。"辒辌车"，一种可以卧息的车。有窗户，打开可通风取凉，关上可挡风保温。〔9〕"上食"，进上食物。〔10〕"可"，准可，批复。

【译文】这年七月，秦始皇到达沙丘，病得很重，命令赵高起草诏书给公子扶苏说："把兵权交付给蒙恬，即来治理丧事，到咸阳会合而举行葬礼。"书已封缄，还没交给信使，秦始皇就去世了。诏书以及玺印都在赵高处，只有儿子胡亥、丞相李斯、赵高以及宠幸的宦官五六人知道秦始皇去世，其余群臣都不知道。李斯因为皇上死在外地，没有正式册立太子，所以对此加以保密。将秦始皇尸体安放在辒辌车里，群臣奏事、侍者进食如同旧日，宦官就从辒辌车中(假托秦始皇)批复处理各种奏呈的事务。

赵高因留所赐扶苏玺书，[1]而谓公子胡亥曰："上崩，无诏封王诸子而独赐长子书。长子至，即立为皇帝，而子无尺寸之地，为之奈何？"胡亥曰："固也。[2]吾闻之，明君知臣，明父知子。父捐命，[3]不封诸子，何可言者！"赵高曰："不然。方今天下之权，存亡在子与高及丞相耳，愿子图之。且夫臣人与见臣于人，[4]制人与见制于人，[5]岂可同日道哉！"胡亥曰："废兄而立弟，是不义也；不奉父诏而畏死，[6]是不孝也；能薄而材谫，[7]强因人之功，[8]是不能也。三者逆德，〔9〕天下不服，身殆倾危，〔10〕社稷不血食。"〔11〕高曰："臣闻汤、武杀其主，〔12〕天下称义焉，不为不忠。卫君杀其父，〔13〕而卫国载其德，孔子著之，不为不孝。夫大行不小谨，盛德不辞让，乡曲各有宜而百官不同功。〔14〕故顾小而忘大，后必有害；狐疑犹豫，〔15〕后必有悔。断而敢行，鬼神避之，后有成功。愿子遂之！"〔16〕胡亥喟然叹曰："今大行未发，〔17〕丧礼未终，岂宜以此事干丞相哉！"〔18〕赵高曰："时乎时乎，间不及谋！〔19〕赢粮跃马，〔20〕唯恐后时！"

【注释】〔1〕"因"，因此，乘机。"留"，留下，扣留。"玺书"，指加盖皇帝玺印的书信。 〔2〕"固"，本来，原来。 〔3〕"捐命"，弃命，丧命。 〔4〕"臣人"，以人为臣，使别人为臣。"见"，被，表示被动。"见臣于人"，被别人当作臣子，做别人的臣子。〔5〕"制人"，控制别人。"见制于人"，被别人控制。〔6〕"畏死"，怕死。指如果扶苏继位，胡亥担心自己失去昔日宠恃而被杀。 〔7〕"谫"，音 jiǎn，浅薄，浅陋。 〔8〕"强"，强硬，勉强。 〔9〕"逆"，违逆，违背。 〔10〕"殆"，通"迨"，及。 〔11〕"社稷"，社为土地神，稷为谷神，当时唯帝王才有资格主持祭祀。社稷合言，常指代国家。"血食"，指祭祀。因祭祀必要宰杀牺牲作为供品，故以血食代称祭祀。"社稷不血食"，社稷之神不能祭祀，言国家灭亡。〔12〕"汤、武杀其主"，指商汤王、周武王杀死其君主夏桀、商纣王。 〔13〕"卫君杀其父"，此事不详。或谓赵高妄言。或谓指公元前四九三年卫人拒蒯聩入国事。据本书《卫康叔世家》及《左传》载，卫灵公太子蒯聩因与夫人南子构恶，出奔宋国；卫灵公死，卫人立蒯聩子辄（即卫出公）；晋人送返蒯聩，卫人发兵攻击。然未见辄杀其父蒯聩记载。又《春秋》哀公三年云："春，齐国夏、卫石曼姑帅师围戚。"或即下文所谓"孔子著之"。按《汉书·隽不疑传》云："昔蒯聩违命出奔，辄距而不纳，《春秋》是之。"亦未见辄杀蒯聩。 〔14〕"乡曲"，乡里。 〔15〕"狐疑"，相传狐性多疑，因喻人遇事多疑而乏决断。"犹豫"，迟疑不决。 〔16〕"遂"，成就，完成。〔17〕"大行"，即"大行皇帝"，指去世的皇帝。〔18〕"干"，求。 〔19〕"间"，间隙，瞬间。 〔20〕"赢"，担负，携带。

【译文】赵高乘机扣留秦始皇赐给扶苏加盖玺印的书信，并对公子胡亥说："皇上去世，没有诏令封立其它儿子为王，唯独赐给长子书信。长子一到，马上即位为皇帝，而您却没有尺寸封地，对这该怎么办？"胡亥说："本该如此啊。我听说这样的话，明哲的君主了解自己的臣属，明哲的父亲了解自己的儿子。父皇去世，不封其余儿子为王，还有什么可说的呢！"赵高说："并非如此。当今天下的权柄，存亡予夺就在于您和我以及丞相罢了，希望您考虑此事。再说以人为臣与被人当作臣，控制别人与被别人所控制，哪能同日而语呢？"胡亥说："废黜长兄而立幼弟，这是不义；不遵奉父皇诏令而贪生怕死，这是不孝；能力浅薄，材质低劣，勉强依仗他人取得成功，这是无能。三者都违背道德，天下不会服从，自身将会倾覆危亡，宗庙社稷也将无人祭祀供奉。"赵高说："我听说商汤王、周武王杀死他的君主，天下称为义举，不算不忠。卫君杀死他的父亲，卫国记为德行，孔子在《春秋》中载录此事，不算不孝。干大事不必谨小慎微，行大德无需推辞谦让。地方乡里各有自己的事宜，而朝廷百官各有不同的功能（凡事不能一概而论）。所以说只顾及细微末节就会忘记当务之急，事后必然会有祸患；生性多疑、犹豫不决，以后必然会有悔恨。当机立断而敢作敢为，连鬼神都要回避，最后必能成功。希望您完成此事。"胡亥叹息说："如今先皇丧事未发，丧礼没了，怎么能用这事来要求丞相呢！"赵高说："时机啊时机，一过瞬间片刻就来不及再筹划了。（该像那赶路人，）装足干粮、扬鞭跃马，唯恐耽误了时间！"

胡亥既然高之言，〔1〕高曰："不与丞相谋，恐事不能成，臣请为子与丞相谋之。"高乃谓丞相斯曰："上崩，赐长子书，与丧会咸阳而立为嗣。书未行，今上崩，未有知者也。所赐长子书及符玺皆在胡亥所，〔2〕定太子在君侯与高之口耳。〔3〕事将何如？"斯曰："安得亡国之言！此非人臣所当议也！"高曰："君侯自料能孰与蒙恬？〔4〕功高孰与蒙恬？谋远不失孰与蒙恬？无怨于天下孰与蒙恬？长子旧而信之孰与蒙恬？"斯曰："此五者皆不及蒙恬，而君责之何深也？"高曰："高固内官之厮役也，〔5〕幸得以刀笔之文进入秦宫，〔6〕管事二十余年，未尝见秦免罢丞相功臣有封及二世者也，卒皆以诛亡。皇帝二十余子，皆君之所知。长子刚毅而武勇，信人而奋士，〔7〕即位必用蒙恬为丞相，君侯终不怀通侯之印归于乡里，〔8〕明矣。高受诏教习胡亥，使学以法事数年矣，〔9〕未尝见过失。慈仁笃厚，轻财重士，辩于心而诎于口，〔10〕尽礼敬士，秦之诸子未有及此者，可以为嗣。君计而定之。"斯曰："君其反位！〔11〕斯奉主之诏，听天之命，何虑之可定也？"高曰："安可危也，危可安也。安危不定，何以贵圣？"〔12〕斯曰："斯，上蔡闾巷布衣也，上幸擢为丞相，〔13〕封为通侯，子孙皆至尊位重禄者，故将以存亡安危属臣也。〔14〕岂可负哉！夫忠臣不避死而庶几，〔15〕孝子不勤劳而见危，〔16〕人臣各守其职而已矣。君其勿复言，将令斯得罪。"高曰："盖闻圣人迁徙无常，就变而从时，见末而知本，观指而睹归。〔17〕物固有之，安得常法哉！方今天下之权命悬于胡亥，高能得志焉。且夫从外制中谓之惑，〔18〕从下制上谓之贼。〔19〕故秋霜降者草花落，水摇动者万物作，〔20〕此必然之效也。〔21〕君何见之晚？"斯曰："吾闻晋易太子，三世不安；〔22〕齐桓兄弟争位，身死为戮；〔23〕纣杀亲戚，〔24〕不听谏者，国为丘墟，〔25〕遂危社稷：三者逆天，宗庙不血食。斯其犹人哉，〔26〕安足为谋！"〔27〕高曰："上下合同，〔28〕可以长久；中外若一，〔29〕事无表里。〔30〕君听臣之计，即长有封侯，世世称孤，〔31〕必有乔、松之寿，〔32〕孔、墨之智。〔33〕今释此而不从，祸及子孙，足以为寒心。善者因祸为福，君何处焉？"斯乃仰天而叹，垂泪太息曰：〔34〕"嗟呼！独遭乱世，既以不能死，〔35〕安托命哉！"于是斯乃听高。高乃报胡亥曰："臣请奉太子之明命以报丞相，〔36〕丞相斯敢不奉令！"

【注释】〔1〕"既"，已，已经。"然"，是，同意。〔2〕"所赐长子书及符玺皆在胡亥所"，前记"书及玺皆在赵高所"，可知赵高此所说不实，借谎言以要挟李斯。〔3〕"君侯"，对李斯的尊称。李斯官为丞相，爵至彻侯，故有此称。〔4〕"能"，《史记探源》认为"能"下脱落"多"字，应作"能多"，方与下文"功高"、"谋远"相对仗。可备一说。"孰"，谁，哪一个。"孰与"，与某某比谁怎么样。〔5〕"固"，《史记会注考证校补》引别本或作"故"。"内官"，内廷，宫中。"厮役"，仆役，奴仆。〔6〕"刀笔"，刀和毛笔，当时的书写用具。古代曾以竹木为书写材料，用笔书写，用刀削改。"刀笔之文"，即竹木文书，因当时的刑狱文书多写在竹木上，故又可指称刑狱文书。"幸得以刀笔之文进入秦宫"，按本书《蒙恬列传》云赵高"通于狱法"，可参看。〔7〕"信人"，对人信任，此指信用旧人。"奋士"，使士人奋发，激励士人。〔8〕"通侯"，即"彻侯"，爵名，是秦国二十等爵制中最高的一级。此改"彻"为"通"，系避汉武帝刘彻名讳所改。〔9〕"法事"，法律事务。按本书《秦始皇本纪》云："赵高故尝教胡亥书及狱律令、法事。"〔10〕"辩"，通"辨"，明辨，明察。"诎"，通"拙"，钝拙，笨拙。〔11〕"其"，语助词，表示祈使、命令。"反位"，返回原来的职位。意即恪守官位，不超越职权。〔12〕"贵圣"，尊贵圣明。或谓以圣哲为可贵。〔13〕"幸"，宠幸。"擢"，音zhuó，选拔，提升。〔14〕"故"，通"固"，《史记会注考证校补》引枫山本、三条本作"固"，原本，本意。〔15〕"庶几"，差不多，侥幸。此为苟且偷生的意思。〔16〕"孝子不勤劳而见危"，孝子不过分勤苦操劳而遭逢危难。儒家认为人的身体，受之父母，避开危难使之不受损伤，是孝子的职责。〔17〕"指"，通"旨"，意旨，动向。"归"，归宿。〔18〕"从外制中"，从外部制约内部。公子扶苏在外，胡亥在内；李斯为外朝官，赵高为内朝官，"从外制中"兼指这两种关系。〔19〕"从下制上"，从下面制约上面。赵高伪托秦始皇遗诏立胡亥，则胡亥为上，公子扶苏、李斯为下。〔20〕"水摇动者"，流水摇动。指春天来到冰雪消融。"作"，兴，兴起，生长。〔21〕"效"，效应，效验。这里指自然规律。〔22〕"晋易太子，三世不安"，指晋献公废黜太子申生，立宠妾骊姬之子奚齐为太子，因而酿成晋献公、晋惠公、晋怀公三代的晋国内乱。〔23〕"齐桓"，即齐桓公，名小白，齐釐公之子，齐襄公之弟，任用管仲改革内政，国力富强，成为著名霸主，公元前六八五年至前六四三年在位。详见本书《齐太公世家》。"齐桓兄弟争位，身死为戮"，指齐襄公死后，其弟公子小白与公子纠争夺君位，结果公子小白继位，公子纠被杀身死。〔24〕"纣杀亲戚"，指商纣王杀死劝谏他的叔父比干。〔25〕"国为丘墟"，国都变为荒丘废墟，言国家灭亡。〔26〕"犹人"，还是人。此指还是明白事理的人。〔27〕"安"，哪里，怎么。〔28〕"上下合同"，君臣上下合力同心。上指胡亥，下指李斯。〔29〕"中外若一"，宫廷内外一致。中，指宫廷内，即赵高；外，指宫廷外，即李斯。〔30〕"表里"，表面和里子。此引申为参差，差错。

〔31〕"孤"，侯王的自称。"称孤"，指封为侯。
〔32〕"乔、松"，王子乔和赤松子，传说中长生不老的
仙人。或以"乔松"指高大的松树。　〔33〕"孔、
墨"，孔丘和墨翟，分别是儒家和墨家学派的创始
人，被视为智慧的代表。　〔34〕"太息"，大声叹气，
深深地叹息。　〔35〕"以"，通"已"，已经。　〔36〕
"明命"，大命。

【译文】胡亥同意赵高的话后，赵高又说："不
与丞相谋划，恐怕事情不能成功，臣下请求为您去
与丞相谋划此事。"赵高于是对丞相李斯说："皇上
去世前，赐给长子遗书，命他即来治理丧事，到咸阳
会合，立他为继承人。遗书尚未发出，如今皇上去
世，没有知道这事的人。赐给长子的遗书以及符节
玺印都在胡亥处，确定太子就在于您和我赵高的嘴
如何说了。这事该怎么办？"李斯说："哪来这派亡
国之言！这不是我们做臣子所应当议论的啊！"赵
高说："您自己估量与蒙恬比谁的能力强？与蒙恬
比谁的功劳大？与蒙恬比谁深谋远略没有失误？
与蒙恬比谁不被天下的人怨恨？与蒙恬比谁是长
子扶苏的旧交而受到信任？"李斯说："这五件我都
比不上蒙恬，您对我的责求为什么这样苛刻呢？"赵
高说："我本是宫中的仆役，有幸能以熟悉刑狱文书
进入秦皇宫廷，管理有关事务二十多年，未曾见过
秦皇罢免的丞相功臣有受封及于第二代的，他们最
后都遭杀戮身亡。皇帝的二十多个儿子，都是您所
知道的。长子扶苏刚强坚毅而威武勇敢，信用贤人
而激励士子，登上皇位的话必定任用蒙恬为丞相，
那您就终究不能怀捧通侯大印衣锦还乡，是很明白
的了。我接受诏令教授训练胡亥，让他学习法律政
事多年了，未曾见他有过失。他为人慈善仁爱，笃
诚厚道，看轻财物尊重士人，内心明白而不善言辞，
恪守礼法尊敬士人，秦国的其它公子没有比得上他
的，可以作为皇位继承人。您考虑一下把事定下
来。"李斯说："您还是安守本分吧！我李斯遵奉皇
帝的诏令，听从上天的旨意，还有其它什么可考虑
决定的呢？"赵高说："平安可以转化为危险，危险可
以转化为平安。连平安和危险都把握不定，凭什么
算是尊贵圣哲呢？"李斯说："我本是上蔡乡里的平
民，皇上宠幸提拔我为丞相，封为通侯，子孙也都得
到显赫的职位、丰厚的俸禄，原本是要将国家存亡
安危的重任托付给臣下。我岂能辜负皇上期望呢！
忠臣不避死亡而苟且偷生，孝子不过分勤劳而遭逢
危难，做人臣的各守其职就是了。您不要再说了，
(否则,)将要叫我犯禁获罪。"赵高说："我听说圣人
迁徙流动没有固定的常法，趋合变化而顺应时势，

看到细微末节能知事物本源，观察征兆动向能知结
果归宿。事物原本各有不同，哪里找得到固定不变
的常法呢？当今天下的权柄握在胡亥手中，我能因
此得志。况且从外部制约内部叫做惑，从下面制约
上面叫做贼。所以秋天的霜露降下便草木枯萎花
朵凋落，春天冰雪消融水流荡漾便万物萌生，这是
必然的效应啊！您为什么迟迟看不透？"李斯说：
"我听说晋献公改立太子，结果三代不得安宁；齐桓
公兄弟争夺君位，结果公子纠身败名裂；商纣王杀
死叔父比干，不听劝谏，都城化为荒丘废墟，结果危
及国家：这三人违逆天道，祖宗神庙断绝了祭祀。
我李斯还是个明白事理的人，哪能参与谋划这种
事！"赵高说："君臣上下同心合力，国家就可以长治
久安；朝廷内外浑然一体，事情便能够无懈可击。
您听从我的计划，就可以永久享有通侯封爵，世代
称孤道寡，必定会有王子乔、赤松子那样的寿命，孔
丘、墨翟那样的智慧。如今放着这条路不走，必
将祸及子孙，实在令人为之寒心。聪明人能因祸得
福，您到底如何处置此事呢？"李斯于是仰天长叹，
流着眼泪大声喘息着说："唉！偏偏碰上这混乱世
道，既然不能以死相许，还能到哪里去托付身家性
命呢！"于是李斯便听从赵高的安排。赵高就禀报
胡亥说："臣下得请奉您太子的大命去通报丞相，丞
相岂敢不接受命令！"

　于是乃相与谋，诈为受始皇诏丞相，立
子胡亥为太子。更为书赐长子扶苏曰：〔1〕
"朕巡天下，祷祠名山诸神以延寿命。今扶
苏与将军蒙恬将师数十万以屯边，十有余年
矣，不能进而前，士卒多耗，无尺寸之功，乃
反数上书直言诽谤我所为，以不得罢归为太
子，日夜怨望。〔2〕扶苏为人子不孝，其赐剑
以自裁！〔3〕将军恬与扶苏居外，不匡正，宜
知其谋。为人臣不忠，其赐死，以兵属裨将
王离。"〔4〕封其书以皇帝玺，遣胡亥客奉书
赐扶苏于上郡。〔5〕

【注释】〔1〕"更"，更换，偷换。　〔2〕"怨望"，
怨恨。　〔3〕"自裁"，自己裁决，即自杀。　〔4〕
"裨"，音 pí。"裨将"，副将。"王离"，秦将王翦之
孙，王贲之子，三代名将，后被项羽军队所俘获。
〔5〕"胡亥客"，胡亥的门客。

【译文】于是三人共同谋划，假称接受秦始皇

给丞相的诏令,立儿子胡亥为太子。偷换假造给长子扶苏的书信说:"我巡行天下,祈祷祭祀名山众神来延年益寿。如今你扶苏和将军蒙恬领兵几十万驻守边境,已经十几年了,不能进兵向前,士卒多有损伤,仍无建立点滴功绩,却反而屡次上书,直言不讳地诽谤我的所作所为,因为不能卸任归来做太子,日夜怨恨不已。扶苏作为儿子不孝,就赐剑用以自杀吧!将军蒙恬和扶苏居住塞外,不加规劝纠正,自然知道他的阴谋。做人臣的不忠,也赐剑自杀,把军队交给副将军王离。"盖上皇帝玺印封好诏书,派遣胡亥的门客携带诏书到上郡赐给扶苏。

使者至,发书,扶苏泣,入内舍,[1]欲自杀。蒙恬止扶苏曰:"陛下居外,未立太子,使臣将三十万众守边,公子为监,此天下重任也。今一使者来,即自杀,安知其非诈?请复请,复请而后死,未暮也。"[2]使者数趣之。[3]扶苏为人仁,谓蒙恬曰:"父而赐子死,尚安复请!"即自杀。蒙恬不肯死,使者即以属吏,系于阳周。[4]

【注释】[1]"内舍",内屋,寝室。 [2]"暮",晚,迟。 [3]"趣",音cù,催促。 [4]"系",拴缚,拘禁,关押。"阳周",县名,属上郡,在今陕西子长县西北。

【译文】使者到达上郡,打开书信,扶苏哭泣起来,进入内屋,准备自杀。蒙恬制止扶苏说:"陛下身居在外,没有选立太子,派我率领三十万军队守卫边疆,公子担任监军,这是关系天下的重任啊!如今就凭一个使者前来,立即自杀,岂知其中肯定无诈?望再请示一次,再请示证实后去死,也不算晚啊。"使者在旁再三催促。扶苏为人仁厚,对蒙恬说:"当父亲的命令儿子去死,还能上哪里再请示呢!"立即自杀了。蒙恬不肯当即死,使者立刻把他交给狱吏,囚禁在阳周。

使者还报,胡亥、斯、高大喜。至咸阳,发丧。太子立为二世皇帝,以赵高为郎中令,[1]常侍中用事。[2]

【注释】[1]"郎中令",官名,秦九卿之一,职掌皇宫门户的守护警卫,属官有大夫、郎、谒者等。 [2]"侍中",在宫中侍奉皇帝,即在宫中供职。"用事",理事,处理政务。

【译文】使者返回禀报,胡亥、李斯、赵高皆大欢喜。到达咸阳,发布丧事。太子胡亥立为二世皇帝,任命赵高为郎中令,赵高从此常在宫中供职处理政务。

二世燕居,[1]乃召高与谋事,谓曰:"夫人生居世间也,譬犹骋六骥过决隙也。[2]吾既已临天下矣,[3]欲悉耳目之所好,[4]穷心志之所乐,[5]以安宗庙而乐万姓,[6]长有天下,终吾年寿,其道可乎?"高曰:"此贤主之所能行也,而昏乱主之所禁也。臣请言之,不敢避斧钺之诛,愿陛下少留意焉。[7]夫沙丘之谋,诸公子及大臣皆疑焉,而诸公子尽帝兄,大臣又先帝之所置也。今陛下初立,此其属意怏怏皆不服,[8]恐为变。且蒙恬已死,蒙毅将兵居外,[9]臣战战栗栗,[10]唯恐不终。[11]且陛下安得为此乐乎?"二世曰:"为之奈何?"赵高曰:"严法而刻刑,[12]令有罪者相坐诛,[13]至收族,[14]灭大臣而远骨肉;贫者富之,贱者贵之。尽除去先帝之故臣,更置陛下之所亲信者近之。此则阴德归陛下,[15]害除而奸谋塞,群臣莫不被润泽,蒙厚德,陛下则高枕肆志宠乐矣。[16]计莫出于此。"[17]二世然高之言,乃更为法律。[18]于是群臣诸公子有罪,辄下高,令鞫治之。[19]杀大臣蒙毅等,公子十二人僇死咸阳市,[20]十公主矺死于杜,[21]财物入于县官,[22]相连坐者不可胜数。[23]

【注释】[1]"燕",通"宴",安闲,空闲。"燕居",闲居。 [2]"骥",骏马,千里马。"决",通"缺",缺口。"譬犹骋六骥决隙也",犹如驾驭套着六匹骏马的车子驰越缺口缝隙。极言时间的短暂。 [3]"临天下",君临天下,统治天下。 [4]"悉",尽,竭尽。 [5]"穷",极,穷极。 [6]"万姓",万民,百姓。 [7]"少",稍,稍微。 [8]"此其属",这帮人,这些人。指上文所云"诸公子及大臣"。"怏怏",怨恨不满的样子。 [9]"蒙毅",蒙恬之弟,秦卿。"且蒙恬已死,蒙毅将兵居外",按上文云蒙恬赐死,"以兵属裨将军王离"。又本书《蒙恬列传》云,蒙恬在外领兵而蒙毅在朝为卿,蒙毅先于蒙恬被杀。则此所云有误。〔10〕"战",通"颤",发抖。"栗",通"慄",打颤,发抖。"战战栗栗",寒冷发抖的样子。常用以形容胆战心惊的样子。〔11〕"不终",没有结果。此指没有好的结局。〔12〕"刻",苛刻,残酷。〔13〕"相坐",连坐,相互株连而判罪。〔14〕"收族",将犯人的家属没入官府为奴婢。〔15〕"阴",暗,暗中,私下。〔16〕"肆志",肆意,任意,随心所欲。"宠",宠光,荣耀。〔17〕"计莫出于此",计谋没有超出这个的,即没有比这更好的计策。〔18〕"更为法律",改立法律,重新制定法律。〔19〕"鞫",音 jū,通"鞠",审讯。〔20〕"僇",通"戮",杀戮。"市",市场,街市。〔21〕"矺",音 zhé,通"磔",一种分裂肢体的酷刑。"杜",秦县名,属内史,在今陕西西安市西南。〔22〕"县官",朝廷,官府。〔23〕"胜",音 shēng,尽。

【译文】秦二世闲居时,召见赵高商量事情,说:"人生活在世间,就像驾驭套着六匹骏马拉的车驰越缺口裂缝那样短暂。我既已君临天下了,想要领略一切声色的快活,享受所有神往的乐趣,以此来安定宗庙而且娱乐百姓,永久保有天下,度过我的一生。这个道理可行吗?"赵高说:"这是贤明君主才能实行的,而被昏愦君主所禁止。臣下请求进言,不敢躲避斧钺的惩罚诛戮,希望陛下稍加留意。沙丘的密谋,各位公子以及大臣都有察觉怀疑,而各位公子都是您皇帝的兄长,大臣又都是先帝所封置的。当今陛下新近即位,这些人心怀怨恨全都不服,恐怕会酿成变乱。况且蒙恬虽然已经死去,但蒙毅还带兵在外,臣下心惊胆战,唯恐没有好结局。那么陛下哪能享受这欢乐呢?"秦二世说:"对这怎么办?"赵高说:"法律要严峻而刑罚要残酷,让有罪的人互相株连判罪受戮,直至收捕他们的家族,诛灭先帝大臣而疏远同胞骨肉,贫穷的人使他富有起来,卑贱的人使他尊贵起来。统统剪除先帝的旧臣,另外安置陛下的亲信在身旁。这样他们就会暗中感恩戴德归附陛下,祸害消除而阴谋根绝,朝廷群臣没有人不得到您的恩泽,蒙受您的大德,陛下就可以高枕无忧,随心所欲地荣耀享乐了。没有比这更好的办法了。"秦二世首肯赵高的进言,便重新制定法律。于是朝廷群臣、各位公子稍一有罪,二世就下令交给赵高,让赵高审讯处置他们。杀死大臣蒙毅等人,公子中有十二人被处死在咸阳街市,十位公主遭受分尸酷刑死在杜县,家中财物都被抄没收入官府,互相株连判罪的人不计其数。

公子高欲奔,〔1〕恐收族,乃上书曰:"先帝无恙时,〔2〕臣入则赐食,出则乘舆。御府之衣,〔3〕臣得赐之;中厩之宝马,〔4〕臣得赐之。臣当从死而不能,〔5〕为人子不孝,为人臣不忠。不忠者无名以立于世,臣请从死,愿葬郦山之足。〔6〕唯上幸哀怜之。"书上,胡亥大说,召赵高而示之,曰:"此可谓急乎?"〔7〕赵高曰:"人臣当忧死而不暇,〔8〕何变之得谋!"胡亥可其书,赐钱十万以葬。

【注释】〔1〕"公子高",秦始皇之子,胡亥兄长。〔2〕"无恙",无病,健康,健在。〔3〕"御府",收藏保管宫中各种用品的机构,隶属于少府。〔4〕"中厩",宫中马房。〔5〕"从死",跟着死,指陪葬、殉葬。〔6〕"郦山",亦称"骊山",在今陕西临潼县东南,秦始皇陵在郦山北麓。〔7〕"急",急迫,窘迫。〔8〕"当",方,正在。

【译文】公子高打算出奔外逃,但又怕因此收捕全族,就上书说:"先帝健在的时候,臣下入宫便赐予食品,出宫便赐给马车。御府的衣服,臣下得到赏赐;中厩的宝马,臣下也得到赏赐。臣下应当随从先帝同死则没能做到,作为父亲的儿子是不孝,作为皇帝的臣子是不忠。不忠的人没有理由活在世上,臣下请求追随先帝死去,希望埋葬在郦山脚下。愿皇上赐恩可怜我的请求。"奏书呈上,胡亥看后非常高兴,召见赵高而把公子高的奏书拿给他看,说:"这可谓急得走投无路了吧。"赵高说:"人臣正在担忧送命去死而没有空闲,怎么还能谋划变乱呢!"胡亥批准公子高的奏书,赏赐十万钱来供安葬。

法令诛罚日益刻深,〔1〕群臣人人自危,欲畔者众。〔2〕又作阿房之宫,〔3〕治直道、驰道,〔4〕赋敛愈重,戍徭无已。〔5〕于是楚戍卒陈胜、吴广等乃作乱,〔6〕起于山东,〔7〕杰俊相立,自置为侯王,叛秦,兵至鸿门而却。〔8〕李斯数欲请间谏,〔9〕二世不许。而二世责问李斯曰:"吾有私议而有所闻于韩子也,〔10〕曰:'尧之有天下也,堂高三尺,采椽不斲,〔11〕茅茨不翦,〔12〕虽逆旅之宿不勤于此矣。〔13〕冬日鹿裘,夏日葛衣,〔14〕粢粝之食,〔15〕藜藿之羹,〔16〕饭土匦,〔17〕啜土铏，〔18〕虽监门之养不觳于此矣。〔19〕禹凿龙门，〔20〕通大夏，〔21〕疏九河，〔22〕曲九防，〔23〕决淳水致之海，〔24〕而股无胈，〔25〕胫无毛，〔26〕手足胼胝，〔27〕面目黎黑，〔28〕遂以死于外，葬于会稽，臣虏之劳不烈于此矣。'〔29〕然则夫所贵于有天下者，岂欲苦形劳神，身处逆旅之宿，口食监门之养，手持臣虏之作哉？此不肖人之所勉也，〔30〕非贤者之所务也。彼贤人之有天下也，专用天下适己而已矣，此所以贵于有天下也。夫所谓贤人者，必能安天下而治万民，今身且不能利，将恶能治天下哉！〔31〕故吾愿赐志广欲，〔32〕长享天下而无害，为之奈何？"李斯子由为三川守，群盗吴广等西略地，〔33〕过去弗能禁。〔34〕章邯以破逐广等兵，〔35〕使者覆案三川相属，〔36〕诮让斯居三公位，〔37〕如何令盗如此。李斯恐惧，重爵禄，不知所出，乃阿二世意，〔38〕欲求容，〔39〕以书对曰：

【注释】〔1〕"刻深"，苛刻深重，残酷严厉。〔2〕"畔"，通"叛"，背叛，叛变。〔3〕"阿房"，音ē páng，地名，在今陕西西安市西北阿房村。"阿房之宫"，始建于秦始皇三十五年（公元前二一二年），因工程浩大，秦始皇生前未能完成，秦二世继续建造。宫殿遗址今存。〔4〕"直、驰道"，即直道、驰道。直道，指可供车马直达的道路。本书《秦始皇本纪》云："三十五年，除道，道九原，抵云阳，堑山堙谷，直通之。"驰道，指专供皇帝车马行驰的道路。《汉书·贾山傅》云：秦"为驰道于天下，东穷燕、齐，南极吴、楚，江湖之上，濒海之观毕至。道广五十步，三丈而树，厚筑其外，隐以金椎，树以青松"。〔5〕"戍"，戍边，此指戍边之役，兵役。"傜"，通"徭"，《史记会注考证校补》引别本作"繇"，徭役，劳役。"已"，止，止息。〔6〕"楚"，此指楚国旧地。"陈胜"，字涉，阳城人（今河南登封县东南）人，曾做过雇工，公元前二〇九年被征发戍边，与吴广等在蕲县大泽乡（今安徽宿州市东南刘村集）发动起义，随即建立政权，号张楚，被推举为王。次年，作战失利，在下城父（今安徽涡阳县东南）被叛徒庄贾杀害。详见本书《陈涉世家》。"吴广"，字叔，阳夏（今河南太康县）人，出身贫苦农民。公元前二〇九年被征发戍边，与陈胜发动起义，任假王，领兵西征。次年，被部将田臧假称陈胜命令杀死。详见本书《陈涉世家》。〔7〕"山东"，指崤山以东的地区，即秦统一以前的六国之地。〔8〕"鸿门"，地名，在今陕西临潼县东北的项王营。"却"，退却。"兵至鸿门而却"，指秦二世二年（公元前二〇八年）冬，陈涉部将周文领兵到达鸿门附近戏地，被秦军击溃而退却。详见本书《秦始皇本纪》和《陈涉世家》。〔9〕"闲"，闲暇，空闲。"请闲"，请求闲暇。此指要求在闲暇之时单独言事。〔10〕"私议"，私自评议，个人见解。"韩子"，即韩非，韩国公族，曾师事荀卿，向韩王建议变法图强，未被采纳，后出使秦国，于公元前二三三年受李斯、姚贾陷害而死。今有《韩非子》五十五篇传世，是研究韩非和法家的重要资料。按以下所引韩非语，见于《韩非子·五蠹》，文字略有出入。"尧"，传说中的远古帝王，名放勋，陶唐氏，亦称唐尧。详见本书《五帝本纪》。〔11〕"采"，通"棌"，树名，即柞树。"椽"，音chuán，架安在梁上支撑屋面的木条。"斲"，音zhuó，同"斫"，砍削。这里是修整的意思。〔12〕"茨"，音cí，用植物茎叶盖的屋顶。"翦"，同"剪"，修剪。〔13〕"逆旅"，迎接旅客，此指客栈接待旅客的徒役。"勤"，艰苦，简陋。〔14〕"葛"，植物名，茎皮纤维可以织成葛布。"葛衣"，葛布衣服，是贫民的着装。〔15〕"粢"，音zī，谷物。"粝"，音lì，只经初步加工的粗粮。〔16〕"藜"，音lí，又称"灰藋"、"灰菜"，一种叶子可以食用的野菜。"藿"，音huò，豆叶。〔17〕"饭"，吃饭。"簋"，音guǐ，通"簋"，古代食用器。〔18〕"啜"，音chuò，喝，饮。"铏"，音xíng，古代饮用器。〔19〕"监门"，看守里门或城门的人，是一种社会地位很低的徒役。"觳"，音què，俭薄，节俭。〔20〕"禹"，传说中的远古帝王，姒姓，以治水著名，其子启为夏朝开国君主。详见本书《五帝本纪》。"龙门"，山名，在今山西河津县西北、陕西韩城县东北，横跨黄河两岸。传说大禹治水，凿开此山，疏通黄河。〔21〕"大夏"，地区名，指龙门以下的黄河流域。〔22〕"九河"，传说中古时黄河流入华北平原所派分的九条河道。据《尔雅·释水》，九河的名称是：徒骇、太史、马颊、覆釜、胡苏、简、洁、钩盘、鬲津。或谓泛指黄河下游的水系，"九"言其多。或谓九州之河。〔23〕"九防"，九河的堤防。〔24〕"决"，决开，疏导。"淳"，音tíng，水因壅塞而积聚。〔25〕"股"，大腿。"胈"，音bá，白肉。一说腿上的细毛。〔26〕"胫"，音jìng，小腿。〔27〕"胼胝"，音pián zhī，手掌、脚掌上的老茧。〔28〕"黎"，通"黧"，黑色。〔29〕"臣"，奴仆。"虏"，俘虏。俘虏是古代奴隶的基本来源。"臣虏"，泛指奴隶仆役。〔30〕"不肖"，不似，不贤，不才。〔31〕"恶"，音wù，何，怎么。〔32〕"赐"，尽。《史记会注考证校补》

引别本作"肆"。〔33〕"略",略取,攻占。〔34〕
"过",经过,过来。"去",离去,离开。〔35〕"章
邯",秦朝将领,秦二世时任少府,领兵镇压起义军。
后投降项羽,封为雍王。公元前二〇五年被刘邦的
军队战败而自杀。"以",通"已",已经。〔36〕"覆
案",核查,调查。"属",音zhǔ,接连。〔37〕"诮
让",责备,谴责。"三公",秦国以丞相、太尉和御史
大夫为三公,是朝廷的最高执政长官。〔38〕
"阿",音ē,曲从,迎合。〔39〕"容",容纳,宽容。

【译文】法律条令诛杀刑罚日益严厉残酷,百
官群臣人人自危,打算叛变的人愈来愈多。秦二世
继续建造阿房宫,修筑直道和驰道,赋税征收越发
加重,兵役徭役没有止息。在这种情况下,被征发
的楚地戍边士卒陈胜、吴广等人就举行暴乱,在山
东地区起兵,英雄豪杰相继鼎立,自己立为侯王,反
叛秦朝,军队一直打到鸿门才受阻退却。李斯多次
想请求给时间单独进谏,秦二世不允许。秦二世反
而责问李斯说:"我有自己的想法,而且还从韩非子
那里听到这样的话,说:'从前尧有天下,殿堂基高
仅有三尺,柞木的房椽不作砍削整治,茅草铺的屋
顶不加修剪处理,就是客栈仆佣的住宿也不比这简
陋。冬天裹鹿皮,夏天穿葛衣,吃五谷粗粮做的食
物,喝野菜豆叶熬的汤,吃饭用陶土簋,喝汤用陶土
铏,就是守门徒役的供养也不比这节俭。大禹凿开
龙门山,让黄河畅通于大夏,疏浚九河,沿着九河曲
曲折折地筑起堤防,引导雍塞的积水流入大海,而
自己却大腿瘦得没有肉,小腿蹭得没有毛,手掌脚
板长满厚茧,面孔墨黑,最后便这样死在野外,埋葬
于会稽山,就是奴隶的劳苦也不比这厉害。'然而据
有天下之所以可贵,难道为了折磨肉体耗费精神,
身居客栈仆佣那样的住宿,口吃守门徒役那样的伙
食,手操奴隶那样的劳作吗? 这是无能之辈所该努
力去做的,而不是贤能之人所应追求的。贤能之人
有了天下,只不过专让天下来适合自己的意志罢
了,这才是有天下的可贵之处。所谓贤能的人,必
定会安抚天下而治理万民,如今自身尚且不能得
利,将怎么治埋天下呢! 因此我希望随心所欲,长
久享有天下而又没有祸害,(你说)应该怎么办?"李
斯的儿子李由任三川郡郡守,可群盗吴广等部向西
攻取土地,过往出入郡境李由不能加以禁止。章邯
击败驱逐吴广等部以后,朝廷使者到三川郡调查的
络绎不绝,责问李斯身居三公高位,为何让群盗猖
狂到这个地步。李斯恐慌害怕,又十分看重高爵厚
禄,不知计从何出,于是迎合秦二世的心意,企求获
得宽容,上书回答说:

夫贤主者,必且能全道而行督责之术者
也。〔1〕督责之,则臣不敢不竭能以徇其主
矣。〔2〕此臣主之分定,〔3〕上下之义明,则天
下贤不肖莫敢不尽力竭任以徇其君矣。〔4〕
是故主独制于天下而无所制也,能穷乐之极
矣,贤明之主也。可不察焉!

【注释】〔1〕"全道",全面完备的治国之道。
此似指韩非主张兼用商鞅之"法"、申不害之"术"、
慎到之"势"来治国的理论。"督",监督,督察。
"责",责实,核实。"督责之术",指用严格的考核奖
惩制度来管理臣吏的方法。这是申不害政治理论
的重要部分。《韩非子·定法》云:"申不害言术……
术者,因任而授官,循名而责实,操生杀之柄,课群
臣之能者也。此人主之所执也。"〔2〕"徇",服从,
服务,效力。〔3〕"分",职分,名分。〔4〕"任",
任务,责任。

【译文】那贤能的君主,必定精通完备的治国
之道而实行督察考核官吏的制度。督察考核官吏,
臣子就不敢不竭其所能来效忠他的君主了。这样,
君臣的名分职责确定,上下的正确关系彰明,天下
无论有能无能的就没有谁敢不尽心竭力地来效忠
他的国君了。因此君主独自主宰天下而不受任何
制约,便能享尽人间最大的乐趣了,这才是贤明的
君主啊。难道可以不明察这一点吗!

故申子曰"有天下而不恣睢,〔1〕命之曰
以天下为桎梏"者,〔2〕无他焉,不能督责,而
顾以其身劳于天下之民,〔3〕若尧、禹然,故
谓之"桎梏"也。夫不能修申、韩之明术,〔4〕
行督责之道,专以天下自适也,而徒务苦形
劳神,以身徇百姓,则是黔首之役,非畜天下
者也,〔5〕何足贵哉! 夫以人徇己,则己贵而
人贱;以己徇人,则己贱而人贵。故徇人者
贱,而人所徇者贵,自古及今,未有不然者
也。凡古之所为尊贤者,为其贵也;而所为
恶不肖者,〔6〕为其贱也。而尧、禹以身徇天
下者也,因随而尊之,则亦失所为尊贤之心
矣夫! 可谓大缪矣。〔7〕谓之为"桎梏",不亦
宜乎? 不能督责之过也。

【注释】〔1〕"申子",即申不害,郑国京(今河

南荥阳县东南)人,曾任韩昭侯相十五年,是著名法家,尤其注重君主运用考核奖惩之术来驾驭群臣官吏。约生于公元前三八五年,死于公元前三三七年。曾有《申子》六篇传世,今存《大体》一篇及若干逸文。详见本书《老子韩非列传》。"睢",音 suī。"恣睢",放任不受拘束。此指尽情纵欲。〔2〕"命",命名,叫做。"桎梏",音 zhì gù,桎为拘系罪人双脚的刑具,梏为拘系罪人双手的刑具,均为木制。相当于后来的脚镣手铐。〔3〕"顾",反,却。〔4〕"申、韩",指申不害、韩非。〔5〕"畜",牧,引申为治理、统治。〔6〕"恶",音 wù,憎恨,厌恶。〔7〕"缪",通"谬",谬误,荒谬。

【译文】所以申子说"享有天下而不能随心所欲,叫做把天下作为自己的桎梏",没有别的缘故,就因为不懂得如何督察考核官吏,却反而让自身来为天下民众操劳,像尧、禹那样,所以称之为"桎梏"。不能掌握申不害、韩非的高明法术,实行督察考核官吏的办法,只是让天下来适应自己的需要,却白白地费力苦身、耗神劳心,将自身服从百姓的需要,这就成了平民的百姓的仆役,而不是统治天下的君主,有什么值得尊贵的呢!让别人服从自己,那就自己尊贵而别人卑贱;让自己服从别人,那就自己卑贱而别人尊贵。所以说服从别人的卑贱,而被别人服从的尊贵,从古至今,没有不这样的。大凡古代所以要尊重贤人,只为他地位高贵;而所以要厌恶无能的人,只为他地位低贱。至于像尧、禹那样以自身服从天下需要的人,如果因循守旧追随世俗去尊崇他们,也就失去了所以尊崇贤人的原意。可以说是极大的谬误了。说他们将天下作为自己的"桎梏",不也是很适宜的吗?那是不懂得如何督察考核臣下造成的过失。

故韩子曰"慈母有败子而严家无格虏"者,〔1〕何也?则能罚之加焉必也。故商君之法,刑弃灰于道者。〔2〕夫弃灰,薄罪也,而被刑,重罚也。彼唯明主为能深督轻罪。夫罪轻且督深,而况有重罪乎?故民不敢犯也。是故韩子曰"布帛寻常,〔3〕庸人不释,〔4〕铄金百溢,〔5〕盗跖不搏"者,〔6〕非庸人之心重,寻常之利深,而盗跖之欲浅也;又不以盗跖之行,为轻百镒之重也。搏必随手刑,则盗跖不搏百镒;而罚不必行也,则庸人不释寻常。是故城高五丈,而楼季不轻犯

也;〔7〕泰山之高百仞,〔8〕而跛牂牧其上。〔9〕夫楼季也而难五丈之限,〔10〕岂跛牂也而易百仞之高哉?峭堑之势异也。〔11〕明主圣王之所以能久处尊位,长执重势,而独擅天下之利者,非有异道也,能独断而审督责,〔12〕必深罚,故天下不敢犯也。今不务所以不犯,而事慈母之所以败子也,则亦不察于圣人之论矣。夫不能行圣人之术,则舍为天下役何事哉?〔13〕可不哀邪!

【注释】〔1〕"韩子曰",语见《韩非子·显学》。"格",强悍,凶暴蛮横。《韩非子·显学》作"悍"。〔2〕"刑弃灰于道者",对在路上倒灰的判刑。《韩非子·内储说上》云:"殷法刑弃灰……而公孙鞅重轻罪。"《盐铁论·刑德》云:"商君刑弃灰于道而秦民治。"本书《商君列传》《集解》引《新序》云:"今卫鞅内刻刀锯之刑,外深铁钺之诛,步过六尺者有罚,弃灰于道者被刑。"《索隐》引《说苑》云:"秦法,弃灰于道者刑。"〔3〕"韩子曰",语见《韩非子·五蠹》。"寻常",八尺为寻,二寻为常。此犹言尺寸,指数量不多。〔4〕"庸人",常人,普通人。〔5〕"铄",音 shuò,熔化。"溢",通"镒",别本或作"镒"。古代重量单位。一镒为十二两,一说二十四两。一两约合今十六点一二克。〔6〕"跖",音 zhí,或作"蹠"。"盗跖",相传为春秋战国之际的大盗。"搏",攫取,拾取。《韩非子·五蠹》作"掇"。〔7〕"楼季",魏文侯之弟,善跳跃,有勇力。〔8〕"仞",音 rèn,古代长度单位,相当于普通男子的身长,一说八尺,一说七尺。〔9〕"牂",音 zāng,母羊。《韩非子·五蠹》作"牂"。或谓通"臧",奴仆,指牧羊人。〔10〕"限",阻隔,障碍。〔11〕"峭",陡峭,峻峭。"堑",音 jiàn,夷,平缓。〔12〕"审",详知,洞悉。〔13〕"舍",舍弃,除却。

【译文】所以韩非子说"慈祥的母亲,会有败家的儿子;而严厉的家庭,没有蛮横的奴仆",什么原因呢?就在于能够施加责罚说一不二。所以商鞅的法令,规定对在路上倒灰的人判刑。把灰弃倒在路上,是轻微的过失,而要遭受刑罚,则是重罚。只有那明哲的君主才能深究轻罪。罪过轻微尚且督责严厉,何况犯有重大罪过呢?所以民众就不敢触犯法令。因此韩非子说"几尺布帛,常人不肯放手;而熔化的百斤黄金,连盗跖都不敢拿取",这不是说常人贪心太重,几尺帛的价值有多珍贵,而盗

跖的欲望很低，也不是说盗跖的行动表示他轻视百斤黄金的重利。而是说明如果拿取的话必定随即烫伤，就连盗跖也不敢拿走百斤黄金；而惩罚不一定实行的话，即使常人也不肯放弃几尺布帛。因此城墙仅高五丈，楼季便不敢轻易冒险；泰山高几百丈，瘸腿的母羊却可以放牧到山顶上。像楼季这样的勇士对五丈的高度都感到为难，难道瘸腿的母羊攀登几百丈高的泰山反倒容易吗？原因就在于两者陡峭和平缓的形势大不相同。明哲的君主、圣睿的帝王所以能够永久地处在尊贵的地位，长远地掌握重要的权势，而且独自占有天下的利益，没有特别的窍门，只由于能够独断专行，而且洞悉督察考核之术，严刑峻法说一不二，所以天下之人不敢犯法。如今不追求没人犯法的方略，而采用慈母宠坏儿子的办法，也正因为不明白圣人的理论啊。不能实行圣人的法术，那就除去为天人下役使之外还能干什么呢？难道不可悲吗！

且夫俭节仁义之人立于朝，则荒肆之乐辍矣；[1]谏说论理之臣间于侧，[2]则流漫之志诎矣；[3]烈士死节之行显于世，则淫康之虞废矣。[4]故明主能外此三者，而独操主术以制听从之臣，而修其明法，故身尊而势重也。凡贤主者，必将能拂世磨俗，[5]而废其所恶，立其所欲，故生则有尊重之势，死则有贤明之谥也。[6]是以明君独断，故权不在臣也，然后能灭仁义之涂，[7]掩驰说之口，[8]困烈士之行。塞聪揜明，[9]内独视听，故外不可倾以仁义烈士之行，而内不可夺以谏说忿争之辩。故能荦然独行恣睢之心而莫之敢逆。[10]若此然后可谓能明申、韩之术，而修商君之法。法修术明而天下乱者，未之闻也。故曰"王道约而易操"也。[11]唯明主为能行之。若此则谓督责之诚，[12]则臣无邪，臣无邪则天下安，天下安则主严尊，主严尊则督责必，督责必则所求得，所求得则国家富，国家富则君乐丰。[13]故督责之术设，则所欲无不得矣。群臣百姓救过不给，[14]何变之敢图？若此则帝道备，而可谓能明君臣之术矣。虽申、韩复生，[15]不能加也。

【注释】[1]"辍"，音 chuò，停止，中止。[2]"间"，音 jiàn，夹，夹杂。[3]"流漫"，放任自流散

漫无际，指不受任何拘束。"诎"，音 qū，通"屈"，穷屈，挫折。[4]"康"，安乐。或谓"庸"，字之讹。"虞"，通"娱"，欢娱，娱乐。[5]"拂"，违拂，违反。"磨"，别本或作"摩"，磨灭，改变。[6]"谥"，音 shì，根据生前行迹所给予死人含有褒贬意义的称号。[7]"涂"，通"途"，途径，道路。[8]"掩"，掩闭，关闭。[9]"揜"，同"掩"。[10]"荦"，音 luò。"荦然"，超然，独往独来的样子。[11]"约"，简约，简要。[12]"诚"，真实，确凿可信。[13]"丰"，丰盛，盛大。[14]"给"，及。[15]"虽"，即使。

【译文】况且那些俭朴节约、恪守仁义的士人跻立朝廷，荒诞恣肆的舞乐便停息了；进谏游说、讲论道理的臣子夹杂身旁，流荡浪漫的志趣便夭折了；烈士殉节的行为显赫世间，淫逸安乐的欢娱便废弃了。所以贤明的君主能排除这三种人，从而独自操持君主的权术来控制俯首听命的臣子，并且制定严明的法令，因而自身尊崇而权势威重。凡是贤明的君主，必定能扭转世风、改变习俗，从而废除他所厌恶的东西，建立他所喜好的东西，所以生前有尊贵显赫的权势，死后有贤能明哲的谥号。因此贤明的君主独断专行，所以大权不旁落在臣子手里，然后能够断绝仁义道德的途径，封堵飞短流长的口舌，制止烈士殉节的行为。(对外界的一切)闭目塞听，只依据内心意志来视听决断，所以(君主的权力)在朝廷外不会被仁义烈士的行为所倾覆，在朝廷内不会被进谏游说、激烈争吵的辩论所削夺。从而君主能独往独来随心所欲而没有人敢于违抗。像这样然后可以称得上能够明白申不害、韩非的权术，又修行商鞅的法制。法制修行、权术彰明而天下还不有动乱，不曾听说过。所以说"王道简单明了而容易掌握"。只有贤明的君主能实行它。像这样才称得上督察考核达到真实无误，那末臣子就没有邪念，臣子没有邪念就天下安定，天下安定就君主威重尊严，君主威重尊严就督察考核必行，督察考核必行就有求必得，有求必得就国家富裕，国家富裕就君主欢乐丰盛。因此督察考核的手段一旦建立，君主所想要的东西就没有得不到的了。那时群臣百姓连补救自己的过失都来不及，还敢图谋什么变乱？像这样就具备了帝王之道，而且可以说通晓君主驾驭臣子的权术了。即使申不害、韩非再生，也不能有所增加。

书奏，二世悦。于是行督责益严，税民

深者为明吏。〔1〕二世曰："若此则可谓能督责矣。"刑者相半于道,而死人日成积于市。〔2〕杀人众者为忠臣。二世曰:"若此则可谓能督责矣。"

【注释】〔1〕"税",赋税。此用作动词,征收赋税。 〔2〕"成积",成堆。

【译文】上书进奏后,秦二世很高兴。于是实行督察考核的制度越发严厉,向百姓征税多的称为"明吏"。秦二世说:"像这样就可以说善于督察考核了。"在路上的行人,受过刑的占了一半,而且死人遗体在市面上聚积成堆。杀人多的称为"忠臣"。秦二世说:"像这样就可以说善于督察考核了。"

初,赵高为郎中令,所杀及报私怨众多,恐大臣入朝奏事毁恶之,〔1〕乃说二世曰:"天子所以贵者,但以闻声,群臣莫得见其面,故号曰'朕'。且陛下富于春秋,〔2〕未必尽通诸事,今坐朝廷,谴举有不当者,〔3〕则见短于大臣,非所以示神明于天下也。且陛下深拱禁中,〔4〕与臣及侍中习法者待事,〔5〕事来有以揆之。〔6〕如此则大臣不敢奏疑事,〔7〕天下称圣主矣。"二世用其计,乃不坐朝廷见大臣,居禁中。赵高常侍中用事,事皆决于赵高。

【注释】〔1〕"毁",诽谤。"恶",音 wù,中伤。〔2〕"春秋",年岁,年龄。"富于春秋",在年岁上富有,因年轻人日后岁月尚多,故用以指年纪轻。〔3〕"谴",谴谪,惩罚。"举",举拔,奖励。 〔4〕"拱",拱手,常用以指无所事事。"禁",宫禁,宫殿。因皇帝宫殿为常人禁地,故名。"深拱禁中",指深居宫中不理朝政。〔5〕"侍中",侍奉禁中,在宫中供职。此指皇帝身边的侍从官员。"待",对待,处理。 〔6〕"揆",音 kuí,揆度,商量。〔7〕"疑事",疑难事务。

【译文】当初,赵高担任郎中令,被他杀害以及因私人恩怨而受到报复的人很多,因此害怕大臣入朝禀奏政事时诽谤中伤他,就劝说秦二世道:"天子尊贵的地方,就在于只让人听到声音,百官群臣没有谁能见到他的面,所以称为'朕'。况且陛下年

纪还轻,未必全都通晓各种事务,如今坐在朝廷,倘若奖惩措置有所不当,就会被大臣看轻,这不是向天下显示陛下神圣明哲的做法。陛下不妨拱手深居宫中,与臣下我以及侍从里熟悉法律的人一起处理政务,事情来了好有个商量。像这样大臣就不敢禀奏疑难事情,天下的人都会称颂陛下是圣主了。"秦二世采用赵高的计策,于是不再上朝坐廷接见大臣,而深居宫中。赵高经常在宫中侍奉秦二世处置事务,政事结果都由赵高决定。

高闻李斯以为言,乃见丞相曰:"关东群盗多,〔1〕今上急益发繇治阿房宫,〔2〕聚狗马无用之物。臣欲谏,为位贱。此真君侯之事,君何不谏?"李斯曰:"固也,吾欲言之久矣。今时上不坐朝廷,上居深宫,吾有所言者,不可传也,欲见无间。"赵高谓曰:"君诚能谏,请为君候上间语君。"于是赵高待二世方燕乐,〔3〕妇女居前,使人告丞相:"上方间,可奏事。"丞相至宫门上谒,〔4〕如此者三。二世怒曰:"吾常多间日,丞相不来。吾方燕私,〔5〕丞相辄来请事。丞相岂少我哉?〔6〕且固我哉?"〔7〕赵高因曰:"如此殆矣!〔8〕夫沙丘之谋,丞相与焉。今陛下已立为帝,而丞相贵不益,此其意亦望裂地而王矣。〔9〕且陛下不问臣,臣不敢言。丞相长男李由为三川守,楚盗陈胜等皆丞相傍县之子,以故楚盗公行,〔10〕过三川,城守不肯击。高闻其文书相往来,〔11〕未得其审,〔12〕故未敢以闻。且丞相居外,权重于陛下。"二世以为然。欲案丞相,〔13〕恐其不审,乃使人案验三川守与盗通状。李斯闻之。

【注释】〔1〕"关东",函谷关(在今河南灵宝县东北)以东,即上文"山东",此泛指旧时六国之地。〔2〕"今上",指秦二世。"繇",通"徭",徭役。 〔3〕"燕乐",寝息取乐。 〔4〕"上谒",请求谒见皇上。〔5〕"燕私",寝息私欢,意同前"燕乐",皆指行房事取乐。 〔6〕"少",小,轻。此用作动词,小看,轻视。 〔7〕"固",固陋,鄙陋。此用作动词,让人难堪。 〔8〕"殆",危险。〔9〕"裂地",割地,分地。〔10〕"公行",公开横行。〔11〕"文书",公文书信。〔12〕"审",详实,确凿。〔13〕"案",调查,查核。

【译文】赵高听说李斯因为秦二世不上朝之事要进言，就去见丞相：“关东群盗那么多，而皇上却加紧增发徭役建造阿房宫，搜罗狗马这些没用的东西。臣下想进谏，但因为地位低贱（而不敢说）。这可真是您丞相分内的事，您为什么不进谏？”李斯说：“本来嘛，我想进言说这事已很久了。当今皇上不升朝坐廷，住在深宫内院，我有要说的话，没法传啊，想见面又没有机会。”赵高对李斯说：“您果真能进谏的话，请让我为您等候皇上有空告诉您。”于是赵高等待秦二世正寝息取乐，妇人上前伺候时机，派人告诉丞相：“皇上正闲着，可以进宫奏事。”丞相便到宫门前请求谒见皇上。像这样一连几次。秦二世发怒说：“我平常有很多空闲的时间，但丞相不来。一到我正要安寝取乐，丞相就来请求奏事。丞相难道是轻视我呢？还是让我难堪呢？”赵高趁机说：“像这样就危险了。沙丘的密谋，丞相参与其事。如今陛下已经即位做皇帝，而丞相的地位没有提高，这样看来他的意思是要割地封王了。而且还有一事陛下不问我，臣下不敢说。丞相长子李由任三川郡郡守，楚地盗寇陈胜等人都是丞相邻县的子弟，因此之故楚地盗寇公开横行，路过三川郡时，李由只据城自守不肯出击。我听说他们有文件书信相互来往，但没有得到详情，所以没敢将此事让您知道。况且丞相身居在外，权势已经超过陛下。”秦二世认为赵高说得对。想直接查究丞相，又怕情况不实，便先派人调查核验三川郡郡守李由与盗寇私通的情况。李斯听说了这件事。

是时二世在甘泉，[1]方作觳抵优俳之观。[2]李斯不得见，因上书言赵高之短曰：“臣闻之，臣疑其君，[3]无不危国；妾疑其夫，无不危家。今有大臣于陛下擅利擅害，与陛下无异，此甚不便。昔者司城子罕相宋，[4]身行刑罚，以威行之，朞年遂劫其君。[5]田常为简公臣，[6]爵列无敌于国，[7]私家之富与公家均，布惠施德，下得百姓，上得群臣，阴取齐国，杀宰予于庭，[8]即弑简公于朝，遂有齐国。此天下所明知也。今高有邪佚之志，危反之行，[9]如子罕相宋也；私家之富，若田氏之于齐也。兼行田常、子罕之逆道而劫陛下之威信，其志若韩玘为韩安相也。[10]陛下不图，臣恐其为变也。”二世曰：“何哉？夫高，故宦人也，然不为安肆志，不以危易心，絜行修善，自使至此，以忠得

进，以信守位，朕实贤之，而君疑之，何也？且朕少失先人，[11]无所识知，不习治民，而君又老，恐与天下绝矣。[12]朕非属赵君，[13]当谁任哉？且赵君为人精廉强力，下知人情，上能适朕，君其勿疑。”李斯曰：“不然。夫高，故贱人也，无识于理，贪欲无厌，求利不止，列势次主，求欲无穷，臣故曰殆。”二世已前信赵高，恐李斯杀之，乃私告赵高。高曰：“丞相所患者独高，高已死，丞相即欲为田常所为。”于是二世曰：“其以李斯属郎中令！”

【注释】〔1〕“甘泉”，宫名，旧址在今陕西淳化县西北甘泉山。　〔2〕“觳”，音jué，通“角”。“觳抵”，即“角抵”，当时的一种技艺表演，演员成双配对进行力量及其它技艺的对抗表演。“俳”，音pái。“优俳”，表演舞乐戏谑的艺人。此指艺人表演的滑稽戏。〔3〕“疑”，通“拟”，比拟，匹敌。　〔4〕“司城子罕”，名皇喜，字子罕，氏司城，宋戴公之后，战国中期宋国大臣，执掌刑杀大权，杀死国君宋桓公自立。　〔5〕“朞”，音jī。“朞年”，一年，一周年。“劫”，劫夺，取代。关于司城子罕篡权夺位的记载，详见《韩非子·二柄》、《淮南子·道应》。　〔6〕“田常”，即陈恒，氏陈，亦作“田”，“陈”、“田”古音同通假；名恒，“常”当系汉人避汉文帝刘恒名讳所改。谥成，故又称陈成子、田成子。齐国左相，继承其父田釐子大斗出、小斗进的做法，笼络人心，于公元前四八一年杀死国君齐简公而立齐平公，任相，田氏从此专擅齐国政权。详见本书《田敬仲世家》。“齐简公”，名壬，齐悼公之子，公元前四八四年至前四八一年在位。详见本书《齐太公世家》。〔7〕“列”，列次，位次，职位。〔8〕“宰予”，名予，字子我，氏宰，鲁人，孔子弟子。本书《田敬仲世家》谓子我系齐简公宠臣监止（亦作“阚止”）同宗，皆被田常杀死。而本书《仲尼弟子列传》则云“宰我为临菑大夫，与田常作乱，以夷其族”，所说大异。又本书《齐太公世家》和《左传》谓被田常所杀者监止，其字子我。疑此误混同字子我之监止和宰予为一人，故记作“宰予”。当以本书《齐太公世家》和《左传》所记为是。〔9〕“危”，通“诡”，诡诈。〔10〕“玘”，音qǐ。“韩玘”，韩国大臣，韩王安时任相。本书仅此一见。“韩安”，即韩王安，韩桓惠王之子，公元前二三八年至前二三〇年在位，被秦军俘虏而国灭。详见本书《韩世家》。〔11〕“先人”，先父，指秦始皇。

〔12〕"恐与天下绝矣",恐怕与天下断绝了,意谓恐怕不能统治天下了。 〔13〕"属",通"嘱",托付,委托。

【译文】这时秦二世在甘泉宫,正观赏角抵杂戏。李斯无法进见,就上书陈说赵高的问题道:"我听说,臣子同他的君主不相上下,没有不危害国家的;妻妾同他的丈夫不相上下,没有不危害家庭的。如今有臣子在陛下身边独揽赏罚,同陛下没有两样,这很不利。从前司城子罕任宋国之相,亲自掌管刑罚,用高压手段推行他那一套,一年后就取代了他的国君。田常为齐简公的大臣,爵禄职位在国内没人能和他相比,私家财产的富有同官府相等,布行恩惠实施德政,下面获取百姓拥戴,上面博得群臣欢心,暗中夺取齐国权柄,在庭院杀死宰予,随即在朝廷杀死齐简公,于是占有齐国。这是天下人众所周知的。如今赵高有邪恶非分的居心,诡诈反常的行为,就像司城子罕任宋国之相;他私人家产的富有,犹如田氏在齐国那样。赵高同时施用田常、子罕的叛逆手段,从而取代陛下的威信,他的居心如同韩玘为韩王安之相那样。陛下不加防范,臣下恐怕他要发动变乱。"秦二世说:"什么话?赵高本是宦人,然而不因为平安而恣意妄行,也不因为危难而改变忠心,洁身自好修善行德,自从派遣到这里,靠着忠诚得到进用,凭着信义坚守官位,我实在认为他是个贤才,而你却怀疑他,什么道理呢?况且我年纪轻轻失去先父,没有什么见识,不熟习如何治理百姓,而你又年纪老了,真怕不能统治天下。朕不把事情托付给赵高,应该任用谁呢?再说赵高为人精明强干,下知世俗民情,上能满足朕身需求,您就不要怀疑了吧。"李斯说:"情况不是这样。那赵高,原本是个下贱的人,不懂得理义,贪婪欲望没个满足,追求利禄没个止境,地位权势仅次于国君,但求取的欲望还是没有穷尽,臣下所以说危险。"秦二世先前就已信任赵高,害怕李斯杀他,便私下告诉赵高。赵高说:"丞相所患愁的只有我赵高,我赵高一死,丞相立即要干田常所做过的事了。"于是秦二世说:"把李斯交给郎中令查办!"

赵高案治李斯。李斯拘执束缚,〔1〕居囹圄中,〔2〕仰天而叹曰:"嗟乎,悲夫!不道之君,何可为计哉!昔者桀杀关龙逢,〔3〕纣杀王子比干,〔4〕吴王夫差杀伍子胥。〔5〕此三臣者,岂不忠哉!然而不免于死,身死而所忠者非也。今吾智不及三子,而二世之无道

过于桀、纣、夫差,吾以忠死,宜矣。且二世之治岂不乱哉!日者夷其兄弟而自立也,〔6〕杀忠臣而贵贱人,作为阿房之宫,赋敛天下。吾非不谏也,而不吾听也。〔7〕凡古圣王,饮食有节,车器有数,宫室有度,出令造事,〔8〕加费而无益于民利者禁,故能长久治安。今行逆于昆弟,不顾其咎;〔9〕侵杀忠臣,〔10〕不思其殃;大为宫室,厚赋天下,不爱其费:〔11〕三者已行,天下不听。今反者已有天下之半矣,而心尚未寤也,〔12〕而以赵高为佐,吾必见寇至咸阳,麋鹿游于朝也。"〔13〕

【注释】〔1〕"拘执",拘捕。"束缚",捆绑,此指戴上刑具。 〔2〕"囹圄",音 líng yǔ,监狱,牢房。〔3〕"桀",亦称夏桀,名履癸,夏朝末代君主,被商汤军队击败,出奔南方而死。与商纣同为历史上著名暴君。详见本书《夏本纪》。"逢",音 páng。"关龙逢",夏朝末年大臣,因劝谏夏桀而被杀。 〔4〕"纣",一作"受",名辛,商朝末代君主,被周武王军队击败,自焚而死。详见本书《殷本纪》。"王子比干",商纣王叔父,任少师,因劝谏商纣而被剖心处死。 〔5〕"吴王夫差",吴国末代君主,吴王阖闾之子,公元前四九五年至前四七三年在位,后被越王句践军队击败,自杀而死。详见本书《吴太伯世家》。"伍子胥",名员,字子胥,氏伍。楚大夫伍奢次子,因父兄被杀出奔吴国,任吴国大夫,因多次劝谏吴王夫差而被疏远,后被吴王夫差赐剑自杀,死于公元前四八四年。详见本书《伍子胥列传》。〔6〕"日者",往日,日前。"夷",夷灭,杀戮。 〔7〕"不吾听",即不听吾,不听我。 〔8〕"造事",兴事,举事。 〔9〕"咎",灾祸,灾殃。 〔10〕"侵杀",滥杀,枉杀。 〔11〕"爱",爱惜,珍惜。 〔12〕"寤",音 wù,通"悟",醒悟,觉悟。 〔13〕"麋",音 mí。"麋鹿",鹿的一种,也称"四不像",古时为皇家园林所放养。"麋鹿游于朝",麋鹿在朝廷中游逛。此指国家灭亡,都城宫殿夷为废墟。

【译文】赵高负责调查处置李斯。李斯被拘捕戴上刑具,住在牢房里,仰头对天叹息说:"唉,可悲啊!无道的君主,怎么能替他出谋献策呢!从前夏桀杀死关龙逢,商纣杀死王子比干,吴王夫差杀死伍子胥。这三个臣子,难道不忠吗!然而不能免于死罪,他们的身亡是因为所忠的君主无道。如今我的智能不及这三位,而秦二世的无道超过夏桀、

商纣、吴王夫差,我因为忠君而死,是活该了。况且秦二世的统治难道不昏乱吗!往日铲除他的兄弟而自立为帝,杀害忠臣而器重贱人,建造阿房宫,向天下大征赋税。我不是没有劝谏,而是他不听我啊。大凡古代的圣明君王,宴饮膳食有节制,车马器物有定数,宫殿居室有制度,颁布命令兴办事情,如果增加费用而无益于百姓之利的话就禁止,所以能长治久安。如今他对同胞兄弟行使悖逆伦常的手段,不顾及恶果;滥杀忠臣,不考虑祸殃;大建宫室,重征天下的赋税,不爱惜钱财:这三件事已经做了,天下臣民便不再俯首听命。如今反叛的人已经占有天下的一半,而秦二世的心还没有觉悟,反而仍以赵高作为辅佐,我必将会看到盗寇攻到咸阳,(都城化为废墟)麋鹿在朝廷旧址上游嬉的情景。"

于是二世乃使高案丞相狱,[1]治罪,责斯与子由谋反状,[2]皆收捕宗族宾客。赵高治斯,榜掠千余,[3]不胜痛,[4]自诬服。[5]斯所以不死者,自负其辩,[6]有功,实无反心,幸得上书自陈,[7]幸二世之寤而赦之。李斯用从狱中上书曰:"臣为丞相,治民三十余年矣。逮秦地之狭隘。[8]先王之时秦地不过千里,兵数十万。臣尽薄材,谨奉法令,阴行谋臣,资之金玉,使游说诸侯,阴修甲兵,饰政教,[9]官斗士,[10]尊功臣,盛其爵禄,故终以胁韩弱魏,[11]破燕、赵,[12]夷齐、楚,[13]卒兼六国,[14]虏其王,立秦为天子。罪一矣。地非不广,又北逐胡貉,[15]南定百越,[16]以见秦之强。罪二矣。尊大臣,盛其爵位,以固其亲。罪三矣。立社稷,脩宗庙,以明主之贤。罪四矣。更克画,[17]平斗斛、[18]度量文章,[19]布之天下,以树秦之名。罪五矣。治驰道,兴游观,[20]以见主之得意。罪六矣。缓刑罚,薄赋敛,以遂主得众之心,万民戴主,死而不忘。罪七矣。若斯之为臣者,罪足以死固久矣。上幸尽其能力,乃得至今,愿陛下察之!"书上,赵高使吏弃去不奏,曰:"囚安得上书!"

【注释】[1]"狱",讼狱,案件。 [2]"责",责问,追查。 [3]"榜掠",用鞭、杖、竹板等刑具拷打。 [4]"胜",音 shèng,堪,承受,忍受。 [5]"诬",以无为有,冤枉。"诬服",无辜认罪。 [6]

"负",倚恃,倚仗。"辩",辩给,善辩。 [7]"幸",希冀,希望。 [8]"逮",及,赶上。 [9]"饰",通"饬",整饬,整顿。 [10]"官",此用作动词,以……为官。 [11]"胁韩",胁持韩国,即制服韩国。公元前二三二年韩国被迫向秦国献出残存的南阳,翌年国灭。"弱魏",魏国于公元前二二五年被秦国所灭。 [12]"燕",国名,金文作"匽"、"郾",亦称北燕,姬姓,始封君召公奭,周武王灭商后所封,有今北京、河北北部和辽宁西部,建都蓟(今北京城西南隅),战国时期又以武阳(今河北易县南)为下都。"破燕、赵",秦军于公元前二二二年攻灭燕国和赵国。 [13]"夷齐、楚",秦军于公元前二二一年灭齐,于公元前二二三年灭楚。 [14]"卒",结果,终于。 [15]"貉",音 mò,通"貊",指东北部族,也可泛指北方部族。"胡貉",指北方部族。此指活动于今内蒙古西部的匈奴。"北逐胡貉",指秦始皇三十二年(公元前二一五年)蒙恬领兵击败匈奴,攻占河南(今内蒙古乌拉特前旗、杭锦旗一带),翌年又攻占高阙、阳山、北假(皆在今黄河河套西北部),随即建立九原郡。 [16]"百越",泛指南方少数部族,其中有不少是越人的后裔。此指百越所居之地,即今岭南地区。"南定百越",指秦始皇三十四年(公元前二一四年)秦军攻占南越和西瓯,设置桂林郡、象郡、南海郡。 [17]"克",音 kè,通"刻"。"克画",刻画,指刻画在器物上的徽识、纹饰。或谓刻石立碑。 [18]"斛",音 hú,容量单位,十斗为一斛,约合今二十点一公升。"斗斛",此泛指度量衡器具。 [19]"度量",法度,法律制度。"文章",礼乐制度。 [20]"游观",供游览观赏的离宫别观馆等建筑。

【译文】于是秦二世就让赵高审理丞相的案件,定李斯的罪,追查李斯和其子李由谋划造反的情况,全部逮捕李斯的家族和宾客。赵高审讯李斯,用刑具拷打了千余下,李斯忍受不了痛楚,自己含冤认罪。李斯之所以不肯自杀,是自恃善辩能说而立有大功,又确实没有谋反的心思,因此期盼上书机会自己陈述,希望秦二世省悟而赦免他。李斯便从监狱里给秦二世上书说:"臣下担任丞相,治理百姓已三十多年了。当初赶上秦国土地狭小的时候。先王早年,秦国土地不过千里,军队只有几十万。臣下竭尽绵薄之材,谨慎地奉行法令,暗中派遣谋臣,供给金银珠玉,让他们游说各国诸侯;同时暗中操练军队,整顿政治教化,任命勇猛善战的士卒做官,尊崇有功之臣,提高他们的爵位俸禄,所以终于制服韩国、削灭魏国,攻破燕国、赵国,铲平齐国、楚国,兼并六个国家,俘虏他们的君王,尊立秦王为天子。这是第一条罪。领土不是不广阔,又北上驱逐胡貉,南下平定百越,以此来显示秦国的强大。这是第二条罪。尊崇大臣,提高他们的爵位,来牢固君臣的亲密关系。这是第三条罪。确立社稷的祭典,修明宗庙的奉祀,来昭彰君主的贤明。这是第四条罪。改定器物徽识纹饰的款式,统一度量衡、法律礼乐制度,颁示天下,来树立秦国的名望。这是第五条罪。修筑驰道,兴建离宫别馆,来显示主上的得志。这是第六条罪。放宽刑罚,减轻赋税,来满足主上取得民众之心的要求,万民拥戴君主,至死不忘报恩。这是第七条罪。像我李斯这样做臣子的,犯的罪够得上死刑本已很久了。皇上宠幸臣下让我竭尽才力,方能活到今天,恳请陛下明察这一切。"奏书进上,赵高让官吏弃置不报,说:"囚犯哪能上书!"

赵高使其客十余辈诈为御史、谒者、侍中,[1]更往覆讯斯。斯更以其实对,辄使人复榜之。后二世使人验斯,斯以为如前,终不敢更言,辞服。[2]奏当上,二世喜曰:"微赵君,[3]几为丞相所卖。"[4]及二世所使案三川之守至,则项梁已击杀之。[5]使者来,会丞相下吏,赵高皆妄为反辞。[6]

【注释】[1]"辈",班,批。"御史",官名,执掌管理图籍文书、接受公卿奏事、弹劾纠察官吏等事务,为御史大夫属官。"谒者",官名,执掌宫廷傧赞传达事务,为郎中令属官。 [2]"辞",供辞。[3]"当",古代法律用语,判罪,此指判决书。 [4]"微",没,没有。 [5]"卖",出卖,欺骗。[6]"项梁",楚将项燕之子,项羽叔父,下相(今江苏宿迁县西南)人,陈胜、吴广起义后,即与项羽在吴(今江苏苏州市)起兵反秦,后任张楚上柱国,自号武信君,于公元前二○八年在定陶(今山东定陶县西北)与秦军的战斗中战死。

【译文】赵高派他的门客十几批装扮成御史、谒者、侍中,轮番前去反复审讯李斯。李斯更改口供用原来的实情回答,来者就派人再拷打他。后来秦二世派人向李斯对证,李斯以为和前几次的一样,终于不敢更改口供,供认不讳。赵高把判决书送呈上去,秦二世高兴地说:"没有赵高,我差点被丞相所欺骗。"等到秦二世派去调查三川郡郡守的使者到达郡治雒阳,项梁已在进攻中击杀李由。使者返回咸阳,正好遇上丞相已委付狱吏收监,赵高把使者调查结果全部篡改成谋反的证辞。

二世二年七月,具斯五刑,[1]论腰斩咸阳市。[2]斯出狱,与其中子俱执,顾谓其中子曰:"吾欲与若复牵黄犬俱出上蔡东门逐狡兔,岂可得乎?"遂父子相哭,而夷三族。[3]

【注释】[1]"具斯五刑",对李斯备施五种酷刑。按《汉书·刑法志》云:"汉兴之初……尚有夷三族之令。令曰:'当三族者,皆先黥、劓,斩左右止,笞杀之,枭其首,菹其骨肉于市。其诽谤詈诅者,又先断舌。'故谓之具五刑。"意即定李斯灭三族之罪。[2]"论",古代法律用语,判决,定罪。"腰斩",刑名,处斩时将犯人的肢体横腰截断。 [3]"三族",指父母、妻子、兄弟。或谓父、子、孙,或谓父族、母族、妻族,或谓父昆弟、己昆弟、子昆弟。

【译文】秦二世二年七月,定李斯灭三族之罪,判决在咸阳街市腰斩。李斯走出牢房,和他的次子一起被押解赴刑,回头对他的次子说:"我想与你再牵着黄狗,一起出上蔡城东门去逐猎野兔,难道还可能吗?"于是父子相对而哭,随后诛灭了李斯的三族。

李斯已死,二世拜赵高为中丞相,[1]事无大小辄决于高。高自知权重,乃献鹿,谓之马。二世问左右:"此乃鹿也?"左右皆曰"马也"。二世惊,自以为惑,乃召太卜,[2]令卦之。太卜曰:"陛下春秋郊祀,[3]奉宗庙鬼神,斋戒不明,[4]故至于此。可依盛德而明斋戒。"[5]于是乃入上林斋戒。[6]日游弋猎,[7]有行人入上林中,二世自射杀之。赵高教其女婿咸阳令阎乐劾不知何人贼杀人移上林。[8]高乃谏二世曰:"天子无故贼杀不辜人,此上帝之禁也,鬼神不享,[9]天且降殃,当远避宫以禳之。"[10]二世乃出居望夷之宫。[11]

【注释】[1]"中丞相",丞相原为外朝官,自秦二世听用赵高之言,不再上朝只居禁中,赵高便在宫禁之中履行相职,故名。 [2]"太卜",官名,执掌占卜。〔3〕"春秋郊祀",泛指一年四季按时对天地山川鬼神的各种祭祀。〔4〕"斋戒",古人在祭祀之前,需沐浴更衣,戒酒吃素,停止娱乐,摒绝女色,闭门独居,修养身心,以示虔诚,称作"斋戒"。"明",洁,纯洁,虔诚。〔5〕"依",依照,效法。"盛德",大德。此指有大德的先君。〔6〕"上林",宫苑名,即上林苑,秦迁都咸阳时建造,在今陕西西安市西及周至、户县界。〔7〕"弋",音 yì,以绳系箭而射。"弋猎",打猎,猎取飞禽走兽。〔8〕"劾",弹劾,揭发罪状。〔9〕"享",享受,享用。此指鬼神享用祭品。〔10〕"禳",音 ráng,祈祷消灾免祸。〔11〕"望夷之宫",秦离宫名,在今陕西泾阳县东南。

【译文】李斯死后,秦二世任命赵高为中丞相,朝政事无巨细均由赵高决断。赵高自知权势太重,(有点不放心,)于是献上一头鹿,说它是马(来作试探)。秦二世问左右群臣说:"这是鹿吧?"左右群臣都说"是马"。秦二世很惊讶,自以为神志昏乱,就召来太卜,命令起卦占问此事。太卜说:"陛下一年四季祭祀天地,供奉宗庙鬼神,斋戒不够虔诚,所以到了这个地步。可以仿效前代圣贤之君虔诚地举行斋戒。"于是秦二世就进入上林苑作斋戒。每日仍游玩射猎,有个行人步入上林苑中,秦二世亲自射杀了他。赵高唆使他的女婿咸阳令阎乐奏劾不知何人谋害杀人将尸体移入上林苑。赵高于是劝谏秦二世说:"天子平白无故地杀害无辜的人,这皇天上帝禁止的事,鬼神也会不享用您的祭祀,上天将会降下灾殃,应当远远地避开皇宫来祈祷消灾免祸。"秦二世就迁出皇宫住在望夷宫。

留三日,赵高诈诏卫士,令士皆素服持兵内乡,〔1〕入告二世曰:"山东群盗兵大至!"二世上观而见之,〔2〕恐惧,高即因劫令自杀。〔3〕引玺而佩之,左右百官莫从;上殿,殿欲坏者三。高自知天弗与,群臣弗许,乃召始皇弟,〔4〕授之玺。

【注释】〔1〕"乡",通"向"。"内向",向内,向着宫内。〔2〕"观",音 guàn,楼观,楼台。〔3〕"劫",威胁,逼迫。〔4〕"始皇弟",即子婴。本书《秦始皇本纪》谓子婴系秦二世之兄子。《史记索隐》引刘氏云:"'弟'字误,当为'孙'。"

【译文】秦二世在望夷宫停留三日后,赵高假

造诏令集合卫士,命令卫士全部穿上白色服装手持武器面向宫内,赵高先入宫告诉秦二世说:"山东群盗叛军大批到达了!"秦二世登上楼台见到这情景,惊恐万状,赵高就趁机胁迫秦二世,让他自杀。赵高拿过皇帝的玺印佩带在身上,左右侍卫、群臣百官没有人相随,赵高一登宫殿,宫殿就像要倒塌下来,这样一连三次,赵高自知天意不从,群臣不许,就召来秦始皇弟弟,将玺印交给他。

子婴即位,患之,乃称疾不听事,〔1〕与宦者韩谈及其子谋杀高。高上谒,请病,〔2〕因召入,令韩谈刺杀之,夷其三族。

【注释】〔1〕"称疾",称病,假称有病。"听事",听政,治理朝政。〔2〕"请病",请求探病。

【译文】子婴即皇帝位后,害怕赵高,就假托有病不上朝听政,与宦官韩谈及其儿子密谋杀死赵高。赵高前来谒见皇上,请求探病,子婴趁机召见入宫,命令韩谈刺杀赵高,并诛灭赵高的三族。

子婴立三月,沛公兵从武关入,〔1〕至咸阳,群臣百官皆畔,不适。〔2〕子婴与妻子自系其颈以组,〔3〕降轵道旁。〔4〕沛公因以属吏。项王至而斩之。〔5〕遂以亡天下。

【注释】〔1〕"沛公",即刘邦。刘邦系沛人,故有此尊称。"武关",关名,在今陕西丹凤县东南。〔2〕"适",往,去到。此引申为归向。〔3〕"组",丝带。"自系其颈以组",用丝带拴住自己的脖子,表示投降成为俘虏。〔4〕"轵道",亭名,在今陕西西安市东北。〔5〕"项王",即项羽。

【译文】子婴在位三个月,沛公的军队从武关攻入,到达咸阳,秦廷群臣全部叛变,不再上朝。子婴和妻子儿女自己用丝带拴住脖子,站在轵道亭旁投降。沛公就把子婴交给下面官吏。项王到达咸阳杀死子婴。秦朝就这样丧失了天下。

太史公曰:李斯以闾阎历诸侯,〔1〕入事秦,因以瑕衅,以辅始皇,卒成帝业,斯为三公,可谓尊用矣。斯知六艺之归,〔2〕不务明政以补主上之缺,持爵禄之重,阿顺苟合,严

威酷刑,听高邪说,废適立庶。[3]诸侯已畔,斯乃欲谏争,不亦末乎![4]人皆以斯极忠而被五刑死,[5]察其本,[6]乃与俗议之异。不然,斯之功且与周、召列矣。[7]

【注释】〔1〕"阎",音 yán,巷门。"间阎",里巷的门,亦指代里巷,此指里巷平民。"历",算计,选择。 〔2〕"六艺",六经,指《礼》、《乐》、《书》、《诗》、《易》、《春秋》。"归",指归,宗旨。 〔3〕"適",通"嫡"。"废適立庶",指废除秦始皇嫡长子扶苏,拥立庶子胡亥。 〔4〕"末",后,晚。 〔5〕"极",极尽,竭尽。 〔6〕"本",本来面貌,事实真相。 〔7〕"周、召",周公和召公。周公,姬姓,名旦,周武王弟弟,周成王叔父,周武王去世后辅立成王继位,摄理朝政,平定反叛,制定礼仪典章制度。召公,姬姓,名奭,周宗室,辅助周武王灭商,被封于燕,周成王时任太保,与周公同佐成王理政。"列",并列,等同。

【译文】太史公说:李斯作为一个普通平民选择各国诸侯,后来入关事奉秦国,乘着机会,辅佐秦始皇,终于成就帝王大业,李斯身为三公,可以说是受到重用了。李斯知晓六艺的宗旨,却不致力修明政治来弥补君主的缺陷,身负高爵厚禄的重权,阿谀奉承苟且迎合,实行严刑酷法,听从赵高的邪说奸计,废除嫡子扶苏,拥立庶子胡亥。等到诸侯已纷纷背叛,李斯才进谏争辩,不也太晚了吗!常人都以为李斯竭尽忠诚而遭受五刑死去,考察事实真相,却与世俗的议论大相径庭。不然的话,李斯的功绩可以同周公、召公并列媲美了。

史记卷八十八

蒙恬列传第二十八

蒙恬者,其先齐人也。[1]恬大父蒙骜,[2]自齐事秦昭王,[3]官至上卿。[4]秦庄襄王元年,[5]蒙骜为秦将,伐韩,[6]取成皋、荥阳,[7]作置三川郡。[8]二年,蒙骜攻赵,[9]取三十七城。始皇三年,[10]蒙骜攻韩,取十三城。五年,蒙骜攻魏,[11]取二十城,作置东郡。[12]始皇七年,蒙骜卒。骜子曰武,武子曰恬。恬尝书狱典文学。[13]始皇二十三年,蒙武为秦裨将军,[14]与王翦攻楚,[15]大破之,杀项燕。[16]二十四年,蒙武攻楚,虏楚王。[17]蒙恬弟毅。

【注释】[1]"先",祖先。"齐",周武王分封的诸侯国。姜姓,始受封君主是吕尚。地在今山东省泰山以北黄河流域及胶东半岛地区。都营丘(后称临淄)。春秋时期,国力富强,成为五霸之首。战国初,君权被大臣田氏所夺,公元前三八六年,周安王承认田和为齐侯。至齐威王时,始称王,为战国七雄之一。后长期与秦国东西对峙。公元前二二一年为秦所灭。见本书《齐太公世家》、《田敬仲完世家》。[2]"大父",祖父。[3]"事",服事,侍奉。"秦昭王",即秦昭襄王嬴稷,公元前三〇六年至前二五一年在位。[4]"上卿",官名,最尊贵的诸侯臣,位列公之下,卿之首。[5]"秦庄襄王元年",即公元前二四九年。秦庄襄王嬴子楚,公元前二四九年至前二四七年在位。[6]"韩",国名,战国七雄之一。公元前四〇三年,周威烈王承认其开国君主韩虔(韩景侯)为诸侯。都阳翟(今河南省禹县),后迁都新郑(今河南省新郑)。公元前二三〇年为秦所灭。见本书《韩世家》。[7]"成皋",韩邑名,在今河南省荥阳汜水镇。形势险要。"荥阳",韩邑名,在今河南省荥阳东北。[8]"三川郡",郡名,秦庄襄王元年(公元前二四九年)置,以境内有河(黄河)、洛、伊三川得名。地在今河南省黄河以南、灵宝以东的伊、洛水流域和北汝河上游地区。[9]"赵",国名,战国七雄之一。公元前四〇三年,周威烈王承认其开国君主赵籍(赵烈侯)为诸侯。都晋阳(今山西省太原西南),后迁都邯郸(今河北省邯郸)。公元前二二二年为秦所灭。见本书《赵世家》。[10]"始皇三年",即公元前二四四年。[11]"魏",国名,战国七雄之一。公元前四〇三年,周威烈王承认其开国君主魏都(一说魏斯,即魏文侯)为诸侯。建都安邑(今山西省夏县),后迁都大梁(今河南省开封)。公元前二二五年为秦所灭。见本书《魏世家》。[12]"东郡",郡名,秦王政五年(公元前二四二年)置,治所为濮阳(今河南省濮阳西南),地在今河南省东部和山东省西部交界地区。[13]"尝书狱",曾经学习刑狱之法。"典文学",典,掌管。文学,指刑狱文书。[14]"裨将军",裨,副贰。裨将军即副将军。[15]"王翦",秦将,频阳(今陕西省富平)人。曾先后率军攻赵、燕、楚国。封武成侯。见本书《白起王翦列传》。"楚",国名,芈姓,君主熊绎受封于周成王,国在荆山一带。都丹阳,后都郢。春秋时疆域扩大,国力强盛,为五霸之一。战国时为七雄之一。后屡败于秦,势力渐弱,迁都至陈,又迁寿春。公元前二二三年为秦所灭。见本书《楚世家》。[16]"项燕",楚将,临淮下相人,项梁之父。据本书《秦始皇本纪》记载,王翦、蒙武攻破楚军后,项燕自杀。本书《陈涉世家》载陈涉云:"项燕为楚将,数有功,爱士卒,楚人怜之。"陈涉起义时曾以项燕为号召。[17]"楚王",指楚王负刍,楚考烈王之子,楚哀王庶兄。继楚哀王为楚王,公元前二二七年至前二二三年在位。

【译文】蒙恬，他的祖先是齐国人。蒙恬的祖父蒙骜，从齐国来到秦国服侍秦昭王，官位达到上卿。秦庄襄王元年，蒙骜担任秦国的将领，攻打韩国，夺取成皋、荥阳，设置了三川郡。秦庄襄王二年，蒙骜进攻赵国，夺取了三十七城。秦始皇三年，蒙骜进攻韩国，夺取了十三城。秦始皇五年，蒙骜进攻魏国，夺取了二十城，设置了东郡。秦始皇七年，蒙骜去世。蒙骜的儿子叫蒙武，蒙武的儿子叫蒙恬。蒙恬曾学习刑法，掌管刑狱文书。秦始皇二十三年，蒙武担任秦国的副将军，与王翦一起进攻楚国，大败楚军，杀死了项燕。秦始皇二十四年，蒙武进攻楚国，俘虏了楚王。蒙恬的弟弟是蒙毅。

始皇二十六年，蒙恬因家世得为秦将，攻齐，大破之，拜为内史。〔1〕秦已并天下，乃使蒙恬将三十万众北逐戎狄，〔2〕收河南。〔3〕筑长城，因地形，用制险塞，起临洮，〔4〕至辽东，〔5〕延袤万余里。〔6〕于是渡河，〔7〕据阳山，〔8〕逶蛇而北。〔9〕暴师于外十余年，〔10〕居上郡。〔11〕是时蒙恬威振匈奴。始皇甚尊宠蒙氏，信任贤之。而亲近蒙毅，位至上卿，出则参乘，〔12〕入则御前。〔13〕恬任外事而毅常为内谋，名为忠信，故虽诸将相莫敢与之争焉。

【注释】〔1〕"拜"，按一定的礼节授受官职。"内史"，官名，一般认为是京畿地方长官。《汉书·百官公卿表》："内史，周官，秦因之，掌治京师。"但蒙恬领兵在外十余年，至赐死时仍为内史，与此说不符。又《秦始皇本纪》："十六年九月，发卒受地韩南阳假守腾……十七年，内史腾攻韩，得韩王安，尽纳其地，以其地为郡，命曰颍川。"内史腾为南阳郡守，又见云梦秦简《语书》："廿年四月丙戌朔丁亥，南郡守腾谓县、道啬夫……"内史蒙恬与内史腾都不在京畿而在地方，拥兵而有实力。《周礼·春官·内史》："内史掌王之八枋之法，以诏王治，一曰爵，二曰禄，三曰废，四曰置，五曰杀，六曰生，七曰予，八曰夺。"秦内史为握有实权、镇守地方的重要官员。〔2〕"将"，统兵。"戎"，古代泛指我国西部的少数民族。"狄"，古代泛指我国北部的少数民族。"戎狄"后融合为匈奴族。〔3〕"河南"，地区名，黄河以南。秦汉时指今内蒙古河套一带。〔4〕"临洮"，古县名，以临洮水得名。在今甘肃省岷县。〔5〕"辽东"，郡名，以地在辽水东得名。治所在襄平

（今辽宁省辽阳），辖境相当今辽宁大凌河以东地区。〔6〕"延袤"，绵延不断。〔7〕"河"，即黄河。此为古代黄河的专名。〔8〕"阳山"，秦汉时称阴山最西段为阳山，在黄河之北，即今内蒙古狼山。〔9〕"逶蛇"，逶迤。〔10〕"暴师"，军队在外受风霜雨雪。〔11〕"上郡"，郡名，治所在肤施（今陕西省榆林东南），地在今陕西省北部和内蒙古河套以南地区。〔12〕"参乘"，音 cān shèng，也作"骖乘"，古代乘车时的陪乘者，居车右。《汉书·文帝纪》颜师古注："乘车之法，尊者居左，御者居中，又有一人处车之右，以备倾侧。是以戎事则称车右，其余则曰骖乘。"〔13〕"御前"，皇帝座位之前，指皇帝身边。

【译文】秦始皇二十六年，蒙恬由于出身将门，得以担任秦国的将领，进攻齐国，大败齐军，被任命为内史。秦已兼并了天下，便派蒙恬率领三十万大军向北驱逐戎狄，收复了河南地区。修筑长城，依据地形，用来控制险要阻塞之地，起自临洮，直到辽东，绵延一万多里。于是渡过黄河，占据阳山，逶迤向北。军队冒着雨雪风霜在外十多年，驻守上郡。当时蒙恬的声威震撼了匈奴。秦始皇很尊重宠爱蒙氏，信任他们，认为他们贤能。因而亲近蒙毅，让他的官位达到上卿，外出则陪皇帝同乘一辆车，入内则侍奉在皇帝身边。蒙恬负责外面的事务而蒙毅常在朝内出谋划策，他们号称忠信，所以即使是诸将相也不敢和他们相争。

赵高者，诸赵疏远属也。〔1〕赵高昆弟数人，〔2〕皆生隐宫，〔3〕其母被刑僇，〔4〕世世卑贱。秦王闻高强力，〔5〕通于狱法，〔6〕举以为中车府令。〔7〕高即私事公子胡亥，〔8〕喻之决狱。〔9〕高有大罪，秦王令蒙毅法治之。毅不敢阿法，〔10〕当高罪死，除其宦籍。〔11〕帝以高之敦于事也，〔12〕赦之，复其官爵。

【注释】〔1〕"诸赵"，指赵国王族赵氏的各支。"疏远属"，疏远的支属。〔2〕"昆弟"，兄弟。〔3〕"隐宫"，应作"隐官"。《睡虎地秦墓竹简·法律答问》："将司人而亡，能自捕及亲所知为捕，除无罪，已刑者处隐官。"又《睡虎地秦墓竹简·军爵律》："工隶臣斩首及人为斩首以免者，皆令为工。其不完者，以为隐官工。"知隐官为隐蔽的官府机构，是受肉刑的刑徒免罪后的服役场所。传统的说法认为"隐宫"即宫刑（阉割之刑），如《索隐》引刘氏云：

"盖其父犯宫刑,妻子没为官奴婢,妻后野合所生子皆承赵姓,并宫之,故云'兄弟生隐宫'。谓'隐宫'者,宦之谓也。"将"隐宫"与宫刑相联系,恐未当。本书《秦始皇本纪》载赵高有女婿阎乐,可知赵高非自幼受宫刑。〔4〕"刑僇","僇"通"戮",杀戮。"刑戮"指肉刑。〔5〕"强力",能力强。〔6〕"狱法",刑狱之法。〔7〕"举",擢拔。"中车府令",官名。车府令是掌管帝王后妃乘舆诸车的长官,因在宫禁之内,又称中车府令。一说因赵高是宦官(中人),故称中车府令。〔8〕"胡亥",即秦二世,秦始皇少子,公元前二一〇年至前二〇七年在位。后为赵高逼迫自杀。〔9〕"喻",晓喻,开导。"决狱",判决狱案。〔10〕"阿",曲。"阿法",使法律曲从。〔11〕"宦籍",官员名册,有罪者削去宦籍。"宦",一作"官"。〔12〕"敦于事",办事认真勤勉。"敦",一作"敏"。

【译文】赵高是赵国王族中的远支亲属。赵高兄弟几人都出生在隐宫。他的母亲受过肉刑,世代地位卑贱。秦始皇听说赵高很有能力,通晓刑狱法律,提拔他担任中车府令。赵高便私下侍奉公子胡亥,教他断决狱案。赵高犯了大罪,秦始皇让蒙毅依法惩治他。蒙毅不敢枉法,判赵高死罪,除掉了他的宦官籍。秦始皇因赵高办事认真勤勉,赦免了他,恢复了他的官爵。

始皇欲游天下,道九原,〔1〕直抵甘泉,〔2〕乃使蒙恬通道,自九原抵甘泉,堑山堙谷,〔3〕千八百里。道未就。〔4〕

【注释】〔1〕"道",道经,路过。"九原",地名,秦置县、郡,九原县为九原郡治所。地在今内蒙古包头一带。〔2〕"甘泉",山名,在今陕西省淳化西北。又为宫名,秦始皇二十七年(公元前二二〇年)作甘泉前殿。〔3〕"堑",音 qiàn,同"堑",挖掘。"堙",音 yīn,塞,填。〔4〕"就",成,完成。

【译文】秦始皇想要巡游天下,路经九原,直达甘泉。于是派蒙恬开通道路。从九原至甘泉,挖山填谷,长一千八百里。道路没有完工。

始皇三十七年冬,行出游会稽,〔1〕并海上,〔2〕北走琅邪。〔3〕道病,使蒙毅还祷山川,〔4〕未反。〔5〕

【注释】〔1〕"会稽",山名,在今浙江省中部绍兴、嵊县、诸暨、东阳间。传说秦始皇登此以望南海,故又称秦望山。会稽又为郡名,秦始皇二十五年(公元前二二二年)置,治所在吴县(今江苏省苏州)。〔2〕"并",音 bàng,通"傍"。挨着。〔3〕"琅邪",山名,在今山东省东部胶南县南境。秦始皇东游时在此建琅邪台和石碑。琅邪又为郡名,秦置,治所在琅邪(今山东省胶南琅邪台西北)。〔4〕"还",折回。〔5〕"反",同"返"。返回。

【译文】秦始皇三十七年冬天,出行巡游会稽,沿海而上,向北前往琅邪。秦始皇途中患病,派蒙毅折还,祷告山川。蒙毅没有返回。

始皇至沙丘崩,〔1〕秘之,〔2〕群臣莫知。是时丞相李斯、公子胡亥、中车府令赵高常从。〔3〕高雅得幸于胡亥,〔4〕欲立之,又怨蒙毅法治之而不为己也,因有贼心,〔5〕乃与丞相李斯、公子胡亥阴谋,立胡亥为太子。〔6〕太子已立,遣使者以罪赐公子扶苏、蒙恬死。〔7〕扶苏已死,蒙恬疑而复请之。〔8〕使者以蒙恬属吏,〔9〕更置。〔10〕胡亥以李斯舍人为护军。〔11〕使者还报,胡亥已闻扶苏死,即欲释蒙恬。赵高恐蒙氏复贵而用事,〔12〕怨之。

【注释】〔1〕"沙丘",地名,在今河北省广宗西北大平台。"崩",旧称帝王死。〔2〕"秘",不公开,保密。〔3〕"李斯",楚国上蔡人。曾从荀卿学。战国末年入秦,得到秦始皇的重用。先任廷尉,后任丞相。他为秦谋划兼并六国,完成统一大业,议帝号,反对分封,主张禁私学,以小篆为标准统一文字。秦始皇死后,他与赵高合谋拥立胡亥为二世皇帝。后为赵高所杀。见本书《李斯列传》。〔4〕"雅",平素,一向。〔5〕"贼",杀害,伤害。〔6〕"太子",西周以迄秦代,天子、诸侯指定的继承人称太子。一般为嫡长子。秦始皇生前未立太子,胡亥是秦始皇少子,须先成为太子,才能继承皇位。〔7〕"扶苏",秦始皇长子。秦统一六国后(一说在秦始皇坑儒后)被派驻上郡监蒙恬军。数上书谏议时政,触怒秦始皇。秦始皇临终时,为玺书召他至咸阳主持丧事。赵高、李斯与其弟胡亥篡改遗诏,赐其死。扶苏旋自杀。见本书《秦始皇本纪》。〔8〕"复",再次。"请",请求申诉。〔9〕"属",归属。"吏",指执法官吏。〔10〕"更置",指重新设置蒙恬军长官。〔11〕"舍人",战国、秦代贵戚官僚皆有舍人,是亲近的属官。"护军",官名,监军官。护,监领。〔12〕"用事",当权。

【译文】秦始皇到达沙丘时去世了,消息保密,群臣都不知道。当时丞相李斯、公子胡亥、中车府令赵高日常随从秦始皇。赵高一向得到胡亥的宠幸,想要拥立胡亥,又怨恨蒙毅曾依法惩治他而不为他开脱,因而有了害人之心,就与丞相李斯、公子胡亥暗中谋划,拥立胡亥为太子。立了太子以后,派使者用罪名命令公子扶苏和蒙恬自杀。扶苏自杀以后,蒙恬感到疑惑而再次请求申诉。使者将蒙恬交付给执法官吏,换人顶替蒙恬的职位。胡亥用李斯的家臣担任护军。使者回来报告,胡亥听到了扶苏死讯,就想释放蒙恬。赵高怕蒙氏再度贵宠而掌权,心中怨恨他们。

毅还至,赵高因为胡亥忠计,欲以灭蒙氏,乃言曰:"臣闻先帝欲举贤立太子久矣,〔1〕而毅谏曰'不可'。若知贤而俞弗立,〔2〕则是不忠而惑主也。以臣愚意,不若诛之。"胡亥听而系蒙毅于代。〔3〕前已囚蒙恬于阳周。〔4〕丧至咸阳,〔5〕已葬,太子立为二世皇帝,而赵高亲近,日夜毁恶蒙氏,〔6〕求其罪过,举劾之。〔7〕

【注释】〔1〕"先帝",指秦始皇。"举贤立太子",选拔贤能立为太子。〔2〕"若",这样,如此。"俞",通"逾",逾久。〔3〕"系",拘囚,拴缚。"代",地名,战国赵武灵王置郡、县。代郡在今山西省北部、河北省西北部一带。代县为代郡治所,在今河北省蔚县西南。蒙毅因祷告山川抵代,在此被拘囚。〔4〕"阳周",县名,在今陕西省子长西北,属上郡。〔5〕"丧",指秦始皇的丧车。"咸阳",秦都,在今陕西省咸阳东北。公元前三五〇年,秦孝公自栎阳迁都于此。〔6〕"毁恶",毁谤。〔7〕"举劾",举发,弹劾。

【译文】蒙毅返回,赵高借着为胡亥尽忠谋划的名义,想就此灭掉蒙氏,便进言说:"我听说先帝想提拔贤能的人立为太子很久了,而蒙毅劝谏说'不可以'。他明知您贤能而拖延着不让立,那就是不忠而迷惑君主。以我的愚见,不如杀了他。"胡亥听从了,因而将蒙毅囚禁在代地。此前已将蒙恬囚

禁在阳周。秦始皇的丧车到了咸阳,下葬以后,太子即位为二世皇帝。而赵高亲近秦二世,他日夜毁谤蒙氏,搜求他们的罪过,检举弹劾他们。

子婴进谏曰:〔1〕"臣闻故赵王迁杀其良臣李牧而用颜聚,〔2〕燕王喜阴用荆轲之谋而倍秦之约,〔3〕齐王建杀其故世忠臣而用后胜之议。〔4〕此三君者,皆各以变古者失其国而殃及其身。今蒙氏,秦之大臣谋士也,而主欲一旦弃去之,〔5〕臣窃以为不可。〔6〕臣闻轻虑者不可以治国,〔7〕独智者不可以存君。〔8〕诛杀忠臣而立无节行之人,〔9〕是内使群臣不相信而外使斗士之意离也,臣窃以为不可。"

【注释】〔1〕"子婴",秦始皇之孙(一说秦始皇之侄)。二世三年(公元前二〇六年),赵高逼秦二世自杀后立其为秦王。他设计杀死赵高,刘邦入咸阳时归降。为秦王凡四十六日。后为项羽所杀。见本书《秦始皇本纪》。〔2〕"故",从前,本来。"赵王迁",赵迁,战国末年赵国国君,公元前二三五年至前二二八年在位,为秦所俘。见本书《赵世家》。"李牧",赵国大将。赵王迁中了秦国的反间计,将他斩杀。见本书《廉颇蔺相如列传附李牧传》。"颜聚",原为齐将,赵王迁听信宠臣郭开谗言,用他代替李牧。〔3〕"燕王喜",姬喜,战国末年燕国国君,公元前二五四年至前二二二年在位,为秦所俘。见本书《燕召公世家》。"荆轲",又称庆卿、荆卿,卫国人。秦王政二十年(公元前二二七年),受燕太子丹的派遣刺杀秦王,未成,被杀。见本书《刺客列传》。"倍",通"背",背弃。〔4〕"齐王建",田建,战国末年齐国国君,公元前二六四年至前二二一年在位,为秦所俘。见本书《田敬仲完世家》。"故世",前代。"后胜",齐相,齐王建采纳他的建议,向秦国投降。〔5〕"一旦",一朝,一时。〔6〕"窃",私下,私自。常用作表示个人意见的谦词。〔7〕"轻虑",考虑事情轻率。〔8〕"独智",只相信自己的智慧。"君",指君位。〔9〕"节行",节操品行。

【译文】子婴进言劝谏道:"我听说从前赵王迁杀死他的良臣李牧而任用颜聚,燕王喜暗中采用荆轲的计谋而违背与秦的盟约,齐王建杀死他前代的忠臣而采用后胜的建议。这三位国君,都各自因

为用了改变旧规的人而丧失国家,灾祸降到自身。如今的蒙氏,是秦的大臣谋士,而主上想一下子抛弃他们,我私下认为是不可以的。我听说考虑事情轻率的人不能治理国家,只靠自己智慧的人不能保住君位。诛杀忠臣而任用没有节操品行的人,这是在内使群臣不能相信而在外使战士离心离德,我私下认为是不可以的。"

胡亥不听,而遣御史曲宫乘传之代,〔1〕令蒙毅曰:"先主欲立太子而卿难之。〔2〕今丞相以卿为不忠,罪及其宗。〔3〕朕不忍,乃赐卿死,亦甚幸矣。卿其图之!"毅对曰:"以臣不能得先主之意,则臣少宦,〔4〕顺幸没世,〔5〕可谓知意矣。以臣不知太子之能,则太子独从,周旋天下,去诸公子绝远,〔6〕臣无所疑矣。夫先主之举用太子,数年之积也,〔7〕臣乃何言之敢谏,何虑之敢谋!非敢饰辞以避死也,〔8〕为羞累先主之名,愿大夫为虑焉,使臣得死情实。〔9〕且夫顺成全者,道之所贵也;刑杀者,道之所卒也。〔10〕昔者秦穆公杀三良而死,〔11〕罪百里奚而非其罪也,〔12〕故立号曰'缪'。〔13〕昭襄王杀武安君白起。〔14〕楚平王杀伍奢。〔15〕吴王夫差杀伍子胥。〔16〕此四君者,皆为大失,而天下非之,〔17〕以其君为不明,以是籍于诸侯。〔18〕故曰'用道治者不杀无罪,而罚不加于无辜'。唯大夫留心!"〔19〕使者知胡亥之意,不听蒙毅之言,遂杀之。

【注释】〔1〕"御史",官名,又称监御史,御史大夫属官。出监郡县,审理大案。"曲宫",《史记》中仅此一见,其人不可考。"传",音zhuàn,驿站的车马。"之",到。〔2〕"卿",古代人交谈时称呼对方的敬称。"难",作难,反对。〔3〕"宗",宗族。〔4〕"少宦",年轻时做官。〔5〕"顺幸",顺从旨意而被宠幸。"没世",去世,终身。〔6〕"去",距离,超过。"绝远",极远。〔7〕"积",积累。〔8〕"饰",修饰。"辞",指辩辞。〔9〕"情实",实情,真情。〔10〕"卒",终,最后。〔11〕"秦穆公",名任好,春秋时秦国国君,公元前六五九年至前六二一年在位。"三良",三位良臣,指子舆氏奄息、仲行、鍼虎三人。秦穆公死时,殉葬者百余人,他们三个也在其中。见本书《秦本纪》。〔12〕"百里奚",春

秋时虞国人,晋灭虞时被俘,作为陪嫁奴隶入秦。后出走到楚,为楚人所俘。秦穆公用五张公羊皮将他赎回,任命为大夫。他与蹇叔、由余等共同帮助秦穆公建立了霸业。据说为秦穆公所杀。〔13〕"号",谥号,古代帝王及官僚死后,依其生前事迹给予的称号。"缪",此字用于谥号可有两义:一通"谬",音miù,意为错误,违反,是恶谥;一通"穆",音mù,诚敬貌,是美谥。蒙毅认为秦穆公杀害贤臣,所得的是恶谥。〔14〕"白起",战国时秦国名将,郿(今陕西省眉县)人。累建战功,封武安君。后因与秦昭襄王、相国范雎意见不合,被逼自杀。见本书《白起列传》。〔15〕"楚平王",名熊居,春秋时楚国国君,公元前五二八年至前五一六年在位。见本书《楚世家》。"伍奢",伍子胥之父,春秋时楚国人,任太傅,辅太子建,因少傅费无忌进谗而为楚平王所杀。见本书《伍子胥列传》。〔16〕"夫差",春秋时吴国国君,公元前四九五年至前四七三年在位。见本书《吴太伯世家》。"伍子胥"(? ——公元前四八四年),伍奢之子,春秋时吴国大夫,名员,字子胥。伍奢被杀后入吴,辅佐吴王阖闾攻破楚国。后因与吴王夫差意见不和,被逼自杀。见本书《伍子胥列传》。〔17〕"非",责怪,反对。〔18〕"籍",通"藉",狼藉。一说"籍"即书籍,《正义》:"言诸侯皆书籍其事。"〔19〕"唯",语首助词。

【译文】胡亥不听,而派御史曲宫乘驿车去代地,命令蒙毅说:"先主要立太子,而您从中作难。如今丞相认为您不忠,罪过牵连到您的家族。我不忍心那样治罪,就赐您一死,这也是很幸运了。您还是盘算一下!"蒙毅回答说:"如果认为我不能得先主的欢心,那么我从年轻时做官,顺从先主的意志而被宠幸,直到先主逝世,可以说是了解他的心意了。如果认为我不知道太子的贤能,那么太子单独跟随先主,周游天下,远远超过其他各位公子,我是没有什么疑惑的。先主选立太子,是积数年考虑的结果,我难道敢劝谏什么话,敢谋划什么主意!我不敢修饰辩辞来逃避一死,是因为这会羞辱牵累先主的名誉,愿大夫为此考虑,使我能死于真实的罪名。况且顺理成全是正道所珍贵的,刑罚杀戮是正道所鄙贱的。从前秦穆公杀死三位贤臣为他殉葬,判处百里奚而百里奚并无罪过,因此立谥号叫'缪'。昭襄王杀死了武安君白起,楚平王杀死了伍奢,吴王夫差杀死了伍子胥。这四位君主,都犯了大过失,天下人责怪他们,认为他们是不贤明的国君,因此在诸侯中名声狼藉。所以说'用正道治国的人不杀无罪者,刑罚不施于无辜者'。请大夫留

意!"使者知道胡亥的意图,不听蒙毅的话,结果把他杀了。

　　二世又遣使者之阳周,令蒙恬曰:"君之过多矣,而卿弟毅有大罪,法及内史。"〔1〕恬曰:"自吾先人,〔2〕及至子孙,积功信于秦三世矣。今臣将兵三十余万,身虽囚系,其势足以倍畔,〔3〕然自知必死而守义者,不敢辱先人之教,以不忘先主也。昔周成王初立,〔4〕未离襁褓,周公旦负王以朝,〔5〕卒定天下。〔6〕及成王有病甚殆,〔7〕公旦自揃其爪以沈于河,〔8〕曰:'王未有识,是旦执事。〔9〕有罪殃,旦受其不祥。'乃书而藏之记府,〔10〕可谓信矣。及王能治国,有贼臣言:'周公旦欲为乱久矣,王若不备,必有大事。'王乃大怒,周公旦走而奔于楚。〔11〕成王观于记府,得周公旦沈书,〔12〕乃流涕曰:'孰谓周公旦欲为乱乎!'〔13〕杀言之者而反周公旦。故《周书》曰'必参而伍之'。〔14〕今恬之宗,世无二心,而事卒如此,是必孽臣逆乱,〔15〕内陵之道也。〔16〕夫成王失而复振则卒昌;〔17〕桀杀关龙逢,〔18〕纣杀王子比干而不悔,〔19〕身死则国亡。臣故曰过可振而谏可觉也。〔20〕察于参伍,〔21〕上圣之法也。〔22〕凡臣之言,非以求免于咎也,〔23〕将以谏而死,愿陛下为万民思从道也。"使者曰:"臣受诏行法于将军,不敢以将军言闻于上也。"蒙恬喟然太息曰:〔24〕"我何罪于天,无过而死乎?"良久,〔25〕徐曰:"恬罪固当死矣。〔26〕起临洮属之辽东,〔27〕城堑万余里,〔28〕此其中不能无绝地脉哉?〔29〕此乃恬之罪也。"乃吞药自杀。

　　【注释】〔1〕"法及",意为"按法律牵连到"。"内史",指蒙恬。蒙恬于始皇二十六年拜为内史,见前文。〔2〕"先人",祖先,指蒙骜。〔3〕"倍畔",通"背叛"。〔4〕"周成王",名姬诵,西周君王,周武王之子。幼年即位时,由其叔父周公旦摄政。见本书《周本纪》。〔5〕"周公旦",名姬旦,周武王之弟,因其采邑在周(今陕西省岐山东北),称为周公。西周初年著名的政治家。见本书《鲁周公世家》。"负",背负。"朝",上朝。〔6〕"卒",终于。〔7〕"殆",危险。〔8〕"揃",音jiǎn,剪。

"爪",指甲,"沈",音chén,同"沉"。〔9〕"执事",做事,这里指管理国事。〔10〕"记府",收藏文书档案的官府。〔11〕"走",逃走。周公奔楚,本书《鲁周公世家索隐》:"经典无文,其事或别有所出。而谯周云'秦既燔书,时人欲言金縢之事,失其本末,乃云'成王少时病,周公祷河欲代王死,藏祝策于府。成王用事,人谮周公,周公奔楚。成王发府见策,乃迎周公'',又与《蒙恬传》同,事或然也。"〔12〕"沈书",本书《鲁周公世家》作"祷书"。《史记会注考证》:"盖沉者爪也,非书,《世家》为优。沉者爪也,但未必无书。若记府所藏为沉书副本,则既可称沉书,亦可称祷书。〔13〕"孰",谁。〔14〕"《周书》",周代史书。《汉书·艺文志》:"《周书》七十一篇,周史记。"汉魏人著作中常引用此书。有人认为蒙恬所谓"《周书》"是《逸周书》,恐未当。《逸周书》又称《汲冢周书》,晋太康年间出于汲郡的战国魏墓中,凡十三篇,叙夏、商、西周、春秋时晋国、战国时魏国的史事,当是另一本书。〔15〕"参而伍之",错综比较,以为验证。《易·系辞上》:"参伍以变,错综其数。"疏:"参,三也;伍,五也。或三或五,以相参合,以相改变。"《淮南子·主术训》:"事不在法律中,而可以便佐治,必参五行之。"而《索隐》曰"参谓三卿,伍即五大夫。欲参伍更议",其说未当。〔15〕"孽臣",奸恶之臣。〔16〕"陵",超越,欺侮,臣下权势侵凌君上。〔17〕"振",救。〔18〕"桀",夏朝末代君王,暴虐荒淫,为商汤所败,出奔南方而死。"关龙逢",夏桀的大臣,因直言劝谏而被杀。〔19〕"纣",商朝末代君王,有名的暴君,为周武王所败,自焚而死。"比干",商纣的叔父,官少师,相传他因屡次劝谏纣王,被剖心而死。〔20〕"觉",觉悟,觉醒。《索隐》:"此'故曰'者,必先志有此言,蒙恬引之以成说也,今不知出何书耳。振者,救也。然语亦倒,以言前人受谏可觉,则其过乃可救。"〔21〕"察",考察。〔22〕"上圣",最圣明的君王。〔23〕"咎",罪责。〔24〕"喟然",叹气的样子。"太息",大声叹气,深深地叹息。〔25〕"良久",很久。〔26〕"固",本来,原本。〔27〕"属",音zhǔ,连接。〔28〕"城",城墙。这里指修筑城墙。"堑",壕沟,护城河。这里指挖掘壕沟。〔29〕"绝",切断,断绝。"地脉",指地的脉络。

　　【译文】秦二世又派使者前往阳周,命令蒙恬说:"您的过错够多了,而且您的弟弟蒙毅犯有大罪,依法牵连到您了。"蒙恬说:"从我的祖父,到他的子孙,积累功劳和信义在秦已经三代了。如今我统兵三十多万，虽然身被囚禁，但我的势力足可以反叛。然而我自知必死而遵守大义的原因，是由于我不敢辱没先人的教诲，是为了不忘先主。从前周成王刚即位时，还没离开幼儿的襁褓，周公旦背着成王上朝，终于平定天下。到成王患病十分危险的时候，周公旦自己剪下指甲沉入黄河，说：'君王还不懂事，是我在管理国事。如果有罪过祸殃，我来承受灾难。'于是把这祷语记录下来，收藏在文书府里，这可以说是尽忠了。到成王能治理国家时，有奸臣说：'周公旦想要作乱很久了，大王如果不防备，必定出大事。'成王于是大怒，周公旦便逃跑到楚国。成王在文书府查看档案，见到周公旦沉入黄河的祷语记录，这才流着泪说：'谁说周公旦想要作乱呢！'便杀了讲谗言的人而让周公旦返回。因此《周书》说'一定要多方反复地咨询审察'。如今我的宗族，世代没有二心，而事情最终如此，这一定是有奸臣捣乱、在内欺罔主上的缘故。成王有了过失而能重新挽救，于是周朝最终昌盛；夏桀杀死关龙逢、商纣杀死王子比干而不改悔，他们身死而国亡。因此我说有过失可以挽救，听从劝谏可以觉醒。多方反复地考察，是圣明君主的法则。凡我所说的话，并不是为了求得免于惩处，我准备以忠言进谏而死，愿陛下为万民考虑遵循正道。"使者说："我接受诏令对将军执行刑法，不敢把将军的话传报给皇上。"蒙恬深深地叹息道："我怎么得罪了上天，要无过而死呢？"过了许久，他慢慢地说："我的罪过本来是该死的。起自临洮，连接到辽东，我筑城墙挖壕沟一万多里，这其间不会不切断地脉吧？这就是我的罪过。"于是吞下毒药自杀。

太史公曰：吾适北边，[1]自直道归，[2]行观蒙恬所为秦筑长城亭障，[3]堑山堙谷，通直道，固轻百姓力矣。[4]夫秦之初灭诸侯，天下之心未定，痍伤者未瘳，[5]而恬为名将，不以此时强谏，[6]振百姓之急，养老存孤，务修众庶之和，[7]而阿意兴功，[8]此其兄弟遇诛，不亦宜乎！何乃罪地脉哉？[9]

【注释】〔1〕"适"，往，去到。〔2〕"直道"，道路名，从九原直达甘泉的大道。秦始皇三十五年（公元前二一二年），命蒙恬主持修筑。见前文及本书《六国年表》。该道路是沟通关中平原与河套地区的重要通道，今尚有部分遗迹存留。〔3〕"行观"，一边走一边看，途中看到。"亭障"，边塞的堡垒。〔4〕"固"，诚然，确实。"轻"，轻贱，轻视。〔5〕"痍"，音 yí，创伤。"瘳"，音 chōu，病愈。〔6〕"强"，极力，强力。〔7〕"务"，勉力从事。"众庶"，百姓。〔8〕"阿"，迎合，逢迎。〔9〕"何乃"，意为"为什么竟然"。"罪"，归罪。

【译文】太史公说：我到北方边地，从直道返回，沿路看到蒙恬为秦所修的长城堡垒，挖山填谷，开通直道，确实太轻贱百姓的人力物力了。秦刚刚灭掉诸侯，天下人心没有安定，受伤者没有痊愈，而蒙恬身为名将，不在此时极力劝谏，救百姓的急难，供养老人，抚育孤儿，致力于建设百姓的和平生活，却迎合秦始皇的心意大兴功作，这样看来，他们兄弟遭到诛杀，不是应当的吗！为什么竟归罪于切断地脉呢？

史记卷八十九

张耳陈余列传第二十九

张耳者,大梁人也。[1]其少时,及魏公子毋忌为客。[2]张耳尝亡命游外黄。[3]外黄富人女甚美,嫁庸奴,[4]亡其夫,[5]去抵父客。[6]父客素知张耳,乃谓女曰:"必欲求贤夫,从张耳。"女听,乃卒为请决,[7]嫁之张耳。张耳是时脱身游,女家厚奉给张耳,张耳以故致千里客。乃宦魏为外黄令。[8]名由此益贤。陈余者,亦大梁人也,好儒术,[9]数游赵苦陉。[10]富人公乘氏以其女妻之,亦知陈余非庸人也。余年少,父事张耳,[11]两人相与为刎颈交。

【注释】[1]"大梁",古都邑名。战国时魏惠王自安邑(今山西夏县西北)迁都于此。其地在今河南开封西北。 [2]"魏公子毋忌",战国时魏昭王之子,魏安釐王之异母弟,封为信陵君。他礼贤下士,招致门客三千余人,名声很高。与赵国的平原君赵胜、齐国的孟尝君田文、楚国的春申君黄歇并以贵公子执政,称为战国四公子。详见本书《魏公子列传》。[3]"亡命",指因避祸脱离本地户籍逃往他乡。"外黄",秦县名,治所在今河南民权西北。 [4]"庸奴",平庸之辈。"奴",古时对人的鄙称。[5]"亡其夫",逃离开她的丈夫。[6]"抵",投奔。 [7]"乃卒为请决",富家女立即请父客做主,与其夫决绝离异。 [8]"宦",动词,做官。[9]"儒术",儒家的经典、学说。 [10]"数",音 shuò。屡次、多次。"苦陉",秦县名,治所在今河北无极东北。 [11]"父事张耳",把张耳当父辈对待。

【译文】张耳是魏国大梁人。在他年轻时,还赶得上做魏公子毋忌的门客。张耳曾经逃亡到外黄县。外黄县有一富家,女儿长得很漂亮,但却嫁给一个平庸的丈夫。富家女便逃离她的丈夫,去投奔她父亲的宾客。这位宾客一向很了解张耳的为人,便对富家女说:"你一定要找个好丈夫,那就嫁给张耳吧!"富家女一口答应。她请这位宾客出面立即办理与丈夫的离异手续,便嫁给张耳。婚后,张耳离家在外交游,妻子的娘家拿出很多钱财资助张耳,因此张耳有能力招致远方的宾客。后来张耳在魏国做了官,出任外黄县令,名声比以前更好了。陈余也是大梁人,他爱好儒家的学术。陈余多次到赵国的苦陉县交游,当地的富人姓公乘的把女儿嫁给他。这家富人也知道陈余不是个平庸的人。陈余比张耳年纪小,他便像侍奉父亲那样侍奉张耳,两人结为生死之交。

秦之灭大梁也,[1]张耳家外黄。高祖为布衣时,[2]尝数从张耳游,客数月。秦灭魏数岁,已闻此两人魏之名士也,购求有得张耳千金,[3]陈余五百金。张耳、陈余乃变名姓,俱之陈,[4]为里监门以自食。[5]两人相对。里吏尝有过笞陈余,[6]陈余欲起,张耳蹑之,[7]使受笞。吏去,张耳乃引陈余之桑下而数之曰:[8]"始吾与公言何如?今见小辱而欲死一吏乎?"[9]陈余然之。秦诏书购求两人,[10]两人亦反用门者以令里中。

【注释】[1]"秦之灭大梁也",秦王政二十二年(公元前二二五年),秦将王贲攻魏,决黄河及大沟水灌大梁,城毁,魏降。 [2]"布衣",平民百姓。[3]"购",悬赏缉拿。"千金",即黄金千斤。汉代一斤合今二五八克。 [4]"陈",秦县名,治所在今河南淮阳。 [5]"里监门",里为古代民户聚居处,二十五家为里,里设门,以稽察民户。监门为主管里门的小吏。〔6〕"笞",音 chī。用鞭杖等拷打。〔7〕"蹑",用脚采来暗示。〔8〕"数",音 shǔ。责备。〔9〕"见",被、受。〔10〕"诏书",皇帝所颁发的命令文告。

【译文】秦国占领大梁之后,张耳便把家搬往外黄县。在高祖还是平民百姓的时候,曾多次和张耳交往,并在张耳家客居过数月。秦灭魏数年以后,听说张耳和陈余是魏国的名士,便悬赏缉拿他二人,能得到张耳的给千金,得到陈余的给五百金。于是,张耳和陈余改变姓名,一块儿逃避到陈县,充当里门的守卒以糊口。两人所守的里门正好相对。有一次,里中小吏以为陈余犯了过错,用鞭子拷打他,陈余想起来反抗,张耳便用脚踩他,暗示要他忍受鞭挞。等小吏离去之后,张耳把陈余拉到桑丛下,责备他说:"起初我怎么向你说的?现在受到一点小小的侮辱,就想去反抗一个小吏来断送自己的性命吗?"陈余认为张耳的话是对的。秦二世又发布诏书,要捉到他们二人。张耳和陈余反而利用门卒的身份,让里中百姓查找。

陈涉起蕲,〔1〕至入陈,兵数万。张耳、陈余上谒陈涉。〔2〕涉及左右生平数闻张耳、〔3〕陈余贤,未尝见,见即大喜。

【注释】〔1〕"蕲",音 qí。秦县名,治所在今安徽宿县南。〔2〕"上谒",谒为古代名帖,犹今之名片。上谒即递上名帖以求进见。〔3〕"生平",有生以来。

【译文】陈涉在蕲县起义,攻打到陈县,兵众已有数万人。张耳和陈余去晋见陈涉。陈涉和他手下的人,很久以前就多次听说张耳和陈余很有才德,只是没见过面。这次见面接谈之后,陈涉等人非常高兴。

陈中豪杰父老乃说陈涉曰:〔1〕"将军身被坚执锐,率士卒以诛暴秦,复立楚社稷,〔2〕存亡继绝,〔3〕功德宜为王。且夫监临天下诸将,〔4〕不为王不可,愿将军立为楚王也。"陈涉问此两人,两人对曰:"夫秦为无道,破人国家,灭人社稷,绝人后世,罢百姓之力,〔5〕尽百姓之财。将军瞋目张胆,出万

死不顾一生之计,为天下除残也。今始至陈而王之,示天下私。愿将军毋王,〔6〕急引兵而西,遣人立六国后,自为树党,为秦益敌也。敌多则力分,与众则兵强。如此野无交兵,县无守城,诛暴秦,据咸阳以令诸侯。〔7〕诸侯亡而得立,以德服之,如此则帝业成矣。今独王陈,恐天下解也。"〔8〕陈涉不听,遂立为王。

【注释】〔1〕"父老",对老年人的通称,为秦汉间熟语。"说",音 shuì。劝说。〔2〕"社稷",古代的社为土神,稷为谷神,土地五谷为立国之本,故而帝王建国,必先立社稷,因此社稷成为国家政权的标志。〔3〕"存亡继绝",即"存亡国,继绝世"的省称。谓使灭亡之国复存,已绝之嗣得续。《论语·尧曰篇》有"兴灭国,继绝世,举逸民,天下之民归心焉"之文,此"存亡继绝",即本此义。〔4〕"监临",监督临视。这里引申作统率。〔5〕"罢",读为"疲"。〔6〕"毋王",不要称王。"王",用作动词,音 wàng。〔7〕"咸阳",秦朝的都城,其地在今陕西咸阳东北。〔8〕"解",分解离散。

【译文】陈县的父老豪杰劝陈涉说:"将军您亲身披甲戴盔,手操武器,率领兵士诛伐暴虐的秦朝,恢复楚国,使灭亡了的国家复存,断绝了的继嗣得以再度延续。论功德应该称王。况且,统率天下诸将,不称王也不足以镇服。希望将军您立为楚王。"陈涉征求张耳、陈余的意见,二人回答说:"秦朝施行暴政,侵占别人的国家,毁掉人家的社稷,断绝人家的后嗣,百姓们被奴役得疲惫不堪,财产被搜刮得精光。将军您愤怒填膺,把生死置之度外,是为了替天下根除残暴。现在刚攻打到陈县,便自立为王,这就向天下人暴露了自己的私心。希望将军您不要称王,迅速率兵西进,并派人立六国君主的后人为王,作为自己同盟军,这就使秦国增加了敌人。秦国的敌人多,它的力量就被分散;我们同盟者多,兵力就会增强。这样,秦国就没有兵力在野外和我们交战,城池也无人坚守。进而推翻暴虐的秦朝,占据它的首都咸阳,并以此号令诸侯。那些亡国而得复位的诸侯,也会感激您的复立之恩而归服。这样,帝王的大业就成功了。现在如果独自在陈称王,恐怕天下的人就离心离德了。"陈涉不听劝告,自立为王。

陈余乃复说陈王曰:"大王举梁、楚而西,[1]务在入关,[2]未及收河北也。臣尝游赵,知其豪桀及地形,愿请奇兵北略赵地。"于是陈王以故所善陈人武臣为将军,[3]邵骚为护军,[4]以张耳、陈余为左右校尉,[5]予卒三千人,北略赵地。

【注释】〔1〕"举",攻克。〔2〕"关",指函谷关。故址在今河南灵宝南。〔3〕"将军",秦武官名,有前后左右将军,位上卿。此处即沿用秦制。〔4〕"护军",即护军都尉,秦武官名,掌监护军队及调节各将领的关系。〔5〕"左右校尉",秦武官名,职位略次于将军。

【译文】陈余又劝陈涉说:"大王您攻克梁、楚二国之地,率兵西进,目标是攻入函谷关,无暇收复黄河以北地区。我曾经到赵国交游,结识了那里的豪杰,熟悉那里的地形,希望您给我派一支突袭部队,北进攻取赵地。"于是陈涉任命他的老朋友陈县人武臣为将军,邵骚为护军,张耳、陈余为左右校尉,派兵三千人,北进攻取赵地。

武臣等从白马渡河,[1]至诸县,说其豪桀曰:"秦为乱政虐刑以残贼天下,数十年矣。北有长城之役,[2]南有五岭之戍,[3]外内骚动,百姓罢敝,头会箕敛,[4]以供军费,财匮力尽,民不聊生。重之以苛法峻刑,使天下父子不相安。陈王奋臂为天下倡始,[5]王楚之地,方二千里,莫不响应,家自为怒,人自为斗,各报其怨而攻其雠,县杀其令丞,[6]郡杀其守尉。[7]今已张大楚,[8]王陈,使吴广、周文将卒百万西击秦。[9]于此时而不成封侯之业者,非人豪也。诸君试相与计之!夫天下同心而苦秦久矣。因天下之力而攻无道之君,报父兄之怨而成割地有土之业,此士之一时也。"豪桀皆然其言。乃行收兵,得数万人,号武臣为武信君。下赵十城,余皆城守,莫肯下。

【注释】〔1〕"白马",即白马津,古津渡名,其地在今河南滑县北。秦汉时,白马津在黄河南岸。〔2〕"长城之役",本书《蒙恬列传》云:"秦已并天下,乃使蒙恬将三十万众北逐戎狄,收河南,筑长城,因

地形,用制险塞,超临洮,至辽东,延袤万余里。"秦始皇时所筑长城,西起临洮(今甘肃岷县),北傍阴山,东至辽东,俗称万里长城。工程浩大,修筑时奴役人之众,可想而知。〔3〕"五岭",指以下五处山岭:越城领,在今广西东北、湖南边境,主峰在资源东。都庞岭,在今湖南与广西交界处,主峰大龙界,在湖南江永城西北。萌渚领,在今湖南江华西南,最高峰为姑婆岭。骑田岭,在今湖南宜章、郴县之间。大庾岭,在今江西大余、广东南雄交界处。〔4〕"头会箕敛",按人头收取谷物,用箕敛形容赋税苛重。〔5〕"倡始",首先提倡、发难。〔6〕"令丞",秦制,万户以上的县,行政长官称作令,万户以下的县称作长。丞为令长的佐贰官,县置一人。〔7〕"守尉",即郡守、郡尉。秦废封建,改郡县,郡置行政长官一人,称作郡守;置军事长官一人,称作郡尉。〔8〕"张大楚",张大楚国之意。本书《陈涉世家》称:"陈涉乃立为王,号为张楚。"陈涉本楚国人,起义反秦,以复立楚国为号召。〔9〕"吴广",字叔,阳夏(今河南太康)人。与陈涉同起义,建立张楚政权,吴广任假王。后被部将田臧杀害。详见本书《陈涉世家》。"周文",即周章,陈(今河南淮阳)人。秦末农民起义将领。先曾在楚军项燕部下任推算时辰吉凶之官,农民军建立政权,周文任将军,率军进攻关中。军至陕西临潼东北,因孤军深入,被秦将章邯击败。退至河南渑池,兵败自杀。详见本书《陈涉世家》。

【译文】武臣等人率兵从白马津北渡黄河,到了河北各县,便鼓动那里的豪杰说:"秦朝用乱政酷刑残害天下,已经数十年了。在北方有修筑万里长城的浩大工程,在南方有戍守五岭的繁重军役,弄得内外不安,百姓疲惫不堪;加上按人头收取赋税,张开像簸箕一样的口聚敛财物,来供应军需。天下财匮力尽,民不聊生。再加上严刑峻法,害得天下人父子不能相保。陈涉奋臂而起,首先举起反秦的义旗,在楚地称王。方圆二千里的地方,没有不起来响应的。家家奋起,人人为战,各自报怨复仇,县里则杀掉县令、县丞,郡里则杀掉郡守、郡尉。现在陈涉已经建立大楚政权,在陈县称王,并派遣吴广、周文率领百万大军西进攻秦。遇上这样的大好时机,若不能成就封侯的功业,那就说不上是人中豪杰了。请诸位互相商量计议。再说,天下人苦于秦朝的暴政已经很久了,用天下的力量攻除暴虐的君主,报父老兄弟之仇,成就割地封侯的功业,这实在是英雄人物千载难逢的大好时机啊!"各县的豪杰都认为他的话有道理。于是武臣等人广收兵员,得

到好几万人。武臣被立为武信君。攻下赵地十座城池,其余的城邑都坚守对抗,不肯降服。

乃引兵东北击范阳。[1]范阳人蒯通说范阳令曰:[2]"窃闻公之将死,故吊;[3]虽然,贺公得通而生。"范阳令曰:"何以吊之?"对曰:"秦法重,足下为范阳令十年矣,杀人之父,孤人之子,断人之足,黥人之首,[4]不可胜数。然而慈父孝子莫敢倳刃公之腹中者,[5]畏秦法耳。今天下大乱,秦法不施,然则慈父孝子且倳刃公之腹中以成其名,此臣之所以吊公也。今诸侯畔秦矣,[6]武信君兵且至,而君坚守范阳,少年皆争杀君,下武信君。[7]君急遣臣见武信君,可转祸为福,在今矣。"

【注释】[1]"范阳",旧注以为即涿郡之范阳(今河北定兴南)。清人钱大昕和梁玉绳均以为非,应为东郡之范县(今山东属县)。战国时为齐地。按,从地理位置而言,东郡范县较近情理。[2]"蒯通",即蒯彻,因避汉武帝讳,史文改称蒯通。他是当时有名的谋士,曾向韩信献计,乘齐与汉议和之机,进兵袭齐;又劝韩信背汉自立。著有《隽永》八十一篇。详见《汉书·蒯通传》。[3]"吊",对有丧事或受灾祸的人表示哀悼、慰问。[4]"黥",音qíng。古代刑罚一种,用刀在犯人面额上刺字涂以墨,终生去不掉,所以又叫墨刑。[5]"倳刃",用刀刺。"倳",音zì。[6]"畔",通"叛"。[7]"下武信君",犹言降服于武信君。

【译文】武臣等人便率兵向东北,进击范阳。这时范阳人蒯通向范阳县令游说:"我听说你快要死了,所以前来表示哀悼。虽然如此,我还要向你祝贺,祝贺您遇上我,可以死里逃生。"范阳令说:"为什么哀悼我呢?"蒯通回答说:"秦朝的法律苛刻,你做范阳令已经十年了,杀害人家的父亲,使人家的孩子成为孤儿,砍断人家脚,在人家前额上刺字,被你害的人,不可胜数。但是,慈父孝子们之所以没人敢拿刀子把你捅死,只不过是畏惧秦朝严酷的法律罢了。现在天下大乱,秦法已不能施行,那么慈父孝子们就要拿刀子捅死你,成就他们父慈子孝的名声。这就是我向你表示哀悼的原因。现在的形势是天下诸侯都背叛了秦朝,武信君的军队马上就要开到,而你却坚守范阳城。城中的年轻人,

都争着要杀死你,来迎接武信君。你只有紧急派我去和武信君协商,这样可以转祸为福。事情的成败就在今天了!"

范阳令乃使蒯通见武信君曰:"足下必将战胜然后略地,攻得然后下城,臣窃以为过矣。诚听臣之计,可不攻而降城,不战而略地,传檄而千里定,[1]可乎?"武信君曰:"何谓也?"蒯通曰:"今范阳令宜整顿其士卒以守战者也,怯而畏死,贪而重富贵,故欲先天下降,畏君以为秦所置吏,诛杀如前十城也。然今范阳少年亦方杀其令,自以城距君。[2]君何不赍臣侯印,[3]拜范阳令,范阳令则以城下君,少年亦不敢杀其令。令范阳令乘朱轮华毂,[4]使驱驰燕、赵郊。[5]燕、赵郊见之,皆曰此范阳令,先下者也,即喜矣,燕、赵城可毋战而降也。[6]此臣之所谓传檄而千里定者也。"武信君从其计,因使蒯通赐范阳令侯印。赵地闻之,不战以城下者三十余城。

【注释】[1]"传檄",传布檄文。古代用以征召、晓喻或声讨的文书为檄。[2]"距",同"拒"。[3]"赍",音jī。付予。"侯印",侯爵印信。[4]"朱轮华毂",红漆车轮,彩绘车毂。古代贵官所乘的车辆。[5]"燕",音yān。战国时燕国的疆域相当今河北北部及辽宁南部。"赵",战国时赵国的疆域相当今山西北部、中部、河套地区及河北西南部。"郊",指距都城较远的地区。[6]"毋战",不战。

【译文】于是范阳令便派蒯通去见武信君。蒯通对武信君说:"将军您如果采取必先战胜以后才拥有土地,攻坚破城才占领城市的方针,我以为这是策略上的失算。您如果能采纳我的计策,可以不攻坚就降下城池,可以不通过战争就夺得土地,传一道公文可以平定千里。您看这样可以吗?"武信君问道:"什么样的计策?"蒯通答道:"按说,现在的范阳令应该整顿他的士卒,据城坚守,但他怯懦怕死,贪财重富贵,故而他打算率先归降。可是又怕您以为他是秦朝的官吏,像以前您攻取的十座县城的县令一样被您杀掉。现在范阳城中的年轻人将要杀掉县令,据城抗拒您的军队。您何不交给我封侯的印信,去拜范阳令,范阳令就会献城归降,城中的年轻人也就不敢杀害他了。再让范阳令乘

坐豪华的车子，来往于燕、赵边境一带，当地官吏看到他这样气派，都会说，这是率先归降的范阳令啊！他们就放心而且高兴了。这样，燕、赵两国的城池，可不战而降服。这就是我所说的传一道公文可以平定千里的计策。"武信君采纳了蒯通的计策，派他把封侯的印信颁发给范阳令。赵国各地听到这一消息，不战而归顺的有三十余城。

至邯郸，[1]张耳、陈余闻周章军入关，至戏却；[2]又闻诸将为陈王徇地，[3]多以谗毁得罪诛，怨陈王不用其筴不以为将而以为校尉。[4]乃说武臣曰："陈王起蕲，至陈而王，非必立六国后。将军今以三千人下赵数十城，独介居河北，[5]不王无以填之。[6]且陈王听谗，[7]还报，恐不脱于祸。又不如立其兄弟；不，即立赵后。将军毋失时，时间不容息。"[8]武臣乃听之，遂立为赵王。以陈余为大将军，[9]张耳为右丞相，[10]邵骚为左丞相。

【注释】[1]"邯郸"，古都邑名，公元前三八六年赵敬侯自晋阳徙都于此。秦置县，为邯郸郡治所。其地在今河北邯郸西南。[2]"戏"，即戏水，源出骊山，流经今陕西临潼东，北流注入渭水。[3]"徇地"，夺取土地。[4]"筴"，音 cè。同"策"，计谋。[5]"介居"，隔居。"介"，隔也。见钱大昕《声类》。[6]"填"，读为"镇"，即镇服。[7]"且"，假设之词。见刘淇《助字辨略》。[8]"时间不容息"，"息"，喘气。此云时机在喘息之间即会失去。[9]"大将军"，最高军事统率。战国时秦、楚等国均设大将军。此处即沿用秦、楚之制。[10]"右丞相"，秦制，丞相为中央政权的最高行政长官，有时分置左右。时以右为上，故右丞相在左丞相之上。

【译文】武臣等人率兵来到邯郸。张耳、陈余听说周章率军西进入关，在戏地被秦军打退；又听说替陈涉攻占土地的各位将领，很多人受到谗言的毁谤而得罪被杀。因而张耳、陈余怨恨陈涉不采纳他们的计策，并且不任命他们为将，只任命为校尉。于是他二人就向武臣献计："陈涉在蕲县起事，到陈县便自立为王，看来不一定非立六国后裔为王不可。将军您现在仅用三千人就占领了赵地数十座城池，在河北成为一个独立地区，您不称王，则不

足以镇服。如果陈涉听信陷害您的谗言，而进行报复，那您恐怕就不免遭受迫害了。要么就立陈涉的兄弟为王，再不就立赵国的后裔。将军您不要失去时机，时机喘息间就会失去。"武臣听从了二人的劝告，便自立为赵王。任命陈余为大将军，张耳为右丞相，邵骚为左丞相。

使人报陈王，陈王大怒，欲尽族武臣等家，[1]而发兵击赵。陈王相国房君谏曰：[2]"秦未亡而诛武臣等家，此又生一秦也。不如因而贺之，使急引兵西击秦。"陈王然之，从其计，徙系武臣等家宫中，封张耳子敖为成都君。

【注释】[1]"族"，古代残酷刑罚之一种，刑及父族、母族、妻族三族。[2]"相国"，即丞相。本名相邦，因避刘邦之讳，称为相国。本书《陈涉世家》作"柱国"。"房君"，封爵名，其人姓蔡名赐。本书《陈涉世家》云："以上蔡人房君蔡赐为上柱国。"

【译文】武臣派人通报陈涉，陈涉大怒，想把武臣等人的父母妻子都杀掉，并要发兵攻击赵国。陈涉的相国房君向他进谏说："一个秦国还没有灭亡，若杀了武臣等人的家属，这等于又树起一个秦国。不如顺水推舟，派人去祝贺，促使他们赶快率兵西进，攻击秦国。"陈涉点头称是，采纳房君的意见，把武臣等人的家属转押在宫中，并封张耳之子张敖为成都君。

陈王使使者贺赵，令趣发兵西入关。[1]张耳、陈余说武臣曰："王王赵，[2]非楚意，特以计贺王。楚已灭秦，必加兵于赵。愿王毋西兵，北徇燕、代，[3]南收河内以自广。[4]赵南据大河，北有燕、代，楚虽胜秦，必不敢制赵。"赵王以为然，因不西兵，而使韩广略燕，[5]李良略常山，[6]张黡略上党。[7]

【注释】[1]"趣"，音 cù。赶快。[2]"王王赵"，上"王"字为名词，指赵王武臣；下"王"字为动词，音 wàng。"王赵"即称王于赵。[3]"代"，古国名，战国时属赵。秦时置为郡，治所在代(今河北蔚县东北)。辖境约当今河北怀安、蔚县以西，山西阳高、浑源以东，和长城外东洋河流域。[4]"河内"，郡名，楚汉之际置，治所在怀(今河南武陟西

南）。辖境约当今河南黄河以北、京广路以西（包括汲县）地区。　〔5〕"韩广"，原为秦上谷郡卒史，武臣遣韩广略燕地，韩广自立为燕王。后被项羽徙为辽东王，又被燕王臧荼所杀。　〔6〕"常山"，秦郡名，治所在东垣（今河北正定南）。辖境约当今河北获鹿、石家庄、无极、曲阳、完县、满城、安国等地。〔7〕"上党"，秦郡名，治所在壶关（今山西长治北）。辖境约当今山西和顺、榆社以南，沁水流域以东地区。

【译文】陈涉派遣使者去向赵王祝贺，并催促赵王发兵西进入关。张耳、陈余劝武臣说："大王您为赵王，并非陈涉的意愿，祝贺只不过是一种计谋罢了。一旦陈涉灭亡了秦国，必然对赵用兵。希望您不要发兵西进，而应向北攻取燕、代之地，向南收取河内郡，扩大自己的地盘。这样，赵国南据黄河之险，北有燕、代之地，纵然陈涉战胜秦国，但他必不敢和赵国为难。"赵王武臣认为他们的话正确，便不发兵西进，而派韩广攻取燕地，派李良攻夺常山，派张黡攻取上党。

韩广至燕，燕人因立广为燕王。赵王乃与张耳、陈余北略地燕界。赵王间出，〔1〕为燕军所得。燕将囚之，欲与分赵地半，乃归王。使者往，燕辄杀之以求地。张耳、陈余患之。有厮养卒谢其舍中曰：〔2〕"吾为公说燕，与赵王载归。"舍中皆笑曰："使者往十余辈，辄死。若何以能得王？"〔3〕乃走燕壁。〔4〕燕将见之，问燕将曰："知臣何欲？"〔5〕燕将曰："若欲得赵王耳。"曰："君知张耳、陈余何如人也？"燕将曰："贤人也。"曰："知其志何欲？"曰："欲得其王耳。"赵养卒乃笑曰："君未知此两人所欲也。夫武臣、张耳、陈余杖马箠下赵数十城，〔6〕此亦各欲南面而王，岂欲为卿相终己邪？夫臣与主岂可同日而道哉？顾其势初定，未敢参分而王，且以少长先立武臣为王，以持赵心。今赵地已服，此两人亦欲分赵而王，时未可耳。今君乃因赵王。此两人名为求赵王，实欲燕杀之，此两人分赵自立。夫以一赵尚易燕，〔7〕况以两贤王左提右挈，〔8〕而责杀王之罪，灭燕易矣。"燕将以为然，乃归赵王，养卒为御而归。〔9〕

【注释】〔1〕"间出"，乘隙而出。"间"，音 jiàn。〔2〕"厮养卒"，劈柴烧饭的士卒。"谢"，告。"舍中"，即舍中人，指同为厮养卒者。〔3〕"若"，你。〔4〕"壁"，军事营垒。〔5〕"臣"，古代可用为同辈自谦之词，非指君臣关系。〔6〕"杖"，执。"马箠"，马鞭。此处指张耳、陈余等用蒯通之计，轻而易举得赵地数十城。〔7〕"易"，轻视，不放在眼里。〔8〕"左提右挈"，互相扶持、支援。"挈"，音 qiè。〔9〕"御"，驾车。

【译文】韩广到了燕地，燕地人便立韩广为燕王。赵王武臣和张耳、陈余率兵北伐，进军至燕国边界。这时赵王乘机外出，被燕军俘获。燕将把赵王囚禁起来，向赵国提出交换条件，要赵国割出一半土地给燕国，才肯放回赵王。赵国派使臣去交涉，燕国则杀掉使臣索要割地。为此，张耳、陈余觉得很难办。这时，赵国军中有个伙夫对他的同事们说："我去为咱们赵国劝说燕国，和赵王一块坐车回来。"同事们都觉得他的话好笑，说："使者派去了十几起，都被燕国杀掉了，你怎么能把赵王救回呢？"于是这个伙夫来到燕国的军营，燕将接见了他。伙夫问燕将说："您知道我的来意吗？"燕将说："你不过是想救回赵王罢了。"伙夫又问道："您知道张耳、陈余是什么样的人吗？"燕将说："是有才德的人。"伙夫说："您知道他们想干什么吗？"燕将说："不过是想得到他们赵王吧。"伙夫却笑着说："您还不了解他们想干什么。在武臣、张耳、陈余轻而易举地拿下赵地数十座城池的时候，三人都想得到王位，难道谁甘心终身当别人的臣子吗？君和臣的地位是不可同日而语的。只因为当时赵国刚刚平定，他们还不敢三分鼎立，姑且以长幼的次序先立武臣为王，以此来安抚赵国的人心。现在赵地已经服帖，张耳和陈余也想分割赵地，各自称王，只不过还没有找到适当的时机。现在您囚禁了赵王，他们二人名义上求赵王回国，实际上希望燕国把赵王杀掉，他们二人便瓜分赵地，自立为王。只一个赵国尚且不把燕国放在眼里，何况两个有才德的国王互相支持配合，声讨燕国杀害赵王的罪责，灭亡燕国是轻而易举的事。"燕将以为伙夫的话有道理，就释放了赵王，那伙夫便驾车把赵王接回来。

李良已定常山，还报，赵王复使良略太原。〔1〕至石邑，〔2〕秦兵塞井陉，〔3〕未能前。秦将诈称二世使人遗李良书，〔4〕不封，曰："良尝事我得显幸。良诚能反赵为秦，赦良

罪,贵良。"良得书,疑不信。乃还之邯郸,益
请兵。未至,道逢赵王姊出饮,从百余骑。
李良望见,以为王,伏谒道旁。[5]王姊醉,不
知其将,使骑谢李良。李良素贵,起,惭其从
官。[6]从官有一人曰:"天下畔秦,能者先
立。且赵王素出将军下,今女儿乃不为将军
下车,请追杀之。"李良已得秦书,固欲反赵,
未决,因此怒,遣人追杀王姊道中,乃遂将其
兵袭邯郸。邯郸不知,竟杀武臣、邵骚。赵
人多为张耳、陈余耳目者,以故得脱出。收
其兵,得数万人。客有说张耳曰:"两君羁
旅,[7]而欲附赵,难;独立赵后,[8]扶以义,
可就功。"乃求得赵歇,[9]立为赵王,居信
都。[10]李良进兵击陈余,陈余败李良,李良
走归章邯。[11]

【注释】[1]"太原",秦郡名,治所在晋阳(今
山西太原西南古城营)。辖境约当今山西五台山、
管涔山以南,霍山以北地区。 [2]"石邑",秦县
名,治所在今河北获鹿东南。 [3]"井陉",即井陉
关。其地在今河北井陉北井陉山上,是太行山区通
向华北平原的隘口,为太行八陉之一。 [4]"二
世",即秦二世,嬴姓,名胡亥,秦始皇之子,公元前
二一〇年至前二〇七年在位。秦始皇死后,二世与
赵高狼狈为奸,夺取帝位,害死其兄公子扶苏。即
位后加重赋税徭役,大兴土木,终于导致陈涉、吴广
起义。二世被赵高逼迫自杀。详见本书《秦始皇本
纪》。"遗",音 wèi。交送。 [5]"伏谒",跪伏晋
见。 [6]"惭其从官","惭",羞愧。这里指李良在
其部下面前感到羞愧难堪。 [7]"羁旅",客居在
外。张耳、陈余本楚地人,客居在赵。 [8]"独立
赵后",只有立赵国后代为王才可。 [9]"赵歇",
赵国后裔。 [10]"信都",古地名,本为春秋时邢
国,秦置为县,治所在今河北邢台西南。项羽时曾
改名襄国。 [11]"章邯",秦将,是秦末镇压起义
军的主要将领。后被项羽击败,归降。从项羽入
关,被封为雍王。在楚汉战争中兵败自杀。详见本
书《项羽本纪》、《高祖本纪》。

【译文】这时,李良已经平定了常山郡,向赵
王武臣报捷。武臣又派李良去攻取太原郡。李良
兵至石邑,秦军堵守住井陉关,李良的军队无法前
进。秦军将领伪造了秦二世致李良一封信,信未加
封,信上说:"李良曾经事奉过我,并得到信任重用。

李良若能叛赵归秦,可以赦免以前的罪过,并给以
高贵显要的职位。"李良接到这封信,怀疑信中的话
不可靠。于是回邯郸,请求增派军队。还未到邯
郸城,在路上遇见赵王的姐姐出宴回来,有百余骑
士随从。李良远远望见,还以为是赵王,就跪伏在
道旁,等待晋见。赵王的姐姐已经喝醉,糊里糊涂,
不知道李良是位将领,便派随从的骑士出面招呼李
良起来。李良平时骄贵惯了,现在竟被一名随从骑
士招呼起来,在他的部下面前感到丢尽了面子。这
时,他的随从官员中有一人对他说:"天下人都起来
反秦,有本领的人应先立为王。况且赵王武臣本来
在您之下,现在连他的姐姐也竟然不肯下车接见
您。请追上前去,把她杀掉!"李良已经得到秦国的
书信,本来想反叛赵国,只是犹豫未决,现在受到这
样的侮辱,不由勃然大怒,便派人追上前去,把赵王
的姐姐杀死在路上。于是便率领军队袭击邯郸城。
城里人不知发生了什么事情,竟把武臣、邵骚杀掉
了。赵国人好多是张耳、陈余的耳目,所以他们及
时逃了出来。他们二人把赵国的军队召集在一起,
得到好几万人。有个说客劝张耳和陈余说:"二位
客居赵地,要想单独镇服赵国,那是很难办到的,只
有立赵国的后裔为王,而您二人以正当的名义扶持
他,才可以成就功业。"于是访求到赵国的后人赵
歇,立为赵王,让他居住在信都。李良率军进攻陈
余,陈余打败李良,李良逃走,投降了秦将章邯。

　　章邯引兵至邯郸,皆徙其民河内,夷其
城郭。[1]张耳与赵王歇走入钜鹿城,[2]王离
围之。[3]陈余北收常山兵,得数万人,军钜
鹿北。[4]章邯军钜鹿南棘原,[5]筑甬道属
河,[6]饷王离。[7]王离兵食多,急攻钜鹿。
钜鹿城中食尽兵少,张耳数使人召前陈余,
陈余自度兵少,[8]不敌秦,不敢前。数月,
张耳大怒,怨陈余,使张黡、陈泽往让陈余
曰:[9]"始吾与公为刎颈交,今王与耳旦暮
且死,而公拥兵数万,不肯相救,安在其相为
死![10]苟必信,胡不赴秦军俱死?且有十
一二相全。"陈余曰:"吾度前终不能救赵,徒尽
亡军。且余所以不俱死,欲为赵王、张君报
秦。今必俱死,如以肉委饿虎,何益?"张黡、
陈泽曰:"事已急,要以俱死立信,安知后
虑!"陈余曰:"吾死顾以为无益,必如公言。"
乃使五千人令张黡、陈泽先尝秦军,[11]至皆
没。

【注释】〔1〕"夷",毁平。"城郭",内城为城,外城为郭。 〔2〕"钜鹿城",钜鹿为秦郡,治所在钜鹿(今河北平乡西南)。 〔3〕"王离",秦将,名将王翦之孙。后被项羽俘获。详见本书《白起王翦列传》附《王离传》。 〔4〕"军",用为动词,驻扎。 〔5〕"棘原",地名,其地在今河北平乡南。 〔6〕"甬道",两侧筑墙的大道,以防敌人袭击。"属",连通。 〔7〕"饷",用作动词,运送军粮。 〔8〕"度",音 duó,估计。 〔9〕"让",责备。 〔10〕"安在其相为死",张耳、陈余初起时,曾结为生死之交,故而此时张耳责备陈余不履行同生死的诺言。 〔11〕"尝",试探。

【译文】章邯率兵攻到邯郸,把这里的老百姓都迁移到河内郡,并把邯郸城垣夷为平地。张耳和赵王歇逃入钜鹿城,秦将王离率军把钜鹿城团团围住。陈余则转而北上,去搜罗常山的兵众,得到好几万人,回兵南向,驻扎在钜鹿以北。秦将章邯的军队驻扎在钜鹿城南面的棘原,修筑甬道,直连黄河,为王离运送粮饷。王离兵多粮足,于是向钜鹿城发动猛攻。城中粮尽兵少,张耳几次派人去催促陈余,让他前来救援。陈余自料兵少,不是秦军的对手,不敢前进。相持了几个月的时间,陈余没有前进一步。张耳非常恼火,怨恨陈余,就派张黡、陈泽前往,责备陈余说:"起初我和你结成生死之交,现在赵王歇和我的性命危在旦夕,而你拥兵数万,不肯相救,这算什么生死之交呢?如果真想实践自己的诺言,那您为什么不攻击秦军,和我们同归于尽呢?这样做,尚能保全十分之一、二。"陈余回答说:"我预料,向前进攻,非但救不了赵国,反而白白地葬送全军。我陈余之所以不和你同归于尽,是想替赵王和您报仇。如果一定要同归于尽,那好比拿肉去打饿虎,有什么益处呢?"张黡、陈泽说:"现在已经到生死关头,应该以同死来实践诺言,哪顾得上虑及后果!"陈余说:"我明知这样死去没有任何益处,但一定按你们说的办。"于是他给张黡、陈泽派了五千人,让他们先去试探秦军,结果是全军覆没。

当是时,燕、齐、楚闻赵急,皆来救。[1]张敖亦北收代兵,得万余人,来,皆壁余旁,[2]未敢击秦。项羽兵数绝章邯甬道,王离军乏食,项羽悉引兵渡河,[3]遂破章邯。章邯引兵解,诸侯军乃敢击围钜鹿秦军,遂虏王离。涉间自杀。[4]卒存钜鹿者,楚力

也。

【注释】〔1〕"燕、齐、楚闻赵急,皆来救",此时燕王为韩广,遣臧荼来,齐将救赵者为田都,楚怀王遣项羽前来。 〔2〕"壁",用作动词,扎营。 〔3〕"河",指黄河。 〔4〕"涉间",秦将。

【译文】在这个时候,燕、齐、楚等国得知赵国危急,都派兵来救援。张耳之子张敖也在代地征集了一万多士兵,率领前来。各路人马都驻扎在陈余周围,但都不敢轻易向秦军发动攻击。项羽率军多次切断章邯所筑的甬道,致使王离的军队粮食匮乏。于是项羽率领全部军队渡过黄河,击败章邯,章邯领兵退走。这时各路援军才敢向包围钜鹿的秦军发动攻击,活捉了王离,涉间兵败自杀。最终使钜鹿城得到保全,是楚国项羽的功劳。

于是赵王歇、张耳乃得出钜鹿,谢诸侯。张耳与陈余相见,责让陈余以不肯救赵,及问张黡、陈泽所在。陈余怒曰:"张黡、陈泽以必死责臣,臣使将五千人先尝秦军,皆没不出。"张耳不信,以为杀之,数问陈余。陈余怒曰:"不意君之望臣深也!"[1]岂以臣为重去将哉?"[2]乃脱解印绶,[3]推予张耳。张耳亦愕不受。陈余起如厕。客有说张耳曰:"臣闻'天与不取,反受其咎',[4]今陈将军与君印,君不受,反天不祥。急取之!"张耳乃佩其印,收其麾下。[5]而陈余还,亦望张耳不让,遂趋出。张耳遂收其兵。陈余独与麾下所善数百人之河上泽中渔猎。由此陈余、张耳遂有郤。[6]

【注释】〔1〕"望",怨恨。 〔2〕"重",难于、舍不得。 〔3〕"印绶",官印及系印的丝带。 〔4〕"天与不取,反受其咎",语出《国语·越语》。意谓:上天所赐予的,如果不接受,反而会遭受祸殃。 〔5〕"麾下",部下。 〔6〕"郤",通"隙",仇怨。

【译文】赵王歇、张耳得救,出了钜鹿城,遍谢各路将领。张耳与陈余见面,责备陈余不肯救援,并且追问张黡、陈泽的下落。陈余非常恼火,说:"张黡、陈泽立逼我以死践约,我就派他们率领五千人先去试探秦军,结果全军覆没。"张耳不相信他的

话,以为陈余把二人杀害了,一再追问陈余。陈余非常愤怒地说:"没想到你对我的怨恨这样深!难道你以为我稀罕这个将军的职位么?"于是便解下印绶,把将印推给张耳。张耳一时惊愕,不肯接受。这时陈余去上厕所,张耳的门客便劝张耳:"我听说有这样一句古语:上天给予的,若不接受,反而会遭受灾祸。现在陈将军把将印交还给您,您却不肯接受,违反天意是不吉利的。请赶快收起来!"于是张耳便佩上印绶,收服了陈余的部下。陈余回来,埋怨张耳也不推让一下,便愤然离去。张耳就收编了陈余的军队。陈余和他的几百名亲信到黄河边水泽中从事渔猎。从此,陈余和张耳便结下仇怨。

赵王歇复居信都。张耳从项羽诸侯入关。汉元年二月,[1]项羽立诸侯王,张耳雅游,[2]人多为之言,项羽亦素数闻张耳贤,乃分赵立张耳为常山王,治信都。信都更名襄国。

【注释】[1]"汉元年",公元前二〇六年。[2]"雅游",长于交游。

【译文】赵王歇回到信都居住,张耳跟随项羽及各路诸侯西入关中。汉元年二月,项羽封立诸侯王,张耳因广于交游,所以很多人替他说好话,平时项羽也常听人说张耳有才德,便分出赵国一部分,立张耳为常山王,王都设在信都,把信都改名襄国。

陈余客多说项羽曰:"陈余、张耳一体有功于赵。"项羽以陈余不从入关,闻其在南皮,[1]即以南皮旁三县以封之,而徙赵王歇王代。

【注释】[1]"南皮",秦县名,治所在今河北南皮。

【译文】陈余的门客很多人向项羽游说:"陈余、张耳同样有功于赵国。"项羽因为陈余没有跟随他入关,听说陈余现在南皮县,便把南皮周围三个县分封给他,把赵王歇移封为代王。

张耳之国,陈余愈益怒,曰:"张耳与余功等也,今张耳王,余独侯,此项羽不平。"及齐王田荣叛楚,[1]陈余乃使夏说说田荣曰:"项羽为天下宰不平,尽王诸将善地,徙故王王恶地,今赵王乃居代!愿王假臣兵,[2]请以南皮为扞蔽。"[3]田荣欲树党于赵以反楚,乃遣兵从陈余。陈余因悉三县兵袭常山王张耳。张耳败走,念诸侯无可归者,曰:"汉王与我有旧故,[4]而项羽又强,立我,我欲之楚。"甘公曰:[5]"汉王之入关,五星聚东井。[6]东井者,秦分也。[7]先至必霸。楚虽强,后必属汉。"故耳走汉。汉王亦还定三秦,[8]方围章邯废丘。[9]张耳谒汉王,汉王厚遇之。

【注释】[1]田荣,战国时齐王田氏的族人,齐王田儋之族弟。田儋死后,田荣立田儋之子田市为王,自任国相,专国政。因其不肯出兵助楚攻章邯,故项羽入关后,立田市、田安田都为王。田荣不得封王,遂逐走田都,杀死田安、田市,自立为齐王。项羽怒其叛己,出兵伐齐。详本书《田儋列传》。[2]"假",借。 [3]"扞蔽",屏障。 [4]"旧故",过去有交情。本传前文称:"高祖为布衣时,尝数从张耳游,客数月。" [5]"甘公",旧注以为齐人(一说楚人),名德,善天文,著有《天文星占》八卷,已佚,传世有《甘石星经》,已非他和石申的原著。按,甘德是战国中期人,距楚汉之际已百有余年,此时甘德当一百几十岁,似不大可能。此处甘公或是另一善天文之人。《汉书天文志》作"客谓张耳"云云。是班固已发现时间不合,故改"甘公"为"客"。说详王先谦《汉书补注》。[6]"五星聚东井",五星指金、木、水、火、土五大行星。东井,即井宿。此指五星聚于井宿之旁。按古代星象家的说法,此种天象预示着人间政权的易手,有德者昌。本书《天官书》称:"五星合,是为易行,有德受庆,改立大力,掩有四方,子孙蕃昌。"这当然是迷信附会的说法。[7]"东井者,秦分也",古代星象家以为,天上的星辰位置和地上的郡国位置相应,天上称分星,地上称分野。《汉书·地理志》称:"秦地,于天官东井、舆鬼之分野也。" [8]"三秦",项羽入关后,三分秦关中之地,封章邯为雍王,司马欣为塞王,董翳为翟王,合称三秦。 [9]"废丘",邑名,古称犬丘,秦更名为废丘。其地在今陕西兴平东。时为章邯雍国王都。

【译文】张耳在常山国就位,陈余愈发怨恨项羽,说道:"张耳和我的功劳相等,现在张耳封王,我只不过封侯,这事项羽处理的太不公平了。"在齐王田荣背叛项羽的时候,陈余便派夏说去游说田荣:"项羽主宰天下大事,太不公平了,把他的将领都分封在富庶的地面,把原来的王都移封到贫瘠地面,现在竟然把赵王歇移封到代郡这样的偏远地区。希望大王您借给我一支队伍,我情愿把南皮作为您的屏障。"田荣也想在赵地树立自己的党羽,来反抗项羽,于是便派遣一支军队随从陈余。陈余调集三县的全部军队,去袭击常山王张耳。张耳战败逃走,他考虑其他诸侯没有可投靠的,便说:"汉王刘邦虽然和我是旧交,但项羽的力量强大,又立我为王,我准备去投靠项羽。"甘公对他说:"汉王刘邦进入关中时,天象是金、木、水、火、土五星聚集在井宿之旁,而井宿的分野是秦地,先进入秦地的必然成为霸主。项羽的力量虽强,以后必然归属于汉。"于是张耳便去投靠汉王。这时汉王刘邦正在平定三秦之地。在汉王刘邦把章邯围困在废丘的时候,张耳来谒见汉王,汉王给他的待遇非常优厚。

陈余已败张耳,皆复收赵地,迎赵王于代,复为赵王。赵王德陈余,[1]立以为代王。陈余为赵王弱,国初定,不之国,留傅赵王,[2]而使夏说以相国守代。

【注释】〔1〕"德",用为动词,感激。 〔2〕"傅",通"辅",辅佐。

【译文】陈余打败张耳以后,收复了赵国的全部领土,把赵王歇从代国迎回,仍为赵王。赵王歇感激陈余的复立之恩,把陈余立为代王。陈余考虑到赵王软弱,加上国势初定,便不去代国即位,留下来辅佐赵王,派夏说以代国丞相的身分去治理代国。

汉二年,东击楚,使使告赵,欲与俱。陈余曰:"汉杀张耳乃从。"于是汉王求人类张耳者斩之,持其头遗陈余。陈余乃遣兵助汉。汉之败于彭城,[1]西,陈余亦复觉张耳不死,即背汉。

【注释】〔1〕"汉之败于彭城",汉二年(公元前二〇五年),汉王刘邦乘项羽平齐地之机,率兵攻下楚都彭城(今江苏徐州)。项羽闻讯,从齐地赶回,与汉王大战于彭城,汉军大败,西退。见本书《高祖本纪》、《项羽本纪》。

【译文】汉二年,汉王东进攻击项羽,派遣使者通告赵国,准备和赵国联合攻楚。陈余提出:"汉王杀掉张耳,我才答应起兵。"于是汉王找到一个面貌很像张耳的人,把他杀死,割下人头,派人送给陈余,这时陈余才出兵助汉。汉王在彭城被项羽击败,向西退却;陈余发觉张耳并没有死,于是就背叛汉王。

汉三年,韩信已定魏地,遣张耳与韩信击破赵井陉,斩陈余泜水上,[1]追杀赵王歇襄国。汉立张耳为赵王。汉五年,张耳薨,[2]谥为景王。[3]子敖嗣立为赵王。高祖长女鲁元公主为赵王敖后。

【注释】〔1〕"泜水",即今槐河。源出河北赞皇西南,东南注入滏阳河。"泜",音 *zhī*。 〔2〕"薨",音 *hōng*。古代诸侯王死称薨。 〔3〕"谥",音 *shì*。古代帝王诸侯大臣等死后,按其生前的行事,给予相应的称号。

【译文】汉三年,韩信已平定魏地。汉王派张耳和韩信攻下赵国的井陉,在泜水边上杀死陈余,乘胜追击到襄国,又杀死赵王歇。汉立张耳为赵王。汉五年,张耳逝世,给他加谥号为景王。张耳之子张敖继位为赵王。高祖的大女儿鲁元公主嫁给张敖,立为王后。

汉七年,高祖从平城过赵,[1]赵王朝夕袒鞲蔽,[2]自上食,礼甚卑,有子婿礼。高祖箕踞詈,[3]甚慢易之。[4]赵相贯高、赵午等年六十余,[5]故张耳客也。生平为气,[6]乃怒曰:"吾王孱王也!"[7]说王曰:"夫天下豪桀并起,能者先立。今王事高祖甚恭,而高祖无礼,请为王杀之!"张敖啮其指出血,[8]曰:"君何言之误!且先人亡国,赖高祖得复国,德流子孙,秋豪皆高祖力也。愿君无复出口。"贯高、赵午等十余人皆相谓曰:"乃吾等非也。吾王长者,不倍德。[9]且吾等义不辱,今怨高祖辱我王,故欲杀之,何乃汙王为乎?令事成归王,事败独身坐

耳。"〔10〕

【注释】〔1〕"高祖从平城过赵","平城",秦县名,治所在今山西大同东北。汉七年(公元前二〇〇年)冬,刘邦率兵北击匈奴,至平城,被围于白登山。刘邦派人赠给匈奴阏氏丰厚的礼物,才得以突围,回兵过赵。 〔2〕"袒鞲蔽,自上食","袒",音 tǎn。去衣露上身。"鞲",音 gōu。皮制袖套,射箭或操作时所服。"蔽",遮盖。此言赵王张敖脱去外衣,带上皮袖套,亲自侍奉刘邦的饮食。 〔3〕"箕踞",古代坐式,一般是臀部压脚,箕踞则是两腿前伸,形状像箕,是倨傲无礼的坐姿。"詈",音 lì。骂人。 〔4〕"慢易",傲慢无礼。 〔5〕"相",官名。汉制,诸王国设相,又称丞相或相国,以统领王国众官,佐助国王。其后为了削弱诸王力量,规定诸王不得理国事,中央派相,以治政事,相则实际上成为诸王国的行政长官。 〔6〕"生平为气",一生注重气节。 〔7〕"孱",音 chán。懦弱。 〔8〕"啮",音 niè。咬。 〔9〕"倍",通"背"。 〔10〕"坐",当罪。

【译文】汉七年,高祖从平城南还,经过赵国,赵王张敖整天带着套袖,亲自侍奉高祖的饮食,卑躬屈膝,完全用女婿侍奉岳父的礼节。高祖伸腿而坐,口中还骂骂詈詈,根本不把赵王当一回事儿。赵相贯高和赵午等人,都六十多岁了,原是张耳的门客。这些人生平很注重气节,(看到高祖如此对待赵王,)非常生气,说道:"我们的赵王是个怯懦的干啊!"并劝说赵王:"天下的豪杰同时而起,有本领的先立为王。现在大王您侍奉高祖如此恭谨,而高祖却这样无礼,我们请求替您把他杀死!"张敖听了,咬破了手指,说道:"你们怎么说出这样的错话!我的父亲亡了国,依赖高祖的力量才得复位。这样的恩德将惠及子子孙孙,一丝一毫的好处都是高祖给的。希望你们不要再这样讲了。"贯高、赵午等十余人互相说:"这么说,是我们错了。我们赵王是忠厚的长者,不肯忘恩负义。但我们注重气节,不能受这样的侮辱。我们怨恨高祖侮辱我王,才打算把他杀死,这事何必拉王下水呢? 假如事成,功归于王,事情败露,我们承担罪责。"

汉八年,上从东垣还,〔1〕过赵,贯高等乃壁人柏人,〔2〕要之置厕。〔3〕上过欲宿,心动,问曰:"县名为何?"曰:"柏人。""柏人者,迫于人也!"〔4〕不宿而去。

【注释】〔1〕"东垣",秦县名,治所在今河北正定南。汉八年(公元前一九九年),刘邦击韩王信余部于东垣,时韩王信已逃入匈奴。 〔2〕"壁人",把人埋伏在夹壁墙中。"柏人",汉县名,治所在今河北隆尧西。现柏人故城垣犹存,在该县亦城村境内。 〔3〕"要",通"徼",拦截。"置",即驿站。"厕",通"侧",指驿站之侧壁。 〔4〕"柏人者,迫于人也","柏"、"迫"二字古读入声,音近。今沛县方言中二字读音仍相近。

【译文】汉八年,高祖从东垣南还,经过赵国。贯高等人把刺客藏在柏人城驿站的夹壁墙中,伺机刺杀高祖。高祖路过柏人城,准备在这里留宿,忽觉心中颤动,便问左右的人:"这个县叫什么名字?"左右的人回答说:"柏人。"高祖说:"柏人,就是受迫害于人!"没有留宿就离开了。

汉九年,贯高怨家知其谋,乃上变告之。〔1〕于是上皆并逮捕赵王、贯高等。十余人皆争自刭,贯高独怒骂曰:"谁令公为之? 今王实无谋,而并捕王;公等皆死,谁白王不反者!"乃轞车胶致,〔2〕与王诣长安。治张敖之罪。上乃诏赵群臣宾客有敢从王皆族。贯高与客孟舒等十余人,皆自髡钳,为王家奴,从来。〔3〕贯高至,对狱,〔4〕曰:"独吾属为之,王实不知。"吏治榜笞数千,〔5〕刺剟,〔6〕身无可击者,终不复言。吕后数言张王以鲁元公主故,不宜有此。上怒曰:"使张敖据天下,岂少而女乎!"〔7〕不听。廷尉以贯高事辞闻,〔8〕上曰:"壮士! 谁知者,以私问之。"中大夫泄公曰:〔9〕"臣之邑子,〔10〕素知之。此固赵国立名义不侵为然诺者也。"〔11〕上使泄公持节问之箯舆前。〔12〕仰视曰:"泄公邪?"泄公劳苦如生平欢,〔13〕与语,问张王果有计谋不。高曰:"人情宁不各爱其父母妻子乎? 今吾三族皆以论死,〔14〕岂以王易吾亲哉! 顾为王实不反,独吾等为之。"具道本指所以为者王不知状。于是泄公入,具以报,上乃赦赵王。

【注释】〔1〕"上变",向朝廷告发叛乱谋反事件。 〔2〕"轞车胶致",轞车即囚车。车上四周著板,用胶粘牢,以防囚犯逃脱。 〔3〕"贯高与客孟舒等十余人,皆自髡钳,为王家奴,从来",《汉书·张耳陈余列传》没有这段文字。清人梁玉绳云:"上言贯高与王辎车胶致长安矣,而又言'与客从来',何耶?《评林》明田汝成纠之,《汉书》删去最当。"按,梁玉绳之说可备参考。关键在于前面"乃辎车胶致,与王诣长安。治张敖之罪"这一段文字,一般理解为贯高等人自备辎车,并加胶致,与张敖俱至长安。这样确与下文"从来"云云,重复难通。颇疑"与王诣长安"之"与",为"舆"字之讹,即载王诣长安。这段文字乃是描述汉廷的行动,非贯高等人自为。如此,则前后文词事理皆通顺无碍。译文即本此说。若如《汉书》删去前面一段文字,则下文"以钳奴从张王入关,无不为卿相郡守者"中之"钳奴"则不知所从来,故而《汉书》又把"以钳奴从张王入关"一句也相应删去,以免自相牴牾。"髡钳",古刑名,去发为髡,以铁圈束项为钳。"髡",音 *kūn*。〔4〕"对狱",即对状。罪犯受审时交待案情。〔5〕"榜笞",肉刑,用皮鞭或竹板等拷打。〔6〕"刺剟",用铁器锥刺。"剟",音 *duó*,亦刺之意。《汉书》作"刺",谓用铁器锥刺,又用火烧灼。〔7〕"而",通"尔",你。〔8〕"廷尉",官名,为中央掌刑狱的行政长官,九卿之一。〔9〕"中大夫",官名,郎中令(汉武帝改名光禄勋)的属官,有太中大夫、中大夫、谏大夫诸名目。大夫掌议论,备顾问,无一定职守,是皇帝左右的高级侍从官员。武帝时改中大夫为光禄大夫。〔10〕"邑子",同一邑之人,犹言同乡。〔11〕"不侵",不负、不违背。〔12〕"节",古时使臣所持代表朝廷委托的一种信物。"箯舆",竹编的舆牀,人抬而行。"箯",音 *biān*。〔13〕"劳苦",慰问劳苦之状。〔14〕"三族",关于三族的含义,历来解释不一。有以父族、母族、妻族为三族;有以父、子、孙为三族;有以父母、兄弟、妻子为三族。前一说较通行。

【译文】汉九年,贯高的仇人探听到贯高等人在柏人城的阴谋,便向朝廷告发了。于是高祖把赵王、贯高等人都逮捕了。那十几个人争着要自杀,贯高愤怒地斥骂他们说:"谁让你们这样干!赵王根本没有参与此事,现在连赵王也一起逮捕了,你们都自杀而死,谁来辩白赵王没有反叛呢?"朝廷下令,用密闭牢固的囚车,将赵王载往长安,准备治罪;同时高祖下令:赵国的群臣和宾客,敢有随从赵王来长安的,就杀灭他的三族。贯高与宾客孟舒等人便把自己的头发剪去,用铁圈锁住自己的脖子,扮作侍奉赵王的家奴,随赵王前去长安。贯高等到了长安,审判时,贯高交待自己的罪状说:"这件事只是我们这些人干的,赵王确实不知道。"行刑官用皮鞭、板子在贯高身上抽打了几千下,又用铁刑具刺,拷打得体无完肤,但贯高始终不再开口。吕后也多次劝说高祖,张敖是鲁元公主的丈夫,不会出这样的事。高祖向吕后发火说:"张敖若是夺得天下,他会缺少你女儿这样的女人吗?"不听吕后的劝告。廷尉把贯高的案情和供词向高祖回报,高祖感慨地说:"真是条壮烈的汉子!谁和他熟悉,用私交的身分去问问他。"中大夫泄公说:"他是我的同乡,平素就很了解他,他的确是赵国的讲究信誉道义、不负诺言的人物。"高祖便派泄公带着符节,到贯高所坐的竹床前去问他。贯高抬头仰视,说:"这不是泄公吗?"泄公向贯高表示慰问,气氛仍像过去那样欢快融洽。谈及案情,泄公问贯高,赵王究竟是否策划谋反,贯高回答说:"人难道不是都爱自己的父母妻子吗?现在我的父母妻子都因此案而被判死刑,难道我会拿父母妻子的性命去换取赵王吗?只因为赵王确实没有反叛,只是我们这些人干的。"于是贯高便把他们企图行刺高祖的根由和赵王不知情的情形,详细向泄公说了。泄公回来,把他和贯高的谈话内容向高祖作了全面回报。于是高祖便赦免了赵王。

上贤贯高为人能立然诺,使泄公具告之,曰:"张王已出。"因赦贯高。贯高喜曰:"吾王审出乎?"〔1〕泄公曰:"然。"泄公曰:"上多足下,〔2〕故赦足下。"贯高曰:"所以不死一身无余者,白张王不反也。今王已出,吾责已塞,死不恨矣。〔3〕且人臣有篡杀之名,〔4〕何面目复事上哉!纵上不杀我,我不愧于心乎?"乃仰绝肮,〔5〕遂死。当此之时,名闻天下。

【注释】〔1〕"审",确实。〔2〕"多",赞赏。"足下",古代以下称上或同辈之间的敬词。〔3〕"恨",遗憾。〔4〕"篡杀",《汉书》作"篡弑",即杀君之罪。〔5〕"肮",颈部大动脉。

【译文】高祖很欣赏贯高能践守诺言、重信用,便派泄公去告诉贯高"张敖已经被释放了。"同时也赦免了贯高。贯高高兴地问:"我们赵王确实被释放了吗?"泄公回答说:"是的。"并说:"高祖很赏识你,所以才把你赦免。"贯高说:"我之所以不自杀身死,别无他求,只是为了辩白赵王没有谋反。

现在赵王已被释放,我已尽到了自己的责任,死了也没有什么值得遗憾的了。作为皇帝的臣子有阴谋弑君的罪名,那还有什么脸面侍奉皇上呢?纵然皇上不杀我,我难道不问心有愧吗?"说罢,头向后猛一仰,颈脉断绝而死。在当时,贯高名扬天下。

张敖已出,以尚鲁元公主故,[1]封为宣平侯。于是上贤张王诸客,以钳奴从张王入关,无不为诸侯相、郡守者。[2]及孝惠、高后、文帝、孝景时,张王客子孙皆得为二千石。[3]

【注释】[1]"尚",匹配之意。因皇帝的公主身分高贵,不敢称"娶",故曰尚。 [2]"相",即诸侯国之相。说见前注。 [3]"二千石",汉代中央的九卿、郎将,地方的郡守、郡尉,其俸禄等级均为二千石。这里泛指高级官员。

【译文】张敖被释放以后,因他是鲁元公主的丈夫,被封为宣平侯。皇上很赏识张敖的宾客,那些自刑扮做家奴跟随张敖入关的人,都被任命为诸侯国的丞相或者郡守。到惠帝、高后、文帝、景帝时,张敖宾客的子孙都被任命为俸级为二千石的大官。

张敖,高后六年薨。子偃为鲁元王。[1]以母吕后女故,吕后封为鲁元王。元王弱,兄弟少,乃封张敖他姬子二人:寿为乐昌侯,[2]侈为信都侯。[3]高后崩,诸吕无道,[4]大臣诛之,而废鲁元王及乐昌侯、信都侯。孝文帝即位,复封故鲁元王偃为南宫侯,[5]续张氏。

【注释】[1]"子偃为鲁元王",按本书《吕太后本纪》称:"宣平侯张敖卒,以子偃为鲁王,敖赐谥为鲁元王。"是"鲁元王"乃张敖的赐谥,其子不得再称"鲁元王"。清人梁玉绳以为,此处及下文之"元"字均为误增。见《史记志疑》卷三十二。 [2]"寿为乐昌侯","寿",本书《惠景间侯者年表》作"受"。乐昌侯国在汝南郡之细阳县(在今安徽阜阳西北)。 [3]"信都",汉县名,属信都国。其地在今河北冀县。 [4]"诸吕无道","无道",即"不道",指谋乱犯上。吕后当政时,极力培植外家势力,吕氏诸人,多封王侯据要津。吕后死,诸吕欲谋乱,被汉大臣

周勃、陈平等剪除。详见本书《吕太后本纪》。 [5]"南宫",汉县名,属侯都国,其地在今河北南宫。

【译文】张敖在高后六年逝世,他的儿子张偃被封为鲁元王。因为他的母亲鲁元公主是吕后的女儿,所以吕后封他为鲁元王。因张偃比较软弱,兄弟又少,便封张敖小老婆所生二子为侯:张寿封为乐昌侯,张侈封为信都侯。吕后逝世,吕后的外家企图谋乱夺权,汉朝大臣把他们平灭,鲁元王和乐昌侯、信都侯也被废黜了。文帝登基,又封原鲁元王张偃为南宫侯,以延续张氏的爵位。

太史公曰:张耳、陈余,世传所称贤者;其宾客厮役,[1]莫非天下俊桀,所居国无不取卿相者。然张耳、陈余始居约时,[2]相然信以死,[3]岂顾问哉![4]及据国争权,卒相灭亡,何乡者相慕用之诚,[5]后相倍之戾也!岂非以势利交哉?名誉虽高,宾客虽盛,所由殆与太伯、延陵季子异矣。[6]

【注释】[1]"厮役",供饮食洒扫的奴仆。[2]"居约时",在贫贱之时。 [3]"然信",然诺。[4]"顾问",顾虑。 [5]"乡",通"向",以往。"慕用",互相爱慕互相帮助。 [6]"太伯",又作"泰伯"。周朝时吴国的始祖,周太王之子。周太王欲立幼子季历为王,太伯为了成全父愿,与其弟仲雍避居江南,断发文身,示不可用。后来成为当地的君长。"延陵季子",即季札,又称延州来季子。春秋时吴国人,仲雍之后,吴王寿梦之第四子。寿梦以为季札有才德,欲传位给他。季札辞让,立其兄诸樊,诸樊亦欲让位于季札,季札逃避于农。诸樊即位,封季札于延陵。均详见本书《吴太伯世家》。

【译文】太史公说:张耳和陈余,当时社会上称许他们是贤能的人,他们的宾客和下人也都是天下才能出众的人,无论他们在哪一国,没有得不到卿相的官位的。张耳、陈余早年处于贫贱的地位时,互相恪守生死与共的诺言,哪有什么顾虑?但是,当他们取得王侯之位时,便争权夺利,终于因互相残杀而灭亡。为什么以前相爱相助,是那样诚心诚意,而后来背信弃义,又是那样残暴无情?难道不是为权势私利而相交吗?虽然他们名声很高,宾客众多,但他们的立身行事,与吴太伯和延陵季子相比,那就大相径庭了。

史记卷九十

魏豹彭越列传第三十

魏豹者,故魏诸公子也。[1]其兄魏咎,[2]故魏时封为宁陵君。[3]秦灭魏,迁咎为家人。[4]陈胜之起王也,咎往从之。陈王使魏人周市徇魏地,魏地已下,欲相与立周市为魏王。周市曰:"天下昏乱,忠臣乃见。[5]今天下共畔秦,其义必立魏王后乃可。"齐、赵使车各五十乘,[6]立周市为魏王。市辞不受,迎魏咎于陈。[7]五反,陈王乃遣立咎为魏王。

【注释】[1]"诸公子",指国王同族子辈。[2]"其兄魏咎",本书《彭越传》称:"今西魏王豹亦魏王咎从弟也,真魏后。"是魏豹为魏咎的叔伯兄弟。[3]"宁陵",战国时为魏邑,曾是魏公子信陵君的封地。汉代置县,属陈留郡,治所在今河南宁陵。[4]"家人",即平民百姓。秦汉时习用语。[5]"天下昏乱,忠臣乃见",此语出自《老子》"天下昏乱有忠臣"一语。"昏",即"昏"的古体字。"见"为"现"的本字。[6]"赵、齐使车各五十乘",此时齐王为田儋,赵王为武臣。[7]"陈",秦县名,治所在今河南淮阳。

【译文】魏豹是战国时魏国的贵公子。他的堂兄魏咎,以前在魏国被封为宁陵君。秦朝灭亡了魏国,魏咎被废黜为平民百姓。陈胜起兵称王以后,魏咎便去投靠他。陈胜派魏国人周市去攻取魏地,攻下魏地之后,陈胜打算立周市为魏王。周市说:"古语说,天下混乱的时候,才会出现忠臣。现在天下人都起来反秦,按道理只有立原魏王的后裔才行。"齐国、赵国各派车五十乘前来,拥立周市为魏王。周市不肯接受,并派人到陈胜那里去迎接魏咎。经过五次往返交涉,陈胜才遣送魏咎回国,立

为魏王。

章邯已破陈王,[1]乃进兵击魏王于临济。[2]魏王乃使周市出请救于齐、楚。齐、楚遣项它、田巴将兵随市救魏。[3]章邯遂击破杀周市等军,围临济。咎为其民约降。[4]约定,咎自烧杀。

【注释】[1]"章邯已破陈王",指秦二世二年(公元前二〇八年)秦将章邯杀死陈胜的柱国房君蔡赐,在陈县与农民军张贺作战,陈胜督战。张贺败死,陈胜逃走。同年十二月陈胜在下城父被其御者庄贾所杀。详见本书《陈涉世家》。[2]"临济",古地名,春秋时属卫国。清人齐召南说后汉陈留郡平丘县有临济亭,即此临济之地,为魏咎所都。故地在今河南长垣南。见王先谦《汉书补注》。[3]"齐、楚遣项它、田巴救魏",项它,楚将;田巴,齐将。按本书《田儋列传》称:"齐王田儋将兵救魏。章邯夜衔枚击,大破齐、魏军,杀田儋于临济下。"是田儋曾亲自率兵救魏,并死于是役。盖遣田巴之后,又自率军前来。[4]"约降",提出投降的条件。

【译文】秦将章邯在击败陈胜以后,便进兵临济,攻击魏王咎。魏王咎派遣周市去齐、楚求援,齐国派田巴、楚国派项它,率领军队跟随周市去救魏。章邯击败了救援部队,+并杀掉周市等人,进而兵围临济。魏王咎为了保全临济的百姓,向章邯提出投降条件,条款议定,魏王咎就自焚而死。

魏豹亡走楚。楚怀王予魏豹数千人,[1]复徇魏地。项羽已破秦,降章邯。豹

下魏二十余城,立豹为魏王。豹引精兵从项羽入关。汉元年,[2]项羽封诸侯,[3]欲有梁地,[4]乃徙魏王豹于河东,[5]都平阳,[6]为西魏王。

【注释】〔1〕"楚怀王",战国时楚怀王之孙,名心。原在民间为人牧羊。秦末,项梁立他为王,仍用楚怀王之号,以资号召。秦亡后,项羽自立为西楚霸王,改称他为义帝,并把他迁至长沙。又派英布等人杀之于湖南郴县。详见本书《项羽本纪》。〔2〕"汉元年",当公元前二〇六年。 〔3〕"项羽封诸侯",秦亡以后,项羽欲自立为王。乃先封各反秦将领为王。封刘邦为汉王,章邯为雍王,司马欣为塞王,董翳为翟王,徙魏王为西魏王,申阳为河南王,韩成为韩王,司马卬为殷王,徙赵王歇为代王,张耳为常山王,黥布为九江王,吴芮为衡山王,共敖为临江王,徙燕王韩广为辽东王,臧荼为燕王,徙齐王田市为胶东王,田都为齐王,田安为济北王。共十八王。项羽自立为西楚霸王。 〔4〕"欲有梁地",梁地为战国魏国的疆界。项羽自立为西楚霸王,梁地近楚,项羽欲占有,便把魏王豹徙于河东,称西魏王。 〔5〕"河东",秦郡名,治所在安邑(今山西夏县西北)。辖境约当今山西沁水以西,霍山以南地区。 〔6〕"平阳",秦县名,治所在今山西临汾西南。

【译文】魏王咎的弟弟魏豹逃亡到楚国,楚怀王拨给他好几千人,让他再去攻取魏地。不久项羽即击败秦军,章邯投降。魏豹在攻下魏地二十多座城池之后,楚立魏豹为魏王。魏王豹率领他的精锐部队跟随项羽进入关中。汉元年,项羽封各路反秦首领为王,他自己想占有梁地,就把魏王豹移封于河东,以平阳为王都,称为西魏王。

汉王还定三秦,[1]渡临晋,[2]魏王豹以国属焉,遂从击楚于彭城。[3]汉败,还至荥阳,[4]豹请归视亲病,至国,即绝河津畔汉。汉王闻魏豹反,方东忧楚,未及击,谓郦生曰:[5]"缓颊往说魏豹,[6]能下之,吾以万户封若。"[7]郦生说豹。豹谢曰:"人生一世间,如白驹过隙耳。[8]今汉王慢而侮人,骂詈诸侯群臣如骂奴耳,[9]非有上下礼节也,吾不忍复见也。"于是汉王遣韩信击虏豹于河东,传诣荥阳,[10]以豹国为郡。[11]汉王令

豹守荥阳。楚围之急,周苛遂杀魏豹。[12]

【注释】〔1〕"汉王还定三秦",汉元年二月,刘邦被封为汉王,进入汉中之后,听从韩信挥兵东向之计,于汉元年八月击败雍王章邯。汉二年,塞王司马欣、翟王董翳、河南王申阳降汉。详见本书《高祖本纪》。"三秦",秦亡后,项羽将关中之地三分,以封雍王章邯、塞王司马欣、翟王董翳,合称"三秦"。 〔2〕"临晋",古关名,故地在今陕西大荔东黄河西岸,为古代军事要地。 〔3〕"彭城",秦县名,治所在今江苏徐州。时为项羽的王都。 〔4〕"荥阳",古城邑名,本为战国时韩国城邑,西汉置县,治所在今河南荥阳东北。 〔5〕"郦生",即郦食其,高阳(今河南杞县西)人。家贫,好读书,年六十余见刘邦,成为刘邦的说客,常为刘邦游说诸侯。后被齐王田广烹死。详见本书《郦生列传》。"食其",音 yì jī。 〔6〕"缓颊",婉言劝解。 〔7〕"若",你。 〔8〕"人生一世间,如白驹过隙耳","白驹",日影。"隙",墙缝。此言人生短促,像太阳的影子移过墙缝那样快。此盖古代熟语。《庄子盗跖篇》作"忽然无异骐骥之过隙也"。《墨子·兼爱篇》作"人之生乎地上之无几何也,譬犹驷驰而过隙也"。则指奔马之过隙。 〔9〕"詈",音 lì。骂。 〔10〕"传",音 zhuàn。驿站的车马。"诣",音 yì。到。 〔11〕"以豹国为郡",刘邦灭亡了西魏,将其地分置为河东、上党、太原三郡。 〔12〕"周苛遂杀魏豹",周苛,沛(今江苏沛县)人。秦时与其从弟周昌同为泗水郡卒史,后跟随刘邦。刘邦为汉王,任周苛为御史大夫。后戍守荥阳,城破,被项羽所烹。详见本书《张丞相列传》。周苛之杀魏豹,《汉书·魏豹传》载周苛语:"反国之王,难与共守。"遂杀豹。

【译文】汉王刘邦从汉中回兵北上,平定了三秦,继而从临晋关东渡黄河,魏王豹举国归附。而后跟随汉王去彭城攻击楚军,结果汉军大败,西退至荥阳。魏王豹请求回国探视母亲的病情,回国以后,便封锁黄河渡口,背叛汉王。汉王得到魏王豹反叛的消息,因当时正担忧东边楚国的威胁,无暇讨伐魏豹,便对郦食其说:"你去婉言劝说魏豹,若能说服他归顺,我封你为万户侯。"郦食其去劝说魏豹,魏豹谢绝说:"人活在世界上的时间,就像日影移过墙缝那样短暂。汉王待人傲慢,好侮辱人,谩骂诸侯群臣像斥骂奴隶那样,根本没有上下的礼节。我可不想再见到他!"于是汉王便派韩信去讨伐西魏,在河东俘获了魏豹,把他押解到荥阳。把

西魏国分置为郡。汉王让魏豹守卫荥阳。继而楚军包围荥阳，形势很危急，(周苛担心魏豹再度背叛，)便把他杀死。

彭越者，昌邑人也，[1]字仲。常渔钜野泽中，[2]为群盗。陈胜、项梁之起，[3]少年或谓越曰："诸豪杰相立畔秦，仲可以来，亦效之。"彭越曰："两龙方斗，且待之。"

【注释】[1]"昌邑"，秦县名，治所在今山东钜野。[2]"钜野泽"，又名大野泽，故地在今山东钜野北。[3]"项梁"，下相(今江苏宿迁西南)人，楚国贵族。秦末与其侄项羽起兵，归陈涉，陈涉败后，项梁立楚怀王孙心为王。后在定陶与秦军作战而死。见本书《项羽本纪》。

【译文】彭越是昌邑县人，字仲。他常在钜野泽中捕鱼，聚结同伙，成为盗贼。陈胜、项梁起兵反秦，同伙中有的年轻人对彭越说："现在各路豪杰都竞相自立为王，反叛暴秦，您也应该出来效法他们。"彭越说："现在两条龙正在争斗，姑且等待时机。"

居岁余，泽间少年相聚百余人，往从彭越，曰："请仲为长。"越谢曰："臣不愿与诸君。"[1]少年彊请，[2]乃许。与期旦日日出会，[3]后期者斩。旦日日出，十余人后，后者至日中。于是越谢曰："臣老，诸君强以为长。今期而多后，不可尽诛，诛最后者一人。"令校长斩之。[4]皆笑曰："何至是？请后不敢。"于是越乃引一人斩之，设坛祭，[5]乃令徒属。徒属皆大惊，畏越，莫敢仰视。乃行略地，收诸侯散卒，得千余人。

【注释】[1]"臣不愿与诸君"，"臣"，古代对同辈人可自谦称臣，不专指君臣关系。"与"，结伙。[2]"彊"，同"强"。[3]"期"，约期。"旦日"，明日。[4]"校长"，古代低级军官的职称。彭越等初起事，还不可能有职官制度，只是权用他们所熟知官名而已。[5]"设祭坛"，筑设坛台，祭天盟誓。

【译文】过了一年多时间，钜野泽中的年轻人聚集了一百余人，他们去投奔彭越，对他说："请您作我们的首领。"彭越谢绝说："我不愿和你们这伙人一起干。"年轻人再三恳求，彭越才答应，彭越和他们约定，在第二天日出时会齐，迟到的杀头。第二天日出时，有十几人迟到，最晚的到中午才来。于是彭越遗憾地说："我年岁大了，诸位一定要我当你们的首领。现在约定时间会齐，却有那么多人迟到，不能都杀死，就杀最后到的一人。"命令小头目去杀掉那个人。众人都嘻笑着说："哪能真这样！以后不敢再犯就是了。"彭越便亲自把那个人拉出去斩了。然后设立坛台，祭天盟誓，号令部下。他的部下先是非常吃惊，继而十分畏惧，都不敢抬头看他。于是彭越率众攻取地盘，收编各国的散兵游勇，得到一千多人。

沛公之从砀北击昌邑，[1]彭越助之。昌邑未下，沛公引兵西。彭越亦将其众居钜野中，收魏散卒。[2]项籍入关，王诸侯，还归，彭越众万余人毋所属。[3]汉元年秋，齐王田荣叛项王，[4]乃使人赐彭越将军印，使下济阴以击楚。[5]楚命萧公角将兵击越，[6]越大破楚军。汉王二年春，与魏王豹及诸侯东击楚，彭越将其兵三万余人归汉于外黄。[7]汉王曰："彭将军收魏地得十余城，欲急立魏后。今西魏王豹亦魏王咎从弟也，真魏后。"乃拜彭越为魏相国，[8]擅将其兵，[9]略定梁地。

【注释】[1]"沛公之从砀北击昌邑"，"砀"，秦县名，治所在今安徽砀山县。刘邦于秦二世三年，受楚怀王派遣，准备西入关，道经砀县，北至昌邑。[2]"收魏散卒"，二世二年，秦将章邯围魏王咎于临济，魏咎约降后自杀，士卒败散。这里指彭越收编魏国败散之卒。[3]"毋"，通"无"。[4]"齐王田荣叛项王"，田荣因未从项羽入关，不得封王。项羽立田都为齐王，田安为济北王，田市为胶东王。田荣击走田都，杀田安、田市，自立为齐王。项羽怒其叛己，出兵伐齐。[5]"济阴"，汉郡国名，治所在今山东定陶西北。辖境相当今山东荷泽附近，南至定陶、北至濮城地区。[6]"萧公角"，"萧"，秦县名，治所在今安徽萧县。"公"，楚国的县令称公。"角"，县令之名。[7]"外黄"，秦县名，治所在今河南民权西北。[8]"相国"，或称相邦，即宰相，为佐理帝王的最高行政长官。[9]"擅"，专权。

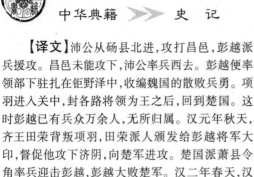

【译文】沛公从砀县北进，攻打昌邑，彭越派兵援攻。昌邑未能攻下，沛公率兵西去。彭越便率领部下驻扎在钜野泽中，收编魏国的散败兵勇。项羽进入关中，封各路将领为王之后，回到楚国。这时彭越已有兵众万余人，无所归属。汉元年秋天，齐王田荣背叛项羽，田荣派人颁发给彭越将军大印，督促他攻下济阴，向楚军进攻。楚国派萧县令角率兵迎击彭越，彭越大败楚军。汉二年春天，汉王和魏王豹及其他诸侯东进攻楚，彭越率领部下三万多人在外黄县归服汉王。汉王对他说："彭将军你收复了魏地十余座城池，急于立魏国后裔为王。现今西魏王豹是魏咎的堂弟，真正是魏国的后裔。"于是任命彭越为魏国的相国，全权指挥他的军队，攻取梁地。

汉王之败彭城解而西也，[1]彭越皆复亡其所下城，独将其兵北居河上。[2]汉王三年，彭越常往来为汉游兵，击楚，绝其后粮于梁地。汉四年冬，项王与汉王相距荥阳，彭越攻下睢阳、[3]外黄十七城。项王闻之，乃使曹咎守成皋，[4]自东收彭越所下城邑，皆复为楚。越将其兵北走谷城。[5]汉五年秋，[6]项王之南走阳夏，[7]彭越复下昌邑旁二十余城，得谷十余万斛，[8]以给汉王食。

【注释】[1]"汉王之败彭城而西也"，汉二年（公元前二〇五年），汉王刘邦出关东进，乘项羽平定齐地之机，攻下项羽的王都彭城（今江苏徐州）。项羽从齐地赶回，与刘邦在彭城大战，刘邦兵败西退。 [2]"河上"，黄河边上。此时彭越驻兵滑县黄河边上。 [3]"睢阳"，秦县名，治所在今河南商丘南。 [4]"成皋"，古邑名，春秋时为郑国虎牢，战国时属韩，西汉置县，治所在今河南荥阳汜水镇。又称成皋关，为古代黄河以南的交通要道和军事要塞。 [5]"谷城"，古城邑名，故地在今山东平阴西南东阿镇。 [6]"汉五年秋"，一说"五年"当作"四年"，"秋"当作"冬"。见《史记会注考证》、《史记志疑》卷三十一。 [7]"项王之南走阳夏"，汉四年（公元前二〇三年），项羽与刘邦约，鸿沟以西为汉，以东为楚。约定，项羽率兵东归。"阳夏"，秦县名，治所在今河南太康。 [8]"斛"，音 hú。古代量器名，也为容量单位，一斛约合今二十点一公升。

【译文】汉王在彭城被项羽打败，解围西退，

彭越以前攻下的十余座城池也都失陷。彭越便单独率领他的军队驻扎在黄河边上。汉三年，彭越常常作为汉王的游击部队，进击楚军，在梁地切断楚军的粮食补给线。汉四年冬天，项羽和汉王两军相持于荥阳。彭越便乘机攻下睢阳、外黄等十七座城池。项羽闻讯，便留下曹咎守卫成皋，亲自率兵东去，收复了被彭越夺去的城池，这些城池再度归楚国所有。彭越率领他的军队北上谷城。汉五年秋天，项羽率兵向南，撤退到阳夏，彭越又攻下昌邑附近二十余座城池，获得谷物十多万斛，用来补给汉王的军粮。

汉王败，使使召彭越并力击楚。[1]越曰："魏地初定，尚畏楚，未可去。"汉王追楚，为项籍所败固陵。[2]乃谓留侯曰：[3]"诸侯兵不从，为之奈何？"留侯曰："齐王信之立，非君王之意，信亦不自坚。彭越本定梁地，功多，始君王以魏豹故，拜彭越为魏相国。今豹死毋后，[4]且越亦欲王，而君王不蚤定。[5]与此两国约：即胜楚，睢阳以北至谷城，皆以王彭相国；从陈以东傅海，[6]与齐王信。齐王信家在楚，此其意欲复得故邑。君王能出捐此地许二人，二人今可致；即不能，[7]事未可知也。"于是汉王乃发使使彭越，[8]如留侯策。使者至，彭越乃悉引兵会垓下，[9]遂破楚。项籍已死。春，立彭越为梁王，都定陶。[10]

【注释】[1]"汉王败，使使召彭越等击楚"，按"败"字应作"数"。因此时汉王并未败。说见王先谦《汉书补注》。如此，则此句应读为"汉王数使使召彭越击楚"。译文即本此说。"使使"，上"使"字为动词，派遣；下"使"字为名词，使者。 [2]"固陵"，古邑名，故地在今河南太康南。 [3]"留侯"，张良的封爵。良，字子房，韩国人。其祖、父世为韩相。秦灭韩，张良谋图为韩复仇，结交刺客，在博浪沙狙击秦始皇，未果。秦末，刘邦起兵，他跟随刘邦，成为主要谋士。在刘邦夺取政权的斗争中，曾起过重要作用。汉初被封为留侯。惠帝六年（公元前一八九年）卒。详见本书《留侯世家》。 [4]"毋"，通"无"。 [5]"蚤"，通"早"。 [6]"傅"，通"附"，"傅海"，犹言沿海。 [7]"即"，若。 [8]"发使使彭越"，上"使"字为名词，使者；下"使"字为动词，出使。 [9]"垓下"，古地名，故地在今安徽

灵璧南沱河北岸。 〔10〕"定陶",秦县名,治所在今山东定陶西北。

【译文】汉王败后,数次派遣使者召彭越联合攻楚。彭越回答说:"魏地刚刚平定,还担心楚军来犯,军队尚不能离开。"汉王追击楚军,在固陵被项羽打败。汉王便问张良:"各国军队不肯来,怎么办呢?"张良说:"齐王韩信立为王,并非您的本意,韩信心里也不踏实。梁地本来是彭越平定的,他的功劳很大,起初您因魏豹的缘故,只任命彭越为相国。现在魏豹已死,而且没有后代,何况彭越早想称王,但您却不早拿主意。您若和这两国约定:如战胜楚国,睢阳以北至谷城的地盘,全部划归彭相国,作为王国的封地;从陈县以东至海滨,划归齐王韩信。韩信的家乡在楚地,他自然想拥有故土。大王您若肯分割出这些地方许给他们二人,这二人可招之即来;您若不肯,那就不好说了。"于是汉王采纳张良的主张,派遣使者去彭越那里。使者一到,彭越即率领全军奔赴垓下,从而大败楚军。项羽死后,这年春天,立彭越为梁王,王都设在定陶。

六年,朝陈。〔1〕九年,十年,皆来朝长安。

【注释】〔1〕"朝",即朝拜。

【译文】汉六年,彭越去陈县朝见皇帝。九年、十年,去长安朝见皇帝。

十年秋,陈豨反代地,〔1〕高帝自往击,至邯郸,〔2〕征兵梁王。梁王称病,使将将兵诣邯郸。〔3〕高帝怒,使人让梁王。〔4〕梁王恐,欲自往谢。〔5〕其将扈辄曰:"王始不往,见让而往,〔6〕往则为禽矣。〔7〕不如遂发兵反。"梁王不听,称病。梁王怒其太仆,〔8〕欲斩之。太仆亡走汉,告梁王与扈辄谋反。于是上使使掩梁王,〔9〕梁王不觉,捕梁王,囚之雒阳。〔10〕有司治反形已具,〔11〕请论如法。上赦以为庶人,传处蜀青衣。〔12〕西至郑,〔13〕逢吕后从长安来,欲之雒阳,道见彭越。彭王为吕后泣涕,自言无罪,愿处故昌邑。吕后许诺,与俱东至雒阳。吕后白上曰:"彭王壮士,今徙之蜀,此自遗患,不如遂诛之。妾谨

与俱来。"于是吕后乃令其舍人告彭越复谋反。〔14〕廷尉王恬开奏请族之。〔15〕上乃可,遂夷越宗族,国除。

【注释】〔1〕"陈豨",宛朐(今山东荷泽西南)人,刘邦部将。刘邦平定韩王信叛乱之后,封陈豨为侯,令其以赵相统率赵代边兵。他曾与韩信密谋反叛,韩信将为之内应。高帝十年(公元前一九七年),反叛,自立为代王,后兵败被杀。详见本书《韩信卢绾列传附陈豨传》及《淮阴侯列传》。"豨",音 $xī$。 〔2〕"邯郸",古都城名,秦置为县,为邯郸郡治所,其地在今河北邯郸西南。 〔3〕"将将",上"将"字为名词,军事将领;下"将"字为动词,率领。 〔4〕"让",责备。 〔5〕"谢",谢罪。 〔6〕"见",被。 〔7〕"禽",即"擒"的本字。 〔8〕"太仆",官名,秦汉时为九卿之一,掌皇帝的车马和全国的马政。楚汉之际和汉初,各王国也设太仆之官。 〔9〕"掩",逮捕。 〔10〕"雒阳",即洛阳,古都名,秦置县,为三川郡治所,其地在今河南洛阳东洛水北岸。 〔11〕"有司",官吏。指设官分职,各有所司,故称有司。这里指审理办案的官员。"治",审理。"反形已具",已构成谋反罪。 〔12〕"传",音 $chuán$。徙移。"青衣",汉县名,治所在今四川名山县北。 〔13〕"郑",古国名,姬姓,公元前八〇六年周宣王弟郑宣公始封,公元前三七五年为韩所灭。其地在今陕西华县境。 〔14〕"舍人",官名,为王公左右的亲近之官。 〔15〕"廷尉",官名,汉代为九卿之一,是中央掌刑狱的行政长官。"族",古代刑罚之一种,即灭三族。关于三族的解释,大致有三说:一说为父族、母族、妻族;一说父、子、孙为三族;一说父母、兄弟、妻子为三族。前一说较通行。

【译文】汉十年秋天,陈豨在代地反叛,皇帝亲自率兵去讨伐。兵至邯郸,皇帝征调梁王彭越率军前往。梁王推说生病,只派手下的将领率兵到邯郸。皇帝十分恼怒,派人去责备梁王。梁王很害怕,打算亲自去邯郸谢罪。他手下的将领扈辄对他说:"大王您起初不亲自去,现在受到责备再去,到了那里就会被皇帝就地捉拿。不如乘机发兵造反。"梁王不听从,仍然装病。这时梁王的太仆因事触怒了梁王,梁王要杀死他,太仆便逃奔到皇帝那里,告发梁王与扈辄要造反。皇帝秘密派人去逮捕梁王,梁王没有察觉,便遭逮捕,被囚禁在洛阳。经过司法官员的审理,认为谋反有据,请求按法律治罪。皇帝特加赦免,把他废为平民,送往蜀地青衣

县居住。彭越西行来到郑县，适逢吕后从长安来，要到洛阳去，在路上与彭越相遇。彭越在吕后面前泪流满面，诉说自己无罪，并表示愿回老家昌邑居住。吕后答应了他的要求，并把他带回洛阳。吕后对皇帝说："彭越是条壮烈的汉子，现在把他迁往蜀地，无异是放虎归山，自留后患，不如把他杀掉。为此我才把他带回洛阳。"吕后授意彭越的舍人，让他告发彭越又要谋反。廷尉王恬开奏请诛灭彭越的三族，皇帝批准，彭越的宗族都被杀戮，梁国也即废除。

太史公曰：魏豹、彭越虽故贱，然已席卷千里，南面称孤，[1]喋血乘胜日有闻矣。[2]怀畔逆之意，及败，不死而虏囚，身被刑戮，何哉？中材已上且羞其行，况王者乎！彼无异故，智略绝人，独患无身耳。[3]得摄尺寸之柄，[4]其云蒸龙变，[5]欲有所会其度，[6]以故幽囚而不辞云。

【注释】〔1〕"南面称孤"，古代帝王朝见群臣，南面而坐，故南面可指代帝王。"孤"，古代帝王自称之词。　〔2〕"喋血"，践踏鲜血。形容杀人之众，流血之多。"喋"，音 dié。　〔3〕"无身"，丧命。〔4〕"摄"，掌握。"尺寸之柄"，一点点权力。　〔5〕"云蒸龙变"，古人以为龙是神物，能兴云作雨。这里比喻杰出人物的乘时作为。　〔6〕"会"，合。引申为实现。"度"，谋图。

【译文】太史公说：魏豹、彭越虽然出身低微，然而他们却能席卷千里之地，登上了王位。他们浴血奋战的事迹，在当时即闻名于世。但他们存心反叛，一旦失败，却不肯自尽，宁可被俘虏囚禁，受处决而死。这是为什么呢？中等地位以上的人物，尚且认为这种下场是奇耻大辱，何况是国王这样的人物呢！这没有其他原因，因为他们的智谋韬略超群，只担心不能保全性命。（若保住性命，）一旦得到些微的权力，便可兴云作雨，找机会来实现他们谋图。正是由于这个缘故，他们才宁可被囚禁啊！

史记卷九十一

黥布列传第三十一

黥布者，〔1〕六人也，〔2〕姓英氏。秦时为布衣。少年，有客相之曰："当刑而王。"及壮，坐法黥。布欣然笑曰："人相我当刑而王，几是乎？"〔3〕人有闻者，共俳笑之。〔4〕布已论输丽山，〔5〕丽山之徒数十万人，布皆与其徒长豪桀交通，〔6〕乃率其曹偶，〔7〕亡之江中为群盗。

【注释】〔1〕"黥布"，本姓英，因曾受黥刑，故称黥布。"黥"，音 qíng。古代肉刑之一种，又称墨刑，用刀在犯人面额刺字，涂以墨，终生去不掉。〔2〕"六"，即春秋时的六国，传说为皋陶之后，后被楚国所灭。秦置为县，治所在今安徽六安。〔3〕"几"，其。〔4〕"俳笑"，挖苦戏笑。"俳"，音 pái。〔5〕"论输"，定罪后去服劳役。"丽山"，即骊山，在今陕西临潼东南，山北有秦始皇墓。黥布及其他刑徒即罚作骊山墓。〔6〕"徒长"，刑徒的头目。"交通"，结交。〔7〕"曹偶"，同类之人。

【译文】黥布是六安县人，姓英。在秦朝时期，他还是个平民百姓。他年轻时，有人给他看相，对他说："在受刑以后会得到王位。"到了壮年，因犯法当受黥刑。英布欣然受刑，并笑道："有人给我看过相，说我受刑以后会得到王位，大概就是指此而言吧？"别人听他这样说，都挖苦戏笑他。英布受刑之后，被送往骊山去服劳役。在骊山服劳役的刑徒有数十万人，英布和其中的刑徒头目、英雄豪杰都有交往。于是英布便率领他们这帮人，逃到长江一带做了强盗。

陈胜之起也，布乃见番君，〔1〕与其众叛秦，聚兵数千人。番君以其女妻之。章邯之灭陈胜，〔2〕破吕臣军，〔3〕布乃引兵北击秦左右校，〔4〕破之清波，〔5〕引兵而东。闻项梁定江东会稽，〔6〕涉江而西。陈婴以项氏世为楚将，〔7〕乃以兵属项梁，渡淮南，英布、蒲将军亦以兵属项梁。〔8〕

【注释】〔1〕"番君"，吴芮的称号。吴芮在秦时为番阳(今江西波阳)令，与英布起兵反秦。项羽立吴芮为衡山王。项羽败后，刘邦封他为长沙王。在汉初异姓王中，吴芮传国最久。详见《汉书·吴芮传》。"番"，音 pó。同"鄱"。〔2〕"章邯之灭陈胜"，秦二世二年(公元前二〇八年)，秦将章邯与陈胜等战于陈县，陈胜败走，在下城父被其御者庄贾杀害。详见本书《陈涉世家》。〔3〕"吕臣"，陈涉起义初，任他为传达事务的官员。陈涉死后，他率领苍头军起于新阳，攻下陈县，杀掉庄贾，重建张楚。后归属项梁。〔4〕"左右校"，即左校尉、右校尉。秦武官名，职位略低于将军。〔5〕"清波"，又作"清陂"，古地名，其地在今河南新蔡西南与息县交界处。〔6〕"项梁"，下相(今江苏宿迁西南)人，楚国贵族。秦末与其侄项羽起兵，后归陈涉。陈涉败后，他立楚怀王孙心为王。后在定陶与秦军作战而死。详见本书《项羽本纪》。"会稽"，秦郡名，治所在吴(今江苏苏州)。辖境约当今江苏长江以南，浙江仙霞岭、牛头山、天台山以北和安徽水阳江流域及新安江、率水流域等地区。〔7〕"陈婴"，秦末为东阳县(今安徽天长西北)令史。东阳人杀其县令，推陈婴为长，众二万余人。部下欲立陈婴为王，陈婴不肯，以兵归属项梁。〔8〕"蒲将军"，其人无考。

【译文】陈胜起义的时候，英布去见番君吴芮，和吴芮的部众一起反秦，聚集兵众好几千人。吴芮把女儿嫁给英布。秦将章邯消灭了陈胜，打败了吕臣的军队之后，英布便率军北上，进攻秦军的左右校尉，在清波大败秦军，继而率兵东进。他听说项梁平定了江东会稽郡，便渡过长江，向西进发。

陈婴因为项氏家族世代都任楚国的将领,便率军归属项梁,渡淮而南,英布和蒲将军也率军归属项梁。

项梁涉淮而西,击景驹、秦嘉等,〔1〕布常冠军。项梁至薛,〔2〕闻陈王定死,乃立楚怀王。〔3〕项梁号为武信君,英布为当阳君。〔4〕项梁败死定陶,〔5〕怀王徙都彭城,〔6〕诸将英布亦皆保聚彭城。当是时,秦急围赵,〔7〕赵数使人请救。〔8〕怀王使宋义为上将,〔9〕范曾为末将,〔10〕项籍为次将,〔11〕英布、蒲将军皆为将军,〔12〕悉属宋义,北救赵。及项籍杀宋义于河上,〔13〕怀王因立籍为上将军,诸将皆属项籍。项籍使布先渡河击秦,布数有利,籍乃悉引兵涉河从之,遂破秦军,降章邯等。楚兵常胜,功冠诸侯。诸侯兵皆以服属楚者,以布数以少败众也。

【注释】〔1〕"景驹、秦嘉",景驹是楚国贵族;秦嘉为广陵(今江苏扬州)人。当陈涉失败之后,秦嘉立景驹为楚王,与项梁对抗。项梁进攻秦嘉,嘉败死,景驹走死梁地。〔2〕"薛",古国名,任姓,周初分封为诸侯,战国初被齐所灭,其地曾为孟尝君田文封邑。秦置为县,治所在今山东滕县东南。〔3〕"楚怀王",熊姓,名心,战国时楚怀王之孙。秦灭楚,他在民间为人牧羊。项梁起义,立他为楚怀王,建都盱台。后项羽自立为西楚霸王,改称他为义帝。项羽将他迁至长沙,又派英布等人,杀之于湖南郴县。详见本书《项羽本纪》。〔4〕"当阳",汉县名,治所在今湖北当阳。〔5〕"定陶",秦县名,治所在今山东定陶西北。〔6〕"彭城",秦县名,治所在今江苏徐州。〔7〕"秦急围赵",指秦二世二年后九月,秦军围赵王歇、张耳于钜鹿一事。〔8〕"数",音 shuò。屡次、多次。〔9〕"宋义",原为楚国令尹,后参加项梁军。"上将",即上将军,军事主帅。〔10〕"范曾",又作"范增",居鄛(今安徽巢县西南)人。好奇计,为项梁、项羽的谋士,项羽尊其为亚父。他多次劝项羽杀掉刘邦,项羽不能用其谋。后项羽中了刘邦的反间计,致使范增离去,病死途中。详见本书《项羽本纪》、《高祖本纪》。"末将",武官名,职位在次将之下、别将之上。与谦称末将义别。〔11〕"次将",职位次于上将军,军事副帅。〔12〕"将军",此非泛指,为统领一个方面军的别将。〔13〕"项籍杀宋义于河上",宋义率楚军北救赵,行至安阳(今山东曹县),留四十六日不

进。项羽劝宋义尽快渡过黄河,进击秦军。宋义企图坐山观虎斗,收渔人之利,不听项羽劝告。项羽便杀掉宋义,自为上将,率军救赵。详见本书《项羽本纪》。

【译文】项梁渡淮西进,在与景驹、秦嘉等人的战斗中,英布的功劳常在诸将之上。项梁来到薛地,听到陈胜确死的消息,便拥立原楚怀王之孙为楚怀王,项梁被封为武信君,英布被封为当阳君。后来项梁在定陶战败被杀,楚怀王便迁都于彭城,英布等各位将领也都聚集在彭城周围,保卫国都。在这个时候,秦军以迅雷不及掩耳之势包围了赵国,赵国数次派人来,请求楚国救援。楚怀王便任命宋义为上将,范曾为末将,项羽为次将,英布、蒲将军为将军,都归宋义指挥,北上救赵。大军进至黄河边上,项羽杀死宋义,楚怀王只好任命项羽为上将军,众将领都归项羽指挥。项羽派英布先行渡河,攻击秦军。英布渡河以后,连连告捷,项羽才率领全军渡河追击秦军。于是大破秦军,章邯等人投降。楚军屡传捷报,功劳在各国援军之上,而各国的援军之所以听从楚军的号令,是因为英布常常以少胜多的缘故。

项籍之引兵西至新安,〔1〕又使布等夜击坑章邯秦卒二十余万人。至关,〔2〕不得入,又使布等先从间道破关下军,〔3〕遂得入,至咸阳。〔4〕布常为军锋。〔5〕项王封诸将,立布为九江王,〔6〕都六。

【注释】〔1〕"新安",汉县名,治所在今河南新安。〔2〕"关",指函谷关。〔3〕"间道",偏僻小路。"间",音 jiàn。〔4〕"咸阳",秦朝都城,其地在今陕西咸阳东北。〔5〕"军锋",行军作战的先锋部队。〔6〕"九江",秦郡名,治所在寿春(今安徽寿县)。辖境约当今安徽淮河以南,河南竹竿河以东和江西全省。

【译文】项羽率军西进,行至新安,又派英布等人连夜袭击原来章邯所率的秦军,活埋了二十多万秦军士卒。楚军进至函谷关,受阻不能前进。项羽又派英布等人先从小路穿插到关下,消灭了关下的守军,这样大军才得以进入函谷关,从而进军咸阳。(在一路的征战中,)英布所率的军队常常作为尖刀部队。在项羽分封诸将时,英布被立为九江王,以六安城为王都。

汉元年四月，[1]诸侯皆罢戏下，[2]各就国。项氏立怀王为义帝，徙都长沙，乃阴令九江王布等行击之。其八月，布使将击义帝，追杀之郴县。[3]

【注释】[1]"汉元年"，当公元前二〇六年。[2]"戏下"，"戏"，音 huī。与"麾"通，指挥军队所用的旌旗。戏下即主帅的旌麾之下。一说"戏下"为地名，在今陕西临潼。 [3]"郴县"，秦县名，治所在今湖南郴县。

【译文】汉元年四月，诸侯都离开项羽的帅旗，到各自的封国里去，项羽改称楚怀王为义帝，迁都长沙。秘密派九江王英布等人相机杀掉义帝。这年八月，英布派手下将领袭击义帝，追至郴县，把义帝杀死。

汉二年，[1]齐王田荣畔楚，[2]项王往击齐，征兵九江，九江王布称病不往，[3]遣将将数千人行。[4]汉之败楚彭城，[5]布又称病不佐楚。[6]项王由此怨布，数使使者诮让召布，[7]布愈恐，不敢往。项王方北忧齐、赵，西患汉，所与者独九江王，[8]又多布材，[9]欲亲用之，以故未击。

【注释】[1]"汉二年"，清人梁玉绳以为此三字应移至下文"汉王击楚"之上。见《史记志疑》卷三十二。 [2]"齐王田荣畔楚"，田荣因未从项羽入关，不得封王。项羽立田都为齐王，田安为济北王，田市为胶东王。于是田荣逐走田都，杀田安、田市，自立为齐王。项羽怒，率兵伐齐。即指此事。"畔"，同"叛"。 [3]"称病"，推说生病。 [4]"将将"，上"将"字为名词，军事将领；下"将"字为动词，率领。 [5]"汉之败楚彭城"，汉二年(公元前二〇五年)汉王刘邦乘项羽平定齐地之机，率兵攻下楚都彭城，大败楚军。 [6]"佐"，助。 [7]"诮让"，谴责。"诮"，音 qiào。 [8]"与"，党与、同盟者。 [9]"多"，赞许、称赏。

【译文】汉二年，齐王田荣背叛楚国，项羽率兵击齐，征调九江王的兵马。英布推说生病，自己不肯出征，只派部将率领数千人前往。汉军在彭城打败楚军，英布仍然托病不肯亲自援助楚军。项羽从此怨恨英布，屡次派人去谴责他，并召他前去。

英布愈发害怕，更不敢前往。但这时项羽正担心北方齐、赵的进犯，西面担忧汉军的攻击，同盟军只有九江王英布；同时项羽很欣赏英布的才能，打算用作亲信，所以没有攻击他。

汉三年，[1]汉王击楚，大战彭城，不利，出梁地，至虞，[2]谓左右曰："如彼等者，无足与计天下事。"谒者随何进曰：[3]"不审陛下所谓。"[4]汉王曰："孰能为我使淮南，令之发兵倍楚，[5]留项王于齐数月，我之取天下可以百全。"随何曰："臣请使之。"乃与二十人俱，使淮南。至，因太宰主之，[6]三日不得见。随何因说太宰曰："王之不见何，必以楚为强，以汉为弱，此臣之所以为使。使何得见，言之而是邪，是大王所欲闻也；言之而非邪，使何等二十人伏斧质淮南市，[7]以明王倍汉而与楚也。"太宰乃言之王，王见之。随何曰："汉王使臣敬进书大王御者，[8]窃怪大王与楚何亲也。"淮南王曰：[9]"寡人北乡而臣事之。"[10]随何曰："大王与项王俱列为诸侯，北乡而臣事之，必以楚为强，可以托国也。项王伐齐，[11]身负板筑，[12]以为士卒先，大王宜悉淮南之众，身自将之，为楚军前锋，今乃发四千人以助楚。夫北面而臣事人者，固若是乎？夫汉王战于彭城，项王未出齐也，[13]大王宜骚淮南之兵渡淮，[14]日夜会战彭城下，大王抚万人之众，[15]无一人渡淮者，垂拱而观其孰胜。[16]夫托国于人者，固若是乎？大王提空名以乡楚，而欲厚自托，臣窃为大王不取也。然而大王不背楚者，以汉为弱也。夫楚兵虽强，天下负之以不义之名，[17]以其背盟约而杀义帝也。[18]然而楚王恃战胜自强，汉王收诸侯，还守成皋、荥阳，[19]下蜀、汉之粟，[20]深沟壁垒，分卒守徼乘塞，[21]楚人还兵，间以梁地，深入敌国八九百里，[22]欲战则不得，攻城则力不能，老弱转粮千里之外；楚兵至荥阳、成皋，汉坚守而不动，进则不得攻，退则不得解。故曰楚兵不足恃也。使楚胜汉，则诸侯自危惧而相救。夫楚之强，适足以致天下之兵耳。故楚不如汉，其势易见也。今大王不与万全之汉而自托于危亡之楚，臣窃为大王惑之。臣非以淮南之兵足以亡楚也。夫大王发兵而倍楚，项王必留；留数月，汉之取天下可以万全。臣请与大王提剑而归汉，汉王必裂地而封大王，又况淮南，淮南必大王有也。故汉王敬使使臣进愚计，愿大王之留意也。"淮南王曰："请奉命。"阴许畔楚与汉，未敢泄也。

【注释】〔1〕"汉三年"，清人梁玉绳以为此三字当移至下文"淮南王至"之上。见《史记志疑》卷三十二。 〔2〕"虞"，汉县名，治所在今河南虞城东北。 〔3〕"谒者"，官名，春秋战国时置，秦汉沿置。汉代属郎中令，职掌宾赞礼仪、传达事务。 〔4〕"不审"，不明白、不清楚。 〔5〕"倍"，通"背"，叛。 〔6〕"因"，由。"太宰"，秦官，汉初沿置，属奉常，掌宗庙礼仪。"主"，动词，主持其事。 〔7〕"斧质"，"质"，通"锧"，即铁锧，古代刑具。将犯人置于锧上，用斧剁杀。"市"，闹市。古人常在闹市通衢行刑，以示当众弃之，并用以儆众。 〔8〕"御者"，侍从。这句话是外交辞令，不言进书于王，而言进书于大王的侍从，以示尊敬。 〔9〕"淮南王"，按：英布归汉后始封为淮南王，此时尚为九江王。淮南王系其 最终封爵，此与韩信称淮阴侯同。 〔10〕"寡人"，犹言寡德之人，古代君王自谦之词。"北乡"，"乡"通"向"。古代君主坐朝皆南面，群臣则面北奏事。 〔11〕"项王伐齐"，见前注"田荣叛楚"条注释。 〔12〕"板筑"，筑墙用的工具。古时修筑营垒墙壁，两侧夹板，中间填土，用筑（杵）夯实。 〔13〕"夫汉王战于彭城，项王未出齐也"，按：在项羽率兵伐齐之时，汉王刘邦乘机攻下彭城。后项羽闻讯，从齐地回兵，与刘邦战于彭城，刘邦败走。 〔14〕"骚"，通"埽"，悉数、全部。 〔15〕"抚"，拥有。 〔16〕"垂拱"，垂衣拱手。这里指按兵不动。 〔17〕"天下负之以不义之名"，天下人都指责他所行不义。 〔18〕"以其背盟约而杀义帝也"，"背盟约"，指秦二世三年（公元前二〇七年）楚怀王"令沛公西略地入关。与诸将约，先入定关中者王之。"刘邦首先入关，平定了关中之地。项羽后入关，违背怀王之约，将关中之地分封给章邯、司马欣、董翳，而将刘邦封为汉王。"杀义帝"，已见前文。 〔19〕"成皋"，古关名，其地在今河南荥阳汜水镇。地势险要，自古为军事要地。"荥阳"，古城邑名，汉置县，治所在今河南荥阳东北。 〔20〕"蜀"，秦郡名，治所在成都（今四川成都）。辖境约当今四川松潘以南，广元、南充、内江以西，宜宾、石棉以北之地。

"汉"，即汉中郡、治所在南郑（今陕西汉中东）。辖境约当今陕西秦岭以南，留坝、勉县以东，乾祐河流城以西和湖北郧县、保康以西，粉青河、珍珠岭以北地。时二郡为汉王的领土。 〔21〕"徼"，音jiào，边境。"塞"，要塞。 〔22〕"楚人还兵，间以梁地，深入敌国八九百里"，按：此言项羽若从齐地回兵西进，须经过梁地。而梁地此时为彭越所据，故称"深入敌国"。

【译文】汉三年，汉王进击楚军，双方大战于彭城。汉军失败，便退出梁地，来到虞县。汉王对左右的人说："你们这些人，实在不配参与筹划天下大事。"谒者随何上前说："不明白陛下说的是什么意思。"汉王说："谁能为我去出使淮南，让英布发兵背叛楚国，把项羽牵制在齐地几个月，那么，我夺取天下就万无一失了。"随何说道："我请求充当使者。"汉王便派给他二十人跟他一起出使淮南。随何等到了那里，由英布的太宰出面主持其事，一连三天没有见到九江王。于是随何便向太宰说："大王之所以不接见我，必定是以为楚国强大、汉军弱小的缘故，我正是为此而来。让我见到大王，（面陈我的意见），如果我说的是正确的，那正是大王想听到的；如果我说的不在理，那就把我和其余二十人杀死在淮南闹市，以表明大王背汉亲楚的心迹。"太宰把这番话转呈给英布，英布这才接见随何。随何说："汉王之所以派我给大王您敬送书信，是因为我们对您和楚国那样亲近很感诧异。"淮南王说："因为我臣属于楚国。"随何说："大王您和项羽同样是诸侯，却臣属于楚，必定是以为楚国强大，可以做为靠山。但是，在项王讨伐齐国的时候，项王亲身背负修筑营垒的器具，为士卒做出表率。大王您应该动员淮南所有兵力，亲自率领，充当楚军的先锋，而您却只派了四千人去援助楚军。那么，臣属于人的人，难道应该这样吗？再者，在汉王和楚军大战于彭城时，当时项王还没有离开齐地，这时大王您应该亲率淮南兵众，倾巢而出，渡过淮河，日夜奔赴，参加彭城战斗。而大王您却坐拥万人之众，不派一兵一卒渡淮，袖手旁观，坐看谁胜谁败。自托于人的人，难道应该这样吗？大王您只是口头上臣属于楚，而还想牢牢依靠它，我以为大王您这样做是不足取的。然而大王您之所以不肯背叛楚国，无非是以为汉国弱小罢了。项王军事力量虽强，但天下的人都认为他所行不义，因为他违背盟约、杀害义帝。项王倚仗打了胜仗，自认为很强大。汉王招致诸侯的军队，带兵西还，把守住成皋、荥阳，从蜀汉运送军粮，深挖壕沟，坚筑营垒，分派士卒巡守边境，登城守寨。楚军若西进,中间隔着敌国梁地,有八、九百里之远。这样,它想战也战不成,要想攻城,则没有那么大的力量,还需要老弱残兵从千里外运送军粮。即使楚军进至成皋、荥阳,汉军则坚守不出战,楚军若想前进,攻不下关口;若后退,汉军则尾随追击。所以说楚军是不足以依靠的。假如楚胜汉败,那么,各路诸侯由于害怕被逐个消灭,也会相互援救。楚军的强大,适足以成为众矢之的。所以说楚不如汉,这种形势是显而易见的。现在大王您不亲近万无一失的汉,却自托于危亡在即的楚国,我对大王您这种做法,感到迷惑不解。当然,我并不认为淮南的兵力足以灭亡楚国,只要大王您发兵叛楚,项王必被牵制而留在齐地,牵制他几个月,汉王夺取天下可万无一失。我请求和大王您一起带兵归属汉王,汉王必定会割出土地分封给您,淮南是您的本土,当然归您所有。为此,汉王才派我敬献此计,希望大王您能仔细考虑"。淮南王说:"那就按你说的办。"秘密答应叛楚归汉,但还不敢把此事泄露出去。

楚使者在,方急责英布发兵,舍传舍。[1]随何直入,坐楚使者上坐,曰:"九江王已归汉,楚何以得发兵?"布愕然。楚使者起。何因说布曰:"事已搆,[2]可遂杀楚使者,无使归,而疾走汉并力。"[3]布曰:"如使者教,因起兵而击之耳。"于是杀使者,因起兵而攻楚。楚使项声、龙且攻淮南,[4]项王留而攻下邑。[5]数月,龙且击淮南,破布军。布欲引兵走汉,恐楚王杀之,故间行与何俱归汉。

【注释】〔1〕"舍传舍",上"舍"字为动词,住宿之意。"传舍",供过往公务人员休息住宿的地方。〔2〕"搆",成为事实。 〔3〕"并力",合力、联合。〔4〕"项声、龙且",均为项羽部将。"且",音 *jū*。〔5〕"下邑",秦县名,治所在今安徽砀山。

【译文】这时楚国的使者正在淮南王那里,正加紧督促英布发兵。使者住在驿馆里。随何便闯入他的驻地,坐在楚国使者的上首,对他说:"九江王已经归服汉王,楚国怎么能得到他的援军呢?"英布对随何这样做,感到很突然,惊慌失措。楚使便站起身来想走,随何乘机劝英布说:"事情已成这样,应当杀掉楚国的使者,不要放他回去,同时迅速

投奔汉王,实现联合。"英布说:"按你说的办,就此起兵,进攻楚国。"于是杀死楚使,起兵攻楚。楚国派项声、龙且进攻淮南,项王留下进攻下邑。过了几个月之后,龙且在淮南击败英布的军队,英布想率军投奔汉王,又恐怕项王来追杀,便悄悄地抄小路同随何一起归属汉王。

淮南王至,上方踞床洗,[1]召布入见,布大怒,悔来,欲自杀。出就舍,帐御饮食从官如汉王居,布又大喜过望。于是乃使人入九江。楚已使项伯收九江兵,[2]尽杀布妻子。布使者颇得故人幸臣,将众数千人归汉。汉益分布兵而与俱北,收兵至成皋。四年七月,立布为淮南王,与击项籍。

【注释】〔1〕"上",在上位者,古时称皇帝为"上"。"踞",坐。 〔2〕"项伯",名缠,字伯,项羽的叔父。因他与刘邦的谋士张良友善,在鸿门宴上暗护刘邦。入汉后,被封为射阳侯,赐姓刘氏。

【译文】淮南王到了汉王那里,汉王正坐在床上洗脚,就召英布进见。英布见状,非常愤怒,后悔不该来投奔汉王,甚至想为此而自杀。从汉王那里出来,走进为他安排的住处时,他看到这里的帷帐、衣物用具、饮食和随从官员,都和汉王的住所同样规格,英布又大喜过望。于是他便派人去九江。这时楚国已派项伯收编了九江英布的部卒,并杀尽英布的妻子儿女。英布派去的人找到不少他过去的朋友和亲近臣下,带领数千人投归汉王。汉王又给他增派士卒,一起北进,沿路招收兵员,来到成皋。汉四年七月,立英布为淮南王,参加围击项羽的战役。

汉五年,布使人入九江,得数县。六年,[1]布与刘贾入九江,[2]诱大司马周殷,周殷反楚,遂举九江兵与汉击楚,破之垓下。[3]

【注释】〔1〕"六年",清人梁玉绳以为此二字为衍文。说详《史记志疑》卷三十二。 〔2〕"刘贾",刘邦的堂兄。汉元年(公元前二〇六年),刘邦还定三秦,刘贾率兵平定塞地。后入楚地,与彭越联合,招致楚大司马周殷,在垓下共败项羽。后又攻破临江王共尉。汉废楚王韩信,立刘贾为荆王。

黥布反，贾被布所杀。详见本书《荆燕世家》。〔3〕"垓下"，古地名，其地在今安徽灵璧南沱河北岸。

【译文】汉五年，英布派人进入九江，占领了好几个县。六年，英布和刘贾率军开到九江，诱劝楚国大司马周殷，周殷叛楚归汉。于是带领九江的军队，和汉军共同攻楚，在垓下大败楚军。

项籍死，天下定，上置酒。上折随何之功，〔1〕谓何为腐儒，为天下安用腐儒。〔2〕随何跪曰："夫陛下引兵攻彭城，楚王未去齐也，陛下发步卒五万人，骑五千，能以取淮南乎？"上曰："不能。"随何曰："陛下使何与二十人使淮南，至，如陛下之意，是何之功贤于步卒五万人骑五千也。然而陛下谓何腐儒，为天下安用腐儒，何也？"上曰："吾方图子之功。"〔3〕乃以随何为护军中尉。〔4〕布遂剖符为淮南王，〔5〕都六，九江、庐江、衡山、豫章郡皆属布。〔6〕

【注释】〔1〕"折"，贬低。〔2〕"为"，治理。〔3〕"图"，衡量。〔4〕"护军中尉"，秦称护军都尉，汉初改为护军中尉，后仍称护军都尉。属大司马，职掌监护军队，调节各将领的关系。〔5〕"符"，古代帝王授予臣下封爵的一种信物。竹制，中剖为二，朝廷和受封人各执其一，以资凭证。〔6〕"九江"，郡名，治所在寿春（今安徽寿县）。楚汉之际九江郡比秦九江郡辖境大大缩小。"庐江"，郡名，分秦九江郡置，治所在舒（今安徽庐江西南）。"衡山"，郡名，分秦九江郡置，治所在邾（今湖北黄冈西北）。"豫章郡"，治所在南昌（今江西南昌）。以上诸郡，皆楚汉之际或汉初分秦九江郡置。

【译文】项羽死后，天下已定，皇帝摆设庆功酒宴。在宴会上皇帝贬低随何的功劳，说随何是迂腐的书呆子，并说治理天下哪能用迂腐的书呆子。随何便跪下申辩："在陛下率军进攻彭城时，项王还没有离开齐地，这时陛下若派步兵五万、骑兵五千，能攻下淮南吗？"皇帝说："不能。"随何接着说："陛下派我和二十人出使淮南，我到了那里，事情办得完全符合陛下的意愿。这么说来，我的作用赛过五万步兵、五千骑兵。然而陛下却斥我为迂腐的书呆子，还说治理天下哪能用迂腐的书呆子，这是从何

说起呢？"皇帝说："我正在衡量你的功劳。"于是任命随何为护军中尉。英布也正式被封为淮南王，以六安为王都，九江、庐江、衡山、豫章等郡都归属英布。

七年，〔1〕朝陈。八年，朝雒阳。九年，〔2〕朝长安。

【注释】〔1〕"七年"，王先谦说当作"六年"。说见《汉书补注》。〔2〕"九年"，清人梁玉绳说"九年"下当有"十年"二字。说见《史记志疑》卷三十二。

【译文】汉七年，朝见皇帝于陈县。八年，朝见于洛阳。九年，朝见于长安。

十一年，高后诛淮阴侯，〔1〕布因心恐。夏，汉诛梁王彭越，醢之，〔2〕盛其醢徧赐诸侯。至淮南，淮南王方猎，见醢，因大恐，阴令人部聚兵，候伺旁郡警急。〔3〕

【注释】〔1〕"淮阴侯"，即韩信。〔2〕"醢"，音 hǎi。古代残酷刑罚之一种，把犯人尸体剁成肉酱。〔3〕"候伺"，侦察、刺探。

【译文】汉十一年，吕后诛杀了淮阴侯韩信，英布内心很恐慌。这年夏天，朝廷又杀掉梁王彭越，并把他的尸体剁成肉酱，遍送各诸侯。朝廷把肉酱送到淮南时，英布正在狩猎，见到人肉酱，非常恐惧，便暗自派人部署兵力，密切注视着邻郡的非常事态。

布所幸姬疾，请就医，医家与中大夫贲赫对门〔1〕，姬数如医家，〔2〕贲赫自以为侍中，〔3〕乃厚馈遗，〔4〕从姬饮医家。姬侍王，从容语次，誉赫长者也。王怒曰："汝安从知之？"具说状。王疑其与乱。赫恐，称病。王愈怒，欲捕赫。赫言变事，乘传诣长安。布使人追，不及。赫至，上变，〔5〕言布谋反有端，可先未发诛也。上读其书，语萧相国。〔6〕相国曰："布不宜有此，恐仇怨妄诬之。请系赫，使人微验淮南王。"〔7〕淮南王布见赫以罪亡，上变，固已疑其言国阴事；汉

使又来，颇有所验，遂族赫家，发兵反。反书闻，上乃赦贲赫，以为将军。

【注释】〔1〕"中大夫"，官名，属郎中令。掌议论，备顾问。汉初，诸王国也设郎中令，有中大夫诸名目，为国王左右的亲近之官。〔2〕"如"，至。〔3〕"侍中"，侍奉国王于宫中之意。因贲赫为中大夫，时在国王左右，故云。〔4〕"馈遗"，音 kuì wèi。赠送。〔5〕"上变"，向朝廷告发谋反叛乱事件。〔6〕"萧相国"，即萧何，时萧何任相国。"相国"，即丞相。〔7〕"微验"，秘密查验。

【译文】英布所宠爱的宫人生了病，请求去医家就医。医家和中大夫贲赫住对门，宫人多次到医家去看病。贲赫因为在宫中任官，便送给宫人丰厚的礼物，并且陪同宫人在医家饮酒。宫人在陪伴淮南王时，闲谈中宫人称赞贲赫是位忠厚的长者。淮南王听了，妒火中烧，追问道："你是怎么知道的？"宫人说了以上全部情况，淮南王怀疑宫人和贲赫淫乱。贲赫知道以后，很害怕，便假装生病。淮南王愈发恼怒，打算逮捕贲赫。贲赫放风说淮南国有叛乱阴谋，便乘坐传车去长安告发。英布派人追赶，没有追上。贲赫来到长安，向朝廷上书告发叛乱，说英布谋反，已有端绪，应当在他未反之前干掉他。皇帝看了告密文书，告诉萧相国，萧何说："英布不应有此举动，恐怕是仇家诬告他。请先把贲赫拘留起来，再派人暗中查验淮南王的行动。"英布见贲赫畏罪逃走，去告发他，本来就怀疑贲赫向朝廷揭露了他的秘密部署，现在朝廷派使者来查验，而且抓到一些把柄，英布便决然杀掉贲赫的亲属，发兵造反。消息传到朝廷，皇帝便释放了贲赫，并任命他为将军。

上召诸将问曰："布反，为之奈何？"皆曰："发兵击之，坑竖子耳，何能为乎！"汝阴侯滕公召故楚令尹问之。〔1〕令尹曰："是故当反。"滕公曰："上裂地而王之，疏爵而贵之，南面而立万乘之主，〔2〕其反何也？"令尹曰："往年杀彭越，前年杀韩信，〔3〕此三人者，同功一体之人也。自疑祸及身，故反耳。"滕公言之上曰："臣客故楚令尹薛公者，其人有筹筴之计，〔4〕可问。"上乃召见问薛公。薛公对曰："布反不足怪也。使布出于上计，山东非汉之有也；〔5〕出于中计，胜败

之数未可知也；出于下计，陛下安枕而卧矣。"上曰："何谓上计？"令尹对曰："东取吴，〔6〕西取楚，〔7〕并齐取鲁，〔8〕传檄燕、赵，〔9〕固守其所，山东非汉之有也。""何谓中计？""东取吴，西取楚，并韩取魏，〔10〕据敖庾之粟，〔11〕塞成皋之口，胜败之数未可知也。"〔12〕"何谓下计？""东取吴，西取下蔡，〔13〕归重于越，〔14〕身归长沙，〔15〕陛下安枕而卧，汉无事矣。"上曰："是计将安出？"令尹对曰："出下计。"上曰："何谓废上中计而出下计？"令尹曰："布故丽山之徒也，自致万乘之主，此皆为身，不顾后为百姓万世虑者也，故曰出下计。"上曰："善。"封薛公千户。乃立皇子长为淮南王。〔16〕上遂发兵自将东击布。

【注释】〔1〕"滕公"，夏侯婴的爵号。婴与刘邦同乡，秦时任沛县司御，曾因事脱刘邦之罪。刘邦起义，婴相从，赐爵为滕公。汉初被封为汝阴侯。夏侯婴历事高帝、惠帝、吕后，均官太仆。详见本书《樊郦滕灌列传》。"令尹"楚国官名，为掌管军政大权的最高长官。〔2〕"万乘之主"，周制，天子地方千里，拥有兵车万辆；诸侯地方百里，拥有兵车千辆，故以万乘喻天子。这里指黥布拥有的土地和兵力可比肩天子，极言汉廷待布之厚。〔3〕按彭越、韩信之诛，均在汉十一年，杀英布也在是年，不得言"往年"、"前年"。〔4〕"筹筴"，谋略。"筴"，同"策"。〔5〕"山东"，战国秦汉时，泛指崤山或华山以东的广大地区。〔6〕"吴"，地区名，地域约当今江苏大部、安徽东部、浙江西北部。〔7〕"楚"，地区名，地域约当今湖北、湖南大部，安徽、江苏、河南、山东之一部。〔8〕"齐"，地区名，地域约当今山东泰山以北黄河流域及胶东半岛。"鲁"，地区名，地域约当今山东西部和南部。〔9〕"檄"，音 xí。晓谕或声讨的文告。"燕"，音 yān。地区名，地域约当今河北北部及辽宁西南部。"赵"，地区名，地域约当今河北西南部，山西中部、北部和河套地区。〔10〕"韩"，地区名，地域约当今山西东南部和河南西部。"魏"，地区名，地域约当今山西南部和河南大部。〔11〕"敖庾"，即敖仓，秦代所建的重要谷仓。其地在今河南荥阳北敖山上。"庾"，音 yǔ。〔12〕"数"，命运。〔13〕"下蔡"，秦县名，治所在今安徽凤台。〔14〕"越"，地区名，地域约当今浙江大部，江苏、安徽、江西之一部。〔15〕"长

沙"，秦为长沙郡，汉五年置长沙国，以封吴芮。辖境约当今湖南东部、中部。都临湘(今湖南长沙)。〔16〕"长"，即刘长，刘邦的少子，赵王张敖所献美人生。文帝前元六年(公元前一七四年)谋反，被囚禁，绝食而死。详见《汉书·淮南王传》。

【译文】皇帝把诸位将领召来，问道："英布反了，怎么办呢?"将领们都说："派兵征伐，活埋了这小子，怎么能干出这种事呢!"汝阴侯滕公找来原楚国令尹，问他对此事有何看法。令尹说："英布本来应该造反。"滕公说："皇帝割出土地封他为王，授给他爵位使他尊贵，立他为大国之主，他为什么造反?"令尹说："朝廷往年杀掉彭越，去年又杀掉韩信，这三个人是同等功劳、同一类型的人，他怕杀身之祸轮到他头上，所以才造反。"滕公便向皇帝报告了这些情况，说道："我的门客中有一个原楚国令尹薛公，这个人很有韬略，可向他询问。"皇帝便召见薛公，向他询问对策。薛公回答说："英布造反，并不足怪。如果他采取上策，那么，崤山以东的地面，就不属朝廷所有了;他若采取中策，胜败的结局还不可知;他若采取下策，陛下就可以高枕无忧了。"皇帝问道："什么是上策?"令尹回答说："英布若向东攻占吴，向西攻占楚，兼并齐地和鲁地，再传令燕、赵，让他们固守本土，这样，崤山以东的地面就不属朝廷所有了。""什么是中策呢?""他向东攻占吴，向西攻占楚，兼并韩地，攻占魏地，占据敖山上的谷仓，封锁成皋关口，那么，胜败的结局还不可知。""下策又是什么呢?""他向东攻占吴，向西攻占下蔡，然后把辎重转移到越地，而他本人却前去长沙，这样，陛下您就可高枕而卧，朝廷就安然无虑了。"皇帝问道："英布会采取哪种策略呢?"尹令回答说："他只能采取下策。"皇帝又问："为什么他不采取上策、中策，而出此下策呢?"令尹说："英布原来只不过是骊山的刑徒，自己奋斗，成为大国的君主，他的全部作为，都只是为了自身，不管身后如何，更不考虑百姓的长远利益，所以我断定他只能出此下策。"皇帝说："你分析得很好。"便封给薛公一千户作为食邑。皇帝立自己的儿子刘长为淮南王。于是皇帝发兵，亲自率领，东进讨伐英布。

布之初反，谓其将曰："上老矣，厌兵，必不能来。使诸将，诸将独患淮阴、彭越，今皆已死，余不足畏也。"故遂反。果如薛公筹之，东击荆，荆王刘贾走死富陵。〔1〕尽劫其兵，渡淮击楚。楚发兵与战徐、僮间，〔2〕为

三军，欲以相救为奇。〔3〕或说楚将曰："布善用兵，民素畏之。且兵法，诸侯战其地为散地。〔4〕今别为三，彼败吾一军，余皆走，安能相救!"不听。布果破其一军，其二军散走。

【注释】〔1〕"富陵"，汉县名，治所在今江苏盱眙。〔2〕"徐"，汉县名，治所在今江苏泗洪。"僮"，汉县名，治所在今江苏睢宁南。〔3〕"欲以相救为奇"，《汉书》颜师古注为"出奇兵"，似不妥。按"奇"通"掎"，上文言分为三军，此正形成掎角之势，对敌可牵制，对己可互相救援。〔4〕"诸侯战其地为散地"，《孙子·九地篇》云："诸侯自战其地者为散地。"曹操注曰："士卒恋土，道近易散。"

【译文】英布在造反之初，曾对他的将领们说："皇帝年岁大了，已厌倦戎马生涯，他必然不会亲自率兵前来。若派遣手下将领，其中我只怕韩信和彭越，可是这两人已被杀死，其余的人都不可怕。"所以决定造反，(英布所采取策略，)果然如薛公预料的那样，他向东攻击荆国，荆王刘贾败逃，在富陵被杀。英布劫收了刘贾的军队，渡过淮河，进击楚国。楚国派兵和英布交战于徐县、僮县之间。楚军将领把军队一分为三，企图使三军之间，互相救援，成掎角之势，有人告诫楚将说："英布善于用兵，老百姓一向很怕他。况且兵法上说，诸侯在本土上作战，士卒由于留恋家园，容易逃散。现在分为三军，对方打败我们一军，其余二军就会不战而逃，哪能互相救援呢?"楚将不听劝告。英布果然打败其中一军，其余二军都散逃了。

遂西，与上兵遇蕲西会甄。〔1〕布兵精甚，上乃壁庸城，〔2〕望布军置陈如项籍军，〔3〕上恶之。〔4〕与布相望见，遥谓布曰："何苦而反?"布曰："欲为帝耳。"上怒骂之，遂大战。布军败走，渡淮，数止战，〔5〕不利，与百余人走江南。布故与番君婚，以故长沙哀王使人绐布，〔6〕伪与亡，诱走越，故信而随之番阳。〔7〕番阳人杀布兹乡民田舍，〔8〕遂灭黥布。

【注释】〔1〕"蕲"，音 qí。秦县名，治所在今安徽宿县。"会甄"，蕲县之乡名。"甄"，音 chuí。〔2〕"壁"，动词，修筑营垒。"庸城"，地名，不详所在。〔3〕"陈"，同"阵"。〔4〕"恶"，音 wù。厌

恶。〔5〕"数",音 shuò。屡次、多次。"止战",在退却途中停下来再战。〔6〕"长沙哀王",据本书《汉兴以来诸侯王年表》,长沙哀王为吴回,在惠帝元年始即位,时间不合。以时推之,当为长沙成王吴臣。〔7〕"番阳",即鄱阳,秦县名,治所在今江西波阳。〔8〕"兹乡",为鄡县(今江西波阳西北)之乡名。

【译文】于是英布率兵西进,与皇帝统率的军队在蕲县西边的会甀相遇。英布所率之军,精锐非常。皇帝便下令在庸城修筑营垒。皇帝看到英布摆列的军阵,与项羽的军阵如出一辙,心中十分厌恶。皇帝和英布在壁垒上遥遥相见,便对英布说:"你何苦造反呢?"英布说:"我想当皇帝。"皇帝怒骂英布,两军便投入激烈的战斗。英布战败逃走,渡过淮河。他屡次停下来再战,都遭失败,最后和百十人逃往江南。英布原来和番君有婚姻关系,因此,长沙王吴臣派人去诱骗英布,诡称要和他一起逃亡,引诱他逃向越地。英布信实了吴臣的话,便随来人一起去鄱阳。鄱阳人在兹乡百姓的田舍里把英布杀死。于是宣告英布灭亡。

立皇子长为淮南王,封贲赫为期思侯,〔1〕诸将率多以功封者。〔2〕

【注释】〔1〕"期思",古城邑名,其地在今河南淮滨。〔2〕"率",同"帅"。

【译文】皇帝正式封他的儿子刘长为淮南王,封贲赫为期思侯,各将帅很多因功而受封。

太史公曰:英布者,其先岂《春秋》所见楚灭英、六,皋陶之后哉?〔1〕身被刑法,何其拔兴之暴也!〔2〕项氏之所坑杀人以千万数,而布常为首虐。功冠诸侯,用此得王,〔3〕亦不免于身为世大僇。〔4〕祸之兴自爱姬殖,〔5〕妒媚生患,〔6〕竟以灭国!

【注释】〔1〕"英",春秋时诸侯国名,传说为皋陶之后,以国为氏。公元前六四六年被楚国所灭。其地在今湖北英山。"皋陶",又作"咎繇",传说中东夷的领袖,偃姓,相传他曾为舜掌管刑罚。〔2〕"拔兴",兴起。"暴",迅速。〔3〕"用此",因此。〔4〕"大僇",同"大戮",处死。"僇",音 lù。〔5〕"殖",生。〔6〕"妒媚",妒嫉,俗云吃醋。"媚",音 mào。

【译文】太史公说:英布这个人,他的祖先莫非就是《春秋》所载被楚国灭亡的英国和六国——皋陶的后代吗?他因犯罪而受黥刑,而兴起得是多么迅速呀!被项羽活埋的士卒以千万计,而英布常常带头肆虐。他的功劳超过其他将领,因此被封为王,但最终不免被天下人所诛杀。祸害起自他宠爱的宫人,由嫉妒招致杀身之祸,竟因此而亡国!

史记卷九十二

淮阴侯列传第三十二

淮阴侯韩信者,淮阴人也。[1]始为布衣时,贫无行,[2]不得推择为吏,又不能治生商贾,[3]常从人寄食饮,人多厌之者。常数从其下乡南昌亭长寄食,[4]数月,亭长妻患之,乃晨炊蓐食。[5]食时信往,不为具食。信亦知其意,怒,竟绝去。

【注释】〔1〕"韩信",关于韩信的家世,史书记载不详,李慈铭《越缦堂读史札记》云:"韩信,史不言其所出,盖亦韩后也。《潜夫论》言:'韩亡,子孙散处江、淮间,⋯⋯此信所以为淮阴人,盖以国为氏也。'故漂母称之曰'王孙',以其为王者后也。""淮阴",秦县名,故址在今江苏省淮阴市西南。〔2〕"无行",没有好品行。"行",旧读 xing,品行。〔3〕"商贾",据《周礼》郑玄注说,流动贩卖为商,坐地开店为贾。这里当为商人的统称。 〔4〕"常",通尝。"下乡",乡名,属淮阴县。"南昌",下乡的亭名。《楚汉春秋》作"新昌"。"亭长",乡官名。秦、汉时每十里为一亭,设一亭长,掌管治安、诉讼之事。 〔5〕"蓐",通"褥",被褥之褥。"蓐食",指在床上就把饭吃了。王引之《经义述闻》释"蓐食"为"饱食"、"多食",则此句意谓亭长夫妇早早就吃饱了饭。可备一说。

【译文】淮阴侯韩信是淮阴人,当初还是平民的时候,家里贫穷又放荡不检点,未能被推选为地方官吏,他也不会经商谋生,经常依靠别人来糊口度日,人们都讨厌他。他曾多次到下乡南昌亭亭长家里去要饭吃,一吃就是几个月,亭长的妻子对这事也很头疼。于是就早早地在床上把饭给吃了。到吃饭的时候韩信来了,就不再给他准备饭了。韩信也明白他们的用意,很生气,从此就和他们断绝

了关系,离开了他家。

信钓于城下,诸母漂,有一母见信饥,饭信,竟漂数十日。信喜,谓漂母曰:"吾必有以重报母。"母怒曰:"大丈夫不能自食,吾哀王孙而进食,[1]岂望报乎!"

【注释】〔1〕"王孙",当时对年轻人的一种尊称,有时也称为公子。一说为韩国诸王后代。

【译文】韩信在城下钓鱼,有几位老大娘也在那里漂洗棉絮,有一个老大娘看见韩信饿了,就给他饭吃,连续漂洗了十几天,天天如此。韩信很高兴,对那位大娘说:"我将来一定要重重报答您。"大娘生气地说:"大丈夫不能自己养活自己,我是可怜你才给你饭吃的,难道是希望您报答吗?"

淮阴屠中少年有侮信者,曰:"若虽长大,好带刀剑,中情怯耳。"众辱之曰:"信能死,刺我;不能死,出我袴下。"[1]于是信孰视之,俛出袴下,蒲伏。[2]一市人皆笑信,以为怯。

【注释】〔1〕"袴",通胯,《汉书·韩信传》作"跨",亦通。"胯下",指两腿之间。 〔2〕"孰",同"熟",这里是仔细的意思。"俛",同"俯"。"蒲伏",同"匍匐",俯伏在地上。

【译文】淮阴的屠户中有个年轻人侮辱韩信说:"你虽然长得高大,喜欢带刀佩剑,其实内心是很胆怯的。"并且当众侮辱韩信说:"你果真不怕死

就用剑来刺我,怕死就从我的胯下爬过去。"于是韩信看了他很久,低下身子从他的胯下爬了过去。街上的人都嘲笑韩信,认为他是个胆小鬼。

及项梁渡淮,〔1〕信杖剑从之,居戏下,〔2〕无所知名。项梁败,又属项羽,〔3〕羽以为郎中。〔4〕数以策干项羽,羽不用。汉王之入蜀,〔5〕信亡楚归汉,未得知名,为连敖。〔6〕坐法当斩,其辈十三人皆已斩,次至信,信乃仰视,适见滕公,〔7〕曰:"上不欲就天下乎?何为斩壮士!"滕公奇其言,壮其貌,释而不斩。与语,大说之。〔8〕言于上,上拜以为治粟都尉,〔9〕上未之奇也。

【注释】〔1〕"项梁",下相(今江苏省宿迁县西)人。楚国贵族的后裔,楚将项燕的儿子,项羽的叔父。秦朝末年,与项羽起兵反秦,屡败秦军。后生骄心,被秦将章邯战败,死于军中。"淮",即淮水。〔2〕"戏下",即麾下,部下的意思。"戏",音 *huī*,通"麾"。〔3〕"项羽",秦末农民起义军领袖,名籍,字羽,下相(今江苏省宿迁县西)人。出生战国时楚国贵族家庭。秦二世元年(公元前二〇九年),从叔父项梁在吴(今江苏省苏州市)起义。秦亡后,他自立为西楚霸王。不久,与刘邦展开长达五年的争夺封建统治权的战争,最后在垓下(今安徽省灵璧县东南)为刘邦大败,突围到吴江(今安徽省和县东北)自杀。事详本书《项羽本纪》。〔4〕"郎中",官名。秦、汉掌管车、骑、门户的小官。《汉书·百官公卿表》记载,郎中比三百石。〔5〕"汉王",即汉高祖刘邦,字季,沛县(今江苏省沛县)人。少时不事生产,曾任泗水(今江苏省沛县东)亭长。秦二世元年(公元前二〇九年)陈胜起义,他起兵响应,称沛公。陈胜死后,他与项羽领导的起义军同为反秦主力。公元前二〇六年,率军攻入秦都咸阳,推翻了秦朝统治。同年,项羽入关,大封诸侯王,他被封为汉王。不久,两人展开了争夺封建统治权的战争。公元前二〇二年,打败项羽,即皇帝位,建立汉朝。事详本书《高祖本纪》。〔6〕"连敖",楚官名,管理粮仓的小官。王骏图曰:"考'敖'与'廒'同。连敖者必主仓廒之官,其职甚微。及滕公言于上,乃拜以为治粟都尉,则犹据资格而推升之耳。故知连敖亦治粟之官也。"可备一说。〔7〕"滕公",即夏侯婴,沛县(今江苏省沛县)人。与刘邦一起起兵,以功封汝阴侯,高祖至文帝时,长期任太仆(管皇帝车马的官)。早年曾为滕县(今山东省

滕县)县令,故称"滕公"。事详《史记》、《汉书》本传。〔8〕"说",同"悦"。〔9〕"治粟都尉",官名。"都尉"本为武职,"治粟都尉"当是管理粮饷的军官。《汉书·百官公卿表》有"治粟内史",掌谷货。可作旁证。

【译文】当项梁渡淮北上的时候,韩信带着剑投奔了项梁,做了项梁的部下,没有什么名气。项梁被战败以后,他又归属项羽,项羽任他为郎中。他曾多次向项羽献策,项羽都没有采用。汉王刘邦入蜀时,韩信又逃离楚军归附了汉王,但仍没有什么名气,只做了个管理粮仓的小官。后来他犯法当处斩刑,同伙的十三人都已处斩,轮到韩信时,他抬头仰视,正好看见了滕公,说:"汉王不是想统一天下吗?为什么要斩杀壮士呢?"滕公听了他的话后感到很惊奇,又见他相貌非凡,于是就把他释放了。和他交谈了一番,很欣赏他。并把此事告诉了汉王,汉王任命他为治粟都尉,但并没有感到他有什么与众不同的地方。

信数与萧何语,〔1〕何奇之。至南郑,〔2〕诸将行道亡者数十人,〔3〕信度何等已数言上,〔4〕上不我用,即亡。何闻信亡,不及以闻,自追之。人有言上曰:"丞相何亡。"〔5〕上大怒,如失左右手。居一二日,何来谒上,上且怒且喜,骂何曰:"若亡,何也?"何曰:"臣不敢亡也,臣追亡者。"上曰:"若所追者谁何?"曰:"韩信也。"上复骂曰:"诸将亡者以十数,公无所追;追信,诈也。"何曰:"诸将易得耳。至如信者,国士无双。王必欲长王汉中,〔6〕无所事信;必欲争天下,非信无所与计事者。顾王策安所决耳。"王曰:"吾亦欲东耳,安能郁郁久居此乎?"何曰:"王计必欲东,能用信,信即留;不能用,信终亡耳。"王曰:"吾为公以为将。"何曰:"虽为将,信必不留。"王曰:"以为大将。"何曰:"幸甚。"于是王欲召信拜之。何曰:"王素慢无礼,今拜大将如呼小儿耳,此乃信所以去也。王必欲拜之,择良日,斋戒,〔7〕设坛场,具礼,乃可耳。"王许之。诸将皆喜,人人各自以为得大将。至拜大将,乃韩信也,一军皆惊。

【注释】〔1〕"萧何",沛县(今江苏省沛县)人,

曾为沛县吏。秦末佐刘邦起义。在楚汉战争中，荐韩信为大将，自己以丞相的身分留守关中。刘邦即帝位后，封为鄷侯（今湖北省光化县西北），后又拜为相国。事详本书《萧相国世家》。〔2〕"南郑"，即秦南郑邑，汉置县。在今陕西省南郑县。〔3〕"行"，音 háng，辈，等。〔4〕"度"，音 duó，估计，推测。〔5〕"丞相"，官名。秦时为封建官僚组织中的最高官职，辅佐皇帝，综理全国政务。但也有居丞相之名而无实权者。西汉初称相国，后改丞相，与太尉、御史大夫合称为三公。〔6〕"汉中"，秦郡名，大致包括今陕西省秦岭以南及湖北省西北部，治所在南郑（今陕西省南郑县）。〔7〕"斋戒"，古人在祭祀等大典之前，必须沐浴更衣，不饮酒，不吃荤，以表示诚敬，叫做"斋戒"。

【译文】韩信曾多次与萧何谈论事情，萧何很赏识他。在去南郑的途中，将领中有数十人半途逃亡，韩信揣想萧何等人已经多次向刘邦推荐过自己，但刘邦并不想起用，于是韩信也就逃走了。萧何听说韩信逃走以后，来不及向汉王报告就亲自去追赶韩信。有人向汉王说："丞相萧何逃跑了。"汉王听了非常生气，如同失去了左右手一样。隔了一两天，萧何来拜见汉王，汉王又生气又高兴，骂萧何说："你为什么逃走？"萧何说："我不敢逃走，我是去追逃跑的人的。"汉王说："你去追的是谁？"萧何回答说："韩信。"汉王又骂道："将领中已逃跑了数十个你都没有去追，追韩信，这是骗人。"萧何说："那些将领容易得到，至于像韩信这样的人，是国家中独一无二的人才。大王如果只想长期称王于汉中，那就可以不用韩信，如果决心争夺天下，除了韩信就没有能与您共计大事的人了，这就要看大王怎样决定了。"汉王说："我也想向东扩展，怎么能愁心满结地久居于此？"萧何说："如果大王决心向东扩展，能起用韩信，韩信就会留下来。如果不能起用韩信，韩信终归还是要逃走的。"汉王说："我看在你的面子上就任命他为将领。"萧何说："虽然你任命他为将领，但韩信仍然不会留下来。"汉王说："那就任命他为大将。"萧何说："太好了。"于是汉王就要召见韩信任命他为大将军。萧何说："大王一向对人轻慢无礼，现在任命大将军就好像叫小孩子似的，这就是韩信所以要离去的原因。大王如决心要拜他为大将军，就要选个吉日良辰，沐浴斋戒，设置高坛、广场，准备好拜大将军的仪式才可以。"汉王同意了萧何的意见。诸位将领都很高兴，每个人都以为自己要做大将军了。等到任命大将军时，原来是韩信，全军都感到惊讶。

信拜礼毕，上坐。王曰："丞相数言将军，将军何以教寡人计策？"信谢，因问王曰："今东乡争权天下，〔1〕岂非项王邪？"汉王曰："然。"曰："大王自料勇悍仁强孰与项王？"汉王默然良久，曰："不如也。"信再拜贺曰："惟信亦为大王不如也。然臣尝事之，请言项王之为人也。项王喑噁叱咤，〔2〕千人皆废，〔3〕然不能任属贤将，此特匹夫之勇耳。项王见人恭敬慈爱，言语呕呕，人有疾病，涕泣分食饮，至使人有功当封爵者，印刓敝，〔4〕忍不能予，此所谓妇人之仁也。项王虽霸天下而臣诸侯，不居关中而都彭城。〔5〕有背义帝之约，〔6〕而以亲爱王，诸侯不平。诸侯之见项王迁逐义帝置江南，〔7〕亦皆归逐其主而自王善地。项王所过无不残灭者，天下多怨，百姓不亲附，特劫于威强耳。名虽为霸，实失天下心。故曰其强易弱。今大王诚能反其道：任天下武勇，何所不诛！以天下城邑封功臣，何所不服！以义兵从思东归之士，何所不散！且三秦王为秦将，〔8〕将秦子弟数岁矣，所杀亡不可胜计，又欺其众降诸侯，至新安，〔9〕项王诈阬秦降卒二十余万，唯独邯、欣、翳得脱，秦父兄怨此三人，痛入骨髓。今楚强以威王此三人，秦民莫爱也。大王之入武关，〔10〕秋豪无所害，除秦苛法，与秦民约，法三章耳，〔11〕秦民无不欲得大王王秦者。于诸侯之约，大王当王关中，关中民咸知之。大王失职入汉中，秦民无不恨者。今大王举而东，三秦可传檄而定也。"〔12〕于是汉王大喜，自以为得信晚。遂听信计，部署诸将所击。

【注释】〔1〕"乡"，同"向"。〔2〕"喑噁"，音 yīn wū，发怒声。"叱咤"，音 chì zhà，咆哮呼喊。〔3〕"废"，不振，瘫痪。〔4〕"刓"，同"玩"。"敝"，通"弊"，损坏。〔5〕"关中"，古地区名。秦都咸阳，汉都长安，因称函谷关以西为关中。但《史记》所指范围大小不一，或指函谷关以西的战国末秦故地，或指今陕西关中盆地一带。这里的"关中"实指函谷关以西今陕西关中盆地一带。"彭城"，古县名。相传尧封彭祖于此，为大彭氏国。春秋时宋邑，秦置县。秦、汉之际楚怀王和项羽皆都于此。

治所在今江苏省徐州市。〔6〕"义帝",即楚怀王心。秦末农民战争中,项羽立楚怀王孙心为王,仍称楚怀王。秦亡后,项羽自立为西楚霸王,尊心为义帝。"背义帝之约",指楚怀王心原来曾与项羽、刘邦相约"先入关中者王之"。后来刘邦首先攻入咸阳,项羽却违背了原来的约定,不让刘邦王关中,封他为汉王,王巴、蜀、汉中。而将关中分封给秦降将章邯、司马欣和董翳三人(即所谓三秦王)。〔7〕"置江南",指项羽把义帝从彭城迁徙到江南的郴县。〔8〕"三秦王",指章邯、司马欣、董翳。这三人原来都是秦国将领,后投降项羽。项羽封章邯为雍王,司马欣为塞王,董翳为翟王,这三个封国都在原来的秦地,所以称"三秦王"。〔9〕"新安",秦县名,故地在今河南省渑池县东。〔10〕"武关",故址在今陕西省丹凤县东南,是古代通往关中的重要关口。〔11〕"法三章",据本书《高祖本纪》记载,汉元年十月,刘邦西入咸阳,与秦民相约:杀人者死,伤人及盗抵罪。"法三章"即指此。〔12〕"檄",音 xí,古代官府用以征召、声讨的文书。《说文解字》云:"檄,二尺书也。"

【译文】韩信的授职仪式结束后,汉王坐了下来,说:"萧丞相曾多次赞赏将军,将军将用什么良策来教导我呢?"韩信谦让了一番后就问汉王说:"现在要向东扩展,争夺天下霸权,您的对手岂不就是项羽吗?"汉王说:"是这样。"韩信:"大王自己估量一下,在勇敢善战、兵力精强方面与项王相比怎么样呢?"汉王沉默了好大一会儿说:"我不如项王。"韩信行了再拜礼后赞佩地说:"我也认为大王在这几方面不如项王。然而我曾事奉过他,请让我谈谈项王的为人:项王发怒呼喊时,千百人都吓得胆战腿软,然而他不能任用有才能的将领,这只不过是匹夫之勇罢了。平素项王待人恭敬慈爱,言语温和,有人生了病,他能够同情地流下眼泪来,并把自己的食物送给他们吃。但到了别人有了功劳应当加赏封爵时,他却把加赏封爵的印信玩弄得棱角磨没了还舍不得授给人家,这就是所谓的妇人之道。项王虽然称霸了天下而且诸侯都臣服于他,但他不居守关中而以彭城为都城,违背了与义帝的约定而把自己亲信的人封为王,诸侯们对他的这种做法都愤愤不平。诸侯们看见项王把义帝驱逐到江南,也都回去驱逐他们的君主,占据了好地方而自立为王。凡是项王军队经过的地方都遭到了蹂躏和破坏,天下的人们都很怨恨他们,百姓也不愿归附他们,只不过是迫于威势,勉强服从他们罢了。名义上虽为霸王,实际上已失去了民心。所以说他

的强大很容易就会削弱。现在大王果能反其道而行之,任用天下勇敢善战的人,有什么敌人能不被诛灭呢?把天下的城邑封给有功之臣,那还有什么人会不服从你呢?率领正义之师,顺从思乡东归将士的心愿向东进军,还有什么人会不被打败呢?况且分封在秦地的三个王都是秦国的旧将,他们已经率领秦国子弟出来作战好几年了,他们中间被杀死的和逃亡的人不计其数,又欺骗了他们的部下投降了诸侯,到了新安,项王用欺诈的手段坑杀了秦国的降兵二十余万,唯独章邯、司马欣、董翳三人没有被杀,秦国的父老兄弟们怨恨这三个人,而且恨之入骨。现在项羽倚仗威势强封这三人为王,秦地的百姓并不拥护他们。大王入武关时,秋毫无犯,废除了秦国的苛刻刑法,并且和秦地的百姓约法三章,秦地的百姓没有一个不希望大王在秦地做王的。根据当初众诸侯的约定,大王当在关中为王,关中的百姓也都知道这件事,可是大王失掉了应得的封爵而入汉中,秦地的百姓没有不怨恨的。现在大王举兵东进,三秦之地只要发一道檄文就可安定。"汉王听了非常高兴,自己也认为与韩信相见恨晚。于是听从了韩信的计策,部署了各位将领作战的计划。

八月,汉王举兵东出陈仓,〔1〕定三秦。汉二年,〔2〕出关,收魏、河南,〔3〕韩、殷王皆降。〔4〕合齐、赵共击楚。〔5〕四月,至彭城,汉兵败散而还。信复收兵与汉王会荥阳,〔6〕复击破楚京、索之间,〔7〕以故楚兵卒不能西。

【注释】〔1〕"八月",指汉元年(公元前二〇六年)八月。"陈仓",秦县名,治所在今陕西省宝鸡市东。〔2〕"汉二年",即公元前二〇五年。〔3〕"魏",指魏王豹,魏公子宁陵君咎之弟。陈胜攻占魏地,立咎为魏王。后咎被秦将章邯打败自杀。豹又再起,收复魏地,继立为魏王。项羽分封诸侯,自己想占有魏地,便徙封豹为西魏王,建都平阳,引起魏豹的不满,终于背楚归汉。事详《史记》《汉书》本传。"河南",指河南王申阳。申阳原为项羽将领,汉二年投降刘邦。申阳的封地在黄河以南,所以称"河南王"。〔4〕"韩",指韩王郑昌。郑昌原为吴县县令,后项羽封他为韩王,以抗拒汉军。至此降汉。"殷王",指殷王司马卬。司马卬原为赵国将领,项羽封他于殷商旧地,故名。都朝歌(今河南省淇县东北)。至此降汉。〔5〕"齐",指齐王田

广。汉二年三月,项羽北进攻打齐国,田荣(田广之父)与项羽战于城阳(今山东省鄄城县东),田荣兵败,被平原(今山东省平原县西南)的百姓所杀。后齐降服于楚,后齐又叛楚,田荣的弟弟田横立田广为齐王。事见本书《高祖本纪》。"赵",指赵王歇。赵歇为赵国贵族的后裔,曾被张耳、陈余立为赵王。项羽封张耳为常山王,赵歇被徙封为代王。后陈余联合田荣赶走了张耳,重新立赵歇为赵王。〔6〕"荥阳",古县名,在今河南省荥阳县东北。〔7〕"京",古地名,在今河南省荥阳县东南。"索",古城名,在今河南省荥阳县境。

【译文】八月,汉王起兵从陈仓出发向东进军平定了三秦之地。汉二年,出函谷关,收服了魏王豹、河南王申阳,韩王、殷王也都投降了汉王。于是汉王联合了齐、赵共同攻打楚军。四月,到了彭城,汉王被击溃而还。韩信把溃散的士兵集中起来和汉王会师荥阳,又向楚军发起进攻,在京、索之间打败了楚军,因此楚军终不能向西进攻。

汉之败却彭城,塞王欣、翟王翳亡汉降楚,齐、赵亦反汉与楚和。六月,魏王豹谒归视亲疾,〔1〕至国,即绝河关反汉,〔2〕与楚约和。汉王使郦生说豹,〔3〕不下。其八月,以信为左丞相,〔4〕击魏。魏王盛兵蒲坂,〔5〕塞临晋,〔6〕信乃益为疑兵,陈船欲度临晋,〔7〕而伏兵从夏阳以木罂缻渡军,〔8〕袭安邑。〔9〕魏王豹惊,引兵迎信,信遂虏豹,定魏为河东郡。〔10〕汉王遣张耳与信俱,〔11〕引兵东,北击赵、代。〔12〕后九月,破代兵,禽夏说阏与。〔13〕信之下魏破代,汉辄使人收其精兵,诣荥阳以距楚。

【注释】〔1〕"谒归",请假回家。事详本书《高祖本纪》。〔2〕"河关",即临晋关,在今陕西省大荔县黄河西岸,关下有黄河渡口。〔3〕"郦生",即郦食其,高阳人。家贫好学,六十多岁始见刘邦,为刘邦赏识,于是成为刘邦的谋臣之一,常奉命出使诸侯。楚汉战争中,他游说齐王投降汉王,因韩信趁机攻击齐国,齐王以为受了他的欺骗,将他烹杀。事详本书《郦生列传》。〔4〕"左丞相",官名,主持尚书台,监察百官。此处乃虚衔,实不任其职。〔5〕"蒲坂",秦县名,治所在今山西省永济县西蒲州镇。〔6〕"临晋",即临晋关,亦称河关。〔7〕

"度",通"渡"。〔8〕"夏阳",秦县名。治所在今陕西省韩城县南。〔9〕"安邑",在今山西省夏县西北。当时为河东重镇。〔10〕"河东郡",秦郡名,辖境在今山西省沁水县以西,霍山以南地区,治所安邑(今山西省夏县西北)。〔11〕"张耳",大梁(今河南省开封市)人,曾为信陵君门客,魏亡后,参加了陈胜领导的起义军,与陈余请兵北略赵地,先后拥立武臣、赵歇为赵王,自任丞相。项羽封他为常山王,后归附刘邦,封为赵王。汉五年卒。事详《史记》、《汉书》本传。〔12〕"赵",指赵王赵歇。"代",指代王陈余。陈余,大梁(今河南省开封市)人,战国末与张耳同为魏国游士。陈胜起义后,他和张耳从武臣北定赵地,武臣为赵王,他任大将军。后与张耳绝交,因张耳受项羽封为常山王,他愤激不平,击走张耳,占据赵地,自立为代王。后汉军北进,他兵败,为韩信所杀。事详《史记》、《汉书》本传。〔13〕"夏说",陈余为代王时夏说为代相。"阏与",古地名,战国时韩邑,后属赵。在今山西省和顺县西北。

【译文】汉王在彭城被打败以后,塞王司马欣、翟王董翳叛汉降楚,齐、赵二国也反汉与楚联合。六月,魏王豹请假回家探望有病的亲人,一到自己的封国,马上就封锁了黄河渡口和临晋关的交通,反叛汉王,与楚订约讲和。汉王派郦生去劝说魏豹,魏豹没有被说服。这年八月,汉王任命韩信为左丞相并率兵攻打魏王。魏王在蒲坂布置了重兵把守,封锁了临晋关。于是韩信也布置了疑兵,故意摆开了船只,做出要渡临晋关的样子,而伏兵却从夏阳用木制的罂浮水渡过黄河,偷袭了魏都安邑。魏王豹听了大吃一惊,于是领兵迎击韩信,结果魏王豹被韩信所俘虏,从此平定了魏地,设为河东郡。汉王又派遣张耳与韩信一起领兵东进,然后又向北攻打赵国和代国。后九月,打败了代国的军队,在阏与捉住了夏说。韩信攻下魏国、打败代国之后,汉王就派人调回了他的精锐部队,又开赴荥阳去抵御楚军去了。

信与张耳以兵数万,欲东下井陉击赵。〔1〕赵王、成安君陈余闻汉且袭之也,〔2〕聚兵井陉口,号称二十万。广武君李左车说成安君曰:〔3〕"闻汉将韩信涉西河,虏魏王,禽夏说,新喋血阏与,〔4〕今乃辅以张耳,议欲下赵,此乘胜而去国远斗,其锋不可当。臣闻千里馈粮,士有饥色,樵苏后爨,〔5〕师不宿饱。今井陉之道,车不得方轨,骑不得成列,行数百里,其势粮食必在其后。愿足下假臣奇兵三万人,从间道绝其辎重;[6]足下深沟高垒,坚营勿与战。彼前不得斗,退不得还,吾奇兵绝其后,使野无所掠,不至十日,而两将之头可致于戏下。愿君留意臣之计。否,必为二子所禽矣。"[7]成安君,儒者也[8],常称义兵不用诈谋奇计,曰:"吾闻兵法十则围之,倍则战。[9]今韩信兵号数万,其实不过数千。能千里而袭我,亦已罢极。今如此避而不击,后有大者,何以加之!则诸侯谓吾怯,而轻来伐我。"不听广武君策,广武君策不用。

【注释】〔1〕"井陉",即井陉关,太行八陉之一,在今河北省井陉西北。 〔2〕"成安君",秦末,赵封陈余为成安君。 〔3〕"广武君李左车",赵国的谋士。姓李名左车,广武君是他的封号。 〔4〕"西河",古称西部地区南北流向的黄河为西河。这里指今山西、陕西交界处临晋以东的一段。"喋",通"蹀","喋血",形容杀人很多,流血遍地。 〔5〕"樵",指打柴。"苏",指打草。"爨",音 cuàn,指生火做饭。 〔6〕"辎重",泛指一切军用物资。如武器粮草等。 〔7〕"禽",通"擒"。 〔8〕"儒者",此处指迂腐不能变通的人。 〔9〕"十则围之,倍则战",语出《孙子兵法·谋攻篇》,而文稍有不同。

【译文】韩信和张耳率领了几万军队准备东下井陉关去攻打赵国。赵王、成安君陈余听说汉军将要来袭击他们,就在井陉关聚集了号称二十万的兵力。广武君李左车劝成安君说:"听说汉将韩信渡过西河俘虏了魏王,活捉了夏说,又血战阏与,现在又以张耳为帮手,企图攻下赵国,这是乘胜出国远征,其势锐不可当。我听说从千里之外运送粮饷(来供士兵食用),士兵就要有挨饿的危险,到吃饭时才去打柴烧火做饭,部队就有吃不饱的危险。现在井陉的道路车不能并行,马不能成列,在这种情况下行军几百里,粮饷必然要落在军队的后面。希望您暂时借给我精兵三万,从小道去拦截他们的武器粮饷,您在这里深挖战壕,高筑营壁,坚守阵地,不要和他们交战。这样使他们前不能进攻,后不能退还,我率领奇兵截断他们的后路,使他们在野外一点东西都抢不到,如此不出十日,两将的首级就能献到你的帐前。希望您能考虑我的计策。如果

不这样做,我们必然会被他两人所捉获。"成安君是个迂腐的书生,经常说义兵不用诈谋奇计,他回答说:"我听兵法书上是这样讲的:兵力是敌人的十倍就包围他,是敌人的一倍就和他交战。现在韩信的兵号称数万,其实不过数千。他们敢涉千里来袭击我们,(等来到这里时,他们的兵力)也就精疲力竭了。像现在这样的兵力我们都避而不击,以后如有更强大的敌人前来,又用什么方法去战胜他们呢?(如果照你说的做,)各诸侯就会认为我们胆怯,而轻易地来攻打我们。"因此没有采纳广武君的计策。

韩信使人间视,[1]知其不用,还报,则大喜,乃敢引兵遂下。未至井陉口三十里,止舍。夜半传发,选轻骑二千人,人持一赤帜,从间道萆山而望赵军,[2]诫曰:"赵见我走,必空壁逐我,若疾入赵壁,拔赵帜,立汉赤帜。"令其裨将传飧,[3]曰:"今日破赵会食!"诸将皆莫信,详应曰:[4]"诺。"谓军吏曰:"赵已先据便地为壁,且彼未见吾大将旗鼓,未肯击前行,恐吾至阻险而还。"信乃使万人先行,出,背水陈。[5]赵军望见而大笑。平旦,信建大将之旗鼓,鼓行出井陉口,赵开壁击之,大战良久。于是信、张耳详弃鼓旗,走水上军。水上军开入之,复疾战。赵果空壁争汉鼓旗,逐韩信、张耳。韩信、张耳已入水上军,军皆殊死战,不可败。信所出奇兵二千骑,共候赵空壁逐利,则驰入赵壁,皆拔赵旗,立汉赤帜二千。赵军已不胜,不能得信等,欲还归壁,壁皆汉赤帜,而大惊,以为汉皆已得赵王将矣,兵遂乱,遁走,赵将虽斩之,不能禁也。于是汉兵夹击,大破虏赵军,斩成安君泜水上,[6]禽赵王歇。

【注释】〔1〕"间",音 jiàn。"间视",暗中监听、侦探。 〔2〕"萆",音 bì,通"蔽"。"萆山",在山上隐蔽。 〔3〕"裨将",副将。主将的副官、助手之类。"裨",助,副。 〔4〕"详",通"佯"。 〔5〕"陈",同阵。 〔6〕"泜水","泜"音 chí。泜水即今槐河,源出今河北省赞皇县西南,东流经元氏县南至宁晋县南,折南入滏阳河。

【译文】韩信派人暗中去侦察,得知广武君的计策未被采用,密探回来报告韩信,韩信听了非常

高兴，于是才敢率兵进入井陉狭道。在距离井陉口还有三十里的地方停下来休息。半夜，传令军中，准备出发，选出二千轻装的骑兵，每人拿一面红旗，从小道前进，隐蔽在山里窥望赵军，并告诫士兵们说："赵军看见我们逃跑，一定会倾巢出来追赶我们，（在这个时候）你们快速冲进赵军营地，拔掉赵军的旗帜，立起汉军的红旗。"同时下令让副将先给士兵们吃点食物，说："今日打败赵军后会餐。"各位将领都有点不大相信，只好假装答应说："遵命。"韩信又对军官们说："赵军已经先占据了有利的地势扎下营垒，而且在他们没有看见我的大将旗鼓时是不会出来攻打我们的先头部队的，怕我们到了山路险狭的地方会退回来。"韩信于是派了一万人作为先遣部队，出了井陉口就背靠河水排开阵势。赵军看到以后便大笑不已。天刚亮的时候，韩信树起大将旗帜，大吹大擂地开出井陉口，此时赵军开营出击汉军，两军鏖战了很久。在这个时候，韩信、张耳假装战败，丢弃了旗鼓逃回了河边的阵地。河边的部队打开营垒让他们进去，然后又和赵军大战一场。赵军果然倾巢而出争相掠夺汉军的旗鼓，追逐韩信、张耳。韩信、张耳已经回到河边的军营里，全军将士殊死作战，赵军无法打败。韩信派出的二千奇兵在等到赵军倾巢出来争夺战利品时冲入了赵军的军营，拔掉了赵军的全部旗帜，插起了二千面汉军的红旗。赵军已无法打败汉军，也不能抓到韩信等人，想收兵回营，但发现军营里已全部插起了汉军的红旗，因此大为惊慌，认为汉军已经全部俘虏了赵军的将领，于是队伍大乱，士兵们也纷纷逃跑，赵军将领虽然斩杀了不少逃兵，但仍然阻止不了。在这时汉军两面夹攻，大破赵军，并俘虏了大批人马，在泜水上斩杀了成安君陈余，抓获了赵王歇。

信乃令军中毋杀广武君，有能生得者购千金。于是有缚广武君而致戏下者，信乃解其缚，东乡坐，西乡对，师事之。〔1〕

【注释】〔1〕"东乡坐，西乡对，师事之"，"乡"同"向"。古代事师之礼，师东向坐，弟子西向坐。汉初礼以东向为尊。

【译文】韩信传令军中不要杀死广武君，如果能有人活抓住广武君，重赏千金。于是有人捆着广武君送到了韩信的指挥部来，韩信解开了捆绑，请他面东而坐，自己却面西而坐，用对待老师一样的

礼节来对待他。

诸将效首虏，毕贺，因问信曰："兵法右倍山陵，前左水泽，〔1〕今者将军令臣等反背水陈，曰破赵会食，臣等不服。然竟以胜，此何术也？"信曰："此在兵法，顾诸君不察耳。兵法不曰'陷之死地而后生，置之亡地而后存'？〔2〕且信非得素拊循士大夫也，〔3〕此所谓'驱市人而战之'，〔4〕其势非置之死地，使人人自为战；今予之生地，皆走，宁尚可得而用之乎！"诸将皆服曰："善。非臣所及也。"

【注释】〔1〕"右倍山陵，前左水泽"，语出《孙子兵法·行军篇》而少异。"倍"，通"背"。〔2〕"陷之死地而后生，置之亡地而后存"，语出《孙子兵法·九地篇》。〔3〕"拊"，通抚。抚慰。"循"，顺从。"拊循"，这里引申为教养、训练士兵使之服从调配。"士大夫"，这里指一般将士。〔4〕"驱市人而战之"，语亦见《吕氏春秋·简选篇》，盖为当时流行的一句成语。"市人"，本指街市上的老百姓。此处指没有受过训练的士兵。

【译文】诸将领来向韩信呈献首级和俘虏，完了之后前来向韩信表示祝贺，有人因此问韩信说："兵法上说布置阵地要右背山陵，左对川泽，如今将军反而命令我们背水列阵，还说打败赵军后会餐，当时我们都不敢信服。然而竟取得了胜利，这是什么战术呢？"韩信说："这在兵法上也是有的，只是你们没有细看罢了。兵法上不是说'陷之死地而后生，置之亡地而后存'吗？我韩信没有能得到素有训练而且能服从调动的将士，这就像所说的'赶着街上的百姓去作战'一样，在这种情况下只有置之死地，使每个人都主动去奋力作战。如果今天把他们置于能死里逃生的地方，那将会全部逃走，怎么还可以用他们去作战呢？"各位将领都佩服地说："非常正确。这是我们所想不到的。"

于是信问广武君曰："仆欲北攻燕，〔1〕东伐齐，何若而有功？"广武君辞谢曰："臣闻败军之将不可以言勇，亡国之大夫不可以图存。今臣败亡之虏，何足以权大事乎！"信曰："仆闻之，百里奚居虞而虞亡，〔2〕在秦而秦霸，非愚于虞而智于秦也，用与不用，听与不听也。诚令成安君听足下计，若信者亦已

为禽矣。以不用足下,故信得侍耳。"〔3〕因固问曰:"仆委心归计,愿足下勿辞。"广武君曰:"臣闻智者千虑,必有一失;愚者千虑,必有一得。故曰'狂夫之言,〔4〕圣人择焉'。顾恐臣计未必足用,愿效愚忠。夫成安君有百战百胜之计,一旦而失之,军败鄗下,〔5〕身死泜上。今将军涉西河,虏魏王,禽夏说阏与,一举而下井陉,不终朝破赵二十万众,诛成安君。名闻海内,威震天下,农夫莫不辍耕释耒,褕衣甘食,〔6〕倾耳以待命者。若此,将军之所长也。然而众劳卒罢,其实难用。今将军欲举倦獘之兵,顿之燕坚城之下,欲战恐久力不能拔,情见势屈,〔7〕旷日粮竭,而弱燕不服,齐必距境以自彊也。〔8〕燕齐相持而不下,则刘项之权未有所分也。若此者,将军所短也。臣愚,窃以为亦过矣。故善用兵者不以短击长,而以长击短。"韩信曰:"然则何由?"广武君对曰:"方今为将军计,莫如案甲休兵,镇赵抚其孤,百里之内,牛酒日至,以飨士大夫醳兵,北首燕路,而后遣辩士奉咫尺之书,〔9〕暴其所长于燕,燕必不敢不听从。燕已从,使喧言者东告齐,〔10〕齐必从风而服,虽有智者,亦不知为齐计矣。如是,则天下事皆可图也。兵固有先声而后实者,此之谓也。"韩信曰:"善。"从其策,发使使燕,燕从风而靡。〔11〕乃遣使报汉,因请立张耳为赵王,以镇抚其国。汉王许之,乃立张耳为赵王。

【注释】〔1〕"仆",第一人称代词"我"的谦称。〔2〕"百里奚",人名,氏百里,名奚(或作傒)。一说百氏,字里,名奚。春秋时虞国人,曾任虞国大夫。虞亡时被晋俘去,作为陪嫁之臣送入秦国。后出走到楚,为楚人所执,又被秦穆公以五张羊皮赎回,任为大夫,故又称"五羖大夫"。后来与蹇叔、由余等共同帮助秦穆公建立霸业,使秦穆公成为当时的五霸之一。"虞",古国名,周文王时建立的诸侯国,姬姓,开国君主是古公亶父之子虞仲的后代。故址在今山西省平陆县北。公元前六五五年晋国假道攻虢时被晋所灭。〔3〕"侍",陪侍。这里韩信不说广武君被俘,反而说自己得以陪侍他,以表示对广武君的敬重。〔4〕"狂夫",指没有见识的妄人。与圣人相对。〔5〕"鄗",音 hào,古地名,故址在今

河北省柏乡县北。〔6〕"褕",音 yú。"褕衣",美好的衣服。"甘食",香甜的食物。〔7〕"见",同"现"。〔8〕"距",通"拒"。"彊",同"强"。〔9〕"咫",音 zhǐ,古代八寸为咫。〔10〕"喧言者",指辩士或说客。〔11〕"靡",倒下。这里引申为投降。

【译文】于是韩信问广武君说:"我准备向北攻打燕国,向东讨伐齐国,怎么做能获得成功呢?"广武君谦让地说:"我听说打了败仗的将军是没有资格来谈论勇敢作战的,亡了国的士大夫是没有资格来谈论国家的长治久安的。现在我是个兵败国亡的俘虏,怎么能配和您一起来商讨国家的大事呢?"韩信说:"我听说百里奚在虞而虞亡国,在秦而秦称霸,这并不是他在虞国时就愚蠢而在秦国时就聪明,而是在于国君能不能任用他,能不能听从他的计策。如成安君真也听了你的计策,像我韩信这样的人也早已被俘虏了。正因为成安君没能采纳你的意见,所以我韩信才能在此侍奉你。"因此韩信又坚决地问说:"我全心听从你的计策,希望你不要推辞。"广武君说:"我听说智者千虑,必有一失;愚者千虑,必有一得。所以说即使是狂人之言,圣人也可以选择采纳。只恐怕我的计策未必能用,但我愿意献出愚忠。成安君本来有百战百胜的计谋,但一次失策,全军溃败于鄗城之下,自己也死于泜水之上。如今将军渡过西河,俘虏了魏王,在阏与活捉了夏说,一举攻下井陉,不到一个上午就击破了二十万赵军,杀死了成安君。名闻海内,威震天下,农夫们都放下了农具,停止了耕作,穿好的吃好的,侧耳等候你的命令。像这些,都是将军的长处。然而民众劳苦,士卒疲乏,实在是难以继续驱使。现在将军打算用这些疲惫劳乏的士兵驻扎在燕国坚固的城池之下,想打又恐怕时间久了攻不下来,真情一暴露,形势就要被动,时间拖长了,粮草就会用完,弱小的燕国不肯降服,齐国就一定会拒守边境以图自强。与燕国、齐国僵持不下,那么刘邦、项羽的胜负就不能分明。像这些就是将军的不足之处。我见识浅薄,鄙意以为这样做是错误的。所以善用兵的人不以自己的短处去击敌人的长处,而是以自己的长处去击别人的短处。"韩信说:"那么应当怎么办呢?"广武君回答说:"现在为将军考虑,不如按兵不动,留守在赵国,抚恤阵亡将士的遗孤,这样做,百里之内的百姓就会每天拿着牛肉美酒来犒劳将士。然后你就向着北方燕国的道路布置军队,再派说客拿着书信送给燕国,把您的长处给燕国讲清楚,燕国一定不敢不听从。燕国降服了之后,您再

派说客向东去告诉齐国，齐国也一定会闻风而服，虽然有再聪明的人也不知为齐国出什么计策好。这样一来，争取天下的大事就可以考虑了。用兵之道本来就有先虚而后实的，我说的就是这个道理。"韩信说："很好。"于是听从了广武君的计策，派人出使燕国，燕国闻风而降。于是又派人报告汉王，因而请立张耳为赵王来安抚赵国。汉王同意了这个意见，立张耳为赵王。

楚数使奇兵渡河击赵，赵王耳、韩信往来救赵，因行定赵城邑，发兵诣汉。楚方急围汉王于荥阳，汉王南出，之宛、叶间，〔1〕得黥布，〔2〕走入成皋，〔3〕楚又复急围之。六月，汉王出成皋，东渡河，独与滕公俱，从张耳军修武。〔4〕至，宿传舍。晨自称汉使，驰入赵壁。张耳、韩信未起，即其卧内上夺其印符，以麾召诸将，易置之。信、耳起，乃知汉王来，大惊。汉王夺两人军，即令张耳备守赵地，拜韩信为相国，收赵兵未发者击齐。

【注释】〔1〕"宛"，音 yuān。古县名。战国时楚邑，秦昭襄王置县，治所在今河南省南阳市。"叶"，古邑名，在今河南省叶县南。春秋时为楚地，公元前五七六年楚迁许灵公于此，为楚国附庸。战国时秦昭襄王十五年(公元前二九二年)取叶后，又名叶阳。〔2〕"黥布"，本名英布，六县(今安徽省六安县)人。曾坐法黥面，输骊山，故又称黥布。秦末，率骊山徒起义，属项羽，作战常为前锋，封九江王。楚汉战争中归汉，封淮南王，从刘邦击灭项羽于垓下(今安徽省灵璧南)。汉初，以彭越、韩信相继为刘邦所杀，因举兵反，战败逃江南，被长沙王(吴芮子成王臣)诱杀。〔3〕"成皋"，古邑名，在今河南省荥阳县氾水镇。春秋郑国虎牢，后改成皋，战国属韩。〔4〕"修武"，古地名，在今河南省获嘉县境内。

【译文】楚军曾多次派遣奇兵渡过黄河来攻打赵国，赵王张耳、韩信经常往来救赵，把所经过的赵地城邑都平定下来，又派兵支援汉王。这时楚军正在荥阳包围了汉王，汉王从南面逃出，到了宛、叶两地之间，收服了黥布，又直奔成皋，楚军又很快地包围了他。六月，汉王逃出成皋，向东渡过了黄河，只和滕公一起投奔到驻扎在修武的张耳军下。到了以后，住在传舍中。第二天早晨，他自称是汉王

的使者，骑着马进入赵军的军营中。这时张耳、韩信还没有起床，就从他们的卧室里夺走了他们的印符，用军旗召集来诸将，调整了他们的职务。韩信、张耳起来以后，才得知汉王已经来过，大为吃惊。汉王夺取了两人统率的军队，并命令张耳留守赵地，任韩信为相国，召集起赵国那些没有派往荥阳的军队一起去进攻齐国。

信引兵东，未渡平原，〔1〕闻汉王使郦食其已说下齐，韩信欲止。范阳辩士蒯通说信曰：〔2〕"将军受诏击齐，而汉独发间使下齐，〔3〕宁有诏止将军乎？何以得毋行也！且郦生一士，伏轼掉三寸之舌，〔4〕下齐七十余城，将军将数万众，岁余乃下赵五十余城，为将数岁，反不如一竖儒之功乎？"〔5〕于是信然之，从其计，遂渡河。齐已听郦生，即留纵酒，罢备汉守御。信因袭齐历下军，〔6〕遂至临菑。〔7〕齐王田广以郦生卖己，乃亨之，〔8〕而走高密，〔9〕使使之楚请救。韩信已定临菑，遂东追广至高密西。楚亦使龙且将，〔10〕号称二十万，救齐。

【注释】〔1〕"平原"，指黄河平原津，在今山东省平原县南。〔2〕"范阳"，秦县名，因在范水之北面得名。治所在今河北省徐水县南固城镇。"蒯通"，范阳人，本名蒯彻，因避汉武帝讳而改"彻"为"通"，是秦、汉时有名的辩士。陈胜起义后，派武臣进取赵地，他说范阳令徐公归降，武臣不战而得赵地三十余城。后又说韩信取齐地，并劝韩信背叛刘邦自立。惠帝时为丞相曹参宾客。著有《隽永》八十一篇，《汉书·艺文志》纵横家有《蒯子》五篇，今佚。又本《传》下文称蒯通为齐人，《汉书》颜师古注认为"通本燕人，后游于齐"，据清人钱大昕、梁玉绳、王骏图等人考证，"范阳"乃齐地东郡之范县(在今山东省范县东南)，可备一说。〔3〕"间使"，即离间敌人的说客。〔4〕"伏轼"，凭轼，意谓乘车。"轼"，是车前隆起的横木。"掉"，摇动，这里是摇唇鼓舌的意思。〔5〕"竖儒"，蔑视读书人的称呼。"竖"犹言"这小子"，是骂人的话。〔6〕"历下"，古邑名，春秋战国时齐地，在今山东省济南市西。因面对历山，城在山下而得名。〔7〕"临菑"，古邑名，亦作"临淄"、"临淄"，以城临菑水而得名，故址在今山东省淄博市东北旧临菑。〔8〕"亨"，通"烹"，古代的一种酷刑，即用水或油将人活活煮死。

〔9〕"高密"，古邑名，故址在今山东省高密县西南。
〔10〕"龙且"，齐人，项羽的骁将，后被韩信所杀。"且"，音 jū。

【译文】韩信引兵东进，还没有从平原津渡过黄河，就听说汉王已经派郦食其说服了齐王，韩信打算停止前进。范阳辩士蒯通劝韩信说："将军是受命攻打齐国的，而汉王只是派了个密使去说服了齐王，难道有命令停止将军进军吗？怎么可以停止前进呢？况且郦生只是一个辩士，坐着车子靠摆弄三寸不烂之舌竟说下齐国七十多个城邑，将军率领着数万军队，一年多才攻下赵国五十多个城邑，做了几年的将军反不如一个小小书生的功劳？"于是韩信认为他讲得正确，听从了他的计策，继续渡过了黄河向齐国进军。这时齐王已接受了郦生的劝说，并留他开怀畅饮，撤除了防御汉军的守备。韩信乘机攻下了齐国驻扎在历下的军队，接着打到了临菑。齐王田广以为郦生出卖了自己，于是烹杀了郦生，而后逃往高密，并派使者到楚王那里请求援救。韩信平定了临菑以后，接着向东追击田广，一直追到高密的西边。这时楚王也派了龙且为将军，率领着号称二十万的大军前来救齐。

齐王广、龙且并军与信战，未合。人或说龙且曰："汉兵远斗穷战，其锋不可当。齐、楚自居其地战，兵易败散。不如深壁，令齐王使其信臣招所亡城，亡城闻其王在，楚来救，必反汉。汉兵二千里客居，齐城皆反之，其势无所得食，可无战而降也。"龙且曰："吾平生知韩信为人，易与耳。且夫救齐不战而降之，吾何功？今战而胜之，齐之半可得，何为止！"遂战，与信夹潍水陈。〔1〕韩信乃夜令人为万余囊，满盛沙，壅水上流，引军半渡，击龙且，详不胜，还走。龙且果喜曰："固知信怯也。"遂追信渡水。信使人决壅囊，水大至。龙且军大半不得渡，即急击，杀龙且。龙且水东军散走，齐王广亡去。信遂追北至城阳，〔2〕皆虏楚卒。

【注释】〔1〕"潍水"，即潍河，在今山东省东部。发源于五莲县西南箕屋山，北流至昌邑县鱼儿铺入莱州湾。〔2〕"北"，通败。"城阳"，古县名，一作"成阳"，治所在今山东省鄄城县境。

【译文】齐王田广、龙且两军联合起来和韩信作战，还未交锋，有人劝龙且说："汉军远征奋战，其锋不可阻挡。齐、楚两军在自己的国土上作战，士兵容易溃散。不如深沟高垒，让齐王派他的亲信大臣去招抚丢失的城邑，被丢失的城里官民听说自己的国王还在，又有楚军来援救，一定会反叛汉军，汉军远居二千里之外的异国他乡，齐国城邑里的百姓都反对他们，势必没有地方可以得到粮食，这样就可以使汉军不战而降。"龙且说："我平素深知韩信的为人，是很容易对付的。况且我来救齐，不战而使汉军投降，那我还有什么功劳？现在我经过战斗而取胜于汉军，就可以得到齐国的一半土地，为什么要停止作战呢？"于是决定交锋，与韩信的部队隔着潍水摆开了阵势。韩信于是派人连夜做了一万多个袋子，装满了沙子，堵住了潍水的上游，然后领着一半人马渡河袭击龙且，韩信假装战败后撤。龙且果然高兴地说："我本来就知道韩信胆子小。"于是领兵渡过潍水追击韩信。韩信派人打开了堵水的沙袋，大水一涌而至。龙且的军队大半还没有渡过潍水，韩信立即下令反击，杀死了龙且。在潍水东岸的龙且军队四处逃散，齐王田广也逃跑了。韩信于是追击败兵直至城阳，全部俘虏了楚军士卒。

汉四年，〔1〕遂皆降平齐。使人言汉王曰："齐伪诈多变，反覆之国也，南边楚，〔2〕不为假王以镇之，〔3〕其势不定。愿为假王便。"当是时，楚方急围汉王于荥阳，韩信使者至，发书，汉王大怒，骂曰："吾困于此，旦暮望若来佐我，乃欲自立为王！"张良、陈平蹑汉王足，〔4〕因附耳语曰："汉方不利，宁能禁信之王乎？不如因而立，善遇之，使自为守。不然，变生。"汉王亦悟，因复骂曰："大丈夫定诸侯，即为真王耳，〔5〕何以假为！"乃遣张良往立信为齐王，征其兵击楚。

【注释】〔1〕"汉四年"，即公元前二〇三年。〔2〕"边"，靠近，连接。〔3〕"假王"，暂署之王。〔4〕"张良"，字子房，相传为城父（今安徽省亳县东南）人，韩国贵族后裔。秦灭韩后，他曾图谋恢复韩国，结交刺客，在博浪沙（今河南省原阳县东南）狙击秦始皇未中。在秦末农民起义中，聚众归属刘邦，后成为刘邦的重要谋臣，帮助刘邦统一天下。汉立，封为留侯。事详本书《留侯世家》。"陈平"，阳武(今河南省原阳县)人。陈胜起义,他投奔魏王咎为太仆。后从项羽入关,任都尉。后归刘邦,任护军中尉,是刘邦的重要谋臣之一,帮助刘邦统一天下,被封为曲逆侯。惠帝时任左丞相,吕后时任右丞相,文帝时任丞相。事详《史记》《汉书》本传。〔5〕"真王",正式受封的王。对临时暂署的假王而言。

【译文】汉四年,韩信全部降服和平定了齐国,并派人向汉王上书说:"齐国伪诈多变,是个反复无常的国家,南面又和楚国接壤,如不设置一个代理国王来镇抚他们,其势不可安定。韩信希望做代理国王以便利国家。"当时,楚军正把汉王围困在荥阳,韩信的使者到达以后,呈上信件,汉王打开一看,勃然大怒,骂道:"我被围困在这里,时刻都盼望你来帮我,你却想自立为王。"张良、陈平暗暗地踩了一下汉王的脚,凑近汉王的耳边低声说:"汉军正处境不利,怎么能禁止韩信称王呢?不如因此而立他为王,好好地对待他,使他自守一方。不这样做就会发生变乱。"汉王听了之后也明白过来,因而又骂道:"大丈夫平定了诸侯,就应当立为真王,为什么要做代理国王呢?"于是派张良前往立韩信为齐王,并且征调了他的部队来攻打楚军。

楚已亡龙且,项王恐,使盱眙人武涉往说齐王信曰:〔1〕"天下共苦秦久矣,相与勠力击秦。秦已破,计功割地,分土而王之,以休士卒。今汉王复兴兵而东,侵人之分,夺人之地,已破三秦,〔2〕引兵出关,收诸侯之兵以东击楚,其意非尽吞天下者不休,其不知厌足如是甚也。且汉王不可必,身居项王掌握中数矣,项王怜而活之,然得脱,辄倍约,复击项王,其不可亲信如此。今足下虽自以与汉王为厚交,为之尽力用兵,终为之所禽矣。足下所以得须臾至今者,以项王尚存也。当今二王之事,权在足下。足下右投则汉王胜,左投则项王胜。项王今日亡,则次取足下。足下与项王有故,何不反汉与楚连和,参分天下王之?今释此时,而自必于汉以击楚,且为智者固若此乎!"韩信谢曰:"臣事项王,官不过郎中,位不过执戟,〔3〕言不听,画不用,故倍楚而归汉。汉王授我上将军印,予我数万众,解衣衣我,推食食我,

言听计用,故吾得以至于此。夫人深亲信我,我倍之不祥,虽死不易。幸为信谢项王!"

【注释】〔1〕"盱眙",音 xū yí,秦县名,故址在今江苏省盱眙县境。"武涉",人名,事迹不详。〔2〕"三秦",秦亡后,项羽三分秦故地关中,封章邯为雍王,领有今陕西省中部咸阳以西及甘肃省东部地区;司马欣为塞王,领有今陕西省咸阳以东地区;董翳为翟王,领有今陕西省北部地区,合称三秦。〔3〕"郎中",本传《集解》云:"宿卫执戟之人也。""执戟"也当是守卫宫禁的武官。

【译文】楚军失去了龙且,项王有些恐慌,于是就派盱眙人武涉去游说齐王韩信说:"天下人受秦王朝的苦已经好久了,大家相约并力击秦。秦王朝被推翻以后,根据功劳的大小划分土地,分立为王,使士兵得到了休息。现在汉王又兴兵东征,侵占别人的封地,攻破三秦之后,又率兵出关,收集了其他诸侯的军队向东攻打楚军,他的意图是不吞并天下不肯罢休,他如此不知满足真是太过分了。况且汉王此人也不一定可信,他的性命曾多次掌握在项王手中,项王可怜而使他活了下来,然而他一脱险境就背弃盟约,反过来又攻击项王,他不可亲近、不可信赖到如此地步。现在您自认为和汉王交情深厚,为他尽力作战,但终究会被他抓起来的。您所以能够保存性命到今天,是因为项王还存在的缘故。现在二王争夺天下的胜负,关键就在于您。您右靠汉王,汉王就胜利,您左靠项王,项王就胜利。如果项王今日被消灭了,那么其次就轮到您了。您和项王有旧交,为什么不叛背汉朝而和楚国联合,三分天下而自立为王呢?现在您若放弃了这个时机,而一定要帮助汉王来攻打楚王,作为一个聪明的人能像这样吗?"韩信辞谢说:"我过去事奉项王,官不过是个郎中,位不过是个执戟的卫士,进言他不听,计策他不用,所以才背楚归汉。汉王授予我上将军的印信,给了我数万军队,脱下他的衣服给我穿,拿他的饭菜给我吃,听我的进言,用我的计策,所以我才能到了这个地位。人家对我十分亲信,我背叛了他是不会有什么好结果的,即使死了也不能改变我的主意。请为我韩信向项王辞谢。"

武涉已去,齐人蒯通知天下权在韩信,欲为奇策而感动之,以相人说韩信曰:〔1〕"仆尝受相人之术。"韩信曰:"先生相人何

如?"对曰:"贵贱在于骨法,[2]忧喜在于容色,成败在于决断,以此参之,万不失一。"韩信曰:"善。先生相寡人何如?"对曰:"愿少间。"信曰:"左右去矣。"通曰:"相君之面,不过封侯,又危不安。相君之背,[3]贵乃不可言。"韩信曰:"何谓也?"蒯通曰:"天下初发难也,俊雄豪杰建号壹呼,天下之士云合雾集,鱼鳞杂遝,[4]熛至风起。[5]当此之时,忧在亡秦而已。今楚汉分争,使天下无罪之人肝胆涂地,父子暴骸骨于中野,不可胜数。楚人起彭城,转斗逐北,至于荥阳,乘利席卷,威震天下。然兵困于京、索之间,迫西山而不能进者,[6]三年于此矣。汉王将数十万之众,距巩、雒,[7]阻山河之险,一日数战,无尺寸之功,折北不救,[8]败荥阳,伤成皋,[9]遂走宛、叶之间,此所谓智勇俱困者也。夫锐气挫于险塞,而粮食竭于内府,[10]百姓罢极怨望,容容无所倚。[11]以臣料之,其势非天下之贤圣固不能息天下之祸。当今两主之命县于足下。[12]足下为汉则汉胜,与楚则楚胜。臣愿披腹心,输肝胆,效愚计,恐足下不能用也。诚能听臣之计,莫若两利而俱存之,参分天下,鼎足而居,[13]其势莫敢先动。夫以足下之贤圣,有甲兵之众,据强齐,从燕、赵,出空虚之地而制其后,因民之欲,西乡为百姓请命,则天下风走而响应矣,孰敢不听!割大弱强,以立诸侯,诸侯已立,天下服听而归德于齐。案齐之故,有胶、泗之地,[14]怀诸侯以德,深拱揖让,[15]则天下之君王相率而朝于齐矣。盖闻天与弗取,反受其咎;时至不行,反受其殃。愿足下孰虑之。"[16]

【注释】〔1〕"相人",懂相术的人。相术是指观察人的体貌预言命运的一种方术,是古代一种反科学的迷信活动。〔2〕"骨法",看人体骨骼长相的方术。旧时人们认为人体的骨相可以表现出他一生的贵贱。王充《论衡》有《骨相篇》。〔3〕"相君之背",此句当是双关语。表面上是说根据韩信的背相可以看出他贵不可言,实际上是说如果韩信能背叛刘邦,其贵才是不可估量的。〔4〕"杂遝",重集。"遝",音 tà。〔5〕"熛",音 biāo,火焰飞腾。

楚人谓火之飞起曰熛。〔6〕"西山",泛指京、索西面的山地。〔7〕"巩",秦县名,在今河南省巩县西南。"雒",指洛阳,故址在今河南省洛阳市东北。〔8〕"折北",败北。〔9〕"伤成皋",指汉四年(公元前二○三年)汉王被项王伏弩射伤胸部事。事详见本书《高祖本纪》。〔10〕"内府",皇室的仓库。〔11〕"容容",动荡不安的样子。〔12〕"县",同"悬"。〔13〕"鼎足",鼎是古代煮东西的器物,有三足。"鼎足"是比喻三分天下,各占一方。〔14〕"胶",指胶河,在今山东省东部,流经今平度、高密、胶县一带。"泗",指泗水,在今山东省西南部,流经今泗水、曲阜、济宁一带。〔15〕"深拱揖让",两手合拱高举,表示谦虚。〔16〕"孰",同"熟"。

【译文】武涉走了之后,齐国人蒯通知道决定天下局势的关键在于韩信,打算用妙计来感动他,于是就用相人之术来游说韩信说:"我曾学过相人之术。"韩信说:"先生的相术怎么样呢?"蒯通回答说:"人的贵贱在于骨相,忧愁和喜悦在面色,事业的成败在于决断能力,用这三方面的情况加以参酌,万无一失。"韩信说:"好!请先生相一相我看怎么样?"蒯通回答说:"希望(请身边的人退下,)稍给一点空隙(和您单独谈谈)。"韩信说:"左右的人都走开了。"蒯通说:"相您的面,地位不过诸侯,而且还危险不安。相您的背,却贵不可言。"韩信说:"为什么这样说呢?"蒯通说:"天下最初起兵抗秦时,英雄豪杰们自立为王,一声呼唤天下的勇士们像云兴雾涌、鱼鳞一般汇集在一起,快得像火花迸发、大风疾起。在这个时候,人们的忧虑是怎样灭掉秦国罢了。现在楚、汉分争,使天下无罪的百姓惨遭杀戮,父子老小暴尸荒野,不可胜数。楚国人从彭城起兵,转战四方,追击败兵,直到荥阳,乘胜席卷广大地区,威震天下。然而部队被困在京、索之间,被阻于成皋以西的山地不能前进,这样已经三年了。汉王率领着数十万的军队,占据了巩、雒之地,依靠着山河的险要地形,虽然一天打好几仗,却得不到尺寸土地,挫败奔逃,难以自救。在荥阳打了败仗,在成皋被射伤,于是逃到了宛、叶之间,这就是所讲的智勇双全的人也有窘困之日。将士的锐气在险要处受到挫伤,供应粮食的内府空无一粒,老百姓也精疲力竭,怨声载道,动荡不安,无所依存。据我估计,这种情况除非天下的圣贤,别人是平息不了天下的祸乱的。如今两主的命运都掌握在您的手中。您为汉王出力汉王就胜,如帮助楚王楚王就胜。我愿意披肝沥胆,以效愚计,恐怕您不能采纳。如果真能听从我的计策,不如对双方都不损害而使他们共存下来，您和他们三分天下，鼎足而立，在这种形势下谁也不敢先动。凭着您的贤才圣德，又拥有众多的部队，占有强大的齐国，燕、赵的归从，出兵于刘邦、项羽的空虚之地而牵制住他们的后方，顺应老百姓的愿望，向西（阻止刘、项之争，）为百姓请命，那么天下就会闻风响应，谁敢不听！然后分割大国，削弱强国，（重新）封立诸侯，待各诸侯分土立国之后，天下就会归服听命而感恩于齐国。占据齐国的故地，拥有胶、泗一带的地域，再用德惠来安抚诸侯，拱手谦让，那么天下的君王就会相继来朝拜齐国。我听说天赐给你的你不取，反会受到祸咎；时机来了你不去实行，反会受到灾殃。希望您深思熟虑。"

韩信曰："汉王遇我甚厚，载我以其车，衣我以其衣，食我以其食。吾闻之，乘人之车者载人之患，衣人之衣者怀人之忧，食人之食者死人之事，吾岂可以乡利倍义乎！"[1]蒯生曰："足下自以为善汉王，欲建万世之业，臣窃以为误矣。始常山王、成安君为布衣时，[2]相与为刎颈之交，后争张黡、陈泽之事，[3]二人相怨。常山王背项王，奉项婴头而窜，[4]逃归于汉王。汉王借兵而东下，杀成安君泜水之南，头足异处，卒为天下笑。此二人相与，天下至驩也。[5]然而卒相禽者，何也？患生于多欲而人心难测也。今足下欲行忠信以交于汉王，必不能固于二君之相与也，而事多大于张黡、陈泽。故臣以为足下必汉王之不危己，亦误矣。大夫种、范蠡存亡越，[6]霸句践，[7]立功成名而身死亡。野兽已尽而猎狗亨。夫以交友言之，则不如张耳之与成安君者也；以忠信言之，则不过大夫种、范蠡之于句践也。此二人者，足以观矣。愿足下深虑之。且臣闻勇略震主者身危，而功盖天下者不赏。臣请言大王功略：足下涉西河，虏魏王，禽夏说，引兵下井陉，诛成安君，徇赵，胁燕，定齐，南摧楚人之兵二十万，东杀龙且，西乡以报，此所谓功无二于天下，而略不世出者也。[8]今足下戴震主之威，挟不赏之功，归楚，楚人不信；归汉，汉人震恐：足下欲持是安归乎？夫势在人臣之位而有震主之威，名高天下，窃为足下危之。"韩信谢曰："先生且休矣，吾将

念之。"

【注释】〔1〕"乡"，通"向"。"倍"，同"背"。〔2〕"常山王"，即张耳。"成安君"，即陈余。见前"张耳"、"陈余"注。〔3〕"后争张黡、陈泽之事，二人相怨"，事见本书《张耳陈余列传》。张耳、陈余曾经结为生死之交，两人一起参加陈胜起义军，一起拥立赵歇为赵王。公元前二○七年，秦将章邯攻赵，张耳与赵王歇逃往钜鹿城，秦将王离包围了钜鹿城。陈余率领数十万赵军驻扎在钜鹿城北，张耳多次派人催促陈余前往援救，但陈余自度寡不敌众，未敢往救。张耳即派张黡、陈泽去责备陈余，陈余才派出五千人交给张黡、陈泽，让他们去对秦军作试探性的进攻，结果全军覆没。后来项羽攻破钜鹿之后，张耳见到了陈余，责问陈余为何见死不救，并且再三追问张黡、陈泽的下落，怀疑张黡、陈泽为陈余所杀害。陈余一怒之下，交还了将印，离开了张耳，从此两人遂成仇隙。〔4〕"项婴"，项羽派到张耳处的使者，后被张耳所杀。〔5〕"驩"，通欢。〔6〕"大夫种"，姓文名种，字少禽，也作子禽，楚国郢人。大夫是他的官名。春秋时越王句践的重要谋臣。文种与范蠡同事越王句践，出计灭吴。后范蠡劝他引退，文种不听。后来有人在越王句践面前谗言文种将要作乱，句践赐文种剑，文种自杀。事见本书《越王句践世家》及《吴越春秋·句践伐吴外传》等。"范蠡"，字少伯，春秋时楚国宛（今河南省南阳县）人。与文种同事越王句践，越为吴所败时曾赴吴为质二年，回越后助越王句践刻苦图强，灭亡吴国。后游齐国，称鸱夷子皮，到陶（今山东省定陶西北），改名陶朱公，以经商致富。十九年中治产三致千金，一再分散给贫交和疏远的兄弟，最后老死于陶。事见本书《越王句践世家》、《货殖列传》。《汉书·艺文志》著录《范蠡》二篇，今佚。〔7〕"句践"，即越王句践。春秋时为吴王夫差所战败，困于会稽，屈膝求和。其后卧薪尝胆，发愤图强，十年生聚，十年教训，终于灭掉吴国。又渡淮水，会诸侯，受方伯之命，霸称中国。事详见本书《越王句践世家》和《国语·越语》。〔8〕"略不出世"，谋略很高明，为世上少有。

【译文】韩信说："汉王待我十分恩厚，把他的车子给我坐，把他的衣服给我穿，把他的饭食给我吃。我听说，乘别人车子的人要为主人分担患难，穿别人衣服的人要为主人分担忧愁，吃别人饭的人要为主人的事业效死，我怎么能够唯利是图而违背

正义呢？"蒯通说："您自以为对汉王很好，想建立流传万世的功业，我却认为是错误的。当初常山王、成安君还是百姓的时候，互相结为生死之交，后来因为张魇、陈泽的事情发生争执，两人结下怨仇。常山王背叛了项王，提着项婴的头逃跑而投降了汉王。汉王借了他的军队引兵东进，在泜水的南面杀死了成安君，使他头脚分家，终于被天下人所耻笑。这两个人的交情，可以说是天下最好的了，然而最终弄得彼此都想把对方抓获，这是为什么呢？祸患就产生在贪得无厌，而人心又变幻莫测。现在您打算以忠信与汉王交往，(但你们的交情)一定不会比常山王、成安君二人更巩固，(而你们之间的)事情却要比张魇、陈泽的事情更大。所以我认为您过分相信汉王不会危害自己也是错误的。大夫种、范蠡保存了即将灭亡的越国，使越王句践称霸于诸侯，结果功成名立以后，一个被杀，另一个不得已而逃亡。这就是野兽打尽了猎狗也就烹杀了。以交情友谊而言，您与汉王则不如张耳和成安君；以忠信而言，您与汉王则超不过大夫种、范蠡与句践。从这两类人的例子，足以使您看清楚了。希望您深思熟虑这个问题。况且我还听说，勇敢和谋略震动君主的人生命就有危险，而功劳超过天下人的人也就无法封赏了。请让我说一说您的功劳和谋略吧：您渡过西河俘虏了魏王，活捉了夏说，率兵攻下了井陉，杀死了成安君，夺取了赵国，迫降了燕国，平定了齐国，南面摧垮了楚国二十万大军，东面杀死了龙且，向西给刘邦报捷，这就是说你的功劳举世无双，而谋略空前绝后。现在您拥有震动君主的威势，持有无法封赏的功劳，归楚，楚人不敢相信，归汉，汉人感到震恐，您持有这样大的功劳打算往哪里归宿呢？从情势上看，您居于臣子的地位而拥有震动君主的威势，名高天下，我为您感到危险。"韩信辞谢说："先生请不要说了，我将考虑你的意见。"

后数日，蒯通复说曰："夫听者事之候也，[1]计者事之机也，听过计失而能久安者，鲜矣。听不失一二者，不可乱以言；计不失本末者，不可纷以辞。夫随厮养之役者，[2]失万乘之权；[3]守儋石之禄者，[4]阙卿相之位。[5]故知者决之断也，[6]疑者事之害也，审豪氂之小计，[7]遗天下之大数，智诚知之，决弗敢行者，百事之祸也。故曰'猛虎之犹豫，不若蜂虿之致螫；[8]骐骥之踟蹰，[9]不如驽马之安步；孟贲之狐疑，[10]不如庸夫之必至也；虽有舜禹之智，吟而不言，[11]不如瘖聋之指麾也'。[12]此言贵能行之。夫功者难成而易败，时者难得而易失也。时乎时，不再来。愿足下详察之。"韩信犹豫不忍倍汉，又自以为功多，汉终不夺我齐，遂谢蒯通。蒯通说不听，已详狂为巫。[13]

【注释】〔1〕"候"，征候。 〔2〕"随"，顺从，引申为安心于。"厮养之役"，指劈柴养马之事。〔3〕"万乘之权"，指君主的权力。古代称天子地方千里，兵车万乘；诸侯地方百里，兵车千乘，故以万乘比喻天子。 〔4〕"守"，留恋。"儋"，通担。古代百斤为担，百二十斤为石。"儋石之禄"，指微薄的奉禄。 〔5〕"阙"，通"缺"。 〔6〕"知"，同"智"。〔7〕"豪氂"，通"毫厘"。〔8〕"虿"，音*chài*，蝎子一类的毒虫。"螫"，音*shì*，这里指毒刺。 〔9〕"踟蹰"，音*jú zhú*，徘徊不前。〔10〕"孟贲"，古代有名的勇士。《史记·范雎列传集解》引许慎曰："孟贲，卫人。"《孟子·公孙丑上》注云："勇士也。"《史记索隐》引《尸子》云："孟贲水行不避蛟龙，陆行不避兕虎。"〔11〕"吟"，同噤。闭口不言。〔12〕"瘖"，音*yīn*，哑人。"麾"，通"挥"。"指麾"，即打手势。〔13〕"巫"，指古代以装神弄鬼为人求福或为人驱病的人。

【译文】过了几天以后，蒯通又劝韩信说："能够听取意见是事情成功的征兆，能反复考虑是事情成功的关键，听了错误的意见和打错了主意而能长久安全的是少有的。听取别人意见如果错听的不超过一二次，那么别人就不可能用花言巧语来迷惑了他，考虑问题如不会本末倒置，那么别人就不可能用闲言碎语来扰乱了他。安心于做奴仆杂役的人就会失去争取君权的机会，留恋于微薄俸禄的人就得不到公卿宰相的席位。所以聪明的人遇事当机立断，如果迟疑不决就会坏了事情，对鸡毛蒜皮的小事精打细算就会忘记了天下大事。聪明智慧足以知道事情的利害，但决定了又不敢去做，这是一切事情失败的祸根。所以说'猛虎犹豫不决，反不如黄蜂、蝎子的毒刺厉害；骏马徘徊不前，反不如劣马稳步前进；孟贲般的勇士狐疑不决，反不如庸夫一定要到达目的的决心；虽然有舜、禹那样的智慧，如闭口不言，反不如聋哑人用手势比划'。这些话的可贵之处就是要去付诸行动。功业难成而容易失败，时机难得而容易错过。机不可失，时不再来。希望您反复考虑考虑。"韩信犹豫不决，不忍心背叛汉王，又自认为功劳多，汉王不会夺去自己的齐国，于是又谢辞了蒯通。蒯通的劝说未被采纳，后来就假装疯子做巫师去了。

汉王之困固陵，[1]用张良计，召齐王信，遂将兵会垓下。[2]项羽已破，高祖袭夺齐王军。汉五年正月，[3]徙齐王信为楚王，都下邳。[4]

【注释】[1]"固陵"，古聚名，故址在今河南省太康县南。 [2]"垓下"，古地名，故址在今安徽省灵璧县南。 [3]"汉五年正月"，即公元前二○二年的第四个月。秦历以十月为岁首。 [4]"下邳"，秦县名，治所在今江苏省睢宁县西北。

【译文】汉王被围困在固陵时，采纳了张良的计策，招约齐王韩信，韩信率兵在垓下与汉王会师。项羽被打败以后，高祖乘齐王不备时夺去了他的军队。汉五年正月，改封齐王韩信为楚王，定都下邳。

信至国，召所从食漂母，赐千金。及下乡南昌亭长，赐百钱，曰："公，小人也，为德不卒。"召辱己之少年令出胯下者以为楚中尉。[1]告诸将相曰："此壮士也。方辱我时，我宁不能杀之邪？杀之无名，故忍而就于此。"

【注释】[1]"中尉"，掌巡城捕盗的武官。

【译文】韩信到了自己的封国，召见了当年给他饭吃的漂洗棉絮的大娘，赏赐给她千金。找到了下乡南昌亭长，赏赐给他百钱，并说："你是个小人，做好事有始无终。"又召见了曾侮辱过自己，让他从胯下爬过去的那个人，任他为楚中尉。并告诉他的将相们说："这是位壮士。当他侮辱我时，我难道不能杀了他吗？但杀了他没有什么道理，所以就忍让了他，才达到今天这样的成就。"

项王亡将钟离眜家在伊庐，[1]素与信善。项王死后，亡归信。汉王怨眜，闻其在楚，诏楚捕眜。信初之国，行县邑，陈兵出入。汉六年，[2]人有上书告楚王信反。高帝以陈平计，天子巡狩会诸侯，[3]南方有云梦，[4]发使告诸侯会陈：[5]"吾将游云梦。"实欲袭信，信弗知。高祖且至楚，信欲发兵反，自度无罪，[6]欲谒上，恐见禽。人或说信曰："斩眜谒上，上必喜，无患。"信见计事。眜曰："汉所以不击取楚，以眜在公所。若欲捕我以自媚于汉，吾今日死，公亦随手亡矣。"乃骂信曰："公非长者！"卒自刭。信持其首，谒高祖于陈。上令武士缚信，载后车。信曰："果若人言，'狡兔死，良狗亨；高鸟尽，良弓藏；敌国破，谋臣亡'。天下已定，我固当亨！"上曰："人告公反。"遂械系信。[7]至雒阳，赦信罪，以为淮阴侯。

【注释】[1]"钟离眜"，姓钟离，名眜，为项羽部将，项羽死后，逃归故友韩信，刘邦下令捕眜，被迫自杀。"伊庐"，古地名，在今江苏省灌云县东北。 [2]"汉六年"，即公元前二○一年。 [3]"巡狩"，亦作"巡守"。古代天子到各诸侯国视察称巡狩。 [4]"云梦"，泽薮名，在今湖北省潜江县西南地区。 [5]"陈"，古陈国地，在今河南省淮阳县境。 [6]"度"，音 duó，揣测。 [7]"械"，刑具。"系"，戴。"械系"即戴上刑具。

【译文】项王的逃亡将领钟离眜家住在伊庐，一向和韩信相好。项王死后，他就投奔了韩信。汉王怨恨钟离眜。听说他在楚国，就下令让楚国捕拿钟离眜。韩信刚到楚国时，巡视了所属的县邑，出出进进都要布置好士兵保卫。汉六年，有人上书告楚王韩信谋反。高帝采纳了陈平的计策，说天子将外出巡狩会见诸侯，南方有个云梦，派使者通知各诸侯到陈地朝会，告诉他们说："我将巡狩云梦。"其实是打算袭击韩信，韩信一点儿也不知道。高祖将要到达楚地时，韩信打算起兵造反，但又忖度自己是无罪的，想去朝见高祖，但又怕被抓起来。有人劝韩信说："杀了钟离眜去朝见高祖，高祖一定很高兴，也就没有什么祸患了。"韩信去见钟离眜，商量此事。钟离眜说："汉王之所以不敢来攻取楚国，是因为我钟离眜在您这里。如果想抓起我来去讨好汉王，我今天死去，您随即也就灭亡了。"于是骂韩信说："你不是个忠厚的长者！"终于自杀了。韩信拿着钟离眜的头去陈地朝见高祖。高祖命令武士把韩信捆绑起来，放在后面的车子上。韩信说："果然像有人说的那样，'狡黠的兔子死了，抓兔子的猎狗也就烹杀了；高飞的鸟射完了，弓箭也就收藏起来了；敌国被攻破了，谋臣也就被杀死了'。现在天下已经平定了，我也当然该烹杀了。"高祖说："有人告你谋反。"于是给韩信带上刑具。到了雒阳，高祖赦免了韩信的罪过，改封他为淮阴侯。

信知汉王畏恶其能，常称病不朝从。信由此日夜怨望，居常鞅鞅，[1]羞与绛、灌等列。[2]信尝过樊将军哙，[3]哙跪拜送迎，言称臣，曰："大王乃肯临臣！"信出门，笑曰："生乃与哙等为伍！"上常从容与信言诸将能不，[4]各有差。上问曰："如我能将几何？"信曰："陛下不过能将十万。"上曰："于君何如？"曰："臣多多而益善耳。"上笑曰："多多益善，何为为我禽？"信曰："陛下不能将兵，而善将将，此乃信之所以为陛下禽也。且陛下所谓天授，非人力也。"

【注释】[1]"鞅鞅"，通"快快"，愁闷失意的样子。 [2]"绛"，即绛侯周勃。周勃，沛（今江苏省沛县）人，年轻时以编织蚕箔为生，秦末从刘邦起义，以军功授为将军，封为绛侯。汉初又从刘邦平定韩王信、陈豨和卢绾的叛乱。刘邦认为他"厚重少文，然安刘氏者必勃也。"吕后时任太尉。吕后死后，他与陈平定计，入北军召将士拥护刘氏，诛杀企图夺取政权的吕产、吕禄等人，迎立文帝，任右丞相。事详本书《绛侯周勃世家》。"灌"，即灌婴。灌婴，睢阳（今河南省商丘县南）人，初以贩卖丝绸为业，秦末从刘邦起义，转战各地，后从韩信击破齐军，并攻杀项羽。刘邦称帝，任车骑将军，封颍阴侯。后与陈平、周勃共同平定吕氏叛乱，迎立文帝，任太尉，不久为丞相。事详《史记》、《汉书》本传。[3]"樊将军哙"，即樊哙。樊哙，沛（今江苏省沛县）人，少以屠狗为业，秦末随刘邦起义，为其部将，以军功封贤成君。灭秦后，项羽谋士范增拟在鸿门宴上谋杀刘邦，樊哙直入营门，斥责项羽，刘邦始得脱走。汉初，随刘邦击破臧荼、陈豨和韩王信的叛乱，任左丞相，封舞阳侯。事详《史记》、《汉书》本传。[4]"不"，同"否"。

【译文】韩信知道汉王害怕而且嫉妒自己的才能，经常称病不去朝见和随从出行。韩信由此日夜怨恨，在家里闷闷不乐，感到和绛侯周勃、颍阴侯灌婴处于同等地位而羞耻。韩信曾去拜访将军樊哙，樊哙用跪拜的礼节恭迎恭送，说话时也自称为

臣，说："大王竟肯光临寒舍，（真是臣下的光荣。）"韩信出门后笑着说："我这一辈子竟同樊哙等人处在同等地位。"高祖经常和韩信谈论诸将的才能高下，（韩信对他们的评论）各有不同。高祖问韩信说："像我这样能够率领多少兵？"韩信说："陛下不过能率领十万。"高祖说："对于你来讲怎么样呢？"韩信回答说："我多多益善。"高祖笑着说："既然多多益善，那为什么还会被我抓住呢？"韩信说："陛下不善于率兵而善于驾驭将领，这就是我韩信所以被陛下抓获的缘故。况且陛下的权力是天授予的，不是人力所能达到的。"

陈豨拜为钜鹿守，[1]辞于淮阴侯。淮阴侯挈其手，辟左右与之步于庭，[2]仰天叹曰："子可与言乎？欲与子有言也。"豨曰："唯将军令之。"淮阴侯曰："公之所居，天下精兵处也；而公，陛下之信幸臣也。人言公之畔，[3]陛下必不信；再至，陛下乃疑矣；三至，必怒而自将。吾为公从中起，天下可图也。"陈豨素知其能也，信之，曰："谨奉教！"汉十年，[4]陈豨果反。上自将而往，信病不从。阴使人至豨所，曰："弟举兵，[5]吾从此助公。"信乃谋与家臣夜诈诏赦诸官徒奴，[6]欲发以袭吕后、[7]太子。部署已定，待豨报。其舍人得罪于信，[8]信囚，欲杀之。舍人弟上变，告信欲反状于吕后。吕后欲召，恐其党不就，乃与萧相国谋，[9]诈令人从上所来，言豨已得死，列侯群臣皆贺。相国绐信曰：[10]"虽疾，强入贺。"信入，吕后使武士缚信，斩之长乐钟室。[11]信方斩，曰："吾悔不用蒯通之计，乃为儿女子所诈，岂非天哉！"遂夷信三族。[12]

【注释】[1]"陈豨"，宛朐（今山东省菏泽县西南）人。刘邦的将领。汉高祖七年（公元前二〇〇年）韩王信叛入匈奴，高祖封陈豨为列侯，以赵相国身分监领赵、代边兵，陈豨大养宾客，赵相周昌向高祖告发陈豨招致宾客，多年领兵在外，恐有兵变。高祖召见陈豨，陈豨称病不去。于是自立为代王，起兵反汉。高祖亲自带兵讨伐陈豨，陈豨战败逃跑，后被樊哙所斩。事详《史记》、《汉书·卢绾列传》所附《陈豨传》。"钜鹿"，本赵邑，秦置钜鹿县，故址在今河北省平乡县西南。 [2]"辟"，通"避"。

〔3〕"畔",通"叛"。〔4〕"汉十年",即公元前一九七年。〔5〕"弟",通"第"。"仅",只管。〔6〕"官徒奴",在官府服劳役的罪人或奴隶。〔7〕"吕后",秦末单父(在今山东省单县境)人,名雉。汉高祖刘邦的妻子,汉惠帝的母亲。汉惠帝死后,临朝称制,主政柄八年,排斥刘邦旧臣,立诸吕为王,以姪吕产、吕禄分掌南北军。吕后死,陈平、周勃等尽灭诸吕,拥立文帝,恢复了刘汉政权。事详《史记·吕太后本纪》及《汉书·高后纪》。〔8〕"舍人",门客。〔9〕"萧相国",即萧何,因为汉朝相国,故名"萧相国"。沛(今江苏省沛县)人,曾为沛吏。后佐刘邦建立汉王朝。刘邦入咸阳,何收秦律令图籍,得以确掌全国山川险要、郡县户口、社会情况。刘邦为汉王时,何为丞相。楚汉战争中,何留守关中,补兵馈饷,军得不匮。天下既定,以功封为酂侯。汉之律令典制,多为萧何所定。事详见本书《萧相国世家》及《汉书·萧何传》。〔10〕"绐",音dài,欺骗。〔11〕"长乐钟室",即指长乐宫。公元前二〇〇年始建成,刘邦和吕后经常居住在这里。故址在今陕西省西安市长安故城的东南角。〔12〕"夷",除灭。"夷三族",古代的一种酷刑,用以镇压人民起义或王朝内部的反叛者。"三族",一般指父族、母族、妻族。

【译文】陈豨被封为钜鹿郡守,向淮阴侯去辞行。淮阴侯拉着他的手避开了左右随从人员和他在庭院里散步,淮阴侯仰天叹曰:"你可以和我谈谈吗?我有些话想和你谈谈。"陈豨说:"将军只管吩咐。"淮阴侯说:"你所管辖的地方是天下精兵聚集之处,而你是陛下亲信得宠的臣子。如果有人说你反叛,陛下一定不会相信;再有人去告你,陛下就会产生怀疑;第三次有人去告你,陛下一定会发怒而且会亲自率兵来讨伐你。我为你从这里起兵响应,就可以夺得天下。"陈豨一向知道韩信的才能,也相信他的计谋,说:"一定听从你的指教。"汉十年,陈豨果然起兵反叛。高祖亲自带兵前往讨伐,韩信称病没有随从出征。韩信偷偷派人到陈豨的住处说:"你只管起兵,我在这里协助你。"于是韩信就和家臣谋划,乘黑夜假传诏书,准备赦免在官府服劳役的罪人和奴隶,发动他们去袭击吕后、太子。部署已定,等待陈豨的消息。他的门客得罪了韩信,韩信把他关了起来,打算把他杀掉。那个门客的弟弟上书吕后告发了韩信准备反叛的情况。吕后打算召韩信来,又怕他的党羽不肯就范,于是就和萧相国合谋,派一个人假装从高祖那里来说陈豨已被杀死,列侯群臣要来庆贺。萧相国欺骗韩信说:"虽

然你有病,但还是要勉强去庆贺一下。"韩信进了宫,吕后派武士把韩信捆绑起来,在长乐宫钟室里杀了他。韩信临斩时说:"我后悔没有采纳蒯通的计策,竟被妇人小子所欺骗,这岂不是天意吗?"于是诛灭了韩信三族。

　　高祖已从豨军来,至,见信死,且喜且怜之,问:"信死亦何言?"吕后曰:"信言恨不用蒯通计。"高祖曰:"是齐辩士也。"乃诏齐捕蒯通。蒯通至,上曰:"若教淮阴侯反乎?"对曰:"然,臣固教之。竖子不用臣之策,故令自夷于此。如彼竖子用臣之计,陛下安得而夷之乎!"上怒曰:"亨之。"通曰:"嗟乎,冤哉亨也!"上曰:"若教韩信反,何冤?"对曰:"秦之纲绝而维弛,〔1〕山东大扰,〔2〕异姓并起,英俊乌集。秦失其鹿,〔3〕天下共逐之,于是高材疾足者先得焉。蹠之狗吠尧,〔4〕尧非不仁,狗因吠非其主。当是时,臣唯独知韩信,非知陛下也。且天下锐精持锋欲为陛下所为者甚众,顾力不能耳。又可尽亨之邪?"高帝曰:"置之。"〔5〕乃释通之罪。

【注释】〔1〕"纲绝而维弛",形容国家的法度废弛,政权解体。"纲",是结网用的主要大绳。"维",是系船的缆绳。"纲维",连用,比喻法度、纪律。〔2〕"山东",秦汉时称崤山或华山以东为山东。也指秦以外的六国。〔3〕"鹿",《史记·集解》引张晏说:"以鹿喻帝位。"近人杨树达认为:"张说固是,然'鹿'何以喻帝位,当必有固。余谓'鹿'、'禄'古音同,此用'鹿'字音寓'禄'字意也。"可备一说。此处"鹿"字引申为政权。〔4〕"蹠",即盗跖,古代传说中的大盗。"尧",古代传说中理想的仁君。〔5〕"置",释放。这里是赦免的意思。

【译文】高祖从平定陈豨的战场回来以后,看到韩信已经死了,他又是高兴又是怜惜,问说:"韩信死时说了些什么?"吕后说:"韩信说他后悔没采纳蒯通的计策。"高祖说:"此人是齐国的辩士。"于是下诏齐国缉拿蒯通。蒯通抓来了,高祖问说:"是你教唆淮阴侯反叛的吗?"蒯通回答说:"是的,我的确教他反叛,小子没用我的计策,所以才自取灭亡,落得如此下场。假如那小子采纳我的计策,陛下怎么能杀了他呢?"高祖很生气地说:"烹杀了他。"蒯通说:"哎呀!烹杀我可是冤枉啊。"高祖说:"你教

韩信反叛,有什么冤枉的?"蒯通回答说:"秦王朝法度废弛、政权瓦解时,山东六国大乱,各诸侯国纷纷自立,英雄豪杰们像乌鸦一样纷纷聚集。秦王朝失去了统治大权以后,天下的人都来追逐他的帝位,但只有才能高、行动快的人才能抢先得到。盗跖的狗对着尧狂叫,并非尧不仁,因为他不是狗的主人。那个时候,我只知道韩信,并不知道陛下。况且天下养精蓄锐想要做陛下所做的事业的人很多,只是他们力所不及罢了。难道你可以把他们全部烹杀了吗?"高帝曰:"饶了他。"于是赦免了蒯通的罪过。

太史公曰:吾如淮阴,淮阴人为余言,韩信虽为布衣时,其志与众异。其母死,贫无以葬,然乃行营高敞地,[1]令其旁可置万家。余视其母冢,良然。假令韩信学道谦让,[2]不伐己功,不矜其能,则庶几哉,于汉家勋可以比周、召、太公之徒,[3]后世血食矣。[4]不务出此,而天下已集,乃谋畔逆,夷灭宗族,[5]不亦宜乎!

【注释】〔1〕"行营",外出访求。 〔2〕"学道",日人泷川资言认为"道"指《老子》之"道"。《老子》通书讲"谦让之道",泷川资言说近是。 〔3〕"周",即指周公旦。周文王子,辅助武王灭纣,建立周王朝,封于鲁。武王死后,成王年幼,周公摄政。事详本书《鲁周公世家》。"召",即指召公奭。周武王之臣(《白虎通·王者不臣》谓为文王之子)。因封地在召,故称召公或召伯。武王灭纣后,封召公于北燕。成王时,与周公旦分陕而治。事详本书《燕召公世家》。"太公",即指姜太公尚(吕望、姜牙)。相传太公钓于渭滨,周文王出猎相遇,与语大悦,同载而归,说"吾太公望子久矣",因号为太公望,立为师。武王即位,尊为师尚父。辅佐武王灭殷。周朝既建,封于齐,为齐国始祖。事详本书《齐太公世家》。《汉书·艺文志》道家类有《太公》二百三十七篇,《隋书·经籍志》有《太公六韬》五卷,旧题周文王师姜望撰,当皆为后世依托之作。 〔4〕"血食",古时杀牲取血,用以祭祀,故名。 〔5〕"宗族",指父系的亲属,又指同宗的人。若宗族分言,则族亲于宗。

【译文】太史公说:我到淮阴时,淮阴人对我说,韩信还是老百姓时,他的志向就和别人不一样。他的母亲死后,穷得无法埋葬,然而仍到各处访求高敞的坟地,让他母亲坟地的旁边还可以安置下万户人家。我看过他母亲的坟地,确实是这样。假如韩信学一些道家的谦让之道,不夸耀自己的功劳,不以自己的才能骄傲,那他对汉王朝的功劳就差不多可以和周公、召公、太公这些人相比,就可以子孙后代祭祀不绝。但他没有向这方面努力,而且天下大局已定,还要谋反叛乱,诛灭他的宗族不也是应该的吗?

史记卷九十三

韩信卢绾列传第三十三

韩王信者,[1]故韩襄王孽孙也,[2]长八尺五寸。[3]及项梁之立楚后怀王也,[4]燕、齐、赵、魏皆已前王,[5]唯韩无有后,故立韩诸公子横阳君成为韩王,[6]欲以抚定韩故地。项梁败死定陶,[7]成犇怀王。[8]沛公引兵击阳城,[9]使张良以韩司徒降下韩故地,[10]得信,以为韩将,将其兵从沛公入武关。[11]

【注释】[1]"韩王信",姓韩,名信。因他被立为韩王,故称韩王信。与淮阴侯韩信同时,非一人。[2]"韩襄王",名仓,战国时韩国君主,公元前三一二年至前二九八年在位。详见本书《韩世家》。"孽孙",即庶孙。[3]"八尺五寸",汉代一尺当今二十三点二厘米。八尺五寸合今一百九十七点二厘米。[4]"项梁",下相(今江苏宿迁西南)人,楚国贵族。秦末与其侄项羽起义,后归陈胜。陈胜死后,他拥立楚怀王孙心为王,仍号楚怀王,以资号召。后在定陶与秦军作战而死。详见本书《项羽本纪》。"楚怀王",熊姓,名心,战国时楚怀王之孙。秦时在民间为人放羊。秦二世元年(公元前二〇九年)被项梁立为楚怀王。后项羽自立为西楚霸王,改称他为义帝,并把他迁至长沙,又派英布等人追杀之于湖南郴县。[5]此时燕王为韩广,齐王为田儋,赵王为赵歇,魏王为魏咎。[6]"诸公子",指国王同族中之子辈人。"横阳君成",即韩成,故韩时被封为横阳君,项梁立他为韩王。项梁败死,他投奔楚怀王。因未从项羽入关,不得封王,贬为侯,又杀之。[7]"定陶",秦县名,治所在今山东定陶西北。[8]"犇",即"奔"的古体字。[9]"沛公",刘邦初起时,攻下沛县,众立其为沛公。"阳城",秦县名,治所在今河南登封东南告成镇。[10]"张良",字子房,韩国人,祖、父世为韩相。秦灭韩,他结交刺客狙击秦始皇于博浪沙,未果。项

梁立韩成为韩王,任张良为韩司徒。后归刘邦,成为重要谋士。入汉,封留侯。惠帝六年(公元前一八九年)卒。详见本书《留侯世家》。[11]"武关",古关隘名,其地在今陕西丹凤东南。一说关址曾有迁移,古址在今关南丹水上,唐始迁今址。

【译文】韩王信是战国时韩襄王的庶孙,身高八尺五寸。当项梁立楚国的后裔为楚怀王时,燕、齐、赵、魏都在此之前立了国王,只有韩国没立后嗣为王。因此,项梁便立原韩王的族子横阳君韩成为韩王,想以此来安抚韩国的人心,平定韩国故土。后来项梁在定陶战死,韩王成便投奔楚怀王。沛公率军进攻阳城,派张良以韩国司徒的身份平定了韩国故土,寻找到韩王信,便委任他为韩国的将军,让他率领韩国的部队跟随沛公西进武关。

沛公立为汉王,韩信从入汉中,[1]乃说汉王曰:"项王王诸将近地,[2]而王独远居此,此左迁也。[3]士卒皆山东人,[4]跂而望归,[5]及其锋东乡,[6]可以争天下。"汉王还定三秦,[7]乃许信为韩王,先拜信为韩太尉,[8]将兵略韩地。

【注释】[1]"汉中",秦郡名,治所在南郑(今陕西汉中东)。辖境约当今陕西秦岭以南,留坝、勉县以东,乾祐河流域以西和湖北郧县、保康以西,粉青河、珍珠岭以北地。项羽封刘邦为汉王,拥有汉中郡和蜀郡(今四川西北部)。[2]"项王王诸将近地",第二"王"字用为动词,封王之意。[3]"左迁",当时以右为尊,左为卑,故称降职为左迁。此处意为降等、贬降之意。[4]"山东",秦汉时,泛指崤山或华山以东的广大地区。[5]"跂",音 qì。踮起脚尖。[6]"及",乘时。"锋",锐气。"乡",通"向"。[7]"三秦",指关中地区。秦亡后,项羽

把关中之地三分,封章邯为雍王,司马欣为塞王,董翳为翟王,合称三秦。 〔8〕"太尉",全国最高军事长官,与丞相、御史大夫合称三公。其时各王国亦置太尉。

【译文】沛公被项羽立为汉王。韩王信跟随汉王进入汉中。他劝汉王说:"项羽把他的将领都分封在近地为王,而独把您封在这偏远的地方,这无异是贬降啊!您的士卒都是东方人,他们整天踮起脚尖遥望老家,趁他们锐气东向,可以借此力量,来争夺天下。"于是汉王便回兵平定三秦,并许诺将来立韩王信为韩王,现在暂任命他为韩国的太尉,率兵去攻取韩地。

项籍之封诸王皆就国,〔1〕韩王成以不从无功,不遣就国,更以为列侯。〔2〕及闻汉遣韩信略韩地,乃令故项籍游吴时吴令郑昌为韩王以距汉。〔3〕汉二年,韩信略定韩十余城。汉王至河南,韩信急击韩王昌阳城。昌降,汉王乃立韩信为韩王,常将韩兵从。三年,汉王出荥阳,〔4〕韩王信、周苛等守荥阳。〔5〕及楚败荥阳,信降楚,已而得亡,复归汉,汉复立以为韩王,竟从击破项籍,天下定。五年春,遂与剖符为韩王,〔6〕王颍川。〔7〕

【注释】〔1〕"项籍之封诸王皆就国",项羽于汉元年(公元前二○六年)二月,大封诸王;封刘邦为汉王,章邯为雍王,司马欣为塞王,董翳为翟王,申阳为河南王,司马卬为殷王,英布为九江王,共敖为临江王,吴芮为衡山王,田安为济北王,臧荼为燕王,田都为齐王,张耳为常山王,徙魏王豹为西魏王,齐王田市为胶东王,赵王歇为代王,燕王韩广为辽东王。项羽自立为西楚霸王。四月,诸侯罢戏下,各就国。 〔2〕"更以为列侯",据《汉书·韩王信传》,项羽改封韩王成为穰侯。 〔3〕"项籍游吴时吴令郑昌",项梁未起兵之先,因杀人,与项羽一起避仇吴中,吴中士大夫皆与梁、籍交结。郑昌当即在此时为吴令。 〔4〕"荥阳",战国时韩国城邑,汉置县,治所在今河南荥阳东北。 〔5〕"周苛",沛(今江苏沛县)人。秦时与其从弟周昌同为泗水郡卒史。后从刘邦,任御史大夫。汉四年(公元前二○三年),项羽围荥阳,刘邦逃出,令周苛留守。城破,周苛被项羽烹死。详见本书《张丞相列传》。

〔6〕"符",古代帝王封赐臣下的一种信物,竹制,中剖为二,朝廷和受封者各执其一,以资凭证。 〔7〕"颍川",秦郡名,治所在阳翟(今河南禹县)。辖境约当今河南登封、宝丰以东,尉氏、偃城以西,密县以南,叶县、舞阳以北之地。

【译文】项羽所封的各王都到他们的封国去即位,韩王成因为没有跟随项羽入关,不但不派他回国即位,反而把他贬为列侯。当项羽得知汉派韩王信攻取韩地的消息,便立郑昌——项羽在吴地时结交的县令——为韩王,和汉军对抗。汉二年,韩王信平定了韩地十余座城池。汉王来到河南,韩王信便猛攻占据阳城的郑昌,郑昌投降。汉王实现诺言,立韩王信为韩王。他常常率领韩国的军队跟随汉王征战。汉三年,汉王从荥阳撤出,留下韩王信和周苛守卫荥阳。楚军在荥阳打败汉军,韩王信投降楚国,不久又逃出来,再度归服汉王,汉王仍立他为韩王。终于跟随汉王消灭了项羽,平定了天下。汉五年春,授给他封王符节,正式封他为韩王,封地为颍川郡。

明年春,上以韩信材武,所王北近巩、洛,〔1〕南迫宛、叶,〔2〕东有淮阳,〔3〕皆天下劲兵处,乃诏徙韩王信王太原以北,〔4〕备御胡,都晋阳。信上书曰:"国被边,〔5〕匈奴数入,晋阳去塞远,请治马邑。"〔6〕上许之,信乃徙治马邑。秋,匈奴冒顿大围信,〔7〕信数使使胡求和解。汉发兵救之,疑信数间使,〔8〕有二心,使人责让信。信恐诛,因与匈奴约共攻汉,反,以马邑降胡,击太原。

【注释】〔1〕"巩",汉县名,治所在今河南巩县。"洛",即洛阳,古都名,秦置县,其地在今河南洛阳东。 〔2〕"宛",汉县名,为南阳郡治所,其地在今河南南阳。"叶",汉县名,治所在今河南叶县南。 〔3〕"淮阳",秦时为陈县,高帝十一年在此置淮阳国。辖境约当今河南淮阳、太康、扶沟、柘城、鹿邑等县。 〔4〕"太原",汉郡名,治所在晋阳(今山西太原西南古城营)。辖境约当今山西五台山和管涔山以南、霍山以北地区。 〔5〕"被",及、沿。 〔6〕"马邑",汉县名,治所在今山西朔县。 〔7〕"冒顿",音 mò dú。姓挛提,秦末汉初的匈奴单于(君主)。公元前二○九年杀其父头曼自立,拥众号称三十万。西汉初年,经常南下入侵汉地,是汉朝在

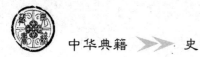
北方的主要威胁。 〔8〕"间使",秘密派遣使臣。

【译文】第二年春天,皇帝考虑到韩王信有军事才能,而且勇敢善战,但他的封国北近巩县和洛阳,南接宛县和叶县,东连淮阳,这些地方都驻有天下精锐部队,于是把韩王信移封到太原以北,以防御匈奴,王都设在晋阳。韩王信上书说:"我的国土直到边境线上,匈奴经常入侵,晋阳离边塞较远,请求把王都移至马邑。"皇帝准许了他的请求,韩王信便把王都迁到马邑。这年秋天,匈奴冒顿单于率大军包围了韩王信,韩王信多次派使者去匈奴,要求和解。朝廷也派兵来援救。朝廷了解到他多次擅派使者去匈奴,怀疑他有二心,就派人去责备他。韩王信怕被朝廷诛杀,便和匈奴结约,共同攻汉,公开进行反叛,并以马邑城为进见礼,投降匈奴,派兵进攻太原郡。

七年冬,上自往击,破信军铜鞮,〔1〕斩其将王喜。信亡走匈奴。其将白土人曼丘臣、王黄等立赵苗裔赵利为王,〔2〕复收信败散兵,而与信及冒顿谋攻汉。匈奴使左右贤王将万余骑与王黄等屯广武以南,〔3〕至晋阳,与汉兵战,汉大破之,追至于离石,〔4〕复破之。匈奴复聚兵楼烦西北,〔5〕汉令车骑击破匈奴。〔6〕匈奴常败走,汉乘胜追北,〔7〕闻冒顿居代谷,〔8〕高皇帝居晋阳,使人视冒顿,还报曰"可击"。上遂至平城。〔9〕上出白登,〔10〕匈奴骑围上,上乃使人厚遗阏氏。〔11〕阏氏乃说冒顿曰:"今得汉地,犹不能居;且两主不相戹。"〔12〕居七日,胡骑稍引去。时天大雾,汉使人往来,胡不觉。护军中尉陈平言上曰:〔13〕"胡者全兵,〔14〕请令强弩傅两矢外向,〔15〕徐行出围。"入平城,汉救兵亦到,胡骑遂解去。汉亦罢兵归。韩信为匈奴将兵往来击边。

【注释】〔1〕"铜鞮",春秋晋地,汉置县,今山西沁县有铜鞮故城。"鞮",音 dī。 〔2〕"白土",汉县名,治所在今内蒙古伊克昭盟旧鄂尔多斯左翼中旗南。"苗裔",后裔。 〔3〕"左右贤王",即左贤王、右贤王,是匈奴单于之下的最高官员。冒顿单于时,设左右贤王分领东西二部,由单于子弟充任。"广武",汉县名,治所在今山西代县西南。 〔4〕

"离石",战国时为赵国的离石邑,汉置县,治所在今山西离石。 〔5〕"楼烦",古县名,战国时赵武灵王置,治所在今山西宁武附近。 〔6〕"车骑",成队的车马。 〔7〕"北",败逃。 〔8〕"代谷",古地域名,其地在今山西繁峙及旧崞县一带。 〔9〕"平城",汉县名,治所在今山西大同东北。 〔10〕"白登",山名,在今山西大同东北。 〔11〕"遗",音 wèi。赠送礼物。"阏氏",音 yān zhī。匈奴单于正妻的称号。 〔12〕"戹",音 è。危困。 〔13〕"护军中尉",武官名,秦时名护军都尉,汉初改名护军中尉,后又称护军都尉。职掌监护军队,调节各将领的关系。"陈平",阳武(今河南原阳东南)人。初从项羽,后从刘邦,为重要谋士。佐汉灭楚,封户牖侯,改封曲逆侯。惠帝、吕后、文帝时为丞相。文帝前元二年(公元前一七八年)卒。详见本书《陈丞相世家》。〔14〕"全兵",谓匈奴的士兵全用短兵器,且无盾牌之类防御弩箭。按:旧注对"全兵"的解释均难令人满意,此处姑用清人沈钦韩、周寿昌二家之说。见王先谦《汉书补注》。 〔15〕"弩",一种用机关发射的弓,比手挽弓弹力强,射程远。"傅",通"附"。

【译文】七年冬,皇帝亲自率兵征讨韩王信,在铜鞮击败了他的部队,杀死他的部将王喜,韩王信逃往匈奴。这时,他的部将白土县人曼丘臣和王黄等人立赵国后裔赵利为王,收编了韩王信的败散之卒,并勾结韩王信和冒顿单于谋划攻汉。匈奴派左右贤王率领一万多骑兵和王黄等人的军队,屯驻在广武以南。进兵晋阳,与汉军接战,结果被汉军打得大败。汉军追击到离石县,再次把匈奴等军队击败。继而匈奴又在楼烦西北集结兵力,汉军则出动大队的战车和骑兵击败匈奴的军队。匈奴军节节败退,汉军乘胜追击。汉军得知冒顿单于驻军于代谷。这时皇帝驻兵晋阳,便派人去侦察冒顿单于的军情虚实。侦察兵回来报告说:"可以对匈奴发动攻击。"于是皇帝率军开进平城。在皇帝出城行至白登山时,被匈奴的骑兵包围。皇帝便派人携带丰厚的礼物送给冒顿单于的阏氏,阏氏劝冒顿单于说:"即使得到汉地,也不能长期占据,况且两国君主也不应互相危困啊!"匈奴骑兵包围了七天,才稍稍后撤。这时正好大雾弥天,汉军派人进出,匈奴军队一点也没有察觉。护军中尉陈平对皇帝说:"匈奴骑兵全用短兵器,请命令我们的士兵全用强弩,每张弩搭两支箭,箭头向外,慢慢退出重围。"高祖等人突围后,进入平城。这时汉朝的援军也前来解救,匈奴骑兵便解围而去,高祖也班师回朝。此后,韩王信替匈奴带领军队,不断袭击汉朝的边界地区。

汉十年,信令王黄等说误陈豨。[1]十一年春,故韩王信复与胡骑入居参合,[2]距汉。[3]汉使柴将军击之,[4]遗信书曰:"陛下宽仁,诸侯虽有畔亡,而复归,辄复故位号,不诛也。大王所知。今王以败亡走胡,非有大罪,急自归!"韩王信报曰:"陛下擢仆起闾巷,[5]南面称孤,[6]此仆之幸也。荥阳之事,仆不能死,因于项籍,[7]此一罪也。及寇攻马邑,仆不能坚守,以城降之,此二罪也。今反为寇将兵,与将军争一旦之命,[8]此三罪也。夫种、蠡无一罪,身死亡;[9]今仆有三罪于陛下,而欲求活于世,此伍子胥所以偾于吴也。[10]今仆亡匿山谷间,旦暮乞贷蛮夷,[11]仆之思归,如痿人不忘起,[12]盲者不忘视也,势不可耳。"遂战。柴将军屠参合,斩韩王信。[13]

【注释】[1]"说误",以言语引诱人误入歧途。[2]"参合",汉县名,治所在今山西阳高南。[3]"距",通"拒"。[4]"柴将军",指柴武,刘邦的将领,以功封为棘蒲侯。[5]"仆",自谦之词。"闾巷",犹里巷,泛指民间。[6]"南面",古代帝王接见群臣,面南而坐。故"南面"指帝王而言。"孤",帝王的自谦之词。[7]"因于项籍",这是韩王信对自己投降项羽的一种自解的说法。[8]"一旦之命",一旦即一日,指生死决于时日之间。这是一种外交辞令,即要与你决一生死。[9]"种",即文种,又称大夫种,春秋末年越国大夫。吴国攻破越国,越王句践被困于会稽。文种向越王献计,贿赂吴国太宰嚭,得免亡国。后越国君臣刻苦图强,终于灭掉吴国。后句践听信谗言,将文种赐死。"蠡",指范蠡,又称陶朱公、鸱夷子皮。他与文种同时为越大夫。吴败越时,他曾赴吴当了二年人质。回国后,帮助句践治国图强。灭吴后,功成身退,逃往江湖,以经商致巨富。详见本书《越王句践世家》。[10]"伍子胥",名员,字子胥,春秋时吴国大夫。他助吴王阖闾刺杀吴王僚,夺取王位。整军经武,国势日盛。至吴王夫差时,越国战败求和,他劝吴王夫差拒和。因太宰嚭进谗,伍子胥渐被疏远,最终被赐死。详见本书《吴太伯世家》。"偾",音 fèn。僵仆而死。[11]"乞贷",请求借贷。这里指乞讨。[12]"痿人",瘫痪病人。[13]"柴

将军屠参合,斩韩王信",按本书《樊哙传》、《匈奴传》、《汉书·高帝纪》、《韩王信传》,均称斩韩王信者为樊哙;而《汉书·樊哙传》、《匈奴传》和本传又作柴将军。

【译文】汉十年,韩王信派王黄等人诱劝陈豨谋反。汉十一年春天,韩王信又与匈奴骑兵进驻参合县,抗拒汉军。汉朝派遣柴将军前来征讨。柴将军送给韩王信一封书信,信上说:"皇帝陛下宽和仁爱,诸侯虽有叛逃的,只要能再度归顺,就恢复他原来的地位和名号,不加杀害。这一点,大王您是很清楚的。如今您是因战败才逃到匈奴的,没有什么大罪,请赶快回来!"韩王信回信说:"皇帝陛下把我从民间提拔起来,以至南面称王,这是我的荣幸。但是,在荥阳战役中,我没能奋战而死,却作了项羽的阶下囚,这是我的第一罪。在敌寇进攻马邑城时,我没有坚守,反而献城投降,这是我的第二罪。现在我反而替敌寇率兵,和将军您争生死于一旦,这是我的第三罪。前代的文种和范蠡,他们没有任何罪过,尚且落得一死一逃的下场,如今我在皇帝面前有三大罪,若还想在皇帝手下求生,这正是重蹈当年伍子胥受谗被疏不知离去,最终不免身死吴国的覆辙。如今我逃避在荒山野岭之中,天天靠向蛮夷乞讨过活,我想回归汉朝,就像瘫痪人不忘站起,盲人不忘重见光明那样,但形势不允许啊!"于是两军交战。柴将军杀尽参合的敌兵,并杀死韩王信。

信之入匈奴,与太子俱;[1]及至颓当城,[2]生子,因名曰颓当。韩太子亦生子,命曰婴。至孝文十四年,[3]颓当及婴率其众降汉。汉封颓当为弓高侯,[4]婴为襄城侯。[5]吴楚军时,[6]弓高侯功冠诸将。传子至孙,孙无子,失侯。婴孙以不敬失侯。[7]颓当孽孙韩嫣,[8]贵幸,名富显于当世。其弟说,再封,数称将军,卒为案道侯。[9]子代,岁余坐法死。后岁余,说孙曾[10]拜为龙额侯,[11]续说后。

【注释】[1]"太子",韩王信的太子。[2]"颓当城",旧注说,县名,在匈奴。不知今地所在。"颓",音 tuí。[3]"至孝文十四年",清人梁玉绳说"十四"当作"十六"。见《史记志疑》卷三十二。按,本书《惠景间侯者年表》、《汉书·高惠高后文功

臣表》均作"十六年"。 〔4〕"弓高",汉县名,治所在今河北阜城西南。 〔5〕"襄城",汉县名,治所在今河南襄城。 〔6〕"吴楚军时",指吴楚七国之乱。文帝、景帝时,采纳贾谊、晁错的建议,逐步削弱诸王国的势力,以巩固中央政权。景帝前元三年(公元前一五四年),吴王刘濞和楚、赵、胶东、胶西、济南、淄川等七国发动叛乱,不久即被平定。 〔7〕"婴孙以不敬失侯",按本书《惠景间侯者年表》和《汉书·高惠高后文功臣表》均称婴子泽之于元朔四年坐诈病不从,不敬国除。此言"孙",误。 〔8〕"韩嫣",字王孙,为汉武帝的幸臣,官至上大夫。后被武帝太后赐死。详见《汉书·佞幸传》。 〔9〕《汉书·韩王信传》叙韩说事较详:"嫣弟说,以校尉击匈奴,封龙额侯,后坐酎金失侯。复以待诏为横海将军,击破东越,封按道侯。" 〔10〕"曾",《汉书·韩王信传》作"增"。 〔11〕"子代",以下疑有讹误。《汉书·韩王信传》称:韩说之子兴嗣按道侯,坐巫蛊诛。乃复封兴弟增为龙额侯。则增为兴弟、说子,非说之孙。详见《史记志疑》卷三十二。

【译文】在韩王信逃往匈奴时,他的太子和他在一起。到了穨当城,韩王信又一个儿子降生,因取名为穨当。这时他的太子也生了一个儿子,取名婴。后来到汉文帝十四年,韩穨当和韩婴率领部下投降汉朝,汉朝封韩穨当为弓高侯,封韩婴为襄城侯。在平定吴楚七国之乱中,弓高侯韩穨当功盖诸将。侯爵传给儿子和孙子,因他的孙子没有后嗣,便失去侯爵。韩婴的孙子因犯不敬朝廷之罪,侯爵被废除。韩穨当的庶孙韩嫣,因受汉武帝的宠幸而富贵,在当时名声十分显赫。韩嫣的弟弟韩说,再封为龙额侯。他多次被任命为将军,最后被封为案道侯。他的儿子继为侯,嗣侯一年多时间,因犯法被处死。又过了一年多时间,韩说的孙子韩曾被封为龙额侯,以延续韩说的爵嗣。

卢绾者,〔1〕丰人也,〔2〕与高祖同里。〔3〕卢绾亲与高祖太上皇相爱,〔4〕及生男,高祖、卢绾同日生,里中持羊酒贺两家。及高祖、卢绾壮,俱学书,又相爱也。里中嘉两家亲相爱,生子同日,壮又相爱,复贺两家羊酒。高祖为布衣时,〔5〕有吏事辟匿,〔6〕卢绾常随出入上下。及高祖初起沛,卢绾以客从,入汉中为将军,常侍中。〔7〕从东击项籍,以太尉常从,〔8〕出入卧内,衣被饮食赏赐,

群臣莫敢望,虽萧曹等,〔9〕特以事见礼,至其亲幸,莫及卢绾。绾封为长安侯。长安,故咸阳也。〔10〕

【注释】〔1〕"绾",音 wǎn。 〔2〕"丰",秦时沛县之乡名,汉置为县,治所在今江苏丰县。 〔3〕"与高祖同里",卢绾与刘邦俱为沛县丰邑之中阳里人。"里",民户聚居处。古时二十五家为一里,为最基层的居民组织单位。 〔4〕"亲",这里指父亲。"太上皇",指刘邦的父亲。刘邦称帝后,封其父为"太上皇",以示尊崇。 〔5〕"布衣",平民百姓。 〔6〕"吏事",吃官司。按本书《高祖本纪》,刘邦任亭长时,曾送刑徒去骊山,中途多逃亡。刘邦便纵去刑徒,自己也逃避在芒山和砀山一带。可能即指此事。 〔7〕"侍中",即侍奉于内之意。此言卢绾与刘邦关系十分密切。 〔8〕"太尉",官名,秦、西汉均设,为全国军事首脑,与丞相、御史大夫合称三公。 〔9〕"萧",指萧何,沛(今江苏沛县)人。原为沛县吏,后佐助刘邦定天下。楚汉战争中,他留守关中,输送粮饷,对战胜项羽,起了重要作用。刘邦入咸阳后,他收取秦政府律令图书,掌握了全国山川险要及郡县户口情况。汉初的律令,多出其手。以功封为酂侯,并任汉第一任丞相。惠帝二年(公元前一九三年)卒。详见本书《萧相国世家》。"曹",指曹参,亦沛县人。秦时曾为狱吏,后从刘邦起义,屡建战功,被封为平阳侯。他继萧何为丞相。一遵萧何约束,人称萧规曹随。惠帝五年(公元前一九〇年)卒。详见本书《曹相国世家》。 〔10〕"长安,故咸阳也",长安在秦时为乡名,属右内史,治咸阳。汉五年置为县,同年定为国都,七年迁都于此。其地在今陕西西安西北。

【译文】卢绾是沛县丰乡人,和高祖是同里街坊。卢绾的父亲和高祖的父亲很要好,两家有了儿子,高祖和卢绾同一天出生。邻里街坊便牵羊抬酒向两家祝贺。等高祖和卢绾长大以后,一起读书学习,也成为好朋友,邻里街坊称赞两家父亲很要好,同一天得子,儿子大了又是好朋友,便又拿羊酒向两家祝贺。在高祖还是平民百姓时,曾因为逃避官司而隐藏起来,卢绾就常常跟随高祖进出出出,上下奔跑。高祖起初在沛县起义,卢绾以宾客的身分相随。高祖进入汉中以后,卢绾被任命为将军,常在左右侍奉。后又跟随高祖东击项羽,以太尉的身份侍从。他可以自由出入高祖的卧室,至于得到衣被饮食等赏赐,群臣连想都不敢想。即使像萧何、

曹参这样的重臣，只不过因职务的关系受到礼遇，至于说到亲密程度，那是赶不上卢绾的。卢绾被封为长安侯。长安，在秦时属于咸阳。

汉五年冬，以破项籍，乃使卢绾别将，与刘贾击临江王共尉，〔1〕破之。七月还，从击燕王臧荼，〔2〕臧荼降。高祖已定天下，诸侯非刘氏而王者七人。〔3〕欲王卢绾，为群臣觖望。〔4〕及虏臧荼，乃下诏诸将相列侯，择群臣有功者以为燕王。群臣知上欲王卢绾，皆言曰："太尉长安侯卢绾常从平定天下，功最多，可王燕。"诏许之。汉五年八月，〔5〕乃立卢绾为燕王。诸侯王得幸莫如燕王。

【注释】〔1〕"刘贾"，刘邦的堂兄。汉元年，刘邦从汉中还定三秦，刘贾为将军，领兵定塞地。后又联合彭越招致楚大司马周殷，共败项羽。又率军攻破临江王共尉。汉六年被封为荆王。汉十一年英布反，被英布所杀。"临江王共尉"，共敖之子。汉元年，项羽大封诸侯，封义帝之柱国共敖为临江王。敖死，共尉嗣位。临江国，都江陵（今湖北江陵）。辖境约当今湖北武汉以西，四川巫山以东，襄樊以南，江陵以北地。 〔2〕"臧荼"，原为燕王韩广部将。曾率燕军救赵，后随项羽入关。项羽将燕地分为二，徙燕王韩广王辽东，而以燕、蓟（今河北北部）王臧荼。后臧荼背楚归汉，仍为燕王。汉五年十月反，被俘。 〔3〕"诸侯非刘氏而王者七人"，为楚王韩信、梁王彭越、长沙王吴芮、淮南王英布、赵王张敖、韩王信、燕王臧荼。 〔4〕"觖望"，怨望，有意见。"觖"，音 jué。 〔5〕"八月"，本书《秦楚之际月表》《汉兴以来将相名臣年表》和《汉书·异姓诸侯王表》均作"后九月"。

【译文】汉五年冬天，因已经消灭了项羽，高祖便派卢绾别领一军，与刘贾一起，消灭了临江王共尉。七月班师，又跟随高祖去征讨燕王臧荼，结果臧荼被俘投降。高祖已平定了天下，这时诸将非刘姓被封王的有七人，高祖打算封卢绾为王，又担心群臣有意见。在俘虏了臧荼之后，高祖便向诸将相列侯下令，让他们在群臣中推举有功劳的将领封为燕王。群臣都知道皇帝打算封卢绾为王，都说："太尉长安侯卢绾，长年跟随皇帝平定天下，功劳最大，可立为燕王。"高祖即下诏准许。汉五年八月，便立卢绾为燕王。诸侯王中，凡是得到高祖亲幸的，都比不上卢绾。

汉十一年秋，〔1〕陈豨反代地，〔2〕高祖如邯郸击豨兵，〔3〕燕王绾亦击其东北。当是时，陈豨使王黄求救匈奴。燕王绾亦使其臣张胜于匈奴，言豨等军破。张胜至胡，故燕王臧荼子衍出亡在胡，见张胜曰："公所以重于燕者，以习胡事也。燕所以久存者，以诸侯数反，〔4〕兵连不决也。今公为燕欲急灭豨等，豨等已尽，次亦至燕，公等亦且为虏矣。公何不令燕且缓陈豨而与胡和？〔5〕事宽，得长王燕；即有汉急，可以安国。"张胜以为然，乃私令匈奴助豨等击燕。燕王绾疑张胜与胡反，上书请族张胜。〔6〕胜还，具道所以为者。燕王寤，〔7〕乃诈论它人，〔8〕脱胜家属，使得为匈奴间，〔9〕而阴使范齐之陈豨所，欲令久亡，〔10〕连兵勿决。

【注释】〔1〕"十一年秋"，本书《高祖本纪》作"十年八月"，《汉书·高帝纪》作"十年九月"。 〔2〕"陈豨"，事迹见下文。 〔3〕"如"，至。 〔4〕"数"，音 shuò。屡次、多次。 〔5〕"和"，联合。 〔6〕"族"，即灭族之罪。 〔7〕"寤"，同"悟"。 〔8〕"论"，定罪。 〔9〕"间"，音 jiàn。密使。 〔10〕"亡"，流亡、反叛。

【译文】汉十一年秋天，陈豨在代地反叛，高祖到邯郸征讨陈豨的反叛部队，燕王卢绾也率兵从东北方向进攻陈豨。在这个时候，陈豨派王黄去匈奴求救。燕王卢绾也派遣他的臣子张胜去匈奴，通告匈奴说，陈豨等人的军队已被击溃。张胜到了匈奴，这时原燕王臧荼的儿子臧衍已逃在匈奴，见到张胜，便对他说："您之所以被燕国重用，只不过因您熟悉匈奴的情况罢了。燕国之所以能长久存在，是因为诸侯屡屡造反、战事连绵不断的结果。现在您替燕国实力，想尽快消灭陈豨等人，若陈豨等人被消灭尽，那么被灭亡的命运该轮到燕国头上了，你们这些人，也将成为汉朝的阶下囚！您何不想法让燕王暂缓进攻陈豨，并且与匈奴联盟？这样做，形势可以得到缓解，燕王也就可以长久称王了。即使汉朝发难，也可以保全国家。"张胜觉得他的话很有道理，便自作主张请匈奴帮助陈豨进攻燕国。燕王卢绾怀疑张胜和匈奴勾结进行反叛，便上奏朝廷，请求族灭张胜的家属。张胜从匈奴回来，详细回报了他这样做的原因,燕王卢绾这才霍然省悟,便欺骗朝廷,找了一家替死鬼代死,释放了张胜的家属,让张胜安心作联络匈奴的密探。同时又秘密派范齐到陈豨那里,想让他长久地反叛骚扰,使战事连年不断。

　　汉十二年,东击黥布,[1]豨常将兵居代,汉使樊哙击斩豨。[2]其裨将降,[3]言燕王绾使范齐通计谋于豨所。高祖使使召卢绾,[4]绾称病。[5]上又使辟阳侯审食其、御史大夫赵尧往迎燕王,[6]因验问左右。绾愈恐,闭匿,谓其幸臣曰:"非刘氏而王,独我与长沙耳。[7]往年春,汉族淮阴,夏,诛彭越,皆吕后计。今上病,属任吕后。[8]吕后妇人,专欲以事诛异姓王者及大功臣。"乃遂称病不行。其左右皆亡匿。语颇泄,辟阳侯闻之,归具报上,上益怒。又得匈奴降者,降者言张胜亡在匈奴,为燕使。于是上曰:"卢绾果反矣!"使樊哙击燕。燕王绾悉将其宫人家属骑数千居长城下,候伺,[9]幸上病愈,自入谢。四月,高祖崩,[10]卢绾遂将其众亡入匈奴,匈奴以为东胡卢王。[11]绾为蛮夷所侵夺,常思复归。居岁余,死胡中。

　　【注释】[1]"黥布",六(今安徽六安)人。本姓英,因曾受黥刑,故又称黥布。秦末,率骊山刑徒起义。先归项羽,被立为九江王,后归刘邦,被封为淮南王。汉十一年(公元前一九六年)反叛,战败被杀。详见本书《黥布列传》。[2]"樊哙",沛(今江苏沛县)人。初以屠狗为业,从刘邦起义。在夺取天下和平定异姓王的斗争中,多立战功。在鸿门宴上保护刘邦。入汉,被封为舞阳侯。因其娶吕后之妹吕须为妻,故特受亲幸。先后任左丞相、相国。惠帝六年(公元前一八九年)卒。详见本书《樊郦滕灌列传》。[3]"裨将",副将。[4]"使使",上"使"字为动词,派遣;下"使"字为名词,使者。[5]"称病",诡说生病。[6]"审食其",沛(今江苏沛县)人。刘邦在彭城战败,项羽掠刘邦的父亲和吕后为人质,审食其侍奉吕后甚谨,因而很受亲幸。汉初,被封为辟阳侯。后任左丞相,常在宫中侍奉吕后。后被淮南王刘长所杀。"食其",音 yì jī。"御史大夫",掌监察执法以及重要文书图籍。与丞相、太尉合称三公。丞相位缺,往往以御史大夫升任。"赵尧",初为御史大夫周昌属下的符玺御史。

赵尧向刘邦推荐周昌任赵王相,以保全赵王如意。他继任御史大夫。吕后当政时,得知他曾为赵王谋画,将他免官抵罪。[7]"长沙",指长沙王吴臣。[8]"属",音 zhǔ。通"嘱",托付。[9]"候伺",侦察、刺探。[10]"崩",封建社会里,帝后死称"崩"。[11]"东胡卢王",即东胡王,因其姓卢,故称。时冒顿单于击破东胡(在今西辽河上游老哈河、西喇木伦河流域),以其地封卢绾。

　　【译文】汉十二年,高祖率军东进,征讨反叛的黥布。这时陈豨率军常在代地驻扎,汉朝派樊哙去征讨,陈豨兵败被杀。陈豨的部将投降,供出卢绾曾派范齐到陈豨处策划阴谋。于是高祖派遣使臣召卢绾进京,卢绾推说有病,不肯前往。高祖又派辟阳侯审食其、御史大夫赵尧去迎接燕王,并乘机向燕王左右的人调查燕王的阴谋。卢绾愈发恐慌,便躲藏起来,对他的宠信的臣子说:"现在不是刘家人而在王位的,只剩下我和长沙王吴臣了。去年春天,族灭了淮阴侯韩信,夏天又杀掉彭越,这都是吕后的主意。现在皇帝病重,让吕后处理国事。吕后出于妇人之见,一心想找借口杀掉异姓王和建立大功的臣子。"于是仍旧装病,不赴京师。这时,他左右的臣子都逃的逃、藏的藏,卢绾上面的谈话也稍稍泄露出来,并传到审食其的耳朵里。审食其回朝,把调查的情况报告给高祖,高祖听了,非常恼火。这时正巧押送来匈奴的降人,降人供出张胜潜在匈奴,是燕国派去的密使。于是高祖说:"卢绾果然反了!"便派樊哙去征讨燕国。燕王卢绾把他的宫人和家眷以及数千骑兵暂时安顿在长城脚下,并随时刺探朝廷的动静,希望高祖病好之后,亲自进京请罪。就在这年四月,高祖逝世,卢绾便率领部下,逃入匈奴,匈奴封他为东胡卢王。由于卢绾在东胡不断受蛮夷的侵袭掠夺,常常想再归汉朝。但过了一年多时间,就死在那里。

　　高后时,卢绾妻子亡降汉,会高后病,不能见,舍燕邸,[1]为欲置酒见之。高后竟崩,不得见。卢绾妻亦病死。

　　【注释】[1]"舍",动词,安顿居住。"邸",汉代诸王在京城设馆所,以供朝见皇帝时居住。犹今之驻京办事处。

　　【译文】吕后当政时,卢绾的妻子儿子逃回,向汉朝投降。这时吕后正在病中,不能接见,便把他们先安置在燕国驻京的馆舍里,还打算设酒宴招待他们。但吕后却在这时病逝,他们没有得到接见。卢绾的妻子后来也病死了。

孝景中六年,[1]卢绾孙他之,以东胡王降,封为亚谷侯。[2]

【注释】[1]"孝景中六年",景帝刘启在位期间,纪年分为前元、中元、后元三段。中元六年当公元前一四四年。按,"六年",本书《惠景间侯者年表》、《汉书·景武昭宣元成功臣表》作"五年"。[2]"亚谷",地名,不知今地所在。旧注说在河内,是当在今河南北部。

【译文】景帝中元六年,卢绾的孙子卢他之以东胡王的身分来降,景帝封他为亚谷侯。

陈豨者,[1]宛朐人也,[2]不知始所以得从。[3]及高祖七年冬,韩王信反,入匈奴,上至平城还,乃封豨为列侯,[4]以赵相国将监赵、代边兵,[5]边兵皆属焉。

【注释】[1]"豨",音 xī。[2]"宛朐",音 yuān qù。汉县名,治所在今山东荷泽西南。[3]"不知始所以得从",按《汉书·高惠高后文功臣表》载:"以特将军率五百人前元年从起宛朐。"[4]"乃封豨为列侯",按,陈豨封号为阳夏侯,时在汉六年。见本书《高祖功臣侯者年表》。[5]"相国",汉代各王国亦如中央之制,设相国或相,由中央派遣,协助国王。

【译文】陈豨是宛朐县人。不知他在什么时候什么情况下跟随高祖的。汉七年冬,韩王信反叛,逃入匈奴,高祖从平城回来,封陈豨为列侯,并让他以赵国相国的身分统领监督赵、代的边兵,边兵都归他指挥。

豨常告归过赵,[1]赵相周昌见豨宾客随之者千余乘,[2]邯郸官舍皆满。豨所以待宾客布衣交,皆出客下。[3]豨还之代,周昌乃求入见。见上,具言豨宾客盛甚,擅兵于外数岁,恐有变。上乃令人覆案豨客居代者财物诸不法事,[4]多连引豨。豨恐,阴令

客通使王黄、曼丘臣所。[5]及高祖十年七月,太上皇崩,使人召豨,豨称病甚。九月,遂与王黄等反,自立为代王,劫略赵、代。

【注释】[1]"常",通"尝",曾经。"告归",请假回家探亲。[2]"周昌",沛(今江苏沛县人)。秦时,与其从兄周苛俱为泗水郡卒史。从刘邦起义,封汾阴侯。后任御史大夫。刘邦派他任赵王如意之相,以图身后保全赵王。吕后当政时,征回周昌,害死赵王如意,周昌郁郁而死。详见本书《张丞相列传》。[3]"皆出客下",此言陈豨屈己待客、礼贤下士。[4]"覆案",审察检验。[5]"王黄、曼丘臣",二人皆白土(今内蒙古伊克昭盟旧鄂尔多斯左翼中旗南)人。商人出身,原为韩王信部将,信逃入匈奴,二人立赵国后裔赵利为王,勾结匈奴攻汉。此时陈豨通使二人,企图与之联合。

【译文】陈豨曾经请假回老家,路过赵国,赵相周昌看到跟随他的宾客所乘的车有一千多辆,把邯郸所有的官舍都住满了。陈豨对待宾客和贫贱时的朋友,都能做到屈尊礼遇。陈豨回到代地之后,周昌便要求进京朝见。他见到高祖,便把陈豨宾客众多的情况,详细作了报告。并且指出,陈豨独揽兵权,在外数年,恐怕会发生变故。于是高祖便派人调查陈豨住在代地宾客的财产和种种不法行为。调查结果,大都牵连到陈豨头上。陈豨很害怕,暗中派宾客去王黄、曼丘臣那里联络。汉十年七月,高祖的父亲病逝,高祖派人召陈豨进京,陈豨推说病重,不肯去。九月,便和王黄等人反叛,自立为代王,在赵、代附近抢劫掠夺。

上闻,乃赦赵、代吏人为豨所诖误劫略者,[1]皆赦之。上自往,至邯郸,喜曰:"豨不南据漳水,[2]北守邯郸,知其无能为也。"赵相奏斩常山守、尉,[3]曰:"常山二十五城,豨反,亡其二十城。"上问曰:"守、尉反乎?"对曰:"不反。"上曰:"是力不足也。"赦之,复以为常山守、尉。上问周昌曰:"赵亦有壮士可令将者乎?"对曰:"有四人。"四人谒,上谩骂曰:"竖子能为将乎?"四人惭伏。上封之各千户,以为将。左右谏曰:"从入蜀、汉,伐楚,功未徧行,[4]今此何功而封?"上曰:"非若所知!陈豨反,邯郸以北皆豨

有,吾以羽檄征天下兵,[5]未有至者,今唯独邯郸中兵耳。吾胡爱四千户封四人,[6]不以慰赵子弟!"皆曰:"善。"于是上曰:"陈豨将谁?"曰:"王黄、曼丘臣,皆故贾人。"[7]上曰:"吾知之矣。"乃各以千金购黄、臣等。[8]

【注释】[1]"讹误",连累、贻误。"讹",音guà。 [2]"漳水",即漳河,发源于山西东部,流经今邯郸以南、安阳以北河北、河南二省交界处,东流注入卫河。 [3]"常山",汉郡名,治所在元氏(今河北元氏西北)。辖境约当今河北唐河以南,京广路以西(新乐、正定、石家庄除外),内丘以北之地。"守",即郡守,郡的行政长官。"尉",即郡尉,郡的军事长官。 [4]"功未徧行",有功劳的人还没有普遍受到封赏。 [5]"羽檄",征调文书,插羽毛以表示紧急。 [6]"胡",何。"爱",吝惜。 [7]"贾",音gǔ。古代商贾有别,行曰商,坐曰贾。 [8]"千金",即千斤黄金。汉代一斤当今二百五十八克。"购",悬赏缉捕。

【译文】高祖听到陈豨反叛的消息,便下了赦免令:赵、代吏民中,凡是受陈豨的蒙蔽参与抢劫掠夺的,都赦免不究。同时高祖亲自率军征讨,来到邯郸,高祖庆幸地说:"陈豨不采取南据漳水北守邯郸的战略,我就断定他不会有什么作为。"赵相周昌上奏,请求斩掉常山郡的郡守、郡尉,并申述理由说:"常山郡有二十五座城池,陈豨反叛之时,就失陷了二十座。"高祖问:"郡守、郡尉参与反叛了吗?"回答说:"没有。"高祖说:"这是力量不足的缘故。"就赦免了他们,并仍任命他们为常山郡的守、尉。高祖问周昌:"赵国是否有勇武之士可以委任为将领的人物呢?"周昌回答说:"有四人。"四位勇士前来进见,高祖便谩骂这些人说:"你们这伙小子哪能当将领呢!"那四个人满面羞愧地被镇服了。但是高祖不但封给他们每人一千户的食邑,而且还委任他们做将领。高祖左右的人进谏说:"跟随您进入蜀汉、讨伐项羽的有功将领,至今还没有普遍受到封赏,现在这四个人有什么功劳而封赏他们呢?"高祖说:"这就不是你们所能理解的了。陈豨反叛以后,邯郸以北地区都被他占据。我用紧急文书征调天下诸侯的军队,至今还没有赶到的,现在可供调遣的只有邯郸的军队了。我怎么能吝惜四千户封给这四人,不以此来慰藉赵国的子弟呢?"左右的人都同声说:"对极了。"于是高祖问道:"陈豨委任谁

为将领?"左右的人回答说:"王黄和曼丘臣,他们以前都是买卖人。"高祖说:"我知道怎么办了。"于是悬赏捉拿王黄、曼丘臣等人,捉拿一人,赏给千金。

十一年冬,汉兵击斩陈豨将侯敞、王黄于曲逆下,[1]破豨将张春于聊城,[2]斩首万余。太尉勃入定太原、代地。[3]十二月,上自击东垣,[4]东垣不下,卒骂上;东垣降,卒骂者斩之,不骂者黥之。[5]更命东垣为真定。王黄、曼丘臣其麾下受购赏之,[6]皆生得,以故陈豨军遂败。

【注释】[1]"汉兵击斩陈豨将侯敞、王黄于曲逆下",按"王黄"二字应为衍文。下文称"王黄、曼丘臣其麾下受购赏之,皆生得。"是王黄在此之前并未被斩。"曲逆",汉县名,治所在今河北完县东南。 [2]"聊城",汉县名,治所在今山东聊城西北。 [3]"勃",即周勃,沛(今江苏沛县)人。初以织苇薄为业,后从刘邦起义。在夺取天下及平定异姓诸王的斗争中,多立战功,被封为绛侯。先后任太尉、右丞相。在诛除诸吕安定刘氏的事件中起了重要作用。文帝前元十一年(公元前一六九年)卒。详见本书《绛侯周勃世家》。"太原",汉郡名,治所在晋阳(今山西太原西南古城营)。辖境约当今山西五台山,管涔山以南,霍山以北之地。"代",汉郡名,治所在代(今河北蔚县西北)。辖境约当今河北怀安、蔚县以西,山西阳高、浑源以东,和长城外的东洋河流域。 [4]"东垣",秦县名,汉初改名真定,治所在今河北正定南。 [5]"不骂者黥之","黥",本书《高祖本纪》作"原"。 [6]"麾下",即部下。

【译文】十一年冬天,汉军向陈豨的部将发动攻击,在曲逆县杀死侯敞,在聊城打败张春,共斩敌兵一万多人。此时太尉周勃平定了太原郡和代郡。十二月,高祖亲率大军攻打东垣城,没有攻下,守城兵卒大骂高祖。后来东垣城守军投降,便把大骂高祖的士卒斩首,没骂的处以黥刑。高祖下令,把东垣县改名为真定县。王黄和曼丘臣二人,因他们的部下接受了赏金,所以被活捉。至此,陈豨的军队遂告失败。

上还至洛阳。上曰:"代居常山北,[1]赵乃从山南有之,远。"乃立子恒为代王,[2]都中都,[3]代、雁门皆属代。[4]

【注释】〔1〕"常山",山名,即恒山,因避汉文帝刘恒讳,改名常山。在今河北曲阳与山西交界处。 〔2〕"恒",刘恒,刘邦第四子,薄姬所生,后由代王即皇帝位,为汉文帝。 〔3〕"中都",古城邑名,汉置县,治所在今山西平遥西南。本书《高祖本纪》《汉书·高帝纪》,都作"晋阳"。旧注以为曾迁都中都。 〔4〕"雁门",汉郡名,治所在善无(今山西右玉南)。辖境约当今山西河曲、五寨、宁武以北,恒山以西,内蒙古黄旗海、岱海以南地。

【译文】高祖回到洛阳,便下令说:"代郡在恒山以北,赵国从山南行使治理权,未免太远了。"于是立他的儿子刘恒为代王,王都设在中都县,代郡、雁门郡都划为代国领土。

高祖十二年冬,樊哙军卒追斩豨于灵丘。〔1〕

【注释】〔1〕"灵丘",汉县名,治所在今山西灵丘。本书《高祖本纪》称:"斩陈豨于当城。"按,当城在今蔚县东北,与此地望不合。

【译文】十二年冬天,樊哙所率领的士兵追击陈豨,在灵丘县把他杀死。

太史公曰:韩信、卢绾非素积德累善之世,徼一时权变,〔1〕以诈力成功,遭汉初定,故得列地,〔2〕南面称孤。内见疑强大,〔3〕外倚蛮貉以为援,〔4〕是以日疏自危,事穷智困,卒赴匈奴,岂不哀哉!陈豨,梁人,其少时数称慕魏公子;〔5〕及将军守边,招致宾客而下士,名声过实。周昌疑之,疵瑕颇起,惧祸及身,邪人进说,遂陷无道。於戏悲夫!〔6〕夫计之生孰成败于人也深矣!〔7〕

【注释】〔1〕"徼",音 jiǎo。侥幸。"权变",随机应变。 〔2〕"列",同"裂"。 〔3〕"内",指朝廷。"见疑",被猜疑。 〔4〕"蛮貉",泛指边远地区的民族,这里指匈奴而言。"貉",音 mò。 〔5〕"称慕",称颂羡慕。"魏公子",战国时魏国的信陵君魏无忌,魏安釐王之弟。他广收门客,礼贤下士,名声很高。与赵国的平原君赵胜、齐国的孟尝君田文、楚国的春申君黄歇,并以贵公子执政,称为战国四公子。 〔6〕"於戏",叹词,同"呜乎"。 〔7〕"孰",通"熟"。

【译文】太史公说:韩王信和卢绾,他们并非出身于行善积德的世家,只是徼幸靠一时的随机应变、用欺诈和暴力获得成功。当时汉朝刚刚平定天下,所以他们才能够分封领土南面称王。但因他们力量强大,受到朝廷的猜疑,于是便外依蛮夷作为援助,因此日益被朝廷疏远,自己感到处境岌岌可危,穷途末路,无计可施,终于逃奔匈奴。这种下场不是很可悲吗?陈豨本是梁地人,他年轻时就羡慕魏公子无忌的为人。当他受命领兵守边之时,便广收宾客,屈尊待士,名声大于他的实力和地位。因而引起周昌的怀疑,对他的指责也接踵而来。他因害怕灾祸临头,加上奸邪之徒的游说恐吓,于是陷入叛逆的深渊。啊啊,可悲呀!谋虑的成熟与否,决定着事业的成败,这对人一生的影响实在是太深远了。

史记卷九十四

田儋列传第三十四

田儋者，狄人也，[1] 故齐王田氏族也。[2] 儋从弟田荣，荣弟田横，皆豪，[3] 宗强，能得人。

【注释】〔1〕"狄"，秦县名，治所在今山东高青东南。东汉时改名临济。　〔2〕"田氏"，春秋时，陈厉公之子陈完，因避祸自陈奔齐，改姓田氏（陈、田古音相近）。数传至田成子（田常），遂专齐国之政。周安王十六年（公元前三八六年），周天子正式承认田和为诸侯。田氏自此遂有齐国。直至秦始皇二十六年（公元前二二一年），秦虏齐王田建，田齐亡。详见本书《田敬仲完世家》。　〔3〕"豪"，杰出的人才。

【译文】田儋是狄县人，他是战国时齐王的族人。他的堂弟田荣和田荣的弟弟田横，都是才能出众的人物，宗族势力又强大，所以能得到人们的拥护。

陈涉之初起王楚也，使周市略定魏地，[1] 北至狄，狄城守。田儋详为缚其奴，[2] 从少年之廷，[3] 欲谒杀奴。[4] 见狄令，因击杀令，而召豪吏子弟曰："诸侯皆反秦自立，齐，古之建国，[5] 儋，田氏，当王。"遂自立为齐王，发兵以击周市。周市军还去，田儋因率兵东略定齐地。

【注释】〔1〕"周市"，陈涉部将。陈涉称王之后，令周市攻取魏地，攻下后，迎立魏国后裔魏咎为王，自任魏相。后被秦将章邯杀害。详见本书《陈涉世家》。"市"，音 fú。　〔2〕"详"，通"佯"，伪装。〔3〕"廷"，县廷，县令办公的地方。　〔4〕"谒杀奴"，"谒"，进见。古时处死奴隶，要请示官府。此言田儋拜见县令，伪称请求杀死奴隶。　〔5〕"建国"，封

国。

【译文】在陈涉初起并在楚地称王的时候，陈涉派遣周市去攻取魏地，进兵至狄县，秦狄县令据城坚守。田儋便把一个家奴捆绑起来，作为伪装，带领一帮年轻人来到县公堂，声言要进见县令，请求杀掉家奴。县令出来接见，田儋便乘机把县令杀死。然后田儋把那些强悍的吏卒和一帮年轻人召集在一起，对他们说："现在各地诸侯都已起兵反秦，自立为王。齐国自古就是封国，我田儋是田氏宗族，应当称王。"于是自立为齐王。发兵进攻周市，周市率军退走。田儋领兵东进，平定齐地。

秦将章邯围魏王咎于临济，[1] 急。魏王请救于齐，齐王田儋将兵救魏。章邯夜衔枚击，[2] 大破齐、魏军，杀田儋于临济下。儋弟田荣收儋余兵东走东阿。[3]

【注释】〔1〕"章邯"，秦军重要将领。他率军镇压陈涉、项梁等起义军。后兵败，投降项羽，被封为雍王。楚汉战争中，与刘邦作战，兵败自杀。"魏王咎"，战国时魏国后裔。陈涉立其为魏王。后被秦将章邯困于临济，约降后自杀。"临济"，古地名，春秋时属卫国。清人齐召南以为，后汉陈留郡平丘县有临济亭，即此地，为魏王咎所都。见《汉书补注》。故地在今河南长垣南。　〔2〕"衔枚"，古时秘密行军或偷袭敌军，让士兵在口内横衔小木棍，以防出声暴露。　〔3〕"东阿"，汉县名，春秋时为齐国柯邑。其地在今山东阳谷东北。

【译文】秦将章邯把魏王咎包围在临济，形势非常危急。魏王咎向齐国求救，齐王田儋率兵前来救魏。秦将章邯令部下衔枚夜袭，把齐、魏二国军队打得大败，齐王田儋被杀死在临济城下。田儋的

弟弟田荣收拾残余部队向东撤退到东阿县。

齐人闻王田儋死，乃立故齐王建之弟田假为齐王，[1]田角为相，田间为将，以距诸侯。[2]

【注释】[1]"齐王建"，战国时齐襄王田法章之子，公元前二六五年即齐王位。因其不与其他五国共同抗秦，在五国相继被秦灭亡后，公元前二二一年秦将王贲攻齐，虏齐王建，齐灭。详见本书《田敬仲完世家》。[2]"距"，通"拒"。

【译文】齐国人听说齐王田儋已死，便另立战国时齐王建的弟弟田假为齐王，任命田角为国相，田间为将，来抗拒诸侯。

田荣之走东阿，章邯追围之。项梁闻田荣之急，乃引兵击破章邯军东阿下。章邯走而西，项梁因追之。而田荣怒齐之立假，乃引兵归，击逐齐王假。假亡走楚。齐相角亡走赵；角弟田间前求救赵，因留不敢归。田荣乃立田儋子市为齐王，荣相之，田横为将，平齐地。

项梁既追章邯，章邯兵益盛，项梁使使告赵、齐，[1]发兵共击章邯。田荣曰："使楚杀田假，赵杀田角、田间，乃肯出兵。"楚怀王曰：[2]"田假与国之王，穷而归我，杀之不义。"[3]赵亦不杀田角、田间以市于齐。[4]齐曰："蝮螫手则斩手，[5]螫足则斩足。何者？为害于身也。今田假、田角、田间于楚、赵，非直手足戚也，[6]何故不杀？且秦复得志于天下，[7]则龂龁用事者坟墓矣。"[8]楚、赵不听，齐亦怒，终不肯出兵。章邯果败杀项梁，破楚兵，楚兵东走，而章邯渡河围赵于钜鹿。[9]项羽往救赵，由此怨田荣。

【注释】[1]"使使"，上"使"字为动词，派遣；下"使"字为名词，使者。[2]"楚怀王"，熊姓，名心，是战国时楚怀王之孙。秦时在民间为人牧羊。项梁起兵，立他为王，仍称楚怀王，以资号召。项梁死后，项羽自立为西楚霸王，改楚怀王为义帝，并将其迁至长沙，又派人将其杀死于湖南郴县。[3]"田假与国之王，穷而归我，杀之不义"，"与国"，友好国家。按这句话不是出自楚怀王之口，乃项梁所说。本书《项羽本纪》称："项梁曰：'田假为与国之王，穷来从我，不忍杀之。'"楚怀王虽然为王，实权操在项梁手中，这样的大事，不可能由楚怀王来决定。[4]"市"，交易。[5]"蝮"，音 fù。一种毒蛇。"螫"，音 shì。毒蛇咬人。[6]"非直手足戚"，"非直"，非但，不仅仅。"戚"，忧患。此句意为：田假、田角、田间，对于楚、赵二国来说，不仅仅是毒蛇咬人手足的忧患了，而是要危害人的生命。[7]"秦复得志于天下"，若秦朝复辟，再度得到天下。[8]"龂龁"，音 yǐ hé。本义为用侧齿咬，这里引申作伤害。"用事"，当事，指起兵反秦的人。"坟墓"，这里用作动词，指被埋进坟墓。[9]"钜鹿"，秦县名，治所在今河北平乡西南。亦为钜鹿郡治所。

【译文】田荣败退到东阿，章邯紧追不舍，把田荣围困在东阿城中。项梁听说田荣处境危急，便领兵前来救援，在东阿城下打败章邯，章邯向西败退，项梁紧追不舍。田荣对齐人立假为王，十分恼火，便率兵东归，逐走齐王假，田假逃奔楚国；齐相田角逃到赵国；田角的弟弟田间在此之前去赵国求援，就留在赵国不敢回齐。田荣立田儋的儿子田市为齐王，自任相国，田横为将军，平定齐地。

项梁追击章邯，而章邯的军队一路上越聚越多。项梁就派使者去通告赵、齐二国，让他们派兵共同进攻章邯。田荣回答说："假使楚国杀掉田假，赵国杀掉田角和田间，我才肯出兵。"楚怀王说："田假是我的盟国国王，在穷途末路时来投奔我，我若杀掉他，那是不仁不义的。"赵国也不愿杀害田角、田间来和齐国做交易。齐国对楚、赵二国说："假使毒蛇咬着手，则把手砍掉；咬着脚，则把脚砍掉。为什么呢？因为它危害人的生命。现在的田假、田角、田间对于楚、赵二国来说，并非手足之亲，你们为什么不肯杀掉他们呢？再说，如果秦朝再度统一天下，那么起兵反秦的人，都将被送进坟墓！"楚、赵二国不听齐国的劝告，齐国也很怨恨楚、赵二国，始终不肯出兵。秦将章邯终于把项梁击败，并把他杀死。楚军大败，向东退却。章邯则率军渡过黄河，把赵王歇围困在钜鹿。于是项羽前往钜鹿救赵，并由此怨恨田荣。

项羽既存赵，降章邯等，西屠咸阳，灭秦而立侯王也，乃徙齐王田市更王胶东，[1]治即墨。[2]齐将田都从共救赵，因入关，[3]故

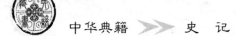
立都为齐王,〔4〕治临淄。〔5〕故齐王建孙田安,项羽方渡河救赵,田安下济北数城,引兵降项羽,项羽立田安为济北王,〔6〕治博阳。〔7〕田荣以负项梁不肯出兵助楚、赵攻秦,故不得王;赵将陈余亦失职,〔8〕不得王:二人俱怨项王。

【注释】〔1〕"更",音 gēng。改。"胶东",国名,汉元年二月,项羽立田市为胶东王。辖境相当今山东平度、莱阳、莱西等县及以南地区。〔2〕"即墨",古城邑名,秦置为县,治所在今山东平度东南。〔3〕"入关",指西进关中、进军咸阳而言。〔4〕此时齐国辖境相当今山东淄博、益都、广饶、临朐等地。〔5〕"临淄",古都邑名,汉置为县,治所在今山东淄博东北。〔6〕"济北",王国名,辖境约相当今山东泰安、莱芜、平阴以北地区。〔7〕"博阳",秦县名,治所在今山东泰安东南。〔8〕"赵将陈余亦失职",指赵王歇与张耳被秦军围困于钜鹿之时,楚国派兵来救援,陈余拥兵数万,不肯进击秦军,以解救赵王和张耳。又因陈余未随项羽入关,故不得封王。

【译文】项羽保全了赵国,降服了章邯等人,并西进屠灭了咸阳,灭亡了秦朝。在大立诸侯王之时,便把齐田市改封为胶东王,王都设在即墨。齐将田都曾跟随项羽共同救赵,并随之入关,因此立田都为齐王,王都设在临淄。战国时齐王建的孙子田安,在项羽渡河救赵的时候,他攻下济北郡好几座城池,率军投降项羽,项羽便立田安为济北王,王都设在博阳。田荣违背项梁的意向,不肯帮助楚、赵共同进攻秦军,因此得不到王位;赵将陈余也因有失职守而不得封王。因此二人都怨恨项羽。

项王既归,诸侯各就国,田荣使人将兵助陈余,令反赵地,而荣亦发兵以距击田都,〔1〕田都亡走楚。田荣留齐王市,无令之胶东。〔2〕市之左右曰:"项王强暴,而王当之胶东,不就国,必危。"市惧,乃亡就国。田荣怒,追击杀齐王市于即墨,还攻杀济北王安。于是田荣乃自立为齐王,尽并三齐之地。〔3〕

【注释】〔1〕"距",同"拒"。〔2〕"无令",不令,不让。〔3〕"三齐",上文之齐王田都、胶东王田市、济北王田安,三王所有之地,都是战国时齐国

的故土,三人又皆为田齐的后裔,故合称三齐。

【译文】项羽东归楚国,被封各王也各自到封国即位。田荣拨派人马去援助陈余,让他在赵地造反。田荣本人则带领人马迎击前来即位的田都,田都败逃到楚国。同时田荣还把田市扣留,不让他去胶东即位。田市左右的人劝田市说:"项王很强暴,大王您本应去胶东,若不去即位,势必遭受项王的迫害。"田市很恐惧,便逃往胶东。田荣大怒,率兵追到即墨,把田市杀死。然后回击,又杀死济北王田安。于是田荣便自立为齐王,吞并了三齐之地。

项王闻之,大怒,乃北伐齐。齐王田荣兵败,走平原,〔1〕平原人杀荣。项王遂烧夷齐城郭,所过者尽屠之。齐人相聚畔之。荣弟横,收齐散兵,得数万人,反击项羽于城阳。〔2〕而汉王率诸侯败楚,入彭城。〔3〕项羽闻之,乃醳齐而归,〔4〕击汉于彭城,因连与汉战,相距荣阳。以故田横复得收齐城邑,立田荣子广为齐王,而横相之,专国政,政无巨细皆断于相。

【注释】〔1〕"平原",秦县名,治所在今山东平原西南。〔2〕"城阳",秦县名,治所在今山东鄄城东南。〔3〕"彭城",秦县名,治所在今江苏徐州。时彭城为项羽的王都。〔4〕"醳",音 shì。通"释"。

【译文】项羽得知田荣自立为王、吞并了三齐的消息,异常愤怒,立即率兵北进伐齐。齐王田荣兵败,退到平原县,被当地人杀死。于是项羽烧平了齐国的城廓,楚军所过之处,大肆屠杀,齐国人相聚背叛项羽。田荣的弟弟田横,收聚齐军败散兵卒,得到好几万人,在阳城向项羽发动反攻。这时汉王刘邦率领各路将领 击败楚军,攻入楚国的都城彭城。项羽听到这一消息,便停止进攻齐国,收兵回楚,攻击占领彭城的汉军。从此便接连对汉作战,直至楚、汉双方对峙于荣阳。由于楚、汉相争,田横抓住这个机会,收复了齐国的城邑,立田荣的儿子田广为齐王,田横自任相国。他独揽朝政,政事不论大小,都由他来决断。

横定齐三年,汉王使郦生往说下齐王广及其相国横。〔1〕横以为然,解其历下军。〔2〕

汉将韩信引兵且东击齐。〔3〕齐初使华无伤、田解军于历下以距汉,汉使至,乃罢守战备,纵酒,且遣使与汉平。〔4〕汉将韩信已平赵、燕,用蒯通计,〔5〕度平原,袭破齐历下军,因入临淄。齐王广、相横怒,以郦生卖己,而亨郦生。〔6〕齐王广东走高密,〔7〕相横走博阳,守相田光走城阳,〔8〕将军田既军于胶东。楚使龙且救齐,〔9〕齐王与合军高密。汉将韩信与曹参破杀龙且,〔10〕虏齐王广。汉将灌婴追得齐守相田光,〔11〕至博阳,而横闻齐王死,自立为齐王,还击婴,婴败横之军于嬴下。〔12〕田横亡走梁,〔13〕归彭越。〔14〕彭越是时居梁地,中立,且为汉,且为楚。韩信已杀龙且,因令曹参进兵破杀田既于胶东,使灌婴破杀齐将田吸于千乘。〔15〕韩信遂平齐,乞自立为齐假王,〔16〕汉因而立之。

【注释】〔1〕"郦生",即郦食其,高阳(今河南杞县南)人。秦时为里监门吏,后归刘邦,成为刘邦的说客,常奉命游说诸侯。"食其",音 yì jǐ。"说下",劝说而使之归服。郦食其游说田广之词,详见本书《郦生陆贾列传》。〔2〕"历下",古城邑名,战国时属齐,汉置历城县,治所在今山东济南西。〔3〕"且",将要。〔4〕"平",议和。〔5〕"蒯通计",指蒯通向韩信献计,趁齐国准备与汉议和之机,齐军无备,进兵袭击。详见本书《淮阴侯列传》。"蒯通",即蒯彻,因避汉武帝讳,史文改为"通"。范阳(今河北定兴南,一说山东范县)人,是当时著名的辩士。他曾替武臣谋画,降服赵地三十余城。其事迹详见《汉书·蒯通传》。〔6〕"亨",通"烹",把人煮死。古代酷刑之一种。〔7〕"高密",秦县名,治所在今山东高密西南。〔8〕"守相",指以国相的身份专主居守。〔9〕"龙且",项羽的骁将。"且",音 jū。〔10〕"曹参",沛(今江苏沛县)人。原为沛县狱吏,从刘邦起义,屡建战功,协助刘邦平定异姓诸侯,因功被封为平阳侯。后继萧何为丞相,一遵萧何约束,人称"萧规曹随"。惠帝五年(公元前一九〇年)卒。详见本书《曹相国世家》。〔11〕"灌婴",睢阳(今河南商丘南)人。原以贩丝绸为业,后从刘邦起义。攻齐地、灭项羽,均建战功,汉初被封为颍阳侯。后与周勃、陈平等平定诸吕叛乱,迎立文帝。先后任太尉、丞相。文帝初元四年(公元前一七六年)卒。详见本书《樊郦滕灌列传》。〔12〕"嬴",秦县名,治所在今山东莱芜西北。

〔13〕"梁",地区名,本战国时魏地,此时为彭越所占领,其地指今河南东部一带。汉五年(公元前二〇二年)刘邦立彭越为梁王。彭越所有之地约在今河南商丘、民权、兰考及安徽砀山以北至山东平阴以南之地。 〔14〕"彭越",昌邑(今山东钜野)人。秦末起兵,攻占梁地,立魏豹为魏王,自任魏相。魏豹死,汉立越为梁王。后被吕后杀掉。详见本书《魏豹彭越列传》。 〔15〕"千乘",汉县名,治所在今山东高青高苑镇北。 〔16〕"假王",代理国王。

【译文】在田横平定齐国三年之后,汉王派郦食其去劝说齐王田广和相国田横,让他们归附汉王。田横以为郦食其说得很有道理,便解除对历下的守备。这时汉将韩信正准备率军进攻齐国。在此之前,齐国派华无伤、田解驻守在历下,和汉军对抗。汉使郦食其到来之后,撤除防守战备,纵情饮酒,并将派出使者去和汉军议和。这时汉将韩信已经平定了赵国和燕国,采纳蒯通的计谋,越过平原县,突然袭击,打败了齐国在历下的驻军,乘胜攻占临淄。齐王田广和相国田横非常愤怒,以为被郦食其出卖了,便把郦食其下锅煮死。齐王田广向东逃往高密,相国田横逃往博阳,守相田光逃往城阳,将军田既驻扎在胶东。楚国派大将龙且来救援齐国,齐王田广和龙且在高密会师。汉将韩信和曹参打败齐楚联军,杀死龙且,俘虏了齐王田广。汉将灌婴追赶守相田光,并将他擒获。灌婴一路征战,来到博阳。这时田横听说齐王田广已死,便自立为齐王,回兵进攻灌婴,灌婴在嬴县打败田横。田横逃往梁地,归附彭越。这时彭越占据梁地,保持中立,他既想归汉,又想归楚。韩信杀死龙且之后,便派曹参进军胶东,杀死齐将田既;又派灌婴进攻千乘,杀死齐将田吸。韩信平定齐国之后,向汉王要求立他为齐国的代理国王,汉王便顺水推舟立他为正式齐王。

后岁余,汉灭项籍,汉王立为皇帝,以彭越为梁王。田横惧诛,而与其徒属五百余人入海,居岛中。高帝闻之,以为田横兄弟本定齐,齐人贤者多附焉,今在海中不收,后恐为乱,乃使使赦田横罪而召之。田横因谢曰:〔1〕"臣亨陛下之使郦生,今闻其弟郦商为汉将而贤,〔2〕臣恐惧,不敢奉诏,〔3〕请为庶人,守海岛中。"使还报,高皇帝乃诏卫尉郦商曰:〔4〕"齐王田横即至,人马从者敢动摇者致族夷!"〔5〕乃复使使持节具告以诏商状,〔6〕曰:"田横来,大者王,小者乃侯耳;不来,且举兵加诛焉。"田横乃与其客二人乘传诣雒阳。〔7〕

【注释】〔1〕"谢",谢绝。〔2〕"郦商",郦食其之弟。刘邦初起时,郦商率四千人往从。在平定燕王臧荼之后,任右丞相,封为涿侯。平定陈豨、黥布之后,改封为曲周侯。高后八年(公元前一八〇年)卒。详见本书《樊郦滕灌列传》。〔3〕"诏",专指皇帝对臣下的命令。〔4〕"卫尉",官名,九卿之一,掌领南军(屯驻在未央宫的部队),负责未央宫、长乐宫、建章宫、甘泉宫的警卫。〔5〕"动摇",触动。这里指伤害。"致",招致。"族夷",灭族之罪。〔6〕"节",古时使臣所持表示朝廷委托的一种信物。〔7〕"传",音 zhuàn。即驿车,供往来公务人员乘坐。这里指专车。"诣",音 yì。到。"雒阳",古都名,秦置县,治所在今河南洛阳东。汉五年(公元前二〇二年),刘邦以洛阳为临时都城。

【译文】过了一年多时间,汉王消灭了项羽,即位称帝,封彭越为梁王。田横怕遭杀害,便和他手下五百余人逃入大海,居住在海岛上。高帝得知这一消息,考虑到田横兄弟本来平定了齐地,齐国的才德之士很多人归附他,现在逃居在海岛上,若不加收服,恐怕以后会作乱。于是派遣使臣去海上,赦免田横的罪过,召他来归服。田横谢绝说:"我煮死了皇帝陛下使臣郦食其,听说他的弟弟郦商被任为汉将,而且很有才干,因此我很恐惧,不敢奉命。我请求做个平民百姓,居守在海岛中。"使者回来向高帝报告,高帝便训诫卫尉郦商说:"齐王田横即将来到,他的人马和随从,谁胆敢伤害他们,就会招致灭门之祸。"于是又派使者带着符节去海岛中,告诉田横高帝训诫郦商的情况,然后传达高帝的旨意:"田横若来归顺,大则可以封王,小也不失为侯;如果不肯来归,将要派兵征讨。"于是田横便和两个宾客乘坐驿车去洛阳。

未至三十里,至尸乡厩置,〔1〕横谢使者曰:"人臣见天子当洗沐。"止留。谓其客曰:"横始与汉王俱南面称孤,今汉王为天子,而横乃为亡虏而北面事之,〔2〕其耻固已甚矣。且吾亨人之兄,与其弟并肩而事其主,纵彼畏天子之诏,不敢动我,我独不愧于心乎?

且陛下所以欲见我者,不过欲一见吾面貌耳。今陛下在洛阳,今斩吾头,〔3〕驰三十里间,形容尚未能败,犹可观也。"遂自刭,令客奉其头,〔4〕从使者驰奏之高帝。〔5〕高帝曰:"嗟乎,有以也!〔6〕夫起自布衣,兄弟三人更王,〔7〕岂不贤乎哉!"为之流涕,而拜其二客为都尉,〔8〕发卒二千人,以王者礼葬田横。

【注释】〔1〕"尸乡",古地名,又作"尸氏",其地在今河南偃师西。"厩置",即驿站。"厩",音 jiù。〔2〕"亡虏",逃亡的罪人。〔3〕"今",即刻。〔4〕"奉",读为"捧"。〔5〕"奏",呈上。〔6〕"有以",有原因。这里指有操守。〔7〕"更王",音 gēn gwàng。更替称王。〔8〕"都尉",武官名,职位略低于将军。楚汉之际,守郡武官亦称都尉。后景帝时即改郡尉为都尉。

【译文】行至距洛阳三十里路的尸乡驿站,田横告诉使者说:"臣下朝见天子,应先梳洗沐浴。"便停留在驿站。田横对他的宾客说:"我起初和汉王都曾南面称王,现在汉王做了天子,而我却沦为逃亡的罪人,还要北面称臣来侍奉他,这种奇耻大辱本来就够人难堪的了,况且我煮死了郦商的哥哥,还要和郦商一起侍奉他的主子。纵然他慑于天子的训诫,不敢加害于我,难道我能不问心有愧吗?再说,皇帝陛下之所以召见我,只不过想看看我的面貌罢了。现在皇帝陛下身在洛阳,如果即刻把我的头颅割下,用快马奔驰三十里这段距离,面貌还不至于腐败,仍可看得清楚。"说罢便割颈自刎。宾客捧着他的头颅,跟随使者快马加鞭送到高祖那里。高祖叹息地说:"真是有气节啊!从平民百姓奋起,兄弟三人更替称王,难道不是贤人吗?"为之伤心落泪。高祖任命二位宾客为都尉官,组织二千士兵为田横送葬,用国王的礼仪安葬田横。

既葬,二客穿其冢旁孔,皆自刭,下从之。高帝闻之,乃大惊,以田横之客皆贤。吾闻其余尚五百人在海中,使使召之。至则闻田横死,亦皆自杀。于是乃知田横兄弟能得士也。

【译文】安葬了田横之后,他的二位宾客在田横墓旁挖了两个洞穴,然后自杀殉死。高帝得知以后,非常吃惊,认为田横的宾客都是贤人,并说:"我听说其余五百人尚在海岛中。"便派遣使者召他们前来。那五百人来到以后,得知田横已死,也都自杀了。由此也可以看出,田横弟兄能够深得士人之心。

太史公曰:甚矣蒯通之谋,乱齐骄淮阴,[1]其卒亡此两人![2]蒯通者,善为长短说,[3]论战国之权变,[4]为八十一首。[5]通善齐人安期生,安期生尝干项羽,[6]项羽不能用其笑。[7]已而项羽欲封此两人,两人终不肯受,亡去。田横之高节,宾客慕义而从横死,岂非至贤!余因而列焉。不无善画者,莫能图,何哉?

【注释】〔1〕"乱齐",败乱了齐国。此言齐国因蒯通之计而败亡。"骄淮阴",指韩信因用蒯通之计,攻下齐地,使得韩信从此而骄纵,胁迫刘邦封他为齐王;继而蒯通又怂恿韩信与项羽、刘邦三分天下,以成霸业。终于使韩信招致杀身之祸。详见《汉书·蒯通传》。〔2〕"其卒亡此两人",指田横和韩信。〔3〕"长短说",指战国时纵横家游说诸侯的策术。因策士们"欲令此事长,则长说之;欲令此事短,则短说之"(《史记索隐》语)。所以记载策士们言论的《战国策》又称《短长书》。〔4〕"权变",随机应变。〔5〕"八十一首",即八十一篇。《汉书·蒯通传》说其著书名曰《隽永》。《汉书·艺文志》从横家类著录《蒯子五篇》,或即其书。〔6〕"干",求。指安期生求项羽用其计。〔7〕"笑",同"策"。

【译文】太史公说:蒯通的计谋未免太过分了。它败乱了齐国,骄纵了淮阴侯韩信,终于把田横和韩信送上死路。蒯通这个人,善于运用纵横家的策术,他论述战国时纵横家的权术,成书八十一篇。蒯通和齐国人安期生是好朋友,安期生曾经向项羽献计,项羽没采纳。不久之后,项羽想封拜安期生和蒯通为官,二人不肯接受而逃走。田横的高风亮节,使宾客仰慕他的气节而甘愿以身殉死,他难道不是修养达到最高境界的人吗?我为此列述了他的事迹。世上不乏擅长绘画的人,但没人把田横等人的事迹描绘出来,这是为什么呢?

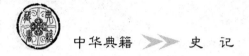

史记卷九十五

樊郦滕灌列传第三十五

舞阳侯樊哙者，[1]沛人也。[2]以屠狗为事，[3]与高祖俱隐。[4]

【注释】〔1〕"舞阳"，秦县名，治所在今河南舞阳。〔2〕"沛"，秦县名，治所在今江苏沛县。〔3〕"为事"，为生、为职业。〔4〕"隐"，避匿、躲藏。刘邦隐匿事，本书《高祖本纪》称："高祖以亭长为县送徒郦山，徒多道亡，自度比至皆亡之。到丰西泽中，止饮，夜乃解纵所送徒。曰：'公等皆去，吾亦从此逝矣。'徒中壮士愿从者十余人。"殆即指此而言。

【译文】舞阳侯樊哙是沛县人，以杀狗卖肉为职业。为了逃避祸害，他曾和高祖一起隐藏在芒山、砀山一带。

初从高祖起丰，[1]攻下沛。高祖为沛公，以哙为舍人。[2]从攻胡陵、方与，[3]还守丰，击泗水监丰下，[4]破之。复东定沛，破泗水守薛西。[5]与司马𡶌战砀东，[6]却敌，斩首十五级，赐爵国大夫。[7]常从，沛公击章邯军濮阳，[8]攻城先登，斩首二十三级，赐爵列大夫。[9]复常从，从攻城阳，[10]先登。下户牖，[11]破李由军，[12]斩首十六级，赐上间爵。[13]从攻围东郡守尉于成武，[14]却敌，斩首十四级，捕虏十一人，赐爵五大夫。[15]从击秦军，出亳南。[16]河间守军于杠里，[17]破之。击破赵贲军开封北，[18]以却敌先登，斩候一人，[19]首六十八级，捕虏二十七人，赐爵卿。[20]从攻破杨熊军于曲遇。[21]攻宛陵，[22]先登，斩首八级，捕虏四十四人，赐爵封号贤成君。[23]从攻长社、轘辕，[24]绝河津，[25]东攻秦军于尸，[26]南攻秦军于犨。[27]破南阳守齮于阳城东。[28]攻宛城，先登。西至郦，[29]以却敌，斩首二十四级，捕虏四十人，赐重封。[30]攻武关，[31]至霸上，[32]斩都尉一人，[33]首十级，捕虏百四十六人，降卒二千九百人。

【注释】〔1〕"丰"，秦时沛县的乡名，西汉时置为县，治所在今江苏丰县。〔2〕"舍人"，战国秦汉时，王公贵官皆有舍人，为左右亲近之官。〔3〕"胡陵"，秦县名，治所在今山东鱼台南。"方与"，秦县名，治所在今山东鱼台北。〔4〕"泗水"，秦郡名，治所在沛（今江苏沛县）。辖境约当今安徽淮河以北，宿迁、泗洪以西，萧县、涡河、凤台以东地区。"监"，官名，即郡监。秦时于郡设守、尉、监，守为行政长官，尉为军事长官，监即监郡御史，掌监察郡中官吏，直接对中央的御史大夫负责。此时泗水郡监名平（见本书《高祖本纪》）。〔5〕"破泗水守薛西"，此时泗水守名壮（见本书《高祖本纪》）。"薛"，秦县名，治所在今山东滕县东南。〔6〕"司马𡶌"，司马是官名，掌军政之官；"𡶌"，为"夷"的古体字，人名。清人王先谦说司马是姓，非官名。见《汉书补注》。"砀"，秦县名，治所在今河南永城东北。〔7〕"国大夫"，即官大夫，爵位名，在秦爵二十级中为第六级。〔8〕"章邯"，秦重要将领。秦末，率军镇压陈胜、项梁等义军。后在钜鹿兵败，投降项羽，项羽封他为雍王。在楚汉战争中，被刘邦击败自杀。"濮阳"，秦县名，治所在今河南濮阳南，为秦时东郡治所。〔9〕"列大夫"，即公大夫，爵位名，在秦爵二十级中为第七级。〔10〕"城阳"，秦县名，治所在今山东鄄城东南。〔11〕"户牖"，秦时阳武县之乡名，故地在今河南原阳东南。"牖"，音 *yǒu*。
〔12〕"李由"，秦相李斯之子，其时为秦三川郡守。
〔13〕"上间爵"，《汉书樊哙传》作"上闻爵"。旧注以
为是"得经上闻"之意，或说"名通于天子"，似乎都
是推测之词。现不知其为何种爵位，待考。〔14〕
"东郡"，秦郡名，治所在濮阳（今河南濮阳南）。辖
境约当今山东茌平、梁山、成武以西，河南延津、封
丘以北，滑县、濮阳、南乐以东等地。"成武"，秦县
名，治所在今山东成武。〔15〕"五大夫"，爵位名，
在秦爵二十级中为第五级。〔16〕"亳"，音 *bó*。古
都邑名，故地在今河南商丘东南。〔17〕"河间守
军于杠里"，按秦时无河间郡，自然不会有河间郡
守。疑此处有脱误。"杠里"，古地名，故地当在今
山东鄄城附近。〔18〕"赵贲"，秦将。"开封"，秦
县名，治所在今河南开封南。〔19〕"候"，即军候，
军中维持军纪的官员。〔20〕"卿"，高级爵位名
称。在秦爵二十级中，十级以上称为卿。〔21〕
"曲遇"，乡名，故地在今河南中牟东。〔22〕"宛
陵"，古邑名，故地在今河南新郑东北。〔23〕"贤
成君"，一称褒美的称号。〔24〕"长社"，秦县名，
治所在今河南长葛东北。"辕辕"，音 *huán yuán*。
山名，在今河南偃师东南，和巩县、登封交界处。因
山路险阻、回绕迂曲而得名。〔25〕"河津"，指平
阴津，当时黄河的重要渡口。故地在今河南孟津东
北。〔26〕"尸"，即尸乡，又作尸氏，古乡名，故地
在今河南偃师西。〔27〕"犨"，音 *chōu*。秦县名，
治所在今河南鲁山县东南。〔28〕"南阳"，秦郡
名，治所在宛（今河南南阳）。辖境约当今河南熊耳
山以南叶县、内乡间和湖北大洪山以北应山、郧县
等地。"齮"，音 *yǐ*。人名。荀悦《汉纪》说此人姓
吕。"阳城"，秦县名，治所在今河南方城东。
〔29〕"郦"，秦县名，治所在今河南南阳西北。
〔30〕"重封"，旧注一说兼两个封号，一说加双重俸
禄，未知孰是，译文姑用后一说。〔31〕"武关"，古
关名，故地在今陕西丹凤东南。一说关址曾有迁
徙，古址在丹水上，唐始迁今址。〔32〕"霸上"，又
作灞上，古地名，故地在今陕西西安东，接蓝田县
界，为古代战略要地。〔33〕"都尉"，武官名。楚
汉之际，都尉或为守郡武官，相当于郡尉。后景帝
时即改郡尉为都尉。

【译文】 他最初跟随高祖在丰邑起兵，攻下沛
县，高祖作了沛公，任命樊哙为舍人。跟随高祖进
攻胡陵、方与，回兵镇守丰邑，在丰邑城下击败秦泗
水监的军队。又率军东进，平定了沛县，在薛县以
西击败泗水郡守所率之军。接着又与秦军司马㟋

交战于砀县以东，打退敌人，斩敌首十五级。因此，
沛公赐给他国大夫的爵位。他常在沛公左右。沛
公率军进攻盘据在濮阳的秦将章邯，攻打濮阳城，
樊哙领先登城，斩敌首二十三级，沛公赐给他列大
夫的爵位。他仍然跟随沛公征战，攻打阳城时，樊
哙又率先登城。后又攻下户牖乡，打败秦三川郡守
李由的军队，斩敌首十六级，沛公赐给他上间爵位。
又随沛公把秦东郡守、尉包围在成武县，樊哙率军
打败敌人，斩敌首十四级，俘获十一人，沛公又赐给
他五大夫的爵位。继续跟随沛公进击秦军，道出亳
南，在杠里击败秦河间守的驻军。又在开封以北打
败秦将赵贲。由于樊哙击退敌军，率先登城，并斩
杀敌军军候一人，斩敌首六十八级，俘获二十七人，
沛公赐给他卿的爵位。又随沛公在曲遇聚击败秦
将杨熊的军队。攻打宛陵城时，樊哙又领先登城，
斩敌首八级，俘获四十四人，沛公又赐给他封爵，并
授予贤成君的称号。又跟随沛公进攻长社、辕辕二
县，封锁黄河渡口，向东进攻尸乡的秦军，向南进攻
犨县的守敌，在阳城东打败南阳守齮的军队。攻打
宛县城，樊哙又首先登上城头。继而西进到郦县。
由于樊哙打退了敌人，斩敌首二十四级，俘获四十
人，沛公赐给他加倍的俸禄。随后攻克武关，进军
霸上，樊哙斩敌军都尉一人，斩敌首十级，俘获一百
四十六人，收降敌兵二千九百人。

项羽在戏下，〔1〕欲攻沛公。沛公从百
余骑因项伯面见项羽，〔2〕谢无有闭关事。〔3〕
项羽既飨军士，〔4〕中酒，〔5〕亚父谋欲杀沛
公，〔6〕令项庄拔剑舞坐中，〔7〕欲击沛公，项
伯常屏蔽之。时独沛公与张良得入坐，〔8〕
樊哙在营外，闻事急，乃持铁盾入到营。营
卫止哙，哙直撞入，立帐下。项羽目之，问为
谁。张良曰："沛公参乘樊哙。"〔9〕项羽曰：
"壮士。"赐之卮酒彘肩。〔10〕哙既饮酒，拔剑
切肉食，尽之。项羽曰："能复饮乎?"哙曰：
"臣死且不辞，岂特卮酒乎! 且沛公先入定
咸阳，暴师霸上，〔11〕以待大王。大王今日
至，听小人之言，与沛公有隙，〔12〕臣恐天下
解，〔13〕心疑大王也。"项羽默然。沛公如厕，
麾樊哙去。〔14〕既出，沛公留车骑，独骑一马，
与樊哙等四人步从，〔15〕从间道山下归走霸
上军，而使张良谢项羽。〔16〕项羽亦因遂已，
无诛沛公之心矣。是日微樊哙犇入营谯让
项羽，〔17〕沛公事几殆。〔18〕

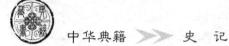

【注释】〔1〕"戏下",地名,在戏水之旁。其地在今陕西临潼东。〔2〕"项伯",项羽的叔父,楚国贵族。因他与刘邦的谋士张良友善,在鸿门宴上暗护刘邦。入汉后,被封为射阳侯,赐姓刘氏。〔3〕"闭关事",刘邦先项羽进入关中,便封锁函谷关等关口,阻止诸侯之兵入关。项羽西进至关,不得入,派黥布攻破函谷关,准备进攻刘邦。为此,刘邦去见项羽,诡称封锁函谷关是防止盗贼进入,非为抗拒项羽,而是准备迎项羽入关。详见本书《高祖本纪》。〔4〕"飨",音 xiǎng。用酒食款待人。〔5〕"中酒",酒席进行到一半。〔6〕"亚父",指范增。范增,居鄛(今安徽巢县东北)人,善出奇计,是项梁、项羽的谋士。项羽尊称其为亚父,意为对其尊敬仅次于父亲。他屡劝项羽杀掉刘邦,项羽不能决。范增愤然离去,中途病死。〔7〕"项庄",项羽的堂弟。〔8〕"张良",字子房,战国时韩国贵族。他的祖、父世为韩相。秦灭韩,张良为韩复仇,结交刺客,在博浪沙狙击秦始皇未果。及项羽立韩成为韩王,张良任韩司徒。后辅佐刘邦平定天下,是刘邦的重要谋士。汉初,被封为留侯。惠帝六年(公元前一八九年)卒。详见本书《留侯世家》。〔9〕"参乘",陪乘之人,犹贴身护卫。古时乘车,尊者在右,御者在中,参乘者在左。〔10〕"卮",音 zhī。盛酒器,可容四升。"彘肩",熟猪腿。"彘",音 zhì。〔11〕"暴师",指军队驻扎在野外,经受风露雨露。"暴",音 pù。〔12〕"隙",怨恨、矛盾。〔13〕"解",分裂、解体。〔14〕"麾",音 huī。本为指挥军队的旌旗,这里用作动词,同"挥"。〔15〕"与樊哙等四人步从",四人指樊哙、靳彊、夏侯婴、纪成。见《汉书·高帝纪》。〔16〕"谢",辞别。〔17〕"微",假设之词,相当于"若没有"、"若不是"。"犇","奔"的古体字。"谯让",谴责。"谯",音 qiào。〔18〕"殆",危险。

【译文】项羽率军驻扎在戏下,准备对沛公发动进攻。沛公便带领百余名骑士,由项伯引见,去会见项羽,向他说明,并没有拒其入关的意图。项羽设酒宴招待沛公及随从军士。在酒宴进行中,范增谋图杀害沛公,派项庄在酒席宴前舞剑助兴,妄图伺机刺杀沛公。项伯则屡次用自己的身体掩护沛公。当时沛公一方只有沛公和张良在营中饮宴,樊哙被挡在营门外。樊哙得知情况紧急,便手持铁盾要进营门,营门卫士上前阻止,他便径直闯了进去,立在营帐之下。项羽用眼睛盯住樊哙,问他是什么人。张良回答说:"是沛公的参乘樊哙。"项羽赞叹说:"好一条壮烈勇武的汉子!"就赏给他一罐

子酒和一条猪腿。樊哙一边喝酒,一边拔剑切肉,酒肉一扫而尽。项羽问他:"还能喝吗?"樊哙回答说:"我连死都不怕,难道怕这一罐子酒!沛公先行入关,平定了咸阳,军队在霸上风餐露宿,等待大王您到来。谁知大王您来到之后,听信小人的谗言,与沛公产生隔阂。我担心天下会由此而分崩离析,天下人会对大王您产生怀疑啊!"项羽默不作声。这时沛公起身上厕所,示意樊哙出来。樊哙随沛公出来之后,沛公把其他车马留下,独自骑一匹马,樊哙等四人步行随从,从山间小路回到霸上军营,留下张良向项羽告辞。项羽也就趁势作罢,不再存心杀害沛公。那天要不是樊哙闯进营帐谴责项羽,沛公可就危险了。

明日,〔1〕项羽入屠咸阳,〔2〕立沛公为汉王。汉王赐哙爵为列侯,〔3〕号临武侯。〔4〕迁为郎中,〔5〕从入汉中。〔6〕

【注释】〔1〕"明日",《汉书·樊哙传》作"后数日"。〔2〕"咸阳"秦朝都城,故地在今陕西咸阳东北。〔3〕"列侯",爵位名,在秦二十级爵位中为最高爵位。秦时称彻侯,汉代避武帝讳,改称通侯,又称列侯。〔4〕"临武",只是一种美称,并非实封其地。〔5〕"郎中",秦官,郎中令属官,掌保卫宫殿门户,出充车骑。此时刘邦为汉王。袭用秦制。〔6〕"汉中",秦郡名,治所在南郑(今陕西汉中东)。辖境约当今陕西秦岭以南,留坝、勉县以东,乾祐河流域以西和湖北郧县、保康以西,粉青河、珍珠岭以北地区。

【译文】第二天,项羽率军进入咸阳,大肆烧杀。项羽立沛公为汉王。汉王封樊哙为列侯,号称临武侯。继而樊哙被提升为郎中,跟随汉王进入汉中。

还定三秦,〔1〕别击西丞白水北,〔2〕雍轻车骑于雍南,〔3〕破之。从攻雍、斄城,〔4〕先登。击章平军好畤,〔5〕攻城,先登陷阵,斩县令丞各一人,〔6〕首十一级,虏二十人,迁郎中骑将。〔7〕从击秦车骑壤东,〔8〕却敌,迁为将军。攻赵贲,下郿、槐里、柳中、〔9〕咸阳;灌废丘,最。〔10〕至栎阳,〔11〕赐食邑杜之樊乡。〔12〕从攻项籍,屠煮枣。〔13〕击破王武、程处军于外黄。〔14〕攻邹、鲁、瑕丘、薛。〔15〕项

羽败汉王于彭城，〔16〕尽复取鲁、梁地。〔17〕哙还至荥阳，〔18〕益食平阴二千户，〔19〕以将军守广武一岁。〔20〕项羽引而东。从高祖击项籍，下阳夏，〔21〕虏楚周将军卒四千人。围项籍于陈，〔22〕大破之。屠胡陵。

【注释】〔1〕"三秦"，秦亡后，项羽将关中之地三分，封章邯为雍王，司马欣为塞王，董翳为翟王，合称"三秦"。〔2〕"西"，秦县名，治所在今甘肃天水西南。"白水"，即今之白水江，源出四川松潘东北，南流经甘肃文县，至四川广元西南流入嘉陵江。〔3〕"雍"，指章邯之雍国。"雍南"，即雍县之南。雍县治所在今陕西凤翔南。〔4〕"斄"，音 tái。秦县名，治所在今陕西武功西南。〔5〕"章平"，本书《高祖本纪》说章平为章邯之弟，《史记索隐》说"章平即章邯子也"，不知何据。"好畤"，秦县名，治所在今陕西乾县东。〔6〕"令丞"，令为县令，县行政长官；丞为县丞，县令的佐贰官，掌文书和仓狱。〔7〕"郎中骑将"，秦制，郎中为郎中令属官，郎中长官分车、户、骑三将，郎中骑将专主骑兵。〔8〕"壤"，乡名，故地当在今陕西武功东南。〔9〕"郿"，秦县名，治所在今陕西眉县东。"槐里"，古邑名，秦改名废丘，置为县。此时废丘为雍王章邯的王都。故地在今陕西兴平东南。"柳中"，即细柳，古地名，故地在今陕西咸阳西南渭河北岸。〔10〕"最"，军功上者曰最。〔11〕"栎阳"，秦县名，治所在今陕西临潼东北。此时为塞王司马欣的王都。〔12〕"食邑"，封地，收其税入以供衣食。"杜"，秦县名，治所在今陕西长安西南。"樊乡"，杜县的乡名，今称樊川，故地在今陕西长安南。〔13〕"煮枣"，古城邑名，故地在今山东东明南。〔14〕"王武、程处"，二人原为秦将，后归汉，此时又反叛。本书《曹相国世家》有"王武反于外黄，程处反于燕"的记载。"外黄"，秦县名，治所在今河南民权西北。〔15〕"邹"，汉县名，治所在今山东邹县。"鲁"，秦县名，治所在山东曲阜。"瑕丘"，秦县名，治所在今山东兖州东北。〔16〕"彭城"，秦县名，治所在今江苏徐州。此时为项羽的王都。〔17〕"鲁"，地区名，指春秋时鲁国地区而言，当今山东西南部。"梁"，地区名，指战国时魏地之一部，约当今河南东部地区。〔18〕"荥阳"，古城邑名，汉置县，治所在今河南荥阳东北。〔19〕"平阴"，地名，旧注以为在济阳东北五里，是当在今河南兰考附近。〔20〕"广武"，古城邑名，故地在今河南荥阳北广武山上，有东西二城，相距约二百步。楚汉相争时，汉屯西城，

楚屯东城，互相对峙。此时樊哙即守此西城。〔21〕"阳夏"，秦县名，治所在今河南太康。〔22〕"陈"，秦县名，治所在今河南淮阳。

【译文】汉王从汉中回师北上，平定三秦。樊哙独领一军攻击西县县丞于白水之北，又在雍县以南打败雍王章邯的轻骑兵和车阵。后随从汉王进攻雍、斄二县城，樊哙领先登城。在好畤县进攻章平的军队，在攻城战斗中，樊哙首先登城，攻陷敌阵，斩杀县令、县丞各一人，斩敌首十一级，俘虏二十人，被提拔为郎中骑将。又随汉王在壤乡以东进攻秦军的车骑部队，樊哙领兵打退敌军，升为将军。随后又进攻赵贲的军队，攻下郿县、槐里、柳中、咸阳等地，并引水淹灌了废丘城。在一系列战斗中，樊哙立功最多。进军至栎阳县，汉王把杜县的樊乡赏给樊哙，作为食邑。又随从汉王进攻项羽，屠灭了煮枣城。在外黄县消灭了王武、程处的反叛部队，进而攻占邹县、鲁县、瑕丘、薛县。项羽在彭城打败汉王，又全部收复了鲁、梁等地。樊哙回师至荥阳，汉王又给他增加平阴县二千户食邑。樊哙以将军的身份在广武城与楚军相持一年时间，结果项羽领兵东去。后来樊哙又随从高祖进击项羽，攻占了阳夏县，俘虏了楚将周将军的兵士四千人。继而把项羽包围在陈县，大败楚军。接着又屠灭了胡陵县。

项籍既死，汉王为帝，以哙坚守战有功，益食八百户。从高帝攻反燕王臧荼，〔1〕虏荼，定燕地。〔2〕楚王韩信反，〔3〕哙从至陈，取信，定楚。更赐爵列侯，与诸侯剖符，〔4〕世世勿绝，食舞阳，号为舞阳侯，除前所食。以将军从高祖攻反韩王信于代，〔5〕自霍人以往至云中，〔6〕与绛侯等共定之，〔7〕益食千五百户。因击陈豨与曼丘臣军，〔8〕战襄国，〔9〕破柏人，〔10〕先登，降定清河、常山凡二十七县，〔11〕残东垣，〔12〕迁为左丞相。破得綦毋卬、尹潘军于无终、广昌。〔13〕破豨别将胡人王黄军于代南，〔14〕因击韩信军于参合。〔15〕军所将卒斩韩信，破豨胡骑横谷，〔16〕斩将军赵既，虏代丞相冯梁、守孙奋、大将王黄、将军，〔17〕太仆解福等十人。与诸将共定代乡邑七十三。其后燕王卢绾反，〔18〕哙以相国击卢绾，破其丞相抵蓟南，〔19〕定燕地，凡县十八，乡邑五十一。益食邑千三百户，定食

舞阳五千四百户。从,斩首百七十六级,虏二百八十八人。别,破军七,下城五,定郡六,县五十二,得丞相一人,将军十二人,二千石已下至三百石十一人。

【注释】〔1〕"臧荼",原为韩广部将,曾率兵救赵。后跟随项羽入关,被封为燕王。后归汉。汉五年冬反叛,被俘。"荼",音 tú。〔2〕"燕",指今河北北部地区。战国时燕地包括今河北北部和辽宁西南部。汉元年(公元前二〇六年)项羽割出辽东地徙燕王韩广为辽东王。〔3〕"韩信",淮阴(今江苏清江西南)人。在秦末起义军中,他先从项羽。后归刘邦。在他率兵平定齐地之后,被立为齐王。汉初,改封为楚王。因有人告他谋反,降为淮阴侯。后被吕后所杀。详见本书《淮阴侯列传》。〔4〕"符",古代帝王封赐臣下的一种信物,竹制,中剖为二,朝廷和被封人各执其一,以资凭证。〔5〕"韩王信",战国时韩襄王的后裔。曾率兵从刘邦入武关,进汉中。刘邦还定三秦,任他为韩太尉,继而立为韩王。后移封于太原以北。与匈奴勾结,背叛汉朝。汉十一年(公元前一九六年)兵败被杀。详见本书《韩信卢绾列传》。"代",秦郡名,治所在代县(今河北蔚县东北)。辖境约当今河北怀安、蔚县以西,山西阳高、浑源以东和长城外东洋河流域。〔6〕"霍人",秦县名,治所在今山西繁畤东北。"云中",秦郡名,治所在云中(今内蒙古托克托县东北)。辖境约当今内蒙古土默特右旗以东,大青山以南,卓资以西,黄河南岸及长城以北。〔7〕"绛侯",周勃的封爵。〔8〕"陈豨",宛朐(今山东荷泽西南)人。初为刘邦部将,以赵相国统领赵、代边兵。高帝十年(公元前一九七年),勾结匈奴反叛,自立为代王,兵败被杀。详见本书《韩信卢绾列传》附《陈豨传》。"曼丘臣",白土(今内蒙古伊克昭盟旧鄂尔多斯左翼中旗南)人。商人出身,曾为韩王信部将。韩王信反叛逃入匈奴,他与王黄立赵国后裔赵利为王,勾结匈奴,进攻汉地。后被汉军擒获。〔9〕"襄国",原名信都,秦县名,项羽改名襄国。治所在今河北邢台西南。〔10〕"柏人",古邑名,汉置县,治所在今河北隆尧西。今柏人古城垣犹存。〔11〕"清河",汉郡名,治所在清阳(今河北清河东南)。辖境约当今河北清河、枣强、南宫一部,山东临清、夏津、武城、高唐、平原一部。"常山",汉郡名,治所在元氏(今河北元氏西北)。辖境约当今河北唐河以南,京广路以西(新乐、正定、石家庄除外),内丘以北地区。〔12〕"东垣",秦县名,汉初

改名真定,治所在今河北正定南。〔13〕"无终",秦县名,治所在今天津蓟县。"广昌",汉县名,治所在今河北涞源北。〔14〕"王黄",与曼丘臣同乡,事迹亦同。见上注〔8〕。〔15〕"参合",汉县名,治所在今山西阳高南。〔16〕"横谷",地名,其地盖属代郡,不知具体所在。〔17〕"将军",《汉书·樊哙传》作"将军一人"。〔18〕"卢绾",与刘邦同邑同里,又为世交。随刘邦起兵,时在左右,极受信任。汉初任太尉,被封为燕王。汉十二(公元前一九五年)谋反,逃往匈奴,匈奴封其为东胡卢王。一年后死于东胡。详见本书《韩信卢绾列传》。"绾",音 wǎn。〔19〕"丞相抵",本书《绛侯周勃世家》云:"得绾大将抵、丞相偃。"则抵为大将,非丞相。"蓟",汉县名,治所在今北京大兴。

【译文】项羽死后,汉王做了皇帝。由于樊哙坚守猛战有功,给他增加食邑八百户。后来跟随高帝征讨反叛的燕王臧荼,活捉了臧荼,平定了燕地。楚王韩信谋反,樊哙随从高帝来到陈县,逮捕了韩信,平定了楚地。皇帝重新封他为列侯,和其他列侯一样,颁发给符节,爵位世代相传,永不废绝。把舞阳县划为他的食邑,称为舞阳侯,废除以前的封邑。后又以将军的身份跟随高祖远征代地,讨伐反叛的韩王信。自霍人县以西至云中郡,都是樊哙和周勃共同平定的。为此,皇帝给他增加食邑一千五百户。随后樊哙又进攻陈豨和曼丘臣的军队,大战襄国县,攻打柏人城,樊哙领先登城陷阵。进而降定了清河郡、常山郡所属二十七县,踏平了东垣城,因此升为左丞相。又在无终和广昌二县击溃綦毋卬、尹潘的军队,并将二人活捉。接着又在代县以南击败陈豨的别将王黄所率之军。在参合县打败韩王信的军队,他手下的士卒杀死韩王信。在横谷击败陈豨率领的匈奴骑兵,杀死陈豨的将军赵既,俘虏了代国丞相冯梁、郡守孙奋、大将王黄和一名将军以及太仆解福等共十人。另外,还同其他将领共同平定了代地七十三个乡邑。后来燕王卢绾反叛,樊哙以相国的身份前去征讨,在蓟县以南击败了卢绾的丞相抵,平定了燕地十八县、五十一个乡邑。于是朝廷给他增加食邑一千三百户,确定他的食邑为舞阳县五千四百户。樊哙前后跟随高祖出征,共计斩敌首一百七十六级,俘获二百八十八人;单独率军征战,共击败七支军队,攻占城池五座,平定了六郡、五十二县,俘获丞相一人、将军十二人、二千石以下至三百石的官员十一人。

哙以吕后女弟吕须为妇,[1]生子伉,故其比诸将最亲。

【注释】〔1〕"女弟",即妹妹。

【译文】樊哙娶吕后的妹妹吕须为妻,生了儿子樊伉。因此樊哙与帝后的关系比其他将领更为亲密。

先黥布反时,[1]高祖尝病甚,恶见人。[2]卧禁中,[3]诏户者无得入群臣。群臣绛、灌等莫敢入。[4]十余日,哙乃排闼直入,[5]大臣随之。上独枕一宦者卧。哙等见上流涕曰:"始陛下与臣等起丰沛,定天下,何其壮也!今天下已定,又何惫也!且陛下病甚,大臣震恐,不见臣等计事,顾独与一宦者绝乎?且陛下独不见赵高之事乎?"[6]高帝笑而起。

【注释】〔1〕"黥布",六(今安徽六安)人。原名英布,因曾受黥刑,故称黥布。秦末率骊山刑徒起义,先从项羽,被立为九江王,后归刘邦,被封为淮南王。汉十一年(公元前一九六年)谋反,次年被杀。详见本书《黥布列传》。 〔2〕"恶",音wù。讨厌。 〔3〕"禁中",皇宫称为禁中。因非侍卫或特许,不许进入,故称为禁中。 〔4〕"绛",指绛侯周勃。"灌",指灌婴。 〔5〕"排闼",推门,这里指强行推门而入。 〔6〕"赵高之事",赵高为秦始皇的宦官,曾任中车府令。秦始皇病死沙丘,赵高与丞相李斯伪造秦始皇诏令,逼死公子扶苏,立胡亥为帝。继而杀掉李斯,自任丞相。后又逼二世胡亥自杀,立子婴为帝。后被子婴所杀。秦由此而亡。这里樊哙指宦官专权误国的教训。

【译文】起初黥布反叛的时候,高祖曾患重病,讨厌见人,整日躺在宫中,并命令门卫不许放群臣进来。群臣之中,像周勃、灌婴这样的重臣也不敢进宫。过了十几天,樊哙便推门闯入宫中,其他大臣随之而入。这时高帝正头枕一个宦官躺在床上。樊哙等人见到皇上,声泪俱下地说:"当初陛下率领我们从丰沛起兵,直至平定天下,那时您是多么健壮啊!现在天下已经安定,怎么竟这样疲惫!陛下病重,大臣们都很惶恐。可是陛下您不接见群臣商议国家大事,难道就和这个宦官在一起而诀绝

天下吗?难道陛下您没有看到赵高篡权的教训吗?"于是高祖含笑而起。

其后卢绾反,高帝使哙以相国击燕。是时高帝病甚,人有恶哙党于吕氏,[1]即上一日宫车晏驾,[2]则哙欲以兵尽诛灭戚氏、赵王如意之属。[3]高帝闻之大怒,乃使陈平载绛侯代将,[4]而即军中斩哙。陈平畏吕后,执哙诣长安。[5]至则高祖已崩,[6]吕后释哙,使复爵邑。

【注释】〔1〕"恶",谗毁。 〔2〕"一日",即"一旦"。"宫车晏驾",对皇帝死亡的一种委婉说法。 〔3〕"戚氏",即戚夫人,刘邦的宠妃,生赵王如意。刘邦死后,被吕后砍去手足,弄瞎双眼,饮以哑药,置于厕中,称为"人彘"。"赵王如意",高帝九年(公元前一九八年)被封为赵王。刘邦死后,被吕后毒死。详见本书《吕太后本纪》。 〔4〕"陈平",阳武(今河南原阳东南)人。秦末,他先从魏咎,又从项羽,后归刘邦,成为刘邦的重要谋臣。初封户牖侯,改封曲逆侯。他继曹参为丞相,在诛除诸吕的斗争中,起了重要作用。文帝前元二年(公元前一七八年)卒。详见本书《陈丞相世家》。 〔5〕"长安",西汉王朝的都城,故地在今陕西西安西北。 〔6〕"崩",古代帝后之死称为"崩"。

【译文】后来燕王卢绾反叛,高帝派樊哙以相国的身份去征讨燕国。这时高帝的病情更加沉重。有人造谣说:樊哙与吕氏结党,一旦皇帝病逝,樊哙就要带兵杀尽戚夫人和赵王如意等人。高帝听到这话,大为震怒,便派陈平用车辆送绛侯周勃去代替樊哙统率征讨部队,并令陈平把樊哙就地斩首。陈平惧怕吕后报复,只把樊哙逮起来,送往长安。樊哙被送到长安的时候,高祖已经逝世,吕后便释放了樊哙,并恢复了他的爵位和封邑。

孝惠六年,[1]樊哙卒,谥为武侯。[2]子伉代侯。而伉母吕须亦为临光侯,高后时用事专权,大臣尽畏之。伉代侯九岁,高后崩。大臣诛诸吕、吕须婘属,[3]因诛伉。舞阳侯中绝数月。孝文帝既立,乃复封哙他庶子市人为舞阳侯,[4]复故爵邑。市人立二十九岁卒,谥为荒侯。子他广代侯。六岁,侯家舍人得罪他广,怨之,乃上书曰:"荒侯市人

病不能为人，[5]令其夫人与其弟乱而生他广，他广实非荒侯子，不当代后。"诏下吏。[6]孝景中六年，[7]他广夺侯为庶人，国除。

【注释】[1]"孝惠六年"，"孝惠"，即惠帝刘盈，孝惠六年当公元前一八九年。 [2]"谥"，音*shì*。古代帝王和大臣死后，根据其生前行事，给予相应的称号，为之"谥"。 [3]"婚属"，即家眷。[4]"庶子"，非嫡妻所生之子。[5]"不能为人"，不能性交生育。 [6]"下吏"，交付法官处理。[7]"孝景中六年"，景帝纪年，分前元、中元、后元三段，中元六年当公元前一四四年。

【译文】惠帝六年，樊哙逝世，加谥号为武侯。他的儿子樊伉继嗣侯位，樊伉的母亲吕须也被封为临光侯。在吕后当政时，吕须干政专权，大臣都惧怕她。樊伉继侯九年，吕后逝世，大臣们诛灭吕氏诸人和吕须的家属，樊伉也被诛杀，舞阳侯的爵位中断了几个月。孝文帝即位，又封樊哙的庶子樊市人为舞阳侯，恢复了原来的爵位和封地。樊市人封侯后二十九年去世，加谥号为荒侯。他的儿子樊他广继位为侯。过了六年，侯家的舍人得罪了他广，舍人非常怨恨他，便向朝廷上书说："荒侯樊市人因病不能行人道，让他的夫人和他的弟弟发生淫乱关系，生下樊他广。他广实际并不是荒侯的骨血，不应继嗣侯位。"皇帝命令交法官审理。孝景帝中元六年，樊他广被剥夺侯爵，废为平民百姓，舞阳侯国也被废除。

曲周侯郦商者，[1]高阳人。[2]陈胜起时，商聚少年东西略人，[3]得数千。沛公略地至陈留，[4]六月余，商以将卒四千人属沛公于岐。[5]从攻长社，[6]先登，赐爵封信成君。从沛公攻缑氏，[7]绝河津，[8]破秦军洛阳东。[9]从攻下宛、穰，[10]定十七县。别将攻旬关，[11]定汉中。[12]

【注释】[1]"曲周"，汉县名，治所在今河北曲周东北。 [2]"高阳"，乡名，故地在今河南杞县西。 [3]"略"，抢掠、劫掠。 [4]"陈留"，秦县名，治所在今河南开封东南陈留镇。 [5]"岐"，古地名，故地当在今河南开封东南至杞县一带。 [6]"长社"，秦县名，治所在今河南长葛东北。

[7]"缑氏"，秦县名，治所在今河南偃师东南。"缑"，音*gōu*。 [8]"河津"，指平阴津，其地在今河南孟津东，是当时黄河重要渡口。 [9]"洛阳"，古都邑名，秦置县，治所在河南洛阳东北。 [10]"宛"，秦县名，治所在今河南南阳，也为南阳郡治所。"穰"，秦县名，治所在今河南邓县。 [11]"旬关"，古关隘名，故址在今陕西洵阳东。 [12]"汉中"，秦郡名，治所在南郑（今陕西汉中东）辖境约当今陕西秦岭以南，留坝、勉县以东，乾祐河流域和湖北郧县、保康以西，粉青河、珍珠岭以北地区。

【译文】曲周侯郦商是高阳聚人。在陈胜起义时，郦商纠集了一帮年轻人，到处劫持人入伙，得到好几千人。沛公攻城夺地来到陈留，六个月以后，郦商率领将卒四千多人投奔岐地，归属沛公。后来跟随沛公攻打长社县城，郦商率先登城，沛公赐给他信成君的爵号。又随从沛公攻打缑氏县，封锁平阴渡口，在洛阳以东把秦军打得大败。继续随沛公攻占宛、穰二城，平定了十七县。又单独率军攻下旬关，继而平定汉中。

项羽灭秦，立沛公为汉王。汉王赐商爵信成君，以将军为陇西都尉。[1]别将定北地、[2]上郡。[3]破雍将军焉氏，[4]周类军枸邑，[5]苏驵军于泥阳。[6]赐食邑武成六千户。[7]以陇西都尉从击项籍军五月，出钜野，[8]与钟离眛战，[9]疾斗，受梁相国印，益食邑四千户。以梁相国将从击项羽二岁三月，攻胡陵。[10]

【注释】[1]"陇西"，秦郡名，治所在狄道（今甘肃临洮南）。辖境约当今甘肃永靖、临夏以东的甘肃东南部地区。"都尉"，相当郡尉，郡里的军事长官。 [2]"北地"，秦郡名，治所在义渠（今甘肃庆阳西南）。辖境约当今宁夏贺兰山、青铜峡、苦水河以东及甘肃环江、马连河流域。 [3]"上郡"，秦郡名，治所在肤施（今陕西榆林东南）。辖境约当今无定河流域及同蒙古鄂托克等地。 [4]"雍将军"，指雍王章邯的将军。"焉氏"，又作"乌氏"、"阏氏"，秦县名，治所在今甘肃平凉西北。"氏"，音*zhī*。 [5]"枸邑"，秦县名，治所在今陕西旬邑。"枸"，音*xún*。 [6]"泥阳"，秦县名，治所在今甘肃宁县东南。 [7]"武成"，又作"武城"，汉县名，治所在今陕西华县东。 [8]"钜野"，汉县名，治所在今山东钜野。 〔9〕"钟离眜",复姓钟离,名眜,音mò。项羽部将。项羽败后,投奔韩信。刘邦下令逮捕他,被迫自杀。详见本书《淮阴侯列传》。 〔10〕"胡陵",秦县名,治所在今山东鱼台东南。

【译文】项羽灭亡了秦朝,立沛公为汉王。汉王封郦商为信成君,并令他以将军的身份任陇西郡的都尉。郦商独率一军平定了北地郡和上郡,在焉支县击败雍王章邯的部将,在栒邑县打败周类的军队,在泥阳县打败苏驵的军队。汉王把武成县的六千户赏给郦商,作为食邑。又以陇西都尉的身份跟随汉王与项羽作战达五个月之久。他出兵钜野,和项羽部将钟离眜交战,由于郦商勇猛拼杀,汉王授给他梁国相国的大印,并增加食邑四千户。又以梁相国的身份率军随从汉王与项羽作战二年三个月,并攻克胡陵县。

项羽既已死,汉王为帝。其秋,燕王臧荼反,商以将军从击荼,战龙脱,〔1〕先登陷阵,破荼军易下,〔2〕却敌,迁为右丞相,赐爵列侯,与诸侯剖符,世世勿绝,食邑涿五千户,〔3〕号曰涿侯。以右丞相别定上谷,〔4〕因攻代,〔5〕受赵相国印。以右丞相赵相国别与绛侯等定代、雁门,〔6〕得代丞相程纵、守相郭同,〔7〕将军已下至六百石十九人。〔8〕还,以将军为太上皇卫一岁七月。〔9〕以右丞相击陈豨,残东垣。〔10〕又以右丞相从高帝击黥布,攻其前拒,〔11〕陷两陈,〔12〕得以破布军,更食曲周五千一百户,除前所食。凡别破军三,降定郡六,县七十三,得丞相、守相、大将各一人,小将二人,二千石已下至六百石十九人。〔13〕

【注释】〔1〕"龙脱",又作"龙兑",古地名,其地在今河北徐水县南。 〔2〕"易",秦县名,治所在今河北雄县西北。 〔3〕"涿",秦县名,治所在今河北涿县。 〔4〕"上谷",秦郡名,治所在沮阳(今河北怀来东南)。辖境约当今张家口小五台山以东、赤城、延庆以西,及内长城和昌平以北地区。 〔5〕"代",秦郡名,治所在代县(今河北蔚县东北)。辖境约当今河北怀安、蔚县以西,山西阳高、浑源以东和长城外的东洋河流域。 〔6〕"雁门",秦郡名,治所在善无(今山西右玉南)。辖境约当今山西神池、五寨、宁武等县以北,恒山以西,内蒙古黄旗海、岱

海以南地。 〔7〕"守相",指丞相而专主居守者。 〔8〕以上丞相、守相、将军等,均为陈豨自立为代王时的官属。 〔9〕"太上皇",指刘邦之父。刘邦称帝后,封其父为太上皇,以示尊崇。 〔10〕"东垣",秦县名,汉初改名真定,治所在今河北正定南。 〔11〕"前拒",《汉书·郦商传》作"前垣",指前沿防守阵地。 〔12〕"陈",同"阵"。 〔13〕"二千石",汉制,中央的九卿、郎将,地方的郡守、郡尉,其俸禄等级均为二千石。这里泛指高级官员。"六百石",指县令县长一类较低级的官员。

【译文】项羽败死以后,汉王做了皇帝。这年秋天,燕王臧荼反叛,郦商以将军的身份随从高帝征讨臧荼。在龙脱县交战,郦商率先登城,攻陷敌阵,既而在易水之滨击败臧荼,打退敌人的反扑。被提升为右丞相,赐封列侯爵位,和其他诸侯一样,授予符节,爵位世代相传,永不废绝。以涿县五千户为食邑,称为涿侯。又以右丞相的身份单独率军平定了上谷郡,并攻占了代郡,皇帝授给他赵国相国的大印。接着以右丞相、赵国相国的身份和绛侯周勃平定了代郡和雁门郡,俘获代国丞相程纵、守相郭同以及将军以下至六百石的官员十九人,班师回朝。又以将军的身份充当太上皇的卫队长一年零七个月。以右丞相的身份进击陈豨,踏平东垣城。后又以右丞相的身份随高帝征讨黥布,冲进黥布的前沿阵地,攻陷两阵,从而击败黥布的叛军。改封曲周县五千五百户作为食邑,废除以前的食邑。前后单独征战,共击败三支敌军,降服平定了六郡、七十三县,俘获丞相、守相、大将各一人,小将二人,二千石以下至六百石的官员十九人。

商事孝惠、高后时,〔1〕商病,不治。〔2〕其子寄,字况,与吕禄善。〔3〕及高后崩,大臣欲诛诸吕,吕禄为将军,军于北军,〔4〕太尉勃不得入北军,〔5〕于是乃使人劫郦商,〔6〕令其子况绐吕禄,〔7〕吕禄信之,故与出游,而太尉勃乃得入据北军,遂诛诸吕。是岁商卒,谥为景侯。子寄代侯。天下称郦况卖交也。〔8〕

【注释】〔1〕"事",侍奉,这里指在朝为官。 〔2〕"不治",不治事,不处理官务。 〔3〕"吕禄",吕后外家之侄。吕后当政时,外家吕氏诸人,身居要津,封王封侯,吕禄封为赵王。吕后死后,诸吕欲谋

乱,被大臣周勃、陈平等诛灭。详见本书《吕太后本纪》。〔4〕"军",用为动词,驻扎。"北军",汉代京师长安的卫戍部队,因驻守在长安城北部,故称为"北军"。〔5〕"太尉",全国最高军事长官,与丞相、御史大夫并称三公。〔6〕"劫",胁迫。〔7〕"绐",音 dài。欺骗。〔8〕"卖交",出卖朋友。

【译文】郦商在惠帝和高后时仍为朝廷大臣,因患疾病,不能处理公务。他的儿子郦寄,字况,和吕禄交情很深。在高后逝世以后,大臣们谋尽诛除吕氏诸人,只因吕禄身为将军,驻扎在北军防地,太尉周勃进不了北军的军营。大臣们便派人劫持了郦商,让他的儿子郦况托词把吕禄骗出来。吕禄对郦况的托词深信不疑,就与他出外游玩,于是周勃才得以进入北军的防地,从而诛杀了吕氏诸人。就在这一年,郦商病逝,加谥号为景侯。他的儿子郦寄继嗣为曲周侯。天下人都纷纷指责郦寄出卖了朋友。

孝景前三年,〔1〕吴、楚、齐、赵反,〔2〕上以寄为将军,围赵城,〔3〕十月不能下。得俞侯栾布自平齐来,〔4〕乃下赵城,灭赵,王自杀,除国。孝景中二年,寄欲取平原君为夫人,〔5〕景帝怒,下寄吏,有罪,夺侯。景帝乃以商他子坚封为缪侯,续郦氏后。缪靖侯卒,子康侯遂成立。遂成卒,子怀侯世宗立。世宗卒,子侯终根立,为太常,〔6〕坐法,〔7〕国除。

【注释】〔1〕"孝景前三年",景帝前元三年当公元前一五四年。〔2〕"吴、楚、齐、赵反",指景帝前元三年(公元前一五四年),吴王刘濞、胶西王刘卬、楚王刘戊、赵王刘遂、济南王刘辟光、淄川王刘贤、胶东王刘雄渠等七王以诛晁错为名,发动武装叛乱。很快被太尉周亚夫等平定。吴王刘濞被杀,其他六王自杀。史称"吴楚七国之乱"。〔3〕"赵城",指赵国都城邯郸,故地在今河北邯郸西南。〔4〕"栾布",梁地人。贫时被人卖于燕地为奴,后为燕王臧荼部将。臧荼反,栾布被汉所俘,梁王彭越任其为梁大夫。彭越反,栾布被俘降汉。文帝时为燕国相。景帝时,曾参与平定七国之乱,以功封为俞侯。景帝中元五年(公元前一四五年)卒。详见本书《季布栾布列传》。"平齐",指平定胶东、胶西、济南、淄川等齐地反叛诸国。〔5〕"取",同"娶"。

"平原君",景帝王皇后之母王臧儿,封号为平原君。〔6〕"太常",官名,又名奉常,掌天子宗庙礼仪。为九卿之一。〔7〕"坐法",因事犯法。

【译文】景帝前元三年,吴、楚、齐、赵等国反叛,景帝任命郦寄为将军,率军征讨。郦寄包围了赵国都城邯郸,但围攻十月之久,未能攻克。这时正好俞侯栾布平定了齐地反叛之国,率军赶来,才攻下邯郸,灭亡了赵国,赵王刘遂自杀,赵国即被废除。景帝中元二年,郦寄打算娶景帝王皇后的母亲平原君王臧儿为夫人,景帝大怒,把郦寄交付法官审理。法官认定郦寄有罪,因而剥夺了他的侯爵。景帝把郦商的另一个儿子封为缪侯,以延续郦氏的爵嗣。缪靖侯逝世,其子康侯遂成继为缪侯。遂成逝世,其子怀侯世宗继为侯。世宗逝世,其子终根继为侯。郦终根曾任官太常,因犯法,封国被废除。

汝阴侯夏侯婴,〔1〕沛人也。〔2〕为沛厩司御。〔3〕每送使客还,过沛泗上亭,〔4〕与高祖语,未尝不移日也。婴已而试补县吏,〔5〕与高祖相爱。高祖戏而伤婴,人有告高祖。高祖时为亭长,重坐伤人,〔6〕告故不伤婴,〔7〕婴证之。后狱覆,〔8〕婴坐高祖系岁余,掠笞数百,〔9〕终以是脱高祖。

【注释】〔1〕"汝阴",秦县名,治所在今安徽阜阳。〔2〕"沛",秦县名,治所在今江苏沛县。〔3〕"厩",音 jiù。即厩置,驿站。"司御",职掌驾车。〔4〕"泗上亭",即泗水亭,故地在今江苏沛县东。当时刘邦任泗水亭长。秦汉时,亭为乡以下的行政单位,十里设一亭,亭有长,十亭为一乡。亭长负责治安及民事。〔5〕"试补",即试任。指在正式任用之前,先试用一段时间。〔6〕"重坐伤人",重判伤人之罪。为吏者伤人,要加重判罪。〔7〕"告故",诉说情由。〔8〕"后狱覆",后来案情出现反覆。"后",《汉书·夏侯婴传》作"移"。〔9〕"掠笞",用竹板、木棍之类拷打。"笞",音 chì。

【译文】汝阴侯夏侯婴是沛县人。起初他在沛县驿站里赶车,每次送使者或客人回来,路过沛县泗上亭,总要和高祖攀谈,一谈就是很长时间。不久,夏侯婴被试用为县里的小吏,便和高祖成了好朋友。有一次他们二人嘻戏打闹,高祖误伤了夏侯婴,被人告发。高祖这时身为亭长,做官史的打伤人要罪加一等。高祖申诉不曾伤害夏侯婴,夏侯婴也证明没有受伤。由于案情翻覆,再加审理,夏侯婴因故脱高祖之罪,被关押了一年多,但终于替高祖开脱了罪责,但终于替高祖开脱了罪责。

　　高祖之初与徒属欲攻沛也,[1]婴时以县令史为高祖使。[2]上降沛一日,高祖为沛公,赐婴爵七大夫,[3]以为太仆。[4]从攻胡陵,婴与萧何降泗水监平,[5]平以胡陵降,赐婴爵五大夫。[6]从击秦军砀东,[7]攻济阳,[8]下户牖,[9]破李由军雍丘下,[10]以兵车趣攻战疾,[11]赐爵执帛。[12]常以太仆奉车从击章邯军东阿、濮阳下,[13]以兵车趣攻战疾,破之,赐爵执珪。[14]复常奉车从击赵贲军开封,[15]杨熊军曲遇。[16]婴从捕虏六十八人,降卒八百五十人,得印一匮。因复常奉车从击秦军雒阳东,以兵车趣攻战疾,赐爵封转为滕公。[17]因复奉车从攻南阳,[18]战于蓝田、芷阳,[19]以兵车趣攻战疾,至霸上。[20]项羽至,灭秦,立沛公为汉王。汉王赐婴爵列侯,[21]号昭平侯,复为太仆,从入蜀、汉。[22]

　　【注释】[1]"徒属",所属之众。 [2]"县令史",县衙里掌管文书的小吏。 [3]"七大夫",爵位名,在秦二十级爵位中为第七级。 [4]"太仆",官名,掌管皇帝的车马及全国马政,为九卿之一。[5]"萧何",沛县丰邑(今江苏丰县)人。刘邦的重要谋臣,佐刘邦平定天下,汉初律令多出其手。以功封为酂侯,任汉朝第一任丞相。惠帝二年(公元前一九三年)卒。详见本书《萧相国世家》。"泗水",即泗水郡。"监",即郡监,秦时于郡设守、尉、监,守为行政长官,尉为军事长官,郡监负责监察郡中官吏,直属于中央的御史大夫。"平",泗水郡监之名,姓无考。 [6]"五大夫",爵位名,在秦二十级爵位中为第五级。 [7]"砀",秦县名,砀郡治所,在今河南永城东北。 [8]"济阳",秦县名,治所在今河南兰考东北。 [9]"户牖",乡名,秦时属阳武县,故地在今河南原阳东南。 [10]"李由",秦丞相李斯之子,时任秦三川郡守。"雍丘",秦县名,治所在今河南杞县。 [11]"趣",音 *cù*。同"促"。 [12]"执帛",战国时楚国爵位名。 [13]"东阿",秦县名,治所在今山东阳谷阿城镇。"濮阳",秦县名,治所在今河南濮阳西南。又为东郡治

所。 [14]"执珪",战国时楚国爵位名。 [15]"开封",秦县名,治所在今河南开封西南。 [16]"曲遇",古乡名,故地在今河南中牟西。 [17]"滕公",滕为秦县名,治所在今山东滕县西南。滕公为封号。 [18]"南阳",秦郡名,治所在宛(今河南南阳)。辖境约当今河南熊耳山以南叶县、内乡间和湖北大洪山以北应山、郧县间地。 [19]"蓝田",秦县名,治所在今陕西蓝田西。"芷阳",秦县名,治所在今陕西西安东北。 [20]"霸上",又作"灞上",古地名,故地在今陕西西安东,为当时军事要地。 [21]"列侯",爵位名,在秦爵二十级中为最高爵位。又称彻侯,因避汉武帝讳,改称通侯。 [22]"蜀",秦郡名,治所在成都(今四川成都)。辖境约当今四川松潘以南,广元、南充、内江、宜宾以西,石棉、天全以东之地。"汉",即汉中郡,已见前注。当时项羽给刘邦的封地为汉中地区和四川一部。

　　【译文】当初高祖和他的部众准备攻打沛县时,夏侯婴以县令史的身份受高祖的支使。高祖降服了沛县,被立为沛公,便赐给夏侯婴七大夫的爵位,并任命他为太仆。他跟随高祖进攻胡陵县,和萧何招降秦泗水监平,平献出胡陵城投降。沛公赐给夏侯婴五大夫的爵位。又跟随沛公在砀县以东进攻秦军,攻克济阳城,拿下户牖乡,在雍丘城下击败李由的军队。由于他率领战车急攻猛战,沛公赐给他执帛的爵位。又曾以太仆的身份,带领战车护卫沛公在东阿、濮阳一带攻击章邯的军队,他率领战车急攻猛战,击败敌军,沛公又赐给他执珪的爵位。又曾带领战车护卫沛公在开封进击赵贲所率的军队,在曲遇进击杨熊所率的军队。夏侯婴跟随沛公作战,俘获敌军六十八人,收降士卒八百五十人,获得官印一箱。又率领战车护卫沛公在洛阳以东进攻秦军,他带领战车急攻猛战,沛公赐给他滕公的封号。又带领战车护卫沛公进攻南阳,既而大战于蓝田、芷阳,他带领战车急攻猛战,一直打到霸上。项羽率军赶到,灭亡了秦朝,立沛公为汉王。汉王封夏侯婴为列侯,称号为昭平侯,仍然担任太仆,跟随汉王进入蜀、汉。

　　还定三秦,[1]从击项籍。至彭城,[2]项羽大破汉军。汉王败,不利,驰去。见孝惠、鲁元,[3]载之。汉王急,马罢,[4]虏在后,[5]常蹳两儿欲弃之,[6]婴常收,竟载之,徐行面雍树乃驰。[7]汉王怒,行欲斩婴者十余,

卒得脱,而致孝惠、鲁元于丰。[8]

【注释】[1]"三秦",秦亡后,项羽将关中之地三分,封章邯为雍王,司马欣为塞王,董翳为翟王。合称三秦。 [2]"彭城",秦县名,治所在今江苏徐州。时彭城为项羽的王都。 [3]"孝惠",即孝惠帝刘盈。"鲁元",即刘邦之女鲁元公主,后嫁赵王张敖。 [4]"罢",同"疲"。 [5]"虏",敌人。 [6]"蹶",用脚踢。"弃","棄"的古体字。 [7]"雍树",古代方言谓大人面抱小孩,小孩抱大人之颈,像悬在树上,故称雍树。"雍"同"拥"。 [8]"丰",秦时为沛县之乡名,汉置为县,治所在今江苏丰县。

【译文】汉王回师北上,平定了三秦。夏侯婴随从汉王东攻项羽,攻占了彭城,但被从齐地赶来的项羽击败。汉王见已失败,战局很不利,便急忙撤退。在撤退途中,汉王遇见自己的儿子孝惠帝和女儿鲁元公主,便让他们上车同行。汉王很着急,马已跑得精疲力尽,后面的敌人紧追不舍,汉王多次把两个孩子踹下车去,想丢弃他们。夏侯婴多次把孩子收起,载在车上,他先是慢慢行驶,等孩子在他身上抱紧,便疾驰而去。汉王为此很生气,有十几次想杀掉夏侯婴。但终于摆脱了敌人的追击,把孝惠帝和鲁元公主安顿在丰邑。

汉王既至荥阳,[1]收散兵,复振,赐婴食祈阳。[2]复常奉车从击项籍,追至陈,[3]卒定楚,至鲁,[4]益食兹氏。[5]

【注释】[1]"荥阳",古城邑名,战国时属韩,汉置县,治所在今河南荥阳。 [2]"祈阳",《汉书·夏侯婴传》作"沂阳"。盖为乡名,不知所在。 [3]"陈",秦县名,治所在今河南淮阳。 [4]"鲁",秦县名,治所在今山东曲阜。 [5]"兹氏",秦县名,治所在今山西汾阳东南。

【译文】汉王退到荥阳以后,收罗散兵,士气又振作起来。把祈阳赏赐给夏侯婴,作为他的食邑。夏侯婴又带领战车护卫汉王进攻项羽,追击到陈县,终于平定了楚地。进军至鲁县,汉王又把兹氏县赐给夏侯婴,作为食邑。

汉王立为帝。其秋,燕王臧荼反,婴以太仆从击荼。明年,从至陈,取楚王信。[1]

更食汝阴,剖符世世勿绝。以太仆从击代,至武泉、云中,[2]益食千户。因从击韩信军胡骑晋阳旁,[3]大破之。追北至平城,[4]为胡所围,七日不得通。高帝使使厚遗阏氏,[5]冒顿开围一角。[6]高帝出欲驰,婴固徐行,弩皆持满外向,[7]卒得脱。益食婴细阳千户。[8]复以太仆从击胡骑句注北,[9]大破之。以太仆击胡骑平城南,三陷陈,功为多,赐所夺邑五百户。以太仆击陈豨、黥布军,陷陈却敌,益食千户,定食汝阴六千九百户,除前所食。

【注释】[1]"取楚王信",汉六年(公元前二〇一年),有人告楚王韩信谋反,刘邦用陈平之计,诡称游云梦,会诸侯于陈(今河南淮阳),乘机逮捕了韩信。详见本书《淮阴侯列传》。 [2]"武泉",秦县名,治所在今内蒙古呼和浩特东北。"云中",秦县名,治所在今内蒙古托克托县东北。又为云中郡治所。 [3]"韩信",此为韩王信,与上文楚王韩信非一人。韩王信是战国时韩襄王的庶孙。刘邦略地至韩,得韩王信。后从刘邦入武关,进汉中。刘邦立他为韩王,后又移封于太原以北。汉六年(公元前二〇一年),勾结匈奴反叛,兵败逃入匈奴。后被汉军所杀。详见本书《韩信卢绾列传》。"晋阳",秦县名,治所在今山西太原南古城营。又为太原郡治所。 [4]"北",败逃。"平城",秦县名,治所在今山西大同东北。 [5]"使使",上"使"字为动词,派遣;下"使"字为名词,使者。"遗",音 wèi,赠送礼物。"阏氏",音 yān zhī,匈奴单于正妻的称号,犹汉之皇后。 [6]"冒顿",音 mò dú。秦末汉初的匈奴单于。杀父自立,拥兵三十万,东灭东胡,西破月氏,进据河套,是西汉王朝在北面的主要威胁。详见本书《匈奴列传》。 [7]"弩",一种用机关发射的弓,弹力强,射程远。 [8]"细阳",汉县名,治所在今安徽阜阳西北。 [9]"句注",山名,在今山西代县以北。"句",音 gōu。

【译文】汉王做了皇帝。那年秋天,燕王臧荼反叛,夏侯婴以太仆的身份随从皇帝征讨臧荼。第二年,又随皇帝来到陈县,逮捕了楚王韩信。皇帝把夏侯婴的食邑改为汝阴县,授予符节,爵位世代相传,永不废绝。又以太仆的身份随从皇帝进攻代地,进军至武泉、云中,皇帝给他增加食邑一千户。又随皇帝在晋阳旁边攻击韩王信所率的匈奴骑兵,把韩王信打得大败。向北追击到平城,他和皇帝一起被匈奴骑兵包围,七天七夜未能突围。高帝便派遣使者,给匈奴冒顿单于的阏氏送去很丰厚的礼物,冒顿单于便网开一面。高帝刚出重围,打算赶快逃走。夏侯婴坚持慢慢退出,并令士兵拉满弩弓,箭头朝外,这样终于摆脱了敌人的包围圈。皇帝给夏侯婴增加细阳一千户的食邑。又以太仆的身份跟随皇帝在句注以北进击匈奴的骑兵,匈奴骑兵被打得溃败而逃。仍以太仆的身份率军在平城以南攻击匈奴骑兵,他三次攻陷敌阵,功劳最大,高帝把夺取的城邑五百户赏给他。又以太仆的身份率军讨伐陈豨、黥布的反叛军队,他攻陷敌阵,打退敌人,皇帝给他增加食邑一千户。最后确定汝阴县六千九百户作为食邑,以前的食邑废除。

婴自上初起沛,常为太仆,竟高祖崩。以太仆事孝惠。孝惠帝及高后德婴之脱孝惠、鲁元于下邑之间也,〔1〕乃赐婴县北第第一,〔2〕曰"近我",以尊异之。孝惠帝崩,以太仆事高后。高后崩,代王之来,〔3〕婴以太仆与东牟侯入清宫,〔4〕废少帝,〔5〕以天子法驾迎代王代邸,〔6〕与大臣共立为孝文皇帝,复为太仆。八岁卒,谥为文侯。子夷侯灶立,七年卒。子共侯赐立,三十一年卒。子侯颇尚平阳公主。〔7〕立十九岁,元鼎二年,〔8〕坐与父御婢奸罪,〔9〕自杀,国除。

【注释】〔1〕"德",用为动词,感激。"下邑",秦县名,治所在今安徽砀山县。〔2〕"县",指皇宫。"北第",皇宫北门外的宅第。〔3〕"代王",指文帝刘恒。文帝在继帝位之前,被封为代王。〔4〕"东牟侯",刘兴居的封爵。刘兴居为齐悼惠王刘肥之子,高后六年(公元前一八二年)被封为东牟侯,文帝前元二年(公元前一七八年),被封为济北王,因谋反被杀。详见本书《齐悼惠王世家》。"清宫",清查宫禁。这里指废黜少帝,将其逐出未央宫,以迎文帝。〔5〕"少帝",惠帝宫人所生,名刘山,后更名刘义、刘弘。惠帝死后,吕后立之为帝,自己临朝称制。〔6〕"法驾",皇帝的车马仪仗。"代邸",代王在京师的馆舍。汉代诸王在京师设有馆舍,以供朝见皇帝时居住,犹今之驻京办事处。〔7〕"尚",匹配之意。因公主身份高贵,不可言娶。"平阳公主",景帝的女儿。〔8〕"元鼎二年","元鼎",为汉武帝年号,元鼎二年当公元前一一五年。

〔9〕"御婢",贴身侍女。

【译文】自高祖在沛县起兵,直到高祖逝世,夏侯婴一直任高祖的太仆。又以太仆的职位侍奉孝惠帝。孝惠帝和吕后感激夏侯婴在下邑路上搭救孝惠帝和鲁元公主,便把最靠近宫阙北面的宅第赐给夏侯婴,并说:"这样离我更近了。"以表示对他的尊重。孝惠帝逝世,夏侯婴又以太仆的职位侍奉高后。高后逝世,代王刘恒被迎来长安,夏侯婴又以太仆的身份同东牟侯刘兴居进入皇宫进行清查,废黜少帝,用天子的车驾去代王的邸舍迎接代王,和大臣们一起立代王为皇帝。夏侯婴仍任定太仆。八年以后去世,加谥号为文侯。他的儿子夷侯灶继嗣为侯,七年以后死去。灶之子共侯赐继嗣为侯,三十一年以后死。赐之子颇继嗣为侯,娶景帝之女平阳公主为妻,继位第十九年,即武帝元鼎二年,因夏侯颇犯了和他父亲的贴身侍女通奸罪,而畏罪自杀,汝阴侯国即被废除。

颍阴侯灌婴者,〔1〕睢阳贩缯者也。〔2〕高祖之为沛公,略地至雍丘下,〔3〕章邯败杀项梁,〔4〕而沛公还军于砀,〔5〕婴初以中涓从击破东郡尉于成武及秦军于杠里,〔6〕疾斗,赐爵七大夫。〔7〕从攻秦军亳南、开封、曲遇,〔8〕战疾力,赐爵执帛,〔9〕号宣陵君。从攻阳武以西至雒阳,〔10〕破秦军尸北,〔11〕北绝河津,〔12〕南破南阳守齮阳城东,〔13〕遂定南阳郡。西入武关,〔14〕战于蓝田,〔15〕疾力,至霸上,〔16〕赐爵执珪,〔17〕号昌文君。

【注释】〔1〕"颍阴",汉县名,治所在今河南许昌。〔2〕"睢阳",秦县名,治所在今河南商丘南。"缯",音 zēng。丝织品的统称。〔3〕"雍丘",秦县名,治所在今河南杞县。〔4〕"章邯",秦重要将领。秦末率军镇压陈胜、项梁等义军。后战败投降项羽,被封为雍王。在楚汉战争中,被汉军击败自杀。"项梁",下相(今江苏宿迁西南)人,楚国贵族。秦末与其侄项羽起兵,立楚怀王孙心为王。后在定陶与秦军作战时,兵败被杀。详见本书《项羽本纪》。〔5〕"砀",秦县名,治所在今安徽砀山县。〔6〕"中涓",指皇帝左右的亲近侍从官员。"东郡",秦郡名,治所在濮阳(今河南濮阳南)。辖境约当今山东茌平、梁山、成武以西,河南延津、封丘以北,滑县、濮阳、南乐以东地区。"成武",秦县名,治所在今山东成武。"杠里",地名,故地当在今山东鄄城附近。〔7〕"七大夫",爵位名,在秦二十级爵位中为第七级。〔8〕"亳",音bó。古都邑名,故地在今河南商丘东南。"开封",秦县名,治所在今河南开封西南。"曲遇",乡名,故地在今河南中牟东。〔9〕"执帛",战国时楚国的爵位名。〔10〕"阳武",秦县名,治所在今河南原阳东南。"雒阳",古都邑名,秦置为县,治所在今河南洛阳东。〔11〕"尸",又称"尸氏",古乡名,故地在今河南偃师西。〔12〕"河津",指平阴津,当时黄河的重要渡口,故地在今河南孟津东。〔13〕"南阳",秦郡名,治所在宛(今河南南阳)。辖境约当今河南熊耳山以南叶县、内乡间和湖北大洪山以北郧县、应山间地。"阳城",秦县名,治所在今河南方城东。〔14〕"武关",古关隘名,故址在今陕西丹凤东南。一说关址曾有迁移,古址在今关南丹水上,唐始迁今址。〔15〕"蓝田",秦县名,治所在今陕西蓝田。〔16〕"霸上",又作"灞上",古地名,故地在今陕西西安东,接蓝田界。为当时军事要地。〔17〕"执珪",战国时楚国爵位名。

【译文】颍阴侯灌婴,原来是睢阳县贩卖丝绸的小贩。高祖被立为沛公,攻城夺地来到雍丘附近时,秦将章邯击败楚军,杀死项梁,沛公便率军回到砀县。那时灌婴作为沛公的亲近侍从随从作战,在成武县击败秦东郡尉的军队,又在杠里击败秦军。因他勇猛拼杀,沛公赐给他七大夫的爵位。后来又随沛公在亳南、开封、曲遇等地与秦军作战,灌婴勇猛进攻,拼力厮杀,沛公赐给他执帛的爵位,并授予宣陵君的称号。又随从沛公攻取阳武以西至洛阳等地,在尸乡以北大败秦军,又封锁了北面的平阴渡口。向南进军,在阳城以东击败南阳郡守齮的军队,进而平定了南阳郡。然后西进,攻入武关,在蓝田县与秦军大战,灌婴勇猛厮杀,攻到霸上。沛公赐给他执珪的爵位,授予昌文君的称号。

沛公立为汉王,拜婴为郎中,〔1〕从入汉中,〔2〕十月,〔3〕拜为中谒者。〔4〕从还定三秦,〔5〕下栎阳,〔6〕降塞王。〔7〕还围章邯于废丘,〔8〕未拔。从东出临晋关,〔9〕击降殷王,〔10〕定其地。击项羽将龙且、魏相项他军定陶南,〔11〕疾战,破之。赐婴爵列侯,号昌文侯,食杜平乡。〔12〕

【注释】〔1〕"郎中",郎中令属官,掌宿卫宫殿门户,掌管皇帝车马,外从征战。〔2〕"汉中",秦郡名,治所在南郑(今陕西汉中东)。辖境约当今陕西秦岭以南,留坝、勉县以东,乾祐河流域以西和湖北郧县、保康以西,粉青河、珍珠岭以北地区。〔3〕"十月",王先谦说当作"四月"。见《汉书补注》。〔4〕"中谒者",郎中令属官,掌宾赞礼仪,传达事务。〔5〕"三秦",秦亡后,项羽将关中之地三分,分封章邯为雍王,司马欣为塞王,董翳为翟王,合称"三秦"。〔6〕"栎阳",秦县名,治所在今陕西临潼北。〔7〕"塞王",指司马欣。见上注〔5〕。〔8〕"废丘",秦县名,治所在今陕西兴平东南。此时废丘为章邯的王都。〔9〕"临晋关",古关名,故地在今陕西大荔黄河西岸。〔10〕"殷王",汉元年(公元前二〇六年),项羽封司马卬为殷王,其封地在今河南淇县一带。〔11〕"龙且",项羽的骁将。"且",音jū。"项它",项羽的部将。"定陶",秦县名,治所在今山东定陶西北。〔12〕"食杜平乡",王先谦说此四字为衍文,因下文复出"食杜平乡"一语。见《汉书补注》。译文即本此说。

【译文】沛公被项羽立为汉王,汉王任命灌婴为郎中,跟随汉王进入汉中。这年十月,汉王又任命他为中谒者。后来又跟随汉王回师北上,平定三秦,攻下栎阳,降服塞王司马欣,又回师把雍王章邯包围在废丘城。废丘城没有攻下,便跟随汉王东出临晋关,击败并收降了殷王司马卬,平定了殷王的属地。又在定陶与项羽部将龙且、魏相项他交战,经过激烈的战斗,把二人打得大败。为此,汉王封灌婴为列侯,称号为昌文侯。

复以中谒者从降下砀,以至彭城。〔1〕项羽击,大破汉王。汉王遁而西,婴从还,军于雍丘。王武、魏公申徒反,〔2〕从击破之。攻下黄,〔3〕西收兵,军于荥阳。〔4〕楚骑来众,汉王乃择军中可为骑将者,〔5〕皆推故秦骑士重泉人李必、骆甲习骑兵,〔6〕今为校尉,〔7〕可为骑将。汉王欲拜之,必、甲曰:"臣故秦民,恐军不信臣,臣愿得大王左右善骑者傅之。"〔8〕灌婴虽少,然数力战,乃拜灌婴为中大夫,〔9〕令李必、骆甲为左右校尉,将郎中骑兵击楚骑于荥阳东,大破之。受诏别击楚军后,绝其饷道,起阳武至襄邑。〔10〕击项羽之将项冠于鲁下,〔11〕破之,所将卒斩右司马、骑将各一人。〔12〕击破柘公王武,军于燕西,〔13〕所将卒斩楼烦将五人,〔14〕连尹一人。〔15〕击王武别将桓婴白马下,〔16〕破之,所将卒斩都尉一人。〔17〕以骑渡河南,送汉王到雒阳,使北迎相国韩信军于邯郸。〔18〕还至敖仓,〔19〕婴迁为御史大夫。〔20〕

【注释】〔1〕"彭城",秦县名,治所在今江苏徐州。此时彭城为项羽的王都。〔2〕"王武",原为秦将,后降刘邦,此时又反叛。"魏公申徒",原亦秦将,后降刘邦,并为魏令(公即县令)。王先谦说魏公申徒为二人,见《汉书补注》。〔3〕"黄",即外黄,秦县名,治所在今河南民权西北。〔4〕"荥阳",古城邑名,汉置县,治所在今河南荥阳东北。〔5〕"骑将",郎中令属官,郎中长官有车、户、骑三将,骑将专主骑兵。〔6〕"重泉",秦县名,治所在今陕西蒲城东南。〔7〕"校尉",秦武官名,职位在将军之下,分置左右。〔8〕"傅",同"辅"。〔9〕"中大夫",郎中令属官,掌议论,备顾问,无固定职守,是皇帝左右的高级侍从官员。〔10〕"襄邑",秦县名,治所在今河南睢阳。〔11〕"鲁",秦县名,治所在今山东曲阜。〔12〕"右司马",武官名,掌军政和军赋。〔13〕"柘公王武",柘公即柘令。王武已见上注。王先谦说柘公王武为二人,见《汉书补注》。"燕",秦县名,治所在今河南延津东北。〔14〕"楼烦将",楼烦为古部落名,春秋末至秦,活动于今山西、陕西、内蒙古一带,后被匈奴征服。因其过游牧生活,精于骑射,故称善骑射之将为楼烦将。〔15〕"连尹",楚国官名,统领弓箭手。〔16〕"白马",秦县名,治所在今河南滑县。境内黄河南岸有白马津,为当时的黄河渡口。〔17〕"都尉",武官名。楚汉之际郡里掌军事的武官亦称都尉,相当于郡尉,景帝时即改郡尉为都尉。〔18〕"相国韩信",旧注或以为时韩信为赵相国,非是。本篇下文及《汉书·韩信传》均称汉相国。"邯郸",秦县名,治所在今河北邯郸西南,时又为邯郸郡治所。〔19〕"敖仓",秦代所建著名粮仓,因其在荥阳北敖山上,故称敖仓。〔20〕"御史大夫",官名,掌副丞相,与丞相、太尉并称三公。负责监察、司法及重要图籍,丞相位缺,往往以御史大夫升任。

【译文】灌婴又以中谒者的身份跟随汉王攻下砀县,并攻占了楚都彭城。项羽率军由齐地赶来,把汉军打得大败。汉王逃出,向西退却,灌婴随从西去,军队驻扎在雍丘。王武和魏公申徒反叛,灌婴跟随汉王把他们击败。接着又攻下外黄,继而西进,沿路收集散兵,驻扎在荥阳。楚军调大批骑兵来攻。汉王下令在军中挑选可以充当骑将的人,部下都推荐原秦朝骑士重泉人李必、骆甲二人,说他们熟悉骑兵的战略战术,现在任校尉官,可以胜任骑将。汉王打算任用他们,李必、骆甲说:"我们原来是秦朝的臣民,恐怕军中士卒不信任我们。希望挑选大王左右长于骑射的人作骑将,我们作他们的助手。"灌婴虽然年轻,但经过多次激烈的战斗,汉王便任命灌婴为中大夫,李必和骆甲担任左右校尉,率领郎中骑兵在荥阳以东迎击楚国的骑兵,把楚军打得大败。灌婴又接受汉王的命令,单独率领一军,袭击楚军的后方,从阳武到襄邑,切断了楚军的供给线。以后灌婴又在鲁县击败项羽的部将项冠,手下的士卒杀死楚军右司马、骑将各一人。又在燕县以西再度击溃柘公王武的反叛部队,灌婴的部下杀掉王武的楼烦将五人、连尹一人。同时又在白马县击败王武的部将桓婴,他的部下斩杀都尉官一人。又率领骑兵南渡黄河,护送汉王到洛阳。汉王又派他北行,去邯郸迎接相国韩信所率的部队。回到敖仓,灌婴被提升为御史大夫。

三年,以列侯食邑杜平乡。以御史大夫受诏将郎中骑兵东属相国韩信,击破齐军于历下,〔1〕所将卒虏车骑将军华毋伤及将吏四十六人。降下临菑,〔2〕得齐守相田光。〔3〕追齐相田横至嬴、博,〔4〕破其骑,所将卒斩骑将一人,生得骑将四人。攻下嬴、博,破齐将军田吸于千乘,〔5〕所将卒斩吸。东从韩信攻龙且、留公旋于高密,〔6〕卒斩龙且,生得右司马、连尹各一人,楼烦将十人,身生得亚将周兰。〔7〕

【注释】〔1〕"历下",古城邑名,汉置历城县,治所在今山东济南西。〔2〕"临菑",古都邑名,故地在今山东淄博东。〔3〕"守相",指丞相而专主居守者。〔4〕"田横",狄(今山东高青东南)人,齐国贵族。秦末与其兄田儋起兵,重建齐国。后来他立田荣子田广为齐王,他自任齐相,专国政。后田广被汉所俘,田横自立为齐王。后兵败,被刘邦召至洛阳,自杀而死。详见本书《田儋列传》。"嬴",秦县名,治所在今山东莱芜西北。"博",秦县名,治所在今山东高青东北。〔5〕"千乘",秦县名,治所在今山东高青高苑镇北。〔6〕"留公旋",留县令,名旋,项羽部将。"高密",秦县名,治所在今山东高

密西南。〔7〕"身",亲身。"亚将",即副将。

【译文】汉三年,灌婴以列侯的爵位得到杜县平乡的食邑。又以御史大夫之职受命率领郎中骑兵东下,作为相国韩信的部属,在历下击败齐军,他的部下俘获了齐军车骑将军华毋伤以及将吏四十六人。继而平定了临淄城,俘获齐国守相田光。又追击齐相田横至嬴县、博县一带,打败田横的骑兵部队,部下斩杀齐军骑将一人,活捉骑将四人。进而攻下嬴、博二县,并在千乘县击败齐将田吸,他的部下把田吸斩杀。又挥兵东向,协助韩信在高密县进击项羽的部将龙且和留公旋,他的部下杀掉龙且,活捉右司马、连尹各一人,楼烦将十人,灌婴亲手活捉了副将周兰。

齐地已定,韩信自立为齐王,使婴别将击楚将公杲于鲁北,破之。转南,破薛郡长,〔1〕身房骑将一人。攻傅阳,〔2〕前至下相以东南僮、取虑、徐。〔3〕度淮,尽降其城邑,至广陵。〔4〕项羽使项声、薛公、郯公复定淮北。〔5〕婴渡淮北,击破项声、郯公下邳,〔6〕斩薛公,下下邳,击破楚骑于平阳,〔7〕遂降彭城,房柱国项佗,〔8〕降留、薛、沛、酂、萧、相。〔9〕攻苦、谯,〔10〕复得亚将周兰。与汉王会颐乡。〔11〕从击项籍军于陈下,〔12〕破之,所将卒斩楼烦将二人,房骑将八人。赐益食邑二千五百户。

【注释】〔1〕"薛郡",秦置,治所在鲁(今山东曲阜)。辖境约当今山东大汶河下游及其支流小汶河以南,运河以东,蒙山、抱犊崮以西地区。"郡长",殆为项羽所设之官,当与秦之郡尉或长史相当,掌兵马。下文云"破吴郡长吴下,得吴守。"是当时有郡长,又有郡守。〔2〕"傅阳",又作"偪阳",秦县名,治所在今山东枣庄南。〔3〕"下相"秦县名,治所在今江苏宿迁西南。"僮",秦县名,治所在今江苏睢宁东南。"取虑",秦县名,治所在今江苏睢宁西南。"徐",秦县名,治所在今江苏泗洪南。〔4〕"广陵",秦县名,治所在今江苏扬州。〔5〕"项声",项羽部将。"薛公",即薛县令。下某某公同此。〔6〕"下邳",秦县名,治所在今江苏睢宁西北。〔7〕"平阳",秦县名,治所在今山东邹县。〔8〕"柱国",战国时楚国官名,为最高军事长官,也称上柱国,地位仅次于令尹(丞相)。以后成为勋官

的荣衔。"项佗",即前文之项它。〔9〕"留",秦县名,治所在今江苏沛县东南。"薛",秦县名,治所在今山东滕县东南。"沛",秦县名,治所在今江苏沛县。"酂",音 cuó。秦县名,治所在今河南永城西。"萧",秦县名,治所在今安徽萧县西北。"相",秦县名,治所在今安徽濉溪西。〔10〕"苦",秦县名,治所在今河南鹿邑东。"谯",秦县名,治所在今安徽亳县。〔11〕"颐乡",古乡名,故地在今河南鹿邑东。〔12〕"陈",秦县名,治所在今河南淮阳。

【译文】平定了齐地以后,韩信自立为齐王,派灌婴独领一军在鲁县以北击败楚将公杲的军队。灌婴又回军南进,击败楚国薛郡长的军队,灌婴亲手俘获骑将一人。接着又攻下傅阳,前到下相以东以及南面的僮县、取虑、徐县。以后又南渡淮水,淮南城邑全部降服,一直推进到广陵。这时项羽派项声、薛公、郯公重新收复淮河以北之地。灌婴便北渡淮河,在下邳县击败项声和薛公,杀掉薛公,攻占了下邳城。又在平阳击败楚国的骑兵,于是降服了彭城,俘房了楚国柱国项他。接着又降服留县、薛县、沛县、酂县、萧县、相县,攻占了苦县、谯县,再度俘获副将周兰。后来与汉王在颐乡会师。跟随汉王在陈县大败项羽的军队,他的部下斩杀项羽的楼烦将二人,俘获骑将八人。汉王给他增加食邑二千五百户。

项籍败垓下去也,〔1〕婴以御史大夫受诏将车骑别追项籍至东城,〔2〕破之。所将卒五人共斩项籍,皆赐爵列侯。降左右司马各一人,卒万二千人,尽得其军将吏。下东城、历阳。〔3〕渡江,破吴郡长吴下,得吴守,遂定吴、豫章、会稽郡。〔4〕还定淮北,凡五十二县。

【注释】〔1〕"垓下",古地名,故地在今安徽灵璧南沱河北岸。〔2〕"东城",秦县名,治所在今安徽定远东南。〔3〕"历阳",秦县名,治所在今安徽和县。〔4〕"吴郡",楚汉之际分会稽郡置,汉武帝后废。治所在吴(今江苏苏州)。辖境约当今江苏长江以南,大茅山以东,浙江长兴、吴兴、天目山以东,以及建德以下的钱塘江两岸。"豫章",应作"鄣郡",楚汉之际置,治所在鄣(今浙江安吉西北)。"会稽",秦置郡,此时北部已分置出吴郡,其辖境当在今浙江南部一带。

【译文】当项羽在垓下溃败逃走的时候，灌婴以御史大夫之职受命率领车骑部队追击项羽，在东城县打垮了项羽的残余部队，他的部下五人共同斩杀项羽，这五人都被封为列侯。这次战役，他收降楚军左右司马各一人，收降士卒二千人，全部俘获楚军的将史。接着又攻下东城、历阳二县。东渡长江，在姑苏城下击败吴郡长的军队，俘获了吴郡郡守，于是平定了吴、豫章、会稽三郡。还军北上，平定了淮北五十二县。

汉王立为皇帝，赐益婴邑三千户。其秋，以车骑将军从击破燕王臧荼。〔1〕明年，从至陈，取楚王信。还，剖符，世世勿绝，食颍阴二千五百户，号曰颍阴侯。

【注释】〔1〕"臧荼"，原为燕王韩广部将。后从项羽入关，被封为燕王。后背楚归汉。汉四年（公元前二〇三年）反，被俘。

【译文】汉王做了皇帝，给灌婴增加食邑三千户。这年秋天，灌婴以车骑将军的职衔跟随皇帝征讨燕王臧荼。第二年又随从皇帝到陈县，逮捕了楚王韩信。回来以后，授予他封侯的符节，爵位世代相传，永不废绝，以颍阴县二千五百户作为食邑，称号为颍阴侯。

以车骑将军从击反韩王信于代，〔1〕至马邑，〔2〕受诏别降楼烦以北六县，〔3〕斩代左相，破胡骑于武泉北。〔4〕复从击韩信胡骑晋阳下，〔5〕所将卒斩胡白题将一人。〔6〕受诏并将燕、赵、齐、梁、楚车骑，击破胡骑于砂石。〔7〕至平城，〔8〕为胡所围，从还军东垣。〔9〕

【注释】〔1〕"韩王信"，战国时韩襄王的庶孙。刘邦略地至韩，得韩王信。后跟随刘邦入汉中。被刘邦立为韩王，又移封于太原以北。汉六年（公元前二〇一年）反，逃入匈奴，终被汉军所杀。详见本书《韩信卢绾列传》。"代"，即代郡。治所在代县（今河北蔚县东北）。辖境约当今河北怀安、蔚县以西，山西阳高、浑源以东，以及长城外东洋河流域。〔2〕"马邑"，秦县名，治所在今山西朔县。〔3〕"楼烦"，古县名，战国时赵武灵王置，治所在今山西宁武附近。〔4〕"武泉"，秦县名，治所在今内蒙古呼和浩特东北。〔5〕"韩信"，指韩王信。"晋阳"，秦

县名，治所在今山西太原南古城营。〔6〕"白题"，匈奴部族名，俗以白色涂额，故名。〔7〕"砂石"，地名，其地在今山西宁武西北。"砂"，音 shā。〔8〕"平城"，秦县名，治所在今山西大同东北。〔9〕"东垣"，秦县名，治所在今河北正定南。

【译文】后来又以车骑将军的职衔跟随皇帝去代地，征讨反叛的韩王信。军至马邑，受命独率一军，降服了楼烦以北六县，斩杀了代国的左丞相。又在武泉县以北击败匈奴的骑兵。又随从皇帝在晋阳城下击败韩王信所率的匈奴骑兵，他的部下斩杀了匈奴白题部族将领一人。又受命率领燕、赵、齐、梁、楚等国的车骑部队，在砂石击败匈奴的骑兵。进军至平城，被匈奴骑兵包围。突围后随从皇帝班师，驻扎在东垣县。

从击陈豨，〔1〕受诏别攻豨丞相侯敞军曲逆下，〔2〕破之，卒斩敞及特将五人。〔3〕降曲逆、卢奴、上曲阳、安国、安平。〔4〕攻下东垣。

【注释】〔1〕"陈豨"，宛朐（今山东菏泽西南）人。刘邦部将，汉初任赵相国，统领赵代边兵。高帝十年（公元前一九七年）勾结匈奴叛汉，自立为代王，兵败被杀。详见本书《韩信卢绾列传》附《陈豨传》。〔2〕"曲逆"，秦县名，治所在今河北完县东南。〔3〕"特将"，楚汉之际所设将领名称。〔4〕"卢奴"，汉县名，治所在今河北定县。"上曲阳"，秦县名，治所在今河北曲阳西。"安国"，汉县名，治所在今河北安平东北。"安平"，汉县名，治所在今河北安平。

【译文】又随从皇帝征讨反叛的陈豨，受命别率一军进攻陈豨的丞相侯敞，在曲逆县击败侯敞所率之军，他的部下斩杀侯敞及特将五人，降服曲逆、卢奴、上曲阳、安国、安平等县，并攻下东垣城。

黥布反，〔1〕以车骑将军先出，攻布别将于相，破之，斩亚将楼烦将三人。又进击破布上柱国军及大司马军。〔2〕又进破布别将肥诛。婴身生得左司马一人，所将卒斩其小将十人，追北至淮上。〔3〕益食二千五百户。布已破，高帝归，定令婴食颍阴五千户，除前所食邑。凡从得二千石二人，〔4〕别破军十

六,降城四十六,定国一,郡二,县五十二,得将军二人,柱国、相国各一人,二千石十人。

【注释】〔1〕"黥布",六(今安徽六安)人。本名英布,因曾受黥刑,故称黥布。秦末率骊山刑徒起义,先归项羽,被立为九江王;后归刘邦,被封为淮南王。汉十一年(公元前一九六年)反叛,被杀。详见本书《黥布列传》。〔2〕"上柱国",见前注。"大司马",掌管军政的高级武官。〔3〕"北",败逃。〔4〕"二千石",泛指高级官员。汉制,内而九卿、郎将,外而郡守、郡尉,其俸禄等级均为二千石。

【译文】黥布反叛,灌婴以车骑将军的职衔首先率军出征,在相县击败黥布的部将,斩杀副将、楼烦将三人。又向前推进,击败黥布的上柱国和大司马所率之军。乘胜前进,击败黥布的别将肥诛,灌婴亲手俘获左司马一人,他的部下斩杀小将十人。追击败逃的敌军,直至淮水之滨。皇帝给灌婴增加食邑二千五百户。打败英布之后,皇帝回朝,确定灌婴的食邑为颍阴县五千户,废除以前的食邑。灌婴随从皇帝征战,俘获二千石的官员二人;单独率军作战,共击败十六支军队,降服城池四十六座,平定了一国、二郡、五十二县,俘获将军二人,柱国、相国各一人,二千石的官员十人。

婴自破布归,高帝崩,婴以列侯事孝惠帝及吕太后。太后崩,吕禄等以赵王自置为将军,〔1〕军长安,为乱。齐哀王闻之,〔2〕举兵西,且入诛不当为王者。〔3〕上将军吕禄等闻之,〔4〕乃遣婴为大将,〔5〕将军往击之。婴行至荥阳,乃与绛侯等谋,〔6〕因屯兵荥阳,风齐王以诛吕氏事,〔7〕齐兵止不前。绛侯等既诛诸吕,齐王罢兵归,婴亦罢兵自荥阳归,与绛侯、陈平共立代王为孝文皇帝。孝文皇帝于是益封婴三千户,赐黄金千斤,〔8〕拜为太尉。

【注释】〔1〕"吕禄",吕后外家之侄。吕后当政时,极力培植外家势力,吕氏诸人,多盘据要津,封王封侯,吕禄封为赵王。吕后死后,吕氏诸人妄图谋乱夺权。被大臣周勃、陈平等剪除。详见本书《吕太后本纪》。〔2〕"齐哀王",即刘襄。齐悼惠王刘肥之子,时继位为齐王。"哀王",乃其谥号。〔3〕"不当为王者",高帝刘邦生前曾下令:"非刘氏

王者,天下共击之。"吕后当政时,封吕禄、吕产、吕通以及张偃为王,均属"不当为王者"。〔4〕"上将军",位在大将军之上,即最高军事统率。〔5〕"大将",即大将军,位在上将军之下,掌统兵征战。〔6〕"绛侯",周勃的封爵。〔7〕"风",音 fěng。用言词暗示。〔8〕"黄金千斤",汉代的一斤当今二百五十八克。

【译文】灌婴击败了黥布,回到长安。高帝逝世,灌婴以列侯的身份侍奉孝惠帝和吕太后。吕太后逝世,吕禄以赵王的身份自任为上将军,驻军长安,谋图作乱。齐王刘襄得知这一消息,率兵西进,准备攻入长安,诛杀不应封王的人。上将军吕禄等人闻讯,便任命灌婴为大将,率军迎击刘襄。灌婴率军到荥阳,和绛侯周勃等人商议对策,因而驻扎在荥阳,然后向齐王刘襄暗示:朝廷大臣准备除掉吕氏诸人。齐国的军队便停止不前。绛侯周勃等诛杀了吕氏诸人,齐王刘襄才收兵回齐国。灌婴收兵回长安,与周勃、陈平共立代王刘恒为孝文皇帝。孝文帝给灌婴增加三千户食邑,赏赐给黄金千斤,并任命他为太尉。

三岁,绛侯勃免相就国,〔1〕婴为丞相,罢太尉官。是岁,匈奴大入北地、上郡,〔2〕令丞相婴将骑八万五千往击匈奴。匈奴去,济北王反,〔3〕诏乃罢婴之兵。后岁余,婴以丞相卒,谥曰懿侯。子平侯阿代侯。〔4〕二十八年卒,子彊代侯。十三年,彊有罪,绝二岁。元光三年,〔5〕天子封灌婴孙贤为临汝侯,〔6〕续灌氏后,八岁,坐行赇有罪,〔7〕国除。

【注释】〔1〕"就国",犹言"之国",指到自己的封国里去。〔2〕"北地",汉郡名,治所在马领(今甘肃庆阳西北)。辖境约当今宁夏贺兰山、青铜峡、苦水河以东及甘肃环江、马连河流域。"上郡",汉郡名,治所在肤施(今陕西榆林东南)。辖境约当今无定河流域及内蒙古鄂托克旗等地。〔3〕"济北王",即刘兴居,齐悼惠王刘肥之子,文帝前元二年(公元前一七八年)封为济北王。三年,乘文帝欲北伐匈奴之机,举兵反叛。旋被俘自杀。〔4〕"阿",本书《高祖功臣侯者年表》、《灌夫列传》均作"何"。〔5〕"元光",汉武帝年号。元光元年当公元前一三四年。〔6〕"临汝",古城邑名,为战国时楚之梁

邑,西汉在此置梁县。治所在今河南临汝。 〔7〕
"赇",音 qiú。贿赂。

【译文】三年以后,绛侯周勃卸去丞相职务,
回到自己的封国,灌婴继任为丞相,免去原来的太
尉职务。这一年,匈奴大军入侵北地、上郡,朝廷派
丞相灌婴率领八万五千骑兵去征讨,匈奴骑兵退
走。这时济北王刘兴居造反,皇帝便下令让灌婴撤
兵。过了一年多时间,灌婴死在丞相的职位上,给
他加谥号懿侯。他的儿子平侯灌阿继嗣为侯,继位
二十八年逝世。灌阿之子灌彊继嗣为侯,继位十三
年,因犯罪,侯位中断了二年。元光三年,武帝封灌
婴的孙子灌贤为临汝侯,以延续灌氏的爵嗣。封侯
后八年,灌贤犯了行贿罪,封国被废除。

太史公曰:吾适丰沛,〔1〕问其遗老,观
故萧、曹、樊哙、滕公之家,及其素,〔2〕异哉

卷九十五 史 记

所闻!〔3〕方其鼓刀屠狗卖缯之时,岂自知附
骥之尾,〔4〕垂名汉廷,德流子孙哉?余与他
广通,〔5〕为言高祖功臣之兴时若此云。

【注释】〔1〕"适",至,到。 〔2〕"素",平素。
指萧何、曹参等在发迹以前的为人行事。 〔3〕"异
哉所闻",闻所未闻。 〔4〕"附骥之尾",指依附名
人而显于世。 〔5〕"他广",樊哙之孙,景帝时嗣爵
舞阳侯,后失爵。"通",交往。

【译文】太史公说:我曾到过丰县和沛县,访
问那里的老年人,考查萧何、曹参、樊哙、夏侯婴的
故居,了解到他们以往的为人行事。真是闻所未闻
啊!当他们操刀杀狗、贩卖丝绸的时候,哪里能想
到日后会依附大人物使自己名垂汉朝,德泽惠及子
孙呢?我和樊他广有交往,他向我讲述高祖的功臣
兴起时的情况就是这样。

2015

史记卷九十六

张丞相列传第三十六

　　张丞相苍者，阳武人也。[1]好书律历。[2]秦时为御史，[3]主柱下方书。[4]有罪，亡归。及沛公略地过阳武，苍以客从攻南阳。[5]苍坐法当斩，解衣伏质，[6]身长大，肥白如瓠，[7]时王陵见而怪其美士，[8]乃言沛公，赦勿斩。遂从西入武关，[9]至咸阳。[10]沛公立为汉王，入汉中，[11]还定三秦。[12]陈余击走常山王张耳，[13]耳归汉，汉乃以张苍为常山守。[14]从淮阴侯击赵，[15]苍得陈余。赵地已平，汉王以苍为代相，[16]备边寇。已而徙为赵相，相赵王耳。耳卒，相赵王敖。复徙相代王。燕王臧荼反，[17]高祖往击之，苍以代相从攻臧荼有功，以六年中封为北平侯，[18]食邑千二百户。

【注释】〔1〕"阳武"，秦县名，治所在今河南原阳东。〔2〕"律"，用竹管或金属管做成定音或候气的仪器。中国古代律制，是用三分损益法将一个八度分为十二个不完全相等的半音的一种定音规制。十二律从低到高定名为黄钟、大吕、太簇、夷钟、姑洗、仲吕、蕤宾、林钟、夷则、南吕、无射、应钟。奇数称为律，偶数称为吕。合称律吕。"历"，指历法，推算日月星辰运行以定岁时节气的方法。〔3〕"御史"，秦官，属御史大夫，掌档案文册。〔4〕"柱下方书"，御史在周代称柱下史，因其居殿柱之间，故名。"方书"，即四方上呈的文书。〔5〕"南阳"，秦郡名，治所在宛（今河南南阳），辖境约当今河南熊耳山以南叶县、内乡，湖北大洪山以北应山、郧县等地。〔6〕"质"，即砧，古代刑具之一种，将犯人伏于砧上，以刀斫砍。〔7〕"瓠"，音 hù。葫芦科植物，也称葫芦，其果肥白。〔8〕"王陵"，其事见本传下文。其详细事迹见《汉书·王陵传》。"怪"，惊奇。〔9〕"武关"，古关隘名，故地在今陕西丹凤东南。一说关址曾有徙移，古址在今关南丹

水上，唐始迁今址。〔10〕"咸阳"，秦朝京城，故地在今陕西咸阳东北二十里。〔11〕"汉中"，秦郡名，治所在南郑（今陕西汉中东）。辖境约当今陕西秦岭以南，湖北西北部地区。〔12〕"三秦"，项羽入关后，将秦关中之地三分，分封章邯为雍王，司马欣为塞王，董翳为翟王，合称三秦。〔13〕"陈余击走常山王张耳"，张耳、陈余起兵后，立赵歇为赵王。秦将王离围赵王歇、张耳于钜鹿，陈余拥兵不肯救援。后楚军解赵围，张、陈反目。张耳从项羽入关，项羽封之为常山王。陈余因未从项羽入关，不得封王，乃联合齐王田荣，逐走张耳，耳归汉。详见本书《张耳陈余列传》。〔14〕"常山守"，即常山郡郡守。汉三年，韩信击赵，斩陈余，获赵歇，置常山郡，治所在元氏（今河北元氏西北）。〔15〕"淮阴侯"，韩信的封爵。此时韩信为汉相国，此称淮阴侯，用其最后的封爵。〔16〕"以苍为代相"，以时间推之，此代王当为刘喜，高祖刘邦之兄，汉六年立为代王，七年弃国自归，废为郃阳侯。〔17〕"臧荼"，初为燕王韩广部将，曾率燕军援赵，后随项羽入关，项羽封他为燕王。后叛楚归汉。汉五年（公元前二〇二年）又反叛，被俘。〔18〕"北平"，汉县名，治所在今河北满城北。

【译文】丞相张苍是阳武县人。好读书，喜欢研究音律历法。他在秦朝时曾做过御史，主管各地上呈的文书。因犯了罪，逃回家乡。在沛公攻城夺地经过阳武时，张苍便以宾客的身份相从，跟随沛公去攻打南阳郡。后张苍犯了法，罪应斩首，他便脱去衣服，趴在刑砧上准备受刑。张苍长得身材高大，而且像葫芦那样又白又胖。当时在场的王陵看到他人材出众，很惊奇，便向沛公说情，赦免了他。以后张苍跟随沛公西进武关，一直打到秦都咸阳。沛公被项羽封为汉王，他随从汉王进入汉中，又回师平定了三秦之地。这时赵将陈余把常山王张耳赶走，张耳投奔汉王，汉王便任命张苍为常山郡郡

守。后来张苍跟随韩信进攻赵国,张苍俘获了陈余。平定了赵地,汉王任命张苍为代国丞相,以防御边寇的侵袭。不久,又调任他为赵国丞相,辅佐赵王张耳,张耳逝世,又辅佐赵王张敖。后又调他去辅佐代王。燕王臧荼反叛,高祖率兵去征讨,张苍以代国丞相的身份从征臧荼有功,汉六年被封为北平侯,食邑一千二百户。

迁为计相,[1]一月,更以列侯为主计四岁。[2]是时萧何为相国,而张苍乃自秦时为柱下史,明习天下图书计籍。苍又善用算律历,故令苍以列侯居相府,[3]领主郡国上计者。[4]黥布反亡,[5]汉立皇子长为淮南王,[6]而张苍相之。十四年,迁为御史大夫。[7]

【注释】〔1〕"计相",官名,汉初临时设置,主管全国人事、户口、赋税簿籍。下文之"图书计籍"即指此而言。其职守殆近稍后的大司农及后世的户部。〔2〕"列侯",爵位名。秦代爵位分二十级,彻侯为最高爵位。因避汉武帝讳,改称通侯,或称列侯。时张苍已封北平侯,故称列侯。"主计",主持计相之事。〔3〕"相府",相国的官署。〔4〕"上计",秦汉时,各郡国于年终遣官至京上呈计簿,将全年人口、钱粮、盗贼、狱讼等情况报告给朝廷。〔5〕"黥布",即英布,因曾受黥刑,故又称黥布。六(今安徽六安)人。秦末率刑徒起兵,先归项羽,被立为九江王;后归刘邦,被封为淮南王。高帝十一年(公元前一九六年)反叛,战败被杀。详见本书《黥布列传》。〔6〕"皇子长",即刘长,刘邦的少子。母为赵王张敖的美人,张敖将其献之高祖,生长。高帝十一年(公元前一九六年)七月淮南王黥布反,高祖立刘长为淮南王。文帝前元六年(公元前一七四年),谋图不轨,死。详见本书《淮南衡山列传》。〔7〕"御史大夫",秦官,汉沿置。掌副丞相,主管监察司法及重要图籍。丞相位缺,往往以御史大夫升补。与丞相、太尉合称三公。

【译文】后来他被提升为计相,一个月以后,以列侯的身份主持计相工作达四年之久。这时萧何任相国,因张苍在秦朝时曾任柱下史之官,熟悉天下的版图和户籍;又因他擅长推算律历,所以让他以列侯的身份做相国的助手,统管各地呈报的户口、钱粮等档册。淮南王黥布反叛而灭亡,高祖立皇子刘长为淮南王,任命张苍为淮南王相,辅佐刘

长。十四年以后,张苍被提升为御史大夫。

周昌者,沛人也。[1]其从兄曰周苛,[2]秦时皆为泗水卒史。[3]及高祖起沛,击破泗水守监,[4]于是周昌、周苛自卒史从沛公,沛公以周昌为职志,[5]周苛为客。从入关,[6]破秦。沛公立为汉王,以周苛为御史大夫,周昌为中尉。[7]

【注释】〔1〕"沛",秦县名,治所在今江苏沛县。〔2〕"从兄",堂兄。"从",音zòng。〔3〕"泗水",秦郡名,治所在沛(今江苏沛县)。辖境约当今安徽、江苏淮河以北,宿迁、泗洪以西,萧县、涡阳、凤台以东地区。"卒史",郡署中的办事小吏。〔4〕"守监",指郡守、郡监。郡守为郡的行政长官。郡监为监郡御史,负责监察郡中官吏,直属中央的御史大夫。此处郡守名壮,郡监名平。〔5〕"职志",军中掌旗帜的官员。古代以旗帜指挥军队的行止进退。〔6〕"关",此指武关。〔7〕"中尉",秦官,掌京城治安。此时刘邦为汉王,用秦之制设此官。

【译文】周昌是沛县人,他和堂兄周苛在秦朝时都在泗水郡当卒史。高祖在沛县起兵,打败了泗水郡守、郡监,周昌和周苛便以卒史归顺沛公,沛公任周昌为职志,周苛为随从宾客。以后他们跟随沛公西入武关,灭亡了秦朝。沛公被项羽封为汉王,汉王任周苛为御史大夫,周昌为中尉。

汉王四年,楚围汉王荥阳急,[1]汉王遁出去,而使周苛守荥阳城。楚破荥阳城,欲令周苛将。苛骂曰:"若趣降汉王![2]不然,今为虏矣!"[3]项羽怒,亨周苛。[4]于是乃拜周昌为御史大夫。常从击破项籍。[5]以六年中与萧、曹等俱封:封周昌为汾阴侯;[6]周苛子周成以父死事,[7]封为高景侯。[8]

【注释】〔1〕"荥阳",古城邑名,汉置县,治所在今河南荥阳东北。〔2〕"若",你。"趣",音cù,同"促",赶快。〔3〕"今",即。〔4〕"亨",读为"烹",一种煮死人的刑罚。〔5〕"常",通"尝",曾经。〔6〕"汾阴",汉县名,治所在今山西万荣西南。〔7〕"死事",死于王事。〔8〕"高景",当是县名,不详所在。

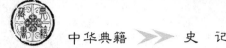

【译文】汉四年，楚军把汉王围困在荥阳，形势非常危急。汉王便逃出重围，留下周苛守卫荥阳城。楚军攻破荥阳城，俘获了周苛。项羽想让周苛做楚军将领，周苛大骂说："你赶快投降汉王，不然的话，马上就会成为汉王的阶下囚！"项羽听了，大为恼怒，便把周苛下锅煮死。于是汉王就任命周昌为御史大夫。后来他跟随汉王击败项羽。汉六年，他和萧何、曹参等人同时受封，周昌被封为汾阴侯。周苛的儿子周成，因他的父亲为汉而死，封他为高景侯。

昌为人强力，敢直言，自萧、曹等皆卑下之，[1]昌尝燕时入奏事，[2]高帝方拥戚姬，[3]昌还走，高帝逐得，骑周昌项，问曰："我何如主也？"昌仰曰："陛下即桀纣之主也。"于是上笑之，然尤惮周昌。及帝欲废太子，[4]而立戚姬子如意为太子，大臣固争之，莫能得；上以留侯策即止。[5]而周昌廷争之强，上问其说，[6]昌为人吃，[7]又盛怒，曰："臣口不能言，然臣期期知其不可。[8]陛下虽欲废太子，臣期期不奉诏。"[9]上欣然而笑。既罢，吕后侧耳于东箱听，[10]见周昌，为跪谢曰："微君，[11]太子几废。"[12]

【注释】〔1〕"自"，即使。"萧、曹"，萧何、曹参。 〔2〕"燕时"，闲暇之时。 〔3〕"戚姬"，刘邦的宠姬，姓戚氏，又称戚夫人，生赵王如意。刘邦死后，赵王如意被吕后毒死；戚夫人被挖去双目，砍去四肢，饮以哑药，置于厕所，称为"人彘"。详见本书《吕太后本纪》。 〔4〕"太子"，指惠帝刘盈，立邦的嫡长子，吕后所生。汉二年被立为太子。 〔5〕"留侯策"，留侯为张良的封爵。刘邦欲废太子刘盈，立戚夫人子如意为太子。大臣劝阻，均未奏效。吕后求张良出谋画策。张良利用刘邦渴望商山四皓（东园公、角里先生、绮里季、夏黄公）归汉的心理，让吕后以重金请四皓为太子刘盈的辅佐。四皓为太子画策，多方保护。刘邦见太子羽翼已成，便打消废太子的念头。详见本书《留侯世家》。 〔6〕"说"，名词，道理、根据。 〔7〕"吃"，口吃。 〔8〕"期期"，象声词，无义。口吃的人说话，常常发出"期期"的声音。 〔9〕"不奉诏"，不接受、不执行皇帝的命令。 〔10〕"东箱"，同"东厢"，正殿东面的厢房。 〔11〕"微"，假设之词，相当"若没有"、"若不是"。 〔12〕"几"，音jǐ。几乎、差一点儿。

【译文】周昌的为人，性格坚强，在皇帝面前直言敢谏，即使像萧何、曹参这样的名臣，也都敬畏他。有一次高帝正在后宫休息，周昌入宫奏事，正好高帝正搂抱着戚姬取乐，周昌见状，回头就走。高帝赶上周昌，骑在他脖子上，问道："我是什么样的君主？"周昌仰头回答说："陛下您是夏桀、商纣那样的君主。"高帝听了，一笑了之。但他对周昌确实畏忌三分。高帝打算废黜太子刘盈，立戚姬所生子刘如意为太子。众大臣坚争苦谏，都没有动摇高祖的决心。后因留侯张良用计谋维护太子，高帝才打消了废太子的念头。当时周昌在朝廷上强力争谏，高帝问他的理由，周昌本来有口吃的毛病，又加上当时非常愤怒，便结结巴巴地说："我口里说不出，但我——期期——心里明白，决不能这么做。陛下您纵然要废黜太子，但我——期期——决不奉命。"高帝欣然地笑了。废太子的事才平息下来。在周昌廷争的时候，吕后曾在东厢房侧耳细听，事后她见到周昌，便下跪感谢，说道："若没有您苦谏，太子差点儿被废黜。"

是后戚姬子如意为赵王，年十岁，高祖忧即万岁之后不全也。[1]赵尧年少，为符玺御史。[2]赵人方与公[3]谓御史大夫周昌曰："君之史赵尧，[4]年虽少，然奇才也，君必异之，[5]是且代君之位。"[6]周昌笑曰："尧年少，刀笔吏耳，[7]何能至是乎！"居顷之，赵尧侍高祖。高祖独心不乐，悲歌，群臣不知上之所以然。赵尧进请问曰："陛下所为不乐，非为赵王年少而戚夫人与吕后有郤邪？[8]备万岁之后而赵王不能自全乎？"[9]高祖曰："然。吾私忧之，[10]不知所出。"[11]尧曰："陛下独宜为赵王置贵强相，及吕后、太子、群臣素所敬惮乃可。"[12]高祖曰："然。吾念之欲如是，而群臣谁可者？"尧曰："御史大夫周昌，其人坚忍质直，[13]且自吕后、太子及大臣皆素敬惮之。独昌可。"高祖曰："善。"于是乃召周昌，谓曰："吾欲固烦公，[14]公强为我相赵王。"周昌泣曰："臣初起从陛下，陛下独奈何中道而弃之于诸侯乎？"高祖曰："吾极知其左迁，[15]然吾私忧赵王，念非公无可者。公不得已强行！"于是徙御史大夫周昌为赵相。

【注释】〔1〕"即"，若。"万岁之后"，即逝世之后。这是对皇帝之死的一种避讳说法。"不全"，不能保全。〔2〕"符玺御史"，御史大夫的属官，掌符节、印玺。〔3〕"方与公"，即方与县令。〔4〕"史"，即上文的御史。〔5〕"必"，一定。"异之"，另眼看待他。〔6〕"且"，将要。〔7〕"刀笔吏"，古时记事，写在竹简或木牍上，有所改易，用刀刮去，故称从事文书工作的吏员为刀笔吏。〔8〕"郤"，音 xì。矛盾、仇怨。〔9〕"备"，防备。〔10〕"私"，内心。〔11〕"不知所出"，不知计之所出，不知该怎么办。〔12〕"及"，至于。〔13〕"坚忍"，坚毅果敢。"质直"，正直不屈。〔14〕"固"，一定。〔15〕"左迁"，降职。秦汉时尚右，以左为下，故降职称为左迁。御史大夫为三公之一，掌副丞相，位在九卿之上，秩万石，而王国之相秩仅为二千石。周昌由御史大夫迁为赵相，故称为"左迁"。

【译文】此后，戚姬所生子刘如意被封为赵王。当时赵王才只有十岁，高祖担忧在他去世之后赵王不能保全。这时御史大夫周昌手下有个年轻的官员叫赵尧，任符玺御史；一位做方与县令的赵国人对御史大夫周昌说："您的下属赵尧，虽然年轻，但才能出众，您对他一定要另眼看待，他将来要代替您的职位。"周昌感到好笑，说道："赵尧这小伙子，只不过会舞文弄墨罢了，他怎么能得到这个职位呢！"过了不久，赵尧在高祖身边任事。高祖的心情很不好，时常吟唱悲怆的歌调，群臣都不明白高祖为什么这样。赵尧上前问道："陛下所以闷闷不乐，莫非是因为赵王年岁小，戚夫人和吕后有矛盾吗？担心在您身后赵王不能保全自己吗？"高祖说："是的。我很为他担忧，但不知该怎么办好。"赵尧说："陛下您应该给赵王派一位地位尊贵强有力的丞相，而且此人必须使吕后、太子以及群臣都敬畏才行。"高祖说："是啊，我考虑也想这么做，可群臣中谁能胜任呢？"赵尧说："御史大夫周昌这个人，坚毅果敢，正直不屈，而且吕后、太子以及大臣平素都很敬畏他。只有周昌才能胜任。"高祖拍手说："好，就这么办。"于是高祖把周昌召来，对他说："有一件事，我一定要麻烦你，请你勉为其难，为我去辅佐赵王。"周昌听了，边流泪边说："从最初起兵，我一直跟随陛下，陛下怎么忍心中途把我外放到诸侯国里呢？"高祖说："我很清楚这是降级使用，但我担心赵王，考虑非你不能当此重任。你就委屈点儿勉强就任吧！"于是调御史大夫周昌为赵国丞相。

既行久之，高祖持御史大夫印弄之，〔1〕曰："谁可以为御史大夫者？"孰视赵尧，〔2〕曰："无以易尧。"遂拜赵尧为御史大夫。尧亦前有军功食邑，及以御史大夫从击陈豨有功，〔3〕封为江邑侯。

【注释】〔1〕"弄"，摆弄。〔2〕"孰"，通"熟"。〔3〕"陈豨"，宛朐（今山东菏泽西南）人。汉七年（公元前二〇〇年）被封为列侯，以赵相统领赵、代边兵。汉十年（公元前一九七年）反叛，自立为代王。后兵败被杀。详见本书《韩信卢绾列传》附《陈豨传》。

【译文】周昌赴任后，过了很长一段时间，高祖摆弄着御史大夫的官印，自言自语地说："谁可以做御史大夫呢？"他看了赵尧好大一会儿，才说："没有比赵尧更合适的了。"便任命赵尧为御史大夫。赵尧在此之前即建有军功，并得到封邑，后来又以御史大夫的身份随高祖征讨陈豨立了功，高帝封他为江邑侯。

高祖崩，吕太后使使召赵王，〔1〕其相周昌令王称疾不行。〔2〕使者三反，〔3〕周昌固为不遣赵王。于是高后患之，乃使使召周昌。周昌至，谒高后，〔4〕高后怒而骂周昌曰："尔不知我之怨戚氏乎？〔5〕而不遣赵王，何？"昌既征，高后使使召赵王，赵王果来。至长安月余，饮药而死。〔6〕周昌因谢病不朝见，三岁而死。

【注释】〔1〕"使使"，上"使"字为动词，派遣；下"使"字为名词，使者。〔2〕"称疾"，推说生病。〔3〕"三反"，三次往返。"反"同"返"。〔4〕"谒"，音 yè。进见。〔5〕"尔"，你。〔6〕"饮药而死"，赵王如意被吕后召进京以后，惠帝知吕后欲害赵王，便与赵王一同起居饮食。吕后乘惠帝晨出之机，以毒酒毒死赵王。事详本书《吕太后本纪》。

【译文】高祖逝世后，吕太后派使者召赵王进京，丞相周昌让赵王推说生病不去。使者往返了三次，周昌仍坚持不让赵王进京。吕后厌恨周昌从中作梗，便派使者召他进京。周昌到了长安，去拜见吕后，吕后很恼火，大骂周昌："你不知道我怨恨戚

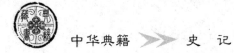

氏吗? 你不放赵王进京,为什么?"在周昌被征调进京之后,吕后又派使者去召赵王,赵王果然来京。赵王到长安一个多月,就被吕后用药酒毒死。周昌因此告病假不上朝,三年以后便死去了。

后五岁,高后闻御史大夫江邑侯赵尧高祖时定赵王如意之画,[1]乃抵尧罪,以广阿侯任敖为御史大夫。

【注释】〔1〕"画",计策。

【译文】又过了五年,吕后得知御史大夫江邑侯赵尧在高祖生前曾筹划保全赵王之计,便拿赵尧治罪,任命广阿侯任敖为御史大夫。

任敖者,故沛狱吏。[1]高祖尝辟吏,[2]吏系吕后,遇之不谨。[3]任敖素善高祖,怒,击伤主吕后吏。及高祖初起,敖以客从为御史,[4]守丰二岁。[5]高祖立为汉王,东击项籍,敖迁为上党守。[6]陈豨反时,敖坚守,封为广阿侯,食千八百户。高后时为御史大夫。三岁免,以平阳侯曹窋为御史大夫。[7]高后崩,与大臣共诛吕禄等。[8]免,以淮南相张苍为御史大夫。

【注释】〔1〕"狱吏",管理监狱的小吏。〔2〕"辟吏",逃避官司。"辟"同"避"。〔3〕"不谨",不恭。〔4〕"御史",掌管文书记事的官员。此时刘邦初起,还不可能有完整的官制,殆袭用秦制,取其职事相近的官名。〔5〕"丰",即丰邑,秦时沛县所属之乡名,西汉置为丰县,治所在今江苏丰县。〔6〕"上党",秦郡名,治所在壶关(今山西长治北),西汉移至长子(今长子南)。辖境约当今山西和顺、榆社以南,沁水流域以东地区。〔7〕"曹窋",曹参之子,吕后时为御史大夫,文帝时免。其事迹详见本书《曹相国世家》。"窋",音zhuó。〔8〕"吕禄",吕后外家之侄。吕后当政时,极力扶持外家势力,吕氏诸人,封王封侯,遍居要津。吕禄被封为赵王,任上将军,统领北军,吕产统领南军。吕后逝世,诸吕欲作乱,大臣周勃、陈平等共诛诸吕。详见本书《吕太后本纪》。

【译文】任敖在秦朝时是沛县的狱吏。高祖曾因逃避官司而出走,其他狱吏便拘捕了吕后,而且对他很不礼貌。任敖一向和高祖很要好,为此很恼火,一怒之下打伤了主管吕后的狱吏。当高祖在沛县起兵的时候,任敖以宾客的身份相从,并担任御史之职,后又当了两年丰邑的乡长。高祖被封为汉王,东进攻击项羽,便提升任敖为上党郡郡守。在陈豨反叛之时,任敖坚守上党郡,因此被封为广阿侯,食邑一千八百户。吕后当政时,任敖被任为御史大夫,三年后被免职。又任命平阳侯曹窋为御史大夫。吕后逝世,曹窋和诸大臣共同剿除吕禄等人。后被免职,任命淮南王相张苍为御史大夫。

苍与绛侯等尊立代王为孝文皇帝。[1]四年,丞相灌婴卒,[2]张苍为丞相。

【注释】〔1〕"绛侯",周勃的封爵。周勃,沛(今江苏沛县)人。初以织苇薄为业,从刘邦起义。在夺取政权和平定异姓王的斗争中,建立功勋,被封为绛侯。后任太尉、右丞相、丞相。在诛除诸吕的斗争中,起了举足轻重的作用。文帝前元十一年(公元前一六九年)卒。详见本书《绛侯周勃世家》。〔2〕"灌婴",睢阳(今河南商丘南)人。初以贩卖丝绸为业,刘邦称沛公,灌婴相从。汉初被封为颍阴侯。曾与周勃、陈平等共诛诸吕,迎立文帝。后任太尉、丞相。文帝前元四年(公元前一七六年)卒。其事迹详见本书《樊郦滕灌列传》。

【译文】张苍与绛侯周勃等人共同尊立代王刘恒为孝文皇帝。四年以后,丞相灌婴逝世,张苍继任为丞相。

自汉兴至孝文二十余年,会天下初定,将相公卿皆军吏。[1]张苍为计相时,绪正律历,[2]以高祖十月始至霸上,[3]因故秦时本以十月为岁首,[4]弗革。推五德之运,[5]以为汉当水德之时,尚黑如故。[6]吹律调乐,[7]人之音声,及以比定律令。[8]若百工,[9]天下作程品。[10]至于为丞相,卒就之,故汉家言律历者,本之张苍。苍本好书,无所不观,无所不通,而尤善律历。[11]

【注释】〔1〕"军吏",犹言军人。此言汉初的将相公卿大都是行伍出身,不谙文事。〔2〕"绪正",整理订正。〔3〕"霸上",又作"灞上",古地名,因在灞水之西高原上,故名。故地在今陕西西安东,接蓝田县界,为古代军事要地。〔4〕"以十月为岁首",秦代所行历法,以十月为岁首。汉初沿用秦历,仍以十月为岁首,至汉武帝太初元年(公元前一〇四年)始改革历法,以正月为岁首。〔5〕"推",推演。"五德之运",秦汉时的方士以金木水火土五行相生相尅的说法来附会王朝的兴亡嬗递。汉初人以为汉朝属水德。〔6〕"尚黑",崇尚黑色。据传秦文公时出猎,曾获黑龙。秦统一全国后,以为黑龙是得国之兆,故以黑色为上。张苍以为汉属水德,故而"尚黑如故"。〔7〕"律",指律管,已见前注。〔8〕"律令",法令条文。〔9〕"若",以及。"百工",各行各业。这里指各行各业所用的度量衡标准。如尺丈、斤两、升斗等。〔10〕"程品",标准。〔11〕《汉书·艺文志》阴阳家类著录有"《张苍》十六篇,丞相北平侯"。而《汉书》本传称:"著书十八篇,言阴阳律历事。"

【译文】自汉朝建立至孝文帝继位,其间二十余年,正值天下刚刚平定,当时的将相公卿都是行伍出身,未能留心文事。张苍担任计相时,便着手整理订正音律历法,因高祖在十月份军至霸上,所以仍沿用秦历以十月为岁首,不加改革。又用五德终始之说,推演出汉代正值水德时期,和秦时一样,仍以黑色为上。又用律管来确定音值的高低,以谱写乐章。并用此道理来制定律令条文。同时还确定各行各业所用的度量衡单位,天下都以此为标准。到张苍做丞相时,终于完成了音律历法的改订工作。所以汉代研究音律历法的人,都以张苍的学说为基础。张苍本来很好读书,无所不读,因而也无所不通,尤其以擅长音律历法著称。

张苍德王陵。〔1〕王陵者,安国侯也。及苍贵,常父事王陵。〔2〕陵死后,苍为丞相,洗沐,〔3〕常先朝陵夫人上食,〔4〕然后敢归家。

【注释】〔1〕"德王陵",感激王陵。指前文王陵救张苍事。〔2〕"父事",像事奉父亲那样。〔3〕"洗沐",即休沐。汉制,官吏五日一休沐,后借指为例假。〔4〕"朝",进见、看望。"上食",犹言荐祭。此指在王陵神主前供奉祭品。

【译文】张苍非常感激王陵的救命之恩。王陵即是被封为安国侯的那个人。即使在张苍取得尊贵的地位时,仍像侍奉父亲那样侍奉王陵。王陵

死后,张苍做了丞相。在他休假时,常常先去拜见王陵夫人,在王陵的神主前摆上祭品,祭奠以后,才敢回家。

苍为丞相十余年,鲁人公孙臣上书言汉土德时,〔1〕其符有黄龙当见。〔2〕诏下其议张苍,〔3〕张苍以为非是,罢之。其后黄龙见成纪,〔4〕于是文帝召公孙臣以为博士,〔5〕草土德之历制度,〔6〕更元年。〔7〕张丞相由此自绌,〔8〕谢病称老。〔9〕苍任人为中候,〔10〕大为奸利,〔11〕上以让苍,〔12〕苍遂病免。苍为丞相十五岁而免。孝景前五年,苍卒,谥为文侯。子康侯代,八年卒。子类代为侯,〔13〕八年,坐临诸侯丧后就位不敬,国除。

【注释】〔1〕"土德时",即当土德之时。〔2〕"符",祥瑞的征兆。"黄龙",按照五行家的说法,土德尚黄色,故公孙臣预言当有黄龙出现。〔3〕"诏下其议张苍",文帝把公孙臣议论交付张苍审议。〔4〕"成纪",汉县名,治所在今甘肃秦安北。〔5〕"博士",奉常属官,掌通古今。〔6〕"草",草创。"历",历法。"制度",典章法令礼俗的统称。〔7〕"更元年",即改元。据本书《孝文本纪》,公孙臣上书言土德、黄龙见成纪,在文帝前元十四、十五年,改元在十七年。〔8〕"自绌",自行贬退。张苍因文帝不用其说,遂自贬。〔9〕"谢病",告病。〔10〕"任人",保举人。"中候",官名,将作少府属官,掌建造宫室。〔11〕"奸利",指用不正当手段谋取的利益。〔12〕"让",责备。〔13〕"类",本书《高祖功臣侯者年表》作"预"。

【译文】张苍任丞相十几年以后,有一个鲁国人叫公孙臣的向朝廷上书,论述汉朝应属土德时期,断定当有黄龙出现的征兆。皇帝把公孙臣的议论交张苍审议。张苍以为公孙臣的议论不对,罢斥不用。此后黄龙居然在成纪地方出现。于是汉文帝便把公孙臣召来,任命他为博士,让他草创与土德相应的历法和典章制度,并为此改元志庆。张丞相由此便以老病为词,自行贬退。张苍曾保举一个人做中候官,那人却大肆非法谋取私利,文帝责备张苍,于是张苍被因病免职。张苍做了十五年丞相才被罢免。孝景帝前元五年,张苍逝世,给他加谥号为文侯。他的儿子康侯继嗣为侯,即位八年去世。康侯的儿子张类继嗣为侯,即位八年,因弔诸

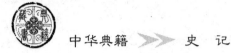

侯之丧迟到,最后才就位,犯了不敬朝廷之罪,侯国被废除。

初,张苍父长不满五尺,[1]及生苍,苍长八尺余,为侯、丞相。苍子复长。及孙类,长六尺余,坐法失侯。[2]苍之免相后,老,口中无齿,食乳,女子为乳母。妻妾以百数,尝孕者不复幸。[3]苍年百有余岁而卒。

【注释】[1]"长不满五尺",汉代一尺约合今二十三点二厘米。[2]"坐法",犯法。[3]"幸",交接。

【译文】张苍的父亲身高不满五尺,生下张苍,身高八尺有余,并封侯拜相。张苍的儿子也长得很高。到他的孙子张类,身高只有六尺多,因犯法失去侯爵。张苍被免去丞相职务以后,因年老,口中的牙齿全掉光了。只能喝人奶,找了好多女人做他的奶妈。他的妻妾数以百计,凡曾经怀孕的,就不再交接。张苍活到一百多岁才去世。

申屠丞相嘉者,梁人,[1]以材官蹶张从高帝击项籍,[2]迁为队率。[3]从击黥布军,为都尉。[4]孝惠时,为淮阳守。[5]孝文帝元年,举故吏士二千石从高皇帝者,[6]悉以为关内侯,[7]食邑二十四人,[8]而申屠嘉食邑五百户。张苍已为丞相,嘉迁为御史大夫。张苍免相,孝文帝欲用皇后弟窦广国为丞相,[9]曰:"恐天下以吾私广国。"广国贤有行,故欲相之,念久之不可,而高帝时大臣又皆多死,余见无可者,[10]乃以御史大夫嘉为丞相,因故邑封为故安侯。

【注释】[1]"梁",战国时魏惠王由安邑迁都于大梁(今河南开封西北),故魏又称梁。[2]"材官",勇猛的武士。材官为汉代选拔武士的科目。"蹶张",能用脚张开强弓。[3]"队率",一队之长。[4]"都尉",武官名。楚汉之际,有时以都尉为守郡武官,相当郡尉,景帝时即改都尉为都尉。[5]"淮阳",汉郡国名。治所在陈(今河南淮阳)。辖境约当今河南淮阳、太康、扶沟、柘城、鹿邑等地。[6]"二千石",泛指高级官员。汉代中央的九卿、郎将,地方的郡守、郡尉,其俸禄等级均为二千石。

[7]"关内侯",在秦二十级爵位中为十九级,位在通侯之次,一般有食邑。[8]"二十四人",按本书《孝文本纪》称:"故吏二千石以上从高帝颍川守尊等十人食邑六百户,淮阳守申屠嘉等十人五百户,卫尉定等十人四百户。"合计为三十人。[9]"皇后",文帝窦皇后,赵国清河观津(今河北武邑东)人。幼入宫侍吕太后,后出为代王姬,生景帝。"窦广国",窦皇后弟,幼因家贫,被人转卖十余家。后窦皇后立,姐弟相认。周勃、灌婴等以吕氏为鉴,为其慎择师傅,因而窦广国兄弟成为退让君子。下文云:"广国有贤行,不敢以尊贵骄人。"即指此。详见本书《外戚世家》。[10]"见",为"现"之本字。此处指现存之人。

【译文】丞相申屠嘉是梁地人,他以能开硬弓的武士身份随从高祖征伐项羽,被提升为队长。又随高祖征讨黥布,被任命为都尉。孝惠帝在位时,任淮阳郡郡守。孝文帝元年下令,凡是高皇帝过去的部下官至二千石的,都封为关内侯,这样得到食邑的共二十四人,申屠嘉得到食邑五百户。张苍由御史大夫升为丞相,申屠嘉则补缺为御史大夫。后张苍被免去丞相职务,孝文帝打算任窦皇后的弟弟窦广国为丞相,但又顾虑:"恐怕天下人说我因私情任用广国。"窦广国有才又德,品行很好,所以文帝打算用他做丞相,但考虑了很久,认为这样做不合适;这时跟随高祖起义的大臣多数已去世,在世的又没有可胜任的,于是便任命御史大夫申屠嘉为丞相,因他原来的封邑在故安,便封他为故安侯。

嘉为人廉直,门不受私谒。是时太中大夫邓通方隆爱幸,[1]赏赐累巨万。[2]文帝尝燕饮通家,其宠如是。是时丞相入朝,而通居上傍,有怠慢之礼。丞相奏事毕,因言曰:"陛下爱幸臣,则富贵之;至于朝廷之礼,不可以不肃!"上曰:"君勿言,吾私之。"罢朝坐府中,嘉为檄召邓通诣丞相府,[3]不来,且斩通。[4]通恐,入言文帝。文帝曰:"汝第往,吾今使人召若。"[5]通至丞相府,免冠,[6]徒跣,[7]顿首谢。[8]嘉坐自如,故不为礼,责曰:"夫朝廷者,高皇帝之朝廷也。通小臣,戏殿上,大不敬,[9]当斩。吏今行斩之!"[10]通顿首,首尽出血,不解。文帝度丞相已困通,[11]使使者持节召通,[12]而谢丞相曰:[13]"此吾弄臣,[14]君释之。"邓通既至,为文帝泣曰:"丞相几杀臣。"

【注释】〔1〕"太中大夫",郎中令属官,掌议论,备顾问,无固定职守,是皇帝左右的高级侍从官员。邓通,蜀郡南安(今四川乐山)人。初为船夫,因偶协文帝之梦,成为幸臣。文帝曾赏给他铜山,得自铸钱,富甲天下。景帝立,其资产被没入官,穷饿而死。详见本书《佞幸列传》。〔2〕"巨万",万万。〔3〕"檄",音 xí。晓谕声讨或征召文书。〔4〕"且",将。〔5〕"今",即刻。"若",你。〔6〕"免冠",脱帽,表示谢罪。〔7〕"徒跣",脱去鞋子,光着脚,"跣",音 xiǎn。〔8〕"顿首",头叩地而拜。〔9〕"大不敬",不敬皇帝的罪名。〔10〕"今行",即行、即刻。〔11〕"度",音 duó。估计。〔12〕"节",即符节,使臣所持的表示受任的信物。〔13〕"谢",告。〔14〕"弄臣",供皇帝狎玩的幸臣。

【译文】申屠嘉为官清廉正直,家门不接待私人拜访。这时太中大夫邓通正盛受文帝的宠幸,前后赏给他的钱财,累计万万。甚至文帝还去他家饮宴,文帝对他竟是这样宠幸。申屠嘉上朝时,邓通常在文帝身旁。他看到邓通在朝廷上怠慢放肆,不遵守君臣间的礼节。有一次,丞相申屠嘉奏事完毕,乘机进言:"陛下的爱幸臣子,您可以让他富贵,至于在朝廷上的君臣礼节,则不可以不严肃!"文帝说:"你不要说了,我宠爱他。"申屠嘉下朝以后,端坐在丞相府,写了一道文书,命令邓通到丞相府来,若不来,就要杀头。邓通非常恐惧,便进宫告诉文帝。文帝对他说:"你姑且前去,我即刻派人去把你召回来。"邓通来到丞相府,摘掉帽子,打着赤脚,叩头向丞相谢罪。申屠嘉稳坐在上座,故意不还礼,并斥责邓通说:"汉家的朝廷,是高祖皇帝建立的,邓通你这个微不足道的小臣,竟敢在殿上戏闹,犯了大不敬之罪,应当杀头。吏士们,推出去斩首!"邓通被吓得像捣蒜那样在地上叩头求饶,直碰得满头出血,仍得不到宽恕。文帝估计此时丞相已将邓通置于困境,便派使者带着符节去召邓通,并告诉丞相说:"他是供我狎玩的臣子,你把他放了。"邓通被放回来,对文帝哭诉说:"丞相差点儿把我杀了。"

嘉为丞相五岁,孝文帝崩,孝景帝即位。二年,晁错为内史,〔1〕贵幸用事,诸法令多所请变更,议以谪罚侵削诸侯。〔2〕而丞相嘉自绌所言不用,疾错。错为内史,门东出,不便,更穿一门南出。南出者,太上皇庙堧垣。〔3〕嘉闻之,欲因此以法错擅穿宗庙垣为门,〔4〕奏请诛错。错客有语错,错恐,夜入宫上谒,自归景帝。〔5〕至朝,丞相奏请诛内史错。景帝曰:"错所穿非真庙垣,乃外堧垣,故他官居其中,且又我使为之,错无罪。"罢朝,嘉谓长史曰:〔6〕"吾悔不先斩错,乃先请之,为错所卖。"至舍,因欧血而死。谥为节侯。子共侯蔑代,三年卒。子侯去病代,三十一年卒。〔7〕子侯臾代,六岁,坐为九江太守受故官送有罪,〔8〕国除。

【注释】〔1〕"晁错",颍川(今河南禹县)人。善于刑名之学,初为太常掌故,受太子(景帝)信任。景帝即位后,屡迁至御史大夫。他执行强干弱枝的政策,削弱诸侯王的势力,以巩固中央政权。吴楚七国之乱,以诛晁错为名。袁盎、窦婴等进说景帝,杀死晁错。详见本书《袁盎晁错列传》。"晁",音 cháo。"内史",官名,也是政区名。掌治京畿之地,相当后来的京兆尹。景帝时分置左右内史。〔2〕"谪罚",贬降的罪罚。"谪",音 zhé。〔3〕"太上皇庙",高祖刘邦父亲的宗庙。"堧垣",外墙。宗庙有内外二道墙,中间为空隙之地。"堧",音 ruán。〔4〕"法",法办。〔5〕"自归景帝",指晁错将穿宗庙外墙事归于景帝的指使。〔6〕"长史",申屠嘉的属官。西汉时,丞相、太尉、御史大夫均设长史属官。〔7〕"子侯去病代,三十一年卒",按本书《惠景间侯者年表》《汉书·高惠高后文功臣表》及本传,均无去病一代。旧注引除广说:"一本无侯去病,而云共侯蔑三十三年,子臾改封靖安侯。"清人梁玉绳以为别本是。说见《史记志疑》卷三十二。〔8〕"九江",汉郡名,治所在寿春(今安徽寿县)。辖境约当今安徽淮河以南,瓦埠湖流域以东、巢湖以北地区。

【译文】申屠嘉任丞相后五年,孝文帝逝世,孝景帝继位为皇帝。过了二年,晁错被任命为内史,很受景帝的信任,地位尊贵,专权行事,现行各种法令,很多经他请求而变更。他还建议用贬降和处罚的办法削弱诸侯国的力量。丞相申屠嘉自感被疏远,他的意见不被景帝采纳,因而怨恨晁错。当时晁错任内史,他的衙署门向东开,很不方便,就在南面另开一门。南面开门之处,正是太上皇宗庙的外墙。申屠嘉得知这一情况,想借此事法办晁错,罪名是擅自打穿宗庙墙垣为门。便上奏皇上,请求杀掉晁错。晁错的宾客将此事告诉晁错,晁错连夜进宫晋见皇帝，把穿门一事归于景帝的命令。第二天上朝，丞相申屠嘉奏请诛杀晁错。景帝说："晁错所打穿的并不是宗庙的正式围墙，而是宗庙前闲地外面的围墙，是其他官员在里面办公，况且又是我让他这么做的，晁错没罪。"散朝以后，申屠嘉对他的长史说："我真后悔，不先把晁错斩首，而先奏请，以至反被晁错所出卖。"回到官邸，便吐血而死。给他加谥号为节侯。他的儿子共侯申屠蔑继位为侯，即位三年逝世。他的儿子申屠去病继位为侯，继位三十一年逝世。他的儿子申屠臾继位为侯，继位六年，因他在九江太守任上接受旧官的馈赠而犯罪，侯国被废除。

自申屠嘉死之后，景帝时开封侯陶青、[1]桃侯刘舍为丞相。[2]及今上时，[3]柏至侯许昌、[4]平棘侯薛泽、[5]武彊侯庄青翟、[6]高陵侯赵周[7]等为丞相。皆以列侯继嗣，娖娖廉谨，[8]为丞相备员而已，[9]无所能发明功名有著于当世者。

【注释】〔1〕"陶青"，高祖功臣陶舍之子。景帝前元二年（公元前一五五年）由御史大夫升为丞相，前元七年（公元前一五〇年）免。〔2〕"刘舍"，本姓项氏，其父襄佐高祖有功，赐姓刘氏。刘舍于景帝中元三年（公元前一四七年）由御史大夫升为丞相，后元元年（公元前一四三年）免。〔3〕"今上"，现今的皇帝。司马迁著《史记》时，汉武帝在位。〔4〕"许昌"，高祖功臣许温之孙。武帝建元二年（公元前一三九年）由太常升为丞相，建元六年（公元前一三五年）免。〔5〕"薛泽"，高祖功臣广平侯薛欧之孙。武帝元光四年（公元前一三一年）为丞相，元朔五年（公元前一二四年）免。〔6〕"庄青翟"，高祖功臣庄不识之孙。武帝元狩五年（公元前一一八年）为丞相，元鼎二年（公元前一一五年）免。〔7〕"赵周"，其父名夷吾，曾为楚王刘戊太傅，谏争而死。赵周于武帝元鼎二年（公元前一一五年）为丞相，元鼎五年（公元前一一二年）下狱死。〔8〕"娖娖"，持重拘谨的样子。"娖"，音 chuò。〔9〕"备员"，充数。

【译文】自从申屠嘉死后，景帝时开封侯陶青、桃侯刘舍相继为丞相。到现今皇帝（武帝）时，柏至侯许昌、平棘侯薛泽、武强侯庄青翟、高陵侯赵周等相继为丞相。他们都是以列侯的爵位继任丞相职务的，也都因循持重、清廉供职，当丞相只不过是充数罢了，没有任何开创性的显赫政绩。

太史公曰：张苍文学律历，为汉名相，而绌贾生、公孙臣等言正朔服色事而不遵，[1]明用秦之《颛顼历》，[2]何哉？周昌，木彊人也。[3]任敖以旧德用。[4]申屠嘉可谓刚毅守节矣，然无术学，殆与萧、曹、陈平异矣。

【注释】〔1〕"贾生"，即贾谊，洛阳人。少负才学，二十岁时被汉文帝召为博士，甚得文帝赏识，一年后即超迁为太中大夫。文帝想提拔他任公卿，因受其他大臣排挤，贬降为长沙王、梁王太傅，郁郁而死。其任太中大夫时，曾主张"改正朔，易服色，法制度，定官名，兴礼乐，乃悉草具其事仪法，色尚黄，数用五，为官名，悉更秦之法。"详见本书《屈原贾生列传》。"正朔"，正为一年的开始，朔为一月的开始。古代新王朝建立，往往重定正朔，以表示顺天应人。"服色"，古代不同王朝所定的车马祭品的颜色，如夏尚黑、商尚白、周尚赤之类。服色的确定，与每个王朝所应之德（见前注）相应。〔2〕"《颛顼历》"，古代历法名，制于周末，以十月为岁首。秦统一后，颁行全国，沿用至汉武帝太初元年。"颛顼"，音 zhuān xū。古帝王名，传说为黄帝之孙，昌意之子，二十岁登帝位，号高阳氏。此用为历法名，非颛顼时所行之历法。〔3〕"木彊"，率直倔强。〔4〕"旧德"，过去的恩德。指前文任敖救护吕后一事。

【译文】太史公说：张苍有文才，擅长音律历法，是汉代的著名宰相。但他罢斥贾谊、公孙臣等关于正朔服色的建议而不用，却沿用秦朝所行的《颛顼历》，这是为什么呢？周昌是个直率倔强的人。任敖因过去对高后有恩情而被重用。申屠嘉可算得上刚正有节操了，但他不学无术，和萧何、曹参、陈平相比，就不能同日而语了。

孝武时丞相多甚，[1]不记，莫录其行起居状略，[2]且纪征和以来。[3]
有车丞相，[4]长陵人也。[5]卒而有韦丞相代。[6]韦丞相贤者，鲁人也。[7]以读书术为吏，至大鸿胪。[8]有相工相之，[9]当至丞相。有男四人，使相工相之，至第二子，其名玄成。相工曰："此子贵，当封。"韦丞相言曰："我即为丞相，有长子，是安从得之？"后竟为丞相，病死，而长子有罪论，[10]不得嗣，而立玄成。玄成时佯狂，〔11〕不肯立，竟立之，有让国之名。后坐骑至庙，〔12〕不敬，有诏夺爵一级，为关内侯，〔13〕失列侯，得食其故国邑。韦丞相卒，有魏丞相代。

好名声。后来因骑马进皇帝的宗庙，犯了不敬朝廷之罪，皇帝下令，削夺爵位一级，降为关内侯，失去列侯的爵位，但仍保持原来的封邑。韦贤死后，魏丞相代替他的职务。

魏丞相相者，〔1〕济阴人也。〔2〕以文吏至丞相。其人好武，皆令诸吏带剑，带剑前奏事。或有不带剑者，当入奏事，至乃借剑而敢入奏事。其时京兆尹赵君，〔3〕丞相奏以免罪，使人执魏丞相，〔4〕欲求脱罪而不听。复使人胁恐魏丞相，以夫人贼杀侍婢事而私独奏请验之，发吏卒至丞相舍，捕奴婢笞击问之，实不以兵刃杀也。而丞相司直繁君奏京兆尹赵君迫胁丞相，〔5〕诬以夫人贼杀婢，〔6〕发吏卒围捕丞相舍，不道；〔7〕又得擅屏骑士事，〔8〕赵京兆坐要斩。〔9〕又有使掾陈平等劾中尚书，〔10〕疑以独擅劫事而坐之，〔11〕大不敬，长史以下皆坐死，或下蚕室。〔12〕而魏丞相竟以丞相病死。子嗣。后坐骑至庙，不敬，有诏夺爵一级，为关内侯，失列侯，得食其故国邑。魏丞相卒，以御史大夫邴吉代。

【注释】〔1〕按，自此以下文字，为后人所续补，非司马迁手笔。〔2〕"行"，行事。"起居"，日常生活状况。"状略"，一生为人行事的简要记录。〔3〕"征和"，汉武帝的年号之一，征和元年当公元前九二年。一说"征和"为"延和"传写之误。〔4〕"车丞相"，名千秋，本姓田氏，因特准得乘车入宫殿，故称之为"车丞相"。武帝征和四年（公元前八九年）以大鸿胪为丞相，昭帝元凤四年（公元前七七年）逝世。其详细事迹见《汉书》本传。〔5〕"长陵"，汉县名，因高帝十二年在此筑陵而置县，治所在今陕西咸阳东北。〔6〕"韦丞相"，即韦贤。宣帝本始三年（公元前七一年）以长信少府为丞相，地节三年（公元前六七年）免。其详细事迹见《汉书》本传。〔7〕"鲁人"，《汉书》本传作"鲁国邹人"。鲁为西汉王国名，高后元年（公元前一八七年）置，以封张偃。邹为鲁国属县，治所在今山东邹县东南。〔8〕"大鸿胪"，官名，为九卿之一，原名典客，武帝时改此名。掌接待少数民族使者等事务。〔9〕"相工"，以给人看相、言吉凶祸福为职业。〔10〕"论"，定罪，判刑。〔11〕"佯狂"，装疯。〔12〕"坐"，犯罪的缘由。"骑至庙"，当时规定，进宗庙宫殿，要下车下马，否则犯不敬朝廷之罪。〔13〕"关内侯"，在秦制二十级爵位中为第十九级。韦玄成所嗣爵位为列侯，第二十级，故削夺一级降为关内侯。

【译文】武帝时丞相很多，这里不再记述，没人记述有关于他们日常行事的简历资料，这里只记征和年间以来的丞相。

丞相车千秋是长陵人。他死之后，由韦丞相代替他的职务。丞相韦贤是鲁国人，由读书起家，先做小吏，后官至大鸿胪。当时有个相面先生给他看相，预言他将来能做丞相。韦贤有四个儿子，也请相面先生给他们看相。当给二儿子玄成看相时，相面先生说："这孩子福大命大，将来要受封的。"韦贤说："即使我做了丞相，封了侯，继嗣爵位的有我的长子，他哪里能得到呢？"以后韦贤果然做了丞相，后来病死，他的长子有罪被判刑，不得继嗣爵位，于是就轮着韦玄成继爵。韦玄成假装疯癫，不肯继爵。但最终还是继嗣了爵位，而且博得辞让封国的

【注释】〔1〕"魏相"，宣帝地节三年（公元前六七年）以御史大夫为丞相，神爵三年（公元前五九年）死于丞相位。其详细事迹见《汉书》本传。〔2〕"济阴人"，《汉书》本传作"济阴定陶"。按济阴为西汉郡名，定陶为济阴郡属县，治所在今山东定陶西北。〔3〕"京兆尹"，官名，汉武帝太初元年改右内史置。其职位相当郡守，因是京畿之地，故不称郡。"赵君"，名广汉、字子都，涿郡蠡吾（今河北博野西南）人。宣帝时为颍川太守，诛除豪强，执法不避权贵。其详细事迹见《汉书》本传。〔4〕"执"，劫持、胁迫。〔5〕"丞相司直"，丞相的属官，武帝时置，掌佐丞相举不法。"繁君"，即繁延寿。〔6〕"诬以夫人贼杀婢"，赵广汉诬告魏相夫人杀死奴婢。实则是"丞相侍婢有过，自绞死"。见《汉书·赵广汉传》。〔7〕"不道"，罪名。按当时法律，杀一家无辜三人者为"不道"。〔8〕"又得擅屏骑士事"，《汉书·赵广汉传》作"擅斥除骑士乏军兴数罪。"指赵广汉曾擅自屏弃骑士，犯了乏军兴之罪。〔9〕"要斩"，即腰斩，将犯人身体当腰斩为两段。〔10〕"使掾"，佐贰之官。"劾"，揭发罪状。"中尚书"，即尚书，原为少府属官，武帝以后职位渐重，因

在皇帝左右，掌管文书奏章，故称"中尚书"。〔11〕"疑"，通"拟"，定罪。〔12〕"下蚕室"，即受宫刑。男子割去生殖器为宫刑。

【译文】丞相魏相是济阴郡人。他从办事文官一直升为丞相。他虽是文官，却富有尚武精神，他命令手下的官员都佩带宝剑，必须带剑向他请示回报。有的官员没带剑，而要找他请示回报，借来别人的佩剑才敢进府。当时任京兆尹的是赵广汉，丞相魏相检举他有罪应免职。赵广汉派人胁迫魏相，想让魏相替他开脱罪责，魏相偏不买账。于是赵广汉又派人威吓魏相，扬言魏相的夫人杀了女仆。便私自上奏，请求进丞相府查验。他率官兵闯入丞相府，逮捕奴仆，拷打追问。其实女仆并不是被杀而死。丞相司直繁延寿劾奏京兆尹赵广汉威胁丞相，诬告丞相夫人杀害女仆，并擅自派兵包围丞相府，进府逮捕人，犯了不道之罪；朝廷又查出赵广汉擅自遣散骑士的罪状。京兆尹赵广汉被判处腰斩。又有使掾陈平等人劾奏中尚书，以擅自劫持的罪名从轻拟罪，犯了大不敬之罪。因此长史以下的官员或被处死，或被处以宫刑。以后魏相病死在丞相的职位上。他的儿子继嗣为侯，因骑马进皇帝的宗庙，犯了不敬朝廷之罪，皇帝下令，削夺爵位一级，降为关内侯，失去列侯的爵位，但仍保持原来的封邑。魏丞相死后，用御史大夫邴吉代替他的丞相职务。

邴丞相吉者，〔1〕鲁国人也。〔2〕以读书好法令至御史大夫。孝宣帝时，以有旧故，〔3〕封为列侯，而因为丞相。明于事，有大智，后世称之。以丞相病死。子显嗣。后坐骑至庙，不敬，有诏夺爵一级，失列侯，得食故国邑。显为吏至太仆，〔4〕坐官耗乱，〔5〕身及子男有奸赃，〔6〕免为庶人。

【注释】〔1〕"邴吉"，或作"丙吉"，宣帝神爵三年（公元前五九年）为丞相，五凤三年（公元前五五年）死于丞相位。其详细事迹见《汉书》本传。〔2〕"鲁国"，见前注。〔3〕"旧故"，指邴吉过去对宣帝有恩情。武帝晚年多病，奸人江充欲乘机除掉太子刘据，以避后祸，诡称武帝之病是遭巫术诅咒所致。武帝下令大治巫蛊，江充便大肆株连，太子刘据夫妇及太子之子史皇孙夫妇，均因此遇害。时武帝曾孙宣帝（史皇孙之子）刚生下数月，邴吉受命治巫蛊案，怜其无辜，遂将宣帝密养于他处，因得脱

祸。详见《汉书·武帝纪》、《武五子传》、《外戚传》、《江充传》。〔4〕"太仆"，九卿之一，掌皇帝的车马和全国马政。〔5〕"耗乱"，损耗钱财，败乱事情。〔6〕"奸赃"，以不正当手段谋取的钱物。

【译文】丞相邴吉是鲁国人。他由读书熟悉法令起家，官至御史大夫。孝宣帝在位时，因他过去对宣帝有救命之恩，因此被封为列侯。并任命他为丞相。邴吉的为人，明察事理，智慧超群，后世人都称颂他。他病死在丞相的职位上。他的儿子邴显继嗣爵位，因骑马进皇帝的宗庙，犯了不敬朝廷之罪，皇帝下令，削夺爵位一级，失掉列侯的爵位，但仍保持原来的食邑。后来丙显官至太仆。因他在太仆任上乱耗钱财，他本人和他的儿子都曾用非法手段谋取私利，被剥夺爵位，罢黜为百姓。

邴丞相卒，黄丞相代。长安中有善相工田文者，与韦丞相、魏丞相、邴丞相微贱时会于客家，田文言曰："今此三君者，皆丞相也。"其后三人竟更相代为丞相，何见之明也。

黄丞相霸者，〔1〕淮阳人也。〔2〕以读书为吏，至颍川太守。治颍川，以礼义条教喻告化之。〔3〕犯法者，风晓令自杀。〔4〕化大行，名声闻。孝宣帝下制曰：〔5〕"颍川太守霸，以宣布诏令治民，道不拾遗，男女异路，狱中无重囚。赐爵关内侯，黄金百斤。"〔6〕征为京兆尹而至丞相，复以礼义为治。以丞相病死。子嗣，后为列侯。黄丞相卒，以御史大夫于定国代。〔7〕于丞相已有廷尉传，在《张廷尉》语中。〔8〕于丞相去，御史大夫韦玄成代。〔9〕

【注释】〔1〕"黄霸"，宣帝五凤三年（公元前五五年）以御史大夫为丞相，甘露三年（公元前五一年）死于丞相位。其详细事迹见《汉书·循吏传》。〔2〕"淮阳人"，《汉书·循吏传》作"淮阳夏人"。西汉时，淮阳为王国，高帝十一年置。阳夏为其属县，治所在今河南太康。〔3〕"以礼义条教喻告化之"，用礼义和法令条文劝喻教化百姓。〔4〕"风晓"，即讽晓，委婉晓喻。〔5〕"制"，皇帝的命令称为"制"。〔6〕汉代的一斤约当今二百五十八克。〔7〕"于定国"，宣帝甘露三年（公元前五一年）以御史大夫为丞相，元帝永光元年（公元前四三年）免。

其详细事迹见《汉书》本传。 〔8〕"在张廷尉语中",按张廷尉当指张释之,但本书《张释之传》无于定国事迹。 〔9〕"韦玄成",元帝永光二年(公元前四二年)以御史大夫为丞相,昭帝建昭三年(公元前三八年)死于丞相位。其详细事迹见《汉书·韦贤传》。

【译文】邴丞相死后,黄丞相代替他的职务。长安城中有个善于相面的人叫田文,他曾和还未发迹的韦贤、魏相、邴吉三人一起在人家作客,田文预言:"这三位先生,将来都要做丞相的。"以后这三人果然相继为丞相。这位相面先生怎么预料得这么准确呢?

丞相黄霸是淮阳郡人。由读书起家,由小吏官至颍川太守。他治理颍川,以先王礼义和律令条文教化百姓。对于犯了法的人,他劝谕犯人去自杀。他的教化政策收到很好的治理效果,朝廷也听到他善于治理的名声。孝宣帝下令说:"颍川太守黄霸,用宣布朝廷的法令治理人民,做到道不拾遗,男女不同路,监狱里没有重罪犯人。赐给他关内侯的爵位,并赐黄金一百斤。"后征调他为京兆尹,又升为丞相。他仍然以礼义教化治理国家。他死在丞相的职位上。他的儿子继嗣关内侯爵,后升为列侯。黄丞相死后,用御史大夫于定国代替他的职务。于定国已有关于廷尉的记载,在张廷尉的传记中。于丞相去位以后,御史大夫韦玄成代替他的职务。

韦丞相玄成者,即前韦丞相子也。代父,后失列侯。其人少时好读书,明于《诗》、《论语》。为吏至卫尉,〔1〕徙为太子太傅。〔2〕御史大夫薛君免,〔3〕为御史大夫。于丞相乞骸骨免,〔4〕而为丞相,因封故邑为扶阳侯。数年,病死。孝元帝亲临丧,赐赏甚厚。子嗣后。其治容容随世俗浮沈,〔5〕而见谓谄巧。〔6〕而相工本谓之当为侯代父,而后失之;复自游宦而起,〔7〕至丞相。父子俱为丞相,世间美之,岂不命哉!相工其先知之。韦丞相卒,御史大夫匡衡代。〔8〕

【注释】〔1〕"卫尉",官名,九卿之一,掌宫殿警卫,统领南军。 〔2〕"太子太傅",辅导太子的官员,东宫属官。后世成为勋官的加衔。 〔3〕"薛君",指薛广德,沛郡相(今安徽濉溪市西北)人。长于《鲁诗》,在楚授徒。以长于经术为博士,官至御

史大夫,能直言极谏。详见《汉书·薛广德传》。 〔4〕"乞骸骨",请求解职的一种委婉说法。 〔5〕"容容",和同而不立异。 〔6〕"见",即"现"之本字,此指现时之人。"谄巧",巧于奉迎讨好。 〔7〕"游宦",在外为官。这里指无爵位的流官。 〔8〕"匡衡",昭帝建昭三年(公元前三六年)为丞相,成帝建始三年(公元前三〇年)免。其详细事迹见《汉书》本传。

【译文】韦玄成即前丞相韦贤的儿子。他继嗣父爵为侯,后来失去列侯的爵位。他年轻时好读书,熟悉《诗经》、《论语》。从小吏一直官至卫尉,又升为太子太傅。御史大夫薛广德被免职,他升为御史大夫。丞相于定国退休辞去丞相职务,他升任为丞相,因他原来的封邑在扶阳,就封他为扶阳侯。几年以后,生病而死。孝元帝亲自到灵前祭奠,并给他家很多赏赐。他的儿子继嗣侯爵。韦玄成奉行追随世俗的政策,当时人批评他巧于逢迎,一味讨好。相面先生本来就说他要继嗣父亲的侯爵,后来因犯罪失去爵位;他又通过在外做官起家,一直升为丞相。他和他的父亲都做了丞相,受到世人的赞美。这不是命中注定的吗?相面先生则预先就知道了。韦玄成死后,御史大夫匡衡代替他的职务。

丞相匡衡者,东海人也。〔1〕好读书,从博士受《诗》。家贫,衡佣作以给食饮。〔2〕才下,数射策不中,〔3〕至九,乃中丙科。〔4〕其经以不中科故明习。〔5〕补平原文学卒史。〔6〕数年,郡不尊敬。御史征之,以补百石属荐为郎,〔7〕而补博士,拜为太子少傅,〔8〕而事孝元帝。孝元好《诗》,而迁为光禄勋,〔9〕居殿中为师,授教左右,而县官坐其旁听,〔10〕甚善之,日以尊贵。御史大夫郑弘坐事免,〔11〕而匡君为御史大夫。岁余,韦丞相死,匡君代为丞相,封乐安侯。〔12〕以十年之间,不出长安城门而至丞相,岂非遇时而命也哉!

【注释】〔1〕"东海人也",《汉书·匡衡传》作"东海承人"。按"东海"为西汉郡名,承为东海郡属县,治所在今山东峄县。 〔2〕"佣作",受人雇佣。 〔3〕"数",音 shuò。多次、屡次。"射策",汉代取士,有对策、射策之目。射策由主试者出题,将策题书于简策,列在案上,应试者随意取答。主试者按题

目的难易而定优劣,上者为甲,次者为乙。中甲科则可入仕。〔4〕"丙科",汉代取士的第三等科目。中丙科者,可补文学掌故。〔5〕"明习",勉力习诵。〔6〕"平原",汉郡名,治所在平原(今山东平原西南)。辖境约当今山东平原、陵县、禹城、齐河、临邑、商河、惠民等地。"文学卒史",汉代于州郡或王国设文学掾,或称文学卒史,亦即教官。〔7〕"百石",汉代低级小吏的俸禄等级。"郎",光禄勋属官,掌守宫殿门户,出充车骑。〔8〕"太子少傅",辅导太子的官员,为东宫属官。后世成为勋官的加衔。〔9〕"光禄勋",原名郎中令,武帝时改为光禄勋。九卿之一,掌领宿卫侍从。〔10〕"县官",天子。〔11〕"御史大夫郑弘坐事免",据《汉书·郑弘传》和《京房传》,京房议论朝政,攻击权臣石显、五鹿充宗,并"为御史大夫郑弘言之。"因此,京房被斩,郑弘被免为庶人。〔12〕"乐安",汉县名,治所在今山东博兴。

【译文】丞相匡衡是东海郡人。他很喜欢读书,拜博士为师,攻读《诗经》。因家庭贫困,他受人雇佣来供给衣食。因他才能低下,多次应试,都没有考取,一连考了九次,才考中了丙等。正因他屡考不中,才发奋熟悉了经术。考中丙等后,被委任为平原郡的教官。教了几年书,郡里也并不尊敬他。由于御史大夫的征调,他以百石秩的小官被推荐为郎官,继而被委任为博士,又升为太子少傅,辅导孝元帝。孝元帝爱好《诗经》,即位以后就把他提升为光禄勋,在宫中做师傅,教授皇帝左右的人,天子也坐在旁边听讲。皇帝很欣赏他,因此地位日益尊贵。御史大夫郑弘因事获罪被免官,匡衡便升为御史大夫。过了一年多,丞相韦玄成去世,匡衡即代替他的职务,并被封为乐安侯。前后不过十年之间,匡衡没有出长安城一步,便升任为丞相。这不是遇上好机会而且是命中注定的吗?

太史公曰:〔1〕深惟士之游宦所以至封侯者,〔2〕微甚。然多至御史大夫即去者。诸为大夫而丞相次也,〔3〕其心冀幸丞相物故也。〔4〕或乃阴私相毁害,欲代之。然守之日久不得,或为之日少而得之,至于封侯,真命也夫!御史大夫郑君守之数年不得,匡君居之未满岁,而韦丞相死,即代之矣,岂可以智巧得哉!多有贤圣之才,困厄不得者众甚也。〔5〕

【注释】〔1〕"太史公曰",此论赞虽冠以"太史公曰"字样,但非司马迁手笔,亦系后人所为。〔2〕"深惟",深入考察。"至封侯者",汉世丞相,有取得列侯或关内侯以后官至丞相的,也有官至丞相之后才封侯的。故这里的"至封侯者",实指官至丞相而言。〔3〕"丞相次也",丞相的候补职位。汉代的御史大夫掌副丞相,丞相位缺,往往以御史大夫升补,故称"丞相次也"。〔4〕"冀幸",侥幸希望。"物故",死去。〔5〕"困厄",窘迫困顿。

【译文】太史公说:我曾深入考察,读书人通过正常仕途能够拜相封侯的,非常少见,很多人在做到御史大夫就去职了。做了御史大夫的人,因身居丞相的候补职位,他们都希望丞相死去,有的甚至暗地里陷害丞相,以便自己代替他的职位。但是有不少人在御史大夫的职位上等待了很久,也得不到丞相的职位;有的人没有等待多久,就得到了,并且被封为侯。这真是命中注定的啊!御史大夫郑弘等待了好多年,也没有升任为丞相;而匡衡在御史大夫职位上未满一年,丞相韦玄成死去,他即代替韦玄成的丞相职位。这哪能用智谋巧力得到呢!世间不乏具有圣贤才质的人,但困顿一生,得不到这个职位的太多了。

史记卷九十七

郦生陆贾列传第三十七

郦生食其者，[1]陈留高阳人也。[2]好读书，家贫落魄，[3]无以为衣食业，为里监门吏。[4]然县中贤豪不敢役，县中皆谓之狂生。

【注释】[1]"生"，汉代对儒者的通称。"食其"，音 yì jī。[2]"陈留"，县名，治所在今河南开封市东南陈留城。"高阳"，乡名，在今河南杞县西南。[3]"落魄"，穷困失意。[4]"里"，古代乡以下的基层单位，二十五家为里。"监门吏"，看管里门的小吏。这对当时的儒生来说，是一种卑贱的职业。

【译文】郦生食其，陈留高阳人。喜欢读书，可是家贫失意，没有足供衣食的产业，只能做里中监门的小吏。但县里贤才豪门并不敢役使他，县里人都称他作狂生。

及陈胜、项梁等起，[1]诸将徇地过高阳者数十人，[2]郦生闻其将皆握龊好苛礼自用，[3]不能听大度之言，[4]郦生乃深自藏匿。后闻沛公将兵略地陈留郊，[5]沛公麾下骑士适郦生里中子也，沛公时时问邑中贤士豪俊。骑士归，郦生见谓之曰："吾闻沛公慢而易人，[6]多大略，[7]此真吾所愿从游，[8]莫为我先。[9]若见沛公，[10]谓曰'臣里中有郦生，年六十余，长八尺，人皆谓之狂生，生自谓我非狂生'。"骑士曰："沛公不好儒，诸客冠儒冠来者，沛公辄解其冠，溲溺其中。[11]与人言，常大骂。未可以儒生说也。"郦生曰："弟言之。"[12]骑士从容言如郦生所诫者。[13]

【注释】[1]"陈胜"，字涉，阳城(今河南登封东南)人，秦末农民起义领袖。秦二世元年(公元前二〇九年)七月，与吴广在蕲县大泽乡(今安徽宿州市东南)率领戍卒九百人起义，占领陈县，自立为王，号为张楚。四方闻风响应。秦二世二年被害。详见本书《陈涉世家》。"项梁"，下相(今江苏宿迁西)人，楚将项燕之子。陈胜起义后，项梁与侄项羽杀会稽郡守，起事响应。陈胜死后，他拥立楚怀王心，自号武信君。秦二世二年九月，在定陶战败身亡。事详本书《项羽本纪》。[2]"徇地"，攻占土地。"徇"，音 xùn。[3]"握龊"，器量狭隘。"龊"，音 chuò。"苛礼"，繁琐的礼节。"自用"，自以为是。[4]"大度"，宽宏的气度，宏伟的抱负。[5]"沛公"，即刘邦。秦二世元年，刘邦响应陈胜起事反秦，沛县百姓杀县令，立刘邦为沛公。"略地"，夺取土地。[6]"慢"，傲慢。"易人"，看不起他人。[7]"大略"，远大的谋略。[8]"游"，交游，交往。[9]"先"，事先致意、介绍。[10]"若"，人称代词，你。[11]"溲"，音 sōu，大小便，此特指小便。"溺"，音 niào，小便。[12]"弟"，尽管，只管。[13]"诫"，嘱咐。

【译文】等到陈胜、项梁等起兵反秦，他们的将领为攻占土地而经过高阳的有几十人，郦生听说这些将领都器量狭隘、喜好繁文缛节而自以为是，不能听取有宏伟抱负的话，就远远地躲开他们藏了起来。后来听说沛公领兵攻城已抵陈留郊外，沛公部下的骑士恰巧是他同里的小伙子，而沛公也常常打听邑中谁是贤士豪杰。一天骑士回里，郦生见到后对他说："我听说沛公傲慢而看不起人，可是胸中多有远大的谋略，这样的人真是我所愿与交往的，可惜没有人为我先向他介绍一下。你见了沛公，对他说'我同里有个郦生，六十多岁，身长八尺，人们都称他作狂生，但这位儒生自称我不是狂生'。"骑士道："沛公不喜欢儒生，客人中戴了儒冠来的，沛

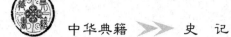

公常把他的冠解下来,往里面小便。跟人谈话,也经常大骂儒生。我不能以儒生给你作介绍。"郦生说:"只管那样说就是。"骑士找个机会从容地照郦生所嘱咐的向沛公作了介绍。

沛公至高阳传舍,[1]使人召郦生。郦生至,入谒,[2]沛公方倨床使两女子洗足,[3]而见郦生。郦生入,则长揖不拜,[4]曰:"足下欲助秦攻诸侯乎?[5]且欲率诸侯破秦也?"沛公骂曰:"竖儒![6]夫天下同苦秦久矣,故诸侯相率而攻秦,何谓助秦攻诸侯乎?"郦生曰:"必聚徒合义兵诛无道秦,[7]不宜倨见长者。"[8]于是沛公辍洗,起摄衣,[9]延郦生上坐,[10]谢之。[11]郦生因言六国从横时。[12]沛公喜,赐郦生食,问曰:"计将安出?"郦生曰:"足下起纠合之众,[13]收散乱之兵,不满万人,欲以径入强秦,此所谓探虎口者也。夫陈留,天下之冲,[14]四通五达之郊也,今其城又多积粟。臣善其令,[15]请得使之,令下足下。[16]即不听,[17]足下举兵攻之,臣为内应。"于是遣郦生行,沛公引兵随之,遂下陈留。号郦食其为广野君。

【注释】〔1〕"传舍",古时官府所设供过客居住的房舍。"传",音 *zhuàn*。〔2〕"谒",名刺,名帖。〔3〕"倨床",岔开两脚,坐在床上。〔4〕"长揖",拱手高举,自上而至极下以为礼。这是一种不分尊卑的相见之礼。"拜",指跪拜。〔5〕"足下",古代下称上或同辈相称的敬词。〔6〕"竖儒",贱陋无识见的儒生。"竖",对人的鄙称。〔7〕"义兵",指禁暴救乱的正义之师。〔8〕"长者",年高有德之人。"长",音 *zhǎng*。〔9〕"摄衣",提起衣服。此指整理衣服,以表示恭敬有礼。〔10〕"延",邀请。〔11〕"谢",道歉。〔12〕"从横",战国时,六国在东,土地南北相连,六国联合抗秦称"合纵"。秦与东方某国联合以击破他国称"连横"。其时合纵连横之势多变,泛称"纵横"。"从",通"纵"。〔13〕"纠合",指猝凑合。《史记集解》称,他本"纠合"一作"乌合",一作"瓦合"。〔14〕"冲",纵横相交的大道,交通要道。〔15〕"善",与……交情好。〔16〕"下",投降归顺。〔17〕"即",如果。

【译文】沛公到了高阳传舍,派人召来郦生。郦生到后,递进名帖,其时沛公正坐在床沿岔开两脚,让两个女子给他洗脚,就这样接见郦生。郦生进来,只拱手为礼而不下拜,说道:"足下想助秦攻诸侯呢? 还是想率领诸侯破秦呢?"沛公骂道:"没见识的书呆子! 天下人全都苦于秦朝的统治已经很久了,所以诸侯相继起兵攻秦,为什么说助秦攻诸侯呢?"郦生说:"如果真是要聚集群众汇合义兵去讨伐暴逆无道的秦朝,那不应该这样傲慢地接见长者。"于是沛公停止洗脚,站起来整理好衣裳,请郦生居上座,向他表示歉意。郦生便讲述了六国合纵连横时的许多事情。沛公很高兴,赐郦生吃饭,问道:"我们将如何谋划呢?"郦生说:"足下发动乌合之众,收编散乱的兵卒,数目不满万人,想以此径直攻入强大的秦国,这就是所谓摸老虎嘴巴的冒险举动啊。陈留这块地方,是天下的冲要,四通八达的郊野,目前这城里又积粟很多。我和陈留县令有交情,请您能派我前去,我让他归顺足下。如果他不听,足下就兴兵攻城,我作内应。"于是派郦生前去,沛公领兵跟随,便占领了陈留。沛公赐号郦食其为广野君。

郦生言其弟郦商,[1]使将数千人从沛公西南略地。郦生常为说客,[2]驰使诸侯。

【注释】〔1〕"郦商",郦食其弟。陈胜起义时,郦商也聚众数千起事。后归附刘邦为将,攻城野战,屡有功,封信成君。刘邦称帝后封为涿侯,后又改封为曲周侯,高后八年卒。详见本书《樊郦滕灌列传》。〔2〕"说客",游说的人。"说",音 *shuì*。

【译文】郦生又说服他弟郦商,让他率领几千兵马跟随沛公往西南方向攻城略地。郦生自己经常充当说客,驱车出使诸侯之间。

汉三年秋,[1]项羽击汉,拔荥阳,[2]汉兵遁保巩、洛。[3]楚人闻淮阴侯破赵,[4]彭越数反梁地,[5]则分兵救之。淮阴方东击齐,[6]汉王数困荥阳、成皋,[7]计欲捐成皋以东,屯巩、洛以拒楚。郦生因曰:"臣闻知天之天者,[8]王事可成;不知天之天者,王事不可成。王者以民人为天,而民人以食为天。夫敖仓,[9]天下转输久矣。[10]臣闻其下乃有藏粟甚多。楚人拔荥阳,不坚守敖仓,乃引而东,令適卒分守成皋,〔11〕此乃天所以资汉也。方今楚易取而汉反却,自夺其便,〔12〕臣窃以为过矣。〔13〕且两雄不俱立,楚汉久相持不决,百姓骚动,海内摇荡,农夫释耒,工女下机,〔14〕天下之心未有所定也。愿足下急复进兵,收取荥阳,据敖仓之粟,塞成皋之险,杜大行之道,〔15〕距蜚狐之口,〔16〕守白马之津,〔17〕以示诸侯效实形制之势,〔18〕则天下知所归矣。方今燕、赵已定,〔19〕唯齐未下。今田广据千里之齐,田间将二十万之众,〔20〕军于历城,〔21〕诸田宗强,负海阻河济,〔22〕南近楚,人多变诈,足下虽遣数十万师,未可以岁月破也。〔23〕臣请得奉明诏说齐王,使为汉而称东藩。"〔24〕上曰:"善。"

【注释】〔1〕"汉三年",公元前二〇四年。〔2〕"荥阳",县名,治所在今河南荥阳东北。〔3〕"巩",县名,治所在今河南巩县西南。"洛",即洛阳,县名,治所在今河南洛阳市东。〔4〕"淮阴侯破赵",汉三年,韩信、张耳破赵于井陉(今河北井陉西北),斩陈余于泜水(今河北槐河)上,追杀赵王歇于襄国(今河北邢台市西南)。"淮阴侯",即韩信,淮阴(今江苏清江市西南)人,先从项梁、项羽,后归刘邦,拜为大将。汉四年,立为齐王。汉五年,徙为楚王。汉六年,降封为淮阴侯。汉十一年,反汉被杀。详见本书《淮阴侯列传》。韩信破赵时尚未为淮阴侯。此处司马迁是以后来的习惯称呼追记前事,故称韩信为"淮阴侯"。"赵",楚汉时诸侯国,其时赵王为赵歇,居襄国,辖境约相当于今河北南部及西南部地区。〔5〕"彭越",字仲,昌邑(今山东钜野东南)人,秦末起兵于钜野泽(今山东钜野北)。汉二年,归刘邦,率兵略定梁地(今河南东部),屡断项羽粮道,后又助刘邦击灭项羽于垓下(今安徽灵璧南)。汉五年,封为梁王,都定陶(今山东定陶县西北)。汉十年,被人告发谋反,为刘邦所杀。详见本书《魏豹彭越列传》。〔6〕"齐",楚汉时诸侯国,都临淄(今山东淄博市东),辖境约相当于今山东半岛及山东北部、中部地区。其时齐王为田广。〔7〕"成皋",地名,在今河南荥阳汜水镇。〔8〕"天",指赖以生存的根本条件。〔9〕"敖仓",秦代在敖山上所置谷仓,故址在今河南郑州市西北邙山上。〔10〕"转输",转运输送。〔11〕"適卒",因罪被罚从军的士兵,既无斗志,又缺训练,故非精兵。"適",音 zhé,通"谪"。〔12〕"夺",失掉,放

弃。〔13〕"窃",谦指自己,犹言"私下"。〔14〕"工女",从事纺织、缝纫、刺绣的妇女。〔15〕"杜",堵塞,断绝。"大行",即太行山,绵延于河北、山西、河南三省交界处。〔16〕"距",通"拒",拒守抵抗。"蜚狐",要隘名,在今河北蔚县南涞源北,其地两崖峭立,一线微通,逶迤百余里,地势险要。"蜚",音 fěi。〔17〕"白马之津",津渡名,在今河南滑县东北,为黄河上重要渡口。〔18〕"效实",注重实效。"形制",占据有利地形以制胜。〔19〕"燕",楚汉时诸侯国,都蓟(今北京市西南),辖境约相当于今北京市、河北北部及辽宁南部地区。其时燕王为臧茶。韩信、张耳攻占赵国后,燕亦归附。〔20〕"田间",齐王田假之将。田荣率军击逐齐王田假,田间居赵不敢归。田荣与田间势不两立。郦生欲游说之齐王田广为田荣之子,故田间此时不得于齐为将。据本书《田儋列传》、《傅靳蒯成列传》及《高祖功臣侯者年表》所记,此"田间"当为"田解"之误。〔21〕"历城",县名,治所在今山东济南市西。〔22〕"负",背靠。"阻",倚仗。〔23〕"岁月",指短期内。〔24〕"为",音 wèi,帮助。"藩",指藩国,帝王的属国。以其地如藩篱屏障,保卫帝王,故称。

【译文】汉三年秋,项羽攻汉,占领荥阳,汉军退保巩、洛。楚人听说淮阴侯韩信攻破赵国,彭越又在梁地屡次造反,便分兵救援。其时淮阴侯正向东攻齐,汉王几次在荥阳、成皋受困,谋划着想放弃成皋以东土地,屯兵巩、洛以抵抗楚军。郦生于是向汉王进言道:"我听说凡懂得什么是根本中之根本的,称王于天下的事业就可获得成功;不懂得根本中之根本的,称王于天下的事业就不可能成功。称王于天下的人以人民为根本,而人民则以粮食为根本。敖仓这个地方,作为天下粮食转运集中地已经很久了,我听说敖仓里面有很多藏粟。楚人攻下荥阳,不坚守敖仓,反而领兵东去,只命令谪戍的兵卒分守成皋,这是上天对汉的资助啊。目前楚是很容易攻取的,而汉反而退却,自己放弃有利的形势,我私意认为这是错误的。再说两个强国不能并立,楚汉长期相持不下,百姓骚动,海内动荡不安,种田的放下了农具,织布的离开了织机,天下民心还没有固定的归向。希望您赶快再度进兵,收复荥阳,占据敖仓积粟,阻塞成皋险要,断绝太行交通,拒守蜚狐隘口,把牢白马津渡,向诸侯显示您注重实效、占据有利地形以制胜的架势,那么天下人就知道应该归向谁了。目前燕、赵已定,只有齐还没攻下。现在田广占据着广袤千里的齐国,田间领兵二十万,驻扎在历城,田氏宗族强盛,背靠大海,又倚仗

着黄河、济水之险，南面近楚，那里的人善变多诈，您即使派几十万军队去攻打，也不能够在短期内击破他们。我请求得到您的诏令去劝说齐王，让他帮助汉而作汉东方的藩国。"汉王说："好。"

乃从其画，复守敖仓，而使郦生说齐王曰："王知天下之所归乎？"王曰："不知也。"曰："王知天下之所归，则齐国可得而有也；若不知天下之所归，即齐国未可得保也。"[1]齐王曰："天下何所归？"曰："归汉。"曰："先生何以言之？"曰："汉王与项王戮力西面击秦，[2]约先入咸阳者王之。[3]汉王先入咸阳，项王负约不与而王之汉中。[4]项王迁杀义帝，[5]汉王闻之，起蜀汉之兵击三秦，[6]出关而责义帝之处，[7]收天下之兵，立诸侯之后。降城即以侯其将，得赂即以分其士，[8]与天下同其利，豪英贤才皆乐为之用。诸侯之兵四面而至，蜀汉之粟方船而下。[9]项王有倍约之名，杀义帝之负；[10]于人之功无所记，于人之罪无所忘；战胜而不得其赏，拔城而不得其封；非项氏莫得用事；[11]为人刻印，刓而不能授；[12]攻城得赂，积而不能赏：天下畔之，贤才怨之，而莫为之用。故天下之士归于汉王，可坐而策也。[13]夫汉王发蜀汉，定三秦；涉西河之外，[14]援上党之兵；[15]下井陉，诛成安君；[16]破北魏，[17]举三十二城：此蚩尤之兵也，[18]非人之力也，天之福也。[19]今已据敖仓之粟，塞成皋之险，守白马之津，杜大行之阪，距蜚狐之口，天下后服者先亡矣。王疾先下汉王，齐国社稷可得而保也；[20]不下汉王，危亡可立而待也。"田广以为然，乃听郦生，罢历下兵守战备，与郦生日纵酒。[21]

【注释】[1]"即"，则。 [2]"戮力"，并力，合力。"戮"，音 lu。"西面"，向西。 [3]"约先入咸阳者王之"，当初，楚怀王心曾与诸将相约，"先入定关中者王之"。意谓封先入定者于关中为王。此关中指函谷关以西秦之故地，但不包括汉中、巴、蜀。"咸阳"，秦都，在今陕西咸阳市东北，正处关中之地。 [4]"汉中"，郡名，郡治南郑（今陕西汉中市），辖境约相当于今陕西秦岭以南及湖北西北部。

灭秦后，项羽自立为西楚霸王，王九郡，都彭城（今江苏徐州市）；立沛公为汉王，王巴、蜀、汉中，都南郑；三分关中之地，立章邯为雍王，司马欣为塞王，董翳为翟王。 [5]"迁杀义帝"，义帝即楚怀王心。灭秦后，项羽佯尊怀王为义帝，强制把他迁到长沙郡郴县（今湖南郴县），暗中派人杀害了他。 [6]"蜀"，郡名，郡治成都（今四川成都市），辖境约相当于今四川西部。当时为汉王封地。"三秦"，即雍王章邯、塞王司马欣、翟王董翳。三人皆秦之降将，受项羽之封，分王秦关中故地。雍王领有今陕西中部咸阳以西和甘肃东部地区，都废丘（在今陕西兴平东南）；塞王领有今陕西咸阳以东至黄河之地，都栎阳（在今陕西临潼北）；翟王领有今陕西北部地区，都高奴（在今陕西延安市东北）。合称"三秦"。 [7]"责"，问。 [8]"赂"，财货。 [9]"方船"，并船。 [10]"负"，责任。 [11]"用事"，掌权。 [12]"刓"，通"玩"，抚摩。 [13]"策"，指推测、料想得到。 [14]"西河"，指今陕西、山西界上自北而南的一段黄河。其时韩信自夏阳（今陕西韩城县南）渡过黄河，袭击安邑（今山西夏县西北），俘虏了西魏王豹，平定了魏地。汉于魏地设置河东郡、太原郡、上党郡。 [15]"援上党之兵"，因汉已得魏地，故上党之兵可为韩信所用以击赵。上党，郡治长子（今山西长子西南），辖境约相当于今山西和顺、榆社以南，沁水以东地区。 [16]"成安君"，即陈余，大梁（今河南开封市西）人，陈胜起兵后，他与张耳投奔陈胜，奉派从武臣占领赵地。武臣自立为赵王，以陈余为大将军。武臣被杀后，他又与张耳立赵国旧贵族赵歇为赵王。后与张耳绝交，击走张耳，他被立为代王。在韩信破赵之战中，他兵败被杀于泜水上。 [17]"北魏"，指西魏王魏豹封国。魏豹于秦楚之际曾立为魏王。灭秦后，项羽分封诸侯，自己想占有梁地，便徙封魏豹为西魏王，占有河东，都平阳（今山西临汾市西南）。平阳在战国时魏都大梁（今河南开封市西）的西北，故"西魏"又称"北魏"。 [18]"蚩尤"，古代传说中九黎族的首领。《史记·五帝本纪》记载，黄帝时，蚩尤作乱，被黄帝擒杀。而据唐张守节《正义》引《龙鱼河图》说，蚩尤兄弟八十一人，并兽身人语，铜头铁额，食沙石子，造立兵仗刀戟大弩，威震天下。蚩尤好杀，被黄帝制服，黄帝派他主管兵事，控制八方。蚩尤死后，天下复扰乱，黄帝便画蚩尤形象以镇服天下。蚩尤在传说中的地位类似战神，所以刘邦起兵反秦时曾在沛县祭祀蚩尤。"蚩尤之兵"，指其军队英勇善战，所向披靡，如得神助。 [19]"福"，福佑，保佑。 [20]"社稷"，帝王祭奉的土神和谷神。土地和粮食是立国的根本，所以把社稷当作国家的象征，也用为国家的代称。 〔21〕"纵酒"，尽情饮酒。

【译文】于是按照郦生的谋划，再度占守敖仓，并派郦生去劝说齐王道："王知道天下民心的归向吗？"王答："不知道。"郦生说："王知道了天下民心的归向，齐国就能保住；如果不知道天下民心的归向，齐国就不能保住。"齐王问："天下民心归向哪里？"答道："归向汉。"王问："先生为什么如此说呢？"答道："汉王和项王合力西击秦军，约定先攻进咸阳的，把关中之地封他为王。汉王先进咸阳，可是项王背约不封他关中之地而封他在汉中为王。项王把义帝迁往南方并派人杀害了他。汉王得知此事后，发动蜀汉的兵马攻打三秦，出关来责问项王，义帝今在何处，并收编天下的兵马，封立诸侯的后代。城邑投降了，汉王就封降将为侯；夺得了财货，汉王便分发给部下。汉王和天下人有利同享，豪英贤才都乐于替他效劳。诸侯的兵马从四面八方前来归附，蜀汉的粮食船并船地浮江而下。而项王有背约的恶名，有杀害义帝的责任；他对别人的功劳，没有哪项能记在心里；对别人的罪过，没有一点会忘记；打了胜仗，得不到他的奖赏；攻下了城邑，得不到他的封赠；不是项氏族人，没有人能当权；给人刻了印信，拿在手里摸来摸去舍不得给人；攻下城邑得到财货，自己积蓄起来不能分赏部下。天下人都背离他，贤才都怨恨他，没有人为他效劳。所以天下的人才都归向汉王，这是坐着就能推断得出来的。现在汉王发动蜀汉的兵马，平定了三秦；渡西河而东，调动起上党的军队，攻下井陉，杀了成安君；又击破北魏，攻下三十二座城邑；这是如有神助的军队，不是人力所能做到，而是上天的福佑啊。目前汉已占据敖仓积粟，阻塞成皋险要，把牢白马津渡，断绝太行交通，拒守蜚狐隘口，天下诸侯谁最后归服，谁最先灭亡。王赶快先行投诚汉王，齐国的社稷就能够保住；不投诚汉王，齐国的危亡是很快就会降临的。"田广认为他说得有理，便听从郦生的主意，撤了历下的兵守战备，和郦生天天尽情饮酒作乐。

淮阴侯闻郦生伏轼下齐七十余城，〔1〕乃夜度兵平原袭齐。〔2〕齐王田广闻汉兵至，以为郦生卖己，乃曰："汝能止汉军，我活汝；不然，我将亨汝！"〔3〕郦生曰："举大事不细谨，盛德不辞让。〔4〕而公不为若更言！"〔5〕齐王遂亨郦生，引兵东走。

【注释】〔1〕"轼"，车厢前部可以凭倚的横木。"伏轼"，双手扶轼。此指郦生乘车游说而不用武力。 〔2〕"平原"，县名，治所在今山东平原西南，西邻黄河。 〔3〕"亨"，通"烹"，古代酷刑，用鼎镬煮人。 〔4〕"让"，以辞相责，责备。 〔5〕"而公"，犹言"你老子"，是郦生傲慢的自称。"而"，人称代词，你。"若"，人称代词，你。"更言"，再去说。

【译文】淮阴侯听到郦生乘车游说，说降了齐国七十余城，便领兵夜渡平原津奔袭齐国。齐王田广听说汉兵开到，以为郦生出卖自己，便对他说道："你能使汉军停止进攻，我让你活着；不然，我要烹杀你！"郦生说："办大事的人不会谨小慎微，讲究大德的人不回避别人的责难。老子不给你再去说了！"齐王便烹杀了郦生，领兵往东逃去。

汉十二年，曲周侯郦商以丞相将兵击黥布有功。〔1〕高祖举列侯功臣，〔2〕思郦食其。郦食其子疥数将兵，功未当侯，上以其父故，封疥为高梁侯。〔3〕后更食武遂，〔4〕嗣三世。元狩元年中，〔5〕武遂侯平坐诈诏衡山王取百斤金，〔6〕当弃市，〔7〕病死，国除也。

【注释】〔1〕"丞相"，辅佐皇帝总领百官、综理全国政务的最高行政长官。汉十一年改名为相国。汉十二年相国为萧何。郦商以丞相将兵，是给他特加的尊号，以提高他的身份。"黥布"，即英布，六县（今安徽六安市东北）人，曾犯法被黥面，故称黥布。秦末起兵，属项梁。屡建战功，善以少胜多，项羽封为九江王。后归汉，立为淮南王。高祖十一年，黥布举兵反汉，兵败被杀。详见本书《黥布列传》。"黥"，音 qíng，古代的一种肉刑，用刀刺刻人的面额，再涂上墨。 〔2〕"列侯"，爵位名。秦爵二十级，最高为彻侯。汉承秦制，为避汉武帝刘彻讳，改彻侯为通侯，又名列侯。 〔3〕"高梁"，邑名，在今山西临汾东北。 〔4〕"食"，收取赋税以为俸禄。"武遂"，邑名，在今河北武强西北。 〔5〕"元狩"，汉武帝年号，公元前一二二年至前一一七年。 〔6〕"坐"，获罪。"衡山王"，刘赐，淮南厉王刘长之子，初封为阳周侯；孝文帝十六年，封为庐江王；孝景帝四年，徙封为衡山王。武帝元狩元年冬，因谋反事发而自杀，国除为衡山郡。详见本书《淮南衡山列传》。 〔7〕"当"，判处。"弃市"，在市集上执行死刑，陈尸街头，取与众人共弃之意，故称"弃市"。

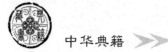

【译文】汉十二年,曲周侯郦商以丞相身份领兵进击黥布有功。高祖在提拔功臣封侯时,思念起郦食其。郦食其的儿子郦疥几次领兵出征,他的功劳还不够封侯,高祖因为他父亲的缘故,封疥为高梁侯。后来改封在武遂,传了三代。元狩元年中,武遂侯郦平因假传圣旨给衡山王,冒取黄金百斤,被判处弃市之刑,后来病死,封国废除。

　　陆贾者,楚人也。以客从高祖定天下,[1]名为有口辩士,[2]居左右,常使诸侯。

　　【注释】〔1〕"客",门客,幕僚。 〔2〕"有口",指敢言善辩。

　　【译文】陆贾,楚人,以门客身份跟从高祖平定天下,人称敢言善辩之士。他在高祖身边,常常出使诸侯。

　　及高祖时,中国初定,[1]尉他平南越,[2]因王之。高祖使陆贾赐尉他印为南越王。陆生至,尉他魋结箕倨见陆生。[3]陆生因进说他曰:"足下中国人,亲戚昆弟坟墓在真定。[4]今足下反天性,弃冠带,[5]欲以区区之越与天子抗衡为敌国,祸且及身矣。且夫秦失其政,[6]诸侯豪桀并起,唯汉王先入关,据咸阳。项羽倍约,自立为西楚霸王,诸侯皆属,可谓至强。然汉王起巴蜀,[7]鞭笞天下,[8]劫略诸侯,[9]遂诛项羽灭之。五年之间,海内平定,此非人力,天之所建也。天子闻君王王南越,不助天下诛暴逆,将相欲移兵而诛王,天子怜百姓新劳苦,故且休之,遣臣授君王印,剖符通使。[10]君王宜郊迎,北面称臣,乃欲以新造未集之越,[11]屈强于此。[12]汉诚闻之,[13]掘烧王先人冢,夷灭宗族,使一偏将将十万众临越,[14]则越杀王降汉,如反覆手耳。"

　　【注释】〔1〕"中国",指黄河流域的中原地区。〔2〕"尉他",即赵他。"他",一作"佗"。真定(今河北正定南)人,秦时为南海郡龙川县令。南海尉任嚣死,赵他行南海尉事,故又称"尉他"。秦亡,尉他占领桂林、象郡之地,自立为南越武王。汉十一年,高祖派陆贾出使南越,立尉他为南越王。吕后时,

尉他自称南越武帝,发兵攻长沙边邑。文帝元年,陆贾再次出使南越,令其去帝制。景帝时,尉他称臣归附于汉。建元四年,尉他卒。详见本书《南越列传》。"南越",尉他的统治地区,包括秦时南海、桂林、象郡三郡之地。南海郡,郡治番禺(今广东广州市),辖境约相当于今广东东北部、东部和珠江三角洲地区。桂林郡,郡治在今广西桂平西南,辖境约相当于今广东西部和广西大部分地区。象郡,郡治临尘(今广西崇左),辖境约相当于今广东西南角、广西南部、西部和贵州东南部地区。 〔3〕"魋结",通"椎髻",椎形的髮髻。"魋",音zhuī。"箕倨",坐时臀部着地,两脚向前岔开,身形如簸箕。依古人礼仪,坐时双膝着地,臀部坐于脚跟之上,箕倨是一种傲慢不敬之态。 〔4〕"昆弟",兄弟。 〔5〕"冠带",帽子和腰带,指中原地区士族官员的服饰。〔6〕"失其政",指政治混乱。 〔7〕"巴",郡名,治所江州(今四川重庆市北),辖境约相当于今四川东部地区。秦亡,刘邦为汉王,领有巴、蜀、汉中之地。〔8〕"鞭笞",鞭打,引申为以武力支配。 〔9〕"劫略",以武力胁迫、控制。 〔10〕"剖符",符是古代的信物,用铜或竹、木制成,上刻有文字,中分为二。古代帝王分封爵邑时,双方各执其半,作为信守的凭证。 〔11〕"集",安定,稳定。 〔12〕"屈强",通"倔强"。"屈",音jué。"强",音jiàng。 〔13〕"诚",如果。 〔14〕"偏将",偏师之将,不是统率主力部队的将领。

　　【译文】在高祖称帝时,中原刚刚安定,尉他平定了南越,乘机自称为王。高祖派陆贾赐印给尉他,封他为南越王。陆生到达南越,尉他结髮如椎,岔开两脚坐着接见陆生。陆生于是向尉他进说道:"足下是中原人,亲戚兄弟和祖先的坟墓都在真定。现在您违反天性,不用冠带服饰,想以小小的南越和天子抗衡,平起平坐,祸事就快要落到您身上了。再说当秦朝政治混乱时,诸侯豪杰纷纷起兵,唯独汉王最先入关,占据咸阳。项羽背约,自立为西楚霸王,诸侯都归属于他,可说是强大极了。然而汉王起兵巴蜀,以武力支配天下,挟制诸侯,讨伐项羽并灭掉了他。五年之内,海内平定,这不是人力之所能,而是上天所造成的。天子听到君王您在南越称王,不帮天下讨伐暴逆无道之人,汉朝的将相想要移兵征伐。可是天子怜惜百姓近来十分劳苦,所以暂且让他们休养一下,派我来授给君王印信,分剖符节,互通使臣。君王您理应到郊外迎接,面向北方称臣才是,不料您却想倚仗新建立起来而还没有安定的南越,在这里倔强不驯。如果汉朝得知此

事，把您的祖坟掘了烧了，把您的宗族灭了，派一个偏将领兵十万前来南越，那么越人起来杀王降汉，这不过像反覆手掌一般容易罢了。"

于是尉他乃蹶然起坐，〔1〕谢陆生曰："居蛮夷中久，〔2〕殊失礼义。"因问陆生曰："我孰与萧何、曹参、韩信贤？"〔3〕陆生曰："王似贤。"复曰："我孰与皇帝贤？"陆生曰："皇帝起丰沛，〔4〕讨暴秦，诛强楚，为天下兴利除害，继五帝三王之业，〔5〕统理中国。中国之人以亿计，地方万里，居天下之膏腴，〔6〕人众车轝，〔7〕万物殷富，政由一家，自天地剖泮未始有也。〔8〕今王众不过数十万，皆蛮夷，崎岖山海间，〔9〕譬若汉一郡，王何乃比于汉！"尉他大笑曰："吾不起中国，故王此。使我居中国，何渠不若汉？"〔10〕乃大说陆生，留与饮数月。曰："越中无足与语，至生来，令我日闻所不闻。"赐陆生橐中装直千金，〔11〕他送亦千金。〔12〕陆生卒拜尉他为南越王，令称臣奉汉约。〔13〕归报，高祖大悦，拜贾为太中大夫。〔14〕

【注释】〔1〕"蹶然"，急遽貌。"蹶"，音 guì。"坐"，指双膝着地，臀部坐于脚跟之上的坐姿。〔2〕"蛮夷"，古代对南方少数民族的泛称。〔3〕"萧何"，沛县(今江苏沛县)人，曾为秦沛县主吏掾，后辅佐刘邦起义、建立汉王朝，功第一，位至丞相，封酂侯。汉惠帝二年卒。详见本书《萧相国世家》。"曹参"，沛县人，曾为秦沛县狱掾，后佐刘邦起义，身被七十创，屡有功，封平阳侯。曾任齐相九年，用黄老之术，齐国安集。汉惠帝二年，继萧何为相，"举事无所变更，一遵萧何约束"，时人称之。汉惠帝五年卒。详见本书《曹相国世家》。〔4〕"丰沛"，沛县之丰邑。丰邑，在今江苏丰县。〔5〕"五帝"，指黄帝、颛顼、帝喾、尧、舜。"三王"，指夏禹、商汤、周文王(一说也包括周武王)。〔6〕"膏腴"，指土地肥沃、物产富饶的地区。〔7〕"轝"，同"舆"，众多。〔8〕"剖泮"，开辟。〔9〕"崎岖"，比喻处境困难。〔10〕"渠"，何。"何""渠"连言，加强反问语气。〔11〕"橐"，音 tuó，盛物的袋子。"橐中装"，指珠玉之类的宝物。这类宝物质轻价重，可装入袋中随身带走，故称。"直"，通"值"。〔12〕"他送"，其他的赠品。〔13〕"奉"，遵守。〔14〕"太中大夫"，郎中令的属官，掌议论。

【译文】听到这里，尉他便急忙起身坐好，向陆生道歉说："我在蛮夷之地生活久了，对您很不礼貌。"接着问陆生道："我和萧何、曹参、韩信相比，哪个贤能些？"陆生说："君王您似乎贤能些。"又问："我和皇帝相比，哪个贤能些？"陆生说："皇帝自丰沛起兵，征讨暴秦，诛灭强楚，为天下兴利除害，继承了五帝三王的功业，统治中原。中原的人口以亿计，土地广袤万里，位处天下肥沃之地，人众车多，物产殷实富足，政令出自一家，这是自开天辟地以来从未有过的。现在君王您统治的人口不过几十万，都是蛮夷之人，困处于山海之间，好比汉的一个郡，王怎么能和汉相比呢！"尉他大笑说："我不在中原起事，所以在这里称王；假如我在中原，怎么会不如汉呢？"于是对陆生十分喜欢，留他一起喝酒，相聚了好几个月。尉他说："越地没有足与叙谈之人，直到您来了，让我每天听到过去听不到的东西。"尉他赐给陆生珠玉之类的宝物价值千金，其他的赏赐价值也有千金。陆生终于拜尉他为南越王，让他向汉称臣，遵守汉朝的约束。陆生回朝复命，高祖十分高兴，任命陆贾为太中大夫。

陆生时时前说称《诗》《书》。〔1〕高帝骂之曰："乃公居马上而得之，安事《诗》《书》！"〔2〕陆生曰："居马上得之，宁可以马上治之乎？且汤武逆取而以顺守之，〔3〕文武并用，长久之术也。昔者吴王夫差、智伯极武而亡；〔4〕秦任刑法不变，卒灭赵氏。〔5〕乡使秦已并天下，〔6〕行仁义，法先圣，陛下安得而有之？"高帝不怿而有惭色，〔7〕乃谓陆生曰："试为我著秦所以失天下，吾所以得之者何，及古成败之国。"陆生乃粗述存亡之征，〔8〕凡著十二篇。每奏一篇，高帝未尝不称善，左右呼万岁，号其书曰"新语"。

【注释】〔1〕"称"，称颂，推许。〔2〕"事"，从事某项工作。此指利用《诗》、《书》来加强统治。〔3〕"汤武"，商汤王和周武王，是商代和周代的开国君主。"逆取顺守"，古代从正统观念出发，把臣下用武力夺取天下称作"逆取"；认为在即位后修文教以治理天下，是合于正道的，故称之为"顺守"。〔4〕"吴王夫差"，春秋末年吴国国君，吴王阖闾之子，曾大败越国，迫使越王句践臣服。又北伐齐，嗣后在黄池(今河南封丘西南)和诸侯会盟，与晋争霸。越乘虚攻吴，夫差兵败自杀。详见本书《吴太伯世家》。"智伯",春秋时晋国的智伯瑶,曾专断晋国国政。他强行索取韩氏、魏氏的万家之县各一,又向赵氏索取土地,遭到拒绝。于是智伯率领韩氏、魏氏围困赵氏于晋阳(今山西太原市西南)。韩、魏担心赵氏被灭后祸及自身,便与赵氏联合,反灭智伯,三分其地。事详本书《赵世家》。〔5〕"赵氏",指秦朝嬴姓统治者。赵氏与嬴姓共祖。嬴姓蜚廉之子恶来,其后为秦;恶来弟季胜,其后为赵。季胜之曾孙造父为周穆王驾车有功,周穆王赐造父以赵城,造父族由此为赵氏。恶来事纣,为周武王所杀,其后裔以造父之宠,改姓赵氏;至非子时,为周孝王牧马有功,赐邑于秦,使复续嬴氏之祀;至嬴政,统一天下,号始皇帝。故秦朝嬴姓统治者亦称赵氏。〔6〕"乡使",如果。"乡",音 xiàng。〔7〕"怿",音 yì,欢喜,高兴。〔8〕"征",迹象。

【译文】陆生时时向高帝进言称颂《诗》、《书》,高帝骂道:"你老子骑在马上得的天下,哪里用得着什么《诗》、《书》!"陆生说:"骑在马上得天下,难道可以骑在马上治天下吗?再说商汤、周武虽然用武力夺取了天下,却仍以文教治理天下,文治武功并用,这是长治久安的办法啊。当初吴王夫差、晋国的智伯都是极端迷信武力而灭亡的;秦国肆意靠刑法统治,一成不变,终致赵氏政权覆灭。如果当初秦国统一天下后,施行仁义,效法先圣,陛下哪能有此天下呢?"高帝听了很不高兴而面有惭愧之色,便对陆生说:"那你试为我写下秦为什么会失天下,我为什么会得天下,以及古代成功和失败的国家事例。"于是陆生大概论述了国家存亡的征候,共写下十二篇。他每奏上一篇,高帝没有不称好的,身旁的人都欢呼万岁,称此书为"新语"。

孝惠帝时,〔1〕吕太后用事,〔2〕欲王诸吕,畏大臣有口者,陆生自度不能争之,乃病免家居。以好畤田地善,〔3〕可以家焉。有五男,乃出所使越得橐中装卖千金,分其子,子二百金,令为生产。〔4〕陆生常安车驷马,〔5〕从歌舞鼓琴瑟侍者十人,〔6〕宝剑直百金,谓其子曰:"与汝约:过汝,汝给吾人马酒食,〔7〕极欲,〔8〕十日而更。所死家,得宝剑车骑侍从者。一岁中往来过他客,率不过再三过,〔9〕数见不鲜,〔10〕无久渎公为也。"〔11〕

【注释】〔1〕"孝惠帝",汉高祖刘邦之子,名盈,公元前一九四年至前一八八年在位。〔2〕"吕太后",汉高祖皇后,孝惠帝之母,名雉。惠帝即位,她实际掌握政权。惠帝死后,她临朝称制,八年病死。详见本书《吕太后本纪》。〔3〕"好畤",县名,治所在今陕西乾县东。"畤",音 zhì。〔4〕"生产",谋生之业。〔5〕"安车驷马",用四匹马拉的安车。安车是一种可以坐乘的小车。汉代一般的车立乘,此为坐乘,故称安车。〔6〕"从",使之跟随在后。〔7〕"给",音 jǐ,供应。〔8〕"极欲",尽量满足需要。〔9〕"率",大概,通常。〔10〕"数见不鲜",见面的次数多了,使人厌烦。"数",音 shuò。〔11〕"渎",音 hùn,惊动,打扰。"公",与上文"与汝约"之"汝",皆指称其子。案《汉书·陆贾传》,上文作"与女约",此作"毋久渎女为也"。《史记》上文作"与汝约",《集解》引徐广曰:"汝,一作'公'。"是则"公"与"汝"指称相同。

【译文】孝惠帝时,吕太后当权,想封诸吕为王,害怕大臣中善辩敢直谏的。陆生自己估计不能力争,便借病免职家居。他觉得好畤田地肥美,可以在那里安家。他有五个儿子,于是拿出出使南越时所得到的珠宝,卖得千金,分给他的儿子,各二百金,让他们作为谋生之业。陆生常常坐着舒适的马车,驾驷马,后面跟着十个唱歌跳舞鼓琴奏瑟的侍从,身佩的宝剑价值百金。陆生对他的儿子说:"和你们约定:我到你们那里,你们要供给我人马酒食,到吃饱喝足为止,十天换个地方。我死在谁家,谁就得我的宝剑、车骑、侍从。一年中我还要到其他人家里去,到你们家里一般不超过两三次,见面的次数多了,就会厌烦,我不会长久打扰你们的。"

吕太后时,王诸吕,〔1〕诸吕擅权,欲劫少主,〔2〕危刘氏。右丞相陈平患之,〔3〕力不能争,恐祸及己,常燕居深念。〔4〕陆生往请,〔5〕直入坐,而陈丞相方深念,不时见陆生。〔6〕陆生曰:"何念之深也?"陈平曰:"生揣我何念?"〔7〕陆生曰:"足下位为上相,〔8〕食三万户侯,〔9〕可谓极富贵无欲矣。然有忧念,不过患诸吕、少主耳。"陈平曰:"然。为之奈何?"陆生曰:"天下安,注意相;〔10〕天下危,注意将。将相和调,则士务附;〔11〕士务附,天下虽有变,即权不分。为社稷计,在两君掌握耳。臣常欲谓太尉绛侯,〔12〕绛侯与我戏,易吾言。君何不交欢太尉,〔13〕深相结?"为陈平画吕氏数事。〔14〕陈平用其计,乃以五百金为绛侯寿,〔15〕厚具乐饮;〔16〕太尉亦报如之。〔17〕此两人深相结,则吕氏谋益衰。陈平乃以奴婢百人,车马五十乘,钱五百万,遗陆生为饮食费。陆生以此游汉廷公卿间,名声藉甚。〔18〕

【注释】〔1〕"王诸吕",吕太后临朝称制,立吕台为吕王。吕台去世,先立吕嘉(吕台子)、后立吕产(吕台弟)为吕王。此外又立吕禄为赵王,吕通为燕王。〔2〕"劫",挟制,威逼。"少主",指孝惠帝后宫美人之子。孝惠皇后无子,杀美人,取其子以为己子,立为太子。惠帝崩,太子即位。因其年幼,故称"少主",吕太后临朝称制。〔3〕"陈平",阳武(今河南原阳东南)人,秦末农民起义时,初从魏豹、项羽,后归刘邦。有谋略,功封曲逆侯。惠帝时官至左丞相,吕后时任右丞相。吕后死,他与太尉周勃定计,诛杀吕产、吕禄等,迎立文帝,任丞相。文帝二年卒。详见本书《陈丞相世家》。〔4〕"燕居",闲居,此指退朝家居。〔5〕"请",谒见问候。〔6〕"时",及时,立即。〔7〕"揣",音 chuǎi,估计,推测。〔8〕"上相",指右丞相。当时设左右丞相,右丞相位尊于左丞相。〔9〕"食三万户侯",陈平于高帝时封为曲逆侯。曲逆在汉初仅存五千户,然秦时有三万户,故此称"食三万户侯"。一说陈平从高帝统一天下,凡六出奇计,六次益封,故此时食封三万户。〔10〕"注意",集中注意力。〔11〕"务附",归附。〔12〕"太尉",汉代中央政府掌管军事的最高长官。"绛侯",即周勃,沛县人,早年随从刘邦起兵,以军功赐爵威武侯,拜为将军。汉六年封为绛侯。汉高祖、吕后时曾为太尉。吕后死,他与丞相陈平定计,诛杀吕产、吕禄等,迎立文帝,任丞相。文帝三年免相,十一年卒。详见本书《绛侯周勃世家》。〔13〕"交欢",结交并取得对方欢心。〔14〕"画",谋划,筹划。〔15〕"为……寿",祝其健康,表示敬意。〔16〕"厚具",备办丰盛的酒肴。〔17〕"报",回答,回敬。"如之",和它一样。此指用同等的礼数回敬。〔18〕"藉甚",盛大。

【译文】吕太后当权时,封诸吕为王,诸吕专权,想威逼挟制少主,危害刘氏政权。右丞相陈平很担心,但力不能争,怕灾祸殃及自身,因而常在家里闲居深思。陆生去问候起居,未经门人传命迳直入内坐下,而陈丞相正在深思,没有立即看到陆生。陆生说:"为什么想得这样入神?"陈平说:"你猜我想什么?"陆生说:"足下位为上相,又是有食邑三万户的列侯,可以说是富贵极品,没有什么再要追求的了。然而心有忧念,不过是担忧诸吕、少主而已。"陈平说:"是的。那怎么办呢?"陆生说:"天下太平,注意力集中于相;天下危急,注意力集中于将。将相和睦协调,士人便归心依附;士人归心依附,天下即使有变乱,大权也就不会分散了。为社稷考虑,安危只是在你们两位将和相的掌握之中而已。我常想对太尉绛侯说明这层意思,绛侯和我开玩笑惯了,不重视我的话。您何不和太尉进一步相交并得其欢心,两人紧紧地联结在一起呢?"接着他为陈平筹划对付吕氏的一些办法。陈平采用他的计谋,送给绛侯五百金,祝他健康,以表敬意,还准备了丰盛的酒肴,与太尉开怀畅饮;太尉也同样地回报丞相。这两个人紧紧地联结在一起,吕氏的阴谋便越来越不济事了。陈平于是又把奴婢百人、车马五十乘、钱五百万送给陆生作为饮食费。陆生用这笔资财在朝廷公卿间交际,名声很大。

及诛诸吕,立孝文帝,〔1〕陆生颇有力焉。孝文帝即位,欲使人之南越。陈丞相等乃言陆生为太中大夫,往使尉他,令尉他去黄屋称制,〔2〕令比诸侯,皆如意旨。语在《南越》语中。〔3〕陆生竟以寿终。

【注释】〔1〕"孝文帝",汉高祖刘邦之子,名恒。汉十一年立为代王。吕后死,周勃、陈平等诛诸吕,迎立为帝。公元前一八〇年至前一五七年在位。〔2〕"黄屋",以黄缯为里的车盖,乃皇帝车上用物。"称制",自秦始皇始,制为皇帝之命的专称。尉他称制,表示他在使用皇帝的规格行事。〔3〕"《南越》语",指《史记·南越列传》。

【译文】在诛杀诸吕,拥立孝文帝这件事里,陆生出了不少力。孝文帝即位后,想派人到南越去。陈丞相等便推荐陆生为太中大夫,出使尉他,让尉他撤消黄屋,不得称制,要他一切体制都和诸侯一样,结果全部按照文帝的意旨完成了使命。这件事载在《南越列传》中。陆生最后活到很老才去世。

平原君朱建者,〔1〕楚人也。故尝为淮南王黥布相,有罪去,〔2〕后复事黥布。布欲反时,问平原君,平原君非之,布不听而听梁

父侯,〔3〕遂反。汉已诛布,闻平原君谏不与谋,得不诛。语在《黥布》语中。〔4〕

【注释】〔1〕"平原君",朱建的封号。据《汉书》所记,高祖诛黥布后,得知朱建曾谏止黥布反叛,便赐朱建号平原君。〔2〕"辠",古"罪"字。〔3〕"梁父侯",其人于《史记》《汉书》皆仅一见于《朱建传》中,其余事迹不详。〔4〕"语在《黥布》语中",案《黥布列传》未记朱建事,《史记》前后失照。清梁玉绳在《史记志疑》中认为是被后人删掉的。

【译文】平原君朱建,楚人。原先曾担任过淮南王黥布的相,因罪去职,后又回来在黥布手下任职。黥布想造反时,问过平原君,平原君不赞成,黥布不听而听梁父侯的话,于是起兵造反。汉朝杀了黥布后,听说平原君劝阻过黥布,没有参与阴谋,因而得以免被诛杀。这件事载在《黥布列传》中。

平原君为人辩有口,刻廉刚直,家于长安。〔1〕行不苟合,义不取容。辟阳侯行不正,〔2〕得幸吕太后。时辟阳侯欲知平原君,〔3〕平原君不肯见。及平原君母死,陆生素与平原君善,过之。平原君家贫,未有以发丧,〔4〕方假贷服具,〔5〕陆生令平原君发丧。陆生往见辟阳侯,贺曰:"平原君母死。"辟阳侯曰:"平原君母死,何乃贺我乎?"陆贾曰:"前日君侯欲知平原君,〔6〕平原君义不知君,以其母故。〔7〕今其母死,君诚厚送丧,〔8〕则彼为君死矣。"辟阳侯乃奉百金往税。〔9〕列侯贵人以辟阳侯故,〔10〕往税凡五百金。

【注释】〔1〕"长安",汉都,在今陕西西安市西北。〔2〕"辟阳侯",即审食其,沛县人,以舍人侍奉吕后,得到吕后的宠信。后随刘邦破项羽,于汉六年封为辟阳侯(治所辟阳在今河北冀县东南)。吕后临朝称制,审食其官至左丞相,百官皆因决事,权势很大。文帝即位,他被免去相位。文帝三年,为淮南王刘长所杀。〔3〕"知",交好。〔4〕"发丧",载枢出殡。此泛指举办丧事。〔5〕"服具",此指丧事所需的服饰、车马、仪仗等用品。〔6〕"君侯",对列侯的尊称。〔7〕"以其母故",《史记集解》《索隐》引张晏、崔浩之说认为,二人相知;就

应有难同当。母亲尚在,需要赡养,故不能以身许人。〔8〕"送丧",赠送丧礼。〔9〕"税",赠送财物。此指以财物助人办理丧事。〔10〕"贵人",指公卿大夫等地位显贵之人。

【译文】平原君为人善于舌辩,严格廉洁,刚毅正直,家住在长安。他行事不肯随便附和,讲求道义,不曲意讨好取悦于人。辟阳侯审食其行为不正,得到吕太后的宠幸。当时辟阳侯想结交平原君,平原君不肯见他。等到平原君的母亲去世,陆生因素来和平原君交好,去拜访他。平原君家境贫困,无法发丧,正在告借发丧所需的器物用品,陆生就让平原君放心发丧。陆生去见辟阳侯,向他祝贺说:"平原君的母亲去世了。"辟阳侯说:"平原君的母亲去世,怎么来祝贺我呢?"陆贾说:"前些日子君侯想要结交平原君,平原君重义而不跟您结交,是因为他母亲还活着的缘故。现在他母亲去世了,您如果能送他一笔厚厚的丧礼,那他便能为您献出生命了。"辟阳侯便奉上百金作为丧礼前去相赠,其他列侯贵人因为辟阳侯的缘故,也去赠送丧礼,累计达五百金。

辟阳侯幸吕太后,人或毁辟阳侯于孝惠帝,孝惠帝大怒,下吏,〔1〕欲诛之。吕太后惭,不可以言。大臣多害辟阳侯行,〔2〕欲遂诛之。辟阳侯急,因使人欲见平原君。平原君辞曰:"狱急,不敢见君。"乃求见孝惠幸臣闳籍孺,〔3〕说之曰:"君所以得幸帝,天下莫不闻。今辟阳侯幸太后而下吏,道路皆言君谗,〔4〕欲杀之。今日辟阳侯诛,旦日太后含怒,〔5〕亦诛君。何不肉袒为辟阳侯言于帝?〔6〕帝听君出辟阳侯,太后大欢。两主共幸君,君贵富益倍矣。"于是闳籍孺大恐,从其计,言帝,果出辟阳侯。辟阳侯之囚,欲见平原君,平原君不见辟阳侯,辟阳侯以为倍己,〔7〕大怒。及其成功出之,乃大惊。

【注释】〔1〕"下吏",交司法官员审讯。〔2〕"害",认为有害,痛恨厌恶。〔3〕"幸臣",此指以谄媚而受到君主宠信的臣子。"闳籍孺",据《史记·佞幸列传》,汉代佞幸之臣,高祖时有籍孺,惠帝时有闳孺,则此文"闳籍孺"当为"闳孺"之误。〔4〕"道路",指在路上行走的百姓。〔5〕"旦日",明日,此泛指不久之后。〔6〕"肉袒",脱去上衣,裸

露肢体,以示惶惧,希望受到哀怜。 〔7〕"倍",通"背",背弃。

【译文】辟阳侯得到吕太后的宠幸,有人在孝惠帝面前揭发辟阳侯的恶行,孝惠帝大怒,把辟阳侯交给司法官吏审讯,要杀他。吕太后觉得羞惭,不便讲话。大臣大多厌恶辟阳侯的行为,也想就此杀了他。辟阳侯很着急,便派人传话,想见平原君。平原君推辞说:"案子风声正紧,我不敢见您。"接着平原君去求见孝惠帝的幸臣闳籍孺,对他劝说道:"您所以能得到皇上宠幸的原因,天下无人不知。现在辟阳侯因受宠于太后而被交付司法官吏审讯,外边都说是您说了他的坏话,想要杀他。今天辟阳侯被杀,以后太后有气,也会杀您。您何不为辟阳侯肉袒谢罪,在皇上面前给他开释几句?皇上听了您的话放了辟阳侯,太后一定大为高兴。太后、皇上都宠幸您,您的富贵就倍增了。"于是闳籍孺十分害怕,听从了平原君的主意,向皇上进言,果然把辟阳侯放了出来。辟阳侯被关进去的时候,想见平原君,平原君不见,辟阳侯以为他背弃了自己,十分生气。等到平原君事情办成,把辟阳侯放了出来,辟阳侯这才大吃一惊。

吕太后崩,大臣诛诸吕,辟阳侯于诸吕至深,〔1〕而卒不诛。计划所以全者,〔2〕皆陆生、平原君之力也。

【注释】〔1〕"于诸吕至深",指和诸吕相交甚深。 〔2〕"全",保全。

【译文】吕太后死后,大臣诛杀诸吕,辟阳侯和诸吕的关系很深,而最终却没有被杀。为他谋划,设法保全他性命,这全靠陆生、平原君出力。

孝文帝时,淮南厉王杀辟阳侯,〔1〕以诸吕故。文帝闻其客平原君为计策,使吏捕欲治。闻吏至门,平原君欲自杀。诸子及吏皆曰:"事未可知,何早自杀为?"平原君曰:"我死祸绝,不及而身矣。"〔2〕遂自到。〔3〕孝文帝闻而惜之,曰:"吾无意杀之。"乃召其子,拜为中大夫。〔4〕使匈奴,〔5〕单于无礼,〔6〕乃骂单于,遂死匈奴中。

【注释】〔1〕"淮南厉王杀辟阳侯",淮南厉王,

即刘长,高祖少子,其母原为赵王张敖之美人。高祖过赵,张敖献美人,美人遂有孕。后因赵相贯高谋弑高祖事的牵连,赵王被逮治,美人亦遭收捕。美人之弟求辟阳侯请吕后向高祖说情,吕后不肯,辟阳侯也不力争。美人生厉王后,恚恨自杀。高祖十一年,立刘长为淮南王。文帝三年,刘长自袖铁椎击杀辟阳侯。事详本书《淮南衡山列传》。 〔2〕"而身",你们身上。 〔3〕"到",音jǐng,用刀剑割颈。 〔4〕"中大夫",郎中令的属官,掌议论。 〔5〕"匈奴",我国古代北方民族之一,散居于大漠南北,游牧为生,善骑射。 〔6〕"单于",音chán yú,匈奴君主的称号。

【译文】孝文帝时,淮南厉王杀了辟阳侯,就是因为他和诸吕的关系。文帝听说辟阳侯的门客平原君曾为辟阳侯出谋划策,便派官吏逮捕平原君,要治他的罪。平原君听到捕吏至门,想要自杀。他的几个儿子和捕吏都说:"事情究竟如何尚未可知,为什么早早就自杀呢?"平原君说:"我一死,祸患就到此为止,连累不到你们身上了。"便自刎而死。孝文帝听到他自杀,很觉可惜,说:"我没有意思要杀他。"于是召他的儿子,任命为中大夫。后来他儿子出使匈奴,单于无礼,他便大骂单于,结果死在匈奴中。

初,沛公引兵过陈留,〔1〕郦生踵军门上谒曰:〔2〕"高阳贱民郦食其,窃闻沛公暴露,〔3〕将兵助楚讨不义,敬劳从者,愿得望见,〔4〕口画天下便事。"〔5〕使者入通,沛公方洗,问使者曰:"何如人也?"使者对曰:"状貌类大儒,衣儒衣,冠侧注。"〔6〕沛公曰:"为我谢之,言我方以天下为事,未暇见儒人也。"使者出谢曰:"沛公敬谢先生,方以天下为事,未暇见儒人也。"郦生瞋目案剑叱使者曰:〔7〕"走!〔8〕复入言沛公,吾高阳酒徒也,非儒人也。"使者惧而失谒,跪拾谒,还走,复入报曰:"客,天下壮士也,叱臣,臣恐,至失谒。曰:'走!复入言,而公高阳酒徒也。'"沛公遽雪足杖矛曰:〔9〕"延客入!"

【注释】〔1〕以下是有关郦食其事迹的异文。清梁玉绳在《史记志疑》中认为,"郦生事不应复出于《朱建传》尾,且《史》无两存之例,其为羼入无疑。""考《御览》三百六十六引《楚汉春秋》与此正

同,则是后人因其小有异同而附之,又误置于《建传》末。" 〔2〕"踵",至,到。 〔3〕"暴露",露天而处,受到日晒雨淋。意谓终日在外奔波,不能安居。〔4〕"望见",自远处瞻仰其人。这是一种尊敬的说法,意谓相见。 〔5〕"便事",有利宜行之事。〔6〕"侧注",一种帽子的名称。《汉书·五行志》唐颜师古注曰:"谓之侧注者,言形侧立而下注也。"〔7〕"瞋目",瞪大眼睛。"瞋",音 chēn。"叱",音 chì,大声呵斥。 〔8〕"走",跑。意思是你赶快跑进去再对沛公说。一说为呵斥之声。 〔9〕"遽",音 jù,急忙。"雪足",擦脚。"杖矛",拄着长矛,以便起身。

【译文】当初,沛公领兵经过陈留,郦生亲到军门递上名帖求见,说道:"高阳贱民郦食其,私下听说沛公不避辛苦,风餐露宿,领兵助楚讨伐不义之徒,我劳驾他的随从者通报一声,说我希望能瞻望到沛公的风采,亲口为他筹划利国之事。"使者进去通报,沛公正在洗脚,问使者道:"怎么样的一个人?"使者回答说:"形状相貌像是位大儒,穿着儒生的衣服,戴着侧注帽。"沛公说:"给我谢绝他,说我正忙着处理天下大事,没有功夫见儒人。"使者出来谢绝郦生说:"沛公谢绝先生,说正忙着处理天下大事,没有功夫见儒人。"郦生怒目圆睁,手按佩剑,厉声呵斥使者道:"去! 再去对沛公说,我是高阳酒徒,不是儒人!"使者吓得把名帖都失落在地,跪着拾起来,回头就跑,再进去通报说:"这位客人,是天下的壮士,对我一声呵斥,我很害怕,以至连名帖都失手落地。他说:'去! 再去说,你老子是高阳酒徒!'"沛公急忙擦干脚,拄着矛柄站起来说:"请客人进来!"

郦生入,揖沛公曰:"足下甚苦,暴衣露冠,将兵助楚讨不义,足下何不自喜也?〔1〕臣愿以事见,而曰'吾方以天下为事,未暇见儒人也'。夫足下欲兴天下之大事而成天下之大功,而以目皮相,〔2〕恐失天下之能士。且吾度足下之智不如吾,勇又不如吾。若欲就天下而不相见,〔3〕窃为足下失之。"沛公谢曰:"乡者闻先生之容,〔4〕今见先生之意矣。"乃延而坐之,问所以取天下者。郦生曰:"夫足下欲成大功,不如止陈留。陈留者,天下之据冲也,〔5〕兵之会地也,〔6〕积粟数千万石,城守甚坚。臣素善其令,愿为足

下说之。不听臣,臣请为足下杀之,而下陈留。足下将陈留之众,据陈留之城,而食其积粟,招天下之从兵;〔7〕从兵已成,足下横行天下,莫能有害足下者矣。"沛公曰:"敬闻命矣。"

【注释】〔1〕"不自喜",犹言"不自爱",谓其说话、行事失当,欠考虑。 〔2〕"皮相",只看外表。"相",音 xiàng。 〔3〕"就",成就,获得成功。〔4〕"乡者",从前。此指刚才。 〔5〕"据冲",可为依托的要冲。 〔6〕"兵之会地",军队会聚之地,意即兵家必争之地。 〔7〕"从兵",战国时,六国在秦国之东,土地南北相连,他们联合抗秦称为"合从"。"从兵",即指联合抗秦的军队。"从",通"纵"。

【译文】郦生进来,向沛公作了一个揖,说:"足下很劳苦,整日在外奔波,领兵助楚讨伐不义之徒,足下为什么这样不自爱重,有失考虑呢? 我因有事愿来见您,您却说什么'我正忙着处理天下大事,没有功夫见儒人'。您要兴办天下的大事而成就天下的大功业,在判断一个人的时候,目光却只停留在表面上,这样恐怕会失去天下有才能的人士。再说我估计您的智谋不如我,勇气又不如我。假如您想成就天下大业而不和我相见,我私下为您感到失策。"沛公表示歉意道:"刚才只听人介绍先生的外貌,现在才了解到先生的心意了。"于是请郦生进来入坐,问他怎样可以取得天下。郦生说:"您想要成就大的功业,不如留驻在陈留。陈留,是天下可为凭依的要冲,是兵马会战之地,积粟有数千万石,城防甚坚固。我和陈留令一向很有交情,愿为您去说服他归降。如果他不听,我请求为您杀了他,占领陈留。您率领陈留的军队,占据陈留这座城池,以陈留的积粟为粮,招集天下联合反秦的兵马;一旦反秦联军组织成功,您横行天下,就不再有人能危害您了。"沛公说:"先生高见,领教,领教。"

于是郦生乃夜见陈留令,说之曰:"夫秦为无道而天下畔之,今足下与天下从则可以成大功。今独为亡秦婴城而坚守,〔1〕臣窃为足下危之。"陈留令曰:"秦法至重也,不可以妄言,妄言者无类,〔2〕吾不可以应。先生所以教臣者,非臣之意也,愿勿复道。"郦生留宿卧,夜半时斩陈留令首,逾城而下报沛公。沛公引兵攻城,县令首于长竿以示城上

人,〔3〕曰:"趣下,〔4〕而令头已断矣!〔5〕今后下者必先斩之!"于是陈留人见令已死,遂相率而下沛公。沛公舍陈留南城门上,因其库兵,〔6〕食积粟,留出入三月,从兵以万数,遂入破秦。

【注释】〔1〕"婴",环绕。"婴城",据城。言城墙四面环绕,可据以固守。 〔2〕"无类",指皆被诛杀,无一幸免。 〔3〕"县","悬"的本字,悬挂。〔4〕"趣下",赶快投降。"趣",音 cù。〔5〕"而令",你们的县令。〔6〕"库兵",仓库里的兵器。

【译文】于是郦生便在夜间去见陈留令,劝说他道:"秦朝胡作非为,天下人都背叛它,今天您如果和天下人联合反秦,就可以成就大的功业。如果要独力为即将灭亡的秦朝据城坚守,我私下为您感到危险。"陈留令说:"秦法十分严厉,不能乱说,乱说的要统统杀尽,我不能够答应您。先生所对我说的,不是我的本意,希望您别再说了。"郦生留在那里过夜,夜半时分斩下陈留令的头,翻越城墙下去报告沛公。沛公领兵攻城,把陈留令的头挂在长竿上,给城上人看,说:"快快投降,你们县令的头已经斩下来了!现在谁后投降,必定先斩了他!"这时陈留人见到县令已死,便成群结队地投降沛公。沛公住在陈留南城门上,利用它库里的兵器,把积粟当军粮,以陈留为据点,时出时入,达三月之久,招集联合反秦的兵马数以万计,便进兵破秦。

太史公曰:世之传郦生书,〔1〕多曰汉王已拔三秦,东击项籍而引军于巩、洛之间,郦生被儒衣往说汉王。乃非也。自沛公未入关,与项羽别而至高阳,得郦生兄弟。余读陆生《新语书》十二篇,固当世之辩士。至平原君子与余善,是以得具论之。〔2〕

【注释】〔1〕"传",音 zhuàn,记载,记述。〔2〕"具论",详细地论述。

【译文】太史公说:世间记述郦生事迹的书,大多说汉王拔了三秦,向东进击项籍而领兵驻于巩、洛之间时,郦生穿了儒衣去游说汉王。这不符合事实。事实是在沛公还没入关,和项羽分手而领兵到达高阳时,就得到了郦生兄弟俩。我读陆生《新语书》十二篇,觉得他确实是当世善辩之士。至于平原君的儿子,他和我很熟,所以我能详细论述平原君的事。

史记卷九十八

傅靳蒯成列传第三十八

阳陵侯傅宽，[1]以魏五大夫骑将从，[2]为舍人，[3]起横阳。[4]从攻安阳、杠里，[5]击赵贲军于开封，[6]及击杨熊曲遇、阳武，[7]斩首十二级，赐爵卿。[8]从至霸上。[9]沛公立为汉王，汉王赐宽封号共德君。[10]从入汉中，[11]迁为右骑将。从定三秦，[12]赐食邑雕阴。[13]从击项籍，待怀，[14]赐爵通德侯。[15]从击项冠、周兰、龙且，[16]所将卒斩骑将一人敖下，[17]益食邑。

【注释】[1]"阳陵"，汉县名，治所在今陕西高陵西南。 [2]"五大夫"，爵位名，在秦二十级爵位中为第九级。"骑将"，骑兵将领。此言傅宽在秦时曾以五大夫的爵位任骑兵将领。 [3]"舍人"，战国至汉初，王公贵官都设有舍人，为左右亲近之官。[4]"横阳"，古城邑名，其地在今河南商丘西南。[5]"安阳"，古城邑名，其地在今山东曹县东。"杠里"，古地名，其地当在今山东鄄城附近。 [6]"赵贲"，秦将。"开封"，秦县名，治所在今河南开封西南。 [7]"杨熊"，秦将。"曲遇"，古乡名，其地在今河南中牟东。"阳武"，秦县名，治所在今河南原阳东南。 [8]"卿"，高级爵位名。在秦爵二十级中，指十级以上的爵位。 [9]"霸上"，又作"灞上"。古地名，其地在今陕西西安东，接蓝田县界，为当时的军事要地。 [10]"共德君"，一种褒美的称号。"共"，读为"恭"。 [11]"汉中"，秦郡名，治所在南郑(今陕西汉中东)。辖境约当今陕西秦岭以南，留坝、勉县以东，乾祐河流域和湖北郧县、保康以西，粉青河、珍珠岭以北地。 [12]"三秦"，秦亡后，项羽将关中之地三分，封章邯为雍王，司马欣为塞王，董翳为翟王，合称"三秦"。 [13]"雕阴"，秦县名，治所在今陕西甘泉南。 [14]"怀"，秦县名，治所在今河南武陟西南。 [15]"通德侯"，"通德"为褒美称号，非地名。 [16]"项冠、周兰、龙且"，皆项羽的部将。"且"，音 jū。 [17]"敖"，指敖山，在今河南荥阳北。秦时在敖山上筑谷仓，是当时的著名粮仓，故称"敖仓"。

【译文】阳陵侯傅宽，以魏地的五大夫骑将的身份跟随高祖起义，被任为舍人。在横阳起兵，随从高祖进攻安阳和杠里。在开封攻击秦将赵贲的军队，并在曲遇、阳武进击秦将杨熊，斩敌首十二级，高祖赐给他卿的爵位。又随高祖进军霸上。高祖由沛公被项羽立为汉王，汉王赐给傅宽共德君的封号。继而跟随汉王进入汉中，升为右骑将。后又随汉王平定了三秦，汉王把雕阴赏赐给他，作为食邑。后又随汉王进击项羽，在怀县接应汉王，汉王赏赐他通德侯的爵位。又随汉王进击楚将项冠、周兰、龙且，他的部下在敖仓斩杀楚军骑将一人，汉王给他增加食邑。

属淮阴，[1]击破齐历下军，[2]击田解。[3]属相国参，[4]残博，[5]益食邑。因定齐地，剖符世世勿绝，[6]封为阳陵侯，二千六百户，除前所食。为齐右丞相，[7]备齐。[8]五岁为齐相国。[9]

【注释】[1]"淮阴"，指淮阴侯韩信。此时韩信为汉相国，称淮阴，系指其最后的封爵。 [2]"历下"，古城邑名，汉在此置历城县，治所在今山东济南西。 [3]"田解"，齐将。此时与华毋伤率军在历下守备。见本书《田儋列传》。 [4]"参"，即曹参。其时曹参以右丞相属韩信指挥，攻破齐历下守军。见本书《曹相国世家》。 [5]"博"，即博阳，秦县名，治所在今山东泰安东南。 [6]"符"，古代帝王封赐臣下的一种信物，竹制，中剖为二，朝廷和受封者各执其一，以资凭证。 [7]"为齐右丞相"，按其时已封韩信为齐王，傅宽任韩信的右丞相。

〔8〕"备齐",其时田横尚未投降,故设兵守备。

〔9〕"五岁",五年,指傅宽任韩信右丞相后五年。"为齐相国",其时汉已封刘肥为齐王,傅宽任刘肥之相国。

【译文】又充当韩信的部属,打败齐王田广的历下守军,并进击齐将田解。又作为相国曹参的部属,平灭了齐国的博县,高祖又给他增加食邑。因平定齐地有功,高祖授给他封侯的符节,爵位世代相传,永不废绝,被封为阳陵侯,定食邑为二千六百户,以前的食邑废除。又被任为齐王韩信的右丞相,守备齐地。五年以后,又任命他为齐王刘肥的相国。

四月,〔1〕击陈豨,〔2〕属太尉勃,〔3〕以相国代丞相哙击豨。〔4〕一月,徙为代相国,将屯。〔5〕二岁,为代丞相,将屯。

【注释】〔1〕"四月",指傅宽任刘肥相国四个月以后。 〔2〕"陈豨",宛朐(今山东菏泽西南)人,刘邦部将。曾以赵相国统领赵代边兵。与韩信谋反,韩信欲为之内应。汉十年(公元前一九七年)反叛,自立为代王。后被汉军所杀。详见本书《韩信卢绾列传》附《陈豨传》和《淮阴侯列传》。"豨",音xī。 〔3〕"太尉",全国最高的军事长官,与丞相、御史大夫合称三公。"勃",即周勃。 〔4〕"哙",即樊哙。 〔5〕"将屯",率领边兵屯田守卫。

【译文】四个月以后,傅宽率兵去征讨反叛的陈豨,归太尉周勃指挥。又以齐相国的身份代替丞相樊哙征讨陈豨。一个月以后,调他为代王刘恒的相国,率军屯守代地。二年以后,改为代国丞相,仍率军屯守。

孝惠五年卒,谥为景侯。子顷侯精立,二十四年卒。子共侯则立,十二年卒。子侯偃立,三十一年,坐与淮南王谋反,〔1〕死,国除。

【注释】〔1〕"坐与淮南王谋反",淮南王刘安于武帝元狩元年(公元前一二二年)谋反,失败自杀。见本书《淮南衡山列传》。

【译文】孝惠帝五年,傅宽逝世,给他加谥号

为景侯。他的儿子顷侯傅精继嗣为侯,即位二十四年逝世。傅精的儿子共侯傅则继嗣为侯,即位十二年逝世。傅则的儿子傅偃继嗣为侯,即位三十一年,因参与淮南王刘安谋反,被处死,侯国被废除。

信武侯靳歙,〔1〕以中涓从,〔2〕起宛朐。〔3〕攻济阳,〔4〕破李由军。〔5〕击秦军亳南、开封东北,〔6〕斩骑千人将一人,〔7〕首五十七级,捕虏七十三人,赐爵封号临平君。〔8〕又战蓝田北,〔9〕斩车司马二人,〔10〕骑长一人,〔11〕首二十八级,捕虏五十七人。至霸上。沛公立为汉王,赐歙爵建武侯,〔12〕迁为骑都尉。〔13〕

【注释】〔1〕"信武",褒美的称号,非实封其地。"歙",音xī。 〔2〕"中涓",皇帝左右的亲近之官。 〔3〕"宛朐",音yuān qū。汉县名,治所在今山东菏泽西南。 〔4〕"济阳",古城邑名,西汉置县,治所在今河南兰考东北。 〔5〕"李由",秦丞相李斯之子,时任秦三川郡郡守。 〔6〕"亳",音bó。古都邑名,又名南亳,其地在今河南商丘东南。 〔7〕"骑千人将",犹言骑将。旧注云,骑将率号为千人。 〔8〕"临平君",褒美的称号。 〔9〕"蓝田",秦县名,治所在今陕西蓝田西南。 〔10〕"车司马",即管战车的司马。秦汉时,司马为将军、校尉的属官。 〔11〕"骑长",骑兵之长,低级武官。 〔12〕"建武",褒美的称号,非实封其地。 〔13〕"骑都尉",主管骑兵的军事长官。

【译文】信武侯靳歙,以中涓官员的身份跟随高祖,在宛朐起兵。攻打济阳,击败秦三川郡守李由的军队。又在亳南和开封东北进攻秦军,斩杀敌军骑将一人,斩敌首五十七级,俘获敌军七十三人,高祖赐给他临平君的封号。又在蓝田县以北和秦军交战,斩杀敌军车司马二人,骑长一人,斩敌首二十八级,俘获敌军五十七人。从而进军霸上。高祖由沛公被项羽立为汉王,汉王赐给靳歙建武侯的封号,并提升他为骑都尉。

从定三秦。别西击章平军于陇西,〔1〕破之,定陇西六县,所将卒斩车司马、候各四人,〔2〕骑长十二人。从东击楚,至彭城。〔3〕汉军败还,保雍丘,〔4〕去击反者王武等。〔5〕略梁地,别将击邢说军菑南,〔6〕破之,身得

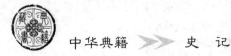

说都尉二人,司马、[7]候十二人,降吏卒四千一百八十人。破楚军荥阳东。[8]三年,赐食邑四千二百户。

【注释】〔1〕"章平",秦将章邯之弟。章邯降楚,被封为雍王,章平也随之在该地守卫。"陇西",秦郡名,治所在狄道(今甘肃临洮南)。辖境约当今甘肃永清、临夏以东,定西、静宁、庄浪以南,天水、两当以西,成县、岷县、临潭以北地。〔2〕"候",即军候,维持军纪的官员。〔3〕"彭城",秦县名,治所在今江苏徐州。时彭城为项羽的王都。〔4〕"雍丘",秦县名,治所在今河南杞县。〔5〕"王武",原为秦将,既降汉,后又反叛。〔6〕"邢说",旧注云:"特起兵者也。"是邢说为单独起事的首领。"菑",音 zī。汉县名,治所在今河南民权东。〔7〕"司马",主管军政的官员,有时分置左右。〔8〕"荥阳",古城邑名,西汉置县,治所在今河南荥阳东北。

【译文】又跟随汉王平定三秦。靳歙别率一军西进,在陇西郡击败章平的军队,平定了陇西郡六县,他的部下斩杀敌军车司马和候各四人、骑长十二人。继而跟随汉王东下,进击楚军,一直打到楚国的都城彭城。汉军失利败还,靳歙退保雍丘城。继而离开雍丘去征讨王武等人的反叛部队。攻取梁地,靳歙别率一军,在菑邑以南大败独树一帜的邢说的军队,靳歙亲手俘获邢说的都尉二人,司马、候十二人,降服邢说的官兵四千一百八十人。又在荥阳以东打败楚军。汉三年,汉王封给他食邑四千二百户。

别之河内,[1]击赵将贲郝军朝歌,[2]破之,所将卒得骑将二人,车马二百五十四。从攻安阳以东,[3]至棘蒲,[4]下七县。别攻破赵军,得其将司马二人,侯四人,降吏卒二千四百人。从攻下邯郸。别下平阳,[5]身斩守相,[6]所将卒斩兵守、郡守各一人,[7]降邺。[8]从攻朝歌、邯郸,及别击破赵军,降邯郸郡六县。还军敖仓,破项籍军成皋南,[9]击绝楚饷道,[10]起荥阳至襄邑。[11]破项冠军鲁下。[12]略地东至缯、郯、下邳,[13]南至蕲、竹邑。[14]击项悍济阳下。[15]还击项籍陈下,[16]破之。别定江陵,[17]降江陵柱国、大司马以下八人,[18]身得江陵王,[19]生

致之雒阳,[20]因定南郡。[21]从至陈,取楚王信,剖符世世勿绝,定食四千六百户,号信武侯。

【注释】〔1〕"河内",郡名,楚汉之际置,治所在怀县(今河南武陟西)。辖境约当今河南黄河以北,京汉路(包括汲县)以西地区。〔2〕"朝歌",古都邑名,其地在今河南淇县。〔3〕"安阳",古城邑名,据清人沈钦韩说,其地在今河北临城南。见《汉书补注》。〔4〕"棘蒲",古城邑名,汉置平棘县,治所在今河北赵县。〔5〕"平阳",古城邑名,故地在今河北临漳西。〔6〕"守相",指王国丞相而主居守之职。〔7〕"兵守",不知确为何官。或即郡尉、都尉之类的武官。〔8〕"邺",古都邑名,秦置县,治所在今河北临漳西。〔9〕"成皋",古城邑名,西汉置县,治所在今河南荥阳汜水镇。〔10〕"饷道",粮食运输线。"饷",音 xiǎng。〔11〕"襄邑",秦县名,治所在今河南睢县。〔12〕"鲁",秦县名,治所在今山东曲阜。〔13〕"缯",又作"鄫",古国名,姒姓,春秋鲁襄公六年(公元前五六七年)为莒所灭。秦置为县,治所在今山东枣庄旧峄县东。"郯",音 tán。古国名,相传为少皞的后裔,战国初年被越所灭。秦置县,治所在今山东郯城西南。"下邳",秦县名,治所在今江苏睢宁西北。〔14〕"蕲",音 qí。秦县名,治所在今安徽宿县东南。"竹邑"秦县名,治所在今安徽宿县北。〔15〕"济阳",古城邑名,西汉置县,治所在今河南兰考东北。〔16〕"陈",秦县名,治所在今河南淮阳。〔17〕"江陵",故楚郢都,秦分郡置江阳县,汉置江陵县,治所在今湖北江陵。〔18〕"柱国",也称上柱国,楚所设之官。原来只是负责保卫首都。后来发生演变,成为最高军事长官。而本书《项羽本纪集解》引应劭说:"上柱国,上卿官,若今相国也。""大司马",武官名,军事行政长官。〔19〕"江陵王",即指临江王。项羽入关之后,封义帝之柱国共敖为临江王,都江陵。共敖死,其子共尉嗣王。此处被俘者即此人。〔20〕"雒阳",古都邑名,秦置县,治所在今河南洛阳东。其时刘邦以洛阳为临时都城。〔21〕"南郡",秦郡名,治所在郢(今湖北江陵)。辖境约当今粉青河及襄樊市以南,荆门、洪湖以西,长江和青江以北,西至四川巫山。

【译文】靳歙又别率一军进攻河内郡,在朝歌击败赵将贲郝的军队,他的部卒俘获骑将二人,获得战马二百五十四。又跟随高祖从安阳城一直打

史记卷九十九

刘敬叔孙通列传第三十九

刘敬者，齐人也。[1]汉五年，[2]戍陇西，[3]过洛阳，[4]高帝在焉。娄敬脱辕辂，[5]衣其羊裘，[6]见齐人虞将军曰："臣愿见上言便事。"[7]虞将军欲与之鲜衣，[8]娄敬曰："臣衣帛，衣帛见；衣褐，[9]衣褐见：终不敢易衣。"于是虞将军入言上。上召入见，赐食。

【注释】[1]"齐"，战国时齐国领有今山东大部及河北东南一小部分地，汉代在习惯上仍把"齐"作为这一地区地理上的统称。〔2〕"汉五年"，公元前二〇二年。〔3〕"陇西"，汉郡名，治所在狄道（今甘肃临洮南），辖境约相当于今甘肃广河、临洮、卓尼、岷县、舟曲、宕昌、漳县、渭源、陇西等地以及天水市东部。〔4〕"洛阳"，在今河南洛阳市东北。汉五年，刘邦即皇帝位之初，都于此；后其地为河南郡治所。〔5〕"辂"，音 lù，缚在车辕上的横木，供人拉车使用。"挽"，通"挽"。〔6〕"衣"，音 yì，用作动词，穿衣。〔7〕"便事"，应办的事，对国家有利的事。〔8〕"鲜衣"，华美的衣服。〔9〕"褐"，音 hè，粗毛或粗麻织成的短衣，为贫民之服。上文的"帛"是一种丝织品，为富人所服。

【译文】刘敬（本姓娄），是齐人。汉五年，他服役去陇西戍守，经过洛阳，高帝正在那里。娄敬放下拉着的小车，穿着他那件羊皮裘，去见同乡虞将军，说道："我想拜见皇上，说说有利于国家的事宜。"虞将军要给他换上华美的衣服，娄敬说："我穿着精致的丝织品，就用穿丝织品的样子去见皇上；我穿着粗糙的麻布衣服，就用穿麻布衣服的样子去见皇上：决不敢临时更换。"于是虞将军进宫向皇上报告这件事，皇上下令召见娄敬，赐给他饮食。

已而问娄敬，娄敬说曰：[1]"陛下都洛阳，岂欲与周室比隆哉？"[2]上曰："然。"娄敬曰："陛下取天下与周室异。周之先自后稷，[3]尧封之邰，[4]积德累善十有余世。公刘避桀居豳，[5]太王以狄伐故，[6]去豳，杖马箠居岐，[7]国人争随之。及文王为西伯，[8]断虞芮之讼，[9]始受命，[10]吕望、伯夷自海滨来归之。[11]武王伐纣，[12]不期而会孟津之上八百诸侯，[13]皆曰纣可伐矣，遂灭殷。[14]成王即位，[15]周公之属傅相焉，[16]乃营成周洛邑，[17]以此为天下之中也，诸侯四方纳贡职，[18]道里均矣，有德则易以王，[19]无德则易以亡。凡居此者，欲令周务以德致人，[20]不欲依阻险，令后世骄奢以虐民也。及周之盛时，天下和洽，四夷乡风，[21]慕义怀德，附离而并事天子，[22]不屯一卒，不战一士，八夷大国之民莫不宾服，[23]效其贡职。及周之衰也，分而为两，[24]天下莫朝，周不能制也。非其德薄也，而形势弱也。今陛下起丰沛，[25]收卒三千人，以之径往而卷蜀汉，[26]定三秦，[27]与项羽战荥阳，[28]争成皋之口，[29]大战七十，小战四十，使天下之民肝脑涂地，父子暴骨中野，[30]不可胜数，[31]哭泣之声未绝，伤痍者未起，[32]而欲比隆于成康之时，[33]臣窃以为不侔也。[34]且夫秦地被山带河，[35]四塞以为固，卒然有急，[36]百万之众可具也。因秦之故，资甚美膏腴之地，[37]此所谓天府者也。[38]陛下入关而都之，[39]山东虽乱，[40]秦之故地可全而有也。夫与人斗，不搤其亢，[41]拊其背，未能全其胜也。今陛下入关而都，案秦之故地，[42]此亦搤天下之亢而拊其背也。"[43]

【注释】〔1〕"说",音 shuì,用言辞劝说打动别人。 〔2〕"周室",指西周王朝。 〔3〕"后稷",周的先祖。据说是有邰氏女姜嫄踏巨人脚印感孕而生,初生时其母曾弃之不养,故名弃。相传尧时曾任农师,舜时受命教民播种百谷,号称后稷。 〔4〕"邰",音 tái,古国族名,其故地在今陕西武功境。后稷母姜嫄本即有邰氏之女。案:据本书《周本纪》,封后稷于邰是帝舜事,此言尧,与之异。 〔5〕"公刘",周人祖先,相传是后稷曾孙。"桀",即帝履癸,夏代最后一个王,是历史上著名的暴君。"豳",音 bīn,古国名,故地在今陕西旬邑(邠邑)、彬县(邠县)一带。据《诗·大雅·公刘》毛亨《传》,周人原居于邰,夏末遭乱,在公刘率领下渡过渭水迁居于豳。 〔6〕"太王",即周文王的祖父古公亶父,为公刘九世孙。"狄",古时对北方地区少数民族的通称。相传古公亶父为了避开狄人的侵扰,率领国人离开豳地,迁居于岐,积德行善,修造城郭,设置官吏,发展农业,周部族因而强大起来。武王时,古公亶父被追尊为太王。 〔7〕"杖",挂着。"箠",音 chuí,马鞭子。"岐",音 qí,岐山下的一片原野,古公亶父率周人在此建邑,故地在今陕西岐山北。"杖马箠居岐",即《诗·大雅·縣》所谓"古公亶父,来朝走马,率西水浒,至于岐下"。 〔8〕"文王",古公亶父之孙姬昌,为历史上著名的圣王。在他领导下,周人的势力迅速发展,为后来武王灭商奠定了基础。"伯",诸侯之长。史载姬昌在商末曾为西方诸侯之长,称西伯。 〔9〕"虞",古国名,故地在今山西平陆境。"芮",音 ruì,古国名,故地在今陕西大荔境。《诗·大雅·縣》提到"虞芮质厥成",据本书《周本纪》记载,虞芮两国之人发生了争执,不能决定谁是谁非,就去周国请西伯判断,进入周国国界,发现周人都互相谦让而不争利,心中非常惭愧,于是也互相谦让,不再争讼。 〔10〕"命",天命,即天的意志。古代开基创业的帝王,托神权以自重,往往自称秉受天命。据本书《周本纪》记载,姬昌在断虞芮之讼那一年受命称王。 〔11〕"吕望",即吕尚,姓姜,吕为其氏。东夷人,原居东海之滨,后归附周文王,成为文王主要的谋臣,号太公望。武王即位,尊之为师,称师尚父。在灭商的斗争中,吕望起了很大的作用,周初分封诸侯,他被封于齐,是齐国的始祖。详见本书《齐太公世家》。"伯夷",相传是商诸侯孤竹君的长子,与其弟叔夷互相谦让,不肯继承父位,先后投奔周文王。后武王伐纣,二人认为以臣伐君是不义的,曾叩马谏阻。武王灭商后,二人不肯吃周朝的粮食,逃到首阳山(在今山西永济南)中采薇(一种野菜)而食,终于饿死。详见本书《伯夷列传》。孤竹国故地在今河北卢龙境,滨于海。 〔12〕"武王",周文王之子姬发。他完成了灭商的事业,开创了西周王朝,也是历史上著名的圣王。"纣",即帝辛,商代最后一个王,是历史上著名的暴君。 〔13〕"孟津",又名盟津,古代黄河上的一个重要渡口,故地在今河南孟津东北、孟县西南。相传武王伐纣,即在此渡河,并与诸侯会盟。 〔14〕"殷",即商。自商王盘庚迁都于殷(今河南安阳小屯村附近)以后,殷就成为商的别称。周人即每称商为"大邦殷"。 〔15〕"成王",武王子姬诵,继武王为王。 〔16〕"属",辈。"傅相",辅佐。"相",音 xiàng。成王即位之初年尚幼,由周公摄行王政七年,召公、毕公等亦共同辅政。 〔17〕"成周"、"洛邑",皆都邑名。周成王时为了加强对东方殷故土的控制,在周公主持下营建了成周、洛邑二城。成周故址在今河南洛阳市东白马寺一带,当时殷遗民居此。洛邑故址在今洛阳市王城公园一带,当时为周人移居区,并驻扎常备军。二城夹瀍水相望。 〔18〕"纳贡职",指诸侯至首都向天子纳贡述职。其入贡的时间及贡物的种类、数目,都有规定。 〔19〕"王",音 wàng,用作动词,谓使天下归顺而称王。 〔20〕"致",招致,使之归附。 〔21〕"夷",古代对居于中原以外的少数民族的通称。"乡风",归化。"乡",音 xiàng,通"向"。 〔22〕"附离",即附丽,附着,依附。 〔23〕"八夷",泛指诸夷部族。"宾服",归顺,臣服。 〔24〕"分而为两",东周之末,本已衰微的周王室又内部分裂,两君并立,一居成周称东周君,一居王城(即洛邑)称西周君。 〔25〕"丰",秦邑名,属沛县,汉时改置为县,故地在今江苏丰县。"沛",县名,秦属泗水郡,汉属沛郡,故治即今江苏沛县。刘邦是沛县丰邑人,秦末起兵于沛。 〔26〕"蜀汉","蜀"指蜀郡,治所在成都(今四川成都市),辖境约相当于今四川松潘、茂汶、广元以南,北川、彭县、荥经、天全以东,石棉、峨边、宜宾以北,阆中、南充、合川、内江、泸州以西地区。"汉"指汉中郡,治所在南郑(今陕西汉中市东),辖境约相当于今陕西秦岭以南及湖北郧县、十堰市、房县以西地区。秦亡后,项羽分封诸侯,刘邦被封为汉王,蜀汉之地为其所有。 〔27〕"三秦",项羽灭秦后,把战国时秦国旧有的关中之地一分为三以封秦降将。其中章邯被封为雍王,领有咸阳以西之地;司马欣被封为塞王,领有咸阳以东至黄河之地;董翳(音 yì)被封为翟(音 dí)王,领有上郡(今陕西北部)地;合称三秦。 〔28〕"荥阳",县名,秦属三川郡,汉属河南郡,故治在今河南荥阳东北。刘邦、项羽二军曾长期在此相持鏖战。"荥",音 xíng。

〔29〕"成皋",城邑名,属荥阳县,故址在今河南荥阳汜水镇,当时是一个著名的要塞。 〔30〕"暴",音 pù,露。"中野",荒野之中。 〔31〕"胜",音 shēng,尽。 〔32〕"痍",音 yí,创伤。 〔33〕"成康",指周成王、周康王(成王子姬钊)。据说成康之世天下安宁,史称"成康之治"。 〔34〕"侔",音 móu,相等。 〔35〕"被山带河",以山为被,以河(黄河)为带,谓地势险要。 〔36〕"卒然",突然。"卒",音 cù,通"猝"。 〔37〕"膏腴",喻土地肥沃。 〔38〕"天府",天生的万物所聚之处,多用以指形势险要,土地肥沃,物产丰富的地区。 〔39〕"关",指函谷关,故址在今河南灵宝东北。 〔40〕"山东",战国秦汉时对崤山(在今河南洛宁北)或华山(在今陕西华阴南)以东广大地区的称呼。 〔41〕"搤",音 è,通"扼",掐住。"亢",音 háng,通"吭",咽喉。 〔42〕"案",控制,据有。 〔43〕"拊",音 fǔ,拍击。

【译文】过了一会儿,皇上问娄敬要说些什么。娄敬问:"陛下打算定都洛阳,是不是想使国运昌盛,能与周朝的比美?"高帝回答:"是的。"娄敬又说:"陛下得天下的情况与周朝不同。周朝祖先从后稷被尧封于邰算起,积德行善有十几代。公刘为了躲避夏桀的暴政,迁居于豳。太王由于狄人侵扰的缘故,又离开豳地,赶着马迁居于岐,百姓们争着追随他。等到文王成为西方诸侯的领袖,调解了虞芮两国的纠纷,才膺受天命,(要开基立业,取代商朝,)吕望、伯夷这样的贤人都从海滨前来归附他。武王兴兵伐纣的时候,有八百家诸侯不约而同地赶到孟津聚会结盟,大家都说伐纣的时机已到,就进军灭亡了殷商。成王即位后,周公等人辅佐他,于是营建了成周、洛邑,因为那地方处于天下之中,四方诸侯向天子贡献土产方物,路程均等,有德之君住在那里,容易施行王政,使天下归心;无德之君住在那里,也容易亡国灭身。当时之所以要在此地营建都城,是要让周朝致力于推行德政,以得到人们的拥护,而不想依赖险要的地形,使后世子孙因而有所凭藉,骄纵奢侈,虐害百姓。在周朝昌盛的时候,天下和平安宁,四方边境的外族都来归化,仰慕依恋中朝的仁义德政,诚心归附,一起事奉天子。不用屯驻一兵一卒,也不需动用一名战士打仗,外夷各大国的人民无不臣服,诚心诚意向天子贡献方物。等到周朝衰微以后,两君并立,天下诸侯没有谁再去朝见天子,周朝也没有力量去制服他们。这不是因为周朝推行德政不够,而是因为从形势来看,它的力量太弱小了。现今陛下从丰沛起兵,招集了三千士卒,带着他们席卷蜀汉,平定三秦,同项

羽大战荥阳,争夺成皋的通道,大仗打过七十次,小仗不下四十,使天下百姓血肉纷飞,父子相继战死,尸骨抛弃荒野的,数也数不清,民间哭泣的声音不绝于耳,许多身带创伤的人未能平复,(在这种情况下,)您想与周初的成康之治比美,我私下认为是比不上的。再说秦地被群山和大河所环绕,四方都是险阻,可以固守,突然有了紧急之事,百万之众很快就能召集起来。凭藉秦国旧有的一切,利用丰美肥沃的土地,这真是所谓的天府。陛下您入关在那里建都,即使山东地区发生战乱,秦旧有之地总能全部保有的。与人搏斗,不扼住对手的咽喉,狠击他的背部,不能必胜。现今陛下入关建都,这也就扼住了天下的咽喉,可以制服它了。"

高帝问群臣,群臣皆山东人,争言周王数百年,秦二世即亡,不如都周。[1] 上疑未能决。及留侯明言入关便,[2] 即日车驾西都关中。[3]

【注释】〔1〕"周",此指成周,即洛阳。 〔2〕"留侯",即刘邦的主要谋臣张良。张良字子房,是战国时韩国贵族的后裔,辅佐刘邦破秦灭楚,统一全国,以功封留侯,卒于惠帝六年(公元前一八九年)。"留",汉县名,属沛郡,故治在今江苏沛县东南。 〔3〕"车驾",原指马驾的车。帝王乘车而行,后因以"车驾"为帝王的代称。"关中",地名,相当今陕西省,因处于函谷关、武关、散关、萧关之间而得名。

【译文】高帝询问群臣的意见,群臣都是山东地区的人,争着都说周朝称王几百年,秦朝只传二世就亡国,不如建都于洛阳成周故地。高帝心中犹豫,下不了决心。等后来留侯张良明确表示还是入关建都有利,高帝当天就乘车西行,定都关中。

于是上曰:"本言都秦地者娄敬,'娄'者乃'刘'也。"[1] 赐姓刘氏,拜为郎中,[2] 号为奉春君。

【注释】〔1〕"'娄'者乃'刘'也","娄"、"刘"二字古音相同,所以刘邦这样说。 〔2〕"郎中",郎官的一种,职掌侍卫扈从,并备顾问差遣。

【译文】这时高帝说:"最早建议在秦地建都

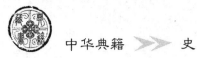

的是娄敬，'娄'，就是'刘'啊。"于是赐娄敬姓刘，任命他为郎中，给他封号，称为奉春君。

汉七年，韩王信反，[1]高帝自往击之。至晋阳，[2]闻信与匈奴欲共击汉，上大怒，使人使匈奴。匈奴匿其壮士肥牛马，但见老弱及羸畜。[3]使者十辈来，皆言匈奴可击。上使刘敬复往使匈奴，还报曰："两国相击，此宜夸矜见所长。[4]今臣往，徒见羸瘠老弱，此必欲见短，伏奇兵以争利。愚以为匈奴不可击也。"是时汉兵已逾句注，[5]二十余万兵已业行。上怒，骂刘敬曰："齐虏！[6]以口舌得官，今乃妄言沮吾军。"[7]械系敬广武。[8]遂往，至平城，[9]匈奴果出奇兵围高帝白登，[10]七日然后得解。高帝至广武，赦敬，曰："吾不用公言，以困平城。吾皆已斩前使十辈言可击者矣。"乃封敬二千户，为关内侯，[11]号为建信侯。

【注释】[1]"韩王信"，战国韩襄王的后裔，秦末带兵随刘邦入关，后又劝说刘邦东出争天下，被刘邦任为太尉，率军攻取韩地。汉五年春，受封为韩王，又徙封太原以北，防御匈奴。后刘邦疑其二心，屡加责问。韩王信心中恐慌，降匈奴反汉。详见本书《韩信卢绾列传》。[2]"晋阳"，汉县名，属太原郡，故治在今山西太原市西南，当时是韩王信领地。[3]"羸"，音 léi，瘦弱。[4]"见"，音 xiàn，"现"的本字，显露。"夸矜"，诩大炫耀。[5]"句注"，山名，即雁门山，在今山西代县北，当时是北方边境地区的一个军事要地。"句"，音 gōu。[6]"虏"，原指奴仆，此处用为对人的蔑称。[7]"沮"，音 jǔ，阻止，败坏。[8]"广武"，汉县名，属太原郡，故治在今山西代县西南，当时是韩王信领地。[9]"平城"，汉县名，属雁门郡，故治在今山西大同市东北，当时是韩王信领地。[10]"白登"，山名，在平城东北。[11]"关内侯"，秦爵第十九级，位仅次于彻侯（列侯），居于关内（王畿所在的关中地区）而无具体封国，汉因之。

【译文】汉高祖七年，韩王信反叛，高帝亲自前去讨伐。到了晋阳，听说韩王信要同匈奴一起进攻汉军，高帝大怒，派人出使匈奴，（窃探动静。）匈奴把强壮的战士和牛马都隐藏起来，只让汉朝的使者看到老人幼童以及瘦弱不堪的牲畜。前后十几

个使者回来，都说匈奴没有多大的实力，可以发兵攻击。高帝又派刘敬出使匈奴，刘敬回来报告说："两国相争，应该先声夺人，炫耀夸大自己的优势所在。现今我去匈奴，只看见瘦弱的牲畜和老人幼童，这一定是故意显露自己的弱点，来麻痹我方，而另外埋伏奇兵出我不意，以争求取胜。我认为不能对匈奴发动攻击。"当时汉兵已越过句注山，二十万大军已经出发。高帝发怒，骂刘敬说："你这齐地的奴才！靠能说会道得了官，现在竟敢胡言乱语败坏我的军队的士气。"下令把刘敬上了刑具，关押在广武。高帝于是率军前进，到了平城，匈奴果然出动伏兵把高帝围困在白登山上，一直围困了七天，然后高帝才得以脱险。高帝到广武，赦免了刘敬，说道："我不听从您的意见，以致被困平城，我已把在您以前出使匈奴、回来说可以进攻匈奴的那十几个人都杀了。"于是就封刘敬为关内侯，食邑二千户，封号称为建信侯。

高帝罢平城归，韩王信亡入胡。当是时，冒顿为单于，[1]兵强，控弦三十万，[2]数苦北边。[3]上患之，问刘敬。刘敬曰："天下初定，士卒罢于兵，[4]未可以武服也。冒顿杀父代立，妻群母，[5]以力为威，未可以仁义说也。独可以计久远子孙为臣耳，然恐陛下不能为。"上曰："诚可，何为不能！顾为奈何？"刘敬对曰："陛下诚能以适长公主妻之，[6]厚奉遗之，[7]彼知汉适女送厚，[8]蛮夷必慕以为阏氏，[9]生子必为太子，代单于，何者？贪汉重币。[10]陛下以岁时汉所余彼所鲜数问遗，[11]因使辩士风谕以礼节。[12]冒顿在，固为子婿；死，则外孙为单于。岂尝闻外孙敢与大父抗礼者哉？[13]兵可无战以渐臣也。[14]若陛下不能遣长公主，而令宗室及后宫诈称公主，彼亦知，不肯贵近，无益也。"高帝曰："善。"欲遣长公主。吕后日夜泣，曰："妾唯太子、一女，奈何弃之匈奴！"上竟不能遣长公主，而取家人子名为长公主，[15]妻单于。使刘敬往结和亲约。

【注释】[1]"冒顿"，音 mò dú，秦末汉初匈奴的单于，于公元前二〇九年杀其父头曼自立，东灭东胡，西破月氏，势力强大，曾严重威胁西汉王朝北方边境的安定，后卒于文帝前六年（公元前一七四

年）。详见本书《匈奴列传》。"单于"，匈奴君长的称号。"单"，音 chán。〔2〕"控"，拉。"控弦三十万"，谓拉弓的战士有三十万之多。〔3〕"数"，音 shuò，屡次。"苦"，为患，使之困苦。〔4〕"罢"，音 pí，通"疲"。〔5〕"妻"，音 qì，用作动词，以……为妻。"群母"，指父亲的众妾。古代游牧民族多实行寡妇内婚制，父死妻群母是匈奴的习俗，这在汉朝人看来，则是不可原谅的禽兽之行。〔6〕"适"，音 dí，通"嫡"。正妻称嫡，正妻所生的子女称嫡子、嫡女。此处所谓嫡长公主指吕后所生之女，后称鲁元公主，当时已嫁赵王张敖为后。〔7〕"遗"，音 wèi，赠送。〔8〕"送"，指陪送的嫁妆。〔9〕"阏氏"，匈奴对单于之妻的称呼。"阏"，音 yān。〔10〕"币"，本指缯帛，后又泛指各种财物。〔11〕"鲜"，音 xiǎn，少，缺乏。"问遗"，馈赠。"遗"，音 wèi。〔12〕"风谕"，示意开导。"风"，音 fèng，通"讽"。〔13〕"大父"，祖父。此指外祖父。"抗礼"，行对等之礼。〔14〕"臣"，用作动词，臣服。〔15〕"家人子"，汉代宫中没有名号的宫女通称家人子。本书《匈奴列传》言刘邦以宗室女冒称公主遣嫁冒顿单于，则家人子也可能是对宗室之女的称呼。

【译文】高帝结束这次军事行动，从平城回到长安，韩王信则逃亡到匈奴那边去了。那时冒顿当匈奴的单于，兵力强大，拉弓的战士有三十万，屡次侵扰汉朝北部的边境地区，高帝对此很是忧虑，问刘敬有什么对策。刘敬说："天下刚刚平定，士兵们长期征战，都已疲乏不堪。对匈奴，不能用武力迫使它归服。冒顿杀死父亲自立为单于，把父亲的妻妾收作自己的妻妾，凭藉暴力，行施威权，也不能用仁义来说动他。只可以设法在较远的将来使他的子孙向朝廷称臣，不过我恐怕陛下不肯照我的办法去做。"高帝说："如果确实能有效果，为什么我不能去做！只是你要我怎样做呢？"刘敬回答说："陛下如果真能把嫡长公主嫁给冒顿为妻，又多多地陪上财物遣送公主出嫁，冒顿知道汉朝皇帝的嫡女出嫁，陪嫁财物丰厚，那种蛮夷之人一定会爱慕公主，立公主为阏氏，将来公主生了儿子，一定就是太子，能继承冒顿成为单于。为什么一定会这样呢？因为匈奴贪心，想得到汉朝大量的财物。陛下逢年过节把我们这边多余他们那边正缺少的物品多多地送给他们几次，顺便派遣能言善辩的人为使者，用礼节暗示开导他们。冒顿活着，本就是陛下的女婿；冒顿死了，陛下的外孙就会当单于。哪里有人曾听说过外孙敢和外祖父分庭抗礼争高低的？这可以不动刀兵慢慢地就使匈奴臣服。但如果陛下

舍不得遣嫁长公主，而让宗室之女或后宫的美人冒充公主嫁过去，冒顿也会觉察真相，他就不肯亲近假公主，给她尊贵的地位，那就无济于事了。"高帝说："好。"打算遣嫁长公主。吕后日夜哭泣，说："我只有太子和这一个女儿，为什么要把她扔给匈奴！"高帝最后终于未能遣嫁长公主，而拿一名宫女冒称长公主，嫁给冒顿单于，同时派遣刘敬去匈奴缔结和亲的盟约。

刘敬从匈奴来，因言："匈奴河南白羊、楼烦王，〔1〕去长安近者七百里，轻骑一日一夜可以至秦中。〔2〕秦中新破，少民，地肥饶，可益实。夫诸侯初起时，非齐诸田，〔3〕楚昭、屈、景莫能兴。〔4〕今陛下虽都关中，实少人。北近胡寇，〔5〕东有六国之族，〔6〕宗强，一日有变，陛下亦未得高枕而卧也。臣愿陛下徙齐诸田，楚昭、屈、景，燕、赵、韩、魏后，及豪桀名家居关中。〔7〕无事，可以备胡；诸侯有变，亦足率以东伐。此强本弱末之术也。"上曰："善。"乃使刘敬徙所言关中十余万口。

【注释】〔1〕"河南"，此指黄河河套以南。"白羊、楼烦王"，匈奴两个大贵族的名号。〔2〕"秦中"，即关中。〔3〕"齐诸田"，指战国时齐国的宗室贵族。〔4〕"楚昭、屈、景"，指战国时楚国的宗室贵族。楚国自昭王之后，王族分为昭、屈、景三姓。〔5〕"胡"，古代对北方边地区少数民族的通称。此指匈奴。〔6〕"六国之族"，指战国时齐、楚、燕、赵、魏、韩六国的旧王族。〔7〕"桀"，通"杰"。

【译文】刘敬从匈奴回来，(在向高帝禀报此行的情况时，)顺便说："匈奴居于河套以南的白羊王、楼烦王二部，离开长安最近的不过七百里远，轻装骑兵只要一天一夜就能驰抵关中。关中地区新近遭受战祸，居民很少，但土地肥沃，物产丰富，可以移民过来充实人力。当初各诸侯国刚刚立国的时候，齐国如果没有田氏王族，楚国如果没有昭、屈、景三支王族，是不可能兴起的。现今陛下虽然已建都关中，这个地方其实人烟稀少。北边靠近掠夺成性的匈奴，东边又有六国的旧王族，这些宗族势力强大，一旦发生变故，陛下也就不能在长安高枕而卧了。我希望陛下能把齐国的田氏、楚国的

昭、屈、景三氏,还有燕国、赵国、韩国、魏国的旧王族以及地方上的那些豪强大族,迁徙到关中来定居。平时无事,可利用他们来防备匈奴;诸侯有谋反之事,也可以率领他们东出讨伐叛逆。这是加强中央根本重地,削弱地方势力的办法。"高帝说:"好。"就派遣刘敬按他的建议把十几万人迁入关中。

叔孙通者,[1]薛人也。[2]秦时以文学征,[3]待诏博士。[4]数岁,陈胜起山东,使者以闻,二世召博士诸儒生问曰:"楚戍卒攻蕲入陈,[5]于公如何?"博士诸生三十余人前曰:"人臣无将,[6]将即反,罪死无赦。愿陛下急发兵击之。"二世怒,作色。叔孙通前曰:"诸生言皆非也。夫天下合为一家,毁郡县城,铄其兵,[7]示天下不复用。且明主在其上,法令具于下,使人人奉职,四方辐辏,[8]安敢有反者!此特群盗鼠窃狗盗耳,何足置之齿牙间。郡守尉今捕论,[9]何足忧。"二世喜曰:"善。"尽问诸生,诸生或言反,或言盗。于是二世令御史案诸生言反者下吏,[10]非所宜言。诸言盗者皆罢之。乃赐叔孙通帛二十匹,衣一袭,[11]拜为博士。叔孙通已出宫,反舍,[12]诸生曰:"先生何言之谀也?"通曰:"公不知也,我几不脱于虎口!"乃亡去,之薛,薛已降楚矣。[13]及项梁之薛,[14]叔孙通从之。败于定陶,[15]从怀王。[16]怀王为义帝,[17]徙长沙,[18]叔孙通留事项王。[19]汉二年,[20]汉王从五诸侯入彭城,[21]叔孙通降汉王。汉王败而西,因竟从汉。

【注释】[1]"叔孙",复姓。 [2]"薛",秦县名,属薛郡,故治在今山东滕县南。 [3]"文学",指通熟文献经典,与现代所谓的"文学"意义有别。 [4]"待诏",备位以等候皇帝的诏命。"博士",官名,掌通古今以备皇帝顾问。 [5]"蕲",音 qí,秦县名,属泗水郡,故治在今安徽宿州市东南,陈胜起义之地大泽乡即在蕲县境内。"陈",秦县名,属陈郡,故治在今安徽淮阳县城,亦即陈郡治所。 [6]"将",谓行逆乱之事。语出《公羊传》庄公三十二年:"君亲无将,将而诛焉。" [7]"铄",音 shuò,销熔。秦始皇统一全国后,没收民间兵器,集中于咸

阳销熔,事见本书《秦始皇本纪》。 [8]"辐辏",原指车辐凑集于车毂(用以贯轴的圆木)之上,后用以比喻人或物归聚一处。 [9]"郡守尉",秦制郡设郡守,为一郡最高行政长官。又设都尉,主管一郡军事。"捕论",捕获论罪。 [10]"御史",官名,掌管弹劾纠察之事。"案",追究查办。"吏",此指司法官员。 [11]"袭",量词,衣一套为一袭,包括上衣和下裳;一说包括单衣和夹衣。 [12]"反",通"返"。 [13]"楚",当时以项梁为首的反秦武装建立的政权。 [14]"项梁",下相(今江苏宿迁西南)人,项羽的叔父,为战国末楚将项燕之子。秦二世元年(公元前二〇九年)九月,在吴中(今江苏南部)起兵反秦,后自号武信君,立楚怀王孙心为王。秦二世三年九月进兵定陶,因连战皆捷而骄傲轻敌,被秦将章邯夜袭攻破,败死。其事迹可参见本书《项羽本纪》。 [15]"定陶",秦县名,属东郡,故治在今山东定陶西南,亦即东郡治所。 [16]"怀王",战国时的楚怀王熊相于公元前二九九年被秦昭王诱骗入秦,拘留至死。楚国人一直很怀念他。楚国灭亡后,楚怀王的一个孙子名心的,流落民间,替人放羊。项梁起兵后把这个旧王孙找到立为楚王,仍称怀王,以号召楚人起来反秦复国。 [17]"义帝","义"有代理、摄假义,"义帝"即假皇帝、代理皇帝。秦朝灭亡后,项羽尊楚怀王心为义帝,其实只是给个虚名。后项羽迁义帝于长沙郡郴县,又暗地命令九江王黥布把他杀害。 [18]"长沙",秦郡名,治所在临湘(今湖南长沙市),辖境约相当于今湖南资水以东地区及广东西北一小部分地区。 [19]"项王",指项羽。 [20]"汉二年",公元前二〇五年。 [21]"从",使之跟从,率领。"五诸侯",《史记》《汉书》有关《纪》《传》都无明确记载,《汉书·高帝纪》颜师古注以为是指恒山王张耳、河南王申阳、韩王韩昌、魏王魏豹、殷王司马卬五人。"彭城",县名,秦属泗水郡,故治即今江苏徐州市,当时是项羽都城。

【译文】叔孙通是薛县人。秦朝时他因熟悉文献经典而被召用,在博士队中等待诏命。过了几年,陈胜在山东起事,使者把这件事报告给朝廷。二世皇帝召来博士和儒生们问道:"楚地的戍卒攻破蕲县进入陈县,你们诸位对此有什么看法?"博士和儒生三十多人都上前回答:"当臣下的不能作乱,作乱就是造反,该定死罪不能赦免。希望陛下马上发兵去讨伐。"二世听了发怒,变了脸色。叔孙通上前说道:"这些儒生讲的话都不对。天下统一,四海合为一家,郡县的城墙都已摧毁,各地的兵器也都

已收缴销熔，这是向天下表明不再用兵。何况现今上有圣明的君主，下有明白详尽的法令，足可以使得人人都谨守自己的职分，四方归附，统一于朝廷，哪里有人敢造反！那只不过是一些鼠窃狗偷的匪贼罢了，何足挂齿。当地的郡守、都尉现在已经把他们抓到治罪了，有什么可担忧的！"二世听了高兴地说："好。"又一个一个地把儒生们全部问遍，儒生们有的说有人造反，有的说不过是匪贼滋事。二世就命令御史把说有人造反的儒生送到司法官吏那边去查办治罪，说是匪贼滋事的则无罪放回。于是赐给叔孙通帛二十匹，衣服一套，正式任命他为博士。叔孙通出宫回到自己的住处，儒生们责备他说："先生讲的话怎么这样谄媚啊？"叔孙通说："诸位不知道啊，我几乎未能逃脱虎口！"于是就逃亡而去，回到薛地，薛地当时已经归降楚军。等到项梁来到薛地，叔孙通就追随项梁。项梁兵败定陶，叔孙通又追随怀王。怀王被尊为义帝，迁居长沙，叔孙通则留下事奉项羽。汉二年，汉王率领五诸侯的军队攻入彭城，叔孙通又投降了汉王。汉王兵败西退，叔孙通跟着撤退，从而就一直追随汉王。

叔孙通儒服，汉王憎之；乃变其服，服短衣，[1]汉王喜。

【注释】〔1〕"服短衣，楚制"，服短衣取其便于行事。刘邦楚人，所以从楚俗裁制，投其所好。

【译文】叔孙通总是穿儒者的衣服，汉王对此感到厌恶。叔孙通于是就变换服饰，穿上按楚地式样裁制的短袄，汉王见了很喜欢。

叔孙通之降汉，从儒生弟子百余人，然通无所言进，专言诸故群盗壮士进之。弟子皆窃骂曰："事先生数岁，幸得从降汉，今不能进臣等，专言大猾，[1]何也？"叔孙通闻之，乃谓曰："汉王方蒙矢石争天下，诸生宁能斗乎？故先言斩将搴旗之士。[2]诸生且待我，我不忘矣。"汉王拜叔孙通为博士，号稷嗣君。[3]

【注释】〔1〕"大猾"，极其奸恶狡猾的人。〔2〕"搴"，音 qiān，拔取。〔3〕"稷嗣君"，战国时齐宣王在齐国都城临淄稷下设馆招收四方学者，让他们互相议论辩难，并教授学生，形成一个学宫。刘

邦封叔孙通为稷嗣君，含有赞赏他的学识可以追踪稷下先生的意思。

【译文】叔孙通当初降汉，跟随他的儒生弟子有一百多人，然而他从来不在汉王面前推荐进用自己的弟子，却专门引荐那些旧时的盗匪、壮士。弟子们私下骂叔孙通："事奉先生好几年，幸而能跟着他一起降汉，现在先生不向汉王引进我们，却专门推荐那些凶恶奸猾之徒，这是为什么？"叔孙通听了这番话，就对弟子们说："汉王现今正亲自冒着飞箭投石与对手争夺天下，你们这些儒生难道能上战场去搏斗吗？所以我先推荐那些能冲锋陷阵、斩将夺旗的人。你们且耐心等待，我是不会忘记你们的。"汉王这时任命叔孙通为博士，号称稷嗣君。

汉五年，已并天下，诸侯共尊汉王为皇帝于定陶，叔孙通就其仪号。[1]高帝悉去秦苛仪法，为简易。群臣饮酒争功，醉或妄呼，拔剑击柱，高帝患之。叔孙通知上益厌之也，说上曰："夫儒者难与进取，可与守成。[2]臣愿征鲁诸生，与臣弟子共起朝仪。"高帝曰："得无难乎？"叔孙通曰："五帝异乐，[3]三王不同礼。[4]礼者，因时世人情为之节文者也。[5]故夏、殷、周之礼所因损益可知者，[6]谓不相复也。[7]臣愿颇采古礼与秦仪杂就之。"上曰："可试为之，令易知，度吾所能行为之。"[8]

【注释】〔1〕"就"，成就（动词），这里是制订的意思。〔2〕"守成"，保持已经取得的功业。〔3〕"五帝"，上古的五个圣君。其说不一，本书《五帝本纪》以为是黄帝、颛顼（音 zhuān xū）、帝喾（音 kù）、尧、舜五人。"乐"，音乐。古代礼乐并称，制乐是制订礼仪的重要内容。〔4〕"三王"，指夏、商、周三代开创之君，亦即禹、汤、文王。〔5〕"节文"，节制和修饰。〔6〕"夏、殷、周之礼所损益可知者"，此指《论语·为政》中"殷因于夏礼，所损益，可知也；周因于殷礼，所损益，可知也"这几句话。〔7〕"复"，通"複"，重复。〔8〕"度"，音 duó，揣测，考虑。

【译文】汉五年，天下已经统一。诸侯一起拥戴汉王在定陶即位为皇帝。叔孙通奉命制订有关礼仪、名号等方面的制度。高帝全部废除秦朝繁琐严苛的礼法制度，改为简易可行的。群臣在朝堂上

饮酒,为功大功小而争吵,有的喝醉了酒就大呼乱叫,拔出剑来敲击柱子,高帝对这种状况感到头疼。叔孙通知道皇上已越来越厌恶这种无礼的举动了,就用话去打动高帝:"儒生们虽然不能与他们一起图进取,却可以与他们一起保守住已经取得的成就。我请求陛下把鲁地的儒生召来,与我的弟子们共同制定朝会礼仪。"高帝说:"这件事恐怕很困难吧?"叔孙通说:"五帝、三王的礼乐制度各自不同。所谓礼,是需要随着时世人情的变化而予以减省或添饰的。之所以说夏、殷、周三代的礼制因袭、减省、增益的内容都可考知,是指它们不相重复。我希望能多多采纳古代的礼法和秦朝的礼仪制度,把它们综合起来,制定新的朝会礼仪。"高帝说:"可以试办一下,你要使新的礼仪明白易懂,必须事先考虑好是我所办得到的,然后再制订。"

于是叔孙通使征鲁诸生三十余人。[1]鲁有两生不肯行,曰:"公所事者且十主,皆面谀以得亲贵。今天下初定,死者未葬,伤者未起,又欲起礼乐。礼乐所由起,积德百年而后可兴也。吾不忍为公所为。公所为不合古,吾不行。公往矣,无汙我!"[2]叔孙通笑曰:"若真鄙儒也,[3]不知时变。"

【注释】〔1〕"使",为使者,出使。 〔2〕"汙",同"污"。 〔3〕"若",第二人称代词,你。"鄙",指见识浅陋。

【译文】于是叔孙通担任使者去征召鲁地的三十多名儒生。有两名鲁地的儒生不肯跟他去长安,说道:"您所事奉的主子都快有十个了,您都靠当面奉承,说些谄媚的话而成为亲信,得到尊贵的地位。现今天下刚刚平定,(在战乱中)丧生的人还没有安葬,受伤的人还没有平复,又想制订礼乐制度了。制订礼乐制度这件事,必须施行仁政、积德百年以后才能办理。我们不能昧着良心做您所干的事。您的所作所为同古代的圣贤不相符,我们不去长安。您走吧,不要玷污了我们!"叔孙通听了笑着说:"你们真是见识浅陋的书呆子,不懂得时代的变化。"

遂与所征三十人西,及上左右为学者与其弟子百余人为绵蕞野外。[1]习之月余,叔孙通曰:"上可试观。"上既观,使行礼,曰:

"吾能为此。"乃令群臣习肄,[2〕会十月。

【注释】〔1〕"绵",谓用丝绳圈定范围。"蕞",音 zuì,通"蕝",谓用茅草等物立于地上表明尊卑位次。 〔2〕"肄",音 yì,练习。

【译文】叔孙通就同所征召的三十人一起向西进发。(到长安后,)又连同高帝派来学习礼仪的近侍以及自己的弟子一百多人,在野外画出区域,设出表示尊卑次序的标记,(开始练习朝会的礼仪。)练习了一个多月以后,叔孙通对高帝说:"皇上您可以试看一下。"高帝看了他们的演习,礼毕以后说:"这是我办得到的。"于是下令群臣都学习这种礼仪,到岁首十月举行大朝会。

汉七年,长乐宫成,[1]诸侯群臣皆朝十月。[2〕仪:先平明,谒者治礼,[3]引以次入殿门,廷中陈车骑步卒卫宫,[4]设兵张旗志。[5]传言"趋"。殿下郎中侠陛,[6]陛数百人。功臣列侯诸将军军吏以次陈西方,[7〕东乡;[8〕文官丞相以下陈东方,西乡。大行设九宾,[9〕胪传。[10]于是皇帝辇出房,[11]百官执职传警,[12]引诸侯王以下至吏六百石以次奉贺。[13]自诸侯王以下莫不振恐肃敬。至礼毕,复置法酒。[14]诸侍坐殿上皆伏抑首,以尊卑次起上寿。[15]觞九行,[16]谒者言"罢酒"。御史执法举不如仪者辄引去。竟朝置酒,无敢讙哗失礼者。[17]于是高帝曰:"吾乃今日知为皇帝之贵也。"乃拜叔孙通为太常,[18]赐金五百斤。[19]

【注释】〔1〕"长乐宫",故址在今陕西西安市西北郊汉长安故城东南隅,宫垣南北宽约二千三百米,东西长约二千九百米,是当时长安的主要宫殿之一,高祖时以此为视朝之地。惠帝末移至未央宫视朝,长乐宫改为太后居处。 〔2〕"诸侯群臣皆朝十月",汉初沿用秦历,以十月为岁首,至武帝太初元年改历法,始以正月为岁首。此言诸侯群臣皆朝十月,即指行朝岁之礼。 〔3〕"谒者",官名,掌管朝会赞礼、引见宾客及奉诏出使等事。 〔4〕"廷",通"庭"。"骑",音 jì,此指骑兵。 〔5〕"志",通"帜"。 〔6〕"侠",音 jiā,通"夹"。"陛",宫殿的台阶。 〔7〕"列侯",秦爵二十等,以彻侯为最尊。汉因之,后避武帝讳改称通侯,或称列侯。列侯有自己的封国(侯国),爵位可以世袭。〔8〕"乡",通"向"。〔9〕"大行",官名,秦及汉初称典客,景帝中六年(公元前一四四年)改称大行,武帝太初元年(公元前一〇四年)又改称大鸿胪。为九卿之一,掌管宾客朝觐之事。此处事在汉初而称"大行",是司马迁用后来的官名追记前事。"九宾",古代朝会大典设立九宾。《汉书·叔孙通传》王先谦补注引用刘攽的说法认为九宾指九个在宾主间传言的接待人员。《续汉书·礼仪志》刘昭注引用薛综的说法认为九宾是朝会中九种不同等级的礼宾人员。本书《廉颇蔺相如列传》裴骃《集解》引用韦昭的说法认为九宾就是《周礼》所说的九仪,亦即公、侯、伯、子、男、孤、卿、大夫、士等九种地位不同的参加朝会的人员。韦昭的说法不一定可靠,因为汉爵没有伯、子、男。前两种说法哪一种正确,尚难确定。〔10〕"胪",音 lú,上传语告下。"胪传",依次传告皇帝的旨意。〔11〕"辇",音 niǎn,本指人拉的车,汉制皇帝在宫中所乘的辇是无轮无舆由人抬着走的。〔12〕"职",音 zhì,通"帜"。"传警",依次相传,高声呼"警"。〔13〕"诸侯王",汉代的王都有自己的封国,相当于先秦的诸侯,所以称诸侯王。"六百石",汉代官员秩禄等级的一种。六百石级的官员每月可得俸谷七十斛。〔14〕"法酒",历来解释不一。周寿昌认为指用官法酿制的酒,《汉书·食货志》所谓"请法古令官作酒",所作之酒就是法酒。〔15〕"上寿",秦汉时习俗,宴会上主客要频频敬酒祝寿。这里是皇帝宴客,就只有群臣敬酒上祝皇帝长寿了。〔16〕"觞",音 shāng,酒杯。"觞九行",斟酒九次。〔17〕"讙哗",喧哗。"讙",音 huān。〔18〕"太常",官名。秦及汉初称奉常,景帝中六年改称太常。为九卿之一,掌管礼乐祭祀之事。此处事在汉初而称太常,是司马迁用后来的官名追记前事。〔19〕"斤",汉制每斤约合今制二百五十八克。

【译文】汉七年,长乐宫落成,诸侯群臣于岁首十月在此朝会,向高帝贺岁。礼仪规定:天刚亮,掌管赞引之事的谒者执行自己的职责,按尊卑次序引导群臣进入殿门,门内庭院中排列着车、骑、步各兵种的士兵担任警卫,亮出兵器,张开旗帜。殿上传声下来:"快步走!"殿下郎中们在台阶两边排成两行,每边有几百人。功臣、诸侯、将军、军吏等依尊卑位次排列在西边,面向东;文官从丞相以下都排列在东边,面向西。大行安排了九种等级的接待引导人员,以次传令。这时皇帝的坐辇从房中出来,侍从百官手执旗帜,互相传呼:"警戒!"赞礼官

员引导诸侯王以下直至六百石级的官吏依次上前向皇帝祝贺。(在这种场合,)从诸侯王以下,所有的臣下无不震惊恐惧严肃恭敬。礼毕,又赐饮依官法酿造的酒,在殿上侍坐的群臣都低头伏地,依尊卑次序起来上前向皇上敬酒祝寿。斟酒九次以后,谒者宣布"酒宴结束"。御史执法纠察,发现有违反礼仪规定的就检举带走。在整个朝会和酒宴过程中,没有一个人敢喧哗失礼。这时高帝说道:"我到今天才知道当皇帝的尊荣。"于是就任命叔孙通为太常,赐给他五百斤金子。

叔孙通因进曰:"诸弟子儒生随臣久矣,与臣共为仪,愿陛下官之。"高帝悉以为郎。〔1〕叔孙通出,皆以五百斤金赐诸生。诸生乃皆喜曰:"叔孙生诚圣人也,知当世之要务。"

【注释】〔1〕"郎",中郎、郎中、侍郎等官通称为"郎",平时守卫宫门,皇帝出行则扈从警卫。郎官位不高,却是晋升较高级官职的一个阶绦。

【译文】叔孙通乘机进言:"我那些儒生弟子跟随我已经很久了,和我一起制订了这些礼仪,希望陛下能给他们官职。"高帝就把他们全部任为郎官。叔孙通从宫中出来,把五百斤金子分赐给那些儒生。儒生们于是都高兴地说:"叔孙生真是个圣人啊,他懂得什么是当世的重要事务。"

汉九年,高帝徙叔孙通为太子太傅。〔1〕汉十二年,高祖欲以赵王如意易太子,〔2〕叔孙通谏上曰:"昔者晋献公以骊姬之故废太子,〔3〕立奚齐,晋国乱者数十年,为天下笑。秦以不蚤定扶苏,令赵高得以诈立胡亥,〔4〕自使灭祀,此陛下所亲见。今太子仁孝,天下皆闻之;吕后与陛下攻苦食啖,〔5〕其可背哉!陛下必欲废适而立少,臣愿先伏诛,以颈血汙地。"高帝曰:"公罢矣,吾直戏耳。"叔孙通曰:"太子天下本,本一摇天下振动,奈何以天下为戏!"高帝曰:"吾听公言。"及上置酒,见留侯所招客从太子入见,〔6〕上乃遂无易太子志矣。

【注释】〔1〕"太子太傅",官名,负责辅导太

子。〔2〕"赵王如意",刘邦子,戚夫人所生,初封代王,后徙封赵王。刘邦宠爱戚夫人,又以为太子(吕后所生)过于仁弱,而"如意类我",曾想改立如意为太子。〔3〕"晋献公",春秋时晋国的国君,名诡诸,公元前六七七年至前六五一年在位。"骊姬",晋献公宠姬。骊姬为了使自己生的儿子奚齐将来能继承君位,就诬陷献公长子太子申生想谋害父亲,献公听信谗言,申生不得已而自杀。献公另外两个儿子重耳和夷吾也被迫逃亡国外。献公死后不久,晋国就发生内乱,直到公元前六三六年重耳归国为君(即晋文公),局势才稳定下来。详见本书《晋世家》及《国语·晋语》。〔4〕"蚤",通"早"。"扶苏",秦始皇长子。"赵高",秦始皇宠信的宦官。"胡亥",秦始皇幼子,为秦始皇所爱。秦始皇病死沙丘时,诸子中只有胡亥在身边,赵高秘不发丧,假传秦始皇诏命立胡亥为太子,并赐远在北部边境的扶苏自尽。详见本书《秦始皇本纪》。〔5〕"攻",治。"攻苦"指整治带苦味的野菜以充食。"啖",通"淡",指淡而无味的食物。"攻苦食啖",意谓当初曾含辛茹苦,共过患难。〔6〕"留侯所招客",指东园公、角里先生、绮里季、夏黄公等四名隐士。刘邦想废太子而立赵王,吕后十分着急,派她的弟弟吕泽问计于张良。张良建议太子厚礼聘请这四位著名的隐士入长安。后来刘邦见到这四人跟随着太子,认为太子羽翼已成,地位难以动摇,就放弃了改立赵王为嗣的念头。详见本书《留侯世家》。

【译文】汉九年,高帝改任叔孙通为太子太傅。汉十二年,高祖打算让赵王如意替代太子,叔孙通劝谏高帝说:"从前晋献公因为宠爱骊姬的缘故,废掉太子申生,改立骊姬的儿子奚齐,结果晋国内乱几十年不止,被天下人所讥笑。秦始皇因为不早立长子扶苏为太子,结果使赵高能假传诏命立胡亥为君,自己造成宗庙绝祀,国家灭亡,这是陛下亲眼看见的。现今太子为人仁慈孝顺,天下人都知道;吕后与陛下共过患难,难道可以背弃不顾吗?陛下如果一定要废掉嫡子改立少子,愿您先杀了我,让我颈中的血流在此地!"高帝说:"您别讲了,我不过是开开玩笑而已。"叔孙通说:"太子是天下的根本,根本一动,天下震动,怎么能拿天下大事开玩笑!"高帝说:"我听从您的意见。"后来高帝备酒宴饮,看到留侯张良设法招来的隐士跟随太子进来谒见,于是消除了改立太子的念头。

高帝崩,〔1〕孝惠即位,〔2〕乃谓叔孙生

曰:"先帝园陵寝庙,〔3〕群臣莫习。"徙为太常,定宗庙仪法。及稍定汉诸仪法,〔4〕皆叔孙生为太常所论箸也。〔5〕

【注释】〔1〕"崩",古时天子死称"崩",诸侯或朝廷重臣死称"薨",大夫死称"卒",士死称"不禄",庶人死称"死"。〔2〕"孝惠",汉代标榜以孝治天下,从惠帝开始,每个皇帝的谥号前都加一个"孝"字。〔3〕"园陵",帝王的墓地。"寝庙",寝指建于先皇墓地、用以贮藏供奉这位先皇生前用过的衣冠的处所。庙指宗庙,是供奉先皇灵位并进行祭祀的处所。〔4〕"稍",逐渐。〔5〕"箸",通"著",著述。

【译文】高帝驾崩,孝惠帝即位,惠帝对叔孙通说:"先帝园陵寝庙应行的礼仪制度,群臣之中没有人熟悉,(只好委托您了。)"就改任叔孙通为太常,制定有关宗庙的礼仪制度。以后陆续制定的汉朝的种种礼仪法规,都是依据叔孙通任太常时的论议著述。

孝惠帝为东朝长乐宫,〔1〕及间往,〔2〕数跸烦人,〔3〕乃作复道,〔4〕方筑武库南。〔5〕叔孙生奏事,因请间曰:〔6〕"陛下何自筑复道?高寝衣冠月出游高庙?〔7〕高庙,汉太祖,〔8〕奈何令后世子孙乘宗庙道上行哉?"孝惠帝大惧,曰:"急坏之。"叔孙生曰:"人主无过举。〔9〕今已作,百姓皆知之,今坏此,则示有过举。愿陛下为原庙渭北,〔10〕衣冠月出游之,益广多宗庙,大孝之本也。"上乃诏有司立原庙。〔11〕原庙起,以复道故。

【注释】〔1〕"东朝长乐宫",惠帝时朝会之所迁到未央宫,以长乐宫为太后居处,长乐宫位于未央宫之东,所以称之为"东朝"。〔2〕"间往",指日常在非正式朝见之时前往谒见。〔3〕"跸",音 bì,指帝王出行时清道戒严,禁止行人通行。〔4〕"复道",即阁道,楼阁间架空的通道。因与地面上的通道上下重复,所以称"复道"。〔5〕"武库",储藏武器的仓库。汉长安武库位于未央宫与长乐宫之间。〔6〕"请间",意谓请求在方便的时候单独接见。"间",音 jiàn。〔7〕"高寝",汉高祖陵园中供奉高祖衣冠的处所。高祖陵园名长陵,故地在今陕西咸阳市西北。"高庙",供奉汉高祖灵位的宗庙,据《三

《辅黄图》,位在长安城门街东,当武库之南。汉制:每月初一,把高寝中贮藏供奉的高祖衣冠请出,用皇帝仪仗护送,游行至高庙,然后再送回高寝。惠帝要在武库南修筑复道,正是游衣冠必经之地。〔8〕"太祖",此指开基立业之祖。 〔9〕"过举",过失的举动。 〔10〕"原庙",在正式的宗庙之外另立的庙。"渭",渭水,流经长安城北。 〔11〕"有司",主管有关事务的官员。

【译文】孝惠帝以长乐宫为东朝,(奉请太后在那里居住,自己住在未央宫,)平时抽空去谒见太后,一出动路上就要清道戒严,给许多人造成麻烦,于是就想造一座连接未央宫和长乐宫的天桥,正在武库以南的一个地点动工修建。叔孙通乘奏事的方便,请求惠帝屏退众人单独接见他。他对惠帝说:"陛下为什么自作主张要在那个地方架设天桥?贮藏供奉在高寝中的先帝衣冠,每月都要出游到高庙。高庙是我们汉朝开国始祖的宗庙,怎么能让后代子孙在高祖衣冠行到高庙的必经之路的上空行走呢?"孝惠帝听了十分恐慌,说道:"赶紧毁了它!"叔孙通又说:"天子的每一举动都不能成为过失,现在既然已经在修建了,百姓们也都知道,这时再毁了它,那就是向人们显示自己办错了事。希望陛下在渭水以北建造高祖的原庙,高祖的衣冠每月出游到那边去,(就不必从天桥下面经过了,)扩大和增多宗庙,这是大孝的根基啊。"惠帝于是下诏让有关官吏修建原庙。原庙的修建,就是由于修造天桥引起的。

孝惠帝曾春出游离宫,〔1〕叔孙生曰:"古者有春尝果,方今樱桃孰,〔2〕可献,愿陛下出,因取樱桃献宗庙。"上乃许之。诸果献由此兴。

【注释】〔1〕"离宫",帝王于正式宫殿之外别筑的宫殿,以便于游览。 〔2〕"孰","熟"的本字。樱桃是春季最早成熟的水果。《吕氏春秋·月令》及《礼记·月令》都记载古礼规定在仲春之月要用含桃(即樱桃)献荐宗庙。

【译文】孝惠帝曾经在春天到离宫去游览,叔孙通说:"古时候有在春天向宗庙进献果品、请祖先尝新的祭祀,现在正是樱桃成熟的时候,可用樱桃进献。希望陛下外出时顺便取来樱桃进献宗庙。"惠帝答应了,各种果品进献于宗庙,就是这样开的头。

太史公曰:语曰:"千金之裘,非一狐之腋也;台榭之榱,〔1〕非一木之枝也;三代之际,〔2〕非一士之智也。"信哉!夫高祖起微细,〔3〕定海内,谋计用兵,可谓尽之矣。然而刘敬脱辇辂一说,建万世之安,智岂可专邪!叔孙通希世度务制礼,〔4〕进退与时变化,卒为汉家儒宗。〔5〕"大直若诎,〔6〕道固委蛇",〔7〕盖谓是乎?

【注释】〔1〕"榭",音 xiè,盖在台上的高房子。"榱",音 cuī,椽子。 〔2〕"三代",指夏、商、周三代。 〔3〕"微细",此指地位低微。 〔4〕"希世",迎合世俗,此指迎合时世的需要。"度务",考虑、揣测当世应行的事务。"度",音 duó。 〔5〕"儒宗",儒者的宗师。 〔6〕"诎",音 qū,通"曲"。"大直若诎",语出《老子》。 〔7〕"委蛇",音 wēi yí,随顺柔曲。

【译文】太史公说:古话说:"价值千金的皮袍子,不只是用了一只狐狸腋下的毛皮;台上高楼的椽子,不只是用了一棵树上的枝杈;夏、商、周三代兴起的时候,不只是依靠一个士人的智慧。"说得真对啊!高祖出身低微,却平定了天下,其间用兵定计,可以说是竭尽了使用智慧的能事,但是刘敬放下拉车的横木一发表自己的意见,就建立了使国家长治久安的功业,(这样看来,)智慧难道只是个别人专有的吗?叔孙通迎合时代的需要,考虑到当世的紧要事务,制定了礼仪制度,他进取或退守都能顺随时代的变化,最终成了汉朝儒者的大宗师。古书所谓"最直的东西看上去好像是弯曲的,事物的法则本来就包涵在随顺柔曲之中",说的大概就是叔孙通的处世之道吧!

史记卷一百

季布栾布列传第四十

季布者,楚人也。为气任侠,[1]有名于楚。项籍使将兵,数窘汉王。[2]及项羽灭,高祖购求布千金,[3]敢有舍匿,[4]罪及三族。[5]季布匿濮阳周氏。[6]周氏曰:"汉购将军急,迹且至臣家,[7]将军能听臣,臣敢献计;即不能,愿先自刭。"[8]季布许之。乃髡钳季布,[9]衣褐衣,[10]置广柳车中,[11]并与其家僮数十人,[12]之鲁朱家所卖之。[13]朱家心知是季布,乃买而置之田。诚其子曰:"田事听此奴,[14]必与同食。"朱家乃乘轺车之洛阳,[15]见汝阴侯滕公。[16]滕公留朱家饮数日。因谓滕公曰:[17]"季布何大罪,而上求之急也?"滕公曰:"布数为项羽窘上,上怨之,故必欲得之。"朱家曰:"君视季布何如人也?"曰:"贤者也。"朱家曰:"臣各为其主用,季布为项籍用,职耳。项氏臣可尽诛邪?今上始得天下,独以己之私怨求一人,何示天下之不广也!且以季布之贤而汉求之急如此,此不北走胡即南走越耳。[18]夫忌壮士以资敌国,此伍子胥所以鞭荆平王之墓也。[19]君何不从容为上言邪?"[20]汝阴侯滕公心知朱家大侠,意季布匿其所,[21]乃许曰:"诺。"待间,[22]果言如朱家指。[23]上乃赦季布。当是时,诸公皆多季布能摧刚为柔,[24]朱家亦以此名闻当世。季布召见,[25]谢,上拜为郎中。[26]

【注释】〔1〕"为气任侠",好逞意气,讲侠义,乐于助人。 〔2〕"数窘汉王","数",屡次,音 shuò。"窘",处境困迫,没有办法,音 jiǒng。"汉王",即刘邦。秦灭亡后,公元前二〇六年,项羽分封诸侯,自立为西楚霸王,立刘邦为汉王,王巴、蜀、汉中,都南郑(今陕西南郑)。 〔3〕"购",重金收买。 〔4〕"舍匿",窝藏。 〔5〕"三族",指父母、兄弟、妻子。另有指父族、母族、妻族等几种说法。 〔6〕"濮阳",县名,东郡郡治所在,故地在今河南省濮阳县西南。 〔7〕"迹",追查踪迹。 〔8〕"刭",用刀割脖子,音 jǐng。 〔9〕"乃髡钳季布","髡钳"都是古代的刑罚,"髡"即剃去头发,"钳"是用金属的夹具束在犯人颈上。 〔10〕"衣褐衣",穿粗布衣服。 〔11〕"广柳车",运载棺柩的丧车。一说是当时一种带有篷盖的用于运输的大牛车。 〔12〕"家僮",家里私有的奴隶。 〔13〕"鲁",县名,故地在今山东曲阜。秦代为薛郡郡治所在,汉惠帝七年(公元前一八八年),初置鲁国,封吕后外孙张偃为鲁王。"朱家",鲁人,与高祖同时,以侠义闻名,据说由他搭救的豪杰之士数以百计,普通的人则不可胜数。他专门急人之难,且从不张扬自己给予他人的帮助。他帮助季布脱险,虽然后来季布地位尊贵,但他终身不见季布。事迹见本书《游侠列传》。 〔14〕"田事听此奴",田里的活儿,随便这个奴隶自己安排。这是朱家唯恐家人真的把季布当作奴隶对待,所以才如此叮咛。下句"必与同食",是说生活上不能亏待他。 〔15〕"轺车",一种一马驾驶的小型轻便的车子。"洛阳",汉五年(公元前二〇二年)正月,刘邦更号皇帝,定都洛阳,故城在今河南省洛阳市东白马寺东洛水北岸。至五月,方改都长安。故朱家到洛阳去进言。 〔16〕"汝阴侯滕公",即夏侯婴,沛(今江苏沛县)人,随刘邦起义,终身为太仆(驾车)。因与秦军作战有功,拜滕令,即滕县(今山东滕县西)县令,故称"滕公"。汉元年(公元前二〇六年)赐爵列侯,号昭平侯,后更为汝阴侯(汝阴在今安徽阜阳)。功劳甚多,又曾在危急中救出惠帝与鲁元公主,与高祖关系很好,文帝八年(公元前一七二年)卒。事迹详见本书本传。〔17〕"因",就此机会。〔18〕"北走胡",指逃奔北方,投靠匈奴。"南走越",指逃奔南方,投靠南越。秦灭亡后,原南海郡龙川令赵佗自立为南越王,都南海(今广东广州)。〔19〕"伍子胥所以鞭荆平王之墓","荆平王"即楚平王。伍子胥,春秋时期楚人,因楚平王迫害,父兄被杀,出逃于吴。后辅佐吴王阖庐,大败楚军,攻占郢都。时平王已死,乃掘墓出尸,鞭之三百。事详本书《伍子胥列传》。〔20〕"从容",舒缓,不慌不忙,慢慢。〔21〕"意",猜想,料想。〔22〕"待间",等到有了合适的时机。〔23〕"指",通"旨",意旨,意思。〔24〕"诸公",此泛指上流人士。"多",称赞。"摧刚为柔",指季布原是刚强之人,必要时也能灵活应变,化刚为柔。后有"百炼刚化为绕指柔"之语,意即仿此。"摧",折断。〔25〕"召见",被召见。〔26〕"郎中",为郎中令属官,负责宫廷宿卫及皇帝外出时的随行警卫事务,年俸比三百石(每月三十七斛)。

【译文】季布是楚国人。为人讲义气,好打抱不平而乐于助人,在楚国很有名气。项籍派他率领军队,作战中曾多次使汉王陷于困境。待到项羽灭亡之后,高祖悬赏千金通缉季布,发布命令说,有敢于窝藏者,要判处斩杀三族之罪。季布躲藏在濮阳一位姓周人的家中。周氏说:"汉朝悬赏捉拿将军,情势十分紧急,追查踪迹很快要搜查到我家里来了,将军如果能够听从我,我愿意替你献个计策,如果不能,我情愿先在你面前自杀。"季布答应听从他。于是,周氏将季布像犯人那样剃去头发,在脖子上套上铁箍,给他换上粗布衣服,让他钻进载运棺柩的丧车——广柳车里,和数十名家僮一起,到了鲁县朱家那里,把人卖给他。朱家心里知道是季布,就买了下来,将他安排到田里去干活。朱家告诫他的儿子说:"田里的事情,由着这个奴隶自己随意去做,你一定要让他和你吃一样的饭。"朱家便专门乘坐一辆轻便马车赶到洛阳,见到汝阴侯滕公。滕公款留朱家畅饮数日,于是朱家乘机向滕公进言说:"季布犯了什么大罪,皇上这么急地要捉捕他?"滕公说:"季布替项羽带兵时屡次把皇上逼入困境,皇上很恨他,因此一定要设法捉到他。"朱家说:"依您看季布这个人怎么样呢?"滕公说:"是个贤能的人。"朱家说:"身为人臣,当然要为他的主子尽力,季布替项羽尽力本是他的职责而已,难道还能够把项家的臣子统统斩尽杀光吗?现在皇上刚刚得了天下,仅仅为了自己的私仇而四处搜捕这么

一个人,不是向天下人显示自己的心胸是那样的不广阔吗?况且,像季布这样贤能的人,汉朝搜捕他如此急迫,这就迫使他不是向北逃往匈奴,就是向南逃往南越。像这种嫉恨壮士反而逼他去帮助敌国的事情,就是伍子胥之所以会对楚平王掘墓鞭尸的缘故呀!您何不找个机会,给皇上好好说说呢?"汝阴侯滕公心里知道朱家是一位大侠,料想季布就躲藏在他家中,便答应说:"好。"等到有了机会,滕公果然照朱家的意思向皇上进言。皇上便赦免了季布。当时,大家都赞赏季布的能刚能柔,能伸能屈,朱家也由此而名扬天下。季布被皇上召见,感谢了皇上的赦免之恩,皇上拜他做郎中。

孝惠时,〔1〕为中郎将。〔2〕单于尝为书嫚吕后,〔3〕不逊,吕后大怒,召诸将议之。上将军樊哙曰:〔4〕"臣愿得十万众,横行匈奴中。"诸将皆阿吕后意,〔5〕曰"然"。季布曰:"樊哙可斩也!夫高帝将兵四十余万众,困于平城,〔6〕今哙奈何以十万众横行匈奴中,面欺!且秦以事于胡,陈胜等起,〔7〕于今创痍未瘳,〔8〕哙又面谀,〔9〕欲摇动天下。"是时殿上皆恐,太后罢朝,遂不复议击匈奴事。〔10〕

【注释】〔1〕"孝惠",刘邦次子刘盈,公元前一九四年至前一八八年在位。〔2〕"中郎将",郎中令属官,负责宫廷宿卫及皇帝外出时的警卫事务,年俸比二千石(每月一百斛)。〔3〕"单于尝为书嫚吕后",《汉书·匈奴传》载有此信内容,云:"陛下独立(指吕后寡居),孤偾(音bēn,单于自称)独居。两主不乐,无以自虞(同"娱"),愿以所有,易其所无。""嫚",侮辱,亵渎。〔4〕"樊哙",沛(今江苏沛县)人。随刘邦起义,军功甚多。汉元年(公元前二〇六年)赐爵封侯,号临武侯,后更为舞阳侯(舞阳在今河南舞阳西)。孝惠六年(公元前一八九年)卒。因樊哙娶吕后之妹吕媭为妇,故较诸将更亲。事迹详见本书本传。〔5〕"阿",迎合,附和,音ē。〔6〕"困于平城",汉高祖七年(公元前二〇五年),匈奴南侵,俘韩王信,复攻太原,至晋阳,并与赵国旧部叛将联合。高祖率军三十二万亲征,至平城,后续步兵未全到,被匈奴分割包围,七日不得食。后用陈平奇计,厚赂单于阏氏(即皇后)才得解围脱险。"平城",故地在今山西省大同市东北。〔7〕"秦以事于胡,陈胜等起",秦始皇三十二年(公元前

二一五年），得图书曰"亡秦者胡也"，始皇认为"胡"即匈奴，派将军蒙恬连年北击匈奴，并修筑长城，结果导致了陈胜等领导的暴动。"陈胜"，字涉，阳城（今河南商水西南，一说在今河南登封东南）人。秦二世元年（公元前二〇九年），陈胜等九百人被召戍边，在大泽乡（今安徽宿县东南刘村集）遇雨受阻，按秦律戍卒失期不到皆斩，陈胜等遂揭竿起义，后义军被秦兵击败，陈胜被其御者（驾车人）庄贾杀害。〔8〕"创痍"，创伤。"瘳"，病愈，音chōu。〔9〕"面谀"，当面阿谀逢迎。〔10〕"是时殿上皆恐，太后罢朝，遂不复议击匈奴事"，《汉书·匈奴传》记此事，季布语尚有："且夷狄譬如禽兽，得其善言不足喜，恶言不足怒也。"高后曰："善。"令大谒者张泽复信云："……年老气衰，发齿随落，行步失度，单于过听，不足以自污。弊邑无罪，宜在见赦。"并遣使献车马，遂与匈奴和亲。

【译文】孝惠帝的时候，季布任中郎将。匈奴单于曾经写信来对吕后肆意侮辱，粗野无礼，吕后大怒，召集众将领来商议这件事。上将军樊哙说："我愿意带领十万兵马，在匈奴境内横冲直撞。"各位将领都迎合吕后的心意，说"这是对的"。季布说："樊哙真该斩首！那时高祖统帅四十余万大军，尚且被匈奴围困在平城，现在樊哙怎么可能用十万之众就在匈奴境内横冲直撞呢，真是当面欺诳！况且秦朝正是因为对胡人用兵，才引起陈胜等的暴动。至今战争的创伤还没有医治好，樊哙又当面逢迎阿谀，企图使天下再度陷入动荡混乱！"这时，宫殿上的人都非常紧张惶恐，太后退了朝，以后便没有再商议过征伐匈奴的事了。

季布为河东守，〔1〕孝文时，〔2〕人有言其贤者，孝文召，欲以为御史大夫。〔3〕复有言其勇，使酒难近。〔4〕至，留邸一月，〔5〕见罢。〔6〕季布因进曰："臣无功窃宠，待罪河东。〔7〕陛下无故召臣，此人必有以臣欺陛下者；今臣至，无所受事，罢去，此人必有以毁臣者。夫陛下以一人之誉而召臣，一人之毁而去臣，臣恐天下有识闻之有以窥陛下也。"〔8〕上默然惭，〔9〕良久曰："河东吾股肱郡，〔10〕故特召君耳。"布辞之官。〔11〕

【注释】〔1〕"河东"，郡名，治所在安邑（今山西夏县东北），辖境包括今山西沁水以西，霍山以南

地区。"守"，郡守，郡的行政长官，年俸二千石（每月一百二十斛）。景帝二年（公元前一五五年）更名太守。〔2〕"孝文"，刘邦四子刘恒，高祖十一年（公元前一九六年）立为代王。吕后死，大臣谋杀诸吕，迎立代王为帝。公元前一七九年至前一五七年在位。〔3〕"御史大夫"，为副丞相，负责官吏举劾稽察及图籍秘书。〔4〕"使酒"，借酒使性子，酗酒。〔5〕"邸"，汉王朝在京师为郡国朝见者修建的客馆。〔6〕"见罢"，犹言"见而罢"，接见他而将任命之事搁置，令其回郡。〔7〕"待罪"，自谦之辞，意谓自己不能胜任职守，必将获罪，故称待罪。〔8〕"有以窥陛下"，得以窥见陛下的深浅水准。〔9〕"默然惭"，沉默无言，感到惭愧。〔10〕"河东吾股肱郡"，河东郡紧靠着京师畿辅地区，故以"股肱"为喻。"股"是大腿；"肱"是胳膊自肩到肘部分，音gōng。"股肱"，比喻得力的辅佐。〔11〕"辞之官"，辞别文帝，回到河东郡守原任。

【译文】季布任河东郡的郡守，孝文帝的时候，有人推荐说他很贤能，孝文帝便召他去，想让他做御史大夫。又有人奏言说他大胆而武断，爱喝了酒使性子，令人难以亲近。季布到京城，留在客馆里住了一个月，文帝接见了他，但任命的事却被搁置了，让他回郡去。季布因此向皇上进言说："我虽然无功劳而窃取恩宠，得以在河东就任郡守。现在，陛下平白无故地召见我，想来必是有人在陛下面前讲了我的好话欺骗了您。而我到了，什么事情也没有被分派，就这样拉倒了让我回去，想来必是有人在陛下面前讲了我的坏话。陛下因为有一个人称赞我便召我来见，因为有一个人诋毁我便让我回去，我担心，天下有识见的人听说了这件事，就会由此看出您的深浅水准来了。"皇上默不作声，心中惭愧，过了好一会儿才说："河东郡犹如京师地区的股肱，是我所依仗的重要的地方，所以特地召你来见见啊！"季布便告辞而去，回到河东任上。

楚人曹丘生，〔1〕辩士，数招权顾金钱。〔2〕事贵人赵同等，〔3〕与窦长君善。〔4〕季布闻之，寄书谏窦长君曰："吾闻曹丘生非长者，勿与通。"及曹丘生归，欲得书请季布。〔5〕窦长君曰："季将军不说足下，〔6〕足下无往。"固请书，遂行。使人先发书，季布果大怒，待曹丘。曹丘至，即揖季布曰："楚人谚曰'得黄金百，不如得季布一诺'，足下何以得此声于梁楚间哉？〔7〕且仆楚人，足下亦

楚人也。仆游扬足下之名于天下,[8]顾不重邪?[9]何足下距仆之深也!"[10]季布乃大说,引入,留数月,为上客,厚送之。季布名所以益闻者,曹丘扬之也。

【注释】〔1〕"曹丘生","曹丘"是姓,"生"是对士人的称呼。 〔2〕"数招权顾金钱",屡次巴结权贵,倚仗权势,谋取金钱。 〔3〕"赵同",即文帝时的宦者赵谈。因司马迁父名谈,为避讳而改作赵同。当时"谈"、"同"二字读音很近。 〔4〕"窦长君",文帝之窦皇后的哥哥,景帝的舅舅。出身贫苦,富贵后知谦让,不以势骄人。 〔5〕"欲得书请季布",欲得到窦长君的介绍信,好去求见季布。〔6〕"说",同"悦"。"足下",对友人的敬称。 〔7〕"梁楚间",指梁、楚两个诸侯王国一带地方。梁国约在今河南商丘、安徽砀山一带,都睢阳(今河南商丘南)。楚国当时领有彭城、东海、薛郡等地,约包括今江苏徐州、邳县、灌南及山东枣庄、临沂等地,都彭城(今江苏徐州)。〔8〕"游扬",宣传,播扬。〔9〕"顾",反而,却。"重",重视,倚重。〔10〕"距",同"拒"。"深",指拒绝的态度与程度之严峻、尖刻。

【译文】楚人曹丘生,是一个能言善辩的士人,他常巴结贵人,倚仗权势,而谋取金钱。他侍奉权贵赵同等人,与窦长君关系也很好。季布听说这件事后,寄信给窦长君,规劝道:"我听说曹丘生不是个地道人,不要跟他来往。"等到曹丘生回家乡,要窦长君写封介绍信好去见季布,窦长君说:"季将军不喜欢你这个人,你就不要去他那里了。"曹丘生坚持要请窦长君写,他只得写了。曹丘生便出发了,他先派人把介绍信送交季布,季布果然大为愤怒,便等着曹丘生的到来,准备向他发作。曹丘生到了,马上向季布长揖行礼,说道:"楚人有句谚语说:'得到黄金百斤之多,不如得到季布一句允诺。'您想想,您为什么能在梁国、楚国这一带地方获得这样的名声呢?况且,我是楚国人,您也是楚国人,正是我把您的大名在天下到处宣扬,您却反而如此轻视鄙薄我呀!为什么您要这样严峻地拒绝我呢?"季布这才大为高兴,把他请了进去,留住了几个月,把他当作上宾招待,送行时又赠给他一份厚礼。季布的名声之所以越来越大,就是曹丘生替他宣传的结果。

季布弟季心,气盖关中,[1]遇人恭谨,为任侠,方数千里,士皆争为之死。尝杀人,亡之吴,[2]从袁丝匿。[3]长事袁丝,弟畜灌夫、籍福之属。[4]尝为中司马,[5]中尉郅都不敢不加礼。[6]少年多时时窃籍其名以行。[7]当是时,季心以勇,布以诺,著闻关中。

【注释】〔1〕"气",勇气,胆略,即"为气任侠"之"气"。"关中",指函谷关以西的京师周围的地区。 〔2〕"吴",汉诸侯王国名,辖境包括今安徽省、浙江省、江西省大部分地区,都沛(今江苏沛县)。孝景三年(公元前一五四年)吴王濞反叛兵败后,吴国被撤消。 〔3〕"袁丝",袁盎,字丝,楚人。时为吴王相,以直谏敢言闻名于时,后因反对梁孝王嗣皇位而被暗杀。事迹详本书本传。 〔4〕"畜",养,此指优待。"灌夫",字仲孺,颍阴(今河南许昌)人,以平定吴、楚反叛作战有功拜官,以任侠、勇武著称。"籍福",当时有名的游士。二人事详本书《魏其武安侯列传》。 〔5〕"中司马",即中尉司马,是中尉属下的中级军官。 〔6〕"中尉",官名,职掌京师的警备、治安。"郅都",杨(今山西洪洞)人,为孝景帝时著名的酷吏,后为窦太后所斩。〔7〕"籍",通"藉",假借,音 jiè。

【译文】季布的弟弟叫季心,他的勇气和胆略在关中地区名声极大,压倒群雄,但他待人恭敬谦慎,他讲义气,有信用,勇于助人,方圆数千里之内的士人都争先恐后地为他尽力效死。他曾经杀了人,逃亡到吴国,躲在袁盎家里。他以服侍长辈之礼对待袁盎,像对待弟弟一样照顾灌夫、籍福等人。他曾经担任过中尉司马的职务,那时就连他的上司中尉郅都也不敢不依礼对待他。有些少年常常假冒他的名义在外行事。那个时候,季心以他的勇敢,季布以他的信用,在关中地区非常闻名。

季布母弟丁公,[1]为楚将。丁公为项羽逐窘高祖彭城西,短兵接,[2]高祖急,顾丁公曰:"两贤岂相厄哉!"[3]于是丁公引兵而还,汉王遂解去。及项王灭,丁公谒见高祖。高祖以丁公徇军中,[4]曰:"丁公为项王臣不忠,使项王失天下者,乃丁公也。"遂斩丁公,曰:"使后世为人臣者无效丁公!"[5]

【注释】〔1〕"丁公"，名固，薛（今山东曲阜）人，是季布的舅舅。〔2〕"短兵接"，只能使用刀剑一类短兵器交战，不能使用长兵器了，指距离已经很近。〔3〕"戹"，通作"厄"，为难，迫害，使……处于困境。〔4〕"徇"，巡行示众。〔5〕"效"，效法，仿效。

【译文】季布的舅舅丁公是楚王项羽的将领。丁公曾经为项羽率军追逐高祖，在彭城之西将高祖逼得走投无路，正当短兵相接的时刻，高祖急急忙忙回过头来对丁公说："两个人都是好汉，何必加害对方，相互摧残呢？"于是丁公便带领兵士折回，汉王才得以脱险而去。待到项王被消灭，丁公去拜见高祖。高祖逮捕了丁公，将他在军营中示众，宣布他的罪状说："丁公身为项王之臣而不忠于项王，使得项王丧失天下的，正是这个丁公！"然后把丁公斩首，说："让后代为人臣子的人，都不要效法丁公！"

栾布者，梁人也。始梁王彭越为家人时，〔1〕尝与布游。穷困，赁佣于齐，〔2〕为酒人保。〔3〕数岁，彭越去之巨野中为盗，〔4〕而布为人所略卖，〔5〕为奴于燕。〔6〕为其家主报仇，燕将臧荼举以为都尉。〔7〕臧荼后为燕王，以布为将。及臧荼反，汉击燕，虏布。梁王彭越闻之，乃言上，请赎布以为梁大夫。〔8〕

【注释】〔1〕"梁王彭越"，彭越，字仲，昌邑（今山东巨野）人，汉初名将，对项羽作战，军功极多。汉五年（公元前二〇二年）封为梁王，都定陶（今山东定陶）。汉十年（公元前一九七年），高祖发兵讨伐代王陈豨反叛，彭越因病未行而遭猜疑，其将扈辄劝谋反，彭越不听，被人告密而治罪。高祖将其放逐蜀地，吕后又将其骗至洛阳杀害。"家人"，居家之人，指无官职的平民。〔2〕"赁佣"，出卖劳动力，替人做雇工。"赁"，音 lìn。"齐"，齐郡，治所在临淄（今山东临淄），辖境相当于今山东淄博、益都等地。〔3〕"为酒人保"，"酒人"是卖酒、作酒的人家。"保"即仆役。〔4〕"巨野"，指巨野泽，又名大野泽，在今山东巨野县北，古济水流经此地，当时有方圆百余里以上湖面，今已干涸。〔5〕"略卖"，被劫掠出卖。〔6〕"燕"，地名。陈胜起义后，各地义军纷纷自立为王，公元前二〇九年，韩广自立为燕王，都蓟（今北京市西南）。〔7〕"臧荼"，原为燕王

韩广的将军，后率军与项羽等诸侯军共同对秦作战，西入关中。公元前二〇六年被项羽封为燕王（原燕王韩广改封辽东王，不久即被臧荼杀死），后背楚归汉，公元前二〇二年，汉高祖称帝后，臧荼反汉，兵败被俘。"都尉"，地位仅次于将军的军官。〔8〕"梁大夫"，汉初诸侯王国官职设置一如汉朝，大夫是掌论议之官。

【译文】栾布是梁国人。当初，梁王彭越还是普通百姓的时候，曾与栾布交游来往。栾布家中穷困，到齐郡卖工干活，在一家酒店里当雇工。过了几年，彭越到了巨野一带当了强盗，而栾布被人劫掠后出卖，到了燕国当奴隶。栾布由于替他的主人报仇，燕国的将军臧荼推荐他做了都尉。后来臧荼当了燕王，便让栾布担任将军。到臧荼反叛时，汉朝派军队攻打燕国，俘虏了栾布。这时彭越已是梁王，他听说了这件事，就去请求皇上，赎回了栾布，让他做了梁国的大夫。

使于齐，未还，汉召彭越，责以谋反，夷三族。已而枭彭越头于雒阳下，〔1〕诏曰："有敢收视者，〔2〕辄捕之。"〔3〕布从齐还，奏事彭越头下，〔4〕祠而哭之。〔5〕吏捕布以闻。上召布，骂曰："若与彭越反邪？吾禁人勿收，若独祠而哭之，与越反明矣。趣亨之。"〔6〕方提趣汤，〔7〕布顾曰："愿一言而死。"上曰："何言？"布曰："方上之困于彭城，〔8〕败荥阳、成皋间，〔9〕项王所以不能遂西，徒以彭王居梁地，与汉合从苦楚也。〔10〕当是之时，彭王一顾，与楚则汉破，与汉而楚破。且垓下之会，微彭王，项氏不亡。〔11〕天下已定，彭王剖符受封，亦欲传之万世。今陛下一征兵于梁，彭王病不行，而陛下疑以为反，反形未见，〔12〕以苛小案诛灭之，〔13〕臣恐功臣人人自危也。今彭王已死，臣生不如死，请就亨。"于是上乃释布罪，拜为都尉。

【注释】〔1〕"枭彭越头"，把彭越的头颅砍下悬挂示众。"枭"，音 xiāo。〔2〕"收视"，收殓与看望、探视。〔3〕"辄"，立即，就。〔4〕"奏事"，指报告出使的情况。栾布奉彭越之命出使，故向彭越汇报。〔5〕"祠"，祭奠。〔6〕"趣"，通"促"，赶快，急促，音 cù。"亨"，同"烹"，用汤镬（音 huò，大

锅)将犯人煮死的刑法。〔7〕"趣汤",奔向汤镬。"趣",同"趋",疾行。〔8〕"彭城",故地在今江苏省徐州市。汉二年(公元前二○五年)项羽在彭城大破汉军,尸骸壅塞,睢水为之不流,刘邦仅与数十骑遁逃。〔9〕"荥阳",故地在今河南省荥阳东北。"成皋",故地在今河南荥阳汜水镇。汉三年(公元前二○四年),刘邦被楚军包围在荥阳,后设计突围至成皋,屡战屡北。〔10〕"徒以彭王居梁地,与汉合从苦楚也",当时汉军在彭城、荥阳、成皋屡战不胜,彭越为牵制楚军,渡睢水,攻下邳,迫使项羽回师作战,汉军得到喘息。彭越又在梁地破坏楚军粮秣运输,袭扰楚军。"合从",南北联合称合纵,与东西协作称连横相对。"从",同"纵"。〔11〕"垓下之会,微彭王,项氏不亡","垓下",地名,在今安徽灵璧南沱河北岸,汉五年(公元前二○二年),刘邦用张良计,许彭越为梁王,韩信为楚王,而与楚军会战,在垓下将楚军包围,项羽兵败身死。〔12〕"反形未见",造反的谋划并未形成。当时执法官审讯彭越后认为"反形已具",栾布正与其针锋相对。〔13〕"苛小",苛刻细小。

【译文】栾布奉命出使齐国,还没有回到梁国,汉高祖召见彭越,指责他图谋反叛,将他父母、兄弟、妻子三族斩尽杀绝。行刑完毕,又将彭越的头颅割下悬挂在洛阳城楼下示众,颁布诏令说:"有敢于收殓或看望彭越的头颅,立即予以逮捕。"栾布从齐国回来,到彭越的头颅下面汇报述职,并且祭奠他,为他痛哭一场。官吏将栾布逮捕,并向上作了报告,皇上召见栾布,骂道:"你是和彭越一起造反吗?我已明令禁止任何人不得收殓看望彭越的头颅,而你偏偏跑去祭奠痛哭,分明是参与了彭越造反。马上拉去烹杀了!"正当把栾布提着奔向汤镬的时候,栾布回过头来说:"我还要再说一句话,说了再去死。"皇上说:"还要说什么话?"栾布说:"当年皇上被围困在彭城的时候,还有在荥阳、成皋一带吃败仗的时候,项王之所以不能随心所欲地向西追击,都只是由于彭王率军在梁地,与汉军南北呼应,牵制了楚国的缘故。在那个时候,彭土倾向于哪一方是关键,他与楚联合,则汉失败;与汉联合,则楚失败。况且,垓下会战,如果没有彭王参加,项氏也不会灭亡。天下平定以后,彭越接受陛下的分封,得到陛下交给的符券,也很希望能够万世相传,子孙永保。现在陛下一声令下到梁国征调军队,彭王因病不能随行,而陛下就怀疑是要造反,造反的证据并不确凿,就罗织些细琐的事情为罪状,把他杀了,我担心这样一来会使功臣人人自危。

现在彭王已经死了,我活着还不如死了的好,请把我扔进汤镬烹了吧!"于是皇上便赦免了栾布的罪,释放了他,拜他做都尉。

孝文时,为燕相,〔1〕至将军。布乃称曰:〔2〕"穷困不能辱身下志,非人也;富贵不能快意,非贤也。"于是尝有德者厚报之,有怨者必以法灭之。吴楚反时,〔3〕以军功封俞侯,〔4〕复为燕相。〔5〕燕齐之间皆为栾布立社,〔6〕号曰栾公社。

【注释】〔1〕"燕",孝文帝元年(公元前一七九年)琅邪王刘泽徙为燕王,次年卒;子刘嘉嗣位为燕王。栾布初为燕相当在此二王时。〔2〕"称",宣称,扬言。〔3〕"吴楚反",孝景三年(公元前一五四年),吴王濞、楚王戊等七个诸侯王国联合反汉,史称"吴楚七国之乱"。〔4〕"以军功封俞侯",吴楚之乱,齐为胁从,时胶东、胶西、淄川三国出兵包围齐国,逼齐发兵反汉,栾布率军击破三国联军,解齐国之围。"俞",亦作"郥",汉有郥县,在今山东省平原县西南。〔5〕"复为燕相",孝景五年(公元前一五二年)燕王刘嘉卒,子刘定国嗣,至武帝初以乱伦等"禽兽行",案发自杀,国除。〔6〕"立社",栾布还活着的时候,那些受过他的好处的人就设立了祭拜他的祠堂,即所谓的"生祠"。

【译文】孝文帝的时候,栾布任燕相,后来官至将军。栾布声称:"在穷困的时候,如果不能够承受屈辱,掩藏自己的大志,委曲求全,那就不是一个合格的人;在富贵的时候,如果不能够畅快地实现自己的意愿,施展自己的意图,那就不是一个贤能的人。"于是,栾布对那些曾经于他有恩德的人,都大大地报答人家;对那些曾经于他有积怨的人,都一定借用法律杀掉人家。吴、楚七国反叛时,栾布由于作战有功,封为俞侯,后来又任了燕国的国相。在燕国、齐国一带,许多地方都建造了专门供奉、礼拜栾布的祠社,称之为"栾公社"。

景帝中五年薨,〔1〕子贲嗣,为太常,〔2〕牺牲不如令,〔3〕国除。〔4〕

【注释】〔1〕"景帝中五年",公元前一四五年。〔2〕"太常",九卿之一,职掌宗庙礼仪,原名"奉常",景帝中六年(公元前一四四年)更名太常。年俸中二千石(每月一百八十斛)。〔3〕"牺牲",祭祀时用作供品的牲畜,按照礼仪,不同的典礼,"牺牲"的品类、毛色等皆有严格的规定。〔4〕"国除",据本书《惠景间侯者年表》,时在武帝元狩六年(公元前一一七年)。

【译文】孝景帝中五年,栾布去世。他的儿子栾贲继承侯位,担任太常,后来因为祭祀时所用的作为祭品的牲畜不合法令规定的程式,受到处分,被削去爵位,取消了封国。

太史公曰:以项羽之气,而季布以勇显于楚,身屡军搴旗者数矣,〔1〕可谓壮士。然至被刑戮,〔2〕为人奴而不死,何其下也!彼必自负其材,故受辱而不羞,欲有所用其未足也,〔3〕故终为汉名将。贤者诚重其死。夫婢妾贱人感慨而自杀者,非能勇也,其计画无复之耳。〔4〕栾布哭彭越,趣汤如归者,彼诚知所处,〔5〕不自重其死。虽往古烈士,何以加哉!

【注释】〔1〕"屡",蹈履,犹言"踏平",音 jù。"搴",拔取,音 qiān。"数",屡次,音 shuò。〔2〕

"被",蒙受,遭受。〔3〕"未足",指志向未得实现,抱负未得施展。〔4〕"计画无复之",没有另外的出路可供计划、选择。〔5〕"如归",如同回家一样,言无所畏惧。〔6〕"所处",指死得其所。参看本书《廉颇蔺相如列传》太史公语"非死者难也,处死者难",言如何处理一死,即在应当献身时而死,不是无谓地去死,这是最为困难的。

【译文】太史公说:项羽有那样勇猛的气概,而季布却仍然能够在楚国以勇敢闻名,多次亲身自踏平敌军,夺取军旗,真可以称得上是一位壮士了。然而到了像囚徒般地被人施以肉刑,做了人家的奴隶却仍然不肯一死,又是何等的卑下啊!他一定是自负自己有才干,因此虽然受到侮辱,却并不感到羞耻,他是希望施展自己尚未施展的抱负啊!所以,他终于成为汉朝的名将。贤能的人实在是很看重自己的生命的,不会轻易去死。那些婢女、小妾、微贱的人,感到一点怨愤就去自杀的,并不算是勇敢,他们只不过是没有什么别的计划可以施行,没有什么别的出路可供选择而已。栾布之所以敢于痛哭彭越,走向汤镬从容不迫,视死如归,那是他真正知道自己死得其所,已经不再畏惧一死了。古往今来虽然也有许多勇烈之士,他们也未必能够超过栾布啊!

史记卷一百零一

袁盎晁错列传第四十一

　　袁盎者,楚人也,字丝。父故为群盗,徙处安陵。[1]高后时,盎尝为吕禄舍人。[2]及孝文帝即位,盎兄哙任盎为中郎。[3]

　　【注释】[1]"安陵",西汉县名,治所在今陕西咸阳市东北。 [2]"舍人",王公贵人亲近的属官。[3]"任",保任,举主为被保之人担保。"中郎",秦汉近侍之官,隶属于郎中令(光禄勋)。

　　【译文】袁盎,楚人,字丝。父亲原是强盗,迁居在安陵。高后在位的时候,袁盎曾做过吕禄的舍人。到了孝文帝登了皇位,袁盎的哥哥哙就保任盎当了中郎。

　　绛侯为丞相,[1]朝罢趋出,意得甚。上礼之恭,[2]常自送之。[3]袁盎进曰:"陛下以丞相何如人?"[4]上曰:"社稷臣。"盎曰:"绛侯所谓功臣,非社稷臣。社稷臣主在与在,主亡与亡。[5]方吕后时,诸吕用事,[6]擅相王,刘氏不绝如带。是时绛侯为太尉,[7]主兵柄,弗能正。吕后崩,大臣相与共畔诸吕,[8]太尉主兵,适会其成功,所谓功臣,非社稷臣。丞相如有骄主色。陛下谦让,臣主失礼,窃为陛下不取也。"[9]后朝,[10]上益庄,[11]丞相益畏。已而绛侯望袁盎曰:[10]"吾与而兄善,[13]今儿廷毁我!"[14]盎遂不谢。

　　【注释】[1]"绛侯",即周勃。事具本书《绛侯周勃世家》。"丞相",官名。最高行政长官,辅佐皇帝,综理全国政务。西汉初称为相国,后改称丞相,和太尉、御史大夫合称三公。 [2]"上",皇帝。这里指汉文帝。下同。 [3]"自",一作"目"。目字为是。 [4]"以",认为。 [5]"主在与在,主亡与亡",与君主共存亡之意。 [6]"诸吕",指吕产、吕禄等人,吕后的亲属。 [7]"太尉",官名。全国军事长官。汉武帝时改称大司马。 [8]"畔",通"叛"。背叛。 [9]"窃",犹言私。常用作表示个人意见的谦词。 [10]"朝",音 cháo,上朝。[11]"庄",庄严。 [12]"望",怨望;埋怨责备。[13]"而",通"尔"。汝;你。 [14]"儿",孺子。

　　【译文】绛侯周勃做丞相,上朝完了急速地走出来,得意得很。皇帝对他很恭敬,常常注视送他走。袁盎问皇帝:"陛下以为丞相是怎样的人?"皇帝答:"国家的重臣。"袁盎说:"绛侯是通常所说功臣,不是国家的重臣。社稷臣是君主存与君主共存,君主亡与君主共亡。当吕后在位的时候,诸吕掌权,占据丞相王侯的职位,刘氏天下像一条即将断绝的丝带。这时绛侯做太尉,掌握兵权,不能加以纠正。吕后一死,大臣相与共叛诸吕,太尉指挥军队,恰好遇到成功的时机,所以称为功臣,而不是社稷臣。丞相似乎对君主有骄气,陛下却对他谦让,臣与君都失去礼节,我以为陛下不该这样。"后来上朝,皇上逐渐庄严,丞相逐渐畏惧。不久绛侯埋怨袁盎说:"我和你的哥哥相好,现在你在朝廷上诽谤我!"袁盎竟然不向绛侯谢罪。

　　及绛侯免相之国,[1]国人上书告以为反,征系清室,[2]宗室诸公莫敢为言,唯袁盎明绛侯无罪。绛侯得释,盎颇有力。绛侯乃大与盎结交。

　　【注释】[1]"国",这里指绛侯国。 [2]"征",音 chéng,通"惩"。惩治。"清室",请罪之室,即因禁官吏有罪者的牢狱。

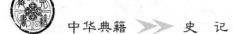

【译文】等到绛侯被免相回国，绛侯国的人上书告发他谋反，被惩治关在狱中，宗室的一些人都不敢替他说情，只有袁盎说明绛侯没有罪过。绛侯得以释放，袁盎出了不少力气。绛侯于是同袁盎倾心结交。

淮南厉王朝，[1]杀辟阳侯，[2]居处骄甚。[3]袁盎谏曰："诸侯大骄必生患，可适削地。"上弗用。淮南王益横。及棘蒲侯柴武太子谋反事觉，治，连淮南王，淮南王征，上因迁之蜀，[4]辒车传送。[5]袁盎时为中郎将，[6]乃谏曰："陛下素骄淮南王，弗稍禁，以至此，今又暴摧折之。淮南王为人刚，[7]如有遇雾露行道死，陛下竟为以天下之大弗能容，有杀弟之名，奈何？"上弗听，遂行之。

【注释】[1]"淮南厉王"，刘长，汉高祖刘邦的庶子，汉文帝刘恒之弟，封为淮南王。谥"厉"。阴谋叛乱，被惩治而死。事具本书《淮南衡山列传》。[2]"辟阳侯"，审食其，以舍人侍吕后，从破项羽，封为辟阳侯。为左丞相，幸于吕后。文帝立，免相。事见本书《吕太后本纪》等。[3]"居处"，起居，处世。[4]"蜀"，汉郡名。治所在成都（今属四川），辖境相当今四川松潘以南、北川、彭县、洪雅以西，峨边、石棉以北，邛崃山、大渡河以东，以及大渡河与雅砻江之间康定以南、冕宁以北之地。其后渐小。[5]"辒车"，运送犯人的囚车。"辒"，音jiàn。[6]"中郎将"，官名。汉代中郎将统领皇帝的侍卫，隶属于郎中令（光禄勋）。[7]"刚"，刚强。

【译文】淮南厉王朝觐的时候，杀了辟阳侯，起居处世非常骄横。袁盎劝皇帝说："诸侯过于骄横必生祸患，最好是适当地削减藩地。"皇帝没有采纳。淮南王更加蛮横。等到棘蒲侯柴武太子谋反的事被发觉，惩治，牵连到淮南王，淮南王被惩治，皇帝因此放逐他去蜀地，用囚车传送。袁盎当时做中郎将，就劝皇帝说："陛下向来骄纵惯了淮南王，不稍加管束，所以到了这个地步，现在又猛烈地摧折他。淮南王个性刚强，如果遇到雾露死在路上，陛下就会被认为以天下之大却不能容得他，有杀弟的名声，那么办？"皇帝不采纳，终于放逐了淮南王。

淮南王至雍，[1]病死，闻，上辍食，哭其

哀。盎入，顿首请罪。[2]上曰："以不用公言至此。"[3]盎曰："上自宽，此往事，岂可悔哉！且陛下有高世之行者三，[4]此不足以毁名。"上曰："吾高世行三者何事？"盎曰："陛下居代时，[5]太后尝病，三年，陛下不交睫，[6]不解衣，汤药非陛下口所尝弗进。夫曾参以布衣犹难之，[7]今陛下亲以王者修之，[8]过曾参孝远矣。夫诸吕用事，大臣专制，然陛下从代乘六乘传驰不测之渊，[9]虽贲育之勇不及陛下。[10]陛下至代邸，[11]西向让天子位者再，南面让天子位者三。夫许由一让，[12]而陛下五以天下让，过许由四矣。且陛下迁淮南王，欲以苦其志，使改过，有司卫不谨，[13]故病死。"于是上乃解，[14]曰："将奈何？"盎曰："淮南王有三子，唯在陛下耳。"于是文帝立其三子皆为王。盎由此名重朝廷。

【注释】[1]"雍"，西汉县名。故地在今陕西凤翔。[2]"顿首"，叩头；头叩地而拜。[3]"公"，对人的敬称。[4]"高世"，超迈往世。[5]"代"，代王国，汉初诸侯王国之一。辖境约当今山西离石、灵石、昔阳以北及河北蔚县、阳原、怀安等地。初都代县（在今河北蔚县东北），后徙都中都（今山西平遥西南），一说徙都晋阳（今太原市南）。[6]"睫"，眼睫毛。"交睫"，睡眠。[7]"曾参"，春秋战国之际鲁国武城（今山东费城）人。孔子的学生，以孝著称。[8]"修"，修行。[9]"六乘传"，六辆驿车。或是六匹马驾的驿车。"传"，音zhuàn。[10]"贲育"，孟贲、夏育，都是古代的勇士。[11]"代邸"，代王在京的住所。"邸"，音dǐ。[12]"许由"，传说为上古的隐士。尧以天下让给他，他不受。[13]"有司"，古代设官分职，各有专司，因称官吏为有司。"卫"，卫护。[14]"解"，理解，宽心。

【译文】淮南王到了雍县，病死。消息传来，皇帝停止饮食，哭得很悲伤。袁盎进来，叩头请罪。皇帝说："由于不采纳你的意见，结果才这样。"袁盎说："皇上自己宽心，这是过去了的事情，难道可以反悔吗？况且陛下超迈往世的行为有三样，这件事不足以毁了名声。"皇帝问："我超迈往世的行为是哪三样事情？"袁盎答："陛下在代国的时候，太后曾经生病，三年之间，陛下不合眼、不脱衣，汤药不是

陛下亲口所尝不奉进。曾参以平民的身份尚难做到，现在陛下以君主的身份亲自履行，超过曾参的孝好多了。诸吕当权，大臣独断，而陛下从代乘六辆驿车驰向难测吉凶的京师，即使孟贲、夏育的英勇也不如陛下。陛下到了京师的代王馆舍，向西一再让天子位，向南三次让天子位。许由只是一让天下，而陛下五次以天下相让，多过许由四次了。况且陛下贬谪淮南王，是要他劳苦心志，使他改过自新，由于官吏卫护不够谨慎，所以他才病死。"于是皇帝才宽心，又问："以后怎么办？"袁盎答："淮南王有三个儿子，只有仰赖陛下了。"于是文帝封淮南王三个儿子为王。袁盎因此声名重于朝廷。

袁盎常引大体忼慨。[1]宦者赵同以数幸，[2]常害袁盎，袁盎患之。盎兄子种为常侍骑，[3]持节夹乘，[4]说盎曰："君与斗，廷辱之，使其毁不用。"孝文帝出，赵同参乘，[5]袁盎伏车前曰："臣闻天子所与共六尺舆者，皆天下豪英。今汉虽乏人，陛下独奈何与刀锯余人载！"[6]于是上笑，下赵同。赵同泣下车。

【注释】〔1〕"体"，事物的法式、规矩。"忼慨"，同"慷慨"，意气激昂。 〔2〕"赵同"，赵谈。司马迁为避父谈讳，改"谈"为"同"。 〔3〕"常侍骑"，官名。秦汉置中常侍散骑，是随侍皇帝之官。〔4〕"节"，符节。朝廷用作凭证的信物。"乘"，乘舆。帝王所用的车舆。 〔5〕"参乘"，亦作"骖乘"。陪乘或陪乘的人。 〔6〕"刀锯"，古代的刑具。刀用于割刑，锯用于刖刑。"刀锯余人"，受过宫刑的人。

【译文】袁盎常常称引大义，意气激昂。宦官赵同因为屡次得到皇帝宠幸，常常害苦袁盎，袁盎为此忧虑。袁盎哥哥的儿子种做常侍骑，持符节，陪乘舆，向袁盎献计说："你同他斗，在朝廷上侮辱他，使他诽谤不被采纳。"孝文帝出巡，赵同陪乘，袁盎伏在车前说："臣下听说天子所与共乘六尺车舆的，都是天下的豪杰英才。现在汉朝虽然缺乏人才，陛下为什么单单和受过宫刑的人共乘？"于是皇帝笑了起来，让赵同下车去。赵同流泪下了车。

文帝从霸陵上，[1]欲西驰下峻阪。[2]袁盎骑，并车擥辔。[3]上曰："将军怯邪？"盎曰："臣闻千金之子坐不垂堂，[4]百金之子不骑衡，[5]圣主不乘危而徼幸。[6]今陛下骋六騑，[7]驰下峻山，如有马惊车败，陛下纵自轻，奈高庙、太后何？"[8]上乃止。

【注释】〔1〕"霸陵"，汉文帝时所筑之陵，并为县名。治所在陕西西安市东北。文帝死后葬于此处。 〔2〕"峻阪"，陡坡。"阪"，音 bǎn。 〔3〕"擥"，音 lǎn，同"揽"。"辔"，音 pèi，驾驭牲口的缰绳。 〔4〕"坐不垂堂"，不坐在屋檐下，怕檐瓦坠下打伤。 〔5〕"不骑衡"，不靠近楼殿边的栏杆。"骑"，靠近。"衡"，楼殿边的栏杆。 〔6〕"徼幸"，同"侥倖"。意外的收益或免去不幸，亦指希望获得意外的成功。 〔7〕"騑"，音 fēi，泛指马。〔8〕"高庙"，指汉高祖。"太后"，指吕后。

【译文】文帝想要从霸陵上向西驰下陡坡。袁盎骑马，拉着缰绳。皇帝问："将军害怕吗？"袁盎答："臣下听说富有千金的人不坐在屋檐下，富有百金的人不靠近楼殿边的栏杆，圣明的君主不因危难而侥幸。现在陛下驰骋六马，从峻山上奔驰而下，如果发生马惊车毁的事情，陛下纵然自轻，怎么对得起高祖、太后？"皇帝便停止。

上幸上林，[1]皇后、慎夫人从。其在禁中，[2]常同席坐。[3]及坐，郎署长布席，[4]袁盎引却慎夫人坐。[5]慎夫人怒，不肯坐。上亦怒，起，入禁中。盎因前说曰："臣闻尊卑有序则上下和。今陛下既已立后，慎夫人乃妾，妾主岂可与同坐哉！适所以失尊卑矣。且陛下幸之，[6]即厚赐之。陛下所以为慎夫人，适所以祸之。陛下独不见'人彘'乎？"[7]于是上乃说，[8]召语慎夫人。[9]慎夫人赐盎金五十斤。

【注释】〔1〕"上林"，苑名。苑内养有禽兽，供皇帝春秋打猎。其地在今陕西长安、盩厔、鄠县界。〔2〕"禁中"，宫中。宫中门户有禁，非侍御者不得入，故称"禁中"。 〔3〕"席"，坐次，席位。古时席地而坐，故称坐次或席位为"席"。 〔4〕"郎署"，直卫的官署。"布席"，摆开坐席。 〔5〕"引却"，撤下。"坐"，坐席。 〔6〕"幸"，宠幸。〔7〕"人彘"，指戚夫人。戚夫人是汉高祖之妃，因与吕后争立太子，吕后在高祖死后，将她毒害，置于厕所，呼为"人戺".事具本书《吕太后本纪》。"戺",音 zhì。
〔8〕"说",音 yuè,通"悦"。　〔9〕"语",音 yù,告诉。

【译文】文帝驾临上林苑,皇后、慎夫人随从。她们在宫中时常常同席而坐。等到坐席的时候,即署长张铺席位,袁盎撤下了慎夫人的坐席。慎夫人生气,不肯坐下。皇上也发怒,起身,回宫中。袁盎就上前劝道:"臣下听说尊卑分等就上下和顺。现在陛下既然已经立了皇后,慎夫人只是个妾,妾和主难道可以同席而坐吗?恰好使得尊卑不分了。况且陛下宠幸她,就重重地赏赐她。陛下原是为了慎夫人,实际上恰是害了她。陛下唯独不知'人彘'吗?"文帝才高兴起来,召慎夫人来,告诉了她。慎夫人赐给袁盎黄金五十斤。

然袁盎亦以数直谏,〔1〕不得久居中,〔2〕调为陇西都尉。〔3〕仁爱士卒,士卒皆争为死。迁为齐相。〔4〕徙为吴相,〔5〕辞行,种谓盎曰:"吴王骄日久,〔6〕国多奸。今苟欲劾治,〔7〕彼不上书告君,即利剑刺君矣。南方卑湿,君能日饮,毋何,〔8〕时说王曰毋反而已。如此幸得脱。"盎用种之计,吴王厚遇盎。

【注释】〔1〕"以",因为。　〔2〕"中",禁中。〔3〕"陇西",汉郡名。其地约当今甘肃东乡以东的洮河中游、武山以西的渭河上游、礼县以北的西汉水上游及天水市东部地区。"都尉",官名,辅佐郡守,并掌全郡军事。　〔4〕"齐相",齐王国的丞相。〔5〕"吴相",吴王国的丞相。　〔6〕"吴王",指吴王刘濞。刘濞事具本书《吴王濞列传》。　〔7〕"劾治",揭发罪行,予以惩治。〔8〕"毋",不要。"何",什么。"毋何",不要管什么事之意。

【译文】但袁盎也因为屡次坦率地谏说,不能长久居留在宫中,被外调做陇西都尉。他对士兵仁慈爱护,士兵都争相为他效命。调迁为齐王国的丞相。又调转为吴王国的丞相,辞行的时候,袁种对盎说:"吴王骄横已经很久,吴国有许多作奸犯科的人。现在如果想要揭发他们的罪行,予以惩治,他们不是上书控告你,就是用利剑刺杀你。南方低洼潮湿,你只能天天喝点酒,不管什么事,时常劝说吴王不要造反罢了。这样,可以侥幸脱险。"袁盎采用了袁种的计谋,吴王厚待袁盎。

盎告归,〔1〕道逢丞相申屠嘉,〔2〕下车拜谒,丞相从车上谢袁盎。〔3〕袁盎还,愧其吏,乃之丞相舍上谒,求见丞相。丞相良久而见之。盎因跪曰:"愿请间。"〔4〕丞相曰:"使君所言公事,〔5〕之曹与长史掾议,〔6〕吾且奏之;即私邪,吾不受私语。"袁盎即跪说曰:"君为丞相,自度孰与陈平、绛侯?"〔7〕丞相曰:"吾不如。"袁盎曰:"善,君即自谓不如。夫陈平、绛侯辅翼高帝,定天下,为将相,而诛诸吕,存刘氏;君乃为材官蹶张,〔8〕迁为队率,〔9〕积功至淮阳守,〔10〕非有奇计攻城野战之功。且陛下从代来,每朝,郎官上书疏,〔11〕未尝不止辇受其言,〔12〕言不可用置之,言可受采之,未尝不称善。何也?则欲以致天下贤士大夫。上日闻所不闻,明所不知,日益圣智;君今自闭钳天下之口而日益愚。夫以圣主责愚相,君受祸不久矣。"丞相乃再拜曰:"嘉鄙野人,乃不知,将军幸教。"〔13〕引入与坐,为上客。

【注释】〔1〕"告归",告假回乡。　〔2〕"申屠嘉",西汉大臣。具见本书《张丞相列传》。〔3〕"谢",辞别。　〔4〕"请间",谓请安排个闲暇无人的时机以言事。即要求个别谈话。〔5〕"使君",尊称奉命出使的人。汉时诸侯王国的丞相是由朝廷任命,故申屠嘉称吴相袁盎为"使君"。　〔6〕"曹",古时分职治事的官署或部门。这里指丞相的官署。"长史",官名。西汉时,丞相、太尉、御史大夫属官有长史。　〔7〕"度",音 duó,估计。"孰与",犹言何如。常用于反诘语气,并含有比较意味。"陈平",汉初大臣,具见本书《陈丞相世家》。〔8〕"材官",勇武的步卒。"蹶张",以脚踏弩,使之张开。　〔9〕"队率",队长。　〔10〕"淮阳守",淮阳郡守。〔11〕"郎官",汉称中郎、侍郎、郎中等为郎官。〔12〕"辇",音 niǎn,君后所乘的车。〔13〕"幸教",承蒙教诲。

【译文】袁盎告假回乡,路上遇到丞相申屠嘉,下车拜谒,丞相从车上辞谢袁盎。袁盎回去,对申屠嘉的官风感到惭愧,就到丞相府送上名帖,要求进见丞相。丞相好久才接见他。袁盎就跪下说:"希望个别谈话。"丞相说:"你所要说的是公事,到官署同长史掾商谈,我就奏陈上去;如果是私事,我不接受私下谈话。"袁盎便跪着说道："您做丞相，自己估计比陈平、绛侯怎样？"丞相答："我不如他们。"袁盎说："好！您就自己承认不如他们。陈平、绛侯辅佐高帝，平定天下，做了将相，又诛除诸吕，保全刘氏江山；您只是使用强弩的材官，提升为队长，积累功劳做到了淮阳郡守，没有出奇制胜、攻城野战的大功。况且陛下从代来，每天郎官皇上书疏，没有不停辇听取他们之言的，所进之言不可用就搁置起来，所进之言可以接受就采纳下来，没有不加以称道的。这是什么缘故呢？就是想藉此招致天下贤明的士大夫。皇帝天天听到从来没听到过的，明白从来不明白的，一天比一天圣贤明智；您现在自己封闭钳制天下人的口，而一天比一天愚昧。以圣明的君主督责愚昧的丞相，您不久将受祸了。"丞相才再三拜谢说："我申屠嘉是个鄙陋粗野的人，不明白这些，承蒙将军教诲。"引进让他坐下，待为上客。

　　盎素不好晁错，晁错所居坐，盎去；盎坐，错亦去：两人未尝同堂语。及孝文帝崩，孝景帝即位，[1]晁错为御史大夫，[2]使吏案袁盎受吴王财物，[3]抵罪，[4]诏赦以为庶人。[5]

　　【注释】〔1〕"孝景帝"，即汉景帝。〔2〕"御史大夫"，官名。秦汉时仅次于丞相的中央最高长官，主要职务是监察、执法，兼掌重要文书图籍。〔3〕"案"，案问，审问。〔4〕"抵罪"，抵偿其应负的罪责。〔5〕"庶人"，平民。

　　【译文】袁盎向来不喜欢晁错，晁错所居留的地方，袁盎离去；袁盎居留的地方，晁错也离去：两人从来没有同堂谈话。等到孝文帝去世，孝景帝即位，晁错做了御史大夫，指使官吏审问袁盎接受吴王贿赂的罪行，要他抵偿应负的罪责。诏令赦免袁盎为平民。

　　吴楚反，[1]闻，晁错谓丞史曰：[2]"夫袁盎多受吴王金钱，专为蔽匿，言不反。今果反，欲请治盎宜知计谋。"丞史曰："事未发，治之有绝。[3]今兵西乡，[4]治之何益！且袁盎不宜有谋。"[5]晁错犹与未决。[6]人有告袁盎者，袁盎恐，夜见窦婴，[7]为言吴所以反者，愿至上前口对状。[8]窦婴入言上，上乃召袁盎入见。晁错在前，及盎请辟人赐间，[9]错去，固恨甚。袁盎具言吴所以反状，以错故，独急斩错以谢吴，[10]吴兵乃可罢。其语具在《吴事》中。[11]使袁盎为太常，[12]窦婴为大将军。[13]两人素相与善。逮吴反，诸陵长者长安中贤大夫争附两人，车随者日数百乘。

　　【注释】〔1〕"吴楚反"，汉景帝前三年(公元前一四五年)，吴、楚、赵、胶东、胶西、济南、淄川等七个诸侯王国发动武装叛乱。三个月内，被汉朝所镇压。〔2〕"丞史"，御史大夫有属吏丞和史。〔3〕"绝"，断绝。这里指断绝吴王刘濞反叛之念。〔4〕"西乡"，向西。"乡"，音 xiàng，通"向"。〔5〕"谋"，指奸谋。〔6〕"犹与"，又作"犹豫"，迟疑不决。〔7〕"窦婴"，西汉大臣，见本书《魏其武安侯列传》。〔8〕"上"，指汉景帝。下同。"对状"，受审时诉述案情。〔9〕"辟人"，屏退别人。"辟"，音 bì。"赐间"，谓赐给闲暇的时间以言事。〔10〕"急"，急速。"谢"，认错；道歉。〔11〕《吴事》，指记载吴王刘濞谋乱始末的汉朝档案文件。〔12〕"太常"，官名。秦汉九卿之一，掌宗庙礼仪，兼掌选试博士。〔13〕"大将军"，官名。始于战国，汉代沿置，为将军的最高称号，职掌统兵征伐。

　　【译文】吴楚叛乱的消息传来，晁错对丞史说："袁盎受了吴王很多金钱，专门替他隐瞒，声言不反。现在果然反叛，要想治袁盎应当了解他的计谋的罪。"丞史说："事情未发生的时候，案治袁盎可能断绝吴楚反叛之念。现在叛兵已经向西而来，案治袁盎还有什么好处？况且袁盎不应有什么奸谋。"晁错犹豫未决。有人传告给袁盎，袁盎害怕，夜里去见窦婴，向他陈说吴反叛的原因，希望到皇帝面前亲口诉述案情。窦婴入宫向皇帝陈述，皇帝便召袁盎入宫面见。晁错在前，等到袁盎请求皇帝安排个别谈话的机会，晁错退去，心里自然非常愤恨。袁盎详细陈述吴王反叛的情况，是因为晁错建议削藩的缘故，只要赶紧杀了晁错以向吴王道歉，吴兵就可罢休。他的话都记载在《吴事》档案文件中。皇帝让袁盎做太常，窦婴做大将军。这两人向来交好。等到吴反，居住在诸陵的长者和长安的贤大夫都争相攀附两人，驾车来随从的每天有数百辆。

　　及晁错已诛，袁盎以太常使吴。吴王欲使将，不肯。欲杀之，使一都尉以五百人围守盎军中。[1]袁盎自其为吴相时，有从史尝盗爱盎侍儿，[2]盎知之，弗泄，遇之如故。人有告从史，言"君知尔与侍者通"，乃亡归。袁盎驱自追之，遂以侍者赐之，复为从史。及袁盎使吴见守，[3]从史适为守盎校尉司马，[4]乃悉以其装赍置二石醇醪，[5]会天寒，士卒饥渴，饮酒醉，西南陬卒皆卧，[6]司马夜引袁盎起，曰："君可以去矣，吴王期旦日斩君。"[7]盎弗信，曰："公何为者？"司马曰："臣故为从史盗君侍儿者。"盎乃惊谢曰：[8]"公幸有亲，[9]吾不足以累公。"司马曰："君弟去，[10]臣亦且亡，辟吾亲，[11]君何患！"及以刀决张，[12]道从醉卒隧直出。[13]司马与分背，[14]袁盎解节毛怀之，[15]杖，[16]步行七八里，明，见梁骑，[17]骑驰去，遂归报。

【注释】〔1〕"都尉"，比将军略低的武官。〔2〕"从史"，侍从官。"侍儿"，婢女。〔3〕"见"，被。〔4〕"校尉司马"，武职名。〔5〕"装赍"，携带的行装。"赍"，音 jī，"置"，购办。"醇醪"，音 chún láo，味厚的美酒。〔6〕"陬"，音 zōu，隅；角落。〔7〕"期旦日"，约定明日。"期"，约定时间。"旦日"，明日。〔8〕"谢"，推辞。〔9〕"亲"，亲人。〔10〕"弟"，通"第"。但；且。〔11〕"辟"，音 bì，通"避"，藏匿。〔12〕"决张"，割裂军幕。"张"，音 zhàng，通"帐"，军幕。〔13〕"道"，通"导"，引导。"隧"，门内当中的道。〔14〕"分背"，分别，背道而行。〔15〕"节毛"，节上所缀牦牛尾饰物，称"节毛"或"节旄"。"怀"，怀藏。〔16〕"杖"，扶杖。〔17〕"梁"，梁王国，汉诸侯王国之一。都于睢阳（在今河南商丘南）。辖境在今河南东部地区及江苏西北部一小部分。"骑"，音 qí，旧读 jì，备有鞍辔的马。

【译文】等到晁错已经杀掉，袁盎以太常的身份出使吴国。吴王想要让他带兵，袁盎不肯。吴王想杀他，派了个都尉带五百人把袁盎围困在军中。袁盎在他做吴国丞相的时候，有个从史曾偷偷地和袁盎的婢女相爱，袁盎知道以后，没有泄露，待他和以往一样。有人传告从史，说"袁盎知道你和他的婢女私通"，从史就逃回去。袁盎亲自骑马去追，还把婢女赐给他，仍然让他做从史。到了袁盎出使吴国而被围困的时候，从史恰好是做围困袁盎的校尉司马，就把他自己全部的行装购办了二石味厚的美

酒，正遇上天气寒冷，士兵又饿又渴，酒喝醉了，西南角的士兵都已躺下。司马夜里引领袁盎动身，说："您可以逃去了，吴王决定明天杀您。"袁盎不相信，问："你是什么人？"司马答："我原是从史，私爱您的婢女那个人。"袁盎这才惊觉，辞谢说："你幸运有了亲人，我不能因此连累你。"司马说："您且离去，我也就逃亡，藏匿我的亲人，您担忧什么！"于是用刀割开军幕，引导着袁盎从醉卧士兵所躺着的路上走出。司马同袁盎分别，背道而行。袁盎把节毛解下来藏在怀中，扶着杖，步行了七八里，天亮的时候，看到了梁国备有鞍辔的马，骑了马奔驰而去，终于回到朝廷来报告情况。

吴楚已破，上更以元王子平陆侯礼为楚王，[1]袁盎为楚相。尝上书有所言，不用。袁盎病免居家，与闾里浮沈，[2]相随行，斗鸡走狗。[3]雒阳剧孟尝过袁盎，[4]盎善待之。安陵富人有谓盎曰："吾闻剧孟博徒，[5]将军何自通之？"盎曰："剧孟虽博徒，然母死，客送葬车千余乘，此亦有过人者。且缓急人所有。[6]夫一旦有急叩门，不以亲为解，[7]不以存亡为辞，[8]天下所望者，独季心、剧孟耳。[9]今公常从数骑，一旦有缓急，宁足恃乎！"[10]骂富人，弗与通。诸公闻之，皆多袁盎。[11]

【注释】〔1〕"楚王"，楚王国为汉诸侯王国之一，都于彭城（在今江苏徐州市）。〔2〕"浮沈"，犹言随波逐流。〔3〕"斗鸡走狗"，游手好闲不务正业者的嬉戏。〔4〕"雒阳"，即洛阳，在今河南洛阳东北。"剧孟"，汉初游侠之一。"过"，过访；探望。〔5〕"博徒"，赌徒。〔6〕"缓急"，困厄；危急。〔7〕"不以亲为解"，谓不以家有亲人为辞而脱身。〔8〕"不以存亡为辞"，谓不以身在与不在为辞而推却。〔9〕"季心"，汉初游侠之一。具见本书《季布栾布列传》。〔10〕"宁"，音 nìng，岂；难道。〔11〕"多"，推重；赞美。

【译文】吴楚已经击垮，皇帝便把元王之子平陆侯刘礼封为楚王，让袁盎做楚国的丞相。袁盎曾上书提出意见，不被采纳。袁盎因病免官居于家中，和乡里的人混在一起，随波逐流，斗鸡走狗。雒阳剧孟曾经探望袁盎，袁盎对他热情接待。安陵有个富人对袁盎说："我听说剧孟是个赌徒，将军为什

么和他打交道?"袁盎说:"剧孟虽然是个赌徒,但他的母亲去世,宾客送葬的车有一千多辆,这说明他有超过别人的地方。况且人生常有危急的事情。一旦有人急难而叩门求助,不以家有亲人为辞而脱身,不以身不在家为辞而推却,天下人所仰望的,只有季心、剧孟。现在你常有几个人骑马跟着,一旦有了危急,难道足以依赖吗?"责骂富人,不和他交往。许多人知道了这件事,都称许袁盎。

袁盎虽家居,景帝时时使人问筹策。梁王欲求为嗣,〔1〕袁盎进说,其后语塞。〔2〕梁王以此怨盎,曾使人刺盎。刺者至关中,问袁盎,诸君誉之皆不容口。〔3〕乃见袁盎曰:"臣受梁王金来刺君,〔4〕君长者,〔5〕不忍刺君。然后刺君者十余曹,〔6〕备之!"袁盎心不乐,家又多怪,乃之棓生所问占。〔7〕还,梁刺客后曹辈果遮刺杀盎安陵郭门外。

【注释】〔1〕"梁王",指梁孝王刘武,汉文帝之子,汉景帝之弟。具见本书《梁孝王世家》。"嗣",后嗣。 〔2〕"语塞",立梁王为嗣之语塞绝。 〔3〕"不容口",赞不绝口之意。 〔4〕"臣",古人表示谦卑的自称。 〔5〕"长者",旧指性情谨厚的人。 〔6〕"曹",辈。用以指人。 〔7〕"棓生",姓棓的术士。"问占",占卜吉凶。

【译文】袁盎虽然居在家中,景帝常常派人来问计策。梁王企图成为景帝的后嗣,袁盎进谏,从此以后立梁王为嗣的话作罢。梁王因此埋怨袁盎,曾经派人行刺袁盎。刺客到了关中,询问袁盎为人,众人对他都赞不绝口。刺客就进见袁盎说:"我接受了梁王的金钱来刺杀您,您是个谨厚的人,不忍心刺您。但以后刺您的人还有十多个,要慎防他们。"袁盎心里很不愉快,家中又发生许多怪事,就到棓生的住处占卜吉凶。回家的时候,后来的梁刺客果然拦住刺杀袁盎于安陵郭门外。

晁错者,颍川人也。〔1〕学申商刑名于轵张恢先所,〔2〕与雒阳宋孟及刘礼同师。以文学为太常掌故。〔3〕

【注释】〔1〕"颍川",郡名。郡治阳翟(在今河南禹县)。辖境相当今河南登封、宝丰以东,尉氏、鄢城以西,密县以南,叶县、舞阳以北之地。 〔2〕

"申商",申不害、商鞅。具见本书《老子韩非列传》、《商君列传》。"刑名",即形名。形,事物的实体;名,事物的名称。形名,是我国古代思想家讨论事物概念、一般与特殊关系常用的术语;是法家循名责实、严明赏罚的治国学说。"轵",县名。治所在今河南济源县东南。"张恢先",即张恢先生。〔3〕"太常掌故",太常的属官。

【译文】晁错,颍川郡人。在轵县张恢先生处学习申不害、商鞅的刑名学说,和雒阳宋孟和刘礼同一个老师。因通晓文学而做了太常掌故。

错为人陗直刻深。〔1〕孝文帝时,天下无治《尚书》者,〔2〕独闻济南伏生故秦博士,〔3〕治《尚书》,年九十余,老不可征,乃诏太常使人往受之。太常遣错受《尚书》伏生所。还,因上便宜事,〔4〕以《书》称说。诏以为太子舍人、门大夫、家令。〔5〕以其辩得幸太子,太子家号曰"智囊"。〔6〕数上书孝文时,言削诸侯事,及法令可更定者。书数十上,孝文不听,然奇其材,迁为中大夫。〔7〕当是时,太子善错计策,袁盎诸大功臣多不好错。

【注释】〔1〕"陗直",严峻刚直。"刻深",严酷,苛刻。 〔2〕"治",研究。《尚书》,书名。也称《书》、《书经》。我国最早的历史文献汇编。有《今文尚书》和《古文尚书》之分。 〔3〕"济南",郡名。治所东平陵(在今山东章丘西)。辖境相当今山东省济南市、章丘、济阳、邹平等县地。"伏生",即伏胜,字子贱,济南人。秦博士。秦始皇下令焚书时,他将《尚书》藏于屋壁中,汉初,在齐、鲁地区传授《尚书》,是西汉《今文尚书》最早的传授者。事具《史记》、《汉书》的《儒林传》。"博士",古代学官名。秦及汉初,博士所掌为通古今史事待问及书籍典守。自汉武帝设五经博士置弟子员之后,博士专掌经学传授。 〔4〕"便宜事",有利于国家之事。 〔5〕"太子舍人、门大夫、家令",都是太子的属官。 〔6〕"智囊",指足智多谋的人。 〔7〕"中大夫",官名。郎中令的属官。

【译文】晁错为人严峻刚直,酷烈苛刻。孝文帝的时候,天下没有研究《尚书》的人,只听说济南郡的伏胜原是秦朝的博士,研究过《尚书》,年龄已九十多岁,因为年老不能征召,就诏令派人去向他学习。太常派遣晁错到伏胜那里学习《尚书》。学了回来，就上书陈述有利于国家的事，以《尚书》论证。皇帝下诏先后任命他做太子舍人、门大夫、家令。因他善于论辩，得到太子宠幸，太子家号称他是"智囊"。在孝文帝时多次上书，论述削弱诸侯的事情，以及法令可以改定的地方。上了几十次书，孝文帝虽然没有听取他的建议，但称赞他的才能，提升他做中大夫。当时，太子称许晁错的计策，而袁盎等各个大功臣多不喜欢晁错。

景帝即位，以错为内史。[1]错常数请间言事，辄听，宠幸倾九卿，[2]法令多所更定。丞相申屠嘉心弗便，力未有以伤。内史府居太上庙墙中，[3]门东出，不便，错乃穿两门南出，凿庙壖垣。[4]丞相嘉闻，大怒，欲因此过为奏请诛错。错闻之，即夜请间，具为上言之。丞相奏事，因言错擅凿庙垣为门，请下廷尉诛。上曰："此非庙垣，乃壖中垣，不致于法。"丞相谢。罢朝，怒谓长史曰：[5]"吾当先斩以闻，乃先请，为儿所卖，[6]固误。"丞相遂发病死。错以此愈贵。

【注释】[1]"内史"，官名。掌治京师。 [2]"九卿"，汉代称太常、光禄勋、大鸿胪、大司农、卫尉、太仆、廷尉、少府、宗正为九卿。 [3]"庙壖"，庙垣外的隙地。"壖"，音 ruán。 [4]"壖垣"，壖以外的围墙。 [5]"长史"，官名。汉代丞相、太尉、御史大夫的属官都有长史，辅佐长官。 [6]"儿"，小子。对人的贱称。

【译文】景帝登位，任命晁错为内史，晁错经常请求皇帝个别听取他的进言，皇帝总是听取，宠幸晁错胜过九卿，法令多所改定。丞相申屠嘉心里不满，却无力加以伤害。内史府处于太上庙内墙外的隙地上，门在东边，出入不大方便，晁错就在太上庙南面的外墙上开了两个门，由南面出入。丞相申屠嘉知道后，非常愤怒，想以这个过错写成奏疏，请求诛杀晁错。晁错听到风声，当夜请求皇帝单独召见，详细地说明情况。丞相奏上这事，陈述晁错擅自凿开庙墙为门，请求交给廷尉杀掉。皇帝说："这不是庙垣，而是外墙，不算犯法。"丞相谢罪。退朝后愤怒地对长史说："我本当先斩后奏，却先奏请，被这小子出卖，实在错误。"丞相立即发病而死。晁错因此更加显贵。

迁为御史大夫，请诸侯之罪过，削其地，[1]收其枝郡。[2]奏上，上令公卿列侯宗室集议，莫敢难，独窦婴争之，由此与错有郄。[3]错所更令三十章，诸侯皆喧哗疾晁错。错父闻之，从颍川来，谓错曰："上初即位，公为政用事，侵削诸侯，别疏人骨肉，[4]人口议多怨公者，何也？"晁错曰："固也。[5]不如此，天子不尊，宗庙不安。"[6]错父曰："刘氏安矣，而晁氏危矣，吾去公归矣！"遂饮药死，曰："吾不忍见祸及吾身。"死十余日，吴楚七国果反，以诛错为名。及窦婴、袁盎进说，上令晁错衣朝衣斩东市。[7]

【注释】[1]"削"，削减。 [2]"收"，没收。"枝郡"，诸侯国的边郡。 [3]"郄"，音 xì，通"隙"，间隙。 [4]"骨肉"，喻至亲。当时的诸侯王都是刘姓。 [5]"固"，本来；诚然。 [6]"宗庙"，帝王祭祀祖先的处所。封建时代也以宗庙作为王室、国家的代称。 [7]"衣朝衣"，穿上朝服。前一个"衣"，音 yì，穿。"东市"，汉代在长安东市处决判死刑的人，后因以东市指刑场。

【译文】晁错升任为御史大夫，请求根据诸侯王的罪过，削弱他们的封地，收回他们的枝郡。奏上之后，皇帝命令公卿、列侯、宗室集合议论，谁也不敢反对，只有窦婴争议，因此同晁错有了矛盾。晁错所改定的法令有三十章，诸侯皆喧哗疾恨晁错。晁错的父亲听到了消息，从颍川赶来，对晁错说："皇帝刚刚即位，你当政办事，侵削诸侯势力，疏远人家骨肉，人们纷纷议论而多埋怨你，为什么呢？"晁错说："本当这样。不这样，皇帝不被尊贵，国家不得安宁。"晁错的父亲说："这个样子，刘家的天下安定了，而晁家就危险了，我离开你回去了！"随即饮药自杀，临死时说："我不忍看着大祸临头。"死了十多天，吴楚七国果然以诛晁错为名举兵反叛。等到窦婴和袁盎进宫，皇帝就命令将晁错穿着朝服斩于东市。

晁错已死，谒者仆射邓公为校尉，[1]击吴楚军为将。还，上书言军事，谒见上。上问曰："道军所来，[2]闻晁错死，吴楚罢不？"[3]邓公曰："吴王为反数十年矣，发怒削地，以诛错为名，其意非在错也。且臣恐天下之士噤口,〔4〕不敢复言也!"上曰:"何哉?"邓公曰:"夫晁错患诸侯强大不可制,故请削地以尊京师,〔5〕万世之利也。计画始行,〔6〕卒受大戮,内杜忠臣之口,外为诸侯报仇,臣窃为陛下不取也。"于是景帝默然良久,曰:"公言善,吾亦恨之。"乃拜邓公为城阳中尉。〔7〕

【注释】〔1〕"谒者仆射",官名,汉代掌管朝会、接待宾客和传达事务的官员。是郎中令的属官。"校尉",职位低于将军的武官。〔2〕"道",由;从。〔3〕"罢",指罢兵。"不",同"否"。〔4〕"噤口",闭口不言。"噤",音 jìn,闭。〔5〕"京师",国都,也指皇朝中央。〔6〕"计画",谋划。〔7〕"城阳",城阳王国,汉诸侯王国之一。西汉初置郡,文帝二年(公元前一七八年)改为国。国都在今山东莒县。辖境相当今山东莒县、沂南和蒙阴县东部之地。"城阳中尉",城阳国掌握军事的武官。

【译文】晁错已死,谒者仆射邓公做了校尉,讨伐吴楚军时任将军。回朝来,上书报告军事情况,进见皇帝。皇帝问:"你从军事前线回来,听到晁错已死的消息,吴楚罢兵了没有?"邓公说:"吴王谋反已几十年了,因被削封地而恼怒,以诛晁错为名,他的本意并不在晁错。况且我担心天下的人都将闭口不言,不敢再进言了!"皇帝问:"为什么呢?"邓公答:"晁错担忧诸侯强大不能控制,所以建议削弱诸侯的封地,以尊崇京师,这是万世的利益。计划刚刚实行,竟然遭受斩杀,对内杜塞了忠臣之口,对外替诸侯报了仇,我以为陛下不该这样。"景帝默然了好久,说:"你说的对,我也为这事悔恨。"就任命邓公做城阳中尉。

邓公,成固人也,〔1〕多奇计。建元中,〔2〕上招贤良,〔3〕公卿言邓公,时邓公免,起家为九卿。一年,复谢病免归。〔4〕其子章以修黄老言显于诸公间。

【注释】〔1〕"成固",汉县名,治所在今陕西城固。〔2〕"建元",汉武帝年号之一,自公元前一四〇年至前一三五年。〔3〕"贤良",是"贤良文学"的简称。汉代选拔官吏的科目之一。〔4〕"谢病",托病引退。

【译文】邓公,成固人,有许多奇计妙策。建元年间,皇帝招纳贤良之士,公卿推许邓公,当时邓公免了官,从家中起用他为九卿。过了一年,又托病免官回家。他的儿子章因为研究黄老之学在诸公之间很有名望。

太史公曰:袁盎虽不好学,亦善傅会,〔1〕仁心为质,引义忼慨。遭孝文初立,资适逢世。〔2〕时以变易,〔3〕及吴楚一说,说虽行哉,然复不遂。好声矜贤,竟以名败。晁错为家令时,数言事不用;后擅权,多所变更。诸侯发难,不急匡救,欲报私仇,反以亡躯。语曰"变古乱常,不死则亡",〔4〕岂错等谓邪!

【注释】〔1〕"傅会",同"附会"。〔2〕"资",天赋;才能。〔3〕"变易",变动。这里指文帝死、景帝立之变。〔4〕"语",谚语,俗语。

【译文】太史公说:袁盎虽然不好学,但却善于附会,内心仁慈,引义慷慨,遇到孝文帝开始即位,恰好有了施展才能的时机。时局变化不常,等到吴楚叛乱时提出诛杀晁错一说,建议虽然实行,然而他自己后来也不被任用。好声名,矜贤能,竟以声名而败亡。晁错做太子家令的时候,屡次进言奏事不被采用;后来掌握大权,进行不少变革。诸侯发动叛乱的时候,不赶紧挽救国家的危局,却企图报个人的私仇,反而送了性命。俗话说:"改变古法,扰乱常理,不是断命也要垮台。"也许是指晁错这种人说的吧!

史记卷一百零二

张释之冯唐列传第四十二

张廷尉释之者,[1]堵阳人也,[2]字季。有兄仲同居。以訾为骑郎,[3]事孝文帝,[4]十岁不得调,[5]无所知名。释之曰:"久宦减仲之产,[6]不遂。"[7]欲自免归。中郎将袁盎知其贤,[8]惜其去,[9]乃请徙释之补谒者。[10]释之既朝毕,因前言便宜事。[11]文帝曰:"卑之,毋甚高论,[12]令今可施行也。"于是释之言秦汉之间事,秦所以失而汉所以兴者久之。文帝称善,乃拜释之为谒者仆射。[13]

【注释】〔1〕"廷尉",官名,汉代为九卿之一,中央掌刑狱的行政长官。〔2〕"堵阳",汉县名,治所在今河南方城东。〔3〕"以訾为骑郎","訾"同"赀",即资产。"骑郎",郎中令属官,掌守卫宫殿门户,皇帝征巡,则充侍骑卫队。汉制,家中有相当资产,才可选为郎官。因郎官为皇帝左右的近侍,故往往是升为显官的侍奉。〔4〕"事",即侍奉。〔5〕"调",升迁。〔6〕"久宦减仲之产",汉代为郎官者,都出自资产殷实之家。因郎官须自己出资为衣具之费,故云"减产"。〔7〕"不遂",官位不达,未能如愿。〔8〕"中郎将",郎中令属官。中郎署有五官、左、右三将,为中郎之长。"袁盎",又作"爰盎"。其事迹见本书《袁盎晁错列传》。〔9〕"惜",舍不得。〔10〕"徙",调迁。"谒者",郎中令属官,掌送迎宾客、传达事务。〔11〕"便宜事",指有关国计民生当兴革的事项。〔12〕"卑之,无甚高论",文帝让张释之讲些当时切实的事情,不要空发高古的议论。〔13〕"谒者仆射",郎中令属官,为谒者之长。"射",音yì。

【译文】廷尉张释之是堵阳县人,字季。他有个哥哥名字叫仲,兄弟没有分居。因他家境殷实,被选为骑郎,在孝文帝身边任事。当了十几年骑郎,没有被提拔,也没有出名。张释之便对他的上司说:"做了这么多年骑郎,损耗了哥哥的家产,也没有做到显官。"于是他打算辞职回家。他的上司中郎将袁盎知道他有才干,舍不得让他离去,便请求上司,调他为谒者。张释之一次朝见皇帝,礼毕,上前陈说有关国家兴利除弊的事项。文帝对他说:"你讲些眼下切近的事,别空发那些高古的议论,使现在即可付诸施行。"于是张释之便列举了秦汉之间的史事,分析了秦何以失掉天下、汉如何能得到天下的原因,讲了很长时间。文帝称赞他讲得好,就提拔他做谒者仆射。

释之从行,登虎圈。[1]上问上林尉诸禽兽簿,[2]十余问,[3]尉左右视,尽不能对。虎圈啬夫从旁代尉对上所问禽兽簿甚悉,[4]欲以观其能口对响应无穷者。[5]文帝曰:"吏不当若是邪?尉无赖!"[6]乃诏释之拜啬夫为上林令。[7]释之久之前曰:"陛下以绛侯周勃何如人也?"[8]上曰:"长者也。"[9]又复问:"东阳侯张相如何如人也?"[10]上复曰:"长者。"释之曰:"夫绛侯、东阳侯称为长者,此两人言事曾不能出口,[11]岂敩此啬夫谍谍利口捷给哉![12]且秦以任刀笔之吏,[13]吏争以亟疾苛察相高,[14]然其敝徒文具耳,[15]无恻隐之实。[16]以故不闻其过,陵迟而至于二世,[17]天下土崩。[18]今陛下以啬夫口辩而超迁之,[19]臣恐天下随风靡靡,[20]争为口辩而无其实。且下之化上疾于景响,[21]举错不可不审也。"[22]文帝曰:"善。"乃止不拜啬夫。

【注释】〔1〕"虎圈",饲养虎的地方。"圈",音

juàn。〔2〕"上林尉","上林"为苑名,饲养动物的场所,专供皇帝狩猎。其地在今陕西长安、盩厔、鄠县一带,周围三百余里。上林尉是苑中的官员。当时上林苑管理官员有令一人,丞八人,尉十二人。此时上林苑属少府管辖。"诸禽兽簿",指各种登记在册的禽兽数目。〔3〕"十余问",一连问了十几个人(尉)。〔4〕"虎圈啬夫",管理虎圈的小吏。〔5〕"观",显示、给人看。"响应",回声相应。此处形容啬夫回答问题的敏捷。〔6〕"无赖",没有才能可依仗。〔7〕"拜",授官。"上林令",主管上林苑的长官。〔8〕"周勃",沛(今江苏沛县)人。初以织苇薄为业,后随刘邦起义。在刘邦夺取政权的斗争中,以及平定异姓王的斗争中,屡建战功,被封为绛侯。在诛除诸吕、迎立文帝的事件中,曾起关键作用。先后任太尉、右丞相等职。文帝前元十一年(公元前一六九年)卒。周勃为人,厚重少文,不善言词。详见本书《绛侯周勃世家》。〔9〕"长者",德高望重的长者。〔10〕"张相如",汉六年任中大夫。又以河间郡守参与平定陈豨,被封为东阳侯。文帝时曾任太子太傅。〔11〕"曾",乃。"曾不能出口",乃至讲不出话来。亟言周勃、张相如无口辩。〔12〕"敩",音 xiào。效法。"谍谍",与"喋喋"同,多言的样子。"谍",音 dié。"利口捷给",口齿伶俐,反应快。〔13〕"刀笔之吏",古代记事,写在竹简或木牍上,有所改易,则用刀刮去,因而称从事文书工作的人为"刀笔吏"。此称往往有贬义,指出入人罪,舞文弄法。〔14〕"亟疾",紧张快速。"苛察",以苛刻琐细来显示精明。〔15〕"徒文具耳",只不过是空调的文词罢了。〔16〕"侧隐",体恤同情。〔17〕"陵迟",通"陵夷"。指每况愈下,一天天败坏下去。"二世",即秦二世胡亥。〔18〕"土崩",土崩瓦解。〔19〕"超迁",越级提拔。〔20〕"随风靡靡",即随风而倒。指天下人都来效法。〔21〕"下之化上",犹言下之化于上,指下层受上层风气的染化。"景响",指影子与本体、声源与回声,形容反应之快。"景"即"影"的本字。〔22〕"举错",也作"举措",行动措施。

【译文】有一次张释之随从文帝到上林苑,登上虎圈,文帝问上林尉苑中登记在册的禽兽种类和数目,一连问了十几个问题,都左顾右盼,答不上来。这时,管理虎圈的啬夫乘机代替上林尉回答皇帝所问的问题,回答得十分详尽,他想借此机会在皇帝面前显示他对答如流、百问不殆的才能。文帝说:"做为小吏,不应当像他那样吗?那些上林尉没有本事!"于是文帝便命令张释之把那个啬夫提升

为上林令。过了好大一会儿,张释之上前问道:"陛下您以为绛侯周勃是什么样的人?"文帝回答说:"是忠厚的长者。"张释之又问:"东阳侯张相如是什么样的人呢?"文帝回答说:"也是忠厚的长者。"张释之说:"周勃、张相如被陛下称为忠厚的长者,但这两人在奏事时甚至讲不出话来,哪里像这啬夫喋喋不休能说会道呢?秦朝信任舞文弄法的文吏,那么文吏便互相以办事迅疾、稽察苛刻来争胜,它的流弊是徒然具备空洞的文辞,毫无体恤民情的实际措施。所以朝廷听不到它的行政过失。这样一天天败坏下去,到了秦二世,天下便土崩瓦解了。现在陛下您因这个啬夫能说会道而越级提拔他,我担心天下人都会随风而倒,争着效法伶口利齿而不务实。再说,下面的风气受朝廷的影响像回声那样快,所以陛下的举动不可不谨慎啊!"文帝听了后,说道:"你讲得好。"就不再提拔那个啬夫。

　　上就车,召释之参乘,〔1〕徐行,问释之秦之敝。具以质言。〔2〕至宫,上拜释之为公车令。〔3〕

【注释】〔1〕"参乘",陪乘。文帝让张释之与他同车而行。〔2〕"质",实。〔3〕"公车令",即公车司马令。卫尉属官,掌警卫司马门和宫中夜间巡逻,以及传递臣民上书、执行朝廷的征召等事务。

【译文】这时文帝上车回宫,招呼张释之和他同车而行。车子慢慢地行驶,文帝向张释之询问秦朝的弊政,张释之便原原本本地把实际情况告诉文帝。文帝回到宫中,便下令提拔张释之为公车司马令。

　　顷之,太子与梁王共车入朝,〔1〕不下司马门,〔2〕于是释之追止太子、梁王无得入殿门。〔3〕遂劾不下公门不敬,〔4〕奏之。薄太后闻之,〔5〕文帝免冠谢曰:〔6〕"教儿子不谨。"薄太后乃使使承诏赦太子、梁王,〔7〕然后得入。文帝由是奇释之,拜为中大夫。〔8〕

【注释】〔1〕"太子",指文帝的长子刘启,后即位,为景帝。"梁王",名刘武,文帝的次子。先封为代王,后徙为淮南王、梁王。其事详见本书《梁孝王世家》。〔2〕"司马门",皇宫的外门,因宫内四面皆有司马官员守卫,故称司马门。当时禁令规

定,凡出入司马门的官员,都要下车步行。〔3〕"无得",不得。〔4〕"劾",音 hé。揭发罪状。"公门",即宫殿门。"不敬",不敬重朝廷的罪名。〔5〕"薄太后",文帝刘恒的生母,吴(今江苏苏州)人。楚汉之际,入魏王豹后宫,豹被汉所虏,汉王刘邦将其纳入后宫,生文帝刘恒。景帝前元二年(公元前一五五年)卒。详见本书《外戚世家》。〔6〕"免冠",脱帽,表示谢罪。〔7〕"使使",上"使"字为动词,派遣;下"使"字为名词,使者。"承诏",秉承太后的旨意。〔8〕"中大夫",郎中令属官,掌议论、备顾问,无一定职守,是皇帝左右备咨询的高级官员。

【译文】过了不久,文帝的太子刘启和梁王刘武兄弟俩同车入朝,经过司马门不下车,张释之便追上前去,阻止太子和梁王,不让他们入殿门,并把他们过公门不下车不敬重朝廷的过失向朝廷参奏。文帝的母亲薄太后听到以后,文帝便脱帽向太后谢罪说:"怪我教训儿子不严。"薄太后便派人秉承她的旨意赦免了太子和梁王,然后二人才进入殿门。文帝因此很器重张释之,便提拔他为中大夫。

顷之,至中郎将。从行至霸陵,〔1〕居北临厕。〔2〕是时慎夫人从,〔3〕上指示慎夫人新丰道,〔4〕曰:"此走邯郸道也。"〔5〕使慎夫人鼓瑟,〔6〕上自倚瑟而歌,〔7〕意惨凄悲怀,顾谓群臣曰:"嗟乎!以北山石为椁,〔8〕用纻絮斮陈,〔9〕蕠漆其间,〔10〕岂可动哉!"左右皆曰:"善。"释之前进曰:"使其中有可欲者,〔11〕虽锢南山犹有郄;〔12〕使其中无可欲者,虽无石椁,又何戚焉!"〔13〕文帝称善。其后拜释之为廷尉。

【注释】〔1〕"霸陵",原为芷阳县,因汉文帝建陵墓于此,改名为霸陵县。治所在今陕西西安市东北。〔2〕"居北临厕","厕"同"侧"。此言汉文帝登上霸陵北面,面临陵厓。〔3〕"慎夫人",文帝的宠姬,姓慎,邯郸人。〔4〕"指示",指给慎夫人看。"新丰道",去新丰的大道。新丰,汉县名,治所在今陕西临潼东北。〔5〕"走",去。〔6〕"鼓",动词,弹奏。"瑟",一种多弦的弹奏乐器。〔7〕"依瑟而歌",按着瑟弹奏的曲调节拍吟唱。〔8〕"北山",北面的山。"椁",音 guǒ。古代棺木有两重,外曰椁,内曰棺。〔9〕"纻丝",纻麻和丝絮。"斮陈",

填布。指把纻絮均匀填在外椁缝隙之间。"斮",音 zhuó。〔10〕"蕠",音 rú。黏著。自"纻絮"至"其间",意为:用纻麻和丝絮均匀填在外椁缝隙之间,再用漆浇灌,则坚固如石。这种工艺,在古代建筑中常用。如后世宫殿的梁柱,先用麻缠绕,再涂以漆,既坚固防水,且很美观。〔11〕"其中有可欲者",指棺中随葬的贵重物品。〔12〕"锢",熔铸禁锢。〔13〕"戚",担忧。

【译文】过了不久,张释之又升为中郎将。他随从文帝巡行,来到霸陵,登上陵墓的北侧。这时慎夫人也在文帝身边,文帝指着去新丰的大道,对慎夫人说:"那是通往邯郸的大道。"文帝让慎夫人弹瑟,自己按着瑟弹的调子歌唱,词意凄凄惨惨,歌声唱出满怀悲恸。文帝回头对群臣说:"好啊!用北山的石头做成外椁,再用纻麻丝絮填塞石椁的缝隙,然后用漆浇灌,哪能凿得开呢!"左右群臣都逢迎说:"那是坚固极了。"张释之却上前说道:"如果棺椁里面有引起人们欲望的贵重器物,即使是熔铸在南山之下,仍然有缝可钻;如果里面没有这些东西,即使没有石椁,也不必担忧。"文帝很欣赏张释之这番话。以后又提升张释之为廷尉。

顷之,上行出中渭桥,〔1〕有一人从桥下走出,〔2〕乘舆马惊。〔3〕于是使骑捕,属之廷尉。〔4〕释之治问。曰:"县人来,〔5〕闻跸,〔6〕匿桥下。久之,以为行已过,即出,见乘舆车骑,即走耳。"廷尉奏当,〔7〕一人犯跸,〔8〕当罚金。〔9〕文帝怒曰:"此人亲惊吾马,吾马赖柔和,〔10〕令他马,固不败伤我乎?〔11〕而廷尉乃当之罚金!"释之曰:"法者天子所与天下公共也。〔12〕今法如此而更重之,是法不信于民也。且方其时,上使立诛之则已。〔13〕今既下廷尉,〔14〕廷尉,天下之平也,〔15〕一倾而天下用法皆为轻重,民安所措其手足?唯陛下察之。"良久,上曰:"廷尉当是也。"

【注释】〔1〕"中渭桥",渭水上的桥梁。据旧注称:当时在长安城附近渭水上有三座桥,一在城西北咸阳路,曰西渭桥;一在城东北高陵道,曰东渭桥;中渭桥在长安城北。〔2〕"走出",疾跑而出。〔3〕"乘舆",皇帝所乘的车子。〔4〕"属之廷尉",交付廷尉处治。〔5〕"县人",《汉纪》作"远县人",义长。〔6〕"跸",古代皇帝出行,仪从呵令行人迴避,以清道路。〔7〕"奏当",呈上判决意见。"当",判决,古代法律用语。〔8〕"犯跸",干犯了警跸。〔9〕"当罚金",应给予罚金的处治。清人王念孙曰:"一人犯跸,罚金四两,《汉律》文也。二人以上,罚当加等。"见《史记会注考证》。〔10〕"赖",幸亏、亏得。〔11〕"固",乃。〔12〕"法者天子所与天下公共也",意谓:法律是天子和天下人共同遵守的准则。〔13〕"立诛之",当时立即杀掉。〔14〕"下廷尉",交付廷尉处理。〔15〕"天下之平也",指廷尉是天下用法的标准。

【译文】又过了不久,文帝出行,经过中渭桥,有一人突然从桥下跑出来,文帝所坐的车马受到惊吓。于是文帝派随行骑士把那人逮捕,交给廷尉处治。张释之经过审问,回奏说:"他是下县里来的人,到了中渭桥,听到行人回避的吆喝声,便躲避在桥下。过了好大一会儿,以为皇帝已经过去,就从桥下出来,看到皇帝的车马,所以才惊跑。"廷尉的判决是,此人违犯了警戒令,应该罚款。文帝听了,十分愤怒,说道:"这个人亲身惊吓了我的马,幸亏我这马性情温和,若换上别的马,那不就伤害了我吗?可廷尉的判决,仅仅是罚几个钱了事!"张释之说:"法律之所以称为法律,要求天子和老百姓共同遵守。此案按照法律应该这样判决,若加重处罚,法律在老百姓心目中就失去信用了。如果皇上当时立即把他杀掉,也就算了。现在既然已交廷尉审理,而廷尉是天下执法的标准,一有偏向,天下执法官吏就会随之任意轻重,老百姓的手脚还往哪里放呢?希望陛下慎重考虑。"过了好大一会儿,文帝才说:"廷尉的判决是对的。"

其后有人盗高庙坐前玉环,〔1〕捕得,文帝怒,下廷尉治。释之案律盗宗庙服御物者为奏,奏当弃市。〔2〕上大怒曰:"人之无道,〔3〕乃盗先帝庙器,吾属廷尉者,欲致之族,〔4〕而君以法奏之,〔5〕非吾所以共承宗庙意也。"〔6〕释之免冠顿首谢曰:〔7〕法如是足也。〔8〕且罪等,〔9〕然以逆顺为差。〔10〕今盗宗庙器而族之,有如万分之一,〔11〕假令愚民取长陵一抔土,〔12〕陛下何以加其法乎?"久之,文帝与太后言之,乃许廷尉当。是时,中尉条侯周亚夫与梁相山都侯王恬开见释之持议平,〔13〕乃结为亲友。张廷尉由此天下称之。

【注释】〔1〕"高庙",祭祀高祖刘邦的宗庙。"玉环",神主座前供奉的玉器。〔2〕"弃市",古代在闹市处决犯人,以示当众弃之,并用以儆众。〔3〕"无道",无法无天。〔4〕"族",即夷灭三族的酷刑。〔5〕"以法奏之",按照法律判决上奏。〔6〕"共",读为恭。〔7〕"顿首",以首叩地而拜。〔8〕"法如是足矣",按照法律,这样判是最重的了。〔9〕"且",即使。"罪等",罪名相同。〔10〕"然以逆顺为差",仍然要看犯罪情节的轻重来分别等次。"逆顺",属偏正结构,指叛逆的程度。〔11〕"有如"、"万分之一",与下文之"假令",均为假设之词。几个假设词并列,强调张释之说此语时的嗫嚅不便直言的神态。〔12〕"取长陵一抔土",长陵为汉高帝刘邦的陵墓。"一抔",即一捧,双掌取物为捧。"抔",音 póu。此句是盗发陵墓的一种委婉说法。〔13〕"中尉",武官名,掌京师的治安,并主北军(守卫京师的军队)。武帝时改中卫为执金吾。"周亚夫",绛侯周勃之子。初为河内太守,文帝封他为条侯,以续周勃的爵位。曾以将军御匈奴,后任中尉、太尉,参与平定吴楚七国之乱。最后位至丞相。后被景帝疏远,免相。景帝后元年(公元前一四三年)下狱死。详见本书《绛侯周勃世家》。"王恬开",原名王恬启,避景帝讳改。他以梁相击陈豨有功,被封为山都侯。"山都",汉县名,治所在今湖北襄阳西北。

【译文】这件事以后,有人盗窃了高祖宗庙里神主前面供设的玉环,抓到了盗窃犯,文帝非常愤怒,交给廷尉处治。廷尉按照法律规定,以盗窃宗庙服用器物的罪名上奏,判决是当众斩首。文帝大为恼火:"这个人这样无法无天,竟敢盗窃先帝宗庙里的器物。我之所以交给廷尉处治,是想判他灭族之罪,而你却搬出法律条文判罪上奏,违反了我恭敬地奉事先帝宗庙的本意。"张释之脱帽下跪谢罪说:"按照法律,这样判是最重的了。况且罪名相同,还要视犯罪的情节分别轻重。该犯因盗窃宗庙的器物而判他灭族之罪,假如有人取了高祖陵墓上一捧土(偷坟掘墓),陛下您该判他什么罪呢?"过了好长时间,文帝向薄太后禀报了以上情况,才批准廷尉的判决。这时,任中尉官的条侯周亚夫和梁国相山都侯王恬开看到张释之办案平允妥当,便和他结为亲友。因此,天下人都称赞张廷尉。

后文帝崩,〔1〕景帝立,释之恐,〔2〕称病。〔3〕欲免去,惧大诛至;〔4〕欲见谢,则未知

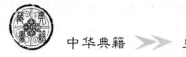

何如。用王生计，卒见谢，景帝不过也。

【注释】〔1〕"崩"，古代帝后逝世称为崩。〔2〕"释之恐"，因张释之曾劾奏太子（景帝）和梁王刘武进司马门不下车，太子继位为帝，张释之恐遭报复。〔3〕"称病"，推说生病。〔4〕"惧大诛至"，恐招来杀身之祸。

【译文】后来文帝逝世，景帝继位为皇帝，张释之惶惶不安（因曾劾奏景帝过司马门不下车），便推说生病不上朝。他想辞职回家，又怕反而因此招致杀身之祸；想当面向景帝谢罪，又不知落个什么结局。后来采纳了王生的建议，终于决定去向景帝谢罪，景帝并没有责备他。

王生者，善为黄老言，〔1〕处士也。〔2〕尝召居廷中，三公九卿尽会立，〔3〕王生老人，曰："吾袜解。"〔4〕顾谓张廷尉："为我结袜！"释之跪而结之。既已，人或谓王生曰："独奈何廷辱张廷尉，使跪结袜？"王生曰："吾老且贱，自度终无益于张廷尉。〔5〕张廷尉方今天下名臣，吾故聊辱廷尉，〔6〕使跪结袜，欲以重之。"诸公闻之，贤王生而重张廷尉。

【注释】〔1〕"黄老言"，指黄帝、老子的学说。〔2〕"处士"，指有学问而未出仕做官的人。〔3〕"三公九卿尽会立"，"三公"，指丞相、太尉、御史大夫。"九卿"，指奉常、郎中令、卫尉、太仆、廷尉、典客、宗正、治粟内史、少府。汉初，朝廷崇尚黄老之学，故而三公九卿都站立，却让善黄老之言的王生居中而坐。〔4〕"袜解"，袜带松了。〔5〕"自度"，自己估量。"度"，音duó。〔6〕"聊"，姑且。

【译文】王生这个人，擅长黄帝、老子的学说，但没有做官。朝廷曾把他请来，让他坐在廷殿中央，三公九卿都站在两旁。王生年岁大了，行动不便，他口中念叨着说："我的袜带松了。"回头对张释之说："替我系紧袜带！"张释之便跪下给他系。系好以后，有人对王生说："你干嘛在大庭广众之中侮辱张廷尉，让他跪下给你系袜带？"王生回答说："我年岁大了，而且地位低下，我自料没有什么可以帮助张廷尉的地方；张廷尉是当今的名臣，所以我姑且当众困辱他，让他跪下给我系袜带，是想用这种方式来让他获得尊老下贤的名声。"众公卿听了，都

称颂王生的贤德并更加敬重张廷尉。

张廷尉事景帝岁余，为淮南王相，〔1〕犹尚以前过也。久之，释之卒。其子曰张挚，字长公，官至大夫，〔2〕免。以不能取容当世，〔3〕故终身不仕。

【注释】〔1〕"淮南王"，此时淮南王为刘安。武帝元狩元年（公元年一二二年）谋反自杀。"相"，汉代各王国均设相，或称丞相，由朝廷派任。张释之由廷尉迁为淮南王相，从地位上说，实系贬降。〔2〕"大夫"，郎中令属官，掌议论、备顾问，无固定职守，是皇帝左右的高级侍从官员。〔3〕"取容"，委屈己意以求容纳。"当世"，当代，此指当时的权贵。

【译文】张廷尉在景帝继位后任事一年多时间，景帝把他降调为淮南王相，仍然是因他以前曾劾奏景帝那回事儿。过了很久，张释之逝世。他的儿子名叫张挚，字长公，做到大夫的官职，后被罢免。因他不肯屈己意讨好权贵，所以终身不再出来做官。

冯唐者，其大父赵人。〔1〕父徙代。〔2〕汉兴徙安陵。〔3〕唐以孝著，为中郎署长，〔4〕事文帝。文帝辇过，〔5〕问唐曰："父老何自为郎？〔6〕家安在？"唐具以实对。文帝曰："吾居代时，〔7〕吾尚食监高祛数为我言赵将李齐之贤，〔8〕战于钜鹿下。〔9〕今吾每饭，意未尝不在钜鹿也。父知之乎？"唐对曰："尚不如廉颇、李牧之为将也。"〔10〕上曰："何以？"唐曰："臣大父在赵时，为官率将，〔11〕善李牧。臣父故为代相，善赵将李齐，知其为人也。"上既闻廉颇、李牧为人，良说，而搏髀曰：〔12〕"嗟乎！吾独不得廉颇、李牧时为吾将，〔13〕吾岂忧匈奴哉！"〔14〕唐曰："主臣！〔15〕陛下虽得廉颇、李牧，弗能用也。"上怒，起入禁中。〔16〕良久，召唐让曰：〔17〕"公奈何众辱我，独无间处乎？"〔18〕唐谢曰："鄙人不知忌讳。"〔19〕

【注释】〔1〕"大父"，祖父。"赵人"，冯唐的祖籍当在今河北柏乡、赵县一带。《元和郡县图志》称："冯唐墓，在柏乡县北二十八里，赵人也。"〔2〕

"代",秦郡名,治所在代县(今河北蔚县东北)。辖境约当今河北怀安、蔚县以西,山西阳高、浑源以东和长城外东洋河流域。〔3〕"安陵",汉县名,治所在今陕西咸阳东北。〔4〕"中郎署长",郎中令属官,郎中令下设中郎署。〔5〕"辇",音niǎn。皇帝所乘的车子,用人力推挽。〔6〕"父老",对老年人的通称。"何自为郎",通过何种途径被选为郎官。〔7〕"吾居代时",文帝刘恒于高帝十一年(公元前一九六年)被封为代王,高后八年(公元前一八〇年)继位为皇帝。〔8〕"尚食监",侍奉王后膳食的官员。"祛",音qū。"数",音shuò。多次、屡次。"赵将李齐",以时间考之,李齐当是赵王歇的部将。〔9〕"战于钜鹿下",当指秦二世二年至三年(公元前二〇八年至前二〇七年)秦将王离围赵王歇、张耳于钜鹿之役。〔10〕"廉颇、李牧",二人皆战国时赵国名将。其事迹见本书《廉颇蔺相如列传》。〔11〕"官率将",百夫之长。〔12〕"搏髀",拍着大腿。大腿的外侧称为髀。〔13〕"时",清人王念孙说读为"而"。〔14〕"吾岂忧匈奴哉",汉代的外部威胁,主要来自北面的匈奴,而李牧是抵抗匈奴的名将,故而汉文帝出此慨叹。〔15〕"主臣",恐慌之词,犹言"死罪"。盖为当时的熟语。〔16〕"禁中",即宫中,帝王居住之所,出入有禁,故称禁中。〔17〕"让",责备。〔18〕"间处",僻静无人之所。"间",音jiàn。〔19〕"鄙人",鄙陋之人,自谦之词。"忌讳",有所避忌,不便明言。

【译文】冯唐的祖父是赵国人,他的父亲迁居到代郡。汉朝建立,又迁居安陵县。冯唐以孝行著称,被选拔为中郎署长,侍奉汉文帝。有一次,文帝乘车经过中郎署,问冯唐:"老先生是通过什么途径做了郎官的?家住哪里?"冯唐都如实回答了。文帝又问冯唐说:"我做代王的时候,我的尚食监高祛多次向我讲起赵将李齐如何有才干,特别是大战钜鹿的事迹。现在我每当吃饭的时候,总会想到钜鹿大战的情形。老先生知道这个人吗?"冯唐回答说:"作为军事将领,他尚且不如廉颇、李牧。"文帝问:"何以见得?"冯唐回答说:"我的祖父在赵国时,曾经做过官帅将,和李牧很要好。我的父亲曾做过代国丞相,和赵将李齐很有交情,所以我了解他们的为人。"文帝听了冯唐所讲关于廉颇、李牧的为人行事,非常高兴,拍着大腿说:"可惜我得不到廉颇、李牧这样的人做我的将领,若有这样的人,我哪里还会担忧匈奴的入侵呢!"冯唐说:"恕我死罪。陛下您纵然得到廉颇、李牧这样的人才,也不会任用他们。"文帝听了,很恼火,便起身进宫去了。过了好

大工夫,文帝把冯唐召到跟前,责备他说:"你怎么能当众给我难堪?难道就没有僻静的地方吗?"冯唐说:"我是个粗鄙的人,说话不分场合。"

当是之时,匈奴新大入朝那,〔1〕杀北地都尉卬。〔2〕上以胡寇为意,乃卒复问唐曰:"公何以知吾不能用廉颇、李牧也?"唐对曰:"臣闻上古王者之遣将也,跪而推毂,〔3〕曰阃以内者,〔4〕寡人制之;〔5〕阃以外者,〔6〕将军制之。军功爵赏皆决于外,归而奏之。此非虚言也。臣大父言,李牧为赵将居边,军市之租皆自用飨士,〔7〕赏赐决于外,不从中扰也。〔8〕委任而责成功,故李牧乃得尽其智能,遣选车千三百乘,〔9〕彀骑万三千,〔10〕百金之士十万,〔11〕是以北逐单于,破东胡,〔12〕灭澹林,〔13〕西抑强秦,南支韩、魏,〔14〕当是之时,赵几霸。〔15〕其后会赵王迁立,〔16〕其母倡也。〔17〕王迁立,乃用郭开谗,〔18〕卒诛李牧,令颜聚代之。〔19〕是以兵破士北,〔20〕为秦所禽灭。〔21〕今臣窃闻魏尚为云中守,〔22〕其军市租尽以飨士卒,出私养钱,〔23〕五日一椎牛,〔24〕飨宾客军吏舍人,〔25〕是以匈奴远避,不近云中之塞。虏曾一入,尚率车骑击之,所杀甚众。夫士卒尽家人子,〔26〕起田中从军,安知尺籍伍符。〔27〕终日力战,斩首捕虏,上功莫府,〔28〕一言不相应,〔29〕文吏以法绳之。〔30〕其赏不行而吏奉法必用。〔31〕臣愚,以为陛下法太明,〔32〕赏太轻,罚太重。且云中守魏尚坐上功首虏差六级,〔33〕陛下下之吏,削其爵,罚作之。〔34〕由此言之,陛下虽得廉颇、李牧,弗能用也。臣诚愚,触忌讳,死罪死罪!"文帝说。是日令冯唐持节赦魏尚,〔35〕复以为云中守,而拜唐为车骑都尉,主中尉及郡国车士。〔36〕

【注释】〔1〕"朝那",汉县名,治所在今宁夏固原东南。"朝",音zhū。〔2〕"北地",汉郡名,治所在马领(今甘肃庆阳西北)。辖境约当今宁夏贺兰山、青铜峡、苦水河以东及甘肃环江、马连河流域。"都尉",相当郡尉,掌一郡军事。汉初,在边缘郡分设都尉,如本书《郦商列传》称:"汉王赐商爵信成君,以将军为陇西都尉。""以陇西都尉从击项籍军

五月。"至景帝时,即改郡尉为都尉。"卯",都尉之名,姓孙。 〔3〕"跪",屈身。"推毂",推动车轮。这是帝王命将出征时的礼节,以示重寄。 〔4〕"阃",音 kǔn。门槛。这里指国门。"阃以内者",指朝廷以内之事。 〔5〕"寡人",古代帝王自谦之词,犹云寡德之人。 〔6〕"阃以外者",指在外军机。后世统兵在外的将军为"阃外"。 〔7〕"军市之租",古代军中设交易场所,收租税。"飨士",犒赏士卒。 〔8〕"中",指朝廷。 〔9〕"选车",经过挑选的坚精兵车。 〔10〕"彀骑",配备弓弩的骑兵。"彀",音 gòu。 〔11〕"百金之士",谓可建赏百金之功的勇士。 〔12〕"东胡",古部族名,即乌桓之先,因其在匈奴之东,故称东胡。活动区域在今西辽河上游老哈河、西喇木伦河流域。 〔13〕"澹林",又作"儋褴",古部族名,活动区域在今河北西北部长城内外。 〔14〕"南支韩魏","支",支援,本书《廉颇蔺相如列传》作"距",则为抗拒。 〔15〕"几霸",几乎称霸。 〔16〕"赵王迁",战国时赵悼襄王之子,公元前二三五年继赵王位,公元前二二八年被秦所虏,赵亡,谥为幽缪王。详见本书《赵世家》。 〔17〕"倡",通"娼",歌妓。 〔18〕"用郭开谗",郭开为赵王迁宠臣,秦国用重金贿赂郭开,行反间计,郭开诬告李牧欲谋反。赵王迁信谗,以颜聚代李牧为大将,而杀李牧。事详本书《廉颇蔺相如列传》附《李牧传》。 〔19〕"颜聚",本为齐将,其时在赵。 〔20〕"兵破士北",军队被打败,士卒逃散。"北",败逃。 〔21〕"禽灭",国王被擒,国家被灭亡。"禽",即"擒"之本字。 〔22〕"魏尚",《汉书》称魏尚为槐里(今陕西兴平东南)人。"云中守",云中郡郡守。云中郡,治所在云中(今内蒙古托克托县东北)。辖境约当今内蒙古土默特右旗以东,大青山以南,呼和浩特以西,黄河南岸及长城以北。 〔23〕"私养钱",个人养家的薪俸。 〔24〕"椎牛",杀牛。 〔25〕"舍人",战国至秦汉,王公贵官都设舍人,为左右亲近之官。 〔26〕"家人子",即老百姓子弟。秦汉时称百姓为家人,为当时熟语。 〔27〕"尺籍",官府往来文书,因用一尺之板书写,故称尺籍。"伍符",即花名册。古时军中五人为一伍,共一符,收于军吏之所,使其伍伍相保。 〔28〕"莫府",即幕府,将帅的衙署。因军旅在外,无固定住所,以营帐为衙署,故称幕府。 〔29〕"一言不相应",指报功文书与事实有一字不相合。 〔30〕"以法绳之",按照法律条文进行纠劾。 〔31〕"吏奉法必用",文吏的纠劾必然得到批准。 〔32〕"法太明",用法太明。此处有贬义,指用法太苛刻。 〔33〕"坐",犯罪的缘由。 〔34〕"罚作",一岁刑为罚作,犹言判了一年徒刑。 〔35〕"节",使臣所持受事的信物。 〔36〕"郡国",地方各郡及诸侯国。"车士",车战士卒。

【译文】在此期间,匈奴初次大举入侵朝那县,杀死北地都尉孙卬。因文帝为匈奴入侵而忧虑,还是耐着性子问冯唐:"你根据什么断定我不能任用廉颇、李牧这样的人才?"冯唐回答说:"我听说古代帝王在派将出征的时候,亲自俯下身体为他推动车轮,并说道:'与战争有关的事情,在朝廷由我来决定,在外面由将军来决定。军功封赏都在外决定,回来上奏给朝廷就行了。'这可不是浮言虚词。听我祖父讲,李牧领兵守卫赵国的边塞,军市租税收入,都用来犒劳士卒,赏赐都由统兵在外的将军来决定,赵王不从中央去干扰。中央只是交给任务,要求成功,因此李牧能够发挥他的全部智慧和才能。他派遣精锐战车三百辆,弓骑兵一万三千,英勇善战的士卒十万,所以他能够做到,北面驱逐入侵的匈奴单于,并击败东胡,消灭澹林;西面抑制强大秦国的进犯;南面支援韩国和魏国。在当时,赵国几乎在诸侯中称霸。后来赵王迁为王,他的母亲出身歌伎。赵王迁听信郭开的谗言,终于杀掉李牧,派颜聚代替李牧的职务。因此,赵军被击溃,士卒四散逃走。在秦国的攻势下,赵王迁被虏,赵国被灭亡。现在我听说魏尚在云中郡守任上时,他把军市租税收入,都用来犒劳士卒,并拿出自己的薪俸,五天杀一次牛,用来犒劳他的宾客、军吏、舍人等。因此,匈奴远远避去,不敢接近云中的边塞。匈奴也曾一度入侵,魏尚率领车骑部队迎击,杀死很多敌兵。他的士卒都是农家子弟,从农村中出来当兵,哪里懂得军中的文书和花名册一类东西呢?只知道终日拼力厮杀、斩杀敌首、捕获敌军。当他们把战绩报给上级衙门的时候,其中若有一言半语与实际不符,掌管文书的官吏便搬出法令条文进行纠劾。结果,有功而不能受赏,而文吏的纠劾必然得到准许。我很愚钝,认为陛下用法太苛刻,赏赐太轻,处罚太重。比如云中郡守魏尚,因实际斩首数比上报数仅少了六级,陛下您就把他交给法官治罪,结果削夺了他的封爵,判了一年徒刑。由此也可以证明,陛下纵然得到廉颇、李牧这样的人才,也不会任用他们。我确实很愚钝,讲了些不该讲的话,罪该万死,罪该万死!"文帝听了很高兴,就在这一天,派冯唐携带符节去赦免魏尚,仍让他做云中郡守,并提升冯唐为车骑都尉,主管中尉和各郡国的车战士卒。

七年，[1]景帝立，以唐为楚相，[2]免。武帝立，求贤良，[3]举冯唐。唐时年九十余，不能复为官，乃以唐子冯遂为郎。遂字王孙，亦奇士，[4]与余善。[5]

【注释】[1]"七年"，按上文之匈奴入侵朝那，在文帝前元十四年(公元前一六六年)，见本书《孝文本纪》。景帝之立，在此后十一年。此云"七年"，盖误。《汉书》作"十年"。说见《史记志疑》卷三十三。[2]"楚相"，冯唐系任楚王刘戊之相。刘戊以景帝前元三年(公元前一五四年)谋反，被杀。[3]"贤良"，又称贤良文学。汉代选拔人材的科目之一。汉文帝时，诏举贤良方正能直言极谏者，以询访时政得失，中选者则授官。武帝时复诏举贤良文学，待以不次之位。[4]"奇士"，杰出的人才。[5]"与余善"，指冯遂与司马迁交情甚好。

【译文】过了七年，景帝继位为皇帝，调任冯唐为楚国丞相，后来被免官。武帝继位，下诏求贤良，冯唐被推荐。这时他已经九十多岁，不能再当官，便任用他的儿子冯遂为郎官。冯遂字王孙，也是个杰出人物，和我交情很深。

太史公曰：张季之言长者，守法不阿意；[1]冯公之论将率，有味哉![2]有味哉!语曰："不知其人，视其友。"[3]二君之所称诵，可著廊庙。[4]《书》曰：[5]"不偏不党，[6]王道荡荡；[7]不党不偏，王道便便。"[8]张季、冯公近之矣。

【注释】[1]"不阿意"，不迎合皇帝的旨意。[2]"有味"，极言议论深刻、耐人寻味。[3]"不知其人，视其友"，当时流传的古语。意谓：不了解他本人，考察一下他所结交的朋友，也就了解他本人了。[4]"著"，著录、记录。"廊庙"，指朝廷。[5]《书》"，即《尚书》。以下引文出自《尚书·洪范》，文字与今本稍有不同。[6]"不偏不党"，不偏不私。[7]"王道"，古代先王所行的仁义之道。"荡荡"，宽广的样子。[8]"便便"，通畅的样子。

【译文】太史公说：张释之关于长者的议论，能恪守法律，不曲意迎合；冯唐关于将军的议论，真是耐人寻味、耐人寻味啊！古语说："不了解他的为人，考察一下他所结交的朋友也就可以了解此人的大概了。"张释之、冯唐所称颂的人，应把他们的事迹图写在朝廷上，供人学习效法。《尚书》里说："不偏倚，不结党，先王之道宽而广；不结党，不偏徇，先王之道畅而顺。"张释之、冯唐二人的立身行事，可说是近于这种境界了。

史记卷一百零三

万石张叔列传第四十三

万石君名奋，[1]其父赵人也，[2]姓石氏。赵亡，徙居温。[3]高祖东击项籍，过河内，[4]时奋年十五，为小吏，侍高祖。高祖与语，爱其恭敬，问曰："若何有？"[5]对曰："奋独有母，不幸失明。家贫。有姊，能鼓琴。"高祖曰："若能从我乎？"曰："愿尽力。"于是高祖召其姊为美人。[6]以奋为中涓，[7]受书谒。徙其家长安中戚里，[8]以姊为美人故也。其官至孝文时，积功劳至大中大夫。[9]无文学，[10]恭谨无与比。

【注释】[1]"石"，音 shī，容量单位名称。十斗为一石。今读为 dàn。 [2]"赵"，古国名。战国时七雄之一。建都晋阳（今山西太原西南）。公元前三八六年迁都邯郸（今河北邯郸）。疆域有今山西中部，陕西东北角，河北西南部。公元前二二二年为秦所灭。 [3]"温"，汉县名。故城在今河南温县西南。 [4]"河内"，郡名。楚汉之际置，治所在怀县（今河南武陟西南）。辖境相当于今河南黄河以北，京汉铁路（包括汲县）以西地区。 [5]"若"，你。 [6]"美人"，汉妃嫔称号。《汉书·外戚传》序云："美人视二千石，比上少造。" [7]"中涓"，秦汉时皇帝亲近的侍从官。凡宫中有文书往来及大臣谒见之事，皆由中涓负责。 [8]"长安"，古都名。在今陕西西安。"戚里"，当时长安城内的一条里名。《汉书补注》引刘攽云："此里偶名戚里尔，高祖以奋姊为美人，故使居戚里，示有亲戚之义。" [9]"大中大夫"，备皇帝顾问的官，没有正式的职务。秩比千石。 [10]"文学"，指儒术。当时称能通六经、知礼乐的人为"文学之士"。

【译文】万石君，名奋，他的父亲是赵国人，姓石氏。赵国灭亡之后，迁居到温。高祖东击项羽，经过河内时，石奋才十五岁，当个小官，侍候高祖。

高祖和他谈话时很喜欢他的恭敬。问他说："你有什么人？"回答说："石奋只有母亲，不幸失明。家境贫穷。有个姊姊，会鼓琴瑟。"高祖说："你能跟从我吗？"回答说："愿意尽力。"于是高祖召他的姊姊入宫封为美人。任石奋为中涓，让他处理文书往来及大臣谒见之事。把他的家迁到长安城中戚里，这是因为他姊姊为美人的缘故。石奋任中涓的官一直到孝文帝时，由于功劳积累，升迁为太中大夫。他虽不懂文学，但在恭谨方面谁也比不上他。

文帝时，东阳侯张相如为太子太傅，[1]免。选可为傅者，皆推奋，奋为太子太傅。及孝景即位，以为九卿；[2]迫近，[3]惮之，[4]徙奋为诸侯相。奋长子建，次子甲，次子乙，[5]次子庆，皆以驯行孝谨，[6]官皆至二千石。[7]于是景帝曰："石君及四子皆二千石，人臣尊宠乃集其门。"号奋为万石君。

【注释】[1]"东阳"，县名。治所在今山东武城东北（一说在今江苏盱眙东南）。"张相如"，高祖六年时任中大夫。后以河间守的身份率兵击败陈豨，建立战功，封侯爵，食邑千三百户。"太子太傅"，官名。即太子的师傅。秦以前称君主之师为太傅。两汉时太子及诸侯王也置太傅。 [2]"九卿"，西汉时九卿是列卿或众卿之意，先秦文献中有三公九卿之说，但秦并无其制，故汉初也不见九卿之名。武帝以后由于儒家复古思想的影响，人们遂以秩为中二千石一类的高官附会成古之九卿。《汉书》中所见的九卿有太常、光禄勋、卫尉、太仆、廷尉、大鸿胪、宗正、大司农、少府、太行、执金吾、右内史、左内史、主爵都尉、太子太傅等十几种官职。九卿不是指九种官职，而是指中二千石一类的官。 [3]"迫近"，指其职居近侍。 [4]"惮"，犹言嫌忌。 [5]"次子甲，次子乙"，即某甲、某乙。颜师古注云：

"史失其名，故云'甲'、'乙'耳，非其名。"顾炎武《日知录》云："甲、乙，非名也。失其名而假以名之也。"甲、乙是古代史籍中经常出现的代称，并非石奋之子有名叫甲、乙者。〔6〕"驯"，通"顺"。"驯行"，即对父母百依百顺。"孝谨"，孝顺而谨慎。〔7〕"二千石"，汉代内自九卿郎将，外至郡守尉的俸禄等级都是二千石。其中又分三等：中二千石，月得百八十斛；二千石，月得百二十斛；比二千石，月得百斛。石奋及其四子皆位至二千石。故汉景帝刘启呼石奋为"万石君"。

【译文】文帝时，东阳侯张相如为太子太傅，后被罢免。在另选可以为太子太傅的人时，大家都推选石奋，于是石奋做了太子太傅。到孝景帝即位时，他认为如果把石奋任为九卿的职位太迫近自己，不堪受他的拘谨，因此调他任诸侯相。石奋的长子石建，次子甲某，次子乙某，次子石庆，他们都百依百顺而且孝敬谨慎，官职的俸禄都到了二千石。于是景帝说："石君和他的四个儿子都官至二千石，人臣尊宠都集中在他的门下。"于是就叫石奋为"万石君"。

孝景帝季年，万石君以上大夫禄归老于家，〔1〕以岁时为朝臣。〔2〕过宫门阙，万石君必下车趋，见路马必式焉。〔3〕子孙为小吏，来归谒，〔4〕万石君必朝服见之，不名。子孙有过失，不谯让，〔5〕为便坐，对案不食。〔6〕然后诸子相责，因长老肉袒固谢罪，〔7〕改之，乃许。子孙胜冠者在侧，〔8〕虽燕居必冠，〔9〕申申如也。〔10〕僮仆䜣䜣如也，〔11〕唯谨。上时赐食于家，必稽首俯伏而食之，如在上前。其执丧，〔12〕哀戚甚悼。子孙遵教，亦如之。万石君家以孝谨闻乎郡国，虽齐鲁诸儒质行，〔13〕皆自以为不及也。

【注释】〔1〕"上大夫"，沈钦韩云："汉无上大夫，通以中大夫二千石者当之。"按：西汉时光禄勋属官有太中大夫、谏大夫、中大夫等，史书上泛称他们为大夫。上大夫疑当为光禄勋属官的一种。〔2〕"岁时"，指年关节日。"朝臣"，参加朝贺的大臣。石奋告老居家，但每逢节日仍参加朝贺，这是一种特殊的优礼，在汉代叫做"奉朝请"。冈白驹云："唯外戚、皇室、诸侯得奉朝请。（石奋）盖以姻戚，优礼待之。"〔3〕"路"，通辂，即大。"路马"即指天子所乘之马。"式"，通轼，本指车前横木。这里用作动词，指把身体俯在轼上表示敬意。〔4〕"归谒"，回家探望。〔5〕"谯让"，谴责。〔6〕"对案不食"，对着食案不吃饭。表示自己不愉快的意思。〔7〕"肉袒"，脱去上衣，裸露肢体。古人在谢罪时，常脱衣露体，表示虔敬和惶惧。〔8〕"胜冠者"，已达成人之年，可以有资格戴冠的人，古人年满二十岁即可加冠。〔9〕"燕居"，退朝而居，闲居。〔10〕"申申"，整饬的样子。〔11〕"䜣䜣"，音yín yín。谨敬的样子。〔12〕"执丧"，居丧。〔13〕"质行"，质朴踏实。

【译文】孝景帝末年，万石君以上大夫的俸禄告老归家，但每逢年关节日他仍去参加朝贺。在经过宫城门阙的时候，万石君一定要下车步行，看到皇帝的车马一定要把身子俯在车轼上表示恭敬。他的子孙有的任小官吏，回家探望他时，万石君一定要穿着朝服接见他们，并且不呼唤他们的名字。子孙们有过失时，也不责让他们，只是坐在便坐上，对着桌子不吃饭表示出自己不愉快的样子。这样之后，大家就把那个有过失的子孙责备一顿，并去请族中的长老来求情，袒露着上体向石奋赔罪，承认改悔后，方才许可。子孙们中已戴冠的人在他身旁时，即使是在闲坐休息时也一定要把冠戴好，显出非常整饬严肃的样子。家中僮仆们也都端庄严肃，唯以恭谨为先。皇帝有时把食物送到他家赐给他吃，他一定要跪在那里叩着头去吃它，好像在皇帝面前一样。他有丧事时，显得非常悲痛。子孙们遵从他的教诲，也和他一样。万石君家以孝顺谨慎闻名于郡国，即使是齐鲁行为质朴的儒生，也都自认为比不上他。

建元二年，〔1〕郎中令王臧以文学获罪。〔2〕皇太后以为儒者文多质少，〔3〕今万石君家不言而躬行，乃以长子建为郎中令，少子庆为内史。〔4〕

【注释】〔1〕"建元"，汉武帝刘彻的年号。"建元二年"，即公元前一三九年。〔2〕"郎中令"，官名。西汉初郎中令是郎中的长官，秩为中二千石，为九卿之一。职掌守卫宫殿门户。"王臧"，兰陵（今山东苍山县）人。曾从当时的大儒鲁申公学诗。为太子少傅，后获罪自杀。"王臧以文学获罪"，详见本书《封禅书》、《儒林传》。〔3〕"皇太后"，指窦太后。"文"，指讲排场，尚浮夸。"质"，指安分守己，老老实实做官。〔4〕"内史"，官名。掌管治理京师。

【译文】建元二年，郎中令王臧因文学获罪。皇太后认为儒家多浮夸而不安分守己，现在万石君家虽无大的建议，却很恭敬谨慎，于是任命万石君的长子石建为郎中令，少子石庆为内史。

建老白首，万石君尚无恙。建为郎中令，每五日洗沐归谒亲，〔1〕入子舍，〔2〕窃问侍者，取亲中裙厕牏，〔3〕身自浣涤，复与侍者，不敢令万石君知，以为常。建为郎中令，事有可言，屏人恣言，极切；至廷见，如不能言者。是以上乃亲尊礼之。

【注释】〔1〕"洗沐"，即休假沐浴的日子。汉制，官吏五日一休沐。借指为例假，可回私宅一次。〔2〕"子舍"，此处当指侍者所居之屋。〔3〕"中裙"，犹今之衬裤。又叫"中衣"。"厕牏"，旧注有三种解释：一、汗衫。二、便桶。三、假"厕"为侧，假"牏"为窬，"侧窬"指旁室门墙边的水沟。

【译文】石建已年老发白，但万石君还健康无病。石建做郎中令时，每五日休假一次回家探望父亲。进入侍者的住处，暗中询问侍候他父亲的人，并拿上父亲的衬裤衣物等亲去洗濯，然后再交给侍候的人，不敢使万石君知道，他经常是这样。石建做郎中令，凡有事要向皇帝奏谏时，避开人时就畅所欲言，而且非常恳切；但到朝廷上晋见时，却又像不会说话的人。因此皇帝就亲近尊敬他并以礼待他。

万石君徙居陵里。〔1〕内史庆醉归，入外门不下车。〔2〕万石君闻之，不食。庆恐，肉袒请罪，不许。举宗及兄建肉袒，〔3〕万石君让曰："内史贵人，入闾里，里中长老皆走匿，而内史坐车中自如，固当！"〔4〕乃谢罢庆。庆及诸子弟入里门，趋至家。

【注释】〔1〕"陵里"，长安城内的一条里名。〔2〕"外门"，指里门。〔3〕"举宗"，全家族。〔4〕"内史贵人"句，这句是石奋奚落石庆的话。

【译文】万石君迁居到陵里时，内史石庆酒醉而归，入外门不下车。万石君听了这件事后就不吃饭。石庆感到害怕，于是就祖露肩膊向父亲请罪，父亲不答应他。后又请全家族的人和他的哥哥石建都来肉袒向父亲请罪，万石君责备说："内史是尊贵的人，进入闾里时里中长老们都要回避，而内史却自然自在地坐在车中不动，本来就当如此嘛！"于是责令石庆走开。从此以后石庆以及其他子弟们进入里门之后都步行到家，不敢再不下车了。

万石君以元朔五年中卒。〔1〕长子郎中令建哭泣哀思，扶杖乃能行。岁余，建亦死。诸子孙咸孝，然建最甚，甚于万石君。

【注释】〔1〕"元朔"，汉武帝年号。"元朔五年"即公元前一二四年。

【译文】万石君在元朔五年中去世。长子郎中令石建哭得很悲哀，扶着杖才能行走。一年多以后，石建也去世。子孙们都很孝顺。然而石建最孝顺，甚至超过了万石君。

建为郎中令，书奏事，事下，建读之，曰："误书！'马'者与尾当五，今乃四，不足一。〔1〕上遣死矣！"〔2〕甚惶恐。其为谨慎，虽他皆如是。

【注释】〔1〕"马者与尾当五"句，"马"字篆文下部共五笔，象四足一尾。石建少写了一笔，故下文云"今乃四，不足一"。〔2〕"上遣死"，皇帝判他有罪，并处死刑。《汉书·艺文志》云："吏民上书，字或不正，辄举劾。"据此则汉当有正字之法。

【译文】石建为郎中令时，书写奏章，禀陈公事，待奏章批回后，石建又读了一遍，说："写错了！'马'字下面四划加上尾巴一笔应当五划，现在写了四笔，差一笔。皇帝要判我有罪，并处我死刑了。"十分惶恐。他那谨慎的作风，即使是其它事情，也都像这样。

万石君少子庆为太仆，〔1〕御出，上问车中几马，庆以策数马毕，举手曰："六马。"庆于诸子中最为简易矣，然犹如此。为齐相，举齐国皆慕其家行,不言而齐国大治,为立石相祠。

【注释】〔1〕"太仆",官名,九卿之一。秦汉时主管皇帝车辆马匹之官。皇帝出行,太仆不仅是车马的总管,而且还须亲自为皇帝御车。

【译文】万石君的少子石庆做太仆时,有一次给皇帝驾着车出行,皇帝问驾车的有几匹马,石庆用鞭子数完马后举起手说:"六匹马。"石庆的作风在几个儿子中是最为简略的一个,然而还是这样。他做齐相时,整个齐国都很羡慕他的家风,他没有多说什么话而齐国大治,齐国为他立了一座祠叫石相祠。

元狩元年,〔1〕上立太子,选群臣可为傅者,庆自沛守为太子太傅,〔2〕七岁迁为御史大夫。〔3〕

【注释】〔1〕"元狩",汉武帝年号。"元狩元年"即公元前一二二年。〔2〕"沛守",即沛郡太守。汉高帝改泗水郡为沛郡,治所在相县(今安徽濉溪西北)。辖境相当今安徽淮河以北、西肥河以东,河南夏邑、永城及江苏沛、丰等县。〔3〕"御史大夫",官名。主管弹劾、纠察以及掌管图籍秘书。与丞相、太尉合称三公。石庆任御史大夫在元鼎二年(公元前一一五年)。

【译文】元狩元年,皇帝立太子,从大臣中选拔可以做太子师傅的人,石庆就由沛郡太守调任为太子太傅,七年以后又升任为御史大夫。

元鼎五年秋,〔1〕丞相有罪,罢。〔2〕制诏御史:"万石君先帝尊之,子孙孝,其以御史大夫庆为丞相,封为牧丘侯。"〔3〕是时汉方南诛两越,〔4〕东击朝鲜,〔5〕北逐匈奴,〔6〕西伐大宛,〔7〕中国多事。〔8〕天子巡狩海内,〔9〕修上古神祠,封禅,〔10〕兴礼乐。公家用少,桑弘羊等致利,〔11〕王温舒之属峻法,〔12〕儿宽等推文学至九卿,〔13〕更进用事,事不关决于丞相,丞相醇谨而已。在位九岁,无能有所匡言。尝欲请治上近臣所忠、九卿咸宣罪,〔14〕不能服,反受其过,赎罪。

【注释】〔1〕"元鼎",汉武帝年号。"元鼎五年"即公元前一一二年。〔2〕"丞相有罪,罢",指当时的丞相赵周因坐酎金(每逢祭祀宗庙时,诸侯应依食邑多寡而献金助祭,做为酿酎的费用,叫做酎金)罪被罢免,后死于狱中。"丞相",官名,三公之一。协助皇帝处理国家政务的官员。但在武帝时,由于君主权力的日益加强,丞相的权力日益减少,有时竟不被信任,有的还因获罪而被诛杀。〔3〕"牧丘",故址在今山东平原县界。〔4〕"两越",指今两广一带地区。"南诛两越"指南越王相吕嘉杀南越王及汉使而自立,武帝遣路博德等讨平之事。〔5〕"朝鲜",古国名。在古营州外域,相传周初箕子封此。汉初卫氏继之,为武帝所灭。其南部为三韩诸国,皆属汉。"东击朝鲜"指朝鲜王攻杀辽东都尉,武帝乃遣杨仆等募被处死刑的罪人往击之事。详本书《朝鲜列传》。〔6〕"匈奴",古代我国北方民族之一。散居于大漠南北,过着游牧生活,善骑射。武帝即位之后,几乎每年都与匈奴有战事。详本书《匈奴列传》。〔7〕"大宛",古西域国名。在前苏联中亚赞尔干纳盆地。王治贵山城(前苏联中亚卡散赛),属邑有大小七十余城。北通康居,西南邻大月氏。详本书《大宛列传》。〔8〕"中国",古时指黄河中下游一带。〔9〕"巡狩",指帝王离开国都巡行境内。〔10〕"封禅",帝王祭祀天地。〔11〕"桑弘羊",西汉政治家。洛阳(今河南洛阳东)人,出生商人家庭。武帝时任治粟都尉,领大司农。他曾制定、推行盐铁酒类的官营专卖,设立平准、均输机构,控制全国商品。"致利",谋利。〔12〕"王温舒",汉武帝时的司法之官。据本书《酷吏列传》记载,他任河内太守时,用严刑峻法统治人民,并杀了很多人,至流血十余里。事详本书《酷吏列传》。〔13〕"儿宽",孔安国的弟子。武帝时官至御史大夫。据本书《儒林列传》记载,他位居三公,以温和善良奉承皇帝的旨意,因循敷衍而得以久居其位。〔14〕"所忠",武帝亲信的近臣,时为谏议大夫。"咸宣",即减宣。

【译文】元鼎五年秋,丞相赵周犯罪,被免去职务。皇帝下诏书给御史大夫说:"先帝很尊宠万石君,他的子孙们也很孝顺,任命御史大夫石庆为丞相,封为牧丘侯。"这时汉王朝正南诛两越,东击朝鲜,北逐匈奴,西伐大宛,国内事情很多。天子巡狩海内各地,修建上古的神祠,祭祀天地,大兴礼乐。公家费用很少,桑弘羊等大谋私利,王温舒等推行峻法,儿宽等因文学官至九卿,更进一步掌握了实权,凡事都不通过丞相或不由丞相来决定,丞相只是兢兢业业地做官而已。在位九年，未能有所扶正国家的建议。他曾打算请求惩治皇帝的近臣所忠、九卿咸宣的罪，但未能说服他们，反而因此受到处分，最后以米粟纳入官中才得赎罪。

元封四年中，[1]关东流民二百万口，[2]无名数者四十万，[3]公卿议欲请徙流民于边以適之。[4]上以为丞相老谨，不能与其议，乃赐丞相告归，而案御史大夫以下议为请者。[5]丞相惭不任职，乃上书曰："庆幸得待罪丞相，[6]罢驽无以辅治，[7]城郭仓库空虚，民多流亡，罪当伏斧质，[8]上不忍致法。愿归丞相侯印，乞骸骨归，[9]避贤者路。"天子曰："仓廪既空，[10]民贫流亡，而君欲请徙之，摇荡不安，动危之，而辞位，君欲安归难乎？"以书让庆，庆甚惭，遂复视事。

【注释】[1]"元封"，汉武帝年号。"元封四年"即公元前一〇七年。 [2]"关东"，指函谷关以东地区。 [3]"名数"，若今之户籍。 [4]"適"，通谪。这里是惩罚的意思。 [5]"案"，查考，调查。 [6]"待罪丞相"，谦词。犹言忝居丞相的职位。 [7]"罢驽"，没有能力，笨拙。"罢"同疲。 [8]"斧质"，腰斩人的刑具。"伏斧质"，意谓解衣露膊，趴在斧质上。表示认罪，请求处以死刑。 [9]"骸骨归"，把骨头拿回去。这里是指石庆请求告老还家的意思。 [10]"仓廪"，古代储藏米谷的仓库。《礼·月令》疏云："谷藏曰仓，米藏曰廪。"一说方者曰仓，圆者曰廪。

【译文】元封四年中，关东流民有两百万，其中没有户籍的有四十万，公卿们商议打算请求皇帝把流民迁到边疆去处罚他们。皇帝认为丞相石庆老成谨慎，不会参与公卿们的商议，于是就让他告老还乡，而查办了御史大夫以下曾参与商议请迁流民们的公卿。丞相石庆惭愧自己不能胜任，于是上书说："石庆我能荣幸地在丞相的职位上听候您的处分，我没有能力，不能辅佐皇上治理国家大事，以致城郭仓库都很空虚，民多流亡，罪当处以死刑，承蒙皇上不忍心对我以法治罪。我愿意归还丞相侯印，请求告老还乡，给贤者让路。"天子说："仓库既已空虚，百姓贫穷流亡，而你还打算请求把他们迁到边疆，使他们动荡不安，一动荡他们就会危急，而你却想辞职，你打算把责任推到哪里呢？"皇帝用诏书来责备石庆，石庆甚感惭愧，于是就又重新处理起国事来。

庆文深审谨，然无他大略，为百姓言。后三岁余，太初二年中，[1]丞相庆卒，谥为恬侯。庆中子德，庆爱用之，上以德为嗣，代侯。后为太常，[2]坐法当死，赎免为庶人。庆方为丞相，诸子孙为吏更至二千石者十三人。及庆死后，稍以罪去，孝谨益衰矣。

【注释】[1]"太初"，汉武帝年号。"太初二年"即公元前一〇三年。 [2]"太常"，官名，九卿之一。本名奉常，景帝中六年（公元前一四四年）改为太常。一说西汉初名太常，惠帝时改为奉常，景帝时仍复其旧。掌管宗庙礼仪。秩为二千石。

【译文】石庆阅历很深，也很谨慎，然而却没有什么大谋大略，也没有为百姓说什么话。过了三年多后，在太初二年中，丞相石庆去世，谥为恬侯。石庆的次子名德，石庆很宠爱和信任他，于是皇帝就以德为石庆的继承人，代立为侯。后来他升为太常，曾犯法当处死罪，后经过赎免成为一般百姓。石庆为丞相时，他的子们官职升到二千石的人有十三个。到了石庆死后，才逐渐因犯罪被免除职位，而他们孝顺恭敬的家风也就日益衰退了。

建陵侯卫绾者，[1]代大陵人也。[2]绾以戏车为郎，[3]事文帝，功次迁为中郎将，[4]醇谨无他。孝景为太子时，召上左右饮，而绾称病不行。文帝且崩时，属孝景曰："绾长者，善遇之。"及文帝崩，景帝立，岁余不噍呵绾，[5]绾日以谨力。

【注释】[1]"建陵"，故址在今江苏新沂南。 [2]"代大陵"，故址在今山西文水县东北。 [3]"戏车"，在车上表演杂技。"郎"，秦汉时宫殿门户的守卫者。 [4]"中郎将"，主管宫殿门户守卫的官。 [5]"噍呵"，《索隐》云当读作"谁何"，谓"借访"之意。"不谁何"即置而不问之意。

【译文】建陵侯卫绾是代国大陵人。卫绾因为会车戏而被任命郎官，侍奉汉文帝，后因功升为中郎将，他醇厚谨慎，但没有其它才能。景帝为太子时，曾召请皇上的左右近臣去宴饮，而卫绾装病未去。文帝将要死的时候，嘱咐孝景帝说："卫绾是位长者，要好好对待他。"到文帝去世后，景帝即位，一年多对卫绾置而不问，而卫绾一天比一天更加谨慎效力。

景帝幸上林，[1]诏中郎将参乘，还而问曰："君知所以得参乘乎？"绾曰："臣从车士幸得以功次迁为中郎将，不自知也。"上问曰："吾为太子时召君，君不肯来，何也？"对曰："死罪，实病！"上赐之剑。绾曰："先帝赐臣剑凡六，剑不敢奉诏。"上曰："剑，人之所施易，独至今乎？"绾曰："具在。"上使取六剑，剑尚盛，未尝服也。郎官有谴，常蒙其罪，不与他将争；有功，常让他将。上以为廉，忠实无他肠，乃拜绾为河间王太傅。[2]吴楚反，诏绾为将，将河间兵击吴楚，有功，拜为中尉。[3]三岁，以军功，孝景前六年中封绾为建陵侯。

【注释】[1]"幸"，封建时代称皇帝亲临为幸。"上林"，即上林苑。秦都咸阳时置。汉初荒废。高帝十二年（公元前一九五年）许民入苑开垦。武帝时又收为宫苑。周围二百余里，苑内放养禽兽，供皇帝射猎。并建离宫、观、馆数十处。故址在今陕西西安市西及周至、户县界。〔2〕"河间"，郡国名。汉高帝置郡，文帝改国。其后或为郡，或为国。治所在乐城（今河北献县东南）。辖境相当今河北献县、交河、东光、阜城、武强各一部分地。"太傅"，君主之师傅为太傅。西汉时诸侯王也置太傅。〔3〕"中尉"，官名。主管维持治安。

【译文】景帝驾幸上林，命令中郎将卫绾同乘一车，景帝回过头问道："你知道为什么和我同乘一车吗？"卫绾说："我从一个车士荣幸地因功依次升为中郎将，我自己不知道为什么与您同乘一车。"景帝问道："我为太子时召你来，你不肯来，为什么呢？"回答说："罪该万死，但当时确实因病在身。"景帝赐给他一把剑。卫绾说："先帝赐给我的剑共有六把，不敢再遵命接受了。"景帝说："剑是人之所好，可以用来交易他物，难道唯独你还保存至今？"卫绾说："全在。"景帝派人去取出六把剑来，每把都很好，也未尝使用过。郎官们有了过错，卫绾经常隐蔽他们的罪过，也不与其它中郎将们争执；有了

功劳，也经常让给其它中郎将。皇帝认为他很廉洁，很忠诚，没有其它心肠，于是就任命他为河间王的太傅。吴楚反叛时，任命卫绾为将，率领河间的军队去出击吴楚，因平乱有功，任命为中尉。三年以后，因军功，孝景帝前六年中封卫绾为建陵侯。

其明年，上废太子，诛栗卿之属。[1]上以为绾长者，不忍，乃赐绾告归，而使郅都治捕栗氏。[2]既已，上立胶东王为太子，[3]召绾，拜为太子太傅。久之，迁为御史大夫。五岁，代桃侯舍为丞相，[4]朝奏事如职所奏。然自初官以至丞相，终无可言。天子以为敦厚，可相少主，尊宠之，赏赐甚多。

【注释】〔1〕"栗卿"，《集解》引苏林云："栗太子舅也。"本书仅此一见，事迹不详。 〔2〕"郅都"，汉河东大阳（今山西平陆西南）人。景帝时为中郎将，敢直谏，拜济南太守，后迁中尉。行法不避贵戚，列侯宗室见到他都侧目而视，号曰"苍鹰"。后迁雁门太守，犯法，景帝欲免其罪，太后不可，遂死。事详本书《酷吏列传》。 〔3〕"胶东"，郡国名。汉初为郡，文帝时复为国。治所在即墨（今山东平度东南）。辖境相当今山东平度、莱阳、莱西等县及迤南一带。 〔4〕"桃"，地名。故址在今河北冀县西北。桃侯舍即桃哀侯刘舍。

【译文】过了一年，皇帝废黜太子，诛杀了栗卿的家属。皇帝认为卫绾是位长者，不忍让他查办此事，于是让他告老回家，而派郅都来查办栗氏。这件事完了之后，皇帝立胶东王为太子，召回卫绾，任命他为太子太傅。又过了很久，升他为御史大夫。五年以后，代替了桃侯刘舍的丞相职位，在朝廷中按照他的职掌来执行公事。然而从他做官起一直到做丞相，始终无所建树。天子认为他很敦厚，可以辅佐少主，就更加尊宠他，对他的赏赐也很多。

为丞相三岁，景帝崩，武帝立。建元年中，[1]丞相以景帝疾时诸官囚多坐不辜者，而君不任职，免之。其后绾卒，子信代。坐酎金失侯。[2]

【注释】〔1〕"建元"，汉武帝年号。 〔2〕"酎金"，汉代祭祀宗庙时诸侯助祭所献的金。

【译文】他做了三年的丞相以后，景帝去世，武帝即位。建元年中，丞相认为景帝生病的时候好多官囚是无辜的，而他不能胜任职权，因此免去他的职务。在这以后卫绾就去世了，他的儿子卫信代替了他的职务。后卫信因犯酎金不足罪而被免除了侯爵。

塞侯直不疑者，〔1〕南阳人也。〔2〕为郎，事文帝。其同舍有告归，误持同舍郎金去，已而金主觉，妄意不疑，不疑谢有之，买金偿。而告归者来而归金，而前郎亡金者大惭，以此称为长者。文帝称举，稍迁至太中大夫。朝廷见，人或毁曰："不疑状貌甚美，然独无奈其善盗嫂何也！"不疑闻，曰："我乃无兄。"然终不自明也。

【注释】〔1〕"塞"，疑为地区名。今地无考。〔2〕"南阳"，故址在今河南南阳市。

【译文】塞侯直不疑是南阳人。他做郎官时，侍奉文帝。他同宿舍的人中有人告假回家时，误拿了同宿舍郎官的金子回去，过了不久，金子的主人发觉丢了金子，胡乱猜疑是直不疑偷的，不疑承认有这回事，并买了金子偿还了他。后来告假回家的人返回时归还了丢金子人的金子，而原来丢金子的郎官感到很惭愧，因此称不疑为长者。文帝也很称道他，后逐渐升到太中大夫。朝廷相会时有人诽谤他说："不疑状貌很美，但唯独对他喜欢私通嫂嫂无可奈何。"不疑听到之后说："我没有哥哥。"然而始终不能自明。

吴楚反时，不疑以二千石将兵击之。景帝后元年，〔1〕拜为御史大夫。天子修吴楚时功，乃封不疑为塞侯。武帝建元年中，与丞相绾俱以过免。

【注释】〔1〕"景帝后元年"，公元前一四三年。

【译文】吴楚反叛时，不疑以二千石的身份率兵讨伐他们。景帝后元年，任命他为御史大夫。天子奖赏平定吴楚的功劳，封不疑为塞侯。武帝建元年中，和丞相卫绾皆因过失而被罢免。

不疑学《老子》言。〔1〕其所临，为官如故，唯恐人知其为吏迹也。不好立名称，称为长者。不疑卒，子相如代。孙望，坐酎金失侯。

【注释】〔1〕"《老子》"，书名。即老聃所著《道德经》。全书主张自然无为。今本分上、下篇，约五千余言。一九七三年十二月长沙马王堆汉墓出土了帛书《老子》甲本、乙本，为现存最早的《老子》写本。帛书《老子》分《德经》、《道经》两篇，《德经》在前，《道经》在后，与今本不同。

【译文】不疑学习《老子》的言论。他所做的事情，和做官以前一样，唯恐别人知道他做官的痕迹。他不喜欢树立名声，被人称为长者。不疑死后，他的儿子相如代替了他的职务。他的孙子望，因犯酎金分量不足罪而被免除侯爵。

郎中令周文者，名仁，其先故任城人也。〔1〕以医见。景帝为太子时，拜为舍人，〔2〕积功稍迁，孝文帝时至太中大夫。景帝初即位，拜仁为郎中令。

【注释】〔1〕"任城"，故址在今山东济宁市东南。〔2〕"舍人"，王公贵官的侍从宾客、亲近左右通称舍人。

【译文】郎中令周文，名仁，他的祖先原是任城人。因医术高明而显名。景帝为太子时，任他为舍人，累积功劳，逐渐升迁，孝文帝时官至太中大夫。景帝刚即位时，任命周仁为郎中令。

仁为人阴重不泄，常衣敝补衣溺袴，期为不絜清，以是得幸。〔1〕景帝入卧内，于后宫秘戏，仁常在旁。至景帝崩，仁尚为郎中令，终无所言。上时问人，仁曰："上自察之。"然亦无所毁。以此景帝再自幸其家。家徙阳陵。〔2〕上所赐甚多，然常让，〔3〕不敢受也。诸侯群臣赂遗，终无所受。

【注释】〔1〕"幸"，幸宠。〔2〕"阳陵"，古县名，本弋阳县。景帝五年(公元前一五二年)在此筑阳陵，并改县名。治所在今陕西高陵西南。〔3〕

"让",辞让。《贾子·道术》:"厚人自薄谓之让。"

【译文】周仁为人慎密持重,不泄露别人的话,经常穿着破旧的衣服,套裤也常被尿湿,经常不清洁,因此得到宠幸。景帝进入寝宫内,在后宫秘戏,周仁常在旁边。至景帝去世时,周仁还是做郎中令,始终没有什么怨言。皇帝经常问及别人,周仁说:"请皇帝亲自去考察他。"但也没有什么诽谤的话。因此景帝一再亲自驾临他的家。他的家也搬到了阳陵。皇帝赏赐给他的很多,然而却经常推让,不敢接受。诸侯群臣对他的贿赂和馈赠,也终无受。

武帝立,以为先帝臣,重之。仁乃病免,以二千石禄归老,子孙咸至大官矣。

【译文】武帝即位后,认为他是先帝的大臣,很尊重他。周仁因病被免除了职务后,仍给他二千石的俸禄让他回家养老,他的子孙们也都升了大官。

御史大夫张叔者,名欧,安丘侯说之庶子也。[1]孝文时以治刑名言事太子。[2]然欧虽治刑名家,其人长者。景帝时尊重,常为九卿。至武帝元朔四年,[3]韩安国免,[4]诏拜欧为御史大夫。自欧为吏,未尝言案人,专以诚长者处官。官属以为长者,亦不敢大欺。上具狱事,有可却,却之;不可者,不得已,为涕泣面对而封之。其爱人如此。

【注释】[1]"安丘",故址在今山东安丘县西南。"说"即张说。 [2]"刑名",战国时法家的一派,以申不害为代表,强调循名责实,以强化上下关系,巩固封建政权的统治。秦汉时也有治刑名者。[3]"元朔",汉武帝年号。"元朔四年"即公元前一二五年。 [4]"韩安国",西汉梁国成安(今河南临汝)人。字长孺。初为梁孝王中大夫。吴楚七国之乱时,率兵击退吴兵,由此著名。武帝时任御史大夫,后为卫尉。匈奴进攻中原时,他任材官将军,屯兵渔阳,兵败,徙屯右北平,不久病死。事详本书《韩长孺列传》。

【译文】御史大夫张叔,名欧,安丘侯说的庶子。孝文帝时以研究刑名的身分服侍太子。然而张欧虽研究刑名学说,但他却有长者的风度。景帝时很尊敬和重用他,常在九卿之列。到了武帝元朔四年时,韩安国被免除职务,皇帝下诏任命张欧为御史大夫。自从张欧做官以来,从未说过要案劾别人,专门用诚实的长者做他的官属。他的官属们把他当做长者,也不敢过分欺骗他。皇帝让他处理狱事时,能够推辞不受的就推辞不受,推辞不了的,就哭泣着面对犯罪者而封上文书。他爱护人就像这样。

老病笃,请免。于是天子亦策罢,[1]以上大夫禄归老于家。家于阳陵。子孙咸至大官矣。

【注释】[1]"策",皇帝命令的一种,多用于封土授爵、任免三公。

【译文】他年老病重时,请求免去职务。于是天子也就下诏免去了他的职务,以上大夫的俸禄让他回家养老。他家住在阳陵。子孙们都升了大官。

太史公曰:仲尼有言曰"君子欲讷于言而敏于行",[1]其万石、建陵、张叔之谓邪?是以其教不肃而成,不严而治。塞侯微巧,而周文处讇,[2]君子讥之,为其近于佞也。[3]然斯可谓笃行君子矣!

【注释】[1]"君子欲讷于言而敏于行",语出《论语·里仁篇》。"讷",语言迟钝。 [2]"讇",音chǎn,同谄。用卑顺的态度奉承人。 [3]"佞",音nìng,奸巧谄谀,花言巧语。

【译文】太史公说:仲尼曾说过这样的话:"君子语言要迟钝而工作要敏捷。"难道说的是万石、建陵、张叔吗?所以他们的教化不峻急而有成效,不严厉而能得到治理。塞侯少有巧诈,而周文谄谀,君子讥讽他们,因为他们近于谄佞。然而这些人可以说是身体力行的君子啊!

史记卷一百零四

田叔列传第四十四

田叔者，赵陉城人也。[1]其先，齐田氏苗裔也。[2]叔喜剑，学黄老术于乐巨公所。[3]叔为人刻廉自喜，喜游诸公。赵人举之赵相赵午，午言之赵王张敖所，[4]赵王以为郎中。[5]数岁，切直廉平，赵王贤之，未及迁。

【注释】〔1〕"赵"，赵王国，西汉诸侯王国之一。在今河北南部。赵都邯郸(在今河北邯郸市西南)。"陉城"，西汉无陉城县;可能是苦陉县(治所在今河北无极县东北)。但西汉时苦陉县不属于赵国，而属于中山国，故本传有"陉城今在中山国"一语。"陉"，音 xíng。〔2〕"齐"，指战国时代田氏统治的齐国。齐境主要在今山东北部。齐都临淄(在今山东临淄北)。"田氏"，指掌握齐国统治权的田氏贵族。"苗裔"，后代子孙。〔3〕"黄老术"，黄老学派的学说。西汉初年，统治者采取与民休息、恢复生产的政策，颇推崇黄老"清净无为"的治术。"乐巨公"，汉初人，姓乐，名巨公。据说是战国时乐毅的后代。〔4〕"张敖"，汉初张耳之子，继张耳为赵王。尚高祖长女鲁元公主。高祖过赵，贯高请杀高祖，不许。怨家告其谋杀高祖，被捕至长安。贯高明其无罪。获赦。事具本书《张耳陈余列传》。〔5〕"郎中"，官名。始于战国，汉代沿置，隶属于郎中令(光禄勋)，管理车、骑、门户，并内充侍卫，外从作战。

【译文】田叔，赵国陉城县人。他的祖先是齐国田氏的后裔。田叔喜欢弄剑，在乐巨公那里学习黄老之术。田叔为人严刻、廉洁，自觉得意。喜欢同诸公交游。赵人把他推荐给赵国丞相赵午，赵午报告了赵王张敖，赵王让他做郎中。几年间，他表现得严厉、刚直、廉洁、公平。赵王赏识他，没有来得及提升。

会陈豨反代，[1]汉七年，高祖往诛之，过赵，赵王张敖自持案进食，礼恭甚，高祖箕踞骂之。[2]是时赵相赵午等数十人皆怒，谓张王曰：[3]"王事上礼备矣，今遇王如是，臣等请为乱。"赵王啮指出血，[4]曰："先人失国，微陛下，[5]臣等当虫出。[6]公等奈何言若是！毋复出口矣！"于是贯高等曰："王长者，不倍德。"[7]卒私相与谋弑上。[8]会事发觉，[9]汉下诏捕赵王及群臣反者。于是赵午等皆自杀，唯贯高就系。是时汉下诏书："赵有敢随王者辠三族。"[10]唯孟舒、田叔等十余人赭衣自髡钳，[11]称王家奴，随赵王敖至长安。贯高事明白，赵王敖得出，废为宣平侯，乃进言田叔等十余人。上尽召见，与语，汉廷臣毋能出其右者，上说，尽拜为郡守、诸侯相。叔为汉中守十余年，[12]会高后崩，诸吕作乱，大臣诛之，立孝文帝。

【注释】〔1〕"陈豨"，汉初人，高祖封其为列侯，以赵相监赵代边兵，招致宾客，擅兵于外，谋反，被诛。事具本书《韩信卢绾列传》。"代"，代王国，汉初诸侯王国之一。〔2〕"箕踞"，古时无椅凳，坐于席上，坐则跪，行则膝前，足皆向后，以是为敬。若伸两足，则手据膝，故若箕状。箕踞为傲慢不敬的样子。〔3〕"张王"，指赵王张敖。〔4〕"啮"，咬;啃。〔5〕"微"，非;无。〔6〕"虫出"，谓身死无人收尸，尸体内虫子爬出来。〔7〕"倍"，通"背"，背弃。〔8〕"卒"，终于。〔9〕"事发觉"，指贯高谋弑汉高祖事发觉，于汉高帝九年(公元前一九八年)。〔10〕"辠"，音 zuì，古"罪"字。"三族"，说法不一。有说是指父母、兄弟、妻子;有说是指父族、母族、妻族;有说是指父昆弟、己昆弟、子昆弟;也有说是指父、子、孙。〔11〕"孟舒"，汉初人。初事赵王张敖,后为云中郡守。"髡钳",一种剃去头发、以铁圈束颈的刑罚。"髡",音 kūn。〔12〕"汉中",郡名。公元前三一二年秦惠王置。治所在南郑(今陕西汉中东)。辖境相当今陕西秦岭以南,留坝、勉县以东,乾祐河流域以西和湖北郧县、保康以西,粉青河、珍珠岭以北之地。西汉移治西城(在今陕西安康西北)。东汉复还旧治。

【译文】适值陈豨在代地反叛。汉七年,高祖亲往讨伐陈豨,经过赵国,赵王张敖亲自捧着案盘侍奉高祖饮食,非常恭敬。高祖却伸腿坐着骂赵王。这时赵相赵午几十人都很愤怒,对赵王说:"大王侍奉皇帝礼节周到,现在对待大王是这个样子,我们请求作乱。"赵王咬着手指出血,说:"我的祖先亡了国家,不是皇上,我们死了必定无人收尸,尸体会腐烂出虫。你们怎么说这种话! 不要再说了!"于是贯高等说:"大王是忠厚之人,不会背弃皇上恩德的。"立即私议谋弑皇帝。适逢这事被发觉,汉朝下诏逮捕赵王和谋反之臣,于是赵午等都自杀了,只有贯高被关进监牢。这时汉朝下了这样的诏书:"赵国有敢再随从赵王者,罪及三族。"只有孟舒、田叔等十几个人穿上赤褐色的囚衣,自己剃去头发,铁圈套了脖子,声称赵王的家奴,随赵王张敖来到长安。贯高之事清楚后,赵王张敖获释,被废除王位,改封为宣平侯,便向皇帝奏明田叔等十几个人的事情。皇帝全都召见,和他们谈话,发现汉廷之臣没有能够超过他们的,非常高兴,全都任命为郡守、诸侯王相。田叔做汉中郡守十几年,适值高后去世,诸吕作乱,大臣镇压叛乱,立了孝文帝。

孝文帝既立,召田叔问之曰:"公知天下长者乎?"〔1〕对曰:"臣何足以知之!"上曰:"公,长者也,宜知之。"叔顿首曰:〔2〕"故云中守孟舒,长者也。"是时孟舒坐虏大入塞盗劫,云中尤甚,免。上曰:"先帝置孟舒云中十余年矣,虏曾一入,孟舒不能坚守,毋故士卒战死者数百人。长者固杀人乎? 公何以言孟舒为长者也?"叔叩头对曰:"是乃孟舒所以为长者也。夫贯高等谋反,上下明诏,赵有敢随张王,罪三族。然孟舒自髡钳,随张王敖之所在,欲以身死之,岂自知为云中守哉! 汉与楚相距,士卒罢敝。〔3〕匈奴冒顿新服北夷,〔4〕来为边害,孟舒知士卒罢敝,不忍出言,士争临城死敌,如子为父,弟为

兄,以故死者数百人。孟舒岂故驱战之哉! 是乃孟舒所以为长者也。"于是上曰:"贤哉孟舒!"复召孟舒以为云中守。

【注释】〔1〕"长者",旧指性情谨厚的人。〔2〕"顿首",叩头;头叩地而拜。〔3〕"罢敝",羸弱疲困。"罢",音 pí,通"疲",疲困。〔4〕"匈奴",秦汉时代我国境内匈奴族所建政权。战国时期,匈奴族活动于燕、赵、秦以北地区。秦汉之际,冒顿单于统一各部,势力强盛,统治大漠南北广大地区。匈奴和汉朝常常发生矛盾,但也有经济文化交流。东汉时,匈奴分为二部,南匈奴附于汉朝,北匈奴部分西迁。东汉末分为五部。西晋时,匈奴族曾先后建立赵、夏、北凉等国。"冒顿",音 mò dú,匈奴单于之一,于公元前一世纪统一了匈奴各部和北方各族,发展了匈奴势力,是匈奴族中一个杰出人物。

【译文】孝文帝即位后,召田叔问道:"你了解天下的长者吗?"田叔回答:"臣下哪有资格去了解长者!"皇帝说:"你就是长者,应该了解长者的。"田叔叩头说:"原先的云中郡守孟舒,是个长者。"这时孟舒由于匈奴大举入塞侵扰,云中郡受害严重,而被罢了官。皇帝说:"先帝安排孟舒于云中郡十几年了,匈奴一入塞,孟舒不能坚守,白白地让士兵战死了几百人,长者难道杀人吗? 你为什么说孟舒是长者呢?"田叔叩头回答:"这就是所以为长者的原因了。以前贯高等谋反,皇帝下的诏书说明,赵国有敢再跟随赵王的,罪及三族。但孟舒自己剃去头发,脖子上戴着刑具,跟随赵王张敖寸步不离,打算和赵王同死,哪里会料到做云中郡守呀! 汉和楚相争,使得士兵疲困。匈奴冒顿单于刚征服北方各族,袭来造成边害,孟舒了解士兵疲弊,不忍心号令作战,士兵却争先登城同敌人拼命,如同子为父、弟为兄一样战斗,因此牺牲了几百人。孟舒哪是故意驱使他们作战的呢? 这就是孟舒所以是长者的原因。"于是皇帝说:"孟舒真有德行啊!"又召孟舒任命为云中郡守。

后数岁,叔坐法失官。〔1〕梁孝王使人杀故吴相袁盎,景帝召田叔案梁,〔2〕具得其事,还报。景帝曰:"梁有之乎?"叔对曰:"死罪! 有之。"上曰:"其事安在?"田叔曰:"上毋以梁事为也。"上曰:"何也?"曰:"今梁王不伏诛,是汉法不行也;如其伏法,而太后食

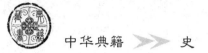

不甘味,[3]卧不安席,此忧在陛下也。"景帝大贤之,以为鲁相。[4]

【注释】〔1〕"坐法",犯了法被判罪。 〔2〕"梁",此指梁孝王刘武。 〔3〕"太后",此指窦太后(? —公元前一三五年)。她是汉清河观津(今河北衡水东)人。初为代王刘恒之姬。代王入为帝,她被立为皇后。其子景帝刘启尊她为太后。好黄老之学。武帝初年,她曾罢逐尊儒的大臣窦婴、田蚡、赵绾、王臧和儒生辕固生等。 〔4〕"鲁",鲁王国,西汉诸侯王国之一。国都鲁县(在今山东曲阜)。辖境相当今山东曲阜、滕县、泗水等县之地。

【译文】过了几年,田叔因犯法而罢了官。梁孝王派人杀了前吴王国丞相袁盎,景帝召田叔到梁国去审问,掌握了全部事实真相,回京报告。景帝问:"梁王真有派人刺杀袁盎的事情吗?"田叔答:"臣下死罪!有这件事。"皇帝问:"有什么证据?"田叔说:"皇上不要过问梁王的事了。"皇帝又问:"为什么?"田叔答道:"现在梁王不依法受诛,就是汉法没有实行;如果他依法受诛,太后必定吃饭无味,睡觉不安,这就使陛下生忧了。"景帝非常赞许他的贤德,任命他为鲁国的丞相。

鲁相初到,民自言相,讼王取其财物百余人。田叔取其渠率二十人,[1]各笞五十,余各搏二十,[2]怒之曰:"王非若主邪?何自敢言若主!"鲁王闻之大惭,发中府钱,[3]使相偿之。相曰:"王自夺之,使相偿之,是王为恶而相为善也。"相毋与偿之。于是王乃尽偿之。

【注释】〔1〕"渠率",同"渠帅",首领。 〔2〕"搏",音bó,击,打。 〔3〕"中府",此指鲁王府。

【译文】鲁相田叔刚刚到任,百姓就找上门来,诉讼鲁王掠取他们财物的有一百多人。田叔把他们三十二个首领各打了五十竹杖,其余的人各打了二十下,很生气地对他们说:"王不是你们的主人吗?怎么敢来控告你们的主人!"鲁王听到这个消息非常惭愧,拿出了王府里的钱,让田叔偿还百姓。田叔说:"王自己夺取了他们的财物,让我偿还他们,这是王做坏事而相做好事了。"田叔不参预偿还百姓财物的工作。于是鲁王亲自全部偿还了百姓的财物。

鲁王好猎,[1]相常从入苑中,[2]王辄休相就馆舍,相出,常暴坐待王苑外。[3]王数使人请相休,终不休,曰:"我王暴露苑中,我独何为就舍!"鲁王以故不大出游。

【注释】〔1〕"鲁王",鲁共王刘余,汉景帝之子。事具本书《五宗世家》。 〔2〕"苑",畜养禽兽并种植草木的地方,多为帝王贵族游玩打猎的园林。 〔3〕"暴",音pù,显露。

【译文】鲁王喜欢打猎,田叔常常随从进入苑中。王每次让相到馆舍中休息,相却出了馆舍,常露天坐在苑外等待王。王屡次派人请相休息,相总是不休息,说:"我王暴露在苑中,我怎能独自到馆舍中去!"鲁王因此再不大举出外游猎。

数年,叔以官卒,鲁以百金祠,[1]少子仁不受也,[2]曰:"不以百金伤先人名。"

【注释】〔1〕"百金",汉以黄金一斤为一金,"百金",即一百斤黄金。 〔2〕"仁",田仁,字少卿,汉武帝时人。

【译文】过了几年,田叔在鲁相任上去世,鲁人以百金为他作祠,他的小儿子田仁不肯接受,说:"不能因为百金而损伤先人的名声。"

仁以壮健为卫将军舍人,[1]数从击匈奴。卫将军进言仁,仁为郎中,数岁,为二千石丞相长史,[2]失官。其后使刺举三河。[3]上东巡,仁奏事有辞,上说,拜为京辅都尉。[4]月余,上迁拜为司直。[5]数岁,坐太子事。[6]时左丞相自将兵,[7]令司直田仁主闭守城门,坐纵太子,下吏诛死。仁发兵,长陵令车千秋上变仁,[8]仁族死。陉城今在中山国。[9]

【注释】〔1〕"卫将军",即卫青,西汉名将。具见本书《卫将军骠骑列传》。"舍人",王公贵人亲近的属官。 〔2〕"二千石",汉代内自公卿郎将,外至郡守尉的俸禄等级,都是二千石。分三等:中二千石,月得一百八十斛;二千石,月得一百二十斛;比二千石,月得一百斛。"丞相长史",丞相的属官,秩千石,职任颇重,是丞相的辅佐。 〔3〕"刺举",刺探举发。"三河",指汉的河南、河东、河内三郡,即今洛阳市黄河南北地区。 〔4〕"京辅",即京畿,国都所在地及其行政官署所辖地区。"京辅都尉",掌管京辅军事的武官。 〔5〕"司直",官名,汉武帝元狩五年置,协助丞相检举不法。 〔6〕"坐",特指获罪的因由。"太子事",戾太子事件。戾太子刘据(公元前一二八年至前九一年),汉武帝的太子。元狩元年立。武帝末年巫蛊之祸起,他被江充所诬,因举兵诛江充,与丞相刘屈氂战于长安,兵败,自杀。 〔7〕"左丞相",指刘屈氂。刘屈氂于征和年间为左丞相,封澎侯。戾太子发兵诛江充,他与戾太子战。后因巫蛊之祸,被腰斩于东市。事具《汉书·公孙刘田王杨蔡陈郑传》。 〔8〕"长陵",汉县名。汉高帝十二年置陵,成帝时置县,属于左冯翊。故城在今陕西咸阳市东北。"车千秋",人名。他原姓田,徙于长陵,为高寝郎。因戾太子为江充所潜败,他替戾太子讼冤。武帝感悟,拜他为大鸿胪,不久任为丞相,封富民侯。昭帝时因年老得乘小车入宫殿,因号车丞相。子孙因以车为氏。事具《汉书·公孙刘田王杨蔡陈郑传》。 〔9〕"中山国",汉高帝置中山郡,景帝改为中山国,都于卢奴(今河北定县)。辖境相当今河北狼牙山以南,保定市安国以西,唐县新乐以东和滹沱河以北地区。

【译文】田仁因为健壮做了卫将军的舍人,多次随从打击匈奴。卫将军向朝廷推荐田仁,田仁做了郎中。过了几年,做了二千石的丞相长史,又丢了官。后来被派往三河侦察。皇帝到东方巡视,田仁奏事辞正理当,皇帝高兴,任命他为京辅都尉。过了一个多月,皇帝提升他为司直。几年以后,受到戾太子事件的株连。当时左丞相刘屈氂亲自领兵同太子作战,命令司直田仁负责闭守城门,被太子逃走了,因此犯了放纵太子的罪,交给法官审理,被判处死刑。田仁发兵,长陵令车千秋上告田仁叛变,田仁全族被诛。陉城如今在中山国。

太史公曰:孔子称曰"居是国必闻其政",〔1〕田叔之谓乎! 义不忘贤,明主之美以救过。仁与余善,〔2〕余故并论之。

【注释】〔1〕"孔子",即孔丘,具见本书《孔子世家》。"居是国必闻其政",《论语·学而篇》引子禽称孔子之言。 〔2〕"余",我,即司马迁。

【译文】太史公说:孔子称道"在一个国家,必定知道那个国家的政事",田叔就是所说的这种人吧! 讲义气而不忘德行,宣扬君主的美德而弥补他的过错。田仁同我友好,我所以一并论述及他。

褚先生曰:臣为郎时,〔1〕闻之曰田仁故与任安相善。〔2〕任安,荥阳人也。〔3〕少孤贫困,为人将车之长安,〔4〕留,求事为小吏,未有因缘也,因占著名数。〔5〕武功,〔6〕扶风西界小邑也,〔7〕谷口蜀劙道近山。〔8〕安以为武功小邑,无豪,易高也,安留,代人为求盗亭父。〔9〕后为亭长。〔10〕邑中人民俱出猎,任安常为人分麋鹿雉兔,部署老小当壮剧易处,众人皆喜,曰:"无伤也,〔11〕任少卿分别平,有智略。"明日复合会,会者数百人。任少卿曰:"某子甲何为不来乎?"诸人皆怪其见之疾也。其后除为三老,〔12〕举为亲民,出为三百石长,〔13〕治民。坐上行出游共帐不办,〔14〕斥免。

【注释】〔1〕"郎",帝王侍从官的通称。郎官的职责原为护卫陪从,随时建议,备顾问及差遣,战国始有,秦汉沿置,有议郎、中郎、侍郎、郎中等名。秦汉时,初属郎中令(光禄勋),无定员,出入或由任子、赀选,或由文学、技艺。 〔2〕"任安",人名。字少卿,荥阳人。坐戾太子事,被诛。他和司马迁交好。司马迁写有《报任安书》。 〔3〕"荥阳",县名。故地在今河南郑州市西郊、黄河南岸。 〔4〕"将车",驾车。 〔5〕"占著名数",自外地迁至新地,自报户籍。"名数",户籍。 〔6〕"武功",县名。故地在今陕西郿县境。 〔7〕"扶风",即右扶风。汉武帝太初元年改主爵都尉置,因地属畿辅,故不称郡,为三辅之一。治所在长安(在今西安市西北)。辖境约当今陕西秦岭以北,户县、咸阳、旬邑以西之地。 〔8〕"蜀",郡名。治所在成都(今属四川)。西汉时辖境相当今松潘以南,北川、彭县、洪雅以西,峨边、石棉以北,邛崃山、大渡河以东,以及大渡河与雅砻江之间康定以南、冕宁以北之地。"劙道",即栈道。 〔9〕"求盗亭父",古时亭有两卒,其一为亭父,掌开闭扫除;一为求盗,掌逐捕盗贼。 〔10〕"亭长",秦汉时每十里为一亭,设亭长一人。掌治安、诉讼等事。 〔11〕"无伤",无人能胜;真了

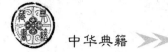

不起的意思。〔12〕"三老",秦置乡三老,汉沿置。汉并置县三老、郡三老,帮助郡县长官推行政令。〔13〕"三百石长",即县长。秦汉时,县的长官,万户以上的县为令,秩千石至六百石;不足万户的县称长,秩五百石至三百石。〔14〕"共",音 gōng,通"供"。

【译文】褚先生说:我做郎官的时候,听人说田仁原先和任安交好。任安,荥阳人。少年时丧父,贫困,替人驾车到了长安,留下来,寻做小吏,没有机会,就自报户籍。武功是右扶风西边的一个小邑,通向蜀郡的谷口栈道近山。任安以为武功是个小邑,没有豪强,容易出人头地,就留在那里,替人家做了求盗亭父。后来做了亭长。邑中人民都出外打猎,任安常常替人均分麋鹿雉兔,根据老小丁壮情况安排在难易不同的岗位,众人都很高兴,说:"真了不起,任少卿分派公平,有智谋才略。"第二天又集会,集合了几百人。任安说:"某人甲为什么不来呢?"众人都惊觉他心明眼快。从此以后做了三老,因为亲近百姓而被推举,出任俸禄为三百石的县长,治理百姓。因皇帝出游没有筹办陈设帷帐等用具而获罪,被斥责罢官。

乃为卫将军舍人,与田仁会,俱为舍人,居门下,同心相爱。此二人家贫,无钱用以事将军家监,〔1〕家监使养恶啮马。两人同床卧,仁窃言曰:"不知人哉家监也!"任安曰:"将军尚不知人,何乃家监也!"卫将军从此两人过平阳主,〔2〕主家令两人与骑奴同席而食,此二子拔刀列断席别坐。主家皆怪而恶之,莫敢呵。

【注释】〔1〕"家监",管家。〔2〕"平阳主",即平阳公主。汉武帝之姊,封为阳信长公主,为平阳侯曹寿妻,时称平阳公主,后来嫁给卫青。事具《汉书·卫青传》。

【译文】就做了卫将军的舍人,和田仁在一起,都是做舍人,居于门下,同心相爱。这两人家里贫寒,没钱用来敬奉卫将军的家监,家监让他俩饲养烈性马。两人同床睡觉,田仁窃窃私语说:"家监太不识人了!"任安说:"将军尚且不识人,何况是家监!"这两人随从卫将军拜访平阳公主,公主家让两人和骑奴同席吃饭,两人拔刀割席分别而坐。公主

家都惊奇而厌恶两人,但不敢呵责。

其后有诏募择卫将军舍人以为郎,将军取舍人中富给者,令具鞍马绛衣玉具剑,欲入奏之。会贤大夫少府赵禹来过卫将军,〔1〕将军呼所举舍人以示赵禹。赵禹以次问之,十余人无一人习事有智略者。赵禹曰:"吾闻之,将门之下必有将类。传曰'不知其君视其所使,不知其子视其所友'。今有诏举将军舍人者,欲以观将军而能得贤者文武之士也。今徒取富人子上之,又无智略,如木偶人衣之绮绣耳,将奈之何?"于是赵禹悉召卫将军舍人百余人,以次问之,得田仁、任安,曰:"独此两人可耳,余无可用者。"卫将军见此两人贫,意不平。赵禹去,谓两人曰:"各自具鞍马新绛衣。"两人对曰:"家贫无用具也。"将军怒曰:"今两君家自为贫,何为出此言?鞅鞅如有移德于我者,何也?"〔2〕将军不得已,上籍以闻。有诏召见卫将军舍人,此二人前见,诏问能略,相推第也。田仁对曰:"提枹鼓立军门,〔3〕使士大夫乐死战斗,仁不及任安。"任安对曰:"夫决嫌疑,定是非,辩治官,使百姓无怨心,安不及仁也。"武帝大笑曰:"善。"使任安护北军,〔4〕使田仁护边田谷于河上。此两人立名天下。

【注释】〔1〕"少府",官名,秦汉九卿之一。掌管山海池泽的税收,供皇帝享用。"赵禹",人名。西汉斄(今陕西武功西南)人。武帝时官至廷尉。治狱严峻。曾与张汤共编律令。事具《史记》、《汉书·酷吏传》。〔2〕"鞅鞅",意不满貌。〔3〕"枹鼓",即枹鼓。鼓槌和鼓。"枹",通"桴"。〔4〕"护北军",监督北军。"北军",汉代守卫京师的屯卫兵。以屯守长安城内北部,故称。初由中尉率领。士兵均为三辅骑士,一年更换一次。武帝时,扩大北军,改北军中垒为校尉,又增设屯骑、步兵、越骑、长水、胡骑、射声、虎贲等七校尉,分屯长安城中和附近各地,并得随军出战;中尉改称执金吾,不再统率北军。

【译文】后来皇帝下诏募择卫将军的舍人去做郎官,将军选取舍人中富有的人,让他们备办鞍

马绛衣玉具剑,打算入朝奏报。适遇贤大夫少府赵禹来访卫将军,将军叫所举的舍人出来让赵禹看。赵禹挨个询问他们,十几个人没有一个识事务有智略的。赵禹说:"我听说,将军的门下必定有将军一类的人才。书传上写'不了解人君就看他派遣的使者,不了解人子就看他交游的朋友'。现在有诏选择将军的舍人,是打算观察将军而能得到贤能的文武之士。现在不过是取富人子弟推举上去,又没有智能谋略,好似木偶人穿着美丽的衣服,这怎么行?"于是赵禹召齐一百多个卫将军的舍人,挨个询问他们,选中了田仁、任安,说:"只有这两人好,其余的人没什么用。"卫将军觉得这两人贫穷,心里不满。赵禹走后,他对两人说:"各自备办鞍马新绛衣。"两人对答:"家里贫穷没法备办。"将军发怒说:"现在你两家自己贫穷,为什么说出这种话?你们不满的样子像是要推过于我,这算什么呀?"将军不得已,向皇帝奏报了他俩的名籍。皇帝下诏召见卫将军的舍人,这两人前去进见,诏问两人的才能谋略,两人互相推重。田仁奏对说:"提着枹鼓立于军门,使士大夫自愿拼命战斗,我田仁不如任安。"任安奏对说:"决嫌疑,定是非,辩治官,使百姓没有怨心,我任安不如田仁。"武帝大笑说:"好。"让任安护北军,让田仁到河上护边田谷。这两人在天下有了名声。

其后用任安为益州刺史,[1]以田仁为丞相长史。

【注释】[1]"益州",汉武帝所置十三刺史部(州)之一。辖境约当今四川折多山、云南怒山、哀牢山以东,甘肃武都、两当、陕西秦岭以南,湖北郧县、保康西北,贵州除东边以外的地区。东汉以后辖境渐小。"刺史",官名。汉武帝分全国为十三部(州),部置刺史,以六条察问郡县,本为巡察官性质,官阶低于郡守。后曾改称州牧,职权渐重,东汉灵帝时,刺史居郡守之上,掌握一州的军政大权。

【译文】后来用任安做益州刺史,以田仁做丞相长史。

田仁上书言:"天下郡太守多为奸利,三河尤甚,臣请先刺举三河。三河太守皆内倚中贵人,[1]与三公有亲属,[2]无所畏惮,宜先正三河以警天下奸吏。"是时河南、河内太守皆御史大夫杜父兄子弟也,[3]河东太守石丞相子孙也。[4]是时石氏九人为二千石,方盛贵。田仁数上书言之。杜大夫及石氏使人谢,谓田少卿曰:"吾非敢有语言也,愿少卿无相诬汙也。"仁已刺三河,三河太守皆下吏诛死。仁还奏事,武帝说,以仁为能不畏强御,拜仁为丞相司直,威振天下。

【注释】[1]"中贵人",宫中贵幸之人,后来专指帝王所宠信的宦官。[2]"三公",汉称丞相、太尉、御史大夫为三公。[3]"河南",郡名。汉高帝二年(公元前二〇五年)改秦三川郡置河南郡。治所在雒阳(今洛阳市东北)。辖境相当今河南省黄河以南洛水、伊水下游,双洎河、贾鲁河上游地区及黄河以北原阳县;其后渐小。"河内",郡名。楚汉之际置。治所在怀县(今河南武陟西南)。辖境相当今河南黄河以北,京汉铁路(包括汲县)以西地区。"御史大夫杜",杜周(? ——公元前九五年)。汉武帝时酷吏。官至御史大夫。事具本书《酷吏列传》及《汉书·杜周传》。[4]"河东",郡名。秦置,汉沿置。治所在安邑(今山西夏县西北)。辖境相当今山西沁水以西、霍山以南地区。"石丞相",石庆(?—公元前一〇三年)。为人谨慎,官至丞相,封牧丘侯。事具本书《万石张叔列传》。

【译文】田仁上书说:"天下郡太守多干奸利勾当,三河的郡太守尤为严重。臣下请求先视察三河。三河的太守都内倚中贵人,同三公有亲属关系,无所畏惮,应该先正三河以警戒天下的奸吏。"这时河南、河内太守都是御史大夫杜周的父兄子弟,河东太守是丞相石庆的子孙。这时石氏有五人做二千石的官,正显贵势盛。田仁多次上书谈这事。杜周及石氏派人致意,劝田少卿说:"我们没有说过你什么,希望你不要诬蔑我们。"田仁已视察三河,将三河的太守都法办诛死。田仁回京奏事,武帝高兴,认为田仁能够不怕强暴,任命他为丞相司直,威振天下。

其后逢太子有兵事,[1]丞相自将兵,[2]使司直主城门。司直以为太子骨肉之亲,父子之间不甚欲近,去之诸陵过。是时武帝在甘泉,[3]使御史大夫暴君下责丞相"何为纵太子",[4]丞相对言"使司直部守城门而开太子"。上书以闻,请捕系司直。司直下吏,

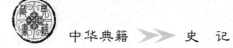

诛死。

【注释】〔1〕"太子",指汉武帝的太子刘据。〔2〕"丞相",指左丞相刘屈氂。〔3〕"甘泉",宫名。故址在今陕西淳化西北甘泉山。汉武帝常在此避暑,接见诸侯王、郡国上计吏及外国来客。〔4〕"暴君",暴胜之。河东人,字公子。汉武帝后期郡国盗贼蜂起,他为直指使者,衣绣衣,持斧,逐捕盗贼,督课郡国,以军兴诛不从命者。太始三年(公元前九四年)迁为御史大夫,三年下狱自杀。

【译文】以后遇到戾太子发动兵事,丞相亲自带兵,让司直掌管城门,司直以为太子是皇帝的骨肉之亲,父子之间不会相逼迫,让他去往诸陵。这时武帝在甘泉宫,派遣御史大夫暴胜之谴责丞相"为什么放走太子",丞相回答说"曾派司直统兵守城门而放跑了太子"。上书报告了这个情况,请求拘捕司直。司直被交官法办,诛死。

是时任安为北军使者护军,太子立车北军南门外,召任安,与节令发兵。安拜受节;入,闭门不出。武帝闻之,以为任安为详邪,〔1〕不傅事,何也?〔2〕任安笞辱北军钱官小吏,小吏上书言之,以为受太子节,言"幸与我其鲜好者"。〔3〕书上闻,武帝曰:"是老吏也,见兵事起,欲坐观成败,见胜者欲合从之,有两心。安有当死之罪甚众,吾常活之,今怀诈,有不忠之心。"下安吏,诛死。

【注释】〔1〕"详",音 yáng,通"佯",假装。〔2〕"何",《索隐》本"何",作"可",较好理解。〔3〕"幸与我其鲜好者",《索隐》曰"谓太子请其鲜好之兵甲也",以此为太子之语;其实这是小吏诬称任安所言。

【译文】这时任安做北军使者护军,太子于北军南门外立在车上,召见任安,给予符节令他发兵。任安接受了符节,入南门,闭门不出。武帝了解到这事,以为任安伪装受节,不附会太子,是怎么回事?任安曾笞辱过北军管钱的小官吏,小吏将这事向皇帝做了小报告,认为任安接受了太子的符节,还说"幸运地得到您给我鲜美的符节"。报告被皇帝知晓,武帝说:"这是老奸巨猾的官吏,看到发生兵事,打算坐观成败,见胜利者就企图投顺过去,怀有二心。任安本来犯有许多应当处死之罪,我曾让他活了下来,现在心怀奸诈,有不忠之心。"将任安交官法办,诛死。

夫月满则亏,物盛则衰,天地之常也。知进而不知退,久乘富贵,祸积为祟。故范蠡之去越,辞不受官位,名传后世,万岁不忘,岂可及哉!后进者慎戒之。

【译文】月亮满了就得亏缺,事物过盛就得衰败,这是自然规律。只知进而不知退,长久地追逐富贵,就会祸积成灾。所以范蠡离开越国,辞官不受,声名传于后世,一万年也不忘掉,难道能比得上吗?后来人当以此为戒。

史记卷一百零五

扁鹊仓公列传第四十五

扁鹊者,[1]勃海郡郑人也,[2]姓秦氏,名越人。少时为人舍长。[3]舍客长桑君过,[4]扁鹊独奇之,常谨遇之。长桑君亦知扁鹊非常人也。出入十余年,乃呼扁鹊私坐,间与语曰:“我有禁方,[5]年老,欲传与公,公毋泄。”扁鹊曰:“敬诺。”乃出其怀中药予扁鹊:“饮是以上池之水,三十日当知物矣。”[6]乃悉取其禁方书尽与扁鹊。忽然不见,殆非人也。扁鹊以其言饮药三十日,视见垣一方人。[7]以此视病,尽见五藏症结,[8]特以诊脉为名耳。为医或在齐,[9]或在赵。在赵者名扁鹊。

【注释】[1]“扁鹊”,古代传颂的名医。[2]“勃海郡”,汉高帝五年(公元前二〇二年)分巨鹿、济北郡而置。本传乃据西汉郡县而载秦越人籍贯,因扁鹊传述纷纭,司马迁不得已而如此,以可循之地域而记古贤之籍贯。“郑”,《史记集解》引徐广说:“郑当为鄚。鄚,县名,今属河间。”《史记索隐》亦云:“勃海无郑县,徐说是也。”鄚,其地在今河北省任丘县鄚州镇。一说,《正义》引《难经·序》谓秦越人“又家于卢国,因命之曰卢医也。”即齐之卢国,即今山东长清县人,可供参考。[3]“舍长”,客馆之长,即招待宾客处所的管理人。[4]“长桑君”,长桑为复姓,君为尊称,这是一位道术高深却隐而不仕的医生。[5]“禁方”,秘密之方、秘方。[6]“上池之水”,从天而降而未接触地表的水,如竹木枝叶上所凝结的露水、古人用金属所制承露盘中所收集的夜露水。本传所载以上池之水服药,一月之内能诱发人体特异功能,透视诸物和病灶。[7]“视见垣一方人”,《太平御览》卷七二一引《史记》“垣”下有“外”字。本句意为能透视垣墙外另一边的人。[8]“五藏”,指内脏中的心、肝、脾、肺、肾;亦连类而及“六腑”,即大、小肠、胃、胆、膀胱、三焦。“症结”,腹中因疾病而积聚形成的块状物。《诸病源候论》卷十九云:“症者,由寒温失节,致腑脏之气虚弱,而饮食不消,聚结在内,染渐生长块段,盘牢不移动者,是症也。言其形状,可征验也。若积引岁月,人即柴瘦,腹转大,遂致死。诊其脉弦而伏,其症不转动者必死。”本传所称“五藏症结”,乃泛指结于腹内之病灶所在。[9]《史记正义》说,在齐号为卢医。

【译文】扁鹊是勃海郡县人,姓秦,名叫越人。年轻时做别人家宾馆的主管。宾馆的客人长桑君经过宾馆时,唯独扁鹊认为他不平凡,常常恭谨地对待他。长桑君也知道扁鹊不是平庸之辈。长桑君出入宾馆十多年,才私下叫扁鹊坐下来谈谈,旁边没有人时秘密地对扁鹊说:“我有秘方,我已年长,想传授给你,你不要泄露。”扁鹊说:“是的。”于是取出他怀中的药方给扁鹊,说:“服这药要用没有落地的露水,三十天后就会洞察事物了。”于是长桑君拿出他所有秘方交与扁鹊。忽然间长桑君不见了,大概他不是凡人。扁鹊按照长桑君的话服用了三十天药,能隔墙看到对面的人。凭着这种本领看病,完全看得见五脏病根的部位,表面上只是用切脉为名罢了。有时在齐国行医,有时在赵国行医。在赵国时名叫扁鹊。

当晋昭公时,诸大夫强而公族弱,[1]赵简子为大夫,专国事。简子疾,五日不知人,[2]大夫皆惧,于是召扁鹊。扁鹊入视病,出,董安于问扁鹊,[3]扁鹊曰:“血脉治也,而何怪![4]昔秦穆公尝如此,七日而寤。寤之日,告公孙支与子舆[5]曰:‘我之帝所甚乐。吾所以久者,适有所学也。[6]帝告我:“晋国且大乱,五世不安。[7]其后将霸,未老而死。[8]霸者之子且令而国男女无

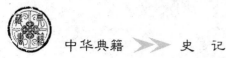

别。'〔9〕公孙支书而藏之,秦策于是出。〔10〕夫献公之乱,文公之霸,〔11〕而襄公败秦师于殽而归纵淫,〔12〕此子之所闻。今主君之病与之同,不出三日必间,〔13〕间必有言也。"

【注释】〔1〕"晋昭公",即晋侯夷,公元前五三一年立,公元前五二六年卒,在位六年。《左传》昭公十二年、十三年、十六年载其事。本书《晋世家》、《郑世家》、《魏世家》皆记载"晋昭公卒,其六卿强,公室卑。""诸大夫",指韩、赵、魏、范、中行、智氏等六卿。"公族",国君宗室子弟。这里指晋侯的政权及力量,意同"公室"。〔2〕"赵简子",晋大臣赵衰后代,又称赵鞅、志父,自晋定公十三年至三十七年(公元前四九九年至前四七五年)掌握晋国大权。本书《赵世家》记"赵简子疾,五日不知人"亦在晋定公年间。《史记正义》云:"简子疾在定公之十一年也。"《史记索隐》引《韩非子》载赵简子疾"十日不知人",所叙有不同。〔3〕"董安于",赵简子的家臣。又作"董阏于",据《韩非子·内储说上》载,曾任"赵上地守",即上党地区长官。后被缢死,以祭祀赵氏宗庙。〔4〕"血脉治也",血脉正常。"治",安和、正常。《黄帝内经·素问·脉要精微论》云:"夫脉者,血之府也。长则气治,短则气病。"王冰注:"夫脉长为气和,故治。"〔5〕"秦穆公",即秦缪公,嬴任好。春秋时秦国君主,公元前六五九年至前六二一年在位。任用百里奚、蹇叔等贤臣,兴秦图强。曾利用姻戚关系,多次干与晋国内政,以打通东道,争霸中原。适晋文公死,发兵袭郑,遭晋伏击,大败于二崤(今河南三门峡东南)。此后转而西进,谋伐戎王,辟地千里,遂霸西戎。参看《左传》僖公九年至文公六年和本书《秦本纪》、《晋世家》等有关记载。"寤",觉醒,苏醒。"公孙支",秦国大夫公孙子桑。李斯《谏逐客书》云:"昔缪公求士,来公孙支于晋。"《括地志》云:"公孙支,岐州人,游晋,后归秦。""子舆",未详。疑亦为秦国大夫。〔6〕"适",恰好。"有所学",指天帝有训导,要求学习理会。〔7〕"晋国且大乱","且",将要。本书《封禅书》亦载秦穆公"病卧五日不寤;寤,乃言梦见上帝,上帝命缪公平晋乱。史书而记藏之府。……其后三置晋国之君,平其乱。"《史记索隐》认为,三置晋君是指晋惠公、怀公、文公。"五世不安",《史记志疑》指出应作"三世不安"。〔8〕"其后将霸,未老而死",指晋文公称霸之大业成功,但不到七十岁就去世。《礼记·曲礼上》:"七十曰老。"晋文公生于公元前六九七年,殁于公元前六二八年,享年六十九岁。〔9〕

"霸者之子",即晋襄公。"而",汝,你。"而国",指秦国。"男女无别",与宗周以来的礼制"男女有别"相异而言。如《礼记·郊特牲》云:"男女有别,然后父子亲;父子亲,然后义生;义生,然后礼作;礼作,然后万物安。"当时北方戎、狄游牧民族则不同,尚未脱离原始社会阶段,所以《左传》隐公十年、襄公四年说:"戎轻而不整,贪而无亲;胜不相让,败不相救。""戎狄无亲而贪。""戎,禽兽也。"即不事礼义,男女无别。本句乃指晋襄公于殽大败秦军后,使秦国转而西进伐戎,辟地千里,在"遂霸西戎"之后,亦习染了戎"贪而无亲"、"男女无别"的落后风俗。贾谊《治安策》叙秦俗云:"家富子壮则出分,家贫子壮则出赘。"秦始皇《泰山刻石》特别强调"男女礼顺","昭隔内外,靡不清净,施于后嗣"。正是对"男女无别"陋习的坚决抛弃。一说,此文可从"霸王之子且令"断句,言晋襄公将代行其父霸主之令于诸侯。〔10〕"秦策",本书《赵世家》此句作"秦谶","谶"即宣称将来会应验的预言。一说"策"通"册",指秦人所记载此事的史册。〔11〕"献公之乱",晋献公宠爱骊姬,信其谮言,导致晋国大内乱。"文公之霸",晋文公名重耳,因遭骊姬之难,在外流亡十九年,后由秦穆公发兵护送回国,立为晋君。修明内政,整饬法纪,国力始强,又率诸侯勤王,平周室王子带之乱,迎襄王复位;城濮之战,大败楚军;旋在践土(今河南原阳西南)主盟诸侯,周天子亦奉召参加,策命他为侯伯,成为春秋五霸之一。〔12〕"襄公败秦师于殽而归纵淫",《史记志疑》指出,考之《左传》,晋襄公无纵淫事。此句当指殽之战晋俘获秦军三帅孟明、西乞、白乙丙,而晋襄公听从其母文嬴之言而予以释放。《左传》僖公三十三年有详细记载:"先轸朝,问秦囚。公曰:'夫人请之,吾舍之矣。'先轸怒,曰:'武夫力而拘诸原,妇人暂而免诸国,堕军实而长寇雠,亡无日矣!'不顾而唾。公使阳处父追之,及诸河,则在舟中矣。""淫"有放纵之义,"纵淫"为同义复词,意为放开、释放,这里非指淫乱。一说"淫"训为游、流移,"纵淫"指放走秦三帅浮舟黄河,西渡归秦。〔13〕"间",病情好转,病愈。《方言》卷三:"差、间,愈也。南楚病愈者谓之差,或谓之间。"《论语·子罕》:"病间。"何晏《集解》引孔安国注:"病少差曰间也。"

【译文】晋昭公时期,大夫们势力强大而国君宗族势力衰弱,赵简子做大夫,专断国事。赵简子患病,五天不省人事,大夫们都很恐惧,这时叫来扁鹊。扁鹊入内看病,走出来,董安于向扁鹊询问病情,扁鹊说:"血脉正常,你们不必大惊小怪。过去秦穆公也曾发生过这种现象，第七天才醒。醒过来的那天，告诉公孙支和子舆说：'我前往天帝那儿非常快乐，我之所以去了很长时间，是因为刚好接受天帝的教命。天帝告诉我："晋国将要大乱，五代国君不安宁。这以后将称霸，称霸后不久霸主死去。霸主的儿子将使你们国家的男女无别。"'公孙支记下这段话，而且把它收藏起来，于是秦国史册上就是根据这些作了记载。晋献公时的内乱，晋文公的称霸，晋襄公在殽山大败秦军回国后的放纵淫乱，这些是你知道的。现在主君的病和秦穆公相同，不出三天病就会见轻，病好转后一定有话说。"

　　居二日半，简子寤，语诸大夫曰："我之帝所甚乐，与百神游于钧天，广乐九奏万舞，不类三代之乐，其声动心。[1]有一熊欲援我，帝命我射之，中熊，熊死。有罴来，我又射之，中罴，罴死。[2]帝甚喜，赐我二笥，皆有副。吾见儿在帝侧，帝属我一翟犬，曰：'及而子之壮也以赐之。'[3]帝告我：'晋国且世衰，七世而亡。[4]嬴姓将大败周人于范魁之西，[5]而亦不能有也。'"董安于受言，书而藏之。以扁鹊言告简子，简子赐扁鹊田四万亩。[6]

【注释】[1]"钧天"，天之中央，上帝所居处。"广乐"，浩大的乐舞队列。"九奏"，犹言"九成"，多次演奏。"万舞"，用于祭祀宗庙山川之舞，武舞执干楯，文舞执羽籥。一说，"万"为舞名，谓之万者，以万为舞的总称。"三代"，夏、商、周。[2]"援"，拉、拽。"罴"，亦称"马熊"、"人熊"，熊的一种，毛色棕褐，能爬树、游水。《赵世家》载有人认为熊罴乃范氏、中行氏祖，帝命简子灭二氏。[3]"笥"，竹箱。"副"，穿著祭祀礼服时所佩带的首饰。"翟犬"，"翟"通"狄"，古代北方地区游牧民族狄人驯养的良犬。《赵世家》载有人认为帝赐二笥皆有副，乃兆"主君之子将克二国于翟，皆子姓也"，即灭代和智氏。赐翟犬乃兆"翟犬者，代之先也。主君之子且必有代。及主君之后嗣，且有革政而胡服"。代为春秋战国时一小国，即今河北蔚县东北代王城。赵襄子击杀代王，遂灭代。后嗣革政，公元前三〇七年，赵武灵王令胡服骑射。[4]"七世而亡"，指公元前四五三年韩、赵、魏三家分晋。据《晋世家·索隐》引《竹书纪年》，此事在晋出公二十二年，《竹书》乃晋人记载晋事，当为可信，故疑此句"七世"有

误。[5]"嬴姓"，赵氏与秦同为嬴姓。"周人"，这里指卫国，卫与周人同出姬姓，卫康叔与周武王同母少弟，受封于卫。赵成侯三年，公元前三七二年，伐卫，取其乡邑七十三处。"范魁"，地名，所在位置待考。魁，小丘。[6]"赐扁鹊田"，今河北省南宫县尚有扁鹊村和"赵简子赐田处"。

　　【译文】过了两天半，简子醒过来，告诉大夫们说："我到天帝那里很快乐，和众神在天中游玩，各种乐器齐奏音乐，跳着各种各样的舞蹈，不像远古三代的舞乐，乐曲声动人心弦。有一只熊想拉我，天帝命令我射它，我射中熊，熊死了。有只罴过来，我又射它，射中罴，罴死了。天帝非常高兴，赐予我两个竹笥，都有副品。我看见一个小孩在天帝旁边，天帝给我一只翟犬，说：'等你的儿子长大时把翟犬赏给他。'天帝告诉我：'晋国将一代一代衰落，七代后国家灭亡。嬴姓人将在范魁的西方大败周人，但也不能拥有这块土地。'"董安于听了这些话，记录并收藏起来。并把扁鹊的话告诉赵简子，简子赏赐给扁鹊四万亩田。

　　其后扁鹊过虢。[1]虢太子死，扁鹊至虢宫门下，问中庶子喜方者[2]曰："太子何病，国中治穰过于众事？"[3]中庶子曰："太子病血气不时，交错而不得泄，暴发于外，则为中害。[4]精神不能止邪气，邪气畜积而不得泄，是以阳缓而阴急，故暴蹷而死。"[5]扁鹊曰："其死何如时？"曰："鸡鸣至今。"曰："收乎？"[6]曰："未也，其死未能半日也。""言臣齐勃海秦越人也，家在于郑，未尝得望精光侍谒于前也。[7]闻太子不幸而死，臣能生之。"中庶子曰："先生得无诞之乎？何以言太子可生也！臣闻上古之时，医有俞跗，[8]治病不以汤液醴酒，[9]镵石挢引，案扤毒熨，[10]一拨见病之应，因五藏之输，[11]乃割皮解肌，诀脉结筋，搦髓脑，揲荒爪幕，湔浣肠胃，漱涤五藏，练精易形。[12]先生之方能若是，则太子可生也；不能若是而欲生之，曾不可以告咳婴之儿。"[13]终日，扁鹊仰天叹曰："夫子之为方也，若以管窥天，以郄视文。越人之为方也，不待切脉望色听声写形，[14]言病之所在。闻病之阳，论得其阴；闻病之阴，论得其阳。[15]病应见于大表，不出千里，

决者至众，不可曲止也。〔16〕子以吾言为不诚，试入诊太子，当闻其耳鸣而鼻张，循其两股以至于阴，当尚温也。"

【注释】〔1〕"虢"，姬姓国，有东虢，春秋前已为郑地，今河南省郑州市北；有西虢国，故城在今河南省陕县内；有南虢国，西周季历孝虢仲之后代，在今山西省平陆县境内，公元前六五五年，为晋献公所灭，见《左传》僖公五年。有小虢国，周平王东迁，西虢亦随之徙往，留于歧者为小虢，即今陕西省宝鸡县虢镇，《括地志》说"小虢，羌之别种"，公元前六八七年，为秦武公所灭。未详扁鹊经过的虢究竟为何处之虢。《说苑·辨物》载此事作"扁鹊过赵"。《史记志疑》说："《韩非子·喻老篇》言扁鹊见蔡桓侯，《国策》'扁鹊见秦武王'。《汉书·高纪》十二年注：韦昭曰：'越人，魏桓侯时医。'臣瓒曰：'魏无桓侯。'余考扁鹊与赵简子同时，而蔡桓侯在春秋初，鲁隐桓之世。秦武王立于周赧王五年。前后相去各约二百年，何能亲接。盖《说苑》作赵甚是。赵简子之为桓子，《韩非》所谓桓侯者。魏蔡秦武皆谬。《鹖冠子·世贤篇》言魏文侯问扁鹊。魏文与赵桓并世，可以为验。或曰：'晋孝公《纪年》作桓公，与魏文侯同时，当是扁鹊所见者。'亦通。"〔2〕"中庶子"，官名，周代有庶子官，也称诸子。掌管诸侯卿大夫庶子的教育管理。汉以后是太子属官，称太子中庶子。"喜方者"，指喜好方技医术的一位中庶子。〔3〕"禳"，音 ráng，借为"攘"，去邪除恶的祭祀。〔4〕"血气不时"，血气运行不和顺。《素问·调经论》云："血气不和，百病乃变化而生。""交错"，相互往来、搏击。这句指血气内乱导致潜伏病邪悄然而起，正气与邪气相搏斗，而邪气不能被排泄出体外。参看《灵枢·贼风》云："黄帝曰：卒然而病者，其故何也？唯有因鬼神之事乎？岐伯曰：此亦有故邪留而未发，因而志有所恶，及有所慕，血气内乱，两气相搏。其所从来者微，视之不见，听而不闻，故似鬼神。"病如鬼神作祟，突然发作，所以有"治禳"。〔5〕"精神不能止邪气"，参看《灵枢·平人绝谷》："五藏安定，血脉和利，精神乃居。"《素问·上古天真论》："精神内守，病安从来？"虢太子血气不和，故精神不能制止和驱逐体内猖狂而起的病邪之气。"阳缓而阴急"，指体内阴阳失调，阳缓而衰，阴急而盛，如《素问·生气通天论》所说的"阳不胜其阴，则五藏气争，九窍不通"，（九窍，眼、耳、鼻、口、前阴、后阴。）故突然发病。"暴蹙"，或作"暴厥"，古病名，指猝然昏厥，不省人事。《素问·大奇论》："脉

至如喘，（王冰注："喘，谓卒来盛急，去而便衰，如人之喘状。"）名曰暴厥，暴厥者不知与人言。"一九八五年出土的张家山汉简《引书》则有"人之所以善蹙，蚤（早）衰于阴，（案：指男子朘阴所藏的精气及性功能。）以其不能节其气也。能善节其气而实其阴，则利其身矣"的说法，可与本文参看。〔6〕"鸡鸣"，古代以十二时辰计时，丑时称为"鸡鸣"，相当于二十四小时制的一至三时。"收"，收敛。〔7〕"家在于郑"，"郑"当作"鄚"，形近而讹。"精光"，指人有精气内蓄，在外表则为容光焕发。参看《灵枢·根结》："用针之要，在于知调阴与阳，调阴与阳，精气乃光，合形与气，使神内藏。"《素问·灵兰秘典论》："余闻精光之道，大圣之业，而宣明大道，非斋戒择吉日，不敢受也。"〔8〕"俞跗"，黄帝臣，善医术。《淮南子》、《韩诗外传》、《说苑》等书中均有其事迹记载，或作"俞柎"、"踰跗"、"臾跗"。《说苑》云："俞柎之为医也，搦脑髓，束肓莫，炊灼九窍，而定经络，死人复为生人。"〔9〕"汤液"，即汤剂。将药物加水煎成，去渣，取汁内服。汤液吸收较快，易于见效，常用于新病急病。《圣济经》："汤液主治，本乎腠理，凡涤除邪气者，用汤为宜。""醴"，又称"醪醴"、"酒醪"，为中药剂型之一，俗称"药酒"。《素问·汤液醪醴论》："自古圣人之作汤液醪醴者，以为备耳。"王冰注："醪醴，谓酒之属也。""灑"，同"洒（洗）"，音 xǐ。《鹖冠子·世贤》陆佃注即引作"汤液醴洒"。马王堆汉墓出土帛书《五十二病方·养生方》有不少"洒"法治疗的医方，即把药物煎成汤汁后，用以洗涤患处，为外治法所常用。〔10〕"镵石"，"镵"音 chán，锐器，即石针、砭石。我国古代"以石治病"，《山海经》、《左传》、《战国策》等十余种古籍均有记载。《素问·异法方域论》云："东方之域……其病皆为痈疡，其治宜砭石。"王冰注："砭石，谓以石为针也。"《素问·宝命全形论》"制砭石小大"《新校正》引全元起云："砭石者，是古外治之法，有三名：一针石，二砭石，三镵石，其实一也。古时未能铸铁，故用石为针，故名之针石。言工必砥砺锋利，制其小大之形，与病相当。"近年出土的镵石实物不少，可与《灵枢·官针》诸篇所载"九针"互证。〔11〕"拨"，治理、拨开。"五藏之输"，"输"同"俞"，音 shù，指五脏各经脉运行和停留之处，也是维持人的生命之原气留止的地方。参看《难经·第六十六难》所述五脏明经皆以俞为原，"经言肺之原，出于太渊；心之原，出于大陵；肝之原，出于太冲；脾之原，出于太白；肾之原，出于太溪"。"五藏俞者，三焦之所行，气之所留止也。……脐下肾间动气者，人之生命也，十二经之根本也，故名曰原。三焦者，

原气之别使也，主通行三气，经历五藏六府。原者，三焦之尊号也，故所止辄为原。五藏六府之有病者，皆取其原也"。〔12〕"决脉结筋"，"决"通"决"，意为疏通经脉，联结筋络。"搦"，音 ruò，按压。"揲荒爪幕"，疑"爪"字衍。"揲荒幕"与"搦髓脑"对举，句法整齐。"荒幕"借为"肓膜"，心下膈上的脂膜。《素问·痹论》："熏于肓膜。"王冰注："肓膜谓五藏之间，鬲中膜也。"湔，音 jiān，浣，清洗。"漱涤"，洗涤，冲刷。"练精易形"，《医说》引此文，下有"以去百病焉"五字。〔13〕"咳"，小儿笑。《太平御览》卷七二一引作"孩婴之儿"。〔14〕"郄"，音 xì，空隙，裂缝。"文"，文章，指错综华美的图形和花纹。"切脉"，诊查脉象的方法。又称脉诊、按脉、持脉。为中医首创的诊断技术。古代有三部九候的遍诊法，人迎、寸口、趺阳三部诊法和寸口诊法等。后世则以寸口诊法为主。切脉从脉搏的位置、次数、性状、形势等分为多种脉象，以诊察机体的病变。"望色"，中医有望、闻、问、切四诊法，观察病人的神色，为望诊的重点之一。"听声"，凭听觉了解病人的语言、呼吸、咳嗽、呻吟等声音的变化，作为辨寒热虚实的参考，是闻诊的重要方法之一。"写形"，"写"义为摹拟、揣度。此处指望形态，望诊内容之一。形指形体，包括肌肉、骨骼、皮肤等；态是动态，包括体位姿态及活动能力，由此可知病人的体质、发育及营养状况，有助于把握气血盛衰、邪正消长，伤病的部位。〔15〕"闻病之阳"，这几句是运用中医的阴阳理论，讲高明的医者善于由此及彼，由表及里，把握阴阳关系的盛衰、升降、变化，作出准确的诊断。参看《素问·阴阳别论》："脉有阴阳，知阳者知阴，者知阳。"王冰注："深知则备识其变异。"《阴阳应象大论》："故善用针者，从阴引阳，从阳引阴，以右治左，以左治右，以我知彼，以表知里，以观过与不及之理，见微得过，用之不殆。"〔16〕"曲"，隐蔽，歪曲。"止"，句尾语气词，无义。

【译文】后来扁鹊经过虢国，虢国的太子死了，扁鹊到虢国宫廷门前，询问中庶子官中喜好医术的人。说："太子患有什么病，都城里举办祈祷的活动都超过了其他各种事情？"中庶子："太子得了血气不按时运行的病，交错混乱，不能排除体外，外表上突然发作，实际上是体内受到伤害。蕴含的精气不能制止邪气，邪气蓄积而不能发散，因此阳脉弛缓而阴脉急迫，所以猝然错厥而死。"扁鹊问："他死在什么时辰？"回答说："鸡鸣到现在。"扁鹊问："收殓了吗？"回答说："没有，他死亡还没有到半天时间。"扁鹊说："请禀报说我是齐国勃海的秦越

人，家在郑县，未曾仰见虢君的神采，拜谒并服事于前。听说太子不幸去世，我能让他活过来。"中庶子说："先生大概不是欺骗我吧？根据什么说太子可以活过来？我听说上古时代，有个叫俞跗的医生，治病不使用汤药、酒剂，而是用镵针、砭石、导引、按摩，并用药物熨贴，一下手诊断就知道病情的反应，顺着五脏的腧穴，便切开皮肤，剖开肌肉，疏导经脉，结联筋络，按治脊髓和脑部，触动膏肓，抓摸横膈膜，清洗肠胃，洗涤五脏，修炼精气，改换形体。先生的医术能像这种样子，那么可以让太子活过来，医术达不到这种水平，而想让太子活过来，简直不能把这话告诉刚会发笑的婴儿。"过了好长时间，扁鹊仰天长叹，说："你讲的方法，好像以管窥天，从缝隙中观看斑烂的花纹。我行医看病，不必等待诊脉、察色、听声、观察形态，就能说出病源在什么方位。知道病人阳分的症状，就可以判断出病人阴分的症状；知道病人阴分的症状，就可以判断病人阳分的症状。疾病应该表现在体表，不出千里便能决断哪些人有病无病。判断的方法很多，不能局于一隅。你认为我说的话不诚实，让我进去为太子试诊一下，应该听到他的耳鸣声和鼻翼的搧动声，顺着他的两条腿至于阴部，应当还有体温。"

中庶子闻扁鹊言，目眩然而不瞚，〔1〕舌挢然而不下，〔2〕乃以扁鹊言入报虢君。虢君闻之大惊，出见扁鹊于中阙，〔3〕曰："窃闻高义之日久矣，然未尝得拜谒于前也。先生过小国，幸而举之，偏国寡臣幸甚。有先生则活，无先生则弃捐填沟壑，〔4〕长终而不得反。"言未卒，因嘘唏服臆，魂精泄横，流涕长潸，忽忽承睫，〔5〕悲不能自止，容貌变更。扁鹊曰："若太子病，所谓'尸蹶'者也。〔6〕夫以阳入阴中，动胃缠缘，中经维络，别下于三焦、膀胱，〔7〕是以阳脉下遂，阴脉上争，会气闭而不通，〔8〕阴上而阳内行，下内鼓而不起，上外绝而不为使，上有绝阳之络，下有破阴之纽，〔9〕破阴绝阳，色废脉乱，〔10〕故形静如死状。太子未死也。夫以阳入阴支兰藏者生，〔11〕以阴入阳支兰藏者死。凡此数事，皆五藏蹶中之时暴作也。良工取之，拙者疑殆。"〔12〕

【注释】〔1〕"眩"，音 xuàn，眼睛昏花。"瞚"，音 shùn，也作"瞬"，眨眼。〔2〕"挢"，音 jiǎo，举起、

翘着。〔3〕"中阙"，即阙门。诸侯宫室库门在外、路门在中，中阙在上述二门的中间。〔4〕"偏国"，偏远小国。"寡臣"，虢君自谦之称谓。"填沟壑"，指死而弃尸溪谷中。〔5〕"服臆"，同"愊臆"，心气郁结或内心悲痛之貌。"⑫㉔"，音 jié，同"睫"，眼睫毛。〔6〕"尸蹷"，古病名。厥症之一。《素问》、《伤寒论》、《金匮要略》诸书已有论述。指突然昏倒不省人事，状如昏死的证候。或兼见手足逆冷、肌肤粟起，头面青黑，精神恍惚不宁；或错言妄语，牙紧口噤，头旋晕倒，呼吸低微而不连续，脉微弱如绝。参看《素问·缪刺论》："邪客于手足少阴太阴足阳明之络，此五络皆会于耳中，上络左角，五络俱竭，令人身脉皆动，而形无知也，其状若尸，或曰尸厥。"王冰注："手少阴，真心脉。足少阴，肾脉。手太阴，肺脉。足太阴，脾脉。足阳明，胃脉。此五络皆会于耳中，而出络左额角也。""言其卒冒闷而如死尸，身脉犹如常人而动也。然阴气盛于上，则下气熏上而邪气逆，邪气逆则阳气乱，阳气乱则五络闭结而不通，故其状若尸也。以是从厥而生，故或曰尸厥。"〔7〕"阳入阴中"，指阴脉阳脉彼此乘袭、互相隐伏的种种情况。《难经·第二十难》："脉居阴部而反阳脉见者，为阳入阴中(今本无，据张守节《史记正义》引文补)，是阳乘阴也，虽阳脉时沉涩而短，此谓阳中伏阴也；脉居阳部而反阴脉见者，为阴乘阳也，虽阴脉时浮滑而长，此谓阴中伏阳也。""动胃"一句指阴脉阳脉乘袭，首先挠动胃脉并缠束之。"缠(音 chán)缘"，缠绕。"中(音 zhòng)经维络"，侵害大经络，牵扯大经脉的分支络脉。"别下于三焦、膀胱"，医经凡以三焦膀胱并称者，三焦多指下焦而言。《难经·第三十一难》称下焦"主出不纳，以传导也。"即下焦和膀胱的主要功能是水液的灌渗与清浊的分别，以及大小便的排泄。这句是说乘袭了阴脉的阳脉，还下坠于三焦、膀胱，闭塞其排泄渗漏的传导功能。〔8〕"会气"，八会之气。腑、脏、筋、髓、血、骨、脉、气等的精气会聚之点有八处。《难经·第四十五难》："经言八会者，何也？然：腑会太仓，脏会季胁(章门穴)，筋会阳陵泉，髓会绝骨(悬钟穴)，血会膈俞，骨会大杼，脉会太渊，气会三焦外一筋直两乳内(膻中穴)也。"〔9〕"下内鼓而不起"，言阳脉下行于里，虽振动而不能兴起阴脉的功能。"上外绝而不为使"，言阴脉上行于体表，遇阻断而不能支配阳脉起作用。而案之《素问·阴阳应象大论》，"阴在内，阳之守也；阳在外，阴之使也"，才是正常的。"绝阳之络"，指与阳脉隔断了联系的络脉。"破阴之纽"，阴气破败而形成的赤脉。张守节《正义》引《素问》云："纽，赤脉也。"按：此文今本《素

问》已佚。"赤脉"相当于《灵枢·血络论》所描述的"血脉"，说详后文注〔11〕。〔10〕"色废"，患者神色衰败，面无光泽。〔11〕"支兰"，注家各说不一，新版《辞源》释为"遮拦"，《汉语大词典》云"指人体的脉络"。张守节《正义》引《素问》云："支者顺节，兰者横节。"(今本《素问》已佚此文。)按"兰"通"阑"，《说文》："横，兰木也。"故"兰"有"横"义。《灵枢·脉度》说："经脉为里，支而横者为络，络之别者为孙，盛而血者疾诛之。""支兰(阑)"即"支而横者"，故当即为络脉的异名。这是由经脉分出网络全身的分支。广义的络脉又包括十五大络、络脉及孙络三部分。其中紧连十二正经及任、督脉的分支共十四条，加上"脾之大络"合称十五大络；由十五大络分出的网罗全身的分支称络脉、络，即狭义的络脉；由络脉再分出的分支称孙络、孙。虢太子所患"尸蹷"，据前注〔6〕引《素问·缪刺论》指出，就是由于病邪侵入手少阴(心)络脉、足少阴(肾)络脉、手太阴(肺)络脉、足太阴(脾)络胍、足阳明(胃)络脉而使其闭结不通造成的恶果。"以阳入阴支兰藏者生"，言阳脉血气紊乱，乘袭并隐伏在患者的阴络脉中，可以治愈而得生。"以阴入阳支兰藏者死"，言阴脉血气紊乱破败，隐伏在患者的阳络脉中，不能治愈而亡。参看《灵枢·血络论》："黄帝曰：愿闻奇邪而不在经者。岐伯曰：血络是也。"杨上善注："邪在血络奇络之中，故曰奇邪也。"张志聪注："血络者，外之络脉、孙脉，见于皮肤之间，血气有所留积，则失其外内出入之机。"岐伯曰：血脉者，盛坚横以赤，上下无常处，小者如针，大者如筋，刺而泻之万全也。"张志聪注："小者如针，留血之在孙络。大者如筋，留血之在经隧也。"按：所述可与上文注〔9〕解释的"破阴之纽"和"赤脉"相印证。〔12〕"五藏蹷中"，五藏被逆气上攻所侵害。"良工"，指医术精良的医生。五脏之色皆现于面部，并与寸口、尺内脉相应，故《灵枢·邪气藏府病形》指出："善调尺者，不待于寸；善调脉者，不待于色。能参合而行之者，可以为上工，上工十全九；行二者，为中工，中工十全七；行一者，为下工，下工十全六。"

【译文】中庶子听了扁鹊的话，惊讶得两眼发花不能眨动，翘着舌头放不下，便进去把扁鹊的话汇报给虢君。虢君听说后大为惊讶，出来在宫廷中门接见扁鹊，说："很久以前就听说您高尚的德行，然而没能够拜谒于前。先生经过我们这个小国，幸运地帮助我，偏僻小国的我真是太荣幸了。有了先生，太子可以救活，没有先生，就会抛弃在沟谷中，永远死去而不能复生。"话没有说完，就哭泣抽咽，

喘不过气，神志恍惚，长时间流着眼泪，泪珠涌滚，挂在睫毛上，悲痛得不能自我控制，容貌变了样。扁鹊说："像太子这种病，是所说的尸蹶症。那是因为阳气进入阴分，胃受到震动的缠绕，损害了经脉，阻塞了络脉，分别下注入三焦、膀胱，因此阳气下坠，阴气争抢上行，两气相聚，闭塞不通，阴气逆行而上，阳气向内运行，阳气下行，鼓动而不能上升，在上在外的阳气断绝，不被阴气所遣使，上有断绝阳气的络脉，下有破坏阴气的筋纽，破阴绝阳，面容失色，脉搏混乱，所以躯体静止不动如同死亡的样子，太子没有真的死去。由于阳气侵入阴分而阻断了脏气的是可以救活的，由于阴气侵入阳分而阻断了脏气的会死亡。凡是这几种情况，都是五脏厥逆时突然发作。医术高明的医生能够治好，医术拙劣的医生疑惑不解。"

扁鹊乃使弟子子阳厉针砥石，[1]以取外三阳五会。[2]有间，太子苏。乃使子豹为五分之熨，以八减之齐和煮之，[3]以更熨两胁下。[4]太子起坐。更适阴阳，但服汤二旬而复故。故天下尽以扁鹊为能生死人。扁鹊曰："越人非能生死人也，此自当生者，越人能使之起耳。"

【注释】[1]"厉针砥石"，"厉"借为"砺"。将针磨锋利，将砭石磨光滑。 [2]"三阳五会"，即百会穴的别名，见《黄帝针灸甲乙经》卷三。此穴为督脉和足太阳膀胱经交会处，位于头顶部正中线上，距前发际五寸；或两耳尖连线与头部正中线之交点处。主治昏厥、休克、头痛、眩晕、癫痫、脱肛等。按《千金要方》卷八载："凡尸厥而死，脉动如故。此阳脉下坠，阴脉上争，气闭故也。针百会入三分，补之。灸熨斗，熨两胁下。"显然效法扁鹊论治，用穴正为百会。 [3]"五分之熨"，"熨"，音 wèi，中医外治法之一，指用达到一定热度的药液涂敷患处或相关经络部位；亦指将药物粗末炒热，布包外熨。《韩非子·喻老》："扁鹊曰：疾在腠理，汤（音 tàng）熨之所及也。"尸厥为五络脉被侵害，病邪在腠理间，故用熨治之，使药温之气透入肌肤深度约五分，故称五分之熨。"八减之齐"，"齐"通"剂"；"减"义为"分"，《管子·山致数》："四减国谷，三在上，一在下。"郭沫若《集校》："'减'谓四分其国谷，三分在上，一分在下。"当为齐语，扁鹊有齐之卢医的经历，故其记载中有齐语出现。以一剂方药的份量为十分，"八减之剂"为原剂量的十分之八。虢太子娇贵

脆弱之躯，暴病，故扁鹊化裁原验方，减份量，避免药力过于峻烈，患者不能承受。 [4]"更"，更代，交替。"胁"，在胸侧，由腋下至第十二肋骨部分的统称。

【译文】扁鹊就让弟子子阳磨针和砭石，用来刺百会穴。过一会儿，太子苏醒了，就让子豹使用温暖之气入体五分的熨法，用八减之方的药物混合煎煮，拿来交替熨贴两胁下部。太子坐起来了。另外又调理阴阳，服用汤药只有二十天就康复如初。所以天下人都认为扁鹊能让死人活过来。扁鹊说："不是我能使死者复活，这是他自己应该活过来，我不过促使他恢复起来。"

扁鹊过齐，齐桓侯客之。[1]入朝见，曰："君有疾在腠理，[2]不治将深。"桓侯曰："寡人无疾。"扁鹊出，桓侯谓左右曰："医之好利也，欲以不疾者为功。"后五日，扁鹊复见，曰："君有疾在血脉，不治恐深。"桓侯曰："寡人无疾。"扁鹊出，桓侯不悦。后五日，扁鹊复见，曰："君有疾在肠胃间，不治将深。"桓侯不应。扁鹊出，桓侯不悦。后五日，扁鹊复见，望见桓侯而退走。桓侯使人问其故。扁鹊曰："疾之居腠理也，汤熨之所及也；在血脉，针石之所及也；其在肠胃，酒醪之所及也；其在骨髓，虽司命无奈之何。[3]今在骨髓，臣是以无请也。"后五日，桓侯体病，使人召扁鹊，扁鹊已逃去。桓侯遂死。

【注释】[1]"齐桓侯"，当为田齐桓公午，公元前三七四年至前三五七年在位，与扁鹊活动的时代相当。《韩非子·喻老》载此事，为蔡桓公，而蔡桓侯公元前七一四年至前六九五年在位，是春秋前期，与扁鹊时代相去甚远。 [2]"腠理"，中医指皮下肌肉之间的空隙和皮肤的纹理。 [3]"司命"，主管人们寿命之神。《礼记·祭法》载"土为群姓立七祀"，司命为七祀之首，宫中小神。

【译文】扁鹊经过齐国，齐桓侯把他当作客人招待。扁鹊去朝廷拜见齐桓侯，说："您在皮肤和肌肉之间有小病，不医治会加重。"齐桓侯说："我没有疾病。"扁鹊走出来，齐桓侯对左右近臣说："医生贪图功利，想用没有病的人来冒充自己的功劳。"五天后，扁鹊又去拜见齐桓侯，说："您血脉里有病，不医

会加重。”齐桓侯说：“我没有病。”扁鹊走出来，齐桓侯不高兴。五天后，扁鹊又去拜见齐桓侯，说：“您在肠胃之间有病，不医治会加重。”齐桓侯不理睬。扁鹊走出来，齐桓侯不高兴。五天后，扁鹊又去拜见齐桓侯，望见齐桓侯就退出来跑走了。齐桓侯派人询问他是什么缘故。扁鹊说：“病在皮肤和肌肉之间，汤药和熨药的效力能够达到。病在血脉，针灸和砭法的效力能够达到。病在肠胃之间，酒药的效力能够达到。病在骨髓，即使是主管生死之神也无可奈何。现在病在骨髓，因此我不再请求给他医治。”五天后，齐桓侯身体发病，派人去叫扁鹊，扁鹊已经逃走了，齐桓侯便死去了。

使圣人预知微，能使良医得蚤从事，则疾可已，身可活也。人之所病，病疾多；而医之所病，病道少。〔1〕故病有六不治：骄恣不论于理，一不治也；轻身重财，二不治也；衣食不能适，三不治也；阴阳并，藏气不定，四不治也；形羸不能服药，五不治也；信巫不信医，六不治也。有此一者，则重难治也。

【注释】〔1〕“病疾多”，担心疾病多发。“病道少”，忧虑医道水平不足。

【译文】如果圣人见微知著，能让医术高明的医生及早治疗，那么疾病可以根治，生命可以活下来。人们所惧怕的是疾病多，而医生所惧怕的是缺乏医术。所以疾病有六种情况不能治愈：骄横恣纵，不讲道理，是第一种不能治愈；轻视身体，看重钱财，是第二种不能治愈；衣着饮食不能调节适当，是第三种不能治愈；阴阳交错，脏气不定，是第四种不能治愈；身体瘦弱，不能服用药物，是第五种不能治愈；相信巫术而不相信医术，是第六种不能治愈。有这些情况的一种，就非常难治疗。

扁鹊名闻天下。过邯郸，闻贵妇人，即为带下医；〔1〕过雒阳，闻周人爱老人，即为耳目痹医；〔2〕来入咸阳，闻秦人爱小儿，即为小儿医：随俗为变。秦太医令李醯自知伎不如扁鹊也，使人刺杀之。〔3〕至今天下言脉者，由扁鹊也。

【注释】〔1〕“邯郸”，即邯郸邑，春秋时晋地，战国时为赵国都城，在今河北省邯郸市西南。“带下”，古病名。《素问·骨空论》：“任脉为病，女子带下瘕聚。”广义的带下，包括一切妇科疾病而言。带脉环绕人体腰部一周，妇科诸疾多见于带脉以下部位，所以古称带下病。〔2〕“雒阳”，商周时为雒邑，一作洛邑，在今河南洛阳市白马寺之东。西周成王时由周公主持加以扩建，称成周城，迁殷人居此；同时又筑王城于今洛阳市西王城公园一带，为周人所居。战国时改成周城名洛阳城，一作雒阳城；改王城名河南城。本文泛指洛阳一带周人聚居处。“耳目痹医”，耳疾、目疾、风湿疾患为老年人多发病，故设专科诊治。“痹”，泛指邪气闭阻躯体或经络而引起的病患。参看《素问·痹论》：“风、寒、湿三气杂至，合而为痹也。”〔3〕“秦太医令”，官名。《通典·职官七》：“秦有太医令丞，亦主医药，属少府。”汉承秦制，《汉书·百官公卿表》载太常（奉常）、少府属官均有太医令。“李醯”，音 lǐ xī。

【译文】扁鹊名闻天下，经过邯郸，听说当地重视妇女，就当妇科医生。经过洛阳，听说周地人敬爱老人，就当治疗耳聋、眼花、四肢痹痛疾病的医生。来到洛阳，听说秦国人喜欢小孩，就当儿科医生。随着各地习俗改变行医范围。秦国太医令李醯自知医术不如扁鹊，派人刺杀了他。到现在天下谈论脉学的人，都遵循扁鹊的学说。

太仓公者，齐太仓长，临菑人也，姓淳于氏，名意。〔1〕少而喜医方术。高后八年，更受师同郡元里公乘阳庆。〔2〕庆年七十余，无子，使意尽去其故方，更悉以禁方予之，传黄帝、扁鹊之脉书，五色诊病，〔3〕知人死生，决嫌疑，定可治，及药论，甚精。受之三年，为人治病，决死生多验。然左右行游诸侯，不以家为家，或不为人治病，病家多怨之者。

【注释】〔1〕“太仓”，秦汉的国家粮仓。秦始置，储藏各地调运的谷物。设于京城的太仓由治粟内史所属太仓令经管。西汉前期，各诸侯王国都亦有设置，任命太仓长管理。“临菑”，一作临淄、临甾，故址在今淄博市临淄城北门外。春秋战国时为齐国都城。秦灭齐，置县，为临淄郡治所。公元前二〇六年，项羽分封诸侯，以田都为齐王，汉初封刘肥为齐王，皆以此为都。“淳于氏”，复姓，西汉时所置淳于县，即今山东省安丘县东北杞城，传说为夏代仲康所封同姓诸侯斟灌国，周武王时封淳于公，号淳于国，其后代子孙以国名为姓氏。〔2〕"公乘"，秦汉爵名。二十等爵制第八级。《汉书·百官公卿表》颜师古注："言其得乘公家之车也。"汉初，七大夫、公乘以上为高爵，得以食邑，戴刘氏冠。文帝以后，改以第九级五大夫以上为高爵，公乘仅得免役。〔3〕"五色诊病"，望诊内容之一，即根据患者面部出现青、黄、赤、白、黑等色泽的变化而进行诊断辨证的方法。参看《难经·第十三难》："五脏有五色，皆见于面，亦当与寸口、尺内相应。"

【译文】太仓公是齐国都城粮仓的长官，临菑人，姓淳于，名意。年轻时喜好医药方术。高后八年，另向同郡元里的公乘阳庆拜师。阳庆已经七十多岁了，没有儿子，让淳于意全部抛弃他的旧医术，再把自己的秘方传给他，传授黄帝、扁鹊的诊脉书，以及根据面部五色诊断疾病的方法，知道人的生死，判断疑难病症，确定是否可以治愈，还有谈论药理的医书，非常精妙。淳于意学习了三年，给别人治病，判断生死大多数有效验。然而到诸侯国四处行游，不以家为家，有时不替人治病，病人中有许多怨恨他的。

文帝四年中，人上书言意，以刑罪当传西之长安。〔1〕意有五女，随而泣。意怒，骂曰："生子不生男，缓急无可使者！"于是少女缇萦伤父之言，〔2〕乃随父西。上书曰："妾父为吏，齐中称其廉平，今坐法当刑。妾切痛死者不可复生而刑者不可复续，〔3〕虽欲改过自新，其道莫由，终不可得。妾愿入身为官婢，以赎父刑罪，使得改行自新也。"书闻，上悲其意，此岁中亦除肉刑法。〔4〕

【注释】〔1〕"传"，逮捕、递解。《汉书·刑法志》记此事在文帝十三年（公元前一六七年）。〔2〕"缇萦"，音 tí yíng。〔3〕"刑者不可复续"，被处肉刑者，肢体或器官毁损断裂，其伤残处不可重生和再次连接。《汉书·刑法志》载缇萦上书后文帝遂下令，亦称"夫刑至断支体，刻肌肤，终身不息"。息，生长。〔4〕"此岁亦除肉形法"，《汉书·刑法志》载文帝十三年废除三种肉刑，即黥（刀刻囚面，再涂以墨）、劓（割鼻）、刖（斩掉）左右趾。

【译文】文帝四年时，有人上书告发淳于意，因为他犯罪应该受刑，用传车押着西去长安。淳于

意有五个女儿，跟随着他哭泣。淳于意很生气，骂道："生孩子不生男孩，紧急关头没有可使用的人！"这时小女儿缇萦伤感父亲的话，就跟随父亲西行。她上书说："我的父亲做官吏，齐国称赞他廉洁公平，如今犯法应该受刑。我深切地悲痛被处死的人不能复活，而受刑体残的人不能再复原，虽然打算改过自新，没有道路可走，最终得不到改过自新的机会。我愿意没入官府为奴婢，来赎父亲的刑罪，使他得以改过自新。"这封书信皇帝知道了，皇帝怜悯她的心情，这一年也废弃了肉刑法令。

意家居，诏召问所为治病死生验者几何人也，主名为谁。

诏问故太仓长臣意："方伎所长，及所能治病者？有其书无有？皆安受学？受学几何岁？尝有所验，何县里人也？何病？医药已，其病之状皆何如？具悉而对。"臣意对曰：

自意少时，喜医药，医药方试之多不验者。至高后八年，得见师临菑元里公乘阳庆。庆年七十余，意得见事之。谓意曰："尽去而方书，非是也。庆有古先道遗传黄帝、扁鹊之脉书，〔1〕五色诊病，知人生死，决嫌疑，定可治，及药论书，甚精。我家给富，心爱公，欲尽以我禁方书悉教公。"臣意即曰："幸甚，非意之所敢望也。"臣意即避席再拜谒，受其脉书、上下经、五色诊、奇咳术、揆度、阴阳外变、药论、石神、接阴阳禁书，〔2〕受读解验之，可一年所。明岁即验之，有验，然尚未精也。要事之三年所，即尝已为人治，诊病决死生，有验，精良。今庆已死十年所，臣意年尽三年，〔3〕年三十九岁也。

【注释】〔1〕"黄帝扁鹊之脉书"，论述切脉诊断的专著，现存《黄帝内经》、《难经》，王叔和《脉经》当保存了此书的大部分内容。一九八五年江陵张家山二四七号汉墓出土的竹简《脉书》，共六十五支简，部分内容可与《灵枢·经脉》、《难经·第二十四难》相印证，但此书言未称黄帝、扁鹊，与本《传》淳于意所引脉法亦不能互证，当是另一传本。〔2〕"上下经"，古医经名。《素问·疏五过论》、《阴阳类论》都提及《上下经》书名。《素问·逆调论》、《痿论》分别引用了《下经》文句。《素问·病能论》说："《上

经》者，言气之通天也。《下经》者，言病之变化也。"《素问·生气通天论》可能即保存了《上经》的一部分内容。"五色诊"，古医经名。《素问·玉版论要篇》说："《五色》、《脉变》、《揆度》、《奇恒》，道在于一。"明代马莳注："《五色》、《脉变》、《揆度》、《奇恒》，俱古经篇名。"《五色诊》与《五色》可能为同一部书。《灵枢·五阅五使》、《五色》篇和《素问·脉要精微论》、《五藏生成》等可能即保存了《五色诊》部分内容。"奇咳术"，古医经名。"咳"借为"侅"，《说文·人部》："侅，奇侅，非常也。"侅，音 gāi。"侅"与"恒"，古音极近，"奇侅"同"奇恒"。《素问·玉版论要》说："《奇恒》者，言奇病也。"《奇咳术》的部分内容，可能还存于《素问·奇病论》中。"揆度"，古医经名。《素问·玉版论要》说："《揆度》者，度病之深浅也。"同书《病能论》又说："《揆度》者，切度之也。所谓揆者，方切求之也，言切求其脉理也。度者，得其病处，以四时度之也。"此书当为诊断学专著，亦包括有症状预后研究的内容。"阴阳外变"，古医经名。当为论述医学阴阳理论及其应用的著作。"药论"，古医经名。当为药物学专著，《神农本草经》的前身之一。"石神"，为砭石学专著，针刺灸疗技术亦包括在内。"接阴阳"，古房中术书名。马王堆三号汉墓医简有《合阴阳》，与此书同为性医学著作。〔3〕"年尽三年"，指师事阳庆，攻读并实践医术，尽三年之功力。年三十九岁后，始独立行医。诏问淳于意的时间，未能肯定在汉文帝十三年，因本《传》下文诊籍所载菑川王、胶西王、济南王、故阳虚侯、齐文王，皆在文帝十三年后。参看《史记志疑》。

【译文】淳于意住在家里，有诏书询问他治病决断生死灵验的有多少人？病主叫什么名字？

诏书询问太仓长臣子淳于意："医术有什么特长，以及能治什么病？有没有医书？都是从哪里学来的？学了几年？曾经有效验，是哪个县哪个里的？患的什么病？用医药治疗后，情况都怎么样？都全部回答。"臣子淳于意回答说：

从我年轻时起，就喜好医药，医药方试于病人大多数不灵验。到了高后八年，遇见了我的老师临菑元里公乘阳庆。阳庆年岁七十有余，我得以侍奉他。他告诉我说："全部抛弃你的医书，你的医书不正确。我有古代有学问的先辈医师遗传的黄帝、扁鹊的脉书，根据面部五色诊断疾病，知道人的生死，决断疑难病症，确定可以治愈的方案，以及医药理论书籍，非常精妙。我家富裕，心里喜欢你，想全部把我的秘方医书教给你。"我说："太幸运了，这不是我所敢希冀的。"我马上离开座席两次跪拜求请，

接受了"脉书上下经"、"五色诊"、"奇咳术"、"揆度"、"阴阳外变"、"药论"、"石神"、"接阴阳"等秘书，加以阅读、理解和体验，大约一年左右。第二年就去试验，有成效，然而还没有达到精益求精。大约侍奉我的老师三年左右，就曾为人医疗，诊断病情，决断生死，有成效，医术已经精良。现在阳庆已死去十年左右，我从师学习了满三年，今年我三十九岁。

齐侍御史成自言病头痛，臣意诊其脉，告曰："君之病恶，不可言也。"即出，独告成弟昌曰："此病疽也，内发于肠胃之间，后五日当臃肿，〔1〕后八日呕脓死。"〔2〕成之病得之饮酒且内。〔3〕成即如期死。所以知成之病者，臣意切其脉，得肝气。肝气浊而静，此内关之病也。〔4〕脉法曰："脉长而弦，不得代四时者，〔5〕其病主在于肝。和即经主病也，〔6〕代则络脉有过。"〔7〕经主病和者，其病得之筋髓里。其代绝而脉贲者，〔8〕病得之酒且内。所以知其后五日而臃肿，八日呕脓死者，切其脉时，少阳初代。代者经病，病去过人，人则去。〔9〕络脉主病，当其时，少阳初关一分，〔10〕故中热而脓未发也，及五分，则至少阳之界，及八日，则呕脓死，故上二分而脓发，至界而臃肿，尽泄而死。热上则熏阳明，烂流络，〔11〕流络动则脉结发，脉结发则烂解，〔12〕故络交热，气已上行，至头而动，故头痛。

【注释】〔1〕"病疽"，《说文》："疽，痈也。"本文非外科之痈疽，而为内痈。《诸病源候论·内痈候》："内痈者，由饮食不节，冷热不调，寒气客于内，或在胸膈，或在肠胃。寒折于血，血气留止，与寒相搏，壅结不散，热气乘之，则化为脓，故曰内痈也。"乃发于脏腑或胸腹腔内的痈肿。"臃"，同"臃"。〔2〕"呕脓"，内痈恶化症状。《诸病源候论》说"内若吐脓血者，不可治也，急以灰掩其脓血，不尔者著人。"〔3〕"内"，房事、性交。这里指房事不节，耽于女色。〔4〕"肝气浊而静"，肝脉之气浑沉清静，为脏腑之病的脉象。参看《素问·玉机真藏论》："春脉者肝也，东方木也，万物之所以始生也，故其气来耍弱轻虚而滑，端直以长，故曰弦，反此者病。……其气来实而强，此谓太过，病在外；其气来不实而微，此谓不

及,病在中。"浊而静",即肝气不及,意同后文齐丞相舍人奴诊籍所引脉法曰:"病重而脉顺清者曰内关。""内关",犹言内闭。参看《灵枢·终始》:"溢阴为内关,内关不通,死不治。"杨上善注:"阴气盈溢,在内关闭,阳气不得复入,名曰内关。"〔5〕"不得代四时者",正常的脉搏应随四季的交替而有变化,反之则有病疾干扰。参看《素问·脉要精微论》所述脉合四时阴阳规矩:"万物之外,六合之内,天地之变,阴阳之应,彼春之暖,为夏之暑,彼秋之忿,为冬之怒,四变之动,脉与之上下。以春应中规,夏应中矩,秋应中衡,冬应中权。"〔6〕"和即经主病","和",缓、迟缓。这里指缓脉。〔7〕"代则络脉有过","代"指"代脉"脉象,脉来缓弱而又出现有规则的停顿间歇。王叔和《脉经》以"往来缓,时一止复来"为"结脉",以"来数中止,不能自述,因而复动"为"代脉",指出"脉结者生,代者死"。这里推断"络脉有过",指与足厥阴肝经为表里的足少阳胆经出现代脉后,所属络脉亦生病变。《脉经》述肝胆经之应四时,认为"冬至之后得甲子,少阳起于夜半,肝家王。(冬至者岁终之节,甲子日者,阴阳更始之数也,少阳胆也,胆者木也,生于水,故起夜半,其气常微少。)"如少阳脉气不能与肝经脉气协调,时而停顿,时而阳气内闭,"太过"或"不及",都将损伤肝经赖以为本的胃气。〔8〕"代绝而脉贲",脉搏动而中止后,又急速跳动。"贲",音 bēn,奔走。这是指肝胆经脉虚损,脉气十分软弱困乏的状况。参看《素问·阴阳类论》:"一阴一阳代绝,此阴气至心,上下无常,出入不知,喉咽干燥,病在土脾。"王冰注:"一阴,厥阴脉。一阳,少阳脉。并木之气也。代绝者,动而中止也。以其代绝,故为病也。木气生火,故病生而阴气至心也。夫肝胆之气,上至头首,下至腰足,中主腹胁,故病发上下无常处也。若受纳不知其味(引者按:如好酒贪杯),窍泻不知其度(引者按:如贪色而不知积精),而喉咽干燥者,喉咙之后属咽,为胆之使,故病则咽喉干燥。虽病在脾土之中,盖由肝胆之所为尔。"〔9〕"经病,病去过人,人则去",疑此九字有衍讹。殆为"代者络脉主病",与上文"代则络脉有过"相呼应吻合。〔10〕"少阳初关",指足少阳胆经出现代脉时,阳气开始关闭。酒色为病,肝脾之气衰于下,少阳之气在体内就将逆行上攻,出现"热厥"症状,故言"中热"。参看《素问·厥论》:"帝曰:热厥何如而然也?岐伯曰:酒入于胃,则络脉满而经脉虚;脾主胃行其津液,阴虚而阳气入,阳气入则胃不和,胃不和则精气竭……此人必数醉若饱以入房,气聚于脾中不得散,酒气与谷气相搏,热盛于中。""少阳厥逆,机关不

利,机关不利者,腰不可以行,项不可以顾,发肠痈不可治,惊者死。"与齐侍御史成症状吻合。〔11〕"阳明",足阳明络脉,十五大络之一。与足少阴经气交会于头部,少阴热厥上攻,故熏烤阳明脉,导致头痛。"流络",即"浮络","流"、"浮"皆有"行"义。《尚书·禹贡》"浮于济漯",《传》:"顺流曰浮。"故可通用。浮络为皮部的络脉。《素问·皮部论》:"百病之始生也,必先于皮毛,邪中之则腠理开,开则入客于络脉,留而不去,传入于经;留而不去,传入于府,廪于肠胃。"〔12〕"脉结",血脉的条理,筋纽的联结。《皮部论》:"脉有经纪,筋有结络。""发",散开,松散。"烂解",败坏离散。

【译文】齐侍御史成自己说得病头痛,我诊他的脉,告诉他说:"你的病情严重,不能说出来。"走出来后,我单独告诉成的弟弟昌说:"这是得毒疮病,在体内长在肠胃之间,五天后会肿起来,八天后呕脓死亡。"成的疾病得自于酒色。成便如期死了。我所以知道成的疾病,是我诊他的脉得到了肝脏有病的脉气。反映肝脏的脉气重浊而沉静,这是内关的疾病。脉法说"脉长而且弦,不能随四季变化的,他的病根在于肝脏。脉和是肝的经脉有病,脉不规则是肝的络脉有病。"脉和而经脉有病的,其病得自于筋髓。脉不规则而突然中止后又起跳的,疾病得自于酒后行房事。我所以知道五天后毒疮肿起,八天后呕脓死去,是因为切他脉时,发现少阳经络的脉象出现代脉。出现代脉说明少阳经脉有病,病势遍及全身,人就死亡了。因为脉络有病,当时,少阳出现代脉,阳气开始关闭,所以内热而脓未发作,达到五分处,就到了少阳脉位的界限。到第八天,就呕脓死亡。所以代脉到达二分处而脓疮发作,到了最高界限而毒疮肿大,脓尽泄出而死,热气上行就薰蒸阳阴经脉,烧伤小络脉,小络脉变动就使络脉交结处出现病情,络脉交结处出现病情,继而就糜烂崩溃了,所以络脉交热。热气已经上行,到达头部而摇动,所以头痛。

齐王中子诸婴儿小子病,召臣意诊切其脉,告曰:"气鬲病。病使人烦懑,食不下,时呕沫。病得之心忧,数忔食饮。"〔1〕臣意即为之作下气汤以饮之,一日气下,二日能食,三日即病愈。所以知小子之病者,诊其脉,心气也,浊躁而经也,此络阳病也。脉法曰"脉来数疾去难而不一者,病主在心"。〔2〕周身热,脉盛者,为重阳。重阳者,逿心主。〔3〕

故烦懑食不下则络脉有过,络脉有过则血上出,血上出者死。此悲心所生也,病得之忧也。〔4〕

【注释】〔1〕"气鬲病",即气膈,又名气痞。心下痞满,食欲减退。参看《灵枢·上膈》:"气为上膈者,食饮入而还出。""忾",音 yì,心不欲;厌烦。〔2〕"浊躁",浊乱不安。"经",绞缠、扭结。"络阳病",阳邪缠绕所致的疾病。"脉来数疾去难而不一",脉来时急促,去时有为难状,乃阳邪干扰心脉之象。《素问·平人气象论》:"病心脉来,喘喘(《针灸甲乙经》引作"累累")连属,其中委曲,曰心病。"与此文意同。〔3〕"重阳",身热,脉急促而盛,症候与脉象皆属阳,故称重阳。其脉象为尺部、寸部均见阳脉。《素问·阴阳别论》:"三阳结谓之隔。"王冰注:"三阳结,谓小肠、膀胱热结也。小肠结热则血脉躁,膀胱热则津液涸,故膈塞而不便泻。"与本诊籍之重阳为病相似。"逿",音 táng,摇荡,冲击。〔4〕"病得之忧",参看《素问·通评虚实论》:"隔塞闭绝,上下不通,则暴忧之病也。"

【译文】齐王二儿子的所有婴儿中最小的儿子患病,叫我诊他的脉,我告诉说:"是气膈病。这病使人烦闷,吃不下饭,常常呕出胃沫,病得自于心中忧愁,时常厌食。"我就给他配制下气汤让他喝,一天就膈气下消,两天能吃饭,三天病就痊愈了。我所以了解小孩子的病,是因为诊他脉,感觉到了他心气有病,心脉重浊、急躁而轻浮,这是络阳的疾病。脉法说"脉来时频繁迅速,脉去时艰难,来去不同的,病根在心脏"。浑身发热,脉象强盛,这是重阳,阳热过重,心神摇荡。所以烦闷,吃不下饭,络脉就会有病,络脉有病则血液向上冲出,血液向上冲出的要死亡。这病是心中悲伤引发的,病得自于忧虑。

齐郎中令循病,众医皆以为蹶入中,〔1〕而刺之。臣意诊之,曰:"涌疝也,令人不得前后溲。"〔2〕循曰:"不得前后溲三日矣。"臣意饮以火齐汤,〔3〕一饮得前后溲,再饮大溲,三饮而疾愈。病得之内。所以知循病者,切其脉时,右口气急,〔4〕脉无五藏气,右口脉大而数。数者中下热而涌,左为下,右为上,皆无五藏应,故曰涌疝。〔5〕中热,故溺赤也。〔6〕

【注释】〔1〕"蹶入中","蹶"或作"厥",逆乱之气侵入体内,导致阴阳失调,气血混乱。《素问·阴阳应象大论》:"厥气上行,满脉去形。"王冰注:"厥,气逆也。逆气上行,满于经络,则神气浮越,去离形骸矣。"〔2〕"涌疝","冲""涌"义同,即冲疝。《素问·骨空论》:"督脉为病,从少腹上冲心而痛,不得前后,为冲疝。"亦有大小便秘结的症状。"溲",音 sōu,统指大小便。前溲,小便。后溲,大便。〔3〕"火齐汤","齐"通"剂"。本传后文载,古代用药有"阴阳水火之齐"的区分,火剂为阳刚之方剂,其性温热。患者循"病得之内",即房事不节,纵欲伤肾。"肾司二便",肾阳虚冷,不能气化排泄,故用火剂汤温阳益气,补肾利溲。〔4〕"右口",右手的寸口,在右手桡骨内侧桡动脉的诊脉部位。属手太阴肺经。该处太渊穴去鱼际仅一寸,故名。《难经·第一难》:"寸口者,脉之大会,手太阴之脉动也。……五脏六腑之所终始,故法取于寸口也。""大肠者肺之府",二便不通,故寸口气急。〔5〕"皆无五藏应",考涌疝之症,病在督脉(见注〔2〕),亦在任脉,王叔和《脉经》卷二指出,"任之为病,其内苦结,男子为七疝"。任督二脉属奇经八脉,"既不拘于十二经",故切脉不见五藏之应。〔6〕"中热",患者循因房事耗伤真阴,心肾不交,故心火亢盛,小便黄赤,但温补下元,使之气化,火自降而溺自清。

【译文】齐国郎中令循患病,一群医生都认为是逆气进入体内,而采取针刺治疗。我给他诊断说:"这是涌疝,使人不能前后大小便。"循说:"不能前后大小便三天了。"我给他喝火剂汤,第一次喝了能前后大小便,第二次喝了大小便畅通,第三次喝了病痊愈了。病得自于房事。我所以知道循的病是因为诊他的脉时,右手寸口脉气急迫,感触不到五脏的脉气,只是右手寸口脉大而频繁。脉频繁是中焦、下焦积热汹涌,左手脉频繁是热往下行,右手脉频繁是热往上行,左右手的寸口各部都没有五脏脉气,所以说是涌疝。体内积热,所以尿是赤色的。

齐中御府长信病,臣意入诊其脉,告曰:"热病气也。然暑汗,脉少衰,不死。"曰:"此病得之当浴流水而寒甚,已则热。"信曰:"唯,然!往冬时,为王使于楚,至莒县阳周水,〔1〕而莒桥梁颇坏,信则擥车辕未欲渡也,〔2〕马惊,即堕,信身入水中,几死,吏即来救信,出之水中,衣尽濡,有间而身寒,已热如火,至今不可以见寒。"〔3〕臣意即为之液汤火齐逐热，一饮汗尽，再饮热去，三饮病已。〔4〕即使服药，出入二十日，身无病者。所以知信之病者，切其脉时，并阴。脉法曰"热病阴阳交者死"。〔5〕切之不交，并阴。并阴者，脉顺清而愈，其热虽未尽，犹活也。肾气有时间浊，在太阴脉口而希，是水气也。〔6〕肾固主水，故以此知之。失治一时，即转为寒热。〔7〕

【注释】〔1〕"莒县"，秦置，治所在今山东省莒县。〔2〕"擥"，音 lǎn，同"揽"。〔3〕"至今不可以见寒"，察患者所述病历和症状，其暑日热病，乃源于冬日所中寒邪，当时致使恶寒发热，表症解而内邪在，交立夏以来，久伏之邪气，随节气时令之热而触发，身热汗出，不恶寒而反恶热，传变为热病。如《素问·阴阳应象大论》："冬伤于寒，春必温病。"王冰注："夫伤于四时之气，皆能为病，以伤寒为最毒者，最为厉杀之气，中而即病，故曰伤寒；不即病者，寒毒藏于肌肤，至春变为温病，至夏变为暑病。"〔4〕"液汤火齐逐热"，仓公切脉，见脉象"并阴"，寒毒为阴邪，患者热病乃阴邪所致，故以温热之火剂解表、逐寒邪，故一饮汗尽，再饮热去。〔5〕"阴阳交"，病症名。见《素问·评热病论》："黄帝问曰：'有病温者，汗出辄复热，而脉躁疾不为汗衰，狂言不能食，病名为何？'岐伯对曰：'病名阴阳交，交者死也。'"指热性病阳邪入于阴分，交结不解，多属重危之症。而患者信为阴邪伤少阴肾经，故曰"并阴"。〔6〕"是水气也"，肾为水脏，主津液，肾脉之气稀而间浊，是其功能受削弱，故有寒邪之水气客于太阴肺经、少阴肾经。〔7〕"肾固主水"，参看《素问·上古天真论》"肾者主水"、《逆调论》"肾者水藏"。"寒热"，恶寒发热的病症。《难经·第五十八难》："寒热之病，候之如何也？然皮寒热者，皮不可近席，毛发焦，鼻槁，不得汗；肌寒热者，肌痛，唇舌槁，无汗；骨寒热者，病无所安，汗注不休，齿本槁痛。"

【译文】齐国的中御府长信患病，我去诊他脉，告诉他说："这是热病的脉气。然而由于天热出汗，脉搏略有衰弱，不会死亡。"并说："这病得自于用流水洗浴，流水非常寒冷，过后就发烧。"信说："嗯，对的。去年冬天，替齐王出使楚国，到达莒县阳周水过，莒县的桥梁毁坏严重，我就揽住车辕，不想渡水，马惊了，便掉了下来，我的身体淹没水中，几乎死去。小吏员立刻来救我，我从河水中出来后，衣服湿透了，过了片刻身体感到寒冷，寒冷过后热得如同火烧，到现在不能遇寒。"我就给他配制了液汤火剂退热，第一次喝了汗消失了，第二次喝了烧退了，第三次喝了病止住了。让他接着服药，前后二十天左右，身上没有病了。我所以知道信的病情，是因为诊他的脉时，发现他的脉都属于阴脉。脉法说"热病中阴阳交相错乱的死亡"。我诊他的脉阴阳并不交相错乱，但都属阴脉。全是阴脉的，脉象顺畅清静的可以治愈，他的体热虽然没有全部消除，还是可以活命。肾的脉气有时微浊，在寸口依稀可以感触到，这是体内有水气。肾本来是主管水的代谢，根据这一点了解了病情。一段时间失治，就会转变为时寒时热。

齐王太后病，召臣意入诊脉，曰："风瘅客脬，〔1〕难于大小溲，溺赤。"臣意饮以火齐汤，一饮即前后溲，再饮病已，溺如故。病得之流汗出循。〔2〕循者，去衣而汗晞也。所以知齐王太后病者，臣意诊其脉，切其太阴之口，湿然风气也。脉法曰"沈之而大坚，浮之而大紧者，病主在肾"。〔3〕肾切之而相反也，脉大而躁。大者，膀胱气也；躁者，中有热而溺赤。〔4〕

【注释】〔1〕"瘅"，音 dàn，病。"脬"，音 pāo，膀胱。本句言风邪为病侵入膀胱。〔2〕"循"，音 xún，流出貌。据张文虎校勘，《索隐》旧刻。《毛》本作"潐"。"潐"，音 xiǔ，借为"修"，义为干，干燥而缩。参看《读书杂志·史记第五》王引之说。齐王太后之病，即因脱衣以待汗流晾干，为风邪挟寒湿所袭至病。如《丹溪心法·燥结》云："肠胃受风，涸燥秘涩，此症以风气蓄而得之。"故大便困难。寒湿停聚膀胱，风邪外束，故小便不利。仓公用火剂汤意在逐风寒湿邪，升提肾气而水液下注，二阴前后开窍通利。〔3〕"沈之而大坚"，参看王叔和《脉经》卷六云："肾脉沉之大而坚，浮之大而紧，苦手足骨厥而阴不兴，腰脊痛，小腹肿。心下有水气，时胀闭，时泄。"便闭腹胀，为肾经病症之一。〔4〕"切之而相反"，齐王太后本为风邪寒湿症，理应有脉法所说的"坚"、"紧"寒象，却出现了躁动不宁的热象，故云"相反"。膀胱不能气化行水，二便糟粕未能及时排出体外，心经热移小肠，故身热溺赤，肾水与心火不相济，故"脉大而躁"，是病情加重的反映。

【译文】齐王的太后患病，叫我去诊脉，我说："这是风邪袭入膀胱，大小便困难，尿色赤红。"我让她服用火剂汤，第一次服用后可以大小便，第二次服用病痊愈了，小便和从前一样。这种病得自于大小便时宽衣出"循"，所谓"循"，就是脱去衣服而汗被吹干受凉。我所以知道齐王太后的病情，是因为我诊她的脉，感触到手腕湿润，受了风。脉法说"脉象沉又大又坚，脉象浮又大又紧的，病根在肾"。触摸太后的肾脉却相反，脉象粗大而急躁。脉象粗大，是膀胱有病，脉象急躁，是体内发热而尿赤红。

齐章武里曹山跗病，臣意诊其脉，曰："肺消瘅也，加以寒热。"[1]即告其人曰："死，不治。适其共养，此不当医治。"[2]法曰："后三日而当狂，妄起行，欲走；后五日死。"即如期死。山跗病得之盛怒而以接内。[3]所以知山跗之病者，臣意切其脉，肺气热也。脉法曰："不平不鼓，形獘。"[4]此五藏高之远数以经病也，[5]故切之时不平而代。不平者，血不居其处；代者，时参击并至，乍躁乍大也。此两络脉绝，故死不治。[6]所以加寒热者，言其人尸夺。尸夺者，形獘；形獘者，不当关灸镵石及饮毒药也。[7]臣意未往诊时，齐太医先诊山跗病，灸其足少阳脉口，而饮之半夏丸，病者即泄注，腹中虚；又灸其少阴脉，是坏肝刚绝深，如是重损病者气，以故加寒热。[8]所以后三日而当狂者，肝一络连属结绝乳下阳明，故络绝，开阳明脉，阳明脉伤，即当狂走。[9]后五日死者，肝与心相去五分，故曰五日尽，尽即死矣。

【注释】[1]"消瘅"，邪热内伏，炽灼津液，食而肌肉日渐消瘦的病症，参看《素问·通评虚实论》王冰注。又《灵枢·邪气藏府病形》亦云：肺脉"微小为消瘅"。《本藏》篇又云："肺脆则苦病消瘅易伤。""寒热"，由极度伤阴引起的恶寒畏热病症。[2]

"适其供养"，此二句言尽量适应和满足患者的需要及营养，没有必要再医疗。[3]"盛怒"，据《灵枢·五变》描述，病消瘅者"长冲直扬，其心刚，刚则多怒，怒则气上逆"。"接内"，性交。[4]"不平不鼓"，"不平"言太阴肺脉沉促；"不鼓"乃脉微无鼓动，言少阴肾脉气伏行于筋之下，为病情危重，久治难愈之脉象。参看《素问·阴阳类论》："三阴者，六经之所主也，交于太阴，伏鼓不浮，上控志心。"林亿《新校正》："按杨上善云：肺脉浮涩，此为平也。今见伏鼓，是肾脉也。足少阴脉，贯脊属肾，上入肺中，从肺出络心。肺气下入肾志，上入心神也。""形獘"，身体困疲至极而倒仆。"獘"，音bì，后作"弊"。[5]"五藏高之远"，据《素问·至真要大论》"多则九之，少则二之"王冰注："心肺为近，肾肝为远，脾胃居中"之说，心肺为五藏中高者，肝肾为其远者。"之"，至、到。"数以经病"，"数"指序数、次序，"经"指经历、经过。此句意为，这是五脏由近至远、依次经过各脏所属脉络而发生病变。[6]"参击并至"，脉象如几人执杵同时上下春捣。参看马王堆汉墓医书《足臂十一脉灸经》："三阴之病乱，不过十日死。揗脉如三人参春，不过三日死。"《素问·三部九候论》亦云："上下左右之脉应如参春者病甚。"此则同于十九世纪欧洲医学发现的"三联音律的奔马律"现象，乃危重病人心力衰竭的征兆。"两络脉绝"，指太阴肺经、少阴肾经的络脉之气皆竭尽而亡。[7]"尸夺"，"尸"，义为主、主体，本《传》以"尸"、"形"对文，当指人体的神主，其涵义一指血气，"血者，神气也"，"血气者人之神"，见《灵枢·营卫生会》、《素问·八正神明论》；其二指神明，反映着大脑和中枢神经系统的指挥调控功能。"心藏神"，心主神明，《素问·灵兰秘典论》："心者君主之官焉，神明出焉。……主不明则十二官危，使道闭塞而不通，形乃大伤。"故"尸夺"谓神明溃散，血气虚脱，导致了"形獘"。"不当关"，此句意为，凡预后为"形獘"的患者，不宜用针砭灸治和药性峻烈的汤液而使其血脉之道闭塞。[8]"半夏丸"，半夏主治湿痰冷饮，胸膈胀满，痰厥头痛，头晕不眠。其性味"生微寒，熟温，有毒"。《本草经疏》指出："半夏，古人立三禁，谓血家、渴家、汗家也。""阴虚肺热，津液不足之候，误服此药，愈损津液，则肺家愈燥，阴气愈虚，浓痰愈结，必致声哑而死。"曹山跗肺气热、阴大虚，故服之更见虚损。"肝刚"，据《内经》说肝为牡脏，属阳，"其充在筋，以生血气"，"肝主筋"，"筋为刚"，故中医亦认为肝有"刚脏"之性。"肝刚"指肝气，宜条达舒畅，如受损坏，"太过"或急躁暴怒，"不足"则惊恐畏惧。[9]"乳下阳明"，即胃之大络,又名"虚里"。据《素问·平人气象论》载,这是由胃腑直接分出的一条大络脉,由胃上行,贯通横膈,连络肺脏后,向外分出,布于左侧乳部下方。"其动应衣,脉宗气也。"王冰说"宗,尊也,主也,谓十二经脉之尊主也",位置十分重要。"结绝",诊断胃之大络搏动用语。"结"言联系,"绝"言暂时断绝,该篇有"盛喘数绝者病在中"、"绝不至曰死"的说法。"狂走",阳明胃经病变时症状之一。《灵枢·经脉》载:"甚则欲上高而歌,弃衣而走。"《素问·厥论》:"阳明之厥,则癫疾欲走呼,腹满不得卧,面赤而热,妄见而妄言。"

【译文】齐国章武里的曹山跗患病,我诊他的脉,说:"这是肺消瘅,加上寒热症"立刻告诉他说:"必定死亡,无法治疗。按照病人的要求去供养他,这种病不必再请医生治疗了。"医书上说"三天后该发狂,妄自起来乱走,想要乱跑,五天后死亡"。果然如期死去。曹山跗的病得自于大怒后便行房事。我所以知道曹山跗的病情,是因为我诊他的脉,发现肺热。脉法说"脉象不平稳,跳动无力,是身体衰败"。这是五脏由近至远,依次经过各脏所属脉络而发生病变,所以诊脉时,脉象不平稳而出现代脉。脉象不平稳,血液不停留在肝脏。代脉是脉搏紊乱和剧烈跳动一起发生,忽然急躁,忽然粗大。这是太阴肺经、少阴肾经的络脉被破坏了,所以必定死亡,无法医治。之所以另外加上寒热症,说明病人如死尸一样神散肉脱。死尸一样的人,身体已经毁坏。身体毁坏的人,不能用针灸和砭石来治疗。我没有前去诊断时,齐国的太医先诊治过曹山跗的病,灸他足上少阴经脉的穴位,让他服用半夏丸,病人立刻大量腹泻,腹中虚弱。又灸他的少阴脉,这就严重地损伤了肝的阳刚之气。破坏病人的元气达到这种程度,因此病人另外增加了寒热症。之所以三天后该发狂,是因为肝脏的一条络脉横向乳下,连结阳明经脉。所以肝脏的这条络脉被损坏,累及阳明经脉,阳明经脉被损伤,就会发狂乱跑。之所以五天后死亡,是因为肝脏与心脏相距五分,所以说元气五天消耗完,消耗完也就死了。

齐中尉潘满如病少腹痛,[1]臣意诊其脉,曰:"遗积瘕也。"[2]臣意即谓齐太仆臣饶、内史臣繇曰:"中尉不复自止于内,则三十日死。"后二十余日,溲血死。病得之酒且内。所以知潘满如病者,臣意切其脉深小弱,其卒然合合也,是脾气也。[3]右脉口气

至紧小,见瘕气也。[4]以次相乘,故三十日死。三阴俱抟者,[5]如法;不俱抟者,决在急期;一抟一代者,近也。故其三阴抟,溲血如前止。

【注释】[1]"少腹",腹部脐以下的部份,又称"小腹"。一说,脐之两旁为少腹。 [2]"遗",遗留。"积瘕",阴气积蓄,血脉凝涩而形成的腹中包块。参看《难经·第五十五难》论"积"之症状:积者,阴气也,阴沉而伏。气之所积名曰积。积者,五脏所生,其始发有常处,其痛不离其部,上下有所终始,左右有所穷处。又《素问·大奇论》王冰注:"血凝为瘕。" [3]"其脉深小弱",指左脉口之气沉细小弱,为阳虚阴衰,精血不足,气短心悸之症。参看《脉经》卷一:"脉小血少,病在心。"卷四:"弱为虚为悸。""卒然合合","合合"借为"翕翕",起而趋附貌。此句言脾脉之气突然兴起,似欲与心脉之气交结,为病情恶化之兆,如《灵枢·经脉》所言"脉之卒然动者,皆邪气居之,留于本末"。《脉经》卷八亦指出:"内有积不见脉,难治,见一脉相应,为易治,诸不相应,为不治。"此即心脾不相应之绝症。 [4]"脉口气至紧小",积瘕之脉有弦紧而沉细之象,见《脉经》卷八:"诸积大法,脉来细而附骨者,乃积也。""夫寒痹症瘕积聚之脉,皆弦紧。" [5]"三阴",指少阴、厥阴、太阴三阴之脉。"抟",音 tuán,聚结;环绕而上。这里"三阴俱抟",指三阴脉纠结而乱,为脉绝死候,参见张家山汉简《脉书》:"凡三阴,地气也,死脉也,腐臟烂肠而主杀,阴病而乱,则不过十日而死。"一说"抟"乃"搏"字之讹,《素问·阴阳别论》:"三阴俱搏,二十日夜半死。"可与本诊籍互证。

【译文】齐国的中尉潘满如患有小腹疼痛病,我诊他的脉,说:"这是遗留腹中的阴气积聚成结块。"我立刻对齐国太濮饶、内史繇说:"中尉再不自己停止房事,三十天就会死去。"后来过了二十多天,尿血而死。这病得自于饮酒后行房事。我所以知道潘满如的病情,是因为我发现他的脉深沉、细小、微弱,三种阴脉突然兴起,似欲与心脉之气交结,这是脾脏有病的脉气。右手寸口脉象非常紧张、细小,呈现出瘕痛的脉象。根据人体五脏相克制的次序,所以推断三十天后死亡。三种阴脉聚集在一起出现的,符合三十日死的规律。三种阴脉不聚集在一起出现的,很短时间内断定生死。三种阴脉出现一次,代脉出现一次的,近期死亡。潘满如三种阴脉聚集在一起出现,所以如上所说尿血而

死。

阳虚侯相赵章病，召臣意。众医皆以为寒中，臣意诊其脉曰："迵风。"[1]迵风者，饮食下嗌而辄出不留。[2]法曰"五日死"，而后十日乃死。病得之酒。所以知赵章之病者，臣意切其脉，脉来滑，是内风气也。[3]饮食下嗌而辄出不留者，法五日死，皆为前分界法。[4]后十日乃死，所以过期者，其人嗜粥，故中藏实，[5]中藏实故过期。师言曰"安谷者过期，不安谷者不及期"。[6]

【注释】[1]"迵"，音 dòng，洞彻，通达。"迵风"，风邪贯穿人体，透彻五脏所致病症。[2]"嗌"，音 ài，噎、咽喉阻塞。《灵枢·上膈》："气为上膈者，食饮入而还出。"噎膈一症，中医历来视为危重病候。[3]"内风气"，纳入风邪之气。"内"通"纳"。《素问·平人气象论》："脉滑曰风。"王冰注："滑为阳，阳受病则为风。"《脉要精微论》："滑者阴气有余也。……阴阳有余则无汗而寒。推而外之，内而不外，有心腹疾也。"[4]"前分界法"，殆指前文曹山跗诊籍所说预测死期之法，五脏之间由高至远依次恶变，脉气亡绝，以两脏"相去五分"，传变需五日，为一分界。[5]"中藏"，脾胃居于人体中部，故称中藏。[6]"安谷"，指病中仍能进食。

【译文】阳虚侯的丞相赵章患病，叫我去。许多医生都认为受了寒。我诊他的脉，说："这病是迵风。"所谓迵风，饮食下咽后，常常呕出来。医书上说五天后死亡，后来十天才死。这种病得自于饮酒。我所以知道赵章的病情，是因为我诊他的脉，脉象来的滑，是内风病的脉。饮食下咽常常呕出来，按医书上说五天死亡，这都是前面说的"分界法"。过了十天才死去，之所以超过了期限，是因为赵章喜爱稀粥，所以胃气充实，胃气充实，所以超过了死期。我的老师说："能够容纳消化谷物的过期死亡，不能容纳消化谷物的不到期限就会死亡。"

济北王病，召臣意诊其脉，曰："风蹶胸满。"[1]即为药酒，尽三石，病已。得之汗出伏地。所以知济北王病者，臣意切其脉时，风气也，心脉浊。病法"过入其阳，阳气尽而阴气入"。阴气入张，则寒气上而热气下，故胸满。[2]汗出伏地者，切其脉，气阴。阴气

者，病必入中，出及瀺水也。[3]

【注释】[1]"风蹶"，"蹶"通"厥"，古病名。《素问·评热病论》："有病身热，汗出烦满，烦满不为汗解。汗出而身热者风也，汗出而烦满不解者厥也，病名曰风厥。"[2]"阴气入张"，《灵枢·癫狂》指出"厥逆"病常有"腹胀满，肠鸣，胸满不得息"的症状，《素问·厥论》认为是"阴气盛于上则下虚"的结果。[3]"瀺"，音 chán，手足及身体所出的汗液。汗出时腠理疏开，易受风寒二邪侵袭。此句前后疑有脱文。

【译文】济北王患病，叫我诊他的脉，我说："这是风厥，胸内烦闷。"立刻配制了药酒，服用完了三石，病痊愈了。这病得自于出汗时人伏在地上。我所以知道济北王的病情，是因为我诊他的脉时，感觉到了风邪的脉，心脉重浊。根据病理，疾病进入人体肌表，肌表的阳气消失了，而阴寒之气侵入体内。阴寒之气进入体内扩张开，寒气就往上逆，而热气下流，所以胸内发闷。知道病人出汗后伏在地上，是因为我诊他的脉，脉气阴邪。脉气阴邪，必定是疾病已进入体内，服用药酒后，病邪随着汗水出来了。

齐北宫司空命妇出于病，众医皆以为风入中，病主在肺，刺其足少阳脉。臣意诊其脉，曰："病气疝，客于膀胱，难于前后溲，而溺赤。[1]病见寒气则遗溺，使人腹肿。"出于病得之欲溺不得，因以接内。所以知出于病者，切其脉大而实，其来难，是蹶阴之动也。[2]脉来难者，疝气之客于膀胱也。腹之所以肿者，言蹶阴之络结小腹也。[3]蹶阴有过则脉结动，动则腹肿。臣意即灸其足蹶阴之脉，左右各一所，即不遗溺而溲清，小腹痛止。即更为火齐汤以饮之，三日而疝气散，即愈。

【注释】[1]"气疝"，即疝气病。《素问·长刺节论》："病在少腹，腹痛不得大小便，病名曰疝，得之寒。"[2]"蹶阴之动"，指足厥阴肝经被外邪挠动所致病症。[3]"蹶阴之络"，据《灵枢·经脉》载，足厥阴络脉有一支脉经过胫骨，上行到小腹，结聚于前阴，"其病气逆则睾肿卒疝"。

【译文】齐国北宫司空的夫人出于得了病，许多医生都认为风邪进入体内，病根在肺，刺出于足少阳经脉进行治疗。我诊她的脉，说："患的是气疝病，影响到膀胱，大小便困难，而尿赤红。这种病遇寒就小便失禁，使人腹肿。"出于的病得自于想要小便而没有去小便，接着行房事。我所以知道出于的病情，是因为我诊她的脉粗大而充实，脉来时艰难，这是厥阴经脉变化而发生的病。脉来的艰难，是因为疝气影响了膀胱。腹部所以肿胀，是因为厥阴经的络脉结系在小腹。厥阴经脉有病，络脉结系的地方出现变化，出现变化就会腹肿。我炙她的足上厥阴经络，左右各一处，小便就不失禁，尿也变清，小腹不疼痛了。又另配制火剂汤让她服用，三天疝气消失，就痊愈了。

故济北王阿母自言足热而懑，〔1〕臣意告曰："热蹶也。"〔2〕则刺其足心各三所，案之无出血，病旋已。病得之饮酒大醉。

【注释】〔1〕"阿母"，奶妈。〔2〕"热蹶"，古病名。《素问·厥论》："热厥之为热也，必起于足下者，阳气起于足五指之表，阴脉集于足下而聚于足心，故阳气胜则足下热也。"

【译文】从前济北王的乳母自己说足心发热而烦闷，我告诉她："这病是热厥。"就刺她的足心各三处，按住针孔，不让血渗出来，病立刻痊愈。这病得自于饮酒大醉。

济北王召臣意诊脉诸女子侍者，至女子竖，竖无病。臣意告永巷长曰：〔1〕"竖伤脾，不可劳，法当春呕血死。"〔2〕臣意言王曰："才人女子竖何能？"王曰："是好为方，多伎能，为所是案法新，〔3〕往年市之民所，四百七十万，曹偶四人。"〔4〕王曰："得毋有病乎？"臣意对曰："竖病重，在死法中。"王召视之，其颜色不变，以为不然，不卖诸侯所。至春，竖奉剑从王之厕，王去，竖后，王令人召之，即仆于厕，呕血死。病得之流汗。〔5〕流汗者，法病内重，毛发而色泽，脉不衰，此亦内关之病也。

【注释】〔1〕"永巷长"，宦官名，掌宫中官婢。

《汉书·百官公卿表》少府属官有永巷令、丞，掌后宫女及宫中狱事。〔2〕"伤脾"，《难经·第四十二难》指出，脾"主里血，温五脏"，脾伤则不能统血，肝气横逆脾胃，故血呕而出。按之中医五行学说，脾属土，肝属木，《灵枢·本神》有脾病死于春之说，张介宾注："土衰畏木，故死于春。"《素问·玉机真藏论》亦称五脏"病之且死，必行传行至其所不胜，病乃死"。"脾受气于肺，传之于肾，气舍于心，至肝而死"。春为肝家王，故"法当春死"。〔3〕"为所是案法新"，疑此句有讹误。似指能化裁旧习方技而出新意。〔4〕"四百七十万"，指购竖入宫为侍婢所用钱。"曹偶"，侪辈，同类。〔5〕"流汗"，虚劳之症。《诸病源候论·妇人杂病诸候一·虚汗候》说："人以水谷之精，化为血气津液，津液行于腠理。若劳伤损动，阳气外虚，腠理开，血气衰弱，故津液泄越，令多汗也。"下文称"法病内重"，知竖虚汗，得之房事过重，而致劳损，气耗血伤。参看《素问·风论》："入房汗出中风，则为内风。"王冰注："内耗其精，外开腠理，因内风袭，故曰内风。《经》具名曰劳风。"《灵枢·百病始生》："醉以入房，汗出当风，伤脾。"

【译文】济北王叫我给各位侍女诊脉，到了女子竖，表面看竖没有病。我告诉永巷长说："竖伤脾，不能劳累，按常规应该春天呕血死亡。"我问济北王说："这位才女竖有什么本事？"济北王说："她的才能是喜好技术，有许多技能，能从旧技术中创造出新意，往年从民间买来，花了四百七十万钱，买了同样的四个人。"济北王说："莫非她有病？"我回答说："竖的病很严重，在死亡的范围中。"济北王把竖叫来审视，她的颜色没有变化，认为不会像说的那样，不卖给其他诸侯。到了春天，竖捧着剑跟随济北王去厕所，济北王离开厕所，竖落在后面，济北王派人去叫她，她倒在厕所，呕血而死。这种病得自于流汗过多，流汗过多，按规律是由于房事过多，毛发、面色润泽，脉搏并不衰弱，这也是内关一类的病。

齐中大夫病龋齿，〔1〕臣意灸其左大阳明脉，即为苦参汤，日嗽三升，出入五六日，病已。〔2〕得之风，及卧开口，食而不嗽。

【注释】〔1〕"龋齿"，又作"齿龋"，病名。出《灵枢·论疾诊尺》、《素问·缪刺论》。症见牙齿蛀空朽痛，多因口腔不洁，或风痰湿热熏蒸手、足阳明经而致病。〔2〕"苦参汤",《本草纲目》卷十三李时珍指出:苦参性味苦寒,"能补肾,盖取其苦燥湿,寒除热也。热生风,湿生虫,故又能治风杀虫"。

【译文】齐的中大夫有龋齿病,我灸他左手阳明经脉,立刻给他配制了苦参汤,每天用三升漱口,前后五六天,病痊愈了。这病得自于受风,以及躺着睡觉张着嘴,吃饭后不漱口。

菑川王美人怀子而不乳,〔1〕来召臣意。臣意往,饮以莨菪药一撮,〔2〕以酒饮之,旋乳。臣意复诊其脉,而脉躁。躁者有余病,即饮以消石一齐,〔3〕出血,血如豆比五六枚。

【注释】〔1〕"不乳",不生、难产。〔2〕"莨菪",菪音 sàng dàng,与"莨菪"音义皆同。〔3〕"消石",药名。《神农本草经》称其"味苦,寒。主五藏积热,胃胀闭,涤去蓄结饮食,推陈致新,除邪气。……一名芒消,生山谷"。

【译文】菑川王的妃嫔怀胎难产,来叫我。我前往,让她服用一小撮莨菪药末,用酒送服,不一会就生出来了。我又诊她的脉,脉搏急躁。急躁的还有遗留的病,就让她服用一剂硝石,阴道出血,血像豆粒那么大,大概有五六枚。

齐丞相舍人奴从朝入宫,臣意见之食闺门外,望其色有病气。臣意即告宦者平。平好为脉,学臣意所,臣意即示之舍人奴病,告之曰:"此伤脾气也,当至春鬲塞不通,不能食饮,法至夏泄血死。"〔1〕宦者平即往告相曰:"君之舍人奴有病,病重,死期有日。"相君曰:"卿何以知之?"曰:"君朝时入宫,君之舍人奴尽食闺门外,平与仓公立,即示平曰,病如是者死。"相即召舍人而谓之曰:"公奴有病不?"舍人曰:"奴无病,身无痛者。"至春果病,至四月,泄血死。所以知奴病者,脾气周乘五藏,伤部而交,〔2〕故伤脾之色也,望之杀然黄,察之如死青之兹。〔3〕众医不知,以为大虫,〔4〕不知伤脾。所以至春死病者,胃气黄,黄者土气也,土不胜木,故至春死。所以至夏死者,脉法曰"病重而脉顺清者曰内关",内关之病,人不知其所痛,心急然无

苦。若加以一病,死中春;一愈顺,及一时。其所以四月死者,诊其人时愈顺。愈顺者,人尚肥也。奴之病得之流汗数出,灸于火而以出见大风也。〔5〕

【注释】〔1〕"鬲塞不通",脾气伤则患膈中症。《灵枢·邪气藏府病形》:"脾脉微急为膈中,食饮入而还出,后沃沫。"有学者认为"后沃沫"即"大便下肥汁",黑腻如油即便之隐血。"泄血"为症状日趋严重,"阴络伤则血内溢,血内溢则后血,肠胃之络伤,则血溢于肠外"。见《灵枢·百病始生》。〔2〕"周乘五藏",脾气在五脏中环行,依次寄乘各脏中。见《素问·太阴阳明论》:"脾者土也,治中央,常以四时长四藏,各十八日寄治,不得独主于时也。脾藏者常著胃土之精也,土者生万物而法天地,故上下至头足,不得主时也。""伤部而交",脾周行四脏,故脾伤则有其他脏气所属之色交杂呈现于面部。〔3〕"杀然黄",黄为脾,主中央土之色,"杀然"为暗淡貌。"杀",音 sà。"死青之兹",五脏败坏,面部有五种死色呈现,此为其一。《素问·五藏生成》:"色见青如草兹者死。"王冰注:"兹,滋也,言如草初生之青色也。"〔4〕"大虫",指体内大型寄生虫蛇。〔5〕"出见大风",病因由于身热而骤然中寒,风邪内闭。《素问·风论》:"风气与阳明入胃,循脉而上至目内眦,其人肥则风气不得外泄。"与本诊籍所述类似。

【译文】齐国丞相门客的奴仆跟随主人上朝走进王宫,我看见他在宫门外吃食物,审视他的脸色带有病气。我立刻告诉了宦官平。平喜好诊脉,在我这儿学习,我就把门客奴仆的病指点他,告诉他说:"这是伤脾的病,到来年春天大便阻塞不通,不能饮食,根据常规到夏天泄血死亡。"宦官平就前去告诉丞相说:"您门客的奴仆有病,病情严重,死期指日可待。"丞相说:"你怎么知道的?"回答说:"您上朝时进入宫内,您门客的奴仆在宫门外吃个没完,我和仓公站着,仓公就指给我说,像这样的病会死亡。"丞相立刻叫来门客告诉他说:"您的奴仆有没有病?"门客说:"我的奴仆没有病,身体没有疼痛的地方。"到了春天果然病了。到了四月,泄血死亡。我所以知道奴仆的病情,是因为脾气周行五脏,各部位交错受到损伤,伤脾的颜色出现在脸上各个部位,这种伤脾的颜色,看上去枯黄,仔细审视好像死草一样的青灰色。许多医生不了解,认为肚子里有大虫,不知道是伤脾。之所以到春天因病死

亡,是因为脾胃病患者面色发黄,黄是土色,按五行说土不能胜木,所以到春天死亡。之所以到夏天才死亡,是因为脉法说"病已经严重而脉象顺畅清静的叫内关",内关一类的病,病人不知道疼痛,心情急躁,然而没有痛苦之感。如果增加一种病,便死在春天二月。如果愉快,顺其自然,可以延长一个季节的生命。之所以四月死亡,是因为我诊断病人时,他心情愉快,顺其自然。心情愉快,顺其自然的,人体还比较肥胖。奴仆的病得自于多次流汗,在火上烘烤,而又出到外面遇上大风。

菑川王病,召臣意诊脉,曰:"蹶上为重,[1]头痛身热,使人烦懑。"臣意即以寒水拊其头,[2]刺足阳明脉,[3]左右各三所,病旋已。病得之沐发未干而卧。[4]诊如前,所以蹶,头热至肩。

【注释】〔1〕"蹶上",指风邪逆行而上,热衝头部。 〔2〕"拊",音 fǔ,附着;抚敷。 〔3〕"刺足阳明脉",足阳明胃经起于鼻翼,经行内眼角、上齿、唇口、下颌而直至耳边、发际、额前,灸治其本经穴位,可解头痛烦懑。 〔4〕"病得之沐发未干而卧",此即首风症。《素问·风论》:"新沐中风,则为首风。""首风之状,头面多汗恶风,当先风前一日则病甚,头痛不可出内,至其风日则病少愈。"

【译文】菑川王患病,叫我诊脉,我说:"这是风邪逆行而上,热冲头部,头痛身热,让人烦闷。"我就用冷水拍他的头部,刺他足上阳明经脉,左右各三处,病症立刻消失。这病得自于洗发后头发未干就躺下睡觉。诊断如上所说,之所以风邪逆行而上,是因为头部发热,一直到肩。

齐王黄姬兄黄长卿家有酒召客,召臣意。诸客坐,未上食。臣意望见王后弟宋建,告曰:"君有病,往四五日,君要胁痛不可俛仰,又不得小溲。不亟治,病即入濡肾,[1]及其舍五藏,急治之。病方今客肾濡,[2]此所谓'肾痹'也。"[3]宋建曰:"然,建故有要脊痛。往四五日,天雨,黄氏诸倩见建家京下方石,即弄之,[4]建亦欲效之,效之不能起,即复置之。暮,要脊痛,不得溺,至今不愈。"建病得之好持重。[5]所以知建病者,臣意见其色,太阳色干,肾部上及界要

以下者枯四分所,故以往四五日知其发也。臣意即为柔汤使服之,十八日所而病愈。[6]

【注释】〔1〕"要胁痛","要"同"腰",据后文述病由,称"要脊痛",此"胁"当作"脊"。"俛"同"俯"。"濡肾",即肾脏,"肾为水脏","肾恶燥",故名。〔2〕"今客肾濡",上文言病犹未入五脏,此句所客之"肾濡"当为六腑之膀胱,"肾合膀胱",经肾气化后的小便下行膀胱,"膀胱主藏水液",故称"肾濡",且与本诊籍患者"不得小溲"症状相符。〔3〕"肾痹",古病名。《素问·痹论》:"肾痹者,善胀,尻以代踵,脊以代头。"王冰注:"尻以代踵,谓足挛急也。脊以代头,谓身踡曲也。"又"淫气遗溺,痹聚在肾。"王冰注:"淫气,谓气之妄行者,各随藏之所主而入为痹也。"《素问·五藏生成》:"黑脉之至也,上坚而大,有积气在小腹与阴,名曰肾痹。"可见此病有腰背偻曲不能伸、下肢挛曲,小便困难等症状。〔4〕"倩",音 qìng,女婿。"京",方形的大谷仓。"弄",《太平御览》卷七二一引此文作"取"。〔5〕"持重",举重物。《素问·刺腰痛》:"衡络之脉,令人腰痛,不可以俛仰,仰则恐仆,得之举重伤腰,衡络绝,恶血归之。"张志聪注:"衡,横也。带脉横络于腰间,故曰'横络之脉'。夫足之三阳,循腰而下;足之三阴及奇经之脉,皆循腰而上,病则上下不通,阴阳间阻,而为腰痛之症。"宋建持重,即伤阻衡络之脉而致腰脊痛。〔6〕"柔汤",相对"刚剂"而言,当为补肾养血、通经活络之药液。

【译文】齐王黄姬的兄长黄长卿在家设酒筵请客,叫我去。各位客人入座,没有上酒食,我看见王后的弟弟宋建,告诉说:"您有病,以前四、五天,您的腰、胁疼痛,不能俯仰,又不能小便。不赶快医治,病就会侵入肾脏。趁着病邪还没有进入五脏,赶快治疗。病邪现正在膀胱,这就是所说的肾痹病。"宋建说:"是的,我过去有腰脊痛的病。四、五天前,天下雨,黄家的各位女婿看见我家仓廪下的基石,就去搬弄,我也想效法他们,虽然学他们的样子,却举不起来,我又放下了。黄昏时,腰脊疼痛,不能小便,到现在没有痊愈。"宋建的病得自于喜欢拿重东西。我所以知道宋建的病,是因为我审视他的脸色,颧骨部位颜色发干,肾部以上和腰围以下大约瘦了四分,所以知道他前四五天发病。我就配制柔汤让他服用,十八天左右病痊愈。

济北王侍者韩女病要背痛,寒热,众医

皆以为寒热也。臣意诊脉,曰:"内寒,月事不下也。"即窜以药,〔1〕旋下,病已。病得之欲男子而不可得也。所以知韩女之病者,诊其脉时,切之,肾脉也啬而不属。〔2〕啬而不属者,其来难,坚,故曰月不下。肝脉弦,出左口,故曰欲男子不可得也。〔3〕

【注释】〔1〕"月事",月经。"窜",放置,安放。《千金要方》卷四所载"治月经不通方":"取葶苈一升为末,蜜丸如弹子大,绵裹内阴中,入三寸,每丸一宿易之,有汁出止。"即此类用药方式,为外治之"塞法"。〔2〕"肾脉也啬而不属",为女子月经不通的脉象。《灵枢·邪气藏府病形》:"肾脉微涩,为不月。"张志聪注:"血气皆始于肾,痹则血气阻滞……气血不行,故女子不月。""啬",音 sè,通"涩(涩)",阻塞、不通畅。〔3〕"肝脉弦出左口",为肝气郁结不舒,受传于心脾之象。《素问·阴阳别论》指出:"二阳之病发心脾,有不得隐曲,女子不月。"按:"欲男子不可得",正为难言之隐曲。

【译文】济北王姓韩的侍女患有腰背痛的病,发冷发热,许多医生都认为是寒热病。我诊脉后说:"内寒,来不了月经。"我就把药给她放在阴道中,马上来了月经,病痊愈了。病得自于想要男子而又得不到。我所以知道韩侍女的病情,是因为我诊她的脉时,切到了肾的病脉,脉象艰涩而不连续。脉象艰涩而不连续的,来月经很艰难,所以说她来不了月经。她的肝脉强直而又细长,超出左手寸口,所以说她想要男子而又得不到。

临菑氾里女子薄吾病甚,众医皆以为寒热笃,当死,不治。臣意诊其脉,曰:"蛲瘕。"蛲瘕为病,腹大,〔1〕上肤黄麤,循之戚戚然。〔2〕臣意饮以芫华一撮,〔3〕即出蛲可数升,病已,三十日如故。病蛲得之于寒湿,寒湿气宛笃不发,〔4〕化为虫。臣意所以知薄吾病者,切其脉,循其尺,其尺索刺麤,而毛美奉发,〔5〕是虫气也。其色泽者,中藏无邪气及重病。

【注释】〔1〕"蛲瘕",古病名。《诸病源候论·九虫病候·蛲虫候》:"蛲虫犹是九虫内之一虫也。形甚小,如今之蜗虫状。亦因腑脏虚弱而致。发动

甚者,则能成痔、瘘、疥、癣、癞、痈、疽、𤺄诸疮。蛲虫是人体虚极重者。故为蛲虫,因动作无所不为也。"蛲虫在腹内造成邪气积结,形成腹内积块,故名"蛲瘕"。"腹大"即症状之一。〔2〕"上肤黄麤","麤",同"粗",皮肤发黄而粗糙,乃蛲虫诱发的疥、癣、癞等皮肤病症状。"循",抚摩。"戚戚"通"蹙蹙",皱缩不舒之貌。"蹙",音 cù。〔3〕"芫华",《神农本草经》称此药可治"疝瘕痈肿,杀虫鱼",与仓公用意驱虫相合。〔4〕"病蛲得之于寒湿",《灵枢·上膈》认为"喜怒不适,食饮不节,寒温不时,则寒汁流于肠中,流于肠中则虫寒,虫寒则积聚",积聚而麤瘕生,所论与仓公言"蛲瘕"病因相似。"宛笃",郁结而深。"宛"通"郁"。〔5〕"其尺索刺麤",其尺部皮肤,刺人而粗糙。"毛美奉发",此当从《医说》引文作"毛焦拳发",即毛发枯焦蜷曲,为营血失养所致。

【译文】临菑氾里女子薄吾病得很厉害,许多医生都认为患了严重的寒热病,会死去,没有办法医治。我诊她的脉,说:"这是蛲虫聚集成块。"这种病,病人腹部大,皮肤又黄又粗,触摸病灶病人感到难受。我让病人饮服一小撮芫花,排出几升蛲虫,病痊愈了,三十天恢复如故。蛲虫病得自于寒湿,寒湿气严重郁积不能散发,变化为虫。我所以知道薄吾的病情,是因为我诊她的脉,摸她的尺肤部,尺肤部粗糙,而毛发焦曲,这是有虫的迹象。她面色润泽,是因为内脏没有感受邪气,没有重病。

齐淳于司马病,臣意切其脉,告曰:"当病迵风。迵风之状,饮食下嗌辄后之。〔1〕病得之饱食而疾走。"淳于司马曰:"我之王家食马肝,〔2〕食饱甚,见酒来,即走去,驱疾至舍,即泄数十出。"臣意告曰:"为火齐米汁饮之,〔3〕七八日而当愈。"时医秦信在旁,臣意去,信谓左右阁都尉曰:〔4〕"意以淳于司马病为何?"曰:"以为迵风,可治。"信即笑曰:"是不知也。淳于司马病,法当后九日死。"即后九日不死,其家复召臣意。臣意往问之,尽如意诊。臣即为一火齐米汁,使服之,七八日病已。所以知之者,诊其脉时,切之,尽如法。其病顺,故不死。

【注释】〔1〕"饮食下嗌辄后之",本诊籍的迵风,与前面赵章的迵风,症候同为风邪,而此得之饱

食后疾走而中风寒,赵得之醉酒,故症状有不同。前者食饮而呕吐而出,此则食后即泄泻不止。本诊籍所述与"洞泄"症状极相似,食已即泻,完谷不化,见《素问·生气通天论》:"春伤于风,邪气留连,乃为洞泄。"王冰注:"风气通肝,春肝木王,木胜脾土,故洞泄生也。"〔2〕"食马肝",据《本草纲目》卷五十,"马肝有大毒。弘景曰:马肝及鞍下肉,杀人。时珍曰:按汉景帝云,食肉毋食马肝。又汉武帝云,文成食马肝而死"。李时珍所引,见《汉书·辕固传》和《史记·封禅书》。〔3〕"火齐米汁",本诊籍患者为阴病、寒泄,治宜温中,故用火剂。"米汁"养脾胃,陈仓米汁更有"涩肠胃"、"暖脾"、"止痢"之功,见《本草纲目》卷二十五。《鲍氏方》治中满洞泄,以厚朴、干薑为丸,"米饮下"。《濒湖集简方》治老小滑泻,以白术黄土炒过、炒山药为丸,"米汤服"。皆得仓公火剂米汁遗意。〔4〕"左右阁都尉","阁",音gē,汉人亦以泛指官署,见《汉书·王尊传》。汉代武官、中央和地方的特设官亦多以"都尉"名,唯其前冠以各司职名以区别。本文指官署中同僚武官,在淳于司马左右者。

【译文】齐国的淳于司马患病,我诊他的脉,告诉说:"得的应当是迥风病。迥风病的症状,食物咽下去后,就拉出来。病得自于吃饱饭后迅速奔跑。"淳于司马说:"我到王家吃马肝,吃得非常饱,看见酒端上来,就离去了。乘马很快地跑回家,立刻泄了几十次。"我告诉说:"调制火剂汤和米汁服用,七八天应该痊愈。"当时医生秦信在旁边,我离开后,秦信问身旁的阁都尉说:"淳于意认为淳于司马得的是什么病?"回答说:"认为是迥风,可以治愈。"秦信就笑着说:"这是不知道病情。淳于司马的病,按常规九天后死亡。"九天后没有死,淳于司马家又叫我去。我前去询问病况,全都像我诊断的一样。我就开了一方火剂汤与米汁一起让他服用,七八天病就好了。我所以知道病人能治好,是因为我诊断他的脉时,摸他的脉,完全和常规相符,病和脉相顺应,所以他不会死。

齐中郎破石病,臣意诊其脉,告曰:"肺伤,不治,当后十日丁亥溲血死。"即后十一日,溲血而死。破石之病,得之堕马僵石上。〔1〕所以知破石之病者,切其脉,得肺阴气,其来散,〔2〕数道至而不一也。色又乘之。〔3〕所以知其堕马者,切之得番阴脉。番阴脉入虚里,乘肺脉。〔4〕肺脉散者,固色变

也乘之。所以不中期死者,师言曰"病者安谷即过期,不安谷则不及期"。其人嗜黍,黍主肺,故过期。所以溲血者,诊脉法曰"病养喜阴处者顺死,养喜阳处者逆死"。其人喜自静,不躁,又久安坐,伏几而寐,故血下泄。

【注释】〔1〕"僵石",倒在石头上。〔2〕"散",散脉,其脉象浮散无根,大而不齐。参看《脉经》卷一:"散脉,大而散。散者气实血虚,有表无里。"《素问·脉要精微论》:"浮而散者为眴仆。"王冰注:"脉浮为虚,散为不足,故为头眩而仆倒也。""数道至而不一",脉象极散漫,仿佛从好几条经隧穿行而至,为元气衰竭,精血将离散之象。参看《脉诀刊误》:"是散漫无统纪,无拘束之义,指下见得来动,一二至中又至一至,更不曾来往整齐,或动来即动去,或来至多去至少,或去至多来至少,是解散不收聚。"〔3〕"色又乘之","乘"指五行学说之相胜、相克,中医主张脉色合参,脉象与面色相合为正常,反则为病。此句言心火又克肺金,面呈赤色。〔4〕"番阴脉","番",音fān,借为"幡",变动。"虚里","胃之大络"的别名,诊虚里为切诊要法之一,可察胃气和宗气的盛衰,若搏动过速,多为胸腹积热,邪气亢盛,或正气衰而虚阳外脱。参看《素问·平人气象论》和前文曹山跗诊籍"乳下阳明"注。这句是说发生异动的少阴心脉之气进入胃之大络,从而克肺脉之气。

【译文】齐国中郎破石生病,我为他诊脉,告诉说:"肺受伤了,不能治了,会在十天后的丁亥日溲血死去。"就在十一天后,溲血而死。破石的病,是由于从马上摔下来,栽在硬石头上得来的。我所以知道破石的病,是因为诊他的脉,感受到肺阴脉,脉来的散乱,好像从数条脉道来一样,而且脉搏跳动都不一致,面部又出现肺阴脉的颜色。我所以知道他从马上摔下来,是因为诊他的脉,触摸到了番阴脉。番阴脉进入虚里,影响肺脉。肺的脉位出现了散脉,原来的面色就发生了变化。之所以不和预料的死亡日期相符,是因为老师说"病人能吃得下饭就会超过死期,吃不下饭不到死期就会死去"。这个人爱吃黄黍,黄黍补肺,所以病人超过死期。病人所以溲血,是因为诊脉法说:"病人调养时喜欢安静,血从下流出而死,病人调养喜欢活动,血从上流出而死。"这个人喜欢安静,不急躁,又长时间坐着不动,趴在小桌子上睡觉,所以血从下部泄出。

齐王侍医遂病,自练五石服之。[1]臣意往过之,遂谓意曰:"不肖有病,幸诊遂也。"臣意即诊之,告曰:"公病中热。论曰'中热不溲者,不可服五石'。石之为药精悍,公服之不得数溲,亟勿服。[2]色将发臃。"[3]遂曰:"扁鹊曰'阴石以治阴病,阳石以治阳病'。[4]夫药石者有阴阳水火之齐,故中热,即为阴石柔齐治之;中寒,即为阳石刚齐治之。"臣意曰:"公所论远矣。扁鹊虽言若是,然必审诊,起度量,立规矩,称权衡,合色脉表里有余不足顺逆之法,[5]参其人动静与息相应,乃可以论。论曰'阴疾处内,阴形应外者,不加悍药及镵石'。夫悍药入中,则邪气辟矣,而宛气愈深。[6]诊法曰'二阴应外,一阳接内者,不可以刚药'。[7]刚药入则动阳,阴病益衰,阳病益箸,邪气流行,为重困于俞,[8]忿发为疽。"[9]意告之后百余日,果为疽发乳上,入缺盆,死。[10]此谓论之大体也,必有经纪。拙工有一不习,文理阴阳失矣。

【注释】[1]"练",通"炼",烧炼丹药。"五石",古代方士、道家、道士炼制的一种方药,名五石散。服后身体发热,宜吃冷食,故称寒食散,或简称散。其成分据《抱朴子·内篇·金丹》记载,为丹砂、雄黄、白矾石、曾青、磁石等五石。巢元方《诸病源候论·解散病诸候》详细载有服此散后所发多种病症及治法,据巢氏所述考之,五石散之通行方当为石钟乳、硫黄、白石英、紫石英、赤石脂等五种矿物质药物烧炼而成。[2]"不得数溲",为服食五石散后病症之一。巢元方曰:"夫服散石者,石势归于肾,而内生热,热结小肠,胞内否涩,故小便不通。"[3]"色将发臃",从面色推断将发痈疽。"臃",当作"痈"。[4]"阴石以治阴病,阳石以治阳病",此句有讹误,据下文言热病阴治、寒病阳治之治则,此句当作"阴石以治阳病,阳石以治阴病"。[5]"合色脉",即色脉合参。将望面色和切脉象的变化互相参照,进行综合分析、推断病情的诊断方法。[6]"邪气辟","辟"通"襞",音 bì,聚积。"宛气愈深",指人的气血被邪气损害,脉气郁结闭塞日渐严重,参看马王堆汉墓医简《十问》:"阴精漏泄,百脉宛废。""宛"通"郁"。[7]"二阴应外",指手少阴心经和足少阴肾经应付外邪。"一阳接内",指手少阳

三焦经和足少阳胆经却承接热邪入腑内。这种状况下用峻烈的刚药,将使心肾二阴经大受虚损而更衰,三焦和胆经为阳邪所居而热病更重。[8]"重困于俞","俞",音 shù,穴位。这里指全身经络穴位都处于困境,气血不通。[9]"忿发为疽","忿"指服五石散后患病者胆经而肝火旺,故多狂躁怨怒。"疽",音 jū,恶性痈疮。凡结成块状的毒疮,浮浅者称"痈",深厚者为"疽"。《灵枢·痈疽》:"热气淳盛,下陷肌肤,筋髓枯,内连五藏,血气竭,当其痈下,筋骨良肉皆无余,故命曰疽。"服五石散的患者多发痈疽。巢元方就此指出:"将适失宜,外有风邪,内有积热,热乘于血,血气壅滞,故使生疮。""六腑不和而成痈。夫服散之人,若将适失宜,散动热气,内乘六腑。六腑血气,行于经脉。经脉为热所搏,而外有风邪乘之,则石热壅结,血气否涩,而成痈肿。"[10]"疽发乳上入缺盆","缺盆"即锁骨上窝,从疽发位置来看,此即一阳所生危症,六腑之一为胆,少阳胆经其主干入缺盆,其一支脉与主干在缺盆会合后,进入腹腔,贯穿膈肌,络肝,归属于胆,疽发两部位正与少阳胆经循行部位合。

【译文】齐的侍医遂病了,自己炼制五石药服用。我前去拜访他,他对我说:"我得了病,很幸运能得到你的医治。"我就为他诊断,告诉说:"你得的是内热病。医理论书上说'内热不解小便的,不能服用五石药。'石药药性猛烈,你服用它后,小便次数就会减少,赶快不要服用。从面部颜色来看,将要出现痈疽。"遂说:"扁鹊说'性寒的石药可以治疗阴虚的病,性热的石药可以治疗阳虚的病'。药石有阴阳寒热的不同方剂,所以内有热,就有阴性石药配制的柔和药剂治疗,内有寒,就用阳性石药配制的猛烈药剂治疗。"我说:"你所说的谬误得太厉害了。扁鹊虽然这么说过,然而一定要仔细诊断,确定用药数量标准,确定治疗的方法,衡量得失,结合色与脉、表与里、有余与不足、顺与逆的规律,斟酌病人动态静态与呼吸是否协调,才可以决定怎样利用石药。医书理论说'热病潜伏在内,寒病反应在外表的,不能使用性烈的药和石针'。烈性药进入体内,邪气就更加聚积,而蕴结在内的郁热更加深重。诊脉法说'少阴寒病反应在外,少阳郁火蓄积在内的,不能使用性烈的药'。烈性药进入体内就撼动阳气,阴虚更加严重,阳气愈益显露,邪气流动,层层盘聚蕴困在腧穴周围。迅速发展成毒疮。"我告诉他以后一百多天,果然形成毒疮,发作在乳头上部,侵入锁骨上窝,导致身亡。这就是所说的医学理论只是讲述大体情况,一定要掌握其

中的要领。拙劣的医生有一处没有学到，就失去了条理，颠倒了阴阳。

齐王故为阳虚侯时，病甚，[1]众医皆以为蹶。[2]臣意诊脉，以为痹，根在右胁下，大如覆杯，[3]令人喘，逆气不能食。臣意即以火齐粥且饮，六日气下；即令更服丸药，出入六日，病已。病得之内。诊之时不能识其经解，[4]大识其病所在。

【注释】[1]"齐王"，即刘将间。西汉宗室，齐悼惠王刘肥之子，文帝十六年，公元前一六四年，以阳虚侯立为齐王。据本诊籍，亦可证明诏问仓公医术，并非必在文帝十三年。 [2]"众医皆以为蹶"，考患者症状，当为厥气逆行而上造成的积聚病。众医诊为厥，亦言之成理，与医经所论合。参看《灵枢》《百病始生》曰："积之始生，得寒乃生，厥乃成积。"仓公用火剂粥，亦意在逐寒邪、下厥气。 [3]"大如覆杯"，观所载症状，当为肥气症，属肝之积。 [4]"不能识其经解"，此病传变复杂，所以仓公亦坦言诊断时未详是何经脉发生病变，不得其解，只知病症所在。按《难经》对肥气之成论述甚详："肺病传于肝，肝当传脾，脾季夏适王，王者不受邪，肝复欲还肺，肺不肯受，故留结为积。"

【译文】齐王从前为阳虚侯时，病情严重，许多医生都认为是厥气上逆。我诊脉后，认为是痹病，病根在右胁下面，大的像倒着放的杯子，令人气喘，气向上逆行，不能饮食。我就让他喝火剂粥，六天后，厥气就下行。就又让他改服丸药，前后六天左右，病痊愈了。这病得自于房事。我诊断病人时，不知道用什么经脉理论解释这种病，大体了解这种病所发生的部位。

臣意尝诊安阳武都里成开方，开方自言以为不病，臣意谓之病苦沓风，[1]三岁四支不能自用，使人瘖，[2]瘖即死。今闻其四支不能用，瘖而未死也。病得之数饮酒以见大风气。[3]所以知成开方病者，诊之，其脉法奇咳言曰"藏气相反者死"。切之，得肾反肺，[4]法曰"三岁死"也。

【注释】[1]"苦沓风"，古病名。"沓"，音tà，松弛；疲沓不举。观其四肢不用、瘖而难语，与《素

问》所载"痿躄"、"偏枯"等症相类，尤其与《诸病源候论·风病诸候·风身体手足不随候》所载"风痿"极相似。 [2]"使人瘖"，"瘖"，音yīn，哑；声微，发声不成语。这里指中风后遗症偏枯病的一种症状，《素问·大奇论》："胃脉沉鼓涩，胃外鼓大，心脉小坚急，皆鬲偏枯。男子发左，女子发右。不瘖舌转，可治，日起；其从者瘖，三岁起；年不满二十者，三岁死。"王冰注："偏枯之病，瘖不能言，肾与胞脉内绝也。胞脉系于肾，肾之脉从肾上贯肝鬲入肺中，循喉咙，侠舌本，故气内绝，则瘖不能言也。" [3]"病得之数饮酒以见大风气"，经常饮酒者，生湿化热，湿郁热蒸，腠理开疏，骤中大风之邪，则脾胃气伤，筋脉痹阻，故四肢痿弱不用。参看巢元方所述："手足不随者，由体虚腠理开，风气伤于脾胃之经络也。……脾气弱，即肌肉虚，受风邪所侵，故不能为胃通行水谷之气，至四肢肌肉无所禀受。而风邪在经络，搏于阳经，气行则迟，关机缓纵，故令身体手足不随。诊脾脉缓者，为风痿，四肢不用。又心脉肾脉俱至，则难以言，九窍不通，四肢不举。肾脉来多，即死也。" [4]"藏气相反者死"，中医脉学认为，五脏各有其相应的脉气，即肝脉弦，心脉洪，脾脉缓，肺脉浮，肾脉沉，如果脉气与此相反或出现错位，就标志着该脏病变或危绝。如《素问·玉机真藏论》曰："秋脉者肺也，西方金也，故其气来轻虚以浮，来急去散故曰浮，反此者病。""得肾反肺"，切肺脉反得肾脉，"其气来沉以搏"。肺为金，肾为水，以五行说言之，金生水，肺为母，肾为子，子能令母虚，是藏气相反，故预后不良，"三岁死"。

【译文】我曾给安阳武都里成开方诊脉，成开方自己说没有病，我对他说将被沓风病所折磨，三年后四肢失去正常功能，令人喑哑无音，喑哑无音便会死亡。现在听说他的四肢已失去正常功能，喑哑而未死。这病得自于频频饮酒，又遇上剧烈的风邪。我所以知道成开方的病情，是因为我为他诊断，脉搏与脉法、奇咳术上说的"脏气相反的是死症"相合。摸他的脉，感觉到了肾反肺的脉象，按常规来说三年死亡。

安陵阪里公乘项处病，臣意诊脉，曰："牡疝。"[1]牡疝在鬲下，上连肺。病得之内。臣意谓之："慎毋为劳力事，为劳力事则必呕血死。"处后蹴踘，[2]要蹶寒，汗出多，即呕血。[3]臣意复诊之，曰："当旦日日夕死。"[4]即死。病得之内。所以知项处病

者,切其脉得番阳。番阳入虚里,处旦日死。一番一络者,牡疝也。[5]

【注释】[1]"牡疝",肝为牡脏,这里当指肝疝。《灵枢·经脉》载厥阴肝脉主干"属肝,络胆,上贯膈,布胁肋","其支者,复从肝别贯膈,上注肺"。《医学入门·肝脏赋》云:"连膈膜而形有软坚。(肝之系者,自膈下著右胁肋,上贯膈入肺中,与膈膜相连也。)"本诊籍称"牡疝在膈下,上连肺",正与肝脏部位和肝脉所系相吻合。《素问·大奇论》首载肝疝症:"肝脉大急沉,皆为疝。"王冰注:"疝者,寒气结聚之所为也。夫脉沉为实,脉急为痛,气实虚薄聚,故为绞痛为疝。"[2]"蹴踘",音 cù jū,踢皮球,古代一种体育运动。 [3]"要蹙寒",因踢球而四肢劳冷,寒气逆行,搏结于腰部,使牡疝症状恶化。"要"同"腰"。"汗出多",患者"病得之内",为房劳虚弱,汗亦为虚汗。"呕血",踢球过用劳力而伤肝肺,疝气上逆则呕血。参看《诸病源候论·虚劳呕血候》:"此内伤损于脏也。肝藏血,肺主气。劳伤于血气,气逆则呕,肝伤则血随呕出也。"[4]"旦日",明天。"日夕",日落时。 [5]"番阳",指发生异动的足少阳脉。参看《素问·四时刺逆从论》:"少阳滑则病肝风疝。""一番一络","络"当为"结",指往来迟缓,时而一止又复来的结脉。这句言切虚里时发现,进入胃之大络的足少阳脉,时而变动为滑脉之象,时而又成为结脉之象,为牡疝危症脉象。

【译文】安陵阪里的公乘项处患病,我诊他的脉,说:"这是牡疝。"牡疝位于胸膈下面,向上连着肺部,这病得自于房事。我对项处说:"千万不要作劳累的事情,作劳累的事情一定会呕血致死。"后来项处因踢球,腰部寒冷,出了很多汗,立刻呕血。我又诊他的脉,说:"该在明天傍晚死去。"果然死了。这病得自于房事。我所以知道项处的病情,是因为我诊他的脉感触到了番阳脉。番阳脉进入虚里,项处第二天就死去。出现一番一结脉象的,这便是牡疝。

臣意曰:他所诊期决死生及所治已病众多,久颇忘之,不能尽识,不敢以对。

【译文】臣子淳于意说:在其他地方诊脉预言判断生死情况和医治好的疾病很多,时间长远都忘记了,不能全部记忆,不敢对答。

问臣意:"所诊治病,病名多同而诊异,或死或不死,何也?"对曰:"病名多相类,不可知,故古圣人为之脉法,以起度量,立规矩,县权衡,案绳墨,调阴阳,别人之脉各名之,与天地相应,参合于人,[1]故乃别百病以异之,有数者能异之,[2]无数者同之。然脉法不可胜验,诊疾人以度异之,乃可别同名,命病主在所居。今臣意所诊者,皆有诊籍。[3]所以别之者,臣意所受师方适成,师死,以故表籍所诊,[4]期决死生,观所失所得者合脉法,以故至今知之。"

【注释】[1]"与天地相应,参合于人",中国传统医学理论的主要观点之一。见《素问·咳论》:"人与天地相参。"《灵枢·逆顺肥瘦》:"圣人之为道者,上合于天,下合于地,中合于人事。必有明法,以起度数,法式检押,乃后可传焉。" [2]"数",方术,道术。这里特指医道。"异",区别。 [3]"诊籍",病历、医案。是对病人姓名、性别、里居、职业、疾病、诊断、治疗、效验及预后等情况的记录。 [4]"表籍",分门别类标识和记录。

【译文】询问淳于意:"你所医治的病,病名大多数相同而诊断结果有差别,有的人死亡,有的人不死,这是为什么?"回答说:"病的名称大多数相类似,不能全弄懂,所以古代圣人创立脉法,建立原则,衡量得失,依据规矩,协调阴阳,区分人们的脉象,给予各种名称,再参考自然界的变化和人体情况,因此才能区别百病,使它们有所差异。精于医术的人能把各种病区分开来,医疗乏术的人把各种病混同在一起。然而脉法不能全部灵验,诊断病人要利用不同的方法进行区别,把相同的病名区别开,说出病根所在的部分。如今我诊治的病人,都有诊断记录。我之所以能加以区别,是因为我拜师学习医术,刚刚学成,老师死去,因此在簿册上记录我诊治的情况,以测生死的日期,观察治病得失是否与脉法相合,所以到现在我知道一些情况。"

问臣意曰:"所期病决死生,或不应期,何故?"对曰:"此皆饮食喜怒不节,或不当饮药,或不当针灸,以故不中期死也。"

问臣意:"意方能知病死生,论药用所宜,诸侯王大臣有尝问意者不? 及文王病时，〔1〕不求意诊治，何故？"对曰："赵王、胶西王、济南王、吴王皆使人来召臣意，臣意不敢往。文王病时，臣意家贫，欲为人治病，诚恐吏以除拘臣意也，〔2〕故移名数，左右不修家生，〔3〕出行游国中，问善为方数者事之久矣，〔4〕见事数师，悉受其要事，尽其方书意，及解论之。身居阳虚侯国，因事侯。侯入朝，臣意从之长安，以故得诊安陵项处等病也。"

【注释】〔1〕"文王"，指齐文王刘则。为齐哀王刘襄之子，襄殁，于汉文帝二年（公元前一七八年）即位，文帝十四年（公元前一六六年）病殁。〔2〕"除拘"，以授与官职的方式控制和拘束之。当时各侯国有自行授职之权，故淳于意有此顾虑。〔3〕"名数"，户籍。"家生"，家计、家业。 〔4〕"方数"，方术、方技。

【译文】询问臣子淳于意："你所判断的病人生死期限，有时与期限不合，是什么缘故？"回答说："这是饮食喜怒不合常规，或者不应该服用药物，或者不应该针灸，因此不按期死亡。"

询问臣子淳于意："你的医疗技术水平能明了病情，知道生死期限，能够讲出药物哪些该用哪些不该用，诸侯王和大臣曾有人询问你吗？在齐文王患病时，不求你诊治，是什么缘故？"回答说："赵王、胶西王、济南王、吴王都派人来叫我，我不敢前往。齐文王患病时，我家境贫穷，想要为人治病实在害怕官吏留住我任命为御医，所以把户籍迁移到附近邻居名下，不治家产，出外行游，访问擅长医术的人，服侍他们，经历了很长时间。我拜见了好几位老师，完全学到他们的特长，全部领悟了医书的内容，又能分析判断。我住在阳虚侯国，便侍奉阳虚侯。阳虚侯去朝见，我跟随他去往长安，得到机会诊治安陵项处等人的疾病。"

问臣意："知文王所以得病不起之状？"臣意对曰："不见文王病，然窃闻文王病喘、头痛、目不明。臣意心论之，以为非病也。以为肥而蓄精，身体不得摇，骨肉不相任，故喘，不当医治。〔1〕脉法曰'年二十脉气当趋，年三十当疾步，年四十当安坐，年五十当安卧，年六十已上气当大董'。〔2〕文王年未满二十，方脉气之趋也而徐之，不应天道四时。

后闻医灸之即笃，〔3〕此论病之过也。臣意论之，以为神气争而邪气入，非年少所能复之也，以故死。所谓气者，当调饮食，择晏日，车步广志，以适筋骨肉血脉，以泻气。〔4〕故年二十，是谓'易贸'，〔5〕法不当砭灸，砭灸至气逐。"〔6〕

【注释】〔1〕"肥而蓄精"，以下三句言文王得病不起非外邪侵袭，而是由于养尊处优，食则膏粱肥浓，出则乘车代步，四体不勤，血气郁闭而造成的。参看张家山汉简《脉书》："故君子肥而失其度，是胃筋骨不胜其任，其气乃多，其血乃淫，气血腐烂，百节皆沉，款甘末（引者按：言手指、足趾共二十，为经脉起结之隧，都被阻塞。），反而走心，不此豫治，且闻哭音。""故喘"，指肥人气多而有余，故逆行而上为喘。《素问·通评虚实论》亦云："气满发逆，甘肥贵人，则高粱之疾也。"〔2〕"董"，固；深藏。淳于意所引此段论述，可与《灵枢·天年》相参看："人生十岁，五藏始定，血气已通，其气在下，故好走。二十岁，血气始盛，肌肉方长，故好趋。三十岁，五藏大定，肌肉坚固。血脉盛满，故好步。四十岁，五藏六府十二经脉，皆大盛以平定，腠理始疏，荣华颓落，发颇斑白，平盛不摇，故好坐。五十岁，肝气始衰，肝叶始薄，胆汁始灭，目始不明。六十岁，心气始衰，苦忧悲，血气懈惰，故好卧。"〔3〕"不应天道四时"，文王年未二十，血脉之气当如春气之应，小步快走式运行，却反而缓慢，是逆养生之道。参看《素问·四气调神大论》："天地四时不相保，与道相失，则未央绝灭。唯圣人从之，故身无奇病，万物不失，生气不竭。""灸之即笃"，诊断失误，故灸疗后病更重。《灵枢·邪气藏府病形》："补泻反则病益笃。"因反而使邪气侵入。 〔4〕"晏日"，清朗无云的日子。"车步广志"，言安步当车，开扩胸怀。"泻气"，甘肥贵人，气常有余，根据"补不足而泻有余"的治则，泻有余之气，有利于防止气血凝滞阻塞。见张家山汉简《脉书》："流水不腐，户枢不蠹，以其动。动则实四肢而虚五藏，五藏虚则玉体利矣。夫乘车食肉者，春秋必泗，不泗则脉烂而死。"按"泗"读为"泻"，一声之转，即泻其气也。参看《灵枢·通天》："太阴之人，贪而不仁，下齐湛湛，好内而恶出，心和而不发，动而后之。……其阴血浊，其卫气涩，阴阳不和，缓筋厚皮，不之疾泻，不能移之。""乘车食肉者"多为"太阴之人"，故皆须"泻"之。 〔5〕"易贸"，"贸"，《字汇·贝部》认为是俗"贸"字，于义不可通。《礼记·曲礼上》："二十曰

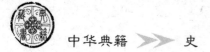

弱。"血气犹未盛壮,最忌血气郁结不通而"菀槁不荣"(语出《素问·四气调神大论》),故称"易菀"。文王即病于此。参看马王堆汉墓医简《十问》:"血气宜行而不行,此谓款殃。(按:即闭塞之患。)""人气莫如腹精。腹气菀闭,百脉生疾;腹气不成,不能繁生,故寿尽在腹。" 〔6〕"至气","至",善,佳。这里指人体中维持生命的精气。

【译文】询问臣子淳于意:"你知道齐文王为什么得病不起?"淳于意回答说:"没有看到文王的病情而私下听说文王气喘、头痛、目不明。我心里分析,认为这不是病。我认为身体肥胖而精力蓄积,身体不活动,骨肉互相不适应,所以气喘,不应该医治。脉法说:'年龄二十脉气旺盛,应当跑动,年龄三十应当快步走,年龄四十应当安静地坐着,年龄五十应当安静地息卧,年龄六十以上元气应当深藏。'文王年龄不足二十岁,正当脉气旺盛而行动徐缓,不顺应天道四时的自然规律。后来听说医生为他针灸,病情立刻加重,这是判断病情的错误。我分析病情,认为是正气外争而邪气内入,这不是年轻人所能康复的,因此文王死去了。对于脉气旺盛的人,应该调节饮食,选择天气晴朗的日子,或驾车或步行,开阔心胸,使筋、骨、肉和血脉调合,排除多余的精气。所以年龄二十,称作'易实',按常规不应当用砭法灸法治疗,用砭法灸法治疗会驱散人体中的精气。"

问臣意:"师庆安受之? 闻于齐诸侯不?"对曰:"不知庆所师受。庆家富,善为医,不肯为人治病,当以此故不闻。庆又告臣意曰:'慎毋令我子孙知若学我方也。'"

【译文】询问臣子淳于意:"你的老师阳庆从什么地方学来的医术? 齐国诸侯是否知道他?"回答说:"不知道阳庆是从哪位老师那里学来的。阳庆家很富有,擅长医术,不肯为人治病,应该是由于这一缘故不被人知道。阳庆又告诉我说:'千万不要让我的子孙知道你学了我的医术。'"

问臣意:"师庆何见于意而爱意,欲悉教意方?"对曰:"臣意不闻师庆为方善也。意所以知庆者,意少时好诸方事,臣意试其方,皆多验,精良,臣意闻菑川唐里公孙光善为古传方,〔1〕臣意即往谒之。得见事之,受方

化阴阳及传语法,〔2〕臣意悉受书之。臣意欲尽受他精方,公孙光曰:'吾方尽矣,不为爱公所。〔3〕吾身已衰,无所复事之。是吾年少所受妙方也,悉与公,毋以教人。'臣意曰:'得见事侍公前,悉得禁方,幸甚。意死不敢妄传人。'居有间,公孙光闲处,〔4〕臣意深论方,见言百世为之精也。师光喜曰:'公必为国工。〔5〕吾有所善者皆疏,同产处临菑,善为方,吾不若,其方甚奇,非世之所闻也。吾年中时,尝欲受其方,杨中倩不肯,曰"若非其人也"。胥与公往见之,〔6〕当知公喜方也。其人亦老矣,其家给富。'时者未往,会庆子男殷来献马,因师光奏马王所,意以故得与殷善。光又属意于殷曰:'意好数,公必谨遇之,其人圣儒。'〔7〕即为书以意属阳庆,以故知庆。臣意事庆谨,以故爱意也。"

【注释】〔1〕"善为古传方",善于运用古人留传医方诊疗。一说,"古传方"当为"传古方",指好传写古方。 〔2〕"方化阴阳",指运用阴阳学说化裁的古医方。"语法",指用便于记诵的歌诀、口诀传授的医术、医方。类如后世所传《脉诀》、《汤头歌》。 〔3〕"不为爱公所","爱",音啬,吝惜。指对淳于意不吝惜秘传古方而授之。 〔4〕"闲处",闲居。 〔5〕"国工",国医,国家第一流医师。"年中",中年时、壮年时。 〔6〕"胥",通"须",等待。〔7〕"好数",指喜好医道。"圣儒",闻见聪明,学问通达的儒生。

【译文】询问淳于意:"你的老师阳庆为什么看中你,而喜爱你,愿意把医术全部传授给你?"回答说:"我没有听说老师阳庆擅长医术。我所以知道阳庆,是因为我年轻时喜欢各家的医术,我试验阳庆的医方,多数灵验,效果极好。我听说菑川唐里公孙光擅长使用留传下来的古代医方,我就前去拜谒他,得以服事他,学习医方、阴阳变化,以及口授心传的医疗方法,我全部接受并记录下来。我想把他的其他精妙医方全部学习过来,公孙光说:'我的医方都传授完了,对你不会吝惜。我身体已经衰老,不要再服事我了。这是我年轻时学习来的妙方,全部送给你,不要教给别人。'我说:'得以服事在您身前,得到全部秘方,幸运极了。我死也不敢妄自传授给别人。'过了不久,公孙光生活闲暇,我深入地分析医方的原理,公孙光认为我说的是百世

不易的精辟之论。老师高兴地说:'你一定会成为国医。我所擅长的医术都荒疏了,我的同胞兄弟住在临菑,擅长医术,我比不上他,他的医方特别奇妙,不是世人所能听到的。我中年时代,曾经想学习他的医方,杨中倩不答应,说"你不是可以学习医方的人"。等我和你一起去见他,他该会了解你喜爱医方。他这个人也衰老了,他家中很富有。'当时没有去,正遇上阳庆的儿子阳殷来献马,通过老师公孙光向齐王进献马匹,因此我与阳殷关系友好。公孙光又把我嘱托给阳殷说:'淳于意喜欢医术,你一定细心地对待他,他是一个道德高尚的儒士。'公孙光就写信把我嘱托给阳庆,因此我知道了阳庆。我服事阳庆很恭谨,由于这个原因阳庆很喜欢我。"

问臣意曰:"吏民尝有事学意方,及毕尽得意方不? 何县里人?"对曰:"临菑人宋邑。邑学,臣意教以五诊,〔1〕岁余。济北王遣太医高期、王禹学,臣意教以经脉高下及奇络结,〔2〕当论俞所居,〔3〕及气当上下出入邪正逆顺,以宜镵石,定砭灸处,〔4〕岁余。菑川王时遣太仓马长冯信正方,臣意教以案法逆顺,论药法,定五味及和齐汤法。〔5〕高永侯家丞杜信,喜脉,来学,臣意教以上下经脉五诊,〔6〕二岁余。临菑召里唐安来学,臣意教以五诊上下经脉,奇咳,四时应阴阳,重,未成,除为齐王侍医。"〔7〕

【注释】〔1〕"五诊",指五脏疾病诊断学。〔2〕"经脉高下",指十二经络循行全身的状况,终始之所,分留之处,出入之空,浅深之状,高下所至等等。《灵枢》的《经脉》、《本输》、《脉度》诸篇论述甚详。"奇络结",指奇经八脉循行交结路线及情状。〔3〕"俞所居",《医说》引作"俞穴所在"。此指研究经络各穴位位置。〔4〕"气当上下……宜镵石定砭灸处",此数句所指内容,在张家山汉简《脉书》和马王堆汉墓帛书《脉法》中,已发现较详细的记载。见《文物》一九八九年第七期。〔5〕"定五味",中医药物归经的内容之一。味酸,入肝、胆;味苦,入心、小肠;味甘,入脾、胃;味辛,入肺、大肠;味咸,入肾、膀胱。〔6〕"上下经脉",当为阳庆所传《脉书》、《上下经》所述内容。〔7〕"四时应阴阳",其内容相当于今本《素问》中《四气调神大论》、《阴阳应象大论》诸篇所述医理。因含义深奥,唐安学而未成。

【译文】询问臣子淳于意说:"官吏和百姓曾有人从师学习你的医术,等到学习完了,全部得到你的医术的人吗? 是什么县什么里的人?"回答说:"临菑人宋邑。宋邑向我学习,我用五脏脉的诊法来教他,有一年多的时间。济北王派太医高期、王禹来学习,我教他们经脉上下分布情况和奇经八脉循行交结路线的情况,讨论经络各穴位置,以及脉气在体内上下出入邪正逆顺的情况,来选择合适的石针治疗方案,确定砭灸治疗穴位,有一年多时间。菑川王当时派太仓署负责马政的长官冯信向我请教医术,我教他顺逆两种按摩手法,讨论分析用药的规则,鉴定酸、苦、甘、辛、咸五味药性,以及组合方剂和调制汤药的方法。高永侯家丞杜信喜爱切脉,到我这里学习,我教他掌握人体各处经脉分布情况和五脏脉的诊法,有两年多时间。临菑召里的唐安到我这里来学习,我教他五脏脉的诊法和人体各处经脉分布情况,以及奇咳术,四季随着阴阳变化的道理,因为深奥,他还没有学成,被任为齐王的侍医。"

问臣意:"诊病决死生,能全无失乎?"臣意对曰:"意治病人,必先切其脉,乃治之。败逆者不可治,其顺者乃治之。心不精脉,〔1〕所期死生视可治,时时失之,臣意不能全也。"

【注释】〔1〕"心不精脉",参看《灵枢·经脉》:"黄帝曰:经脉者,所以能决死生,处百病,调虚实,不可不通。"

【译文】询问臣子淳于意:"诊断疾病,判断生死,能全部没有差错吗?"淳于意回答说:"我医治病人,一定首先诊他的脉,才对他进行治疗。脉象衰败和病情相悖的不能医治,脉象符合病情的才予以治疗。如果心里没有精确地掌握脉象,把预断死亡期限的病看作可以医治,就会经常出现差错,我不能全部无误。"

太史公曰:女无美恶,居宫见妒;士无贤不肖,入朝见疑。〔1〕故扁鹊以其伎见殃,仓公乃匿迹自隐而当刑。缇萦通尺牍,父得以后宁。故老子曰"美好者不祥之器",〔2〕岂谓扁鹊等邪? 若仓公者,可谓近之矣。

【注释】〔1〕"女无美恶",此语始见邹阳上梁孝王刘武书:"女无美恶,入宫见妒;士无贤不肖,入朝见嫉。"《史记·邹阳列传》、《汉书·邹阳传》有载。〔2〕"美好者不祥之器",马王堆汉墓帛书《老子》甲、乙本作"兵者不祥之器",武英殿王弼本《老子》三十一章作"夫佳兵者不祥之器",唐傅奕《道德经古本篇》明正统《道藏》本作"夫美兵者不祥之器物"。疑"好"字讹,"美兵"为是,指扁鹊、仓公治疗所用的镵石针砭之器。

【译文】太史公说:女子不论美丽或丑陋,进入宫廷就被妒忌;士人不论贤能还是不贤能,进入朝廷就被怀疑。所以扁鹊由于他医术高明而被害,仓公由于匿迹自隐而被判刑。缇萦上书朝廷,父亲后来得以安宁,所以老子说:"美好的东西是不祥之物。"难道说的是扁鹊这类人吗?像仓公这样的人,可以说是很接近了。